DIE HABSBURGER

EINE EUROPÄISCHE FAMILIENGESCHICHTE

HERAUSGEGEBEN
VON

BRIGITTE VACHA

VERFASST
VON

WALTER POHL

UND

KARL VOCELKA

VERLAG STYRIA

Bildredaktion:

HELGA PERZ

Lektorat:

HUBERT KONRAD

Herstellungsleitung:

HANS PAAR

Die Deutsche Bibliothek – CIP-Einheitsaufnahme

Die **Habsburger** : eine europäische Familiengeschichte /
Brigitte Vacha (Hrsg.). – 2. Aufl. – Graz ; Wien ; Köln : Verl. Styria, 1993
ISBN 3-222-12107-9

2. Auflage, 1993
© 1992 Verlag Styria Graz Wien Köln
Alle Rechte,
auch die der auszugsweisen Wiedergabe, vorbehalten
Printed in Austria
Graphische Gestaltung: Hans Paar, Graz
Digitale Kartengraphiken: Herbert Gupper
Satz und Druck:
Druck- und Verlagshaus Styria, Graz
Repros: Reproteam Graz
Gedruckt auf 125 g/m² Magnomatt von der Leykam-Mürztaler AG., Gratkorn
Bindung:
Buchbinderei Salzburg, Almesberger Gesellschaft mbH
ISBN 3-222-12107-9

INHALT

VORWORT

„Die wahre Geschichte der Habsburger
ist die Geschichte des Hauses Österreich – und diese wieder
ist ein zentrales Thema der Geschichte Europas."
EDWARD CRANKSHAW

„Zur Zeit, als die politische Geschichte
des Habsburgerreiches zu Ende ging,
hatte die seiner kulturellen Botschaft an die Welt
erst begonnen."
ROBERT KANN

1996 wird Österreich 1000 Jahre alt. Die Magie der runden Zahl vereinigt Rückblick und Ausblick – beinahe deckt sich die Milleniumsfeier unter rot-weiß-roter Fahne mit der Wende zum nächsten Jahrtausend.

Ein Datum macht Geschichte – auch um den Preis der historischen Wahrheit. Denn was geschah wirklich anno 996? Am 1. November dieses Jahres übergab Kaiser Otto III. dem baierischen Stift Freising Land und Besitz im Osten des Reichs und bekräftigte seine Schenkung mit Brief und Siegel. Die herrschaftliche Urkunde hätte für uns keinerlei Bedeutung mehr, erwähnte sie nicht zum ersten Mal den Namen der Region: Ostarrichi. So hieß das Gebiet östlich der Enns und südlich der Donau, so wurde es in der Volkssprache genannt, Ostarrichi, Osterreich, Reich im Osten – wo seit 20 Jahren die Babenberger regierten, als Pächter der kaiserlichen Macht.

Ein Datum macht Geschichte, weil die Geschichte Stützpunkte braucht, Zeitpunkte der Orientierung, der Erinnerung. Daten sind Fixsterne am Zeithorizont, mit einem Blick erfaßbar – und für viele der einzig konkrete Zugang zu einer fernen Vergangenheit, die uns in ihrer sozialen und kulturellen Lebensfülle längst abhanden gekommen ist. Losgelöst vom Jubiläumszwang, wird niemand leugnen, daß Österreich schon vor 996 existierte – als Raum, in dem sich Geschichtliches ereignete. Mehr als tausend Jahre vor den Babenbergern wurden hier Kelten seßhaft, später römische Militärs und Zivilisten, die an der Donau den Untergang Roms überdauerten; nach ihnen Germanen, Awaren und Slawen. Völker des Ostens und des Westens zogen durch dieses Land und hinterließen mehr oder minder dürftige Spuren. Doch auch im Wechsel zeigt sich Kontinuität, ein gemeinsames Grundmuster: Diejenigen, die den Pfad der Völkerwanderung verließen und heimisch wurden, schlossen sich der westlichen Lebensform an. Aus sprachlicher und kultureller Vielfalt entwickelte sich ein Bewußtsein, einem Land anzugehören und dessen Einheit mitzugestalten.

Demnach ist die Ostarrichi-Urkunde nicht der Taufschein Österreichs, sondern nur der – längst fällige – Meldezettel. Und doch hat der Zahlenmythos des Milleniums seine Berechtigung. Lesen wir nach, was vor tausend Jahren über Österreich geschrieben wurde – und begreifen wir die schlichte Aufzählung eines amtlichen Dokuments als farbige Schilderung einer Landschaft, die von Natur aus reich begünstigt war. So erhielt das Bistum Freising bisheriges Königsgut „... mit bebau-

Franz Grillparzer (1791–1872). Der Dichter als Kronzeuge der Habsburger Geschichte.
KHM

Aktualisierte Vergangenheit:
In Budapest werden die
alten Straßennamen wieder
hervorgeholt.
Nemeth

tem und unbebautem Land, mit Wiesen, Weiden, Wäldern, Gebäuden, mit Quellen und Wasserläufen, mit Jagden, Bienenweiden, Fischwässern, Mühlen, mit beweglichem und unbeweglichem Gut, mit Wegen und unwegsamem Land, mit Ausgängen und Eingängen, mit erzielten und noch zu erzielenden Erträgen und mit allem, was nach Recht und Gesetz zu diesen Hufen gehört".

Über den mittelalterlichen Wortlaut legt sich ein anderer, ein poetischer Text, der im 19. Jahrhundert entstand, doch von der gleichen Schwingung getragen wird:

„Schaut ringsumher, wohin der Blick sich wendet,
Lacht's wie dem Bräutigam die Braut entgegen.
Mit hellem Wiesengrün und Saatengold,
Von Lein und Safran gelb und blau gestickt,
Von Blumen süß durchwürzt und edlem Kraut,
Schweift es in breitgestreckten Tälern hin –
Ein voller Blumenstrauß, so weit es reicht,
Vom Silberband der Donau rings umwunden –
Hebt sich's empor zu Hügeln voller Wein,
Wo auf und auf die goldne Traube hängt
Und schwellend reift in Gottes Sonnenglanze …"

So hat Franz Grillparzer das „gute Land" gepriesen, sein Österreich. Im Idealbild suchte er die Unzulänglichkeit seiner Zeit zu bannen – er, der die Zukunft scheute und das, was er über die Gegenwart aussagen wollte, in die Vergangenheit projizierte. Im historischen Drama entfloh er der eigenen politischen Wirklichkeit. Sein Österreich war das Habsburgerreich, seine geistige Heimat die Monarchie.
An Grillparzer, dem Historiendichter des Hauses Habsburg, läßt sich die heute unvorstellbar gewor-

dene Konstanz einer Herrschaftsform ablesen. Er wurde 1791 geboren, ein Jahr nach dem Tod des Reformkaisers Joseph II., aber der Josephinismus bildete die Grundlage für Grillparzers Weltanschauung. Er erlebte Napoleon und die Auflösung des Heiligen Römischen Reichs, die Geburt des österreichischen Kaisertums und den Aufstieg Preußens zum deutschen Kaiserreich. Er wurde ein Opfer von Metternichs Restauration, litt unter Unfreiheit und Zensur – spürte „die unsichtbaren Ketten klirren an Hand und Fuß"; protestierte, indem er schwieg, verbarg sich in seinem Werk, hoffte auf die Revolution und verfluchte sie nachher, sehnte sich nach dem Liberalismus, ohne ihm recht zu trauen … und als er 1872 starb, hatte Franz Joseph den verhängnisvollen Ausgleich mit Ungarn bereits vollzogen. Vier Habsburger Kaiser regierten zu Grillparzers Lebenszeit, und die Gestalten seiner historischen Stücke – Rudolf I., Rudolf II., Matthias oder Ferdinand – stammten aus derselben Dynastie.
Wie die Habsburger stand Grillparzer auf uraltem europäischem Boden, in einem Zeitraum, der Jahrhunderte überwölbte.
Sein Werk umspannte mannigfaltige Geistesepochen und -landschaften, und ebenso universal war sein Österreich-Begriff. Für ihn gehörten immer noch Burgund und die Lombardei dazu, Krakau, Florenz und Brügge – und Spanien vor allem, dessen politische Angelegenheiten Grillparzer „bis zum Lächerlichen" interessierten. „Spanisch war er wie die Habsburger, römisch wie der Papst: der einzige konservative Revolutionär, den die Geschichte Österreichs kennt …" (Joseph Roth).
Grillparzer, der rückwärts gewandte Prophet, erkannte den politischen Weg, der seiner Epoche vorgezeichnet war: „Von Humanität durch Nationalität zur Bestialität." Er kam aus anderen Zeiten und hoffte, in andere zu gehen. Seine Loyalität galt dem Staat, nicht dessen Regierung, galt dem Haus Österreich und seiner langen Geschichte.
Die Geschichte des Hauses Österreich aber ist identisch mit der Geschichte der Habsburger.
Wer waren die Habsburger? Woher stammten sie? Von welchen Interessen und Ideen wurden sie geleitet? Aus welchen Quellen schöpften sie ihre Kraft, die sie zur mächtigsten Dynastie Europas werden ließ?
In der Schweiz stand die Burg ihrer Väter. Ihre Besitzungen lagen am Rhein, im Elsaß, am Bodensee. Sie waren treue Gefolgsleute der jeweiligen Kaiser und Könige, ehe sie selbst nach der Krone griffen. Im Westen des Heiligen Römischen Reichs vollzog sich ihr Aufstieg – im Osten erfüllte sich ihr Schicksal. Die Habsburger kamen vom Rhein an die Donau und fanden hier ideale Bedingungen für

ein Vielvölkerreich eigener Prägung. Sie machten eine Region zum Kernland ihrer übernationalen Herrschaft – und sie gaben dem Namen dieser Region einen neuen geopolitischen Sinn: Das Haus Österreich wurde Inbegriff der Habsburger Dynastie. Aus einem Länderbesitz formten sie ein Imperium, das die Grenzen des Heiligen Römischen Reichs weit überschritt. Mit Recht konnte Karl V. sagen, daß in seinem Reich die Sonne nicht unterging.

Die Habsburger regierten rund sieben Jahrhunderte, ihre Herrschaft reichte vom Mittelalter bis ins 20. Jahrhundert. In dieser Kontinuität entstand ein Mythos, der heute noch nachwirkt. Wir begegnen ihm an vielen Orten – im spanischen Escorial oder auf der Prager Burg, und vor allem in Wien, der kaiserlichen Haupt- und Residenzstadt.

Jahrhunderte hindurch bot das Haus Österreich vielen Völkern Platz, zeitweise gehörten Spanien und die Niederlande dazu, ebenso wie Böhmen und Ungarn, Teile des Balkans und Italiens, Polen und die Bukowina. Völkerkerker oder Völkerhort? „Zahllose innere Kämpfe, Rebellionen, blutige Unterdrückungen können natürlich als Beweis für die These einer gewalttätigen Herrschaft gelten. Aber eine ebenso lange und glückliche Zusammenarbeit der Völker, die sich in wachsenden Bevölkerungszahlen, wirtschaftlichem Fortschritt und gemeinsamer Zivilisation ausdrückt, spricht für ihre Union unter einem Herrscher und für das politische System, das er verkörperte" (Victor-Lucien Tapié).

Die Habsburger waren notgedrungen übernational, weil sie über die auseinanderstrebenden Kräfte im Reich keine Zentralgewalt ausüben konnten, und sie waren nationalitätenfeindlich, weil sie den Freiheitsdrang ihrer Völker zügeln mußten. Im Rückblick zeigt sich daher eine Einheit in der Vielfalt, ein Verzicht auf straffe Führung. Statt dessen gab es eine übergreifende Rechtsordnung, ein mehr oder minder föderalistisches Prinzip – Garantien dafür, daß dieses Habsburger-

Geschichte im Rückblick: die Große Galerie in Schönbrunn.
Nemeth

reich trotz innerer und äußerer Konflikte so lange standhielt. Keine Dynastie war so europäisch, so vielfach verbunden mit anderen Ländern und Kulturen. In Krieg und Frieden haben die Habsburger teilgenommen an der Geschichte des Kontinents. Im Westen trugen sie einen permanenten Machtkampf mit Frankreich aus – im Osten wehrten sie jahrhundertelang den Angriff der Türken ab und stilisierten diese militärische Herausforderung zur Familienlegende: die katholischen Habsburger als Verteidiger des christlichen Abendlands gegen den anstürmenden Islam.

Jedes Herrschergeschlecht umgibt ein Nimbus, der Teil ihrer Machtausübung ist. Die Habsburger waren generell von ihrer monarchischen Sendung, von ihrem Gottesgnadentum überzeugt – und eben deshalb imstande, in Demut zu dienen, gleichzeitig unnahbar und schlicht zu sein. In ihrer langen Ahnenreihe finden sich die unterschiedlichsten Charaktere – Zaudernde und stürmisch Drängende, Pragmatiker und Visionäre –, doch keiner stellte die eigene Legitimität in Frage, das *Recht* der Familie auf Krone und Kaisertum.

Nur in „Momentaufnahmen" werden sie menschlich faßbar: Friedrich III., politisch erfolglos, geschmäht, ja mißachtet, schreibt in sein Notizbuch die geheimnisvolle Chiffre A. E. I. O. U., vielleicht zu deuten mit – „Austriae est imperare orbi universo" – „Alles Erdreich ist Österreich untertan". Karl V., der mächtigste Herr der Welt, der zuletzt der Macht entsagt und sich in ein Kloster zurückzieht, müht sich vergeblich, seine kostbaren Uhren im gleichen Takt schlagen zu lassen, und erkennt resignierend: „Uhren sind wie Menschen." Leopold I. leitet seine eigenen Kompositionen, hauptsächlich geistliche Werke, zur höheren Ehre Gottes – und der Dynastie ...

Maria Theresia schreibt besorgte Briefe an ihre zahlreichen Kinder, vor allem an Joseph und Marie Antoinette ...

Marie Antoinette auf ihrem Gang zum Schafott, verlassen von allen, entblößt – und doch voller Würde: „Erst im Unglück weiß man, wer man ist." Die meisten Habsburger beherrschen die Kunst, in unnachahmlicher Haltung zu sterben:

Rudolf I. reitet nach Speyer, zu der von ihm selbst erwählten letzten Ruhestätte, Maria Theresia und Joseph II. verweigern die Annahme schmerzstillender Mittel und erwarten in vollem Bewußtsein den Tod, Franz Joseph sitzt bis zum letzten bewußten Augenblick an seinem Schreibtisch, um Akten zu erledigen und seine Pflicht als Herrscher zu erfüllen.

Was hat sie so stark gemacht im Persönlichen, unabhängig vom Glanz, den ihnen das Amt verlieh? Es war das Vertrauen in Gott, die vielgerühmte habsburgische Frömmigkeit. Diese Frömmigkeit stiftete sie an, gegen Andersgläubige Krieg zu führen – und hinderte sie nicht, mit dem Papst im Widerstreit zu liegen. Die Pietas austriaca trug staatskirchliche Züge, vereinigte Thron und Altar – und fand ihren triumphalen Ausdruck im Barock. Es war aber auch, weit über alles Persönliche hinaus, der unbeirrbare Glaube an die Unsterblichkeit ihres Herrschertums:

„Ich bin nicht der, den Ihr voreinst gekannt!
Nicht Habsburg bin ich, selber Rudolf nicht …
Was sterblich war, ich hab es ausgezogen
Und bin der Kaiser nur, der niemals stirbt."

So spricht der Habsburger Rudolf I. in Grillparzers Stück „König Ottokars Glück und Ende". Grillparzer hat noch gefühlt, was schon zu seiner Zeit kaum jemand mehr begriff: die Heiltumskraft, die von der Reichskrone ausging.

Als Kaiser und Könige folgten die Habsburger einem Mythos, der um vieles älter war als ihr Geschlecht. Als Rudolf I. 1273 im Dom zu Aachen zum römisch-deutschen König gekrönt wurde, bestieg er jenen Thron, auf dem Jahrhunderte zuvor Karl der Große gesessen war. Karls Idee aber, die Wiedererrichtung des römischen Imperiums auf christlicher Grundlage, sie hatte zu Zeiten Rudolfs schon an Wirkung verloren. Tatsächlich hat das Heilige Römische Reich sich politisch ganz anders entwickelt – bis zu seinem stillen Untergang im Jahr 1806, als der Habsburger Franz II. durch einen Herold verkünden ließ: „Wir erklären demnach durch Gegenwärtiges, daß wir das Band, welches uns bis jetzt an den Staatskörper des Deutschen Reiches gebunden hat, als gelöst ansehen."

Das Kaisertum aber reklamierte Franz weiterhin für sich und seine Familie – und die Reichskrone blieb in der Obhut der Habsburger, die sich jetzt Kaiser von Österreich nannten, eine den historischen Gegebenheiten durchaus entsprechende Bezeichnung.

Nur einmal im Jahr bekam das Volk diese Krone zu Gesicht. Heute ist sie für jedermann zugänglich. In der Wiener Schatzkammer ruhen sie, die Insignien des Gottesgnadentums – sichtbar für alle und dennoch entrückt, nicht nur durch Panzerglas von uns getrennt. Historiker und Kunstsachverständige mögen uns ihre Bedeutung erklären – aber das Wesentliche bleibt uns verborgen. „Als Reliquien des Heiligen Römischen Reichs stehen sie vor uns und sind Schau-Bild und Kunstwerk geworden – sie, die einst geglaubte Wirklichkeit, verdichtete Selbstdarstellung der Heilsmacht des Reiches waren." (Friedrich Heer)

Der Reichsapfel, Weltkugel in der Hand des Kaisers, Zeichen seiner universalen Herrschaft – das Reichskreuz, mächtiger und gewaltiger als die Krone – die Reichskrone selbst, die im heiligen Oktogon das himmlische und das irdische Jerusalem verband. Jeder einzelne Edelstein, jede Perle hatte auch einen tieferen zahlenmystischen Sinn, gehörte zu einem transzendentalen Ganzen. Die Krone war kein Statussymbol, sondern die Verkörperung der Macht schlechthin. Sie repräsentierte den Auftrag, den die Herrscher „von Gottes Gnaden" empfingen.

Mit Hilfe der Kamera lassen sich museale Schranken, gläserne Barrieren scheinbar überwinden. Im Licht der Schweinwerfer beginnt das Gold zu glänzen, die Edelsteine erstrahlen feurig – und doch gibt die Krone ihr Geheimnis nicht preis. Hier sind der Macht des Bildes absolute Grenzen gesetzt.

Geschichte im Fernsehen – kann sie mehr sein als flimmernde Oberfläche, als Bilderflut ohne Tiefe,

Momentaufnahmen der Geschichte:
Für die Fernseh-Dokumentation werden historische Ereignisse nachgestellt.
Kaiser Joseph führt den Pflug.
ORF

Vor dem Mordanschlag auf Kaiserin Elisabeth.
ORF

Revolutionsszene um 1848.
ORF

Die Exekution Kaiser
Maximilians von Mexiko.
ORF

ohne Reflexion? Wird Geschichte im Fernsehen nur in Form linearer Geschichten wahrgenommen, die alle gleich wichtig oder unwichtig erscheinen? Hinter dem rasch wechselnden Bild muß die Sprache, müssen Wertung und Interpretation zurückstehen. Geschichtsbetrachtung ohne Perspektive also – wie ein Puzzle, zusammengesetzt aus zweidimensionalen Bildern?

Das Medium kann dennoch ein Schlüssel zur Vergangenheit sein, kann durch raffinierte Bildtechnik tote Materie zu neuem Leben erwecken. Vier Jahre lang war ein Fernsehteam unterwegs, auf den Spuren der Habsburger, kreuz und quer durch Europa. Gedreht wurde in 13 Ländern, an den wichtigsten Schauplätzen der Habsburger Familiengeschichte sowie in den bedeutendsten Kunstsammlungen und Museen.

Was blieb von der Vergangenheit? Was hat sie uns an Gegenständlichem hinterlassen? – Die Kerzen sind herabgebrannt, der Pulverdampf hat sich verzogen; Krieg und Politik haben uns nur ihr schmeichelndes Abbild vererbt – die Kultur. Kultur als „Gedächtnis der Nationen", als Heimat für jene, die nicht an das „Ende der Geschichte" glauben wollen. Angesichts der Schönheit alter Bauten, Gemälde und Kunstwerke stellt sich zwangsläufig ein Gefühl von Heimweh ein – Heimweh nach einer verlorenen Qualität des Seins, nicht aber Sehnsucht nach einer verblichenen Herrschaftsform. Tote Materie – erlebte Geschichte! Während das „Habsburger"-Team in vier Jahren sieben Jahrhunderte aufarbeitet, ereignet sich rundum Weltgeschichte großen Stils. Das Sowjetimperium zerfällt – und seine Satellitenstaaten, darunter die ehemaligen Kronländer Böhmen und Ungarn, erlangen endlich die Freiheit. Jugoslawien bricht auseinander – und der Balkan wird wieder einmal zum Pulverfaß Europas. Vergessene Ortsnamen aus der Geschichte tauchen in den Schlagzeilen auf – Pecs, Karlowitz, Zadar – und historische Begriffe wie Konföderalismus, Vielvölkerstaat, Europa der Regionen gewinnen neue Aktualität. 1918 schreibt der französische Historiker Ernest Denis: „In dem neuen Europa, das nun gebraucht wird, ist für Österreich kein Platz mehr. Totengräber, schafft diesen Leichnam fort!"

Die heutige Mitteleuropa-Sehnsucht hat ihn wiederbelebt. Je größer der zeitliche Abstand zwischen Habsburgerreich und Gegenwart, desto mehr fasziniert das Modellhafte der Geschichte. Hinter dem realen Vielvölkerreich glauben wir eine Utopie zu entdecken: die Donaumonarchie als Ende und Anfang? Als Vorläufer der „Vereinigten Nationen von Europa"?

Vorsicht vor dem direkten Vergleich! Die europäische Kapitalertragsgesellschaft, kurz EG genannt, ist nicht identisch mit dem „lebendigen Organismus Europas", von dem Prinz Eugen sprach. Was hat es zu bedeuten, daß die Zentren moderner Europapolitik, Brüssel und Straßburg, einmal zum Habsburgerreich gehörten? Das Unheil, das sich mit dem Namen Sarajewo verbindet, nimmt 1992 einen anderen Verlauf als 1914. Und der Doppeladler, nostalgisch betrachtet, kann vielleicht den feinsinnigen Ost-West-Dialog symbolisieren, nicht aber die existenzielle Auseinandersetzung zwischen dem reichen Norden und dem armen Süden. So mögen denn einstweilen nur die Künstler und die Intellektuellen von Mitteleuropa träumen, von Budapest bis Warschau, von Prag bis Triest, von Wien bis Paris. Der französische Philosoph und Schriftsteller Bernard-Henri Lévy, Jahrgang 1949, beschwört einen magischen Raum, jene Welt, in der Roth, Kafka, Freud, Hofmannsthal und Musil zu Hause waren – und entwirft ein großes Projekt: den politischen, moralischen und kulturellen Wiederaufbau Kakaniens.

Kakanien – es wurde geschaffen von jenen, die den Untergang der k. u. k. Monarchie erleben mußten und nicht darüber hinweggekommen sind. Aus politischer und geographischer Enge flohen sie in ein imaginäres Österreich. Noch während des Ersten Weltkriegs schrieb Hofmannsthal seine großen Aufsätze über Prinz Eugen und Maria Theresia, aber auch über Grillparzers politisches Vermächtnis – und es war bereits ein Abschied vom Habsburgerreich.

Am 11. November 1918, am letzten Tag der Donaumonarchie, notierte Sigmund Freud: „Österreich-Ungarn ist nicht mehr. Anderswo möchte ich nicht leben. Emigration kommt für mich nicht in Frage. Ich werde mit dem Torso weiterleben und mir einbilden, daß er das Ganze ist." Freud verordnete sich den Selbstbetrug mit klarem Blick, aber zwanzig Jahre später wurde auch der Torso zerschlagen, und Freud *mußte* in die Emigration gehen. In der Emigration erinnerte sich ein anderer Österreicher an den Verlust des alten Vaterlands, „des einzigen, das ich je besessen" – und meinte damit die Donaumonarchie:

Joseph Roth hatte seinen „Radetzkymarsch" ursprünglich als Kritik gedacht, doch während des Schreibens verwandelte sich der Roman in eine Huldigung an die k. u. k. Zeit. Ein Jahr, bevor Hitler Österreich annektierte und auslöschte, 1937, verfaßte Joseph Roth in seinem Pariser Exil, krank vor Heimweh, todessüchtig, einen Essay über Grillparzer – und es wurde ein Abgesang auf das habsburgische Österreich in seiner Jahrhunderte umfassenden Dimension: „Vor zwanzig Jahren noch war lebendig die Vergangenheit. Jetzt ist es nebelhafte Urzeit. Grillparzer allein bleibt noch da, ein Mal, lebendig im Grab, lebendig ein Denkmal ..."

Nach dem zweiten Untergang Österreichs und seiner Wiedergeburt haben sich die Nebel gelichtet. Nach 1945 erst war der Blick aufs Ganze möglich, auf „Österreich mit seiner Geschichte der ganzen", wie der Dichter und Zeitzeuge Gerhard Fritsch programmatisch schrieb. Heimat ist Örtlichkeit und Gedächtnis. Auf dem Marchfeld, östlich von Wien, hat Rudolf I. einst König Ottokar geschlagen und mit diesem Sieg den Grundstein zur Donaumonarchie gelegt. Dort, wo für Habsburg im Jahr 1278 alles begonnen hat, beginnt jetzt für diese Region an der Grenze zum ehemaligen Ostblock eine neue geschichtliche Herausforderung. Seit dem Fall des Eisernen Vorhangs geht der Blick frei und ungehindert hinüber zu den Nachfolgestaaten der alten Kronländer Böhmen und Ungarn, und das Kerngebiet der versunkenen Donaumonarchie ist wieder in die Mitte Europas gerückt. Ende und Anfang. Auf dem Marchfeld, wo die prachtvoll restaurierten Schlösser des Prinzen Eugen nach langem Dämmerschlaf auf eine zeitgemäße Bestimmung warten, fand Gerhard Fritsch seine Version von A. E. I. O. U.: Aber Es Ist Ohne Unheil.

Dreharbeiten
in Schloß Schönbrunn:
Kameramann Laszlo Nemeth,
Regisseur Alois Hawlik,
Herausgeberin Brigitte Vacha.
ORF

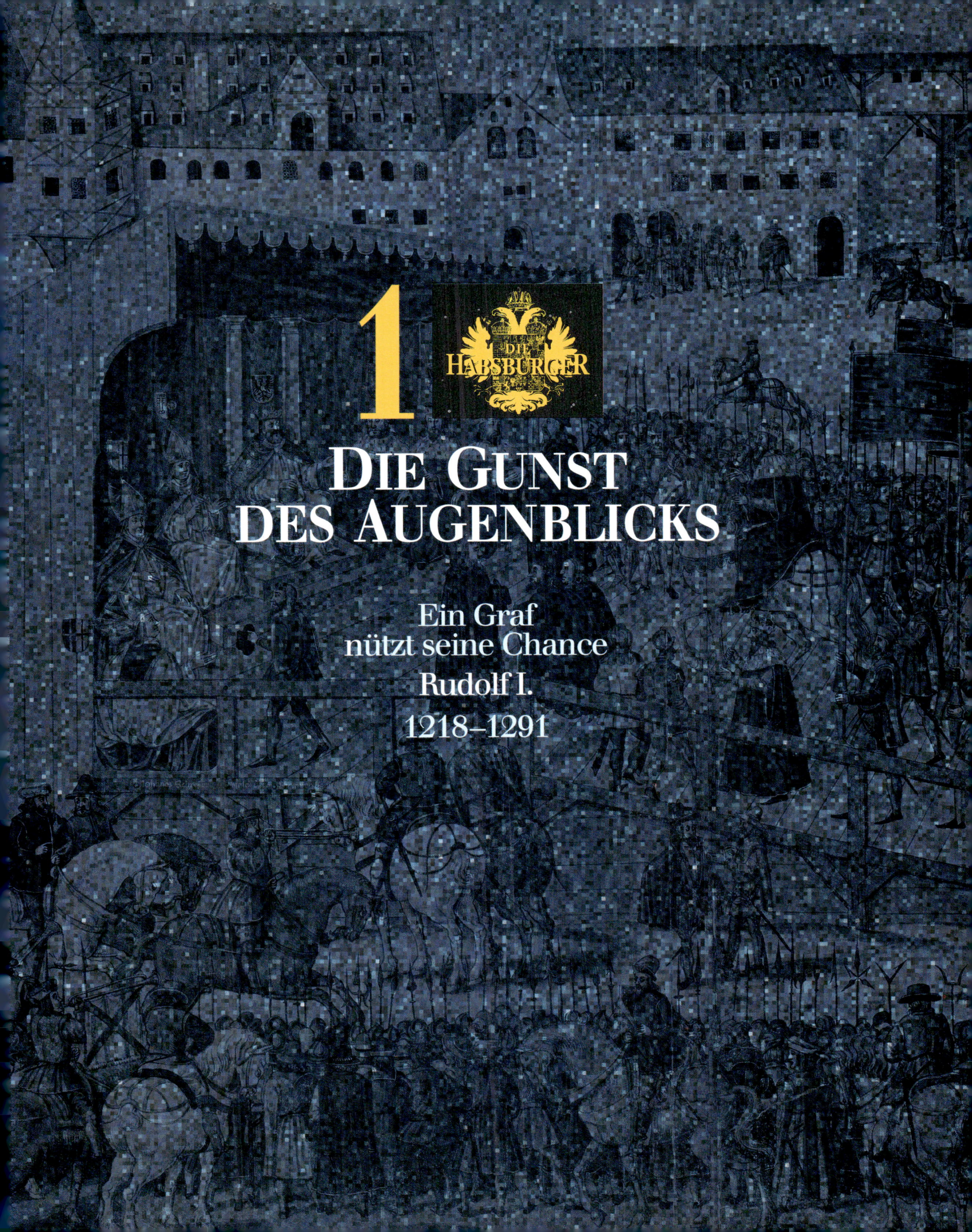

1

DIE HABSBURGER

DIE GUNST
DES AUGENBLICKS

Ein Graf
nützt seine Chance
Rudolf I.
1218–1291

ZEITTAFEL

2. H. 10. Jh.	Guntram der Reiche
1. H. 11. Jh.	Ratbod, Graf im Klettgau; Bischof Werner von Straßburg; Graf Rudolf I. Gründung der Habsburg und Stiftung des Klosters Ottmarsheim
1111	Otto II., Graf von Habsburg, stirbt
1167	Graf Werner II. stirbt vor Rom im Heer Friedrichs I. Barbarossa (1152–1190)
1192	Der Babenbergerherzog Leopold V. wird auch Herzog der Steiermark
1212–1250	Kaiser Friedrich II. von Hohenstaufen
1. 5. 1218	Geburt Rudolfs (als Graf von Habsburg Rudolf IV.)
1230–1246	Herzog Friedrich II., der letzte Babenberger
1239/40	Graf Albrecht IV., Vater König Rudolfs I., stirbt im Heiligen Land
1241	Rudolf bei Friedrich II. in Italien; Mongoleneinfall in Schlesien und Ungarn
1245	Konzil von Lyon; Papst Innozenz IV. erklärt Kaiser Friedrich II. für abgesetzt
1248–1256	König Wilhelm von Holland
1250–1254	König Konrad IV. von Hohenstaufen
1251/52	Přemysl Ottokar II. von Böhmen (1253–1278) wird als Herzog von Österreich anerkannt und heiratet die Babenbergerin Margarete
1254	Friede von Ofen zwischen Ottokar und dem Ungarnkönig Béla IV. (1235–1270), der die Steiermark erhält
1255	Geburt Albrechts (I.), Sohn Rudolfs I.
1257–1272	König Richard von Cornwall
1257–1284	König Alfons von Kastilien
1260	Friede von Wien zwischen Ottokar und Béla IV., der auf die Steiermark verzichtet
1264	Die Grafen von Kiburg sterben aus; Rudolf von Habsburg erwirbt einen Großteil ihres Erbes
1266	Schlacht bei Benevent; Karl von Anjou schlägt König Manfred
1267/68	Rudolf von Habsburg bei Konradin in Verona
1268	Schlacht bei Tagliacozzo; Karl von Anjou schlägt den Staufer Konradin und läßt ihn in Neapel hinrichten
1269	Tod Ulrichs, Herzog von Kärnten, des letzten Sponheimers; Ottokar von Böhmen setzt sich in Kärnten und Krain durch
1270	Geburt Rudolfs (II.), Sohn Rudolfs I. von Habsburg
1271–1276	Papst Gregor X.
1. 10. 1273	Wahl Rudolfs von Habsburg zum römisch-deutschen König in Frankfurt
24. 10. 1273	Königskrönung Rudolfs in Aachen
1274	Hochzeit Albrechts (I.) von Habsburg mit Elisabeth, Tochter Meinhards II. von Görz-Tirol
Nov. 1274	Hoftag von Nürnberg; Huldigungsaufforderung an Ottokar von Böhmen
Okt. 1276	Rudolf von Habsburg zieht in Österreich ein
18. 10. 1276	Rudolf vor Wien
21. 11. 1276	Friede zwischen Rudolf und Ottokar
Nov. 1277	Treffen Rudolfs mit dem Ungarnkönig Ladislaus IV. (1272–1290) bei Hainburg
26. 8. 1278	Schlacht bei Dürnkrut und Jedenspeigen; Sieg Rudolfs I. und Ladislaus' IV. über Ottokar II.; Ermordung Ottokars
1281	Tod Gertruds (Annas), der Frau Rudolfs I., und seines Sohnes Hartmann
Dez. 1282	Belehnung Albrechts I. und Rudolfs II. mit Österreich, Steiermark, Kärnten und Krain
1. 6. 1283	Vertrag von Rheinfelden zur Regelung der habsburgischen Erbfolge
1289	Geburt Friedrichs (I., des Schönen), Sohn Herzog Albrechts I.
1290	Tod Rudolfs II.
15. 7. 1291	Tod Rudolfs I. in Speyer
1292–1298	König Adolf von Nassau
1293	Geburt Leopolds (I.), Sohn Herzog Albrechts I.
1298	Schlacht bei Göllheim – Niederlage und Tod Adolfs von Nassau gegen Albrecht I.
1298	Geburt Albrechts (II.), Sohn Albrechts I.
24. 8. 1298	Krönung Albrechts I. in Aachen
3./4. 7. 1307	Tod Rudolfs III., Sohn Albrechts I., seit 1306 König von Böhmen
1308	Ermordung Albrechts I. durch seinen Neffen Johann Parricida an der Reuß
1308–1330	Herzog Friedrich I. „der Schöne"
1308–1326	Herzog Leopold I.
1308–1313	König Heinrich VII. von Luxemburg
1314	Königswahl Ludwigs des Bayern und Friedrichs des Schönen
1315	Schlacht bei Morgarten, Sieg der Eidgenossen über Leopold I.
1322	Schlacht bei Mühldorf; Ludwig schlägt Friedrich den Schönen und nimmt ihn gefangen
1330–1358	Herzog Albrecht II.

Der Mensch Rudolf

„Der Mann war groß von Gestalt – er maß etwa sieben Fuß –, hager, mit kleinem Kopf, blassem Gesicht und langer Nase, hatte nur schüttere Haare, schmale und lange Gliedmaßen" – so beschreibt ein zeitgenössischer Chronist Rudolf von Habsburg, den ersten habsburgischen König. Plastischer als viele andere mittelalterliche Herrscher läßt sich die Gestalt Rudolfs I. aus der Distanz von sieben Jahrhunderten erkennen. Rudolfs Körpergröße wurde durch die Öffnung seiner Gruft im Dom zu Speyer im Jahr 1900 bestätigt. Dort ist auch ein außergewöhnliches Bilddenkmal erhalten geblieben, das zu den zeitgenössischen Beschreibungen gut paßt: die mit einem Relief geschmückte Grabplatte. Leider ist das Relief nicht ganz unbeschädigt auf uns gekommen. Einer der vielen unvollendeten Pläne Kaiser Maximilians I. war es, in Speyer eine monumentale Anlage für die Gräber seiner frühen Vorgänger zu schaffen; daraufhin wurde um 1500 die Grabplatte aus dem Dom entfernt, später beschädigt, ging verloren und wurde angeblich in einem Kuhstall wiedergefunden. 1815 konnte Kaiser Franz I. sie nach der Restaurierung und Wiederaufstellung im Dom zu Speyer bewundern; leider ist manches falsch ergänzt worden. Das zeigt der Vergleich mit einer Abbildung des Grabmals, die Maximilian I. zum Glück anfertigen ließ.

Spuren der Vergangenheit, Zufälle der Überlieferung. In einer Zeit, die bei Bildnissen von Herrschern dem Idealbild vor dem Abbild den Vorzug gab, erstaunt der Realismus in der Reliefdarstellung des Habsburgers: ein Durchbruch der mittelalterlichen Porträtkunst. Nie habe man ein Bild gesehen, das „einem Manne so gleich war", staunte noch Jahrzehnte später der steirische Reimchronist Ottokar. So naturgetreu habe der Künstler das Gesicht des Habsburgers darstellen wollen, daß er ihm extra in den Elsaß nachgereist sei, um eine neue Falte in seinem Gesicht zu studieren. Aber Rudolf hatte auch ein markantes Gesicht. Die „scharf geschnittene, kühn geschwungene Nase" (wie Adam Wandruszka den markanten Körperteil beschreibt) erinnert fast an die Herkunft des Geschlechtsnamens – von der Hab(icht)sburg. „Die Adlernase gibt dem Gesicht markante Kraft", befand auch Rudolfs großer Biograph Oswald Redlich. Zu Rudolfs Zeiten wurde seine Nase zuweilen viel respektloser gesehen; sie gab sogar Anlaß zu zwei Anekdoten, die uns überliefert sind. Einmal sollen die Herren von Regensberg dem Grafen Rudolf nach dem Leben getrachtet haben und spöttisch gemeint haben, sie würden ihm die lange Nase abschneiden. Einer ihrer Leute verriet aber das Vorhaben, als er dann dem

Rudolf I. von Habsburg (um 1218–1291), der erste Habsburger auf dem deutschen Königsthron: Mit ihm begann der Aufstieg einer Familie, die fast sieben Jahrhunderte die Geschichte Europas entscheidend prägte.
ÖNB

Habsburger gegenübertrat und überrascht feststellte, so lange sei die Nase gar nicht wie seine Herren gesagt hätten; Rudolf rächte sich mit einem Blutbad. In der anderen Anekdote reagiert er viel gutmütiger auf den Spott. In Zürich habe er eine große Kriegerschar angesammelt; ein Bürger, der sich dadurch behindert fühlte, meinte: „Dieser König mit seiner langen Nase steht mir im Weg." Daraufhin soll Rudolf mit dem Finger die Nase weggebogen und dem vorlauten Züricher mit amüsiertem Gesicht und wohlwollenden Worten Platz gemacht haben.

Wenig ist an Rudolf von Habsburg nach so vielen Jahrhunderten so klar erkennbar wie sein scharf geschnittenes Profil. Sein Charakter, seine Persönlichkeit, die Motive seiner Taten sind viel schwieriger zu schildern. Nicht, daß die Zeitgenossen darüber gar nichts berichtet hätten. „Maßvoll in Speise und Trank und anderen Dingen, ein weiser und kluger Mann"; „von Jugend auf kriegerisch, ein kluger und mächtiger und doch auch vom Glück begünstigter Mann", schreiben unsere Gewährsleute über ihn. Als er 1273 zum König gewählt worden war, begründeten die Kurfürsten in ihrer Wahlanzeige an den Papst, warum sie Rudolf den Vorzug gegeben hatten: er sei „rechtgläubig, ein Freund der Kirchen, pflege die Gerechtigkeit, sei klug in Entschlüssen und leuchtend in der Frömmigkeit, stark an eigenen Kräften und vielen Mächtigen durch Verwandtschaft verbunden, Gott genehm und angenehm in seiner menschlichen Erscheinung, mit kräftigem Körper und erfolgreich im Krieg gegen die Ungläubigen". So oder ähnlich beschrieb man freilich viele Herr-

Am Zusammenfluß von Reuß und Aare bei Brugg in der Schweiz errichtete der Straßburger Bischof Werner die Habichtsburg. Der heute noch sichtbare Bergfried geht auf das 11. Jahrhundert zurück. Der 1111 gestorbene Otto II. war der erste, der sich nach der Burg Graf von Habsburg nannte. Hier eine Darstellung aus dem 19. Jahrhundert.

ÖG

scher jener Zeit; man kann nicht einmal daraus schließen, daß Rudolf je tatsächlich gegen Heiden oder Moslems gekämpft hatte. Im Heiligen Land, wo sein Vater den Tod fand, war er jedenfalls nie. Aber die Kurfürsten wußten eben, was der Papst von einem christlichen König erwartete.

Wie war Rudolf von Habsburg wirklich? Es gibt noch eine Gruppe von Quellen, die darüber berichten. Es sind volkstümliche Anekdoten, die recht bald nach Rudolfs Tod von Chronisten überliefert werden; durchaus möglich, daß viele schon zu Rudolfs Lebzeiten entstanden sind und durch predigende Bettelmönche verbreitet wurden. Am berühmtesten (nicht zuletzt durch Schillers Gedicht) ist wohl die Geschichte geworden, wie Rudolf an einer Furt einem Priester das Pferd überläßt, damit er mit dem Allerheiligsten sicher durch den Fluß reiten könne. Als der Priester ihm das Pferd zurückgeben will, lehnt Rudolf ab: Er könne doch nicht mehr auf einem Pferd reiten, das den Herrn selbst getragen habe. Die geistlichen Chronisten, die solches erzählen, machen aus dem König ein Vorbild für die Demut weltlicher Herren gegenüber der Kirche; besonders beliebt wurde die Geschichte dann in der habsburgischen Propaganda seit der Gegenreformation. Es ist zweifelhaft, ob

des Habsburgers Christentum seinen Zeitgenossen wirklich als Vorbild dienen konnte; vor seiner Königswahl lag er meistens mit Bischöfen oder Äbten in Fehde und scheute sich dabei nicht, Klöster zu verwüsten und niederzubrennen. Solche Abenteuer mußten im Mittelalter freilich niemals tief empfundener Frömmigkeit widersprechen.

Viel öfter als über den frommen Christen Rudolf berichten die Anekdoten über Rudolf als Kriegsherrn. Dabei sind es nicht so sehr Tapferkeit und außergewöhnliche Heldentaten, die man dem Habsburger zuschreibt. Eher kommt er durch Kriegslisten zum Ziel: „Mehr durch Klugheit als durch Stärke hat er gesiegt", charakterisiert ihn eine Chronik. Zum Beispiel überrumpelt er eine Burgbesatzung, indem er seine Leute zu zweit aufsitzen läßt, so daß die Feinde ihre Anzahl unterschätzen und dann vor Schreck die Flucht ergreifen, als sie ihren Irrtum erkennen. Rudolf bemüht sich auch, die eigenen Verluste gering zu halten; lieber zieht er eine Belagerung länger hinaus und erzwingt eine Übergabe, als in einem verlustreichen Sturmangriff seine Krieger aufs Spiel zu setzen: Denn von ihnen hingen sein Erfolg und sein Ruhm ab, soll er bei einer solchen Gelegenheit gesagt haben. Mehrfach gerät Rudolf in Lebens-

Friedrich II. der Staufer (1194–1250), deutscher König und Kaiser. Rudolf war ein treuer Gefolgsmann des Staufers. Eine Chronik erzählt, Kaiser Friedrich II. selbst habe den kleinen Rudolf aus der Taufe gehoben.
ÖNB

Von Rudolfs staufischen Vorgängern, einem Friedrich Barbarossa oder Friedrich II., hätte man solche Geschichten kaum erzählt. Auch Rudolfs immer wieder betonte Vorliebe für einfache Kleidung, seine herausgestrichene Bescheidenheit, unterschied sich beträchtlich vom prunkvollen Auftreten der Staufer. War das gezielte Propaganda oder Rudolfs Persönlichkeit? Rudolfs Popularität, vor allem bei der Nachwelt, beruhte jedenfalls auf solchen Geschichten. Auch darin ist es ihm gelungen, sich ein unverwechselbares Profil zu geben. In späteren Jahrhunderten wurde ein in Österreich gerne gehegtes Klischee daraus: Der arme Graf, fromm, bescheiden, pflichtbewußt und leutselig, wird von der Vorsehung zum höchsten Amt, zum Königtum ausersehen: nicht als der mächtigste oder der angesehenste, aber wohl als der würdigste und charakterstärkste Kandidat. Sein Gegner, Ottokar II. von Böhmen, wird in diesem patriotischen Bild zur Verkörperung des Gegenteils: hochmütig, prunksüchtig, leichtsinnig und menschenverachtend. Diese Aufsteigerlegende war eine würdige Ouvertüre der habsburgischen Familiensaga; die moralische Überlegenheit über andere Dynastien schwingt im Habsburger-Mythos immer wieder mit.

Ottokar selbst hat allerdings an dieser Legende gezimmert. Von seinem Hof ging ja der Spott aus, der den neuen König Rudolf als „armen Grafen" denunzieren sollte (wobei im Wort „pauper", arm, die bescheidene Herkunft stärker mitschwingt als in unserem rein materiellen Verständnis des Wortes). Ja sogar als „Bruder Rudolf mit der Kapuze", als Bettelmönch, wurde der Habsburger in Böhmen verspottet. Gar mancher zeitgenössische Dichter, ergrimmt über Rudolfs Desinteresse an der höfischen Dichtkunst, stimmte in solche Vorwürfe ein: Knausrig und armselig sei dieser König; kein Adler, wie auf dem Reichswappen, sondern nur ein Specht, der an einem faulen Baum klopft. Im Lager Rudolfs war man gar nicht darum bemüht, solchem Spott entgegenzuwirken. Im Gegenteil, man verstärkte das Bild vom „armen König" durch zahlreiche Anekdoten und verkehrte es dabei ins Positive: Rudolf muß sich auf einem Kriegszug von Rüben aus dem Feld ernähren und sein Wams selbst flicken. Seine Jugend habe er „in höchster Armut" verbracht. Arme und Bedürftige

gefahr und wird von Getreuen gerettet. Nach einem bösen Sturz vom Pferd stellt sich der Graf von Habsburg tot und wird erst von einem korpulenten Züricher Bürger namens Müller gerettet, der ihm sein Pferd für die Flucht leiht; noch als König erweist Rudolf seinem Retter seine Dankbarkeit. In der Marchfeldschlacht kam Rudolf dann in eine ähnlich prekäre Lage.

Oft zeigen die Anekdoten den Habsburger als leutseligen Herrn in städtischer Umgebung, der mit den Bürgern fast von gleich zu gleich verkehrt. Er spricht inkognito mit einer Mainzer Bäckersfrau, die über die schlechten Zeiten klagt und ihn schließlich davonjagt. Er hilft einem Kaufmann, von einem betrügerischen Wirt in Nürnberg einen Beutel Silber zurückzubekommen; er gibt einem anderen Ratschläge für ein gutes Geschäft und bietet sich dabei als Teilhaber an. Er verliebt sich in die schöne Gemahlin eines Züricher Schmiedes, legt die königlichen Gewänder ab und zieht sich bürgerlich an, um mit der Bewunderten ein Stündchen ungestört plauschen zu können. Noch 200 Jahre später ist eine Geschichte vom fröhlichen Zecher Rudolf überliefert worden: Als ihm das Bier eines Erfurter Bürgers besonders gut schmeckt, reitet er durch die Straßen und lobt lautstark das edle Gebräu, das ihm sein Gastgeber vorgesetzt hat. Bürgerliche Gastfreundschaft scheint Rudolf überhaupt immer wieder gerne genossen zu haben. Tatsächlich war er der erste König, der viel häufiger in Städten als in Burgen und Pfalzen wohnte.

Olifant: Orientalisches Beutestück, das ein Vorfahre König Rudolfs von einem Kreuzzug mitgebracht haben soll.
KHM

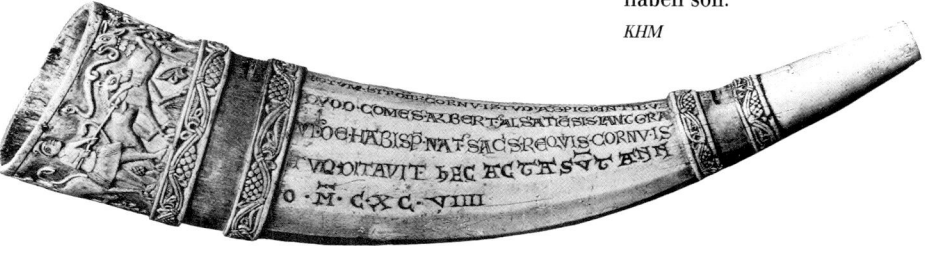

fänden bei ihm immer ein offenes Ohr. Als er gegen Ottokar aufbricht, wird er nach seinem Schatz gefragt; er besäße nur fünf schlechte Schillinge, so die berühmt gewordene Antwort, und vertraue auf Gott. Dabei konnte man an das alte volkstümliche Idealbild vom demütigen, bescheidenen König anknüpfen. Im Aufstieg dieses „armen Grafen" zum König, in seinen Erfolgen mußte man dann eine göttliche Fügung erkennen. „Gott, der die Hohen stürzt und die Niedrigen erhöht, hat Euch auf den Königsthron erhoben", schrieb 1275 der Meister des Templerordens, als er Rudolf zu seinem Königtum gratulierte. In so unruhigen Zeiten tat es wohl, wieder die ordnende Hand Gottes auf Erden erkennen zu können. Im Kampf gegen Ottokar hat gerade das viele Anhänger des Böhmenkönigs an Rudolfs Seite geführt oder zumindest mit dem Habsburger ausgesöhnt. Gutolf von Heiligenkreuz, ein Anhänger Ottokars, erkannte Rudolfs Erfolge durchaus an: „In Schwaben erhebt er sich wie ein Häufchen Asche, und schon weitet sich die Spannweite seiner Schwingen bis an die Grenzen Ungarns und, was mehr ist, überall

auf Erden." Die „modica favilla", das „Aschenhäufchen aus Schwaben", hatte Ottokar und seine Anhänger überrascht und sich wie ein Phönix erhoben.

Noch heute ist es nicht leicht, Rudolf von Habsburg vom Ballast der Propaganda, der Legenden, von Grillparzerschen und Schillerschen Verklärungen, vom Sediment volkstümlichen Bildungsgutes zu befreien: Vor allem deswegen, weil heutige Historiker die alten Klischees nicht durch ebenso schlüssige, ebenso scharfgeschnittene Bilder ersetzen können. Vieles am Mittelalter in unserem Geschichtsbild ist diffuser und widersprüchlicher geworden. Am schwierigsten aber fällt es heute, Menschen des Mittelalters und ihren Charakter zu deuten. Viele Habsburger der Neuzeit haben Tagebücher oder andere Aufzeichnungen hinterlassen, in ihre Briefe fließt zumindest gelegentlich Persönliches ein. Rudolfs erhaltene Briefe sind diplomatische Korrespondenz, nicht von ihm selbst geschrieben und verfaßt, nach Kanzleigebrauch stilisiert. Eine unverwechselbare, individuelle, ungefilterte Äußerung Rudolfs selbst besitzen wir

Graf Rudolf von Habsburg und der Priester. Rudolf konnte bereits auf eine 300jährige Familientradition zurückblicken. Mitte des 12. Jahrhunderts hatten die Mönche des habsburgischen Hausklosters Muri die Herkunft ihrer Gönner aufgezeichnet.
ÖNB

nicht: Wir kennen nur Bilder, die andere von ihm überlieferten, und nicht einmal die sind besonders reich an Details. Solche Bilder wandelten sich im Lauf der Jahrhunderte, wurden tradiert, korrigiert und ausgebaut. Noch Oswald Redlich, Rudolfs großer Biograph, entwarf vor knapp hundert Jahren ein prägnantes Bild seiner Persönlichkeit, „die ihn hervorhob und ihm eigen blieb auch auf dem Königsthrone". Heute wissen wir, wie sehr solche Entwürfe selbst wieder zeitgebunden sind. Viel mehr als den politischen Rudolf bekommen wir nicht zu fassen, wie ihn jüngst Peter Moraw charakterisierte: „Ein befähigter Kriegsmann und Praktiker regionaler Politik, freilich illiterat und ohne jeden Anklang an staufische Hofkultur und Welterfahrung."

Vielleicht müssen wir uns bescheiden: Rudolf I. als Mensch wird für uns in vielem ein Fremder bleiben. Doch wir können uns dafür entschädigen, wenn wir auch seine Umwelt, seine Voraussetzungen betrachten, die Konstellationen, in denen er wirksam wurde, und die Folgen, die seine Handlungen hatten. Dem politischen Menschen Rudolf von Habsburg gelang es, seine Möglichkeiten zu nützen und Bleibendes zu bewirken. Daß er zum Gründer einer über sechshundertjährigen Herrschaftstradition werden könnte, war nicht vorauszusehen; die späte Nachwelt hat ihm diesen Rang jedoch ohne Zweifel zuerkannt. Deshalb kann er hier am Beginn einer vielhundertjährigen Geschichte stehen und helfen zu erklären, wie die Habsburger nach Österreich kamen.

Die Habsburger: gräfliche Anfänge

Als „comes minus ydoneus", als weniger für das Königtum geeigneten Grafen, hat König Ottokar den eben gewählten Rudolf in einem Brief an den Papst bezeichnet. Mit diesem Urteil stand er unter den Zeitgenossen nicht allein; daß Rudolf keinem der angesehensten Geschlechter angehörte und nicht einmal verwandtschaftliche Beziehungen zu ihnen aufweisen konnte, mußte in der damaligen Adelsgesellschaft als Mangel empfunden werden. Wahrscheinlich schon bald nach der Wahl, spätestens aber gleich nach Rudolfs Tod hat der Kreis um den Habsburger solchen Auffassungen entgegengearbeitet und eine Herkunft der Familie aus dem alten Rom behauptet.

Aber auch ohne solche Konstruktionen konnte Rudolf bereits auf eine dreihundertjährige Familientraditon zurückblicken. Nach der Habsburg hieß die Familie allerdings nicht von Anfang an. Mitte des 12. Jahrhunderts hatten die Mönche des

habsburgischen Hausklosters Muri in ihrer Gründungsgeschichte auch die Herkunft ihrer Gönner aufgezeichnet. Die ließ sich damals bis auf einen Guntram zurückverfolgen, den man „den Reichen" nannte und der wohl in der zweiten Hälfte des 10. Jahrhunderts lebte. Sein Enkel Ratbod, Graf im Klettgau nordwestlich von Schaffhausen, hatte um 1020 das Kloster Muri im Aargau gegründet. Auch sein Bruder Rudolf, der erste dieses Namens, stiftete ein Kloster: Ottmarsheim im Oberelsaß. Er ließ dort eine achteckige Kapelle nach dem Vorbild der Aachener Pfalzkapelle Karls des Großen errichten, wo später sein Namensvetter als erster Habsburger zum König gekrönt werden sollte. Papst Leo IX., selbst ein Elsässer, weihte 1049 persönlich das Ottmarsheimer Kloster.

Der dritte aus jener Habsburger Gründergeneration, Werner, trat in den geistlichen Stand ein und stieg zum Bischof von Straßburg auf. Ob er ein Bruder oder ein Schwager Ratbods war, läßt sich nicht mehr genau klären.

Während die beiden weltlichen Herren, sicherlich mit seiner Mitwirkung, Klöster gestiftet hatten, trug Bischof Werner durch einen Burgenbau zur Habsburger Tradition bei. Am Zusammenfluß von Reuß und Aare errichtete er eine Burg, die Habichtsburg oder Habsburg. Werner von Straßburg starb 1028 als kaiserlicher Gesandter in Konstantinopel, der Besitz fiel daraufhin an Graf Ratbod und dessen Erben. Seit dem 14. Jahrhundert knüpfte sich an den Bau der Habsburg eine

Ratbod, Graf im Klettgau, hatte um 1020 das Kloster Muri gegründet.
Sein Bruder Rudolf stiftete ebenfalls ein Kloster: Ottmarsheim im Elsaß. Er ließ dort eine achteckige Kapelle nach dem Vorbild der Aachener Pfalzkapelle Karls des Großen errichten.
Nemeth

Sage: Bischof Werner wirft darin Ratbod vor, daß er ganz auf die Wälle und Türme vergessen habe; der verspricht, das Vergessene binnen einer Nacht nachzuholen. Am Morgen stehen dann die habsburgischen Getreuen wie eine Mauer um die Burg, dazwischen die Ritter wie Türme. Die Treue der Menschen, nicht Mauern soll die habsburgische Herrschaft schützen, das ist die Moral der Geschichte, die fortan zum festen Bildungsgut habsburgischer Prinzen gehörte. Tatsächlich sind auf der Habsburg heute keine Wallanlagen mehr erhalten. Der heute noch sichtbare Bergfried geht auf das 11. Jahrhundert zurück; bis ins 12. Jahrhundert wurde die Anlage wesentlich erweitert, über den heute erhaltenen Umfang hinaus. Zwischen den beiden Flüssen erstreckte sich ein Kern habsburgischer Besitzungen, die später „das Eigen" genannt wurden. Der 1111 gestorbene Otto II., ein Enkel Ratbods, war der erste, der sich nach der Burg „Graf von Habsburg" nannte. Später saßen dort nur mehr Gefolgsleute, Ministerialen der Habsburger.

Schon am Beginn des 11. Jahrhunderts hatten die Habsburger Rechte und Besitzungen in jenem Raum, der bis zu Rudolfs Königswahl Zentrum ihrer Interessen sein sollte: beiderseits des Rheins unter- wie oberhalb von Basel, vor allem im Elsaß und im Breisgau sowie südlich davon im Aargau. Immer wieder mußten diese Besitzungen unter mehreren Erben geteilt werden, wurden aber doch wieder von einer überlebenden Linie vereinigt – so wie es noch bis ins 17. Jahrhundert geschah. Auch konnten schon die Habsburger Grafen im Lauf der Zeit durch geschickte Heiratspolitik und glückliche Erbfälle ihren Besitz erweitern, unter anderem bis in die Zentralschweiz hinein. Wie andere schwäbische Adelshäuser konnten die Habsburger als Gefolgsleute der Staufer ihre Stellung ausbauen. Besonders Rudolf II. († 1232) stand dem Stauferkönig Friedrich II. nahe, den er schon gegen seinen welfischen Rivalen Otto IV. unterstützt hatte und für den er mehrfach nach Italien zog. Nach Rudolfs Tod wurden die habsburgischen Besitzungen wieder einmal geteilt; die Laufenburger Linie, die den unbedeutenderen Anteil erhalten hatte, bestand bis 1415. Sein älterer Sohn Albrecht IV., der Vater König Rudolfs I., starb schon 1239/40 auf einer Fahrt ins Heilige Land; der 22jährige Rudolf folgte ihm als vierter Graf dieses Namens.

Straßburg, Münster: Blick auf die Westfassade. Werner, ein Urahne König Rudolfs, war Bischof von Straßburg und starb 1028.

AKG

Die Welt Rudolfs von Habsburg

Generationen deutscher Historiker haben die Zeit Rudolfs von Habsburg als Verfallszeit beschrieben, die dem Höhepunkt mittelalterlicher Kaisergeschichte, dem Stauferreich, folgte und in der ein jahrhundertelanger Niedergang des Reiches einsetzte. Erst heute läßt man sich von den Zeichen staufischer Machtentfaltung weniger blenden und versteht auch die zweite Hälfte des 13. Jahrhunderts als Periode, in der Neues, Zukunftweisendes entstand. Breitere Kreise als früher nahmen am politischen Leben teil, der Raum der Öffentlichkeit begann sich zu erweitern, neue Konfliktfelder brachen auf. Daß die römisch-deutschen Könige die neuen Tendenzen nicht so wie die Frankreichs nützen konnten, um ihre Zentralmacht zu stärken, sollte heute nicht mehr einseitig beklagt werden. Gibt man der mittelalterlichen Geschichte die Entwicklung eines modernen Nationalstaates als Fernziel vor und beurteilt ihre Akteure danach, ob sie diesem Ziel nähergekommen sind, so wird man von ihnen wenig verstehen. Auch wenn wir wissen, wie die Geschichte weiterging: Der Versuch lohnt, Rudolf von Habsburg aus seiner eigenen Welt heraus zu verstehen – weder als gescheiterten Einiger des Reiches noch als Gründer einer

Wahre Conterfetung des Fürstlichen Schlos Kiburg im Turgau gelegen

Die Fürstlich vnd gwaltig Grafschaft Kiburg in dem Thurgau gele

Donaumonarchie, die erst ein halbes Jahrtausend nach seinem Tod politische Realität geworden ist. Zeichen des Wandels wird Rudolf im Laufe seines für die Verhältnisse der Zeit sehr langen Lebens wohl wahrgenommen haben – auch wenn er dabei sicherlich ganz anderes wichtig nahm, als es unserem Geschichtsbild entspricht. Manche Veränderungen gingen ganz allmählich vor sich und hatten schon zur Zeit seiner Geburt eingesetzt: etwa der Aufstieg der Städte und ihrer Ordnungen, die Ausbreitung von Handel und Geldwirtschaft – gerade während seiner Regierungszeit sollte er damit mehr zu rechnen haben als frühere Herrscher. Langsam veränderten die Städte ihr Gesicht, gotische Kathedralen wuchsen empor – in Reims und Amiens begann man in den Jahren von Rudolfs Geburt zu bauen, Mitte des Jahrhunderts folgten Köln und andere deutsche Kirchen und Dome. Oder die Zunahme von Bildung und Schriftlichkeit: Die Universitäten, allen voran Paris, verstärkten ihr Gewicht. Rudolfs Zeitgenosse

Thomas von Aquin (1225–1274), der „doctor angelicus", schuf ein lange Zeit gültiges Lehrgebäude scholastischer Philosophie. Die Juristen, vor allem an der Universität von Bologna und der päpstlichen Kurie, legten grundlegende Zusammenfassungen kanonischen und römischen Rechtes an. Normen und Verfahren deutschen Gewohnheitsrechtes von der Königswahl bis zu bäuerlichen Besitzstreitigkeiten wurden aufgezeichnet, etwa im berühmten Sachsenspiegel. In alltäglichen Geschäften vertraute man immer mehr auf schriftliche Aufzeichnungen, was noch heute die Arbeit des Historikers bestimmt: Die bis dahin raren uns erhaltenen Urkunden wachsen im Lauf des 13. Jahrhunderts zu einer kaum noch überblickbaren Flut an.

Anderes beschäftigte die Zeitgenossen viel stärker, besonders wohl die religiösen Bewegungen der ersten Jahrhunderthälfte. In den Jahren um Rudolfs Geburt wurde in Südfrankreich die radikale religiöse Bewegung der Albigenser oder

Die Ki(y)burg im Thurgau, im heutigen Kanton Zürich. Rudolfs Mutter Hedwig stammte aus dem Geschlecht der Kiburger. Nach deren Aussterben brachte Rudolf den gesamten Besitz an sich. Die Habsburger Linie Kiburg starb 1419 aus.

ÖNB

Blick vom Höhenrand
des Rheintals auf den
Loreleifelsen.
AKG

Gertrud, Gräfin von
Hohenberg (um 1230–1281),
wurde erstmals 1254 als
Gattin Rudolfs bezeugt.
ÖNB

Katharer (davon kommt das Wort „Ketzer") mit
Feuer und Schwert verfolgt. Um die Ketzer zu verdrängen, rief der Spanier Dominikus († 1221) eine
christliche Armutsbewegung hervor, die das Evangelium ernster zu nehmen versprach als die vielfach wegen ihres Reichtums kritisierte Kirche,
ohne aber mit dieser zu brechen. Ein wahrhaft
christliches Leben in Armut lebte auch Franz von
Assisi († 1226) vor, am Rande dessen, was die Amts-
kirche dulden wollte. Als sie die päpstliche Bestätigung errungen hatten, breiteten sich Franziskaner und Dominikaner mit großem Erfolg aus:
Die beiden Bettelorden waren nicht, wie Benedik-
tiner und Zisterzienser, zur Ortsfestigkeit in ihrem
Kloster verpflichtet, sondern kümmerten sich als
Prediger vor allem um die städtische Bevölkerung,
wo sie bald großen Einfluß gewannen: Rudolf sollte
das später für sich zu nützen wissen.

Aus religiöser Wurzel war auch eines der ehrgei-
zigsten Unternehmen des mittelalterlichen Abendlandes entstanden, für das in Rudolfs Zeit die
letzten großen Anstrengungen unternommen wurden, bevor es endgültig scheiterte: die Kreuzzüge.
Längst hatten sich päpstliches Streben nach Vorrang, Rivalitäten von Rittern und Fürsten, Handels-

interessen italienischer Seestädte, Abenteuerlust
und Expansionsdrang, religiöser Eifer und Schein-
heiligkeit unentwirrbar verflochten. Generationen
abendländischer Ritter richteten im Heiligen Land
fürchterliche Blutbäder an, gewannen und verloren exotische Herrschaften und gaben dafür ihr
Leben. Immer noch erwartete man von einem
erfolgreichen Herrscher, das Kreuz zu nehmen,
auch wenn Ziele und Erfolge immer zweifelhafter
wurden.

Die Verwundbarkeit der christlichen Ordnung Osteuropas, bis tief nach Mitteleuropa, zeigte sich freilich in Rudolfs jungen Jahren, als die Mongolen bis
an Deutschlands Grenzen vordrangen. Bis zu seinem Tod 1227 hatte der große Dschingis Khan von
den Steppen Zentralasiens aus ein Reich von China
bis Persien und ans Schwarze Meer erobert; seine
Söhne vergrößerten es weiter nach allen Seiten,
und so stießen sie 1241 nach Europa vor. Zugleich
schlugen sie im schlesischen Liegnitz ein deutsches Ritterheer und überrannten ganz Ungarn.
Rudolf selbst war im Feldlager Kaiser Friedrichs II.
in Spoleto im Frühjahr 1241 dabei, als ungarische
Gesandte den Kaiser als Lehensherrn Ungarns anerkannten, um Hilfe zu erhalten. Nur Auseinander-

setzungen zwischen den mongolischen Khanen verhinderten ein weiteres Vordringen der Mongolen (oder „Tataren"). Die Gefahr aus der Weite der Steppe hatte aber auch den Blick nach Osten geöffnet; Gesandte gingen zwischen Papst und Mongolenkhanen hin und her, Pian del Carpine und der Franziskaner Wilhelm Rubruk berichteten aus Zentralasien, und noch zu Rudolfs Lebzeiten trat Marco Polo die Reise bis nach China an. Trotz der neuen, teils ohnehin für phantastisch gehaltenen Nachrichten blieb das mittelalterliche Weltbild freilich unverändert: eine Erdscheibe, fast ganz von den Kontinenten Europa, Asien und Afrika bedeckt, mit Jerusalem im Zentrum, und am Rand vielfach von Fabelwesen bevölkert; darüber die Sphären der Planeten, der Sterne und der Engel. Nicht nur im Himmel, auch im Alltäglichen dachte man sich Geistliches und Körperliches, Glauben und Wissen, menschliches Handeln und göttliches Walten viel enger verflochten als unsere Zeit. Die gesellschaftliche Ordnung mit all ihrer Ungleichheit empfand man als gottgewollt, politischen, ja militärischen Erfolg sah man in Gottes Hand. Christus, die Muttergottes und die Heiligen suchte man durch Gebet und Gaben an die Kirche für irdische Unternehmungen ebenso wie für jenseitiges Heil gnädig zu stimmen. Auf diese Weise hatte die Kirche seit Jahrhunderten gewaltige Besitztümer angehäuft und großen Einfluß in sehr materiellen Dingen erworben. Immer noch hatte die Kirche als einzige für viele gesellschaftliche Aufgaben das geeignete Personal zur Verfügung, dem man auch leichter zutraute, nicht an persönlichen Vorteil zu denken – Männer, von denen man zumindest wußte, daß sie nichts vererben und dadurch auf Dauer beiseite schaffen konnten. Die Herrscher des 10. und 11. Jahrhunderts hatten sich diese Vorteile besonders zunutze zu machen versucht. Seitdem hatten kirchliche Würdenträger im Reich eine große Zahl von Herrschaftsrechten erhalten; viele von ihnen verstanden es, diese Rechte zu erweitern und zu verdichten, sich als Landesherren gegen alle weltlichen Konkurrenten zu behaupten: die Erzbischöfe von Salzburg etwa, die bis in die napoleonische Zeit als Reichsfürsten etwa über das Gebiet des heutigen Bundeslandes geboten und noch darüber hinaus große Besitzungen und Rechte hatten.

Das Imperium, in dem die Nachfolger des Grafen von Habsburg noch eine solche Rolle spielen sollten – auch darin sah man im Mittelalter eine aus der weltlichen Sphäre herausgehobene, geheiligte Einrichtung. National denkende Historiker der Moderne wollten darin ein deutsches Reich sehen, ja sie maßen seine Erfolge und seinen schließlichen Mißerfolg daran, wie deutsch seine Repräsentanten handelten. Das Mittelalter dachte ganz

anders. Damals war dieses Imperium zunächst ein römisches und christliches, seine Ahnherren waren Augustus und Konstantin, der erste christliche römische Kaiser. Karl der Große hatte seit 800 als Kaiser das Imperium auf die Franken übertragen, später ging es auf die Deutschen über, die aus dem Zerfall des Karlsreiches erst entstanden. Der christliche Charakter wurde betont durch die Kaiserkrönung, die nur der Papst in Rom vollziehen konnte; damit zeichnete er den König aus, den die deutschen Fürsten erhoben hatten und der auch König von Italien und von Burgund sein sollte. Die Bezeichnung des „deutschen" Königtums, das den Kern der kaiserlichen Stellung ausmachte, schwankte noch lange. Weil nur dieses Königtum den Aufstieg zur Kaiserwürde erlaubte, sah das Mittelalter auch darin vor allem ein römisches. Erst im Lauf des Mittelalters wurde sein deutscher Bezug immer deutlicher hervorgehoben – vor allem dann, wenn man gegenüber dem Papst das alleinige Recht der deutschen Fürsten verteidigen wollte, einen König „der Deutschen" zu bestimmen. Daß dieser keineswegs ein Deut-

Die Habsburger kamen vom Rhein an die Donau. Donaulandschaft, Wachau.
Trumler

König Rudolf I. von Habsburg.
ÖNB

Ottokar II. Přemysl
(um 1230–1278),
König von Böhmen, der große
Gegenspieler Rudolfs von
Habsburg. Am Höhepunkt
seiner Macht erstreckte sich
sein Reich vom Erzgebirge
bis zur Adria.
ÖNB

Hainburg, Niederösterreich,
Wiener Tor, Außenansicht.
ÖNB

scher sein mußte, wurde gerade zu Rudolfs I. Zeiten deutlich.

Wer aber waren überhaupt die Deutschen, denen nach Auffassung vieler Zeitgenossen die Kaiserwürde, das „Imperium", genauso zustand wie den Italienern das Papsttum? Typisch mittelalterlich ist es, daß die Völker nicht als geschlossene Verbände auftraten und noch viel weniger als heute mit Staaten übereinstimmten. Nur in manchen Konflikten spielte die Zugehörigkeit zu dem einen oder anderen Volk eine politische Rolle; sonst blieb das Zugehörigkeitsgefühl, wenn es überhaupt bestand, auf einen kleinen Kreis von Mächtigen und Gebildeten beschränkt. Gerade in Deutschland konnte man sich bis in die Neuzeit dem universalen Imperium, seinem auch nicht rein deutschen Kern oder einem von dessen kleineren oder größeren Bestandteilen (Bayern, Schwaben, Tirol ...) zugehörig fühlen. In der Vorstellung von „Deutschland" schwang von alledem etwas mit.

In der Zeit Rudolfs I. schwankte sogar der Name dafür: „Theutonia", „Germania" oder „Alemannia"

konnte „Deutschland" bedeuten, „Alemannia" auch einen Teil davon. In den fremdsprachlichen Namen für die Deutschen – „Tedeschi", „Germans", „Allemands" – hat sich diese Vielfalt bis heute erhalten. Dennoch wurde dem 13. Jahrhundert kaum zum Problem, wer eigentlich die Deutschen seien. Der Sachsenspiegel wollte den Böhmenkönig von der Kurwürde ausschließen, weil er kein Deutscher sei. Bei der Wahl Rudolfs I. zum König konnte diese Vorstellung willkommen sein, um den mächtigen Přemysl Ottokar draußenzuhalten; durchgesetzt hat sie sich nicht. Auch die böhmischen Přemysliden waren eben deutsche Fürsten; und kein anderer Herrscher seiner Zeit hat soviel für die deutsche „Ostsiedlung" getan wie Ottokar II. Auch die deutsche Sprache war im Mittelalter kein eindeutiges Merkmal: Ihre Dialekte waren regional so verschieden, daß man nur mit einigem Abstraktionsvermögen daraus eine gemeinsame deutsche Sprache ableiten konnte. Rudolfs Sohn Albrecht I. mußte noch für seine Söhne ein schwäbisch-österreichisches Glossar anlegen lassen, damit sie sich in ihrem Herrschaftsgebiet verständigen könnten. In Österreich sah man die Habsburger zunächst keineswegs als Landsleute, sondern eher als schwäbische Fremde an. Sogar von Rudolfs Königtum fühlte man sich mancherorts nicht besonders betroffen. Er regierte die „gens Francorum et Sueborum", den Stamm der Franken und Schwaben, hielten die Klosterneuburger Annalen nach seiner Krönung fest. Aber zumindest das sollte sich bald ändern.

Friedrich II. der Streitbare
(um 1210–1246), Herzog von
Österreich und Steiermark.
Der letzte männliche
Babenberger fiel 1246 in der
Schlacht an der Leitha gegen
König Béla von Ungarn.
Ausschnitt aus dem
Babenbergerstammbaum in
Klosterneuburg.

ÖNB

Der Untergang der Staufer und der Aufstieg Habsburgs

Bis heute gilt der staufische Kaiser Friedrich II. als einer der bedeutendsten Herrscher des Mittelalters. Generationen von Historikern und Schriftstellern haben wieder und wieder sein wechselvolles Leben erzählt: Der frühe Tod des Vaters Heinrich VI. im Jahr 1197; die Kindheit in Sizilien; die abenteuerliche Reise des „Knaben aus Apulien" nach Deutschland, wo er erfolgreich gegen den Welfen Otto IV. um den Thron kämpfte – wenige Jahre, bevor Rudolf von Habsburg geboren wurde. Als letzter König für lange Zeit konnte Friedrich II. sich in Rom zum Kaiser krönen lassen. Das Einverständnis mit den Päpsten zerbrach bald. Zu übermächtig war der Kaiser in Italien: Als Kaiser beanspruchte er schon lange umstrittene Herrschaftsrechte in Ober- und Mittelitalien, als König von Sizilien regierte er unangefochten über Sizilien und Unteritalien. Und dieses Königreich baute er zu einem der modernsten und geschlossensten Staaten des damaligen Europa aus. Solche Macht forderte viele Gegner heraus; die Päpste nützten ihre Autorität und ihre reichen Einnahmen, um sie zu stürzen. Der Kaiser wurde exkommuniziert, gebannt, verflucht, ja als Antichrist verteufelt. In jeder Stadt rangen Anhänger des Kaisers, die Ghibellinen (von der staufischen Burg Waiblingen), mit denen des Papstes (die Guelfen, vom rivalisierenden Geschlecht der Welfen) um die Vorherrschaft. Aber gerade die mächtigsten Städte, wie Mailand und Florenz, waren aus wohlverstandenem Interesse gegen die kaiserliche Macht. Jahr um Jahr verging mit endlosen Kämpfen in Italien.

Deutschland war inzwischen an den Rand der Interessen des Kaisers gerückt. Von seiner ganzen

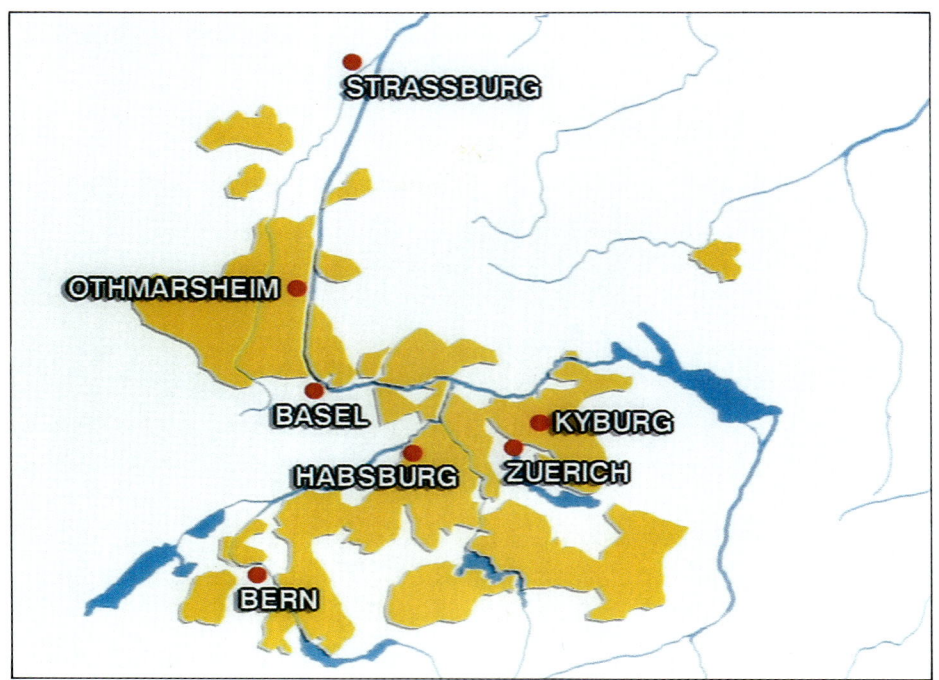

Das Reich des „armen
Grafen" Rudolf von Habsburg
war kein geschlossenes
Herrschaftsgebiet.
Die Besitzungen erstreckten
sich zwischen Alpen,
Schwarzwald und Vogesen.
Um 1240 trat Rudolf das
Erbe an.

fast vierzigjährigen Herrschaftszeit verbrachte
Friedrich kaum zwei Jahre nördlich der Alpen. Er
ließ sich hier von seinen Söhnen vertreten; mit der
Zeit verstärkte sich die Opposition auch hier, vor
allem, als im Sommer 1245 der Papst auf einem
Konzil zu Lyon den Kaiser feierlich für abgesetzt erklärte. Als Friedrich II. 1250 starb, hatte
ein Gegenkönig Anerkennung in großen Teilen
Deutschlands gefunden: Wilhelm von Holland, der
erste der Grafen auf dem Thron. Dennoch zog
Friedrichs Sohn Konrad IV. nach dem Tod des
Vaters nach Italien; das wohlorganisierte Königreich Sizilien und die immer noch verlockenden
Reichsrechte Oberitaliens zu sichern, empfand
auch er als vordringliche Aufgabe; doch starb er
wenige Jahre später. Fast zwei Jahrzehnte dauerte
in Italien der Kampf der letzten Staufer gegen ihre
erstarkenden Gegner: Der Bruder des französischen Königs, Karl von Anjou, errang mit päpstlicher Unterstützung die Krone Siziliens und vermochte sie auch zu verteidigen. Am 29. Oktober
1268 ließ er nach siegreicher Schlacht den letzten
Staufer, Konrads jungen Sohn Konradin, auf dem
Marktplatz von Neapel enthaupten.
Zu diesem Zeitpunkt war Rudolf, der vierte Graf
von Habsburg, genau fünfzig Jahre alt. Er hatte
Konradins Zug unterstützt, ja war mit dem jungen
Staufer im Winter 1267/68 in Verona, so wie der
Bayernherzog und Pfalzgraf Ludwig und Graf
Meinhard II. von Görz-Tirol. Alle drei wurden für
ihre Teilnahme am staufischen Restaurations-
versuch vom Papst gebannt; und keiner von ihnen
hat Konradin auf seinem unheilvollen Zug nach
Süden weiter begleitet. Sie hatten längst gelernt,

sich auch ohne Staufer in ihren süddeutschen Ein-
flußgebieten zu behaupten.
Einige Zeit nach Rudolfs Tod erzählte eine Chronik, Kaiser Friedrich II., der Gönner seines Großvaters, habe im Frühjahr 1218 selbst den kleinen
Rudolf aus der Taufe gehoben. „Welch bedeu-
tungsschweres Bild! Der Sproß des letzten herrlichen Kaisergeschlechtes hebt den Stifter des
Herrscherhauses einer neuen Zeit aus der Taufe",
geriet noch Rudolfs Biograph Oswald Redlich
ins Schwärmen. Nicht ohne allerdings – in der
Fußnote – eine wesentliche Einschränkung zu
machen: Friedrich II. war schon vier Wochen vor
Rudolfs Geburt (am 1. Mai 1218) vom Oberrhein,
Rudolfs Heimat, aus in Mainz eingetroffen. Aber er
konnte „sehr wohl Taufpate des jungen Rudolf
sein, ohne der Taufe persönlich anzuwohnen – er
konnte sich ja leicht vertreten lassen". Wie auch
immer, Rudolf selbst hat sich der Patenschaft des
Staufers, der so vielen seiner Zeitgenossen verhaßt
war, offensichtlich nie gerühmt; erst die Nachwelt
hat das „bedeutungsschwere Bild" verbreitet. Daß
Rudolf die Staufer auch in ihrer Niedergangszeit
unterstützt hat, ist freilich gesichert – seine strategische Position zwischen Oberrhein und den
Alpenpässen nach Mailand war gerade für die
Staufer wichtig.
Um 1240, mit etwa 22 Jahren, trat Rudolf das Erbe
seines Vaters Albrecht an: ausgedehnte Besitzungen zwischen Alpen, Schwarzwald und Vogesen,
aber keineswegs ein geschlossener Herrschaftsbereich. Abgerundete, flächendeckende Landes-
herrschaften gab es damals innerhalb des Reiches
nicht; die relativ geschlossensten Gebiete lagen im
Osten (Österreich etwa), Schwaben war besonders
kleinräumig organisiert. Verschiedenste Rechte
und Besitztitel machten den habsburgischen Herr-
schaftskomplex aus: Eigengüter, Lehensrechte,
ehemals königliche Ämter und Befugnisse, Stadt-
herrschaften, Vogteirechte bei Klöstern (der Vogt
war für den weltlichen Schutz des Klosters verantwortlich, oft eine sehr einträgliche und für das
Kloster eher bedrohliche Stellung). Die üblichen
buntscheckigen Karten vermitteln von dieser vielfältigen, mit anderen weltlichen und geistlichen
Herren fast unauflöslich verzahnten Position eine
immer noch vereinfachte Vorstellung. Konflikte
waren fast unvermeidlich: zwischen mehr oder
weniger mächtigen Adeligen, zwischen kirchlichen und weltlichen Herrschaften, zwischen
Städten und ihren geistlichen oder weltlichen
Stadtherren. In diesen Auseinandersetzungen
wurde ausgemacht, wer seine Stellung ausbauen
oder zumindest behaupten konnte. Militärische
Aktionen allein entschieden darüber aber nicht.
Vorteile hatte, wer dem König näher stand und sich
in seinem Dienst bewährte; wer in günstigen

Heiratsverträgen sein Ansehen erweisen konnte; wer die richtigen Bündnisse schloß und sich nicht isolieren ließ; wer in seinen Gebieten den Frieden wahren und Prosperität ermöglichen konnte; wer durch Steuern, günstige Anleihen oder politische Geschäfte seine Finanzkraft erhöhte; wer in seiner Familie Streit oder Zersplitterung des Erbes zu verhindern wußte; wer in den globalen Konflikten der Zeit, etwa zwischen Kaiser und Papst, nicht zu lange auf die falsche Karte setzte.

In den über drei Jahrzehnten seiner Grafschaft ist Rudolf IV. von Habsburg all das mehr oder weniger gelungen; und das Glück war öfters auf seiner Seite – zum Beispiel als die Familie der Mutter, die Grafen von Kiburg, 1264 ausstarb: einer der dynastischen Wechselfälle, wie sie den Habsburgern noch oft zugute kommen sollten. Aber wie später noch so oft, waren die Vorteile daraus nur in langwierigem militärischen und diplomatischen Ringen zu sichern; diesmal war der Graf von Savoyen ein Hauptgegner, mit dem nach wechselvollen Kämpfen ein günstiger Ausgleich gelang. Auch die Unterstützung Konradins zahlte sich aus; 1267 war Rudolf mit der Behauptung vieler kiburgischer Besitzungen in der heutigen Zentral- und Nordschweiz endgültig zum mächtigsten Herrn zwischen Schwarzwald und Alpen geworden. Auf der Kiburg, nicht auf der Habsburg hat König Rudolf später die Reichsinsignien aufbewahrt.

„Kaiserlose Zeit"

Als Karl von Anjou in Süditalien die letzten staufischen Hoffnungen zerschlug, war in Deutschland die staufische Herrlichkeit schon lang vorbei. Die Zeit zwischen dem Tod Friedrichs II. 1250 und der Wahl Rudolfs von Habsburg 1273 wird in den Schulbüchern Interregnum genannt, als hätte es keinen König gegeben; dabei gab es sogar mehrere, wie wir sehen werden. Viel griffiger ist das berühmte Wort Friedrich Schillers von der „kaiserlosen, der schrecklichen Zeit". Kaiser gab es nach Friedrichs II. Tod freilich keinen; aber auch Rudolf I. und seine Nachfolger haben bis 1312 keine Kaiserkrönung mehr erreicht.

Manche Zeitgenossen wie viele moderne Darstellungen schildern die Jahre nach dem Tod Friedrichs II. als Epoche des uneingeschränkten Faustrechts. Johannes von Viktring schrieb um 1340: „In jenen Tagen gab es keinen König ... Ein jeder tat, was ihm recht erschien, und daraus entstanden viele Übeltaten durch Räubereien, Plünderungen, Unruhen in fast allen Winkeln und Gebieten des Königreiches." Solchen traurigen Verhältnissen wird anschließend Rudolf als tapferer Friedensbringer gegenübergestellt. Die großen Historiker Johannes Haller und Heinrich Dannenbauer zeichneten 1935 ein fast noch düstereres Bild von „dem allgemeinen Kriegszustand, der keine Ordnung und kein anderes Recht als das des Stärkeren kannte", während „Fürsten, Grafen, Herren und Ritter ... von ihren befestigten Burgen aus den Verkehr brandschatzten, eigenmächtig Zölle und

Das Reich Ottokars II. Dem Böhmenkönig gelang es, Österreich, Steiermark, Kärnten, Krain und die Windische Mark unter seiner Herrschaft zu vereinigen und somit ein Riesenreich zu schaffen, das sich bis zur Adria erstreckte.

Die Rückseite des Ottokarkreuzes. Nielierte Darstellung der Kreuzigung. Böhmen nach 1262, heute im Domschatzmuseum Regensburg.

Abgaben erzwangen, Kaufleute und Reisende überfielen und beraubten". Dieses Schreckbild vom Raubritter ist längst volkstümlich geworden; man sollte es nicht verallgemeinern: „Oft waren die Grenzen zwischen einem edlen Ritter, der als Amtmann eines Landesherrn fungierte, und einem gewöhnlichen Strauchdieb durchaus fließend" (Heinz Thomas).

Denn erstens darf die geregelte Fehde, ein allgemein anerkanntes Rechtsprinzip des Mittelalters, nicht mit dem Faustrecht verwechselt werden. Es gehörte zu den Vorrechten der Adeligen, zur bewaffneten Selbsthilfe zu greifen, um zu ihrem Recht zu kommen. Anders als die Blutrache, die nur bei Tötung, Verletzung oder „tödlicher" Beleidigung geführt wird, kann die Ritterfehde anerkannterweise „um jeder strittigen Sache willen geübt werden" (Otto Brunner). Solche Fehden hielten sich meist in gewissen Grenzen, auch wenn die Regeln nicht immer eingehalten wurden. Meist ging es nicht um die Vernichtung eines Gegners, sondern darum, ihn solange zu schädigen, bis er nachgab, seine Burgen oder Städte zu brechen oder zu besetzen, allenfalls ihn selbst gefangenzunehmen und erst gegen Lösegeld wieder freizugeben. Nur ausnahmsweise endeten solche „ritterlichen" Fehden mit dem Tod eines der Gegner. Gerade Rudolf führte als Graf von Habsburg wie – auf höherem Niveau – als König besonders hartnäckig zahllose Kleinkriege dieser Art. Immer wieder wurden derartige Konflikte auch mit friedlichen Mitteln, durch Urteile und Verhandlungen, beigelegt. Die Konfliktursachen wurden dadurch nicht beseitigt: Herrschaftsrechte und staatliche Aufgaben waren seit Jahrhunderten auf viele kleinere und größere Amtsträger und Machthaber verteilt. Die Möglichkeiten, ein Gebiet besser als früher zu kontrollieren, die Rivalen daraus zu vertreiben, waren aber gestiegen; das löste langwierige Konflikte aus, in denen im Lauf der Zeit etwas Neues entstand: die spätmittelalterliche Landesherrschaft; später der moderne Staat mit seinem Gewaltmonopol. Vor allem konkurrierendes Streben nach durchgreifenderer Ordnung war es, was die Unruhe des 13. Jahrhunderts auslöste – gerade daran waren ja die Staufer gescheitert, keineswegs an dynastischen Zufällen. Das konnte den Zeitgenossen kaum bewußt werden. Dennoch zeigt, zweitens, eine Untersuchung der zeitgenössischen Berichte: Wie schrecklich die Zeit war, hing vom Blickwinkel ab. In manchen Chroniken wird die Unordnung nach dem Niedergang der Staufer besonders beklagt, wenn auch sehr verschieden erklärt. Andere Berichte heben sie kaum von den Zeiten geregelten Königtums ab. Vielfach wird der Schwäche der Königsherrschaft die Schuld an Ereignissen gegeben, die kaum

damit zusammenhingen. Genausowenig wie ein starker König in jener Zeit eine vollständige Friedensordnung durchsetzen konnte, brach ohne ihn die totale Unordnung aus. Die regionalen und lokalen Gewalten prägten damals das Leben der allermeisten Menschen viel stärker als ein Königtum, dessen Handlungen sie meist wenig berührten. Konflikte zwischen den vielen kleineren und größeren Machthabern im Reich aber brachen zu allen Zeiten aus. Ob ein König darauf mäßigend einwirken konnte, lag nicht nur daran, ob es überhaupt einen gab, sondern ob er auch in der Nähe war. Von einem König erwartete man, seine Herrschaft durch Anwesenheit geltend zu machen; das führte im Spätmittelalter zu einer zunehmenden Überforderung des Königtums. Durch seine Rechtsprechung sollte er bewaffnete Auseinandersetzungen beenden oder überflüssig machen, offensichtliches Unrecht verhindern und auf notorische Friedensstörer Druck ausüben. Doch seine Mittel zur Durchsetzung des Friedens waren beschränkt. Königliche Friedenswahrung hatte nur dann Chancen auf nachhaltigen Erfolg, wenn außerdem möglichst alle Betroffenen sich gegenseitig zum feierlichen Gewaltverzicht oder zur Einschränkung der Selbsthilfe verpflichteten. Dann konnte ein beschränkter oder allgemeiner Landfrieden verkündet werden.

Unternehmungslustige Herren wie Graf Rudolf von Habsburg konnten vom Fehlen handlungsfähiger Könige jedenfalls profitieren. Zu denen, die sich bedroht fühlen mußten, zählten die Städte, und zwar vor allem die freien Städte, die dem König direkt unterstanden. Besonders in Südwestdeutschland und entlang des Rheins waren sie zahlreich; viele waren auf den Handel entlang des Rheins angewiesen. Gerade hier wurden nun, in Abwesenheit eines starken Königs, viele neue Zölle eingeführt. Anderswo, wie in Köln oder Straßburg, kam es zu Konflikten zwischen den Städtern und den Bischöfen, die ihre Kontrolle über die Stadt durchsetzen wollten. Die Straßburger Bürger wurden dabei von Rudolf mit großem Erfolg unterstützt; sie haben ihm diese Unterstützung nicht vergessen. Nach Rudolfs Tod erzählte ein Straßburger Chronist vom ergreifenden Abschied Rudolfs von seinen Straßburger Bürgern. Die Städte waren und blieben an der einmütigen Wahl eines starken Königs interessiert.

Das aber war nach dem Tod Friedrichs II. für lange Jahre undurchsetzbar. Wilhelm von Holland hatte sich nicht allgemein durchsetzen können; nach seinem Tod wurden 1257 gleich zwei Könige gewählt: Alfons von Kastilien und Richard von Cornwall, der Bruder des englischen Königs Heinrich III. Zwei Könige aus fernen Ländern konkurrierten nun um dieses staufische Erbe, um die Hoffnungen wie die Befürchtungen, die es immer noch auslöste. Die deutschen Geschichtsschreiber des 19. Jahrhunderts sahen darin eine bittere nationale Demütigung: ein Spanier und ein Engländer als deutsche Könige? Aber die Zeitgenossen fanden dabei kein prinzipielles Problem. War nicht auch Friedrich II. aus einem fernen, südlichen Land nach Deutschland gekommen, um hier König zu werden, in ein Land, das er noch nie gesehen hatte? Ebenso war sein Rivale, der Welfe Otto IV., aus England den Rhein heraufgezogen. Damals wie jetzt hatte der Erzbischof von Köln die „englische" Kandidatur besonders gefördert. In einer Zeit des blühenden Nordseehandels lag London von Köln aus eben näher als etwa die Donau- und Alpenländer des Reiches. Dort wiederum, ebenso wie am Oberrhein, blickte man oft nach Süden ins reiche Italien. Unter Friedrich II. hatte man durch eine Brücke über die Schöllenenschlucht den Weg über den St. Gotthard geöffnet, die kürzeste Paßstraße vom Rhein nach Italien. Nicht zuletzt diese neue Achse war es, der die Habsburger ihre wachsende Bedeutung verdankten. Staufisches Erbe war es eben auch, daß die Reichspolitik besonders stark in europäische Bezüge verwoben war. Der universelle Anspruch des Kaisertums, den die Staufer hervorgekehrt hatten, erweckte auch die Hoffnung, daß nur ein Kaiser würdig einen Kreuzzug anführen konnte.

Vor allem deshalb waren auch die Päpste nun daran interessiert, daß im Reich ein König gewählt wurde, der sich dann Aussicht auf das Kaisertum machen konnte. Immer, wenn ein staufischer Herrscher ihnen zu mächtig schien, hatten die Päpste alle Kraft gegen ihn mobilisiert. Entscheidend hatten sie zum Fall der Staufer beigetragen. Immer von neuem wurde in diesen Kämpfen die jahrhundertealte Frage aufgeworfen, welcher der beiden universalen Autoritäten der Vorrang gebührte: Kaiser oder Papst. Und immer neu wurden in den zahlreichen daraus entstandenen Konflikten die Gewichte verteilt. Aber den Päpsten konnte nicht daran gelegen sein, das römische Kaiser- und Königtum überhaupt verschwinden zu lassen. Ihr Einfluß auf die Wahl des geeigneten Königs hatte sich im Lauf des 13. Jahrhunderts gewaltig vergrößert. Innozenz III. hatte im Thronstreit zwischen Philipp von Schwaben, Otto IV. und Friedrich II. meisterhaft Regie geführt. Vollends seit der Absetzung Friedrichs II. beanspruchten die Päpste eine Schiedsrichterrolle in den Konflikten um den römischen Thron. Immer häufiger wurde das päpstliche Urteil in dieser Frage gesucht; bald schien daran kein Weg mehr vorbeizuführen. Dennoch zeigte sich, daß auch die Päpste in schwieriger Zeit zur Kontinuität des Reiches beitragen

konnten. Die Doppelwahl von 1257 wurde bald vor den Papst gebracht; der Prozeß schleppte sich allerdings über viele Jahre hin, ohne daß eine Entscheidung fiel. Das lag auch daran, daß man an der Kurie nicht völlig über die Köpfe der Betroffenen hinweg entscheiden konnte. Außerdem gab es unter den Kardinälen selbst wieder verschiedene Richtungen und Interessen.

Auseinandersetzungen um die Nachfolge gab es daher auch bei den Päpsten. Eine besonders schwierige Situation entstand nach dem Tod Clemens' IV. seit 1268. Die Kardinäle, die sich im Papstpalast zu Viterbo versammelt hatten, konnten sich so lange nicht einigen, bis es den Bürgern von Viterbo zu bunt wurde; sie deckten das Dach ab und setzten die unschlüssigen Papstwähler auf Wasser und Brot. Das half zunächst wenig, gab aber den Anlaß, den Ablauf der Papstwahl, das Konklave, genauer zu regeln. Schließlich einigte man sich 1271 auf einen 61jährigen Kleriker, der gerade im Heiligen Land weilte – erst nach einem halben Jahr konnte er unter dem Namen Gregor X. sein Amt antreten. Die Nöte der Christen des Heiligen Landes lagen ihm besonders am Herzen; deswegen war er auch mehr als viele andere Päpste seiner Zeit an einem handlungsfähigen Königtum in Deutschland interessiert. Er sollte dadurch entscheidend dazu beitragen, Rudolf von Habsburg den Weg zum Königtum zu ebnen.

Rudolfs Weg zum Königtum

„Denn geendigt nach langem vergeblichen Streit
War die kaiserlose, die schreckliche Zeit,
Und ein Richter war wieder auf Erden.
Nicht blind mehr waltet der eiserne Speer,
Nicht fürchtet der Schwache, der Friedliche mehr,
Des Mächtigen Beute zu werden."

Friedrich Schiller, Der Graf von Habsburg

Im April 1272 starb Richard von Cornwall; sein Tod machte die Königsfrage wieder aktuell. Alfons von Kastilien war zwar noch am Leben, aber noch nie nach Deutschland gekommen. Jetzt schickte er zum Papst Gesandte mit der Bitte, ihn als König zu bestätigen und eine Neuwahl zu verbieten. Auch andere wurden beim Papst vorstellig: Karl von Anjou, König von Sizilien, versuchte die Kandidatur seines Neffen, des jungen Philipp III. von Frankreich, zu lancieren; ein Kaiser, der zugleich französischer König war, hätte alle Mittel in der Hand, einen erfolgreichen Kreuzzug zu beginnen. Zu Ende gedacht, hätte eine solche Konstellation dazu führen können, daß das Kaisertum auf die französischen Könige überging, deren Machtbasis damals wesentlich breiter war als die eines Rudolf I. oder seiner Nachfolger. Andererseits mußten derartig hochfliegende Pläne auch Widerstände auslösen; Gregor X. ließ sich jedenfalls nicht dazu überreden.

Aussichtsreichere Kandidaten gab es in Deutschland. Viele Anhänger der vergangenen staufischen Herrlichkeit setzten nun auf einen jungen Mann, der wenigstens von seiner Mutter her ein Enkel Friedrichs II. war und seinen Namen trug: Friedrich von Thüringen, Sohn des thüringischen Landgrafen, geboren erst 1257. Doch war es ein offenes Geheimnis, daß der Papst seine Wahl ablehnte. Noch waren die Schatten der Stauferzeit stark genug, daß Gregor X. einen König, der offen staufische Traditionen ansprach, nicht akzeptieren konnte. Der mächtigste Verbündete des jungen Friedrich, Ottokar II. von Böhmen, machte sich ohnehin eigene Hoffnungen, der böhmischen Krone die römische hinzuzufügen. Immerhin konnte er als Enkel Philipps von Schwaben ebenfalls staufische Vorfahren vorweisen; als Heidenkrieger hatte er sich durch zwei Kreuzzüge gegen die Preußen hervorgetan. Auch er versuchte vor allem den Papst für sich zu gewinnen und sandte dazu 1272/73 Gesandte nach Italien. Dagegen scheint sich Ottokar wenig darum gekümmert zu haben, die Kurfürsten für seine Wahl günstig zu stimmen. Im August 1272 verhandelte er in Prag mit dem Erzbischof von Köln; möglicherweise weckte das einige Erwartungen, jedenfalls verbreitete man nachher in seiner Umgebung, der Kölner Kurfürst habe ihm sogar die Krone angetragen, er habe aber abgelehnt. Im entscheidenden Jahr 1273 unternahm Ottokar einen Kriegszug nach Ungarn und konnte keinen wirksamen Einfluß auf die Wahl geltend machen.

Daß die Könige von Kastilien, von Frankreich und von Böhmen nach der römischen Krone strebten, zeigt, daß ihr Glanz noch nicht dahin war. Doch sie alle taten es nur mit halber Kraft und setzten bei weitem nicht alle Mittel ein, über die sie verfügten. Sie erhofften vom Papst eine Entscheidung in ihrem Sinn, die sie dann ohnehin erst in konkrete Machtpositionen umsetzen mußten. Der Papst jedoch übertrug die Entscheidung jenen, denen sie nach den Rechtsanschauungen der Zeit zunächst zustand: den Kurfürsten. Er setzte ihnen freilich eine Frist, sonst werde er selbst mit den Kardinälen für einen König sorgen. Die königlichen Kandidaten trauten den Kurfürsten offensichtlich wenig zu. Karl von Anjou meinte abschätzig, für die Wahl Philipps III. müßte man nur „ein paar Deutsche" gewinnen, das Geld dazu sei ja vorhanden. Auch

1273 wurde Rudolf von Habsburg von den sieben Kurfürsten zum König gewählt. Es waren dies die Erzbischöfe von Mainz, Köln und Trier, der Pfalzgraf bei Rhein, der Herzog von Sachsen, der Markgraf von Brandenburg und anstelle des Böhmenkönigs der Herzog von Bayern.
Mainzer Kurfürstenzyklus, Sandsteinreliefs.

Mittelrheinisches Landesmuseum, Mainz

Ottokar scheint der Wahl durch die Fürsten wenig Bedeutung beigemessen zu haben und vertraute wohl darauf, daß man sich wieder einmal nicht einigen würde, wie immer in den letzten Jahrzehnten. Dann könnte er auf eine päpstliche Entscheidung warten.

Aus heutiger Perspektive ist es leichter, die Bedeutung zu erkennen, die die Kurfürsten inzwischen errungen hatten. Immer schon hatte nicht der König allein, sondern in erster Linie hatten auch die Fürsten das Reich verkörpert. Die häufige Abwesenheit der letzten Staufer hatte das Gewicht der angesehensten Fürsten erhöht. Einen gewissen Vorrang konnten immer schon jene Fürsten beanspruchen, die besondere Ehrenämter in der Umgebung des Königs bekleideten. Das waren auf der einen Seite die drei Erzbischöfe von Mainz, Köln und Trier, die traditionell Anspruch auf die Würde eines Erzkanzlers der drei Königreiche von Deutschland, Italien und Burgund hatten und für Wahl und Krönung des neuen Königs zuständig waren. Auf der anderen Seite waren es jene weltlichen Fürsten, die für den neuen König symbolisch die vier Hofämter des Truchseß, des Marschalls, des Kämmerers und des Mundschenken zu versehen hatten: der Pfalzgraf bei Rhein, der Herzog von Sachsen, der Markgraf von

Brandenburg und der König von Böhmen. Der Gedanke lag nahe, daß diese Fürsten auch bei der Wahl, der „Kur", eines neuen Königs führend beteiligt sein sollten – schon um 1220 war der Sachsenspiegel dieser Auffassung (nur den Böhmenkönig schloß er noch aus), und mit ihm fand sie allgemeine Verbreitung. Im Lauf des 13. Jahrhunderts verloren die anderen Fürsten ihren Einfluß auf die Wahl gänzlich; auch wenn es sich um mindestens ebenso mächtige oder bedeutende Herren wie die Erzbischöfe von Hamburg-Bremen, Magdeburg und Salzburg oder die Herzöge von Bayern, Österreich, Lothringen und Brabant handelte. An der Doppelwahl von 1257 waren erstmals ausschließlich die sieben Kurfürsten beteiligt, konnten sich aber nicht einigen; der Böhmenkönig gab überhaupt beiden Kandidaten seine Stimme, womit auch noch Stimmengleichheit bestand. Die verworrene politische Situation und der Prozeß an der Kurie erforderten eine weitere Klärung des Wahlverfahrens. Die Wahl von 1273 unterschied sich nur mehr darin wesentlich von den späteren, daß statt dem Böhmenkönig dem bayerischen Herzogtum die siebente Kurstimme übertragen wurde, worauf sich die anderen geeinigt hatten. Der Papst hatte eine rasche Wahl gefordert. Die rheinischen Städte taten sich wie schon 1254/57

zusammen und verlangten, daß man sich endlich auf einen König einigte. Der Erzbischof von Mainz, Werner von Eppstein (oder Eppenstein), der schon in der Zollfrage die Städte unterstützt hatte, arbeitete ebenfalls in dieser Richtung, wobei es noch eine Reihe von Hindernissen zu überwinden galt: Die größten Probleme bereitete der Wittelsbacher Ludwig, Pfalzgraf und Herzog von Niederbayern. Zunächst mußte er, ebenfalls naher Verwandter der Staufer, zum Verzicht auf eine eigene Kandidatur bewogen werden; dem Papst und den alten Stauferfeinden wäre der Schutzherr Konradins nicht akzeptabel erschienen. Auch galt es einen Streit zwischen Ludwig und dem Kölner Erzbischof zu schlichten. Ludwig war auch mit seinem Bruder Heinrich verfeindet, der seit der Teilung Bayerns 1255 Oberbayern innehatte. Das war umso heikler, als man die bayerische Stimme statt der böhmischen benötigte; nur leidlich gelang es schließlich, im Interesse der gewünschten einstimmigen Wahl den Bruderzwist in den Hintergrund zu drängen. Nun einigte man sich auf zwei Kandidaten: Nach den schlechten Erfahrungen mit den Angehörigen auswärtiger Königsdynastien kam man nun wieder auf deutsche Grafen zurück, Siegfried von Anhalt und Rudolf von Habsburg. Der Mainzer Erzbischof konnte den Wahltag auf den Michaelstag, den 29. September, festsetzen; nach altem Brauch fand die Wahl in Frankfurt statt.

Bald zeichneten sich Vorteile Rudolfs ab. Das verdankte er nicht zuletzt dem Burggrafen von Nürnberg, Friedrich von Hohenzollern, später einer seiner wichtigsten Gefolgsleute. Verantwortlich für die wichtigen Reichsgüter im Raum um Nürnberg, war er an einer wirkungsvollen Königsherrschaft interessiert; Ottokar von Böhmen hatte sich einst von Richard von Cornwall zum Reichsvikar östlich des Rheins ernennen lassen und diese Position benützt, um sich zahlreiche Reichsgüter anzueignen, zum Beispiel die Stadt Eger. Auch seine Eigengüter in Österreich brachten den Hohenzollern in Konflikt mit Ottokar. Dagegen war er verwandt mit den Erzbischöfen von Mainz und Trier und besaß das Vertrauen des Pfalzgrafen Ludwig. Dieser mußte allerdings noch mit Rudolf von Habsburg ausgesöhnt werden; auch mit ihm hatte er noch alte Probleme beiseite zu schaffen.

Im September trafen sich die vier rheinischen Kurfürsten in Boppard am Rhein; hier einigten sie sich auf Rudolf und die Bedingungen seiner Wahl. Finanzielle Entschädigungen für einzelne Kurfürsten und Heiratspläne waren ein Teil ihres Angebotes, wie sich bald zeigen sollte. Aber sie verstanden auch im Reichsinteresse zu sprechen. Vor allem wurde von Rudolf die Wiedergewinnung entfremdeten Reichsgutes gefordert; nur mit der Zustimmung der Fürsten sollte er über das Reichsgut verfügen können. In dieser Bestimmung kam die Verantwortung der Kurfürsten gegenüber dem Reich zum Ausdruck; zugleich war damit gesichert, daß der Wiederaufbau der Königsmacht nicht ihre eigenen Interessen verletzen konnte.

Es war Friedrich von Nürnberg, der schließlich im September 1273 zu Rudolf von Habsburg reiten konnte, um ihn von den Verhandlungsergebnissen zu unterrichten. Die Nachwelt hat sich gerne die Szene ausgemalt, wie der Burggraf den Habsburger im Feldlager vor Basel antraf, mit dessen Bischof er in Fehde lag. Ein bescheidener schwäbischer Graf wird gegen Ende seines Lebens zur höchsten Würde des Reiches berufen, um die sich Könige vergeblich bemüht hatten – der Aufsteigermythos um Rudolf läßt sich sehr gut in dieser Situation versinnbildlichen. Ebenso typisch ist aber, daß der Ruf zum Königtum den Habsburger erreichte, während er eine Stadt des Reiches belagerte und ihr Umland mit Krieg überzog. Seit 1268 stand Rudolf – nicht zum ersten Mal – in Fehde mit dem Bischof Heinrich von Basel. Beide hatten mit einigem Erfolg im selben Raum ihre Territorien vergrößert und dadurch genügend Reibungsflächen angesammelt. 1272/73 hatte sich der Konflikt noch zugespitzt. Was darüber berichtet wird, verrät einiges über die Welt, in der Rudolf lebte. Der junge Graf Heinrich von Freiburg hatte nach dem Tod seines Vaters die Herrschaft über die Stadt Neuenburg am Rhein geerbt; am Vorabend seiner Huldigung tat er im Vollgefühl der neuen Macht der Frau eines Bürgers Gewalt an. Die erbitterten Bürger riefen nun den Basler Bischof um Hilfe an, dessen Kriegsleute mitten in der Nacht in die Stadt eingelassen wurden und die gräfliche Burg besetzten. Nun riefen die Freiburger Grafen ihrerseits den Habsburger und andere Herren zu Hilfe. Gemeinsam verwüstete man Neuenburger Besitzungen; viele Bürger kamen ums Leben, 50 Gefangenen hieb man angeblich die Füße ab. Der Basler Bischof schlug zurück und ließ eine Reihe habsburgischer Dörfer im Elsaß verwüsten. Besonders getroffen muß es die Habsburger haben, daß auch ihr Hauskloster Ottmarsheim niedergebrannt wurde. Ein Bischof, der in Fehde lag, machte damals eben genausowenig vor Klostermauern halt wie seine adeligen Gegner; Rudolf, der schon vor Jahren das Kloster der Reuerinnen vor den Mauern Basels nächtens angegriffen hatte, revanchierte sich mit der Brandschatzung des Klosters Sitzenkirch, zog Ende August 1273 vor Basel und ließ gleich auch die Vorstadt am Kreuztor in Flammen aufgehen. Unterstützt wurde er von einer Fraktion der Basler Bürgerschaft, die man aus der Stadt vertrieben hatte.

Solche kriegerischen Exzesse, mit denen Rudolf einen Gutteil seines Lebens zugebracht hatte,

Ende August 1273 belagerte Rudolf von Habsburg Basel, als er im Feldlager vor der Stadt vom Nürnberger Burggrafen Friedrich die Nachricht seiner Königswahl erhielt. Ein „bescheidener" schwäbischer Graf wurde im fortgeschrittenen Alter zur höchsten Würde des Reiches berufen. Historisierende Darstellung aus dem 19. Jahrhundert.
ÖNB

wurden von den Zeitgenossen keineswegs als Makel angesehen; eher kam darin Rudolfs Kriegstüchtigkeit zum Ausdruck. Fast genüßlich schildert Johann von Viktring, gleich nachdem er Rudolf als vorbildlichen Herrscher gefeiert hat, wie er als Graf in „gravissimas guerras" gegen Basel Äcker, Weingärten, Gemüse- und Obstgärten, die Güter des Bischofs wie der Bürger durch Raub und Brand vernichtete – in seinen Augen offensichtlich kein Widerspruch. Das Reich konnte sich von Rudolfs kriegerischen Fähigkeiten einen Vorteil erhoffen: Nicht in großen Kriegen gegen äußere Feinde, denn die hatten das Reich als Ganzes selbst während des Vierteljahrhunderts ohne anerkannten König nicht herausgefordert. Wiederum sollte es gegen innere Gegner gehen.

Als designierter König konnte Rudolf mit seinen regionalen Rivalen sofort Frieden schließen und sein Heer auflösen. Der Chronist von Colmar baut das gleich in die Szene ein, in der Rudolf vor Basel seine Wahl mitgeteilt wird. Als er die Briefe gesehen hat, sagt er den Seinen: „Haltet mit allen Frieden, und gebt allen Gefangenen die Freiheit wieder!" Daraufhin brechen alle in den Ruf „Vivat rex!", es lebe der König, aus. In jener Zeit, die bewaffnete Selbsthilfe als Mittel zur Durchsetzung des Rechts anerkannte, war der Schritt von Kampf zu Verhandlung, vom Krieg zum Frieden viel kleiner als heute, ebenso wie umgekehrt. Ein Friedensschluß bezweckte in der Regel auch nicht die bloße Einstellung der Feindseligkeiten, sondern eine durchgreifende Versöhnung bis hin zur Freundschaft. Wenn diese mißglückte, war auch

das Schweigen der Waffen gefährdet, wie sich im Konflikt Rudolfs mit Ottokar zeigen sollte.

Der Basler Bischof mag etwas skeptisch gewesen sein; eine zeitgenössische Anekdote schreibt ihm auf die Nachricht von Rudolfs Königswahl den Ausruf zu: „Herrgott im Himmel, sitze fest, sonst nimmt Dir dieser Rudolf Deinen Platz!" Dennoch konnte am 22. September ein Waffenstillstand geschlossen werden. Mit der Stadt Basel aber gelang eine nachhaltige Aussöhnung, der Belagerer wurde in der Stadt freundlich empfangen. In den folgenden Jahren wurde Basel sogar eines der Zentren von Rudolfs Herrschaft und einer seiner bevorzugten Aufenthaltsorte – 26mal hat Rudolf die Stadt besucht. Die Basler Bürger haben davon profitiert, nicht zuletzt dadurch, daß der Einfluß des Bischofs auf ihre Geschäfte zurückgedrängt wurde. Nach dem Tod Bischof Heinrichs gelang es dem König, seinen Beichtvater und Vertrauten, den Bischof Heinrich Knoderer, einen Dominikaner, als Nachfolger durchzusetzen. Im Basler Münster sind auch später Rudolfs Gattin Gertrud und sein auf dem Rhein verunglückter Sohn Hartmann bestattet worden. Basel lag eben nicht nur im Zentrum von Rudolfs Hausgütern (nicht zuletzt darum hatte er die Stadt ja so bedrängt), sondern auch an der Achse des Reiches, dem Rhein bis hinunter nach Köln: Die Gebiete beiderseits der Wasserstraße sollten der Hauptschauplatz von Rudolfs Regierungstätigkeit werden. Zunächst einmal waren die Orte am Rhein in den letzten Septembertagen 1273 Zeugen von Rudolfs Triumphzug zum Ort seiner Wahl,

Die Herrschaftsgebiete Rudolfs und Ottokars im Größenvergleich. War Rudolf tatsächlich der „arme" Graf?

aber dadurch, daß ihre Fürstentümer geteilt wurden. 1273 gab es zwei Herzöge von Bayern und gar fünf Markgrafen von Brandenburg. Das österreichische und das steirische Herzogtum hatte Ottokar II. von Böhmen an sich gebracht, wodurch er zum mächtigsten Reichsfürsten aufstieg. Das Herzogtum Schwaben wurde nach dem Aussterben der Staufer nicht besetzt; gerade hier aber und im benachbarten Franken lag immer noch das faktische Zentrum des Reiches. Dort hatten die Staufer über großes Reichs- und Hausgut verfügen können; dort gab es viele prosperierende Städte, die gewissen politischen Einfluß gewonnen hatten und die ein starkes Königtum forderten und fördern konnten; und dort gab es schließlich eine Gruppe von Adeligen, die im Dienst der staufischen Herrschaft groß geworden waren. Bei allen ihren Konflikten untereinander waren diese größeren und kleineren Herren des deutschen Südwestens immer noch eine Kraft, die sich ein König nutzbar machen konnte. Unter ihnen aber war Graf Rudolf von Habsburg der reichste, erfolgreichste und einer der angesehensten. Demgegenüber war ein Kandidat aus einem lange schon königsfernen Raum wie Siegfried von Anhalt wesentlich weniger chancenreich; bereits Wilhelm von Holland war als König aus einem Randgebiet gescheitert. Über den König entschieden vor allen anderen die vier rheinischen Kurfürsten – der Pfalzgraf und die Erzbischöfe von Mainz, Köln und Trier; und am Mittelrhein mußte er seine Herrschaft auch bewähren. Rudolf von Habsburg hatte dazu bessere Voraussetzungen als seine Mitbewerber. Ludwig hätte als Pfalzgraf und bayerischer Herzog zwar höheren Rang und größere Machtmittel aufbieten können; aber er hatte sich so viele Feinde gemacht, daß er auch mit erheblichen Widerständen rechnen mußte. Rudolf war allerlei Händeln zwar nicht abgeneigter als der Pfalzgraf, aber sein bescheidenerer Aktionsradius hatte bisher verhindert, daß er den wirklich Großen zu sehr in die Quere kam.

Rudolf war also nicht der „arme Graf", zu dem ihn Ottokar und seine Anhänger stempeln mochten und als den ihn dann die Legende vom bescheidenen Aufsteiger stilisierte. Auf der anderen Seite war es deutlich genug, daß die Kurfürsten keineswegs den mächtigsten Kandidaten wählen mochten. Rudolfs Wahl war zugleich eine Wahl gegen Ottokar, so wie nach seinem Tod die Adolfs von Nassau eine gegen die mächtig gewordenen Habsburger war; die Kurfürsten haben dieses Spiel noch öfters betrieben. Am Hofe Ottokars erklärte man die Wahl des schwäbischen Grafen daher bitter und nicht ganz unzutreffend mit der Eigensucht der Kurfürsten. Bischof Bruno von Olmütz, Ottokars Kanzler, schrieb im Dezember 1273 an

nach Frankfurt. Die Quellen heben hervor, wie man dem zukünftigen König überall zujubelte, auch an Orten, denen er eben noch feindlich gegenübergestanden war – wie in Neuenburg, von dem der jüngste Krieg ausgegangen war, in Rheinfelden und in Breisach. Ob der Jubel eine Zutat der Berichterstatter ist, die sich das Auftreten eines neuen Königs anders nicht ausmalen konnten, wissen wir im einzelnen nicht. Aber gerade die rheinischen Städte hatten schon lange auf die einmütige Wahl eines Königs gedrängt, sie konnten sich am meisten davon erhoffen. Man sollte die Begeisterung im Reich freilich nicht überschätzen. Die skeptische Haltung österreichischer Quellen gegenüber Rudolf zeigt deutlich genug, daß man in entlegeneren Gebieten weniger vom Habsburger erwartete. Auffällig ist auch, daß ausgerechnet die Basler Annalen in ihren recht ausführlichen Berichten zu 1273 Rudolfs Wahl einfach „vergessen".

Warum hatten sich die Kurfürsten gerade auf Rudolf von Habsburg einigen können? Für manche Zeitgenossen galt es als Mangel, daß er nur Graf und kein Reichsfürst war. Freilich sagte die Zugehörigkeit zum Reichsfürstenstand noch nichts über die tatsächliche Macht und nicht viel über das Ansehen eines Herrn aus. Ohnehin waren die meisten Reichsfürsten Geistliche, denen die Verwicklung ihrer Kirchen in die Reichsgeschäfte und großzügige Privilegien dazu verholfen hatten, Erzbischöfe, Bischöfe und Äbte bis hinunter zum Propst von Ellwangen – fast hundert an der Zahl. Die Zahl der weltlichen Reichsfürsten war wesentlich geringer, bloß dreizehn am Ende der Stauferzeit. Danach begann sich ihre Zahl zu erhöhen, oft

den Papst über die Kurfürsten: „Sie scheuen eine Übermacht und wählen zu Königen solche, welche ihnen eher unterstehen als vorstehen müssen, oder sie spalten sich in ihrer Wahl; wohl aus zweierlei Ursachen: weil sie von zweien mehr herauspressen können als von einem, oder weil sie hoffen, wenn der eine Erwählte zu hart gegen sie vorginge, am anderen eine Stütze zu finden. Weltliche wie geistliche Fürsten wollen nichts wissen von einem machtvollen Kaiser; sie wollen wohl einen gütigen und weisen Kaiser, aber keinen mächtigen, während doch Wollen und Wissen nichts sind ohne das Können." Daß von Rudolf, anders als von Ottokar, keine wesentliche Beschneidung kurfürstlicher Interessen zu erwarten war, lag auf der Hand.

Auf der anderen Seite waren die Kurfürsten offensichtlich an einem aktiven, kriegstüchtigen König interessiert; Rudolfs Hartnäckigkeit und seine militärischen Fähigkeiten werden ihnen nicht verborgen geblieben sein. Erfolg und Tüchtigkeit gehörten zum Bild eines Königs und konnten bis zu einem gewissen Grad Mängel in der Abkunft ausgleichen. Zwei weitere Vorteile bot der Habsburger: sechs Töchter, ein attraktives Kapital auf dem fürstlichen Heiratsmarkt; und sein fortgeschrittenes Alter. Dies ließ nicht nur eine gewisse Besonnenheit und Weisheit erwarten; „als Mann von fünfundfünfzig Jahren war er wohl nur als Kompromiß- und Übergangskandidat gedacht" (Peter Moraw). Die Kurfürsten konnten damit rechnen, in absehbarer Zeit wieder ihr Wahlrecht auszuüben. Das war eine ebenso heikle wie einträgliche Verpflichtung geworden, und es mag die Kurfürsten beruhigt haben, daß der neue König nicht allzuviel Zeit haben würde, die Stellung seiner Dynastie auszubauen. Denn das dynastische Prinzip war im Reich auf dem Tiefpunkt seiner Bedeutung angelangt. Alle Monarchien des Mittelalters regelten ihre Nachfolge im Spannungsfeld von dynastischem Prinzip und Wahlrecht; in Frankreich hatten die kapetingischen Könige ihr Erbrecht ausgebaut und verwiesen stolz auf eine jahrhundertelange Reihe königlicher Vorfahren. In Deutschland erwies sich staufische Abkunft nun als Hindernis, seit Papst Innozenz IV. die Staufer sämtlich gebannt und ihren Abkommen in aller Zukunft das Königtum abgesprochen hatte.

Rudolf von Habsburg konnte, zum Unterschied von vielen seiner Konkurrenten, königliche Abkunft weder als Makel noch als Vorteil aufweisen. Auf der anderen Seite verkörperte auch er die staufische Tradition; lange noch hatte er staufische Restaurationsversuche unterstützt, bis hin zum Unternehmen Konradins von 1268, dessen Scheitern er freilich aus sicherer Distanz miterlebte. Er sicherte also eine gewisse Kontinuität, konnte auf

Unterstützung der alten Stauferfreunde zählen, ohne daß er den ehemaligen Gegnern der Staufer von vornherein verhaßt sein mußte. Rudolf hatte in allen Phasen miterlebt, wie das charismatische König- und Kaisertum der Staufer gescheitert war, das die Phantasie und die Erwartungen der Menschen im guten wie im schlechten so sehr beflügelt hatte. Stupor mundi, das Staunen der Welt, hatte Friedrich II. auf seinem Weg durch alle Höhen und Tiefen begleitet. Rudolf hatte wenig an sich, was die Welt staunen machen konnte, weder stolze Ahnen noch eine glänzende Persönlichkeit, noch imponierende Macht; es blieb ihm nichts übrig, als daraus einen Vorteil zu machen und sich bewußt vom staufischen Kaisertum und seiner hochfliegenden Selbstdarstellung abzusetzen. Phantastische Gemüter warteten noch immer auf die Wiederkunft Friedrichs II., den die Sage bald in den Kyffhäuser versetzte, wo er auf den Tag der Rückkehr wartete. Rudolf sollte es noch mit einem realen Wiedergänger des großen Staufers zu tun bekommen, ein gewisser Tile Kolup, der 1284 in manchen niederdeutschen Städten als wiedererstandener Friedrich auftrat und sich an die Spitze einer Aufstandsbewegung setzte. Für die alltäglichen Geschäfte hatte man nun einen König, der wesentlich weniger entrückt war und dessen Bescheidenheit und Leutseligkeit ihn populär machten. Seine Wahl löste in relativ weiten Kreisen so etwas wie eine Welle von Reichspatriotismus aus. Vom Heiligen Römischen Reich, das jahrzehntelang bloß weiterbestanden hatte, ohne besonders spürbar zu werden, und seinem neuen König erwartete man nun, viele lange beklagte Mißstände abzustellen. Viele dieser Erwartungen, die vor allem städtische und kirchliche Kreise hegten, waren wenig realistisch. Aber diese Stimmung in der Öffentlichkeit wird wohl zur Entscheidung der Reichsfürsten beigetragen haben – ohne daß sie darüber hinaus viel getan hätten, um dem König die Erfüllung der Hoffnungen zu erleichtern.

Das Thronsiegel König Ottokars II. von Böhmen. 1276 mußte sich Ottokar Rudolf unterwerfen und büßte seinen gesamten Besitz bis auf Böhmen und Mähren ein.

ÖNB

Krönung und Herrschaftsantritt

Abgesehen von einigen kleinen Pannen verliefen der offizielle Wahlakt und die Krönungsfeierlichkeiten ordnungsgemäß – zum ersten Mal seit Menschengedenken. Die Kurfürsten hatten sich schon, wie vereinbart, am Michaelstag, dem 29. September, in Frankfurt versammelt; Ottokar war ferngeblieben und hatte den Bischof von Bamberg als Vertreter entsandt. Rudolf mußte in Diburg, einige Stunden entfernt, warten, während die Kurfürsten am Sonntag, dem 1. Oktober 1273, zur feierlichen Wahl schritten. Im Namen aller vollzog der Pfalzgraf Ludwig die Kur: „Im Namen der heiligen und ungeteilten Dreifaltigkeit mit Willen aller Kurfürsten verkünde und wähle ich den Grafen Rudolf von Habsburg zum römischen König." Am nächsten Morgen zog eine Delegation unter dem Kölner Erzbischof Rudolf bis vor die Stadt entgegen. Ein Gedicht beschreibt seinen Einzug in der Stadt: „Mit fröuden wart gesungen / von maneger höhen Zungen: / Te Deum laudamus. / Diz verstuond man alsus: / Sie waeren frö der maere / daz gräve Rudolf waere / mit rehte künic worden ..." Man geleitete ihn zum Dom; dort las

der Erzbischof von Mainz eine feierliche Messe. Danach huldigten die Fürsten dem neuen König und wurden von ihm belehnt. In diesem Zusammenhang paßt die Nachricht, Rudolf habe in Ermangelung des Zepters das Kruzifix verwendet; die Reichsinsignien hatte er noch nicht erhalten. Das Kreuz, Herrschaftszeichen und Zeichen der Hoffnung zugleich, sollte das Sinnbild von Rudolfs Herrschaft sein: So ließ sich diese Geste verstehen. Rudolf war noch nicht gekrönt, und schon kam man zum Geschäft. Wenige Tage später mußte er dem Erzbischof von Trier 1555 Mark urkundlich zusichern, um seine Wahlunkosten auszugleichen; dabei waren die Reisekosten ausdrücklich noch nicht inbegriffen. Solches war früher nicht üblich gewesen; Rudolf mußte nun größere Summen ausleihen, die Kurfürsten wiederum bürgten dafür, daß die Darlehen bei einem frühzeitigem Tod des Königs aus Reichsgut beglichen würden. Auch den anderen Kurfürsten mußte Rudolf ihre Entscheidung entgelten. Erzbischof Werner von Mainz ließ sich Ende Oktober 2000 Mark Silber verbriefen, die durch Überlassung eines Zolles am Rhein aufgebracht werden sollten. Der Kölner wiederum bekam auf Lebenszeit die Reichsburg Kaiserswerth sowie die Reichsstadt Dortmund übertragen; dazu bat er sich königliche Unterstützung gegen die Kölner Bürger aus, eine heikle

Belehnung König Ottokars II. durch König Rudolf von Habsburg mit Böhmen und Mähren im Jahr 1276. Grundlage war die Rücknahme der Ächtung Ottokars, der aber auf Österreich, Steiermark, Kärnten und Krain verzichten mußte.

ÖNB

Die römisch-deutsche Kaiserkrone. Die Krone wurde wahrscheinlich anläßlich der Kaiserkrönung Ottos I. 962 in Rom geschaffen. Sie wurde bis zur letzten römisch-deutschen Kaiserkrönung im Jahr 1792 (Kaiser Franz II.) verwendet. Sie befindet sich heute in der Weltlichen Schatzkammer der Wiener Hofburg.

KHM

Frage, die Rudolf aber einigermaßen diplomatisch lösen konnte. Der Pfalzgraf Ludwig und Herzog Albrecht von Sachsen konnten Rudolfs Töchter Mathilde und Agnes heimführen; die Vermählung fand noch am Krönungstag in Aachen statt. Für Mathildes königliche Mitgift und weitere Leistungen, insgesamt 15.000 Mark, mußten die Reichsstädte Nürnberg, Ravensburg und andere verpfändet werden (später scheint man eine andere Lösung gefunden zu haben). Doch die Familienverbindung versprach Rudolf eine willkommene Absicherung seines Königtums. Schließlich wurde noch Burggraf Friedrich von Nürnberg für seine

guten Dienste belohnt. Für Rudolf, der kein armer Graf, im Verhältnis zu seinen staufischen Vorgängern aber ein armer König war, waren das große Summen. Eine Mark Silber entsprach einem Silbergewicht von ca. 230 Gramm, wurde allerdings als Recheneinheit oft unterschiedlich gewertet. Von den Reichsstädten nahm Rudolf in seiner ersten Zeit jährlich etwa 8000 Mark ein; das reiche Frankfurt, das etwa 10.000 Einwohner zählte, leistete 300 Mark. Damit hätte man gerade 15 gute Pferde kaufen können. Im Lauf seiner Regierung hat der Habsburger sich allerlei neue Abgaben für die Städte einfallen lassen, denen er in

Aachen, Münster:
Die Pfalzkapelle Karls des
Großen. Der Thron Karls des
Großen im Westjoch des
oberen Umgangs, Marmor,
Ende 8. Jahrhundert.
Am 24. Oktober 1273 wurden
Rudolf und seine Gattin Anna
nach altem Zeremoniell in
Aachen gekrönt.

AKG

vielen anderen Fragen entgegengekommen war.
Dennoch mußte er immer wieder Reichsgut
verpfänden. Und den finanziellen Vorsprung der
mächtigsten Reichsfürsten hat er nicht eingeholt.
Eine zeitgenössische Quelle schätzt die Jahres-
einkünfte des Pfalzgrafen und des Salzburger Erzbischofs auf 20.000 Mark, die des Kölner Erzbischofs auf 50.000 und des Böhmenkönigs sogar
auf 100.000 Mark. Das mag im einzelnen übertrieben sein, gibt aber eine Vorstellung von den Macht-
verhältnissen im Reich.
Auf dem Weg nach Aachen bekam Rudolf die
Reichsinsignien ausgehändigt, die Richard von
Cornwall auf Burg Trifels hatte verwahren lassen
(auch dafür mußte man dem Burgherrn 1000 Mark
zusagen). In Aachen kam er mit seiner Frau zusammen, Gertrud, mit der er bald 20 Jahre verheiratet war; ab nun nannte sie sich Anna. Am
24. Oktober wurden beide nach dem uralten Zeremoniell im Aachener Münster vom Kölner Erzbischof gekrönt, und Rudolf konnte auf dem Thron
Karls des Großen Platz nehmen. Mehrere Chroniken erzählen von einem wunderbaren Zeichen,

das während der Krönung am Himmel erschienen
sei, für „manec tusent man" zu sehen: ein goldenes
Kreuz – oder zumindest eine Wolke in Kreuzes-
form, die eine rote Färbung annahm. Wieder
der König unter dem Zeichen des Kreuzes: Man
mochte daraus ablesen, der Himmel selbst sehe
die Krönung mit Wohlgefallen. Friedrich von
Sonneburg dichtete: „Ein schoene kriuze swebete
ob im, / der wile daz er saz / gekroenet unt di ẘihe
empfienc; / hie bĭ sŏ weiz ich daz, / daz in got durch
der fürsten munt / ze einem vogete hăt erwelt."
Rudolf soll daraus seine Verpflichtung zu einem
Kreuzzug abgeleitet haben. Die pragmatische
Nüchternheit des Habsburgers war kein Hindernis
für eine symbolische Überhöhung seiner Herrschaft, die schon auf den späteren Habsburger-
mythos vorausweist.
Eigentlich hätte auf die Krönung das feierliche
Krönungsmahl folgen sollen; doch nun brach die
alte Rivalität zwischen dem Kölner und dem Mainzer Kirchenfürsten wieder einmal unter der bisher
demonstrierten Eintracht durch: Sie konnten sich
nicht einigen, wer von ihnen den Ehrenplatz zur
Rechten des Königs einnehmen durfte. Kein Wunder, denn seit vielen Jahrzehnten waren die Fürsten noch nie so vollzählig in Aachen zusammen-
getroffen; ein sächsischer Chronist glaubte sogar,
seit Karl dem Großen sei das nie mehr geschehen.
Schließlich fand sich ein Kompromiß; der Mainzer
gab nach, aber Rudolf mußte ihm gemeinsam mit
seiner Frau eine Urkunde darüber ausstellen, daß
daraus in Hinkunft kein Vorrecht des Kölners abgeleitet werden sollte. Die weltlichen Kurfürsten
versahen nach altem Herkommen bei Tisch ihre
Ämter, nur „der konig von Behemen des riches
schenke der ne was dar nicht", für ihn mußte der
Schenk des Kölner Erzbischofs einspringen.
Die folgenden Tage vergingen mit den üblichen
Reichsgeschäften nach der Krönung: Bestätigun-
gen von Lehen und Privilegien und Belohnungen
von Getreuen. Eine der ersten Maßnahmen des
neuen Königs war auch, mit Zustimmung der Fürsten, die Abschaffung aller unrechtmäßigen Zölle,
besonders am Rhein: ein Punkt, der den Städten ja
schon lange am Herzen lag. Freie Hand für eine
eigenständige Politik hat Rudolf kaum gewonnen;
als erster König hatte er bei der Krönung schwören
müssen, bei allen Verfügungen über Reichsgut die
Zustimmung der Fürsten einzuholen. In der Praxis
bedurfte er bei vielen Entscheidungen sogenann-
ter „Willebriefe", schriftlicher Zustimmungen der
Kurfürsten. Viele, denen der König Privilegien erteilte, verließen sich nach den Erfahrungen der
Vergangenheit lieber nicht allein auf eine Urkunde
des Königs, sondern sicherten sich durch kurfürst-
liche Bestätigung ab – natürlich ein recht umständ-
liches Verfahren.

Eine Reihe wichtiger Briefe ging in jenen Wochen an den Papst. Die Kurfürsten zeigten die einhellige und ordnungsgemäße Wahl und Krönung Rudolfs „zum König der Römer und künftigen Kaiser" an und baten um ehebaldige Kaiserkrönung. Auch Rudolf selbst meldete seine Wahl dem Papst und den Kardinälen und versprach, allen Bitten und Befehlen der Kirche nachzukommen. Gregor X. hat die Wahl Rudolfs dann auch nach einem Jahr auf dem Konzil von Lyon bestätigt. Einer allerdings appellierte beim Papst dagegen: Ottokar von Böhmen. Schon in Frankfurt hatte Ottokars Vertreter protestiert; nun versuchte der Böhmenkönig in mehreren Briefen seinen Einfluß beim Papst geltend zu machen – vergeblich. Auch wenn er den „armen Grafen" selbst vielleicht nicht ernstnahm: die Art, wie die Kurfürsten ihn aus der Reichspolitik ausgeschaltet hatten, die vernehmlichen Forderungen nach Wiedererwerbung des Reichsgutes und Rudolfs Ehebündnisse verhießen nichts Gutes. Ein Konflikt kündigte sich an, in den ganz Mitteleuropa verwickelt werden sollte.

Ottokars Österreich

Ebenso wie sein staufischer Namensvetter rief der Babenbergerherzog Friedrich II. (1230–1246) mit seinen oft hochfliegenden Plänen zahlreiche Konflikte hervor; die Geschichtsschreibung hat ihm den Beinamen „der Streitbare" gegeben. Das Österreich, dessen Herzog er damals war, umfaßte damals nur einen Großteil des heutigen Niederösterreich (der Süden, einschließlich Wiener Neustadt, war steirisch, ebenso wie der Traungau um Steyr) und den Osten Oberösterreichs (das Innviertel gehörte bis ins 18. Jahrhundert zu Bayern). Seit 1192 waren die Babenberger auch Herzöge der Steiermark. Dieser babenbergische Machtbereich lag zwar am Rand des Reiches. Vom Rhein aus gesehen war Wien eine Grenzstadt zu Ungarn; ein Autor um 1300 veranschlagte den Marschweg von Freiburg im Breisgau bis Wien mit vier Wochen, halb so weit wie nach Konstantinopel. Aber gerade dadurch hatten die Babenberger einen einigermaßen geschlossenen Herrschaftsbereich erhalten können. Die kirchlichen Zentren, das Erzbistum Salzburg und die Bistümer Passau und Freising, lagen weiter westlich, auch wenn sie in Österreich Besitzungen hatten. Daß Österreich über kein eigenes Bistum verfügte, wurde zwar immer wieder als Mangel gesehen, erleichterte aber den Umgang der Herzöge mit den Bischöfen – Probleme wie die Rudolfs von Habsburg mit dem Bischof von Basel entstanden ja vor allem aus der engen Verschränkung der Interessengebiete. Die

Ministerialen, die von Dienstmannen zur höchsten Adelsschicht im Lande aufgestiegen waren, strebten nicht nach einer Aufspaltung des Herzogtums in kleinere Herrschaften, sondern versuchten ihre Stellung innerhalb des Landes auszubauen. Und die Städte, mit Ausnahme Wiens, waren weder wirtschaftlich noch politisch so weit entwickelt wie die am Rhein.

Dennoch verschärften sich auch in Österreich im Lauf des 13. Jahrhunderts die Konflikte, in denen verschiedene gesellschaftliche Kräfte um stärkeres politisches Gewicht rangen. Bald nach 1230 erhoben sich die Kuenringer, ein mächtiges Ministerialengeschlecht mit großen Besitzungen im Waldviertel und anderswo, gegen Herzog Friedrich. Etwas später rief eine breite Opposition Kaiser Friedrich an, der den Herzog ächtete und fast vertrieben hätte. Später brauchte der Kaiser doch wieder die Unterstützung des Babenbergers gegen den Papst; man verhandelte über den Plan, Österreich zum Königreich zu erheben. Doch noch einige Jahre, und der Babenberger war tot, gefallen in einer Ungarnschlacht an der Leitha (1246). Männliche Erben hatte er keine, auch Töchter gab es nicht, sondern nur eine Nichte, Gertrud (die zuvor den Kaiser hätte heiraten sollen), sowie Friedrichs Schwester Margarete. Die Babenberger

Die verkleinerte Weltkugel war schon in der Antike als Herrschersymbol bekannt. Der Reichsapfel ist eine mit Goldblech umkleidete Harzkugel, die als Basis eines Prunkkreuzes dient, und dürfte bei der Kaiserkrönung Heinrichs VI. 1191 erstmals verwendet worden sein. Heute in der Weltlichen Schatzkammer, Wien.
KHM

hatten einst im Privilegium minus auch ein weibliches Erbfolgerecht im Herzogtum zugestanden erhalten, so daß sich präsumtive Ehemänner der beiden ledigen Damen einen gewissen Anspruch auf die Nachfolge ausrechnen konnten. Der Kampf zwischen Kaiser und Papst, vollends aber die Auseinandersetzungen nach dem Tod Kaiser Friedrichs, und die Rivalität der mächtigen Nachbarn Ungarn und Böhmen mußten auch die babenbergische Erbfolgefrage zuspitzen.

Wie die Kurfürsten im Reich, so konnten die österreichischen Hochadeligen, die „ministeriales Austriae", den Bruch in der Kontinuität der Herrschaft nützen; ihnen fiel nun eine entscheidende Rolle zu. Ihre Unterstützung gewann Ende 1251 Ottokar, Sohn des Böhmenkönigs; er wurde in Österreich allgemein anerkannt und heiratete im Februar 1252 Margarete. Und wie im Reich, wurde die Unterstützung nicht umsonst gegeben: Erstens mußte Ottokar aus dem herzoglichen Kammergut der Babenberger bedeutende Entschädigungen leisten. Und zweitens hatte er die politische Mitwirkung der einflußreichsten Familien, der Kuenringer, Hardegger, Maissauer, Schaunberger und anderer, zu akzeptieren. Im Landfrieden von 1254, einer Art Landesverfassung, mußte er aus ihrem Kreis vier Landrichter und zwölf Räte bestellen; inzwischen war er selbst König von Böhmen geworden und überließ ihnen weitgehende Befugnisse bei der Regierung Österreichs. Mit ihrer Rückendeckung konnte er darangehen, auch die Steiermark zu erwerben, die er zunächst den Ungarn überlassen hatte (die Gertrud auf ihre Seite gebracht hatten); das gelang ihm 1260. Von König Richard von Cornwall ließ er sich schriftlich mit den babenbergischen Ländern belehnen. Ottokars Herrschaft wurde damals in Österreich durchaus nicht als Fremdherrschaft empfunden; sie wurde ja auch weitgehend von einheimischen Adeligen und ohne ständige böhmische Besatzung ausgeübt. Inzwischen hatte er es sich auch erlauben können, sich mit päpstlicher Erlaubnis von Margarete, die keine Kinder mehr bekommen konnte, scheiden zu lassen. Grillparzer hat Margaretes trauriges Schicksal in seinem „Ottokar" dramatisch verarbeitet, das Spätmittelalter sah solche Folgen rein dynastischer Heiraten meist recht illusionslos.

Ottokars Machtzuwachs war noch nicht abgeschlossen; 1269 vermachte ihm der letzte Sponheimer Herzog Kärnten und Krain, und dann wurde er noch Generalkapitän von Friaul. Den „goldenen König" nannte ihn ein böhmischer Chronist, den „eisernen König", als den ihn sogar die Tataren kannten, ein Erfurter. Der „reiche König" war er sogar für seine Gegner; die Silbergruben von Kuttenberg und eine für die Zeit relativ moderne Verwaltung erleichterten seine weitgespannten Unternehmungen. Dennoch: „König Ottokar war durch seine Politik der Unterstützung der Städte, durch den Versuch, die Vorherrschaft des Adels einzudämmen und eine straffere Verwaltung in seinem Herrschaftsbereich aufzubauen, seiner Zeit allzusehr ‚vorausgeeilt'", bemerkt der große tschechische Historiker František Graus; die Widerstände waren ebenso unvermeidlich wie die Versuchungen noch höher gesteckter Ziele. Fast ständig blieb Ottokar an irgendeiner Seite seines ausgedehnten Machtbereiches in Kämpfe verstrickt, besonders gegen die Ungarn, die nun von der Adria bis zur Hohen Tatra seine Nachbarn waren. Auf der anderen Seite beunruhigte er Bayern durch mehrere mäßig erfolgreiche Kriegszüge. Vor allem aber war der Böhmenkönig nun bemüht, die großen Befugnisse der „ministeriales Austriae" wieder zu beschneiden. Einer ersten Welle des Widerstandes begegnete er 1265 mit der Hinrichtung des Landrichters Otto von Maissau und dem Brechen einer Reihe von Adelsburgen. Den standesbewußten Ministerialen insgesamt nahm er ihre weitgehenden Selbstverwaltungsrechte und stützte sich nur mehr auf einige Vertrauensleute. Zudem gewannen reiche Städter großen Einfluß, Bürger ritterlichen Zuschnitts: Gozzo von Krems, Konrad von Tulln und der Wiener Paltram „vor dem Stephansfreithof" spielten eine Schlüsselrolle in der landesfürstlichen Finanzverwaltung. Sie waren reich genug, Ottokar größere Summen vorschießen zu können und dafür landesfürstliche Güter und Einnahmen, ja sogar die Einkünfte ganzer Landesteile in Pacht zu nehmen. Dieses von Ottokar entwickelte System haben Rudolf und Albrecht I. später bruchlos übernommen und weiterentwickelt. Ein wohlwollender Chronist schildert Paltram als so reich, „daß ihm nichts abging außer dem, was er nicht haben wollte". Für Ottokars Ungarnzüge konnte Paltram sogar eigene Scharen Bewaffneter finanzieren, die stark genug waren, um allein Preßburg zu belagern.

Nach zwei so erfolgreichen Jahrzehnten scheint Ottokar in der Zeit nach Rudolfs Wahl seine Stellung überschätzt zu haben. Nirgends in seinen Ländern war die Opposition stark genug, um allein etwas gegen ihn ausrichten zu können. Aber wem es gelang, die Kräfte des Widerstandes und Ottokars zahlreiche Gegner zu vereinigen und ihnen eine Rechtsgrundlage zu geben, der konnte sich nun große Chancen ausrechnen. Denn gerade die rechtliche Position Ottokars war in den österreichischen Ländern schwach. Reichsrechtlich konnte Österreich als heimgefallenes Lehen gelten; die ohnehin zweifelhafte schriftliche Belehnung durch Richard von Cornwall wurde überhaupt wertlos, als König und Kurfürsten alle Vergaben von Reichs-gut seit 1245 für nichtig erklärten. Die geschiedene Ehe mit der inzwischen verstorbenen Margarete gab auch keine Grundlage mehr. Ottokar hat sich auch nicht darauf berufen, sondern Rudolfs Wahl überhaupt angezweifelt. Und der österreichische Hochadel, dessen Votum einst Ottokar den Weg zur Herrschaft geebnet hatte, konnte von einem anderen Herrn erhoffen, die Vorrechte von 1254 zurückzugewinnen, die Ottokar ihm genommen hatte. Eine Unterstellung unter den römischen König eröffnete zudem die Aussicht auf Rang-erhöhung, wenn das Herzogtum ans Reich fiel und man zunächst einmal nur dem (künftigen) Kaiser unterstellt war. Rudolf hat diesen Trumpf seiner „römischen" Herrschaft geschickt ausgespielt.

Römischer König gegen König von Böhmen

Fast jedes Schulkind weiß noch heute in Österreich Bescheid über „König Ottokars Glück und Ende". Wenige wissen, daß Grillparzers Stück, das König Rudolf so sehr idealisiert, 1825 vor der Uraufführung von der Zensur fast verboten wurde: Sie be-fürchtete zu Recht, daß die Tschechen verstimmt sein würden. Grillparzer hatte für Rudolfs Gegner Ottokar Maß an einem zeitgenössischen Feind der Habsburger genommen: Napoleon – auch er hatte ja seine Frau verlassen, wie Ottokar Margarete. Seinen Stoff bezog Grillparzer aus der steirischen Reimchronik eines Ottokar „aus der Geul", der etwa eine Generation nach der Marchfeldschlacht ein düsteres Bild von Ottokar zeichnete. Aus der fast 100.000 Verse umfassenden Reimchronik stammen viele Elemente des Stückes, die histo-risch nicht verbürgt sind: etwa der Verrat von Ottokars Hauptmann Milota. Persönliche Motive drängen schon hier politische zurück, wie das von Ottokars Gemahlin Kunigunde, die ihren Gemahl mit „unnutz klaffen" gegen Rudolf aufstachelt. Grillparzer ließ seinen Gewährsmann auch gleich als „Ottokar von Horneck" auftreten und wohl-bekannte patriotische Verse sprechen – in Wirk-lichkeit war der Reimchronist damals noch ein Bub.

Zu Ottokars, des Böhmenkönigs Zeiten waren ihm die österreichischen Geschichtsschreiber keines-wegs so feindlich gegenübergestanden wie später Ottokar, der Reimchronist. Gutolf von Heiligen-kreuz betrauert den gefallenen Böhmenkönig mit den Versen: „Jener Mann ist gestorben, der ein Turm, ein Löwe, ein Herzog, / der eine Blume, ein Edelstein, der eine Säule war." Auch seine Gegner zollten ihm Anerkennung; bei allen Vorwürfen, die

er posthum einstecken mußte, konnte man ihm vieles nicht nachsagen, was man im Mittelalter fast automatisch einem Gegner unterstellte: etwa daß er die Kirche bedrückt habe. Denn Klöster geför-dert und Frömmigkeit demonstriert hatte Ottokar mindestens genauso wie Rudolf. Auch blieben die Stimmen vereinzelt, die in der Regierung des Böh-men eine Fremdherrschaft sahen. Ein Spottgedicht von 1276 warf den Wienern vor, den Schlüssel zur Stadt „den Slawen" überlassen zu haben: „Das ist deine schwere Schuld … Weder Dir noch Deinen Vorvätern war der böhmische Lufthauch süß." Aus solchen fremdenfeindlichen Äußerungen, die mit der habsburgischen Kriegspropaganda zusam-menhingen, lassen sich aber keine verbreiteten antiböhmischen Ressentiments ableiten; die Habs-burger „Schwaben" haben ebenso rüde Äußerun-

Am 26. August 1278 fand die Entscheidungsschlacht zwischen Rudolf von Habsburg und Ottokar von Böhmen auf dem Marchfeld bei Dürnkrut und Jedenspeigen statt. Ottokar wurde getötet. Hier der Gedenkstein auf dem ehemaligen Schlachtfeld.

Günter Schön

Kaiser Konrad II. dürfte
der Auftraggeber des
Reichskreuzes sein
(um 1024). Es ist 77 cm hoch,
aus Eichenholz und mit
Goldblech beschlagen.
Heute in der Weltlichen
Schatzkammer, Wien.
KHM

kars Exkommunikation eingeleitet). Das sollte es
vor allem den schwankenden Adeligen erleichtern, ihre Ottokar geleisteten Treueide zu brechen.
Für breitere Kreise bestimmt war eine Reihe von
Prophezeiungen, in denen Rudolfs Sieg voraus-
gesagt wurde. Solche Wahrsagegeschichten entsprachen dem Zeitgeschmack; im einzelnen ist
natürlich nicht mehr festzustellen, ob sie nicht
erst nachher aufgekommen waren – etwa die
Geschichte von Rudolfs Traum, in dem ein Adler
(das Symbol des Reiches) mit einem Löwen (dem
Wappentier Böhmens) rang und ihn schließlich
überwand. Eine Vision soll auch die Nonne Wil-
birgis in St. Florian gehabt haben, als sie für Ottokar betete. Da habe die Stimme Gottes gefragt:
„Warum beweinst du den, dessen Tage als König
vor der göttlichen Vorsehung ein Ende haben?"
Schon damals war es also wichtig, die Phantasie
der Öffentlichkeit anzusprechen, die eigene Sache
als die gerechte darzustellen. Die verbreiteten
Hoffnungen in die Wiedergeburt des Reiches wirkten als Rückhalt für Rudolf. Im Rahmen seiner
politischen Möglichkeiten hat der Habsburger den
Konflikt gut vorbereitet und seine Position formal-
rechtlich abgesichert. Ihm und seinen Wählern
dürfte von Anfang an klar gewesen sein, daß am
Kampf mit dem mächtigsten Reichsfürsten Ottokar kein Weg vorbeiführte. Für Rudolf lag darin
zudem der Ausweg aus einem sonst unauflösbaren
Dilemma: Durch Wiedergewinnung von Reichsgut
erst eine Machtbasis für sein Königtum aufzubauen, ohne dabei den Kurfürsten oder seinen
Freunden und Anhängern etwas wegnehmen
zu müssen. Österreich und Ottokars übrige strittige Besitzungen waren bei weitem die größten
Brocken, die Rudolf als Reichsgut zurückfor-
dern konnte. Nach ihrer Erwerbung haben Österreich und die Steiermark dem König mehr eingebracht (18.000 Mark) als die alten Hausgüter
im Südwesten (7000 Mark) und die Reichsstädte
(8000 Mark) zusammengenommen.
Im November 1274 kamen Rudolf, zwei seiner
Söhne und eine Reihe von Fürsten und Rittern in
Nürnberg zu einem Hoftag zusammen. Hier wurde
entschieden, daß der König alles seit den Zeiten
Friedrichs II. entfremdete Reichsgut wieder in
Besitz nehmen solle und daß Ottokar bis Jänner
1275 vor Rudolf zu erscheinen habe, um seinem
Lehensherrn zu huldigen. Für Böhmen und Mähren war das nur eine Formsache; Österreich und
die restlichen Erwerbungen Ottokars fielen aber
wohl unter den ersten Punkt. Der Böhmenkönig
zog es vor, die Frist verstreichen zu lassen. Nun
brauchte Rudolf nur mehr dem alten Mechanismus des Lehensrechtes seinen Lauf zu lassen.
Zum nächsten Hoftag in Augsburg schickte Ottokar den Bischof von Seckau als Vertreter; der

gen hervorgerufen. Andere Zeitgenossen haben
die Eintracht Böhmens und Österreichs geradezu
überschwenglich gefeiert. Die 20 Jahre, die Österreich und Böhmen unter einem gemeinsamen
Herrn gestanden waren, hatten viele neue Beziehungen geschaffen; von Wien aus blickte man eher
nach Prag als in die viel entfernteren Zentren des
Römischen Reiches, Nürnberg, Frankfurt oder
Köln. Vor allem die maßgeblichen Bürger Wiens
standen fast bis zum Schluß an Ottokars Seite.
Freilich sind Rudolfs Kriege gegen Ottokar propagandistisch sehr gut vorbereitet worden. Vor allem
die Bettelmönche, besonders die Dominikaner,
warben im ganzen Land, in Städten und auf Adels-
sitzen, für die Sache Rudolfs. Sie verbreiteten das
Gerücht, der Papst habe Ottokar exkommuniziert
und alle Treueide an ihn für nichtig erklärt (in
Wirklichkeit hatte nur der Erzbischof von Mainz,
auf Aufforderung Rudolfs, im Sommer 1276 Otto-

reagierte auf die neuerliche Klage mit einer provozierenden lateinischen Rede, in der er Rudolfs rechtmäßige Wahl bestritt; daraufhin wurden Ottokar alle Lehen, also auch Böhmen und Mähren, aberkannt, deren Herausgabe er verweigerte. Nun konnte man, wie ein Jahrhundert zuvor über den mächtigen Rivalen Friedrich Barbarossas, Heinrich den Löwen, die Reichsacht über den Přemysliden verhängen.

Der Spruch der Fürsten war natürlich nur militärisch zu vollstrecken, was Aufgabe des Königs war. Er sollte bald feststellen, daß die Bereitschaft der Fürsten, ihn dabei zu unterstützen, recht gering war. Die Pflicht der Lehensmänner des Reiches, ihr Aufgebot zum Reichsheer zu stellen, war seit dem Niedergang der Staufer undurchsetzbar geworden. Der König blieb darauf verwiesen, innerhalb wie außerhalb des Reiches nach Bündnispartnern gegen Ottokar zu suchen, denen er als Gegenleistung Geld oder politische Vorteile bieten mußte. Zahlreiche Briefe Rudolfs mit Hilfsersuchen und dem Versprechen reicher Belohnung sind gerade aus dem Jahr 1276 erhalten – zu befehlen hatte er nichts mehr. Die neuen Familienverbindungen halfen: Graf Meinhard II. von Tirol, soeben Rudolfs Schwiegersohn geworden, und der Pfalzgraf, natürlich auch der Burggraf von Nürnberg zählten zu seinen verläßlicheren Verbündeten. Am gewichtigsten war eigenes Interesse: Der Salzburger Erzbischof, ein alter Gegner des Böhmen, hatte Rudolf schon zu Beginn seiner Herrschaft zum Eingreifen gegen Ottokar aufgefordert und ihm die Unterstützung vieler österreichischer Adeliger verheißen. Inzwischen hatten Ottokars Leute Salzburger Besitzungen verwüstet, besonders die Stadt Friesach, und der Salzburger ersuchte den König mehrfach dringend um Hilfe. Zudem verhandelte der Habsburger mit dem Ungarnkönig Ladislaus IV., was allerdings erst 1278 entscheidende Auswirkungen haben sollte.

Es dauerte noch bis August 1276, daß der Feldzug gegen Ottokar tatsächlich beginnen konnte. Meinhard von Tirol und sein Bruder Graf Albrecht von Görz rückten in Kärnten und Krain ein, worauf sich die Kärntner und steirischen Adeligen schnell von Ottokar lossagten; sogar der Seckauer Bischof unterwarf sich jetzt dem Habsburger. Rudolf brach mit einem Heer von angeblich etwa 2000 Rittern am 1. September von Nürnberg auf; statt wie vorgesehen nach Böhmen, zog er nun über Regensburg gegen Österreich. Nach manchen Schwierigkeiten war es gelungen, Herzog Heinrich von Niederbayern auf seine Seite zu bringen, einen Fürsten, der besonders häufig die Seiten wechselte. Auch er erhielt nun für seinen Sohn eine der sechs Töchter des Habsburgers, dazu, nach hartem Feilschen, gleich 40.000 Mark Mitgift, wofür

ihm Österreich ob der Enns verpfändet wurde. Heinrich soll 1000 Ritter zur Verfügung gestellt haben. Ein „nicht gerade zahlreiches, aber tüchtiges Heer" war zustande gekommen, mit dem eine Reihe von Fürsten, Grafen und Bischöfen zog; sogar Werner von Mainz hatte sich angeschlossen. Am 10. Oktober war Rudolf vor Linz, am 15. öffnete ihm Enns die Tore, die starke böhmische Besatzung von Klosterneuburg wurde überlistet, und schon am 18. stand er vor Wien. Erst hier stieß das Reichsheer auf bedeutsamen Widerstand und begann mit der Belagerung der Stadt, deren maßgebliche Kräfte Ottokar auch jetzt treu blieben. Trotz mehrerer großer Brände, die in diesem Jahr in Wien gewütet hatten, war die Stadt gut befestigt und gerüstet; Ottokar hatte den Wienern für den Wiederaufbau eine fünfjährige Zoll- und Abgabenbefreiung verbrieft. Bald zog nördlich der Donau das Heer Ottokars heran und schlug bei Korneuburg ein Lager auf, ohne aber einzugreifen; fünf Wochen lang lagen einander die Heere gegenüber. Doch die Zeit arbeitete für König Rudolf; sein Heer verstärkte sich durch den Zuzug österreichischer und steirischer Adeliger, Ottokars Kräfte wurden durch Widerstände in den eigenen Reihen geschwächt, ein ungarisches Heer zog schon auf Ödenburg, und in Wien wurden die Vorräte knapp. Zudem näherte sich der Winter, der jede Kriegführung erschwerte. Verhandlungen wurden angeknüpft, und am 21. November konnte Frieden

Ein Topfhelm, wie er in der Zeit Rudolfs von Habsburg Verwendung fand und bei kriegerischen Auseinandersetzungen getragen wurde.

Oberösterreichisches Landesmuseum, Linz

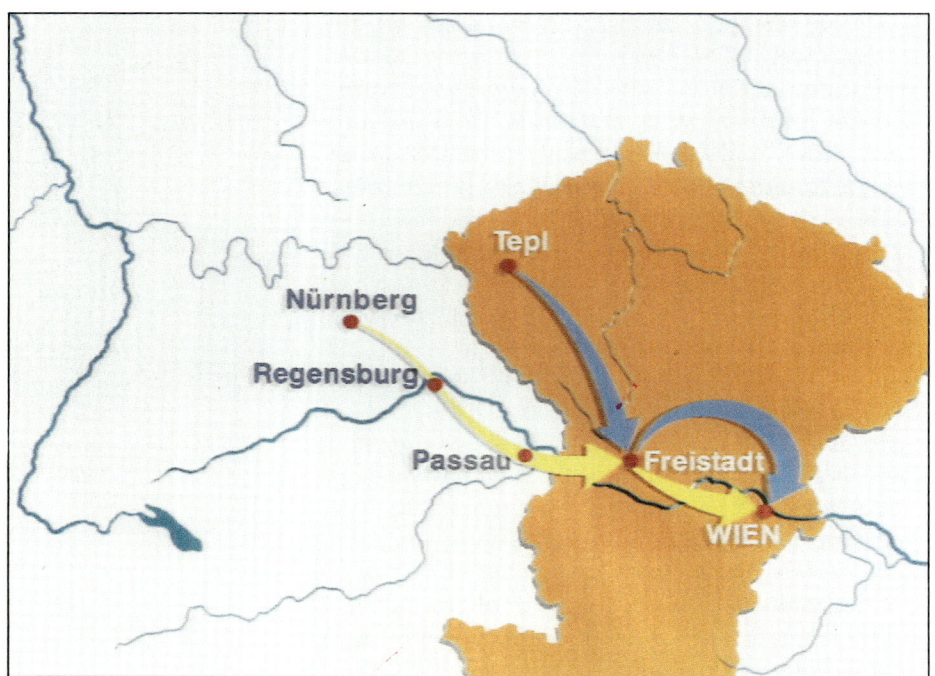

Der Vorstoß Rudolfs
von Habsburg (gelb)
und Ottokars II. (blau)
im Jahr 1278.

geschlossen werden. Grundlage der Einigung war ein naheliegender Kompromiß: Rücknahme der Ächtung Ottokars, der mit Böhmen und Mähren belehnt wurde, auf Österreich, Steiermark, Kärnten und Krain aber verzichtete.

Der Chronist von Colmar schildert die Szene der Belehnung und dramatisiert dabei die gegensätzlichen Bilder der beiden Könige, des „bescheidenen" Rudolf und des „reichen" Ottokar. Der Böhmenkönig bricht, in vergoldete und edelsteinbesetzte Gewänder gekleidet, mit zahlreichem Gefolge zu Rudolf auf. Die Fürsten fordern den Habsburger nun auf: „Herr, richtet Euch her, wie es einem König gebührt, mit kostbaren Gewändern." Rudolf antwortet: „Oft hat der König von Böhmen mein graues Gewand verspottet, nun aber wird mein graues Gewand ihn verspotten." Seinen Soldaten aber trägt er auf, sich wie zum Kampf zu rüsten und den „barbarischen Völkern" den Ruhm der deutschen Waffen zu zeigen. Ottokar bleibt nichts anderes übrig, als in seinen prunkvollen Gewändern demütig vor Rudolf zu knien, der auf einem Dreifuß (und nicht auf einem Thron) sitzt, um von ihm seine Länder als Lehen zu empfangen. Grillparzer hat aus dieser Zeremonie eine Schlüsselszene seines Stückes gemacht. Tatsächlich muß es für den stolzen Böhmenkönig eine Demütigung gewesen sein, „gebeugten Sinnes und mit gekrümmtem Knie", wie es anderswo heißt, dem lange unterschätzten Feind zu begegnen. Daß Rudolf die Situation tatsächlich ausgenützt hätte, um ihn auch noch lächerlich zu machen, ist wenig wahrscheinlich.

Ein dauerhafter Frieden war nur zu erwarten, wenn sich mehr als ein bloßer Kompromiß zwi-

schen den beiden Königen erreichen ließ. Um eine solche Versöhnung zu ermöglichen, wurde auch eine habsburgisch-přemyslidische Doppelhochzeit abgemacht. Wer von den jeweiligen Kindern dafür vorgesehen war, hatte man noch gar nicht geklärt, als einige Tage später über den Friedensschluß eine Urkunde ausgestellt wurde; der Platz für die Namen blieb zunächst offen. Rudolfs politisches Kapital, seine Töchter, war immer noch nicht ganz ausgeschöpft; aber die verschiedenen, gleichzeitig gehegten Heiratspläne erforderten Umsicht. Auch mit dem Ungarnkönig war Rudolf ja in Verhandlungen wegen einer Habsburger-Prinzessin.

Ende November konnte Rudolf in Wien einziehen. Die Stadt, über die er während der Belagerung die Acht verhängt hatte, wurde in Gnaden aufgenommen; das galt auch für einen besonders treuen Anhänger Ottokars, Paltram vor dem Stephansfriedhof, einen der reichsten und einflußreichsten Bürger des ganzen Landes. Rudolf bemühte sich, wie einst der junge Ottokar, als möglichst gnädiger und freigebiger Herrscher aufzutreten. Er blieb in Wien und bestätigte und erneuerte eine ganze Reihe von Privilegien für österreichische Klöster, Städte und seine Anhänger im Adel. Wien erhielt im Herbst 1277 ein großes Stadtrechtsprivileg, in das manche frühere Vergünstigungen aufgenommen wurden. Mit Zustimmung der Ministerialen konnte Rudolf auch in die Besitzungen und Rechte der Babenberger eintreten; dafür erhielten die vornehmsten Geschlechter ihre Vorrechte von 1254 zurück.

Bald wurde aber klar, daß Rudolfs Stellung in Österreich noch keineswegs gesichert war. Viele Hoffnungen, die man in Österreich an das Erscheinen des Habsburgers geknüpft hatte, konnten sich nicht erfüllen. Begünstigung des einen bedeutete oft, daß man sich den anderen zum Feind machte – ein Dilemma der Herrschaft in jener Zeit, dem schon Ottokar nicht entkommen war. Politische Umschwünge brachten es überhaupt mit sich, daß neue Ansprüche und alte Rechte durcheinandergerieten. Ein König, der nicht überall zugleich eingreifen konnte, vermochte kaum, wie man es von ihm erwartete, überall die Schwächeren vor Übergriffen zu schützen. Dazu kamen handfeste Eigeninteressen eines Herrschers, der seine Machtgrundlagen erst schaffen mußte, der sein Königtum bisher vor allem mit Krediten und Verpfändungen finanziert hatte. Rudolf blieb nichts übrig, als 1277 in ganz Österreich eine „neue", eine „erpresserische Abgabe" auf jedes Joch Weingarten, jedes Mühlrad und jeden Hof einzuheben. Die Stimmung im Land wird das nicht gehoben haben. Dennoch erfüllte Rudolf in Österreich die wichtigste Voraussetzung, Herrschaft zur

Geltung zu bringen: er war präsent. Niemals war, im Zeitalter des „Reisekönigtums", einer seiner Vorgänger so lange an einem Ort geblieben wie Rudolf in jenen Jahren in Wien. Umgekehrt mußte seine Abwesenheit im Westen des Reiches einen Verlust an Einfluß zur Folge haben.

Praktisch kontrollierte Rudolf im Winter 1276/77 nur einen Teil Österreichs; das Land ob der Enns hatte er als Mitgift dem Bayernherzog verpfändet, Niederösterreich nördlich der Donau aus demselben Grund dem Böhmenkönig. Die Verfügung über die Einnahmen hätten beide unter günstigen Umständen nützen können, diese Gebiete besetzt zu halten, was Rudolf schließlich verhindern konnte. Der Friedensvertrag mit Ottokar hatte noch eine Reihe weiterer Streitpunkte aufgeworfen. In einer Zeit personenbezogener Herrschaft waren die Interessen der beiden Könige nicht mit einem Schlag territorial zu entflechten. Ottokar versuchte sich im Norden Niederösterreichs zu behaupten; und Parteigänger beider Seiten führten noch ihre Privatkriege, besonders im Grenzgebiet, oder sie weigerten sich, Burgen vertragsgemäß herauszugeben. Wiederholt versuchte der Böhmenkönig für seine österreichischen Anhänger bei Rudolf zu intervenieren; ja er forderte sogar Schadenersatz für böhmische

Kaufleute, die in Kärnten ausgeplündert worden waren. Zweimal wurden 1277 nach komplizierten Verhandlungen detaillierte Abmachungen getroffen, um Konflikte zu regeln. Aber mehr als mißtrauisches Konfliktmanagement war zwischen den beiden Königen nicht zu erreichen; die Heiratspläne verliefen im Sande.

Habsburgs Sieg: die Marchfeldschlacht

Ende 1277 zeichnete sich ab, daß die zahlreichen ineinander verwobenen Konflikte in Österreich und seinen Nachbarländern auf eine Bündelung und Entscheidung am Schlachtfeld zusteuerten. Die Fronten verhärteten sich; Bruno von Olmütz, der kompromißbereite Berater Ottokars, der immer wieder zur Bewältigung von Konflikten beigetragen hatte, trat ab. Beide Seiten fanden neue Bündnispartner: Heinrich, der umtriebige Bayernherzog, schloß sich wieder Ottokar an, mit Blick auf Österreich ob der Enns. Rudolf traf im November 1277 bei Hainburg den Ungarnkönig Ladislaus, der sich von zahlreichen inneren Schwierigkeiten freigespielt hatte und wieder gegen seinen „Kapi-

Ottokar II., Ausschnitt aus der Grabplatte im Prager Veitsdom, die von Peter Parler geschaffen wurde.
ÖNB

Schlacht bei Dürnkrut und Jedenspeigen 1278: König Rudolf soll sich nach einem Sturz vom Pferd in Lebensgefahr befunden haben und wurde von österreichischen Rittern gerettet. Er war damals bereits 60 Jahre alt. Gemälde aus dem 19. Jahrhundert.
ÖG

talfeind" Ottokar paktieren konnte. Ottokar wiederum mobilisierte seine österreichischen Anhänger. Im Frühjahr 1278 flog eine Verschwörung zweier der mächtigsten Untertanen des Habsburgers auf. Neben Ottokars Schwiegersohn Heinrich von Kuenring, dem Marschall von Österreich, war wieder Paltram vor dem Stephansfriedhof führend beteiligt. Er mußte nach Bayern fliehen und starb später, fern der Heimat, auf einer Pilgerfahrt ins Heilige Land.

1276 war Rudolf an der Spitze eines Heeres aus dem Reich, begleitet von vielen Fürsten, nach Österreich gezogen; 1278, von Österreich aus, konnte oder wollte er keine so breite Unterstützung mobilisieren. Burggraf Friedrich von Nürnberg war zwar immer wieder im Sinn des Königs im Reich aktiv geworden. Aber es war nun Ottokar, der mit größerem Erfolg Bündnispartner im Reich fand; wieder einmal verstand er dabei seine überlegenen Geldmittel einzusetzen. Daher waren es zwei recht bunt zusammengewürfelte Allianzen, die einander im Sommer 1278 gegenüberstanden. Rudolf kamen etwa zweihundert Ritter aus Schwaben und dem Elsaß zu Hilfe, unter ihnen vor allem der neue Bischof von Basel, Heinrich Knoderer – er erhielt später von Rudolf dafür 3000 Mark Entschädigung aus der Judensteuer. Dazu Leute des Burggrafen von Nürnberg; beiden Gruppen sperrte Heinrich von Niederbayern den Durchmarsch, und sie kamen erst im August auf Umwegen nach Österreich. Erzbischof Friedrich von Salzburg schickte dreihundert Reiter. Das Potential seiner Verbündeten im Reich hatte Rudolf nicht ausgeschöpft; weder Meinhard von Tirol noch der Pfalzgraf schickten nennenswerte Verstärkungen, und selbst Rudolfs Sohn Albrecht blieb im Westen. Dafür stießen langsam österreichische, steirische, Kärntner und Krainer Adelige zum Heer des Habsburgers.

Den Wienern, die auch über Bewaffnete verfügten, scheint Rudolf nach den bisherigen Erfahrungen wenig getraut zu haben. Eine Elsässer Chronik überliefert die bezeichnende Anekdote, wie die Wiener kurz vor der Schlacht den König, dem sie keinen Erfolg zutrauen, darum bitten, ihren Herrn selbst wählen zu dürfen – „damit wir nicht mit Eurer Familie untergehen". Nach diesem Bericht war Rudolf verzweifelt, daß erhoffte Verstärkungen nicht eintrafen; um die Moral nicht zu gefährden, kündigte er trotz besseren Wissens weitere Kontingente vom Oberrhein an. Auch wenn solche Schilderungen darauf abzielen, Rudolfs Gottvertrauen und die wunderbare Hilfe des Himmels hervorzustreichen: Rudolfs Heer blieb jedenfalls wesentlich kleiner als zwei Jahre zuvor; alles mußte davon abhängen, ob die Ungarn die zugesagte Hilfe bringen würden.

Mitte Juli brach Ottokar von Brünn auf. Zu seinem Heer stießen auch Kräfte aus dem Reich, besonders aus Thüringen, Brandenburg und Meißen, sowie aus Polen. Ottokar hatte gehofft, daß die österreichischen Städte ihm die Tore öffnen würden; aber schon Drosendorf und Laa an der Thaya widerstanden, und der Böhmenkönig hielt sich mehrere Wochen lang mit Belagerungen auf. Inzwischen konnte Rudolf seine Kräfte sammeln; am 6. August standen auch die Ungarn bei Preßburg. Rudolf marschierte von Wien über Hainburg nach Marchegg, das Ottokar als festen Stützpunkt gegründet hatte. Am 23. August konnten die Verbündeten auf einer Anhöhe zwischen Stillfried und Dürnkrut an der March ihr Lager aufschlagen. Ottokar stand nördlich davon auf dem „Chruterfeld" bei Jedenspeigen. Unterschiedlich sind, wie oft in jenen Zeiten, unsere Informationen darüber, wie groß die beiden Heere waren. Ottokar war bei den gepanzerten Rittern auf „verdeckten", also geharnischten Pferden überlegen; in Wiener Annalen findet sich die Behauptung, er hätte 1100 davon gegen Rudolfs 250 ins Feld geschickt. Insgesamt sei Ottokars Heer doppelt so groß gewesen (anderswo ist sogar von vier zu eins die Rede). Das wird übertrieben sein, um Rudolfs Sieg und Gottes wunderbare Hilfe dabei herauszustreichen. Die Ungarn stellten sicherlich eine bedeutende Streitmacht; die ungarischen Reiter waren zumeist leichter gepanzert; sie wurden von Tausenden Kumanen verstärkt. Die kumanischen Reiterkrieger hatten einst Südrußland beherrscht, bis sie von den Mongolen geschlagen wurden; viele fanden Zuflucht in Ungarn, wo sie ihre traditionelle heidnische Kultur und die Kampfweise als berittene Bogenschützen bewahren konnten. Dem Ungarnkönig Ladislaus (László) IV., dessen Mutter Kumanin war, sagte man nach, daß er sich in den Kumanenzelten allzu wohl fühlte, ungebührlich für einen christlichen König.

Freitag, der 26. August, war für die Schlacht bestimmt worden; angeblich war es Rudolfs Gewohnheit, Schlachten immer am Freitag zu schlagen. Heinrich Knoderer, der Basler Bischof, las morgens die Messe: „Auf einem geharnischten Schlachtroß sitzend, bestens gewappnet, wäre er allzugern in den Kampf gezogen, wenn es der König erlaubt hätte." Dann marschierte Rudolfs Heer mit dem Schlachtruf „Rom, Rom" und „Christus, Christus" aufs Feld; als Erkennungszeichen diente ein weißes oder rotes Kreuz. Ottokar hatte die Parole „Praga, Praga" und ein grünes Kreuz gewählt. Wieder kehrte Rudolf den Reichspatriotismus und das Christentum zur Motivierung seiner Anhänger hervor, auch wenn ein bedeutender Teil seines Heeres als heidnische Kumanen mit beidem nichts zu schaffen hatte. Aber Rudolfs

Iohannes Schroter   Malter Ürch   Ehrenwerth

Anhänger verstanden später diesen Schönheitsfehler zu einem Vorteil umzudeuten: Heidnische Kumanen und „halbchristliche" Ungarn, bei denen der Name Christi bisher nur „gotteslästerlich ausgesprochen und für nichts gehalten wurde", hätten ihn erstmals in vollem Ernst und immer wieder gerufen.

Wie in traditionellen Ritterschlachten führten beide Könige selbst ihr Heer auf das Schlachtfeld. Zur Tradition solcher Gefechte gehörte, daß man ritterliche Gegner viel eher gefangenzunehmen als zu töten suchte; nur dem nichtritterlichen Gefolge gegenüber war man weniger zimperlich. Aber die Zeiten begannen sich zu ändern; vielleicht trugen die kumanischen Kontingente dazu bei, daß es auf dem Marchfeld mehr vornehme Opfer gab als sonst üblich. Rudolf selbst soll einmal, nach einem Sturz vom Pferd, in Lebensgefahr geraten sein und wurde von österreichischen Rittern gerettet; immerhin war er inzwischen sechzig Jahre alt, und der Kampf unter der schweren Rüstung war schon eine Frage der Ausdauer.

Lange hielten die Heere einander die Waage. Den Ausschlag gab eine Reserve von fünfzig bis sechzig Rittern, die Rudolf, gegen ritterlichen Brauch, in der Flanke des Gegners zurückgehalten hatte. Sie griffen im entscheidenden Moment an, „was die schwerbewaffneten Ritter angesichts des engen Blickwinkels ihrer Topfhelme in Verwirrung stürzte" (Peter Moraw). „Eine Anordnung, die seine ganze überlegene Kriegskunst ins hellste Licht stellt", schwärmte Oswald Redlich; heute wird man eher mit Andreas Kusternig fragen: „Wie könnte man, insbesondere in Anbetracht der mittelalterlichen Kampfesauffassung, den Gegner nur Aug in Aug frontal zu bekämpfen, diese Taktik anders als einen Hinterhalt nennen?" Wie auch immer, der „kühlere Rechner" Rudolf setzte sich gegenüber dem „ritterlichen Draufgänger" Ottokar durch. Das Heer des Böhmenkönigs wendete sich zur Flucht; viele wurden dabei getötet, besonders von den wendigen kumanischen Reitern, andere ertranken in der March, noch mehr wurden gefangen; insgesamt, so rühmte sich Rudolf in einem Brief, etwa 12.000 Mann. Anderswo liest man, insgesamt 14.000 Mann seien auf dem Schlachtfeld geblieben.

Auch Ottokar selbst geriet in die Hände seiner Gegner. Was dann geschah, war ein weiterer Schönheitsfehler des großen Sieges und ist deshalb sehr unterschiedlich geschildert – oder verschwiegen worden. Die ungeschminkteste Darstellung stammt von einem Wiener Annalisten, den man sicher keiner Sympathien für Ottokar verdächtigen kann: „Der erlauchte Böhmenkönig selbst wurde von den Feinden gefangen, gezerrt, geschlagen, vom Pferd gestoßen; vom Truchseß Berthold von

Emmerberg und vielen anderen Adeligen wurde er, außerordentlich erschöpft, zu Boden geworfen, und mit einer Lanze in den Nacken gestochen; von anderen Hieben getroffen und schließlich mit dem Schwert durchbohrt, starb er an derselben Stelle." Es geschah ihm nur, was er anderen angetan hatte, kommentiert unser Gewährsmann. Eine ähnliche Schilderung gibt die wohlinformierte Chronik von Colmar: Ottokar wird von einem Gegner niedrigen Ranges gefangengenommen und entwaffnet; ein Ritter folgt ihm und fügt ihm mit dem Ruf: „Hier ist der König, der meinen Bruder so schimpflich umgebracht hat!", eine schwere Gesichtsverletzung zu; ein anderer gibt ihm den tödlichen Bauchstich; der den König gefangen hatte, war darüber sehr betrübt, aber nicht imstande, seinen Gefangenen zu verteidigen.

Daß die Rache einer Adelsgruppe zum Tod Ottokars geführt hat, wird in den meisten modernen Darstellungen angenommen; der Emmerberger (später übrigens einer der engsten Vertrauten Albrechts I.), vor allem aber die verwandten Mahrenberger hätten dazu allen Grund gehabt: Siegfried von Mahrenberg war einige Jahre zuvor wegen seiner ungarischen Kontakte in Prag gefoltert und getötet worden. Auch Grillparzer läßt Seyfried von Merenberg als Rächer seines Vaters auftreten, der den verletzten Ottokar – allerdings im Zweikampf – erschlägt. Schon von Zeitgenossen wurde das Rachemotiv auch legendenhaft ausgeschmückt; etwa in der Erzählung, wie der verkleidete Ottokar auf der Flucht von einem rachedurstigen Adeligen erkannt und mit einem gewaltigen Schwerthieb niedergehauen wird. Bald kam auf der habsburgischen Seite die Entlastungs-

Gegenüberliegende Seite:
Am Reichstag von Augsburg (Dezember 1282) belehnte König Rudolf seine Söhne Albrecht und Rudolf mit den Herzogtümern Österreich und Steiermark zur gemeinsamen Hand. Damit erfolgte praktisch die Gründung der habsburgisch-österreichischen Hausmacht.
ÖNB

Grabmal König Ottokars II. im Prager Veitsdom, das im 14. Jahrhundert auf Anregung Kaiser Karls IV. von Peter Parler errichtet wurde. Das Herz Ottokars blieb bei den Minoriten in Wien.
Nemeth

Der Vertrag von Rheinfelden (Schweiz), auch habsburgische Hausordnung genannt, wurde am 1. Juni 1283 geschlossen.
Er bestimmte Herzog Albrecht I. zum alleinigen Regenten in Österreich, Steiermark, Krain und der Windischen Mark. Damit begann die eigentliche Landesherrschaft der Habsburger in Österreich.

HHSta

version auf, einige von den eigenen Leuten hätten Ottokar aus Rache getötet. Noch Ottokar, dem Reimchronisten, obwohl seinem königlichen Namensvetter wenig gewogen, ist die Affäre so peinlich, daß er den Namen der Täter nicht nennen mag.

Auch andere geschönte Versionen wurden in Umlauf gebracht. Rudolf selbst schrieb an den Papst, einige seiner Ritter hätten den „tödlich verwundeten" Ottokar niedergestreckt – von einer vorherigen Gefangennahme keine Rede, dafür wird die wunderbare Tapferkeit und „gigantenhafte" Beherztheit des Böhmenkönigs gelobt. Dichterische Darstellungen wiederum haben, vielleicht noch zu Rudolfs Lebzeiten, den Habsburger selbst Ottokar in ritterlichem Zweikampf überwinden lassen.

Wie auch immer – jedenfalls hatte sich Ottokar vor allem in den letzten Jahren seiner Herrschaft unversöhnliche Feinde in Österreich geschaffen, die sich ihm gegenüber an keine Ritterlichkeit gebunden fühlten. In Ungarn ließ König Ladislaus Ottokars Todestag sogar zum Feiertag erklären. Andere Zeitgenossen klagten um den Böhmenkönig; ein besonders ergreifendes Klagelied findet sich in einer sonst habsburgfreundlichen Elsässer Chronik. Ottokar wird darin als Löwe an Mut, Adler an Güte, als Schild der Christenheit und Schützer der Witwen und Waisen gefeiert: „Da weinen Augen Jammers Regen ... Der

König ist tot, recht als ein Degen / der nach Ehren stritt."

Der ausgeplünderte Leichnam des Böhmenkönigs wurde „nackt, wie er aus dem Schoß seiner Mutter gekommen war", nach Wien überführt und dort schließlich bei den Minoriten aufgebahrt: ohne Gesänge, Messen und Glockengeläut, da er ja unter Kirchenbann stand. Einbalsamiert und in ein von Rudolfs Gemahlin Gertrud-Anna gegebenes purpurnes Leichentuch gehüllt, lag er hier 30 Wochen, bis ihn die Böhmen nach Prag schaffen konnten; erst 1297 fand er ein würdiges Begräbnis, und im 14. Jahrhundert ließ der Luxemburger Kaiser Karl IV. ein Grab im neuen Veitsdom für ihn errichten. Nur das Herz blieb bei den Minoriten in Wien.

Gleichgültig, wo ihre Sympathien lagen – das Schauspiel von Glück und Ende des großen Böhmenkönigs faszinierte die Zeitgenossen. Der mächtigste König weit und breit als entblößter Leichnam, der nicht einmal ein Grab finden kann – diese Parabel der Vergänglichkeit entsprach sehr gut dem christlichen Schicksalsglauben des Mittelalters; sie war viel interessanter als die schwer durchschaubaren Wechselfälle des politischen Spiels. Die meisten Berichterstatter nahmen die Geschichte zum Anlaß für biblische Vergleiche oder moralisierende Deutungen. Für die meisten manifestierte sich in der Tragödie Ottokars eine höhere Gewalt, die Schlacht wurde als Gottesurteil zwischen den beiden Herrschern aufgefaßt. Auch die österreichischen Anhänger Ottokars konnten sich auf diese Weise mit dem Sieg des Habsburgers abfinden: „Das sind nicht die Taten eines demütigen Grafen, sondern die Werke des höchsten Schöpfers, der das Niedrige erhöht und das Hohe erniedrigt", schrieb Gutolf von Heiligenkreuz bald darauf. Daß Rudolf die Legalität des Reiches, die Ordnungshoffnung des künftigen Kaisertums verkörperte, paßte zu dieser Argumentation: Der Reichsadler hatte den böhmischen Löwen überwunden. Die politische Leistung des Habsburgers verblaßte freilich etwas hinter der Fabel vom Fall des Přemysliden. Schon in den Tagen nach der Schlacht ließ er zwar briefliche Siegesmeldungen nach ganz Europa abgehen. Für viele, entfernter stehende Geschichtsschreiber der Zeit ist der Sieg über Ottokar das einzige, für viele andere das markanteste Ereignis, das von Rudolf berichtet wird. Einen besonderen Nimbus oder Glanz hat er dadurch offensichtlich nicht erworben; und für seine Stellung als römischer König bedeutete der Sieg auf dem „Chruterfeld" an der March nicht den entscheidenden Durchbruch.

Aus späterer habsburgischer Perspektive gewinnt die Schlacht allerdings gewaltig an Bedeutung; das Vierteljahrhundert der Herrschaft Ottokars in Österreich, unter deren Eindruck die Zeitgenossen standen, wird zur bloßen Episode, zum unheilschwangeren Vorspiel habsburgischer Jahrhunderte. Immer wieder wurde der Tag an der March als welthistorischer Wendepunkt Mitteleuropas hervorgehoben. „Es war in der That der Geburtstag der habsburgischen Dynastie in Österreich, der habsburgischen Monarchie einer freilich noch fernen Zukunft", schrieb Oswald Redlich wenige Jahre vor dem Untergang dieser Monarchie. Adam Wandruszka hat in einer Rede zum 700-Jahr-Jubiläum der Schlacht 1978, vorsichtiger, „eine andere, fast zweieinhalb Jahrhunderte später stattfindende Schlacht als Geburtsstunde der späteren Donaumonarchie" vorgeschlagen: 1526, als der letzte Jagiellonenkönig von Ungarn und Böhmen bei Mohács gegen die Türken sein Leben verlor. Aber: War es nicht symbolisch, daß hier, wo Österreich an die Länder der ungarischen und der böhmischen Krone stößt, Kontingente aus fast allen späteren Ländern der Monarchie aufeinandertrafen?

1278 war es jedoch nicht der Habsburger, der für das Modell eines Donaureiches aus Karpaten- und Ostalpenländern ins Feld zog, sondern sein Gegner Ottokar. „Ein universalhistorisches Konzept der Geschichte unserer Länder vermochte sich gegenüber einem regional-ostmitteleuropäischen durchzusetzen" (Heinrich Appelt). Die unter Ottokar aufgebauten Kontakte mit Böhmen lockerten sich, der Westen rückte näher; als steirische Adelige nach Rudolfs Tod 1291 die habsburgische Herrschaft wieder loswerden wollten, wandten sie sich nicht nach Böhmen, sondern nach Bayern. Ottokars Konzept, mehrere Länder Ostmitteleuropas unter einem Herrscher zusammenzufassen, tauchte dennoch ab nun immer wieder auf; erst nach einem Vierteljahrtausend waren die Habsburger dabei ihre oft übermächtigen Konkurrenten losgeworden.

So könnte die im 11. Jahrhundert erbaute Habichtsburg oder Habsburg ausgesehen haben (Rekonstruktion).

ÖNB

Habsburg, Österreich und das Reich – ein Ausblick

Unbestritten ist, daß Rudolfs Sieg den Aufbau einer habsburgischen Herrschaft in Österreich und der Steiermark zur unmittelbaren Folge hatte. Möglich, daß Österreich bei einem Sieg Ottokars „zu einem Nebenland der böhmischen Krone, wie etwa Mähren und später Schlesien, absinken" hätte können (Erich Zöllner). Ebenso ist denkbar, daß Ottokars großräumiges Länderkonglomerat früher oder später an seinen inneren Widersprüchen zerbrochen wäre. Nachträglich empfanden viele in Österreich Ottokars Herrschaft, unter dem Eindruck seiner letzten Jahre, als „böhmisches Joch". Rudolf gewann seit 1276 mit großzügigem Entgegenkommen die Unterstützung der Landherren und anderer einflußreicher Gruppen; eine einigermaßen gefestigte Landesherrschaft war bei so weitreichenden Konzessionen aber nicht zu erreichen. Schon bald sahen sich die Habsburger daher denselben Problemen gegenüber, wie sie Ottokar gehabt hatte, und griffen zu ähnlichen oder gar schärferen Maßnahmen. Die „schwäbische" Herrschaft stieß zeitweise auf mehr Ablehnung als einst die böhmische. Für das Land Österreich, vor allem für seine mächtigsten Vertreter, hatte sich durch den Dynastiewechsel nicht so viel geändert wie modernes Epochendenken voraussetzt.

König Rudolf nützte die Chance des Sieges vom August 1278 mit politischem Augenmaß: Er verzichtete bald auf eine Besetzung Böhmens und suchte einen Ausgleich mit Ottokars achtjährigem Sohn Wenzel und seinen Beschützern – zuletzt konnten auch die 1276 ausgehandelten Heiraten noch stattfinden. Länger ungeklärt war die Frage Kärnten, auf das die Habsburger schließlich eben-

falls verzichteten; 1286 wurde Meinhard II. von Görz-Tirol, Rudolfs alter Verbündeter, mit dem Kärntner Herzogtum belehnt, das erst 1335 habsburgisch wurde; auch Krain war ihm verpfändet. Das Abrücken von weitergehenden Zielen erleichterte es, die ehemals babenbergischen Länder der Familie zu sichern; bisher standen sie rechtlich nur unter vorläufiger Reichsverwaltung. Dazu war die Zustimmung der Fürsten nötig. Die Verhandlungen zogen sich bis ins Jahr 1282; daß Rudolf die entscheidende Schlacht ohne Reichshilfe geschlagen hatte, stärkte seine Position.

Schließlich erhielt Rudolf die Willebriefe der Kurfürsten; kurz vor Weihnachten 1282 konnte er seine Söhne Albrecht und Rudolf feierlich mit den Herzogtümern Österreich, Steiermark, Krain und wahrscheinlich Kärnten belehnen und sie in den Reichsfürstenstand erheben. Zunächst wurden die beiden Habsburger, um Erbstreit zu umgehen, gemeinsam, „zu gesamter Hand" belehnt. Dieses vor allem in Österreich ungewohnte Modell setzte sich nicht durch; schon im folgenden Jahr wurde die Erbregelung in der „Rheinfeldener Hausordnung" neu verhandelt und von den österreichischen Ständen bestätigt. So wurde Albrecht zum alleinigen Herrn der neuen Länder. Rudolf sollte ein anderes König- oder Fürstentum erhalten – der Appetit der Habsburger auf neue Länder war noch nicht gestillt – oder mit Geld abgefunden werden. Daß Rudolf vor seinem Vater starb, schuf zunächst freie Bahn für Albrecht. Was für Probleme die 1282/83 nur mühsam umspielte Kollision von Erbrecht und Realpolitik schaffen konnte, sollte sich eine Generation später zeigen. 1308 fühlte sich Johann, ein Sohn des jüngeren Rudolf und einer Tochter Ottokars, von Albrecht I. um sein Erbe geprellt und brachte den Onkel deswegen um. Trotz dieser Zwiespältigkeit ist der Lehnsakt von 1282 die Grundlage der habsburgischen Herrschaft zu

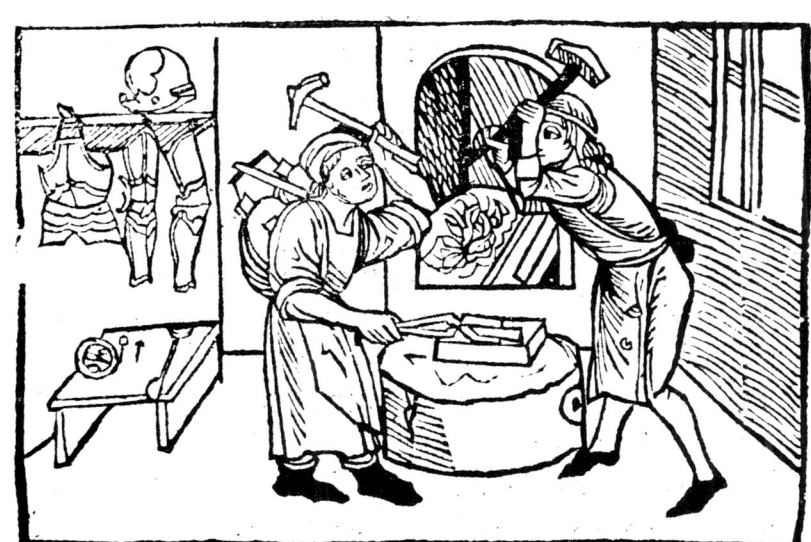

Österreich gewesen; was auf dem Marchfeld machtpolitisch entschieden worden war, wurde jetzt rechtlich abgesichert.

Während Rudolf I. sich nun wieder, mit sehr wechselndem Erfolg, mit kleinen und größeren Kriegen zwischen Burgund und Thüringen herumschlug, ging Albrecht daran, seine Herrschaft in Österreich und der Steiermark auszubauen. Wie König Rudolf im Reich das staufische Reichsgut, versuchte Albrecht das babenbergische Hausgut zurückzugewinnen. „Mit der auch ihm eigenen alemannisch-nüchternen Art" (Günther Hödl) ging er an die Steigerung der herzoglichen Einnahmen. Dabei arbeitete er teils mit alten Vertrauensleuten Ottokars wie Konrad von Tulln zusammen. Als besonders geschickt erwies sich ein steirischer Bauernsohn namens Heinrich, Abt von Admont. Als Landschreiber der Steiermark war er eine Art Generalpächter der landesfürstlichen Einkünfte, der für ihre Eintreibung zuständig war und Schwankungen ausglich – mit einigem Spielraum für eigene Geschäfte. Die Landschreiber vermittelten dem Herzog auch beträchtliche Kredite. Auf der anderen Seite riskierten sie, Sündenböcke der landesfürstlichen Abgabenpolitik zu werden. Heinrich von Admont sollte das zum Verhängnis werden; er erregte den unversöhnlichen Haß des steirischen Adels und wurde schließlich ermordet. Vielfach warf man Albrecht vor, die österreichischen Einnahmen in die alten Hausgüter zu transferieren, die ihm mehr am Herzen lägen; ja sogar österreichische Damen mit schwäbischen Herren zu verheiraten. Auch die Schwaben, die mit den Habsburgern nach Österreich kamen, erregten Mißbilligung. Von den Wallseern, bald eine der einflußreichsten Familien, hieß es, daß sie zu Fuß ins Land gekommen seien und hier 10.000 Mark jährlicher Einkünfte erworben hätten. Noch 1303 mußte ein Turnier in Graz abgebrochen werden,

weil die Schwaben sich insgeheim gegen die Österreicher verabredet hatten. Der politische Kern der wachsenden Mißstimmung war freilich, daß der Herzog wie einst Ottokar die Vorrechte der mächtigen Landherren, der stolzen „ministeriales Austriae", beschnitt. Statt dessen verließ er sich auf Vertraute, die keineswegs bloß Schwaben waren. Auch die Wiener Kaufleute mußten manche ihrer weitreichenden Handelsprivilegien nun mit oberdeutschen Händlern teilen.

Die einflußreichen Wiener Bürger waren mit der habsburgischen Herrschaft also noch nicht endgültig ausgesöhnt. 1291, nach König Rudolfs Tod, flammte der Widerstand steirischer Adeliger auf; wie schon unter Ottokar, versuchte man mit dem neuen König, Adolf von Nassau, Kontakte gegen den Landesherrn zu knüpfen. Wie einst Ottokar war Albrecht zugleich in Konflikte mit dem Salzburger Erzbischof und mit den Ungarn, den Verbündeten von 1278, verwickelt; die gefährliche Situation hat er aber militärisch und politisch rasch bewältigt. 1295 standen österreichische Landherren an der Spitze einer Rebellion. Auslöser war eine Krankheit Herzog Albrechts. Die Ärzte hatten einer Vergiftung die Schuld gegeben und dem Habsburger eine Roßkur verordnet: Man hängte ihn an den Füßen auf, damit die Gifte abfließen könnten; statt dessen zerstörte der Blutstau ein Auge. Gerüchte und Wunschdenken in Österreich, daß Albrecht tot sei, führten zum Aufstand; als der Herzog wie gewohnt entschlossen eingriff, brach der Widerstand bald zusammen. Dennoch dauerte es, auch in Wien, noch eine Weile, bis die Opposition endgültig an Boden verlor. Daß den Habsburgern schließlich gelang, was Ottokar mißlungen war, nämlich das Übergewicht der Landherren zu brechen, ergab sich erst mit der Zeit. Dabei hatte Albrecht gegenüber Ottokar zwei Vorteile: Erstens war er länger im Land und konnte

Szenen aus dem mittelalterlichen Alltagsleben: Trittwebstuhl, der Mensch als Transportmittel, der Schmied und sein Geselle, kartenspielende Gruppe.

Aus: Harry Kühnel, Alltag im Spätmittelalter

Schlacht bei Grandson im Jahr 1476 zwischen den Burgundern und Schweizern, die mit einem völligen Sieg der Eidgenossenschaft endete. Hier als Beispiel der mittelalterlichen Kriegführung. Faksimile-Verlag Luzern.

Aus: Zürcher Schilling

Überquerung eines Flusses. Mittelalterliche Schlachtenszene. Faksimile-Verlag Luzern.

Aus: Zürcher Schilling

seine Präsenz spürbarer machen. Und zweitens war auch im Land selbst die Stellung der großen Adelsfamilien nicht mehr so unumstritten wie einst. Unter Ottokar hatten nur Wien und Wiener Neustadt eine einigermaßen selbständige Politik machen können; inzwischen hatten sich viele Städte, gefördert von König Rudolf, von der Vorherrschaft lokaler Herren gelöst. Auch die Ritter begannen zum politischen Faktor zu werden. Diese Entwicklung sollte zu einem veränderten Gleichgewicht führen: Nicht mehr die mächtigen Adelsgeschlechter allein verkörperten gegenüber dem Landesherrn, und gemeinsam mit ihm, das Land, sondern die „Stände", Hochadelige, Ritter, geistliche Herren und Städte. Das erhöhte, bei geschickter Politik, den Spielraum des Landesfürsten. Albrecht hat ihn zur Behauptung seiner beiden Herzogtümer nützen können, auch wenn die meisten seiner weiterreichenden Pläne scheiterten.

Die Widerstände gegen die Habsburger im Reich hatten sich inzwischen verstärkt; nun waren sie es, deren Übergewicht die Fürsten zu verhindern suchten, so wie es Ottokars Berater Bruno von Olmütz einst formuliert hatte. Der alternde Rudolf vermochte nun nicht mehr, sein wichtigstes politisches Projekt durchzusetzen: Romzug und Kaiser-

krönung. Rasch wechselnde Päpste, Machtkämpfe in Italien, mangelnde Unterstützungsbereitschaft durch die Fürsten und Finanzierungsprobleme erzwangen immer neuen Aufschub. Nur als gekrönter Kaiser hätte Rudolf nach altem Herkommen eine Chance gehabt, einen Sohn zu seinen Lebzeiten zum König wählen zu lassen: Übrigens war dafür zuerst der zweitälteste, Hartmann, vorgesehen, bevor er 1281 im Rhein ertrank. Trotz hartnäckiger Bemühungen scheiterte auch Rudolfs Versuch, die alten Besitzungen im Südwesten in einer größeren Einheit zusammenzufassen, etwa durch die Wiedererrichtung des mit den Staufern verschwundenen Herzogtums Schwaben oder eines burgundischen Königtums: Nach dem Tod seiner Frau Gertrud-Anna heiratete der damals 66jährige Rudolf noch die 14jährige burgundische Herzogstochter Isabella; aber auch die burgundischen Pläne brachten keinen Durchbruch. Wäre davon mehr gelungen, hätten die oberrheinischen Besitzungen der Habsburger den österreichischen zumindest gleichwertig bleiben können. So mußte es eine Frage der Zeit sein, bis die Habsburger die Welt von Wien aus zu betrachten begannen und zum „Haus Österreich" wurden. Ausdruck dieser Entwicklung waren auch wachsende Widerstände in den habsburgischen Stammlanden, die zum Aufstieg der Eidgenossenschaft führten. 1291 ging es beim ersten Bund der Waldstätte noch nicht um die vielbeschworene Schweizer Freiheit, sondern um eine bessere Friedenswahrung. Die habsburgische Niederlage bei Morgarten 1315 sollte schon nachhaltigere Folgen haben.

Nach Rudolfs Tod haben sich die Habsburger noch eine Weile bemüht, an sein Königtum anzuschließen. Zunächst einigten sich die Kurfürsten in bewährter Weise auf einen – diesmal wirklich – armen Grafen, Adolf von Nassau; als der sich, in ebenfalls bewährter Weise, eine Hausmacht erwerben wollte, setzte ihn ein Teil der Fürsten (darunter der Böhmenkönig) mit päpstlicher Zustimmung wieder ab. Statt dessen wählten sie den einzigen, von dem man eine Exekution des Beschlusses erwarten konnte: Albrecht I. Binnen zwei Wochen hatte er den Nassauer 1298 in der Schlacht bei Göllheim besiegt; wiederum kam der Rivale dabei unter zweifelhaften Umständen um. Albrecht nützte sein Königtum für eine wahrhaft europäische Heiratspolitik; sowohl an Zahl der Töchter als auch an Weite des Horizontes übertraf er seinen Vater noch: Brandenburg, Ungarn, Frankreich, Böhmen, Aragon, Lothringen, Savoyen, Neapel, Bayern gehörten zu den Ländern, die mit habsburgischen Prinzessinnen beglückt wurden. „Die Politik war weiträumig, und manchmal hat man den Eindruck, daß sie phantastische Züge annahm. Immer wieder wechselten die Konstellationen, immer wieder kam es zu weitgespannten familiären Verbindungen, immer wieder zogen Ritter und Rittergruppen über Hunderte und Tausende von Kilometern hin – als wollten sie die Welt der Ritterromane in die Wirklichkeit umsetzen" (Peter Moraw). Schon bei Albrecht zeigt sich, über die alemannische Nüchternheit hinaus, jene weitausgreifende dynastische Phantasie, die manchen seiner späteren Nachkommen solche Erfolge bescherte.

Albrecht selbst haben seine großen Entwürfe mehr Probleme als Erfolge gebracht; als er 1308 ermordet wurde, hatte auch er die Kaiserkrone nicht erreicht noch eine wesentliche Erweiterung der habsburgischen Hausmacht errungen – die Ansprüche auf Böhmen, die er nach dem Aussterben der Přemysliden mit einigem Erfolg angemeldet hatte, mußten nun aufgegeben werden. Und wieder wählten die Kurfürsten einen Grafen statt einen Habsburger: Heinrich von Luxemburg. Den Luxemburgern sollte im Lauf des 14. Jahrhunderts gelingen, woran die Habsburger zunächst gescheitert waren: Böhmen zu erwerben und das Königtum an sich zu ziehen. Die Habsburger, die auch mit den bayerischen Wittelsbachern zu kämpfen hatten, kamen viel langsamer voran. Noch einmal

hat sich nach strittiger Wahl ein Habsburger per Ritterschlacht bemüht, sein Königtum durchzusetzen. Aber Friedrich dem Schönen konnten nicht einmal die Kumanen helfen; zu seinem Glück ging sein Rivale, Ludwig der Bayer, ritterlicher mit ihm um, als habsburgische Heere das zu tun pflegten, setzte ihn gefangen und gab ihn schließlich gegen hohes Lösegeld wieder frei. Friedrich durfte sogar seinen Königstitel weiter tragen. Er war für über ein Jahrhundert der letzte Habsburger, dem das gelang.

Belagerung einer Stadt im Mittelalter. Faksimile-Verlag Luzern.

Aus: Zürcher Schilling

Dom zu St. Peter in Worms
(12., 13. Jahrhundert),
nach einem Brand 1689
wieder aufgebaut.
Die Reichsfreiheit der
Stadt Worms wurde von
Rudolf von Habsburg 1273
anerkannt (sie ging auf
Kaiser Friedrich I. Barbarossa
zurück).

AKG

Rudolf von Habsburg –
Erfolg und Scheitern

Kurz vor seinem Tod, so erzählt eine Anekdote, wärmte sich Rudolf am Kohlenfeuer einer Mainzer Bäckerin. Da sie ihn für einen Soldaten des Königs hielt, nahm sie sich kein Blatt vor den Mund, über diesen herzuziehen: einen verachtenswerten, blinden alten Mann, „der das ganze Land verwüstet hat und alle Armen ausgesaugt". Der Habsburger verzeiht ihr nicht eher, als sie ihre Anwürfe vor dem Gelächter des gesamten Gefolges wiederholt hat. Rudolfs Volkstümlichkeit bekommt hier eine herbere Note als sonst; die Kritik wird kaum aus der Luft gegriffen sein, sowenig die Politik des Königs direkt für das Mißfallen der Bäckerin verantwortlich zu machen ist. In derselben Chronik wird eine andere Geschichte überliefert, die ganz andere Akzente setzt. In der gruseligen Prophezeiung eines wiederkehrenden Toten heißt es, daß der Graf von Schwarzenburg eines plötzlichen Todes sterben würde (und tatsächlich streckt ihn bald darauf ein Blitz nieder); Rudolf von Habsburg aber würde 15 Jahre regieren und den Frieden auf Erden errichten: „Seit der Zeit Karls des Großen war ihm keiner an Ruhm, Macht, Ehre und Reich-

tümern gleich." Ähnliches Lob erhielt der erste Habsburgerkönig noch von vielen Geschichtsschreibern; besonders von jenen, für die er in späteren, unruhigen Jahren eine gute alte Zeit verkörperte. Abseits der habsburgischen Hofhistoriographie konnten auch moderne Beobachter dem nüchtern-realistischen Rudolf gute Seiten abgewinnen. „Von Karl dem Großen vernahmen wir manches Märchenhafte; aber das Historisch-Interessante für uns fing erst mit Rudolf von Habsburg an, der durch seine Mannheit so großen Verirrungen ein Ende gemacht." So urteilte Goethe. Viel schärfer Egon Friedell über einen zur Karikatur verzerrten Rudolf, den „Prototyp des biegsamen und jähen, fischblütigen und gewalttätigen, versierten und skrupellosen Selfmademan". Ein gewissenloser Industriekapitän aus dem Dickicht der Städte um 1930, als Friedell seine „Kulturgeschichte der Neuzeit" schrieb, ist der Habsburger nicht gewesen. Man sollte sich freilich keinen Illusionen hingeben; politischer Erfolg bedurfte auch im 13. Jahrhundert einer guten Portion Skrupellosigkeit.

Hat Rudolf Erfolg gehabt? Unter die „kleinen Könige" reihte ihn jüngst Peter Moraw ein, die dem Untergang der Staufer folgten; klein freilich durch ihre schwierigen Voraussetzungen, nicht

Links:
Friedrich (III.) der Schöne
(1289–1330),
deutscher Gegenkönig.
Der Sieg Ludwigs IV.
des Bayern in der Schlacht
bei Mühldorf 1322 brachte
die Entscheidung im
Thronstreit. Friedrich geriet
in Gefangenschaft.
ÖNB

Rechts:
Albrecht I. (um 1255–1308),
deutscher König.
Der älteste Sohn König
Rudolfs übernahm aufgrund
des Vertrags von Rheinfelden
die Alleinregierung. 1308
wurde Albrecht Opfer eines
Mordanschlags des Johann
Parricida, der vergeblich eine
Entschädigung für das Erbe
seines Vaters Rudolf gefordert
hatte.
ÖNB

ihre Politik; und unter ihnen sei Rudolf der größte gewesen. Seine Erfolge müssen an seinen Zielen und Möglichkeiten gemessen werden. Vom Sieg über Ottokar und der Erwerbung Österreichs war schon die Rede; gerade die österreichische Geschichtsschreibung hat das immer als Rudolfs größte Errungenschaft betrachtet. Oswald Redlich sieht darin eine Zäsur: „Rudolfs bald neunzehnjährige Regierung bleibt bis gegen deren Mitte aufsteigend an Kraft und Ansehen … Der Rest des Lebens verfließt in untergeordnetem Tun." In dieser Sicht wird Rudolf zum Pionier der Hausmachtpolitik, wie sie das 14. Jahrhundert beherrschen sollte. Zweifellos hat Rudolf I. die Basis der habsburgischen Hausmacht geschaffen; dennoch werden heute die Akzente oft anders gesetzt. Die Wiedergewinnung des Reichsgutes, der Versuch, dafür eine geordnete Verwaltung einzuführen, ist zu seiner Zeit noch nicht gescheitert. In manchem konnte er durchaus erfolgreich an staufische Vorbilder anknüpfen. Das meiste, was er auf Zeit verpfänden mußte, war noch nicht endgültig verloren. Als einer der letzten konnte Rudolf noch an ein römisch-deutsches Königtum denken, daß aus seinen eigenen Machtmitteln agieren konnte; dieses Konzept ist erst in den Jahrzehnten nach seinem Tod gescheitert.

In traditionelle Vorstellungen eingebundene Politik also auf der einen Seite; auf der anderen Seite hat Rudolf neue Entwicklungen berücksichtigt: „Es bleibt das Verdienst Rudolfs von Habsburg, daß er die emporkommende Schicht des Bürgertums erstmals systematisch mit Energie und Erfolg in die Reichspolitik einbezog" (Thomas Martin). Bei der Förderung der Städte, aber auch der Unterstützung der städtisch orientierten Bettelorden hatte Rudolf mit seinem Gegner Ottokar von Böhmen manches gemeinsam. Wenig erfolgreich blieb Rudolf hingegen auf einem Terrain, das die Staufer zum Hauptschauplatz ihrer Kaiserpolitik gemacht hatten. Trotz intensiven Briefverkehrs mit Päpsten und italienischen Städten erreichte Rudolf weder seine Kaiserkrönung noch eine Wiederbelebung alter Reichsrechte. Dante warf ihm vor, er habe aus Habsucht „des Reiches Garten", Italien, veröden lassen. Weniger bewußter Verzicht als zu große Widerstände haben einen Italienzug Rudolfs verhindert; immerhin stand der König im Lauf seiner Regierung acht Päpsten gegenüber, was die Vorbereitung zusätzlich erschwerte. Aber im Grunde hat keiner seiner Nachfolger, die nach Italien kamen, dort außer der Kaiserkrone mehr als Rudolf erreicht.

Rudolfs Hauptproblem blieb, daß das Kaisertum, nach dem er strebte und das er wieder zum politischen Faktor machen wollte, die maßgeblichen Kräfte des Reiches nicht mehr zu mobilisieren vermochte. Außer der zunehmend anachronistischen Idee eines Kreuzzuges gab es kaum politische Ziele, die es vorgeben konnte. Interesse erregte es nur bei denen, die sich dadurch eine Verbesserung ihrer Lage erhoffen konnten. Die Mächtigen sahen schon im römischen König eher einen Konkurrenten als einen Hoffnungsträger;

König Rudolf I. ruht in der Kaisergruft im Dom zu Speyer. Hier die Grabplatte.
Nemeth

allenfalls jemand, der für Leistungen zu zahlen hatte, und sicherlich keinen, der Opfer zu fordern hatte. Eine gemeinsame Bedrohung oder ein gemeinsames Anliegen gab es nicht, das solche Opfer gerechtfertigt hätte. Verlustreiche Kämpfe wie in Frankreich, wo das Königtum vom Albigenserkreuzzug bis zum Hundertjährigen Krieg seine Zentralmacht ausbaute, blieben Deutschland dadurch erspart; weniger erbitterte, aber wesentlich unübersichtlichere Auseinandersetzungen waren die Folge. Einen anderen Weg zu gehen, lag nicht in Rudolfs Macht. Ihm blieb nur, in den Zwischenräumen kleinerer und gefestigterer Machtgebilde Stützpunkte übergreifender Herrschaft zu errichten. Daß die Zukunft insgesamt in den kleineren

Räumen lag, mag er geahnt haben; auch seine Familie mußte bald aus dem Reich in die Territorien zurückkehren.

Im Tod hat Rudolf dennoch an eine ältere Tradition des Reiches angeknüpft. Als er spürte, daß es ans Sterben ging, ist er nach Speyer geritten, wo zahlreiche frühere Herrscher bestattet lagen. Neben Philipp von Schwaben, dem Staufer, wollte er beigesetzt werden: eine Geste, die auch Vermächtnis war. Doch ist er einer der letzten Könige, die in Speyer ruhen – die Reichstradition sollte sich auch hier nicht durchsetzen. Selbst dem Stammvater einer vielhundertjährigen Dynastie von Fürsten, Königen und Kaisern ist nicht immer beschieden, daß man seinem Vorbild folgt.

Krieg der schweizerischen Eidgenossenschaft gegen die Habsburger.
Sieg über das Ritterheer Herzog Leopolds III. von Österreich am 3. Juli 1386. Herzog Leopold fällt in der Schlacht. Buchmalerei um 1450.

2

DER TRAUM VOM WELTREICH

Friedrich III.
Maximilian I.

1415–1519

ZEITTAFEL

1346–1378 Kaiser Karl IV. von Luxemburg

1358–1365 Herzog Rudolf IV. „der Stifter"

1358/59 Entstehung des „Privilegium maius"-Fälschungs-komplexes

1363 Erwerbung Tirols für die Habsburger

1379 Teilungsvertrag von Neuberg zwischen den jüngeren Brüdern Rudolfs IV., Albrecht III. und Leopold III.

1402–1424 Herzog Ernst „der Eiserne", Sohn Leopolds III., regiert in der Steiermark und Kärnten

1404–1439 Herzog Albrecht V. regiert in Österreich

1406–1439 Herzog Friedrich IV. („mit der leeren Tasche") regiert in Tirol und den Vorlanden

1410–1437 Kaiser Sigismund von Luxemburg

21. 9. 1415 Geburt Friedrichs (III.) in Innsbruck als Sohn Herzog Ernsts „des Eisernen" und dessen zweiter Frau Zimburga von Masowien

25. 5. 1435 Beginn der selbständigen Regierung Friedrichs (III.) als Herzog Friedrich V. in der Steiermark und Kärnten; er residiert in Wiener Neustadt und Graz

1437/38 Der Habsburger Albrecht V. wird König von Ungarn, Böhmen und im Reich (Albrecht II.)

27. 10. 1439 Albrecht II. stirbt auf einem Zug gegen die Türken an der Ruhr

1439–1490 Herzog Sigismund „der Münzreiche" in Tirol

2. 2. 1440 Friedrich wird als Friedrich III. zum römischen König gewählt; er ist Vormund des Ladislaus Postumus (bis 1452) und Sigismunds von Tirol (bis 1446)

1442 Friedrich III. wird in Aachen zum römischen König gekrönt. Der Humanist Aeneas Silvius Piccolomini, der spätere Papst Pius II., wird sein Sekretär

1447–1455 Papst Nikolaus V.

1451/52 Italienzug Friedrichs III.: Vermählung mit Eleonore von Portugal

18. 3. 1452 Kaiserkrönung Friedrichs III. in Rom

Sommer 1452 Aufstand der Stände Österreichs gegen Friedrich, der Ladislaus Postumus ausliefern muß

1458–1463 Die Teilung Österreichs zwischen Friedrich III. und dessen Bruder Albrecht VI. führt zu Konflikten

1457 Tod des Ladislaus Postumus

1458–1471 Georg Podiebrad König von Böhmen

1458–1490 Mathias Corvinus König von Ungarn

22. 3. 1459 Geburt Maximilians (I.), Sohn Friedrichs III. und der Eleonore von Portugal

1459–1525 Jakob Fugger

1461–1483 Ludwig XI. König von Frankreich

Herbst 1462 Friedrich III. wird in der Wiener Hofburg von den Wiener Bürgern belagert, die Albrecht unterstützen

2. 12. 1463 Albrecht VI. stirbt in Wien

1467–1477 Karl der Kühne Herzog von Burgund

1468–1471 Steirische Adelige unter Andreas Baumkircher erheben sich gegen Friedrich

1469–1483 Türkeneinfälle in Kärnten und der Steiermark

1471–1516 Wladislaw V. Jagiello König von Böhmen

1473 Friedrich III. verhandelt in Trier mit Karl dem Kühnen von Burgund

1474–1504 Isabella Königin von Kastilien

5. 1. 1477 Karl der Kühne fällt in der Schlacht bei Nancy

19. 8. 1477 Hochzeit Maximilians mit Maria von Burgund in Gent; Maximilian wird Herzog von Burgund und gerät in langwierige Kriege gegen die französischen Könige und in Konflikte mit den flandrischen Städten

1477 Mathias Corvinus, König von Ungarn, beginnt mit der Besetzung von Österreich

1478 Kärntner Bauernaufstand; Vernichtung des Bauern-heeres durch die Türken bei Goggau

22. 6. 1478 Geburt Philipps „des Schönen", Sohn Maximilians und Marias

1479–1516 Ferdinand II. König von Aragon

1480–1530 Margarete, Tochter Maximilians und Marias

27. 3. 1482 Tod Marias von Burgund bei einem Reitunfall

23. 12. 1482 Friede von Arras zwischen Maximilian und Ludwig XI. von Frankreich

1. 6. 1485 Mathias Corvinus zieht in Wien ein

16. 2. 1486 Maximilian wird zum römischen König gewählt

Feb. 1488 Maximilian wird von den Bürgern der Stadt Brügge über drei Monate gefangengesetzt

16. 3. 1490 Herzog Sigismund von Tirol dankt zugunsten Maximilians ab

6. 4. 1490 Mathias Corvinus stirbt in Wien; vergeblicher Ungarnzug Maximilians um die Nachfolge

1490–1516 Wladislaw V. Jagiello, König von Böhmen, wird auch König von Ungarn

Dez. 1490 Gescheiterte Hochzeit Maximilians mit Anne von Bretagne; Karl VIII. von Frankreich setzt sich als Bräutigam durch

7. 11. 1491 Friede von Preßburg mit Wladislaw V. Jagiello von Böhmen und Ungarn

1492 Eroberung von Granada durch die katholischen Könige Ferdinand und Isabella; Vertreibung der Juden aus Spanien; Christoph Kolumbus segelt nach Amerika

1492–1503 Papst Alexander VI. (Rodrigo Borgia)

1493–1498 Karl VIII. König von Frankreich

23. 5. 1493 Friede von Senlis zwischen Maximilian und Karl VIII. von Frankreich

19. 8. 1493 Friedrich III. stirbt in Linz

16. 3. 1494 Maximilian heiratet Bianca Maria Sforza

1494/95	Italienzug Karls VIII.		Okt. 1504	Maximilian erobert Kufstein und gewinnt die bayerischen Herrschaften im Unterinntal
1496	Philipp der Schöne von Habsburg heiratet Johanna (I.) von Kastilien (später „die Wahnsinnige")		26. 9. 1506	Tod Philipps des Schönen
1497	Die Ehe zwischen Juan von Spanien und Margarete wird vollzogen; Juan stirbt wenige Monate später		4. 2. 1508	Maximilian wird in Trient zum „Erwählten Römischen Kaiser" proklamiert
1498–1515	Ludwig XII. König von Frankreich		1508–1517	Krieg Maximilians gegen Venedig
24. 2. 1500	Geburt Karls (V.), Sohn Philipps des Schönen und Johannas von Kastilien		1510	Tod von Maximilians Frau Bianca Maria
1500	Nach dem Tod des letzten Grafen von Görz gehen die Görzer Besitzungen in Oberkärnten und Friaul auf die Habsburger über		Juli 1515	Habsburgisch-jagiellonische Doppelhochzeit in Wien; Heirats- und Erbvertrag zwischen Maximilian I. und Wladislaw von Böhmen und Ungarn
1500	Johanna I. wird Königin von Kastilien		1515–1547	Franz I. König von Frankreich
10. 3. 1503	Geburt Ferdinands, Sohn Philipps des Schönen und Johannas von Kastilien		1516-1526	Ludwig Jagiello König von Ungarn
1503–1513	Papst Julius II.		23. 1. 1516	Tod Ferdinands von Aragon
			Sommer 1518	Reichstag zu Augsburg
			12. 1. 1519	Maximilian stirbt in Wels

Im Schatten der Luxemburger

Am 21. September 1415 wurde in Innsbruck ein habsburgischer Knabe geboren. Sein Vater, Ernst „der Eiserne", war ein halber Italiener, Sohn der Virirdis Visconti aus Mailand, und besaß einen auffällig dunklen Teint, funkelnde Augen und offensichtlich ein südliches Temperament. Die Mutter hingegen stammte aus dem fernen Nord-osten: Czimbarka (eingedeutscht auch Zimburga genannt) von Masowien, aus einer polnisch-rus-sisch-litauischen Familie. Man sagte ihr nach, „daz sy ein huefnagel mit dem dawm in ein feuchtein prett gancz eindruckt und zerprach ain haselnuzz zwischen zwain fingern". Neben ihrer großen Körperkraft war sie, als Nachkommin heidnischer Fürsten, fromm (sie starb nicht zufällig 1429 auf einer ihrer häufigen Wallfahrten nach Mariazell) und phlegmatisch – eine Eigenschaft, die sie dem Neugeborenen vererbte.

Der Bub wurde auf den Namen Friedrich getauft; ein Name, der verschiedenste Assoziationen er-wecken konnte. Friedrich Barbarossa und Fried-rich II., die beiden großen Staufer, die eine schon ferne Zeit des „Heiligen Römischen Reiches" ge-prägt hatten; oder Friedrich der Schöne, der knapp ein Jahrhundert zuvor als letzter Habsburger, wenn auch mit mäßigem Erfolg, den römisch-deutschen Königstitel getragen hatte. Ebenso hieß der Onkel des Buben, Herzog Friedrich (IV.) „mit der leeren Tasche". Er hatte bis dahin Tirol und die alten habsburgischen Stammlande am Oberrhein regiert, während Ernst die „innerösterreichi-schen" Herzogtümer Steiermark und Kärnten

Albrecht II. (1397–1439), römisch-deutscher König, heiratete 1421 die einzige Tochter Kaiser Sigismunds, Elisabeth von Luxemburg, die Erbin von Böhmen und Ungarn. 1437 erfolgte seine Wahl zum König von Ungarn und Böhmen, 1438 zum deutschen König. Er stirbt 1439 in der Nähe von Gran an der Ruhr. Sein nachgeborener Sohn Ladislaus kommt unter die Vormundschaft des späteren Kaisers Friedrich III.
ÖNB

sowie Krain verwaltete. Doch hatte er auf dem turbulenten Konzil zu Konstanz den falschen Papst unterstützt, was ihn in Gegensatz zu Kaiser Sigis-mund, dem Luxemburger, setzte. Reichsacht, Kirchenbann, Aberkennung seiner Länder und Gefangennahme brachen über den temperament-vollen Friedrich herein. Sein Bruder Ernst zog nach Tirol, um hier, nicht ganz uneigennützig,

die bedrohte habsburgische Herrschaft aufrecht-zuerhalten. Erst im Frühjahr 1416 kam Fried-rich IV., nach abenteuerlicher Flucht aus könig-lichem Gewahrsam, zurück nach Tirol. Widerwil-lig zog sich Ernst in sein innerösterreichisches Herrschaftsgebiet zurück. Die Konfrontation mit dem Luxemburger war glimpflich ausgegangen; doch die aargauischen Stammlande der Habsbur-ger, mit der Habsburg, gingen bei dieser Gelegen-heit an die Eidgenossenschaft verloren.

Die Luxemburger hatten sich im Verlauf des 14. Jahrhunderts gegenüber den beiden rivalisie-renden „Großdynastien", den Habsburgern und den Wittelsbachern, durchgesetzt und ein „hege-moniales Königtum" (Peter Moraw) aufgebaut. Das war vor allem das Verdienst Kaiser Karls IV. (1346–1378) gewesen, der neben dem böhmi-schen Königtum und dem römischen Kaisertum Herr über zahlreiche weitere Reichsgebiete war: Luxemburg, Brabant, Brandenburg, Lausitz, Schlesien, die Oberpfalz gehörten dazu – der er-folgreichste und glanzvollste Hausmachtpolitiker des deutschen Spätmittelalters. Seine Residenz Prag wurde Sitz einer Universität und Zentrum gotischer Baukunst.

Karls Schwiegersohn, der Habsburger Rudolf IV. (1358–1365), wollte da nicht zurückstehen. Seine Hausmachtpolitik mußte sich mit bescheideneren Erfolgen zufriedengeben. Allerlei italienische und schwäbische Pläne scheiterten. Doch gelang die Erwerbung Tirols, wo er gegen die luxemburgi-schen und wittelsbachischen Konkurrenten das Erbe der Margarete Maultasch an die Habsburger bringen konnte: Eine wichtige Brücke zu den „Vor-landen" oder „oberen Landen", den alten Besitzun-gen der Habsburger im Westen. Krain wurde still-schweigend zum Herzogtum aufgewertet, womit die Habsburger über vier Herzogtümer verfügen konnten.

Im Reich drohten die Habsburger trotzdem in die zweite Reihe zu rücken. Am Vorrang der Luxem-burger war nicht zu rütteln. Aber auch zu den Kurfürsten konnten sich die Habsburger nicht zäh-len; deren Stellung hatte Karl IV. 1356 in der Gol-denen Bulle endgültig festgeschrieben, den Wahl-modus bis ins Detail geklärt. Rudolf IV. reagierte mit einer ehrgeizigen Fälschung, die er im Winter 1358/59 von seiner Kanzlei herstellen ließ. Es war ein ganzer Komplex österreichischer „Freiheits-briefe", der dabei entstand. Abschriften erfunde-ner Urkunden von Julius Cäsar und Kaiser Nero sollten beweisen, daß die Ausnahmestellung Österreichs im Heiligen Römischen Reich „so alt wie das Imperium Romanum selbst war" (Hein-rich Appelt). Der Fälscher gab die pseudo-anti-ken Texte als lateinische Übersetzungen aus der „Sprache der Heiden" aus; damit geriet er aus-gerechnet an den Humanisten Petrarca, der sie für Karl IV. als Phantastereien eines „lächerlichen Esels" entlarvte. Das politische Programm der Fälschung gipfelte im sogenannten „Privilegium maius". Im Jahr 1156 hatte Friedrich Barbarossa Österreich in ein Herzogtum umgewandelt und den Babenbergern im „Privilegium minus" einige weitere Vorrechte gewährt. Diese ließ Rudolf IV. in einer nachgemachten Urkunde desselben Datums ausdehnen. Dazu kamen einige ebenfalls durch-aus geschickt gefälschte Bestätigungsurkunden römisch-deutscher Könige und Kaiser. Österreich wurde als „Schild und Herz des Reiches" von ver-bliebenen Reichspflichten so gut wie befreit; der Herzog sollte als „Pfalzerzherzog" den Kurfürsten gleich auftreten, ja sie überflügeln, und zum Her-zogshut ein königliches Diadem mit Bügel und Kreuz tragen dürfen.

Viele der im Privilegium maius formulierten Rechte waren durchaus realistische Forderungen. „Fehlende Beweise für Ansprüche, die man im Prinzip für rechtens hielt, sich selbst zu schaffen, galt im Mittelalter keineswegs als schlechthin ver-brecherisch" (Alphons Lhotsky). Rudolf hat ver-sucht, den beanspruchten Rang in vielfacher Weise sinnfällig werden zu lassen: Immer wieder hat er den Titel Pfalzerzherzog geführt, der auch auf einem besonders aufwendigen Siegel erschien. Gegen diese Anmaßung einer königsgleichen Repräsentation hat sich Kaiser Karl IV. mehrmals gewandt. Vor allem den Bezug des Titels auf die kaiserliche Pfalz hat er abgelehnt; der etwas unverfänglichere „archidux" ist dann auch allein übriggeblieben. Für den Zustand des Reiches ist es charakteristisch, daß Rudolfs sonstige weitgehende Anmaßungen keine Konflikte hervorriefen und nicht weiter diskutiert wurden. Friedrich III. hat kraft kaiserlicher Autorität die Fälschungen dann bestätigt und damit rechtlich abgesichert. Auf diese Weise konnte sich auch der Titel „Erzherzog" als habsburgische Spezialität endgültig durchsetzen.

Als Residenz förderte Rudolf IV. Wien, das „Haupt aller seiner Länder und Herrschaften, wo er tot und lebendig bleiben wolle". Nach Prager Vorbild legte er den Grundstein für einen Umbau der Stephanskirche – sein Beiname „der Stifter" stammt von einer in Rudolfs eigener Geheimschrift am Bau eingemeißelten Inschrift, die ihn als Kirchenstifter ausweist. Königlich war auch Rudolfs zweite Wiener Gründung: als erster Landesfürst überhaupt stiftete er eine Universität – die „Alma mater Rudolfina" stieß allerdings in Wien zunächst auf manche Ressentiments. Dazu kam eine Reihe wirtschaftlicher und sozialer Maßnahmen, die zugleich die Steuereinnahmen anheben sollten. In einer Zeit, für die regelmäßige und von allen zu bezahlende Steuern noch keineswegs eine Selbstverständlichkeit waren, setzte er eine zukunftweisende Steuerreform durch: die Einführung einer allgemeinen Steuer von zehn Prozent auf alle in Wirtshäusern ausgeschenkten Getränke; dafür verzichtete Rudolf auf die einträgliche Münzverschlechterung. Noch kühner war der Versuch, die Steuerbefreiungen vor allem für die Kirchen zu durchforsten; die Betroffenen haben ihn daraufhin mit Herodes und Nero verglichen. Populär ist er, bei all seiner politischen Phantasie, nicht gewesen.

Nicht einmal 26jährig, starb Rudolf IV. in Mailand, seine jüngeren Brüder folgten ihm nach. Jahrzehnte der Teilungen folgten. Einerseits hielt man an der Einheit des habsburgischen Herrschaftsgebietes fest; der älteste, so hatte es die Hausordnung Rudolfs IV. festgelegt, sollte die oberste Herrschaft haben. Auf der anderen Seite wollte man die Nachgeborenen nicht von der Nachfolge ausschließen. Wichtige Entscheidungen, wie Heiraten oder Besitzveräußerungen, sollten nur gemeinsam gefällt werden können. Und schließlich kam es auch zu Teilungen; von 1379 bis 1490 gab es mehrere habsburgische Linien. 1407 spitzten sich

die Konflikte bis zu einem Bruderzwist zu, der sich in mehrjährigen Kämpfen entlud. Zur Zeit der Geburt Friedrichs III. wurden Österreich (mit Steyr, aber ohne Wiener Neustadt), das spätere „Innerösterreich" (Steiermark, Kärnten, Krain) sowie Tirol und die Vorlande von drei verschiedenen Familienmitgliedern regiert. Die Aufteilung wurde dadurch erleichtert, daß die verschiedenen habsburgischen Länder und Besitzungen noch keineswegs eine Einheit bildeten. Steirer, Kärntner oder gar Tiroler fühlten sich nicht als Österreicher, das Gemeinschaftsbewußtsein war noch recht schwach ausgeprägt. Gerade die Alpenländer waren zudem in sich noch wenig geschlossen. In Tirol unterstanden dem Bistum Brixen bedeutende Gebiete, in Kärnten hatten die Grafen von Görz, der Erzbischof von Salzburg und sogar das weitentfernte Bistum Bamberg große Rechte: Villach und Wolfsberg waren bambergische Städte. In Krain wiederum waren die aufstrebenden Grafen von Cilli bedeutende Konkurrenten der Habsburger geworden. Nur langsam breitete sich

Das „Privilegium maius" Herzog Rudolfs IV. sah u. a. die Unteilbarkeit der habsburgischen Länder und die Primogenitur seiner Linie vor. Kaiser Friedrich III. bestätigte das Privilegium 1442. Der Historiker Wattenbach deckte die Fälschung 1852 auf. *HHSta*

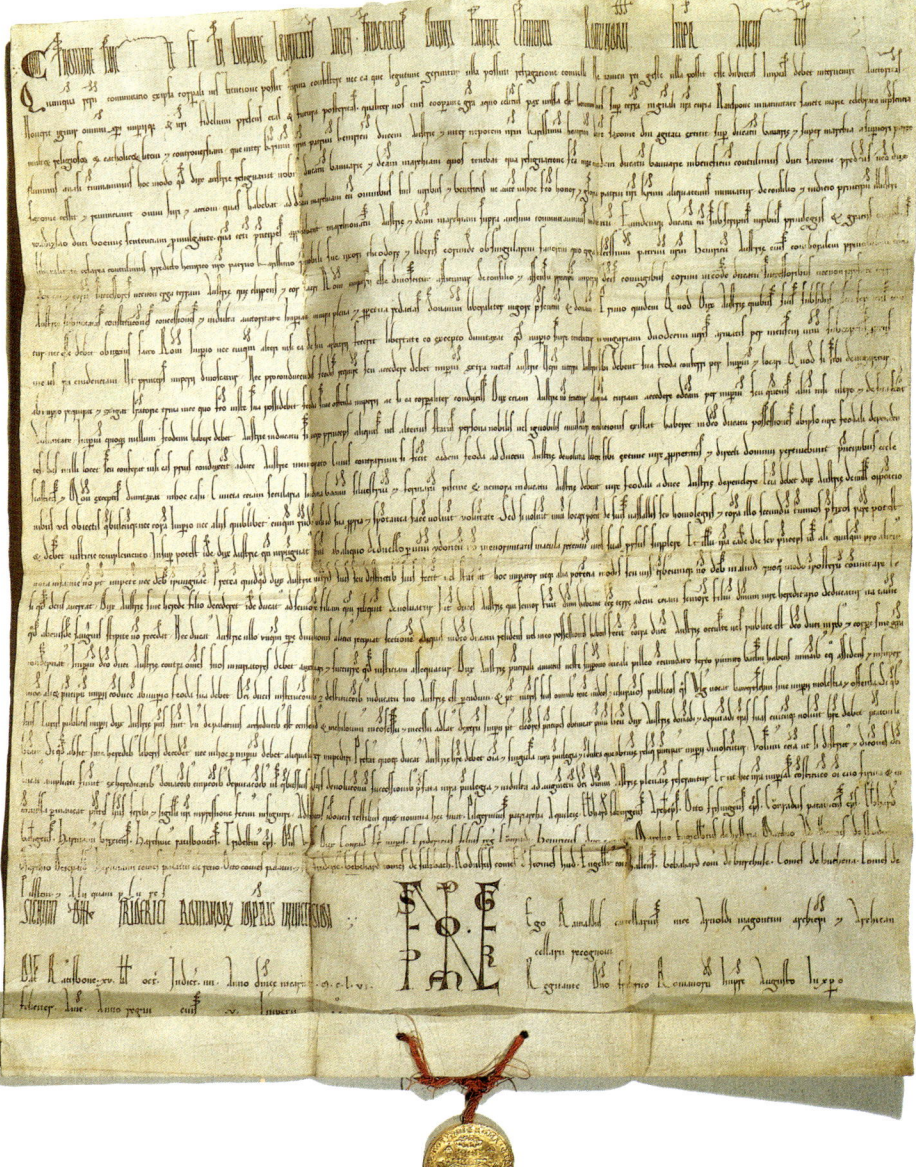

Wiederholt wurden in der Reichsstadt Nürnberg Reichstage abgehalten. Nach der Goldenen Bulle von 1356 (Reichsgrundgesetz) hatte jeder König seinen ersten Reichstag in Nürnberg zu halten.

Nemeth

Die gotische Wendeltreppe in der Grazer Burg. 1438 wurde der Bau der Burg in Graz als Residenz Friedrichs V. (des späteren Kaisers Friedrich III.) begonnen und 1453 vollendet.

G. Wolf

in jenen Jahren das habsburgische Herrschaftsgebiet aus: Feldkirch und Dornbirn, Freiburg im Breisgau, Duino und Triest, eine Politik der kleinen Schritte.

Aber auch die luxemburgische Herrlichkeit war nach dem Tod Karls IV. im Niedergang. König Wenzel „der Faule" stieß auf Widerstand in Böhmen wie im Reich; Konflikte im eigenen Haus machten ihm zusätzlich zu schaffen, bis er 1400 von den Kurfürsten als „unnütz, säumig, unachtbar, unwürdig" abgesetzt wurde. Sein Halbbruder Sigismund (1410–1437) wurde, nach einem wittelsbachischen Intermezzo, bloß als König von Ungarn, ohne Hausmacht im Reich, zum römisch-deutschen König gewählt; in Böhmen regierte noch Wenzel. Doch dieses Böhmen wurde bald zum Pulverfaß. Im Sommer 1415, wenige Monate vor der Geburt Friedrichs III., war in Konstanz der Kirchenreformer Jan Hus auf Urteil des Konzils und mit Unterstützung Kaiser Sigismunds als Ketzer hingerichtet worden. Als Wenzel wenige Jahre später starb, brach der Aufstand los, zumal ausgerechnet Sigismund in Prag die Nachfolge Wenzels antreten wollte. Wieder einmal erwies sich die Sprengkraft christlicher Armutsideen und volkstümlicher Bibelauslegung; sie verbanden sich mit verschiedenen sozialen Forderungen und neuem tschechischem Zusammengehörigkeitsgefühl zu einer recht uneinheitlichen Bewegung. Über ein Jahrzehnt wiesen hussitische Heere zahlreiche Angriffe ab und überzogen die Nachbargebiete (darunter Niederösterreich bis zur Donau) mit Krieg. Den dichten Reihen der Fußkämpfer waren Ritterheere kaum gewachsen; damit trugen die Hussitenkriege zum Niedergang der ritterlichen Kampfweise und zur Durchsetzung der Söldnertruppen bei. Schließlich setzte sich die gemäßigte Adelsfraktion der Bewegung unter Georg Podiebrad durch; das Gewicht des böhmischen Adels hatte sich gegenüber dem Königtum weiter verstärkt. Sigismund wurde, wenige Jahre vor seinem Tod, doch noch in Böhmen anerkannt. Erstmals war damit die Verbindung des römisch-deutschen Kaisertums mit dem böhmischen und ungarischen Königtum hergestellt, deren Festigung erst den Habsburgern nach langen Auseinandersetzungen gelingen sollte.

Eine königliche Episode: Albrecht V./II.

Als Kaiser Sigismund 1437 starb, schien einem Habsburger zuzufallen, worum die Familie generationenlang gekämpft hatte. Albrecht V., Herzog von Österreich, war mit Sigismunds Tochter Elisabeth verheiratet; er hatte den Luxemburger in den Hussitenkriegen tatkräftig unterstützt und war als einziger Reichsfürst auf Dauer loyal geblieben. Sigismund hatte den Erbvertrag, den schon Karl IV. mit seinem habsburgischen Schwiegersohn Rudolf IV. abgeschlossen hatte, erneuert. In Ungarn, wo Elisabeth großes Ansehen genoß (über ein halbes Jahrtausend vor „Sisi"), machte die Nachfolge keine Schwierigkeiten. Probleme gab es in Böhmen, wo nur ein Teil der Stände Albrecht wählte. Einigkeit herrschte dagegen unter den Kurfürsten, die den Habsburger, als zweiten seines Namens, 1438 zum römischen König erhoben. Rudolf IV. hatte mit großem Aufwand ein königgleiches Erzherzogtum erstrebt. Nun hatte ein Habsburger mit einem Schlag gleich drei Königskronen errungen. Die Kombination war zukunftsträchtig, aber lange nicht so erfolgverheißend, wie es scheint. Als König von Ungarn sah sich der Habsburger den übermächtigen Türken gegenüber, die schon an der Südgrenze standen. In Böhmen erwartete ihn eine an hussitische Traditionen anknüpfende Opposition. Im Reich hatte sein peripheres Königtum wenig Zugriffsmöglichkeiten; die zentraler gelegenen habsburgischen Besitzungen, Tirol und die Vorlande, waren in der Hand einer anderen Linie. Und Österreich allein, auch wenn es weiterhin als habsburgisches Kernland galt, war eine schmale

Basis. Albrecht hatte sich jedoch hier als Herzog in schwieriger Lage großes Ansehen erworben.

Bevor er noch zum römischen König gekrönt war, begann Albrecht im Sommer 1439 einen Zug gegen die Türken. Dabei erkrankte er an der Ruhr und starb am 27. Oktober auf dem Rückweg nach Wien. Er hinterließ keinen männlichen Nachkommen; erst einige Monate nach seinem Tod gebar seine Frau Elisabeth den Knaben Ladislaus, der deswegen den Beinamen „Postumus" erhielt. Kurz zuvor war in Tirol Friedrich IV. „mit der leeren Tasche" gestorben, mittlerweile übrigens ein durchaus vermögender Fürst. Plötzlich war Friedrich, der Sohn Herzog Ernsts, dem er inzwischen als Herzog in der Steiermark und Kärnten gefolgt war, der einzige erwachsene Habsburger: Vormund eines Neugeborenen, dessen Ansprüche auf das Königtum von Ungarn und Böhmen er durchsetzen sollte, dessen österreichisches Herzogtum er aber zu respektieren hatte. Eine vorübergehende Konstellation, denn die Dreiteilung der habsburgischen Erbländer war damit nicht aufgehoben. Es war in Friedrichs Interesse, ihre Einheit zu betonen, wie sie im habsburgischen Hausrecht festgeschrieben war. Dazu diente der Begriff „Haus Österreich" (Domus Austriae), der schon im 14. Jahrhundert gelegentlich für die Dynastie verwendet worden war. Er bezeichnete zugleich „die

Altar der Schottenkirche in Wien, um 1470. Von den wertvollen Tafelmalereien eines unbekannten Malers, des „Schottenmeisters", sind 19 erhalten. Darauf auch die älteste Ansicht der Stadt Wien auf der Tafel „Flucht nach Ägypten" (unten links). *Trumler*

Zu den wertvollsten Objekten im Steirischen Landesmuseum Joanneum in Graz zählt zweifellos der prunkvolle Reisewagen der Eleonore von Portugal, der Gemahlin Kaiser Friedrichs III.

G. Wolf

einst Rudolf von Habsburg gegen Ottokar. Nach über einem Jahrhundert Hausmachtpolitik war keiner der Fürsten mehr imstande, an das luxemburgische Konzept des hegemonialen Königtums anzuschließen. Ein kompliziertes Gleichgewicht mehr oder weniger mächtiger Fürsten herrschte in den Kerngebieten des Reiches. Nur an seinen Rändern konnten noch überregionale Machtpositionen aufgebaut werden. Das war der strategische Vorteil der Habsburger.

Ein solches „Randkönigtum" (Peter Moraw) ließ sich verhältnismäßig leicht stabilisieren; Grundlage einer wirksamen Reichsreform war es nicht. Friedrich tat auch wenig, eine solche zu erzwingen; 27 Jahre lang, von 1444 bis 1471, betrat er die Binnenländer des Reiches überhaupt nicht. Er „regierte reagierend aus großer Ferne" (Peter Moraw); umstritten ist, ob sein Königtum in jener Zeit „gänzlich belanglos" (Heinz Thomas) war und ob Friedrich mehr hätte erreichen können. Immerhin behauptete sich der „steirische Kaiser" als Hort der Legitimität; eine wachsende Anzahl von Juristen in seinem Umkreis trug zur Verrechtlichung der Reichsgeschäfte bei. Mit einigem Nachdruck setzte Friedrich auch finanzielle Ansprüche durch; Gebühren und Abgaben ersetzten längst geschwundene Herrschaftsrechte und politische Einflußmöglichkeiten. Vor allem in den Städten war man von dieser Politik enttäuscht. Gegen fürstliche Bedrückung, ritterliche Fehdelust, marodierende Söldnerhaufen konnte man vom Kaiser keine Hilfe erwarten. Ebenso wir-

Gesamtheit der von ihr beherrschten Länder" (Erich Zöllner), die weiterhin nur durch die habsburgische Herrschaft zusammengehalten wurden. Besonders stark war das Zugehörigkeitsgefühl zum „Haus Österreich" in den habsburgisch gebliebenen Gebieten am Oberrhein ausgeprägt, die von der expansiven Eidgenossenschaft bedroht waren. Bis weit in die Neuzeit war dieser österreichische Patriotismus im alemannischen Vorderösterreich viel stärker ausgeprägt als in vielen heutigen österreichischen Ländern, die wiederum ihre Sonderstellung zu bewahren suchten.

Der überforderte Vormund

Wieder hatten sich die Kurfürsten überraschend schnell auf den Habsburger geeinigt; schon im Februar 1440 hat man ihm das mitgeteilt. „Mit der czirhait die darezue gehört", wie er in sein Notizbuch schrieb, hat Friedrich die Wahl erst am 6. April in der Wiener Neustädter Pfarrkirche angenommen. Erst 1442 ließ er sich dann in Aachen krönen, wie es sich gehörte. Viel war in jenen Tagen von der Reichsreform die Rede; daß im „Heiligen Römischen Reich Deutscher Nation", wie man es nun zu nennen begann, kaum mehr Spielraum für kaiserliche Herrschaft bestand, haben viele Zeitgenossen wahrgenommen. Nicht zuletzt deshalb war die ebenso hochangesehene wie ohnmächtige Würde den Habsburgern nun auch in den Schoß gefallen. Nicht mehr gegen einen Übermächtigen hatte man Friedrich III. gewählt wie

Das berühmte AEIOU Kaiser Friedrichs III. Die politische Deutung „Austria erit in orbe ultima" kam wohl erst später. Zunächst ging es um eine mystische Buchstabensymbolik nach der Art des griechischen Alpha und Omega.

HHSta

kungslos wie bezeichnend war es, daß Friedrich mehrfach verbot, im Zuge einer Fehde zu brandschatzen oder Geistliche, arbeitende Bauern, Pilger, Kranke oder Kaufleute mit ihren Waren anzugreifen. Zugleich war er es selbst, der 1443 gegen die Eidgenossen Tausende französische Kriegsknechte ins Land rief, die nach dem englisch-französischen Friedensschluß beschäftigungslos geworden waren; diese „Armagnaken" zogen daraufhin plündernd durch Südwestdeutschland. Die Selbsthilfe der Mächtigen hatte weiterhin einen großen Vorsprung vor der Reichsgewalt.

Hätte sich Friedrich III. in Böhmen und Ungarn durchsetzen können, wäre seine Position im Reich vielleicht besser gewesen. Aber auf die Dauer waren dort die Widerstände stärker. Dabei kamen die Habsburger auf abenteuerliche Weise in den Besitz der ungarischen Stephanskrone. Der Hofdame von Albrechts Witwe Elisabeth, Helene Kottanner, gelang es in der Nacht des 21. Februar 1440, die Krone trotz schärfster Bewachung aus der Burg Visegrád zu schaffen und auf der zugefrorenen Donau nach Komorn zu bringen, wo Elisabeth in den Wehen lag. Wenige Wochen später wurde der neugeborene Ladislaus gekrönt. Doch gab es einen Gegenkönig gleichen Namens aus dem polnischen Geschlecht der Jagiellonen. Erst als der 1444 gegen die Türken fiel, wurde der kleine Ladislaus Postumus als König anerkannt – nicht aber die vormundschaftliche Regierung Friedrichs III. Ähnlich war das Ergebnis der Auseinandersetzungen in Böhmen. In beiden Königreichen spielte ja das Wahlrecht der Stände eine große Rolle. In Böhmen wurde daher Georg Podiebrad, in Ungarn Johannes Hunyadi von den Ständen zu Reichsverwesern gewählt, womit sich Friedrich bald abfinden mußte; die Forderung nach Auslieferung des Knaben Ladislaus wies er jedoch zurück, so lange er konnte.

Verzwickter gestaltete sich die Lage in Österreich. Bei den österreichischen Ständen, den Vertretern des Adels, der Geistlichkeit und der Städte, konnte sich der „Steirer" Friedrich von Anfang an kaum durchsetzen („Gehts nach Graz", hatte man schon seinem Vater einmal in Wien nachgerufen). Als er Ende 1439 nach dem Tod Albrechts V. in der traditionellen Residenzstadt Wien einziehen wollte, ließ man ihn erst nach weitgehenden Zugeständnissen in die Stadt und forderte große Zahlungen für die Söldner Albrechts V., die inzwischen das Land unsicher machten. Was Friedrich aufbrachte, genügte den Ständen nicht; da kam es im Juni 1441 in der Wiener Augustinerkirche zu einem Tumult. Der Graf von Schaumberg, einer der angesehensten Adeligen des Landes, beschimpfte Friedrich offen als „König der Juden". Die Juden waren seit jeher eine der Geldquellen

Kaiser Friedrich III. im Kreise der Kurfürsten anläßlich einer Belehnungszeremonie. Im Jahr 1442 wurde Friedrich in Aachen zum König gekrönt, 1452 erfolgte in Rom die Kaiserkrönung, die in weiterer Folge auch die letzte an diesem Ort bleiben sollte. Die römisch-deutsche Kaiserwürde ging damit endgültig auf die Habsburger über.
ÖNB

des Königtums gewesen; man unterstellte ihnen Habgier und Geiz, ein Vorwurf, der auch Friedrich treffen sollte. Nur wenige Jahre zuvor waren einige hundert Juden der „Wiener Gesirah", einem der schlimmsten Judenpogrome der Zeit, zum Opfer gefallen; Friedrichs Gegner mobilisierten also übelste Vorurteile gegen ihn. Die Wiener reagierten auf das Stichwort „König der Juden" mit dem Ruf „Kreuziget ihn!", was auf drastische Weise Majestätsbeleidigung und Blasphemie verband; vor der erregten Menge rettete sich Friedrich durch Flucht. Grollend schrieb er in sein Notizbuch: Die Österreicher „sind viel poser dan Unger oder Pehem gegen irer herschaft, darum das, was posheit sie tuend, das geschiecht wider ir erblich herschaft, aber die Unger und Pehem die handeln nuer wider ir erbelt hern". Das tiefe Mißtrauen zwischen Friedrich und den Wienern blieb erhalten.

Friedrich, an zu vielen politischen Fronten zugleich festgefahren, konnte wenig tun, um die Österreicher von seiner Regierungstätigkeit zu überzeugen: Ungarische, böhmische und ein-

Wappenwand an der St.-Georgs-Kapelle in Wiener Neustadt. Da das von Kaiser Maximilian 1502 beauftragte Grabmal noch nicht fertiggestellt war, wünschte er neben seiner Mutter Eleonore von Portugal in Wiener Neustadt bestattet zu werden. Die Herzurne ruht im Sarkophag seiner ersten Gemahlin Maria von Burgund in Brügge.

Trumler

heimische Söldnerbanden zogen durch das Land. Es waren andere, die sich um die Ordnung im Land verdient machen konnten. Graf Ulrich II. von Cilli, verschwägert mit den Luxemburgern und den Habsburgern, hatte reiche Besitzungen in Kärnten, Krain, der Steiermark und Kroatien und spielte sowohl in der österreichischen als auch in der ungarischen Politik eine große Rolle. Der ehrgeizige Ulrich von Eytzing, ein Ritter aus dem Innviertel, hatte durch seine Heirat mit einer reichen Wiener Bürgerstochter und als Hubmeister, also Finanzbeauftragter Albrechts V., Karriere gemacht. Beide arbeiteten zunächst mit Friedrich zusammen, wurden aber durch seine Sparsamkeit verärgert. Sie waren es nun, die als Häupter der ständischen Opposition der Forderung nach Auslieferung des Ladislaus Postumus und damit nach einem Ende der vormundschaftlichen Regierung Friedrichs neuen Nachdruck verliehen.

Im Oktober 1451 schlossen österreichische Adelige in Mailberg zu diesem Zweck einen Bund, der in eindrucksvoller Form schriftlich festgehalten wurde, „in einer monströsen, für das mittelalterliche Urkundenwesen einmaligen Bündnisurkunde mit 46 Siegeln" (Günther Hödl) – in einer späteren Neuausfertigung hingen sogar 254 Siegel daran. Aeneas Silvius Piccolomini überliefert die Rede des Eytzingers, in der dieser Friedrich vorwarf, aus den österreichischen Einkünften seine Hofhaltung und Bauten im „steirischen" Wiener Neustadt zu finanzieren und nur auf seine steirischen Ratgeber zu hören. Ein wiederholter Vorwurf an eine internationale Dynastie: ob es sich nun um den schwäbischen Albrecht I., den steirischen Friedrich III. oder den spanischen Ferdinand I. handelte. Im Dezember vertrat ein Landtag in Wien die Mailberger Forderungen, obwohl Friedrich ausdrücklich die Teilnahme daran verboten hatte.

Friedrich war damit vor die Wahl gestellt, nachzugeben oder sich auf einen offenen Kampf einzulassen. „Niemand konnte erwarten, daß der König von zwei Möglichkeiten die dritte wählen werde, und dies in einer Weise, die für seine Art ungemein bezeichnend ist" (Alphons Lhotsky). Er trat einfach den schon länger geplanten Romzug zur Kaiserkrönung an und nahm sein Mündel Ladislaus dabei mit. Der überraschende Schachzug sollte wohl der ständischen Opposition den Wind aus den Segeln nehmen; vielleicht hoffte Friedrich auch, durch die Kaiserkrönung wenn schon nicht an Macht, so doch an Ansehen zu gewinnen. Freilich trieb er auf diese Weise auch die Zögernden und manche Anhänger ins Lager der Gegner, die er sozusagen nicht einmal ignoriert hatte; mehr als ein kleiner Zeitgewinn schaute schließlich nicht für ihn heraus. Daß er den zehnjährigen Ladislaus mitnahm, folgte der richtigen Einschätzung, daß wohl nicht einmal in seinem eigenen Teil der Erblande ein Platz sicher genug gewesen wäre, sein Mündel bis zur Rückkehr zu verwahren. Denn auch Ladislaus selbst war inzwischen mit seinem Vormund nicht mehr ganz einverstanden, was in Italien für dramatische Situationen sorgen sollte. Und daheim warf man Friedrich vor, Ladislaus nur mitgenommen zu haben, „damit ihn die Hitze dieses Himmelsstriches verderbe".

Kaiserkrönung in Rom

Die Zeiten, als der Gegensatz zwischen Papst und Kaiser die Romzüge der römischen Könige überschattet hatte, waren lang vorbei. Beide universalen Gewalten hatten viel an Ansehen und noch mehr an Macht eingebüßt. In den vergangenen

Wandgemälde von
Pinturicchio in der
Dombibliothek in Siena:
Die Hochzeit Friedrichs III.
mit Eleonore von Portugal.
Im Jahr 1452 reiste Friedrich
nach Italien. Am 24. Februar
wurde ihm vor den Toren von
Siena die 15jährige Braut
präsentiert. „Er war erfreut,
daß er eine schöne Gattin
gefunden, die weit schöner
war, als ihr Ruf besagte."
Nemeth

Jahrzehnten hatte es zwei, manchmal drei konkurrierende Päpste gegeben; die Konzilien von
Konstanz und Basel hatten sich als Schiedsrichter
zwischen ihnen betätigt und so versucht, ihren
Vorrang als Vertretung des gesamten Kirchen-
volkes gegenüber dem Papsttum durchzusetzen.
Friedrich hatte, unter der Regie seines geschickten
Gesandten Aeneas Silvius Piccolomini, später
selbst als Pius II. Papst, manches dazu beigetragen,
daß sich die Konzilsbewegung totlief, das Basler
Konzil auseinanderging und die Päpste in Rom

wieder an Einfluß gewannen. Papst Nikolaus V.
(1447–1455) wurde so einer seiner zuverlässig-
sten Verbündeten; Friedrichs Italienreise wurde
vor allem aus der päpstlichen Kasse bezahlt. 1448
hatte der Habsburger mit dem Papst das Wiener
Konkordat abgeschlossen, das bis zum Ende des
Heiligen Römischen Reiches das Verhältnis zwischen Kurie und Reichskirche regelte; der relativ
großzügige Kompromiß konnte der deutschen
Kritik an päpstlicher Geldgier nicht den Wind aus
den Segeln nehmen. Der konservativen Weltsicht

Friedrich III. zog am 9. März 1452 feierlich in Rom ein. Allein der Prunkmantel des sonst so bescheidenen Habsburgers soll einen Wert von 200.000 Gulden gehabt haben.

KHM, Ambras

Eleonore von Portugal (1436–1467) – ihr Onkel war der berühmte Heinrich der Seefahrer – brachte eine beträchtliche Mitgift von 60.000 Gulden und eine jährliche Rente von 7000 Gulden mit in die Ehe.

KHM, Ambras

Ladislaus Postumus (1440–1457): Der nachgeborene Sohn König Albrechts II. kam unter die Vormundschaft Friedrichs und sollte in weiterer Folge Anlaß für heftige Auseinandersetzungen im Haus Habsburg sein.

KHM, Ambras

Friedrichs entsprach aber die Zusammenarbeit mit den Päpsten. Politische Reibungsflächen zwischen Kaiser und Papst gab es nun kaum mehr. Der Kaiser half bei der Festigung der päpstlichen Autorität innerhalb der Kirche und erhielt dafür kirchenpolitische Zugeständnisse; darunter eines, woran ein Ottokar und ein Rudolf IV. gescheitert waren: die Errichtung eines eigenen Wiener Bistums.

Zunächst rief der geplante Italienzug bei vielen italienischen Städten Besorgnisse hervor, daß der König sich in ihre Angelegenheiten einmischen könnte, wie es bei früheren Romzügen der Fall gewesen war; alte Ängste und Hoffnungen kamen auf, Gerüchte blühten. Wieder war es nicht zuletzt das diplomatische Geschick des Aeneas Silvius, das mögliche Widerstände beruhigte. „Wenige Romfahrten sind so harmlos verlaufen wie die des Habsburgers" (Lhotsky). Freilich hinterließ sie bei vielen Enttäuschung. „Man sah nichts von kaiserlicher Majestät bei ihm, weder freigebigen Sinn noch Weisheit, denn es sprachen für ihn immer nur seine Oratoren; man sah seine große Gier nach Geschenken … Er ließ eine geringe Meinung von sich zurück", urteilte der Erzbischof von Florenz. Sowenig ein Kaiser im 15. Jahrhundert im alten Reichsitalien noch reale Macht beanspruchen konnte, so gut ließ sich sein Titel umsetzen. Friedrich zog von Stadt zu Stadt, ließ sich feiern und bewirten, verkaufte Privilegien und hob Taxen ein. Zu Beginn des Winters war der König nach Italien aufgebrochen, „weil im Sommer der glühend heiße italienische Boden den Deutschen, die in Folge ihres Blutreichtums am ganzen Körper schwitzen würden, schädlich und sogar tödlich zu sein schien" (Aeneas Silvius). Anfang 1452 zog er über Treviso und Ferrara nach Florenz; am 24. Februar 1452 konnte ihm Aeneas Silvius vor den Toren von Siena seine Braut, die knapp 15jährige Eleonore von Portugal, präsentieren. Einer der Vermittler dieser Ehe war König Alfons von Neapel – der Aragonese hatte 1442 die Anjous aus Neapel vertrieben und war ein Onkel der portugiesischen Königstochter. 1450 sandte Friedrich zwei Gesandte und einen Porträtmaler nach Lissabon, die den König vom Liebreiz der Braut – und vom Reichtum der Familie („ecce potentia", hier ist die Macht, soll einer von ihnen ausgerufen haben) – überzeugen konnten. Eleonore bekam 60.000 Gulden Mitgift und eine Rente von 7000 Gulden zugesichert, die unter anderem aus den Salzbergwerken von Aussee finanziert werden sollte. Der nächste Schritt nach dem Abschluß des Ehevertrages war die Trauung durch Stellvertreter, die in Lissabon vollzogen werden sollte. Die Gesandten Friedrichs stießen allerdings auf einige Hindernisse: Zunächst wurden sie angeblich ausgeraubt, und dann erregten sie durch ihr ärmliches Auftreten in Portugal Verdacht und wurden eingekerkert. Schließlich konnte am 1. August 1451 der Gesandte Jakob Moz die symbolische Trauung vollziehen, indem er vor Zeugen mit einem nackten Bein ins Bett der Braut stieg. Die reichen Portugiesen – Eleonores Onkel Heinrich der Seefahrer hatte als Förderer der Entdeckungsfahrten schon einige große Erfolge errungen – gaben der Prinzessin ein ansehnliches Gefolge auf die Reise nach Italien mit. Trotz eines Zwischenfalls mit Seeräubern kam der Zug nach 82tägiger Seefahrt wohlbehalten in Livorno an.

Dort entstand zunächst ein Streit zwischen dem portugiesischen Gefolge der Prinzessin und den Gesandten Friedrichs, wer die Braut nach Siena geleiten dürfe. Der Herzog von Schlesien beanspruchte diese Ehre; doch „da es mit dem Verstand bei weitem schlechter bei ihm bestellt war, als mit seinem Stammbaum, und er größere Übung im Trinken hatte, als im richtigen Sprechen", erzählt Aeneas Silvius, konnte der Humanist, damals bereits Bischof von Siena, schließlich selbst diese Aufgabe übernehmen. Zum ersten, feierlichen Treffen zwischen dem Kaiser und Eleonore kam es am 24. Februar 1452 vor der Porta Camollia in Siena. „Anfänglich war der Kaiser ganz blaß geworden, als er seine Braut in der Ferne kommen sah. Aber sobald er ihre reizende Gestalt in der Nähe erblickte und ihre wahrhaft königlichen Bewegungen mehr und mehr erkennen konnte, da kam er wieder zu sich und gewann seine frühe Farbe wieder; er war erfreut, daß er eine schöne Gattin gefunden, die weit schöner war, als es ihr Ruf besagte." So schildert Aeneas Silvius diese erste Begegnung. In der Piccolomini-Bibliothek des Doms von Siena ist das Ereignis im Bilderzyklus des Pinturicchio festgehalten.

Das Brautpaar reiste daraufhin nach Rom weiter, wo man am 9. März, von den Wiesen vor der Engelsburg aus, feierlich einziehen konnte. Unter der Führung von Friedrichs Bruder Albrecht (VI.) zogen etwa 5000 Reiter in die Ewige Stadt ein. Zuerst kamen der Burggraf von Nürnberg mit der Reichsfahne, dem Doppeladler, sowie andere Fahnenträger, gefolgt von zahlreichen Rittern in voller Rüstung aus Deutschland, Ungarn, Böhmen und Italien. Dann kamen die römischen Bürger und die Gesandten der Fürsten und (vor allem der italienischen) Städte, wobei unter den Vertretern Venedigs und Mailands ein hitziger Streit um den Vorrang entbrannte. Es folgte der junge Ladislaus, als König von Ungarn und Böhmen in Purpur gekleidet, mit seinem eigenen Gefolge von Grafen und Prälaten. Dann der Senator und Präfekt der Stadt Rom, Francesco Orsini, der nach altem Brauch nach Betreten der Stadt das Pferd des Kaisers an der Hand zu führen hatte; der Reichsmarschall Heinrich von Pappenheim, der dem Kaiser das entblößte Reichsschwert vorantrug, und schließlich Friedrich selbst. Der Prunkmantel des

sonst so bescheidenen Habsburgers soll einen Wert von 200.000 Gulden gehabt haben (Maximilians Hofhistoriker Grünpeck spricht sogar davon, die ganze Ausstattung des Kaisers einschließlich Krone sei eine Million wert gewesen, die Steine, die der Kaiser selbst ausgesucht hatte, 300.000 Gulden). Darum kam es übrigens zu einem Tumult: Die Zuschauer wollten nämlich, wie schon zuvor in Viterbo, einem uralten Brauch folgend, dem Kaiser seine Kleider entreißen. Selbst ein weniger geiziger Kaiser hätte eine solche Kostbarkeit verteidigt; es kam zu einem Handgemenge, wobei es sogar Tote gab. Unmittelbar hinter dem Kaiser zogen Aeneas Silvius, dem wir die ausführliche Schilderung des Einzuges verdanken, sowie andere Bischöfe, Räte und Gefolgsherren. Dann kam Eleonore, prachtvoll ausgestattet, der ihr Gefolge von Portugiesen und Spaniern, darunter der Bischof von Coimbra, sowie der Hofmeister Albrecht von Pottendorf voranritten; ihr folgten Fußknechte und edle Frauen „in großer Zahl, ebenso durch ihre Schönheit als die Pracht ihrer Gewänder bewundernswert". Den Zug beschloß die päpstliche Reiterei.

An der Porta di Castello, nahe der Engelsburg, erwarteten der päpstliche Vikar und eine große Zahl weiterer Würdenträger mit zahlreichen Reliquien der Heiligen den Kaiser und geleiteten ihn bis zur Peterskirche, wo Papst Nikolaus inmitten des Kardinalskollegiums auf den Kirchenstufen auf einem elfenbeinernen Thron wartete. Die Krönung selbst fand erst einige Tage später, am 19. März, während einer feierlichen Messe im Petersdom statt. Friedrich, als Arm der Kirche, wurde am Arm gesalbt, erhielt Zepter, Reichsapfel und Reichsschwert und wurde mit der aus Nürnberg herbeigeholten Krone gekrönt – eine eigene Kaiserkrone gab es nicht. Der dabei entfaltete

Der junge Maximilian: Seine Mutter, Eleonore von Portugal, soll einmal gesagt haben: „Wüßte ich, mein Sohn, du würdest einst wie dein Vater, ich müßte bedauern, dich für den Thron geboren zu haben."
ÖNB

Die wichtigsten Verbindungen von Norden nach Süden: die Alpenübergänge über Brenner und Fernpaß.

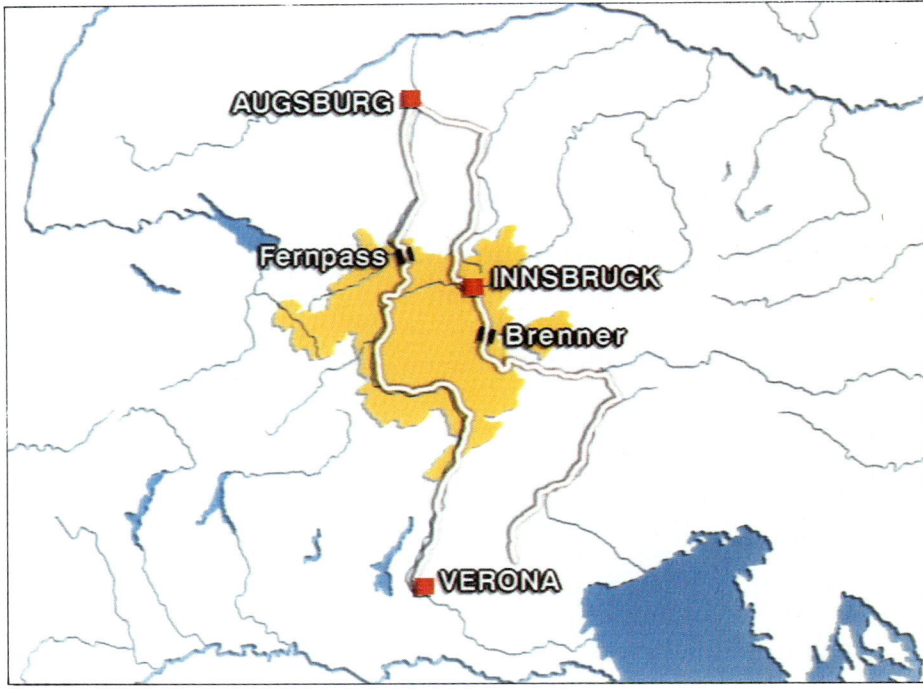

Prunk veranlaßte Aeneas Silvius in seinem Ge-
schichtswerk zur Bemerkung: „Daß wir doch die
Altvorderen ebensoweit an Tüchtigkeit überträfen,
als wir ihnen in eitlem Tande voraus sind!" Er
wunderte sich auch darüber, „daß in so kurzer Zeit
der Schmuck so bedeutend zugenommen hat, daß
man die Gewänder Karls (IV.) für bäurische ansehen kann, wenn man sie neben die überaus
reichen und glänzend besetzten unseres Friedrichs hält". Die glänzende Zeremonie wäre auch
fast durch einen peinlichen Zwischenfall beein-
trächtigt worden: „Während Nikolaus dem kaiserlichen Haupte die Krone aufsetzte, wäre beinahe
die bischöfliche Mitra von seinem Scheitel herab-
gefallen, was einige für eine üble Vorbedeutung
für den Papst hielten." Die Befürchtungen erfüllten
sich nicht ganz, der Papst überstand im folgenden
Jahr eine Verschwörung in Rom; rückblickend
kann man vielleicht ein Symbol für das Schwanken
beider universaler Gewalten darin sehen.

Friedrich und Eleonore zogen nun nach Neapel zu
Alfons von Aragon weiter. Dieser drängte darauf,
daß der Kaiser die Ehe mit Eleonore endlich vollziehen sollte; denn der wollte „diesen feierlichen
Akt bis zu seiner Rückkehr nach Deutschland auf-
schieben, sei es nun, damit ihm nicht ein italienischer Prinz geboren würde, sei es, daß er sich
irgendwie mit religiösen Bedenken trug" (Aeneas
Silvius). Bis es tatsächlich zu ehelichem Beischlaf
kam, waren noch einige Hindernisse zu überwinden, die Aeneas fast genüßlich ausbreitet. In der
ersten Nacht, als sich die Brautleute vor vielen
Zeugen angezogen zu Bett legten, wurde nach
deutschem Brauch nur ein Kuß ausgetauscht. In
der zweiten Nacht befürchtete Friedrich dann, daß
Eleonores Amme das Beilager verhext haben
könnte. Zuletzt tat er in einem anderen als dem
vorbereiteten Bett seine so lange aufgeschobene
Ehepflicht. Moderne Historiker erwähnen bis-
weilen diskret das mangelnde Interesse Friedrichs
an Frauen; offensichtlich gingen damit auch handfeste Ängste einher.

Turnierspielzeug:
Auch der junge Maximilian
könnte dereinst damit
gespielt haben.

Aus: Kühnel, Alltag im Spätmittelalter

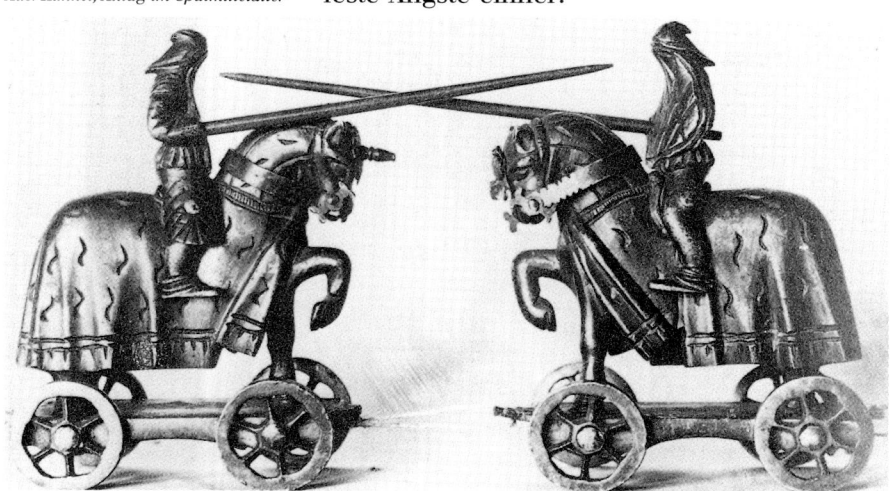

Österreichische Bedrängnis: Belagerung in Wiener Neustadt

Im Frühjahr 1452 machte sich Friedrich auf die
Rückreise. In Ferrara konnte er einer Intrige zur
Entführung des Ladislaus zuvorkommen. Kaum
war er jedoch im Juni 1452 nach Wiener Neustadt
zurückgekehrt, holte ihn der Konflikt ein, vor dem
er nach Italien ausgewichen war, und er mußte
den Krieg gegen die aufständischen Österreicher
vorbereiten. Die Truppen, die seit Ende Juli gegeneinander ins Feld zogen, bestanden vor allem aus
böhmischen Söldnern; dabei gewannen die stärkeren Verbände der österreichischen Stände bald das
Übergewicht. Nachdem beide Seiten im Lauf des
August Positionen des Gegners erobert oder verwüstet hatten – das kaiserliche Orth fiel, Hainburg
ging in Flammen auf – traf am 27. August 1452 das
Heer der Stände vor Wiener Neustadt ein. In dieser
Stadt, einer der stärksten Festungen der Erbländer, hielt sich Friedrich mit Eleonore und Ladislaus auf; abgesehen von der Stadtbevölkerung,
die auf seiner Seite stand, verfügte er nur über je
800 Reiter und Fußsoldaten, der Rest seiner Truppen war anderswo verstreut, während das Heer
der Belagerer etwa 16.000 Mann umfaßte: „Das
Heer aber vermehrte sich von Tag zu Tag, indem,
wie es ja gewöhnlich geschieht, alles zusammen-
strömte, die einen des Soldes halber, die anderen
um die Zuschauer zu spielen" (Aeneas Silvius). Mit
Geschützen, „die Steine bis zur Größe eines Men-
schenkopfes warfen", feuerte man aufeinander,
wobei vor allem die ungedeckten Belagerer den
Schaden hatten; außerdem kam es zu Kämpfen
am Äußeren Wiener Tor. Allerdings flauten die
Kämpfe schon um die Mittagszeit ab.

Obwohl die Kaiserlichen noch keine entscheidende Niederlage erlitten hatten, sah Friedrich
nun die Aussichtslosigkeit seiner Lage ein. Auf
Vermittlung des Erzbischofs von Salzburg traf er
mehrmals vor der Stadt mit Ulrich von Cilli und
anderen Anführern der Aufständischen zusammen. Diese behandelten ihn sehr ehrerbietig und
leisteten den zeremoniellen Fußfall; in der Sache
blieben sie jedoch hart. Schließlich wurde nach
längeren Diskussionen in Friedrichs Rat Frieden
geschlossen. Dem Kaiser war zwar bewußt, daß
ein solches Zurückweichen seinem Ruf abträglich
war: „Das Gerücht davon wird in alle Lande dringen und niemand wird mehr unserem Namen
Achtung bezeigen, wenn er erfährt, daß wir von
unseren Untertanen in Schach gehalten werden.
Wer wird künftig noch auf unsere Hilfe hoffen,
wenn er erfährt, daß wir selbst Hilfe nötig haben?",
so gibt Aeneas Silvius seine Überlegungen wieder.

Doch scheute er offensichtlich einen längeren Krieg: „Sei es, daß wir siegen oder besiegt werden, es muß notwendig zu argem Blutvergießen kommen. Feuersbrünste, Raub, Schändung und Mord sind im Gefolge des Krieges."

Am 4. September 1452 wurde der inzwischen zwölfjährige Ladislaus am „Steinernen Kreuz" (der heutigen Spinnerin am Kreuz), am Weg nach Wien, den Anführern der Aufständischen übergeben. Friedrich persönlich nahm daran nicht teil; er überließ die undankbare Aufgabe Aeneas Silvius und anderen Vertrauten sowie dem Salzburger Erzbischof. Formell wurde die Entscheidung über den Aufenthalt des Ladislaus auf weitere Verhandlungen vertagt, falls aber keine Einigung erzielt würde, einem Schiedsgericht vorbehalten. Doch dazu kam es nicht mehr. Die Österreicher jubelten Ladislaus zu; noch vor dem Aufbruch sollen sie ihn gebadet haben, damit, „wenn noch etwas Steirisches an ihm haften geblieben, er es gänzlich abtäte". Auch in Wien wurde der Knabe mit ungeheurem Jubel empfangen; er wohnte in der Burg und wurde bestens mit Essen und Wein versorgt.

Die Auseinandersetzungen um seine Vormundschaft waren damit keineswegs beendet; Ulrich von Cilli und Ulrich von Eytzing, Georg Podiebrad, Johannes und Mathias Hunyadi standen einander in wechselnden Allianzen gegenüber, Friedrich III. hatte nicht mehr viel dabei mitzureden. Seine Volljährigkeit überlebte Ladislaus nicht lange. Am 23. November 1457 starb er in Prag, angeblich an der Pest, es gab jedoch auch Gerüchte, daß Georg Podiebrad ihn hätte vergiften lassen. Auch Ulrich von Cilli bezahlte seine Einmischung in ungarische Thronkämpfe mit dem Leben; einer der Geg-

ner, die Friedrich III. überlebt – und beerbt hat. Jedenfalls konnten sich im folgenden Jahr Georg zum König von Böhmen, Mathias Hunyadi-Corvinus zum König von Ungarn krönen lassen, ohne daß Friedrich eigene Ansprüche durchsetzen hätte können. Er mußte sich damit begnügen, daß ihm Mathias Corvinus in einem Vertrag 1463 das Recht einräumte, ebenfalls den ungarischen Königstitel zu führen sowie ihm unter gewissen Bedingungen nachzufolgen – einer der vielen papierenen Rechtstitel, die die Habsburger in Ungarn schon vor 1526 erworben haben.

Der Bruderkrieg gegen Albrecht VI.

Mit dem Tod des Ladislaus Postumus war die albertinische Linie der Habsburger ausgestorben. Friedrich berief sich nun auf sein Vorrecht als Ältester der Dynastie, während sein Bruder Albrecht (VI.), ebenso nach habsburgischem

Brauch, eine Beteiligung an der Herrschaft verlangte. Die Herrschaft im Land ob der Enns – einschließlich der Stadt Steyr – und die Hälfte Wiens, die Friedrich ihm nach zähen Verhandlungen im Juni 1458 zugestand, genügten ihm keineswegs. Für viele war Albrecht der fähigere Habsburger, während Friedrich die zahlreichen Probleme der Erblande und des Reiches keineswegs löste, ja nicht einmal entschlossen anging. Im Reich wurden die Kräfte immer stärker, die seine Ablösung als römischer König forderten (so wie einst der Luxemburger Wenzel „der Faule" abgesetzt worden war). In Österreich versuchte Friedrich durch Prägung minderwertiger Münzen und erhöhte Zölle und Abgaben seine Einnahmen zu erhöhen: „Er vergundt eyn posse munss ze machen, die wurden genannt schinderling ... Zw dennselben zeyten wurden in des kaysers lanndt new aufslag und maut gemacht auf trayd (Getreide), wein und eysen und auf alle pfenberdt (Waren), dye inn und aus dem lanndt giengen, das die lanndt grossen schaden namen." So schreibt Jakob Unrest (gestorben 1500), Pfarrer von St. Martin am Techelsberg in Kärnten, der in seiner Österreichischen Chronik relativ stark auf die Nöte der Bevölkerung eingeht. Die durch Friedrichs „Schinderlinge" hervorgerufene Inflation verschärfte die wirtschaftlichen Schwierigkeiten und stürzte viele in Not. Nur einige reiche Herren, denen der Kaiser das Privileg der Münzprägung verliehen hatte, konnten dadurch ein großes Vermögen erwerben. Schließlich wurde die Annahme der Schinderlinge zunehmend verweigert, und Friedrich mußte bessere Münzen ausgeben, ohne daß sich dadurch die Verhältnisse wirklich verändert hätten. Dazu kam die Bandenplage: Viele der ewig unterbezahlten Söldner zogen in Räuberbanden plündernd durch das Land, wogegen Friedrich machtlos war. Besonders der Räuberhauptmann Gamaret Fronauer, der zwischen Enns und St. Pölten sein Unwesen trieb, konnte die halbherzigen Gegenmaßnahmen des Kaisers verlachen. Dazu kamen die Mißernte von 1460 und die darauffolgende Hungersnot, durch die sich die Misere noch verschlimmerte.

Im folgenden Jahr nützte Albrecht VI. die allgemeine Unzufriedenheit mit der Regierung seines Bruders, um am 30. Juni die Enns zu überschreiten und auf Wien zu marschieren. Auf dem Marsch erhielten seine 3000 Söldner rasch Zuzug von Unzufriedenen; sogar der berüchtigte Fronauer tauchte unter ihnen auf. Doch in Wien hielten sich die „Kaiserer", und der Böhmenkönig Georg Podiebrad, der in der Reichspolitik zunehmendes Gewicht gewonnen hatte, stellte sich auf Friedrichs Seite. Albrecht mußte nach einigem Zögern in Laxenburg einem Waffenstillstand zustimmen. Die Unterstützung der Wiener für Friedrich zahlte

sich wenig aus. Obwohl die Situation nach dem Waffenstillstand ungeklärt war und ein Söldnerführer Albrechts namens Nabuccodonosor Nanckenreuther von Klosterneuburg aus Steuern eintrieb, blieb der Kaiser den größten Teil des Jahres 1462 über in der Steiermark; auch wenn die Wiener von ihm verlangten, er „müsse sich anders schicken und stellen, wie das einem regierenden Fürsten des Landes zur Bewahrung und Beschirmung seiner Gebiete gebührt, mit größerer Heeresmacht und in besserer Ordnung, als das bisher geschehen sei ...". Schließlich setzten sich am 12. August in Wien die Parteigänger Albrechts durch, und der Viehhändler Wolfgang Holzer, ein geschickter Redner, wurde neuer Bürgermeister. Währenddessen rückte der Kaiser mit einem kleinen Heer über den Semmering heran, gab sich aber konziliant und lagerte mehrere Tage vor den Toren Wiens, bis ihn die Bürger endlich hereinließen. Die Kaiserin war mit dem dreijährigen Maximilian die ganze Zeit in der Wiener Burg geblieben; am 25. August zog auch Friedrich mit 2500 Söldnern in der Burg ein, während sich in der Stadt schon Söldner Albrechts aufhielten.

Die Situation für Friedrich verschärfte sich, als er aus Geldmangel einen Großteil seiner Söldner ziehen lassen mußte; diese hielten sich an den Vorstädten und vor allem den Weinbauern schadlos, was die Wiener zusätzlich aufbrachte. Immerhin waren Weinbau und Weinhandel der wichtigste Wirtschaftszweig der Stadt; noch die Kosmographie Sebastian Münzers (1550) betont, hier gäbe es genug Wein für Böhmen, Mähren, Schlesien und das benachbarte Bayern, was „groß gelt" brächte. Langwierig verhandelte Friedrich mit der Stadt um einige tausend Gulden, die sie zur Abzahlung der Söldner zuschießen sollte – ohne Ergebnis. Holzer verkündete nun öffentlich die Unfähigkeit des Kaisers, den Frieden zu wahren, die Stadt entband sich des Treueids an den Kaiser, und am 16./17. Oktober begann man mit der Belagerung des Kaisers: „und verlegten den kayser in der Purgkh mit dem maysten tayl seiner dienner und schussen mit grossen puchsen die purckh vast nider und grueben auch unnter der erdt und erputten dem kayser gross uneer mit scheldtworten und warn im willen, in an leib und guet zu straffen" (Jakob Unrest). Freilich machte den Belagerten der Mangel an Vorräten mehr zu schaffen als das Bombardement der Belagerer. „Hund, kaczen warden gessen gar / und ain geir, waz wol dreissig jar / gesund an disem hof gewest", schildert Michael Beheim, der unter den Belagerten war, in seinem „Buch von den Wienern".

Der kaiserlichen Familie dürfte es nicht ganz so schlecht gegangen sein; Maximilians Hofhistoriker Grünpeck formulierte später mit unfreiwilliger

Komik: „Da ward er (Friedrich) in die unglückliche Lage gebracht, daß er in der äußersten Hungersnot mit den Seinen Hirsebrei essen mußte." Für die Kaiserin hatte man auch noch ein Fäßchen Wein aufgehoben. Mit Erlaubnis des Stadtrates wollte Graf Sigmund von Schaumburg dem kleinen Maximilian Eier, Brei und Milch in die Burg bringen lassen; doch die Erbitterung der Wiener war so groß, daß sie den Boten die Speisen entrissen und zertrampelten. Der Student Kronberger war geschickter, als er Lebensmittel für Maximilian über die Mauern schmuggelte; Maximilian zeigte sich ihm noch als König erkenntlich dafür. Die Wiener verhöhnten auch die Kaiserin und ihre Hofdamen, als sie sich eines Tages am Fenster zeigten: „Traten gen disen Fräwlin her / dy hindern sy enplagten (entblößten) / gegen in sy dy ragten. / ‚Du kaiserin und ir iuncfrawn! / ir solt in dise spiegel schawn!' / Also rufften dy oden (d. h. dummen) schelk / und dy verfluchten lasterbelk" (Michael Beheim). Allerdings soll es auch vorgekommen sein, daß in den abendlichen Kampfpausen Musikanten vor der Burg aufzogen und für beide Parteien zum Tanz aufspielten, wie Michael Beheim berichtet. Als am 2. November Erzherzog Albrecht mit seinen Reitern in Wien einzog, schien Friedrich vollends in der Falle zu sitzen. Doch wiederum war es der Böhmenkönig Georg Podiebrad, der dem machtlosen Kaiser gegen seinen Bruder zu Hilfe kam; er zog mit einem überlegenen Heer vor Wien auf,

unter dessen Schutz Friedrich mit seiner Familie am 4. Dezember die beschädigte Burg verlassen konnte. Man einigte sich darauf, daß Albrecht gegen Zahlungen an Friedrich auf acht Jahre die Regierung in Österreich unter der Enns übernehmen sollte.

Auch wenn nun Albrecht die Burg beziehen konnte, kehrte in Wien kein Frieden ein. Der Bürgermeister Holzer versuchte nun ein Komplott mit dem Kaiser gegen Albrecht, weil auch das harte Regiment Albrechts vielen Wienern nicht behagte. Doch Albrecht setzte sich durch, und am 15. April 1463 wurde Holzer auf dem Platz Am Hof geviertelt: „Zu vir virtailn tailten sy in / und hiengen in für vir tar (Tore) hin / sein haubet auff dy mauren wart / gestekt nach haidenischer art" (Michael Beheim). Auch Albrechts Herrschaft währte allerdings nicht lange; trotz einer „großen peul" unter der Achselhöhle weigerte er sich lange, den bekannten Arzt Dr. Michael Puff kommen zu lassen, der als „Kaiserer" galt. Anfang Dezember 1463 starb Albrecht VI. in der Wiener Burg, und Friedrich hatte einen weiteren Gegner überlebt.

Weitere österreichische Kalamitäten: Türken und Ungarn

1453, ein Jahr nach der Kaiserkrönung Friedrichs III., eroberten die Türken unter Mehmed II. Fatih (dem Eroberer) Konstantinopel; das einst so mächtige „römische" Kaisertum des Ostens in Byzanz, längst auf einen Stadtstaat von Genuas und Venedigs Gnaden reduziert, erlosch. Schritt für Schritt wurden auch die venezianischen und genuesischen Niederlassungen im östlichen Mittelmeer beseitigt; damit ging die erste Phase des abendländischen Kolonialismus zu Ende, während draußen im Atlantik bereits die zweite begonnen hatte. Die Wendung der Habsburger nach Westeuropa folgte, so gesehen, einer kontinentalen Gewichtsverlagerung nach Westen, einer Öffnung zum Atlantik, wie sie die Akteure wohl in ihrer Bedeutung noch kaum ahnen konnten. Schon zwei Generationen lang waren die Türken auch an der Donau gestanden, wo sie vor allem Ungarn bedrohten. Mit Albrecht V. (1439 an der Ruhr), Ladislaus Jagiello (1444 in der Schlacht von Varna) und Johannes Hunyadi (1456 nach dem Sieg von Belgrad) starben nacheinander drei Ungarnkönige (zumindest mittelbar) durch Türkenkriege. 1463 besetzten die Türken Bosnien (Friedrich III. wählte dessen Wojwoden, nicht ohne Sinn für symbolische Gesten, zum Taufpaten Maximilians).

Von dort aus begannen türkische Streifscharen („Akinci") in Kroatien, aber auch in Kärnten, Krain

Nach dem Tod des Ladislaus Postumus 1457 verlangte der Bruder Kaiser Friedrichs III., Albrecht VI., nach habsburgischem Brauch eine Beteiligung an der Herrschaft. Dies führte zum offenen Bruderkrieg, der erst mit dem Tod Albrechts 1463 endete.
ÖNB

Nach der Eroberung Konstantinopels 1453 durch die Türken begannen diese mit wiederholten Kriegszügen gegen das habsburgische Reich. Hier ein Ausschnitt aus der sogenannten „Kroatenschlacht".
ÖNB

Orteliuskarte: Landkarte
Germaniae, holländischer
Stich, Antwerpen 1587.

*Aus: Theatrum orbis terrarum, ÖNB,
Kartensammlung*

und der Steiermark einzufallen; erstmals im Jahr 1469, dann fast jährlich. Die relativ kleinen und sehr beweglichen Einheiten führten nicht die Mittel mit sich, größere Festungen oder Städte anzugreifen; doch plünderten sie sehr systematisch das Land, bis in entlegene Gebirgstäler. Jakob Unrest, als Pfarrer von Techelsberg direkt betroffen, gibt sicherlich eine verbreitete Meinung wieder, wenn er die Zwietracht der christlichen Fürsten für die Türkeneinfälle mit verantwortlich macht. In der Hoffnung auf Friedrichs Sohn Maximilian sah man sich betrogen; er war 1477 nach Burgund gezogen. „Wenn er seine Länder, in die er geheiratet hat, in feste Hände nehmen will, dann geht das seinen Erbländern an Hilfe verloren." Selbst wenn Kaiser Friedrich mehrere Söhne gehabt hätte, meint Unrest, so hätte er doch keinen „in solche Ungewißheit" wie nach Burgund schicken sollen. „Und wäre Herzog Maximilian bei seinen Erbländern

geblieben, für die er allein Herr und Erbe ist, so wären er und seine Länder in besserer Ruhe geblieben." Habsburgs Aufbruch zur dynastischen Großmachtpolitik war bei den alten Untertanen also keineswegs populär. In der Tat mußten sich gerade die Bewohner der steirischen Länder nun vernachlässigt fühlen. Friedrich hatte zwar 1468 mit großen Worten in Millstatt den Georgsritterorden – nach dem Vorbild des burgundischen Ordens vom Goldenen Vlies – gegründet, doch nur ärmlich ausgestattet; nicht einmal die Plünderung Millstatts selbst konnte der Orden verhindern. Die Kärntner Adeligen, die auf sicheren Burgen saßen, fühlten sich zum Schutz ihrer Untertanen zu größeren Anstrengungen weder bemüßigt noch imstande. 1477/78 bildete sich daher als eine Art Notwehrgemeinschaft ein Bund der betroffenen Kärntner Bauern, der das Land gegen die Türken verteidigen und möglichst auch die unnützen

großzügiger Förderer von Humanismus und Kunst (der den Zeitgeist bei weitem besser erfaßte als Friedrich III. oder sogar Maximilian). Wesentlich weniger als die alteingesessenen Dynastien, die bei allen ihren Plänen schnell mit einem mehr oder weniger weit hergeholten Rechtstitel zur Stelle waren, bemäntelte er seine Unternehmungen mit dynastischen Vorwänden (abgesehen von seiner wenig wirksamen Ehe mit der schwindsüchtigen Tochter des Böhmenkönigs Georg Podiebrad, der 1471 gestorben war). Dafür hatte er überlegene Mittel zur Verfügung – und einen Kaiser als Gegner, der ihm politisch nicht gewachsen war. Hätte Mathias Corvinus einen geeigneten Erben gehabt, wäre Wien vielleicht sogar zur Hauptstadt einer ungarisch-österreichischen Donaumonarchie nicht der Habsburger, sondern der Hunyadis geworden.

Der Krieg dauerte von 1477 mit Unterbrechungen bis zum Tod des Ungarnkönigs 1490. Verhandlungen und Waffenstillstände, Intrigen beim Papst und die verzweifelte Suche Friedrichs nach Unterstützung im Reich wechselten einander ab. Immer weiter drang Mathias in Österreich vor, wo er sich bemühte, durch Milde und Großzügigkeit Anhänger zu gewinnen, aber auf hartnäckigen Widerstand vieler Festungen stieß. Im März 1484 schlossen die Ungarn Wien ein; die Bitten der belagerten Wiener um Hilfe mußte der Kaiser aus Mangel an Mitteln abweisen, doch tat er noch ein übriges und erinnerte sie an die Ereignisse von 1462, als sie ihn im Stich gelassen hatten. Schließlich kapitulierte die Stadt, und Mathias, der „skythische Mars", wie er sich in antikisierender Weise nennen ließ, zog am 1. Juni 1485 in Wien ein. Vielen Wienern, die an engen Handelsverbindungen nach Ungarn interessiert waren, kam der neue Herr nicht unrecht; manche Hoffnungen hat der jedoch enttäuscht. Auf 40 Schiffen wurde vieles Wertvolle aus Wien nach Ofen geschafft. „We dir Osterreich, du wirst zurissen und kumbst in aines wueterichs hand", diese angebliche alte Prophezeiung sah der kaisertreue Jakob Unrest nun erfüllt. Im August 1487 fiel auch Wiener Neustadt; Friedrich blieb nichts anderes übrig, als seinen Gegner zu bitten, wenigstens die Tiere und Bäume im Garten des Schlosses, den er so liebte, zu verschonen. Es war also nicht gerade ein Blitzsieg des ehrgeizigen Ungarnkönigs; doch konnte dieser nun darangehen, Wien zu einem Zentrum seiner Besitzungen zu machen.

In der Wiener Burg starb der 47jährige König Mathias jedoch im April 1490, „in konig Lassleins (Ladislaus Postumus) gemach". Er hatte keinen legitimen Erben, nur einen unehelichen Sohn aus einer Verbindung mit einer Bürgersfrau aus Stein. Der greise Friedrich hatte zum letzten Mal einen

Adeligen davonjagen sollte. Als die Feinde heranrückten, stellte sich heraus, daß das schlecht ausgerüstete Heer der Kärntner viel kleiner war als angenommen; viele hatten inzwischen Angst vor der eigenen Courage bekommen. Während die Schweizer Bauern den mächtigsten Fürsten Europas Angst einjagten, scheiterten ihre Kärntner Standesgenossen blutig; im engen Tal von Goggau/Coccau, etwa dort, wo heute die Autobahn Kärnten mit Italien verbindet, wurden sie von den Türken umgangen, im Rücken angegriffen und niedergemacht. Daß die Fürsten Europas mit kräftiger päpstlicher Begleitung immer neue Kreuzzugspläne hinausposaunten (Friedrich III. etwa auf dem Regensburger Reichstag 1471), nützte den Kärntner Bauern wenig; ihnen ging es nicht um eine Eroberung Konstantinopels, von der die Mächtigen träumten, sondern um eine wirksame Verteidigung ihres Landes. Doch die zwei meistbetroffenen Fürsten, Friedrich III. und Mathias Corvinus, lagen gerade seit 1477 in einem erbitterten Krieg.

König Mathias benützte einen relativ nebensächlichen Anlaß, um einen alten habsburgischen Traum zu verfolgen: die Vereinigung Böhmens, Ungarns und der österreichischen Länder. Von den mitteleuropäischen Fürsten des 15. Jahrhunderts war er wohl derjenige, der am meisten von der italienischen Renaissance beeinflußt war – in seinem Streben nach Ruhm und Macht und als

Gegner überlebt; die ohne dynastische Legiti- mierung aufgebaute Macht des Ungarnkönigs zer- fiel. Maximilian konnte in Wien einziehen, wo ihn viele mit großen Hoffnungen empfingen. Der Universitätsprofessor Johannes Tichtel schrieb in sein Tagebuch, durch verschiedenfarbige Tin- ten hervorgehoben: „der allergerechteste, aller- keuscheste, allerkriegerischeste Maximilian!" – den Namen wiederholte er dreimal. Vom alten Friedrich war keine Rede mehr. Aber auch Maxi- milian hat im Laufe seiner Regierung wenig für Wien getan.

Nun holten die Habsburger, trotz der ungeklärten Verhältnisse im Westen, zum Gegenschlag aus. Maximilian wollte seine Anwartschaft auf den ungarischen Thron, nach dem Vertrag von 1463, gegen Wladislaw II. Jagiello, König von Böhmen, durchsetzen. Es gelang ihm sogar, Stuhlweißen- burg einzunehmen, wo seine Söldner entsetz- lich hausten; „die Fußböden des Domes und die Grabstätten der ungarischen Könige sollen vor Menschenblut getrieft haben", bemerkt sogar Maximilians Haushistoriker Grünpeck. Vor Ofen meuterten die Söldner dann überhaupt, „villeicht darumb, das ettlicher seinen seckl wol hett gefullt zu Stuellweissennburg" (Unrest). In Ungarn hatte man von diesem Gastspiel des habsburgischen Thronanwärters genug. Der „war gsessen zwi- schen zwaier stuel auf die erd", wie er sich im Weißkunig erinnerte, und hatte weder den unga-

rischen noch den bretonischen Thron (den er gleichzeitig erheiraten wollte) gewonnen. Wie schon sein Vater, sicherte sich Maximilian nichts weiter als den Anspruch auf den ungarischen Thron nach dem Aussterben der Jagiellonen. Das war bloß eine Art Option, da ja die ungarischen Stände das Wahlrecht beanspruchten; dennoch war es ein weiterer Knoten in jenem Netz, das die Habsburger generationenlang zur Erwerbung Ungarns knüpften.

Friedrich III.: Bilanz eines langen Lebens

„Mit- und Nachwelt waren und sind von seiner Unzulänglichkeit als Fürst und wohl auch als Mensch überzeugt. Die spöttische Bezeichnung ‚des Heiligen Römischen Reiches Erzschlafmütze' erscheint noch gutmütig-harmlos gegenüber dem, was ihm bei seinen Lebzeiten vorgeworfen wurde" (Alphons Lhotsky). Der längstdienende von allen römisch-deutschen Königen hat die meisten Zeitgenossen enttäuscht und ist von vielen moder- nen Historikern recht kritisch bewertet worden. Von der „langen und schlaffen Regierung Fried- richs III.", „des merkwürdigsten Vertreters der Dynastie", spricht Rudolf Buchner. Zumindest Zähigkeit wird ihm meist konzediert: „Festigkeit und Beharrlichkeit wird man ihm nicht absprechen können, an Tatkraft fehlte es ihm allerdings durchaus" (Erich Zöllner). Für Robert A. Kann war er „ein Herrscher von nur mittelmäßiger Begabung, der jedoch zäh an seinen Zielen festhielt". Auf manchen Gebieten war schon dieses Festhalten fast ein Erfolg, etwa in der Reichspolitik: „Wenn er (im Reich) nichts schuf oder das Begonnene nach den ersten Widerständen weislich auf sich beruhen ließ, so hat er doch nichts Wesentliches verdorben" (Alphons Lhotsky). „In den Wirren jener chaotischen Zeit", so urteilt Adam Wandruszka, „hat Friedrich bis zum Extrem jene Politik des Beharrens und Überdauerns praktiziert, die später eine Grundmaxime habsburgischer Politik geworden ist. Diese mit der Bezeichnung ‚Phlegma' nur unzureichend charakterisierte Haltung, die später etwa Rudolf II., Leopold I., Franz I. ebenfalls einnahmen, um die Stürme der Zeit zu überstehen, war bei Friedrich gewiß auch teilweise begründet in seiner fast zynischen Menschenverachtung, einer starken Ichbezogenheit und einer tiefeingewurzelten Überzeugung von der Auserwähltheit der eigenen Person und des eigenen Hauses." Manchmal wird die zögernde Politik des „steirischen Kaisers" auch verteidigt: „Friedrich war keine faule ‚Schlafmütze', wie die moderne Literatur es wissen möchte, sondern unablässig tätig; nicht ohne große Ziele, auch nicht ohne Unternehmungslust, doch niemals waghalsig und auf das Mögliche vorsichtig bedacht; ungewöhnlich klug und weise, pflegte er lange zu prüfen, ehe er handelte" (Hermann Wiesflecker).

Träge Unentschlossenheit oder kluge Beharrlichkeit? Die politische Gesamtbeurteilung ist eine Frage des Standortes. Wer den Glanz der Dynastie oder des Reiches schildern wollte, den mußte der „schlaffe" Friedrich stören, der selbst seine Erfolge oft genug durch Untätigkeit erreichte. Andere haben positiv vermerkt, daß Friedrich militärische Auseinandersetzungen immer wieder vermieden hat, zurückgesteckt hat, statt alles auszukämpfen. Schon wohlwollende zeitgenössische Darstellungen, etwa das für den jungen Karl V. geschriebene recht schmeichlerische Werk Grünpecks, erklärten seine zögerliche Politik mit Friedensliebe und Geduld; „ihm war der Frieden lieber als der Krieg", schrieb Aeneas Silvius. Und doch konnte der „friedliebende" Friedrich nicht verhindern, daß Aufstände und Bruderkämpfe, Räuber und Söldnerbanden, Türken- und Ungarnkriege seine Länder gerade in seiner Regierungszeit verwüsteten – seine sture „Beharrlichkeit" war daran nicht immer unbeteiligt. Viele moderne Beobachter hat es auch gestört, daß Friedrich „politisch ein Reaktionär" (Brigitte Haller-Reiffenstein) war, der sei-

ner Zeit mit großem Mißtrauen gegenüberstand und seinen Untertanen kaum Verständnis entgegenbrachte.

Viele Klagen der Zeitgenossen treffen äußere Verhaltensweisen des Kaisers. Daß er lange schlief, hat man nicht verstanden; seine Ablehnung des Alkohols und der Geselligkeit, seine Konzentrationsschwächen, seine häufige Mißmutigkeit entsprachen so gar nicht dem Bild, das man sich von einem guten Herrscher machte. Ein in den 1470er Jahren verbreitetes Pamphlet gegen ihn begann: „Stannd auff von dem slaff, darinn du lanng nach leibs lust gelegen bist!" Er eigne sich besser zum Mönch als zum Herrscher, meinten nach Michael Beheim die Wiener. Diese Mängel seines Auftretens haben die Umsetzung seiner Politik sehr erschwert; ein mittelalterlicher Herrscher, dessen Befehlsgewalt beschränkt war, mußte begeistern, mitreißen, überreden, motivieren, seine Politik verständlich und sinnfällig machen. Gerade das war Friedrichs größte Schwäche.

Zu allem Überfluß verstand er sich auch nicht auf den zweiten „Königsweg", Anhänger zu gewinnen: nämlich durch Großzügigkeit, Geschenke und Gratifikationen. Oft genug hat er am falschen Platz gespart; binnen kurzer Zeit hatte er viele Vertrauensleute seines Vorgängers Albrecht II. vergrämt: nicht zuletzt diejenigen, die für die Finanzen zuständig waren – in Österreich (den Hubmeister Ulrich Eytzinger, von nun an ein Anführer der ständischen Opposition) wie im Reich (den äußerst fähigen Erzkämmerer Konrad von Weinsberg, den Friedrich in den Ruin trieb). Glaubt man Friedrichs Notizbuch, holten sich viele seiner Gefolgsleute am Ende ohnehin, was er nicht gab, und bestahlen ihren Herrn. Es ist auffällig, daß immer wieder treue Anhänger des Kaisers sich von ihm abwandten, ja zu seinen gefährlichsten Gegnern wurden: etwa der steirische Söldnerführer Andreas Baumkircher, der eine gefährliche Rebellion anzettelte und schließlich hingerichtet wurde. Antonio Bonfini, der italienische Hofhistoriker des Mathias Corvinus, konnte dem Kaiser vorwerfen, „lieber alles zu verlieren, als ein Münze aus der Kiste zu nehmen, lieber das Geld als die Mitkämpfer zu schonen".

Auch Friedrichs persönliche Lebensführung war in der Regel bescheiden („eher spießbürgerlich als fürstlich", sagt Lhotsky), wie das bei manchen Habsburgern der Fall war (und im Gegensatz zu Sigismund „dem Münzreichen", der Tirol regierte); er bevorzugte schlichte Kleider und eine einfache Hofhaltung. Der junge Friedrich sei „nicht eben ein so großer Herr", urteilte 1439 der Reisende Pero Tafur, der jedoch gastlich aufgenommen wurde. Das wenig glanzvolle Hofleben

Der Corvinusbecher: Von den mitteleuropäischen Fürsten des 15. Jahrhunderts war Mathias Corvinus am meisten von der italienischen Renaissance beeinflußt. Er war ein großzügiger Förderer von Humanismus und Kunst.
Stadtmuseum, Wiener Neustadt

Mathias Corvinus
(1443–1490), König von
Ungarn. Seine auf die
Beherrschung des gesamten
Südostens gerichtete Politik
führte zum Krieg gegen
Kaiser Friedrich III. und 1485
zur Einnahme Wiens, das er
bis zu seinem Tod 1490
behauptete. Friedrich hatte
zum letzten Mal einen Gegner
überlebt.
ÖNB

in Wiener Neustadt beklagte Aeneas Silvius: „Nur der Unkundige meint, daß man hier in Freuden lebe, denn die Mahlzeiten sind ebenso schlecht wie der Wein, der in Holzkannen gereicht wird, die nur einmal im Jahr gereinigt werden ... Den Sold erhalten die Beamten nie rechtzeitig und nie vollständig." Bei Gesandtschaften war er sehr sparsam, was seinem Ruf nicht eben dienlich war; man denke nur an den peinlichen Auftritt seiner Gesandten in Lissabon. Die Knausrigkeit des Kaisers wurde in Italien sogar Gegenstand einer Novelle; ein Hofnarr des Königs von Neapel, dem Friedrich bloß ein lächerliches Trinkgeld gab, beschämt darin den Kaiser, indem er selbst dem Narren Friedrichs ein fürstliches Geschenk macht. Dennoch kehrte Friedrich in anderen Dingen zur Repräsentation den „splendor imperii", den Glanz der Herrschaft, hervor – nicht zuletzt spielte dabei seine Liebe zu Edelsteinen mit, die er persönlich aussuchte und um deren Preis er mit den Händlern feilschte. Markantestes Beispiel ist der Krönungsmantel, den er in Rom trug; doch war es im reichen und prunkliebenden Italien auch eine politische Notwendigkeit, den hohen Rang (und die Kreditwürdigkeit) des Kaisers augenfällig zu demonstrieren. Man liebte es eben nicht, wenn ein Kaiser „alsz ein betteler" auftrat (wie man ihm im Reich vorhielt). Diejenigen, die seine Repräsentation finanzieren sollten, waren nicht immer dieser Meinung: Die Wiener warfen ihm 1451 vor, mit den österreichischen Steuern eine aufwendige Hofhaltung getrieben und seine „steirische" Residenz Wiener Neustadt ausgebaut zu haben. Tatsächlich hat er dort viel gebaut; dennoch läßt sich noch heute unschwer feststellen, daß Wiener Neustadt für eine spätgotische Residenz relativ bescheiden geblieben ist. Typisch für seine Sparsamkeit und Geschäftstüchtigkeit ist auch, wie er in jungen Jahren sogar aus seiner Pilgerfahrt nach Jerusalem ein Geschäft zu machen verstand – die Überschüsse aus der Reisekasse verwendete er zum günstigen Einkauf von Waren, wozu er, nach dem allerdings übertriebenen Bericht Grünpecks, „nach Landessitte gekleidet im Geleite von einigen einheimischen Juden" im Basar die Juweliere besucht haben soll.

Friedrichs Versuch, sparsam zu regieren und neue Geldquellen zu erschließen, war sicherlich lobenswert. Durch die Ausbreitung des Söldnerwesens war Politik teuer geworden, ohne daß im – gegenüber Italien und Westeuropa – weniger entwickelten Mitteleuropa die Mittel dafür zur Verfügung standen. Auf der anderen Seite war große Politik auch kreditwürdig geworden, und Erfolge konnten neue Einnahmen erschließen, wenn man das Risiko auf sich nahm – Friedrich hat das nur selten getan. Die Geschichte hat ihm auf paradoxe Weise

Gegenüberliegende Seite:
Aus dem Tiroler
Fischereibuch Kaiser
Maximilians I.

Archiv Verlag Styria

recht gegeben: gerade in seine Regierungszeit fällt der Aufstieg des „Hauses Österreich" zur Weltmacht – und zugleich unrecht: diesen Aufstieg hat sein Sohn Maximilian bewerkstelligt, der aus ganz anderem Holz geschnitzt war. Immerhin muß man Friedrich III. zugute halten, daß die politischen Pläne seiner dynamischeren Zeitgenossen und Konkurrenten wenig bleibende Erfolge brachten: Albrecht V., Albrecht VI., Georg Podiebrad, Mathias Corvinus, Karl der Kühne. Die Zeit erlaubte zwar eine weitausholende Politik und ließ kühne Initiativen gelingen, aber die großen Konstruktionen waren durch einen einzigen Zufall, einen Todesfall zum Einsturz zu bringen. Es waren die Zufälle, auf die Friedrich wartete, wie die Spinne in ihrem Netz. Das Scheitern der anderen machte seinen Erfolg aus – oft nach Jahren quälender und kläglicher Auseinandersetzungen. Als Friedrich starb, hatte sein Sohn ein Vielfaches an Besitz und politischen Möglichkeiten inne als Friedrich selbst einst von seinem Vater geerbt hatte.

Ein mittelmäßiger Politiker, der viele verschuldete und unverschuldete Widrigkeiten überdauerte – fast fühlt man sich an Rilkes „Wer spricht vom Siegen? Übersteh'n ist alles" gemahnt. Friedrich selbst hatte eine andere sehr österreichische Weisheit als Wahlspruch gewählt: „Glücklich ist, wer vergißt, was nicht mehr zu ändern ist." Sogar seine Frau Eleonore machte ihm deswegen oft bittere Vorwürfe, wie Grünpeck erzählt: „Er sei nicht wert, seine Scham mit einem Schurz zu decken, da er das Unrecht nicht mit aller Strenge, um es zu bessern, verfolge; seine, des obersten Fürsten auf

Das Grabmal Kaiser
Friedrichs III. im Wiener
Stephansdom.
Nemeth

Karl der Kühne (1433–1477),
Herzog von Burgund. Seine
auf Expansion gerichtete
Politik führte 1477 in der
Schlacht von Nancy gegen die
Schweizer zu einer
vernichtenden Niederlage
und zu seinem Tod.
KHM

Erden, Geduld eröffne ja allen Übeltätern Tür und Tor", wird sie zitiert. Charakteristisch die Antwort: „Lachend warf darauf der Kaiser ein, die Rache sei die Wirtschafterin der Zeit, sie lasse keine Schandtat straflos ausgehen." Eleonore mußte einmal das Zögern des Kaisers, für Recht und Ordnung zu sorgen, am eigenen Leib erfahren: Kurz vor ihrem Tod, als sie in Baden die Heilquellen besucht hatte, wurde sie auf dem Rückweg von Heiligenkreuz von Leuten des Adeligen Wilhelm von Puchheim, dem die Burg Rauheneck gehörte, ausgeplündert; selbst da wollte Friedrich von einer Bestrafung der Täter Abstand nehmen, während Eleonore eine sofortige Belagerung der Burg verlangte. Friedrich ließ sich viel gefallen; doch stauten sich dabei Haßgefühle und Rachlust auf, die in manchen Fällen, etwa mit seinem Bruder, eine Versöhnung nicht mehr möglich machten. Als er bei den Verhandlungen nach der Belagerung in Wien 1462 mit Albrecht zusammentreffen mußte, wandte er sich ab und meinte: „Mit kainem solchen reden wir nit!" (Michael Beheim) Oft war also Friedrichs phlegmatische Gleichmut nur oberflächlich, glücklich vergessen hatte er keineswegs. All das widersprach völlig dem, was das Mittelalter von einem Herrscher erwartete, der gerecht strafen, aber auch im richtigen Moment vergeben sollte. In diesen Abweichungen erkennen wir Spuren der Persönlichkeit Friedrichs. Doch sei davor gewarnt, von der Auswertung unserer Quellen ein abgerundetes Charakterbild zu erwarten, auch wenn einzelne Charakterzüge sich deutlich abzuzeichnen scheinen: grüblerisch, äußerst wortkarg, neigte er zu einsamen Entscheidungen und liebte

überhaupt die Zurückgezogenheit. Gern hielt er sich in seinem Garten auf, den er in Wiener Neustadt für sich anlegen lassen hatte, und beschäftigte sich mit Kräutern. Er liebte Steine, vor allem Edelsteine, denen er symbolische Bedeutung zumaß, stellte alchimistische Experimente an und beschäftigte sich mit Astrologie („er pflegte den Aberglauben der Astronomen und die Eitelkeit der Mathematiker", warf ihm Bonfini vor). Er machte geheimnisvolle Notizen in sein Tagebuch und entwarf Geheimschriften (zu einem Chiffreschlüssel vermerkte er stolz: „Hab ich selbs erdacht"). In diesen Zusammenhang gehört auch das berühmte Zeichen AEIOU, das er häufig verwendete und das an einer Reihe von Bauten angebracht wurde. Die politische Deutung dafür („Austria erit in orbe ultima", „Alles Erdreich ist Österreich untertan") kam wohl erst später, zunächst ging es um mystische Buchstabensymbolik (nach der Art des griechischen Alpha und Omega). Doch fanden schon die Zeitgenossen allerlei Deutungen dafür, oft auch recht höhnische („Aller erst ist Österreich verloren"). Im übrigen konnte Friedrich mit dem „modernen" Humanismus und seinen Bildungsgütern wenig anfangen, der Wiener Humanist Konrad Celtes dichtete: „Der Kaiser gibt den Lorbeer, doch liebt er ihn nicht; er zieht die barbarische Art vor."

Daß Friedrich so alt wurde, hing wohl auch mit seiner relativ gesunden, mäßigen Ernährung zusammen – Wein trank er kaum, aß aber in großer Menge frische Früchte (Trauben, Birnen, Pfirsiche, Melonen). Seinen Tod schrieb man der Tatsache zu, daß er an einem Abend nichts als acht Melonen gegessen hatte. Trunkenheit und Tanz haßte er, modische Kleidung war ihm ein Greuel. Im Alter zog sich Friedrich immer mehr zurück; er verbrachte seine letzte Lebenszeit nicht im wiedergewonnenen Wiener Neustadt, das ihn zu sehr an die vergangenen Demütigungen erinnert hätte, sondern in bescheidener Umgebung in Linz. Zuletzt war er sehr ungehalten, daß sein agiler Sohn, der nach seiner Meinung „heyloslich" handelte, ihn im politischen Geschäft immer mehr an den Rand spielte. Er ließ sich von seinem jüdischen Leibarzt Hebräisch beibringen. Seine Zurückgezogenheit verstärkte den gewohnten Spott; man sagte ihm sogar nach, er sei bereits verblödet, „sei Mäusetöter geworden und sammle weiter nichts als Mäusekot" (Grünpeck).

Am 19. August 1493 starb der alte Kaiser. Am nächsten Tag schrieb der Linzer Rat an Maximilian: „Nu haben wir dieselb leich, um merklicher notturft willen, waidnen, und als sich geburt balsamirn lassen." Erst als Maximilian im Oktober aus einem Türkenkrieg nach Wien zurückgekehrt war, wurde das Begräbnis feierlich begangen (das

Herz blieb in Linz). 1513 fand Friedrich III. endgültig im damals fertiggestellten Grab im Stephansdom die letzte Ruhe: Nicht, wie er gewünscht hatte, in Wiener Neustadt, sondern im ungeliebten Wien. Aber dafür wurde Maximilian in Wiener Neustadt beerdigt und nicht, wie er zunächst geplant hatte, in Innsbruck.

Maximilian I.: Persönlichkeit und Politik

Maximilian, obwohl Friedrichs Sohn, war in seinem Temperament seinem tatendurstigen und oft leichtsinnigen Onkel Albrecht (VI.) in manchem ähnlicher als dem Vater. Seine Freude an militärischen und anderen Abenteuern, der verschwenderische Umgang mit Geld, die Vielfalt mit Feuereifer begonnener und selten zu Ende geführter Pläne stehen für einen völlig anderen Stil der Politik, auch wenn viele Prinzipien gleichgeblieben waren. „Wüßte ich, mein Sohn, du würdest einst wie der Vater, ich müßte bedauern, dich für den Thron geboren zu haben", soll seine Mutter Eleonore einmal zu ihm gesagt haben. Grünpeck legt den Wahrsagern nach der Geburt Maximilians folgende Charakteristik seiner Regierungszeit in den Mund: „Sein Leben werde bis zum letzten Atemzug mannigfachen und nahezu beständig sich ändernden Zufällen unterworfen bleiben, indem es in jähem Wechsel bald bis zu den höchsten Stufen des Glückes emporgehoben, bald in die Tiefe des Unglücks herabgeschleudert werden würde ... im übrigen seien seine Schicksale mit einer völligen Unbeständigkeit gepaart, daß keiner weiß oder schwarz daraus abzuleiten vermöchte."

Die Urteile der Zeitgenossen wie der Historiker über den schillernden Maximilian sind demgemäß viel widersprüchlicher ausgefallen als über seinen weniger bemerkenswerten Vater. Hervorgehoben wird seine Unbeständigkeit. „Er ist schwankend, weil er heute eine Sache will und morgen nicht", sagte Machiavelli, der den Kaiser persönlich kannte. „Der schlechte Gärtner, der die Früchte nicht reifen läßt" – dieses Urteil überliefert Gat-

Der Einzug Maximilians I. in Gent im August 1477. Durch die Heirat mit Maria von Burgund wurde er zu einem der mächtigsten Fürsten Europas. Damit begann die habsburgische Herrschaft in den Niederlanden. Darstellung aus dem 19. Jahrhundert.
ÖG

tinara, Kanzler Karls V. „Ich strebe ins Hohe, fange aber nie eine Fliege", spotteten die Venezianer. Auf der anderen Seite war er kleinlich und wollte sich um alles kümmern; seine Mitarbeiter warfen ihm vor, „daß ihre Majestät alle Ding selbst angeben, durchsehen und korrigieren will". Deshalb hatte er meistens nur mittelmäßige Helfer. Maximilian verstand allerdings, ehrgeizige Bürger und kleine Adelige an seinen Hof zu ziehen, die ihm meist treu ergeben blieben und großen Einfluß gewannen. „In summa alle pracht und alle macht an guet und gelt hatten die secretarii", schrieb später der Tiroler Georg Kirchmair. Das führte teils zu Ressentiments im höheren Adel. Siegmund Freiherr von Herberstein, einer der Aufsteiger in Maximilians Diensten, erinnerte sich später, wie er als Junger mit dem Herrn von Stubenberg in Graz im Wirtshaus saß und über den Kaiserhof sprach. „Kein eerlich man hette daselbstn platz", meinte der Stubenberger. „Schämbte mich nit aines Römischen Khaiser Schreiber sein", erwiderte Herberstein.

Man konnte über ihn verschiedener Meinung sein. Doch an Maximilian führte schon für die Zeitgenossen kein Weg vorbei. Und erst recht für die Nachwelt blieb der „letzte Ritter" einer der populärsten und bekanntesten Kaiser, er ging in die Volkssage ein und regte die Phantasie an. Seine spektakulären Erfolge und Mißerfolge haben dazu ebensoviel beigetragen wie die aufwendige Selbstdarstellung und sein schillernder Charakter. „Die

zeitgenössischen Chroniken sind voll von Anekdoten über seine menschlichen Vorzüge, seine verschwenderische Freigebigkeit, seinen köstlichen Humor, seine treffenden Redensarten, seine Vorliebe für Kunst und Künstler, seine Aufmerksamkeit gegenüber schönen Frauen, die ritterliche Kühnheit im Turnier und auf der Jagd" (Wiesflecker) – alles Dinge, die man seinem kontaktscheuen und biederen Vater bestimmt nicht nachsagen konnte. Unbestreitbar ist auch, daß der Aufstieg Habsburgs zur Weltmacht im wesentlichen in seine Regierungszeit fällt, vom Kampf des Jünglings um das burgundische Erbe bis zur Vorbereitung der böhmisch-ungarischen Thronfolge. Die politische Bilanz ist nicht so eindeutig zu ziehen. Viele – auch und gerade deutsche – Historiker urteilten negativ: Das Leben Maximilians sei „nichts als eine Kette verfehlter Unternehmungen" gewesen, seine Erfolge seien ohne sein Verdienst durch Glück zustande gekommen, meinte Johannes Haller. „Nicht zu den Großen der Weltgeschichte" wollte ihn Friedenburg zählen, und Winker sah ihn „im Großen klein, im Kleinen groß". Freilich ist die „deutschnationale" Kritik an Friedrich wie Maximilian, das Reich in dynastischem Egoismus vernachlässigt zu haben, doppelt unzeitgemäß (nämlich weder dem Horizont der damaligen Zeit noch dem der unseren entsprechend). Dagegen meint Rudolf Buchner, der zu positiven Schlüssen kommt: „Bei allem Versagen im Kleinen und Großen, allen Fehlern, die er beging, allen Rückschlägen, die er verschuldet und unverschuldet erlitt, hat Maximilian dies höchste Ziel seines politischen Strebens, das ein dynastisches, kein nationales war, erreicht und damit die europäische Entwicklung auf Jahrhunderte tief beeinflußt."

Freilich: Kann man sich heute noch einfach auf den dynastischen Standpunkt stellen und für gute Politik halten, was die Macht der Dynastie befördert hat? Kosten und Nutzen (und zwar auch für die betroffenen Bevölkerungen) sollten abgewogen werden. Gerade in den Niederlanden, die ihn groß gemacht haben, ist Maximilian mit seinen drückenden Steuerforderungen und ständigen kriegerischen Abenteuern in wenig guter Erinnerung geblieben. Maximilian investierte die Reichtümer seiner Länder in eine Politik, die kaum im Interesse derjenigen war, die diese Reichtümer produzierten. Er verfolgte, ganz wie die Burgunderherzöge vor ihm, mit „modernen" wirtschaftlichen und militärischen Mitteln eine traditionelle spätmittelalterliche Politik: Erwerbung und Sicherung von so vielen Herrschaftsrechten und Einnahmequellen wie nur möglich, Ausbau des kaiserlichen Vorranges und Steigerung des Ansehens der Dynastie, Planung eines Kreuzzuges. Diese Orien-

1488 wurde Maximilian im Kampf um die Niederlande von den Bürgern der Stadt Brügge gefangengenommen. Nach großen Zugeständnissen – Freiheit der Städte, Verzicht auf die Regentschaft des jungen Philipp in Flandern – wurde er nach drei Monaten freigelassen. Seine Politik richtete sich nun verstärkt gegen Frankreich und Ungarn. Stadtansicht, Johannes-Hospital in Brügge.
ÖNB

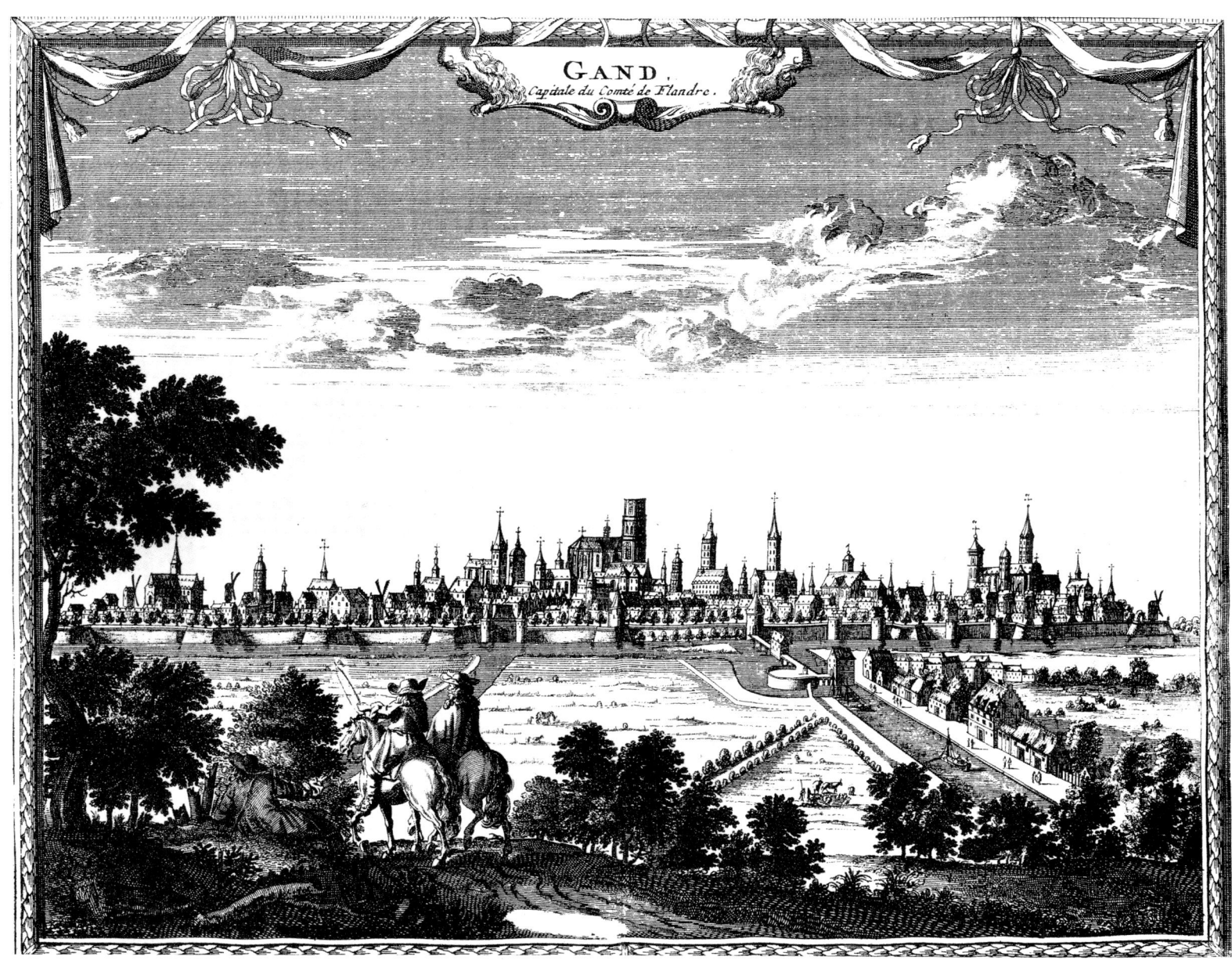

GAND.
Capitale du Comté de Flandre.

tierung an überkommenen Werten und univer- salen Zielvorstellungen, vor allem aber am Glanz der Dynastie macht viel von der Faszination dieser Politik aus, doch führte sie auch zu gewaltigen Reibungsverlusten. „Was zurückblieb, waren un- geheure Schulden, an denen die österreichischen Länder durch Jahrzehnte zu zahlen hatten, ein Finanzchaos und der allgemeine Aufstand", muß auch Maximilians Biograph Hermann Wiesflecker zugestehen.

Immerhin hatte Maximilian sowohl von seinem knausrigen Vater als auch von den bei aller Pracht- entfaltung an einer geordneten Verwaltung arbei- tenden Burgunderherzögen genug Realitätssinn übernommen, um seinen Phantasien zuweilen eine dauerhafte Gestalt geben zu können. Der Ein- fluß des „burgundischen Ideo-Realismus" (Wies- flecker) auf Maximilian, der mit 18 Jahren aus der

Enge des heimatlichen Wiener Neustadt in den Glanz des Burgunderhofes übersiedelte, kann gar nicht hoch genug eingeschätzt werden. Viele burgundische Einrichtungen und Erfahrungen wurden unter Maximilian in die österreichischen Länder übertragen. Auch wenn für ihn Verwal- tungs- und Finanzreformen vor allem Mittel zum Zweck waren, um seine Kriege besser vorbereiten zu können, bleibt das Paradox bestehen, daß ge- rade der „Phantast" Maximilian die Grundlagen der neuzeitlichen österreichischen Bürokratie ge- schaffen hat. Freilich war das noch keine geord- nete Verwaltung, was auch mit dem ständigen Aktivitätsdrang des Kaisers zusammenhing. Nach Grünpeck „befaßte er sich in unnötiger Weise mit zahlreichen lästigen Geschäften, die teils den eige- nen Hausstand, teils fremde Angelegenheiten be- trafen, und übernahm sogar die Sorge für das

Gent in Flandern.
Der plötzliche Tod Karls des Kühnen führte von Gent ausgehend zu Rebellionen gegen die burgundische Zentralverwaltung. Jahrelang bekämpfte Maximilian die Städte, deren Vorrechte er nicht akzeptieren wollte.
AKG

Hauswesen bis ins Kleinste hinein, für die Küche, den Weinkeller, den Stalldienst, um die sich nicht einmal kleine Herren bekümmern". Mit wie vielen unwichtigen Dingen sich Maximilian täglich herumzuschlagen hatte, zeigen auch die abertausend erhaltenen Urkunden, in denen es teils um völlig nebensächliche Rechtshändel oder Privilegien geht. Das entspricht noch ganz dem Bild des spätmittelalterlichen Herrschers, der persönlich in die Angelegenheiten seiner Untertanen eingreifen muß und dessen Autorität, mangels eines Beamtenapparates, ständig zur Lösung von Konflikten herangezogen wird (dazu freilich nicht immer ausreicht).

In der Gedankenwelt Maximilians verbanden sich ein mystischer Erwählungsglaube, ein aus der Kaisergeschichte und ihrem Pathos gespeistes Majestätsbewußtsein (beides hatte schon Friedrich gehabt), die am burgundischen Hof so sehr gepflegte ritterliche Heldenverehrung und die Renaissance-Idee von der Unsterblichkeit des Ruhmes. Das war das Lebensziel des Kaisers: „Alles in der Welt zergeht, nur die Ehr bleibt stet", so heißt es in seinem Theuerdank. Daß ein Herrscher sich vor allem durch Kriegstaten zu bewähren hatte, stand für ihn außer Frage; seine weitgefaßten Ansprüche schraubten die Ziele bei Erfolgen immer höher und erschwerten Kompromisse. Für diese Politik wollte er durch Überredung und Propaganda gewinnen, wen er konnte

(und er konnte das wesentlich besser als sein Vater); wer ihm darin widersprach oder hinderlich war, der hatte mit seinem Zorn zu rechnen. In Gedanken beschäftigte er sich eingehend mit der Vernichtung Frankreichs, mit der Eroberung von Konstantinopel und der Zerstörung Venedigs: Größen- und Allmachtsphantasien, die sich an dynastische Legitimitätsvorstellungen und den universalen Anspruch des Kaisertums knüpften. Seine autobiographischen Werke, wie „Weißkunig" und „Theuerdank", sind voll von oft ermüdenden Aufzählungen von Schlachtensiegen und Turniererfolgen. Das war nicht nur Propaganda; Maximilian hat sich in Schlachten immer wieder persönlich und unter einigem Risiko eingesetzt, wie das weder sein Vater noch die meisten seiner Nachfolger je getan hätten, und er war nicht nur ein begeisterter, sondern auch ein ausgezeichneter Turnierkämpfer. Dennoch ging er an das Kriegshandwerk ohne Illusionen heran: Er wußte, daß die Zeit der Ritter- und Reiterschlachten vorbei war, und fand auch nichts dabei, im Schlachtengetümmel selbst abzusitzen und seine ritterliche Begleitung ebendazu aufzufordern. Er verfügte bald über ausgezeichnete Landsknechte, die freilich auch grausam und ungezügelt waren, und er setzte den Schrecken, den sie hervorriefen, gezielt ein.

Die Vorliebe für den Krieg war ihm, glaubt man seinem Hofhistoriker Grünpeck, sozusagen in die

1478 wurde Maximilian zum Oberhaupt des Ordens vom Goldenen Vlies bestellt. Der Orden wurde 1430 von Philipp III. von Burgund gestiftet. Von Maximilian an war stets ein Habsburger als Herzog von Burgund Großmeister des Ordens. In der Erbfolge rangierte das jeweilige Oberhaupt des spanischen Zweiges der Habsburger vor dem österreichischen Zweig. Die Edelleute, aus denen dieser höchst exklusive Ritterorden bestand, Männer von Namen, wappenführend und ohne Fehl, schworen, ihrem Herrscher unerschütterlich treu zu sein und die Insignien des Ordens jederzeit deutlich sichtbar zu tragen: eine goldene, mit Feuersteinen besetzte Gliederkette, von der das Abbild des Vlieses herabhängt. Der Ordensschatz wurde 1794 nach Wien überführt. Heute in der Weltlichen Schatzkammer.

KHM

Wiege gelegt worden. „Viele urteilten aus einigen
angeborenen Merkzeichen, besonders aus den
doppelten Eckzähnen, daß er einst nicht anders als
ein wilder Eber wüten werde." Schon als Klein-
kind, „so oft seine Augen auf Gewappnete fielen,
hat er stets mit dem Zeigefinger der Amme die
Waffen gewiesen; sah er aber ein Messer an irgend
eines Seite hängen, so hat er nicht eher zu schreien
aufgehört, als bis es ihm dargeboten war". Später,
„so oft er nur etwas freie Zeit oder Muße von der
Schule erübrigen konnte, verwandte er diese auf
das Handhaben der Waffen oder auf das Tummeln
von Rossen … Ferner verfolgte er, wenn des Lehr-
meisters Anwesenheit ihn nicht daran hinderte,
mit den Jagdhunden die in der Nähe sich aufhal-
tenden kleinen Haustiere, auch ließ er nicht eher
davon ab, dem Hausgeflügel nachzustellen, bis er
durch Androhung von Schlägen davon zurück-
gebracht wurde." Seinen strengen Lateinlehrer
dagegen hat er gehaßt.

Seine Freude an kriegerischen Dingen, die gele-
gentliche Kühnheit im Kampf, seine Leutseligkeit
und natürlich auch seine Freigebigkeit haben
Maximilian unter seinen Heerführern und Soldaten beliebt gemacht und ihm im allgemeinen ihre
Loyalität bewahrt; ganz anders als sein Vater, den
oft gerade seine besten Leute hintergingen, bestahlen oder gar gegen ihn rebellierten, weil sie
sich schäbig behandelt vorkamen. „Daß selbst die
Besten Maximilian lieber ohne Bezahlung als
irgendeinem anderen um ungeheuren Sold dienen
wollten", wie Grünpeck behauptet, ist freilich
übertrieben; die Korrespondenz Maximilians ist
voll von Geldforderungen seiner Söldnerführer, oft
genug begleitet von der unverhohlenen Drohung,
andernfalls auf die Gegenseite überzugehen oder
sich eben selbst auf Söldnerart aus dem Land
schadlos zu halten.

Ebensosehr wie Krieg und Turnier liebte Maximilian die Jagd. Eine große Anzahl von Gemsen
und Hirschen hat der Kaiser in Tirol erlegt. Auch
die populäre Anekdote, wie er sich in der Martins-
wand bei Innsbruck verstieg, zeigt ihn als Jäger.
Er „ist umb nichts zorniger worden, dan allain um
wilt prats willen", berichtet Georg Kirchmair; „Hir-
sche und Schreiber, Jäger, Falkner und Hunde",
fährt er fort, hätten bei Maximilian am meisten
Aufmerksamkeit erhalten – nicht ohne einen kleinen Seitenhieb auf die Bürokraten bei Hof.

Weit weniger Verständnis hatte Maximilian für die
Städter, die ihre Interessen immer wieder auf die
eine oder andere Art gegen ihn durchsetzen wollten; das traumatische Erlebnis in Wien 1462 und
sein Abenteuer in Brügge haben sicher dazu beigetragen. Seinen „ungetreuen Untertanen" in den
Niederlanden hat er das nachgetragen: „Nur allein
gegen das Volk der Moriner" – wie sie Grünpeck

nach klassischen Vorbildern nennt – „trug er lange,
lange Zeit das Gift des Unwillens in seinem Herzen" – „es sind nämlich, wie der Volksmund sagt,
wächserne Völker." – „Ich werd erst muessen ein
10.000 zue todt schlagen, so wern si mich mit
frieden lassen darnach", schrieb Maximilian aus
den Niederlanden an einen Freund. War das
„nur schwarzer Humor", wie H. G. Koenigsberger
meint? Ebenso verachtete er aufsässige Bauern,
„grobe, böse Bauersleut, denen keine Tugend,
keine Mäßigung, sondern nur Untreue und Haß
innewohnen", wie er meinte. Das Unverständnis
für die Anliegen der Untertanen, bei aller jovialen
Volkstümlichkeit, war ganz allgemein charakteristisch für eine Haltung der Herrschenden, die in
den Jahren nach dem Tod Maximilians eine wahre
Flut von Bauernaufständen, Städterevolten und
Glaubenskämpfen über das Reich hereinbrechen
ließ. Während in Frankreich und England die
Entwicklung des absolutistischen Staates und die
Zurückdrängung der feudalen Sondergewalten
sich oft genug auf eine Zusammenarbeit zwischen
König und Städten stützte, gelang das den Habsburgern viel weniger. In den österreichischen Erbländern mit ihrer eher ländlichen Struktur fehlte
freilich die Basis dafür; anderswo betrachteten die
Habsburger große Städte vor allem als Melkkühe,
und ein Ausgleich gelang kaum.

Unbestritten ist die bedeutende Rolle Maximilians
als Förderer der Künste und als Mäzen. Auch wenn
er in seinem unmittelbaren Umkreis hauptsächlich mittelmäßige Künstler und Literaten sammelte, die sich seinen Anordnungen zu unterwerfen bereit waren (wie seinen Geschichtsschreiber

Girard überreicht Philipp
dem Guten sein Werk.
Anläßlich seiner Vermählung
mit Isabella von Portugal
stiftete er den Orden vom
Goldenen Vlies.
ÖNB

Das berühmte Gemälde Kaiser Maximilians I. von Albrecht Dürer im Germanischen Museum in Nürnberg. Die Rolle Maximilians als Förderer der Künste und als Mäzen ist unbestritten. Er erteilte Aufträge an erstklassige Künstler wie Albrecht Dürer und Albrecht Altdorfer.

Nemeth

Grünpeck oder den Sekretär und „nicht sehr begabten" Literaten Marx Treitzsaurwein), so erteilte er doch auch Aufträge an erstklassige Künstler (wie an Albrecht Dürer oder Albrecht Altdorfer). Auch hier zeichnet sich der Geschmack Maximilians durch eine eigentümliche Verbindung von Mittelalter und Renaissance, zwischen Altem und Neuem aus. „So spätgotisch die Bilder und Figuren, die seinen Ruhm verkünden, auch anmuten mögen: Die unauflösliche Einheit von persönlichem Interesse, Mäzenatentum und politischer Propaganda ließ sich dem, was im Italien der Renaissance üblich war, durchaus an die Seite stellen" (Hartmut Boockmann).

Maximilian vertraute die Redaktion seiner autobiographischen Werke – damals schon „wahrhaft altväterische Bücher" (Wiesflecker) – vornehmlich Marx Treitzsaurwein, dem Sohn eines Tiroler Harnischschlägers, an. Sie sind vor allem aus der Welt des mittelalterlichen Heldenepos und des galanten Ritterromans geschöpft, die simplen Erzählungen sind mit allerlei allegorischen Spielereien und Verschlüsselungen stilisiert. Maximilian selbst ist der „Weißkunig", wie auch der Titel seiner stilisierten Autobiographie lautet, die durch prachtvolle Holzschnitte ergänzt ist; sein Vater Friedrich ist der „Alte Weißkunig" (wobei die Farbe Weiß sowohl für Glanz als auch Weisheit steht). Sein großer Gegner, der „Plawkunig" (blaue König) ist der von Frankreich, der grüne der von Ungarn, der König vom Fisch steht für Venedig und der König von drei Kronen ist der Papst mit seiner dreiteiligen Tiara. Die Verachtung für Niederländer („braune Gesellschaft") und Schweizer („die

Bauern") kommt deutlich zum Ausdruck. Ein weiteres überhöht-autobiographisches Werk ist der Theuerdank, der die Schilderung von Jagdabenteuern mit der Werbung um Königin Ehrenreich (seine frühverstorbene Gemahlin Maria von Burgund) verknüpft. Im „Freydal" ist in Wort und Bild eine Reihe von Turnieren festgehalten. Dabei kümmerte Maximilian sich nicht nur um die Texte, die er immer wieder verbesserte, und die ausgesuchten Holzschnitte, sondern auch um die Drucktypen. Er trug so dazu bei, daß sich, zum Unterschied von Italien, in Deutschland nicht die Humanistenschrift (ähnlich unserer heutigen), sondern die spätgotische (Fraktur/Kurrent) durchsetzen konnte, die er nachhaltig förderte; ein Vorbild dafür fand er in den kunstvollen Lesebüchern, aus denen er einst selbst lesen gelernt hatte.

Wie schon sein Vater, liebte es Maximilian, genealogische Spekulationen anzustellen; seine Gelehrten ersannen phantastische Stammbäume, in denen das Geschlecht der Habsburger auf römische Caesaren, die Trojaner und schließlich biblische Gestalten zurückgeführt wurde (auch wenn schon Aeneas Silvius solchen Behauptungen skeptisch gegenübergestanden war, wurden sie damals durchaus geglaubt). „Auf die Ruhmestaten seiner Vorfahren kam er besonders gern zu sprechen" (Grünpeck); mit Vorliebe unterhielt er damit ausländische Fürsten und Gesandte. Beachtlich waren seine Sprachkenntnisse; neben leidlichem Latein (er soll sich beklagt haben, es als Bub nicht ordentlich gelernt zu haben) sprach er Französisch, Italienisch, Spanisch, zumindest auf Landsknechtsniveau auch Flämisch, Englisch und Tschechisch. Mit seinen Kindern Philipp und Margarete korrespondierte er auf Französisch, mit dem Enkel Ferdinand auf Latein.

Wie viele spätere Habsburger förderte Maximilian die Musik: „Wo in aller Welt gibt es einen Fürsten, der die Musiker so zu schätzen weiß wie der Kaiser?", lobt ihn der Humanist Cuspinian. Für bedeutende Bauten hingegen reichten die Mittel nicht. Das Goldene Dachl, das in Innsbruck an Maximilian erinnert, ist eine relativ bescheidene Ausnahme. Die großartige Renaissancearchitektur des nahen Italien blieb bei den exorbitanten Rüstungsausgaben unerschwinglich. Maximilians „Ehrenpforte" wurde in Holzschnitten auf Papier errichtet. Papier war es auch, das seinen Ruhm verbreitete: Als erster römisch-deutscher König konnte er sich massiv der neuen Errungenschaft des Buchdrucks bedienen. Im Konflikt mit Frankreich hat er seit 1490 durch massenhaft verbreitete patriotische Flugschriften im Reich um Unterstützung geworben. Und bei allen Fehlschlägen ist ihm eines sicher gelungen: nicht „mit dem Glockenton vergessen sein", ganz wie er es angestrebt hat.

Das burgundische Erbe

Die erfolgreichste dynastische Politik des 15. Jahrhunderts hatten die Herzöge von Burgund gemacht. Seit 1361 regierte im französischen Herzogtum Burgund eine Nebenlinie des französischen Königshauses der Valois. Im Hundertjährigen Krieg etablierten sie sich als mächtige Konkurrenten der französischen Krone; erfolgreiche Heirats- und Hausmachtpolitik erlaubte ihnen zugleich, eine Reihe von Reichsländern zu erwerben. Das „Großherzogtum des Okzidents", wie sie es stolz nannten, bestand aus zwei großen Länderkomplexen: die „oberen Lande" (Herzogtum und Freigrafschaft Burgund mit einigen kleineren Nebenländern, mit der Residenz Dijon); und die „niederen Lande" (Flandern, Artois und die Picardie in Frankreich; Brabant, Holland, Luxemburg usw. im Reich); dazwischen lag das Herzogtum Lothringen, das Karl der Kühne (1467–1477) letztlich vergeblich zu erwerben suchte. Damit kontrollierten die Burgunderherzöge eines der reichsten und entwickeltsten Gebiete Europas, wo nicht nur ein hochspezialisiertes Tuchgewerbe bestand, sondern auch viele Handelsrouten zu Wasser und zu Lande zusammenkamen. Die jährlichen Einkünfte der Burgunderherzöge werden auf etwa eine Million Dukaten geschätzt. Diese Beträge finanzierten nicht nur eine expansive Politik mit und ohne Waffen und die Anfänge einer modernen Beamtenverwaltung, die langsam gegen die ständische Struktur der einzelnen Län-

der durchgesetzt wurde. Sie ermöglichten auch den einzigartigen Prunk, der Burgund zum kulturellen Zentrum der späten Gotik im „Herbst des Mittelalters" machte. Die höfischen und ritterlichen Traditionen, schon im Niedergang begriffen, wurden noch einmal mit den fortgeschrittensten technischen und kulturellen Mitteln der Zeit für die rauschhafte Selbstdarstellung der Burgunderherzöge verwendet. Der 1430 gegründete Ritterorden vom Goldenen Vlies sollte die vornehmsten Herren der Christenheit in großartigen Zeremonien um den Herzog versammeln; das ebenso klassische (Jason) wie biblische (Gideon) Symbol des goldenen Widderfells verkörperte auch den Anspruch des Burgunderherzogs auf die Führung in einem geplanten (Türken-)Kreuzzug. Auf diese Weise versuchten die Herzöge, das höhere Ansehen des Kaisers und der Könige, denen sie an Macht oft überlegen waren, auszugleichen. Nicht ohne Erfolg: Denn im damaligen Spiel der Macht wurden solche Zurschaustellungen als Gradmesser der Möglichkeiten eines Herrschers von Freund und Feind sehr ernst genommen (und entschieden oft genug darüber, zu welchem man sich schlug).

Philipp der Gute (1419–1467) und Karl der Kühne verfolgten im Reich gegen oder mit Friedrich III. vor allem zwei Ziele: eine Abrundung ihres unzusammenhängenden Herrschaftsgebietes, teils mit großer Brutalität, und eine Verbesserung ihrer Stellung, zumindest einen Königstitel (wenn nicht überhaupt den römischen, mit Aussicht auf das Kaisertum). Der Tiroler Habsburger Sigismund vermittelte seit Ende der sechziger Jahre Kontakte;

Begegnung Maximilians mit seiner Braut Maria von Burgund. Die Hochzeit wurde am 19. August 1477 im Schloß Ten Walle bei Gent ohne großen Prunk gefeiert.
ÖNB

Maria von Burgund (1457–1482), die Gemahlin Maximilians und Alleinerbin. Sie starb am 27. März 1482 an den Folgen eines Reitunfalls. Ihren Verlust konnte Maximilian nie ganz überwinden.
KHM

für Friedrich und seinen halbwüchsigen Sohn Maximilian war der Einsatz hoch: Maria, die Tochter des sohnlosen Karl des Kühnen, versprach dem Bräutigam das gesamte Erbe; Karl sagte sie je nach der politischen Wetterlage dem meistbietenden französischen, englischen, lothringischen, spanischen oder eben habsburgischen Bewerber zu. Friedrich III. hatte einen Trumpf: der Ausbau der burgundischen Stellung im Reich lag zumindest formell an ihm; er hatte genau das, was dem Burgunder fehlte, nämlich einen großen Titel (während ihm umgekehrt abging, worüber Karl verfügte, nämlich Macht und Geld). Im September 1473 trafen die beiden Herrscher in Trier zusammen, um ins Geschäft zu kommen.

Bevor Friedrich und der 14jährige Maximilian nach Trier reisten, mußten sie sich und ihr bescheidenes Gefolge zunächst einmal mit geborgtem Geld einkleiden: Es war das erste Mal, daß die Augsburger Fugger als Geldgeber der Habsburger auftraten. Obwohl sich noch zahlreiche Fürsten und Herren aus dem Reich dem Kaiser anschlossen, konnte Karl der Kühne mit einem viel glanzvolleren Gefolge aufwarten, so daß Friedrich, selbst mit goldener, edelsteinbesetzter Robe angetan, über das „welsche Geprotze" schimpfte. Karl, von 8000 Reitern und 6000 Knechten begleitet, trug über goldenem Küraß seinen „Lehensrock", einen Mantel aus gezogenem Gold, der auf 100.000 Gulden geschätzt wurde. Während der wochenlangen Verhandlungen nützte er die Gelegenheit, seinen Reichtum zu demonstrieren: Auf zahlreichen Wagen hatte er den burgundischen Hausschatz mitgeführt, den er nun vorführen konnte. Bei einer Messe im Trierer Dom ließ er die Kirche mit herrlichen Tapisserien behängen, auf denen das Leiden Christi dargestellt war; vor dem Hochaltar stand eine mannshohe Lilie aus reinem Gold, über und über mit Edelsteinen besetzt. Ebenso reich

war die Dekoration beim anschließenden Gastmahl, wo an 18 Tafeln auf edelstem Geschirr vier Stunden lang 42 Speisen aufgetragen wurden. Allerdings waren die Forderungen Karls genauso großartig wie sein Auftreten; er wünschte als Nachfolger Friedrichs römischer König zu werden, dann würde er seinerseits seinem Schwiegersohn Maximilian diese Würde vererben. Freilich konnte niemand den Habsburgern garantieren, daß Karl nicht doch noch einen männlichen Erben haben würde. Der mißtrauische Friedrich ließ sich keine so weitgehenden Zugeständnisse abringen und verließ Ende November die Stadt, ohne sich zu verabschieden (die Rechnung für seinen Aufenthalt hinterließ er dem Erzbischof von Mainz).

Es sollte sich in den folgenden Jahren zeigen, daß Karl seine Kräfte überschätzt und zu viele Gegner zugleich auf den Plan gerufen hatte. Entscheidend für seinen Untergang war der Krieg gegen die eidgenössischen Nachbarn, die ihm 1476 zwei vernichtende Niederlagen beibrachten, wobei sie einen guten Teil seiner Schätze erbeuteten. Im eben eroberten Lothringen brach ein wieder von den Schweizern unterstützter Aufstand los, auf dessen Seite auch Sigismund von Tirol stand; am 5. Januar 1477 fiel Karl der Kühne, „jämmerlich in das Haupt geschlagen" (Jakob Unrest), in der Schlacht von Nancy. Am folgenden Tag wurde sein Leichnam in einem Teich gefunden, nackt und völlig ausgeplündert, von Wunden entstellt (Karl V. ließ ihn später in Brügge in der Frauenkirche bestatten). „Ich hab's gewagt", die Devise des letzten Burgunderherzogs, hatte ihn in den Abgrund geführt; Maximilian, der sie in Bewunderung für seinen Vorgänger übernahm, stellte ihr eines vorsichtigen Vaters zur Seite: „Alles mit Maß." Das ersparte ihm bei allen Fehlschlägen vielleicht ein ähnliches Schicksal.

Der plötzliche Tod Karls des Kühnen führte, von Gent ausgehend, zu Rebellionen gegen die burgundische Zentralverwaltung. Maria und ihre Stiefmutter Margarete von York kamen in Bedrängnis. „Mit was grossen schmertzen und sorgen sein dise zwo hertzogin beladen gewest!", heißt es im „Weißkunig". Ludwig XI., König von Frankreich (1461–1483), ließ nicht nur die französischen Teile des burgundischen Gebietes besetzen, sondern versuchte auch, Maria zur Hochzeit mit seinem Sohn Karl (VIII.) zu zwingen. Die niederländischen Generalstände waren zuerst für eine solche Verbindung; allerdings gab das Auftreten der französischen Macht vielen Anhängern der französischen Partei bald zu denken. Das französische Königreich mit seiner relativ hochentwickelten Zentralverwaltung und den vom Königtum bereits ziemlich eingeschränkten ständischen Vorrechten drohte die burgundischen Länder zu

Maximilians I. autobiographische Werke wie der „Weißkunig" und der „Theuerdank" sind voll von Schlachtensiegen und Turniererfolgen. Er wußte aber, daß die Zeit der Ritter- und Reiterschlachten vorbei war. Turnierszene, Bayerische Staatsbibliothek, München.

Nemeth

bloßen Provinzen zu machen. Nicht zuletzt deshalb setzten sich Maria und Margarete nun durch, als sie eilends wieder auf den habsburgischen Eheplan zurückgriffen, wie es auch Karls letzten Wünschen entsprach. In dieser Lage bewies sogar Friedrich III., daß er eine Gelegenheit beim Schopf packen konnte. „Als er sich darinnen wol bedacht het", hielt er seinem Sohn „zum ersten die eer des heirats, zum andern die nutzperkait der land" vor Augen, wie sich dieser im Weißkunig erinnerte, und stellte ihm sogar Truppen zur Verfügung, wozu er eine Reihe österreichischer Besitzungen verpfänden mußte. Schon am 21. April 1477 konnte die Heirat in Brügge durch Stellvertreter geschlossen werden; die Braut forderte Maximilian brieflich zur Eile auf. Sie vergaß nicht, darauf hinzuweisen, daß Maximilian durch diese Heirat der mächtigste Fürst werden könne, den es im Haus Österreich je gegeben habe, und daß er mit jährlichen Einkünften bis zu 1,2 Millionen Gulden rechnen könne.

Am 21. Mai 1477 verabschiedete sich Maximilian auf dem Wiener Berg von seinem Vater; die Reise zog sich mit Empfängen und Verhandlungen um Unterstützung recht lang hin; erst am Abend des 18. August konnte er in Gent einziehen. Der junge Habsburger, der in silberner, goldverzierter Rüstung auf weißem Pferd ritt, wurde begeistert empfangen. Von Maria war er bald sehr eingenommen; etwas später schrieb er nach Hause: „Ich hab ein schöns froms tugenhafftigs weib … sie ist … von leib klein, viel kleiner den die Rosina (seine Jugendliebe, die Kärntnerin Rosina von Kraig), und schneeweis; ein prauns har, ein kleins naßl, ein kleins heuptel und antlitz, praun undt grabe augen gemischt, schön und lauter; dann daz unter heutel an augen ist etwas herdann gesenkt, gleich als sie geschlaffen hiet, doch es ist nit wol zu merckhen. Der mund ist etwas hoch, doch rein und rot." Im Weißkunig ist von seinen Gefühlen bei den ersten Begegnungen wenig zu lesen; doch erinnert er sich: Als die beiden „ain zeit bey ainnander wonneten, hueben sy an, ainns des annder sein sprach zu lernen, unnd ain yedes ward in sonnderhait beflissen, des anndern sprach in kurtz zu lernen". Ein pikanteres Detail berichtet der brandenburgische Gesandte. Schon am ersten Abend habe Herzogin Margarete Maximilian anvertraut, Maria trüge eine Nelke am Herzen verborgen, die er nun suchen müsse, wie es der Brauch wolle; den schüchternen Erzherzog habe der Erzbischof von Trier ermuntert, das Korsett seiner Braut zu öffnen.

Schon am folgenden Tag, dem 19. August 1477, wurden Maximilian und Maria vom päpstlichen Legaten feierlich getraut. Maximilian trug eine silberne Rüstung, Maria ein weißes Damastkleid und einen Hermelinmantel; nach dem Ringtausch überreichte Maximilian der Braut symbolische dreizehn Goldstücke. „Billiger wären die reichen Niederlande nicht zu erwerben gewesen" (Hermann Wiesflecker). Danach ging es „zu dem hochzeitlichen mal, das mit essen und tringken auf das allerkostlichist zugericht was; es wurden auch bey dem essen mit manicherlay saytenspil und seltzam new gesanng wunderlich frewdt und darzue zierliche pangget gehalten, und derselb tag ward alain mit dem kostlichen hochtzeitmal und mit den pangketischen frewden vertriben", heißt es im Weißkunig; noch mehr gefielen Maximilian „die ritterspil", die „aufs köstlichist, schönist und eerlichist" abgehalten wurden. Doch bald zeigte sich die prekäre Lage des jungen Paares. Altlasten burgundischer Machtpolitik und neue Widerstände traten auf den Plan; der Glanz des Hofes verbarg nicht mehr die Grenzen seiner Macht. „Die habsburgische Herrschaft in den Niederlanden trat in der zeitüblichen Form einer schwachen Oberhoheit über starke Stände und mit unterschiedlichen Rechtstiteln von Land zu Land ins Leben" (Peter Moraw). Der französische König gedachte diese Schwäche zu nützen.

Der Kampf um die Niederlande

Für Frankreich war die neue Macht umso bedrohlicher, als ihr Inhaber bald römischer König und Kaiser werden konnte. Ein Krieg war unausweichlich; und es wurde schnell klar, daß Maximilian auf keine Hilfe von seinem Vater rechnen konnte, der daheim genügend Schwierigkeiten hatte; der habsburgische Verwandte Sigismund der Münzreiche forderte von Maximilian sogar Entschädi-

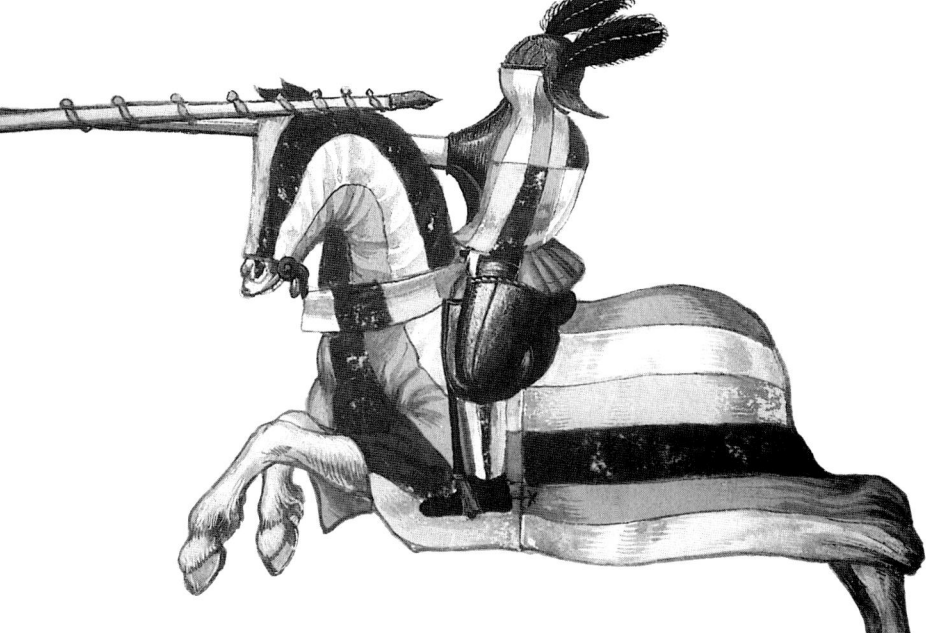

Maximilian I. war ein begeisterter und ausgezeichneter Turnierkämpfer. Das Turnierwesen erlebte seinen letzten Höhepunkt. Turnierszene, Bayerische Staatsbibliothek, München.
Nemeth

Das Burgunderreich im Größenvergleich.
Das „Großherzogtum des Okzidents" bestand aus zwei Länderkomplexen: den „oberen Landen" (Herzogtum und Freigrafschaft Burgund mit einigen kleineren Nebenländern und der Residenz Dijon) und den „niederen Landen" (Flandern, Artois und die Picardie, Brabant, Holland, Luxemburg usw.).

gung für den letzten Krieg Karls des Kühnen. „Hätten wir hie Fried, wir säßen im Rosengarten", schrieb Maximilian im Dezember 1477. Tatsächlich war er nur zu geneigt, sich auf den Jubel seiner neuen Untertanen zu verlassen und seine Reichtümer zu immer neuen Festen und Turnieren, Jagden und Maskeraden zu nützen. Daß der Umgang mit den freiheitsliebenden und genau rechnenden niederländischen Städten nicht so leicht war, sollte er erst merken. Denn Karl der Kühne hatte die Mittel seiner Länder schon weitgehend erschöpft. Maximilian brauchte für den Krieg gegen Frankreich große Summen, ohne eine rasche Entscheidung erreichen zu können. Der Sieg über das französische Heer bei Guinegate/Thérouanne im August 1479 entschied wenig. Maximilian erinnerte sich zwar gerne, wie man „in ainem gar schönen, lustigen und weiten veldt und bey schöner sunnen scheyn" gestritten habe, und rühmte sich, die Franzosen hätten 11.000 Mann verloren – fast die Hälfte ihres Heeres –, er selbst nur 5000 („nit von den pessten"). Grünpeck schildert, dick aufgetragen, die Heldentaten Maximilians in dieser Schlacht: „Der junge Prinz, sowie er seine Reihen in völliger Auflösung und sich allein den Feinden gegenüber sieht, reißt ohne Zögern sein Pferd aus dem dichtesten Handgemenge schleunigst herum, und bringt, soweit das überhaupt noch möglich war, den Rest seiner Truppen durch Drohungen und gute Worte wieder zur Ordnung, beginnt die Schlacht von Neuem …" Ludwig XI. war weniger beeindruckt; er ließ dem Habsburger sarkastisch bestellen, wenn er tatsächlich das Feld behauptet habe, so könne er nun Bohnen darauf pflanzen lassen.

Meistens wogte der Krieg so hin und her, wie der „Weißkunig" an anderer Stelle beschreibt: „Nachdem der König von Frankreich der jungen Königin Ländern mit Brand Schaden hatte getan, wollte das der junge Weißkunig auch nicht ungerächt lassen und zog dem König von Frankreich in sein Königreich und ließ sein Kriegsvolk darin so sehr brennen, daß der Rauch dieselbe Zeit so groß war und den Sonnenschein dermaßen verdeckt, das der Harnisch in drei Stunden keinen Glanz gab." Nach diesem Prinzip wurde jahrelang gekämpft, worunter besonders die Landbevölkerung schwer zu leiden hatte. Städte und Festungen fielen und wurden wieder gewonnen, neue Heere mußte angeworben werden, wozu immer neues Geld von den Generalständen bewilligt werden mußte.

Maximilians Steuerforderungen (unter anderem eine neueingeführte Biersteuer), seine nicht gerade städtefreundliche Politik, Spannungen innerhalb der burgundischen Erbländer sowie die französische Diplomatie vergrößerten die Widerstände, auf die Maximilian stieß. Die Geburt eines Thronfolgers, der nach burgundischer Tradition Philipp hieß, gerade zehn Monate nach der Hochzeit hatte seine Position gefestigt. Doch am 27. März 1482 starb Maria – sie war schwanger auf der Jagd vom Pferd gestürzt. „Der jung kunig trueg gros laid umb seinen gemahl, dann sy hetten ainnander gar lieb gehabt, davon vil zu schreiben were" (Weißkunig). Mit großem Gepränge wurde sie im Chor der Liebfrauenkirche in Brügge beigesetzt; das Herz kam zur Mutter nach St. Michael in Antwerpen. Es war ebenso ein persönlicher wie ein politischer Verlust: Denn Maximilian wurde nun bestenfalls als Vormund seines Sohnes und Regent anerkannt, auch wenn es Maria anders bestimmt hatte. Die niederländischen Generalstände gewannen immer mehr politischen Spielraum und erzwangen einen ungünstigen Frieden mit Frankreich (Arras 1482): Maximilians zweijährige Tochter Margarete wurde mit dem Sohn Ludwigs XI., Karl (VIII.), verlobt und mußte gleich an Frankreich ausgeliefert werden; auch die Mitgift (vor allem die Freigrafschaft Burgund) nahmen die Franzosen sofort.

Es folgten Jahre, in denen Maximilians Begleiter „Unfallo und Neidelhart", wie er sie nannte, die widrigen Umstände, ihn besonders quälten. „Fast als ein Fürst ohne Land" (Grünpeck) bekämpfte er seine niederländischen Gegner, vor allem die selbstbewußten Städte, deren Vorrechte er nicht akzeptieren wollte. Jahrelang zog er mit einem unterbezahlten und undisziplinierten Heer durch die eigenen Lande, brandschatzte und trieb den Bauern das Vieh weg (1485 erbeutete er etwa 12.000 Rinder, die er auf dem Antwerpener Markt verkaufte). Seine unangebrachte Härte (etwa die

Hinrichtung des Bürgermeisters von Antwerpen) machte ihm immer neue Feinde. Gegen die Stände mußte er jahrelang um die Herausgabe seines Sohnes Philipp kämpfen, dessen Vormundschaft sie beanspruchten. Erst 1485 unterwarfen sich Gent und Brügge, nachdem sich die Gemäßigten gegen die radikalen Verfechter städtischer Macht wieder einmal durchgesetzt hatten. Im Juli sah Maximilian beim Einzug in Gent nach mehreren Jahren seinen Sohn Philipp wieder. Doch nützte er diesen Erfolg für ein Strafgericht, das die Fronten wieder verhärtete. In demütigender Weise kassierte er die städtischen Privilegien und Freiheiten; in Gent ließ er die alten Urkunden öffentlich auf dem Marktplatz vernichten, wozu die Bürger in langen schwarzen Röcken und barhäuptig erscheinen mußten. Nach diesem Erfolg hat er viel „gefaschangt" und Mummereien veranstaltet, wie er nach Hause schrieb.

Ein neuer Konflikt war damit absehbar. Im unruhigen Gent kamen wieder die Radikalen ans Ruder; und Maximilian brauchte Geld für einen neuen Krieg gegen Frankreich. Er wollte deshalb im Februar 1488 in Brügge die Generalstände einberufen. Doch das Mißtrauen der Städter war groß. Als Maximilian einige hundert seiner verhaßten Söldner in die Stadt holen wollte, kam es zu Tumulten, und die Bürger setzten den König und seine Räte kurzerhand fest. „Der König wurde von seinem Gefolge getrennt und im Rathaus in Haft gehalten, die übrigen Gefangenen, die man in den Straßen festgenommen hatte, wurden mit den schlimmsten Schmähungen und Beleidigungen überhäuft. Die obersten Schatzmeister aber ... wurden öffentlich vorgeführt und angesichts des Königs gefoltert und fast von den Händen des Volkes zerrissen" (Grünpeck). Manche unter den Städtern hatten Maximilian ein ähnliches Schicksal zugedacht, doch setzten sich jene durch, die ihn zunächst nur gefangenhalten wollten. Inzwischen verwüsteten die Söldner des Königs, die zu schwach waren, die Stadt anzugreifen, die Umgebung.

Die Nachricht von der Notlage Maximilians hatte zur Folge, daß etwas Unwahrscheinliches geschah: Auf dringende Hilferufe brachte der greise Friedrich III. ein Reichsheer zusammen, mit dem er persönlich in die Niederlande zog. Außer den üblichen Plünderungen und Verwüstungen erreichte der Kaiser freilich wenig. In langwierigen Verhandlungen mußte Maximilian große Zugeständnisse machen, die städtischen Freiheiten beschwören und für Flandern auf die Regentschaft für den minderjährigen Philipp verzichten. Daraufhin wurde er am 16. Mai, nach über drei Monaten, freigelassen. An den Vertrag fühlte er sich nicht gebunden; aber er selbst hatte genug. Er

verließ die Niederlande, um im Reich Kriege gegen Frankreich und Ungarn vorzubereiten – er ist später nicht mehr sehr oft zurückgekehrt. Er ließ seine Sache dort von nun an von Stellvertretern ausfechten, vor allem dem fähigen Herzog Albrecht von Sachsen, der vorsichtiger vorging und in jahrelangen Kleinkriegen bis 1492 die zahlreichen Widerstände überwand – er war es letztlich, der die Niederlande für die Habsburger sicherte. Die 300.000 Gulden, die er dafür aus eigener Tasche aufwendete, erhielt er nie ersetzt; und die österreichische Geschichtsschreibung hat seinen Beitrag zum Aufstieg des Hauses Österreich gerne heruntergespielt. Der 15jährige Krieg hatte die reichen Niederlande jedenfalls schwer getroffen. Maximilian ging es nun vor allem um die Abrechnung mit Frankreich; den Franzosen (inzwischen hatte Karl VIII. die Regierung übernommen) gab er auch die Schuld an seinen niederländischen Kalamitäten, wie der Weißkunig zeigt. Wieder hoffte er mit einer Heirat dem König von Frankreich auf den Pelz rücken zu können: wie üblich durch Stellvertreter ehelichte er im Dezember 1490 die elfjährige Anne, die Erbin der Bretagne, wodurch er Karl VIII. in die Zange zu nehmen hoffte. Diesmal konnte er jedoch der Braut nicht zu Hilfe kommen; Karl VIII. zog in der Bretagne ein und heiratete ein Jahr später selbst Anne de Bretagne. Damit hatte er Maximilian nicht nur eine gute Partie weggeschnappt, sondern er hatte zugleich Maximilians Tochter Margarete, mit der er ja seit 1482 verlobt war, sitzengelassen – ohne freilich sie oder die Mitgift dem Vater zurückzugeben. Das ist einer jener Schachzüge, die den schlechten Ruf der französischen Könige bei

Ausschnitt aus einem der berühmten Burgunderteppiche, 15. Jahrhundert. Im Zuge der Burgunderkriege erbeuteten die Schweizer einen großen Teil der Schätze Karls des Kühnen. Historisches Museum, Bern.
Nemeth

Mittelalterliche Alltagsszene: Spielleute ziehen in eine Stadt ein.

Aus: Kühnel, Alltag im Spätmittelalter

Der Habsburgerstammbaum im Habsburgersaal auf Schloß Tratzberg in Jenbach, Tirol (um 1520). Wie schon sein Vater Friedrich III. liebte es Maximilian, genealogische Spekulationen anzustellen. Seine Gelehrten erfanden phantastische Stammbäume, in denen das Geschlecht der Habsburger auf römische Caesaren und biblische Gestalten zurückgeführt wurde.

ÖNB

deutschsprachigen Historikern begründen. Doch wurde diese „Brautraub"-Geschichte von Maximilians Propaganda ziemlich aufgebauscht, um Unterstützung im Reich für den Rachekrieg gegen Frankreich zu gewinnen. Große und einigermaßen unrealistische Pläne von einer völligen Niederwerfung Frankreichs kursierten.

Englische Finanzhilfe und die Darlehen der Fugger ermöglichten schließlich einen Angriffskrieg; in einem Winterfeldzug 1492/93 konnte Maximilian die Freigrafschaft Burgund besetzen, ein französisches Heer schlagen und einen günstigen Frieden erreichen, der das gewonnene Gebiet für Habsburg sicherte und auch zur Rückgabe seiner Tochter führte, die er zehn Jahre lang nicht mehr gesehen hatte. König Karl VIII., „im Grunde ein schwacher Herrscher, der nichts als Ritterromane im Kopf hatte und nach Heldentaten dürstete" (Jean Favier), war zu diesen Zugeständnissen bereit, weil er in Italien viel größere Pläne hatte. Für die Habsburger hatten die 15jährigen Auseinandersetzungen um das burgundische Erbe damit einen durchaus günstigen Ausgang genommen: Der Kern des burgundischen Herzogtums mit der Hauptstadt Dijon war zwar an Frankreich

zurückgefallen – darum wurde seit 1477 auch gar nicht mehr gekämpft. Sämtliche Reichsgebiete und zusätzlich das bisher dem französischen König lehenspflichtige, reiche Flandern und Artois (mit Arras) waren aber habsburgisch geworden. Der Name Burgund kam für diese Ländergruppe bald ab; man sprach von den Niederlanden sowie von der Freigrafschaft/Franche Comté. Seit seiner Volljährigkeit regierte hier Philipp, später seine Schwester Margarete, die wesentlich besser mit den Niederländern umgehen konnte und durchaus nicht immer die frankreichfeindliche Politik Maximilians unterstützte; er selbst hatte inzwischen Tirol zum Schwerpunkt seiner Regierung gemacht.

Bergwerke, Geldgeber, Landsknechte

Es sei ein Glück, daß die Schätze seiner österreichischen Länder so tief in den Bergen lägen, sonst würde er sie alle aufgebraucht haben: Das gestand Maximilian selbst einmal scherzhaft ein. Die Hauptlast seiner Politik hatte Tirol zu tragen,

Die berühmte Fuggerstube auf Schloß Tratzberg in Jenbach in Tirol. Die Fugger waren es, die mit ihren riesigen Krediten die Kriegs- und sonstigen Ausgaben Maximilians finanzierten. Tirol mit seinen Bergwerken und Handelsrouten lieferte die höchsten Einnahmen, die aber immer mehr an die Fugger verpfändet wurden.
ÖNB

das zu einer Art Schaltstelle seiner weitgespannten Pläne wurde, nachdem er die Niederlande verlassen hatte. Im März 1490 gelang es, den erbenlosen Sigismund von Tirol gegen eine hohe Rente zum Verzicht auf die Herrschaft zu bewegen. Der „Münzreiche", der freilich immer in Geldnot war, hatte sogar erwogen, Tirol den Bayern zu überlassen. Maximilian sollte ihn im Schuldenmachen bald übertreffen; zunächst reorganisierte er aber die Verwaltung des Landes nach burgundischem Vorbild, drängte den Einfluß des Adels zurück und konnte so die Finanzen sanieren: In den ersten drei Jahren steigerte er seine Einnahmen von 87.000 auf 212.000 Gulden. Tirol mit seinen Bergwerken und Handelsrouten lieferte von allen Erbländern die höchsten Einnahmen, die aber immer häufiger verpfändet wurden.

„Aller Bergwerke Mutter" nannte man die reichen Silber- und Kupfergruben von Schwaz. Die Jahresproduktion an Silber machte 1516 einen Wert von 1,4 Millionen Gulden aus (von denen allerdings nur ein Bruchteil dem Fürsten zugute kam). In ganz Tirol waren etwa 50.000 Bergknappen in den Gruben tätig. Sozial zählten sie zwar zum unbehausten Volk, zum „Pofel", wie man sagte, doch

waren sie – trotz harter Arbeits- und Lebensbedingungen – noch relativ gut gestellt: Wie die Landsknechte verdienten sie einen Gulden pro Woche (zum Vergleich: ein Hofarzt Maximilians, Dr. Nicolaus Pol, der auch medizinische Traktate verfaßte, erhielt als Salär jährlich 100 Gulden, ebenso wie ein Landrichter; als Apotheker hatte er zunächst nur 20 verdient). Die Bergleute waren in einflußreichen Gewerkschaften organisiert, die gelegentlich sogar dem König Darlehen geben konnten. Sie arbeiteten nicht direkt für den Landesfürsten, sondern für sogenannte Gewerken, die als Bergwerksunternehmer dem Fürsten nur eine bestimmte Pacht leisten mußten; manche von ihnen kamen so zu großem Reichtum. In der Konkurrenz der Gewerken setzten sich zunehmend die Großen durch, nicht zuletzt die Fugger, denen Maximilian zeitweise auch seine gesamten Einkünfte aus den Bergwerken verpfänden mußte. Die Bergwerksstadt Schwaz war damals mit ungefähr 20.000 Einwohnern eine der größten Städte der gesamten Erblande. Abgebaut wurde auch der Steirische Erzberg, wo unter der Herrschaft Maximilians die Jahresproduktion auf 9000 Tonnen mehr als verdoppelt wurde.

Das Goldene Dachl in Innsbruck, ein Prunkerker, im Auftrag von Maximilian I. um 1500 erbaut. Plastik und Architektur von Nikolaus Thüring dem Älteren, Malerei von Jörg Kölderer.
Heute „das Wahrzeichen" von Innsbruck.

Trumler

Die Kriegs- und sonstigen Ausgaben überschritten ständig die immerhin beträchtlichen Einnahmen, die ohnehin weit höher lagen als diejenigen Friedrichs III. Es waren die riesigen Kredite Jakob Fuggers „des Reichen", die dennoch die Unternehmungen Maximilians weiter ermöglichten. Jakob Fugger (1459–1525), genauso alt wie Maximilian, stammte aus der im Textilhandel großgewordenen Augsburger Kaufmannsfamilie, die bereits weitreichende Geschäftsverbindungen, vor allem nach Italien, unterhielt. Die gegebenen Darlehen ließ er sich teils durch Privilegien vergelten, die er zum Aufbau einer monopolähnlichen Stellung im Bergbau und im Transithandel nützte. Diese Verknüpfung von Geschäft und Politik perfektionierte er unter Maximilian immer weiter; schon an dessen Regierungsübernahme in Tirol war er nicht unbeteiligt gewesen. Unter der Leitung Jakobs expandierten die Fugger im ungarischen und steirischen Bergbau, im Ostseehandel und nicht zuletzt, durch gute Beziehungen zur Kurie, im Ablaßhandel. Sein politisches Meister-

stück gelang Jakob Fugger gegen Ende seines Lebens, als er, größtenteils aus eigenen Firmenmitteln, mit 850.000 Dukaten die Wahl Karls V. zum römischen König ermöglichte. Als er kinderlos starb, machte das Vermögen der Gesellschaft, deren Leitung auf seinen Neffen Anton überging, etwa zwei Millionen Gulden aus. Bei den Fuggern war Maximilian ständig mit zwei- bis vierhunderttausend Gulden verschuldet. Seine Privilegien ermöglichten es, daß die Fugger und andere süddeutsche Handelsgesellschaften zeitweise auch den Lebensmittelhandel in die Hand bekamen und Preise diktieren konnten, was eine breite Bewegung gegen die Monopole auslöste. Die politischen Erfolge Maximilians waren also mit zunehmender wirtschaftlicher Abhängigkeit verknüpft; noch mehr seine Mißerfolge, wie der langwierige und erfolglose Krieg gegen Venedig (1508–1516), der zum finanziellen Kollaps führte.

„Besonders ist offenbar, daß in diesem Land alles, das Geld getragen hat, versetzt gewesen ist", resümierte der Tiroler Georg Kirchmair die Situation nach Maximilians Tod. In 25 Regierungsjahren des Kaisers hatten die österreichischen Länder etwa 25 Millionen Gulden aufgebracht, 6 Millionen Gulden Schulden blieben zurück, an denen man bis ans Ende des Jahrhunderts zu zahlen hatte (oder sie einfach schuldig blieb, was zahlreiche Gläubiger ruinierte). Die Dimensionen werden klar, wenn man bedenkt, daß die Stadt Wien damals 2000 Gulden „jerlich statsstewr" zu leisten hatte; und das war ihr noch zuviel, weshalb man 1513/14 eine Ermäßigung zu errreichen suchte (mit dem Argument, daß zwei Drittel der Häuser nicht in bürgerlichem, sondern meist in geistlichem Besitz seien und daß die Bürger aus nur einem Drittel der Stadt die gesamte Steuer aufbringen müßten). Maximilian „betrieb eben Weltpolitik auf Vorschuß" (Wiesflecker). Bewußt hob er sich von seinem Vater ab, wenn er meinte, die Erzherzöge von Österreich hätten durch Freigebigkeit mehr gewonnen als durch Sparsamkeit. Dennoch: „Die österreichische Geschichtsschreibung wird ihm nie verzeihen können, daß er jahrzehntelang, um seiner stets ungenau berechneten politisch-militärischen Unternehmungen willen, die Erbländer wirtschaftlich überanstrengte und namentlich Tirol für lange Zeit ruinierte", urteilte Alphons Lhotsky.

Die Belastungen, die Maximilian seinen Untertanen aufbürdete, gesteht sogar der Hofhistoriker Grünpeck zu, als er einen Aufruhr in Flandern erklären will: „Da er nämlich bei seiner Freigebigkeit weit über den Ansatz der regelrechten Steuer hinaus gehen mußte und die Gefräßigkeit der Haushofmeister, denen gegenüber er eine allzu milde Kontrolle eintreten ließ, weit drückendere

Abgaben, als sie die Vorfahren des Königs gewöhnlich erhoben hatten" (und das waren die nicht gerade sparsamen Burgunderherzöge!), „erforderte, und trotzdem alles Geld sofort wieder verschwunden war, so daß weder zum Besten des Königs noch der Lande irgend etwas übrigblieb, geriet das Volk nicht sosehr über die Handlungsweise des Königs als vielmehr über die Treulosigkeit seiner Hofbeamten in Aufruhr und stellte dem König aller Orten in hinterlistiger Weise nach." An anderer Stelle berichtet Grünpeck, daß Maximilian zu Lebzeiten Marias oft riesige Festmähler gab, bei denen angeblich 100 bis 200 Gänge aufgetragen wurden; oder „Mummereien", wobei „Vorgänge aus früheren Zeiten, Tanzweisen, Kampfspiele und Possenreißereien von Leuten in altertümlicher Kleidertracht und Waffenschmuck vorgeführt" wurden; sowie „ganz neue wundersame Spiele" auf der Bühne, die jedesmal 10.000 Gulden kosteten. Teuer waren also nicht nur die Kriege, sondern auch die Repräsentation und der Glanz, mit dem Maximilian sich – nach burgundischem Vorbild – zunächst umgab. Doch begann der Habsburger bald, vom aufwendigen Hofleben seiner burgundischen Vorgänger Abstriche zu machen; das aufwendige und steife Zeremoniell behagte ihm auch nicht. Ebenso war der Hof Maximilians in Innsbruck bescheidener als der seines „münzreichen" und prunksüchtigen Vorgängers Sigismund; sein Hofstaat von etwa 400 Personen soll um die 90.000 Gulden im Jahr gekostet haben. Die ständigen Kriege verschlangen viel mehr Geld; und diese Summen fand der Kaiser besser angelegt. „Ich bin nicht der König des Geldes … die streitbare Regierung und das künftige Gedächtnis sind mehr denn das Geld", sagte er von sich.

Eine streitbare Regierung, dafür hat Maximilian gesorgt – mit 25 Feldzügen in knapp 40 Jahren. Auf militärischem Gebiet war er außerordentlich innovativ. Nach Schweizer Vorbild baute er eine Truppe von gutgerüsteten und gutbesoldeten Landsknechten auf, deren Disziplin und Zusammengehörigkeitsgefühl er zu stärken versuchte – mit wechselndem Erfolg. „Vater der Landsknechte" hat er sich gern genannt. Für ihre Ausrüstung organisierte er die Rüstungsproduktion, die besonders im Raum von Innsbruck mit Geschützgießereien, Harnischschlägereien, Messerschmieden usw. gezielt intensiviert wurde. Im neuerbauten Innsbrucker Zeughaus an der Sill waren Waffen für 30.000 Mann gelagert. In prachtvoll ausgestatteten „Zeugbüchern" werden diese Waffen und Ausrüstungsgegenstände genau dargestellt. Besonders interessierte sich Maximilian für die Artillerie; „den Gebrauch von eisernen Kugeln zur Eroberung von festen Plätzen hat er

Jakob II. Fugger (1459–1525) stammte aus der im Textilhandel großgewordenen Augsburger Kaufmannsfamilie. Durch weitreichende großzügige Darlehen an Maximilian I. gelang ihm der Erwerb von Silber-, Kupfer- und Bleiminen in Tirol, Kärnten, Ungarn und Spanien. Er machte seine Firma zum größten europäischen Bankhaus seiner Zeit.

AKG

in Oberdeutschland zuerst eingebürgert, und was auch nur in unserem Zeitalter in bezug auf das Kriegswesen Ungewöhnliches, Neues und Furchtbarwirkendes zur Anwendung gekommen ist, ist seine Erfindung", rühmt ihn Grünpeck. In der „Ehrenpforte" ist Maximilian auf einem Holzschnitt von Albrecht Altdorfer inmitten von Kriegsgerät abgebildet: „Er hat das greulichste Geschütz erdacht, mit großen Kosten zuweg gebracht", verrät die Unterschrift. Seinen Geschützen, die Kugeln bis zu 500 kg verschießen konnten, „gab er lustige Namen: Weckruf aus Österreich, Purrhindurch, Schnurrhindurch" (Wiesflecker). Zudem war er ein guter Organisator, der viele Grundlagen der neuzeitlichen Wehrverfassung der Erbländer schuf. Im Krieg scheiterte er trotz aller Rüstungen oft daran, daß das Geld zuletzt immer noch nicht reichte.

Tu, felix Austria – Ironie der Geschichte: Gerade der Habsburger, dem die drei erfolgreichsten Hochzeiten in der Geschichte der Dynastie glückten, war auch einer ihrer kriegerischesten Vertreter. Das dynastische Roulette allein hätte für den Aufstieg des Hauses Österreich zur Großmacht nicht genügt; Rückgrat der Großmachtpolitik waren die Landsknechte. Ihre spektakulärsten Erfolge wie Mißerfolge errangen sie weitab von den österreichischen Stammländern der Dynastie. Langsamer und unmerklicher hatte die militärische Macht im Dienst des Landesherrn aber eine zweite, vielleicht nachhaltigere Auswirkung: Die bewaffnete Selbsthilfe großer und kleinerer Herren, die ständigen Fehden und die allgemeine Friedlosigkeit der mittelalterlichen

Das Zeughaus in Innsbruck. Hier waren Waffen für 30.000 Mann gelagert. In prachtvollen „Zeugbüchern" werden diese genau beschrieben und dargestellt. Maximilian I. gilt auch als der erste Artilleriefachmann seiner Zeit. Seine Geschütze konnten Kugeln bis zu 500 kg verschießen.

ÖNB

Gesellschaft wurde immer weiter zurückgedrängt. So ohnmächtig wie Friedrich III. seinen unmittelbaren Untertanen gegenüber war keiner seiner Nachfahren mehr. Das Gewicht des Fürsten stieg, bis hin zum Absolutismus der Barockzeit. Maximilian, bei aller seiner persönlichen Sprunghaftigkeit, hat seine militärische Position und die Möglichkeiten der Verwaltung in den Erbländern wesentlich verbessert und damit einen Schritt hin zum modernen Staat gemacht. Daß er durch kriegerische Abenteuer und finanzielle Überforderung diese Entwicklung zugleich aufs äußerste gefährdet hat, macht die Zwiespältigkeit seiner Leistung aus. Durch das Machtpotential, das er seinen Enkeln hinterließ, konnten sie die Gefahr aber meistern.

Maximilian und das Reich

In den Erbländern konnte Maximilian die staatlichen Strukturen ausbauen; dasselbe versuchte er, mit wesentlich geringerem Erfolg, im Reich. Viele der seit Jahrzehnten diskutierten Möglichkeiten einer Verdichtung und Festigung des Reiches wurden ausprobiert: die Einrichtung zentraler Reichsbehörden und die Einhebung einer Reichssteuer (des „gemeinen Pfennigs"), was letztlich undurchsetzbar war. Besser gelangen die Institutionalisierung der Reichstage, die Schaffung

eines Reichskammergerichtes und einige Fortschritte in der Durchsetzung eines allgemeinen Landfriedens (was einen streitbaren Ritter wie Götz von Berlichingen freilich wenig bekümmerte). Mehr oder weniger vergeblich waren die regelmäßigen Ersuchen um Reichshilfe bei seinen Kriegen, die Maximilian ständig an die Reichstage richtete; nicht zu Unrecht hielt man ihm entgegen, daß es ohnehin um dynastische Interessen ging. Aber das ständische Regiment, das Maximilians großer Gegenspieler Berthold von Henneberg, Kurfürst und Erzbischof von Mainz († 1504), forderte, wäre auch ohne Maximilians Widerstand ebensowenig zu verwirklichen gewesen – weder einer kaiserlichen noch einer ständischen Behörde zuliebe hätten die Fürsten und anderen Stände auf irgendwelche alten Vorrechte verzichtet. Die Sonderentwicklung der vielen regionalen Gewalten, die Bildung von Fürstenstaaten war einfach zu weit fortgeschritten. Zur Zeit Maximilians war der Ausgang vieler Reformvorhaben noch nicht ganz abzusehen; klar ist, daß der Kaiser selbst, trotz aller Bemühungen um das Reich, seiner dynastischen Politik bei weitem den Vorrang einräumte.

Maximilian war noch zu Lebzeiten des Vaters 1486 nach allen Regeln und ohne Widerstände zum römischen König gewählt und gekrönt worden. Es ist typisch, daß gerade der so oft ohnmächtige Friedrich III. weder bei seiner eigenen Königs- und Kaiserkrönung noch bei der Königswahl des Sohnes auf Schwierigkeiten stieß, während seine ungleich mächtigeren Nachfolger große Probleme hatten: Maximilian mit der Kaiserkrönung, Karl mit der Königswahl. Je mächtiger der Kandidat, desto größer die Widerstände, das war mindestens seit dem Interregnum die unausgesprochene Regel, nach der die höchste Herrscherwürde der Christenheit vergeben wurde.

Maximilian mußte diese Erfahrung machen, als er 1508 endlich zur Kaiserkrönung nach Rom ziehen wollte. Zum Unterschied von seinem Vater, der sich nicht in italienische Verhältnisse eingemischt hatte, nahm Maximilian am immer erbitterteren Ringen italienischer und ausländischer Mächte um die Vormachtstellung auf der Halbinsel teil, wobei er neben französischem besonders auf venezianischen Widerstand stieß. Gerade zu seiner Zeit wurde die Situation dadurch kompliziert, daß die oft mehr als weltliche Fürsten agierenden Päpste an diesen Auseinandersetzungen teilnahmen. Als Maximilian Anfang 1508 den Brenner überschritt, wollte Papst Julius II. (für den Bramante den Neubau der Peterskirche plante und Michelangelo in der Sixtinischen Kapelle malte) für die Krönung territoriale Gegenleistungen, und die Venezianer wollten den Durchzug nicht gestatten. Um den groß angekündigten Romzug nicht in einem völligen Fiasko enden zu lassen, nahm Maximilian in Trient den Titel „Erwählter Römischer Kaiser" an. Dieser Akt bedeutete im Grunde nichts anderes, als in festlicher Form seinen Anspruch auf die Kaiserwürde zu proklamieren. Doch gestaltete Maximilian ihn möglichst aufwendig und symbolhaltig. Er und seine nächsten Gefolgsleute zogen in Pilgerkleidung, mit Pilgerstab und Rosenkranz um den Hals, in Trient ein; am Stadttor nahm der König eine Kanonenkugel wie einen Reichsapfel in die linke Hand. Am nächsten Tag, dem 4. Februar 1508, begab er sich mit großem Gefolge, festlich gekleidet, in den Dom, wobei er sich das Reichsschwert vorantragen ließ. Bischof Lang, einer seiner engsten Berater, bekräftigte von der Kanzel Maximilians Willen zum Krönungszug nach Rom; deswegen sei er von nun an „Erwählter Römischer Kaiser" zu nennen; eine Salbung oder Krönung fand nicht statt. Auch Maximilian selbst hielt dadurch den Romzug nur für aufgeschoben; seine kaiserlichen Ansprüche hat er niemals besonders hervorgekehrt. Erst in späterer Sicht galt die Zeremonie als Beginn der Loslösung der Kaiserkrönung von Rom. Karl V. ließ sich wieder, als letzter, vom Papst (allerdings in Bologna) krönen. Der Name „Heiliges Römisches Reich Deutscher Nation" war seit einiger Zeit üblich geworden, sollte aber „keine Einschränkung des Reiches

auf die deutschen Länder bedeuten, sondern vielmehr den Anspruch der Deutschen auf die Reichsherrschaft und das Kaisertum vor allem Frankreich gegenüber" betonen (Hermann Wiesflecker); die Kaiserkrone galt immer noch als Privileg und Würde, die den Deutschen zustand und einen Ehrenvorrang im ganzen Abendland begründete. Doch verlor diese universelle Stellung langsam an Bedeutung, womit auch der päpstliche Anspruch, die Krönung durchzuführen, aufgegeben werden konnte. So weit war man 1508 aber noch nicht; im Gegenteil, Maximilian und auch Karl V. träumten davon, das Reich in Italien und anderswo zu neuem Glanz zu führen. 1519 sollte sich zeigen, daß das römische Königtum und damit der Anspruch auf das Kaisertum noch eine Investition von fast einer Million Gulden wert war, weit mehr, als es an Einkünften je versprach.

Europäische Politik und spanisches Erbe

Im letzten Jahrzehnt des 15. Jahrhunderts hatte sich die Stellung der Habsburger konsolidiert: 1490 gelang es Maximilian, den letzten Herzog der Tiroler Linie, Sigismund, zum Verzicht auf die Herrschaft zu bewegen; im selben Jahr starb

Bregenz erwartet nach der Schlacht bei Hard am 20. Februar 1499 den Angriff der Eidgenossen. Der Krieg Maximilians gegen die Schweiz wurde mit dem Frieden von Basel 1499 beendet (Loslösung der Schweiz vom Reich).
ÖNB

Schlacht zwischen venezianischen und französischen Truppen. Maximilian schloß sich mit dem Papst, Spanien und Venedig zur „Heiligen Liga" im Kampf gegen Frankreich zusammen.
ÖNB

Die Wendung Maximilians I. nach Italien war auch von der Vermählung mit Bianca Maria Sforza begleitet.

KHM, Ambras

Für Maximilian I. bedeutete die Heirat mit Bianca Maria Sforza (1472–1510) vor allem einen finanziellen Gewinn. Die Sforzas zählten zu den reichsten und mächtigsten Familien Italiens.

KHM, Ambras

Mathias Corvinus, der weite Teile Österreichs besetzt hielt. Damit waren erstmals seit 1379 die österreichischen Länder wieder vereint. 1492/93 war der Widerstand in den Niederlanden überwunden, und der Friede von Senlis mit Frankreich beendete den Kampf um das burgundische Erbe mit einem für die Habsburger recht günstigen Kompromiß. Die damals erreichte Gebietsverteilung blieb bis in die Zeit Ludwigs XIV. trotz aller Kriege ziemlich stabil. Die Habsburger hatten sich neben Frankreich, England und dem eben vereinten Spanien als westeuropäische Großmacht etabliert. Ein weniger unternehmungslustiger Herrscher als Maximilian hätte sich der Konsolidierung widmen können. Der aber plante neue Schläge gegen Frankreich. Freilich waren es die Franzosen, die den ersten Zug in der neugestalteten politischen Landschaft taten: 1494 marschierte Karl VIII. in Italien ein, wo er einen Anspruch auf das aragonesische Neapel anmeldete. Maximilian schloß sich daraufhin mit dem Papst, Spanien, Venedig und anderen italienischen Mächten zur „Heiligen Liga von Venedig" zusammen. Von nun an wurde Italien eines der Schlachtfelder, auf denen die europäische Großmachtpolitik ausgefochten wurde; die Allianzen wechselten.

Die Wendung Maximilians nach Italien war von mehreren Hochzeiten begleitet. Der König selbst hatte schon im März 1494 Bianca Maria Sforza geheiratet, Tochter des Herzogs von Mailand. Die Sforza waren eines der reichsten und mächtigsten Fürstengeschlechter Italiens; allerdings waren sie Emporkömmlinge, und Francesco Sforza, ein Condottiere und Schwiegersohn des letzten Visconti,

hatte 1450 die Macht gewaltsam an sich gerissen; illegitim auch vom Standpunkt des Reichsrechtes, das eine formelle Belehnung erforderte. Lodovico il Moro (der Mohr) selbst, Biancas Onkel, führte die Regierung für seinen minderjährigen Neffen, den er irgendwann im Gefängnis umkommen ließ. Auf der anderen Seite war Lodovicos Mailand eines der glanzvollsten Zentren der Renaissance; Leonardo da Vinci arbeitete hier, und die zur Grabkriche der Sforza ausgebaute Karthause von Pavia ist eines der Hauptwerke der Renaissance-Architektur (dort steht auch das wundervolle Grabmal Lodovicos). Für Maximilian bedeutete die Heirat nicht nur, daß er nun einen mächtigen Bündnispartner in Italien hatte, sondern vor allem eine Mitgift von fast 500.000 Dukaten (insgesamt erhielt Maximilian bis 1498 etwa 900.000 Dukaten von Lodovico). Es ist kein Wunder, daß Maximilians reicher Verwandter in jenen Jahren mit den arroganten Worten zitiert wird: Papst Alexander sei sein Kaplan, Kaiser Max sein Condottiere, Venedig sein Kämmerer und der König von Frankreich sein Kurier. „Die vollendetste fürstliche Charakterfigur dieser Zeit", nennt ihn Jacob Burckhardt. Der stolze Fürst sollte ein schlechtes Ende nehmen; 1500 eroberten die Franzosen Mailand, und Lodovico verbrachte seine letzten Lebensjahre in den Kerkern verschiedener Loireschlösser, wo man noch seine verzweifelten Kritzeleien zeigt. Maximilian behandelte seine reiche Braut (die 1510 starb) übrigens äußerst schäbig; er kümmerte sich nicht nur persönlich kaum um sie, sondern hielt sie auch finanziell sehr kurz, ja gelegentlich ließ er sie sogar als Pfand zurück, wenn er wieder einmal irgendwelche Forderungen nicht begleichen konnte.

Gezielt gegen Frankreich gerichtet war der Ehevertrag mit Spanien. Dort hatten sich in jüngster Zeit drei wesentliche Veränderungen vollzogen: Die Heirat von Ferdinand II. von Aragon (1479 bis 1516) und Isabella von Kastilien (1474–1504) hatte die Vereinigung dieser beiden Königreiche eingeleitet. Mit der Eroberung von Granada (1492) verloren die islamischen Mauren ihr letztes Reich auf iberischem Boden, die Reconquistà war abgeschlossen. Und mit den Entdeckungsfahrten des Kolumbus in der Karibik (seit 1492) begann die koloniale Expansion Spaniens. Die französischen Erfolge in Italien beschleunigten die Verhandlungen um eine Verbindung des spanischen Königshauses mit den Habsburgern. Es war König Ferdinand, der darauf drängte. Es ist wenig bekannt, wie lange der Habsburger gezögert hat, auf die Werbung des Aragonesen einzugehen. Noch nachdem im Januar 1495 der Heiratsvertrag abgeschlossen war, hat sich Maximilian monatelang geziert und spanische Gesandte barsch abgefertigt. Er wollte seinen Sohn Philipp „den Schönen" für andere dynastische Verbindungen, etwa mit Ungarn oder England, wo er sich Erbchancen ausrechnete, freihalten. Auch polnische und bayerische Bewerber um den einzigen Habsburgersohn gab es, die Maximilian aber abwies. Heiratsverbindungen mit deutschen Fürsten waren in den Hintergrund getreten; dieses Kapitel der Hausmachtpolitik war abgeschlossen, dynastische Projekte waren nun meist auf einen kleinen Zirkel außerdeutscher Herrscher beschränkt – oder italienischer Fürsten, die ihr Reichtum interessant machte.

Die spanische Heirat war also eher eine Verlegenheitslösung, als ehrgeizigere Projekte scheiterten; irgendwelche Erbfolgehoffnungen waren daran nicht geknüpft, es ging um „politischen Rückhalt" (Heinz Angermeier) gegen Frankreich. Wieder einmal wurde eine Doppelhochzeit gefeiert: 1496 heiratete Philipp Juana (Johanna „die Wahnsinnige"), im folgenden Jahr kam die Ehe Margaretes mit Johannas Bruder, dem Thronerben Juan, zustande. Maximilian persönlich plante den Zug seiner Tochter zu dieser Hochzeit, wie ein erhaltenes Schriftstück zeigt,

machte ihre Begleitung namhaft, die fast nur aus Niederländern bestand (darunter ein Vorfahre des niederländischen Freiheitshelden Egmont), und kalkulierte genau die Kosten: Geschenke für die spanische Begleitung (6000 Gulden), für die Bedürfnisse der Prinzessin auf ihrer dreimonatigen Reise (8500 fl.), für die Unterbringung (10.000 fl.), für die Kleidung der Prinzessin (3000 fl.), für die Kleidung ihres Hofstaats von 20 Herren und zwölf Damen (4000 fl.), für die Vergnügungen der Prinzessin (3000 fl.) etc.

Man sieht, auch die damalige Heiratspolitik war kein billiges Geschäft. In diesem Fall sollte sich, wider Erwarten, die Investition lohnen: nicht für Margarete, denn Juan starb schon im selben Jahr, aber für Philipp, dem sich durch diesen und einige weitere Todesfälle Aussichten auf die Erbfolge eröffneten.

Doch der dynastische Glücksfall wurde durch einen noch schwerwiegenderen Unglücksfall zunächst aufgewogen: Plötzlich starb der gerade 28jährige Philipp im September 1506 – Mord, so munkelten manche, aber berichtet wird nur von einem kalten Getränk nach einem hitzigen Ball-

Schloßhof der ehemaligen Hofburg in Innsbruck. Ein Aquarell von Albrecht Dürer. Maximilians Hofhaltung in Innsbruck war wesentlich bescheidener als die seines Vorgängers Sigismund des „Münzreichen".
ÖNB

Eine Erweiterung Tirols gelang Maximilian I. in einem bayerischen Erbfolgekonflikt mit der Einnahme von Stadt und Festung Kufstein im Oktober 1504.

ÖNB

deren jede soviel Einnahmen bringen konnte wie ein ganzes seiner Länder. Besonders Verona wollte er mit allen Mitteln gewinnen. Doch nach ungeheuren Kriegskosten erreichte er gerade eine (wesentlich geringere) Kriegsentschädigung und bekam einige Grenzorte (Riva, Rovereto, Cortina) – und das, während König Franz I. von Frankreich nach dem Sieg bei Marignano (1515) wieder die Lombardei besetzte. Maximilians Landsknechte, denen er immer wieder den Sold hatte schuldig bleiben müssen, schimpften ihn den „Strohkönig"; die Italiener verlachten ihn als „Massimiliano senza danari" (ohne Geld); und Machiavelli meinte, selbst wenn alle Pappeln Italiens statt Blättern Dukaten trügen, würde das dem Kaiser nicht reichen.

Eine Erweiterung Tirols gelang ihm immerhin auch in anderen Richtungen: in einem bayerischen Erbfolgekonflikt bemächtigte er sich der bis dahin bayerischen Festung Kufstein (1504 – ein Erfolg seiner verbesserten Artillerie) sowie Kitzbühels; und nach dem Aussterben der Grafen von Görz im Jahr 1500 erwarb er das Pustertal (sowie die Görzer Besitzungen am Isonzo). Wenig spektakuläre Erfolge, aber wieder einige Schritte vorwärts in den beharrlichen Bemühungen der Habsburger, die im Spätmittelalter noch keineswegs territorial geschlossenen Erbländer zu einem flächendeckenden Komplex abzurunden. Erstmals war nun die Verbindung von Nieder- und Innerösterreich über das Drau- und das Pustertal nach Tirol in habsburgischer Hand (bis auf einige Enklaven des Hochstiftes Brixen), und die weltlichen Herrschaften, die zwischen den österreichischen Ländern gelegen waren, gehörten nun alle den Habsburgern. Es blieb nur mehr eine Anzahl geistlicher Territorien: vor allem Salzburg, Brixen und Trient. Eine Verbindung zu den vorderösterreichischen Besitzungen in Schwaben zu schaffen, gelang dagegen nie.

In ganz anderen Dimensionen bewegte sich der Plan, den Maximilian 1511 eine Zeitlang hegte: Von einer Gruppe schismatischer Kardinäle, die sich mit Unterstützung Frankreichs zu einem Konzil in Pisa zusammengefunden hatten, wollte er sich – gegen Julius II. – zum Papst wählen lassen. Dabei spielten sicher Rachegefühle gegen den „verfluchten, trunksüchtigen Pfaffen" (so nannte er ihn) Julius mit, der ihm die Kaiserkrönung verweigert hatte. (Julius dagegen spottete, der Kaiser werde nicht einmal mit einem Fäßchen Wein fertig.) Der Reichtum der Kurie, zumindest die Verfügung über das deutsche Kirchenvermögen hätte neue Finanzmittel erschlossen; und die Vereinigung des Papsttums mit dem Kaisertum, die ja beide im mittelalterlichen Verständnis auf ihre Weise geistliche Autorität mit weltlicher Macht

spiel. Sein Schwiegervater Ferdinand überlebte ihn um zehn Jahre und tat alles, um die habsburgische Erbfolge noch platzen zu lassen. „Mein Gott, warum hast du mich verlassen", schrieb Maximilian nach dem Tod des Sohnes in sein Notizbuch – mit dem typischen Selbstmitleid der Habsburger, das ihn später sogar zur Behauptung brachte, er habe mehr gelitten als Christus am Ölberg. Aber in diesem Fall konnte die dynastische Logik doch noch greifen. Trotz aller Widerstände setzte sich Philipps Sohn Karl V. ein Jahrzehnt später als spanischer Thronerbe durch. Aus der Bekräftigung eines Bündnisses gegen Frankreich war durch dynastische Zufälle, die in dieser Zeit so oft für die Habsburger arbeiteten, ein reiches Erbe entstanden: In keinem anderen Fall war daran allerdings so viel Glück und so wenig gezielte Politik beteiligt.

Die Kriege, die Maximilian seit 1494 führte, waren insgesamt wesentlich weniger erfolgreich. Vor allem in Italien erreichte er weder mit Venedig gegen Frankreich noch später mit Frankreich gegen Venedig viel. Im Venedigerkrieg (1508 bis 1516) versuchte er sich eines Teils des venezianischen Festlandbesitzes zu bemächtigen – Städte,

verknüpften, hätte einem eigentlich überholten Konflikt eine überraschende Lösung gegeben. Der Plan macht auch sichtbar, „in welchem Maße das Papsttum nur als Macht unter Mächten galt" (Boockmann). Seiner skeptischen Tochter Margarete gegenüber begründete Maximilian seine Absichten mit einer gewissen Läuterung: Nun, nach dem Tod seiner Frau, wolle er niemals mehr heiraten „und nie mehr eine nackte Frau heimsuchen". Er wolle sich nun vom Papst zu dessen Koadjutor machen lassen und ihm dann nachfolgen „und Priester werden und danach ein Heiliger sein, so daß es für Euch nötig sein wird, mich nach meinem Tod anzubeten", scherzte er. Wieder einmal verknüpfte sich seine Lust auf verwegene politische Schachzüge mit seinem Sendungsbewußtsein auf typische Art und Weise. Er hat den kaum realistischen Plan allerdings bald fallen lassen, nicht zuletzt deshalb, weil Jakob Fugger, der seine guten Geschäftsbeziehungen zur Kurie nicht gefährden wollte, eine Finanzierung verweigerte.

Die Wiener Doppelhochzeit 1515

Über Ungarn und Böhmen herrschte damals Wladislaw II. aus der polnischen Dynastie der Jagiellonen. In langwierigen Verhandlungen – nicht weniger als zweiunddreißigmal mußte der Humanist Cuspinian nach Ungarn reisen – konnte Maximilian ihn sowie den jagiellonischen Verwandten Sigismund von Polen für das Projekt einer Doppelhochzeit mit wechselseitigen Erbzusagen gewinnen. Dabei waren die Betreffenden alle noch nicht im heiratsfähigen Alter. Der neunjährige Ludwig, Sohn Wladislaws, sollte Maximilians Enkelin Maria erhalten und außerdem vom Kaiser adoptiert werden. Ludwigs zwölfjährige Schwester Anna sollte einen von Maximilians Enkeln, Karl (V., geboren 1500) oder Ferdinand, heiraten; allerdings waren beide in Spanien, und erst im folgenden Jahr konnte Maximilian die Zusage Ferdinands einholen. Deshalb sprang der 56jährige Maximilian selbst ein und trat mit der zwölfjährigen Anna vor den Altar; vereinbart wurde, daß binnen Jahresfrist einer der Enkel seine Stelle einnehmen sollte. Damit sollten auch die Pläne des ungarischen Adeligen Johann Zapolya durchkreuzt werden, der durch eine Heirat mit Anna selbst eine Verbindung mit dem Königshaus suchte. Nur wenige Jahre zuvor hatte eine ungarische Ständeversammlung beschlossen, im Falle einer Thronvakanz keine ausländischen Herrscher mehr auf den ungarischen Thron zu wählen; die Verabredungen der Habsburger und Jagiellonen richteten sich also offen gegen die Wünsche der ungarischen Stände. Zapolya sollte 1526 auch als Gegenkönig dem Habsburger Ferdinand große Schwierigkeiten bereiten. Daß die Habsburger tatsächlich das Erbe antreten könnten, war freilich 1515 keineswegs abzusehen; die

„Tu felix Austria nube". Die Doppelhochzeit im Juli 1515 im Stephansdom in Wien legte den Grundstein für die Erwerbung Ungarns und Böhmens für das Haus Habsburg.
ÖNB

Philipp I. der Schöne (1478–1506), der Sohn Maximilians, ehelichte Johanna, die Infantin von Kastilien-Aragon. Habsburgs Aufstieg zur Großmacht begann.
KHM, Ambras

Doppelhochzeit sicherte ja beiden Teilen Erbansprüche zu, und ebensogut wie Ludwig hätte auch Ferdinand kinderlos sterben können. Zudem hatte eine Doppelhochzeit für beide Teile den Vorteil, daß die Mitgift, die nominell mit 200.000 Gulden angesetzt wurde, sich gegenseitig aufhob: Sowohl Maximilian als auch Wladislaw waren in finanziellen Schwierigkeiten und profitierten von einem solchen Gegengeschäft. Die tatsächliche Hochzeit der beiden Paare fand übrigens erst im Jahr 1521 statt.

Fixiert wurde das Projekt in ungewöhnlich festlichem Rahmen beim „Wiener Kongreß" von 1515.

Ebensosehr wie Krieg und Turnier liebte Maximilian die Jagd. Hier eine Szene aus dem Tiroler Fischereibuch.
ÖNB

Im März 1515 trafen kaiserliche Gesandte mit König Wladislaw und König Sigismund in Preßburg zu Verhandlungen zusammen. Der kränkelnde Kaiser mußte die beiden Jagiellonen auch nach Abschluß eines Vorvertrages noch lange in Preßburg warten lassen, erst im Juli trafen sich die drei Herrscher in Wien. Dafür betrieb der Kaiser einen großartigen Aufwand (angeblich verschlang das Schauspiel 200.000 Gulden), wofür er wieder einmal bei Fugger hohe Schulden machen mußte. Diesmal war Jakob Fugger allerdings schon aus eigenen Geschäftsinteressen dazu bereit; denn er hatte stark in die Bergwerke der Slowakei investiert, und sowohl gute Beziehungen zwischen Maximilian und Ungarn als auch die Aussichten auf Erbfolge versprachen günstige Geschäftsbedingungen.

Maximilian ließ seine Schätze nach Wien überführen, obwohl die meisten Stücke verpfändet waren und er sie sich von Fugger ausleihen mußte. Albrecht Dürer wurde dafür gewonnen, die Hoftrachten zu entwerfen; außerdem hatte er an der „Ehrenpforte des Hauses Österreich" mitgewirkt, einem Holzschnittwerk zu Ehren der Habsburger, das in Wien präsentiert wurde. Fürsten und Prälaten, Gefolgsleute und Turnierkämpfer, Humanisten und Poeten, Künstler und Schausteller kamen in großer Zahl nach Wien. In der ziemlich vernachlässigten Hofburg wurden Ausbesserungen vorgenommen und der Hof gepflastert; weit größerer Aufwand wurde jedoch auf Dekorationen, Schaugerüste, Teppiche und Stoffe verwendet, die nur für das Ereignis gedacht waren. Ungefähr zehntausend Gefolgsleute der drei Herrscher kamen in Wien zusammen; der Zug des Kaisers war in extra geschneiderte rot-goldene Kostüme gekleidet. Am 12. Juli 1515 wurde in St. Stephan Hochzeit gefeiert.

Die Zeitgenossen beeindruckten der Prunk und Aufwand des Treffens; Maximilian mochte jene Zusammenkunft in Trier vorgeschwebt sein, bei der Karl der Kühne so glanzvoll aufgetreten war. Es ging auch wieder um ähnliche Fragen: Heirat und Nachfolgeregelungen, sogar von einem eventuellen römischen Königtum oder Reichsvikariat (für Ludwig) wurde gesprochen. Maximilian wird den Glanz seines einstigen Schwiegervaters vielleicht nicht ganz erreicht haben, vor allem war die ganze Herrlichkeit nur geborgt; dafür war der politische Erfolg größer. Wieder einmal lachte den Habsburgern das dynastische Glück, als Ludwig 1526 gegen die Türken fiel; der Preis war allerdings immens: jahrzehntelange Kämpfe gegen die ungarische Gegenpartei, jahrhundertelange gegen die Türken, die nun zu direkten Nachbarn geworden waren.

CLEOPHAS FRATER CARNALIS IO-
SEPHI MARITI DIVAE VIRG MARIÆ

IACOBVS MINOR EPVS MARIA CLEOPHÆ SOROR
HIEROSOLIMITANVS VIRG MAR PVTATNA MA-
TERTERA D N

IOSEPH IVSTVS SIMON ZELOTES CONSO-
BRINVS DNI NRI

Die Familie Kaiser
Maximilians I. mit seinen
Enkeln Ferdinand und Karl.
Maximilians Tochter
Margarete war Statthalterin
in den Niederlanden.
Sein Sohn Philipp war 1506,
23jährig, plötzlich gestorben.
KHM

Sterben in Wels

Schon 1515 hatte sich der Wiener Kongreß nicht zuletzt durch eine Krankheit des Kaisers verzögert; in seinen letzten Lebensjahren fühlte er sich meist schwach und krank, litt an den Folgen eines Schlaganfalles, einer chronischen Krankheit der Verdauungsorgane und wohl auch an der Syphilis. „An Leib und Gesundheit ganz baufällig" erlebten ihn Zeitgenossen. Jahrelang führte er auf allen Reisen seinen Sarg mit; dieser diente gleichzeitig zur Aufbewahrung wichtiger Akten und seiner geliebten Holzschnittwerke und Hauschroniken. Immer noch hoffte er darauf, daß der Papst ihm eine Kaiserkrone übersenden würde, um ihm wenigstens eine Krönung in Deutschland zu ermöglichen. Auch die Gedanken an einen Türkenkreuzzug beschäftigten ihn lange; damit wünschte er sein Leben würdig zu beschließen. Noch 1518 auf dem Augsburger Reichstag legte er einen Plan

Johanna (1479–1555),
Infantin von Kastilien-Aragon.
Nach dem Tod Philipps verfiel
sie dem Wahnsinn und lebte
zurückgezogen in Tordesillas.
KHM, Ambras

vor, die Türken von Europa, Nordafrika, Rußland und Persien aus gleichzeitig anzugreifen; doch war das den wenigsten im Reich ein Anliegen, zumal die Türken schon lange Frieden gehalten hatten. Immerhin war die Türkengefahr ein Grund dafür gewesen, daß man sich 1515 in Wien geeinigt hatte, und ein gemeinsamer Türkenkrieg stand auch damals auf der Tagesordnung, allerdings folgenlos. Übrigens hatte Maximilian selbst nichts dabei gefunden, im Krieg gegen Venedig die Türken zu einem Angriff auf die Venezianer zu drängen.

Auf dem Reichstag in Augsburg 1518 hatte Maximilian auch mit großen Mitteln versucht, die Wahl Karls zum römischen König durchzusetzen, doch zunächst vergeblich. Als er im September 1518 Augsburg verließ, war er schon vom Tod gezeichnet. Er zog nach Innsbruck und hoffte, die Tiroler Bergluft könnte ihm helfen. Doch die Innsbrucker Wirte verweigerten dem kaiserlichen Troß Quartier und Stallungen, weil der Kaiser Schulden im Ausmaß von 24.000 Gulden bei ihnen hatte. Auch die Stände und seine Regierung (das „Regiment") machten wegen des drohenden Bankrotts Schwierigkeiten. Zornig reiste der Kaiser, in der Sänfte sitzend, wieder ab. Er plante noch, in Linz einen Landtag abzuhalten. Doch kam er nur mehr bis Wels, wo er am 10. Dezember eintraf. In der Welser Burg brach die Krankheit voll aus; Durchfälle und Darmgeschwüre zwangen ihn zur Bettruhe und raubten ihm den Schlaf. Auch die besten Ärzte, die nun herbeigeholt wurden, konnten ihm nicht mehr helfen. Noch am 1. Januar empfing er eine englische Gesandtschaft, verkühlte sich dabei und zog sich durch eine Suppe mit „Krauttascherln" neue schwere Durchfälle zu. In seinem Testament ordnete er seinen Nachlaß; noch einmal kümmerte er sich nicht nur um die großen Dinge (Karl und Ferdinand sollten gemeinsam erbberechtigt sein), sondern auch um die geringsten (er stiftete zu seinem Gedenken einige Spitäler, in denen er sogar die Mahlzeiten genau festlegte). Er ordnete auch an, seinen Leichnam nun doch in Wiener Neustadt zu begraben, wo auch die kümmerlichen Fragmente des für Innsbruck geplanten Grabmals aufgestellt werden sollten. Am 11. Januar empfing Maximilian von einem Karthäuserpater, den er eigens aus Freiburg hatte kommen lassen, die Letzte Ölung; am 12. Januar verstarb er. Zwei Tage lang wurde der Leichnam ausgestellt, so wie das Totenbildnis eines Welser Meisters ihn zeigt. Am 3. Februar 1519 wurde er in Wiener Neustadt beigesetzt; nach seinen besonderen Anweisungen wurde er unter die linke Seite des Hochaltares gelegt, damit der Priester bei der Lesung des Evangeliums gerade über dem Toten stehen und ihn zur Buße für seine Sünden sozusagen täglich mit Füßen treten würde. Ein Beispiel für die besondere Haltung vieler Habsburger dem Tod gegenüber, die ja später auch in den Zeremonien in der Kapuzinergruft Ausdruck fand. Für das Begräbnis mußte das Geld wieder einmal vorgestreckt werden. Erst ein halbes Jahrhundert später wurde das Grabmal in Innsbruck nach den Plänen Maximilians (wenn auch etwas bescheidener) fertiggestellt. Es zeigt gut die geistige Welt, in der der „letzte Ritter" lebte: die heroisierten Vorfahren, einschließlich Caesars und Karls des Großen; König Artus und Dietrich von Bern als Ausdruck des spätmittelalterlichen Ritterideals; auch 34 Kaiserbüsten und 100 Heiligenstatuetten waren ursprünglich vorgesehen, doch kleiner als die Mitglieder der Dynastie. Denn vor allem war Maximilian ein überzeugter Habsburger; wie wenige andere hat er zur Propagierung des „Mythos Habsburg" beigetragen.

3

DIE HABSBURGER

Kreuz
gegen Halbmond

Karl V.
Ferdinand I.

1500–1564

ZEITTAFEL

24. 2. 1500	Geburt Karls (V.)
10. 3. 1503	Geburt Ferdinands (I.)
17. 9. 1505	Geburt Marias (von Ungarn)
1509–1547	Heinrich VIII. König von England
1515–1547	Franz I. König von Frankreich
1517	Reise Karls von Burgund nach Spanien
1517	Luthers Thesen gegen den Ablaß
1518–1567	Philipp von Hessen, einer der ersten protestantischen Fürsten
28. 6. 1519	Wahl Karls zum römisch-deutschen König
23. 10. 1520	Königskrönung Karls V. in Aachen
1520	Martin Luthers Reformschriften
1519–1521	Hernán Cortés erobert das Aztekenreich
1519–1521	Erste Weltumsegelung durch Ferdinand Magalhães in spanischen Diensten
1520–1566	Sultan Süleyman der Prächtige
Frühjahr 1521	Reichstag zu Worms
17. 4. 1521	Luther vor Karl V.
25. 5. 1521	Edikt Karls V. zur Ächtung Luthers
26. 5. 1521	Hochzeit Ferdinands (I.) mit der Jagiellonin Anna in Linz
1522	Vertrag von Brüssel zwischen Karl und Ferdinand; Ferdinand erhält die österreichischen Herzogtümer
1522	Maria wird Königin von Ungarn; Vollzug der 1515 vereinbarten Ehe mit Ludwig II.
Juni 1522	Wiener Neustädter Blutgericht, Hinrichtung Martin Siebenbürgers und anderer ständischer Vertreter
1523–1534	Papst Clemens VII.
1524–1526	Großer Bauernkrieg in Süddeutschland
24. 2. 1525	Schlacht von Pavia, Sieg der habsburgischen Truppen über die Franzosen
1525–1554	Kurfürst Johann Friedrich von Sachsen
14. 1. 1526	Friede von Madrid zwischen Karl V. und Franz I.; der Krieg geht weiter
1526	Karl heiratet Isabella von Portugal in Sevilla
29. 8. 1526	Schlacht von Mohács, Niederlage und Tod König Ludwigs II. von Ungarn gegen die Türken
Herbst 1526	Wahl Ferdinands zum König von Böhmen und von Ungarn; Beginn der Kämpfe gegen Johann Zápolya
1. 1. 1527	Hofstaatsordnung Ferdinands I.
Mai 1527	Sacco di Roma
21. 5. 1527	Geburt Philipps (II.)
3. 11. 1527	Krönung Ferdinands I. zum König von Ungarn in Stuhlweißenburg
Herbst 1529	Belagerung von Wien durch die Türken unter Sultan Süleyman
1529	Friede von Cambrai
1529	Nicholas de Granvelle übernimmt als erster Sekretär Karls V. die Leitung der Außenpolitik
1530	Tod Mercurio Gattinaras
24. 2. 1530	Kaiserkrönung Karls V. in Bologna
Sommer 1530	Reichstag zu Augsburg, Confessio Augustana
1. 12. 1530	Tod Margaretes, Statthalterin der Niederlande und Tante Karls V.
5. 1. 1531	Wahl Ferdinands I. zum römisch-deutschen König
Februar 1531	„Schmalkaldischer Bund" protestantischer Reichsfürsten und Städte
1531–1555	Karls Schwester Maria von Ungarn Statthalterin der Niederlande
1531	Schlacht bei Kappel, Tod des Reformators Ulrich Zwingli
1531–1534	Francisco Pizarro erobert das Inkareich
Herbst 1532	Ungarnfeldzug Karls V.
1533	Waffenstillstand Ferdinands I. mit den Türken
1534	Gründung des Jesuitenordens
1534–1549	Papst Paul III.
1534/35	Herrschaft der radikalen Wiedertäufer in Münster
1535	Karl V. erobert Tunis
Ostern 1536	Karl V. in Rom, Rede vor dem Papst
1. 5. 1539	Tod von Karls Frau Isabella
1540	Tod Johann Zápolyas
1542	„Neue Gesetze" Karls V. zum Schutz der Indios
1542/43	Die Türken erobern Gran und Stuhlweißenburg
1544	Friede von Crépy zwischen Karl und Franz I.
1545–1563	Konzil von Trient
1546	Tod Martin Luthers
1547	Friede Ferdinands I. mit den Türken, Anerkennung des türkischen Besitzstandes in Ungarn und Tributzahlung

24. 4. 1547	Schlacht von Mühlberg, Sieg Karls V. über den Schmalkaldischen Bund		1555	Augsburger Religionsfriede
1547/48	„Geharnischter Reichstag" in Augsburg		25. 10. 1556	Abdankung Karls V.
1547–1559	Heinrich II. König von Frankreich		1557	Schlacht von St. Quentin, Sieg Philipps II. über die Franzosen
1548/49	Tizian arbeitet in Augsburg für Karl V.		1557	Karl in Yuste
1552	Flucht Karls V. vor Moritz von Sachsen nach Villach; Friede von Passau		1558	Kaiserwahl Ferdinands I.
1552/53	Karl V. belagert Metz vergeblich		21. 9. 1558	Tod Karls V.
1553–1558	Maria von Tudor Königin von England		28. 10. 1558	Tod Marias von Ungarn
Juli 1554	Philipp II. heiratet Maria von Tudor		1559	Friede von Cateau-Cambrésis zwischen Habsburg und Frankreich
12. 4. 1555	Tod Johannas der Wahnsinnigen von Aragon		25. 7. 1564	Tod Ferdinands I.

Das spanische Erbe

Am 12. November 1517 trafen in der kleinen Stadt Mojados im kargen Hochland von Kastilien, in der Nähe von Valladolid, zwei Brüder zusammen, die einander noch nie gesehen hatten. Der ältere, gerade 18 Jahre alt, war Charles, der Urenkel des gleichnamigen Burgunderherzogs. Wenige Wochen zuvor hatte er erstmals Spanien betreten, um sich hier als König huldigen zu lassen. Der andere, etwa drei Jahre jüngere, hieß Ferdinand, wie sein ein Jahr zuvor verstorbener Großvater Ferdinand (V.) von Aragon. Der hätte lieber den jüngeren Bruder statt dem Fremdling aus den Niederlanden als Nachfolger gesehen. Karl war in den Niederlanden in französischer Sprache und burgundischer Tradition erzogen worden – sein Erzieher und Vertrauter war Wilhelm von Croy, Herr von Chièvres und Ritter vom Goldenen Vlies. Ferdinand dagegen war in Spanien unter der Obhut seines Großvaters aufgewachsen. Nun wurde der „burgundische" Bruder König von Spanien, während der „spanische" das Land für immer verließ. Seine Zukunft lag in jenem Land, das er bislang bloß im Namen seiner Familie trug: der „casa d'Austria", des habsburgischen Hauses Österreich. Das Mißtrauen zwischen den Habsburgerbrüdern war zunächst beträchtlich. Zwar hatte Karl seinen jüngeren Bruder in einer Reihe von Briefen seiner „brüderlichen und väterlichen Liebe" versichert. Doch hatte er schon vor seiner Ankunft die vertraute Umgebung Ferdinands entfernen lassen; zur Begründung schrieb Karl am 7. September 1517: „Oftmals und von verschiedenen Seiten sind wir informiert worden, daß einige Personen Eures Haushaltes Euch in Dinge verstrickt haben, die Auflehnung gegen die katholische Königin, meine

Die Enkelsöhne Kaiser Maximilians I.: Ferdinand und Karl. Als ihr Vater Philipp I. 1506 starb, waren sie drei bzw. sechs Jahre alt.
KHM

Herrin" (die Mutter Johanna die Wahnsinnige) „waren und mir und Euch zum Schaden gereichten." Ob solche Intrigen unter Ferdinands Beratern gesponnen worden waren, ist nicht klar; jedenfalls gab es von dieser Seite gegen Karl keinen ernsten Widerstand. Es hat eher den Anschein, als wären die niederländischen Berater Karls, unter Führung des Wilhelm von Chièvres, über den Vorwand froh gewesen, lästige Konkurrenten am spanischen Hof loszuwerden. Chièvres soll über Ferdinand einmal zu Karl gesagt haben: „Fürchtet nicht den König von Frankreich oder einen anderen Fürsten, sondern nur Euren Bruder."

In Mecheln (Belgien) richtete Margarete von Österreich als Generalstatthalterin der Niederlande ihren Hof nach altburgundischer Tradition ein. Hier der Justizpalast.
ÖNB

Nun ritt Ferdinand mit einem Gefolge von drei- bis vierhundert Reitern seinem Bruder entgegen. Als er nahe genug gekommen war, stieg er vom Pferd und kam ehrerbietig seinem Bruder zu Fuß entgegen. In Karls Begleitung beobachtete man, daß Ferdinand „liebenswürdig und von guter Wesensart sei und sich seinem Bruder, dem König, gegenüber sehr offen und bescheiden betrage".

Am 18. November zogen die Brüder feierlich in Valladolid ein; Karl trug über dem Harnisch einen Überwurf aus Gold, Silberbrokat und rotem Atlas, dicht mit Edelsteinen besetzt; am Kopf eine schwarze Samtmütze mit weißer Straußenfeder und einem großen Rubin, von dem eine Perle herabhing. Über 2000 Reiter folgten ihm. Die Spanier waren zwar von den Reitkünsten des jungen Königs beeindruckt; doch daß seine niederländischen Räte alle Schaltstellen besetzten, während Karl, der noch kaum Spanisch sprach, stumm blieb, erzeugte viel böses Blut. Der Winter ging mit allerlei Festlichkeiten dahin; doch bestand Karl darauf, daß Ferdinand Spanien verlassen sollte. Mitte April trennten sich die Brüder im Städtchen Aranda; diesmal umarmte Karl seinen Bruder zu Pferd und schickte ihm noch einen Boten nach, der ihm ausrichten sollte, er hoffe auf einen regen Briefwechsel. Von Santander verließ Ferdinand

Spanien für immer, während Karl auch in Aragon die Huldigung der Stände empfing.

Daß die Fäden der habsburgischen Geschichte sich derart im fernen Kastilien kreuzten, verdankte sich einer Reihe unwahrscheinlicher dynastischer Zufälle, die aus einem politischen Zweckbündnis einen Erbfall gemacht hatten. Als auch der habsburgische Erbe Philipp der Schöne 1506 starb, hinterließ er immerhin zwei Söhne und vier Töchter, die unter die Obhut der Großeltern aufgeteilt wurden. Karl (geboren am 25. Februar 1500) blieb in den Niederlanden, wo sich die verwitwete Tante Margarete, die dort als Statthalterin fungierte, seiner annahm; auch drei seiner Schwestern kamen unter Margaretes Obhut (und dienten schon bald Kaiser Maximilian als Objekte seiner weitgespannten Heiratspolitik). Ferdinand von Aragon, der nun in Kastilien für seine zusehends umnachtete Tochter Johanna die Regentschaft führte, nahm seinen gleichnamigen Enkel zu sich. Die Erbfolge der Habsburgerkinder versuchte er dennoch zu durchkreuzen. Noch 1506, im Alter von 53 Jahren, schloß er eine zweite Ehe mit der 17jährigen Germaine de Foix. Doch das einzige Kind aus dieser Ehe kam tot auf die Welt.

Inzwischen wuchs in den Niederlanden Karl heran. Im Jänner 1515 wurde er für volljährig erklärt und übernahm von seiner Tante Margarete die Regierung der Niederlande. Ein Jahr später starb Ferdinand von Aragon. Seine Tochter Johanna „die Wahnsinnige" blieb noch bis zu ihrem späten Tod 1555 Königin; ob einer ihrer Söhne die tatsächliche Herrschaft übernehmen konnte, hing nun auch von den Ständen ab. Zu Karls Glück erklärte sich der Regent, der greise Kardinal Jimenez de Cisneros, für ihn, und auch sein Bruder legte ihm keine Hindernisse in den Weg. Als Karl im September 1517 nach stürmischer Überfahrt an der Nordküste Spaniens landete, konnte er ohne größere Widerstände beginnen, die Herrschaft anzutreten; freilich führten ihn seine niederländischen Berater auf beschwerlichen Nebenstraßen ins Landesinnere, offensichtlich weil sie Zeit gewinnen wollten, um ihre Stellung im neuen Königreich zu festigen. In den ersten Jahren waren es auch die Niederländer, die alle Schlüsselpositionen bekleideten, was viele Spanier übelnahmen. „Ich war nicht alt genug, um diese Königreiche zu kennen, und nicht erfahren genug, sie zu regieren", sagte Karl selbst später über seine erste Zeit in Spanien. Aber er konnte sich bald von seiner burgundischen Hofclique lösen und Spanier in wichtige Ämter holen.

Die Habsburger übernahmen die Herrschaft über Spanien an einem entscheidenden Punkt seiner Geschichte. Seit der Hochzeit der „katholischen Könige" Ferdinand und Isabella war erstmals ein

Großteil der Halbinsel vereinigt; freilich waren die Königreiche Kastilien und Aragon noch durchaus eigenständige Staaten, als Karl (für die Spanier war er Carlos Primeiro, Karl I.) sie übernahm. Im Jahr 1492 war mit der Eroberung Granadas der jahrhundertelange Kampf gegen die islamisch-maurischen Herrschaftsgebiete auf der Halbinsel beendet. Die vielleicht bestgerüstete Armee Europas stand für neue Aufgaben zur Verfügung, was die Habsburger ausgiebig nützen sollten. Die Reconquistà hatte eine mächtige Aristokratie entstehen lassen: Hochadelige, die über Hunderte Dörfer, Tausende Reiter, Zehntausende Untertanen geboten. Im Lauf seiner Regierung gelang es Karl, ihren politischen Einfluß zu beschränken; ihre Steuerfreiheit und ihre übrigen Privilegien wagte er nicht anzutasten, dafür erhielt er ihre Loyalität. Dieses Bündnis hatte auch wirtschaftliche Gründe. Viele kastilische Adelige bezogen ihre Einkünfte aus der Schafzucht; sie waren am einträglichen Wollexport interessiert, und die flandrische Tuchindustrie war der wichtigste Abnehmer – der Exporterlös wurde 1513 auf über 250.000 Dukaten geschätzt. Mit dem König, der aus den Niederlanden kam, konnte man sich darauf einigen, dieses Geschäft zu fördern und die eigene spanische Tuchmanufaktur stagnieren zu lassen. Auch der kastilische Ackerbau (und damit die Nahrungsmittelversorgung) sowie die Ökologie des kargen

Hochlandes litten unter diesem politischen Übergewicht der Schafzüchter. Die Städte hatten zudem den Großteil der Steuerlast zu tragen. Von den Städten kam auch der stärkste Widerstand gegen Karls Herrschaftsantritt. Zunächst hatte sich eine ständische Opposition formiert, aber der soziale Druck in vielen Städten sprengte dieses Bündnis. Ohne daß Karl viel dazu beitrug, wurde die Comuñero-Bewegung 1521 niedergeschlagen, ebenso wie die radikaleren „Germanías" im Raum von Valencia.

Die Tradition des Kampfes gegen die Moslems begünstigte auch religiöse Unduldsamkeit. Nach dem Fall von Granada fand sie rasch neue Ziele: Noch 1492 wurden etwa 50.000 Juden vertrieben, die sich nicht der Zwangstaufe unterwarfen. Bald kamen auch, trotz gegenteiliger Zusicherungen, die verbliebenen Moslems an die Reihe. Der städtischen Wirtschaft, in der beide eine wichtige Rolle spielten, fügte das schwere Schläge zu; doch das Ressentiment kam nicht zur Ruhe. Die getauften Juden und Moslems wurden verdächtigt, sich nur zum Schein bekehrt zu haben. Auf Initiative der Dominikaner wurde die spanische Inquisition, mit ihren Verhören und Autodafés (Verbrennungen), eingeführt – zwischen 1481 und 1530 sind 5000 Todesurteile nachzuweisen. Karl hat auch diese Institution von den „katholischen Königen" geerbt und weiterbestehen lassen.

Margarete von Österreich (1480–1530) wurde von ihrem Vater Maximilian 1507 als Generalstatthalterin der Niederlande eingesetzt. Auf ihre Initiative kamen 1509 die Liga von Cambrai und 1529 der Friede von Cambrai zustande.
KHM

Festungsmauern und Türme der spanischen Stadt Medina de Campa. 1492 war mit dem Fall der Stadt Granada die Reconquistà abgeschlossen. Nach dem Tod König Ferdinands von Aragon wurde Erzherzog Karl als König Karl I. proklamiert.
ÖNB

Erzherzog Ferdinand, hier in
jungen Jahren, wurde im
Gegensatz zu seinem Bruder
Karl, der in den Niederlanden
aufgewachsen war, am Hof
seines Großvaters Ferdinand
von Aragon erzogen.
KHM

Küraß Kaiser Karls V.
Die Eroberung großer Teile
Amerikas war kein Ergebnis
gezielter staatlicher
Kolonialpolitik: Die meisten
Unternehmungen der
Conquistadoren waren privat
finanziert und wurden von
Abenteurern getragen.
KHM, Waffensammlung

Auf die kompromißlose Verteidigung des Katholizismus nach innen und außen konnten sich die politische Elite Spaniens und ihr König immer wieder verständigen: Regelmäßig versuchte Karl, seine europäische Machtpolitik und die spanischen Steuergelder, die sie verschlang, mit der Bedrohung des Christentums durch Moslems und Protestanten zu rechtfertigen. Mit einigem Erfolg; vor allem die spanischen Einnahmen waren es, die Karls Großmachtpolitik finanzierten. In den mittleren Jahren seiner Regierung nahm er in Spanien jährlich ungefähr eine Million Dukaten ein. Der königliche Sekretär Francisco de los Cobos († 1547) baute eine beachtliche Bürokratie auf, um den ständigen Geldforderungen des Monarchen gerecht zu werden. Schon 1520 bezeichnete einer der ersten treuen Anhänger Karls in Spanien vor den Cortes Kastilien als „Schatzkammer und Schwert" des Königs, der gerade aufbrach, um das römisch-deutsche Imperium zu gewinnen. Zumindest die Spanier konnte der Habsburger zumeist davon überzeugen, daß er vor allem anderen ihr König war. Und wie Maximilian sein geliebtes Tirol ruiniert zurückließ, hat auch Karl V. Spanien tief in den Bankrott geführt.

Dabei war dem Kaiser noch eine weitere Einnahmequelle in den Schoß gefallen. Im Jahr 1492, als Granada fiel und die Juden vertrieben wurden, segelte der Genuese Christoph Kolumbus im Namen des bisher völlig binnenländisch orientierten Kastilien nach Amerika. Aus der Reconquistà wurde nun eine Conquistà. Die Nachkommen der Ritter und kleinen Adeligen, die im Mittelalter

unter dem Zeichen des Kreuzes gegen die spanischen Moslems gekämpft hatten, fanden damit ein neues Betätigungsfeld; aber auch abenteuerlustige Angehörige anderer Volksschichten versuchten ihr Glück zu machen. Die Eroberung großer Teile Amerikas war kein Ergebnis gezielter und kontrollierter staatlicher Kolonialpolitik; die meisten Unternehmungen der Conquistadoren waren privat finanziert und von Gruppen von Abenteurern getragen. Einmal in der Neuen Welt angekommen, entzogen sie sich weitgehend staatlicher Kontrolle.

Gerade in den ersten Regierungsjahren Karls V. gab es dabei spektakuläre Erfolge. 1519–1521 eroberte Hernán Cortés, der mit 500 Soldaten und zehn Kanonen aufgebrochen war, das Aztekenreich in Mexiko; den Intrigen in Spanien, die den erfolgreichen Conquistador fast gestürzt hätten, setzte Karl schließlich ein Ende. Zur selben Zeit umsegelte Ferdinand Magalhães (spanisch Magallanes) erstmals die Erde; die Überlebenden dieser Expedition kehrten 1522 zurück. Kurz nach der Ankunft Karls in Spanien hatte er selbst das Dekret unterzeichnet, mit dem er einen Teil der Kosten dieser Expedition übernahm. Stolz schrieb er im Herbst 1522 der Tante Margarete: „Es hat Gott gefallen, daß von der Armee, die ich zur Entdeckung von Gewürzen innerhalb meiner Grenzen in die Länder Indiens entsandt habe, ein Schiff zurückgekehrt ist, beladen mit vielen Arten von Gewürzen, die sie in meinen Gebieten gefunden und entdeckt haben." Magellans Kapitäne hatten ihm auch erzählt, daß sie auf ihrer langen Reise „die Rundung der Welt umkreist hätten", „a peu prez" (fast), wie der Kaiser noch vorsichtig hinzusetzt – ganz hat er das revolutionäre Unternehmen wohl nicht verstanden.

Der „analphabetische Schweinezüchter" Francisco Pizarro, den nur 180 Soldaten begleiteten, zerstörte 1531–1534 das Inkareich in Peru. Diese Desperados, die im Namen des Kreuzes und der spanischen Krone mit unglaublicher Grausamkeit vorgingen, machten Karl V. zum Herrn eines „Reiches, in dem die Sonne nicht unterging", des größten Imperiums, das die Geschichte bis dahin gekannt hatte. Schon Ferdinand und Isabella hatten sich die künftigen Eroberungen legalisieren lassen: 1493 verlieh der berüchtigte Borgia-Papst Alexander VI. in mehreren Bullen den „katholischen Königen" für die im Ozean erworbenen Länder „die volle, freie und absolute Gewalt, Autorität und Rechtsprechung". 1494 verglich man sich mit Portugal, das für die afrikanischen Entdeckungen über eine ähnliche päpstliche Urkunde verfügte, im Vertrag von Tordesillas über die Teilung der Welt entlang des Meridians 370 Seemeilen östlich der Kapverdischen Inseln. Der französische König

Franz I. schrieb 1540 an Karl, „daß die Sonne für ihn ebenso scheine wie für die anderen und daß er sehr wünsche, das Testament Adams zu sehen, um zu wissen, wie er die Welt aufgeteilt hätte".

Doch auch in Spanien selbst bestritten manche Theologen die Rechtmäßigkeit dieser päpstlichen Schenkung (die ja auf einen päpstlichen Weltherrschaftsanspruch zurückging). „Imperator non est dominus mundi", der Kaiser ist nicht der Herr der Welt, stellte der Völkerrechtler Francisco de Vitoria aus Salamanca fest. Eine andere Meinung vertrat Cortés, der den Kaiser aufforderte, nun auch den Titel eines Kaisers von Neu-Spanien (Mexiko) anzunehmen, was ebensowenig mit Karls universaler Kaiseridee übereinstimmte (fast 350 Jahre später sollte ein anderer Habsburger den Titel eines Kaisers von Mexiko tragen, was ihm bekanntlich wenig Glück brachte). Der berühmte Verteidiger der Indianerrechte, der Dominikaner Bartolomé de las Casas (1474–1566), wandte sich gegen die Auffassung, „daß, weil die Könige von Kastilien durch den Admiral Kolumbus jenes Indien entdeckten, sie schon ein Recht hatten, im Frieden oder durch Krieg, im Guten oder im Bösen, durch Güte oder mit Gewalt die dortigen Völker und Herrschaften zu unterjochen und untertan zu machen". Karl V. fand die Kritik an der Rechtmäßigkeit der spanischen Kolonialherrschaft zeitweise so „schädlich und skandalös", daß er 1539 dem Abt des Dominikanerklosters von Salamanca, einem Zentrum der Kritik, eine Fortführung der Diskussion brieflich untersagte.

Das Problem der Behandlung der Indianer hat er dennoch zu lösen versucht. Zur Rechtfertigung der amerikanischen Eroberungen berief man sich vor allem auf die Mission; sogar Cortés schrieb an Karl V., daß Gott die neuen Länder durch die Spanier entdecken habe lassen, weil er wollte, daß diese den christlichen Glauben unter diesen Barbaren verbreiteten, eine Einstellung, die der Kaiser teilte. Immer wieder erließ er Gesetze, die eine Versklavung der Indianer verboten, ihre Missionierung durch Güte und nicht durch Gewalt forderten: 1523 und wieder 1526 betonte der Kaiser, sein Hauptwunsch sei es, die Indianer zur wahren Erkenntnis Gottes zu führen, was nur gelingen könne, wenn man sie in Nächstenliebe behandle. Doch die Verordnungen erhielten Schlupflöcher, auf die sich eine grausame Praxis berufen konnte; die guten Absichten blieben recht folgenlos. In Gegenwart Karls V. wagte de las Casas, ein Augenzeuge vieler Greuel, 1542 die Behauptung, die spanischen Eroberungen seien „gewaltsame Invasionen grausamer Tyrannen, wie sie von dem göttlichen Gesetz und allem menschlichen Recht verurteilt sind". Papst Paul III. fühlte sich veranlaßt, in einer Bulle 1537 zu verkünden, daß die

Indianer wirkliche Menschen seien und eine Seele hätten, woran viele Zeitgenossen zweifelten. Noch einmal versuchte der Kaiser, in den „Neuen Gesetzen" Anfang der vierziger Jahre eine Befreiung aller Indios durchzusetzen. Doch war diese Bestimmung schlechthin undurchführbar, der ganze Aufbau der Kolonialwirtschaft beruhte auf unfreier Arbeit der Indios (und bald auch afrikanischer Sklaven), und Karl war zu sehr auf die überseeischen Einnahmen angewiesen, als daß er ernsthaft daran hätte rütteln mögen. Nach wenigen Jahren mußten die Gesetze praktisch zurückgenommen werden. Unter Philipp II. wurde durch offiziellen Erlaß schließlich das verfängliche Wort „conquistà", Eroberung, durch „pacificación", Befriedung, ersetzt. Die Diskussion über die verschiedenen Rechtfertigungen des abendländischen Kolonialismus sollte noch jahrhundertelang weitergehen; an der Macht der Fakten änderten sie wenig.

Währenddessen wurde die Verwaltung der neuen Eroberungen organisiert; 1524 wurde Sevilla zum Monopolhafen für den Amerikahandel und Sitz des „Indienrates", der Zentralbehörde für die Kolonien; diese wurden im Lauf der Zeit in Vizekönigreichen zusammengefaßt (1535 Mexiko als „Neu-Spanien", 1542 Peru). Der Krone stand aus allen Einkünften ein Fünftel zu. Die Gier der Spanier nach Gold und Silber nahm sich aus der Sicht der Betroffenen pathologisch aus; ein in Florenz erhaltener mexikanischer Codex beschreibt, wie die Truppen Cortés' von aztekischen Botschaftern Goldgeschenke erhalten: „Affen gleich wiegten sie das Gold in ihren Händen oder setzten sich mit dem Ausdruck des Vergnügens zu Boden … Ihr Leib weitete sich dessentwegen, sie haben Heißhunger danach. Wie hungrige Schweine lechzen sie nach Gold." Pierre Chaunus umfassende Untersuchung des Schiffsverkehrs zwischen Sevilla und

Francisco Pizarro zerstörte 1531–1534 das Inkareich in Peru und machte Karl zum Herrn „eines Reiches, in dem die Sonne nicht unterging". Hier ein Indianerkopf im Museum für Völkerkunde in Wien.

Die Gier der spanischen Eroberer nach Gold und Silber war beinahe schon krankhaft. Hier der angebliche Federnschmuck des Aztekenherrschers Montezuma, ein Beutestück, im Museum für Völkerkunde in Wien.

Amerika hat die Dimensionen gezeigt. Zuerst kam das Plünderungsgut der Conquistadoren nach Spanien – 1521–1540 waren das 19 Tonnen Gold und 86 Tonnen Silber. Die Entdeckung der reichen Silberminen von Potosí im heutigen Bolivien (1545) ließ den Ertrag emporschnellen: zwischen 1541 und 1560 erreichten 488 Tonnen Silber (neben 67 Tonnen Gold) Sevilla – freilich in sehr unregelmäßigen Abständen, was durch ständige Machtkämpfe in den Kolonien und unsichere Transportwege bedingt war. Bis 1660 kamen insgesamt 16.000 Tonnen amerikanisches Silber an. Daneben machte sich der Ertrag der Tiroler Silberminen (ca. 10 Tonnen jährlich) bescheiden aus. Kein Wunder, daß Potosí nach knapp 30 Jahren schon mehr Einwohner zählte als Madrid oder Sevilla. Den „Eingang zur Hölle" nannte ein Dominikanermönch die Minen von Potosí, wo jährlich Tausende Indios als Zwangsarbeiter ihr Leben ließen.

In guten Jahren nahm Karl V. einige hunderttausend Dukaten aus dem Amerikageschäft ein, zu Beginn der fünfziger Jahre sogar über eine Million. Auch das reichte nicht; meist waren die Einnahmen im voraus verpfändet. Zunächst hat Karl V. amerikanische Besitzungen auch direkt an seine Gläubiger verpfändet: 1527 kam das heutige Venezuela an die Augsburger Welser, die es bis 1546 mit allen Mitteln auszuplündern versuchten, freilich ohne den Aufwand hereinzubekommen; der erste Gouverneur, Ambrosius Alfinger, ließ alle Indios, die er fangen konnte, als Sklaven verkaufen, doch wurde er bald von einem Pfeilschuß getötet. Die Fugger haben das verpfändete Chile gar nicht nützen können; in den wilden Gebieten südlich der Atacama-Wüste führten die abenteuerlichsten der Conquistadoren noch längere Zeit wahre Blutopern auf.

„Las Indias", wie man die Neue Welt nannte, blieb Karl V. fern; er hat sich insgesamt wesentlich weniger darum gekümmert als um die europäischen Fragen. Zwar wurde im vielteiligen, nach der Würde gestuften offiziellen Titel Karls V. das Königtum über das Land im Ozean vor dem Erzherzogtum Österreich erwähnt. Im Bewußtsein der Zeit – und der meisten modernen mitteleuropäischen Historiker – spielte es eine verschwindende Rolle. Für Spanien ermöglichte das amerikanische Kolonialreich den Aufstieg zur Großmacht, zu einer hegemonialen Stellung in Europa. Rückblickend betrachtet, ist das Ergebnis des gigantischen Silberstromes, zusammen mit der Politik Karls V. und Philipps II., weniger positiv. Zum ersten hatten die kriegerischen Abenteuer der beiden Habsburger trotz der hohen Einnahmen einen mehrfachen Staatsbankrott zur Folge; das Geld wurde zum Großteil nicht in Spanien, sondern in Italien, Deutschland oder den Niederlanden ausgegeben. „Denn obwohl sie (die spanischen Könige) mehr als 200 Millionen Dukaten an Gold und Silber und Perlen und kostbaren Steinen aus Indien gewonnen haben, so ist doch das alles verschwunden, als wenn es Rauch gewesen wäre. Alle diese Summen haben ihnen aus ihren großen und ewigen Kriegen und Nöten nicht herausgeholfen", schrieb der greise las Casas gegen Ende seines Lebens. Zum zweiten führte der Geldstrom zu Preissteigerung und Inflation, mit allen negativen sozialen Folgen. Zum dritten erleichterten es die Reichtümer, eine mittelalterliche Sozial- und Wirtschaftsstruktur zu konservieren, in der ein steuerfreier Feudaladel den Aufstieg eines produktiven Bürgertums verhinderte. Der Handel geriet in die Hände ausländischer Kaufleute, und Spanien blieb auf Jahrhunderte Rohstoffexportland, das immer mehr hinter die wirtschaftliche Entwicklung Westeuropas zurückfiel. All das konnte Karl V. kaum voraussehen. Sein Imperium war nicht das einzige, für dessen Glanz die Nachgeborenen zu zahlen hatten. Nicht, daß die Geschichte gerecht wäre; aber ihr Verlauf kompensiert oft Höhen und Tiefen, verknüpft Aufstieg und Fall unauflöslich miteinander.

Die Kaiserwahl von 1519 und der Beginn der Reformation

Maximilian I. hatte vor seinem Tod nicht mehr die Wahl seines Enkels zum römischen König durchsetzen können. Er schrieb an Karl, daß die Verwandtschaft nichts bewirken würde; entscheidend sei allein „viel Geld". Denn nun traten die beiden mächtigsten Fürsten des Abendlandes als Karls Konkurrenten auf: Der englische König Heinrich VIII. (1509–1547) hatte weniger Aussichten auf die Krone; ein gefährlicher Rivale war hingegen der junge französische König Franz I. (1515–1547). Er versuchte mit reichen Mitteln auf diese Weise die nun fast vollendete Umklammerung durch habsburgische Länder aufzubrechen und fand dabei Unterstützung bei jenen, die davon ebenfalls betroffen waren, vor allem beim Papst (Leo X.), der im aragonesischen Neapel mit habsburgischer Macht konfrontiert war. Er stellte den geistlichen Kurfürsten den Kardinalshut und andere Würden in Aussicht. Zeitweise sah es für den Habsburger schon sehr ungünstig aus; ein habsburgischer Agent meldete, bald würde „all unser heißes Bemühen in Rauch aufgehen, denn wo wir tausend bieten, gibt der Franzose zehntausend". Die Tante Margarete, die wieder Statthalterin der Niederlande war, schlug sogar vor, die Wahl Ferdinands anzustreben, gegen den es weniger Widerstände gab. Doch Karl wies diesen Vorschlag entrüstet zurück; nichts begehre er mehr als die Kaiserwürde, es gehe um seine Ehre und Reputation und um die Einheit der habsburgischen Herrschaften; nur die Vereinigung aller Länder könne noch die Position der Dynastie sichern.

Schließlich gaben die Gelder der Fugger den Ausschlag. 852.000 Gulden (ca. 1,2 Tonnen Feingold) kostete die Wahl schließlich. Davon gaben die Fugger über eine halbe Million. (Zum Vergleich: Eine Dienstmagd verdiente damals etwa anderthalb Gulden im Jahr, ein Schulmeister 3 bis 4, ein fürstlicher Rat 80 bis 200). Einen Teil der Summe machten alte Verpflichtungen aus, die bei dieser Gelegenheit zu begleichen waren, etwa die Hälfte aber reine Bestechungsgelder, „Handsalben": Der Pfalzgraf erhielt 184.000 Gulden, Mainz 113.000, Kursachsen 70.000. Der angesehene Kurfürst von Sachsen, Friedrich der Weise, hatte zuletzt das Angebot des Papstes abgelehnt, sich als Kompromißkandidat zur Verfügung zu stellen. Eine Rolle spielte auch die Propaganda humanistischer Kreise für Karl, in der patriotische, antifranzösische Motive dominierten. Am 28. Juni 1519 wurde Karl schließlich in der Seitenkapelle des Frankfurter Bartholomäusstiftes einstimmig zum römischen König gewählt, womit, anders als im Mittelalter, der Kaisertitel praktisch automatisch verknüpft war (drei Tage nach der Krönung traf die päpstliche Einwilligung ein, daß Karl wie Maximilian den Titel „Erwählter Römischer Kaiser" tragen dürfe). Der neue Kaiser mußte eine Wahlkapitulation unterschreiben – auch das war neu: einen förmlichen Vertrag, in dem die Fürsten sich ihre Rechte zusichern ließen, die praktisch auf eine Mitregierung und das Recht des Widerstandes gegen den Kaiser bei Verletzung der Bestimmungen hinausliefen. Bezeichnend für die Befürchtungen waren die Klauseln, nur geborene Deutsche zu Reichsämtern heranzuziehen, in Reichsgeschäften nur die deutsche oder lateinische Sprache zu verwenden und kein fremdes Kriegsvolk auf Reichsboden einzusetzen. Karl hat sich allerdings nicht immer daran gehalten.

Erst knapp ein Jahr nach seiner Wahl brach Karl nach Deutschland auf – über England, wo er bei Heinrich VIII. Station machte. Am 23. Oktober 1520 konnte er feierlich im Aachener Dom gekrönt werden. Beim Zeremoniell gab es Schwierigkeiten; die Gesandten, die aus Nürnberg die dort verwahrten Reichsinsignien bringen sollten, kamen zu spät und hatten noch dazu einiges zurückgelassen, etwa den Krönungsmantel und – vielleicht symbolisch in den heraufziehenden Glaubenskämpfen – den Fingerring, ein Zeichen des katho-

lischen Glaubens. Trotz seiner spröden, etwas unnahbaren Art – ganz anders als sein Großvater Maximilian – erweckte der junge Kaiser große Hoffnungen. Sogar Martin Luther schrieb in diesem Herbst: „Gott hat uns ein junges, edles Blut zum Haupt gegeben und damit viel Herzen zu großer guter Hoffnung erweckt." Viele Erwartungen im Reich freilich entsprachen ganz und gar nicht denen des Kaisers. Im Ausschreiben zu seinem ersten Reichstag sprach er es bereits klar aus: Sein Wille sei nicht, „daß man viele Herren, sondern allein einen habe, wie des Reiches Herkommen sei". Er erwartete sich nun vor allem Geld und Truppen für den Romzug zur Kaiserkrönung und zur Wiederaufnahme des Kriegs gegen Frankreich, wobei es wieder einmal um den Rest des burgundischen Erbes gehen sollte. Das Kaisertum betrachtete er, unter dem Einfluß seines Beraters Gattinara, als Auftrag zur Errichtung einer hegemonialen Stellung in Europa; eine universale Friedensordnung war für ihn nur unter seiner Vorherrschaft erreichbar, und das bedeutete Krieg. Zu diesem Ziel erwartete er die Unterstützung jenes Reiches, das ihn gerade zu seinem Kaiser erwählt hatte und dessen Ruhm er zu erhöhen wünschte. Wie kompliziert die Verhältnisse in diesem fremden Deutschland wirklich waren, verstand der 20jährige Kaiser wohl nicht.

Nach dem Tod Maximilians I. wurde sein Enkel als Karl V. zum römisch-deutschen Kaiser gewählt. Entscheidend war letztendlich das Geld der Fugger.

KHM, Ambras

Die moralische Autorität der katholischen Kirche war zu Beginn des 16. Jahrhunderts auf einen Tiefststand gesunken. Der Ruf nach Reform wurde immer lauter, der Ablaßhandel blühte. Dies nahm der Wittenberger Professor und Augustinermönch Martin Luther zum Anlaß, um seine berühmten 95 Thesen gegen den Ablaß an der Wittenberger Kirche am 31. Oktober 1517 anzuschlagen.
ÖNB

Die Auseinandersetzungen um die Reichsreform zwischen Maximilian und den Ständen hatten die Frage nicht gelöst, welchen Anteil der Kaiser und die Stände (also die geistlichen und weltlichen Fürsten, in zweiter Linie die Reichsritterschaft und die Reichsstädte) an der Regierung haben sollten – und welche Kompetenzen überhaupt dem Reich zugestanden wurden, welche hingegen den Territorialherren zufallen (oder verbleiben) sollten. Wer sollte Steuern beschließen dürfen, wer über ihre Erträge verfügen? Wem kam in welchen Fragen die Gerichtshoheit zu? Sollte es ein einheitliches Reichsheer geben, und wenn, in welchen Fällen, wer sollte seinen Einsatz beschließen, wer es finanzieren? Wer sollte (und konnte) den Landfrieden gegen immer noch zahlreiche Fehden und Übergriffe schützen? Ohne Zweifel war es das Ziel Karls, möglichst viele dieser Herrschaftsrechte an sich zu ziehen, die nach Meinung seiner Räte dem Reich letztlich widerrechtlich entfremdet worden waren. Dazu gedachte er auch seine gegenüber allen seinen Vorgängern beträchtlich gewachsenen Machtmittel einzusetzen. Doch hier biß sich die Katze in den Schwanz: Gerade seine zahlreichen Territorien und Machtinteressen erhöhten wiederum die Widerstände, auf die er stoßen mußte. Das in Jahrhunderten gewachsene Geflecht von Privilegien, Interessen, lokalen und regionalen Machtpositionen war nicht einfach beiseite zu schieben; auf jede Bedrohung reagierte es mit hinhaltendem oder offenem Widerstand, an dem sich schon Maximilian die Zähne ausgebissen hatte.

Die schon über ein Jahrhundert lang immer wieder diskutierte Frage der Reichsverfassung war letztlich ein Problem, das ein relativ kleiner Kreis unter sich auszumachen hatte. Viel weitere Bevölkerungskreise erwarteten von einem starken Kaiser und einer einträchtigen Regierung des Reiches die Beseitigung zahlreicher Mißstände. Vor allem die Kirchenreform hatte seit der Konzilsbewegung in der ersten Hälfte des 15. Jahrhunderts immer wieder für aufgeregte Debatten gesorgt. Gegen die immer unmäßigeren Geldforderungen der römischen Kurie wandten sich viele deutsche Kleriker. Die moralische Autorität der korrupten und meist völlig weltlich lebenden und handelnden Päpste, die vor allem an ihre Familienangehörigen („Nepoten") und bestenfalls an den Kirchenstaat dachten, war auf ein Minimum gesunken. In Karikaturen wurde der Papst sogar als Antichrist dargestellt, mit Hörnern und Bocksfüßen. Ein Wormser Reichstag proklamierte in feierlicher Form die „Gravamina der deutschen Nation", einen langen und detaillierten Beschwerdenkatalog. Doch die Päpste, die als Renaissancefürsten in Rom residierten, gingen darauf nicht ein. Die Macht des Kirchenstaates und glänzende Repräsentation waren ihnen wichtiger – Künstler wie Raffael und Michelangelo arbeiteten in Rom, und der Neubau der Peterskirche wurde als größter Kirchenbau der Christenheit angelegt. Ähnlich geldgierig und dem Diesseits zugewandt waren viele deutsche Kirchenfürsten, deren Prunkliebe und Machtgier immer größer wurde. Den populären Spott gegen genußsüchtige und korrupte Pfaffen und Mönche gab es schon lange; doch immer mehr wurden diese Zustände als unerträglich empfunden, nicht nur einzelne Mißbräuche, sondern die riesigen Kirchengüter und das ausgedehnte Klosterwesen wurden selbst zum Ärgernis. Vielfältige Kritik an der Kirche und Aufrufe zur Reform verbanden sich nun mit einer individuelleren Religiosität, die mehr im Glauben selbst als in der Beachtung äußerer Formen das Heil suchte. Viele dieser Tendenzen fanden Ausdruck in den Schriften der Humanisten, wie Erasmus von Rotterdam (dessen Werke auch Karl V. beeinflußten). Durch die immer verbreiteteren Flugschriften fanden die Aufrufe zur Erneuerung schnell massenhafte Verbreitung.

Eine Geldquelle, auf die die Päpste zunehmend zurückgriffen, war der Handel mit Ablässen. Das Spätmittelalter hatte die Bußstrafen der Seele im Fegefeuer immer drastischer ausgemalt; zu ihrer Tilgung empfahl man Bußfertigkeit und gute Werke. Bald konnte eine Geldzahlung an die Kirche als gutes Werk gelten, die Bußgesinnung trat in den Hintergrund, ein schwunghafter Handel mit Ablässen setzte ein, an denen neben der römischen Kurie eine ganze Reihe von Zwischenträgern verdiente. 1506 wurde ein Ablaß zum Neubau der Peterskirche verkündet. 1514 erreichte der Bischof von Magdeburg und Halberstadt gegen teures Geld, daß ihm gegen kirchliches Recht vom Papst erlaubt wurde, auch noch Erzbischof von Mainz zu werden; er versprach dafür, den stockenden Ablaßhandel wieder in Schwung zu bringen. Die Fugger, die ihm die horrenden Gebühren an Rom vorgestreckt hatten, sollten einen Großteil des Ertrages kassieren dürfen. So begannen 1517 geschäftstüchtige Ablaßprediger in Begleitung von Vertretern der Fugger durch die Lande zu ziehen. Das war der Anlaß für den Wittenberger Professor und Augustinermönch Martin Luther (1483–1546), am 31. Oktober 1517 seine berühmten 95 lateinischen Thesen gegen den Ablaß zur Diskussion zu stellen.

Das Echo war unerwartet. Luthers Thesen und seine folgenden Schriften fanden in gedruckter Form reißenden Absatz. Im Sommer 1518 wurde in Rom, auf Anklagen aus Deutschland, gegen Luther der Prozeß wegen Ketzerei eröffnet. Luther rief daraufhin den Schutz seines Landesherrn an – das war jener Friedrich der Weise, den man in Rom gerade dringend benötigte, um die Wahl Karls zum Kaiser zu verhindern. Dadurch wurde die Sache vollends zum Politikum; obwohl Friedrich sich gar nicht direkt hinter Luther stellte, zog sich die Affäre nun hin und wurde, nicht zuletzt durch verschiedene öffentliche Verhöre und Disputationen, immer populärer. Luther weitete seine Kritik an der Kirche aus; 1519 behauptete er in öffentlichem Disput erstmals, sogar ein Konzil könne irren. 1520 erschien eine Reihe von Streitschriften, in denen die Unterschiede zwischen Priestern und Gläubigen kritisiert wurden und dem persönlichen Glauben gegen alle äußeren Formen und Symbole der Vorrang gegeben wurde. Insgesamt wurden zwischen 1517 und 1520 30 Publikationen Luthers in über 300.000 Exemplaren verkauft, eine noch wenige Jahre zuvor unerhörte Breitenwirkung. Die feierliche päpstliche Verdammung Luthers als Ketzer in der Bulle „Exsurge Domine" (Juni 1520) steigerte noch seine Popularität in Deutschland. Der päpstliche Nuntius Aleander meldete nach Rom: „Neun Zehntel von Deutschland erhebt das Feldgeschrei ‚Luther', und das übrige Zehntel wenigstens ‚Tod dem römischen Hof', und jedermann verlangt und schreit nach einem Konzil."

Das war die Lage, in der Karl nach Deutschland kam. Zunächst beabsichtigte er, dem kirchlichen Bann ohne weitere Prüfung wie üblich die Reichsacht gegen Luther folgen zu lassen. Doch der am 27. Januar 1521 in Worms eröffnete Reichstag protestierte (auch wenn die meisten Reichsfürsten von Luthers Rechtgläubigkeit durchaus nicht

überzeugt waren). Der Kaiser sah nun die Möglichkeit, den Papst, der seine Wahl zuvor so intensiv verhindern wollte, unter Druck zu setzen. So wurde Luther unter Zusicherung freien Geleits nach Worms zu einem neuen Verhör vorgeladen; zahlreiche Vermittler versuchten ihn zumindest zu einem taktischen Rückzug zu bewegen. Am 17. April 1521 wurde er in der Hofstube der bischöflichen Residenz in Gegenwart des Kaisers gefragt, ob er von seinen Schriften etwas widerrufen wolle. Luther erbat einen Tag Bedenkzeit; jeder erwartete daraufhin den geforderten Widerruf. Am nächsten Tag kam es zu jener berühmten Begegnung mit Kaiser und Fürsten, in der Luther in einer vorbereiteten Rede einen Widerruf ablehnte; er schloß mit den Worten: „Da Eure Majestät und

Martin Luthers Thesen und spätere Schriften lösten ein gewaltiges Echo aus. Eine nicht mehr zu stoppende Lawine war losgetreten. Hier eine Seite aus der ersten vollständigen Bibelübersetzung Martin Luthers um 1534.

ÖNB

Eure Herrlichkeiten eine schlichte Antwort begehren, so will ich eine ohne Hörner und Zähne geben. Es sei denn, daß ich durch Zeugnisse der Schrift oder klare Vernunftgründe überwunden werde – denn ich glaube weder dem Papst noch den Konzilien allein, weil es am Tage ist, daß sie zu mehren Malen geirrt und sich selbst widersprochen haben –, so bin ich überwunden durch die Stellen der Heiligen Schrift, die ich angeführt habe, und gefangen in meinem Gewissen an dem Wort Gottes. Deshalb kann und will ich nichts widerrufen, weil wider das Gewissen zu handeln beschwerlich, nicht ratsam und gefährlich ist. Gott helfe mir, Amen." (Das vielzitierte „Hier stehe ich, Gott helfe mir, ich kann nicht anders" entstammt einer späteren Version für den Druck.)

Der Kaiser schwieg. Erst am folgenden Tag trat er vor den Reichstag und ließ eine Erklärung verlesen, die er während der Nacht verfaßt hatte; zuerst auf Französisch und dann in Übersetzung: „Ihr wißt, daß ich abstamme von den allerchristlichsten Kaisern der edlen deutschen Nation, von den katholischen Königen von Spanien, den Erzherzogen von Österreich, den Herzögen von Burgund, die alle bis zum Tod getreue Söhne der römischen Kirche gewesen sind, Verteidiger des katholischen Glaubens, der geheiligten Zeremonien, Dekrete, Anordnungen und heiligen Bräuche … So bin ich entschlossen, an allem festzuhalten, was meine besagten Vorgänger und ich bis zur Gegenwart gehalten haben. Denn es ist sicher, daß ein einzelner Mönchsbruder in seiner Meinung irrt, wenn sie gegen die ganze Christenheit steht, wonach in all den vergangenen Zeiten, tausend Jahre oder mehr, wie auch in der Gegenwart die Christenheit im Irrtum gewesen sei und noch sei. Deshalb bin ich entschlossen, alle meine Reiche und Herrschaften, Freunde, Leib und Blut, Leben und Seele einzusetzen. Denn das wäre eine Schande für uns und Euch, die edle und berühmte deutsche Nation, wenn in unserer Zeit durch unsere Nachlässigkeit nicht nur Ketzerei, son-

dern auch nur ein Schein der Ketzerei und Beeinträchtigung der christlichen Religion in die Herzen der Menschen einzöge, zu unserer und unserer Nachfolge ewiger Unehre. Und nachdem ich die hartnäckige Antwort gehört habe, die Luther gestern in Gegenwart von uns allen gab, sage ich Euch, daß ich bedaure, so lange gezögert zu haben, gegen ihn und seine falsche Lehre vorzugehen. Und ich bin nicht bereit, noch jemals mit ihm zu sprechen; er habe sein Geleit; aber ich werde ihn fortan als notorischen Ketzer behandeln und rufe Euch auf, daß ihr Euch in dieser Sache als gute Christen verhaltet."

Auf die Lehre Luthers war der Kaiser gar nicht eingegangen. Er berief sich auf die Rolle seiner Vorfahren und Vorgänger als Schützer des wahren Glaubens; jede Störung der Einheit des Christentums würden für den Kaiser, aber auch für die Reichsstände eine ewige Schande sein. Die Welt, die den jungen Karl umgab, ließ eine andere Antwort kaum erwarten: Der christliche Ritterorden vom Goldenen Vlies, für den die Bewahrung des Glaubens höchste Aufgabe war; die Nachfolge der „katholischen Könige" in Spanien; die Tradition des römischen Kaisertums, im Zusammenwirken mit dem Papst, oder gar an seiner Stelle, die Kirche zu repräsentieren und zu verteidigen. Durch sein Auftreten gegen den verurteilten Ketzer konnte Karl sich eindrucksvoll als Kaiser bewähren; zugleich schuf er sich gegen einen bislang eher feindseligen Papst Spielraum für seine italienische Politik. Und schließlich hatte auch Karls Geldgeber Fugger allen Grund, in Luther einen Störenfried zu sehen.

Es folgte – am 25. Mai – das kaiserliche Edikt, durch das Luther geächtet und seine Schriften verboten wurden. Obwohl Friedrich der Weise nach Luthers Auftritt in Worms gemeint hatte: „Er ist mir viel zu kühn", ließ er zu, daß der Reformator insgeheim auf seinem Gebiet auf die Wartburg in Sicherheit gebracht wurde. In Geheimverhandlungen mit der kaiserlichen Seite verständigte man sich darauf, daß den Sachsen das Wormser Edikt mit der Bannung Luthers nicht offiziell zugestellt wurde. Das plötzliche Verschwinden Luthers löste viele Befürchtungen aus; Albrecht Dürer schrieb: „O Gott! Ist der Luther tot, wer wird uns hinfort das heilige Evangelium so klar vortragen!" Der aber arbeitete inzwischen an der deutschen Bibelübersetzung. Seine Lehren verbreiteten sich auch während seiner Schutzhaft mit Windeseile. Es sollten bewegte und entscheidende Jahre in Deutschland werden. Doch Kaiser Karl wandte nun seine ganze Energie dem Krieg gegen Frankreich zu; neun Jahre lang war er von Deutschland abwesend.

Nun war es auch Zeit, daß Karl sein Versprechen einlöste, seinen Bruder Ferdinand an der Herr-

Gemeinsame Schlittenfahrt Kaiser Karls V. und Ferdinands I. Auf dem Wormser Reichstag 1521 und durch den Vertrag von Brüssel wurde Ferdinand zum Statthalter Karls im Reich bestimmt. Damit war die spätere Teilung in eine spanische und österreichische Linie im Ansatz bereits vorweggenommen.
ÖNB

Die Fuggerei in Augsburg wurde von Jakob II. Fugger als soziale Stiftung für Minderbemittelte eingerichtet.
Nemeth

schaft zu beteiligen. Das Verhältnis der Brüder war rechtlich verzwickt: Das habsburgische Hausrecht sah vor, daß alle Söhne „zu gesamter Hand" die Herrschaft gemeinsam ausüben sollten; nach diesem Prinzip waren die österreichischen Erblande mehrmals geteilt worden. Nach spanischem und burgundischem Recht stand dem ältesten Sohn das gesamte Erbe zu. Und zum Kaiser war Karl jedenfalls allein gewählt. Karl und seine Berater legten das so aus, daß nur die österreichischen Lande geteilt werden sollten (das reiche Tirol, die Vorlande und die italienischen Besitzungen wären an Karl gefallen); alles andere sollte an Karl allein gehen. Während des Wormser Reichstages wurde der konziliante Ferdinand, der sich zudem über seine Braut Anna Hoffnungen auf die böhmischungarische Erbfolge machen konnte, zur Zustimmung überredet. Hätte sich dieser Plan durchgesetzt, wäre vielleicht ein burgundisch-tirolerisch-italienischer Länderkomplex entstanden. Doch die betroffenen Länder waren dagegen; die Ungarn, denen ohnehin der Kaiser als Mann für Anna lieber gewesen wäre, protestierten gegen die mäßige Ausstattung des Bräutigams. Sowohl zur Sicherung des eventuellen ungarischen Erbes als auch zur Türkenabwehr reichte ein so verkleinerter Herrschaftsbereich Ferdinands nicht aus, wie auch Karl schließlich zugeben mußte. 1522 kam es in Brüssel, nicht zuletzt durch die kluge Vermittlung der Tante Margarete, zur endgültigen Einigung: Ferdinand erhielt auch Tirol und die Vorlande und wurde, unter einschränkenden Bedingungen, zum Statthalter Karls im Reich bestimmt; dafür übernahm er die Hälfte der beträchtlichen Schulden Maximilians. Dieser „Brüsseler Vertrag" legte, ohne daß man damals schon so weit dachte, die Grundlage für die spätere Teilung der habsburgischen Besitzungen zwischen der österreichischen und der spanischen Linie.

Schon nach der Wormser Abmachung war Ferdinand in die Stammländer seiner Dynastie gereist. Nun gab auch König Ludwig von Ungarn die Zustimmung zum Vollzug der Hochzeit Ferdinands mit Anna, mit der 1515 der alte Maximilian schon einmal als Stellvertreter eines seiner Söhne getraut worden war. Ferdinand, der nach Aussage eines Zeitgenossen noch „nichts von einem Herrscher" an sich hatte, reiste von Regensburg mit dem Schiff donauabwärts nach Linz, wo er Anna traf; am 26. Mai 1521 wurden die beiden 18jährigen in Linz feierlich getraut. Die Stadtväter mußten für die Feierlichkeiten in Steyr 200 Schüsseln ausleihen, um die vielen Gäste bewirten zu können. Zu einem Tumult kam es, als einige spanische Gefolgsleute Ferdinands sich über die Österreicher lustig machten; nur Ferdinands Eingreifen beendete einen erbitterten Zweikampf. So bestätigte sich das Urteil, das einige Jahre zuvor der Italiener Guicciardini über den Stolz der Spanier gefällt hatte: „Sie sind von Natur hochmütig, und es scheint ihnen, daß sich keine Nation mit ihnen

Mit über einer halben Million Gulden finanzierten die Fugger die Wahl Karls zum römisch-deutschen Kaiser. Das Geld diente zur Bestechung der Kurfürsten („Handsalben"). Insgesamt mußte für die Wahl fast eine Million Gulden aufgewendet werden.

ÖNB

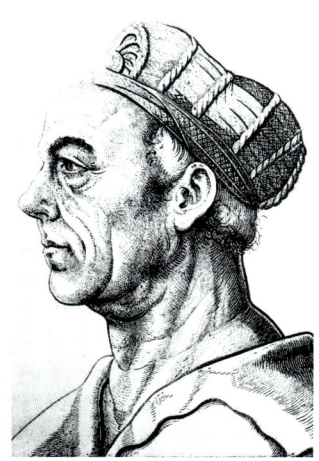

Am 10. März 1526 heiratete Karl V. Isabella, die Schwester des Königs von Portugal. Sie brachte eine Mitgift von einer Million Dukaten mit in die Ehe. Ihr Tod im Jahr 1539 führte bei Karl V. zu tiefen Depressionen.

Prado, Madrid

vergleichen könne, und in ihren Reden streichen sie das Eigene gewaltig hervor." Der Vorfall war ein Vorgeschmack der Schwierigkeiten, die den neuen Herrn erwarteten. Wieder einmal kam ein Habsburger als landfremder Herrscher nach Österreich: Und wie beim „Schwaben" Rudolf und dem „Steirer" Friedrich III. war man in Wien, aber auch anderswo mit ihm und seinen fremden Beratern anfangs gar nicht zufrieden.

Österreich war ohnehin seit Maximilians Tod in großer Unruhe. Das vom alten Kaiser eingesetzte landesfürstliche Regiment war aus Wien nach Wiener Neustadt vertrieben worden. Die Stände setzten unter Führung des Wiener Universitätsprofessors Martin Siebenbürger ein neues Regiment ein. Unter Führung des Professors war 1519 auch eine Gesandtschaft zu Karl V. nach Spanien gegangen, um Klage gegen das alte Regiment zu führen. Die Wiener Gesandten, die auf der Reise schon kräftig gezecht hatten, traten jedoch so ungeschickt auf, daß sie nichts erreichten. „Bei der Audienz benahm sich der Wortführer der Wiener, der Professor Martin Siebenbürger, dermaßen unmöglich, daß die Delegationsmitglieder einander ängstlich zuflüsterten: ‚Das ist nit gut!'" (Alphons Lhotsky) Die Wiener hatten keinen guten Eindruck vom spanischen König mit seinen niederländischen Beratern. Es würde „ain geschray geen", schrieben sie nach Hause, „wie Ihr Majestät wider unser etlicher Land freyheiten handelt".

Tatsächlich bestätigte Karl zwar die ständischen Privilegien; doch das eigenmächtige Handeln der Wiener Honoratioren wurde exemplarisch be-

straft. Im Juni 1522 zitierte Ferdinand das alte und neue Regiment zur Entscheidung des Streites in Wiener Neustadt vor sein Gericht, das vorwiegend aus landfremden Beratern bestand; die Aufrührer wurden schuldig gesprochen, Siebenbürger und sieben weitere ständische Führer, vor allem Wiener Bürger, hingerichtet. Die untereinander heillos zerstrittenen erbländischen Stände mußten sich zur Zusammenarbeit bequemen. Friedrich III. war mit den Wienern kaum fertig geworden; sein Urenkel Ferdinand hatte nun die Macht, durch dieses „Wiener Neustädter Blutgericht" die Wiener in die Knie zu zwingen. Die Stadt Wien verlor viele ihrer mittelalterlichen Privilegien und Freiheiten, darunter das Recht, eigene Münzen zu prägen. Die spanischen und niederländischen Berater Ferdinands wurden aus konfiszierten Gütern reich beschenkt, was Mißfallen im Lande erregte. Besonders verhaßt machte sich Ferdinands Günstling und Finanzbeauftragter Gabriel von Salamanca, der es etwa verstand, aus Tirol größere Summen herauszupressen als der wahrlich nicht bescheidene Maximilian. Doch nicht nur in den Erbländern, auch anderswo in Deutschland stieg in diesen Jahren die Unzufriedenheit an: im Zusammenhang mit der von der Reformation ausgelösten Aufbruchsstimmung, aber auch darüber hinaus mit anderen Ursachen und Zielen.

Bauernkriege und die Ausbreitung der Reformation

Die sozialen und religiösen Bewegungen, die in den ersten Regierungsjahren Karls V. einen Höhepunkt erreichten, waren sehr vielfältig; eine Aufbruchsstimmung hatte alle Bevölkerungsgruppen erfaßt. Dabei spielte die rasante Verbreitung gedruckter Bücher, Traktate und Flugschriften eine Rolle; die breite Öffentlichkeit, die auf diese Weise erstmals entstand, begünstigte die Verbreitung neuer Ideen und machte hitzige, oft durchaus gelehrte Diskussionen einem breiten Publikum zugänglich. Ein gutes Beispiel dafür sind die Wittenberger Thesen Luthers gegen den Ablaß, die als Herausforderung zu einer theologischen Fachdiskussion gedacht waren, aber rasch weite Verbreitung fanden.

In Deutschland hatten die letzten Jahrzehnte das Schicksal breiter Schichten verändert, neue Möglichkeiten, Ansprüche, aber auch Bedrohungen geschaffen, was aber noch kaum politischen Ausdruck gefunden hatte. Die Machtverhältnisse waren seit alters her verzwickt, konkurrierende Herrschaftsansprüche blockierten einander. Die Möglichkeiten, aber auch die Kosten wirksamer

Herrschaft waren gestiegen; standesgemäßes Leben wurde immer teurer; wem die wachsenden Reichtümer zugute kommen sollten, die Bergwerke, Bauern und Städte produzierten, war nach den alten Spielregeln nicht genau zu klären. Vielfältige Konflikte waren die Folge; das alte Recht des Adels auf bewaffnete Selbsthilfe war zwar zurückgedrängt, aber noch nicht erloschen.

Die Ziele einzelner Gruppen widersprachen einander. Der Kaiser, sein Hof, die ihm nahestehenden Adelskreise und die in Ansätzen bereits bestehende Bürokratie strebten nach stärkerer Zentralgewalt, wie in Frankreich, England, teils auch Spanien. Die Reichsfürsten hingegen, trotz ihrer im einzelnen sehr unterschiedlichen Interessen, wollten einen solchen Reichszentralismus verhindern (oder kontrollieren) und die Machtmittel in ihren Herrschaftsbereichen konzentrieren.

Das Terrain dieser Auseinandersetzungen war das Ringen um die Reichsverfassung. Aber auch Konflikte innerhalb der Stände wuchsen. Die kleineren Adeligen und Ritter wurden vom Ausbau der fürstlichen Landesherrschaft bedrängt, ihre militärische Rolle wurde immer mehr von Söldnern übernommen, die Ausbreitung der Geldwirtschaft entwertete ihre Einnahmen, und die Fehdeverbote und immer wirksameren Landfriedensordnungen beschnitten die „ritterliche" Lebensweise. Symbolfigur dieser Schicht ist der berühmte Götz von Berlichingen, der zeitweise sogar auf Seite der Bauern kämpfte. Die Städte waren ebenfalls von der wirksameren fürstlichen Verwaltung in ihren Freiheiten und Privilegien bedroht (so wie Wien); Einkommensunterschiede und innere soziale Spannungen wuchsen. Für die Bauern wirkte sich das Ringen der Mächtigeren in steigenden Abgaben- und Gebührenforderungen und der Einschränkung des bäuerlichen Gemeinbesitzes (an Weiden, Wäldern, Fischwässern und anderem) aus. Nicht der Wille zur Veränderung, sondern traditionelles Rechtsbewußtsein trieb die Bauern zum Widerstand. Schon im 15. Jahrhundert hatten sie sich immer wieder zur Verteidigung ihres „alten Rechts" zusammengetan (etwa unter dem Zeichen des Bundschuhs).

Querverbindungen zwischen all diesen Interessen schuf anfänglich die Forderung nach einer gründlichen Kirchenreform, für die sich breite Kreise begeistern ließen. Eine Zeitlang sah es so aus, als könnte in der verbreiteten Reformgesinnung mit ihrer antipäpstlichen Spitze ein breiter Konsens im Reich erzielt werden; viele hofften, daß die Einberufung eines Konzils, gefördert durch die Autorität des Kaisers, eine grundlegende Reform der Gesamtkirche bewirken könnte. Selbst Luthers Ziel war ja keineswegs eine Spaltung der Kirche,

sondern ihre Erneuerung. Daß die Reformation in Deutschland zum Glaubenskampf führen würde, war durchaus nicht von Anfang an ausgemacht. Viel schneller brach die Verschiedenheit der Interessen auf, die hinter den Reformwünschen standen. Radikale Reformatoren, etwa Thomas Münzer oder die Wiedertäufer, begannen schon bald mit der Beschlagnahme von Kirchengut und forderten eine Rückkehr zu einem urchristlichen Leben in Gütergemeinschaft; Luther wandte sich immer schärfer gegen solche Versuche, das Reich Gottes schon auf Erden zu errichten. Weiter als Luther gingen auch die Reformatoren in der Schweiz, wie Zwingli und Calvin, die eine neue, puritanisch geprägte und staatlich überwachte Religiosität der Laien anstrebten.

Die Reformation und die neuen religiösen Strömungen haben die Bauernkriege nicht ausgelöst. Doch stellten sie die Forderungen der Bauern in einen neuen Zusammenhang. Die Bevormundung durch Kirche und Obrigkeit sollte nun ein Ende haben, die Bauern wollten direkt das Wort Gottes hören oder in Luthers Bibelübersetzung lesen. Die schwäbischen Bauern forderten etwa: „Daß wir nun fürderhin Gewalt und Macht wollen haben, eine ganze Gemeinde soll einen Pfarrer selbst erwählen und kiesen; auch Gewalt haben, den selbigen wieder zu ersetzen, wenn er sich ungebührlich verhält. Derselbige erwählte Pfarrer soll uns das heilig Evangeli lauter und klar predigen, ohne allen menschlichen Zusatz, Lehr und Gebot." Das Wort Gottes, das doch „Liebe, Fried und Einigkeit" versprach, sei „undergetruckt und weggenommen" worden, meinten sie. Die Salzburger Bauern wiederum erklärten, daß „wir durch den

Im Verlauf des Krieges gegen Frankreich errang das Heer Karls V. in der Schlacht bei Pavia 1525 einen seiner größten Erfolge. Franz I., König von Frankreich, geriet in Gefangenschaft.
ÖNB

Am 26. Mai 1521 wurden Ferdinand und Anna, Tochter König Ludwigs von Ungarn und Böhmen, in Linz getraut.
ÖNB

Spiegel des heiligen Evangeli klar sehen, wie der gemeine Mann durch viel mannigfaltig Ungerechtigkeit hoch beschwert und bedrückt und in Verderben geführt ist". Regierung und viele Grundherren hätten „ihre armen Untertanen mit aller Ungerechtigkeit, Abreissen, Schinderei, mit falscher Straf, erdichter Ursach wider Gott und Recht um Gut und ihren gesunden Leib und Leben gebracht", die „Antichristischen, so sich Geistlich genennt" hätten „das arme Volk mit ihrer Simonie (= Ämterkauf), Betrügerei und Wüterei undergedruckt" und „den Weg der evangelischen Erkenntnis versperrt und verschlossen, auch verboten, daß kein Laie von dem Evangelio soll reden noch handeln, auch in Schrift es nicht haben". Die Mißstände, über die man sich beschwerte, verstand man als Verletzung der im Evangelium verkündeten göttlichen Ordnung, wie es auch in den „Meraner Artikeln" der Tiroler Bauern (und Bürger) vom 30. Mai 1525 heißt: „Zum ersten, als sich lange Zeit her in dem geistlichen und weltlichen Stand viel böser Mißbrauch erhebt, dadurch das Reich Gottes verhindert, die Lieb Christi und des Nächsten Guttat zu beweisen vergessen, allein alle Sachen auf Eigennützigkeit und nicht auf gemeinen Nutz gewendet, daß Gott der Allmächtig nit länger hat dulden mögen."

Fast nie wandten sich die Bauern gegen die Autorität des Kaisers; im Gegenteil, von ihm erwartete man ein Einschreiten gegen die vielfachen Bedrückungen durch regionale und lokale Gewalten. Oft hoffte man auch auf den Landesfürsten. Die Tiroler Bauern forderten, „daß die ganz Grafschaft Tirol ... Herrn Ferdinand als unserem gnedigsten Herren und Landesfürsten und sonst niemand zugehörig, untertänig und gehorsam sein (soll), dieselb zu beschützen und zu beschirmen", und daß die vielen Bischöfe und Klöster, die außer ihm noch Zins oder Zoll verlangten, ihre Rechte verlieren sollten. Ferdinand sollte auch „alle Schmelzhütten, Teilbergwerke, Erz, Silber, Kupfer und was dazu gehört (...), so dem Adel und ausländischen Kaufleuten und Gesellschaften gehören" (darunter werden die Fugger genannt), „zu gemeinen Landes Handen einziehen". Die schwäbischen Bauern betonten, „daß wir auch gegen unser erwählte und gesetzte Obrigkeit in allen ziemlichen und christlichen Sachen gern gehorsam sein".

Zunächst traten die neugebildeten „Haufen" der Bauern, denen sich auch viele Städte mehr oder weniger freiwillig zugesellten, recht gemäßigt auf, appellierten mit einer gewissen Naivität an die Einsicht der gutgesinnten Teile der Obrigkeit, an Schiedsgerichte, und wünschten den Anschluß aller guten Christen. Nur vereinzelt kam es zu Übergriffen. Die Obrigkeit zögerte und flüchtete sich in Vertröstungen. Freilich gab es auch war-

nende Stimmen, wie den Bürgermeister von Ulm, als die Bauern um Beistand baten: „Euch Bauern ist jetzund wie den Fröschen im Frühling. Dann kommen sie zusammen, schreien und quaken: gwagk, gwagk; so kommt der Storch und verschlingt sie. Ihr also schreiend: wo, wo; so kommen die Herren und schlachten euch zu Tod." Zeitweise hatte es dann „den Anschein, als wollten die Frösche die Storchen fressen", wie derselbe Chronist berichtet. Doch die führenden Reformatoren distanzierten sich immer heftiger. Luther schrieb am 16. April 1525: „Das kann niemand leugnen, daß unsere Bauernschaft gar keine rechte Sache hat, sondern mit trefflichen, schweren Sünden sich beladen und Gottes schrecklichen und unerträglichen Zorn über sich erwecken damit, daß sie Treu, Huld, Eide und Pflicht, so sie ihrer Obrigkeit getan und geschworen haben, brechen und in Ungehorsam fallen, sich wider die Gewalt, von Gott verordnet und geboten, frevelhaft setzen ..." Und sein Vertrauter Philipp Melanchthon stellte am 18. Mai in einem Gutachten fest: „Zum ersten hat die Bauernschaft Unrecht und handelt wider Gott, daß sie sich auflehnt ... zum zweiten, so gebeut das Evangelium Unrecht zu leiden."

Nun formierte sich der bewaffnete Widerstand der Obrigkeit. Karl V. führte in Italien Krieg gegen die Franzosen, auch Ferdinand hatte vor allem andere Sorgen. Er bedauerte allerdings in einem (französisch geschriebenen) Brief an Karl (14. März 1525), daß die Unruhen den geplanten Angriff auf das französische Burgund verhinderten: „Die Affäre Luthers ist jetzt so im Schlechten fortgeschritten, daß es im Reich nichts anderes gibt, und nicht nur in den Städten, sondern unter den gemeinen Leuten der Bauern, die sich erhoben und zu Zehn- und Zwanzigtausenden versammelt haben, und sagen, daß sie ihren Herren nur mehr das an Abgaben leisten werden, was ihnen gefällt, und daß das göttliche und menschliche Gesetz nicht erlaubt, daß sie so in Untertänigkeit stehen, und schließlich daß sie frei sein wollen." Diejenigen, die „zusammen konspiriert und sich verschworen haben", schätzt er auf 200.000. „Das ist der Grund, daß meine eigenen Untertanen, sogar in dieser Grafschaft Tirol, teilweise machen, was sie wollen, und kaum kann ich ihrer Herr werden." In Tirol wurden unter der Führung des Michael Gaismair, Bauernsohn und Sekretär des Bischofs von Brixen, zunächst Kompromißlösungen ausgehandelt; doch ließ ihn dann die Regierung unter dem Vorwand weiterer Verhandlungen festnehmen. Er entkam, und Unterdrückung wie Widerstand verschärften sich. Unter schweizerischen Einflüssen entstand ein radikaler Entwurf einer gerechten Gesellschaft in seiner Tiroler Landesordnung

von 1526, die auch eine Beseitigung aller Adelsvorrechte vorsah: „der großartigste, aber auch utopische Versuch einer christlich demokratischen Bauernrepublik" (Walter Fuchs). Schließlich versuchte Gaismair den Kampf von Venedig aus fortzusetzen und wurde später im Exil in Padua ermordet.

In Salzburg, wo der Erzbischof mit zahllosen Hinrichtungen gegen alle Lutheraner vorging, unterstützten die Bergknappen von Schladming den Aufstand, der einige militärische Erfolge gegen die ständischen Truppen errang; doch schließlich wurde er blutig niedergeschlagen, die Knappenstadt Schladming zerstört. In den anderen österreichischen Ländern blieb es fast ruhig. Die Zentren der Auseinandersetzungen lagen in Schwaben, Franken und Thüringen. In Thüringen war vor allem der junge Landgraf Philipp von Hessen, später einer der Schutzherren des Luthertums, an der Niederschlagung der Aufstände beteiligt; in Süddeutschland waren es die Söldner des „Schwäbischen Bundes", eines ständischen Zusammenschlusses (unter Beteiligung der habsburgischen Vorlande). In manchen Gebieten hatten die Bauern Klöster und Schlösser geplündert, Befestigungen geschleift und gelegentlich auch Adelige umgebracht. Der Gegenschlag fiel ungleich blutiger aus. Im allgemeinen liefen die großen, aber schlecht bewaffneten und unerfahrenen Bauernheere bei der Begegnung mit den Landsknechten auseinander; wessen die Söldner habhaft wurden, der wurde umgebracht, wer flüchtigen Bauern

Unterschlupf gewährte, gleich dazu. So wurden oft viele Tausende an einem Tag hingemetzelt. „Es war dieser Zeit alles Recht, was man gegen die Armen vornahm, und die Menschen wie die Hühner geschätzt", berichtet der Würzburger Stadtschreiber Martin Cronthal; er war Zeuge geworden, wie eine Reihe angesehener Bürger seiner Stadt hingerichtet wurden, wie die Söldner darin plünderten und brandschatzten. Ähnlich wurden viele andere Städte bestraft, die zunächst mit den Bauern sympathisiert hatten.

Die Niederschlagung der Bauernbewegung beseitigte nicht nur die Reste alter bäuerlicher Selbstverwaltung, sondern schränkte auch in vielen Gebieten die Freiheiten der Städte ein. Sieger waren die Landesfürsten und regionalen Gewalten; sie stärkten nicht nur ihre Stellung den Untertanen gegenüber, sondern auch dem Kaiser. Wie in Spanien einige Jahre zuvor, hatte Karl in die Auseinandersetzungen selbst nicht eingegriffen; weder erfüllte er die Hoffnungen der Bauern noch stärkte er seine Autorität als Ordnungsmacht, noch förderten er oder Ferdinand einen Ausgleich (Ferdinand war in Tirol als Landesfürst nur zwecks Zeitgewinn, allerdings recht geschickt, auf Verhandlungen eingegangen). Schließlich waren weite Kreise Süddeutschlands nach den völlig ablehnenden Stellungnahmen Luthers (eines seiner Traktate hieß „Wider die mörderischen und räuberischen Rotten der Bauern") von der Reformation enttäuscht, was längerfristig hier die Behauptung des Katholizismus erleichterte.

So sehr dieses Bild auch täuschen mag, die Lage der Bauern im 16. Jahrhundert war äußerst schwierig. Die Bevormundung durch Kirche und Obrigkeit löste eine Welle von Bauernkriegen im Reich aus. Einer der bekanntesten Bauernführer war Michael Gaismair aus Tirol. In seiner Tiroler Landesordnung von 1526 sah er u. a. auch die Beseitigung aller Adelsrechte vor.

KHM

Karls Kriege: Frankreich und die Türken

Der Funeralhelm
Kaiser Karls V.
Maximilianeum, Augsburg

Die Rivalität Karls V. und Franz' I. um die Kaiserkrone mündete bald darauf in offenen Krieg, den beide Seiten suchten. Für Franz I. ging es darum, die Umklammerung durch die habsburgische Macht zu durchbrechen; neben Angriffen gegen die niederländischen Besitzungen lagen die Angriffsziele der Franzosen vor allem in Italien, wo Mailand immer wieder den Besitzer wechselte. Karl wollte das Herzogtum Burgund mit Dijon, Hauptstadt und Begräbnisplatz seiner burgundischen Vorfahren, gewinnen. In einem 1522 verfaßten Testament bestimmte er: „Wenn, zur Stunde unseres Hinscheidens, unser Herzogtum Burgund in unsere Botmäßigkeit zurückgeführt sein sollte, in diesem Fall wollen wir, daß unser Körper in der Konventskirche der Karthäuser (Champmol) bestattet wird, in unserer Stadt Dijon, im genannten Herzogtum Burgund, zusammen mit den Leichnamen jener, die unsere Vorfahren waren, Philipp der Kühne, sein Sohn Johann und Philipp der Gute, zu ihren Lebzeiten Herzöge genannten Herzogtums Burgund." Das hieß, den Kompromiß, den Maximilian in jahrzehntelangen Kämpfen erreicht hatte, wieder aufs Spiel zu setzen. Zudem ging es um die sichtbare Durchsetzung seines Vorranges als Kaiser, wogegen die französischen Könige schon seit Jahrhunderten auf ihre kaisergleiche Stellung pochten. Manche von Karls Beratern, vor allem Gattinara, wollten noch weiter gehen und die Einheit und Machtstellung des französischen Königreiches überhaupt erschüttern. Jedenfalls hielt er Karl in einer Denkschrift vor: „Die Erwartung der ganzen Welt ist bis jetzt darauf gerichtet gewesen, daß Ihr bei so schöner Gelegenheit etwas tun müßtet, das eines solchen und so großen Kaisers würdig wäre." Die Rebellion des Connétable Charles de Bourbon, eines Cousins des französischen Königs, gab Anlaß zu solchen Hoffnungen; man plante schon, für ihn einen eigenen südfranzösischen Herrschaftsbereich zu schaffen und Frankreich so vom Mittelmeer abzuschneiden. Überhaupt war die Lage der Franzosen in den ersten Jahren nach Karls Wahl meist wenig günstig; Karl hatte in Italien das Übergewicht erlangt, den Papst auf seine Seite gezogen und sich mit dem englischen König Heinrich VIII. verbündet.

Doch die größere Geschlossenheit des französischen Königreiches bewährte sich immer wieder; größere innere Auseinandersetzungen wie in Deutschland um Reformation, Bauernkrieg und Reichsreform blieben Frankreich bis zur Mitte des Jahrhunderts erspart. Der französischen Diplomatie gelang es besser, innere Feinde des Kaisers zu mobilisieren. Die aufwendigen Angriffe kaiserlicher Armeen gegen französische Gebiete, etwa gegen Marseille, scheiterten zumeist. Die Kriegskunst der Zeit brachte dem Angreifer zumeist einen gewissen Nachteil; er mußte suchen, rasch einen entscheidenden Erfolg zu erringen, weil sonst die Versorgungsschwierigkeiten, die ungeheuren Kosten der Armee und die Disziplinlosigkeit der Landsknechte bald ein Fortschreiten gefährdeten. Zudem hatten gut befestigte und verteidigte Städte einen taktischen Vorteil gegenüber ihren Belagerern (unter anderem wegen des Entwicklungsstandes der Artillerie). Es war für eine verteidigende Armee also meist nicht ratsam, eine Entscheidungsschlacht zu riskieren (in den jahrelangen Franzosenkriegen Karls zwischen 1521 und 1559 wurden nur etwa ein halbes Dutzend große Schlachten geschlagen), man setzte lieber auf Zeit und führte mit einer Taktik der verbrannten Erde einen Abnützungskrieg. Aus ähnlichen Gründen gelang es den kaiserlichen Armeen zumeist, in Italien, wo sie mehr Rückhalt besaßen, die Oberhand zu behalten.

In Italien errang Karls Heer 1525 einen seiner größten Erfolge. Eine französische Armee unter persönlicher Führung des Königs hatte Mailand zurückerobert und belagerte nun Pavia. Einer über 20.000 Mann starken Entsatzarmee spanischer und deutscher Söldner gelang es am 24. Februar 1525, die überlegenen Franzosen trotz ungünstiger Ausgangslage schwer zu schlagen. Erstmals behielten Einheiten mit tragbaren Feuerwaffen, den sogenannten Arkebusen, gegen die französische Kavallerie die Oberhand. Franz I. und viele seiner Gefolgsleute gerieten in Gefangenschaft. Es war Karls 25. Geburtstag. „Von diesem Tag an ist Eure Majestät in der Lage, Christen und Türken nach Belieben das Gesetz vorzuschreiben", teilte man ihm aus Pavia überschwenglich mit. Ferdinand schrieb am 14. März an Karl, „daß mein größtes Bedauern gegenwärtig ist, daß ich mich nicht persönlich in Italien befinden kann". Der Kaiser schickte aus Spanien seinem Gesandten in England eine Liste der gefallenen und gefangenen Feinde und forderte ihn auf, sie dem König zu zeigen, „damit sie umso besser die große Wohltat kennenlernen, die es Gott gefiel, uns und unseren gemeinsamen Angelegenheiten zu erweisen".

Franz I. wurde nun nach Madrid überführt und dort gefangen gehalten. Was mit ihm geschehen sollte, darüber waren die Berater des Kaisers unterschiedlicher Meinung. Ferdinand schrieb seinem Bruder: „Wäre ich weise genug, um Euch gut raten zu können, scheint es mir, daß man eine solche Gelegenheit nicht verlieren sollte, um Euer Glück zu verfolgen und es so einzurichten, daß der

König von Frankreich und seine Nachfolger nicht die Macht hätten, weder Euch noch den Euren fortan Schaden zu bringen." Wäre es nach Gattinara gegangen, hätte man Franz gleich umgebracht; andere drangen auf einen zurückhaltenden Friedensschluß. Karl trat in langwierige Verhandlungen ein und ließ den König in der Haft mürbe werden; schließlich erreichte er am 14. Januar 1526 den Abschluß des Friedens von Madrid, in dem Franz auf das Herzogtum Burgund verzichtete, alle Ansprüche des Kaisers anerkannte und sich zu einem gemeinsamen Türkenkrieg bereit erklärte; dafür sollte er zur Besiegelung einer „ewigen Freundschaft" Karls Schwester Eleonore zur Frau erhalten.

Auch Karl selbst beschloß jetzt zu heiraten, was die spanischen Stände schon lange forderten; nachdem eine ganze Reihe von Heiratsprojekten seit seiner Jugend gescheitert waren, entschied er sich nun für Isabella, Schwester des Königs von Portugal. Neben anderen Vorteilen brachte sie ihm eine Mitgift von einer Million Dukaten, zum Großteil

in bar. Am 10. März 1526 wurde unter großem Gepränge in Sevilla die Hochzeit gefeiert. Ein unbekannter deutscher Augenzeuge schrieb: „Ich hab mein Leben lang solch Gepräng nie gesehen mit Zier und Hoffart, als das portugalische Volk, insonderheit die Jungfrauen, treiben ... Die Kaiserin ist wahrlich hübsch, ganz schlank und dünn von Leib, hat ein groß Grazia des Angesichts, freundlich lieblich, mit allen lieblichen Gezierden, was zu einer schönen Fürstin gehört. Saß auf einem weißen Zelter wohl geziert. Kaiserl. Majestät ritt neben ihr zur Linken auf einer kleinen Eselin."

Nach dem Sieg gegen Frankreich hoffte der Kaiser, daß sich der Papst und alle Fürsten und Mächte unter seiner Führung zum Türkenkrieg aufmachen würden. Die Schonung des französischen Königs, schrieb er an Margarete, sei die Voraussetzung für das große Unternehmen gewesen: „Hätte ich mehr auf meinen Vorteil als auf den Rest geachtet, hätte ich darin recht wenig erreichen können; aber Gott will nun, daß ich meinen besonderen

In den jahrelangen Franzosenkriegen Karls V. zwischen 1521 und 1559 wurde nur etwa ein halbes Dutzend großer Schlachten geschlagen. Man setzte lieber auf Zeit und führte mit einer Taktik der verbrannten Erde einen Abnützungskrieg.
ÖNB

Folgende Doppelseite:
Die Schlacht bei Mohács am 29. August 1526. Die Türken erringen einen entscheidenden Sieg gegen die Ungarn. König Ludwig II. von Ungarn und Böhmen ertrinkt auf der Flucht. Mit den bestehenden Verträgen fallen mit dem Tod des letzten jagiellonischen Königs Böhmen und Ungarn an die Habsburger.
KHM

Begegnung Kaiser Karls V.
mit König Franz I. von
Frankreich. Am 14. Januar
1526 wurde der Friede von
Madrid geschlossen, in dem
der König von Frankreich auf
das Herzogtum Burgund
verzichtete und sich zu einem
gemeinsamen Türkenkrieg
bereit erklärte. Ausschnitt aus
einem Wandgemälde im
Schloß Caprarola.

Nemeth

Vorteil in den Dingen verfolge, die seinen Dienst und das allgemeine Wohl berühren." Doch die schönen Worte, die Karl nun für seinen besiegten „Freund und Schwager" fand, den „roi très chretien" (allerchristlichsten König) Franz, konnten nicht darüber hinwegtäuschen, daß ein dauerhafter Friede auf dieser ungleichen Basis unmöglich war. Auch die französischen Prinzen, die als Geiseln gestellt wurden, konnten nicht verhindern, daß Franz I. nach seiner Rückkehr den Vertrag für erzwungen und daher ungültig erklärte. Darüber hinaus tat er sich mit Mailand, Venedig und dem Papst, die eine Übermacht der Habsburger in Italien verhindern wollten, zur „Heiligen Liga von Cognac" zusammen, um den Krieg wiederaufnehmen zu können. Wieder einmal zeigte sich im komplizierten Intrigenspiel der europäischen Diplomatie, was noch viele siegreiche Habsburger erfahren mußten: Ein Ausbau ihrer Machtstellung rief zunehmenden Widerstand hervor, setzte das Karussell der Gleichgewichtspolitik in Gang, und die Bündnispartner von gestern wurden zu Feinden. Ebenderselbe Mechanismus verhinderte freilich öfters in aussichtsloser Lage den befürchteten Absturz. Auf dieser Basis war der so hartnäckig geführte Franzosenkrieg Karls V. nicht endgültig zu gewinnen. Der moralische Sinn, den der Kaiser dieser Auseinandersetzung gab, nämlich den Weg zu gemeinsamem Kampf gegen Türken und Ketzer zu ebnen, erschwerte eine Lösung noch.

Den Krieg fortsetzen zu müssen, überforderte die kaiserliche Kasse. Die Landsknechte, die 1526/27 einen eisigen Winter in Oberitalien verbracht hatten, waren schlecht bezahlt und unzufrieden. Den alten Haudegen Georg von Frundsberg, der sie führte, traf der Schlag, als er eine Meuterei verhindern wollte; das Heer zog nun gegen Rom, für die deutschen Landsknechte die „Hure Babylon". Karl von Bourbon fiel bei der Erstürmung der Ewigen Stadt am 5. Mai 1527; nun war das Heer gänzlich führerlos. Tagelang wurde die Stadt, in der die Päpste und ihre Familien riesige Schätze angesammelt hatten, geplündert: der berühmte „Sacco di Roma". Ein spanischer Augenzeuge berichtete: „In Rom, der Hauptstadt der Christenheit, wird keine Glocke geläutet, keine Kirche geöffnet, keine Messe gelesen, es gibt weder Sonntag noch Feiertag. Die reichen Buden der Kaufleute sind Pferdeställe; die herrlichsten Paläste sind verwüstet, viele Häuser verbrannt, die Türen und Fenster der anderen zerbrochen und fortgeschleppt, die Straßen in Misthaufen verwandelt, der Gestank der Leichen entsetzlich; Menschen und Tiere haben gleiches Begräbnis; in den Kirchen habe ich von Hunden zerfressene Leichen

Kaiser Karl V. begegnet Papst Clemens VII. Am 5. Mai 1527 wurde Rom erstürmt. Tagelang wurde die Stadt von deutschen Landsknechten geplündert und zerstört – der berühmte „Sacco di Roma". Der Papst flüchtete in die Engelsburg, wo er Anfang Juni kapitulierte. Wandgemälde im Schloß Caprarola.

Nemeth

gesehen. Auf den Plätzen stehen die Tische gedrängt, auf denen um große Haufen Dukaten gewürfelt wird." Papst Clemens VII. flüchtete in die Engelsburg, wo er Anfang Juni kapitulierte. Wieder hatte Karl V. einen Gegner in seiner Hand. Und wieder wurde unter seinen Beratern die Alternative zwischen Härte oder Milde diskutiert, die Gattinara auf den Punkt brachte: Entweder den Papst als Ketzer absetzen, ein Konzil einberufen und ihm den Prozeß machen; oder alles als Meuterei hinstellen und jede Beteiligung abstreiten. Wieder beschritt Karl einen Mittelweg, ließ sich vom Papst künftige Neutralität zusichern und setzte ihn wieder ein. Immerhin erreichte er von Clemens schließlich die Kaiserkrönung in Bologna (24. Februar 1530); die letzte traditionelle Krönung eines Kaisers durch den Papst, wenn sie auch nicht in Rom stattfand und die deutschen Fürsten ferngeblieben waren. Das Konzil, von dem man sich eine grundlegende Kirchenreform und eine Verhinderung der Spaltung versprach, konnte er nicht erzwingen.

1529 brachte schließlich das Verhandlungsgeschick von Karls Tante Margarete und von Luise, der Mutter Franz' I., den sogenannten „Damenfrieden" von Cambrai zustande, ein Kompromiß, der eine Atempause von einigen Jahren ermöglichte. 1536–1538, 1542–1544, dann 1552–1559 (als in Frankreich bereits Heinrich II. regierte) wurde wieder in wechselnden Konstellationen Krieg geführt; erst Ferdinand I. sollte nach Karls Abgang 1559 im Frieden von Cateau-Cambrésis eine dau-

Franz I. (1494–1547), König von Frankreich, der große Gegenspieler Karls V. In vier Kriegen kämpfte er mit dem römisch-deutschen Kaiser um das burgundische Erbe, um die italienischen Gebiete sowie gegen die Umklammerung Habsburgs.

ÖNB

Maria, Erzherzogin von Österreich (1505–1558). Nach dem Tod ihres Gatten Ludwigs II. in der Schlacht von Mohács wurde sie von Karl V. 1531 zur Generalstatthalterin der Niederlande ernannt.
ÖNB

Ludwig II. (1506–1526), König von Böhmen und Ungarn. Mit seinem Tod trat der ersehnte Erbfall für Habsburg ein.
KHM, Ambras

erhaftere Lösung gelingen. Die Hugenottenkriege in Frankreich und die Schwierigkeiten Philipps II. in den Niederlanden ließen dann die alte Rivalität in den Hintergrund treten. Frankreich hatte sich trotz der „Belagerung" durch Habsburg behauptet. Daß sich die Franzosen in diesem Konflikt immer wieder mit Türken und deutschen Protestanten verbündet hatten, ja sogar islamische Seeräuber gegen Italien und Spanien unterstützten, werfen ihnen habsburgisch gesinnte Geschichtsschreiber bis heute vor. Der Vorwurf gehörte schon zum Standardrepertoire der zeitgenössischen Propaganda der Habsburger. In Frankreich war man, wie in Italien, wiederum empört über den „Sacco di Roma", die respektlose Behandlung des Papstes und die Verwüstung einzigartiger Kulturgüter durch die „Barbaren" im Sold des Kaisers. Jahrhundertelang aufgewärmt, dienten solche gegenseitigen Vorwürfe der Aufrechterhaltung einer „Erbfeindschaft" und der darauf gegründeten dynastischen und nationalen Interessen; ohne derartiges, massenhaft abgesunkenes „Bildungsgut" wäre etwa der 1. August 1914 mit seiner Kriegsbegeisterung nicht denkbar gewesen. Im heutigen Geschichtsbild sollten solche Ressentiments keinen Platz mehr haben.

Dasselbe gilt für die Auseinandersetzung mit den Türken. Erasmus schrieb einmal an die europäischen Fürsten: „Ich glaube kaum, daß ein Türke so grausam ist, daß er den Christen mehr Böses wünschen kann, als sich die Christen gegenseitig zufügen." Im Westen hatten die spanische Reconquistà und die Vorstöße nach Nordafrika die jahrhundertealte Grenze zwischen christlichen und islamischen Herrschaften immer weiter nach Süden verschoben; im Osten war es umgekehrt. Bei den mitteleuropäischen Nachbarn lösten die türkischen Angriffe, die Verschleppungen und Plünderungen Angst und Schrecken aus. Doch duldeten die Türken nach der Unterwerfung, zum Unterschied vom christlichen Spanien, das abweichende Religionsbekenntnis der neuen Untertanen. Daß den Christen unter islamischer Herrschaft weder Inquisition noch Massenvertreibung drohte, erklärt zum Teil die Erfolge der Türken, gerade in Ungarn. Einige Jahrzehnte lang war um 1500 die türkische Expansion an der ungarischen Südgrenze zum Stehen gekommen; mittlerweile wurden Syrien, Arabien und Ägypten erobert. Der Regierungsantritt Süleyman des Prächtigen (1520 bis 1566) löste eine Offensive im Nordwesten aus; 1521 fiel die ungarische Grenzstadt Belgrad. Schon so lange hatte man im Abendland vom Türkenkrieg geredet; die Türken führten ihn nun. Am 29. August 1526 verlor König Ludwig II. von Ungarn, Gemahl der Habsburgerin Maria, bei Mohács Schlacht und Leben; ein Großteil des ungarischen Heeres von 28.000 Mann wurde vernichtet.

Für die Habsburger war das eine gute und eine schlechte Nachricht zugleich. Wieder einmal war der ersehnte Erbfall in Ungarn und Böhmen eingetreten; Nachfolger des söhnelosen Ludwig war nach dem Vertrag von 1515 – und nach älteren Abmachungen – Ferdinand, Erzherzog von Österreich und Gemahl von Ludwigs Schwester Anna. Freilich konnte er dieses Erbe keineswegs selbstverständlich antreten; die Stände machten ihr Wahlrecht geltend. In Böhmen, wo er zudem vom Kaiser gleich nach Reichsrecht belehnt wurde, konnte Ferdinand in harten Verhandlungen und mit großen Zugeständnissen erreichen, daß er am 23. Oktober 1526, also relativ schnell, einstimmig zum König gewählt wurde. Dafür mußte er das Wahlrecht der Stände und eine Verwaltung durch einheimische Beamte zusichern. Erst im Lauf der Zeit gelang es ihm, seine Stellung weiter auszubauen und die Erblichkeit der böhmischen Krone für die Habsburger zu erreichen.

In Ungarn war die Lage wesentlich ungünstiger. Die Türken hatten sich zunächst wieder zurückgezogen. Nun schufen die ungarischen Stände trotz der Bemühungen der Königinwitwe Maria vollendete Tatsachen, als sie im November 1526 in Stuhlweißenburg mit großer Mehrheit den mächtigsten Adeligen des Landes, den Woiwoden von Siebenbürgen, Johann Zápolya, zum König wählten. Kurz darauf ließ sich Ferdinand in Preßburg von einer viel kleineren Magnatengruppe zum König von Ungarn wählen. Doch im Feldzug des folgenden Jahres setzten sich die Truppen Ferdinands durch, sein Rivale floh nach Polen, und der Habsburger fand fast allgemeine Anerkennung im Land. Fast genau ein Jahr nach Zápolya konnte auch er sich in Stuhlweißenburg am 3. November 1527 krönen lassen. Dieser Erfolg war allerdings nicht von Dauer; ein verlustreicher Bürgerkrieg zog sich lange dahin. Wenig später, 1529, kam Sultan Süleyman an der Spitze einer Armee von angeblich über 100.000 Mann wieder, überrannte die ungarischen Stellungen Ferdinands und stand im Frühherbst 1529 vor Wien. In der Stadt lag eine Besatzung von 18.000 Mann unter Graf Niklas Salm, die von Ende September bis Mitte Oktober die türkischen Angriffe abwehrte. Was ein Menschenalter zuvor Mathias Corvinus geglückt war, gelang den Türken nicht. Währenddessen verwüsteten tatarische Streifscharen das Wiener Becken („Delis", die Verrückten, nannten die Türken selbst diese leichtbeweglichen Reiterscharen). Dann zogen die Türken vor dem herannahenden Winter wieder ab. Wien und Umgebung konnten sich freilich nur langsam von den Schäden erholen.

In den folgenden Jahren konnte Ferdinand nur mehr einen kleineren Teil Ungarns behaupten, darunter Preßburg, Raab und Gran. Auch ein großangelegter Feldzug im Herbst 1532, an dem Karl V. persönlich teilnahm (einer seiner seltenen Aufenthalte in den österreichischen Erbländern), brachte nur vorübergehende Erfolge. Maria mußte ihren Bruder Ferdinand in einem Brief trösten, daß man wenigstens Gran habe halten können: „Comme on dit en aleman – conbien qu'il est ung peu ort, mes vous suplie le me pardoner: Es ist peser ein laus ins kraut den gar kain fleisch." Ferdinand war auch in den folgenden Jahren enttäuscht, daß ihm sein Bruder nicht nachhaltiger gegen die Türken helfen konnte. Aber es war auch keine Rede davon, daß überhaupt alle Ungarn von ihm gegen die Türken hätten verteidigt werden wollen; Zápolya und seine Anhänger waren zumeist mit den Türken verbündet, und unter türkischem Schutz konnte der „andere" Ungarnkönig in Siebenbürgen einen Herrschaftsbereich aufbauen, der auch unter seinen Nachfolgern behauptet wurde. Ferdinand wurde von vielen ungarischen Adeligen ebenso als landfremder Herrscher betrachtet wie die Türken; manche sprachen sogar von der kulturellen und organisatorischen Überlegenheit der Türken gegenüber dem Reich. 1533 mußte Ferdinand einen Waffenstillstand erkaufen; der Sultan nannte ihn seinen Sohn und setzte ihn damit auf den Rang seines Großwesirs, der ihn als Bruder titulierte. Nach dem Tod Zápolyas 1540 versuchte Ferdinand nochmals, sich des ungarischen Erbes zu bemächtigen, was mit einer völligen Niederlage endete; 1547 mußte er in einem Friedensvertrag auf den Großteil des Landes verzichten. Die Dreiteilung Ungarns, die sich nun verfestigte, blieb anderthalb Jahrhunderte bestehen: der Nordwesten bis an den Plattensee war habsburgisch, die Mitte einschließlich Ofen (Buda) unter direkter türkischer Verwaltung, und im Osten herrschten Zápolya und seine Nachfolger unter mehr oder weniger starker türkischer Abhängigkeit (manch-

Die Auffindung der Leiche Ludwigs II. nach der Schlacht bei Mohács. Der letzte jagiellonische König ertrank auf der Flucht hilflos in einem Moor.

Ungarisches Nationalmuseum, Budapest

Sultan Süleyman (Soliman) der Große (oder Prächtige) (1494–1566), einer der bedeutendsten Herrscher seiner Zeit. 1529 belagerte er mit einem Heer von über 100.000 Mann die Stadt Wien.
KHM

mal auch mit den Habsburgern gegen die Türken verbündet). Das Land zwischen Alpenostrand, Donau und Save war damit zur Kriegszone geworden. Wien galt als „Schild des Abendlandes"; es wurde allerdings erst 1683 wieder belagert, und die Türken haben darüber nie ernstlich hinausgegriffen. Die Befürchtungen, die Türken wollten das Abendland erobern, bewahrheiteten sich trotz ihrer militärischen Überlegenheit nicht. Vieles deutet darauf hin, daß „das politisch-strategische Konzept der Türken Ungarn, beziehungsweise der Südostflanke des Reiches gegenüber, nicht offensiv, sondern defensiv war" (Moritz Csáky). Die liebgewordenen Vorstellungen von der „historischen Mission" der Habsburger in der Türkenabwehr bauen wohl allzusehr auf alten Feindbildern auf.

Im Konzept Karls V. war die ungarische Grenze zu den Türken nur einer der Schauplätze der Auseinandersetzung. Noch naheliegender war für ihn der Kampf um die Seeherrschaft im westlichen Mittelmeer. Hier bedrohten türkische Flotten und nordafrikanische Seeräuber aus den sogenannten Barbaresken-Staaten, die bald unter türkischer Hoheit standen, die wichtigen Verbindungslinien zwischen Spanien und Italien (und damit auch dem Reich). Der berüchtigte Chaireddin Barbarossa wurde gelegentlich auch von den Franzosen unterstützt. Karls Angriffe auf Nordafrika erreichten keine nachhaltige Änderung; zwar konnte er einmal Tunis erobern, aber ein Angriff auf Algier scheiterte. Die stolze spanische Flotte, deren Schiffe die Erde umsegelt hatten, brauchte bis in die siebziger Jahre, um (nach dem Seesieg bei Lepanto) die Herrschaft über das westliche Mittelmeer, das „habsburgische Binnenmeer", gegen die Türken zu sichern. Das Ringen mit den Türken blieb ebenso wie die Rivalität mit Frankreich noch lange nach dem Tod Karls V. und Ferdinands I. eine Konstante habsburgischer Machtpolitik.

Blick über das türkische Heerlager bei der ersten Türkenbelagerung Wiens 1529.
ÖNB

Karl V., Ferdinand I. und das Reich

Nach dem Wormser Reichstag von 1521 blieb Karl V. etwa neun Jahre lang dem Reich fern; der Krieg gegen Frankreich, spanische und niederländische Angelegenheiten beanspruchten seine Aufmerksamkeit. Ferdinand, der nach dem Brüsseler Vertrag in der Abwesenheit des Kaisers die Reichsgeschäfte führen sollte, war in dieser Zeit mit den Problemen der alten und neuen Länder fast ausgelastet: ständische Opposition in Österreich, das Eindringen des Protestantismus, die Tiroler Auf-

stände, die Erwerbung und Sicherung Böhmens und Ungarns und nicht zuletzt der Türkenkrieg. Dennoch gelang der Aufbau einer strafferen Verwaltung in den Erbländern. Die „Hofstaatsordnung" von 1. Januar 1527, auch wenn sie noch oft modifiziert werden mußte, war sozusagen die Geburtsstunde der später so berüchtigten k. k. Bürokratie; „Geheimer Rat", Hofrat, Hofkammer und Hofkanzlei wurden eingesetzt.

Währenddessen verknüpfte sich im Rest des römisch-deutschen Reiches die Reformation immer stärker mit ständischen Interessen. Fürsten, die zuerst den Reformationsbestrebungen skeptisch gegenübergestanden waren, besannen sich der Vorteile des Lutherschen Modells: Es erlaubte weitgehende staatliche Hoheit über die Kirche (mit regelmäßigen Visitationen) und eine Übernahme der kirchlichen Besitzungen. Aus späterer Sicht waren es entscheidende Jahre im Reich, in denen sich die Glaubensspaltung und das Übergewicht der Fürsten in der Religionsfrage verfestigten; es ist freilich sehr fraglich, ob eine stärkere Präsenz des Kaisers daran etwas hätte ändern können. Die grundlegende Entscheidung hatte Karl schon 1521 getroffen: nämlich für die römische Kirche und die Verteidigung des katholisch untermauerten Universalismus, den die Kaiserkrone symbolisierte, und gegen eine „nationale" Kirchenreformbewegung unter Führung des Herrschers um den Preis des Bruches mit Rom, wie es bald darauf die skandinavischen Länder und England praktizierten. Auf der anderen Seite wurde Luther, sowohl durch seinen Erfolg als auch durch die harten Widerstände, immer weniger kompromißbereit. Doch noch lange versuchten Vertreter einer –

humanistisch geprägten – Mittelströmung sowie gemäßigte Vertreter beider Seiten, die Einheit der Kirche durch eine maßvolle Reform zu bewahren. Auch die habsburgische Religionspolitik ließ lange einen gewissen Verhandlungs- und Duldungsspielraum offen. Aus streng kirchlicher Position waren alle Lutheraner, noch mehr die Vertreter radikalerer Richtungen, teils sogar die kompromißbereiten Anhänger des Erasmus Ketzer, die nur mehr zwischen Bekehrung und Verfolgung zu wählen hatten. Karl V. hatte dieser Auffassung in seinem Wormser Edikt, mit der Bannung Luthers und dem Verbot seiner Schriften, weitgehend entsprochen. Das hinderte die kaiserliche Diplomatie im Reich nicht daran, die Kräfte und Möglichkeiten realistisch einzuschätzen. Ohne das Ziel einer allgemeinen Kirchenreform und der Rückführung der Lutheraner in die römische Kirche aufzugeben, mußte man die Existenz der zunehmend zu einer politischen Kraft gewordenen Reformatoren de facto akzeptieren. Diese immer wieder aufgeschobenen Entscheidungen, das Abfinden mit dem Status quo, die ständig enttäuschten Hoffnungen auf ein allgemeines Konzil schufen mit der Zeit jenes Provisorium, das später allen gegenreformatorischen Bestrebungen widerstand: die Teilung des Reiches in zwei Konfessionsgebiete.

Bald nach Worms gingen zwei der mächtigsten Reichsfürsten, der Kurfürst von Sachsen und Landgraf Philipp von Hessen, ins lutheranische Lager über; eine Reihe wichtiger Reichsstädte schloß sich an. Zwar blieben sie noch lange eine Minderheit; doch die Religionsfrage war damit endgültig ein Problem der Reichspolitik geworden. Diese Verflechtung schuf endlose Komplikationen: Denn auch die katholisch gebliebenen Fürsten wehrten sich oft gegen jede wirksame Aktion des Kaisers gegen die Lutheraner, die sich ja zugleich gegen die ständischen Freiheiten richten mußte; besonders aktiv in dieser Richtung war immer wieder Bayern, das seit der Erwerbung Böhmens durch Ferdinand von den Habsburgern fast eingekreist war (in jenen Jahren stand sogar Württemberg vorübergehend unter habsburgischer Verwaltung) und eine habsburgische Machtausweitung unter dem Vorwand der Ketzerbekämpfung fürchtete. Doch noch wurde verhandelt, gerade unter dem Druck der Aufstandsbewegungen. Auf mehreren Reichstagen suchten die Stände untereinander, Ferdinand mit den Ständen zu einer Lösung zu kommen, wobei die Initiative bei den Fürsten lag; erste Ansätze der – zunächst inoffiziellen, – gegenseitigen Duldung wurden sichtbar. 1529 begannen sich die Fronten wieder zu verhärten. Die katholische Mehrheit hob auf einem Reichstag zu Speyer einen Kompromiß wieder auf; die Minderheit protestierte, daß in Glaubensdingen keine Mehr-

heitsentscheidung möglich sei und „ein jeglicher für sich selbst vor Gott stehen muß". Diese „Protestanten" appellierten an den Kaiser und an ein künftiges Konzil.

Erst 1530, soeben vom Papst zum Kaiser gekrönt, nahm sich Karl V. wieder persönlich des Problems an. Am 15. Juni 1530 eröffnete er in Augsburg den Reichstag, auf dem er „eines jeglichen Gutbedünken, Opinion und Meinung zwischen uns selbst in Liebe und Gütigkeit zu hören, zu verstehen und zu erwägen" wünschte, wie das Einladungsschreiben verkündete. Von den reformierten Ständen verlangte er eine Darlegung ihrer Position, die als Diskussionsgrundlage dienen sollte. Das „Augsburger Bekenntnis" (die „Con-

Die Türkenbelagerung Wiens 1529: Das Zeltlager der Türken vor der Stadt. Der herannahende Winter war letztendlich ausschlaggebend für den Abzug der türkischen Streitmacht.

ÖNB

Die Dreiteilung Ungarns blieb rund 150 Jahre bestehen: Der Nordwesten bis an den Plattensee war habsburgisch, die Mitte, einschließlich Ofen (Buda), stand unter direkter türkischer Verwaltung, und im Osten herrschten Zápolya und seine Nachfolger.

Die Stephanskrone dürfte doch nicht auf den Ungarnkönig Stephan I. den Heiligen zurückgehen. Der Kronreif ist zweifellos byzantinischen Ursprungs. Die auffälligste Besonderheit ist das schiefe Kreuz. 1916 wurde der Habsburger Karl IV. als letzter König damit gekrönt. Nach den Wirren des Zweiten Weltkriegs gelangte die Krone in die USA. 1978 übergab Präsident Carter die Stephanskrone dem „ungarischen Volk". Sie befindet sich im Nationalmuseum in Budapest.

Nemeth

fessio Augustana"), die Kurfürst Johann von Sachsen vorlegte, war von Philipp Melanchthon, dem kompromißbereiten Mitarbeiter Luthers, verfaßt worden; Luther selbst war noch immer gebannt und konnte nur aus der Ferne, von der südlichsten sächsischen Festung, der Coburg, den Verhandlungen folgen, in die er gleichwohl immer wieder brieflich eingriff. Melanchthon machte eine Reihe von Zugeständnissen; manche Streitfragen, wie die Rolle des Papstes oder die Ablaßfrage, waren in dem Dokument überhaupt ausgespart. Eine Verständigung mit der katholischen Seite schien möglich; ihr opferte man auch die Einheit der Reformatoren, denn die Zwinglianer und andere Schweizer Gruppen, deren Forderungen weiter gingen, hatten das Augsburger Bekenntnis schon abgelehnt.

Die Antwort der katholischen Stände ließ weit weniger Kompromißbereitschaft erkennen; der Kaiser persönlich drängte immer wieder auf die Entschärfung einiger Punkte. Die Erlaubnis der Priesterehe, das Abendmahl in beiderlei Gestalt und einiges andere war die katholische Seite schließlich bereit zuzugestehen. Doch je länger die Verhandlungen dauerten, desto mehr distanzierten sich auf beiden Seiten die Gegner eines Kompromisses: bei den Reformierten vor allem Philipp von Hessen, aber auch Luther selbst, auf der anderen Seite der päpstliche Legat. Der Kaiser war schließlich enttäuscht über das Scheitern seiner Vermittlungsbemühungen und erklärte das „Augsburger Bekenntnis" einseitig für widerlegt; für die Protestanten wurde gerade dadurch aus dem zunächst für einen tagespolitischen Zweck verfaßten Schriftstück die Grundlage einer verbind-

lichen Abgrenzung ihrer Konfession gegen Katholiken und andere reformatorische Gruppen. Damit war die Spaltung unübersehbar geworden; nur mühsam vertröstete man sich wieder einmal auf die Chimäre des Konzils.

Der Ausgleich war gescheitert. Die protestantischen Stände mußten mit einem Versuch des Kaisers rechnen, die Kircheneinheit gewaltsam wiederherzustellen. Im Februar 1531 schlossen sich Kursachsen, Hessen, einige kleinere norddeutsche Territorien und einige Reichsstädte (darunter Magdeburg, Bremen, Straßburg) in Schmalkalden zu einem Devensivbündnis zusammen. Luther selbst, der jede Aufsässigkeit gegen die Obrigkeit (also auch gegen den Kaiser) verurteilte, legte großen Wert darauf, daß der „schmalkaldische Bund" nur der Verteidigung in der Not dienen sollte. Obwohl sich auf diese Weise die konfessionellen Fronten verfestigten, gelang es den Habsburgern, einen wichtigen Erfolg im Reich zu erringen: Am 5. Januar 1531 wurde in Köln (nicht im protestantischen Frankfurt) Ferdinand zum römischen König gewählt, am 11. Januar wurde er in Aachen gekrönt. Eine solche Wahl zu Lebzeiten des Kaisers hatte es im Mittelalter immer wieder gegeben, um dem Sohn des Monarchen die Nachfolge zu sichern; sie bedeutete zugleich eine Einschränkung des fürstlichen Wahlrechtes und eine Stärkung des dynastischen Gedankens. Daß der jüngere Bruder des Kaisers zum König gewählt wurde, war freilich neu, zumal Karl bereits einen Sohn (Philipp, geboren 1527) hatte. Dennoch gelang es Karl, mit einigen Zugeständnissen die Kurfürsten (bis auf Sachsen) zu gewinnen. Nur langsam gelang es Ferdinand, die Opposition der Protestanten und vieler anderer Fürsten und Stände, an der Spitze Bayern, zu überwinden.

Die mißtrauische Frontstellung der Konfessions-
parteien behinderte die Bemühungen des Kaisers,
im Türkenkrieg zu einem Erfolg zu kommen.
Wiederum (wie schon nach dem Wormser Reichstag) folgte daher einer offiziellen Verurteilung der
Reformationsbewegung eine provisorische Anerkennung des Status quo. Während im Sommer 1532 ein großes Türkenheer in Ungarn ein-
marschierte, einigte man sich im Nürnberger
Religionsfrieden wiederum auf eine Art Waffenstillstand in der Konfessionsfrage, bis zur endgültigen Klärung durch ein Konzil. Es war die
Politik Ferdinands, die sich damit durchsetzte: In
einem ausführlichen Brief zur Türkengefahr vom
17. März 1531, den er seinem Bruder zweimal
schickte, schloß Ferdinand jede Verständigung mit
den Türken aus; selbst wenn man ihnen Ungarn
überlassen würde, wäre damit kein dauerhafter
Friede gewonnen. „Insgesamt zeugt diese Analyse
der ökonomischen, strategischen und taktischen
Situation von einer Höhe des Verständnisses und
der Voraussicht, die der Adressat nicht aufbringen
konnte, da ihm die Vorbedingungen ebenso wie
das Interesse fehlten" (Herwig Wolfram). Dagegen
war Ferdinand im Reich zumeist kompromißberei-
ter als der ältere Bruder. Mit dem großangelegten
Türkenzug Karls V. im Herbst 1532 verbanden sich
große Hoffnungen; nachdem er sich durch den
schnellen Rückzug der Türken und die Meuterei
der eigenen Söldner als Schlag ins Wasser erwiesen hatte, verließ der Kaiser sein Reich, zur großen
Enttäuschung Ferdinands, wiederum für fast
ein Jahrzehnt; die großen Fragen, die zu lösen
er gekommen war, hinterließ er seinem Bruder
unerledigt.

Um 1540 wandte sich Karl V. wieder, nachhaltiger
als je zuvor, den Problemen des Reiches zu.
Zunächst wurde noch einmal in Gelehrten-
gesprächen eine Versöhnungsformel gesucht;
obwohl dabei 1541 ein Ausgleichsentwurf gefunden wurde, scheiterten die Bemühungen schließlich, da beiden Parteien die dabei gemachten
Zugeständnisse zu weit gingen. Als 1545 in Trient
das lange herbeigeredete Konzil eröffnet wurde,
bot es keine ernsthafte Chance für einen Ausgleich
mehr. Der Papst hatte zwar den Forderungen der
Protestanten nachgegeben, das Konzil müsse auf
deutschem Boden stattfinden (zu dem Trient
damals gezählt wurde), doch trug er Sorge dafür,
daß wesentliche Entscheidungen fielen, ohne daß
Vertreter der Protestanten dabei mitwirken konnten. Als die Kirchenversammlung fast zwei Jahrzehnte später schließlich zu Ende ging, hatte sie
den Boden für den Gegenschlag der alten Kirche
bereitet, der unter dem Namen Gegenreformation
in die Geschichtsbücher eingehen sollte.
Inzwischen hatten sich die machtpolitischen
Gegensätze im Reich soweit zugespitzt, daß es
mehrfach zu regionalen militärischen Lösungen gekommen war, wobei Philipp von Hessen
meistens aktiv beteiligt war. Die gespannte Lage
gab Karl V. den Anlaß zu einem Versuch, den „konfessionellen Knoten" gewaltsam zu durchtrennen.
Obwohl schon schwer verschuldet, ließ er in Spanien noch einmal große Summen auftreiben. Karls
Sekretär de los Cobos blieb nach den dringenden
Geldforderungen des Kaisers nichts mehr übrig,
als alle Schätze zu beschlagnahmen, die aus Amerika ankamen. Finanzielle und militärische Unterstützung sollten auch der Papst und der Herzog von

Kaiser Karl IV. ließ die damals
bereits vorhandene Wenzelskrone verändern. Seit 1376
präsentiert sie sich in dieser
Form. Die Krone ist in der
Wenzelskapelle im St.-Veits-
Dom auf der Prager Burg
ausgestellt. Das Bild hier zeigt
eine originalgetreue
Nachbildung im Wuppertaler
Uhrenmuseum.

Das „geteilte Erbe".
Die österreichischen und
spanischen Besitzungen
der Habsburger.

Am 24. April 1547 siegten die Kaiserlichen in der Schlacht bei Mühlberg über die Truppen des Schmalkaldischen Bundes unter Kurfürst Johann Friedrich von Sachsen. Hier das berühmte Gemälde von Tizian, das den Kaiser als Triumphator zeigt.

Prado, Madrid

In der italienischen Stadt Caprarola befindet sich der Palazzo Farnese, eines der schönsten Schlösser der Renaissance, von Vignola 1547–1559 erbaut.

Nemeth

Anzahl) überlegen, konnte sich aber auf keine gemeinsame Strategie einigen. Am 24. April 1547 siegten die Kaiserlichen bei Mühlberg an der Elbe über die Truppen des Kurfürsten, dieser und später auch Philipp von Hessen wurden gefangengenommen. Als der gefangene Kurfürst den Kaiser anredete: „Allergnädigster Kaiser …“, fuhr ihm dieser ins Wort: „Ihr hättet uns besser längst dafür gehalten." Beide Gegner blieben jahrelang in Haft. Das berühmte Porträt Karls V. von Tizian, das heute im Prado hängt, stellt den Kaiser als Triumphator in der Schlacht von Mühlberg dar, zu Pferd in voller Rüstung und mit der Lanze in der Hand: „Es zeigt den Kaiser, wie er sich selber sah", meint Peter Rassow. Ferdinand Seibt sieht Karl darauf eher „wie den düsteren Genius des Krieges in den roten Abend reiten". Tizian war auf Einladung des Kaisers Anfang 1548 nach Augsburg gekommen, wo er bis Herbst 1549 blieb und an diesem und anderen Bildern arbeitete. Die Anspielung auf den ritterlichen Drachentöter, den heiligen Georg, war kein Zufall; am 24. April, dem Tag von Mühlberg, feierte man in Österreich seinen Festtag; Karls spanische Söldner waren unter dem Schlachtruf: „Sant Jago España, Sante Jorge Imperio" angetreten. Die lange Lanze wiederum (in Wirklichkeit hatte Karl in der Schlacht eine kurze getragen) sollte an die Reichslanze erinnern, eines der ältesten und heiligsten Reichskleinodien. Solche Bezüge waren bewußt herausgestellt, sie entsprachen auch dem Horizont des Kaisers, der sich als Streiter Christi sah. Tizians Meisterschaft zeigt sich darin, daß trotz der symbolischen Befrachtung des Gemäldes der Kaiser auch als Mensch dargestellt wird: seine Blaßheit, Willensanspannung, der Leidensdruck, der auf dem längst von der Gicht geplagten und von seinen endlosen Reisen ermatteten Kaiser lastete.

Die Stimmung, wie sie im kaiserlichen Lager kurz nach dem Sieg von Mühlberg herrschte, geben die detaillierten Berichte der venezianischen Gesandten wieder. Der kaiserliche Oberstkämmerer de Rye erzählte den Gesandten Wunderdinge von der persönlichen Tapferkeit des Kaisers; 21 Stunden sei er ununterbrochen im Sattel gewesen, immer in Waffen, und bei der Überquerung der Elbe hätte seine Kühnheit jedermann in Schrecken versetzt; so habe er „den schönsten Sieg, den er je hatte", errungen. Das Feldlager schwirrte von Plänen und Gerüchten: Der Kaiser ließ dem französischen Gesandten mitteilen, daß man jetzt gemeinsam die Türken aus Konstantinopel vertreiben könne; dieser erwiderte, da nun der Kaiser einen Großteil Deutschlands seinem Willen unterworfen habe, wäre es höchste Zeit, in der Frage der Häresie entschieden vorzugehen: „Wenn die vielen Unordnungen der Religion nun geregelt

Sachsen leisten (der Herzog war damals mit dem aus einem anderen Zweig der gleichen Familie stammenden Kurfürsten von Sachsen verfeindet). Zugleich wurde gegen die feindlichen Städte Frankfurt, Straßburg, Augsburg und Ulm ein richtiger Wirtschaftskrieg geführt; durch systematische Beschlagnahme ihrer Handelswaren sollte ihre Finanzkraft getroffen werden. 1546 begann der Kaiser persönlich den Kriegszug gegen den Schmalkaldischen Bund. Zunächst war das zahlenmäßig stärkere Bundesheer (57.000 Mann, eine wenige Jahrzehnte zuvor noch unglaubliche

werden und daraus der allgemeine Nutzen der Christenheit folgt, dann gefällt mir dieser Sieg recht wohl; gleichwohl würde es mir doch sehr mißfallen, wenn hinfort nichts anderes geschehen würde als der Ruin einiger deutscher Fürsten und Städte" – eine recht realistische Einschätzung. Insgeheim hegten die Gesandten der anderen Mächte einige Befürchtungen, die durch Äußerungen aus der Umgebung des Kaisers genährt wurden: Der englische Gesandte informierte seine französischen und venezianischen Kollegen, er hätte von spanischen Adeligen gehört, nach diesem Sieg „befinde sich der Kaiser in einer Position, wo kein anderer Fürst sich mehr seinem Willen widersetzen könne", es sei nun notwendig, daß die anderen Herrscher ihm gehorchten „und ihm die Weltmonarchie überließen". Der englische Gesandte warnte nun, Frankreich und Venedig sollten deshalb Vorkehrungen treffen, „wenn sie ihre Staaten erhalten wollten". Offensichtlich schätzte man die Machtstellung des Kaisers nach diesem Sieg sehr hoch ein, zumal sowohl Franz I. als auch Heinrich VIII. kurz vor Mühlberg gestorben waren. Tatsächlich gedachte Karl seinen Sieg zu nützen, vor allem im Reich. „Nach dem Sieg über die Schmalkaldener herrschte im Reich nicht mehr die offene und verbindliche Art König Ferdinands, sondern die Gehorsam gebietende spanische Würde und Majestät des Kaisers" (Heinz Schilling).

Der „geharnischte Reichstag" von Augsburg, der von September 1547 bis Mai 1548 tagte, sollte unter dem Druck der siegreichen kaiserlichen Waffen die Religionsfrage in seinem Sinn lösen. Er verabschiedete ein Kompromißmodell, das unter Beteiligung des kaiserlichen Beichtvaters ausgearbeitet worden war und den Protestanten den Laienkelch (also die Kommunion in beiderlei Gestalt auch für Laien) und die Eheerlaubnis für bereits verheiratete Priester zugestand; im übrigen hatten sie in den Schoß der Kirche zurückzukehren. Doch dieser Versuch eines gewaltsamen Kompromisses scheiterte völlig; die katholischen Stände verweigerten seine Durchführung, in protestantischen Gebieten gab es nicht genug katholische Priester, und wo sie auftraten, wurden sie gemieden. Gerade der Versuch, mit spanischen Söldnern die Durchführung zu erzwingen, brachte weite Kreise im Reich gegen den Kaiser auf. „Die viehische spanische Servitut" wurde zum Schlagwort der Opposition, die für die Erhaltung der „deutschen Freiheiten" kämpfte, mit Unterstützung des neuen französischen Königs Heinrich II., der als „Rächer der deutschen Freiheit und der gefangenen Fürsten" auftrat, wie eine Flugschrift verkündete. Diese deutschen Freiheiten bedeuteten vor allem die Freiheit der Fürsten und Stände, ihre Gebiete nach ihrer Fasson zu regieren, ohne Einmischung der kaiserlichen Söldner und Beamten.

Das Belvedere in Prag. Die Stadt wurde in der zweiten Hälfte des 16. Jahrhunderts zur Haupt- und Residenzstadt der Habsburger ausgebaut. Unter Kaiser Rudolf II. wurde sie zum politischen und kulturellen Zentrum Europas.
Nationalmuseum, Prag

Karl V. zog sich nach seiner Abdankung nach Yuste, westlich von Madrid, zurück. Dort hatte er sich eine Villa, anschließend an das Kloster San Geronimo, errichten lassen. Ins Kloster gegangen, wie viele glaubten, war er trotzdem nicht. Auch führte er kein spartanisches Leben. Das Gemälde von Jakob Seisenegger zeigt den Kaiser mit seiner Ulmer Dogge.

KHM

Die letzten Jahre Karls V.

Der Zusammenbruch der kaiserlichen Position erfolgte 1552. Der Kaiser hatte getan, was er konnte, ohne eine Lösung erzwingen zu können. Nun ging die Initiative auf die Gegenseite über. Die protestantischen Fürsten lieferten Heinrich II. für seine Unterstützung die auf Reichsgebiet liegenden französischsprachigen Städte Metz, Toul und Verdun aus, womit ein neuer Krieg zwischen Habsburg und Frankreich begann. Moritz von Sachsen, Karls Verbündeter aus dem Schmalkaldischen Krieg, der eben noch im Dienst des Kaisers das protestantische Magdeburg belagert hatte, wechselte die Front und marschierte nach Süden. Karl, der sich ohne Armee in Innsbruck aufhielt, flüchtete Hals über Kopf nach Villach. Der Sachse drang in Tirol ein. Nun, da Karls Politik der harten Hand gescheitert war, mußte wieder der konziliantere Ferdinand die habsburgische Sache retten; während Karl in Villach festgenagelt war, verhandelte er in Linz und Passau mit den rebellischen Ständen; die schließlich getroffenen Vereinbarungen liefen auf eine Rückkehr zu den Verhältnissen vor Mühlberg hinaus, der Sieg des Kaisers war verspielt.

Die Einigung im Reich gab dem Kaiser den Spielraum, in den Franzosenkrieg einzugreifen; er konzentrierte seine Kräfte auf die Belagerung von Metz, an der wichtigen Verbindungslinie von Italien in die Niederlande (der „spanischen Straße", wie sie später hieß), doch die Einschließung der Stadt im Spätherbst 1552 brachte keinen Erfolg. Der fehlgeschlagene Kriegszug hatte die unglaubliche Summe von zweieinhalb Millionen Dukaten gekostet, über das Doppelte der jährlichen Einnahmen ganz Spaniens. Resigniert zog sich der kranke Kaiser nach Brüssel zurück. Drei wesentliche Entscheidungen sollten die nächsten Jahre bringen: Die Einigung über das Erbe leitete die Trennung der österreichischen von der spanischen Linie ein; der Augsburger Religionsfrieden erkannte den konfessionellen Status quo an; und der Frieden mit Frankreich sanktionierte ebenfalls die inzwischen entstandenen Kräfteverhältnisse. Alle drei Entscheidungen brachen mit der Politik, die Karl sein ganzes Leben lang verfolgt hatte, und bedeuteten das Eingeständnis, daß die habsburgische „Weltmonarchie" gescheitert war.

Dabei brachte das Jahr 1553 noch eine unerwartete Chance auf eine weitere Machtausweitung nach der so erfolgreichen dynastischen Methode: Im Juli 1553 starb der junge Eduard VI. von England nach kurzer Regierung. Thronfolgerin war nun Maria, die Tochter Heinrichs VIII. aus der Ehe mit der verstoßenen Katharina von Aragon, einer jüngeren Schwester Johannas der Wahnsinnigen;

Maria war also eine Cousine von Karl und Ferdinand. Sie heiratete im Juli 1554 Karls Sohn Philipp, nach langem Widerstand des Parlaments, das schließlich unter der Bedingung zustimmte, daß Philipp nicht die vollen Herrschaftsrechte, sondern nur den Titel eines Königs von England erhielt. Gegen große Widerstände führte Maria den Katholizismus wieder ein, wobei Hunderte Protestanten auf dem Scheiterhaufen endeten. Diese finstere Zeit der katholischen Reaktion führte in England zu einem volkstümlichen Haß gegen die Spanier; die Nachkommen der Habsburger hätten wohl Schwierigkeiten gehabt, sich in England durchzusetzen. Doch blieb die Ehe Philipps mit der etwa 40jährigen Maria, die in der englischen Geschichtsschreibung „Bloody Mary" genannt wird, ohnehin kinderlos, und als die Königin im November 1558 starb, war die Episode vorbei. England ging unter Elisabeth I. einer großen Zeit entgegen, die von scharfer Rivalität mit Spanien geprägt war. Der Titel eines Königs von England, von dem wenige wissen, daß ihn je ein Habsburger getragen hat, blieb einer jener leeren Titel, mit denen sich die Dynastie immer wieder geschmückt hat – vom römischen König Friedrichs des Schönen über den König von Ungarn Friedrichs III. bis zum König von Jerusalem, den noch Franz Joseph trug.

Während in Frankreich und England die Auseinandersetzung zwischen Katholizismus und Protestantismus an Schärfe zunahm, war in Deutschland nach den Kriegen Karls V. wieder eine Zeit relativ friedlichen Zusammenlebens erreicht. Wesentlich daran beteiligt war König Ferdinand; Karl hatte sich aus den Reichsgeschäften schon weitgehend zurückgezogen. Er hatte den Reichstag von 1555 nach Augsburg noch selbst einberufen; die mühsamen Verhandlungen standen unter dem Vorsitz seines Bruders. Am 25. September 1555 wurde gegen Karls „unüberwindliche" Bedenken der Augsburger Religionsfrieden abgeschlossen, der endgültig das Nebeneinander zweier Konfessionen in Deutschland sanktionierte – die Lutheraner nach „Augsburger Bekenntnis" (nach dem 1530 vorgelegten Dokument) hatten dadurch auch das Monopol unter den protestantischen Richtungen; Zwinglianer, Calvinisten und andere waren nicht zugelassen. Zwischen den beiden Konfessionen durften die Reichsstände frei wählen; ihren Untertanen stand diese Wahl nicht frei, ihnen blieb als einziges Recht das auf Auswanderung. Wenig später wurde dieses Prinzip mit der Formel „cuius regio, eius religio" (der Herr des Gebietes bestimmt das Bekenntnis) charakterisiert. Der katholischen Seite gab das immerhin einen gewissen Schutz gegen die weitere Ausbreitung der Reformation; alle Landesfürsten hatten dadurch einen entscheidenden Hebel zum Ausbau ihrer Landesherrschaft gewonnen. Damit war auch die alte Auseinandersetzung um die Reichsreform endgültig entschieden. „Das Reich hat mit dem Ausgang der Reichsreform von 1555 der Entwicklung zum Machtstaat endgültig entsagt und sich als Friedens- und Verteidigungsverband eigenständiger Glieder konstituiert" (Heinz Angermeier). Die Territorien übergreifende zentrale Institutionen konnten sich nur in Ansätzen entwickeln (etwa das Reichskammergericht); damit war auch die unter Maximilian so heftige Auseinandersetzung um eine monarchische oder ständisch-kollegiale Kontrolle der Reichsverwaltung entschärft. Es waren die Reichsfürsten, die nun alle Möglichkeiten einer neuzeitlichen Verwaltung und Steuerorganisation in ihren jeweiligen Territorien ausbauen konnten; das konnten die Habsburger insoweit akzeptieren, als es in weiten Gebieten sie selbst betraf.

Moderne deutsche Historiker haben fast bis heute darin einen der Meilensteine einer versäumten Nationsbildung gesehen. Doch „das Festhalten an der politischen Methode des Übereinkommens" (Angermeier) statt staatlicher Zentralisierung im römisch-deutschen Reich sollte nicht nur als

Zeichen des Scheiterns gesehen werden. Immerhin war bis 1555 auch eine Reihe von Vorkehrungen getroffen worden, das möglichst friedliche Zusammenleben der vielen und so unterschiedlich großen Reichsterritorien zu regeln. Eine neue Kreiseinteilung schuf wirksamere Möglichkeiten, den Landfrieden zu sichern; tatsächlich gelang es bald, das mittelalterliche Fehdewesen gänzlich einzudämmen. Die Reichstage ermöglichten trotz ihrer Schwerfälligkeit Verhandlungen und Konfliktregelungsmaßnahmen. Bei der Konzentration auf die Fragen der „hohen Politik", die lange offenblieben, wird auch leicht vergessen, daß gerade die Zeit Karls und Ferdinands im Zusammenwirken von „Kaiser und Reich" bedeutende Fortschritte in der Reichsgesetzgebung erzielte: Ein markantes Beispiel dafür ist die „Constitutio Criminalis Carolina", die unter dem Titel „Des Kaisers Karl V. und des Heiligen Römischen Reiches Peinliche Gerichtsordnung" 1532 erlassen wurde. Sie gab erstmals dem Reich ein einheitliches Strafgesetzbuch, durch das große regionale Unterschiede und richterliche Willkür abgeschafft werden sollten. Sie regelte auch das Beweisverfahren; wo im Mittelalter Gottesurteile oder Eide entschieden hatten, sollte nun ein „Inquisitionsverfahren" die Wahrheit an den Tag bringen. Daß dabei neben der Beweiswürdigung auch der Folter zur Erzwingung eines Geständnisses eine große Rolle zukam, läßt für uns neben den drakonischen und zur öffentlichen Belehrung inszenierten Strafen die Constitutio Carolina grausam und barbarisch erscheinen; doch das entsprach der damaligen Haltung dem Verbrechen gegenüber.

Für die Reichsverfassung wesentlich ist, daß in dieser Frage die Stände sich auf eine einheitliche Lösung geeinigt hatten. Ebenso wurde die Konfessionsfrage schließlich nicht mit kaiserlichem Diktat, sondern durch einen Reichstag geklärt. Die Zusicherung von Augsburg 1555, „die streitig Religion nicht anders, dann durch christliche

Kaiser Karl V. in Augsburg. Durch die Fugger erlebte die Stadt einen gewaltigen wirtschaftlichen Aufschwung. Nach dem Schmalkaldischen Krieg setzte Karl V. eine Staatsverfassung durch, in der beide Konfessionen zugelassen wurden. 1555 wurde hier der Augsburger Religionsfriede geschlossen.
ÖNB

Marktszene,
Gemälde von Peter Aertens.
Die Niederschlagung der
Bauernbewegung beseitigte
nicht nur die Reste alter
bäuerlicher Selbstverwaltung,
sondern schränkte in vielen
Gebieten auch die Freiheiten
der Städte ein.
KHM

freundliche, friedliche Mittel und Wege zu einhelligem, christlichen Verstand zu bringen", hat – aus heutiger Perspektive – den Dreißigjährigen Krieg nicht verhindern können; doch soll das nicht vergessen lassen, daß der bei beiden Seiten vorherrschende Wille zur Koexistenz zwei Generationen einen solchen blutigen Konflikt ersparte (während Frankreich ihn auszutragen hatte).

Karl V., der über das Ergebnis von Augsburg nicht erbaut war, nahm dennoch die Entscheidung seines Bruders hin. Schon 1548 hatte er sein Ende nahen gefühlt und in einem Testament seinem Sohn Philipp zahlreiche Maßregeln für eine gute Regierung hinterlassen. (Manche der Ratschläge wurden durch die Entwicklungen der folgenden Jahre freilich überholt, etwa der Vorschlag, eine Französin zur Frau zu nehmen, um das Verhältnis mit dem mächtigsten Nachbarn zu verbessern; darin zeigt sich immerhin, daß Karl gegenüber Frankreich keineswegs nur in Kategorien der Erbfeindschaft dachte.) Bald darauf versuchte er die Nachfolgefrage zu klären; Karls Sohn Philipp und Ferdinands Sohn Maximilian kamen für das römisch-deutsche Kaisertum in Frage. Dazu ließ Karl 1550/51 ein Memorandum ausarbeiten, das die Grundlage für die Verhandlungen mit Ferdinand abgeben sollte und das in Dialogform abgefaßt war:

„*Frage:* Ist es notwendig, die Thronfolge schon zu Lebzeiten von Karl und Ferdinand festzulegen?
Antwort: Ja, um die Wahl eines Schwächlings oder Häretikers zu verhüten.
Frage: Was wird vom Nachfolger gefordert?

Antwort: Außer königlichen Eigenschaften vor allem großer Reichtum, da das Reich über keine eigenen Mittel verfügt, aber gierige Nachbarn besitzt, wie die Franzosen und Türken.
Frage: Wo ist der geeignete Kandidat zu finden?
Antwort: Allein im Hause Österreich, wie ein Blick auf die Liste der deutschen Fürsten zeigt.
Frage: Ist es notwendig, die Kaiserwürde dauernd für dieses Haus sicherzustellen?
Antwort: Ja, denn seine Mitglieder waren immer bereit, ihre Schätze für die Christenheit zu verausgaben; das Wahlrecht, das eine Erbnachfolge verbietet, würde dadurch nicht verletzt werden, weil es immer eine Wahl geben und eben für den besten Kandidaten gestimmt wird.
Frage: Wer ist geeigneter, Maximilian oder Philipp?
Antwort: Wichtig ist vor allem, daß diese beiden Prinzen in engster Verbindung miteinander bleiben. Maximilian kennt die deutschen Fürsten und ihre Sprache; er besitzt wertvolle Erfahrungen in Frieden und Krieg. Philipps Länder sind weit entfernt; er ist mit der deutschen Sprache und den deutschen Menschen nicht vertraut und könnte unter ihnen mit seiner spanischen Soldateska unbeliebt sein. Italien aber, der andere Arm des Reiches und der Sitz der Kaiserwürde und des Papsttums, kann nur von Deutschland aus verteidigt werden, so wie man auch Frankreich nur von Deutschland und den Niederlanden aus in Grenzen halten kann. Was Philipps spanische Erziehung betrifft, so traf das gleiche einst auch bei Ferdinand zu, der dennoch ein guter Deutscher geworden ist. Unter der Oberleitung seines Vaters würde Philipp alle seine Länder leicht regieren. Freilich bereitet der Plan, ihn zum Kaiser zu machen, Schwierigkeiten, aber war das nicht das gleiche bei Ferdinands Wahl zum Römischen König? Der entscheidende Faktor wird stets die vollständige Einigkeit zwischen Karl und Ferdinand sowie zwischen ihren Söhnen sein."

Die Argumentation zeigt, daß Karl sich der Probleme durchaus bewußt war, dennoch darauf hinarbeiten wollte, daß auf Ferdinand im Reich sein Sohn Philipp folgen sollte. Die Einheit der Dynastie und die Verknüpfung ihrer Länder sollte unbedingten Vorrang haben. 1550/51 wurde in Augsburg zwischen Karl, Philipp und Ferdinand verhandelt; Ferdinand, der seinem Bruder schon in vielem nachgegeben hatte, war nicht einverstanden; auch die Schwester Maria von Ungarn konnte keine Lösung herbeiführen. Schließlich setzte Ferdinand durch, auch Maximilian beizuziehen; der Sohn Ferdinands, dem man protestantische Sympathien nachsagte, verstand sich mit dem Spanier Philipp überhaupt nicht. Maria war inzwischen nach Brüssel zurückgekehrt; doch noch einmal ersuchte Karl sie Ende 1550 dringend um Vermittlung. Zur Weihnachtszeit ritt die 46jährige Maria in zwölf Tagen von den Niederlanden nach Augsburg, wo sie am 1. Januar 1551 ankam. Schließlich einigte man sich im März darauf, daß Ferdinand Philipp als Nachfolger durchsetzen, dieser wiederum Maximilian die Krone sichern solle. Karl glaubte so die Einheit des Hauses am besten gesichert, wenn dessen höchste Würde zwischen den Linien abwechselte. Zudem sollte Philipp eine Tochter Ferdinands heiraten.

Nur die zweite Methode, die beiden Linien zusammenzuhalten, erwies sich als praktikabel: nach „Habsburger Art" heiratete Philipp, allerdings viel später, eine Tochter Maximilians II., die wiederum aus dessen Ehe mit Karls Tochter Maria stammte, und auch Philipp III. heiratete eine österreichische Habsburgerin. Noch Karl selbst mußte jedoch den Plan, seinem Sohn die Kaiserkrone zu sichern, zurücknehmen. Die vorübergehende Aussicht auf England erleichterte Philipp II. den Verzicht auf die Kaiserkrone, die nach den Ereignissen von 1552 ohnehin in weite Ferne gerückt war. Von Brüssel aus, wo Karl seine letzten Regierungsjahre recht zurückgezogen verbrachte, wurde die endgültige Lösung, die Trennung der Länder zwischen der spanischen Linie (die auch die Niederlande, Mailand und Neapel erhielt) und der österreichischen (bei der das Kaisertum blieb) sanktioniert – ohne daß Karl und Ferdinand, die sich in der Nachfolgefrage sehr auseinandergelebt hatten, noch einmal zusammentrafen. Im September 1555 fielen „jene Entschlüsse, die das Ende des habsburgischen Universalreiches bedeuteten und damit den Abschied von der Idee der politischen und kirchlichen Einheit der Christenheit, die das Handeln des Kaisers auch im unheiligsten Umgang mit dem machtpolitischen Kalkül seiner Zeit stets geleitet hatte. Das Ganze, das Karl mit ungeheurer Anstrengung bisher in seiner Person vereinigt hatte, zerfiel nun; die Erben konnten die Teile übernehmen" (Heinrich Lutz).

Nachdem seine hochfliegenden Pläne gescheitert, die Zukunft der Dynastie und ihrer weitläufigen Besitzungen jedoch gesichert waren, bot Karl V. der Welt noch das Spektakel seines Rücktrittes. Schon 1546 hatte er einem venezianischen Gesandten erklärt, daß ihm seine Leiden „Kraft und Mut und die Hoffnung zu persönlichen Unternehmungen" nähmen; er trug sich schon damals mit dem Gedanken, sich nach Spanien zurückzuziehen. Nun war es soweit. Am 25. Oktober 1556, ein halbes Jahr nach dem Tod der umnachteten Mutter, entsagte er im Brüsseler Schloß in Anwesenheit der niederländischen Stände der Herrschaft über die Niederlande und übertrug sie sei-

nem Sohn Philipp. „Mit dem Krückstock in der rechten Hand, und die andere gestützt auf die Schulter Wilhelms von Nassau", betritt er den Saal, wo die Deklaration in seinem Namen verlesen wird. Ein außergewöhnlicher Moment: Einer der mächtigsten und glänzendsten Herrscher der abendländischen Geschichte legt zu Lebzeiten alle

Die Predigt des päpstlichen Nuntius C. Musso in der Wiener Augustinerkirche um 1560. Gemälde von Jakob Seisenegger.

Schloß Harrach

Die Vergrößerung des habsburgischen Länderbesitzes hatte auch eine Neuordnung der Verwaltung zur Folge. Am 1. Januar 1527 erließ Ferdinand I. die Hofstaatsordnung, die eine Zentralverwaltung der österreichischen, böhmischen und ungarischen Länder brachte. Sie blieb in ihren wesentlichen Teilen bis 1848 bestehen.

seine Herrschaften zurück. „Ich tue das nicht aus Überdruß oder um Sorge und Kummer abzuwerfen, sondern um von Euch schweren Schaden abzuwenden, den ich wegen meiner Krankheiten auf Euch zukommen sehe. Daher habe ich mich entschlossen, mich eiligst nach Spanien zu begeben, diese Länder meinem Sohn zu übergeben und meinem Bruder, dem Römischen König, das Kaisertum. Euch empfehle ich meinen Sohn und bitte für ihn um dieselbe Liebe, die ihr stets mir entgegengebracht habt."

Schon vor der Einschiffung nach Spanien vollzog Karl im Januar 1556 die Übergabe der spanischen Krone an Philipp. Ein Jahr später war der Nachfolger bankrott. Karl hatte in den letzten Jahren die beachtliche Finanzkraft seiner Länder, besonders Spaniens, über Gebühr strapaziert. „Gegen Ende seiner Herrschaft lebte Karl wortwörtlich von seinen Schulden, das heißt, er fand Zahlungsausgleiche nur, weil seine Gläubiger alles zu verlieren fürchteten, was sie bereits an ihn gewagt hatten, falls sie den Ausgleich versagten" (Royall Tyler). Die ordentlichen Einnahmen der spanischen Krone schwankten zwischen einer halben und einer Million Dukaten und waren schon für Jahre im vorhinein ausgegeben oder verpfändet. 1552 nahm Karl eine Anleihe von vier Millionen Dukaten auf, von denen die erfolglose Belagerung von Metz über die Hälfte aufzehrte. Zum Glück kam dieselbe Summe von zwei Millionen 1552 und 1553 aus amerikanischem Gold wieder herein. Dennoch erforderte der Krieg gegen Frankreich weitere Anleihen; für 1554 rechnete man mit einem Defizit von 4,3 Millionen, die Einnahmen der nächsten sechs Jahre waren schon verpfändet. Das steigende Risiko erhöhte bei neuen Anleihen die Zinsen bis gegen 50 Prozent. Anfang 1557 schließlich war Philipp an dem Punkt angelangt, wo er keinen Kredit mehr erhielt; der Vertreter der Fugger in Sevilla versuchte vergeblich, direkt Hand auf das amerikanische Gold und Silber zu legen. Statt dessen wurde wieder ein Krieg gegen Frankreich damit finanziert, der einen Sieg, aber keine Besserung der Lage brachte.

Karl V. saß während dieses dramatischen Jahres in Yuste, westlich von Madrid, wo das Klima etwas milder war als im Hochland. Dort hatte er sich anschließend an das Kloster San Geronimo eine Villa als Alterssitz errichten lassen; Anfang Februar 1557 konnte er dort einziehen, umgeben von einem kleinen Hofstaat von etwa 50 Leuten und mit einem Budget von 20.000 Dukaten jährlich. Ins Kloster gegangen, wie viele glaubten, war er nicht; ein spartanisches Leben hat er auch nicht geführt. Die Inventarlisten zeigen, daß die Villa mit kostbaren Tapisserien, Möbeln und Bildern (darunter seine Tizians) ausgestattet war. Dazu gehörte auch eine Anzahl von Uhren (ein italienischer Uhrmacher und Mechaniker gehörte seinem Hofstaat an); eine berühmte Anekdote berichtet, wie sich Karl vergeblich bemüht haben soll, wenigstens zwei von ihnen genau gleich gehen zu lassen, und aus seinem vergeblichen Bemühen resignative Einsichten über die Schwierigkeit der Regierung von Menschen gewann. Bezeugt ist, daß er trotz seiner immer wiederkehrenden Gichtanfälle nichts auf die Diätvorschriften seiner Ärzte gab und weiterhin unmäßig aß, besonders Fisch und Wild, dazu Früchte und eisgekühltes Bier. Am politischen Geschehen nahm er noch rege teil: Immerhin gelang es ihm, einige spanische Städte zu nicht unbedeutenden Geldzahlungen an den bankrotten Philipp zu bewegen. 1558 verschlimmerte sich die Gicht, und am Ende des Sommers trat ein Fieber dazu. Auf dem Totenbett ließ Karl das letzte Bild, das Tizian für ihn gemalt hatte, zu sich kommen, die 1554 vollendete „Gloria". Zu Füßen der Dreifaltigkeit sind der Kaiser und die Kaiserin (Isabella von Portugal, die 1539 gestorben war) im Sterbehemd dargestellt; seine Krone hat er niedergelegt, und die Jungfrau Maria wendet sich dem demütigen Paar zu. Oft betrachtete er das Bild mit Inbrunst, „bis daß die Ärzte in Angst gerieten". Am 21. September 1558 um zwei Uhr früh verstarb Karl V.

Im selben Jahr 1558 war es Ferdinand gelungen, sich zum „Erwählten Römischen Kaiser" proklamieren zu lassen. Bald nach Karls Tod folgte am 3. April 1559 der Friedensschluß mit Frankreich, in dem Ferdinand im Namen des Reiches auf Metz, Toul und Verdun verzichtete, Heinrich II. auf seine italienischen Ansprüche. Im Grunde hatten die zahllosen Kriege seit der Zeit Maximilians und der Teilung des burgundischen Erbes beiden Seiten wenig eingebracht. Nun machte die aussichtslose Finanzlage der Habsburger eine offensive Politik unmöglich; und Frankreich geriet zunehmend in innere Schwierigkeiten. Heinrich II. starb bei den Feierlichkeiten nach Friedensschluß durch einen Turnierunfall, und bald verschärfte sich der Konflikt mit den protestantischen Hugenotten. Jahrzehntelang hatten sich Religionsfrage, europäische Machtkämpfe, Türkenkrieg, ständische Konflikte im Kraftfeld Karls V. gebündelt und miteinander verstrickt. Nun traten die Konfliktbereiche auseinander. Die letzten Regierungsjahre Ferdinands verliefen relativ ruhig, wie es ohnehin seinem Naturell entsprach. Im Juli 1564 starb er in Wien an der Schwindsucht.

Karl V.: Persönlichkeit und Bedeutung

Am 1. September 1519 wurde in Barcelona, nach der Wahl Karls V. zum römisch-deutschen König, in einem Erlaß der offizielle Titel des Neunzehnjährigen verkündet: „Don Carlos, durch die Gnade Gottes erwählter König der Römer, künftiger, allzeit erhabener Kaiser, König von Kastilien, von León, der beiden Sizilien, von Jerusalem, von Granada, von Navarra, von Toledo, von Valencia, von Galicien, von Mallorca, von Sevilla, von Sardinien, von Córdoba, von Korsika, von Murcia, von Jaén, der Algarben, von Algeciras, von Gibraltar, der Kanarischen Inseln, des Landes im ozeanischen Meer, Erzherzog von Österreich, Herzog von Burgund und Brabant, Graf von Barcelona und von Flandern und von Tirol, Herr von Biskaya und Molina, Herzog von Athen und von Neopatria, Graf von Roussillon und von Cerdana, Marquis von Oristan und Gociano." Ein „Pfauenschwanz" von Herrschaften: Viele spanische Königtümer und Herrschaften, einige sehr gewichtige weitere Titel und ein paar unerreichbare Würden aus der Kreuzzugszeit. Doch Karl wollte noch mehr; „plus ultra", darüber hinaus, lautete seine ehrgeizige Devise, die er in vier Jahrzehnten mit politischem Inhalt zu füllen trachtete.

Fast vier Jahrzehnte später, an jenem 25. Oktober 1556, als er vor der niederländischen Ständeversammlung feierlich seine Abdankung bekanntgab, gab er Rechenschaft über seine Herrschaftszeit. Nur dem Frieden und dem Nutzen seiner Länder habe er dienen wollen; niemandem habe er wissentlich Unrecht getan. Lieber, so sagt er, hätte er sein Leben dem Dienst Gottes gewidmet. „Die Kaiserwürde habe ich nicht gesucht aus Herrschaftsgier über andere Königreiche, sondern um über Deutschland, mein teures Vaterland, und meine anderen Herrschaften, vor allem diejenigen Flanderns, zu wachen, ebenso wie über den Frieden und die Eintracht in der Christenheit. Um die christliche Religion gegen die Türken zu stärken, habe ich all meine Kräfte und die meiner Reiche zusammengenommen. Aber wegen der Schwierigkeiten und Verwirrungen, die mir teils aus den Häresien Luthers und der anderen häretischen Neuerer in Deutschland erwuchsen, teils von den benachbarten Fürsten sowie anderer, die mich aus Haß und Neid in gefährliche Kriege stürzten, habe ich dieses Ziel nicht so erreichen können, wie ich es stets mit Eifer angestrebt habe. Wegen dieses und anderer Gründe bin ich zu dem unwiderruflichen Entschluß gelangt, allen Ländern abzusagen." Resignation spricht aus den Worten eines Mannes, der das Scheitern vieler Pläne, die unerwarteten, hartnäckigen Widerstände, das Abrücken von Vertrauten und Familienmitgliedern miterleben muß, zu krank, um noch dagegen anzukämpfen. Der Kaiser, in dessen Reich die Sonne nicht unterging – ist er in Wahrheit gescheitert?

Karls großer Gegenspieler Martin Luther, im Grunde auch ein Gescheiterter, hat die Vergänglichkeit der Kaiserpolitik mit respektlosen Worten eingemahnt: „Denn hier siehst du, wie der arme sterbliche Madensack, der Kaiser, der seines Lebens nicht einen Augenblick sicher ist, sich unverschämt rühmt, er sei der wahre oberste Beschirmer des christlichen Glaubens." Wie für die Zeitgenossen gab es auch für die Nachwelt viele Gründe, gegen Karl V. und die Folgen seiner Politik skeptisch eingestellt zu sein. Als einer der Protagonisten einer folgenschweren Kirchenspaltung ist er vielfach dafür mit verantwortlich gemacht worden. Die Protestanten warfen ihm die Verurteilung Luthers und die versäumte Gelegenheit zum Aufbau einer reformierten Reichskirche vor; für die Katholiken war der wiederholte Kampf gegen die Päpste, besonders der Schock des „Sacco di Roma", und die teils unentschlossene Behandlung der Protestanten Grund genug zur Reserve. „Erschütterndes Verhängnis unserer Geschichte", klagte 1937 Karl Brandi, Autor einer großen Biographie des Kaisers – um „der Idee eines rein dynastisch gearteten Weltreiches nachzutrachten, das, wenn überhaupt, nur in demselben Rom seinen Pol finden konnte, dem Luther soeben Glauben und Gefolgschaft aufgesagt hatte", darum habe Karl V. die Sehnsüchte der deutschen Nation ignoriert. Er „trägt an der Auflösung des Reiches die größte Schuld", formulierte Brandi das Verdikt einer an deutscher Größe orientierten Geschichtsschreibung.

Nationale Verhängnisse führte man auch anderswo auf Karl V. zurück: In Italien, wo schon viele der Zeitgenossen die Hegemonie des Kaisers mit antihabsburgischem Patriotismus quittierten, führte man die endgültige Etablierung fremder Herrschaften vor allem auf ihn zurück. In Spanien war die Haltung widersprüchlich; daß er einer der bedeutendsten Herrscher in der Geschichte des Landes war, wurde kaum geleugnet, doch lastete man ihm auch eine Politik an, die für ausländische Ziele den Niedergang Spaniens in Kauf nahm. Relativ positiv war das Andenken in den Niederlanden, wo seine Regierung eine Zeit der Prosperität war und sich auch politisch vorteilhaft von den Wirren unter Philipp II. abhob (was allerdings zum Gutteil den habsburgischen Statthalterinnen Margarete und Maria zu verdanken ist). Daß in Frankreich Karl als gefährlicher, unversöhnlicher und hochmütiger Gegner galt, wird nicht verwundern. In England sah man in ihm noch lange den un-

Der Feldharnisch Ferdinands I. *KHM*

sicheren, immer auf den eigenen Vorteil bedachten Partner: sogar Shakespeare beschrieb ihn so, im „Heinrich VIII.". Nicht ungeteilt war der Nachruhm Karls schließlich in Österreich. Die Benachteiligung Ferdinands, dem man sich verbundener fühlte, gab Grund zur Kritik. Ein Flugblatt während des Dreißigjährigen Krieges erinnerte an die Erbstreitigkeiten, als „sich Kayser Carl der 5. durch allerhandt Practicken bemüht, wie er zu Diensten seines Sohns König Philips in Hispanien (…) Kayser Ferdinandt den I. und dessen Herrn Sohn umb die Kays. Hoheit schneutzen (d. h. bringen) und selbige an die Cron Spanien vererben müchte". Auch eine wohlwollendere Erinnerung mußte davon ausgehen, daß Karl sich um die österreichischen Erblande kaum kümmerte. Nicht zufällig wurde am in jener Zeit errichteten Hauptportal der Wiener Burg nicht der kaiserliche Doppeladler Karls, sondern der einköpfige Adler des römischen Königs Ferdinand angebracht. „Karl V. war also den Österreichern ein ferner fremder Mann", schrieb Alphons Lhotsky.

Peter Rassow resümiert zu Recht: „Er ist eben schlechterdings einer Nation nicht zuzuordnen." Sein Reich kann als das „größte Experiment supranationaler Herrschaft im frühneuzeitlichen Europa" (Heinrich Lutz) gelten. Doch auch als Vorfahre der Europa-Idee eines friedlichen übernationalen Zusammenlebens eignet er

sich schlecht, da er weite Gebiete des Kontinents mit hartnäckigen Kriegen überzogen hat. Dabei war er persönlich wesentlich unkriegerischer als sein Großvater Maximilian; nur manchmal nahm er persönlich an Kriegszügen teil. Vor der Schlacht von Pavia, bei der er nicht anwesend war, schrieb er, fast etwas unbeholfen, seine Gedanken über den Frieden nieder: „Das ist etwas Schönes auszusprechen, aber schlecht zu erringen, denn jeder weiß, daß man ihn ohne die Zustimmung des Feindes nicht haben kann. Also muß man eine große Anstrengung machen, was sehr leicht auszusprechen ist, aber schwer zu tun." Als er gegen Ende seines Lebens seine Erinnerungen verfaßte (die uns nur in einer portugiesischen Übersetzung zufällig erhalten geblieben sind), schilderte er allerdings nicht ohne Genugtuung seine militärischen Erfolge, besonders die Schlacht bei Mühlberg. Dabei zeigen gerade die großen Siege Karls V., wie Mühlberg oder Pavia, die Aussichtslosigkeit, mit militärischen Mitteln überhaupt die angestrebten Ziele zu erreichen. Weder die Franzosen noch die deutschen Protestanten waren auf Dauer Karls politischem System unterzuordnen. Karl V. hat mit einem ungeheuren Einsatz von Mitteln seine Ausgangsposition letztlich kaum verbessern können; seine politischen Möglichkeiten hat er lange überschätzt.

In allen Zielen, die ihm wesentlich schienen: universales Kaisertum, Hegemonie in Europa, Einheit der Christen, Zurückdrängung der Türken – mußte er sich gegen Ende seines Lebens als gescheitert empfinden. Gerade der Kaiser, der sich mit bisher unerhörter Macht zum Schützer des Christentums aufschwang, mußte die folgenschwerste Kirchenspaltung miterleben. Die meisten Historiker der jüngsten Zeit haben eine eher negative Bilanz seiner Politik gezogen. Auf der anderen Seite war schon die jahrzehntelange Behauptung einer so außergewöhnlichen Machtstellung ein politischer Erfolg. Vielleicht auch hatte „der Kaiser besser gebaut, als er selbst es wußte", wie Royall Tyler meint. Oft wird die tragische Dimension seines Lebens betont, wie bei Adam Wandruszka: „Bei allem Glanz der äußeren Triumphe und dem Reichtum seiner Länder und Kronen liegt eine tiefe Tragik und Wehmut über der Gestalt und der Geschichte dieses Herrschers, von der elternlosen Kindheit bis zu dem gefaßt und nach gründlicher Vorbereitung erwarteten Sterben."

Was waren überhaupt die Triebkräfte, die Ziele der Politik Karls V.? Die Interpretationen der Historiker unserer Zeit sind erstaunlich unterschiedlich. War er „der letzte mittelalterliche Kaiser" (Peter Rassow)? Oder hatte er vor allem dynastische Ziele im Auge, wie ihm schon Zeitgenossen

Maria, die Schwester Karls V. und Ferdinands I., trat 1555 als Generalstatthalterin der Niederlande zurück. Ihre Regierungszeit hatte zu einer Ära wirtschaftlicher und kultureller Blüte geführt. Hier der Marktplatz in Brüssel mit den Gildehäusern.

vorwarfen? Strebte er eine erneuerte Universalherrschaft an, die weit über die mittelalterliche Konzeption des Kaisertums hinausgriff, die auch dessen Gegenpol, das Papsttum, hinter sich lassen konnte? War das spanische Königtum Angelpunkt seiner Herrschaft, wie es vor allem spanische und angelsächsische Historiker zu erweisen trachteten? Oder blieb er zeit seines Lebens ein Burgunder, der die Welt mit den Augen eines Ritters vom Goldenen Vlies betrachtete? Trieb ihn tiefe, mittelalterliche Frömmigkeit an oder moderne, individuelle Gläubigkeit, nach dem Vorbild der niederländischen „devotio moderna"?

Die Suche nach Karls „Kaiseridee" leidet darunter, daß er selbst sich meist nur knapp dazu geäußert hat. In seiner Umgebung hingegen schwirrte es geradezu vor Interpretationen. Karls außergewöhnliche Machtstellung, die sich vor allem dynastischen Zufällen verdankte, bot geradezu eine Projektionsfläche imperialer Ideologien und Vorstellungen. Die Entgrenzung der mittelalterlichen Welt, die neuen Möglichkeiten der Großmachtpolitik weckten große Erwartungen. Eines der prägnantesten Konzepte entwickelte Karls Großkanzler, Mercurio Gattinara, der bis zu seinem Tod 1530 die Politik des Habsburgers mitprägte. Er knüpfte zwar an der kaisertreuen, ghibellinischen Tradition Italiens an, doch baute er sie durch humanistische und machiavellistische Gedanken aus. Wie in der Zeit Caesars, so schrieb er schon 1513 an Karls Tante Margarete, sei nun wieder die Weltmonarchie erreichbar geworden. Doch auch die Türken strebten, wie er später beobachtete, danach; ihr Reich sei bereits größer als einst dasjenige Alexanders des Großen, erklärte er nach der Katastrophe von Mohács. Karls Ziel müsse sein, die ganze Welt unter einen einzigen Hirten zurückzuführen, schrieb er ihm einmal. Mit einer solchen „Universalmonarchie" war wohl keine allumfassende direkte Herrschaft gemeint, aber mehr als bloß „Anerkennung seiner moralischen Autorität" (John Headley). Um die großen Ideen umzusetzen, hat Gattinara eine durchaus sachliche, oft harte Politik vorgeschlagen und auf eine stärkere Vereinheitlichung der so unterschiedlichen Herrschaftsgebiete hingearbeitet. Doch damit konnte er sich schon zu Lebzeiten bei Karl immer weniger durchsetzen.

Seit 1529 bestimmte der Burgunder Nicholas Perrenot von Granvelle als erster Sekretär die Außenpolitik; Karl rückte von Gattinaras Zielen und Methoden ab. In Spanien hielten sich bei Hof verschiedene Cliquen und Tendenzen. Der verläßliche de los Cobos, ein eingefleischter Kastilier, den imperialen Ideen gegenüber weitgehend verständnislos, kümmerte sich um die Finanzen; als Karls Kriege immer teurer wurden, drängte er wiederholt auf Frieden. Karls langjährigem Beichtvater dagegen, dem Dominikaner Pedro de Soto, lag vor allem am kompromißlosen Kampf gegen die Protestanten, wofür er weitgespannte politische Konzeptionen entwarf. Bei den spanischen Offizieren waren Karls weitläufige militärische Unternehmungen natürlich populär; „ein Monarch, ein Reich und ein Schwert" dichtete der Poet und Haudegen Hernando de Acuña. In Italien und Deutschland dagegen, des öfteren Schlachtfeld für Karls Kriege, erwarteten die meisten von Karl inneren und äußeren Frieden. Zu Beginn seiner Regierung kursierten Prophezeiungen von der Ankunft eines Friedenskaisers, mit dem ein neues Zeitalter anbrechen sollte. Und die deutschen Humanisten hofften auf einen Friedensstifter im Reich, der Einheit und Ruhm der deutschen Nation und ihres Imperiums wiederherstellen sollte. Doch Deutsche, die dem Habsburger die diffizile, historisch gewachsene Rolle des römisch-deutschen Kaisertums hätten näherbringen können,

Philipp II.,
König von Spanien 1556–1598,
hier ein Jugendbildnis.
Prado, Madrid

Maria I. Tudor von England (1516–1558), auch die „Katholische", war seit 1554 mit Philipp II. von Spanien verheiratet. Ihr Vater war Heinrich VIII. von England. Der Titel eines Königs von England, von dem nur wenige wissen, daß ihn je ein Habsburger getragen hat, blieb einer jener leeren Titel, mit denen sich die Dynastie wiederholt geschmückt hat.
Prado, Madrid

fanden sich in seinem engeren Beraterkreis kaum.
Bezeichnend ist auch, „daß Karl V. unter den
Reichsständen keine ‚Partei‘ aufbauen konnte"
(Alfred Kohler) – Kaiserpolitik in diesem Sinn hat
er kaum betrieben.

Unterschiedliche Interessen, unterschiedliche Erwartungen wurden an Karls Herrschaft und ihre
ideologische Überhöhung gerichtet. Die Diskussion um die ideelle Begründung der Kaiserpolitik
wurde oft leidenschaftlich geführt und hatte
durchaus realpolitische Auswirkungen. Eine zwingende Notwendigkeit, sich für eine bestimmte
Variante der Reichsideologie zu entscheiden, gab
es aber kaum. Karl konnte den Spaniern schmeicheln, sein Kaisertum erhöhe ihr Ansehen, und
zugleich den Deutschen erklären, die spanische
Krone gäbe ihm größere Mittel für das Reich in die
Hand. Universale Vorstellungen dienten dazu, die
einzelnen Maßnahmen einer hegemonialen Politik im Zusammenhang sehen zu können, „in den
Herzen und Köpfen der Mitlebenden" (Ferdinand
Seibt) dafür Verständnis zu erwecken. Vieles, was
uns irreal erscheint, muß den Zeitgenossen durchaus erfüllbar vorgekommen sein. Durch die Verflechtung vieler und verschiedenartiger Ziele
wollte sich Karl in jedem seiner Herrschaftsgebiete
als würdiger Erbe und Fortsetzer großer Traditionen erweisen. Doch gerade diese für ihn so typische, schillernde Verquickung von oft unvereinbaren Ansprüchen und Deutungen hat seine

Möglichkeiten heillos überfordert: Obwohl er
darin nicht so sprunghaft wie Maximilian I., sondern durchaus konsequent und umsichtig zu
Werke ging.

Die einzige tatsächliche Klammer seiner so heterogenen Herrschaftsbereiche waren seine Person
und die Rechte der Dynastie, keine Universalmonarchie; es gab keinerlei Ansätze einer gemeinsamen Verwaltung. In der Realität konnte es daher
keine systematische imperiale Strategie geben,
sondern eher „eine selten unterbrochene Serie
politischer Notmaßnahmen" (Hartmut Lehmann).
Die Konflikte, in die der Kaiser sich von Anfang an
verstrickt fand, entwickelten jeder für sich und im
Zusammenhang miteinander ihre eigene Dynamik. Dabei konnte Karl eine Härte entwickeln,
etwa im Dauerkonflikt mit Frankreich, die der
mittelalterlichen Kaiseridee gar nicht entsprach.
Auf der anderen Seite stand eine schon etwas
anachronistische Tradition der Ritterlichkeit. Im
Jahr 1536 erfuhr Karl nach der Eroberung von
Tunis in Italien, daß Franz I. Piemont angegriffen
hatte. Daraufhin hielt er am Ostermontag in Rom
vor Papst, Kardinälen und Gesandten eine große
Rede, in der er seinen Friedenswillen beteuerte.
Dann schlug er vor, wenn der Krieg schon unvermeidlich sei, wolle er ihn ganz persönlich im
Zweikampf mit Franz I. austragen; der Sieger solle
geloben, gegen die Türken zu ziehen und Konstantinopel der Christenheit zurückzuerobern.
Selbst der Papst wies diesen Vorschlag aus der Welt
des Ritterromans zurück; ob zur Selbstdarstellung
eines Herrschers solche Züge nicht sehr propagandawirksam waren, steht dahin.

War Karl also ein Herrscher, der mit „modernen"
Mitteln alte, überlebte Träume realisieren wollte?
Vielfach hat man Karl und seine Idee eines universalen Kaisertums den „modernen" Monarchien
Frankreich und England gegenübergestellt, deren
Herrscher in ihren Ländern absolutistisch-zentralistische, national geprägte Staaten aufbauten.
Heinrich Lutz hat sich gegen eine solche Vereinfachung gewandt: „Nicht im Zusammenstoß
eines mittelalterlichen Universalismus mit dem
modernen Nationalstaat wird man den Sinn der
habsburgisch-französischen Rivalität zu suchen
haben, sondern im Ringen zweier sich ähnlicher
Systeme, die beide Altes und Neues vermischt enthalten." Auch den französischen Königen ging es
durchaus um die Hegemonie, wie die hartnäckigen Kämpfe in Italien beweisen; national im
modernen Sinn haben sie ebensowenig gedacht.
Ein venezianischer Gesandter bemerkte im Jahr
1546 richtig: „Zwischen diesen beiden Fürsten
handelt es sich nicht nur um dieses oder jenes
einzelne Gebietsstück, sondern in einem bestimmten Sinn um die Suprematie und die Obergewalt in

der Christenheit." Jahrhunderte des Kampfes um die europäische Hegemonie hatten begonnen.

Karl V. verfügte dabei über Mittel, wie sie keiner seiner Vorgänger gehabt hatte. Einkünfte, von denen selbst Maximilian I. nur hätte träumen können, waren über die Bankorganisation der Fugger rasch transferierbar. Die bewährte Zusammenarbeit mit den Fuggern hat lange Zeit auch dem „Multi" aus Augsburg Vorteile gebracht. Von vielen Seiten im Reich kamen Vorwürfe gegen die Monopolstellung der Fugger und einiger ähnlicher Unternehmen in vielen Wirtschaftsbereichen, die geltendem Recht widersprach. Wie schon Maximilian, hat Karl unpopuläre Maßnahmen nicht gescheut, um seine Geldgeber vor Einschränkungen zu bewahren. Im März 1525 entschärfte er nicht nur die Bestimmungen gegen Monopole, er erteilte den Fuggern auch ein großes Privileg, das freien Handel mit Bergwerkserzeugnissen und freie Preisgestaltung zugestand. Sogar von der üblichen Taxe für die Ausstellung der Urkunde wurden die Fugger befreit. Gefahr drohte den Fuggern nur von der zunehmenden Verschuldung ihres kaiserlichen Partners.

Die gestiegenen Geldmittel erlaubten die Ausrüstung großer Söldnerheere, die einige zehntausend Mann umfaßten: vor allem deutsche Landsknechte, Spanier und Italiener; noch keine Soldaten im modernen Sinn, ohne Drill und Disziplin, aber besoldete Profis der Kriegführung, die unter dem Kommando hochbezahlter Söldnerführer (wie des alten Frundsberg) standen. Wenn, was oft passierte, der Sold ausblieb, wurden sie aufsässig; paradoxerweise verdankt Karl zwei seiner größten Erfolge solchen Meutereien. Die zunächst wenig aussichtsreiche Schlacht von Pavia 1525, bei der Franz I. gefangen wurde, mußten die kaiserlichen Kommandanten riskieren, weil die Geldmittel völlig erschöpft waren und die Truppen zu meutern drohten; und die Gefangennahme des Papstes nach dem „Sacco di Roma" 1527 gelang überhaupt einer praktisch führerlosen, meuternden Armee.

Wesentlich verbessert hatte sich auch die Kommunikation, ohne die Karl seine Herrschaft über so große Distanzen kaum zur Geltung hätte bringen können. Karl stand in ständigem Briefwechsel mit Ferdinand sowie mit Margarete und dann Maria in den Niederlanden. Durch das seit Maximilian aufgebaute Postsystem der Familie Taxis (später Thurn und Taxis) war eine solche Verständigung möglich. Direkte Kuriere oder Stafetten beförderten die Post – erstere waren verläßlicher, letztere schneller (bis zu 250 km pro Tag); wichtige Sendungen beförderte man daher auf beiden Wegen. Schon Maximilian hatte eine Postlinie zwischen Innsbruck und den Niederlanden (für die Strecke

Innsbruck–Mecheln brauchte man damals netto 131 Stunden), später auch andere gelegt. Karl und Ferdinand bauten dieses System aus. Bei dringenden Nachrichten erzielte man oft beträchtliche Geschwindigkeiten; ein Brief Ferdinands an Karl ging einmal in weniger als drei Tagen von Stuttgart nach Brüssel. Der reguläre Postdienst von Madrid nach Italien benötigte bis Rom 24 bis 27 Tage. Zudem gab es nun feste Gesandte an den wichtigsten Höfen Europas; die Kurie und die Venezianer hatten dieses System als erste perfektioniert (in Venedig empfing man beinahe täglich die neuesten Nachrichten aus ganz Europa, für uns eine wichtige Quelle). Aber auch der Kaiser war in ständigem Kontakt mit seinen Botschaftern. Dennoch reiste Karl wie ein mittelalterlicher Kaiser ständig selbst in seinen Gebieten umher; er war der letzte Kaiser, der keine feste Residenz hatte. Ferdinand baute seit den dreißiger Jahren die Wiener Hofburg als Residenz aus, und Karls Sohn Philipp errichtete den Escorial als Vorbild einer ganzen Reihe barocker Fürstenhöfe.

Der rastlos reisende, geduldig repräsentierende Kaiser, meist in ernstes Schwarz gekleidet: So ist Karl V. aufgetreten. Welche Persönlichkeit sich dahinter verbarg, ist nicht so leicht zu ergründen; kaum ging der Kaiser aus sich heraus, darin war er seinem Urgroßvater Friedrich III. ähnlicher als Maximilian I. „Unnahbar – das ist ein Wort, das in keiner Charakteristik des Kaisers fehlen wird"

Ferdinand I. war von Gestalt eher klein und unscheinbar. Er erwies sich als Meister habsburgischer Heiratspolitik. Mit der Hausordnung vom 25. Februar 1554 regelte Ferdinand die Erbfolge in den österreichischen Ländern. 1555 kam es zur endgültigen Einigung mit den Protestanten durch den Augsburger Religionsfrieden.

KHM, Ambras

Philipp II. in Rüstung: Der spanische König hat seinen Vater aufrichtig geschätzt und auch nach dem Tod Karls V. alles zur Verbreitung seines Ruhmes unternommen. Philipp selbst war viermal verheiratet, und zwar mit Maria, Infantin von Portugal, Maria I. Tudor von England, Elisabeth von Frankreich aus dem Hause Valois und Anna, Erzherzogin von Österreich.

Prado, Madrid

(Herbert Nette). Vielfach belegt ist auch die Schweigsamkeit des Kaisers; schon Luther sagte: „Ich halte, er redet in einem Jahr nicht soviel wie ich in einem Tag." Ein venezianischer Gesandter beobachtete 1547/48 in Augsburg: „Sobald das Tischtuch abgenommen war, zog er sich in eine Ecke in der Nähe des Fensters zurück und hörte ganz still der Unterhaltung seines Gefolges zu." Und weiter: „Aus seiner Umgebung verlautet, der Kaiser habe eine furchtsame Natur, was man jedoch kaum glauben mag ... jedenfalls hat man ihn über diesen natürlichen Instinkt immer wieder triumphieren sehen, und in vielen entscheidenden und gefahrvollen Momenten hat er bewiesen, daß er ein tapferer und kaltblütiger Fürst ist." Seine Zurückhaltung wurde sehr verschieden ausgelegt; manche fanden sie hochmütig und arrogant, der Venezianer führt sie auf den Umgang mit den Spaniern zurück, „denn angesichts ihres Hochmuts bedarf es der Würde und Strenge, um sie im Zaum zu halten". Aber auch das gewisse habsburgische Phlegma mag mitgespielt haben. „Immer stritten in Eurer königlichen Person Trägheit und Ruhm miteinander", schrieb ihm einer seiner Beichtväter.

Fehlende Sprachgewandtheit und Kontaktscheu führten dazu, daß Karl einen neuzeitlichen Regierungsstil pflegte. Wichtiges drückte er lieber schriftlich aus, Akten und Briefe bestimmten seine Tätigkeit. Um sich hatte er einen kleinen Kreis von Beratern, die lange Jahre hindurch sein Vertrauen genossen. Sie waren es, die für eine Versachlichung der Herrschaftsausübung sorgten, die sich deutlich von mittelalterlichen Verhältnissen abhob. Dazu kamen die Statthalter/innen aus der Dynastie. Vieles konnte daher, anders als früher, ohne persönliches Eingreifen des Kaisers funktio-

nieren. Besonders in jüngeren Jahren war Karl ständig von Räten umgeben; auch wenn er sich als Kaiser langsam von ihnen emanzipierte, ist die Frage, wer die Entscheidungen „des Kaisers" wirklich fällte, noch nicht systematisch untersucht. Dennoch konnte er, anders als Friedrich III., gelegentlich durch sein Auftreten imponieren und gewinnen. Der Reformator Bucer schrieb: „Der Kaiser ist von klarem Geist und zäh in der Verfolgung seiner Pläne. Kaiserlich sind seine Taten, Blicke und Haltung." Zu Ostern 1536 in Rom, als er vor Papst und Kardinälen eine Rede gegen Franz I. hielt, war man überrascht von seiner Würde, Klugheit und Geordnetheit. „Der weltabgewandte düstere Eiferer, als der er oft hingestellt worden ist, war er keineswegs", verteidigt ihn Alphons Lhotsky.

Philipp Melanchthon lobte: „Sein Leben ist voll der ehrenhaften Beispiele der Enthaltsamkeit, der Beherrschung und der Mäßigung." Zumindest ein Laster hatte er allerdings, nämlich Gefräßigkeit. Unser venezianischer Gewährsmann: „Er ist ein wenig unregelmäßig in seiner Lebensführung, denn er ißt und trinkt so viel bei den Mahlzeiten, daß es alle in Erstaunen versetzt ... Er bevorzugt schwere Gerichte, obgleich ihm das nicht bekommt. Und das schlimmste ist, daß er die Nahrung nicht kaut, sondern hinunterschlingt, was vorwiegend darauf zurückzuführen ist, daß er nur noch wenige Zähne in schlechtem Zustand hat ..." Gicht, Asthma und Hämorrhoiden waren im Alter der Preis für diesen Lebenswandel. Aber bis zuletzt wollte er ärztliche Ratschläge zur Zurückhaltung nicht befolgen.

In anderen Dingen war er nur in seiner Jugend unmäßig; als er mit 15 volljährig erklärt wurde, nützte er das, um in acht Monaten 300.000 Dukaten für Kleidung auszugeben; später war er hingegen meist einfach gekleidet. „In Gelddingen ist Seine Majestät äußerst sorgfältig", meldet auch der venezianische Gesandte. Freilich war die oft berufene Bescheidenheit relativ und drückte sich manchmal nur in einigen durchaus auf Wirkung berechneten Gesten aus. Zu berücksichtigen ist der ungeheure Aufwand, der für einen herrscherlichen Hofstaat in jener Zeit üblich war. Am Beginn seiner Herrschaft wurde für Karls Überfahrt nach Spanien in den Niederlanden ein Hofstaat von über fünfhundert Leuten zusammengestellt (1556, nach seiner Abdankung, begnügte er sich mit hundertfünfzig). Die Hofliste von 1515 bis 1517 sieht unter anderem vor: zwölf Räte, 20 Sekretäre, 50 Kämmerer, 30 Köche und Gehilfen, 30 Stallknechte, zwölf Trompeter, drei Ärzte, zwei Wäscherinnen, zwei Schneider, einen Maler, zahlreiche Ritter und Offiziere sowie Quartiermeister und ähnliche Funktionen.

Nur wenige Jahre hat der Kaiser insgesamt mit seiner portugiesischen Gemahlin Isabella verbracht, die immer in Spanien zurückblieb. Nachdem sie 1539 gestorben war, hörte er täglich eine Messe für ihre Seele. Doch war er kein Frauenverächter wie Friedrich III. In Augsburg hatte er einmal eine Affäre mit einer leichtlebigen Bürgerstochter namens Barbara Blomberg, die ihm sogar ins Feldlager nachreiste. Den Sohn aus dieser Verbindung ließ er kurz vor seinem Tod nach Spanien kommen und versorgen. Seine Kinder, vor allem der Sohn Philipp, sollen ihm sehr am Herzen gelegen sein. Auch Philipp II. hat seinen Vater offensichtlich sehr geschätzt und nach seinem Tod alles zur Verbreitung seines Ruhmes unternommen. An Philipp hatte Karl eine Reihe von Ratschlägen zur richtigen Regierung gerichtet: Seinen Ratgebern

und Dienern sollte er vor allem mißtrauen und die eigenen Gefühle und Gemütsbewegungen verbergen. Ganz nach seiner Maxime hat es Karl selbst verstanden, seine Gefühle nicht zu zeigen – so wie es sein Zeitgenosse Erasmus lehrte. Er neigte auch nicht zum Jähzorn. Im Krieg freilich war er gelegentlich grausam: „Während der Schlacht bei Mühlberg ließ er die sächsischen Soldaten niedermachen, obgleich sie die Waffen gestreckt und ihn um Gnade gebeten hatten", berichtet der venezianische Gesandte 1548. Betont wird auf der anderen Seite seine Frömmigkeit („er ist so andächtig, daß es schwer fällt, es genau zu beschreiben", beobachtete derselbe Gesandte); freilich ist hier oft schwer zu unterscheiden zwischen persönlicher Frömmigkeit, Erfüllung seines Amtes als Schützer der Christenheit und staatspolitischem

Karl V. in San Yuste im Lehnstuhl sitzend: Vergebens bemüht er sich, seine Uhren im gleichen Takt schlagen zu lassen, und erkennt resignierend: „Uhren sind wie Menschen."
ÖNB

Das Schlafzimmer Karls V. in San Yuste. Nach seiner Abdankung verbrachte er seine letzten eineinhalb Jahre in tiefer Zurückgezogenheit: „Ich war neunmal in Deutschland, sechsmal in Spanien, siebenmal in Italien, viermal in Frankreich ... Ich war zweimal in England und zweimal in Afrika. ... Achtmal habe ich das Mittelmeer durchquert, dreimal den Ozean, und bald wird es das viertemal sein, wenn ich nach Spanien gehe, um mir mein Grab zu suchen.“

Nemeth

Zeremoniell. Fromme Stiftungen, wie man sie von einem mittelalterlichen Kaiser erwartet hätte, hat Karl V. nicht getätigt. Davon, daß er sich durch seinen Einsatz für den rechten Glauben himmlischen Lohn erworben hatte, war er aber sicherlich überzeugt.

Ferdinand, Margarete, Maria

Neben Karl V., der in vielen Ländern tiefe Spuren hinterlassen hat, verblaßt oft die Gestalt seines jüngeren Bruders Ferdinand. Zahlreiche Biographien und Untersuchungen über Karl V. sind in den letzten Jahrzehnten erschienen; eine moderne wissenschaftliche Biographie Ferdinands fehlt noch immer. Es ist auch kein Zufall, daß in der vielbändigen „Neuen Deutschen Biographie“ über Karl 21 Seiten, über Ferdinand kaum zwei zu finden sind. Dabei war es im Reich Ferdinands Politik, die sich als erfolgreicher erwies und Beständigeres schuf. Man sollte, regt Christiane Thomas an, „die Frage aufwerfen: Wie hätte Karl im Reich ohne die Stütze durch Ferdinand auskommen können?“ Wo Karl mit seinen weitgespannten Plänen scheiterte, legte Ferdinands ausgleichende Art die Grundlagen für das, was sich im Scheitern behaupten konnte; und das war, im Sinne der Dynastie, nicht wenig. Statt einem universalen Kaisertum entstanden zwei Monarchien, die noch lange zu den europäischen Großmächten gehören sollten. Daß die österreichische Donaumonarchie, deren Ansätze Ferdinand trotz vieler Widerstände behauptet hat, Zukunft hatte, ist nicht zuletzt sein Werk. Manche

österreichischen Historiker wollen heute in ihm deshalb eine der bedeutendsten Herrscherpersönlichkeiten der Dynastie sehen. „Vieles von dem, was Maximilian im großen Schwung der Idee entworfen, aber selten verwirklicht hat, ist durch Ferdinands zähe Geduld, durch seine unbeirrbare Konsequenz bei aller schmiegsamen Verhandlungsfähigkeit ins Leben getreten“ (Günther Stöckl).

Trotz dieser unspektakulären Zähigkeit war Ferdinand wesentlich lebhafter und leutseliger als sein Bruder; viele hielten ihn auch für intelligenter und aufgeschlossener. Vielleicht war es gerade der Unterschied im Charakter zwischen Karl und Ferdinand, der ihre Zusammenarbeit über Jahrzehnte ermöglicht hat. Doch waren die Brüder gegen Ende ihres Lebens sehr voneinander enttäuscht, die verzwickte Nachfolgefrage hatte das gute Einvernehmen nachhaltig gestört. Ende 1550 schrieb Karl an die Schwester Maria: „Du kannst gewiß sein, daß ich nicht einmal durch all das, was der tote König von Frankreich mir antat oder antun wollte, so leide und litt wie durch die Art, in der der König, unser Bruder, mit mir verfährt.“ Freilich hatte Ferdinand seinerseits zu unzähligen Gelegenheiten seinem Bruder nachgegeben, wie erstmals in Spanien 1517/18. „Gott weiß, daß ich nichts anderes wünsche, als Euch in allem gehorsam zu sein“, mit dieser Formel enden viele seiner Briefe an Karl. Charakteristisch für das Verhältnis zwischen den Brüdern war freilich, daß zumeist eine günstigere Übereinkunft einem Nachgeben Ferdinands folgte: So war es 1521/22, und auch die Nachfolgefrage zwischen Philipp und Maximilian II. löste sich auf diese Weise, durch Ferdinands Beharrlichkeit und die Macht des Faktischen. Vor seiner letzten Abreise nach Spanien schrieb Karl noch versöhnlich an Ferdinand, er hoffe, „daß jene Freundschaft, die uns immer verbunden hat, auch zwischen unseren Kindern fortbestehe“.

Mit Beharrlichkeit festigte Ferdinand auch die Position in seinen Ländern, in die er als Fremder gekommen war. Dabei hatte er zunächst unter dem Einfluß nicht landeskundiger Berater auch Fehler gemacht. Doch bald wurde seine Regierung von vielen als vorbildlich angesehen. Es ist kein Zufall, daß Erasmus ihm die zweite Auflage seines Werkes „Institutio Principis Christiani“ (Erziehung des christlichen Fürsten) gewidmet hat; Ferdinand hat seinen Gebrauch zur Erziehung von Prinzen mehrfach empfohlen, und tatsächlich sind Generationen von Habsburgern mit dem Buch des großen Humanisten aufgewachsen, dessen Maxime lautete: „Die Würde des Herrschers, sein Ansehen, seine Erhabenheit ist nicht durch prunkvolles Gehaben, sondern durch Weisheit, Anstän-

digkeit und rechtes Tun zu erwerben und zu schützen." Der Begriff „Ansehen" kennzeichnet auch Ferdinands Zielvorstellung am besten: „Ehre und Ansehen ist das, was einen Menschen am deutlichsten kennzeichnet", schrieb er 1549 an Maria; aber darin unterschied sich Ferdinand von Karl höchstens in Nuancen der Deutung, die er diesem Begriff gab.

Von Gestalt war Ferdinand eher klein und unscheinbar; seine Rüstung maß 165 Zentimeter. Sein Lebensstil war eher bescheiden, auch wenn er nicht immer mit seinen Mitteln hauszuhalten wußte; er aß auch weniger als sein Bruder und kam in späteren Jahren mit einer einzigen Mahlzeit am Tag aus. Seine Leidenschaft war die Jagd; um seine Jagdmöglichkeiten auf Bären, Gemsen und anderes in den Alpen hat ihn auch Karl beneidet, wie aus einem Brief von 1531 hervorgeht. Karl jagte, wie er noch schreibt, vor allem zur Ertüchtigung und um die überflüssigen Säfte zu verbrauchen, damit er keusch leben könne – eine der wenigen

privaten Bemerkungen, die er je brieflich an Ferdinand richtete. In seinen jungen Jahren zeigte Ferdinand große Freude am Artilleriefeuer; vor seiner Abreise aus Spanien mußten zu seinem Vergnügen viele Geschütze abgefeuert werden. Sonst war seine Begabung wie Begeisterung für das Kriegshandwerk beschränkt. In späteren Jahren tat er sich als Sammler von Kunstwerken und Kuriositäten hervor und legte nach dem Geschmack der Zeit in der Hofburg eine „Wunderkammer" an. Auch für die Musik konnte er sich wie viele Habsburger sehr erwärmen; seine Sängerknaben begründeten in Wien eine große Tradition. Mit seiner Frau Anna dürfte sich Ferdinand gut verstanden haben und ihr auch – für seine Kreise – ungewöhnlich treu geblieben sein; sie schenkte ihm 15 Kinder, von denen drei Söhne und neun Töchter am Leben blieben. Um diese Töchter zu verheiraten, erwies er sich als Meister habsburgischer Heiratspolitik: „Durch seine zahlreiche Nachkommenschaft (sieben Töchter waren

Die Stallburg in Wien, einer der bedeutendsten Renaissancebauten, wurde 1558–1565 für Maximilian II. errichtet. Nach seiner Krönung übersiedelte Maximilian in die Hofburg. Seine frühere Residenz wurde zur Hofreitschule. Heute befindet sich hier die Neue Galerie.

ÖNB

mit Prinzen von Polen, Bayern, Kleve, Mantua, Ferrara und Toskana vermählt) wurde er zum Ahnherrn fast aller späteren europäischen Herrschaftsgeschlechter" (Adam Wandruszka).

Neben den Brüdern Karl und Ferdinand standen, oft zu wenig gewürdigt, zwei Habsburgerinnen, die sicherlich beide keine schlechtere Figur gemacht hätten als die Männer, wenn ihnen die Zeit eine eigenständige Herrschaft zugestanden hätte. Auch so konnten sie beide in langen Jahren als Regentinnen der Niederlande ihre Fähigkeiten zeigen; sie nahmen an dieser Stelle so etwas wie eine natürliche Mittlerfunktion zwischen den Brüdern ein: die Tante Margarete (1480–1530) und die Schwester Maria (1505–1558). „Sie brachten auf ihre Weise den Niederlanden eine glücklichere Zeit als die Männer vor und nach ihnen" (Ferdinand Seibt).

Margaretes Jugend war von drei Ehen überschattet, die alle unter einem schlechten Stern standen. Mit drei Jahren wurde sie mit dem Sohn König Ludwigs XI. von Frankreich, dem späteren Karl VIII., verlobt und am französischen Hof aufgezogen; acht Jahre später verstieß er sie aus politischen Gründen. Die nächste politische Heirat folgte bald; 1493 wurde der Ehevertrag mit Spanien geschlossen, sie wurde Gemahlin des Thronfolgers Juan. Erst 1497 reiste sie nach Spanien, um die Ehe zu vollziehen; auf der Überfahrt geriet sie in einen schweren Sturm. Da ließ sie sich für den Fall eines Schiffbruchs ein Säckchen Goldmünzen um das Handgelenk binden, zusammen mit einer selbstverfaßten Grabinschrift:

„Cy-gist Margot, la gentil damoiselle
Qu'ha deux marys et encore est pucelle"

Hier liegt Margot, das edle Fräulein,
die zwei Ehemänner hatte und noch Jungfrau ist.

Sie kam schließlich glücklich in Spanien an; doch noch im selben Jahr wurde sie Witwe. Fast ebenso rasch verstarb der lebenslustige Philibert II. von Savoyen, den sie geliebt hatte, nämlich nach dreijähriger Ehe (1501–1504) – fast wie Margaretes Bruder Philipp zwei Jahre später, wurde ihm ein kaltes Getränk nach anstrengender Jagd zum Verhängnis. Im savoyischen Bourg-en-Bresse ließ sie für ihn eine wunderbare Grabkirche bauen, in der sie ein Vierteljahrhundert später an seiner Seite bestattet wurde; ihre so passende Devise „fortune – infortune – fortune" steht auf dem

Sarkophag. Erst als hartnäckige Witwe (einen Heiratsantrag des erst später notorischen Ehemanns Heinrich VIII. wies sie ab) errang sie politischen Einfluß. Als Statthalterin der immer noch unruhigen Niederlande (1507 bis zu ihrem Tod 1530, mit einer Unterbrechung nach Karls Volljährigkeit) wurde sie bald geschätzt und geachtet und wachte über eine Zeit der Prosperität. Auch in den Verhandlungen mit Frankreich spielte sie immer wieder eine Rolle; der „Damenfrieden" von 1529 war im wesentlichen ihr Werk. Darüber hinaus entfaltete sie ihre musische und malerische Begabung und schrieb eine Autobiographie mit dem bezeichnenden Titel „Diskurs über ihre Unglücksfälle und ihr Leben".

Als junge Witwe trat auch Maria ihr Amt als Nachfolgerin Margaretes in den Niederlanden an. Hier hatte sie unter der Obhut der Tante auch ihre ersten Lebensjahre verbracht. Schon im Alter von wenigen Monaten versprach Maximilian sie dem noch gar nicht geborenen Jagiellonensprößling, der auch tatsächlich ihr Mann werden sollte: Ludwig von Ungarn (1506–1526). 1515 wurde in Wien die Trauung gefeiert, 1516 trat Ludwig die Regierung an, und Anfang 1522 wurde die Ehe vollzogen. Nach dem frühen Tod Ludwigs in der Schlacht bei Mohács (1526) gelobte Maria, nicht mehr zu heiraten. Auch sie stellte ihre Fähigkeiten nun in den Dienst Karls und Ferdinands, den sie zunächst bei der Erwerbung Ungarns tatkräftig unterstützte; allerdings kam es auch zu Streitigkeiten um Marias ungarische Witwengüter, die sie unbedingt behalten wollte (einmal verlangte sie von ihrem Bruder sogar deren Neutralität im Fall eines Türkenkrieges). Von 1531 bis 1555 führte sie im Namen Karls die Regierung der Niederlande. Entscheidend für die Dynastie war ihre wiederholte Vermittlung im Streit um die „spanische Sukzession", die Erbfolgefrage um Philipp II. und Maximilian II. Gemeinsam mit Karl V. trat Maria von Ungarn zurück und ging mit ihm nach Spanien. Mit der älteren Schwester Eleonore, der verwitweten Königin von Frankreich und Portugal, lebte sie in der Nähe Karls. Alle drei Geschwister starben 1558 binnen kurzer Zeit; Maria im Oktober, als Philipp sie gerade überreden wollte, wieder die Regentschaft der Niederlande zu übernehmen. Das „Familienunternehmen Habsburg" aber, mit all seinen internen Zwistigkeiten und seiner streng gehüteten dynastischen Solidarität, hatte sich im Spiel der europäischen Großmächte etabliert.

4

DIE HABSBURGER

Zwischen Escorial und Hradschin

Das
geteilte Erbe

Philipp II.
Maximilian II.
Rudolf II.
Matthias

1564–1619

ZEITTAFEL

1. 8. 1527 Erzherzog Maximilian als Sohn Ferdinands I. und dessen Frau Anna Jagiello geboren

1527–1598 Philipp II. von Spanien

1548 Maximilian heiratet Maria von Spanien, die Tochter Karls V.

Ende 1550 Rückkehr Maximilians ins Reich

18. 7. 1552 Erzherzog Rudolf als Sohn Maximilians II. und dessen Frau Maria von Spanien geboren

24. 2. 1557 Erzherzog Matthias geboren

1562 Maximilian verspricht, katholisch zu bleiben

20. 9. 1562 Krönung Maximilians in Böhmen

24. 11. 1562 Wahl Maximilians am Kurfürstentag zu Frankfurt

30. 11. 1562 Krönung Maximilians zum römisch-deutschen König

8. 9. 1563 Krönung Maximilians in Ungarn

1563 Die Erzherzöge Rudolf und Ernst werden zur Erziehung nach Spanien gesandt

25. 7. 1564 Tod Ferdinands I. – Maximilian wird Kaiser – Teilung der habsburgischen Länder

1565/66 Türkenkrieg Maximilians II.

1566 Reichstag zu Augsburg bewilligt dem Kaiser eine ansehnliche Türkenhilfe

4. 9. 1566 Sultan Süleyman stirbt während der Belagerung von Szigeth

9. 9. 1566 Die Festung Szigeth fällt

1566 Reichsacht über Wilhelm von Grumbach

18. 8. 1568 Religionskonzession für die österreichischen Länder

1568 Hinrichtung der Grafen Egmont und Hoorn in den Niederlanden. Beginn des Aufstandes

17. 2. 1568 Maximilian II. schließt mit dem Sultan einen Waffenstillstand zu Adrianopel

5. 3. 1570 Cosimo Medici wird vom Papst in Rom zum Großherzog der Toskana gekrönt

1570 Reichstag zu Speyer: Verhandlungen über ein Bündnis gegen die Osmanen scheitern – Doppelhochzeit der Töchter Maximilians II.

1571 Hochzeit Erzherzog Karls II. von Innerösterreich mit Maria von Bayern

1571 Sieg einer christlichen Flotte in der Seeschlacht von Lepanto gegen die Osmanen

14. 1. 1571 Religionsassecuration

24. 8. 1572 Bartholomäusnacht in Frankreich

1572 Karl II. von Innerösterreich muß in der Religionspazifikation für seine Länder Religionsfreiheit gewähren

1573 Bauernaufstand in Kroatien und Slowenien

1574–1589 Heinrich III. von Frankreich

1575 Confessio Bohemica für Protestanten und Utraquisten von Maximilian II. zugesagt

27. 10. 1575 Krönung Rudolfs II. zum römisch-deutschen König

12. 10. 1576 Tod Kaiser Maximilians II.

1577–1581 Erzherzog Matthias in den Niederlanden

1578 Das „Brucker Libell" bestätigt die Religionspazifikation für Innerösterreich

1578 Die südlichen Niederlande schließen sich in der Union von Arras zusammen

1579 Die Nordprovinzen schließen sich in der Union von Utrecht zusammen

1579 Am Kölner Pazifikationstag wird über das Schicksal der Niederlande verhandelt

1581 Die Union von Utrecht erklärt sich von Spanien unabhängig

1581 Melchior Khlesl wird Offizial des Bischofs von Passau

1582 Kalenderreform durch Papst Gregor XIII.

1583 Rudolf übersiedelt den Hof nach Prag

1583–1585 Kölner Krieg

1583–1604 Straßburger Kapitelstreit

1587 Erzherzog Maximilian III. wird zum polnischen König gewählt

1587 Religionskommission für die Rekatholisierung Innerösterreichs

1589–1610 Heinrich IV. von Frankreich

9. 3. 1589 Erzherzog Maximilian III. muß im Friedensvertrag von Beuthen auf die polnische Krone verzichten

1589 Edikt von Nantes: Religionsfreiheit in Frankreich. Ende der Hugenottenkriege

10. 7. 1590 Tod Karls II. von Innerösterreich

1592–1606 „Langer Türkenkrieg"

1593 Schlacht bei Sissak

1594 Verlust der Festung Raab

1595 Einnahme der Festung Gran

24. 1. 1595 Tod Ferdinands von Tirol

20. 2. 1595 Tod des Erzherzogs Ernst. Matthias wird Statthalter in den österreichischen Ländern

1595 Fürst von Siebenbürgen Sigismund Báthory übergibt sein Land an die Habsburger

25. 3. 1598 Wiedereroberung der Festung Raab

1595–1597 Bauernunruhen in Nieder- und Oberösterreich

1600 Verlust der Festung Kanischa

1600 Konferenz der Erzherzöge in Schottwien

1601 Eroberung von Stuhlweißenburg

1602 Melchior Khlesl wird Bischof von Wien

1605 Beratungen der Erzherzöge in Linz

1606 Friede von Zsitvatorok

1606 Friede von Wien mit Stephan Bocskay

1606 Die Wiener Urkunde erklärt Matthias zum Haupt des Hauses

1607	Maximilian I. von Bayern vollzieht die Reichsacht über Donauwörth		1610	Kurfürstentag in Prag
14. 6. 1608	Gründung der protestantischen Union		1611	Einmarsch der Truppen Matthias' in Prag
1608	Reichstag in Regensburg: Erstmals keine Einigung der Konfessionen		23. 5. 1611	Matthias wird zum böhmischen König gekrönt
1608	Bündnis Matthias' mit den österreichischen, ungarischen und mährischen Ständen		20. 1. 1612	Tod Rudolfs II.
25. 6. 1608	Vertrag von Lieben		13. 6. 1612	Matthias wird zum römisch-deutschen Kaiser gewählt
10. 7. 1609	Gründung der katholischen Liga		1615	Melchior Khlesl wird Kardinal
1609	Rudolf II. muß den böhmischen Ständen den Majestätsbrief gewähren		1617	Matthias' Frau, Erzherzogin Anna, stiftet die Kapuzinergruft
1609	Die Jülich-clevische Erbfolge im Reich endet mit einem Kompromiß		20. 3. 1619	Tod Kaiser Matthias'

Mit der Betrachtung der Herrscher der zweiten Hälfte des 16. Jahrhunderts wenden wir uns, was die Geschichtsschreibung betrifft, einer anderen Art der Behandlung von Geschichte und der sie dominierenden Persönlichkeiten zu. Während vor allem Kaiser Karl V. und – gleichsam in seinem Windschatten – sein Bruder Ferdinand I. und ihre Epoche das Interesse der Historiker weckten, ist die zweite Hälfte des 16. Jahrhunderts lange Zeit eher wenig beachtet worden. Mannigfache Gründe sind dafür maßgebend. In der ersten Hälfte des Jahrhunderts scheinen klare Linien vorzuliegen, die Reformation entfaltet sich, die Auseinandersetzungen mit Frankreich und dem Osmanischen Reich bestimmen das politische Handeln Karls V. und seines Bruders deutlich. Große Ideen und große Persönlichkeiten prägen also diesen Teil des Jahrhunderts: Neben Karl V., dessen mittelalterlich universalistischer Standpunkt immer wieder betont wird, wäre vor allem Martin Luther zu nennen, der verständlicherweise das Interesse der protestantischen Historiker besonders auf sich zog.

Der zweiten Hälfte des 16. Jahrhunderts hingegen mangelt es an großen Linien, die Auseinandersetzungen der Konfessionen gehen in eine Art Grabenkampf und Kleinkrieg über, die außenpolitische Situation der Habsburgermonarchie wird zunehmend unübersichtlicher. Auch das Persönlichkeitsprofil der beiden Herrscher der Zeit, Maximilians II. und seines Sohnes Rudolf II., war für die vor allem auf „große Persönlichkeiten" ausgerichteten Historiker des 19. Jahrhunderts wenig attraktiv. Nicht ihre großen Taten und Eroberungen, sondern nur ihre „Rätselhaftigkeit" wird betont, ihre Neigungen zur Botanik, zur Kunst, zur Alchemie, Astronomie und Astrologie werden dem starken politischen Willen Karls V., in

dessen Reich die Sonne nicht unterging, gegenübergestellt. Für die Historiker des 19. und frühen 20. Jahrhunderts, die nur fasziniert von großen politischen Erfolgen waren, blieben diese Herrscher Randfiguren ohne Bedeutung. Erst in neuerer Zeit hat man sich mit großem Interesse wieder diesen Gestalten zugewandt und nicht nur den Verfall der Macht des Kaisertums gesehen, sondern den großartigen kulturellen Reichtum dieser Periode wiederentdeckt.

Maximilian II.: Ein Protestant auf dem Kaiserthron?

Unter allen habsburgischen Herrschern nimmt Maximilian II. eine Sonderstellung ein, die jedoch kaum ins allgemeine Bewußtsein gedrungen ist. Während alle anderen Herrscher der Casa d'Austria zwar mehr oder minder fromm, jedenfalls aber katholisch waren, ist man sich bei Maximilian II. nicht sicher. Zwar ging er nie offen zum Protestantismus über, aber in seinen religiösen Anschauungen stand er dieser Konfession nahe. Die Wurzeln für diese Haltung und auch für die Tatsache, daß er seinen Glauben nicht wirklich wechselte, sind in seiner Jugend zu suchen.

Maximilian wurde am 1. August 1527 als Sohn des Erzherzogs (später Kaisers) Ferdinand I., des Begründers der österreichischen Linie des Hauses Habsburg, und seiner Frau Anna Jagiello, der Schwester Ludwigs II., König von Böhmen und Ungarn, geboren. Er wuchs zunächst in Innsbruck auf. Unter seinen Lehrern waren bedeutende Humanisten wie etwa Caspar Ursinus Velius und Georg Tannstetter. Er erhielt eine umfassende Bil-

Als drittältester Sohn Kaiser Maximilians II. verlebte Erzherzog Matthias seine Jugend in Wien im Gegensatz zu seinen Brüdern Rudolf und Ernst, die mehrere Jahre am spanischen Hof verbrachten.
KHM

Kaiser Maximilian II.
(1527–1576) im Kreis seiner
Familie. Mit ihm begann das
Heiraten der Habsburger
untereinander.
Sehr früh schon schloß
Maximilian Freundschaften
mit protestantischen Fürsten.
KHM

seiner Gefangennahme mehr als der Sieg der katholischen Seite.

Von seiten der Familie versuchte man nun, noch intensiver gegenzusteuern. Maximilian wurde mit Maria von Spanien verlobt und reiste in ihr Land. Das hatte nicht nur Gründe in den familiären Bindungen der beiden Linien der Casa d'Austria, sondern war auch als Versuch einer „Umerziehung" und „Hispanisierung" des recht störrischen und eigenwilligen Erzherzogs gedacht.

Trotz all dieser Versuche, Maximilian im Sinne des Katholizismus zu beeinflussen, nahm er geheime Kontakte mit Kurfürst Moritz von Sachsen auf und versprach ihm, im Falle seiner Wahl zum römischen König nicht am religiösen Zustand des Reiches zu rütteln.

Auch die Heirat mit Maria in Spanien ist unter diesem religiösen Aspekt zu sehen. Trotz der ursprünglichen Skepsis Maximilians und ungünstigen Berichten über die erste Zeit der Ehe aus seiner Umgebung entwickelte sich eine sehr gute Beziehung zwischen den beiden Eheleuten. Maximilian hing mit zärtlicher Liebe an der stillen, verschlossenen Maria, die zeitlebens Spanierin blieb und niemals die deutsche Sprache erlernte. 15 Kinder entstammten dieser Ehe.

Seit dem Jahr 1549 war Maximilian nominell zwar König von Böhmen, doch erst Ende 1550 kehrte er mit seiner Frau ins Reich zurück. Die Reise der beiden gestaltete sich abenteuerlich. Als Maximilian – verdächtigt, mit den Protestanten zu sympathisieren – 1551 dem großen Reformkonzil der katholischen Kirche in Trient einen Besuch abstattete, kam es dort angeblich zu einem Mordversuch, einem Giftanschlag durch Kardinal Christoph Madruzzo an Maximilian. Auch für die Schaulustigen der Zeit bot diese Reise eine Sen-

dung: Wie alle Mitglieder der Herrscherfamilie in dieser Zeit lernte der junge Maximilian eine Reihe von Sprachen, neben Deutsch auch Französisch, Spanisch, Italienisch, Tschechisch, Ungarisch und Lateinisch.

Unter seinen Lehrern befand sich der bald entlassene Wolfgang Schiefer, ein (geheimer) Lutheraner, der Maximilian vermutlich die ersten Ideen über den Protestantismus vermittelte. Dieses Kennenlernen des Protestantismus und die Sympathien für diese Konfession sollten den jungen Erzherzog prägen. Schon sehr früh, im Jahr 1543, trat er in intensiven Kontakt zu dem protestantischen Kurfürsten August von Sachsen in Prag, was seiner Familie natürlich verdächtig scheinen mußte und zu verschiedenen Versuchen, ihn von diesem protestantischen Einfluß zu isolieren, führte. Aber auch seine politischen „Lehrjahre" am Hof Karls V. nach 1544 wirkten sich nicht sehr bestärkend auf seinen Katholizismus aus.

In einem erhalten gebliebenen Mahnbrief seines Vaters, Kaiser Ferdinands I., vom Jahr 1547 warnte dieser den Sohn nicht nur vor Trunksucht und sexuellen Ausschweifungen, sondern besonders auch vor der „Ketzerei". Doch die Sache der Protestanten stand zu dieser Zeit nicht sehr gut. Bei der entscheidenden Schlacht des Schmalkaldischen Krieges, der Schlacht von Mühlberg, in der der katholische Kaiser triumphierte, war der junge Maximilian anwesend. Jedoch beeindruckte ihn vermutlich die stolze und aufrechte Haltung des Kurfürsten Johann Friedrich von Sachsen nach

Maria, Infantin von Spanien
(1528–1603), die Tochter
Karls V., heiratete 1548
in Valladolid Maximilian.
Zeitlebens blieb sie Spanierin
und gebar ihrem Gemahl
15 Kinder.
KHM

sation. Maximilian brachte aus Spanien einen Elefanten mit, und noch heute gibt es viele Wirtshäuser „Zum Elefanten" am ganzen Weg dieser Reise, die darauf zurückgehen. In Wien wurde ein Elefantenhaus errichtet, und die Knochen des bald verendeten Tieres wurden zu einem Stuhl verarbeitet, der heute im Stift Kremsmünster ausgestellt ist.

Der aus Spanien heimgekehrte Sohn Ferdinands I. war durch diesen Aufenthalt nicht völlig gewandelt, noch immer hegte er Sympathien für den Protestantismus. Dies war umso schlimmer, als Ferdinand I. nach dem Scheitern der Politik Karls V. und dessen Rückzug aus dem Reich politisch aktiv geworden war und versuchte, im Augsburger Religionsfrieden zu retten, was zu retten war. Doch der Katholizismus war zu diesem Zeitpunkt entschieden in der Defensive.

In dieser Lage mußte natürlich die Unsicherheit der religiösen Haltung Maximilians die besondere Sorge Ferdinands I. erwecken.

Deutlich drückte sich das im Kodizill, also einem Zusatz zu seinem Testament, vom 10. August 1555 aus. Ferdinand schrieb:

„Ich betrachte das Wesen der Welt, und wie die Ketzereien und neuen Sekten sehr überhand nehmen, und daß Ihr (die drei Brüder: Maximilian, Karl und Ferdinand) nicht werdet unangefochten bleiben, darein verführt zu werden. Und hauptsächlich hab ich auf Euch, Maximilian, mehr Sorg als auf Euer ander keiner, denn ich hab allerlei gesehen und gemerkt, das mir einen Argwohn bringt, als wolltest Du Maximilian von unserer Religion fallen und zu der neuen Sekte übergehen. Gott wolle, daß das nicht sei und daß ich Dir darin Unrecht tue; denn Gott weiß, daß mir auf Erden kein größeres Leid noch Bekümmernis vorfallen könnte, als daß Ihr, Maximilian, mein ältester Sohn von der Religion abfielet."

Lutherische Berater in der Umgebung des jungen Erzherzogs Maximilian, wie etwa Kaspar von Nidbruck, besonders aber Johann Sebastian Pfauser, ein Prediger, müssen diese Sorge der Familie entsprechend verstärkt haben. Pfauser, der sich zu keiner der Konfessionen bekannte, sondern behauptete, nur die Wahrheit zu verkünden, beeinflußte Maximilian stark.

Maximilians Position in religiösen Fragen ist seit langer Zeit in der Wissenschaft viel diskutiert, sie wurde als Kompromißkatholizismus, als „dritte Kraft", als Nikodemismus (nach dem biblischen Nikodemus, einem der Schriftgelehrten, der Jesus nahestand, ohne ein entscheidendes Bekenntnis zu ihm abzulegen) oder als humanistisches Christentum und Erasmianismus (nach Erasmus von Rotterdam, der sich trotz aller Sympathien für die

Reformation dieser niemals voll anschloß) bezeichnet. Als der bedeutendste politische Vertreter dieser Richtung gilt eben Maximilian II. Eine belegte Äußerung Maximilians zeigt seinen Standpunkt zwischen, außerhalb oder über den Konfessionen – wie immer man das sehen will – klar: „Nicht päpstlich, nicht evangelisch, ein Christ." Diese religiöse Haltung Maximilians war auch äußerlich sichtbar, da er als Herrscher religiöses Verhalten in der Öffentlichkeit zur Schau stellen mußte, sich jedoch weigerte, z. B. an Fronleichnamsprozessionen teilzunehmen.

Andererseits kam es auch zu keiner völligen Abkehr von der katholischen Sache, Maximilian vermied den offenen Bruch mit Rom. Ein wesentliches Hindernis für seine endgültige Zuwendung zur Reformation war sicherlich seine Abscheu vor theologischen Auseinandersetzungen, wie sie zu dieser Zeit im reformierten Lager heftig tobten. Zu den verschiedenen Auffassungen Luthers, Zwinglis und Calvins kam noch der Flacianerstreit

Philipp II.
sicherte sich 1580 Portugal, scheiterte aber bei dem Versuch, der Einmischung Englands in den Niederlanden und der Bedrohung der spanischen Seewege durch die Entsendung der Armada 1588 ein Ende zu setzen. In Spanien konnte er zwar die Macht der Stände zurückdrängen, aber weder den vollen königlichen Absolutismus noch einen Einheitsstaat begründen.

KHM

Segovia in Spanien:
Im 16. Jahrhundert war
Spanien dank seiner über-
seeischen Besitzungen zur
Weltmacht aufgestiegen und
zu enormen wirtschaftlichen
Einnahmen gekommen.
Bereits Philipp II. aber
hinterließ ein wirtschaftlich
ausgebeutetes und finanziell
ausgeblutetes Land.
Nemeth

hinzu. Dieser Streit war eine theologische Auseinandersetzung zwischen Philipp Melanchthon und
seinen Anhängern und dem radikalen protestantischen Theologen Matthias Flacius, dem Verfasser
der bedeutenden „Magdeburger Centurien". Entgegen der Auffassung Melanchthons behauptet
Flacius, daß gewisse Kultgebräuche wie Sakramente, Heiligenverehrung und bischöfliche Juris-
diktion ohne Verletzung der Heiligen Schrift nicht
beibehalten werden könnten. Diese theologische
Frage, die auch politische Auswirkungen auf die
Stärke der Protestanten hatte, wurde in einer Reihe
von Polemiken, Disputationen und einer Flug-
schriftenflut ausgetragen. Diese Uneinigkeit der
Protestanten stieß Maximilian zwar ab, ließ ihn
aber nicht ins katholische Lager zurückkehren.
Noch einmal versuchte er eine auch politische Annäherung an den Protestantismus.

Im April des Jahres 1560 schickte Maximilian
seinen Gesandten Nikolaus von Warnsdorf zu
den protestantischen Kurfürsten sowie zu Philipp
von Hessen und Christoph von Württemberg, um
Erkundigungen einzuziehen, wieweit sie bereit
wären, ihn politisch zu unterstützen. Doch die geringe bis nicht vorhandene Bereitschaft von seiten
der protestantischen Reichsstände, sich gegen Kaiser und spanischen König zu stellen und Maximilian zu unterstützen, beendete schnell diese ehrgeizige Vision Maximilians, als protestantischer
Kaiser das Reich zu beherrschen.

So kam es 1560 zur sogenannten „Bekehrung"
Maximilians, der sich – vor allem durch die
Haltung der Kurfürsten enttäuscht, denen sich
die Chance geboten hätte, mit ihm einen protestantischen Kaiser zu wählen, die aber in sich

uneins waren – formal dem Vater fügte und ihm
im Februar 1562 in einem feierlichen Eid sogar
versprach, bis zu seinem Lebensende bei der
katholischen Religion zu verbleiben.

Mit Hilfe einer päpstlichen Dispens, die ihm den
Sakramentenempfang unter beiderlei Gestalt (sub
utraque) ermöglichen sollte, wurde er zusätzlich
geködert. Bei seinen Krönungen (20. September
1562 in Böhmen, 30. November 1562 im Reich und
8. September 1563 in Ungarn) wurde bezeichnen-
derweise der Empfang der Kommunion aus dem
Zeremoniell gestrichen.

Wie ausschlaggebend die Entscheidung dieses
einen Menschen war, kann man am besten ermessen, indem man sich die zentrale Rolle der „Konfessionalisierung" – ein wichtiger Ausdruck der
modernen historischen Forschung – vergegenwär-
tigt. Die Epoche von Reformation und Gegenreformation wird dominiert von den Versuchen
der jeweiligen Landesfürsten, das von ihnen beherrschte Territorium religiös uniform zu machen.
Für den Bereich der habsburgischen Länder
stehen dieser Konfessionalisierung im Sinne des
Katholizismus vehemente Hindernisse entgegen.
Die vom protestantischen Adel angeführten Stände
hatten durch das Steuerbewilligungsrecht große
Macht. Die ständige Türkengefahr schuf einen
großen Geldbedarf, den der Landesfürst nur mit
Hilfe der Stände befriedigen konnte. Dadurch war
er zu Zugeständnissen auf religiösem Gebiet
gezwungen, und der Prozeß der Konfessionalisierung verzögerte sich. Dennoch sind neben
den die Gegenreformation retardierenden Elementen – zu denen eben auch die relativ positive
Haltung Maximilians gegenüber dem Protestantismus zählt – Ansätze zu einer Konfessionalisierung in dieser Zeit merkbar. Besonders die
Berufung des Jesuitenordens nach Wien und Graz
kann als eine Art symptomatisches Startsignal für
diese Bewegung der Rekatholisierung gesehen
werden.

Ganz anders hätte die Situation vermutlich nach
einem Konfessionswechsel Maximilians und einer
Konfessionalisierung im Sinne des Protestantismus ausgesehen – aber die „was wäre geschehen,
wenn"-Fragen stellen sich dem Historiker nicht.
Man kann sich gut vorstellen, daß besonders
Philipp II., König von Spanien, über die religiöse
Haltung des Thronfolgers, die so große Auswirkungen gehabt haben könnte, beunruhigt war.
Was man schon bei ihm selbst versucht hatte,
wurde nun auch mit den Söhnen Maximilians,
den Erzherzögen Rudolf und Ernst, gemacht. Sie
wurden 1563 mit ihrem Hofmeister Adam von
Dietrichstein nach Spanien gesandt, nicht zuletzt,
um sie dem „schädlichen Einfluß" des Vaters zu
entziehen.

Die Gefahr, daß mit Maximilian II. ein protestantischer Habsburger zum Herrscher werden könnte, schien zwar gebannt, doch sicher war man sich dieser Haltung noch lange nicht.

Der Herrschaftsantritt Maximilians II.

Die Vereinbarungen zwischen den beiden habsburgischen Linien, die in Spanien und Österreich herrschten, sahen unter anderem vor, daß die Kaiserwürde im Reich – zu der man ja gewählt werden mußte – zwischen den beiden Linien abwechseln sollte. Nach Karl V. regierte also Ferdinand I., auf ihn sollte nun wieder ein spanischer Habsburger folgen. Dieser sogenannte „spanische Sukzessionsplan", der lange Zeit erwogen wurde, sah vor, daß nach dem Tod Ferdinands I. die Kandidatur des spanischen Königs Philipp II. fällig gewesen wäre.

Noch im Jahr 1550 wurde zu Augsburg in diesem Sinne verhandelt. Die Stimmung im Reich allerdings war gegen die Spanier und damit gegen eine solche Nachfolgeregelung gerichtet.

Nach der Abdankung Karls V. – noch immer stand die Variante zur Debatte, daß Philipp II. als Kaiser nachfolgen sollte und Ferdinand weiter römischer König bleiben würde – kam es allerdings am 14. März 1558 zu einer anderen Entscheidung, als Ferdinand I. feierlich zum römischen Kaiser erhoben wurde. Über die Wahl eines römischen Königs (und damit über das Schicksal Maximilians) verhandelte man nicht einmal.

Der Papst, sonst stets die Stütze der Habsburger in Reichsangelegenheiten, war unzufrieden, er fragte, ob Ferdinand durch „ketzerische Erziehung" seines Sohnes nicht zum Tragen der Kaiserkrone ungeeignet sei, und favorisierte den spanischen Sukzessionsplan. Erst im Januar 1562 verzichtete der spanische König Philipp II. endgültig auf seine Kandidatur, wodurch der Weg für Maximilian II. frei wurde. Ein Kurfürstentag wurde für Frankfurt einberufen, und am 24. November 1562 wählten die Kurfürsten nach langen, zähen Verhandlungen Maximilian zum römischen König. Die Krönung erfolgte am 30. November 1562, und nach dem Tod des Vaters am 25. Juli 1564 wurde Maximilian II. Kaiser des Heiligen Römischen Reiches.

Zwar folgte Maximilian als Kaiser seinem Vater nach – allen Plänen der spanischen Sukzession zum Trotz –, doch war er in den österreichischen Erbländern nicht „Alleinerbe" des Vaters, da dieser seine Länder unter seinen Söhnen geteilt hatte.

Bekannt sind die eigenartigen Personifikationen der Jahreszeiten in Giuseppe Arcimboldos (1530–1593) Groteskköpfen. Hier das „Feuer".
KHM

Wie nur wenige seiner Zeitgenossen sah Kaiser Maximilian II. die schweren Folgen voraus, die sich aus den Glaubenskämpfen für das ganze Reich ergeben mußten.
KHM, Ambras

Die habsburgische Länderteilung von 1564 durch Ferdinand I.

Ferdinand I. hat in mancher Hinsicht zur Zentralisierung der habsburgischen Herrschaft beigetragen, nicht zuletzt durch die Schaffung eines Hofstaates, der bis in die Zeit Maria Theresias die Grundlage der Verwaltung bilden sollte. Trotz dieser Bemühungen um Zentralisierung und trotz der schlechten Erfahrungen, die man im späten Mittelalter gemacht hatte, hat er sich entschlossen, seine Länder unter seinen Söhnen aufzuteilen.

Neben dem psychologischen Aspekt, daß er selbst mühsam seinem Bruder Karl einen Teil seiner Gebiete abringen mußte und er somit seinen Söhnen ein ähnliches Schicksal ersparen wollte, sind wieder religiöse Gründe ausschlaggebend. Offen-

sichtlich hatte Ferdinand Angst, daß sein Sohn Maximilian – allen Versprechungen zum Trotz – Protestant werden könnte, und für diesen Fall sollte wenigstens ein Teil der Länder dem Katholizismus erhalten bleiben. Verstärkt wurde dieser Plan sicher auch durch die persönliche Vorliebe des Kaisers für einen seiner jüngeren Söhne, Erzherzog Ferdinand.

Maximilian bekam von den Erblanden also nur Donauösterreich, etwa die heutigen Bundesländer Nieder- und Oberösterreich, auch wurde er zum König von Ungarn und Böhmen gekrönt.

Sein jüngerer Bruder, Erzherzog Karl II., wurde Herrscher in Innerösterreich (Steiermark, Kärnten, Krain) und heiratete 1571 in einem großartigen Hochzeitsfest, einem der kulturellen Höhepunkte der zweiten Hälfte des 16. Jahrhunderts, Herzogin Maria von Bayern. Der Einfluß der gegenreformatorischen, erzkatholischen Wittels-

König Philipp II. von Spanien erbaute in der gewaltigen Landschaft von Hochkastilien in der Nähe von Madrid das Monasterio de San Lorenzo de el Escorial – ein Stein gewordenes Zeugnis des alten Glaubens und Grablege der spanischen Könige.

Nemeth

bacher auf seine Politik ist daher stark, doch scheitern seine Versuche, die Gegenreformation energisch durchzuführen, am Widerstand der Stände. Erst nach dem Tod Karls von Innerösterreich 1590 trägt der wittelsbachische Einfluß Früchte. Nach einer kurzen Zwischenregierung folgt ihm sein Sohn Ferdinand, der spätere Kaiser Ferdinand II. Er führt – wie wir später noch ausführlich sehen werden – die Gegenreformation in Innerösterreich konsequent durch.

Ferdinand, der Lieblingssohn Kaiser Ferdinands I., regierte in Vorderösterreich, also in Tirol und den Vorlanden, dem habsburgischen Streubesitz in Süddeutschland. In erster Ehe war er „zur linken Hand" mit der Bürgerstochter Philippine Welser verheiratet. Die Söhne aus dieser Verbindung galten als illegitim, waren daher auch nicht erbberechtigt. In zweiter Ehe war Ferdinand von Tirol mit Katharina von Mantua getraut, doch entsprang dieser Ehe „nur" eine Tochter.

Ferdinands Bedeutung liegt in der Tatsache, daß er ein großer Kunstsammler war, der auf Schloß Ambras bei Innsbruck eine Kunst- und Wunderkammer, aber auch eine Porträtgalerie und eine Harnischsammlung zusammenstellte, die zu den Glanzstücken dieses Genres zählten.

Der Türkenkrieg

Die kritische Konfliktzone der Habsburgermonarchie war selbstverständlich die lange Grenze mit dem Osmanischen Reich, eine Folge der Dreiteilung Ungarns seit 1540.

Neben den ständigen, guerillaartigen Kämpfen an dieser langen Türkengrenze kam es von Zeit zu Zeit zu massiveren Auseinandersetzungen, die als Kriege im eigentlichen Sinn angesprochen werden können. Einer dieser Kriege ist der Türkenkrieg Maximilians II., der im Februar 1565 begann. Der kaiserliche Feldherr Lazarus von Schwendi eroberte in diesen Auseinandersetzungen die Festungen Tokaj und Szerencs.

Dieser Krieg ist auch der letzte große Feldzug des bedeutendsten osmanischen Sultans der Frühen Neuzeit, Süleyman des Großen, damals 71 Jahre alt, den die Türken Kanuni Süleyman, Süleyman den Gesetzgeber, nennen, und der schon 1529 vor Wien stand. Ein riesiges Heer des Sultans – vermutlich weit über 100.000 Mann, für die damalige Zeit ein gewaltiges Heer – marschierte im Frühling des Jahres 1566 nach Ungarn. Das Kriegsziel des Sultans war die Eroberung der Festungen von Gyula, Szigeth und Eger.

Verbunden waren diese Angriffe der Osmanen für die habsburgischen Herrscher immer mit dem Bemühen um Geldbewilligungen durch die Stände, wodurch es zu einer Rückkoppelung an die religiösen Verhältnisse im Reich kam. Der Reichstag zu Augsburg 1566 bewilligte dem Kaiser eine ansehnliche Türkenhilfe: 24 sogenannte „Römermonate", das entsprach einer Summe von etwa 1,7 Millionen Gulden.

Kaiser Maximilian II. war also verhältnismäßig nicht schlecht gerüstet, auch bekam er Hilfe von verschiedenen italienischen Territorien und von den Ständen der Erblande, aber vieles an Söldnertruppen kam auch zu spät, um zu einem offensiven Schlag eingesetzt werden zu können. Kaiser Maximilian standen entlang der gesamten Grenze, fast 1000 Kilometer lang, etwa 86.000 Mann zur Verfügung.

Jedenfalls war seine militärische Ausgangssituation, vor allem durch die beachtliche Reichshilfe, besser als je zuvor. Der Kaiser und auch seine beiden Brüder zogen persönlich ins Feld, doch das kaiserliche Hauptheer lagerte bei Raab und war ziemlich untätig, die Möglichkeit eines Angriffs auf den in der Nähe lagernden Feind wurde nicht genützt, allzusehr war man konzentriert auf den Schutz von Wien.

Inzwischen belagerte Süleyman die Festung Szigeth, die von Nikolaus Zriny verteidigt wurde. Der greise Sultan starb dort am 4. September, allerdings konnte sein Tod geheimgehalten werden. Dies war nötig, da sein Nachfolger noch nicht im osmanischen Lager war und man beim Bekanntwerden des Todes Sultan Süleymans Unruhen unter den Truppen, vor allem den Janitscharen, fürchtete. Am 9. September 1566 fiel die Festung Szigeth, der Verteidiger Zriny ritt festlich geschmückt – gleichsam in einer pathetisch-he-

Das geteilte Erbe: Das Reich Philipps II. und Maximilians II. 1562 hatte Philipp II. auf seine Kanditatur zum römisch-deutschen Kaiser verzichtet. Damit war die Teilung des habsburgischen Reiches endgültig.

roischen Geste – gegen die osmanische Übermacht und wurde getötet.

Am 17. Februar 1568 schloß Maximilian II. mit dem neuen Sultan einen Waffenstillstand zu Adrianopel, dem heutigen Edirne, ab, in dem ein „Ehrengeschenk" – eine Umschreibung für Tribut – von 30.000 Dukaten jährlich vereinbart wurde.

Wenige Jahre später, am Reichstag zu Speyer 1570, wurde über ein Projekt verhandelt, das einen gemeinsamen Angriff auf das Osmanische Reich mit Spanien und verschiedenen italienischen Staaten vorsah.

Gedacht war dabei an ein Zusammenwirken von maritimer Front und Landfront in Ungarn (wodurch man gemeinsam den Osmanen zusetzen wollte), doch schlossen sich Maximilian II. und das

Reich dieser sogenannten „Heiligen Liga" nicht an. Unter der Führung des illegitimen Sohnes Kaiser Karls V., Don Juan de Austria, errang die Liga 1571 in der Galeerenschlacht bei Lepanto einen großen Sieg gegen die osmanische Flotte, ohne ihn allerdings – durch die Spannungen innerhalb dieser Liga, die Maximilian II. vielleicht erahnt hatte – wirklich ausnützen zu können. So blieb der Sieg bei Lepanto vor allem propagandistisch wichtig, nicht nur in Italien, sondern auch in Deutschland, wo viele Flugschriften, aber auch Kunstgegenstände wie Kanzeln in der Form von Galeeren im südbayrischen Raum, von der psychologischen Bedeutung eines solchen Sieges gegen die Osmanen sprechen.

Die Grumbachschen Händel

Die Auseinandersetzung Maximilians II. mit Wilhelm von Grumbach, der unter dem Schutz Herzog Johann Friedrichs von Sachsen stand, gilt als letzte Fehde in spätmittelalterlichem Sinn, die die Zentralgewalt des Reiches in Frage stellte.

Neben der Möglichkeit, sich bei einem Gericht Recht zu verschaffen – was sehr lange dauerte –, war in der mittelalterlichen adeligen Gesellschaft auch eine Art „Selbsthilfe" vorgesehen: die Möglichkeit, Fehde zu führen. Nach einer „Absage" an den Gegner begann man eine Art Privatkrieg um sein Recht, bei dem vor allem die Untertanen des Gegners und bei den Gegenschlägen auch die eigenen Untertanen litten. Das Motto dieser Auseinandersetzungen schien zu sein: „Schlägst du meine Bauern, schlag' ich deine Bauern."

Die Zentralgewalt bekämpfte immer wieder intensiv diese im Spätmittelalter überwuchernde Fehdeführung. Aber trotz des Reichslandfriedens Maximilians I. von 1495 gingen die Fehden weiter, wie unzählige Beispiele aus dem 16. Jahrhundert zeigen. Die Ausschaltung des Fehdewesens durch den Kaiser wurde zu einem wesentlichen Mittel, die Stärke der Zentralgewalt zu betonen.

Der Reichsritter Wilhelm von Grumbach kämpfte – unter dem Einfluß der religiösen Situation – vor allem gegen „Pfaffen", besonders gegen den Bischof von Würzburg. 1563 überfiel er die Stadt Würzburg und zwang das dortige Domkapitel zur Zusage der Restituierung seiner Güter und der Niederschlagung der Anklage wegen Mordes an dem Würzburger Bischof. Maximilian II. verhängte die Reichsacht über ihn, deren Exekution im November 1566 beschlossen wurde. Grumbach und seine Anhänger wurden in Gotha belagert, nach der Erstürmung wurde Grumbach gevierteilt. Sein Protektor Johann Friedrich von Sachsen

Don Carlos (1545–1568), Infant von Spanien.
Der Sohn Philipps II. und Marias von Portugal war durch die enge Verwandtschaft seiner Eltern erblich vorbelastet. Geistig und körperlich zurückgeblieben sollte er von der Erbfolge ausgeschlossen werden. 1568 wurde er nach einem Fluchtversuch gefangengesetzt, starb aber vor Prozeßbeginn. Literarisch fand der unglückliche Infant in Schillers „Don Carlos" eine unhistorische Darstellung.
KHM

verlor seine Länder und wurde selbst als Gefangener nach Wiener Neustadt gebracht.

Über diese Grumbachschen Händel gab es eine rege Polemik in der damaligen öffentlichen Meinung, in Flugschriften und Pamphleten; den Historikern gilt dieses Ereignis als Endpunkt des Fehdewesens im Reich.

Die Heiratspolitik der Habsburger und die politische Situation Europas

Nicht nur die Zeit Maximilians I., seiner Kinder und Enkelkinder ist die große Zeit der habsburgischen Heiratspolitik. In dynastischen Staaten spielte die Eheschließung als Mittel der Politik zu allen Zeiten eine entscheidende Rolle. Das Opfer dieser Politik waren häufig die Frauen. Deren Rolle im 17. Jahrhundert, die aber auch für das 16. Jahrhundert gültig ist, charakterisiert der italienische Historiker Giorgio Spini in der Einleitung zur Biographie einer Habsburgerin trefflich:

„Die Prinzessinnen des 17. Jahrhunderts haben wir alle in Barockgemälden der Hofmaler gesehen, mit ihren unglaublichen Gewändern, grandios wie Denkmäler und besetzt mit Edelsteinen wie Reliquiare … Und mehr oder weniger wissen wir, daß jede von ihnen eine Art von Luxuspuppe war, zum Zwecke gemacht, um vom väterlichen Hof an einen fremden Hof gesandt zu werden, den sie nie gesehen hatte, nach einer Menge Feilscherei zwischen den Diplomaten, aber ohne daß sie ein Wort zu ihrem eigenen Schicksal sagen konnte. Am Bestimmungsort angekommen, wurde sie in das Bett eines Ehemannes gelegt, der … häßlich wie ein Affe sein konnte, oder ein Kretin, oder ein lasterhafter Verderbter oder einfach ein alter Dummkopf, aber von dem sie sich so oft als möglich schwängern lassen mußte, im Interesse der Dynastie. Es gab keinen Zweifel, daß sie von diesem Gemahl ausgiebig gehörnt wurde: es war hingegen nur eine Hoffnung, daß er sich mit weiblichen Liebhaberinnen zufriedengab und nicht auch noch männliche wollte. Im Ausgleich für all das hatte eine Prinzessin des 17. Jahrhunderts die Sicherheit, verrückte Verschwendungen auf Kosten devoter Untertanen machen zu können, und ihr Leben mit Festen, Bällen, Jagden, Banketten, heiligen Messen und geistlichen und weltlichen Zeremonien, die jeweils einen Berg Geld kosteten, zu verbringen … Wenn sie es schaffte zu überleben (ihre vielen Schwangerschaften und ihren Ehemann) und Witwe zu bleiben, konnte sie als Regentin für einen minderjährigen Sohn die Regentschaft übernehmen … doch von der Politik

verstand sie nur das, was ihr ihr Beichtvater riet: und vom Beichtvater kamen selten vortrefflichere Ratschläge, als jener, soviel Protestanten als möglich umbringen zu lassen."

In diesem Sinne sind die politischen Heiraten der Zeit zu verstehen, bei denen auch manchmal den Männern eine ähnliche Rolle als Opfer zugedacht war. So plante man lange Zeit, den Erzherzog Karl II. von Innerösterreich mit Elisabeth von England zu verheiraten, um damit die „Rückgewinnung Englands" für die katholische Kirche zu bewerkstelligen.

1570 kam es zu einer Doppelhochzeit der Töchter Maximilians II. zu Speyer. Erzherzogin Elisabeth heiratete den französischen König Karl IX. Sie wurde bald Witwe und kehrte nach Wien zurück, gründete hier das sogenannte Königinnenkloster, von dem die heutige evangelische Stadtpfarrkirche in der Dorotheergasse ein letzter Rest ist. Ihre Schwester, Erzherzogin Anna, heiratete den spanischen König Philipp II.; diese Eheschließung war besonders wichtig im Zusammenhang mit der

Türkische Soldaten: 1568 wurde zwischen Kaiser Maximilian II. und Sultan Selim II. der Friede von Adrianopel auf acht Jahre geschlossen. Trotzdem kam es wiederholt zu Grenzzwischenfällen durch türkische Streifscharen.

ÖNB

möglichen Erbfolge nach dem von manchen erwarteten Tod des kränklichen Infanten Don Carlos.

Maximilian II. verheiratete auch drei seiner Schwestern in Italien, im Jahr 1561 Erzherzogin Eleonore mit Herzog Wilhelm Gonzaga von Mantua, 1565 Erzherzogin Barbara mit Alfons II., Herzog von Ferrara, und im selben Jahr die Erzherzogin Johanna mit Francesco Medici. Die letzte der drei genannten Ehen war besonders unglücklich, schon bei der Hochzeit des Paares war Francescos Geliebte Bianca Capello anwesend, man kann sich das „Glück" der Erzherzogin lebhaft vorstellen. Dieses Netz an Heiratsbeziehung sollte den habsburgischen Einfluß in Italien garantieren, doch belastete der Konflikt zwischen Cosimo Medici, (Groß-)Herzog der Toskana, in Florenz und Alfons II., Herzog von Ferrara, Kaiser Maximilians italienische Politik stark.

Auch die naturgemäß durch die religiöse Haltung Maximilians II. nicht sehr positive Beziehung zur Kurie verschlechterte sich noch zusätzlich durch die Erhebung der Toskana zum Großherzogtum durch den Papst, der am 5. März 1570 in Rom Cosimo zum Großherzog krönte. Kaiser Maximilian fühlte sich in seinen Rechten der Rangerhöhung in Italien, das noch immer als Einflußsphäre des Reiches galt, eingeschränkt und erhob feierlich Protest durch den kaiserlichen Gesandten Scipio Graf von Arco in Rom.

Ein wesentliche Rolle spielte die habsburgische Heiratspolitik auch in Polen. Zwei Schwestern Maximilians II. waren nacheinander mit dem polnischen König Sigmund II. August verheiratet: Elisabeth und Katharina, allerdings wurde die erstere vermutlich von ihrer Schwiegermutter vergiftet, und die dennoch aus politischen Rücksichten geschlossene zweite Ehe geriet überhaupt nicht; Katharina wurde sogar nach Österreich zurückgesandt. Sie starb gebrochen und verbittert 1572 in Linz; schon wenige Monate später verschied auch ihr Witwer König Sigmund II. August, mit ihm starb die Dynastie der Jagiellonen aus.

Maximilian II. versuchte nun, Polen für das Haus Habsburg zu gewinnen, doch war eine Gesandtschaft unter den böhmischen Großen Wilhelm von Rosenberg und Vratislav von Pernstein in Polen nicht erfolgreich, die Polen wählten 1573 den Franzosen Heinrich von Anjou zum König.

Polen war bis fast zu seinem Ende im Gegensatz zu den übrigen Staaten Europas, in denen sich die Erbmonarchie durchsetzte, ein Wahlkönigreich geblieben und wählte im Laufe des 16. und 17. Jahrhunderts immer Könige aus verschiedenen Dynastien, was zu einer Schwächung des Königtums und der Zentralgewalt führte. Das trug schließlich zu den polnischen Teilungen des

18. Jahrhunderts und zum Untergang Polens bei. Die habsburgische Politik konnte sich also bei dieser Königswahl im Jahr 1573 nicht durchsetzen, doch als der gewählte König Heinrich von Anjou wenig später heimlich Polen verlassen mußte, um seine Ansprüche auf den französischen Thron durchzusetzen, rief die katholische Partei in Polen 1574 Maximilian II. zum König aus. Die Opponenten in der Schlachta, dem polnischen Adel, hingegen wählten seinen Gegner, den siebenbürgischen Woiwoden Stephan Báthory, zum König, der sich auch politisch durchsetzen konnte. Die Versuche der Erwerbung Polens für die Habsburger, die auf der Heiratspolitik aufbauten, waren damit fürs erste gescheitert.

Die religiöse Situation der habsburgischen Länder unter Maximilian II.

Nach dem Prinzip des Augsburger Religionsfriedens von 1555: „Cuius regio, eius religio", wären die habsburgisch regierten Reichsterritorien, also Österreich und Böhmen, sofort katholisch geworden. Der Durchsetzung der Gegenreformation stand aber ein wesentliches Hindernis entgegen: der Adel, der schon bald nach dem Beginn der Reformation in den zwanziger Jahren des 16. Jahrhunderts und noch stärker in den sechziger Jahren, in der sogenannten zweiten Welle der Protestantisierung in Österreich, großteils zum Luthertum übergegangen war. Durch die permanente Türkengefahr für die habsburgischen Länder war der Landesfürst auf die Mitwirkung dieser zu einem großen Teil protestantischen Stände bei der Steuerbewilligung angewiesen und mußte daher immer wieder religiöse Zugeständnisse machen. Ein alter Spruch sagt sehr trefflich: „Der Türk ist der Lutheraner Glück."

Dazu kommt, daß mit Maximilian II. und in gewisser Weise auch mit seinem Nachfolger Rudolf II. eher tolerante Herrscher an der Spitze des Staates standen. Maximilian zeigte sich also geneigt, die Stände zu privilegieren und ihnen Religionsfreiheit zu gewähren. Wichtig ist, daß der Kaiser die Protestanten dazu zwang, sich auf eine Art von gemeinsamem Programm zu einigen, da ihm die theologischen Auseinandersetzungen zutiefst zuwider waren. So entstand die „Christliche Kirchenagenda" des norddeutschen Protestanten David Chyträus, die für die Einheitlichkeit der protestantischen Bewegung in den österreichischen Ländern von großer Bedeutung war.

Maximilian II. gewährte den adeligen Ständen mit der sogenannten Religionskonzession am

18. August 1568 und der Religionsassecuration am 14. Januar 1571 Religionsfreiheit, die sich auch auf ihre Herrschaften und damit auf ihre Untertanen bezog.

Allerdings betrafen diese Zusagen nicht die landesfürstlichen Städte. Das „Auslaufen" der städtischen Bevölkerung, also die Möglichkeit, außerhalb der Stadt – Wien vor allem – auf den Herrschaften protestantischer Adeliger, z. B. bei den Jörgern in Hernals, lutheranischen Gottesdienst zu hören, war auch unter Maximilian nicht gerne gesehen und zumindest theoretisch verboten.

Ähnliches mußte – allerdings mehr gegen seinen Willen und den seiner streng katholischen Frau, der bayerischen Prinzessin Maria – Karl II. von Innerösterreich für seine Länder in der Religionspazifikation 1572 und im sogenannten „Brucker Libell" 1578 gewähren. Nur der dritte Bruder, der in Tirol und den Vorlanden herrschende Ferdinand von Tirol, hatte durch die Tatsache, daß sein Land weit weg von der Türkengrenze lag und wenig Einfluß der Reformation ausgesetzt war, keine derartigen Probleme.

Die zweite Hälfte des 16. Jahrhunderts kann man also geradezu als die Blütezeit des Protestantismus in den habsburgischen Ländern bezeichnen. Doch einige Symptome zeigen die sich vorbereitende Gegenreformation schon an: 1551 wurden die Jesuiten nach Wien berufen, wenig später auch nach Graz, wo sie auch eine Universität gründeten.

Margareta von Parma (1522–1586), die Tochter Kaiser Karls V. mit einer niederländischen Zofe, wurde am Hof ihrer Tante Margarete von Österreich in Brüssel erzogen. 1559 wurde sie von Philipp II. zur Generalstatthalterin der Niederlande ernannt. In ihre Zeit fiel der Beginn der Opposition des niederländischen protestantischen Adels gegen die katholische spanische Regierung. In seinem Drama „Egmont" hat Goethe der Kaisertochter als „Margarete von Parma" ein bleibendes Denkmal gesetzt.

KHM

Die wirtschaftlichen und sozialen Verhältnisse der zweiten Hälfte des 16. Jahrhunderts

Nach wie vor bildete die Landwirtschaft die grundlegende Produktionsform der Zeit. Die Bauern waren die Hauptmasse der Bevölkerung und lebten in Abhängigkeit vom Grundherrn im Rahmen der Grundherrschaft. Besonders in Böhmen verschärft sich ihre Situation allerdings im Laufe des 16. Jahrhunderts. Die ständige Geldentwertung führte für den Grundherrn zu einer Verringerung des Pachtzinses, so daß viele der Grundherren, vor allem in Ostmitteleuropa, zur Eigenwirtschaft übergingen. Die Entstehung dieser für den Grundherrn einträglicheren Form der Gutsherrschaft mit gesteigerter Eigenproduktion bewirkte, daß die Bauern mehr Robotleistungen für ihren Grundherrn erbringen mußten.

Der bedeutende tschechische Historiker František Graus nannte diese Entwicklung sehr trefflich „Rückentwicklung zur Fronarbeit". Die Grundherren intensivierten in dieser Wirtschaftsform arbeitsintensive Produktionen. Die fortschreitende Entwicklung der Bierbrauerei förderte vor allem in den böhmischen Ländern den Hopfen- und Gersteanbau. Beim Hopfen herrschte eben diese arbeitsintensive Produktion, die wieder zur Ausdehnung der Frondienste führte. Ebenso wie der Hopfenanbau auf den Adelsherrschaften steigerte auch die Anlage von Fischteichen die Einnahmen der Herrschaften sehr. Diese Entwicklung ist vor allem in Südböhmen seit dem Ende des 16. Jahrhunderts zu beobachten, am bedeutendsten ist vielleicht die Rosenbergische Herrschaft Wittingau in Südböhmen, wo der Teichmeister Stepánek von Netolicky ein System von Teichen anlegte, die durch einen 40 Kilometer langen „Goldenen Kanal" (zlatá stoka) verbunden waren. Der größte Fischteich, „Rožmbersky" genannt, bei Wittingau wurde im Jahr 1584 angelegt und bedeckte 720 Hektar Fläche. Der Fischhandel wurde vor allem in der zweiten Hälfte des 16. Jahrhunderts – bedingt durch den erweiterten Markt durch das Anwachsen der Städte – das große Geschäft. Es kam in Zentraleuropa zu einem starken Rückgang des Imports von gesalzenen Heringen durch die Hanse, die durch Karpfen aus den eigenen Herrschaften ersetzt wurden. Für die Grundherren bedeutete diese wirtschaftliche Veränderung eine Steigerung der Herrschaftseinkünfte um bis zu 40 Prozent.

Der Adel, geteilt in Herrenstand und Ritterstand, war nach wie vor wirtschaftlich dominierend, er besaß den Löwenanteil des Grundbesitzes, und

seine politische Rolle in den Ständen war in dieser Zeit besonders stark. Die Städte bildeten zwar einen bedeutenden Wirtschaftsfaktor – vor allem in Böhmen, das ein klassisches Transitland ist, denn sowohl der Ost-West- als auch der Nord-Süd-Handel gehen durch das Land. Als Drehscheibe fungierte dabei neben Prag auch Breslau in Schlesien.

In einer anderen Primärproduktion, dem Bergbau, hingegen kam es zu starken Rückgängen in der Produktion. Bergbau spielte vor allem in Ungarn und in Böhmen eine große Rolle. Ungarn mit den sogenannten oberungarischen Bergstädten, die heute in der Slowakei liegen, wie Kremnitz, Schemnitz und Neusohl, hatte vor allem Goldbergbau und Kupferbergbau. In Böhmen hingegen dominierte Silber, der wichtigste Ort war hier Kuttenberg. Nach der Mitte des 16. Jahrhunderts kam es zu einem Niedergang aller dieser Bergbauorte. Das beste Beispiel für diesen Niedergang geben die Einwohnerzahlen von Joachimsthal, das 1533 noch 18.000 Einwohner hatte, 1550 nur mehr

10.000 und Anfang des 17. Jahrhunderts gar nur noch 2200. Diese gesamteuropäische Erscheinung ist teilweise aus dem Preisverfall bei Silber durch die allzu großen Importe aus der Neuen Welt erklärbar, ein anderer wichtiger Gesichtspunkt ist aber auch die Vertreibung der großteils protestantischen Knappen durch die Gegenreformation.

Die soziale Situation der Zeit ist zwar nach dem großen deutschen Bauernkrieg relativ ruhig geworden, doch zeigen Bauernerhebungen kleinerer Art, daß das Grundproblem der Zeit, die Lage der Masse der Bevölkerung, der bäuerlichen Untertanen, bei weitem nicht als gelöst betrachtet werden kann.

Im Gebiet von Kroatien und Slowenien kam es 1573 zu einem Bauernaufstand unter Gregoric und Matija Gubec. Ausgehend von einer Erhebung der Bauern gegen den besonders grausamen und ausbeuterischen Grundherrn Franz Tahy breitete sich diese Bauernrebellion schnell bis in die damalige Südsteiermark aus. Die Bauern kämpften um die „Alte Freiheit" (stara pravda), gegen die Aus-

Pieter Breughel d. Ä., „Triumph des Todes", um 1560. Breughel, ein flämischer Untertan Philipps II., der als König von Spanien auch über die 17 Provinzen der Niederlande herrschte, hat zahlreiche Volksszenen aus der Zeit hinterlassen.

AKG

VICTORIÆ NAVALIS MONIMENTVM

weitung und den Mißbrauch der grundherrlichen Rechte.

Letztlich wurden – wie in allen anderen Bauernaufständen – die Bauern von den feudalen Mächten besiegt und grausam bestraft. In einem Bericht eines steirischen Adeligen über den „Windischen Bauernaufstand" 1573 wird das deutlich ausgedrückt: „... die rebellischen (wurden) an allen orten, wo sy angegriffen worden sind, mit der hilf Gottes zertrent, erschlagen, erhengt, gespiest, ertrenkt ... und aus sonderer verhengnus und schickung des Allmechtigen ir pesen fürnemen zurück geschlagen ... Sy haben auch dem windischen adl zu grossen unbarmherzigkait dise ursach geben, das sy derselben höf und siz, welche nur zur wohnung und nit zur gegenwehr von holz erpaut, gar in grunt zerschlaift und mit inen grob genueg umgangen."

Entsprechend grausam waren die Strafen für die aufständischen Bauern, einer der Bauernführer, ein gewisser Matija Gubec, dem man vorwarf, sich zum König machen zu wollen, wurde auf einem glühenden Thron mit einer glühenden Krone gekrönt – die Menschen sollten sich dabei auch an das gleichverlaufende Ende des György Dózsa 1514 erinnern.

Die kulturelle Situation unter Maximilian II.

Brennpunkt des kulturellen Geschehens der Zeit waren stets die Feste, in denen der Herrscher seine Macht augenfällig zur Schau stellen konnte. Besonders Einzüge wurden nach dem Vorbild der alten römischen Triumphzüge, die in der italienischen Renaissance als „Trionfi" wiedererweckt wurden, prachtvoll gestaltet. 1552 sah Wien bei einer solchen Gelegenheit den ersten Elefanten, und 1560 weilte der kunstsinnige Herzog Albrecht V. von Bayern in Wien; ihm zu

Ehren wurden „allerlei ritterspil" aufgeführt, wobei an diesen Turnieren selbstverständlich nur der hohe Adel teilnehmen durfte. Hingegen wurde 1563 nach der Rückkehr Maximilians II. von der ungarischen Krönung ein „Freischießen", also ein auch für Bürger der Stadt bestimmtes Armbrustschießen, veranstaltet. Einen besonderen Höhepunkt allerdings stellte die Hochzeit Karls II. von Innerösterreich mit Maria von Bayern 1571 dar, an deren Ausgestaltung bedeutendste Künstler beteiligt waren. Die Gesamtplanung stammte von niemand Geringerem als dem großen manieristischen Maler Giuseppe Arcimboldo.

Damit ist auch schon manches über das kulturelle Klima unter Maximilian II. ausgesagt, an dessen Hof Feste, Jagden, Gärten und Musik eine führende Rolle spielten.

Die Gelehrten, die Maximilian um sich sammelte, waren eher naturwissenschaftlich als philologisch ausgerichtet. Zu nennen wären etwa der große Botaniker Charles de l'Ecluse (Carolus Clusius), der die niederösterreichische und pannonische Flora erforschte, oder der ebenfalls aus den Niederlanden stammende Augier Ghiselain de Busbecq. Dieser war als Diplomat und Türkeireisender tätig, schrieb dort antike Inschriften, wie das berühmte „Monumentum ancyranum", ab, interessierte sich für die Reste des Krimgotischen und brachte Samen, Zwiebel und Schößlinge exotischer Pflanzen an den Kaiserhof, darunter Flieder, Kastanien, Tulpen und Levkojen.

Maximilian II. war aber auch ein großer Büchersammler. Ihm ist die Gründung der Wiener Hofbibliothek, also der heutigen Österreichischen Nationalbibliothek, zu verdanken, deren erster Bibliothekar der bedeutende Humanist Hugo Blotius wurde.

Die botanischen und hortologischen Studien des Kaisers kamen auch der Ausgestaltung der Residenzen zugute. Maximilian hielt sich abwechselnd in Wien und Prag auf. In Wien ließ er den Fasangarten – gewissermaßen der Kern der Schönbrunner Residenz – anlegen und baute das Neugebäude auf der Simmeringer Heide, ein Lustschloß in der Art der italienischen Renaissance, eine „Villa suburbana", deren klägliche Reste heute beim Krematorium zu sehen sind.

In Prag kam es zum Ausbau der Residenz. Der Bau eines Lustschlosses, des sogenannten Belvederes, wurde schon davor begonnen, aber dann durch den Baumeister Bonifaz Wohlmut weitergeführt. Hier ist der Einfluß des kunstsinnigen Erzherzogs Ferdinand von Tirol, der Statthalter in Böhmen war, besonders hervorzuheben.

Eine wichtige Rolle in der Hofhaltung Maximilians kam auch der Musik zu, die sich am Vorbild Münchens, wo die Kapelle Albrechts V. unter der Lei-

tung von Orlando di Lasso stand, orientierte. Noch waren die Niederländer musikalisch vorherrschend und auch die Kapellmeister am Kaiserhof, Jakob Vaet, der Schöpfer unzähliger vielstimmiger Motetten, und Philipp de Monte, waren in dieser Tradition verhaftet. Daneben begann sich eine Ablösung der Niederländer durch italienische Künstler, die sich in Graz und Innsbruck früher vollzogen hatte, schon anzudeuten.

Rüstungsensemble aus der Waffensammlung des Kunsthistorischen Museums.
Nemeth

Innenhof des Escorial. Der Bau wurde 1563 begonnen und 1584 vollendet.
Nemeth

Rudolf II. – zwischen Ohnmacht und Einsamkeit – war unbestritten eine der interessantesten und zugleich merkwürdigsten Habsburger auf dem Kaiserthron.
KHM

Die österreichische Kaiserkrone.
Kaiser Rudolf II. ließ sie 1602 in seiner Prager Hofwerkstätte als Hauskrone anfertigen, als Insignie und zugleich Darstellung der kaiserlichen Würde und Macht. Darauf weisen die vier Reliefs hin. Auch in der Anordnung der Edelsteine liegt ein tieferer Sinn, da sich Rudolf und seine Umgebung besonders intensiv mit den Kräften der Steine beschäftigt haben. Die Krone wurde bei keiner Krönung verwendet. 1804 wurde sie zur Kaiserkrone Österreichs.
Schatzkammer, Wien.
Nemeth

Rudolf II.: Jugend in Spanien und Rückkehr ins Reich

Die Sorgen, die sich insbesondere der spanische König Philipp II. um die religiöse Gesinnung Maximilians II. gemacht hatten, schlugen sich auch darin nieder, daß er versuchte, seinen Sohn Rudolf von den protestantischen Einflüssen am Hof seines Vaters und durch diesen selbst zu isolieren; so verbrachte Rudolf seine Jugend gemeinsam mit seinem Bruder Ernst in Spanien. Neben diesen religiösen Gründen ist aber auch eine Reihe von anderen Gesichtspunkten in diesem Zusammenhang wichtig. Zunächst sollte der Zusammenhalt der beiden Zweige der habsburgischen Familie durch diese Erziehung in Spanien gestärkt werden. Dies sollte die Spannungen z. B. in der italienischen Politik, in der spanische territoriale Interessen und die Intentionen der Reichslehenspolitik aufeinanderstießen, mildern. Dazu kam, daß der junge Rudolf mit der spanischen Infantin Isabella, der Tochter Philipps II., verlobt war. Auch das Don-Carlos-Problem spielte in dieses Kalkül hinein. Der kranke und als regierungsunfähig betrachtete Infant von Spanien war zu dieser Zeit der einzige Sohn Philipps II. Mit seinem Ableben mußte man ernsthaft rechnen, daher kam der Erziehung Rudolfs am spanischen Hof auch die Aufgabe zu, ihn für eine mögliche Thronfolge in Spanien vorzubereiten.

Dieses durch seine Erziehung vermittelte „Spanische" – ausgedrückt vor allem in großem Stolz und einer starken Distanziertheit – blieb Rudolf zeit seines Lebens erhalten. Schon knapp nach der Rückkehr der Erzherzoge aus Spanien berichtete der venezianische Gesandte über Rudolf und seinen Bruder, „... sie haben von ihrer Erziehung in Spanien etwas, was ihnen ebenso schädlich, wie das andere (damit meint er die streng katholische Einstellung der beiden) ihnen nützlich sein kann, und zwar einen gewissen Stolz, sei es im Schreiten, sei es in jeder anderen ihrer Gebärden, der sie, ich möchte nicht verhaßt sagen, um dieses unerfreuliche Wort zu vermeiden, aber jedenfalls viel weniger beliebt macht, als sie es sein könnten."

Dem großen Erziehungsideal der Zeit, wie wir es am deutlichsten festgelegt bei Baldassare de Castiglione in seinem „Bestseller" „Il libro del cortegiano" (Das Buch vom Höfling) finden, entsprach Rudolf vollkommener als die meisten seiner Zeitgenossen. Dem langfristig sehr wirksamen Erziehungstraktat Castiglliones nach sollte ein Höfling – und umso mehr noch ein zukünftiger Herrscher – nicht nur die ritterlichen Fertigkeiten des Waffenhandwerkes, wie Lanzenbrechen, Turnieren und „Caroussel-Reiten", sondern auch Sprachen beherrschen, Latein, eventuell auch Griechisch, Italienisch und Spanisch. Rudolf war nicht nur ein recht gewandter Turnierer, er beherrschte verbürgt auch folgende Sprachen: Deutsch, Lateinisch, Französisch, Spanisch und Tschechisch.

Daneben aber sollte ein Herrscher in Literatur, Musik, Malerei ausgebildet sein, damit er als Mäzen etwas von den Dingen versteht, die er fördert und sammelt. Diesem humanistischen Bildungsideal nach sollte der Herrscher also allseitig gebildet sein; diesen Anspruch hat Rudolf II. sicherlich besser erfüllen können als die meisten anderen Herrscher seiner Zeit.

Doch eines der Hauptziele seiner Ausbildung in Spanien war ein religiöses. Die religiöse Situation in Spanien wurde durch die Inquisition bestimmt, die eine systematische Verfolgung aller Ketzer oder der Ketzerei verdächtigten Personen durchführte und die vermeintlich „Schuldigen" öffentlich in „Autodafés" verbrannte. Rudolf wurde in Spanien intensiv mit dieser Form von Fanatismus konfrontiert, was allerdings fast kontraproduktive Wirkung hatte. Zwar ist er religiös gesehen dem Protestantismus sicherlich nicht so sehr zugeneigt wie sein Vater Maximilian II., dennoch ist eine Reihe von Aussagen überliefert, die für einen katholischen Herrscher erstaunlich sind. Zwei Beispiele sollen das illustrieren. Einem Bericht seines Kammerdieners zufolge hat er angesichts von drei

Fliegen, die besonders lästig und nicht zu verjagen waren, diese mit seinem Bruder Matthias, mit Philipp II. von Spanien und mit dem Papst gleichgesetzt. Für einen katholischen Herrscher zweifellos eine starke Aussage!

Eine andere überlieferte Geschichte ist, daß er – gestört durch das intensive Glockenläuten der Kapuziner und verärgert von seinen katholischen Verwandten – mit dem Gedanken spielte, den Protestantismus anzunehmen, eine protestantische Prinzessin zu heiraten und seine Länder im Sinne des Protestantismus zu konfessionalisieren.

Da alle diese Informationen erstens von seiten des Nuntius und der Vertrauten des Erzherzogs Matthias und zweitens aus einer Zeit stammen, als der geistige Zustand Rudolfs nicht mehr völlig in Ordnung war, ist dies sicherlich nicht für seine religiöse Haltung in ihrer Gesamtheit charakteristisch zu nehmen.

Klar ist allerdings die Tatsache, daß Rudolf II. nicht zu den „großen" Gestalten der Gegenreformation gezählt werden kann, obwohl diese Gegenreformation in seiner Regierungszeit große Fortschritte machte – allerdings mehr trotz seiner Person als durch sie.

Sein Aufenthalt in Spanien erklärt sicherlich die oft düsteren Stimmungen des jungen Rudolf. Als er aber anläßlich der Hochzeit seines Onkels Karl von Innerösterreich 1571 nach Österreich zurückkehrte, war er sehr heiter gelaunt. Ein Jahr später wurde er in Ungarn und 1575 in Böhmen – nach einer mündlichen Zusage seines Vaters zur freien Religionsausübung für Protestanten und Utraquisten, also die Nachfolger der Hussiten – gekrönt und im selben Jahr schließlich zum römisch-deutschen König gewählt.

Auf dem Reichstag zu Regensburg 1576 hatte sich eine Verschlechterung des angegriffenen Ge-sundheitszustandes Maximilians II. gezeigt. Seine Familie versuchte, ihn nun zum Empfang der Sterbesakramente – natürlich im katholischen Sinne – zu bewegen, allerdings ohne Erfolg. Der sterbende Kaiser äußerte sich auf die Bitte seiner Frau Maria: „Es sei schon gut, er werde darüber nachdenken." Seine in Gesandtschaftsberichten verbürgte letzte – vage – Äußerung auf die Frage, ob er an die Heilige Mutter Kirche glaube: „Ja, ich glaube", war immer wieder Anlaß zu Diskussionen, ob er damit seinen Glauben im Sinne des oben beschriebenen „Kompromißkatholizismus" meinte, oder ob sich das auf die katholische Religion beziehen läßt. Maximilian II. starb am 12. Oktober 1576, und sein Sohn Rudolf übernahm die Herrschaft.

War Rudolf II. der Narr auf dem Kaiserthron?

Das Thema der geistigen Erkrankung Rudolfs II. hat nicht nur die Zeitgenossen fasziniert, sondern auch Generationen von Historikern des vergangenen und gegenwärtigen Jahrhunderts. Zeitgenössische Quellen sprechen von „Melancholie", moderne Autoren von schweren Neurosen, Syphilis oder Geisteskrankheiten wie manisch-depressivem Irresein oder Schizophrenie.

Bedeutend für die Beurteilung des geistigen Zustandes Rudolfs II. sind vor allem die Auseinandersetzungen zwischen dem tschechischen Historiker Karel Stloukal, der aufgrund der Berichte des Prager Nuntius Spinelli ein sehr düsteres Bild der geistigen Situation Rudolfs zeichnet, und seinem Kollegen Josef Matoušek, der zeigen konnte, welche Interessen den Nuntius zu diesen Urteilen be-

Steinmosaik, Ansicht des Prager Hradschin, Anfang 17. Jahrhundert. Bereits unter Kaiser Maximilian II. kam es zum Ausbau der Residenz in Prag. 1575 war Rudolf zum König von Böhmen gekrönt worden. Eine der ersten Amtshandlungen Kaiser Rudolfs II. war die Verlegung des Regierungssitzes von Wien nach Prag. Die Stadt wurde in den nächsten Jahrzehnten zum Mittelpunkt der europäischen Politik und des kulturellen Lebens.
ÖNB

Eine besondere Liebhaberei Kaiser Rudolfs II. waren Uhren und Automaten. Hier ein Segelschiff als Tischautomat.
KHM

wogen. Damit wird das Problem der Quellenkritik zum Zentralproblem bei der Beurteilung des Geisteszustandes Rudolfs II. Die entscheidende Frage der Historiker ist es, woher die Quellen für seinen geistigen Zustand kommen; dabei stellt sich heraus, daß sie hauptsächlich aus dem Kreis um seinen Bruder Matthias und seine Parteigänger stammen, die ein lebhaftes Interesse daran hatten, Rudolf als regierungsunfähig darzustellen. Der Zusammenhang mit dem großen Ringen der Brüder um die Herrschaft, mit dem Bruderzwist, liegt auf der Hand. Ein anderer Teil der Quellen für Rudolfs Verhalten kommt aus dem Bereich der päpstlichen Diplomatie, die mit Rudolf Schwierigkeiten hatte. Während er die Abgesandten des Papstes oft wochenlang auf eine Audienz warten ließ, haben in derselben Zeit protestantische Gesandte des Reiches mit dem Kaiser gesprochen. Die Nuntien müssen nun ihren Mißerfolg rechtfertigen und beschreiben Rudolf daher als einen Wahnsinnigen, Behexten, oder zumindest als einen „Sonderling auf der Prager Burg", wie er in einem Buchtitel des 19. Jahrhunderts genannt wird.

Diese Vorstellungen dringen dann vor allem im 19. Jahrhundert in die wissenschaftliche Literatur ein, die mit wenig spektakulären, unkriegerischen, kulturell ausgerichteten Herrschern wenig anzufangen wußte. Die Helden der Historiographie des 19. Jahrhunderts sind die großen Schlachtensieger und Feldherren, die erfolgreich-expansiven Herrscher, die man mit dem Titel „der Große" auszeichnen konnte. Ein Herrscher von der Art Rudolfs II. war dieser Historiographie fremd. Erst in den letzten Jahrzehnten ist ein verstärktes Interesse – nicht zuletzt von seiten der Kunsthistoriker – an dieser Herrscherpersönlichkeit und der durch sie geförderten Hofkultur feststellbar.

Meiner Meinung nach ist bei der Beurteilung der Geisteskrankheit Rudolfs am wahrscheinlichsten die Erklärung, daß Rudolf unter erblicher Schizophrenie litt. Den wichtigsten Beweis liefert dabei der illegitime Sohn des Kaisers, Don Julio, der im Jahr 1585 von Rudolfs Geliebter Katharina da Strada geboren wurde. Über sein Verhalten haben wir ausgezeichnetes Quellenmaterial, weil sich im Jahr 1606 der Bürgermeister von Böhmisch Krumau über den 21jährigen Nachtschwärmer heftig beschwerte und dabei minutiös sein Verhalten schilderte. Zwei Jahre später warf Don Julio seine Geliebte, die Tochter des Baders, zum Fen-

ster hinaus, daraufhin ließ er ihren Vater verhaften und verlangte vom Rat der Stadt, daß er enthauptet werde. Knapp darauf drang er in drei fremde Häuser ein und belästigte dort Bürgerstöchter. Schließlich ermordete er – wie ein zeitgenössischer Bericht zeigt – auf bestialische Art seine Geliebte. „Hierauf gab er der Baderstochter seinen Schafspelz anzuziehen, gebot ihr, sich auf sein Lager zu legen und hat sie dann mit vielen Hieb- und Stichwunden am ganzen Körper verstümmelt und umgebracht. Er hat ihr die Ohren abgeschnitten, ein Auge ausgeschlagen, die Zähne samt dem Zahnfleisch aus dem Mund gestoßen, die Hirnschale gespalten, so daß das Hirn heraustrat und ein Stück Degen im Kopfe stecken blieb; die Hände waren so gräßlich zerhauen, geradezu tranchiert, und überall lagen Stücke Fleisch herum." Er wurde daraufhin gefangengesetzt, doch sein Benehmen wurde immer befremdlicher, er bohrte in der Nase, bis Blut kam, betrachtete dann seinen blutigen Finger lange, hüpfte vor Freude und pfiff, warf alle Wäsche in den Abort, ging nur mehr mit unbedeckter Scham herum usw. Am 25. Juni 1609 starb Don Julio an Atembeschwerden. Der Psychiater Luxemburger hat diesen Fall, in dem er klar

Schizophrenie diagnostizierte, und die Familie des Kaisers untersucht und festgestellt, daß auch Rudolfs Mutter, die spanische Infantin Maria, stark schizoide Züge aufwies.

Neben diesen Versuchen, die schizophrenen Züge der Mutter und des Sohnes als Beweis für die Schizophrenie des Kaisers zu verwenden, gibt es auch eine Reihe von Indizien in seinem eigenen Verhalten. Typisch für diese geistige Erkrankung wäre etwa sein überdimensionales Sendungsbewußtsein, wie es sich in der politischen Propaganda bezüglich der Türken deutlich äußerte. Auch die Entscheidungsunfähigkeit im eigenen Lebensbereich kann als Merkmal dieser geistigen Erkrankung gelten. Rudolf war verlobt mit der spanischen Infantin Isabella, konnte sich aber nie zu einer Heirat entschließen – allerdings war er sehr böse, als später sein Bruder Albrecht Isabella heiratete. Auch verschiedene Aspirationen auf andere Ehen zerschlugen sich durch sein Zögern, darunter eine Ehemöglichkeit mit der Tochter Ferdinands von Tirol, Erzherzogin Anna, die später seinen Bruder Matthias heiratete. In diesem Zusammenhang ist die Tatsache bemerkenswert, daß Rudolf II. auch protestantische Kandidatinnen

Die Aufnahme Kaiser Rudolfs II. in den Orden vom Goldenen Vlies, um 1585.
Die Zeit Rudolfs II. als Herrscher ist gekennzeichnet durch den großen Kontrast der fortschreitenden Gegenreformation in den österreichischen Ländern einerseits und der gemäßigten Haltung des Kaisers zu religiösen Fragen und vor allem der religiös toleranten Gesinnung am Prager Hof andererseits.
KHM, Ambras

Rudolf II. bei seinen Alchemisten. Die Idee, Gold herzustellen, beherrschte den Kaiser sein ganzes Leben lang.
ÖNB

Blick in den Wladislaw-Saal, Hradschin, Prag, Ort zahlreicher Krönungen (um 1486–1502 erbaut).
AKG

bot, waren denen anderer Herrscher, etwa seines Vaters, ähnlich.

Die zweite Phase des langen Türkenkrieges bis 1606 war durch das für die Krankheit typische Wechseln zwischen übersteigertem Selbstbewußtsein und einer Entscheidungsunfähigkeit und Apathie gekennzeichnet.

Erst die letzten sechs Jahre seine Lebens – überschattet vom „Bruderzwist" – zeigen Rudolf als einen regierungsunfähigen Herrscher. In der Literatur des 19. Jahrhundert wurde diese letzte Phase häufig hochgerechnet auf die gesamte Regierungszeit Rudolfs II.

Die religiöse Gesinnung des Herrschers

Die Epoche der Herrschaft Rudolfs II. ist gekennzeichnet durch den großen Kontrast der brutal fortschreitenden Gegenreformation in den österreichischen Ländern einerseits und der gemäßigten persönlichen Haltung des Kaisers zu religiösen Fragen und vor allem der religiös toleranten Gesinnung am Prager Hof andererseits. Protestanten wie die Astronomen Johannes Kepler oder der Däne Tycho Brahe fanden dort Zuflucht, auch die Prager Juden wurden vom Kaiser respektiert; allen voran Rabbi Löw, eigentliche Löwy Juda ben Bezalel, ein großartiger Mathematiker, Astronom und Kenner der Kabbala, durch die er angeblich

erwogen hat, was Nuntius und Papst stark beunruhigte.

Auch die Uneinheitlichkeit seiner Persönlichkeit und seines Regierungsstils kann auf diese Art erklärt werden. Verschiedene Phasen seiner „Regierungsfähigkeit" oder „Regierungsunfähigkeit" können deutlich unterschieden werden. Man kann eine erste Phase bis etwa zum Ausbruch des langen Türkenkrieges – also von 1576 bis 1592 – ansetzen, in der Rudolfs Verhalten unauffällig war; seine politischen Aktionen innerhalb des Handlungsspielraumes, den die Institution des Kaisertums

einen künstlichen Menschen, den Golem, schaffen konnte. Rabbi Löw hatte Kontakte mit Rudolf II. ebenso wie der reiche und wohltätige Prager Jude Mordechai Meisl. Am Hof des Kaisers zählten die geistigen Interessen, nicht so sehr die Konfession. Diese persönliche Haltung des Kaisers spiegelt sich vor allem in der Kritik der Nuntiaturberichte, Rudolf sei lax, gehe nicht zur Osterbeichte und Osterkommunion, umgebe sich mit Ketzern, hieß es dort unter anderem.

Der Hof des Kaisers und dieser selbst waren also nicht der Motor der Gegenreformation, die dennoch immer stärker wurde, allerdings nicht auf Initiative Rudolfs, sondern auf die seiner Brüder Ernst und Matthias in Nieder- und Oberösterreich und vor allem durch seinen Neffen, Erzherzog Ferdinand von Innerösterreich, den späteren Kaiser Ferdinand II. Die gegenreformatorischen Maßnahmen begannen gegen Ende des 16. Jahrhunderts zu greifen. Getragen wurden sie von einer neuen, jüngeren Generation der Habsburger, die mit Hilfe der Gegenreformation auch dem Absolutismus zum Durchbruch verhelfen wollte.

In Nieder- und Oberösterreich waren es die Statthalter des Kaisers, seine jüngeren Brüder, Erzherzog Ernst und später dann Erzherzog Matthias, die gemeinsam mit dem konvertierten protestantischen Bäckersohn, dem Bischof und Kardinal Melchior Khlesl, mit Gewalt die Gegenreformation durchzusetzen begannen. Die Zensur gegenüber protestantischen Druckerzeugnissen wurde verschärft, es kam zur Austreibung der „Prädikanten", der lutheranischen Geistlichen. Eine immer stärkere zentralistische Überwachung des religiösen Lebens von staatlicher Seite erwies sich ebenso als

taugliches Mittel wie die unmittelbare Gewaltanwendung durch sogenannte Reformkommissionen, die, von Soldaten begleitet, die „Seelen" in den Städten zurückgewannen.

Das Beispiel Wien soll exemplarisch zeigen, wie diese Politik voranschritt. 1577 verbot ein Patent Kaiser Rudolfs II. den öffentlichen protestantischen Gottesdienst in der Stadt, ein Dekret der Universität untersagte es, Prädikanten Unterschlupf zu gewähren. Im Jahr darauf wurde der Prediger Josua Opitz aus Wien ausgewiesen, die protestantischen Kirchen und Schulen in der Stadt wurden geschlossen, die Landhauskapelle und das Geyer'sche Schloß in Hernals wurden den Protestanten entzogen. Die Wiener „liefen" nun nach Inzersdorf „aus", das heißt sie besuchten dort auf einer adeligen protestantischen Grundherrschaft den Gottesdienst. Diese letzten Möglichkeiten, in der Nähe Wiens protestantischen Gottesdiensten beizuwohnen, wurden erst im Jahr 1588 beseitigt. Noch radikaler allerdings verhielt sich der von den Jesuiten in Ingolstadt erzogene junge Herrscher Innerösterreichs, Erzherzog Ferdinand, der in seinem Herrschaftsgebiet auch die Adeligen, die in Niederösterreich noch verschont worden waren, vor die Alternative stellte, zu konvertieren oder das Land und damit alle ihre Güter zu verlassen.

Noch einmal erlebte die protestantische Sache allerdings einen Aufschwung, als im Bruderzwist zwischen Erzherzog Matthias und Kaiser Rudolf II. beide Parteien zu ihrer Unterstützung ein Bündnis mit den protestantischen Ständen eingehen mußten.

Das Goldmachergäßchen in Prag. Rudolf II. holte sich die bekanntesten Alchemisten seiner Zeit nach Prag, darunter die Engländer Dee und Kelley sowie den Polen Sendivoy.
Nemeth

Der Hof in Prag war nicht nur ein Zentrum der Kunst, auch die Wissenschaft nahm eine hervorragende Stellung ein, vor allem die Astronomie. Hier eine Planetenuhr von Jost Bürgi.
KHM

Der Prager Hof sah durch das Mäzenatentum des kunstsinnigen Kaisers vor allem die Blüte des Manierismus. Maler wie Spranger, Arcimboldo, Heintz oder Hans von Aachen schufen mythologische und allegorische Gemälde. Hier die „Sommerlandschaft" von Lukas van Valkenborgh (1535–1597).

KHM

Der Aufstand der Niederlande als zentrales Problem der Habsburger

Eine zentrale Frage dieser Zeit, die nicht nur die spanischen, sondern auch die österreichischen Habsburger in Atem hielt (und daneben auch ganz Europa beschäftigte), ist die Situation in den Niederlanden, die aus dem burgundischen Erbe Maximilians I. an den spanischen Zweig der Familie übergegangen waren. Die Unduldsamkeit der Spanier, allen voran Philipps II., in religiöser Hinsicht und die Unterdrückung der seit dem Mittelalter bestehenden politischen Freiheiten der Niederländer, die eine „Hispanisierung" ihres Territoriums befürchteten, führten zu Spannungen, die sich nach verschiedenen Verwaltungsmaßnahmen nach spanischem Muster in dieser Provinz steigerten. Auf die verschärften Maßnahmen der Gegenreformation, z. B. die Einführung der Inquisition, kam es zu einem Protest der adeligen Stände, deren Führer als „Geusen", das heißt Bettler, verspottet wurden. Dieser Name wurde dann von der Opposition als eine Art „Ehrenname" aufgenommen und verwendet. Die beiden Führer des Aufstandes waren der Statthalter von Flandern, Lamoral Graf von Egmond, und Philipp Montmorency Graf von Horn.

Philipp II. von Spanien reagierte auf die Verschärfung der Situation mit der Entsendung des Grafen Fernando Alvarez de Toledo, Herzog von Alba, der eine Schreckensherrschaft in den Niederlanden errichtete. Der „Blutrat" von Brüssel, ein Sondergericht, urteilte die Rebellen ab. Höhepunkt der Verfolgung mit großem Echo in Europa war 1568 die Hinrichtung Egmonds und Horns. Sie bildete das Startsignal zur militärischen Auseinandersetzung.

Die Führung der Aufständischen übernahm Wilhelm von Oranien, seine Söldner, vor allem die sogenannten „Wassergeusen", errangen eine Reihe von Teilerfolgen. Alba mußte schließlich 1573 abberufen werden.

Am Beginn der Regierung Rudolfs II. lag die Situation für die spanischen Habsburger überaus ungünstig, in der Genter Pazifikation schlossen sich die südlichen und die nördlichen Niederlande zusammen und wollten unter der österreichischen Linie des Hauses ihre alten Freiheiten wiedergewinnen. Doch der Tod des versöhnlichen Statthalters Don Juan de Austria, des Siegers von Lepanto, und des an einem Vergleich arbeitenden Maximilian II. beendeten diese Hoffnung. Der große Politiker der Niederlande, Wilhelm, Prinz von Oranien und Graf von Nassau, genannt der Schweiger (1533–1584), dominierte die politische Szene.

In diese verworrene Situation griff nun Rudolfs Bruder, der junge, ehrgeizige Erzherzog Matthias, ein. Er knüpfte geheime Verbindungen mit Gautier von der Gracht, Herrn von Malstede, dem Abgesandten der katholischen Stände einiger niederländischer Provinzen, und verließ heimlich in der Nacht vom 3. zum 4. Oktober 1577 die Heimat. Matthias brüskierte damit alle, vor allem aber Philipp II. von Spanien und auch seinen Bruder Rudolf II., was den Grundstock legte für den späteren Konflikt, der „Bruderzwist" genannt wird.

Matthias wurde durch seinen „Handstreich" Generalstatthalter der Niederlande, er spielte aber politisch keine Rolle. Als im Mai 1579 – auf Betreiben Rudolfs II. – im sogenannten Kölner Pazifikationstag Verhandlungen um das Schicksal der Niederlande begannen, wurde der Aktionsspielraum des Erzherzogs Matthias immer kleiner.

Doch erst zwei Jahre später legte Matthias offiziell seine Statthalterschaft nieder. Beschämenderweise mußte er noch weitere fünf Monate in Antwerpen bleiben, da er die Stadt erst nach Bezahlung seiner Schulden verlassen durfte.

Die folgenden Auseinandersetzungen, die bis ins 17. Jahrhundert weitergingen, standen unter der Spannung zwischen den südlichen, katholischen Provinzen, die sich in der Union von Arras (1578) zusammengeschlossen hatten und unter dem geschickt agierenden spanischen Statthalter Alexander Farnese standen, und der Union von Utrecht (1579) der Nordprovinzen, die sich 1581 von Spanien unabhängig erklärten.

1581 erfolgte also die Absetzung Philipps II. als Landesfürst in den Niederlanden durch die Utrechter Union, doch wurde bald darauf (1584) sein führender Gegner Wilhelm von Oranien ermordet. Der spanische Statthalter Farnese erzielte daraufhin einige Erfolge, doch mit Unterstützung Frankreichs und Englands ging der Kampf um die Niederlande weiter, den vor allem der kluge Taktiker Moritz von Oranien, der Sohn Wilhelms, organisierte. Der Kampf endete letztlich erst 1648 mit der formellen Bestätigung der Unabhängigkeit der Niederlande. Die Teilung der Niederlande in die vorwiegend protestantischen, unabhängigen nördlichen Generalstaaten und die weitgehend katholischen, spanisch gebliebenen südlichen Niederlande war das Resultat dieser langen Auseinandersetzung.

Erneute Versuche

Nach dem plötzlichen Tod Karls IX. von Frankreich 1574 kehrte dessen Bruder, der polnische König Heinrich von Anjou, heimlich nach Frankreich zurück, um als Heinrich III. französischer König zu werden. In der darauf folgenden Königs-

„Frühling" von Lukas van Valkenborgh.
KHM

Am Hof Rudolfs II. in Prag wirkten auch zwei der bedeutendsten Astronomen: Tycho Brahe und Johannes Kepler. Hier ein Himmelsglobus.
KHM

Wesentlichster Streitpunkt im Rahmen der Reichspolitik war weiterhin die konfessionelle Frage. Kaiser Rudolf II. war aber nicht mehr die handelnde Hauptperson in dieser Auseinandersetzung. Das katholische Bayern übernahm immer mehr die Führungsrolle.
KHM

wahl in Polen versuchte Maximilian II., Rudolfs jüngeren Bruder Erzherzog Ernst wählen zu lassen, scheiterte aber, und der Woiwode von Siebenbürgen Stephan Báthory konnte sich durchsetzen. Nach dessen Tod erhob sich von neuem die Frage nach der Wahl eines polnischen Königs, und die Habsburger versuchten wieder, einen Bruder des Kaisers, Erzherzog Maximilian III., genannt der Deutschmeister, durchzusetzen, doch der Gegenkandidat, der schwedische Prinz Sigismund Wasa, konnte sich behaupten. Er wurde am 19. August 1587 zum polnischen König gewählt, und als Maximilian mit Truppen in Polen eindrang, wurde er vom Großkanzler und Kronfeldherrn Polens, Jan Zamojski, geschlagen und gefangengenommen. Kaiser Rudolf II. verhielt sich eher passiv, doch wurde vom Papst der Kardinal Ippolito Aldobrandini beauftragt, sich der Sache des gefangenen Erzherzogs anzunehmen.
Am 9. März 1589 verzichtete Maximilian III. im Friedensvertrag von Beuthen auf die polnische Krone und wurde daraufhin freigelassen.

Giuseppe Arcimboldo „Der Sommer".
KHM

Die Reichspolitik Rudolfs II.

Die erste Hälfte des 16. Jahrhunderts hatte in der Reichspolitik große Ereignisse gesehen, die politische Rolle der Reformation auf den Reichstagen und die Spaltung der Stände des Reiches beherrschten die Innenpolitik der Zeit. Zur Regierungszeit Rudolfs II. fanden zwar fünf Reichstage statt, 1582 in Augsburg, 1594, 1598, 1603 und 1608 in Regensburg, doch ihre Bedeutung in der Reichspolitik war gering. Auch war der Kaiser persönlich – und das ist symptomatisch – nur bei den bei-

den ersten Reichstagen anwesend. Erstmals kam es allerdings im Jahr 1608 zu einer Nichteinigung der katholischen und der protestantischen Reichsstände. Wir können darin einen Vorboten der konfessionellen Verhärtung sehen, die in den Dreißigjährigen Krieg mündete.
Ein gutes Beispiel für die kompromißlose Haltung der konfessionellen Gegner etwa ist die Frage der Kalenderreform. Trotz der Festlegung der Schaltjahre im Julianischen Kalender war es im Laufe der Jahrhunderte zu einer Unstimmigkeit gekommen, die vor allem das wichtigste Fest der Christenheit, Ostern, betraf. Der errechnete und der tatsächliche Frühlingsvollmond lagen um zehn Tage auseinander. Nach verschiedenen gescheiterten Reformversuchen seit dem Spätmittelalter löste Papst Gregor XIII. das Problem 1582 folgendermaßen: zehn Tage sollten im Oktober 1582 einmalig entfallen, um den Ausgleich zwischen errechnetem und tatsächlichem Mondzyklus wiederherzustellen, für die Zukunft sollten die vollen Jahrhunderte nur dann Schaltjahre sein, wenn das Jahr durch 400 teilbar ist, so war etwa das Jahr 1600 ein Schaltjahr, 1700, 1800 und 1900 nicht, das Jahr 2000 wird wieder ein Schaltjahr sein.
Diese an sich sinnvolle Reform nahmen nicht einmal alle katholischen Länder sofort auf. Selbstverständlich wehrten sich die Protestanten – natürlich auch die Orthodoxen, daher wurde lange Zeit die russische „Oktoberrevolution" im November gefeiert – aus religiösen Gründen gegen diese Reform, da sie ja vom verhaßten Papst kam.
Wesentlichster Streitpunkt im Rahmen der Reichspolitik war also die konfessionelle Frage. Die Ausgangssituation ging auf den Augsburger Religionsfrieden von 1555 zurück. Große Linien fehlen zwar in der konfessionellen Reichspolitik der zweiten Jahrhunderthälfte, doch einige kleinere Ereignisse zeigen die Brisanz des Themas deutlich.
Der sogenannte Kölner Krieg entstand, als der Erzbischof von Köln, Gebhard Truchseß zu Waldburg, 1583 zum Protestantismus übertrat, um ein adeliges Stiftsfräulein, Agnes von Mansfeld, zu heiraten. Der im Zusammenhang mit dem Augsburger Religionsfrieden vereinbarte „geistliche Vorbehalt" sah für so einen Fall vor, daß er als Kirchenfürst zu resignieren hatte und keine Säkularisierung des Territoriums möglich war. Gerade bei Köln war die „strategische Lage" besonders kritisch, da der Erzbischof ja gleichzeitig auch Kurfürst des Reiches war. Außerdem war die politische Situation am Rhein für den Kaiser in bezug auf die französischen und niederländischen Angelegenheiten wichtig.
Die Katholischen unter Ernst von Wittelsbach konnten sich zwar im Kölnischen Krieg (1583 bis 1585) durchsetzen, allerdings zeigen die margi-

nale Rolle des Kaisers und die Hauptrolle der Wittelsbacher die veränderte Situation des katholischen Lagers im Reich schon deutlich.

Ähnlich verhielt es sich mit dem sogenannten Straßburger Kapitelstreit, der vom Kölner Konflikt ausging. Der Brennpunkt der religiösen Auseinandersetzung verlagerte sich nun auf das Straßburger Domkapitel. Alles entzündete sich an einem Streit um eine Pfründe und gipfelte 1592 in einer Doppelwahl zwischen dem evangelischen Kandidaten, dem Brandenburger Johann Georg, und dem katholischen Karl von Lothringen. Rudolf II. belehnte 1599 Karl von Lothringen mit dem Bistum, aber erst 1604 verzichtete Johann Georg gegen eine Geldentschädigung. Auch hier siegten also die Katholiken, ebenso wie in einer Reihe von kleineren reichspolitischen Fragen, z. B. der Magdeburger Frage, d. h. einem Streit darüber, ob der protestantische Administrator Johann Friedrich von Brandenburg am Reichstag 1582 Magdeburg rechtlich vertreten konnte, oder der Vollziehung der Reichsacht gegenüber Aachen und Donauwörth, die allerdings nur durch benachbarte katholische Städte möglich wurde.

Alle diese Beispiele zeigen, daß der Kaiser selbst nicht mehr die handelnde Hauptperson war, sondern daß die Führungsrolle im Reich auf andere Kräfte, allen voran das katholische Bayern, übergegangen war. Sicherlich war das nicht zuletzt ein Resultat der passiven, durch seine Krankheit beeinträchtigten Politik Rudolfs II.

Jacopo Strada (1515–1588), ein Universalgenie der Renaissance. Als Maler, Architekt, Goldschmied, Sammler und Händler stand er im Dienst der Habsburger und Wittelsbacher. Hier sein Porträt von Tizian, um 1567 gemalt.
KHM

Der lange Türkenkrieg

Für den ständigen Kleinkampf an der Türkenfront war vor allem die Einrichtung der Militärgrenze sinnvoll. Man siedelte im Grenzgebiet gegen die Türken Flüchtlinge aus dem Balkan, meist Serben, an, die frei waren und dafür jederzeit militärisch einsetzbar sein sollten, also eine Art Wehrbauern bildeten. Diese Institution warf allerdings auch Schwierigkeiten auf. Einerseits kostete die Erhaltung der Grenzfestungen viel Geld, andererseits mußte man propagandistisch gegensteuern, da diese Militärgrenze ohne Grundherrschaft als Alternativvorstellung für die Bauern der übrigen habsburgischen Länder dienen konnte. Sicherlich war das nicht der einzige Grund für die Verteufelung der Osmanen in der Flugschriftenliteratur, die den Gegner schlechter machte, als er eigentlich war, aber mit einer der Gründe für diese propagandistischen Maßnahmen. Im Hintergrund stand die religiöse Uminterpretierung der Türken als Strafe Gottes für die Sünden der Christenheit, die man zur Steigerung der Ängste der Menschen

und zur Durchsetzung der Sozialdisziplinierung, also einer damals stattfindenden Unterwerfung der Menschen unter religiöse und staatliche Normen, einsetzen konnte. Aber gerade für die grenznahe Bevölkerung war der Unterschied zwischen habsburgischer und osmanischer Herrschaft nicht gar so groß, vor allem wenn man zudem bedenkt, daß die Osmanen im religiösen Bereich tolerant waren, was gerade für die Lutheraner von Vorteil scheinen mußte.

Neben dem kontinuierlichen Kleinkampf an der Grenze kam es auch zu größeren militärischen Auseinandersetzungen, in der Periode Rudolfs II. zum sogenannten „langen Türkenkrieg" 1592 bis 1606. Nach einer längeren „Friedenszeit" kam es 1592 in Konstantinopel allmählich zu einem stärkeren Einfluß der Kriegspartei, und auch die lokalen Befehlshaber, allen voran Hassan, der Pascha von Bosnien, drängten zum Krieg. Der 1593 wirklich beginnende Krieg hat über weite Strecken den Charakter des „üblichen" Kleinkrieges angenommen, doch ragen einige wenige Ereignisse besonders hervor:

Am 22. Juni 1593 gelang es in der Schlacht bei Sissak in Kroatien Rupprecht von Eggenberg und anderen kaiserlichen Feldherren, die Truppen unter Hassan von Bosnien zu schlagen.

Doch der Verlust der Festung Raab im darauffolgenden Jahr traf die „Christenheit" schwer. Der türkische Befehlshaber Sinan Pascha rückte mit 40.000 Mann vor Raab, die schlecht gerüstete „Schlüsselfestung der Christenheit". Der Verteidi-

Fliegender Merkur.
KHM

Für den ständigen Kleinkrieg gegen die Türken wurde die Militärgrenze eingerichtet. 1592–1606 kam es zum „langen Türkenkrieg", der erst mit dem Frieden von Zsitvatorok beendet wurde. Erstmals wurde der Kaiser als gleichwertiger Partner anerkannt. Die jährlichen Ehrengeschenke wurden durch eine einmalige Geldzahlung ersetzt.
Hier das Gemälde von Peeters „Stürmende Türken".

KHM

ger Ferdinand von Hardegg übergab die Festung gegen freien Abzug. Er wurde daraufhin – vermutlich nicht zuletzt, weil er Protestant war – vor ein Kriegsgericht gestellt und in Wien hingerichtet.
Im Jahr 1595 gelang die Einnahme der Festung Gran unter Graf Mansfeld und anderen. Dieser Sieg wurde vor allem propagandistisch ausgewertet. Den Höhepunkt erreichte die Propaganda allerdings erst, als am 25. März 1598 die Wiedereroberung der Festung Raab in einem Handstreich durch Adolf von Schwarzenberg und Nikolaus Pálffy gelang.
Dieser Sieg wurde von Kaiser Rudolf II. – der offensichtlich in einem Hoch seiner psychischen Entwicklung war – zu einem Zentralereignis seiner Regierungszeit stilisiert. Eine große Anzahl von Kunstwerken – Reliefs von Adriaen de Vries, Gemälde von Hans von Aachen, Medaillen von Paulus von Vianen und anderen feierten die „Befreiung der Hungaria", die Rudolf gerne mit diesem militärischen Erfolg verband. Auch eine große Anzahl von Flugschriften und Graphiken verkündete die-

sen Sieg der kaiserlichen Politik. Durch ein Patent befahl Rudolf II., Gott für diesen Sieg zu danken und zerstörte Bildstöcke und Marterln wieder aufzurichten bzw. neue zu errichten. Alle diese Bildstöcke sollten eine gemeinsame Inschrift „Sag Gott dem Herrn Lob und Dank, daß Raab wieder kommen in der Christen Hand" tragen. Einige dieser sogenannten Raaberkreuze sind bis heute erhalten.
War bis dahin also das Kriegsglück den kaiserlichen Truppen nicht ungünstig, so traf sie der Verlust der Festung Kanischa schwer. Die Festung wurde im September 1600 an den Befehlshaber des osmanischen Heeres, Wesir Ibrahim Pascha, übergeben. Der Kommandant Georg Paradeiser (wieder ein Protestant) wurde – ähnlich wie 1594 Hardegg – am 19. Oktober 1601 in Wien öffentlich hingerichtet.
Ein weiterer bedeutender Erfolg des Kaisers allerdings schien sich 1595 abzuzeichnen. Nach der Dreiteilung Ungarns hatte sich in Siebenbürgen eine eigene Dynastie festgesetzt. Nun schien sich

Mohammedanische Derwische und Pilger. Miniatur aus der Handschrift über das türkische Volksleben, erstes Viertel des 16. Jahrhunderts. Rudolf hoffte, daß der Türkenkrieg von den konfessionellen Problemen im Reich ablenkte.
ÖNB

diese Frage durch die Bereitschaft des Fürsten von Siebenbürgen, Sigismund Báthory, einer Lösung zuzuwenden, die für den Kaiser günstig war. Báthory erklärte sich bereit – nachdem er in den Vliesorden aufgenommen wurde und die Hand der steirischen Erzherzogin Maria Christina erhalten hatte –, Siebenbürgen gegen die Fürstentümer Opeln und Ratibor in Schlesien zu tauschen. Die durch den kaiserlichen General ungeschickterweise sofort durchgeführte Gegenreformation in Siebenbürgen trug nicht dazu bei, die Bewohner auf die Seite des Kaisers zu bringen, dazu kam, daß Báthory seinen Entschluß bald bereute und wieder nach Siebenbürgen zurückkehrte.

Mehr und mehr mündete der Türkenkrieg in die ohnehin sehr kriegerische Alltagssituation an der Grenze. Die Berichte erzählen hauptsächlich von Überfällen auf Transporte, kleinen Gefechten etc. Beide Mächte, weder der Kaiser noch der Sultan, hatten länger die Kraft, kriegsentscheidende Aktionen zu setzen.

Rudolf II. wollte allerdings den Krieg nicht beenden, da er sich von den augenblicklichen politischen Konstellationen eine endgültige Niederwerfung der Osmanen erwartete. Besonders im Zusammenwirken mit dem Schah von Persien, dessen Botschaft 1605 in Prag eingetroffen war, aber eventuell auch mit Polen und den Moskowitern sowie den italienischen Staaten wollte er die Osmanen in die Zange nehmen. Vermutlich sah er auch die Tatsache, daß der Türkenkrieg die anderen, insbesondere konfessionellen Probleme des Reiches durch einen gemeinsamen Reichspatriotismus niederhielt.

Die Machtausdehnung des Osmanischen Reiches, die 1453 mit der Eroberung Konstantinopels ihren Anfang genommen hatte und ihren Höhepunkt mit der zweiten Belagerung Wiens 1683 erreichte.

Schließlich wurde gegen seinen Willen von seinem Bruder Matthias der Friede von Zsitvatorok 1606 abgeschlossen, was zum Konflikt der Brüder wesentlich beitrug. Erstmals wird der Kaiser in diesem Vertrag als gleichwertiger Partner anerkannt. Der Sultan nennt ihn nicht Sohn, sondern Bruder. Die jährlichen „Ehrengeschenke" werden durch eine einmalige Geldzahlung ersetzt.

Parallel mit dem langen Türkenkrieg in seiner Endphase verlief auch der ungarische Aufstand des Stephan Bocskay, der die Stellung der Kaiserlichen in Ungarn wesentlich beeinträchtigte. Auch dieser Konflikt, der von den Osmanen geschürt wurde – man übersandte Bocskay eine Krone, die sich heute in der Wiener Schatzkammer befindet –, konnte 1606 von Erzherzog Matthias im Frieden von Wien beigelegt werden.

Der Bauernkrieg: ein sozialer Aufstand vor dem Hintergrund der Türkengefahr

Die sozialen Konflikte der Periode, die schwelend – seit der Zeit der spätmittelalterlichen Bauernaufstände und insbesondere des großen deutschen Bauernkrieges 1525/26 – in der Zeit der Grundherrschaft immer vorhanden waren, kamen vor allem im Zusammenhang mit dem langen Türkenkrieg zum Ausbruch.

Die finanzielle Belastung der Untertanen wurde durch den langen Türkenkrieg 1592–1606 immer stärker. Die Steuern und Bewilligungen für die Türkengrenze wurden von den Grundbesitzern, dem Adel und dem Klerus, auf die untertänigen Bauern überwälzt, so daß deren Beanspruchung dauernd anstieg. Daneben wurden für die „Landesdefension" vor allem in dem unmittelbar von Einfällen türkischer Streifscharen bedrohten Niederösterreich bäuerliche Truppen ausgehoben, je nach Intensität der Gefahr der dreißigste, der zehnte oder in Fällen besonderer Gefahr sogar der dritte Mann, das heißt etwa, daß drei Bauern einen Soldaten ausrüsten und für den Krieg abstellen mußten.

Zu diesen wirtschaftlichen Belastungen kam der Widerstand der Bauern gegen die vordringende Rekatholisierung. Alles zusammen führte zu einem umfassenden Bauernaufstand in Oberösterreich und Niederösterreich. Die Unruhen begannen schon 1595 in Oberösterreich aus Protest gegen die Einsetzung katholischer Geistlicher anstelle von protestantischen Prädikanten und die starken Belastungen durch Robot.

Kaiser Rudolf II. griff erst 1597 ein und beschränkte die Robot auf vierzehn Tage. In Niederösterreich entzündete sich der Aufstand an den schon erwähnten Verteidigungsmaßnahmen gegen die Türken. Ausgangspunkt war ein Angriff von Bauern auf den als Bauernschinder berüchtigten Ludwig von Starhemberg und die Hinrichtung der beteiligten Bauern ohne Prozeß.

Die Verhandlung mit dem Kaiser (der von den Bauern als positive Gestalt idealisiert wurde), die der Reichsherold Peter Fleischmann führte, und die militärische Unterwerfung der Bauern durch ein Söldnerheer unter Wenzel Morakschy, das Erzherzog Matthias aufgestellt hatte, gingen Hand in Hand.

Furchtbare Strafexpeditionen gingen durch das Land. Um keine Märtyrer zu schaffen, wurden die Bauern kriminalisiert, also nicht wegen der Beteiligung am Aufstand, sondern wegen anderer – teils fiktiver – Delikte bestraft.

Der Bruderzwist

Erzherzog Matthias war nur fünf Jahre jünger als sein kaiserlicher Bruder; seine Chancen, diesem nachzufolgen, waren daher gering. Ursprünglich war er für die geistliche Laufbahn vorgesehen, doch er gab sich damit nicht zufrieden und versuchte in seinem „niederländischen Abenteuer", im Rahmen der komplizierten Situation in den aufständischen Niederlanden Fuß zu fassen. Seine

Idee war es wohl, eine Art dritte Kraft zwischen katholischen spanischen und protestantischen niederländischen Kräften bilden zu können. Das führte zwar zu keinem Erfolg, aber zu heftigen Verstimmungen mit Spanien und mit Rudolf II. Dennoch wurde er nach dem Tod des Erzherzogs Ernst, mit dem Rudolf seine Jugend am spanischen Hof verbracht hatte und der ihm besonders nahestand, im Jahr 1595 Statthalter in Nieder- und Oberösterreich und Feldherr im „langen Türkenkrieg".

In Verbindung mit dem Konvertiten Melchior Khlesl, der es bis zum Bischof und Kardinal brachte, betrieb er intensiv die Gegenreformation in seinen Ländern.

Melchior Khlesl (1553–1630) war der Sohn eines protestantischen Wiener Bäckers, wurde zum Katholizismus bekehrt und schlug die geistliche Laufbahn ein. Propst zu St. Stephan in Wien, Offizial des Bischofs von Passau, Administrator des Bistums Wiener Neustadt, Bischof von Wien und schließlich 1615 Kardinal: Das waren die Stationen seines rasanten Aufstieges.

Seit 1593 war er zunächst gemeinsam mit dem Statthalter Erzherzog Ernst, dann gemeinsam mit Erzherzog Matthias Motor der Gegenreformation in Niederösterreich. Ab 1599 war Khlesl Kanzler des Erzherzogs Matthias und sein wichtigster Berater. Er war stets die treibende Kraft im Bruderzwist und in den Verhandlungen mit den Ständen, nicht zu Unrecht wurde er in der Regierungszeit des späteren Kaisers Matthias als „Vizekaiser"

bezeichnet. Sein Fall erfolgte erst viel später, als er versuchte, im Gegensatz zu seiner früheren gegenreformatorischen Politik, im Jahr 1618 einen Ausgleich der Religionsparteien zugunsten eines gemeinsamen Türkenkrieges zustande zu bringen. Durch die Erzherzöge Ferdinand (als Kaiser der Zweite) und Maximilian III. wurde Khlesl ohne Wissen des Matthias verhaftet und in Georgenberg in Tirol „konfiniert", also gefangengesetzt. Er wurde erst 1623 wieder freigelassen, blieb aber fortan ohne politischen Einfluß.

Der grenzenlose Ehrgeiz des Erzherzogs Matthias und der Ansporn durch die treibende Kraft Melchior Khlesls, der grauen Eminenz im Hintergrund, führten zusammen mit Rudolfs Unfähigkeit, verschiedene Probleme zu regeln oder zu lösen, zum „Bruderzwist".

Rudolf weigert sich, die Nachfolgefrage im Reich zu überdenken. Selbst unverheiratet und daher ohne legitime Kinder, könnte er einen seiner Verwandten designieren, indem er ihn zu seinen Lebzeiten zum römischen König wählen läßt. Doch diese Lösung verweigerte Rudolf seinem ungeliebten Bruder energisch. Auch der lange andauernde und kraftlos geführte „lange Türkenkrieg" drängte auf eine Entscheidung, die nur in einem Friedensschluß bestehen konnte, gegen den sich Rudolf II. verwehrte.

Wie sehr diese Situation zu politischen Spekulationen Anlaß gab, zeigt eine kleine Episode, die 1594 zum Sturz eines der wichtigsten Männer bei Hof, des Obersthofmeisters, Oberstlandrichters von

Der englische Seesieg über die spanische Armada im Ärmelkanal im Juli 1588: Die spanische Flotte unter Herzog Medina Sidonia unterliegt den Engländern unter Howard und Drake. England war als protestantische Großmacht bestätigt. Zeitgenössisches Gemälde, Nicholas Hilliard zugeschrieben.

AKG

Philipp II. und seine Familie,
Bronzegruppe in der Escorial-
Kirche. Philipp konzipierte
den Escorial als Kloster und
Residenz. Zentraler Punkt
sollte die königliche Kapelle
sein als Grablege der
spanischen Könige.
Nemeth

Karl V. und seine Familie,
Bronzegruppe in der Escorial-
Kirche.
Nemeth

Böhmen und Oberstkämmerers Georg Popel von Lobkowitz, führte. Bei einem Bankett soll Lobkowitz dem Kardinal Aldobrandini zugetrunken haben mit dem Spruch: „Es lebe der zukünftige Papst", worauf dieser mit dem Trinkspruch: „Vivat futurus rex Bohemiae (Es lebe der zukünftige König von Böhmen)", geantwortet haben soll. Der Sturz von Lobkowitz und die Beschlagnahmung seiner Güter waren die Folge.

In einer Konferenz in Schottwien (1600) sowie nach Beratungen in Linz (1605) verbündeten sich die Erzherzöge gegen den Kaiser, und eine von ihnen im Jahr 1606 ausgestellte Urkunde erklärte Matthias zum Haupt des Hauses. Matthias schloß, wie wir schon gehört haben, sowohl mit den Türken als auch mit dem ungarischen Aufständischen Stephan Bocskay Verträge ab, die den Krieg in Ungarn beendeten. Doch Rudolf II. weigerte sich, diese Verträge von 1606 anzuerkennen.

1608 brachte Erzherzog Matthias eine Konföderation mit den großteils protestantischen österreichischen und ungarischen Ständen zustande, der sich auch die mährischen Stände anschlossen.

Rudolf näherte sich nun seinerseits den böhmischen Ständen und gewährte allen drei Ständen, also Herren, Rittern und Städten, im sogenannten „Majestätsbrief" am 9. Juli 1609 Religionsfreiheit, alle gegen die Protestanten gerichteten Mandate wurden zurückgenommen. Ganz ähnliche Bestimmungen enthielt wenig später auch der schlesische Majestätsbrief. Diese Stärkung der Stellung des Kaisers bewirkte, daß sich Matthias nicht voll durchsetzen konnte. Der Marsch des Erzherzogs Matthias und seiner Verbündeten gegen Prag im Jahr 1608 endete im Vertrag von Lieben, in dem Rudolf II. Mähren, Ungarn, Ober- und Niederösterreich an Matthias abtreten mußte.

Mittlerweile allerdings verbesserte sich die Machtposition des Kaisers. Anläßlich des von allen Mächten Europas erwarteten Krieges beim Konflikt um die jülich-clevische Erbfolge im Reich 1609, der jedoch mit einem Kompromiß unkriegerisch endete, wurden verschiedentlich Truppen angeworben. So hatte auch der junge Sohn Karls von Innerösterreich, Erzherzog Leopold, Bischof von Passau, für diese Auseinandersetzung bereits eine Streitmacht aufgestellt, das sogenannte „Passauische Kriegsvolk".

Als einziger Erzherzog hatte sich Leopold nicht an den gegen Rudolf II. gerichteten Abmachungen beteiligt, so daß er die Sympathien des Kaisers genoß. Leopold führte dem Kaiser also zur Machtstärkung das „Passauische Kriegsvolk" zu.

Die Karten für die große Auseinandersetzung der Brüder waren gemischt. Im Frühjahr des Jahres 1610 sollte ein Kurfürstentag in Prag einberufen werden, noch einmal schien es zum Ausgleich zu kommen, ein Schriftstück mit dem Titel „Articul der Vergleichung" gibt darüber Aufschluß. Doch Matthias verlangte die Entlassung des „Passauischen Kriegsvolkes", alle Vermittlungsversuche scheiterten, und es kam schließlich zum Einmarsch der Truppen des Matthias in Böhmen.

Matthias zog in Prag ein und wurde am 23. Mai 1611 im Veitsdom zum böhmischen König gekrönt. Rudolf II. ist nun ein Kaiser ohne Land, nur mehr den Prager Hradschin, seine Residenz, kann er – dank der „Großmut" seines Bruders – behalten. Doch der gnädige Tod erlöst ihn schon am 20. Januar 1612.

Der Musenhof in Prag

Schon unter seinen Vorgängern war Prag ein wichtiger Ort gewesen, Ferdinand I. und Maximilian II. hatten dort zeitweise ihre Residenz; Rudolf übersiedelte im Jahr 1583 ganz nach Prag. Die böhmische Hauptstadt war um 1600 eine der größten Städte Europas mit ca. 65.000 Einwohnern, jedenfalls bei weitem größer als Wien. Aber auch andere Gründe sprachen für Prag als Residenz, allen voran die Grenzlage Wiens – noch war die erste Türkenbelagerung 1529 nicht vergessen –, daneben aber auch der Reichtum der böhmischen Länder, die das wirtschaftlich wichtigste der habsburgischen Herrschaftsgebiete bildeten.

Prag wurde unter Rudolf II. zum zweiten Mal in seiner Geschichte – nach der Blüte unter dem Luxemburger Karl IV. im 14. Jahrhundert – ein kulturelles Zentrum ersten Ranges. Der Hof Rudolfs II. war religiös tolerant und international, aus allen Ländern wurden die bedeutendsten Künstler und Gelehrten nach Prag gezogen.

Der Prager Hof sah durch das Mäzenatentum des kunstsinnigen Kaisers vor allem die Blüte der Kunst des Manierismus. Maler wie Bartholomäus Spranger, Hans von Aachen, Joseph Heintz, Giuseppe Arcimboldo oder Dirk de Quade van Ravesteyn schufen vor allem mythologische und allegorische Gemälde, in denen sich die Geisteswelt der Epoche konturiert spiegelte. Der niederländische Maler Roelant Savery trat als Gegenpol dazu vor allem als Tier- und Landschaftsmaler hervor, ergänzt von Joris Hoefnagel als Illustrator prunkvoller Handschriften. Auch ein bedeutender Plastiker, der Niederländer Adriaen de Vries, ein Schüler des vergeblich nach Prag gerufenen Giovanni da Bologna, gehörte zu diesem Kreis hervorragender manieristischer Künstler.

Für die Vermittlung dieser Hofkunst nach außen sorgte vor allem der Graphiker Ägidius Sadeler, der gleichsam eine Art von „Bildreporter" des Hofes war und dessen Stiche zur Verbreitung der Bildinhalte – von den Zeitgenossen „Inventionen" genannt – beitrugen.

Rudolf II. versuchte auch auf dem Gebiet des Kunsthandwerkes, eine eigene Produktion zu entwickeln, so konkurrierte er das wichtigste Zentrum der Steinschneidekunst in Mailand, die Saracchi-Werkstätte, durch die Prager Werkstätte der Familie Miseroni.

Eines der bekanntesten Werke der Kunst am Hof Rudolfs II. ist sicherlich die Hauskrone. Solche Kronen gab es – wie wir aus Bildern schließen können – auch schon vor Rudolf, doch ist keine dieser Hauskronen erhalten geblieben. Die Kaiserkrone war dem Herrscher nicht ständig zugänglich, sie wurde eifersüchtig von den Reichsständen gehütet und nur zur Krönung verwendet. So schuf sich Rudolf eine Privatkrone, die keine staatsrechtliche Bedeutung hatte. Diese in der Wiener Schatzkammer aufbewahrte Krone wurde erst 1804 zur Krone des Kaisertums Österreich und gewann damit spät und sekundär auch eine staats-

rechtliche Bedeutung als Symbol eines Reiches. Dieses Mäzenatentum, die Förderung am Hof lebender Künstler, wurde ergänzt durch die Sammeltätigkeit des Kaisers, die neue Maßstäbe setzte. Herrscher pflegten immer schon Sammlungen anzulegen, der Schatz gehörte ganz unmittelbar zu den Herrschaftsaufgaben, zum Selbstverständnis auch der Herrscher des Mittelalters und der Frühen Neuzeit. Rudolf II. allerdings hat als erster Habsburger systematisch seine Sammlung vorangetrieben. Er hatte überall seine „Agenten", die er mit der Erwerbung von Kunstwerken beauftragte, nur der bedeutendste seiner Vertrauensmänner – übrigens auch im politischen Sinn – soll erwähnt werden. Johann Freiherr von Khevenhüller war von 1571 bis 1606 Rudolfs Gesandter in Spanien und vermittelte in dieser Zeit den Ankauf vieler Kunstwerke, Naturobjekte aus der „Neuen Welt" und ethnologische Sammlungsgegenstände, die in den Inventaren als „indianisch" bezeichnet werden. Außer diesen Agenten hatte Rudolf II. auch einen Spezialisten, nämlich Jacopo da Strada, als Antiquar am Prager Hof sitzen, der wesentlich für die Kunstsammlungen des Kaisers tätig war.

Die Schwerpunkte der Sammlungstätigkeit des Kaisers waren auch außerhalb der Produkte seiner Hofkunst vielfältig. Rudolf II. war einer der ersten, der die Kunst Albrecht Dürers systematisch sammelte, er hatte überhaupt als einer der wenigen Interesse an der Kunst dieser Zeit, es gibt z. B. auch einen Versuch Rudolfs II., den „Isenheimer Altar"

Tycho Brahe (1546–1601), dänischer Astronom. 1599 wurde er zum Hofastronomen Rudolfs II. ernannt. Brahe lieferte jene wertvollen Beobachtungen der Planetenörter, aus denen Kepler später die Gesetze der Planetenbewegung ableiten konnte. Er schuf auch den ersten Katalog von 10.005 Sternen.

AKG

zu erwerben. Ein weiterer Schwerpunkt seiner Sammlertätigkeit war Breughel, wenn auch Rudolf nicht der bedeutendste Breughel-Sammler unter den Habsburgern ist. Doch wenigstens ein Teil der berühmten Breughel-Bilder des Wiener Kunsthistorischen Museums gehen auf seine Prager Kunstkammer zurück. Auch die italienischen Manieristen wie Parmigianino, Coreggio oder der Plastiker Giovanni da Bologna hatten es ihm angetan, und er sammelte ihre Werke.

Ähnlich wie bei seinem Mäzenatentum stand auch im Sammlungsbereich das Kunsthandwerk gleichberechtigt neben der Malerei. Rudolfs Schatz enthielt Antikes, z. B. die berühmte Gemma Augustea, ein Meisterwerk der antiken Steinschneidekunst, die auch den fischschwänzigen Steinbock – das Emblem Rudolfs II. ebenso wie des Kaisers Augustus – zeigt, daneben vor allem sogenannte Kammerkunststücke von bedeutenden Künstlern wie Paulus von Vianen, Wenzel Jamnitzer etc. Meist verbanden diese Kammerstücke exotische Gegenstände aus der Natur, wie Seychellennüsse oder Nashörner, mit künstlerischer Gestaltung. Diese Verbindung von Natur und Kunst ist für die manieristische Kunsttheorie von größter Wichtigkeit. In diesem Zusammenhang sind auch die sogenannten Pietradura-Arbeiten aus Italien oder aus der einheimischen Produktion zu sehen, die Bildmosaike aus verschiedenen Mineralien und Halbedelsteinen zusammenstellen, die dann durch den Schliff wie ein Gemälde aussehen.

Eine andere besondere Liebhaberei des Kaisers waren Uhren und Automaten, die sich ebenfalls in großer Zahl in seiner Sammlung befanden. Leider war das Schicksal der Sammlung des Kaisers, über deren Umfang wir durch Inventare Bescheid wissen, nicht günstig gesonnen. Am Ende des Dreißigjährigen Krieges, als die Schweden in Prag einfielen, plünderten sie auch die kaiserliche Sammlung, und nur ein kleiner Teil ist erhalten, das meiste davon in den Wiener Museen, doch auch in Prag sind manche Stücke verblieben. Weitere Teile der Sammlung finden sich heute in Schweden, sekundär aus dem Kunsthandel ist vieles auch nach England und in die Vereinigten Staaten gekommen.

Weniger bedeutend als die Malerei und das Kunstgewerbe war im kulturellen Programm Rudolfs II. die Bautätigkeit, für die es ihm auch an Geld mangelte. Die gemalten Architekturbilder des Hans Vredemann de Vries geben ein gutes Bild der Idealvorstellung, die stark an der Situation im Vorbild Italien orientiert waren. Doch nur wenige Gebäudeteile der Prager Burg, das Sommerhaus beim Weißen Turm, der spanische Saal, der neue Saal und die Stallungen für die spanischen Pferde, wurden wirklich gebaut. Noch mehr als die Architektur traten Musik und Literatur gegenüber dem intensiven Interesse an der bildenden Kunst zu-

rück. Es gab wenigstens einige wichtige Komponisten wie Philipp de Monte, Jakob Regnart oder Hans Leo Haßler am Hof Rudolfs II., jedoch kein einziger Literat des Hofes hat heute noch den geringsten Bekanntheitsgrad.

Der Hof in Prag war aber nicht nur ein Zentrum der Kunst, auch die Wissenschaftspflege nahm eine hervorragende Stellung ein. Vor allem interessierte sich Rudolf für die Astronomie, unter anderen wirkten der Däne Tycho Brahe und der Protestant Johannes Kepler an seinem Hof. Keplers Berechnung der Planetenbahnen – ein richtungweisendes Werk der modernen Wissenschaft – ist niemand anderem als Rudolf II. gewidmet.

Ebenso wie für die Astronomie, die noch nicht ganz von der Astrologie getrennt war, bestand auch für die Alchemie nicht nur ein philosophisches Interesse, auch die Idee, Gold zu machen, beherrschte den Kaiser. An seinem Hof wirkten die Engländer Dee und Kelley, der Pole Sendivoy und einige andere Alchemisten.

Doch die Alchemie war für Rudolf II. weit mehr als die Suche nach dem Stein der Weisen, seine Neigung zur Geheimwissenschaft, wie sie sich auch in seinen Beziehungen zum Rabbi Löw und der Kabbala zeigte, seine Weltanschauung im Sinne von pansophischen Auffassungen sind ein wichtiger Schlüssel zur Erkenntnis der Persönlichkeit dieses ungewöhnlichen Herrschers.

Matthias: Das schwere Los des zu spät Geborenen

Der jüngere Bruder Kaiser Rudolfs II., Erzherzog Matthias, geboren am 24. Februar 1557, teilte das Schicksal des zu spät Geborenen mit einer ganzen Reihe anderer Söhne Maximilians II. und seiner Frau Maria von Spanien, mit den Erzherzögen Ernst, Maximilian und Albrecht.

Doch für keinen von diesen anderen war dieses Schicksal so schwer zu ertragen wie für den überaus ehrgeizigen Matthias.

Seine Erziehung, über die wenig bekannt ist, muß ihn dennoch auf das Amt des Herrschers vorbereitet haben, immerhin war einer seiner Lehrer der Polyhistor und Orientreisende Augier Ghiselain de Busbecq, der engsten Kontakt mit der Politik Maximilians II. hatte. Aber ähnlich wie bei seinen anderen Brüdern stand diese Erziehung mit seinen tatsächlichen Karrierechancen nicht im Einklang. Matthias kam zunächst nirgends zur Herrschaft, sondern wurde mit einer festen Jahressumme abgefunden. Alle Versuche, ihn in eine geistliche Laufbahn abzuschieben, die ihm ein sorgenfreies Leben garantiert hätte, scheiterten. Aus dieser Situation heraus ist seine Bereitschaft verständlich, sich auf das Abenteuer in den Niederlanden einzulassen, von dem schon die Rede war.

Franz Grillparzer hat in seinem „Ein Bruderzwist in Habsburg" diese Bestrebungen des jungen Erzherzogs mit der Intuition des großen Dichters erfaßt und wunderbar ausgedrückt, wenn er ihn sagen läßt:

„Doch war der Plan, gesteht es, göttlich schön:
Hineinzugreifen in den wilden Aufruhr
Und aus den Trümmern,
schwimmend rechts und links,
sich einen Thron erbaun, sein eigner Schöpfer,
Niemand darum verpflichtet als sich selbst."

Der enttäuschte, mit den spanischen Familienmitgliedern ebenso wie mit seinem Bruder nun entzweite Matthias kam nach diesem Scheitern zurück nach Österreich und versuchte ohne Erfolg, irgendeine Möglichkeit zu finden, ein Fürstentum zu erwerben, das seiner Versorgung und seinem Ehrgeiz dienen konnte.

Seine Situation besserte sich etwas, als er nach seinem älteren Bruder Ernst, der 1595 starb, Statthalter in den österreichischen Ländern wurde und im „langen Türkenkrieg" – allerdings mit mäßi-

Schloß Ambras, Tirol, Außenansicht. Erzherzog Ferdinand von Österreich-Tirol (1529–1595) holte zahlreiche ausländische Baumeister nach Tirol. Er ließ Schloß Ambras mit Hilfe des Holländers Gerhard von Roo umbauen (hervorzuheben sind die Kunst- und Rüstkammer).

Trumler

Der „Bruderzwist im Hause Habsburg": Der Marsch des Erzherzogs Matthias und seiner großteils protestantischen Verbündeten im Jahr 1608 gegen Prag endete mit dem Vertrag von Lieben vom 25. Juni, in dem Rudolf II. Mähren, Ungarn, Ober- und Niederösterreich an Matthias abtreten mußte.

HHSta

gem Erfolg – als Feldherr tätig war. Die Beendigung dieses Krieges und des Bocskay-Aufstandes führte ihn auch in den weiteren Konflikt mit seinem Bruder Rudolf, der als „Bruderzwist" in die Geschichtsschreibung eingegangen ist, von dem schon im Zusammenhang mit Rudolf II. die Rede war.

Dieser Bruderzwist stärkte vor allem die Macht der protestantischen Stände und bildet einen wesentlichen Bestandteil der Vorgeschichte des Dreißigjährigen Krieges. Wie sehr die protestantischen Adeligen diese Situation nützen wollten, zeigt sich deutlich im sogenannten „Huldigungs-Streit" des Jahres 1608. Üblicherweise mußte der Erzherzog in den österreichischen Ländern zunächst die ständischen Privilegien bestätigen, um dann die Huldigung der Stände, die gleichzeitig auch die Herrschaftseinsetzung (vergleichbar mit der Krönung in anderen Ländern) war, zu erhalten. Matthias scheiterte mit einem Versuch, diesen Vorgang umzudrehen und eine Huldigung vor der Privilegienbestätigung durchzusetzen. Der Horner Bund von 166 protestantischen Adeligen, der sich in dem niederösterreichischen Städtchen Horn, dem Herrschaftssitz der führenden protestanti-

schen Familie Puchheim, gebildet hatte, zwang ihn zu Zugeständnissen. Auch nach der Bereinigung der Situation blieb der Horner Bund bestehen und spielte in der Frühphase des Dreißigjährigen Krieges im Bündnis mit den böhmischen Aufständischen bis zur Eroberung von Horn und der Verurteilung Reichhardts von Puchheim eine große Rolle.

Nur durch ständige Zugeständnisse an die Stände, die seine Macht stützten, konnte sich Matthias im Bruderzwist durchsetzen. Weit über 50jährig, kam er endgültig an die Macht. Nach dem Tod Rudolfs II. wurde er am 13. Juni 1612 in Frankfurt zum römisch-deutschen Kaiser gewählt und am 24. Juni 1612 gekrönt.

Im Gegensatz zu seinem kunstsinnigen Vater Maximilian II. und seinem Bruder Rudolf II. baute sich Matthias keinen „Musenhof" auf. Zwar übernahm er zunächst einen großen Teil der Hofkünstler Rudolfs II., von denen aber viele den Hof bald wieder verlassen haben. Hervorzuheben wäre seine enge Beziehung zu dem Maler Lucas van Valckenborgh, von dem viele Bilder, die im Zusammenhang mit der Hofhaltung von Matthias stehen, stammen.

Eine kunsthistorische und historische Großtat für die Zukunft der Habsburgerdynastie allerdings geht auf Matthias bzw. seine Frau, Erzherzogin Anna, eine Tochter Ferdinands von Tirol, zurück. Anna stiftete für die 1599 nach Wien gekommenen Kapuziner das Kloster samt Kirche am Mehlmarkt, als Begräbnisstätte für sich und Matthias. Als beide starben, waren die Bauarbeiten noch nicht abgeschlossen, und sie wurden im sogenannten Königinnenkloster, der heutigen evangelischen Stadtpfarrkirche in der Dorotheergasse, provisorisch beigesetzt. Erst 1633 wurden sie in die Kapuzinergruft überführt, die seit der Zeit Ferdinands III. endgültig zur Familiengruft des Hauses wurde.

Die politischen Aktivitäten der Regierungszeit Kaiser Matthias' sind vor allem im Hinblick auf die Vorgeschichte des Dreißigjährigen Krieges interessant. Matthias' Politik war in erster Linie auf Friedenssicherung und Bündnisse ausgerichtet, so schloß er 1613 eine Allianz mit Polen und erneuerte den Frieden von Zsitvatorok mehrere Male in den Jahren 1615, 1616 und 1618.

Mit dem Regierungsantritt von Kaiser Matthias spitzte sich die religiös-politische Situation im Reich zu und trieb unweigerlich auf die Konfrontation zu. Allerdings ist dabei – ähnlich wie zur Zeit Rudolfs II. – der Kaiser eher passiv und unter dem Einfluß des im Gegensatz zu seiner früheren Haltung nun auf religiösen Ausgleich drängenden Kardinals Khlesl kompromißbereit. Er versucht erfolglos, in den sogenannten Kompositionsverhandlungen einen Ausgleich mit den Protestanten herbeizuführen; die radikale Führungsrolle in der katholischen Partei war bereits eindeutig an Bayern übergegangen.

Vor allem die Gründung der protestantischen Union und der katholischen Liga radikalisierte die Situation im Reich. Ein wesentlicher Schritt in der Verschärfung der konfessionellen Spannungen war die Reichsexekution in Donauwörth. In diese Reichsstadt wurde zunächst zum Schutz der katholischen Minderheit und ihrer Religionsausübung eine Kommission Herzog Maximilians von Bayern entsandt, die allerdings vertrieben wurde, daraufhin wurde die Reichsacht über Donauwörth verhängt und durch Maximilian von Bayern 1607 vollzogen. Die reichsunmittelbare Stadt Donauwörth wurde damit an Bayern verpfändet. Ein deutliches Symptom der sich radikalisierenden Religionssituation ist auch das Scheitern der Verhandlungen am Reichstag 1608, bei dem erstmals die protestantischen und die katholischen Reichsstände keinen Kompromiß finden konnten und der Reichstag unverrichteter Dinge auseinandergehen mußte. Durch diese Verunsicherungen kam es am 14. Juni 1608 zur Gründung eines Verteidigungsbünd-

nisses der protestantischen Reichsstände, das die Pfalz, Ansbach, Kulmbach, Baden-Durlach, Sachsen-Anhalt, Pfalz-Neuburg und Württemberg umfaßte und das auch Verbindungen zu England, den Niederlanden und Schweden aufnahm, aber durch innere Spannungen wenig wirkungsvoll war. Als Reaktion auf die geschilderten Spannungen im Reich und die Übergriffe der Pfalz auf das Bistum Speyer kam es dann am 10. Juli 1609 zur Gegengründung der katholischen Liga unter der Führung Maximilians I. von Bayern. 1616 zerbrach auch dieses Bündnis an inneren Spannungen – vor allem zwischen Wittelsbach und Habsburg –, doch wurde es 1619 wiedergegründet und spielte bis 1635 eine wesentliche militärische Rolle im Dreißigjährigen Krieg.

Vor diesem Hintergrund der Radikalisierung und Militarisierung der Religionsparteien sind auch die

Kaiser Matthias (1557–1619) wurde 1612 zum römisch-deutschen Kaiser gekrönt. Franz Grillparzer hat in seinem Drama „Ein Bruderzwist in Habsburg" den Auseinandersetzungen zwischen Rudolf und Matthias ein literarisches Denkmal gesetzt.
ÖNB

SERENISSIMVS POTENTISSIMVS INVICTISSIMVS PRINCEPS DOMINVS DOMINVS MATTHIAS DEI GRATIA ROMANORVM IMPERATOR SEMPER AVGVSTVS GERMANIAE HVNGARIAE BOHEMIAE DALMATIAE CROATIAE SCLAVONIAE ETC: REX ARCHIDVX AVSTRIAE DVX BVRGVNDIAE ETC: COMES TYROLIS ETC: P.P.P.F.

Sacræ ejus Cæsareæ Majestatis Sculptor Egidius Sadeler de facie expreßit et in deuoti animi signum humilis obtulit Pragæ Anno Christiano M DC.XVI.

Marco Sadeler excudit

Cum priuil: S.C.M:

Habsburgergrabmal
im Prager St.-Veits-Dom:
Hier ruhen u. a. die
Habsburger Ferdinand I.,
Maximilian II. und Rudolf II.
Nemeth

Auseinandersetzungen in Böhmen zu sehen, die in den Krieg führten.

Matthias hat in all dem eine passive, wenn auch unglückliche Rolle gespielt. Doch war das Schicksal diesem Herrscher auch nach seinem Tod nicht günstig, die Historiker nahmen wenig Notiz von ihm – vielleicht ein Glück für ihn? Sein Aufstieg zur Macht wird im Zusammenhang mit der Biographie seines Vorgängers Rudolf erzählt, seine Regierungszeit dient als Vorspann zur Geschichte Ferdinands II. und des Dreißigjährigen Krieges – so wird es auch in diesem Buch geschehen. Im Gegensatz zu Maximilian II., über den es eine Biographie von Bibl und verschiedene Arbeiten zu Detailproblemen gibt, und zu Rudolf II., über den biographische Arbeiten von Schwarzenfeld, Evans, Erlanger, Vocelka, Janecek und viele Detailarbeiten vor allem zu kulturellen Aspekten geschrieben wurden, blieb Kaiser Matthias ein im wahrsten Sinn des Wortes unbeschriebens Blatt. So konnte ein Historiker vor wenigen Jahren seinen Aufsatz zu Matthias „Wer ist eigentlich dieser Matthias?" nennen – bezeichnend für den Mangel an einschlägigen Arbeiten. Selbstverständlich kommt Matthias in der allgemeinen Literatur häufig, vor allem im Zusammenhang mit dem Bruderzwist und dem Beginn des Dreißigjährigen Krieges, vor, doch fehlt eine moderne Monographie zu seiner Person. Bemerkenswert ist jedenfalls, daß seine Beurteilung in der Historiographie von der seines kaiserlichen Bruders Rudolf II. nicht zu trennen ist. Die Kritiker Rudolfs heben die besonderen Talente des Matthias hervor, während alle jene, die Rudolf II. positiv beurteilen, kein gutes Haar an dem „ehrgeizigen, bösartigen" Matthias lassen.

5

DIE HABSBURGER

DER GROSSE KRIEG

Die Zeit des
Dreißigjährigen Krieges
Ferdinand II.
Ferdinand III.
1618–1648

ZEITTAFEL

1556–1598	Philipp II. von Spanien
9. 9. 1578	Ferdinand II. als Sohn Erzherzog Karls II. von Innerösterreich und dessen Frau Maria von Bayern in Graz geboren
1583–1634	Albrecht Wenzel Eusebius von Wallenstein
1588–1648	Christian IV. von Dänemark
1589–1595	Erziehung Ferdinands an der Jesuitenuniversität in Ingolstadt
1596/97	Erbhuldigungen in Steiermark, Kärnten und Krain
1598–1621	Philipp III. von Spanien
1600	Ferdinand heiratet die bayerische Prinzessin Maria Anna
13. 7. 1608	Erzherzog Ferdinand (III.) in Graz als dritter Sohn Kaiser Ferdinands II. und dessen erster Frau, Maria Anna von Bayern, geboren.
1610–1643	Ludwig XIII. von Frankreich
1611–1632	Gustav II. Adolf von Schweden
1617	Erzherzog Ferdinand von Innerösterreich wird als Nachfolger Matthias' in Böhmen bestimmt
29. 6. 1617	Ferdinand wird in Prag zum böhmischen König gekrönt
5. 3. 1618	Sitzung des Kollegiums der Defensoren in Prag aufgelöst
23. 5. 1618	Prager Fenstersturz
1618–1648	Dreißigjähriger Krieg
1618–1625	Böhmisch-pfälzischer Krieg
1. 7. 1618	Ungarische Krönung
31. 7. 1618	Böhmische Konföderationsakten
20. 3. 1619	Tod Kaiser Matthias'
5. 6. 1619	Sturmpetition
19. 8. 1619	Die böhmischen Stände erklären die Wahl Ferdinands für ungültig
26./27. 8. 1619	Kurfürst Friedrich V. von der Pfalz zum böhmischen König gewählt
28. 8. 1619	Kaiserwahl Ferdinands II.
9. 9. 1619	Krönung zum römisch-deutschen Kaiser
27. 8. 1620	Der ungarische Magnat Bethlen Gabor wird in Neusohl zum ungarischen König gewählt
8. 11. 1620	Schlacht am Weißen Berg
1621–1665	Philipp IV. von Spanien
1621	Friede von Nikolsburg mit Bethlen Gabor
21. 6. 1621	Hinrichtung der Aufständischen in Prag
1622	Kurfürstentag in Regensburg: Übertragung der pfälzischen Kurwürde an Bayern
1622	Ferdinand II. heiratet in zweiter Ehe Herzogin Eleonore Gonzaga von Mantua
25. 2. 1623	Maximilian von Bayern in einer öffentlichen Zeremonie zum Kurfürsten erhoben
1625	Wallenstein wird kaiserlicher Heerführer
1625–1629	Dänisch-niedersächsischer Krieg
1625	Bauernkrieg in Oberösterreich
10. 5. 1627	„Vernewerte Landesordnung" in Böhmen
31. 6. 1627	Mandat der Rekatholisierung für Böhmen
9. 3. 1628	Mandat der Rekatholisierung für Mähren
1629	Christian von Dänemark muß den Frieden von Lübeck abschließen
6. 3. 1629	Restitutionsedikt
1629	Kaiserliche Truppen greifen in den Mantuanischen Erbfolgekrieg ein
1630	Kurfürstentag in Regensburg: Entlassung Wallensteins
1630–1635	Schwedischer Krieg
6. 7. 1630	König Gustav Adolf von Schweden landet mit seinem Heer in Vorpommern
1631	Friede von Cherasco beendet den mantuanischen Erbfolgekrieg
1631	Ferdinand III. heiratet Maria Anna von Spanien, eine Schwester Philipps III.
16. 11. 1632	Schlacht bei Lützen: Gustav Adolf stirbt
25. 2. 1634	Ermordung Wallensteins
1634	Sieg bei Nördlingen: Schweden aus Süddeutschland vertrieben
1635	Friede von Prag
1635–1648	Französisch-schwedischer Krieg
15. 2. 1637	Tod Kaiser Ferdinands II. in Wien
1643–1715	Ludwig XIV. von Frankreich
1644	Beginn der Friedensverhandlungen in Münster und Osnabrück
30. 5. 1645	Schweden bedrohen Wien. Schlacht an der Wolfsschanze in der Wiener Brigittenau
1648	Spanisch-niederländischer Friede in Münster: Anerkennung der Unabhängigkeit der Niederlande
24. 10. 1648	Friede von Münster und Osnabrück
1649	„Drama musicum", eine Oper Ferdinands III. am Wiener Hof aufgeführt
1651	Ferdinand III. heiratet Herzogin Eleonore von Mantua
1653	Ferdinand (IV.) zum römischen König gewählt
9. 7. 1654	Tod Ferdinands (IV.)
2. 4. 1657	Tod Kaiser Ferdinands III. in Wien
1659	Frankreich und Spanien schließen den Pyrenäenfrieden

Ferdinand II.: Die Erziehung zum Gegenreformator

Generationswechsel in der Politik – dieses Schlagwort drängt sich dem Historiker auf, wenn er den Herrschaftsübergang von Rudolf und Matthias auf den nicht nur biologisch eine Generation jüngeren Ferdinand betrachtet. Vor allem in seinen religionspolitischen Maßnahmen, die so wesentlich den Regierungsstil dieser Epoche mitbestimmten, war Ferdinand anders als seine Vorgänger, radikaler, kompromißloser – und im Sinne der katholischen Sache letztlich auch erfolgreicher.

Auch Matthias hatte – wie wir gesehen haben – gemeinsam mit Kardinal Khlesl die Gegenreformation vorangetrieben, doch keineswegs mit jener Verbissenheit, mit jenem Fanatismus, den der junge Ferdinand an den Tag legte.

Ferdinand, als Sohn Erzherzog Karls II. von Innerösterreich und seiner Frau Maria von Bayern am 9. September 1578 in Graz geboren, war seit seiner Jugend unter dem Einfluß der gegenreformatorischen, erzkatholischen Wittelsbacher. Sein Vater, Karl von Innerösterreich, stand unter dem Druck seiner angeheirateten Familie, die ihn dazu drängte, mit den Protestanten härter umzugehen, doch er stand ebenso stark unter dem Druck der weitgehend protestantischen Landstände in der Steiermark, Kärnten und Krain. Den Forderungen dieser Landstände kam besonderes Gewicht zu, weil gerade die innerösterreichischen Länder eine lange, von der Natur ziemlich ungeschützte Grenze gegen die osmanischen Einfälle aus dem Osten boten, eine Tatsache, durch die die Türkengefahr für diesen Teil der österreichischen Länder besonders gravierend war. So mußte der Landesherr – sehr zum Unmut der bayrischen Verwandtschaft – religiöse Zugeständnisse an die Protestanten machen.

Ähnlich wie die spanischen Habsburger es bei Rudolf und seinen Brüdern gemacht hatten, haben die Wittelsbacher in München darauf gedrungen, daß der junge Ferdinand durch seine Erziehung zu einem radikaleren Vertreter der katholischen Sache gemacht werden sollte als sein Vater. Nur der bedeutendste Orden der Gegenreformation, die Jesuiten, konnten jene Bildung, aber auch jene religiöse Haltung vermitteln, die man sich in München für den jungen Ferdinand wünschte.

Also studierte Ferdinand unter seinem Hofmeister Balthasar Freiherr von Schrattenbach in den Jahren 1589 bis 1595, also vom 12. bis zum 17. Lebensjahr, in einem sehr prägenden Lebensabschnitt, an der Jesuitenuniversität in Ingolstadt. Er war keineswegs ein Student wie andere auch, schließlich

hatte er mit 30 Bediensteten einschließlich Hofzwerg einen beachtlichen Hofstaat zur Verfügung. Einer seiner Studienkollegen war der junge Herzog Maximilian I. von Bayern. Diese beiden Menschen, die hier in Ingolstadt persönliche Bekanntschaft schlossen, sollten die Ereignisse der Zeit wesentlich mitbestimmen und zu den beiden Häuptern der katholischen Sache im Dreißigjährigen Krieg werden.

Der Onkel des jungen Ferdinand, der gleichnamige Erzherzog Ferdinand von Tirol, urteilte über ihn in dieser Zeit: „Dieweil man spürt, daß Seine Liebden (= der junge Ferdinand) von natur aus schwach und etwas blöd, dieselb zu Ingolstadt bei den Jesuiten gar still und eingezogen gehalten und gleichsam noch verzagter gemacht … und zu besorgen, daß sie sich ihrem gebrauch nach noch immerdar unterstehen würden, sich Seine Lieb-

Ferdinand II. (1578–1637) wurde als Sohn Erzherzog Karls II. von Innerösterreich und Marias von Bayern in Graz geboren. Er studierte von 1589 bis 1595 an der Jesuitenuniversität in Ingolstadt. Mit ihm erreichte die Gegenreformation ihren Höhepunkt.

KHM, Ambras

Der Landhaushof in Graz wurde vom italienischen Festungsbaumeister Domenico dell'Allio von 1557 bis 1564 errichtet und ist ein baukünstlerisches Paradestück, mit dem die oberitalienische Renaissance ihren Einzug in Graz hielt.

G. Wolf

Melchior Khlesl (1553–1630), Kardinalerzbischof von Wien, Sohn eines protestantischen Bäckers. Seine historische Bedeutung gewann Khlesl als „Motor" der Gegenreformation in Niederösterreich. Man bezeichnete ihn während der Regierung von Matthias als „Vizekaiser".

ÖNB

nominell durch Erzherzog Ferdinand von Tirol, in der Realität aber durch Karls Witwe Maria von Bayern, folgte Ferdinand seinem Vater in der Regierung Innerösterreichs. Im Jahr 1596 erfolgte die Erbhuldigung in Graz für die Steiermark, 1597 dann in Klagenfurt für Kärnten und im selben Jahre in Laibach für Krain.

Bezeichnend ist, daß der junge Landesfürst daraufhin eine Wallfahrt nach Loreto in den Marken zur Casa santa, dem angeblichen Haus der Heiligen Familie, das Engel im Mittelalter nach Loreto gebracht haben sollen, unternahm. An diesem vielleicht bedeutendsten Marienwallfahrtsort der Epoche stiftete Ferdinand eine silberne Ampel und ein Ewiges Licht. Auf dieser Reise traf er auch mit Papst Clemens VIII. in Rom zusammen.

Beeinflußt durch seine jesuitische Erziehung ebenso wie durch seine Reise nach Rom, führte Ferdinand nun die Gegenreformation zunächst in Innerösterreich mit großer Brutalität durch. Bisherige Versuche der „Bekehrung" hatten immer die Städte und Märkte zum Ziel gehabt, deren Recht der freien Glaubensausübung umstritten war. Ferdinand ging einen wesentlichen Schritt weiter und stellte auch den Adel seiner Länder vor die Wahl: konvertieren oder emigrieren. Dabei ging es nicht nur um die Gewinnung einer Führungsschicht, einer sozialen und vielfach auch geistigen Elite im Lande, sondern ganz handfest darum, daß mit jedem Adeligen auch automatisch

den mächtig zu machen und alles nach ihrem gefallen zu dirigieren." Selbst ein Mitglied der habsburgischen Familie, das sicherlich erzkatholisch war, sah also den verderblichen Einfluß, den die Jesuiten auf den jungen Mann ausübten. Wie das Zitat zeigt, befürchtete das Ferdinand von Tirol bereits, daß die Jesuiten diesen Einfluß auch später nicht aufzugeben bereit sein werden, um ihre religionspolitischen Ziele durchzusetzen – und das konnte nur heißen, so viele „Ketzer" wie möglich zu bekehren, zu vertreiben oder gar umzubringen. Die Verwandtschaftsehen, aus denen Ferdinand hervorging – sein Vater war mit einer Tochter Albrechts V. verheiratet, der seinerseits wieder mit Erzherzogin Anna, einer Tochter Ferdinands I. verheiratet war –, waren möglicherweise eine Mitursache für körperliche Gebrechen, Ferdinand dürfte einen Buckel oder zumindest ein starkes Rückenleiden gehabt haben.

Während der junge Erzherzog also noch in Ingolstadt studierte, starb sein Vater Karl im Jahr 1590. Nach einer kurzen Zwischenregierung,

REVERENDISSIMO, ET ILLVSTRISSIMO DOMINO, DÑO MELCHIORI KLESEL, DEI GRATIA EPISCOPO VIENNENSI &c SAC. CÆS. MAI[tis] CONSILII ARCANI DIRECTORI &c RARO, IVSTO, PIO, ET OPTIMO PRÆSVLI &c DOMINO SVO GRATIOSISSI[mo]

die Untertanen seiner Grundherrschaften für den Katholizismus gewonnen werden konnten.

Einen wesentlichen Mitstreiter auf geistlicher Seite gewann Ferdinand dabei im Fürstbischof von Seckau, Martin Brenner, der ebenfalls zu den Radikalen zählte, die die Gegenreformation um jeden Preis durchsetzen wollten.

Wer Bücher verbrennt, wird auch Menschen verbrennen, so hat man es später für die Bücherverbrennungen in der Zeit des Nationalsozialismus gesagt, und man kann das – wenn auch mit einiger Vorsicht – auch auf diese Zeit anwenden. In Graz kam es zu Bücherverbrennungen, vor der Antoniuskirche wurden etwa – um nur ein Beispiel zu nennen – am 8. August 1600 acht Wagenladungen evangelischer Bücher verbrannt. Im Zuge der brutalen Durchführung der Gegenreformation wurden nicht nur Bücher, sondern auch Menschen vernichtet – getötet, nur aus dem Grund, weil sie die „falsche" Religion hatten.

Die Vertreibung des Adels aus den innerösterreichischen Ländern war ein Auftakt, machte stutzig, zeigte den umliegenden Ländern, daß hier ein anderer Geist herrschte als in den Ländern des Kaisers, in denen Rudolf wenig Anstrengungen zur Rekatholisierung machte. Viele der innerösterreichischen Adeligen haben ihre Heimat verlassen und sind ihrer Konfession treu geblieben. Wenn auch sicherlich wirtschaftliche Gründe, wie die hoffnungslose Überschuldung vieler Güter, diese Entscheidung erleichtert haben, muß man dieser Glaubensstärke dennoch großen Respekt zollen. Die religiösen Ideen waren Ferdinand sicherlich die wichtigsten, in allen Entscheidungen seines Lebens stellte er diese voran. Seine Frömmigkeit war groß, er besuchte täglich – oft mehrere Male – die Messe und stiftete manche Kirche, wobei seine Förderung vor allem den Kapuzinerklöstern galt. Dies ist nicht zuletzt auf seine persönliche Bekanntschaft mit dem großen Prediger und füh-

Die Theynkirche in Prag. Ferdinand wurde im Juni 1617 in Prag zum böhmischen König gekrönt. Mit ihm als radikalem Gegenreformator waren die reformierten böhmischen Stände überhaupt nicht einverstanden. Der Prager Fenstersturz gilt als auslösendes Moment für den Konflikt, der letztendlich in den Dreißigjährigen Krieg mündete.
ÖNB

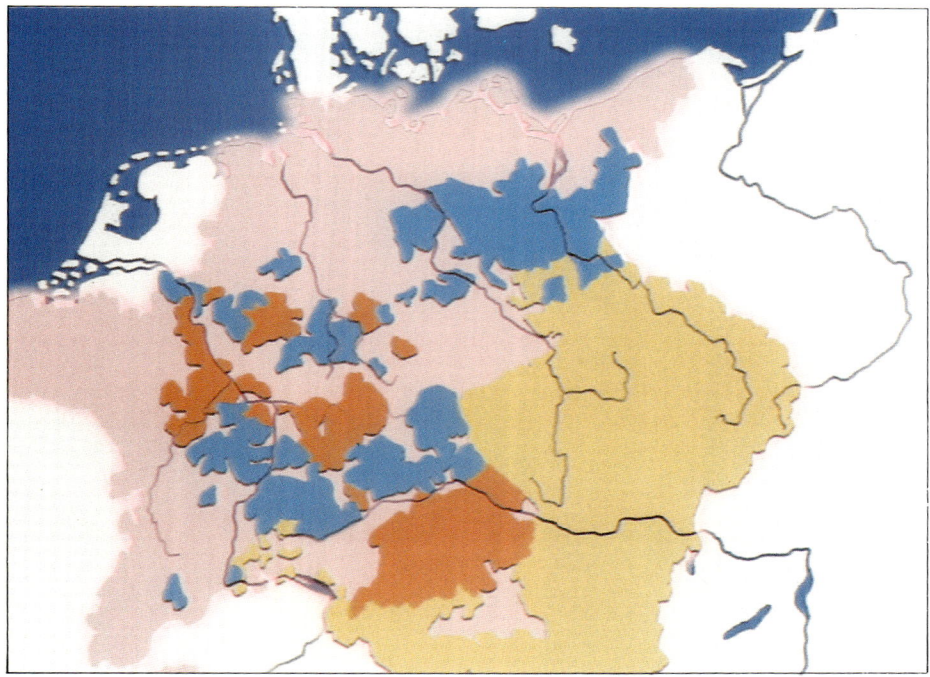

renden Kapuziner Laurentius von Brindisi zurück-zuführen. Ferdinand gründete Kapuzinerklöster in Bruck/Mur 1608, in Cilli 1615 und in Radkersburg 1618, gemeinsam mit seinem Hofmann Hans Ulrich von Eggenberg stiftete er auch Kloster und Kirche Mariahilf in Graz. Seine Frömmigkeit und Bigotterie waren auch mit großer Prüderie verbunden, so ließ Ferdinand als anstößig oder unzüchtig empfundene Gemälde aus der Sammlung Rudolfs II. – mythologische Szenen, in denen Nacktheit und Erotik sehr zum Wohlgefallen des gar nicht prüden Kaisers Rudolf II. dargestellt wurden – verbrennen.

Auch die Heiratspolitik Ferdinands ist durchaus in diesem Sinne zu verstehen. Im Jahr 1600 heiratete er die bayrische Prinzessin Maria Anna, seine Cousine. Selbst sein Beichtvater Bartholomäus Viller hatte Einwände gegen diese allzu nahe Verwandtschaftsehe, doch hat ihm diese erste Frau, das „Ennele", wie er sie nannte, sieben Kinder geboren, darunter im Jahr 1608 einen Thronfolger, den späteren Kaiser Ferdinand III., der, wie sich zeigen sollte, ein hohes intellektuelles Format hatte. Nach ihrem Tod im Jahr 1616 heiratete Ferdinand II. 1622 in zweiter Ehe in Innsbruck die erst 23 Jahre alte, sehr schöne und tieffromme Herzogin Eleonore Gonzaga, diese Ehe blieb kinderlos. Eleonore ist als Stifterin der Karmeliterinnenklöster in Wien und Graz und der habsburgischen Herzgruft bei den Augustinern in Wien hervorgetreten.

Die Hochzeit mit einer Gonzaga von Mantua hatte in dieser Familie große Hoffnungen geweckt, die nicht erfüllt wurden. Im sogenannten mantuanischen Abenteuer während des Dreißigjährigen Krieges drangen im Mai 1629 kaiserliche Truppen

sogar nach Mantua vor und griffen damit in den mantuanischen Erbfolgekrieg ein. 1627 war der letzte Herzog von Mantua gestorben, und Ferdinand II. versuchte nun, Mantua als erledigtes Reichslehen einzuziehen und an Spanien zu verleihen, jedoch der Herzog von Nevers-Gonzaga als nächster Erbe besetzte Mantua. Der Friede von Cherasco 1631 beendete schließlich den Mantuanischen Erbfolgekrieg, in dem Ferdinand II. trotz militärischer Erfolge den Herzog von Nevers-Gonzaga mit Mantua und Montferrat belehnte.

Neben seiner Frömmigkeit – die allerdings sehr an äußere Formen gebunden war, so hörte er mindestens zweimal täglich Messe – waren die Jagd und die Musik seine hauptsächlichen Beschäftigungen. Wir werden diese beiden Leidenschaften bei fast allen barocken habsburgischen Herrschern ausgeprägt finden. Einen großen Teil seiner Zeit brachte er in den Ratssitzungen zu, in denen er mit seinen Beratern zusammenkam. Ein Spruch der Zeit sagt, „der Kaiser habe in seinen Reichen drei große Berge, Eggenberg, Questenberg und Werdenberg, und drei große Steine: Dietrichstein, Wallenstein und Liechtenstein".

Gemeint sind damit seine Hauptratgeber, der Geheime Rat Hans Ulrich von Eggenberg, der Hofkriegsrat Hermann von Questenberg, der Geheime Rat Johann Baptista Verda von Werdenberg sowie Franz Fürst Dietrichstein, Erzbischof von Olmütz und ebenfalls Geheimer Rat des Kaisers, Albrecht von Wallenstein und der Geheime Rat Gundakar von Liechtenstein. Neben diesen ist auch Maximilian Freiherr, später Graf Trauttmannsdorff

zu erwähnen, der auch unter Ferdinands II. Sohn Ferdinand III. als Unterhändler beim Dreißigjährigen Krieg eine bedeutende Rolle spielte.

Die wichtigste Behörde, der Geheime Rat, tagte jeden vierten bis fünften Tag bei Hof, er umfaßte elf bis zwölf Räte, von denen normalerweise acht bis neun erschienen. Neben diesen unmittelbaren Ratgebern des Kaisers spielten in der Politik des Hofes auch der ungarische Magnat Nikolaus Esterházy und der böhmische Kanzler Wilhelm von Slavata eine große Rolle.

Wichtig von seinem Einfluß her war natürlich auch der spanische Gesandte Graf Olivarez, der eine ganze spanische Partei bei Hof hatte, die von Adeligen wie Franz Dietrichstein, Jaroslav Martinitz, Otto Nostiz, Wilhelm Slavata, Johann Breuner, Johann Ulrich Eggenberg, Zdenko Lobkowitz oder dem Hofkriegsratspräsidenten Ramboldo Collalto gebildet wurde.

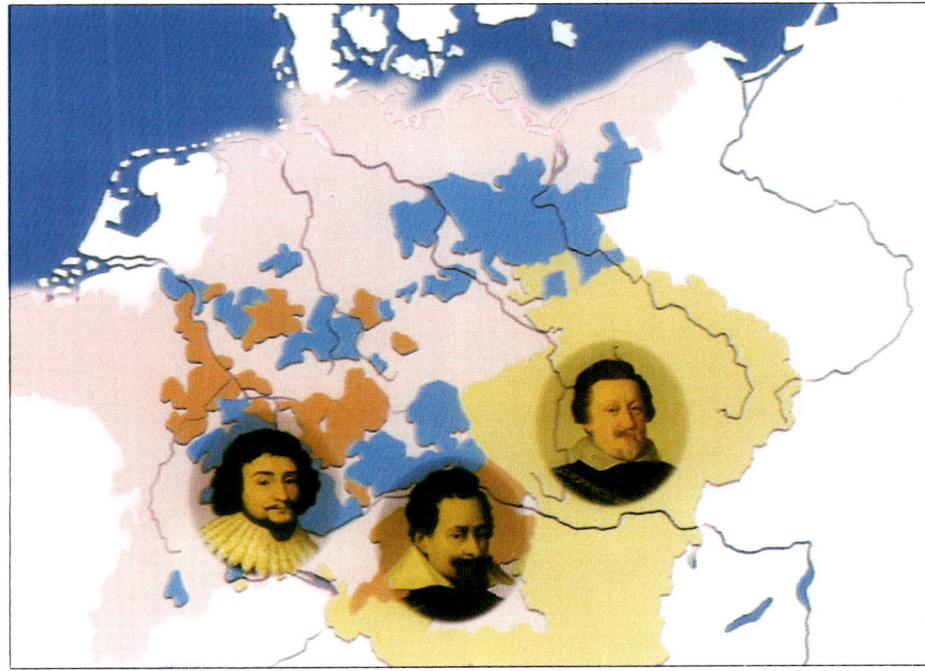

Die Nachfolge in den habsburgischen Ländern und im Reich

Ähnlich wie sein Bruder Rudolf II. weigerte sich Matthias standhaft, einen Nachfolger im Reich zu bestimmen, obwohl seine Ehe mit Erzherzogin Anna, einer Tochter Ferdinands von Tirol aus dessen zweiter Ehe mit Anna Katharina von Mantua – im übrigen einer langjährigen „Braut" Rudolfs II. –, kinderlos geblieben war. So stand

Kaiser Matthias in einer ähnlichen Situation wie einige Jahre davor sein Bruder Rudolf, die anderen Mitglieder des Hauses in Spanien und Österreich, aber auch katholische Mächte wie Bayern und natürlich der Papst bedrängten ihn, die Nachfolge zu regeln und damit die Kontinuität der katholisch-habsburgischen Dynastie zu garantieren. So mußte Matthias schließlich den Erzherzog Ferdinand von Innerösterreich als Nachfolger in Böhmen bestimmen. Matthias' ebenfalls kinderlose Brüder, die Erzherzöge Maximilian III. und Albrecht VII., verzichteten auf die Nachfolge in Ungarn und Böhmen, so daß nur noch zwei Kandidaten zur Auswahl standen, König Philipp III. von Spanien, ebenfalls ein Enkel Maximilians II., und Erzherzog Ferdinand von Innerösterreich.

Ferdinand hatte allerdings inzwischen den sogenannten Oñate-Vertrag, benannt nach dem spanischen Gesandten Graf Inicius Oñate, mit Philipp III. von Spanien abgeschlossen. Darin verzichtete der spanische König auf eine Bewerbung um die Kaiserkrone, erhielt aber dafür den Elsaß und die Landvogteien Hagenau und Ortenburg. Ein geheimer Zusatzvertrag garantierte die Vorrechte der spanischen männlichen vor der österreichischen weiblichen Deszendenz und versprach eine Belehnung Philipps III. mit den Reichslehen Finale und Piombino in Italien. Auch Kaiser Matthias erkannte diesen Vertrag an.

Der innerhabsburgische Zwist um die Thronfolge war damit bereinigt, doch war das entgegen vielfacher Meinung offensichtlich ohne Einfluß auf den späteren böhmischen Aufstand, da dieser geheime Vertrag den Aufständischen nicht bekannt war.

Liga – Union.
Als Folge des Friedens von Prag 1635 mußte sich die Liga auflösen. Ihr von Bayern finanziertes Heer wurde der Reichsarmee einverleibt. Bereits 1621 wurde die Union aufgrund der militärischen Überlegenheit des kaiserlichen Heeres formell aufgelöst.

Elisabeth, Prinzessin von England (1596–1662), die Tochter König Jakobs II. und Gemahlin Friedrichs V. von der Pfalz. Die Hochzeit fand 1613 in London statt.

ÖNB

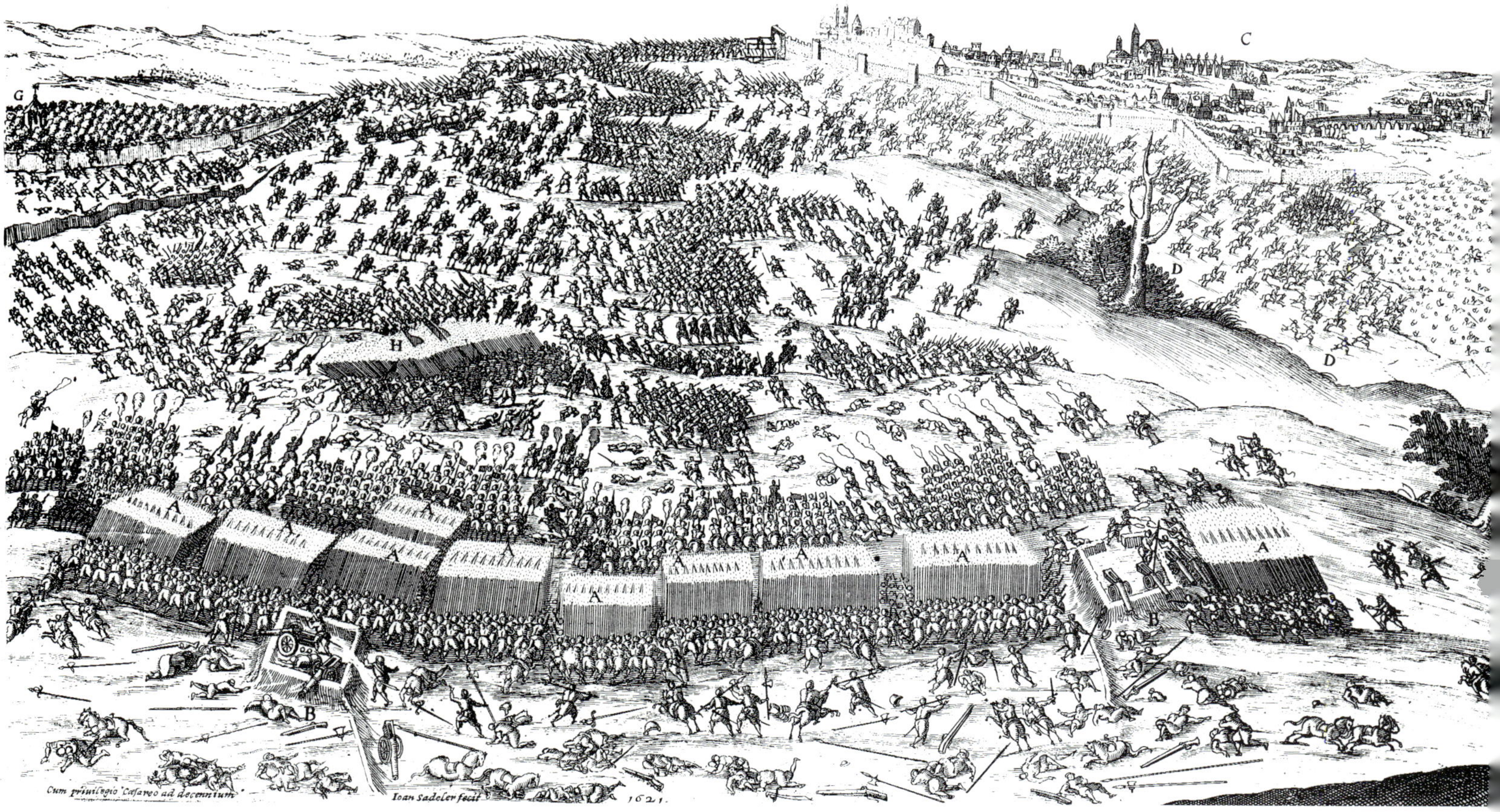

Die Schlacht am Weißen Berg bei Prag am 8. November 1620 zwischen den Truppen der katholischen Liga unter Maximilian von Bayern und Tilly und dem böhmischen Winterkönig Friedrich. Die Kaiserlichen fügen dem böhmischen Heer unter Christian von Anhalt eine vernichtende Niederlage zu und besetzen Prag.

ÖNB

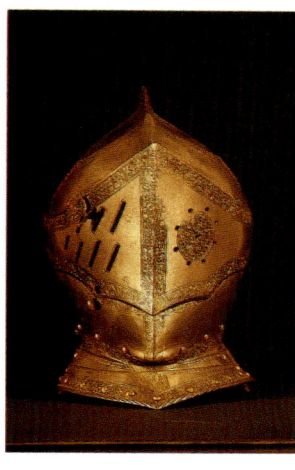

Trotz seiner katholischen Gesinnung war damit der Weg für Ferdinand in Böhmen frei, er wurde am 29. Juni 1617 in Prag gekrönt.
Mit diesem radikalen Gegenreformator, der in Innerösterreich die Gegenreformation so energisch und gewaltsam durchgeführt hatte, waren die reformierten böhmischen Stände, die man offensichtlich überrumpelt hatte, keineswegs einverstanden. Der zukünftige Konflikt, der in einem dreißigjährigen Krieg enden sollte, deutete sich schon an.
Kurz nach der Herrschaftsübernahme in Böhmen – nach komplizierten Verhandlungen mit den ungarischen Ständen, die auf ihrem Wahlrecht bestanden – erreichte Ferdinand am 1. Juli 1618 auch die ungarische Krönung. Nach dem Tod des Kaisers Matthias wurde Ferdinand am 28. August 1619 auch im Reich zum Kaiser gewählt und am 9. September gekrönt. Auch in dem von Matthias beherrschten Teil der österreichischen Erblande folgte Ferdinand ihm nach, seit Ferdinand II. ist die ursprüngliche Dreiteilung in eine Zweiteilung umgewandelt, Ferdinand II. vereinigt Innerösterreich und Donauösterreich, nur mehr Tirol und die Vorlande sind unter der sogenannten jüngeren Tiroler Linie selbständig.
Doch alle diese so einfach scheinenden Fragen der Nachfolge sind vor dem Hintergrund der sich zuspitzenden Lage in Böhmen zu beurteilen und verliefen keineswegs so problemlos, wie es die Wahl- und Krönungsdaten allein vermuten lassen.

Der Weg in den Dreißigjährigen Krieg

Die Spannung in dem ohnehin explosiven Böhmen wuchs in der späten Regierungszeit Kaiser Matthias' zunehmend. Entscheidender Anlaß für den Ausbruch offener Konflikte war, daß im Majestätsbrief Rudolfs II. den Reformierten gestattet worden war, auf Königsgut Kirchen zu bauen, eine Bestimmung, die sie auch auf Kirchengut ausdehnten. Der rechtliche Hintergrund dieser Interpretation war, daß der König als Vogt der Kirche gleichsam auch der weltliche Oberherr der geistlichen Besitzungen war.
Der konkrete Anlaß war ein geringer. Die protestantischen Untertanen des Abtes zu Braunau bauten auf Kirchengut ihre Kirche, die von einer kaiserlichen Kommission geschlossen wurde. Dies war nun der Auslöser für die evangelischen Stände für einen massiven Protest.
Das laut Majestätsbrief zuständige Kollegium der Defensoren berief für 5. März 1618 eine Versammlung nach Prag, um diese Frage zu klären. Doch

Prunkhelm im Grazer Zeughaus.

G. Wolf

der böhmische König Matthias verbot den Wiederzusammentritt dieser Körperschaft und schuf damit die Grundstimmung, die zum Aufstand in Böhmen führen sollte.

Rund 100 Delegierte zogen zum Prager Schloß, dem Hradschin, um gegen dieses Verbot zu protestieren. Unter ihnen war auch rund ein Dutzend Adeliger unter der Führung des Grafen Matthias Thurn, die spezielle Ziele verfolgten. Sie hatten sich vorher abgesprochen, durch die Ermordung der katholischen kaiserlichen Statthalter Wilhelm Graf Slavata und Jaroslaw Borsita Graf Martinitz die Stände zum Aufruhr zu treiben. Diese beiden Männer wurden dann am entscheidenen 23. Mai 1618 im sogenannten Prager Fenstersturz in einer Tumultszene gemeinsam mit dem Schreiber Fabricius zum Fenster des Hradschin hinausgestürzt. Dieses Ereignis hat eine Tradition, die an eine andere revolutionäre religiöse Bewegung in Böhmen anknüpft. Am Beginn des Hussitenkrieges fand ebenfalls ein solcher Fenstersturz statt, der das Signal zum Aufstand gab.

Die drei Männer der kaiserlichen Kanzlei im Jahr 1618 fielen 17 Meter tief in den Burggraben, doch blieben sie unverletzt – nicht, wie die Legendenbildung es wollte, weil die Engel sie beschützten und auffingen, sondern weil sie höchst trivial in einen Misthaufen gefallen waren.

Die führende Gestalt des damit beginnenden böhmischen Aufstandes war Heinrich Matthias Thurn von Valsassina, der aus einer deutschsprachigen Adelsfamilie stammte und zum Offizier, Hofkriegsrat und Burggrafen von Karlstein im kaiserlichen Dienst aufgestiegen war. Er schloß sich – obwohl seiner Herkunft nach nicht aus dem böhmischen Herrenstand stammend – der ständischen Sache, die auch nationaltschechische Züge trug, an.

Schon am Zustandekommen des Majestätsbriefes Rudolfs II. im Jahr 1609 hatte Thurn maßgeblich mitgewirkt. Er war ein streitbarer Verfechter des böhmischen Wahlkönigtums und damit auch ein Gegner Ferdinands. Die Folgen seiner politischen Einstellung zeigten sich bald, er verlor seine Position als Burggraf an Martinitz, der damit auch sein persönlicher Feind wurde.

Der große Gegner des Grafen Thurn und seiner Anhänger war der streng katholische Jaroslaw Borsita Graf Martinitz, der Sohn eines Kämmerers

Der böhmisch-pfälzische Krieg 1618–1625: Die Hinrichtung der Prager Aufständischen 1621. Wesentlich gravierender für Böhmen waren die Folgen der Schlacht am Weißen Berg. Mit dieser Niederlage begann für die nationale Geschichtsschreibung Böhmens die Zeit der Dunkelheit und Unterdrückung.

AKG

Maximilian I. (1573–1651), Kurfürst von Bayern. Er setzte der protestantischen Union die katholische Liga entgegen. Der Lohn für die Unterstützung des Kaisers war die Übertragung der pfälzischen Kurwürde an Bayern (1622).
KHM

König Ludwig XIII. von Frankreich (1601–1643), der Gegenspieler Kaiser Ferdinands II. Er berief Kardinal Richelieu zum leitenden Minister.
ÖNB

Selbstverständlich war er ein Gegner des Majestätsbriefes. Noch besser wurden seine Karrierechancen unter Ferdinand, der ihn zum kaiserlichen Statthalter machte. Der Sturz aus dem Fenster hatte sich also für die beiden Statthalter des Königs durchaus ausgezahlt.

Slavata wurde von den Aufständischen nach dem Fenstersturz unter Hausarrest gestellt, er konnte 1620 nach Passau ins Exil gehen und wurde nach dem Sieg des Kaisers von Ferdinand II. zum Kammerpräsidenten für Böhmen ernannt. 1621 kehrte er nach Böhmen zurück und wurde 1628 Oberster Kanzler von Böhmen.

Mittlerweile hatten die rebellierenden Stände in Prag das Kommando übernommen. Am 31. Juli 1618 schlossen sich in den böhmischen Konföderationsakten die evangelischen Stände Böhmens, Mährens, Schlesiens und der Lausitzen zusammen, wie es im Text der Bündnisurkunde heißt: „allein zu Beförderung Gottes Ehre, zu beständigem Schutz und Rettung eines jeden Landes Privilegien."

Diese böhmischen Konföderationsakten stellen den Versuch dar, dem Land eine auf der Basis der Stände funktionierende Verfassung zu geben.

Die Stände organisierten ein 30köpfiges Direktorium, an dessen Spitze nicht Thurn, sondern Wilhelm von Ruppa stand. Thurn selbst stellte sich als Heerführer an die Spitze der aufständischen Truppen.

Diese böhmischen Stände traten nun in Bündnisverhandlungen mit England, Schweden und den

Rudolfs II. Unter Ferdinand wurde er 1617 Burggraf zu Karlstein und einer der königlichen Statthalter. Nach dem Fenstersturz mußte er nach München fliehen, erst 1621 wurde er wieder Burggraf, auch seine Erhebung in den Grafenstand deutet seinen weiteren Aufstieg an. Er machte noch eine steile Karriere und wurde 1623 Oberstlandrichter, 1625 Kämmerer und schließlich 1638 Oberstburggraf in Böhmen.

Ein anderer seiner großen Gegenspieler war Wilhelm Graf Slavata, der Sohn eines Utraquisten, also eines gemäßigten Hussiten, der zum Katholizismus konvertierte. Wie alle Konvertiten war er ein besonders eifriger Verfechter der katholischen Sache. So war sein Aufstieg am Hof gesichert: Im Jahr 1600 wurde er Kämmerer Rudolfs II., dann Landrichter in Böhmen und Burggraf zu Karlstein.

Niederlanden sowie dem Bündnis der Protestanten im Reich, der Union. Sie handelten also im Namen des Landes, gleichsam wie völkerrechtliche Subjekte, ohne die Mitwirkung des böhmischen Königs. Darin lag in der Rechtsauffassung der Habsburger natürlich das revolutionäre Element, das es zu bekämpfen galt.

Nach dem Tod Kaiser Matthias' am 20. März 1619 gingen die Vertreter des Adels sogar einen Schritt weiter. Zumindest in Gedanken vollzogen sie die Abkehr vom Königtum vollständig, Pläne zur Errichtung einer Republik in Böhmen entstanden. Zwar konnten sich diese Ideen nicht durchsetzen, doch zeigen sie die Radikalität der Stände und machen die Unversöhnlichkeit der Standpunkte klar.

Auch zu einer direkten Konfrontation des Kaisers mit den Forderungen der Stände – nicht nur die böhmischen Stände waren ja im Aufruhr – kam es in Österreich. Auch hier ist der Hintergrund im böhmischen Aufstand zu sehen, da die Tatsache, daß Thurn mit seinen Truppen schon vor Wien stand, den Adeligen einen festeren Standpunkt verlieh. Am 5. Juni 1619 drangen Andreas von Thonrädl und andere protestantische Adelige in die Hofburg ein und bedrängen Ferdinand II., um

ständische und religiöse Rechte zu erwirken – man nennt das die sogenannte Sturmpetition. Nur das Eingreifen der Kürassiere unter Heinrich Duval Graf von Dampierre beendet diese gefährliche Lage des Kaisers, der sich nicht zuletzt unter dem Einfluß seines jesuitischen Beichtvaters Wilhelm Lamormaini überaus standhaft gezeigt hatte.

Die rebellierenden Stände der böhmischen Länder haben daraufhin dann auch am 19. August 1619 die Wahl Ferdinands für ungültig erklärt und an seiner Stelle in der Nacht vom 26. zum 27. August 1619 den Kurfürsten Friedrich V. von der Pfalz, einen Schwiegersohn König Jakobs von England – auf dessen Unterstützung man damit zählen zu können glaubte –, zum neuen böhmischen König gewählt.

Doch noch ehe der Pfälzer am 4. November im Prager Veitsdom zum König von Böhmen gekrönt werden konnte, besserte sich die Lage Ferdinands, die zunächst ziemlich schlimm aussah, erheblich. Am 9. September 1619 wurde er in Frankfurt im Bartholomäusmünster zum Kaiser gekrönt, und wenig später – auf der Heimreise – schloß er in München einen Vertrag mit Herzog Maximilian I., seinem alten Studienkollegen aus der Ingolstädter Zeit und engen Verwandten. Das Haupt der katho-

„Die Übergabe von Breda", Gemälde von Diego Velázquez um 1635. Die Kapitulation der Stadt Breda (Niederlande) vor dem spanischen General Spinola. Mit dem Prager Fenstersturz 1618 begann eine militärische Konfrontation, die, von Böhmen ausgehend, bald einen großen Teil Europas erfassen sollte. Die religiöse Motivation für den Krieg trat immer mehr in den Hintergrund, politische Interessen rückten in den Vordergrund. Frankreich wurde zum großen Gegner der Habsburger.

AKG

Unter Philipp III. (1578–1621), König von Spanien, erweckte das Land noch den Anschein glanzvoller Macht nach außen hin. Im Inneren herrschte im großen und ganzen Frieden, obwohl Philipp III. von seinem Vater eine riesige Schuldenlast geerbt hatte.

Prado, Madrid

Margareta de Austria, auch Margarete von Österreich (1584–1611), die Tochter Erzherzog Karls von Innerösterreich, war die erste Gemahlin Philipps III.

Prado, Madrid

lischen Partei im Reich, Herzog Maximilian I. von Bayern, versprach Ferdinand gegen seine Feinde die Unterstützung der Liga, der Kaiser anerkannte dafür den Oberbefehl Maximilians und verpfändete Oberösterreich, das sich unter Georg Erasmus Tschernembl dem Aufstand der Böhmen angeschlossen hatte, an Bayern. 24.000 Mann unter der Führung des auch im Dreißigjährigen Krieg bedeutsamen Feldherrn Johann Tserclaes Tilly besetzten daraufhin das Land und führten die Gegenreformation mit eiserner Härte durch. Ein Aufstand der Bauern, von dem noch zu sprechen sein wird, war die Folge.

Erst 1628 verzichtete Maximilian auf Oberösterreich und erhielt dafür die Oberpfalz und die rechte Rheinpfalz.

Doch auch die Gegenseite war nicht untätig. Nicht nur der böhmische Thron Ferdinands wackelte, sondern auch der ungarische. Am 27. August 1620 wurde der ungarische Magnat Bethlen Gabor in Neusohl zum ungarischen König gewählt, auch hier gibt es nun zwei Könige, die beide die Herrschaft beanspruchten.

Alle diese Probleme Ferdinands lösen sich mit einem Schlag. Eine der für die innere Entwicklung der Habsburgermonarchie entscheidendsten Schlachten brachte Ferdinand den Sieg über seine Feinde.

Die Truppen der Liga unter ihrem Feldherrn Tilly rückten nach Böhmen vor. Maximilian von Bayern wollte offensiv gegen Prag vorgehen, der kaiserliche Feldherr Buquoy riet zur Vorsicht, wurde aber im Kriegsrat überstimmt. So kam es am 8. November 1620 in der Nähe von Prag auf einem 38 Meter hohen Hügel zur Schlacht am Weißen Berg. Gegen die aufständischen Stände Böhmens, die in verschanzter Stellung unter Christian von Anhalt 21.000 Mann und sieben Geschütze in die Schlacht führten, errang die katholische Partei mit 14.000 Ligisten und 12.000 Kaiserlichen mit zwölf Geschützen schon nach kurzer Zeit einen überlegenen Sieg durch einen erfolgreichen Flankenangriff.

Die Schlacht war kurz, sie dauerte weniger als zwei Stunden, doch die Folgen dieser Schlacht sind schwerwiegend. Der katholische, dem Absolutismus zustrebende Kaiser hatte die protestantischen, ständischen Mächte besiegt und konnte nun die Weichen in Richtung Absolutismus ebenso stellen wie die in Richtung Gegenreformation.

Friedrich von der Pfalz – ob seiner kurzen Regierung als „Winterkönig" verspottet – mußte fliehen, der böhmische Aufstand brach zusammen, und auch Bethlen Gabor mußte 1621 im Frieden von Nikolsburg auf die ungarische Krone verzichten, er bekam dafür die Fürstentümer Oppeln und Ratibor in Schlesien. Ferdinand hatte seine gefährdete Herrschaft über Böhmen und Ungarn wiederhergestellt.

Schon im Januar 1621 wurde Friedrich von der Pfalz vom Kaiser in die Reichsacht getan, die Truppen der Liga unter Tilly besetzten im Sommer desselben Jahres die Oberpfalz. Ein kulturgeschichtliches Detail dieses Feldzuges sei hier angeführt. Herzog Maximilian I. von Bayern schickte aus dem besetzten Heidelberg die Bibliothek des pfälzischen Kurfürsten, die sogenannte „Palatina", an Papst Gregor XV. als Gegenleistung für Subsidien. Dadurch ist diese großartige Bibliothek der am Ende des Jahrhunderts erfolgten Zerstörung Heidelbergs entgangen und ist heute noch Teil der Vatikanischen Bibliothek in Rom.

Der Lohn für die Bayern, die den Kaiser so wirkungsvoll unterstützt hatten, ließ nicht lange auf sich warten. Im Jahr 1622 erfolgte auf dem Kurfürstentag in Regensburg die Übertragung der pfälzischen Kurwürde an Bayern, und am 25. Februar 1623 wurde Maximilian von Bayern in einer öffentlichen Zeremonie zum Kurfürsten erhoben. Wesentlicher aber sind die langfristigen Folgen von 1620 für Böhmen, für die der „Bila Hora", die Schlacht am Weißen Berg, ein lange anhaltendes Trauma war. Mit dieser Niederlage begann für die nationale Geschichtsschreibung Böhmens die „Temno", die Zeit der Dunkelheit und Unterdrückung.

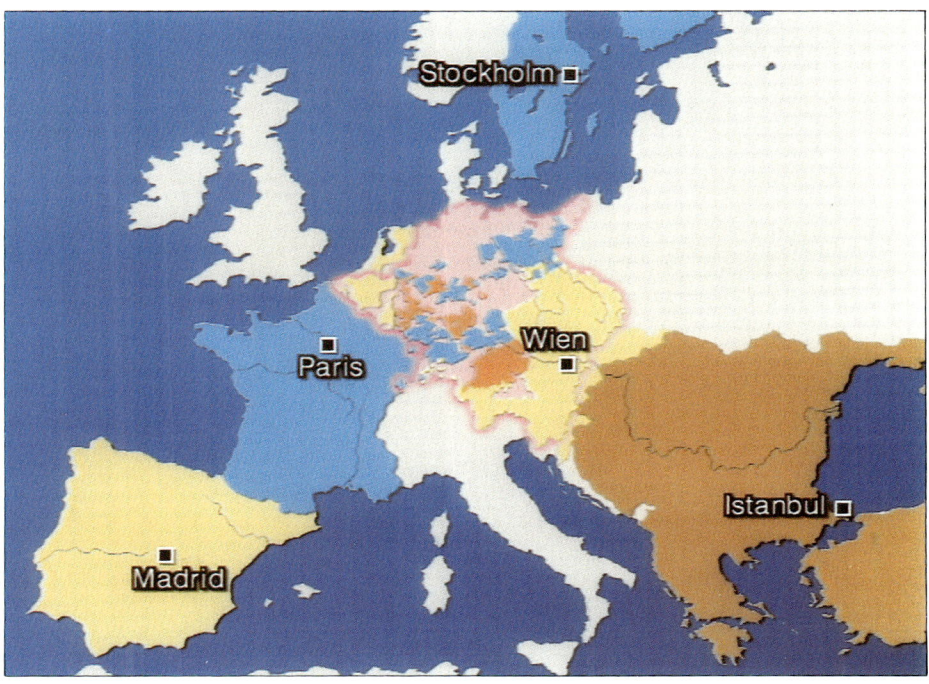

Die sozialen Folgen der Niederlage der böhmischen Aufständischen

Schon seit der Mitte des 16. Jahrhunderts begannen in Böhmen die Maßnahmen der Gegenreformation zu greifen. Adelige wie die Familien Slavata oder Liechtenstein gingen zum Katholizismus über, andere katholisch gebliebene Familien, wie etwa die Familie Lobkowitz, kauften Güter, um den Katholizismus zu stärken. Viele Adelige gründeten Jesuitenkollegien, wie z. B. in Neuhaus, Komotau oder Krumau.

Unter der Herrschaft Rudolfs II. waren theoretisch nur das katholische und utraquistische (gemäßigt hussitische) Bekenntnis in Böhmen erlaubt. In der Praxis allerdings waren noch immer 90 Prozent der Bevölkerung nichtkatholisch.

Diese Situation veränderte sich nun nach der Schlacht am Weißen Berg gravierend. Im Februar des Jahres 1621 wurden zunächst die Anführer der Aufständischen verhaftet, der Hauptschuldige im Sinne Ferdinands allerdings, Graf Thurn, konnte

Der Dreißigjährige Krieg erfaßte bald weite Teile Europas. Hier der Kräftevergleich zwischen Liga (gelb) und Union (blau).

Szene aus dem Dreißigjährigen Krieg: Die Erschießung. Der Krieg nahm im Laufe der Zeit immer brutalere Formen an. *ÖNB*

Israel ex. cum Priuil Reg.

Ceux qui pour obeir a leur mauuais Genie
Manquent a leur deuoir, vsent de tyrannie,

Ne se plaisent qu'au mal violent la raison ;
Et dont les actions pleines de trahison

Produisent dans le Camp mil sanglans vacarmes
Sont ainsi chastiez, et passez par les armes

Lagerszene aus dem
Dreißigjährigen Krieg:
Was die eigentlichen
Soldaten, die Söldner, betrifft,
so kämpften sie zunehmend
nur mehr für Geld und Beute.
Verwüstungen und Plünde-
rungen gehörten zum Alltag.
ÖNB

Waffen
aus dem Grazer Zeughaus.
Schon 1551 befanden sich in
Graz eine „Zeughütte" und
verschiedene Rüstkammern,
darunter eine im Landhaus.
1644 wurde der Bau eines
eigenen Zeughauses fertiggestellt, das zur wichtigsten
Waffenkammer
Innerösterreichs wurde.
G. Wolf

fliehen, er ging nach Siebenbürgen und wurde in Abwesenheit zum Tod verurteilt. Sein weiterer Lebensweg sieht ihn klarerweise auf der Seite der Gegner des Kaisers, er wurde dann Heerführer im schwedischen Heer Gustav Adolfs während des Dreißigjährigen Krieges und unterstützte später auch die Bestrebungen Wallensteins.

Am 21. Juni 1621 wurden 27 Menschen, drei Vertreter des böhmischen Herrenstandes, sieben aus dem Ritterstand und 17 Bürger, am Altstädter Ring in Prag öffentlich hingerichtet. Unter ihnen waren auch bedeutende Männer, wie Joachim Andreas Schlick, Kaspar Kapliř, der große Reisende und Schriftsteller Wenzel Budovec von Budova, der Musiker und Reisende Christoph von Harrant oder der Leibarzt von Kaiser Matthias Johann Jessenius, der Rektor der Prager Universität. An ihnen statuierte man ein Exempel: Ihre Hinrichtung sollte zeigen, daß mit dem neuerstarkten böhmischen König Ferdinand nicht zu spaßen war.

Auch in Mähren wurden im Jahr darauf 20 Todesurteile gefällt, die aber alle in Begnadigungen umgewandelt wurden. Nach dem Prager Blutgericht genügte das symbolische Vorzeigen der Instrumente der Gewalt, echte Gewalt war gar nicht mehr nötig.

Die Hauptstrafen, die alle jene betrafen, die in Verbindung mit den Aufständischen standen, waren Güterkonfiskation und Geldstrafen. In Böhmen waren nicht weniger als 680 Personen des Adels und in Mähren etwa 300 von solchen Strafen betroffen, die entweder Vermögensverlust oder Umwandlung von Eigengut, also Allod, in Lehensgüter oder auch die Herausgabe von der Hälfte, einem Drittel oder einem Fünftel des Eigentums bedeuteten.

Das Resultat dieser scharfen Strafmaßnahmen war, daß die Hälfte der Ständegemeinde an den Bettelstab gebracht wurde, die Hälfte des Bodens in Böhmen wurde nach 1620 umverteilt, Güter im Wert von 40 Millionen Gulden beschlagnahmt.

Immer wieder wird auch auf den großen Bevölkerungsverlust durch die Auswanderung von rund 36.000 Familien, insgesamt etwa 150.000 Menschen, hingewiesen, doch stammt diese Angabe nur von einer einzigen, nicht gerade sehr unparteiischen Quelle, aus den Aufzeichnungen des Wilhelm Slavata, des obersten Kanzlers im Königreich Böhmen. Unter diesen 36.000 Familien sollen 185 Geschlechter des Herren- und Ritterstandes gewesen sein, von denen jedes vier, manche zwölf, 20, sogar 50 männliche Personen zählte.

Von diesen großen Besitzumschichtungen profitierten einige Neureiche ganz besonders, darunter natürlich auch viele katholische Institutionen bzw. Personen, wie etwa der Jesuitenorden in seiner Gesamtheit, der Prager Erzbischof Ernst Albrecht Harrach oder Kardinal Dietrichstein in Mähren, oder auch der Abt des Prager Klosters Strahov, Caspar von Questenberg.

Was den Adel anlangt, so sehen wir bei dieser Umschichtung durchaus eine Bevorzugung der loyalen alten Herrenstandsfamilien Böhmens, wobei große Gebietskomplexe in den Händen der alten katholischen Familien, wie z. B. der Trčka oder der Kinsky, vereinigt werden. Eine der wichtigsten Familien Böhmens seit dem Mittelalter, die Familie Rosenberg, war schon knapp vor der Schlacht am Weißen Berg ausgestorben, aber die 1629 erfolgte Übertragung der „Proeminanzen und Vorzüge des gräflichen Hauses Rosenberg" auf Wilhelm Graf Slavata – den wir vom Prager Fenstersturz her kennen – ist ebenfalls im Zusammenhang mit der Bevorzugung katholischer böhmischer Familien zu sehen.

Die militärischen Führer des kaiserlichen Heeres, etwa Männer wie Buquoy und andere Generäle, waren ebenfalls Nutznießer dieser Enteignung von Gütern und ihres Verkaufes weit unter ihrem Wert. Der größte Gewinner aus dieser Enteignungswelle wird uns noch genauer beschäftigen, es ist niemand anderer als der bedeutende kaiserliche Feldherr Albrecht Wenzel Eusebius von Wallenstein, der gleichzeitig katholisches Mitglied einer böhmischen Herrenstandsfamilie und daher doppelt bevorzugt war. Wallenstein hat nicht nur die Güter der reichen Familie Smiřicky, sondern dazu noch 60 andere größere und kleinere Herrschaften aus dieser Umschichtung an sich bringen können.

Am bekanntesten – weil man Wallenstein oft auch den „Friedländer" nennt – ist sicherlich die Herrschaft Friedland; sie gehörte bis 1620 den Herren von Redern und kam nach deren Enteignung eben an Wallenstein, dem es gelang, sie 1627 zum Herzogtum erheben zu lassen. Die von Wallenstein erworbenen Güter hatten einen Wert von 15 Millionen Gulden.

Szene aus dem Dreißigjährigen Krieg. Die Belagerung von Neunburg durch Kaiserliche und Bayern unter Erzherzog Leopold Wilhelm vom 18. bis 21. März 1641. Ölgemälde von Peeter Snayers.
HGM

Kaiser Ferdinand II. erließ
im Mai 1627 die „Vernewerte
Landesordnung" für Böhmen
ohne Zustimmung der Stände
und Landesbehörden.
Böhmen wird faktisch zur
Provinz degradiert, die
Böhmische Hofkanzlei nach
Wien verlegt.
KHM, Ambras

Die verfassungsrechtlichen Folgen der Niederlage: „Vernewerte Landesordnung"

Neben den wirtschaftlichen und sozialen Folgen, den beachtlichen Besitzumschichtungen, kam es auch zu Konsequenzen der Schlacht am Weißen Berg, die das Land Böhmen in seiner Gesamtheit betrafen.

Die sogenannte „Vernewerte (=erneuerte) Landesordnung", also die durch Ferdinand II. erneuerte Verfassung der böhmischen Länder, ist im Rahmen einer Serie von Maßnahmen zu sehen, die sich gegen die protestantischen Stände richtete. So wurden alle evangelischen Geistlichen ausgewiesen, und für Böhmen und Mähren wurde im Jahr 1624 der Katholizismus zum einzigen erlaubten Bekenntnis erklärt. Die letzte Stufe dieser Maßnahmen stellte die am 10. Mai 1627 publizierte „Vernewerte Landesordnung" dar, der im Jahr darauf ein ähnliches Dokument für Mähren folgte. In dieser Landesordnung wurde Böhmen zum Erbreich der Habsburger erklärt. Der im 16. Jahrhundert mittels Kompromiß gelöste und erst in der Krise des Jahres 1618 wirklich akut gewordene Konflikt zwischen Wahlrecht und Erbrecht in Böhmen wurde damit eindeutig zugunsten des letzteren entschieden. Auch eine Reihe anderer Maßnahmen stärkte die Position des Herrschers, so bestimmte die Landesordnung die königliche Besetzung der höchsten Landesämter, zu denen

Nur ein Viertel der Konfiskate – in der älteren Literatur wird dieser Anteil oft übertrieben und von einer vollständigen Überfremdung des böhmischen Adels berichtet – gelangte an im Land neue Familien, die zum großen Teil aus den Erblanden oder dem Reich stammten, viele von ihnen auch aus Italien oder Spanien. Sie hatten alle nur eines gemeinsam, sie waren katholisch. So diente diese Besitzumschichtung letztlich auch dem Ziel der Gegenreformation.

Viele dieser Familien, wie die Eggenberg, die Trauttmannsdorff, Thun, Metternich, Clary oder Gallas sind aus der Geschichte Böhmens nicht wegzudenken.

Nach dem Tod Wallensteins 1634 erfolgte dann eine neuerliche Umverteilung mit der Tendenz zu einer Auflösung der Besitzkonzentration seines Großgrundbesitzes. Die Nutznießer dieser zweiten Umschichtung tragen ebenfalls für die Geschichte der Habsburgermonarchie klingende Namen, es sind die Familien Piccolomini, Colloredo, Isolani, Sporck, Beaufort-Spontin, Collalto, Coudenhove-Kalergi, Auersperg, Berchtold, Fürstenberg, Haugwitz, Herberstein, Hohenlohe, Khevenhüller-Metsch, Larisch, Rohan, Schönborn und Schönburg-Hartenstein. Nach dieser zweiten Konfiskationswelle hatten die neuen Familien etwa 40 Prozent der Güter in den böhmischen Ländern inne. Das Incolat, also die Aufnahme in den böhmischen Herrenstand, wurde freizügig erteilt, zwischen 1627 und 1656 wurden 417 Personen in die Landtafel aufgenommen, die bald mit den alten Familien wie den Sternberg, Lobkowitz, Czernin, Kinsky, Martinitz, Slavata, Waldstein, Bubna und Kolowrat verschmolzen.

Leopold V. (1586–1632),
Erzherzog von Österreich-
Tirol, war vorher Bischof von
Straßburg und Passau. Sein
Vater war Erzherzog Karl II.
von Innerösterreich. In den
Jahren 1639 bis 1642 und
nach 1645 führte er den Ober-
befehl im Dreißigjährigen
Krieg. Bekannt sind auch
seine Kunstsammlungen.
ÖNB

REVERENDISS AC SERENISS PRINC ET DOMIN D LEOPOLDVS ARCHIDVX
AVSTR EPS ARG ET PASSV ADMINISTR MVRB ET LVDER D IX BVRG STYR
CAR   DG ALSA COM HABS TIROL GOR &.

Adelige nur für fünf Jahre ernannt wurden. Der böhmische Landtag verlor seine gesetzgebende Gewalt, und auch das Landgericht war nicht mehr die oberste Gerichtsinstanz. Der böhmische König sicherte sich auch seinen Einfluß auf die Incolats-Erteilung, also die Aufnahme in die Landstände, die bisher den Ständen selbst und ausschließlich zugestanden war. Eine weitere Folge der Niederlage der Stände war auch, daß der seit der Hussitenzeit in Böhmen nicht mehr im Landtag vorhandene Prälatenstand nun wieder im Landtag vertreten war.

Auf dieser neuen Verfassung aufbauende Mandate vom 31. Juni 1627 für Böhmen und vom 9. März 1628 für Mähren zwangen den nichtkatholischen Adel, sofern er das Land nicht schon unmittelbar nach 1620 verlassen hatte, zur Auswanderung. Nur in Schlesien blieb eine relative Religionsfreiheit erhalten. Rund ein Viertel des böhmischen Adels und ein Fünftel bis ein Viertel der wohlhabenden Bürger des Landes wanderten nach Sachsen, in die Oberpfalz, die Slowakei, nach Brandenburg, Ungarn und Polen aus.

Der Weg zum Absolutismus war damit beschritten, zwar war er noch nicht voll durchgesetzt, wird sich in den habsburgischen Ländern auch nie so durchsetzen wie in Frankreich, aber ein erster wesentlicher Schritt in einem der Länder war getan, und von hier aus breitete sich dieses Modell auch auf die anderen von den Habsburgern beherrschten Territorien aus.

Szene aus dem Dreißigjährigen Krieg: Übergang der kaiserlichen, lothringischen und bayrischen Truppen über die Somme zwischen Brayx und Corbie unter Feldmarschall Piccolomini am 1. August 1636. Ölgemälde von Peeter Snayers.
HGM

Folgende Doppelseite:
Das Vogelschießen zu Brüssel. Ölgemälde von D. Teniers d. J.

KHM

Die endgültige Durchsetzung der Gegenreformation

Die Durchsetzung der Gegenreformation in Böhmen und nach dem böhmischen Beispiel dann in den anderen Ländern Ferdinands – man nannte das: „den anderen Ländern böhmische Stiefel anziehen" – erfolgte also, wie wir gesehen haben, durch brutale Gewalt des Siegers. Hinrichtung, Ausweisung, Enteignung waren die Mittel der siegreichen Gegenreformation, die sich Hand in Hand mit dem Absolutismus entwickelte. Der Staat war die Machtstütze der Kirche und die Kirche die Machtstütze des Staates, so funktionierte der konfessionelle Absolutismus der Habsburgermonarchie. Am Beispiel Wiens läßt sich gut zeigen, wie sehr sich die Situation nach 1620 verschärfte. Schon früher waren verschiedene Anordnungen gegen die Protestanten ergangen, aber nun wurde es ernst. Das „Auslaufen" zum protestantischen Gottesdienst vor die Tore der Stadt wurde nun endgültig vom Stadtrat verboten. 1625 wurden die evangelischen Prädikanten in Hernals „eingezogen", womit das Verbot des „Auslaufens" der Wiener zum protestantischen Gottesdienst auch wirklich durchgesetzt werden konnte. Anfänglich standen also die Zwangsbekehrungsmaßnahmen durchaus im Vordergrund.

Doch über dieser gewaltsamen Seite der Rekatholisierung darf man die gewaltlose, längerfristig wirksame, innere Reform der Kirche und die Volksmission des Barock nicht übersehen. Schon mit der Durchsetzung des Reformpapsttums ab der Mitte des 16. Jahrhunderts wurden die Weichen für die innere Erneuerung und die Bestrebungen der Rekatholisierung in Europa gestellt. Die entstehenden neuen Orden erwiesen sich dabei als ein wirksames Mittel dieser gegenreformatorischen Bestrebungen.

Gestützt auf die Beschlüsse des Konzils von Trient und seine sich klar von den protestantischen Glaubensinhalten abhebenden Glaubensdekrete kam es zu einer inneren Erneuerung der katholischen Kirche, die schrittweise in den katholischen und rekatholisierten Gebieten durchgesetzt wurde. Durch bischöfliche Visitationen in den verschiedenen Diözesen und die regelmäßigen Besuche der Bischöfe in Rom, die sogenannten Ad-limina-apostolorum-Reisen, und ihre Berichte an die Kurie wurde dieses Programm der Reformkirche durchgesetzt.

Eine große Rolle in diesem Prozeß der katholischen Reform innerhalb der alten Kirche spielten die vielen, ursprünglich im romanischen Süden Europas heimischen, aber bald auch in der Ländern nördlich der Alpen verbreiteten geistlichen Orden, dabei sind vor allem die reformierten unbeschuhten Karmeliterinnen, die Piaristen, die Paulaner, die Ursulinen und allen voran der für die Gegenreformation wichtigste dieser Orden, der von Ignatius von Loyola gegründete Jesuitenorden, hervorzuheben. Die sich rasch in Europa ausbreitenden Jesuiten werden in der Folge vor allem im Bereich der Schulen und Universitäten, als Beichtväter und als Ratgeber an Fürstenhöfen eingesetzt. Diese neuen Orden betrieben geduldige Aufklärungs- und Überzeugungsarbeit, führend in dieser Richtung war der Prager Erzbischof und Kardinal Ernst Adalbert Graf Harrach, der Volksmission betrieb und die Organisation und Aufsicht der Pfarren in Böhmen erheblich verbesserte.

Andere führende Kräfte der Gegenreformation in Böhmen waren etwa der Bischof von Breslau, Erzherzog Karl Ferdinand, ein jüngerer Bruder Kaiser Ferdinands II., der in der Zeit des Aufstandes sogar vertrieben wurde, er konnte dann nach 1621 die Gegenreformation energisch durchführen. Noch bedeutender war sicherlich Franz Dietrichstein, der seit 1599 Bischof von Olmütz und Kardinal war; er war schon vor der Schlacht am Weißen Berg die Hauptstütze der Regierungspartei, er erwirkte den Ausschluß eines mächtigen Gegners, des Karl von Zierotin, aus dem Landtag und wurde dafür 1619 des Landes verwiesen, seine Güter wurden konfisziert. Nach 1620 war er Statthalter und Landeshauptmann von Mähren und führte in dieser Kombination aus weltlichen und geistlichen Befugnissen die Gegenreformation durch. Unter

Szene aus dem Dreißigjährigen Krieg von Hans Ulrich Frank: Die Verschleppung. In der letzten Phase des Krieges hatte die Politik ihre Linie verloren, jeder bekämpfte jeden, Söldnertruppen hatten sich selbständig gemacht und zogen plündernd und mordend durchs Land. Entscheidende Schlachten wurden keine mehr geschlagen.
ÖNB

Ifrael ex. Cum Priuil. Reg.

œil toufiours furueillant de la duine Aftrée
annit entierement le dueil d'vne contrée ,

Lors que tenant l'Efpée, et la Balance en main
Elle iuge et punit le voleur inhumain ,

Qui guette les paßans, les meurtrit, et fen ioüe ,
Puis luy mefme deuient le ioüet d'vne roüe

anderem gründete er mehrere Klöster der Kapuziner und Franziskaner. Im Jahr 1624 erhob ihn Ferdinand II. in den Fürstenstand.

Die Epoche nach 1620 war – nicht nur in Böhmen übrigens – auch beherrscht von einer Reihe von gegenreformatorischen Schulgründungen. Der wichtigste Orden dabei waren natürlich wieder die Jesuiten: Sie hatten eine Art Oberaufsicht über die Schulen und übten die Zensur über die Druckschriften aus. In Wien hatten sie von 1623 an die volle Kontrolle über die Universität, 1654 wurde ihnen auch die Verwaltung der Prager Universität übertragen. Als 1677 in Innsbruck eine neue Universität gegründet wurde, stand sie zumindest teilweise ebenfalls unter jesuitischer Kontrolle, und schließlich wurde 1702 in Breslau das Jesuitengymnasium in eine Landesuniversität für Schlesien umgewandelt. Die gesamte höhere Bildung war also in den Händen des wichtigsten gegenreformatorischen Ordens. Aber auch im mittleren Schulwesen griff die Gegenreformation ein, es wurden Gymnasien der Jesuiten und Piaristen gegründet.

Als Auswirkungen der Rekatholisierung auf kulturellem Gebiet muß in erster Linie auf diese Arbeit der Orden verwiesen werden, das Schulwesen, ja der gesamte Bildungsbereich standen zunehmend unter dem Einfluß der Ordensgeistlichkeit. Auch die Bautätigkeit ist wesentlich von diesen Orden, die neu angesiedelt wurden und daher ihre Kirchen erst bauten, bestimmt. Aus Rom nahmen sie nicht nur ihre geistliche Bildung, sondern auch den barocken Baustil mit, der zu einem Charakteristikum der Epoche der Gegenreformation

wurde. Die große Zahl der barocken Kirchen, Stifte und Klöster – teilweise Neubauten, teilweise Barockisierungen älterer Kirchen – entstanden.

In Wien, um nur ein Beispiel zu nennen, begannen in dieser Zeit verschiedene Orden ihre Kirchen zu bauen, die Barmherzigen Brüder (1622) und die Karmeliter (1623) in der Leopoldstadt, die Paulaner (1627) auf der Wieden, die Jesuiten eroberten nicht nur die Universität (1622), sondern bauten auch eine eigene Kirche (1627), die Camalduenser siedelten sich auf dem Kahlenberg an (1628), die Augustiner (1630) und die Dominikaner (1637) bauten in der inneren Stadt ihre Kirchen und Klöster. Nach der stark weltlich ausgerichteten Renaissancekultur erfolgt mit der Barockkultur wieder ein Vordringen religiöser Elemente. Diese Barockkultur wird besonders im Bereich der erfolgreich durchgeführten Rekatholisierung gesteigert, vor allem also in Süddeutschland, Österreich („Klösterreich") und Böhmen. Im Stile dieses böhmischen Barock erbaut der Italiener Carlo Lurago als bedeutendsten Bau 1653 für die Jesuiten in Prag das Clementinum, dem vom selben Baumeister im Jahr 1656 in Klattau eine vorbildhafte Jesuitenkirche folgt, die zum Leitbild des „böhmischen Barock" wird.

Auch die Literatur, die Musik und die Festlichkeiten der Zeit sind von dieser Aktivität der Geistlichen und der Ordensleute bestimmt. Als charakteristisches Beispiel wäre etwa das Jesuitentheater zu nennen, das ebenso wie andere Aktivitäten des Ordens auch versuchte, größere Massen der Bevölkerung einzubeziehen, und auch auf die Volkskultur seine Rückwirkungen zeigte.

Szene aus dem Dreißigjährigen Krieg von Jacques Callot: Das Rad (um 1633). Der Dichter Andreas Gryphius hat die Schrecken des Krieges in seinem Gedicht „Threnen des Vatterlandes" 1636 drastisch geschildert (s. S. 224).

ÖNB

Albrecht Wenzelslaus
Eusebius von Wallenstein
(1583–1634) ist untrennbar
mit der Geschichte der
Habsburger und des
Dreißigjährigen Krieges
verbunden. Er stammte aus
einer protestantischen
Familie, 1606 trat er zum
katholischen Glauben über.
Im Dienste des Kaisers stellte
er ein Heer auf eigene Kosten
auf, seine Erfolge im Krieg
liefen parallel mit seinem
hierarchischen Aufstieg:
1625 wurde er zum Herzog
von Friedland, 1628 zum
Generalissimus des
Ozeanischen und Baltischen
Meeres.

AKG

Der barocke Katholizismus ist das Produkt dieser
gegenreformatorischen Bemühungen. Er ist charakterisiert durch große Sinnlichkeit – Erlebnis,
Spektakel, Mystik und vertiefte Frömmigkeit stehen nebeneinander. Wichtig war die Betonung
der Unterschiede zum konfessionellen Gegner,
daher kommt es zum Beispiel zu einer Intensivierung der Heiligenverehrung und einem gesteiger-
ten Marienkult.

Speziell in Böhmen hat man hier sehr klug auf die
gegebene Situation reagiert, nicht nur die Erhebung Cyrills und Methods in den Rang von Landes-
patronen zeugt davon, sondern auch der – allerdings erst 1729 offiziell einsetzende – Nepomuk-
Kult, der einerseits die Bedeutung der Ohren-
beichte unterstreichen soll, der Legende nach ist
das ja der Grund des Martyriums, und andererseits
die Hus-Erinnerung auslöschen sollte. Wieder gab
es einen aus Böhmen stammenden Heiligen, noch
dazu wieder einen Jan – er sollte also die Hus-
Verehrung ersetzen.

Verbunden mit dieser Rekatholisierung, die auch
das äußere Erscheinungsbild des Barockkatholizismus durch Wallfahrten, Prozessionen, Bruderschaften, Prunkentfaltung und Festlichkeiten
prägte, ist der Prozeß der sogenannten „Sozialdisziplinierung", der allerdings schon vorher einsetzte. Auch hierbei arbeiteten Staat und Kirche
Hand in Hand bei der Heranbildung gottesfürchti-
ger, moralischer, unterwürfiger und nicht rebelli-
scher Untertanen.

Einzig in Ungarn ist die Situation der Gegenreformation anders. Zwar gab es dort als Motor der
Gegenreformation den Erzbischof von Gran, Péter

Der schwedische König
Gustav II. Adolf (1594–1632)
trat in den Dreißigjährigen
Krieg ein, um seine
Vormachtstellung im
Ostseeraum auszubauen.
Nach Erfolgen über Tilly und
Wallenstein fiel er in der
Schlacht bei Lützen 1632.

AKG

Pázmány, dem es gelang, einige Magnaten zum
Katholizismus zurückzuführen. 1623 gründete er
eine theologische Lehranstalt, das nach ihm be-
nannte Pazmaneum, und 1635 auch eine Universität in Nagyszombath, die dann nach Pest verlegt
wurde. Jedoch kommt es durch die andere Situation des Landes, das nur zu einem Teil von den
Habsburgern beherrscht wird, in Ungarn niemals zu einer wirklichen – schon gar nicht gewaltsamen – Durchsetzung der Gegenreformation. Das
Überdauern der protestantischen und calvinischen
Gruppen in Ungarn führt dort mehr als in den
anderen Ländern der Habsburgermonarchie zu
einer Spaltung der Kultur.

Der große Krieg

Mit dem Prager Fenstersturz begann eine militärische Konfrontation, die, von Böhmen ausgehend,
bald einen großen Teil Europas erfassen sollte.
Ursprünglich war die Auseinandersetzung religiös
motiviert. Ferdinand II., aber auch andere katholische Fürsten, glaubten, den Katholizismus nur in
einem solchen Krieg durchsetzen zu können, und
ähnliche Ideen fanden sich selbstverständlich
auch auf seiten der Protestanten.

Doch diese religiöse Motivation für den Krieg
trat immer mehr in den Hintergrund, je länger
die Auseinandersetzung dauerte. Verschiedene
Mächte Europas mengten sich ein – manche von
ihnen, wie Dänemark oder Schweden, hatten auch
religiöse Motive, sie traten als Verteidiger des
Protestantismus auf, doch waren diese religiösen
Motive untermischt und nicht zu trennen von
handfesten politischen Interessen.

Einer der Hauptgegner der Habsburger schließlich, der zunächst durch finanzielle Unterstützung
der Gegner und schließlich auch durch ein direktes Eingreifen in den Dreißigjährigen Krieg eine
gewichtige Rolle spielte, Frankreich, war ja ein
katholisches Land, das aus reinen machtpolitischen Gründen auf der Seite der Protestanten
kämpfte. Auf der Seite der österreichischen
Habsburger kämpften auch ihre spanischen Verwandten, deren Kriegshilfe im Dreißigjährigen
Krieg entscheidend war. Philipp III., mit einer
Erzherzogin der österreichischen Linie verheiratet
und vom Gesandten Franz Christoph Khevenhüller überredet, sandte sein Heer unter Ambrogio
di Spinola nicht nur zur Unterstützung des Katholizismus, sondern auch aus handfesteren politischen Gründen, vor allen zum Kampf gegen
Frankreich und seine Verbündeten.

Was die eigentlichen Krieger, die Söldner dieses
Krieges, anlangt, so kämpften sie zunehmend nicht
mehr für irgend etwas – außer für Geld und Beute.
Sicherlich wird zunächst ein Protestant eher in den
Heeren dieser Seite und ein Katholik im kaiser-
lichen Heer sich als Söldner verdingen, aber im
Laufe des Krieges wurde dieser Gesichtspunkt
immer unbedeutender – einem Großteil der
Soldateska ist es egal, ob das Geld, das sie verdie-
nen, lutherisch oder päpstlich ist, solange es gutes
Geld ist.

Die erste Phase des Dreißigjährigen Krieges, die
man den böhmisch-pfälzischen Krieg nennt, verlief für den Kaiser sehr positiv. Unterstützt durch
päpstliche Subsidiengelder, verbündet mit der
katholischen Liga und dem lutherischen Kursachsen, sind die Truppen der Katholiken erfolgreich. Nach dem großen entscheidenden Sieg
am Weißen Berg dringen sie nach Siegen über
den ebenso bibelfrommen wie kriegsgelehrten
Markgrafen Friedrich V. von Baden-Durlach und
Christian von Braunschweig-Wolffenbüttel, den
lutherischen Bischof von Halberstadt, der auch
der „tolle Halberstätter" genannt wurde, bis in
die Pfalz, nach Westfalen und Niedersachsen vor.
Der Krieg scheint seinem Ende zuzugehen, der
Kaiser und seine Verbündeten, die mit Territorien – Bayern mit der Oberpfalz, Kursachsen
durch die Verpfändung der Lausitzen – belohnt
werden, scheinen die Sieger dieser kurzen Auseinandersetzung zu sein.

Doch nun greift ein neuer Gegner in die Auseinandersetzung ein, nämlich der dänische König
Christian IV., der als Herzog von Holstein etc. und
Oberster des niedersächsischen Reichskreises
auch einer der Reichsfürsten ist.

Unterstützt durch große Geldsummen, die aus
Frankreich, England und den Niederlanden kommen, machte er sich zum Verteidiger der protestantischen Sache und leitet damit die zweite Phase

Das Waldsteinpalais in Prag.
Der kaiserliche Heerführer
Wallenstein stammte aus der
begüterten protestantischen
böhmischen Adelsfamilie
von Waldstein.

Nemeth

Der Kriegszug
des schwedischen Heeres
unter Gustav II. Adolf.

Johann Tserclaes Graf von
Tilly (1559–1632) war neben
Wallenstein der bekannteste
und erfolgreichste Heerführer
im Dreißigjährigen Krieg.
Ab 1630 war Tilly kaiserlicher
Generalissimus. Er wurde in
der Schlacht bei Rain am
Lech 1632 tödlich verwundet.

Nationalmuseum Bayern, München

des langen Krieges ein, den sogenannten dänisch-niedersächsischen Krieg von 1625 bis 1629. Wieder verläuft der Krieg zum Vorteil des Kaisers. Die beiden führenden Feldherren, Johann Tserclaes von Tilly und Albrecht von Wallenstein, siegten mehrfach gegen die Protestanten. Tilly erhielt seine militärische Ausbildung in den Kämpfen in den Niederlanden, tat sich dann im Türkenkrieg hervor und wurde 1610 Generalleutnant des Ligaheeres. Eine noch größere Bedeutung für den Dreißigjährigen Krieg hatte natürlich das Heer Wallensteins, doch müssen wir uns seiner Person später noch ausführlicher zuwenden.

1628 war Kaiser Ferdinand II. am Höhepunkt seiner Macht, die Ständemacht war gebrochen, die Rekatholisierung der Länder schritt zügig voran, und das ligistische Heer befand sich im Vormarsch in Norddeutschland. Der kaiserliche Feldherr Albrecht von Wallenstein hatte eine eigene kaiserliche Armee aufgebaut, die die Grundlage der militärischen Erfolge war. Außerdem hatte Ferdinand einen Ausgleich mit Bayern zustande gebracht, im Münchener Rezeß vom 22. Februar 1628 verzichtete Maximilian I. von Bayern auf Oberösterreich und erhielt dafür die Oberpfalz und die rechte Rheinpfalz.

Im Jahr 1629 schließlich mußte Christian von Dänemark den Frieden von Lübeck abschließen, in dem er auf jede weitere Einmischung in die Angelegenheiten des Reiches verzichten mußte. Wieder schien der Krieg gewonnen.

Im sogenannten Restitutionsedikt vom 6. März 1629, das eine Rückführung aller nach 1552 säkularisierten Hochstifte, Stifte, Klöster und Kirchen des Reiches in den Besitz der katholischen Kirche

vorsah, wurde den besiegten Protestanten die Rechnung präsentiert. Die Macht des Kaisers war gestiegen, so sehr gestiegen, daß selbst seine bisherigen Verbündeten Angst bekamen. Am Kurfürstentag in Regensburg 1630 betrieben die Fürsten des Reiches, unter ihnen auch Maximilian von Bayern, die Entlassung Wallensteins, da sie um ihre „Libertät", also um ihre ständischen Freiheiten, besorgt waren. Die Durchsetzung des Absolutismus und die Rekatholisierung im Reich – ähnlich wie sie in Böhmen und den Erbländern erfolgt war – war damit gescheitert.

Zu dieser Enttäuschung des Kaisers kam der Angriff eines neuen Gegners, der ähnlich wie Christian von Dänemark religionspolitische mit machtpolitischen Intentionen verband. Am 6. Juli 1630 landete König Gustav Adolf von Schweden mit seinem Heer in Vorpommern.

Gustav Adolf bekämpfte damit die Bedrohung seines protestantischen Königtums durch eine katholische Koalition aus Habsburgern, Wittelsbachern und dem Polenkönig Sigismund III. Wasa, außerdem wollte er die Protestanten des Reiches befreien und die durch das Restitutionsedikt zugunsten der Katholiken veränderte Reichsverfassung wiederherstellen. Sein machtpolitisches Ziel aber war die Vormachtstellung Schwedens im Ostseeraum, war das „dominium maris balitici", wie die zeitgenössischen Quellen das sehr trefflich nannten. Selbstverständlich sagte ihm die französische Politik sofort Unterstützung zu, und Kardinal Richelieu garantierte dem „Löwen aus Mitternacht" Subsidien in der Höhe von einer Million Livres jährlich. Damit begann die Phase des schwedischen Krieges von 1630 bis 1635.

Der schwedische König – in Wien noch als „Schneekönig" verspottet – drang im Norden Deutschlands vor, nach der Zerstörung und Plünderung Magdeburgs durch Tilly und Gottfried Heinrich Graf zu Pappenheim (1631) schlossen sich Gustav Adolf auch Sachsen und Brandenburg an. Nach den vernichtenden Niederlagen des katholischen Heeres unter Tilly in den Schlachten bei Breitenfeld (1631) und Rain am Lech (1632) stand Süddeutschland den Truppen des Schwedenkönigs offen.

Das war nun erneut die Stunde Wallensteins. Der Kaiser machte ihn „in absolutissima forma" zum Oberbefehlshaber, also mit Sondervollmachten, die auch selbständige Verhandlungen mit dem Gegner einschlossen. Wallenstein gelang es in dieser Stunde der Bedrängnis auch wirklich, das Steuer herumzureißen, Böhmen, in das die Sachsen eingefallen waren, wurde befreit, und der Schwedenkönig aus seinem Winterquartier in Nürnberg vertrieben. In der Schlacht bei Lützen (1632) fand Gustav Adolf schließlich den Tod. Trotz der rätselhaften Politik – über die noch zu sprechen sein wird – und der Ermordung Wallensteins hat diese Episode des Dreißigjährigen Krieges den Umschwung erneut zugunsten des Kaisers gebracht, der nach dem Sieg bei Nördlingen 1634 die Schweden aus Süddeutschland vertreiben konnte. Ferdinand II. schloß nun den Frieden von Prag mit dem sächsischen Kurfürsten im Mai 1635, der zwar die Calvinisten ausschloß und das Restitutionsedikt zurücknahm – als konfessionelles „Normaljahr" wurde nun 1627 angesehen –, aber endlich den Frieden herzustellen schien. Eine Umwandlung der Reichsverfassung im monarchischen Sinne schien möglich, alle protestantischen Reichsfürsten schlossen sich dem Vertrag an, und eine Reichsarmee sollte die Schweden aus dem Land vertreiben.

Doch wieder sollte es anders kommen. Nachdem es schon die dänischen und schwedischen Angriffe finanziert hatte, trat Frankreich nun 1635 aktiv in den Krieg ein, der damit in seine längste und schrecklichste Phase, den französisch-schwedischen Krieg von 1635 bis 1648, eintrat.

Ferdinand II., der mit großem Elan und religiösem Fanatismus in diese Auseinandersetzung gegangen war, erlebte nur mehr den Beginn dieses Krieges, der schon lange weit weg von den ursprünglichen Zielen der Gegenreformation verlief. Am 15. Februar 1637 starb Ferdinand II. in Wien und wurde in dem von Giovanni Pietro de Pomis für ihn erbauten Mausoleum in Graz begraben.

Seinem Sohn Ferdinand III. hinterließ er eine chaotische Situation, einen Krieg, der seine Eigendynamik hatte und den der friedliebende Ferdinand III. so lange vergeblich zu beenden suchte.

Mit dem Eintritt Gustav II. Adolfs von Schweden erreichte der Dreißigjährige Krieg einen neuen Höhepunkt. Am 20. Mai 1631 erstürmte und brandschatzte das kaiserliche Heer unter Tilly und Pappenheim die Stadt Magdeburg.
AKG

Nach Niederlagen des kaiserlichen Heeres in den Schlachten bei Breitenfeld und Rain am Lech war Süddeutschland für Gustav Adolf offen. In der Schlacht von Lützen am 16. November 1632 fand der Schwedenkönig den Tod.

ÖNB

Anmerkungen zum Wallenstein-Problem

Wenn man an den Dreißigjährigen Krieg denkt, so fällt den meisten Menschen dazu weder Ferdinand II. noch gar der weitgehend unbekannte Ferdinand III. ein, sondern man assoziiert – zumindest als Österreicher – damit in erster Linie den Feldherrn des Kaisers, Albrecht Wenzel Eusebius von Wallenstein (1583 bis 25. Februar 1634). Daher ist seine Persönlichkeit auch aus einer Geschichte der Habsburger genausowenig wegzudenken wie später die des Prinzen Eugen, dessen militärische Erfolge ebenfalls eine ganze Epoche beherrschten. Albrecht von Wallenstein oder auch Waldstein bzw. tschechisch z Waldstejna stammte aus einer protestantischen Familie, war früh verwaist und wurde von seinem Vormund Heinrich Slavata gut protestantisch erzogen. Seine ersten Kriegserfahrungen machte er im „langen Türkenkrieg" und in den Kämpfen gegen Stephan Bocskay.

Sein Aufstieg begann 1606 mit seinem Übertritt zum Katholizismus und wenige Jahre später durch eine reiche Heirat, die ihm große Besitzungen in Mähren einbrachte. 1617, anläßlich seiner zweiten Ehe mit Isabella von Harrach, wurde er in den Grafenstand erhoben.

Am Beginn des Dreißigjährigen Krieges war er an der Verteidigung von Wien 1619 gegen die böhmischen und ungarischen Truppen unter Thurn und Bethlen Gabor beteiligt, auch an der „Säuberung" Böhmens nach 1620 beteiligte er sich intensiv und erwarb dabei Güter von beachtlichem Reichtum,

darunter Friedland, Reichenberg und Jitschin. Auch sein rangmäßiger Aufstieg in der Adelshierarchie hielt damit Schritt, 1623 wurde er in den Fürstenstand erhoben, 1625 zum Herzog von Friedland gemacht.

In der zweiten Phase des Dreißigjährigen Krieges stellte Wallenstein auf eigene Kosten ein Heer von 20.000 bis 40.000 Mann auf. Er war damit einer von vielen militärischen Großunternehmern (wenn auch der erfolgreichste), dessen Stärke vor allem in der Organisation und Logistik lag. Sein Heer hatte keine konfessionellen Schranken, er nahm also Söldner aller Konfessionen auf, die Zucht war streng, doch war die Plünderungserlaubnis für die wallensteinischen Truppen sicherlich ein Anreiz, gerade dort anzuwerben. Der Grundsatz „Der Krieg ernährt den Krieg" garantierte zwar eine gute Versorgung des Heeres, aber führte auch zu schrecklichen Verwüstungen des Kriegsgebietes, das man häufig wechseln mußte, weil ein völlig ausgeblutetes Land den Krieg eben nicht mehr ernähren konnte.

Doch die Siege Wallensteins machten ihn für den Kaiser immer unentbehrlicher, und Wallenstein zog aus dieser Lage große materielle Vorteile. So kaufte er günstig das Herzogtum Sagan, wurde 1628 Generalissimus des Ozeanischen und Baltischen Meeres und bekam das Herzogtum Mecklenburg als kaiserliches Lehen.

Nach seiner Absetzung als Feldherr am Regensburger Kurfürstentag beugte er sich dieser Absetzungsorder zwar, nahm aber Kontakte zu Heinrich Matthias Thurn, jetzt schwedischer Feldmarschall, auf. Möglicherweise erwartete er nach

Gefechtsszene zwischen kaiserlichen und schwedischen Reitern im Dreißigjährigen Krieg.
ÖNB

Das Stauferkastell in der Wallenstein-Stadt Eger.
AKG

einem Frontwechsel, daß man ihm die böhmische Königskrone übertragen würde.

Als er in der Not des Kaisers 1632 erneut den Oberbefehl angeboten bekommen und in unbeschränkter Form übernommen hatte, führte er nach der unentschiedenen Schlacht bei Lützen, in der Gustav Adolf fiel, politische Verhandlungen mit Sachsen und Schweden.

Gleichzeitig lief eine Reihe von Intrigen am Wiener Hof gegen Wallenstein, vor allem war Kaiser Ferdinand II. verärgert über die Tatsache, daß Wallenstein Heinrich Matthias Graf von Thurn zwar gefangennahm, den „Erzrebellen" aber wieder freiließ. Gerüchte über eine bevorstehende Abdankung Wallensteins tauchten auf. So kam es zu einer Absicherung Wallensteins – auch als Rückenstärkung in seinen Verhandlungen mit Sachsen und Schweden – im sogenannten Pilsener Revers vom 13. Januar 1634. Auf Vorschlag Christian Ilows versammelten sich 49 kaiserliche Regimentsführer und Generäle und drängten Wallenstein, die Abdankungspläne aufzugeben. Das Dokument sicherte nicht nur den Verbleib Wallensteins, sondern verpflichtete auch die Offiziere, bis zum letzten Blutstropfen Wallenstein die Treue zu halten. Dieses von Männern wie Walter Butler, Johann Gordon, Christian Ilow, Ottavio Piccolomini und Adam Trčka unterzeichnete Dokument wurde zum äußeren Anlaß für die Absetzung, Ächtung und Ermordung Wallensteins. Seine Absetzung wurde schon am 24. Januar 1634 in Wien beschlossen.

In einem zweiten Dokument dieses Pilsener Reverses vom 20. Februar, das nur von wenigen

ALBERTI DVCIS FRIDLANDINI, MILITIÆ CÆSAREANÆ GENERALISSIMI, ET ALIORVM QVORVNDAM DVCVM ET OFFICIARIORVM cædes. Egræ die 15. Februar: anni 1.6 3 4. patrata.

Die Ermordung Wallensteins und seiner Offiziere am 25. Februar 1634 durch kaisertreue Offiziere. Die Frage, ob Wallenstein wirklich Hochverrat begangen hat, beschäftigt die Historiker bis heute.
AKG

unterzeichnet wurde, verwahrte sich Wallenstein gegen den Vorwurf der Rebellion und sprach alle von ihrem Eid frei, sollte er vom Kaiser abfallen. Doch wenige Tage darauf, am 25. Februar 1634, wurde Albrecht von Wallenstein in Eger zusammen mit Ilow, Trčka und Kinsky durch die kaisertreuen Offiziere Matthias Gallas, Ottavio Piccolomini, Rudolf Colloredo, Johann Aldringen und Baltazar de Marradas ermordet.

Wieweit der Kaiser selbst in dieses Komplott eingeweiht war, oder ob er sogar den Befehl zur Ermordung Wallensteins gegeben hat, ist unklar. Von seiten des kaiserlichen Hofes versuchte man jedenfalls durch einen von Slavata redigierten Bericht, den Hochverrat zu beweisen und die Ermordung zu rechtfertigen.

Die Frage, was Wallenstein geplant hat und ob er wirklich Hochverrat begangen hat, beschäftigte die Historiker immer wieder. Hat Wallenstein auf die Absetzung der Habsburger im Reich hingearbeitet, wollte er selbst böhmischer König

werden? Ist das Motiv seines Handelns Reichspatriotismus oder nationaltschechische Gesinnung? Oder ist sein Verhalten einfach aus der ständigen Verärgerung über den Hof und seine Intrigen, durch sein ständiges Zurückstellen und Enttäuschen erklärbar? Alle diese Fragen werden in der Literatur über Wallenstein gestellt und unterschiedlich beantwortet. Wenig weiß man also über die politische Gedankenwelt dieses Mannes, der in erster Linie als Feldherr, Wirtschaftsspezialist und Kunstmäzen gewürdigt wird, zu sagen.

Ferdinand III.: ein unbekannter Habsburger

Neben den habsburgischen Kaisern, die jeder kennt, gibt es einige wenige, die nicht nur in der Öffentlichkeit kaum bekannt sind, sondern mit denen auch die Fachleute sich wenig oder gar nicht beschäftigt haben. So ist das Phänomen durchaus erstaunlich, daß Ferdinand III., jener Herrscher, der im letzten Drittel des Dreißigjährigen Krieges regierte und dann noch rund ein weiteres Jahrzehnt, als einer der wenigen Habsburger keinen Biographen gefunden hat. Dieses Schicksal, ein vergessener Habsburger zu sein, teilt er – wie schon erwähnt – mit Matthias, und ähnlich wie dieser wird er immer als Anhängsel seines Vorgängers, in diesem Fall seines Vaters, behandelt. Oft spricht die Literatur von den beiden Ferdinanden, die doch in ihrer Persönlichkeit, in ihren Interessen und wohl auch in ihrem geistigen Format nicht miteinander zu vergleichen sind. Wir werden später sehen, daß noch ein dritter wichtiger Habsburger keine – oder zumindest keine moderne – Biographie hat, nämlich Karl VI.

Erzherzog Ferdinand wurde am 13. Juli 1608 in Graz als dritter Sohn Kaiser Ferdinands II. und seiner ersten Frau, Maria Anna von Bayern, geboren. Nach dem Tod der älteren Brüder wurde er zum Thronfolger des Kaisers gemacht und sorgfältig erzogen.

Der ursprünglich schwächliche Erzherzog wurde nicht nur durch Freiherrn Christoph Simon von Thun, der Malteserritter und militärisch gebildet war, mit dem Waffenhandwerk vertraut gemacht, sondern erhielt auch eine ausgezeichnete Bildung durch die Jesuiten, die es ihm ermöglichte, seine Gedanken in nicht weniger als sieben Sprachen – Latein, Deutsch, Italienisch, Spanisch, Französisch, Tschechisch und Ungarisch – auszudrücken. Sein Vater setzte ihn systematisch im Rahmen der Regierungsaufgaben ein, lehrte ihm gewissermaßen das Handwerk des Herrschens, und bereitete seinen Sohn so gut auf sein zukünftiges Amt vor. Nach dem Tod Wallensteins übernahm der junge Erzherzog den Oberbefehl über die Armee, allerdings wurde ihm auch ein alter Routinier an die Seite gestellt, nämlich General Matthias Graf Gallas, der allerdings durch seine Trunksucht an der Erfüllung seiner Aufgaben etwas behindert war.

Dieses Interesse am Heerwesen blieb dem Kaiser auch nach der Beendigung des Dreißigjährigen Krieges erhalten, er beschäftigte sich theoretisch mit militärischen Fragen, und der später so bedeutende Feldherr Raimund Montecuccoli widmete ihm eines seiner Werke.

Auch Ferdinand III. war fromm, aber nicht so bigott wie sein Vater, vor allem hatte er – vermutlich in seiner Jugend erworben – eine Abneigung gegen die den Hof seines Vaters so vollauf beherrschenden Jesuiten. Die wesentlichste politische Rolle am Hof Ferdinands III. spielte neben und vor allem nach dem Tod des Maximilian Grafen Trauttmannsdorff Johann Weikhart Fürst Auers-

Ferdinand III. (1608–1657) wurde nach dem Tod seines Vaters Ferdinand II. 1637 zum römisch-deutschen Kaiser gewählt.

KHM, Ambras

Nach dem Tod Gustav II. Adolfs wurde seine Tochter Christina (1626–1689) als Königin von Schweden proklamiert (unter der Kanzlerschaft von Axel Oxenstierna).

ÖNB

Maximilian Graf
Trauttmannsdorff (1584–1650)
war wesentlich am Sturz
Wallensteins beteiligt und
Hauptbevollmächtigter
Österreichs bei den
Friedensverhandlungen in
Münster und Osnabrück.

KHM

perg, der Obersthofmeister des Kaisers war. Sein bestimmender Einfluß auf die Politik konnte erst unter der Regierung Leopolds I. zurückgedrängt werden.

Ferdinand III. war im Gegensatz zu seinem Vater ein musisch sehr begabter Mensch, der erste in der Serie habsburgischer Kaiser, der komponierte und von dem Musikstücke überliefert sind. Dem gelehrten Jesuiten Athanasius Kircher widmete Ferdinand III. das in italienischer Sprache komponierte „Drama musicum", das 1649 am Wiener Hof aufgeführt wurde. Es ist ein bedeutendes Werk, eine der ersten musikalischen Schöpfungen auf deutschem Boden, die in Nachahmung der vor kurzem entstandenen italienischen Oper geschaffen wurde. Neben seiner Tätigkeit als Komponist – auch kirchliche Musik, zwei Messen, mehrere Motteten und Hymnen, ein Miserere und ein Stabat mater von ihm sind überliefert – und Dichter hat er sich auch als Gründer einer italienischen Akademie hervorgetan.

Der Kaiser, der die italienische Sprache perfekt beherrschte und auch viele Gedichte in dieser Sprache schrieb, von denen die Zeitgenossen sagten, daß sie graziös, lebhaft und leicht singbar seien, war ein besonders feinsinniger Geist. Seine dritte Frau, die Italienerin Eleonore Gonzaga, hat ihn bei diesen Bestrebungen ebenso unterstützt und beeinflußt wie sein Lehrer Giuseppe Valentini. So konnte Erzherzog Leopold Wilhelm über seinen kaiserlichen Bruder mit Recht sagen: „Er stützte sein Szepter auf Leier und Schwert."

Aber auch – und das ist für diese Zeit doch recht erstaunlich – für naturwissenschaftliche Fragen hatte der Kaiser Interesse. Im Jahr 1654 führte der Physiker Otto von Guericke, bekannt durch seine sogenannten Magdeburger Halbkugeln, Ferdinand III. die von ihm erfundene Luftpumpe am Reichstag zu Regensburg vor.

Ferdinand III. war dreimal verheiratet. Zuerst heiratete er 1631 Maria Anna von Spanien, eine Schwester Philipps III., die zunächst nach England verehelicht werden sollte, dann aber auch zur Stärkung der Familienbande nach Österreich heiratete. Nach großen Schwierigkeiten – allein der Streit um die Person des Beichtvaters blockierte die Verhandlungen jahrelang – kam sie nach Wien, wo – mitten in der Zeit des Dreißigjährigen Krieges – eine große, 14 Monate dauernde Hochzeit gefeiert wurde. Diese Festlichkeiten verschlangen nicht weniger als 365.280 Gulden. Aus dieser ersten Ehe stammen sechs Kinder, unter anderen Ferdinand (IV.) und Leopold I. Bei der Geburt des letzten Kindes im Jahr 1646 ist die Erzherzogin 40jährig an Schwangerschaftsvergiftung in Linz gestorben. Zwei Jahre später heiratete er die erst 16jährige

Szene aus dem
Dreißigjährigen Krieg:
Mit dem Regierungsantritt
Ferdinands III. begann die
letzte Phase des Krieges
(französisch-schwedischer
Krieg).

ÖNB

Erzherzogin Maria Leopoldine aus der Tiroler Linie des Hauses, die allerdings schon nach 13 Monaten bei der Geburt ihres ersten Kindes, Karl Josef, starb.

Die gebildetste seiner Frauen war sicherlich die dritte, die 21jährige Herzogin Eleonore von Mantua, die er 1651 heiratete. Sie war nicht nur sehr fromm – sie stiftete das Ursulinenkloster in Wien, den adeligen Damenorden „Sklavinnen der Tugend" und schließlich 1668 nach der Errettung von einer Brandkatastrophe den bekannten Sternkreuzorden für adelige Damen –, sondern auch sehr gebildet. Ähnlich wie Ferdinand III. selbst schrieb sie italienische Gedichte, war musikalisch interessiert und bildete mit dem Kaiser gemeinsam den Mittelpunkt der von ihm gegründeten italienischen Akademie. Sie überlebte Ferdinand III. um fast drei Jahrzehnte und bildete auch noch am Hof ihres Stiefsohnes Leopold I. einen kulturellen Mittelpunkt ersten Ranges.

Das schwere Erbe: das letzte Jahrzehnt des Dreißigjährigen Krieges

Ferdinand III. hatte schon vor seinem Regierungsantritt eine wichtige Rolle im Dreißigjährigen Krieg gespielt, in dem er den Oberbefehl führte. Gemeinsam mit dem Kardinalinfanten Ferdinand, dem dritten Sohn Philipps III. und späteren Statthalter in den Niederlanden, errang er den entscheidenden Sieg bei Nördlingen 1634. Nach 1637 übernahmen dann andere die militärische Führung, unter ihnen einer der talentiertesten und vielseitigsten Habsburger, Erzherzog Leopold Wilhelm, der jüngere Bruder Ferdinands III. Dieser hatte die geistliche Laufbahn eingeschlagen,

war Bischof von Passau, Straßburg, Halberstadt, Olmütz und Breslau – einer der größten Pfründenkumulierer aller Zeiten – und Hochmeister des Deutschen Ordens. Außerdem war er militärisch interessiert und tätig, in den Jahren 1639 bis 1642 und nach 1645 führte er den Oberbefehl im Dreißigjährigen Krieg und versuchte auch, Reformen in der Armee durchzuführen. Leopold Wilhelm – auf dessen Kunstsammlung wir noch später zu sprechen kommen werden – war dann nach dem Krieg Statthalter der Niederlande.

Als Ferdinand III. die Regierung übernahm, war der große Krieg schon in seinem zweiten Jahrzehnt, große Teile Mitteleuropas waren in Mitleidenschaft gezogen, die Bevölkerung war kriegsmüde. Ferdinand selbst, der den Krieg gewissermaßen geerbt hatte, zeigte wenig Lust, ihn

Maria Anna, auch Maria Ana Teresa (1634–1696), war die Tochter Kaiser Ferdinands III. und die zweite Gemahlin König Philipps IV. von Spanien.

Prado, Madrid

Á la fin ſes Voleurs infames et perdus
Comme fruits malheureux à cet arbre pendus

Monſtrent bien que le crime, horrible et noire engeance
Eſt luy meſme inſtrument de honte et de vengeance

Et que c'eſt le Deſtin des hommes vicieux
D'eſprouuer toſt ou tard d'la iuſtice des Cieux

Szene aus dem Dreißigjährigen Krieg: Der Galgenbaum. Ab 1644 begannen die Friedensverhandlungen im katholischen Münster mit Frankreich und im protestantischen Osnabrück mit Schweden.

ÖNB

Philipp IV. (1621–1665),
König von Spanien.
Seine Regierungszeit war
geprägt vom politischen und
wirtschaftlichen Niedergang
Spaniens. Aus der Weltmacht
war ein verarmtes Land
geworden.
Prado, Madrid

*„Was schlimmer den die pest /
vndt glutt vndt hungers noth
Das nun der Selen schatz /
so vielen abgezwungen."*

Auch andere Dichter der Zeit sind tief betroffen von diesem schrecklichen Krieg, beschreiben seine Leiden, seine rauhen Sitten, seine Sinnlosigkeit. Allen voran Hans Jakob Christoffel von Grimmelshausen, der in seinem Simplicius Simplicissimus und in seiner Landstörzerin Courage dem großen Krieg ein unvergängliches literarisches Denkmal gesetzt hat.

Nicht nur die am meisten betroffenen Kriegsschauplätze in Deutschland und Böhmen litten, selbst das Zentrum der Herrschaft Ferdinands III., die Haupt- und Residenzstadt Wien, war gefährdet. Die schwedischen Truppen, die während des Dreißigjährigen Krieges auf dem Gebiet des Reiches kämpften, waren ebenso verwildert und gefürchtet wie alle anderen. Schon seit 1638 rechnete man in Wien mit einem schwedischen Einfall. 1643 kamen schwedische Reiter in die Nähe der Stadt, doch erst nach dem Sieg des schwedischen Generals Leonhard Torstenson bei Jankau am 6. März 1645 wurde die Lage bedrohlich. Nachdem Krems und Stein kapituliert hatten, waren Korneuburg und Kreuzenstein die letzten Festungen auf dem Weg der Schweden nach Wien. Als die protestantischen Schweden Wien bedrohten, zog Ferdinand III., um den gesunkenen Mut der Bevölkerung wieder zu heben, in einer Prozession mit dem Bild der von ihm besonders verehrten Jungfrau Maria durch die Stadt. Zur Erinnerung daran wurde auf dem Platz am Hof eine marmorne Säule errichtet. 1646 war die nach dem Münchener Vorbild der Mariensäule von Johann Jakob Bock errichtete Säule vollendet, doch wurde sie schon 1667 wieder abgetragen und im Schloß Wernstein am Inn aufgestellt, während Leopold I. eine Säule aus Erz an ihrer Stelle am Platz am Hof errichten ließ. Furcht herrschte in der Stadt, die Menschen flohen aus Wien. Nach der Übergabe Korneuburgs und Kreuzensteins und der Aufgabe der Wolfsschanze (in der Brigittenau) verließ auch der Kaiser die durch Torstenson von Stammersdorf her beschossene Stadt.

Den Oberbefehl führte nun Erzherzog Leopold Wilhelm, der etwa 39.000 Mann befehligen konnte. Torstenson wagte den Angriff nicht, und als am 30. Mai 1645 die Wolfsschanze von den Kaiserlichen zurückerobert werden konnte, war die Gefahr vorbei. Die Schweden mußten wieder abziehen, Wien war gerettet, doch der Krieg ging weiter, noch drei weitere schreckliche Jahre.

Der Krieg endete dort, wo er begonnen hatte. Im letzten Kriegsjahr zogen die Schweden in die

fortzusetzen, doch der Krieg hatte seine Eigendynamik entwickelt. Die Politik hatte schon lange ihre klare Linie verloren, jeder bekämpfte jeden, die Söldnertruppen hatten sich selbständig gemacht. Plündernd und raubend, vergewaltigend und brandschatzend zogen sie durchs Land. Entscheidende Schlachten wurden keine mehr geschlagen. Die Bevölkerung litt unermeßlich.

Der Dichter Andreas Gryphius hat diese Schrecken des Krieges in seinem Gedicht „Threnen des Vatterlandes" 1636 beredt geschildert. Es heißt dort:

*„Wir sindt doch nuhmer gantz /
ja mehr den gantz verheret!
Der frechen völcker schaar /
die rasende posaun
Das vom blutt fette schwerdt /
die donnernde carthaun
Hatt aller schweis / vnd fleis /
vnd vorraht auff gezehret.
Die türme stehn in glutt /
die kirch ist vmbgekehret.
Das Rahthaus ligt im graus /
die starken sind zerhawn.
Die Jungfrawn sindt geschändt /
vnd wo wir hin nur schawn
Ist fewer / pest / vnd todt der hertz
vnd geist durchfehret.
Hier durch die schantz vnd Stadt /
rint alzeit frisches blutt.
Dreymal sind schon sechs jahr
als vnser ströme flutt
Von so viel leichen schwer /
sich langsam fortgedrungen.
Doch schweig ich noch von dem
was ärger als der todt.*

Prager Kleinseite ein, plünderten den Hradschin, wobei ein großer Teil der Sammlung Rudolfs II. in alle Winde zerstreut wurde, und belagerten die Altstadt auf der anderen Moldauseite. Sie mußten unverrichteter Dinge wieder abziehen, der letzte Sturm auf Prag fand genau an jenem Tag statt, an dem der Westfälische Friede unterzeichnet wurde und nach 30 Jahren dieser Krieg endlich zu Ende war.

Der Westfälische Friede

Seit dem Beginn der Regierung Ferdinands III. spätestens ist die Friedensbereitschaft groß, der Wunsch nach Frieden weit verbreitet. Die Ereignisse des Krieges sind nicht mehr die großen Schlachten der Anfangszeit, man hat den Eindruck, der Krieg wird nur weitergeführt, um durch einen zufälligen Sieg die eigene Verhandlungsposition zu stärken. Denn schon seit dem Jahr 1644 finden Friedensverhandlungen im katholischen Münster mit Frankreich und im protestantischen Osnabrück mit Schweden statt, doch sie gehen langwierig und zäh voran – und während die Gesandten sich streiten, hält der Tod weiterhin seine Ernte in den deutschen Landen.

Auch Bemühungen um Sonderfriedensverhandlungen gab es in dieser Zeit, die Habsburger wollten mit Schweden, Bayern mit Frankreich einen solchen Sonderfrieden abschließen, doch nur einer dieser Sonderfrieden wurde wirklich unterzeichnet und beeinflußte die Verhandlungen in Westfalen. Im Januar 1648 wurde zwischen den niederländischen Generalstaaten und Spanien ein Vertrag unterzeichnet, der die Unabhängigkeit der Niederlande bestätigte.

Noch im selben Jahr, allerdings erst am 24. Oktober 1648, wurde ein allgemeiner Friede in Münster und Osnabrück geschlossen – wenn auch Frankreich und Spanien noch bis zum Pyrenäenfrieden von 1659 weiterkämpften –, das Reich hatte damit den langersehnten Frieden erreicht.

Dieser Friede brachte eine Reihe von territorialen Veränderungen: Schweden erhielt Vorpommern mit Rügen, Wismar und die Hochstifte Verden und Bremen, Brandenburg und Mecklenburg wurden aus säkularisierten Bistümern entschädigt, Frankreich bekam Rechte im Elsaß und Breisach sowie

Der sogenannte „Friedenssaal" im Rathaus von Münster, in dem der Westfälische Friede 1648 ausgehandelt wurde. *AKG*

Das Rathaus in Münster.
Der zwischen Kaiser
Ferdinand III. und seinen
Verbündeten und König
Ludwig XIV. von Frankreich
abgeschlossene Friede
beendete als Teil des
Westfälischen Friedens den
Dreißigjährigen Krieg in
Deutschland.
AKG

tätisch besetzt werden. Beschlüsse in der Reichsversammlung, dem Reichstag, sollten nur dann Geltung haben, wenn die geschlossenen Religionsgruppen, das Corpus Catholicorum und das Corpus Evangeliorum, übereinstimmend urteilten.

Die Reichsstände – acht Kurfürsten, 96 weltliche und 69 geistliche Fürsten sowie 62 Reichsstädte – erhielten bedeutende Rechte verbrieft, inklusive dem „ius foederis", dem Recht, Bündnisse mit auswärtigen Mächten abzuschließen, sofern sie – aber hier handelte es sich weitgehend um eine Leerformel – nicht gegen Kaiser und Reich gerichtet waren.

Die großen Territorien, allen voran Brandenburg-Preußen, waren die Sieger der Auseinandersetzung, sie waren stark geworden und hatten freien Handlungsspielraum. Die Möglichkeiten des Kaisers waren eingeschränkt, der Versuch, auch im Reich den Absolutismus durchzusetzen, war als gescheitert zu betrachten. Man darf aber auch nicht in den gegenteiligen Fehler verfallen und das Reich nach 1648 als völlig unbedeutend für die kaiserliche Politik betrachten, noch immer war dieser „einem Monstrum ähnliche Staatskörper", wie es der Staatstheoretiker der Zeit, Samuel Pufendorf, nannte, ein wichtiger Schauplatz der Politik und ein bedeutender Rekrutierungsort für Unterstützung des Kaisers vor allem im Kampf gegen die Osmanen und Franzosen.

Sicherlich aber hat die Einschränkung der Rechte des Kaisers im Reich und der Kontrast zu dem weitgehenden Durchsetzen des Absolutismus in den direkt von den Habsburgern beherrschten Territorien dazu geführt, daß sich die Interessen der Habsburger langfristig mehr dem Südosten, der Ausdehnung auf dem Balkan, zuwandten. Man hat ein wenig scharf oft vom Westfälischen Frieden als dem Wendepunkt von der kaiserlichen, nach Westen ausgerichteten, zu einer österreichischen, nach Osten ausgerichteten Politik der Habsburger gesprochen. In dieser Schärfe trifft das sicherlich nicht zu, aber ein wenig Wahrheit steckt in diesem Urteil der Historiker.

das Besatzungsrecht in Philippsburg, auch die Reichsbistümer Metz, Toul und Verdun kamen endgültig an Frankreich, Kursachsen wurde im Besitz der beiden Lausitzen bestätigt, und Bayern erhielt die Oberpfalz und behielt die Kurwürde, für die Pfalz wurde eine achte Kurwürde geschaffen. Zwei – in der Praxis schon lange selbständige – Staaten wurden völkerrechtlich unabhängig vom Reich, nämlich die Schweiz und die Niederlande.

Religionspolitisch wurde das Normaljahr 1624 für den jeweiligen Besitzstand der Konfessionen im Reich festgelegt, ausgenommen davon waren die habsburgischen Erblande und die nun bayerische Oberpfalz. Die im Augsburger Religionsfrieden von 1555 noch ausgeschlossenen Calvinisten wurden in den Frieden aufgenommen. Alle Reichsbehörden sollten in Zukunft konfessionell pari

Die Folgen des großen Krieges

Das 17. Jahrhundert ist sicherlich eine besonders ungünstige Zeit für die Bevölkerung Europas. Seuchen und Hungersnöte herrschen in dieser Mangelgesellschaft, deren Ernteerträge bei 1:3 oder 1:4 (das heißt 3 oder 4 kg Ernte bei 1 kg Aussaat) lagen.

Dazu kam die schreckliche Situation des Dreißigjährigen Krieges, der weite Landstriche Deutsch lands, vor allem aber auch das habsburgische Böhmen verwüstete. Am schlimmsten war dabei der große Bevölkerungsverlust, den der Krieg mit sich brachte. Nicht so sehr die Toten der Schlachten – die relativ gering an Zahl waren – fallen dabei ins Gewicht, aber speziell für Böhmen müssen wir die Auswanderungs- und Hinrichtungswelle nach 1620 im Zuge der Rekatholisierung sehen, die von einer zweiten Welle nach dem Westfälischen Frieden mit Auswanderung nach Sachsen, Brandenburg, Schlesien, die Slowakei, Polen und Preußen gefolgt wurde.

Seuchen haben das Ihre zu diesem Bevölkerungsverlust beigetragen, die Pest, die immer wieder aufflackerte, die Syphilis, „der Frantzos" genannt, die sich durch die zügellose Soldateska des Dreißigjährigen Krieges noch schneller als sonst verbreitete, aber auch Mangelerkrankungen und Hungersnöte haben diese Schrecken des Krieges potenziert.

Dazu kommen die eigentlichen Zerstörungen und Verluste durch den Dreißigjährigen Krieg, der einen Hauptschauplatz in Böhmen hatte. Von den 68 königlichen Städten, 87 untertänigen Städten, 396 Marktflecken, 11.000 Dörfern und 1354 Herrschaften Böhmens waren vom Krieg (vorwiegend durch Schweden) 80 Städte, 813 Dörfer und 215 Schlösser verwüstet. Ähnliche Zahlen könnte man auch für die ungeheuerlichen Kriegsschäden in Mähren nennen. Der Verlust an Bevölkerung in der Zeit des Dreißigjährigen Krieges wird auf ein Viertel bis ein Drittel geschätzt, wobei hier alle Ursachen: Vertreibung, Krieg, Hunger, Seuchen, zusammengerechnet sind.

Diese dunklen Jahrzehnte der mitteleuropäischen Geschichte wirkten noch lange nach. Es bedurfte großer Anstrengungen, die Kriegsschäden zu beseitigen, und einer langen Zeit, um die Bevölkerungsverluste wieder wettzumachen.

Vergebliche Versuche der Reichsreform und Tod Ferdinands III.

Trotz der Schwächung der kaiserlichen Position im Reich durch den Westfälischen Frieden war Ferdinand III. in der Reichspolitik auch nachher noch sehr aktiv. In den Jahren 1653 bis 1654 fand ein Reichstag in Regensburg statt, er sollte der letzte dieser Art sein: eine sich sporadisch treffende Versammlung der Großen des Reiches, nicht wie später dann im immerwährenden Reichstag eine Versammlung der Räte und Verordneten.

Ferdinand III. versuchte auf diesem Reichstag, eine Reihe von Reformen durchzusetzen. Die Re-

form zur Schaffung eines Reichsheeres scheiterte, aber das Reichskammergericht wurde wenigstens neu geordnet. Auf diesem Reichstag gelang es dem Kaiser auch, seinen gleichnamigen Sohn Ferdinand (IV.), der seit 1646 König in Böhmen und seit 1647 König in Ungarn war, im Mai 1653 zum römischen König wählen zu lassen und damit die Herrschaft der Habsburger im Reich zu sichern. Jedoch starb dieser schon am 9. Juli 1654 – erst 21 Jahre alt – an den Blattern.

Die Bemühungen Ferdinands nach dem frühen Tod seines ältesten Sohnes, die Wahl des jüngeren Leopold zum römischen König noch zu seinen Lebzeiten durchzusetzen, waren nicht von Erfolg gekrönt. Am 2. April 1657 starb Ferdinand III. in Wien. Sein Tod dürfte sich unter merkwürdigen Umständen vollzogen haben, die barocke Wiener Stadtgeschichte von Matthias Fuhrmann bemerkt

Nach dem Ende des Dreißigjährigen Krieges tauchte am Horizont bereits die nächste Gefahr für das Habsburgerreich auf: die Türken. Hier ein Janitschar.

ÖNB

dazu: „Als ihr Kays. Majest. Ferdinandus III. von allen Seiten, Gott Lob, nunmehro Friede hatte, fieng der Todt den letzten Streit mit Sie an und ließ solchen in diesem Jahr (1657) um die Helffte deß Mertzens durch einen alten Zufall ankündigen, also daß Sie sich deßwegen gar bethligerig machen müssen. Ob sich nun zwar mit Derselben so weit gebessert, daß Sie in der Chor-Wochen (Karwoche) dem Gotts-Dienst in der Hof-Capelle wieder beywohnen können, so hat es doch damit wenig Bestand gehabt, sondern die Schwachheit auf einmal so gar überhand genommen, daß nunmehr Hof und Aertzte am Leben zweiffelten. … Und hierauff vermehrte sich die Schwachheit dergestalt, daß Se. Majest. nunmehr den Todts-Kampff anzutretten begunte. Währender solcher letzten Zügen kam in der Kayserin Cammer-Küchen bey Hof ein Feuer aus und zwar des Nachts zwischen 11. und 12. Uhren, 4 Stunden vor gäntzlicher Abscheidung der sterbenden Majestät. Diese Glut setzte die vorhin genugsam bestürtzte Burg vollend in äusserstes Schröcken, und als die Trabanten hierüber Lermen machten, entstund unter dem Frauenzimmer, wegen Rettung der jungen Herrschaft und des Ihrigen, ein hefftiges Schreyen und Klagen, denn sie vermeynten, es wurde alles darauf gehen, zumahlen der Burg-Brunnen nicht über zweymal Wasser gab, so war er ledig. Also muste die Stadt mit Feuer-Kuffen, neben den Schornsteinfegern und andern hierzu bestellten Leuten, das Beste thun, damit die gefährliche Glut gedämpffet wurde. Als aber wegen schleiniger Rettung nur ein eintziges Zimmer völlig ausgebrannt, hat man des andern Tags zween Adler todt gefunden, der dritte aber, so dieselbige Nacht ein Ey geleget, starb ebenfalls dahin. Es empfiengen Ihr Majest. hierauf die letzte Oelung und starben am andern Oster-Tage, den 23. Mertz frühe gegen 4 Uhr, nachdem Sie ihr lobwürdigstes Leben nur auf 49 Jahr gebracht."

Der Westfälische Frieden von 1648: „Der Friedensschwur von Münster" am 15. Mai 1648: Hier die Anerkennung der vereinigten Niederlande durch Spanien. Gemälde von Gerard ter Borch, 1648.

AKG

6

DIE HABSBURGER

GEGEN TÜRKEN UND FRANZOSEN

Das Zeitalter
Prinz Eugens

Leopold I.
Joseph I.
Karl VI.

1658–1740

ZEITTAFEL

9. 6. 1640 Leopold als Sohn Kaiser Ferdinands III. und dessen erster Frau Maria Anna, Tochter Philipps III. von Spanien, geboren

27. 6. 1655 Krönung Leopolds in Ungarn

14. 9. 1656 Krönung Leopolds in Böhmen

18. 7. 1658 Wahl Leopolds I. zum römisch-deutschen Kaiser

1663 Der heilige Leopold wird zum Landespatron der österreichischen Länder gemacht

1663/64 Türkenkrieg

1664 Schlacht bei Mogersdorf/St. Gotthard

1664 „Schandfriede" von Eisenburg

1665 Tod Erzherzog Sigismunds Franz. Ende der Tiroler Linie

1666 Wiener Kommerzkollegium gegründet

12. 12. 1666 Leopold I. heiratet Margarethe Theresia von Spanien, die Tochter Philipps IV.

1667 Die Armeen Ludwigs XIV. fallen in den spanischen Niederlanden ein

1670 Angriff Ludwigs XIV. auf Lothringen

1670 Die Juden werden aus Wien vertrieben

1671 „Magnatenverschwörung"

1672 Krieg Frankreichs gegen die Niederlande

1673 Kaiser Leopold tritt in den Krieg gegen Frankreich ein

1673 Heirat Leopolds I. mit Claudia Felicitas von Tirol, der Tochter Erzherzog Ferdinand Karls

1676 Heirat Leopolds I. mit Eleonore Magdalena von der Pfalz, der Tochter Philipp Wilhelms von Pfalz-Neuburg

26. 7. 1678 Joseph I. als ältester Sohn Kaiser Leopolds I. und der Eleonore von Pfalz-Neuburg geboren

1678/79 Friede von Nimwegen

1679 Pestwelle in der Habsburgermonarchie

1679 Tractatus de iuribus incorporalibus

1679–1683 Réunionspolitik Ludwigs XIV.

1680 Robotpatent

1681 Hofkammerinstruktion zum Bauernschutz

30. 9. 1681 Besetzung von Straßburg durch Ludwig XIV.

1683 Zweite Wiener Türkenbelagerung

12. 9. 1683 Entsatzschlacht auf dem Kahlenberg

5. 3. 1684 Abschluß der Heiligen Liga mit Polen und Venedig

1. 10. 1685 Erzherzog Karl, der spätere Kaiser Karl VI., als Sohn Kaiser Leopolds und dessen dritter Frau Eleonore von Pfalz-Neuburg geboren

1686 Eroberung der Festung Ofen

1687 Kaiserlicher Sieg bei Harsany („Zweite Schlacht bei Mohács")

1687 Ungarischer Reichstag zu Preßburg: Erbrecht für den habsburgischen Mannesstamm

1687 Joseph I. zum ungarischen König gekrönt

1688–1697 Reichskrieg gegen Frankreich

1690 Kurfürstentag zu Augsburg: Wahl Josephs I. zum römisch-deutschen König

1697 Sieg des Prinzen Eugen bei Zenta

1697 Rückfall Siebenbürgens an das Haus Habsburg

30. 10. 1697 Frieden von Rijswijk

26. 1. 1699 Friede von Karlowitz

24. 2. 1699 Joseph I. heiratet Wilhelmine Amalie, die Tochter Herzog Johann Friedrichs von Braunschweig-Lüneburg

1. 11. 1700 Tod des letzten spanischen Habsburgers Karl II.

1701–1714 Spanischer Erbfolgekrieg

18. 1. 1701 Friedrich I. wird König in Preußen

1701 Große Allianz zwischen Österreich, den Niederlanden und England

1703 „Giro-Zeddel", das erste Papiergeld in Österreich, ausgegeben

1703 Rákóczi-Aufstand in Ungarn

12. 9. 1703 Verzicht Leopolds und Josephs auf Spanien zugunsten Karls III. „Pactum Mutuae Successionis"

1704 Landung Karls III. in Lissabon

1705 Einzug Karls III. in Barcelona

5. 5. 1705 Tod Kaiser Leopolds I.

1706 Prinz Eugen befreit Turin

1707 Konvention von Altranstädt

1708 Karl (VI.) heiratet Elisabeth Christine von Braunschweig-Wolfenbüttel

1708–1709 Comacchio-Krieg

1708 Prinz Eugen siegt in den Niederlanden bei Oudenaarde und Malplaquet

17. 4. 1711 Tod Kaiser Josephs I.

12. 10. 1711 Karl VI. zum Kaiser gewählt

1711 Friede von Szathmár

1712 Friede von Utrecht

19. 4. 1713 Pragmatische Sanktion

1713 Pestwelle in der Habsburgermonarchie

17. 3. 1714 Friede von Rastatt

15. 11. 1715 Barrière-Vertrag zwischen dem Kaiser, den Generalstaaten und England

1716–1718 Erster Türkenkrieg Karls VI.

1716 Sieg des Prinzen Eugen bei Peterwardein

1717 Prinz Eugen erobert Belgrad

21. 7. 1718 Friede von Passarowitz

1719 Karl VI. erklärt Triest und Fiume/Rijeka zu Freihäfen

Die Regierungszeit der drei Kaiser Leopold I., Joseph I. und Karl VI., die Zeit des Hochbarock, wurde oft auch als Zeitalter des „Aufstiegs Österreichs zur Großmacht" bezeichnet. Heute ist man – nach den Erfahrungen unserer Zeit mit dem Begriff „Großmacht" – etwas vorsichtiger und skeptischer geworden in der Beurteilung dieser Epoche. Eine Reihe von Problemen, vor allem außenpolitischer Natur, ist der gesamten Epoche eigen, so daß es besser ist, sie in einem Zusammenhang zu sehen, ohne die willkürliche und zufällige Gliederung durch die Regierungsdaten der drei Kaiser zu beachten.

Erst im Anschluß an diese allgemeinen Probleme wird auf die einzelnen Herrscher einzugehen sein. Neben den drei sehr unterschiedlichen habsburgischen Herrscherpersönlichkeiten muß noch ein vierter Mann, der diese Zeit entscheidend mitgeprägt hat, in unsere Betrachtungen einbezogen werden, der Prinz Eugen, der große Feldherr und Ratgeber dieser drei Kaiser – ohne ihn ist dieser Abschnitt der österreichischen Geschichte schwer zu denken.

Der Aufstieg zur Großmacht und das Elend der Massen

Die Wirtschaft der vorindustriellen Zeit basierte noch immer vorwiegend auf der landwirtschaftlichen Produktion, die Hauptmasse der Bevölkerung waren Bauern, die in der Mehrzahl der Fälle in Unfreiheit lebten, sie waren von einem adeligen oder geistlichen Grundbesitzer abhängig, lebten im System der Grundherrschaft, das im Mittelalter entstanden war und in unserem Gebiet bis 1848 bestand.

Wien, Hofburg: Der Leopoldinische Trakt erhielt seinen Namen nach Kaiser Leopold I., der ihn zwischen 1660 und 1670 erbauen ließ. Als Hauptresidenz der Habsburger hat die Hofburg im Laufe der Jahrhunderte zahlreiche Umbauten erfahren, die Einheit des Baues konnte aber gewahrt werden.

ÖNB

Die wirtschaftlichen Bedingungen der Bauern verschlechterten sich im Laufe des 16. und 17. Jahrhunderts noch mehr. Mit den Ideen des Merkantilismus (also viel produzieren und verkaufen, wenig importieren), die sich in der Grundherrschaft früher als sonstwo durchzusetzen begannen, stiegen die Robotleistungen der Bauern an. Die Grundherren gingen immer stärker zur Eigenwirtschaft über und benötigten die kostenlose Arbeitskraft der Bauern, um sie auf ihren eigenen Feldern einzusetzen. Eine weitere zusätzliche Belastung entstand vor allem in der Barockzeit mit dem immer größeren Repräsentationsbedürfnis der Adelsschicht und der Klöster. Der Adel hatte beinahe alle seine wirklichen Funktionen in der Gesellschaft verloren, umso mehr legte er auf eine standesgemäße Repräsentation Wert, die zu einer geradezu unermeßlichen Bautätigkeit führte. Daß die Materialien für alle diese Schlösser – und das gilt mutatis mutandis auch für die Barockbauten der „Ecclesia triumphans" – durch bäuerliche Robotarbeit herbeigeschafft, daß die Zahlungen für die wunderbaren Meisterwerke italienischer und einheimischer Baumeister und Künstler aus dem Ertrag der wie Zitronen ausgepreßten Herrschaften stammten, versteht sich von selbst. Die wirtschaftliche Situation der Bauern war besonders in Böhmen schlecht, zur allgemeinen Belastung kamen hier noch die Kriegsschäden des Dreißigjährigen Krieges und die gerade in Böhmen intensiv betriebene Kapitalisierung der Grundherrschaften sowie ein Bauboom des böhmischen Adels. Man hat daher gerade im Zusammenhang mit Böhmen unter Historikern in der letzten Zeit die Diskussion um den Marx-Engels-Begriff der „zweiten Krise des Feudalismus" und der „zweiten Leibeigenschaft" in der zweiten Hälfte des 17. Jahrhunderts intensiv geführt. Diese wirtschaftliche Situation führte zu einer Verarmung des Landes und größeren Bauernerhebungen in Böhmen, z. B. 1668 auf den Gütern der Grafen Desfour und Waldstein, 1673 im Leitmeritzer Kreis und 1680 in Nordböhmen. Kaiser Leopold I. reagierte auf diese veränderte Wirtschaftslage mit dem Robotpatent von 1680, das 1717 und nach erneuten Bauernunruhen um Tabor 1738 erneuert wurde. Ähnlich wie diese Robotpatente für Böhmen dienten auch der Tractatus de iuribus incorporalibus 1679 und die Hofkammerinstruktion Kaiser Leopolds I. 1681 dem Ziel, Schutzmaßnahmen für die Bauern gegen die Belastungen durch die Grundherren zu setzen.

Das späte 17. und das beginnende 18. Jahrhundert waren auch eine Zeit der Intensivierung der landwirtschaftlichen Nutzung, vor allem durch erweiterte Dreifelderwirtschaft und den vermehrten Anbau von Hülsenfrüchten und anderen Zwischenfrüchten, die den Ertrag steigerten. Um 1660 fand auch der Mais – über die Vermittlung der Türkei (daher „Türken", ital. gran turco etc.) – in Österreich Eingang, diese Pflanze gedieh ebenfalls gut und steigerte die Erträge beachtlich, auch ein beginnender Tabakanbau machte die Güter rentabler.

Fest im Wiener Burghof aus Anlaß der Vermählung Kaiser Leopolds I. mit Margaretha Theresia von Spanien.
ÖNB

Der Empfang der kaiserlichen Braut am 5. Dezember 1666 in Wien. Die Hochzeitszeremonie fand am 12. Dezember statt. Fast ein Jahr lang wurde gefeiert. Den Höhepunkt des Festes bildete die Aufführung der Oper „Il Pomo d'Oro" (Der Goldene Apfel).
ÖNB

In der Viehzucht kam es ebenfalls zu ertragssteigernden Maßnahmen, vor allem zu einer Rassenverbesserung der Rinder durch Einfuhr ertragreicherer Rindersorten aus dem Westen Europas und auch zur Ausdehnung der Schafzucht im Zusammenhang mit der beginnenden Manufakturtätigkeit und dem Bedarf am Rohstoff Wolle. Das Gewerbe der Städte war nach wie vor im zünftischen System organisiert, die Zünfte reglementierten den Einkauf und die Produktion und beschränkten damit die Erzeugung von Gütern erheblich. Innerhalb der zünftischen Struktur bestand eine Reihe von Spannungen zwischen den Meistern, den Gesellen und den Lehrjungen, die durch die geringe soziale Mobilität – Meister konnte man im wesentlichen nur werden, indem man die Meisterstelle erheiratete – bedingt war. Ein weiteres Problem für die Zünfte stellten vor allem in Wien die „Störer" dar, also Handwerker, die außerhalb der Zunft arbeiteten. Viele von diesen hatten ein kaiserliches Dekret und waren die sogenannten „Hofbefreiten".

Raimund Fürst von Montecuccoli (1609–1680), österreichischer Feldherr. In der Schlacht bei St. Gotthard an der Raab (Mogersdorf) konnte er 1664 die Türken entscheidend schlagen. 1668 wurde er Präsident des Hofkriegsrats und übernahm 1672 das Kommando im Krieg gegen Frankreich. Montecuccoli verfaßte auch grundlegende Arbeiten über die Kriegskunst.
ÖNB

Der Bürgermeister von Wien, Andreas Liebenberg (1627–1683), starb während der zweiten Türken-belagerung im September 1683 an den Folgen einer Verwundung.
ÖNB

Durch die Entstehung der ersten Manufakturen und die große Zahl der „Dekretisten und Hof-befreiten", also Handwerker, die außerhalb der zünftischen Ordnung standen, wurde die wirt-schaftliche und soziale Lage der Meister um 1700 immer schlechter. Die Meister versuchten daher, den Druck weiterzugeben, und beuteten ihrerseits die Gesellen nun stärker als zuvor aus. Dies wie-derum führte zu Gesellenunruhen, insbesondere bei den Schuhmachergesellen, die schon 1715 erstmals in Wien streikten. In der Folge gab es eine Reihe von Aufständen, die sogar die Landesgren-zen überschritten.

In diesen Zusammenhang ist auch die Schuh-knechtrevolte in Wien vom Jahr 1722 einzuordnen. Schon im Juli 1722 wurde in einem kaiserlichen Patent den sich zusammenrottenden Gesellen, die eine Art von Geheimbund gebildet hatten, mit strengen Strafen gedroht. Doch die Lage blieb gespannt, und Ende Oktober 1722 kam es in Wien zu einem Aufstand der Schuhknechte, vermut-lich deshalb, weil man versuchte, ihre bis dahin eigenständige Gerichtsbarkeit einzuschränken. Im Laufe der gewaltsam ablaufenden Unruhen wur-den sieben Menschen, darunter drei Schuster und zwei Bäcker, von der Rumorwache (einer Art Polizei) erschossen. Die Unruhen nahmen ein sol-ches Ausmaß an, daß man in der Stadt Militär konzentrieren mußte. Am 31. Oktober wurden zwei Schustergesellen am Hohen Markt öffentlich gehenkt. Der Aufstand wurde also, wie alle sozia-len Erhebungen der Zeit, blutig niedergeschlagen. Scharfe Maßnahmen, vor allem das Verbot der Zusammenrottung und der Bildung von eigenen „Vereinen", sollten in Zukunft ähnliche Aufstände verhindern helfen. Die Freiheit der Gesellen, vor allem das freie Wandern, das die „internationale Solidarität" verstärkte, wurde erheblich einge-schränkt.

Noch unlösbarer und belastender waren die Pro-bleme mit den Unterschichten. Die Zahl der Armen, der Bettler und der Verbrecher wuchs in der Barockzeit, die neben der verschwenderischen Pracht der adeligen Paläste und barocken Kirchen, neben dem Überfluß der höfischen Feste auch bittere Armut und starke soziale Diskriminierung kannte, ungemein an. Gleichzeitig gewann die menschliche Arbeitskraft in der Barockzeit an Bedeutung und wurde als wesentlicher Teil des Produktionsprozesses erkannt. Der Versuch, die Armen als billige Arbeitskräfte heranzuziehen, sowie der Gedanke, die Verbrecher nicht mehr zu töten, sondern im Zucht- und Arbeitshaus „nützlich" einzusetzen, kommen aus der gleichen Geisteshaltung.

Am 12. Januar 1671 wurde daher z. B. auf Befehl des Kaisers Leopold I. in der Wiener Leopoldstadt an der Stelle dreier Häuser von vertriebenen Juden ein Zuchthaus errichtet. Finanziert wurde dieses Zuchthaus aus den Einnahmen von den Komö-dien, den Puppen- und Schattenspielen, Seil-tänzen, von Glückshäfen (einer Art Tombola), Billard, Kegelplätzen, den Kartenspielen, dem Tabak, den Fechtschulen, des Verkaufs von Austern und Muscheln etc. Gesunde Bettler, un-botmäßige Dienstboten, Arbeitsscheue, Prosti-tuierte und Kupplerinnen, aber auch die Kinder

von Fahrenden und andere ungezogene Kinder sollten darin – meist durch Prügel – zur Arbeit erzogen und durch religiöse Bildung fromm gemacht werden.

Auch zeigte sich, daß für das Alten-, Siechen- und Armenproblem vor allem in der Stadt Wien die bestehenden Einrichtungen, wie etwa das Bürgerspital, zu klein waren, um alle Armen aufnehmen zu können. Kaiser Leopold I. verwendete im Jahr 1694 neben Geld aus der Stiftung des kaiserlichen Rates Johann Franckh, der ein Soldatenspital errichten wollte, einen Teil der indirekten Steuern auf Bier, ein Geschenk des Kardinals Kollonitsch und eine Stiftung des Freiherrn von Thavonat, um auf den Gründen des heutigen Allgemeinen Krankenhauses ein Großarmenhaus zu errichten, das auch der Aufnahme von Militärinvaliden dienen sollte. Das von einer Regierungskommission geleitete Armenhaus konnte 1696 schon 1000, später (im Jahr 1724) sogar 1700 Menschen aufnehmen. Vor allem Militärinvalide, arme und sieche Männer und Frauen, aber auch Studenten, die die Lateinschule besuchten, wohnten in diesem

SERENISSIMVS ET INVICTISSIMVS PRINCEPS LEOPOLDVS I. IMPERATOR ELECTVS

DIVA MARGARETHA THERESIA ROMANORVM IMPERATRIX; HISPAN: REGIS FILIA.

Kaiser Leopold I. und seine erste Gemahlin Margaretha Theresia, Infantin von Spanien.
ÖNB

„Las Meninas": Die Infantin Margarita Teresa 1556 mit ihrem Hofstaat im Atelier des Künstlers Diego Velázquez. Neben Murillo und Zurbarán zählt Velázquez zu den bedeutendsten Malern Spaniens im 17. Jahrhundert.
AKG

1679 griff die Pest von Ungarn auf die österreichischen Länder über. Mehr als ein Drittel der Bevölkerung Wiens starb an der Seuche. Der Geschäftssinn der Kirche blühte auf: Gebete, Messen und Wallfahrten sollten die Pest bekämpfen. 1713 folgte eine neue Pestwelle. Hier das „Pestspital" von Burnacini.

HMStW

Armenhaus. Vor diesem Hintergrund von Not und Elend eines großen Teiles der Bevölkerung vollzog sich also der oft gepriesene Aufstieg Österreichs zur Großmacht – ein Staat, der die inneren Probleme nicht zu lösen imstande war, expandierte, eroberte Länder, in denen oft noch größeres Elend herrschte als in den bisher beherrschten Gebieten. Die Skepsis gegenüber der Jubelstimmung ist mehr als berechtigt.

Die Pest in Österreich

Zu dieser ohnehin schlechten Lage der Bevölkerung kamen auch in der zweiten Hälfte des Jahrhunderts – kaum hatte man sich von den ärgsten Schwierigkeiten des Dreißigjährigen Krieges halbwegs erholt – schreckliche Seuchen, vor allem mehrere große Pestwellen.

Schon im Jahr 1678 hatte die Pest in Ungarn gewütet, und man ergriff daher von Anfang des Jahres 1679 an eine Reihe von Maßnahmen in den österreichischen Ländern und besonders in der Stadt Wien, die allerdings wenig nützten. Die Zahl der Toten in der Stadt, die von solchen Epidemien immer stärker betroffen ist als das flache Land, wird von den Zeitgenossen zwar stark übertrieben – bis zu 122.800 Menschen sollen in Wien gestorben sein –, doch auch neuere Schätzungen,

die sich auf etwa 50.000 Tote belaufen, sagen aus, daß etwa ein Drittel der Bevölkerung Wiens, eingerechnet die Vororte und Vorstädte stirbt, etwas weniger kraß ist die Situation in anderen Ländern der Monarchie, in Prag sind „nur" 6000 Tote, in ganz Böhmen 50.000 Tote zu beklagen.

Die Pestwelle im September 1679 ist unvorstellbar schrecklich. Wer es sich leisten konnte – allen voran der Hof – verließ Wien. Die Ärzte und das sonstige Krankenpersonal konnten nur mit Gewalt festgehalten werden, selbst die Aushebung von großen Pestgruben – an Einzelbestattung war lange schon nicht mehr zu denken – war fast nicht mehr zu organisieren, die bürgerliche Ordnung der Stadt zerbrach beinahe völlig.

Umso mehr blühte die Kirche auf, die aus der Angst der Bürger vor dem Tod großes Kapital schlug, Gebete, Messen und Wallfahrten sollten die Pest bekämpfen, und so mancher gelobte die Errichtung einer Pestsäule oder einer Kapelle, um dem Grauen zu entrinnen.

Auch der Prediger Abraham a Sancta Clara verstand es meisterhaft, die Pest dafür zu nützen, die Angst zu schüren und den Menschen einen Spiegel ihrer Unmoral vorzuhalten. Kaiser Leopold gelobte, die Pestsäule am Graben zu diesem Anlaß errichten zu lassen, die gleichzeitig auch zu einem Denkmal der Pietas Austriaca, der gegenreformatorisch-absolutistischen Herrschaft wurde.

Eine weitere schlimme Pestwelle folgte dann 1713. Im Dezember 1712 wurde in der Wiener Rossau eine schwangere Frau ins Spital eingeliefert, die kurz darauf an der Pest starb. Trotz aller ergriffenen Vorsichtsmaßregeln, die durch den Konflikt zwischen Consilium sanitatis der Stadt und der medizinischen Fakultät der Universität erschwert waren, griff die Seuche rasch um sich und erreichte vom Juli bis September 1713 ihren Höhepunkt. Als die Seuche im Februar 1714 erlosch, hatte sie in Wien etwa 8000 Opfer gefordert.

Außer der vom Kaiser gelobten Karlskirche erinnern Gedenksäulen an dieses Ereignis.

Auf diese beiden Pestwellen 1679 und 1713 und einige kleinere Epidemien gehen die meisten Pestsäulen in den österreichischen Ländern zurück.

Der Merkantilismus

Die merkantilistische Theorie entwickelte sich in Frankreich, ihre grundlegenden Ideen stammen von Jean Baptiste Colbert. Der Merkantilismus ist die zum absolutistischen Staat passende und seine kostspielige kriegerische Politik ermöglichende Wirtschaftstheorie.

Das Hauptinteresse des absolutistischen Staates ist die Anhäufung von Geld, die Vermehrung des Schatzes, was erreicht werden kann durch eine aktive Handelsbilanz. Ziel des Merkantilismus ist es, viel im Land zu produzieren und es zu exportieren und auf der anderen Seite die Importe zu minimalisieren. Schutzzölle gegen fremde Waren sollen die Ausfuhr der in Manufakturen hergestellten Waren erleichtern.

Diese Manufakturen arbeiteten zwar noch ohne Maschinen, in ihren Organisationsformen nahmen sie allerdings schon Züge der Industrialisierung vorweg, vor allem den arbeitsteiligen Prozeß. Bedeutende frühe Manufakturgründungen in der Habsburgermonarchie waren z. B. das Manufakturhaus am Tabor, die Schwechater Baumwollmanufaktur, die Linzer Wollzeugfabrik von Christian Sind, die 1672 gegründet wurde, oder die vom Reichskanzler Ferdinand Kurz in Horn begründete Tuchmacher- und Färbersiedlung. Diese Manufakturen wurden vor allem in der Nähe von Städten postiert, so errichtete etwa 1697 der Unternehmer Bratti die erste Wiener Seidenweberei auf dem Schottenfeld, dem man – aufgrund der großen Profite, die man dabei machen konnte – dann den Namen „Brillantengrund" gab.

Vielleicht am bekanntesten von diesen frühen Fabriksgründungen ist aber die vom Franzosen Innozenz du Paquier gegründete Porzellanmanufaktur, die dann in die heute noch bestehende Augartenmanufaktur überging.

Neben der Umgebung von Wien war Böhmen das zweite Zentrum dieser sogenannten „Protoindustrialisierung". Die böhmischen Städte erholten sich im Laufe des Jahrhunderts von der Katastrophe des Dreißigjährigen Krieges, und um 1700 setzte ein langsames Wachstum des Bürgerstandes ein.

Typisch für Böhmen war auch die starke Beteiligung des böhmischen Adels am Merkantilismus der zweiten Hälfte des 17. Jahrhunderts, Adelige wie Franz Ferdinand Graf Gallas, die Grafen Kaunitz oder die Grafen Waldstein begannen auf ihren Herrschaften mit der Tucherzeugung, Wenzel Norbert Graf Kinsky begründete 1669 die

Die Pestsäule am Graben wurde auf Anordnung Kaiser Leopolds I. von Johann Fischer von Erlach erbaut. Sie wurde auch zu einem Denkmal der Pietas Austriaca, der gegenreformatorisch-absolutistischen Herrschaft.
ÖNB

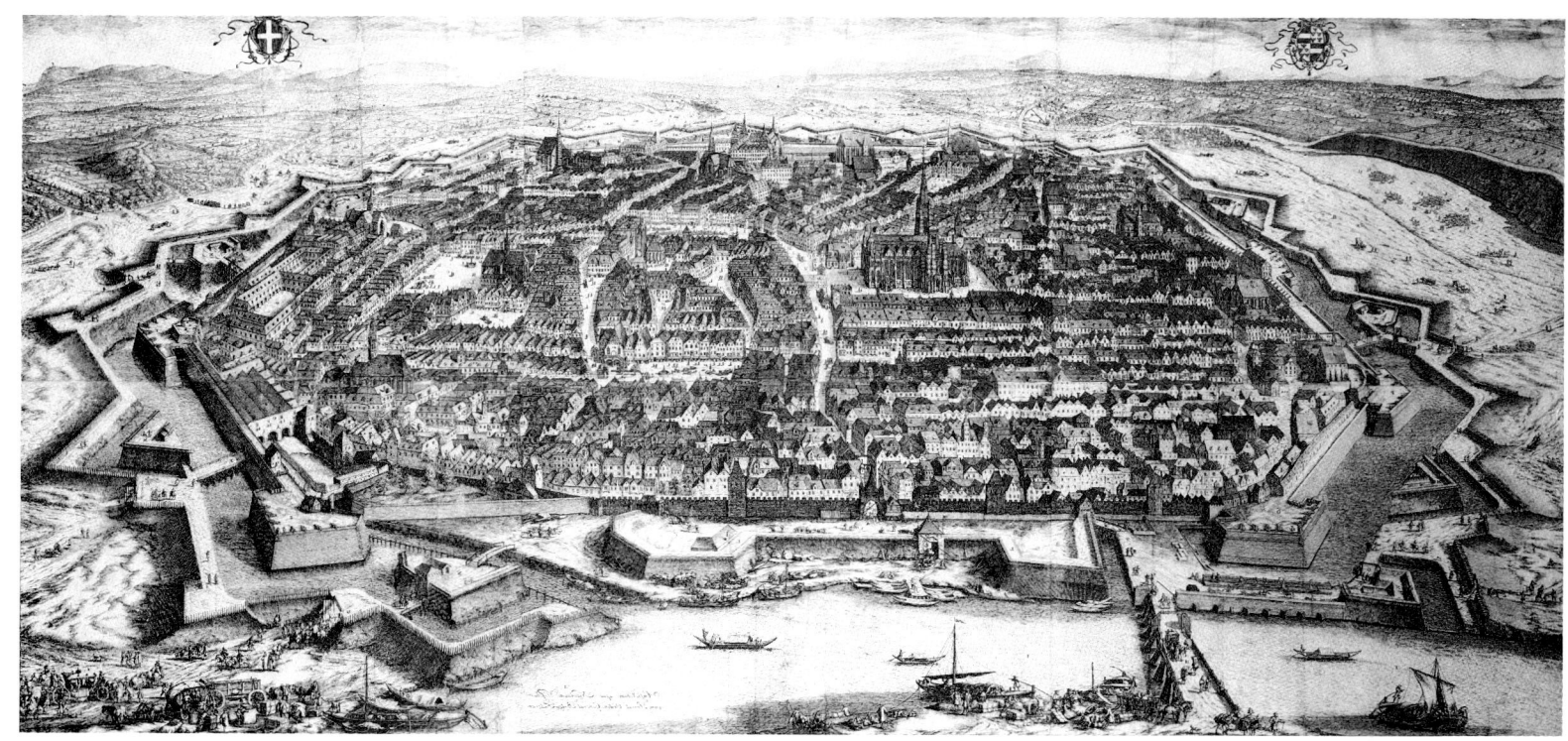

Wien aus der Vogelschau.
Stich von Jakob Hoefnagl.
Der wirtschaftliche Auf-
schwung gegen Ende des
17. Jahrhunderts zeigte sich
nicht nur am beginnenden
Ausbau Wiens, sondern vor
allem in den zahlreichen
Fabriksgründungen. Neben
Wien war Böhmen das
Zentrum des Merkantilismus.
HMStW

Glaserzeugung und Glasschneiderei auf seinen
Gütern. Viele andere Adelsfamilien stiegen in diese
neue Wirtschaftsform ein: z. B. die Familien Sternberg, Czernin, Eggenberg und Schwarzenberg. Sie
verfügten über ein Millionenvermögen, was natürlich auch Auswirkungen auf ihre Bau- und Mäze-
natentätigkeit hatte.

Neben der Gründung von Manufakturen spielt
auch das „Verlagssystem" eine große Rolle in dieser „Protoindustrialisierung".

Rohstoffe wurden dabei von einem Verleger an
Heimarbeiter ausgeteilt und als Halbfertig- oder
Fertigprodukte zurückgegeben. Häufig wurden
einige Arbeitsgänge eines komplizierteren Prozesses vom Verleger selbst durchgeführt, so gab man

Offiziers-Zischägge.
HMStW

z. B. Wolle an Heimarbeiter zum Spinnen aus, das
Färben der Wolle erfolgte in einer Manufaktur, das
Weben von Textilien wieder in Heimarbeit.

Zum Schutz dieser Manufakturproduktion setzte
der Merkantilismus eine Reihe von inneren Maßnahmen, wie Auswanderungsverbote für spezia-
lisierte Arbeiter, Beseitigung der Binnenzölle, Ausbau der Straßen und Kanäle. 1728 wurde die
Semmeringstraße neu trassiert, um eine gute Verbindung zu Triest und Fiume/Rijeka, die 1719 zu
Freihäfen – das heißt Häfen, die als Zollausland
gelten und dadurch den internationalen Verkehr
anziehen sollen – erklärt wurden, herzustellen.
Die Anstrengungen, verschiedene Kanäle zu
bauen, blieben in dieser Zeit noch in den Anfängen
stecken. In Österreich wirkten drei Theoretiker
des Merkantilismus: Johann Joachim Becher, der
für die Einführung neuer Wirtschaftszweige und
die Organisierung wirtschaftlicher Unternehmen
eintrat. Auf seine Anregung hin wurde 1666 das
Wiener Kommerzkollegium gegründet.

Wilhelm von Schröder versuchte, wirtschaftliche Maßnahmen, die er aus seiner Kenntnis der
niederländischen und englischen Textilindustrie
kannte, in Österreich einzuführen, konnte sich
aber nicht durchsetzen. Seine Theorie der Volks-
wirtschaft ist in dem Buch „Fürstliche Schatz- und
Rentkammer" 1686 beschrieben.

Philipp Wilhelm von Hörnigk legte mit „Österreich
über alles, wenn es nur will" die Programmschrift
des österreichischen Merkantilismus vor.

Charakteristisch für den österreichischen Merkantilismus, der deshalb oft auch als Kameralismus

bezeichnet wird, ist der starke Einfluß des Staates auf die Produktion. Da kein risikofreudiges, kapitalstarkes Bürgertum vorhanden war, mußte der Staat Anreize zur Gründung von Manufakturen bieten, indem er den Unternehmern Grundstücke zur Verfügung stellte oder Steuerfreiheit gewährte. Der Staat reformierte in dieser Periode auch eine Reihe „frühkapitalistischer" Staatsunternehmungen, besonders im Bereich des Bergbaus, in der zweiten Hälfte des 17. Jahrhunderts im Sinne des Merkantilismus, z. B. die Innerberger Hauptgewerkschaft, die einen Großteil der Eisenproduktion kontrollierte.

Absolutismus und staatliche Finanzpolitik

Mit dem Erfolg des Kaisers am Beginn des Dreißigjährigen Krieges, in der Schlacht am Weißen Berg 1620, konnte sich – wie wir gesehen haben – zunächst in Böhmen, später dann nach dem böhmischen Muster in den anderen habsburgischen Gebieten mit Ausnahme Ungarns der Absolutismus der Habsburger durchsetzen. Das ursprünglich dualistische System der Herrschaft des Landesfürsten mit den Landständen und häufig auch gegen diese erhielt dabei eine Modifizierung, die das Schwergewicht auf die Seite des Landesfürsten und seiner zentralen Behörden verlagerte. In der Habsburgermonarchie konnte sich dieser Absolutismus niemals so vollständig durchsetzen wie in Frankreich unter Ludwig XIV., dennoch gelang es den Habsburgern, durch den Ausbau der Bürokratie, die Zentralisierung der Verwaltung und die Schaffung einer stehenden Armee von 50.000 Mann (zehn Infanterie- und neun Kavallerieregimenter) nach dem Dreißigjährigen Krieg, ihre Position stark zu festigen.

Soziale Grundlage der absolutistischen Herrschaft war die höfische Gesellschaft, in der der ehemals auf seinen Herrschaften mächtige und selbstbewußte Adel domestiziert wurde. Die zunehmende Chancenmonopolisierung durch den Hof, wie der bedeutende Gelehrte Norbert Elias, der sich mit diesem Prozeß beschäftigte, das nannte, seit dem späten Mittelalter zwang den Adel, an den Hof zu gehen, um seine wirtschaftlichen Möglichkeiten, seine Ämter und seinen Aufstieg durch Rangerhöhungen zu sichern.

Damit bewahrte sich der Adel einen Anteil an der Herrschaft, der so weit ging, daß ein anderer Historiker, der ein grundlegendes Werk zu diesem Thema schrieb, Perry Anderson, vom Absolutismus als einer modifizierten Form der Adelsherrschaft sprechen konnte. Für ihn ist der Absolutismus „ein wiederentfaltetes erneuertes System

der Feudalherrschaft" und der absolute Staat ein „neuer politischer Rückenschild einer bedrohten Nobilität". Damit widerspricht Anderson dem häufig in der Nachfolge von Marx und Engels vertretenen Interpretationsmodell, die absolute Macht des Monarchen bzw. des Staates beruhe auf einem Gleichgewicht bzw. einer Pattstellung der Aristokratie und des aufstrebenden Bürgertums, der Bourgeoisie.

Diese These vom Gleichgewicht zwischen Aristokratie und Bourgeoisie legte auch Norbert Elias seinen Forschungen zugrunde.

Die Situation in Österreich ist gegenüber dem westeuropäischen Absolutismus nochmals spezifisch geprägt. Durch die Bindung der Habsburger an die katholische Kirche in ihrer Auseinandersetzung mit dem im 16. und beginnenden 17. Jahrhundert vorwiegend protestantischem ständischen Adel, verband sich in der Habsburgermonarchie die Durchsetzung des Absolutismus unauflöslich mit der Durchsetzung der Gegenreformation.

Schon der Historiker Oswald Redlich, von dem die beiden alten, aber nach wie vor klassischen Darstellungen dieser Epoche der österreichischen Geschichte stammen, sah diesen Zusammenhang klar: „In Österreich leitet diese Mischung des fürstlichen Absolutismus mit den feudalen Elementen und mit der siegreichen katholischen Kirche nicht bloß die Anfänge einer Neugestaltung des Staates

Kaiser Leopold I. sah sich zunehmend einem Zweifrontenkrieg gegenüber: im Westen gegen Frankreich und im Osten gegen das Osmanische Reich.
KHM

Türkische Roßschweife. Mit dem Erbanspruch der Habsburger auf das Königreich Ungarn 1526 unter Ferdinand I. begann ein Konflikt, der fast 200 Jahre andauerte und durch einen ständigen Kleinkrieg an der Grenze, der nur manchmal von einem wirklichen Krieg durchbrochen wurde, gekennzeichnet war.
HMStW

ein, sondern auch das Werden einer eigentlichen und eigenartigen österreichischen Kultur."

Dieser sogenannte „konfessionelle Absolutismus" ist eine Besonderheit der Entwicklung der Habsburgermonarchie, nirgends sonst gingen Gegenreformation und absolutistische Regierungsform, Ausschließlichkeit der Konfession und Ausschließlichkeit der Macht so sehr Hand in Hand wie in diesem Staat. Dennoch hat sich der Absolutismus nie gänzlich durchsetzen können, wie auch die Gegenreformation selbst außerhalb des ohnehin „anderen" Ungarn niemals voll durchgesetzt werden konnte, wie der Geheimprotestantismus in den Alpenländern deutlich zeigt.

Dennoch ist auch in Ungarn durch die Bemühungen des Erzbischofs von Gran, Peter Pazmány, und seines Nachfolgers Georg Lippay ein Teil der Magnaten rekatholisiert worden. Die Zentralisierungsbestrebungen nach 1670, die 1681 zum Versuch der Annullierung der Privilegien des Königreiches führten, scheiterten allerdings am permanenten Widerstand der Stände. Verbunden mit dieser Durchsetzung des Absolutismus und der Gegenreformation ist auch ein Vordringen des romanischen Elements in der Habsburgermonarchie, das durch die römische Kirche, aber auch durch den Einfluß Spaniens und der vielen italienischen Frauen der Habsburger und der mit ihnen kommenden Höflinge verstärkt wird. Italienisch, neben Spanisch und Französisch, wird die Sprache dieses habsburgischen absolutistischen Hofes.

An Versuchen zur Durchsetzung des Obrigkeitsstaates von seiten des Herrschers, aber auch von seiten der Kirche, fehlte es nicht. Mit der sogenannten „Sozialdisziplinierung" haben wir ein vielschichtiges Phänomen vor uns, das die Historiker in letzter Zeit stark beschäftigt hat. Die Interessen der Landesfürsten und der Kirche gingen zumindest über weite Strecken völlig parallel, ein braver, moralischer und nicht aufmuckender Untertan war sowohl für den absoluten Herrscher als auch für die katholische Kirche ideal. Eine Reihe von Maßnahmen trieb eine bestimmte Form von Religiosität voran, die man mit dem Begriff „Barockfrömmigkeit" zusammenfaßt. Diese religiösen Maßnahmen dienten, vereint mit der staatlichen Propaganda, dem Ziel der Sozialdisziplinierung. Der Pracht des Gottesdienstes und seines Umfeldes, den Prozessionen und Wallfahrten, dem Gepränge der Orden und Bruderschaften, kamen ebensolche Bedeutung zu wie der Verteufelung der Gegner von Herrscher und Kirche in Flugschriften und Predigten. Der Erbfeind der Christenheit, der Türke, stand dabei an erster Stelle, gegen diesen äußeren Gegner, der als Andersgläubiger auch im Sinne der Kirche und gerade in

diesem ein Feind war, wandte sich die Propaganda ebenso wie gegen den inneren Gegner, den Protestantismus.

Die Herrschaftsform des Absolutismus, die außenpolitisch durch eine Serie von Kriegen geprägt war, verlangte auch in der Wirtschaftspolitik nach adäquaten Formen, die die ungeheuren Kosten der Rüstung tragen konnten.

Der Landesfürst hatte zwei Arten von Einnahmen: das sogenannte Contributionale und das Camerale. Das Contributionale sind die Steuern, für die ein Bewilligungsrecht durch die Stände – das allerdings zunehmend von seiten des Herrschers einzuschränken versucht wird – besteht. Diese Einnahmen werden in erster Linie für Militär und Außenpolitik verwendet. Die immer mehr auf die politisch rechtlosen Bauern abwälzbaren Steuern machen die Steuerbewilligung für die Adeligen, die persönliche Steuerfreiheit genießen, leicht.

Das Camerale hingegen sind die aus unmittelbaren Herrschaftsrechten der habsburgischen Landesfürsten erwachsenden Einnahmen, z. B. Zölle, Mauten etc. Die Reform der Mautordnungen in dieser Epoche zeigt deutlich die Bemühungen des Staates zur Steigerung dieser ohne ständische Mitwirkung fließenden Geldmittel.

Durch verschiedene Umstände, wie das kanonische Zinsverbot, das Christen lange Zeit vom Geldgeschäft fernhielt, und die Spezialisierung der vom Grundbesitz ausgeschlossenen Juden auf diese Geldgeschäfte, spielten die sogenannten Hoffaktoren, jüdische Finanziers, eine wichtige Rolle in den Finanzgeschäften des Staates. Der wichtigste Hoffaktor in Österreich war Samuel Oppenheimer, der an der Finanzierung der Kriege des Hofes wesentlichen Anteil hatte. Sein Hauptgegner war der Kardinal Kollonitsch, dessen antisemitische Tendenzen von den Bürgern der Stadt aufgenommen wurden. Am 21. Juni 1700 kam es vor dem Haus Oppenheimers am Petersplatz zu antisemitischen Ausschreitungen, bei denen zwölf Personen getötet oder verwundet wurden.

Samuel Oppenheimers Tod 1703 löste den großen Staatsbankrott dieses Jahres aus. In der Folge kam es zu einer neuen Welle des Antisemitismus. Am Beginn des 18. Jahrhunderts war der Staat in schwerer finanzieller Bedrängnis. Die Türkenkriege und der unmittelbar anschließende Spanische Erbfolgekrieg hatten Unsummen verschlungen. Als nun im Frühjahr 1703 das Bankhaus Oppenheimer fallierte, kam man von seiten des Hofes auf die Idee, selbst eine Bank zu gründen. Im Plan hieß es: „Die Regierung errichtet im eigenen Namen und unter eigener Haftung ein Institut, das seinen Functionen nach ganz einer Girobank gleicht." Dieser Banco del Giro, dessen Aufgabe es auch ist, „Giro-Zeddel", also das erste Papiergeld in

Österreich, auszugeben, wurde mit einer Urkunde vom 15. Juni 1703 gegründet. Die Bank florierte nicht sehr und wurde daher am 24. Dezember 1705 der Stadt Wien übergeben, wodurch die „Wiener Stadt-Bank" entstand.

Dem Zweck der Geldbeschaffung im Sinne des Merkantilismus, das man für die aufwendige Hofhaltung ebenso brauchte wie für die andauernden Kriege, dienten auch Eingriffe in die Handelspolitik. Im Jahr 1666 wurde auf Anregung Johann Joachim Bechers das Kommerzkollegium als handelspolitische Zentralbehörde gegründet, und ein Jahr später gründete er auch die erste Orientalische Handelskompanie, die auf den Levantehandel ausgerichtet war, allerdings nur wenig Erfolg hatte. Aus politischen Gründen war auch der erfolgversprechendsten Gründung, der Oostendischen Handelskompanie, die 1722 in den österreichischen Niederlanden entstand, kein Erfolg beschieden.

Eines der Kennzeichen des Absolutismus ist die Bürokratisierung des Hofes und der staatlichen Verwaltung. Dies führt auch zu einer Abhängigkeit der Führungsschicht von den Zahlungen des Kaisers.

Auch der Aufstieg bürgerlicher Elemente in diese immer komplizierter und differenzierter werdende Verwaltung war möglich, Voraussetzung war meist ein Rechtsstudium. Die „gelehrten Räte", die sich mit dem seit dem Spätmittelalter rezipierten römischen Recht beschäftigt hatten, drangen seit dieser Zeit immer mehr und mehr in die Verwaltungsstrukturen des Reiches und der Länder ein, der moderne Beamtenstaat begann langsam zu entstehen und übte Kontrolle über seine Untertanen aus.

Grundlagen der außenpolitischen Situation der Habsburgermonarchie

Außenpolitisch standen für die Habsburgermonarchie in der Frühen Neuzeit zwei Fragen im Mittelpunkt, die beide ihre Wurzel im späten Mittelalter und in der habsburgischen Erwerbungspolitik hatten: die Auseinandersetzung mit den Osmanen und die mit Frankreich. Zwar hatten erste türkisch-tatarische Streifscharen österreichisches Gebiet schon im späten Mittelalter erreicht, doch zu einem wirklichen Problem wurde die Auseinandersetzung mit einem so lange Zeit überlegenen Gegner erst ab 1526, seit dem Erlöschen der jagiellonischen Dynastie in Ungarn und dem Erbanspruch der Habsburger auf das Königreich der Stephanskrone. Mit der Doppelwahl des Jahres 1527, in der einerseits der Habsburger Fer-

dinand I. und andererseits Johann Zapolya gewählt wurden – schließlich mischten sich auch noch die Osmanen selbst in diesen Streit gleichsam als lachende Dritte ein –, kam es zu einem Konflikt, der fast zweihundert Jahre andauerte und durch einen ständigen Kleinkrieg an der Grenze, der nur manchmal von wirklichem Krieg im modernen Wortsinn durchbrochen wurde, gekennzeichnet war. Wirft man einen Blick auf die Türkenliteratur, auf Flugschriften, „Newe Zeitungen", Schlachtenberichte, Panegyrik und Predigten, so zeigt sich deutlich eine völlig verschiedene Bewertung der türkischen Frage gegenüber der Auseinandersetzung mit anderen europäischen Mächten. Klar erkennbar ist, daß in den Augen der Menschen der Frühen Neuzeit der osmanische Staat, obwohl er seit dem späten Mittelalter große Teile Südosteuropas beherrschte, noch nicht in die europäische Staatenwelt, die sich als eine christliche verstand, integriert war. Dazu kommt, daß man die Osmanen von seiten der Theologen – sowohl der protestantischen wie auch der katholischen – uminterpretierte und von einer säkularen Gefahr zu einer Strafe Gottes stilisierte, die man wirksam im Prozeß der Sozialdisziplinierung, der das 16. und 17. Jahrhundert prägte, einsetzen konnte. Nicht der Krieg gegen den Feind scheint wesentlich zu sein, sondern die Tatsache, daß die Menschen Buße tun und sich bessern, moralischer im Sinne der Kirche, gefügiger im Sinne des Staates werden, sonst schickt Gott als Strafe neben Seuchen und Erdbeben eben auch die Türken. Ähnliche Denkmuster waren natürlich gegenüber dem westlichen Hauptgegner, dem König von Frankreich, unmöglich, niemals wäre ein Theologe oder

Karl V. von Lothringen (1643–1690). Der in habsburgischem Dienst stehende Lothringer zeichnete sich vor allem in den Feldzügen Österreichs gegen die Türken aus und erlangte europäischen Ruhm. Der nach der Entsatzschlacht von Wien geführte Gegenstoß führte zur Einnahme von Gran, Neuhäusel und Ofen. Auch im Krieg gegen Frankreich konnte Karl V. Erfolge erringen (Eroberung von Mainz und Bonn).
KHM, Ambras

Die zweite Wiener Türkenbelagerung 1683. Gesamtansicht Wiens und Umgebung aus der Vogelschau mit brennendem Schottenhof und der abgebrochenen Schlagbrücke bei Nußdorf.

ÖNB

Großwesir Kara Mustafa zog 1683 mit fast 200.000 Mann gegen Wien. Nach seinem Mißerfolg wurde er im Dezember 1683 auf Befehl Sultan Mohammeds IV. erdrosselt.

HMStW

ein Flugschriftenschreiber auf die Idee gekommen, Ludwig XIV. als eine Strafe Gottes für die Sünden der Christenheit zu sehen, wie man das vom Sultan sagte. Die Auseinandersetzung im Osten also – um es zusammenfassend und provokant zu formulieren – hatte eine ganz andere Qualität als jene im Westen, war Glaubenskrieg zur Verteidigung des „Abendlandes", war durch Religion in ihrer Funktion als Ideologie geprägtes Kämpfen und nicht politische Auseinandersetzung zwischen gleichartigen „christlichen" Fürsten.

Ebenso wie die Auseinandersetzungen mit den Osmanen, die schon im späten Mittelalter beginnen und seit 1526 zu einer zentralen Frage für die Habsburgermonarchie werden, haben auch die Konflikte mit Frankreich für die Habsburger eine lange Tradition. Seit der Erwerbung Burgunds und noch verstärkt nach dem Erbanfall Spaniens hat die Spannung zwischen Valois bzw. später Bourbon und Habsburg die europäische Politik beherrscht. Vor allem im späteren 17. Jahrhundert, als die Franzosen unter Ludwig XIV. der europäischen Hegemonie zustrebten, gab es eine Reihe von Auseinandersetzungen, die sich parallel mit dem Kampf gegen die Osmanen im Osten entfalteten.

Von der Defensive zur Offensive – die Türkenkriege in der Barockzeit

Die Regierungszeit der barocken österreichischen Herrscher stellt eine Wende von der defensiven Politik 1526 bis 1683 zu einer offensiven Politik der Habsburger auf dem Balkan dar, die mit der Eroberung ganz Ungarns endete.

Die wesentlichste Voraussetzung für das Verständnis der Politik im Zeitalter Leopolds ist die Krise des osmanischen Staates und der Versuch eines zeitweiligen Hintanhaltens dieses Verfalls durch die sogenannte „Köprülü-Reform". Mehrere aufeinanderfolgende Großwesire aus der Familie Köprülü, Ahmed, Mehmed und der Schwiegersohn eines der beiden, Kara Mustafa, versuchten, die Schlagkraft des Osmanischen Reiches zu erhöhen. Dies alles bedingt eine dynamisch-aggressive Wende der osmanischen Balkanpolitik, die sich 1663/64 und 1683 zeigt. Resultat dieser letzten offensiven Phase des Osmanischen Reiches ist ein Gegenschlag von seiten des Kaisers in Ungarn.

In einer Auseinandersetzung um die Nachfolge in Siebenbürgen unterstützten die Türken Michael Apáfy, die Kaiserlichen seinen Gegenspieler Johann Kemény. Der Konflikt eskalierte, und 1663 begann – erstmals seit 1606 – ein Krieg zwischen Kaiser und Sultan.

In der Schlacht bei Mogersdorf/St. Gotthard 1664 konnte der kaiserliche Feldherr Raimund Montecuccoli erstmals ein osmanisches Hauptheer unter einem Großwesir besiegen. Dennoch wurde der sogenannte „Schandfriede" von Eisenburg geschlossen, weil man die Hinwendung von der Reichspolitik zur österreichischen Politik noch nicht vollzogen hatte. Leopold I. wollte so schnell wie möglich im Osten Frieden schließen, um freie Hand in der Auseinandersetzung mit Frankreich zu haben. Die ungarischen Adeligen, die mit dieser Politik nicht einverstanden waren, antworteten mit einer „Magnatenverschwörung", die uns in anderem Zusammenhang noch beschäftigen wird.

Einige Jahre nach diesem Türkenkrieg griffen die Osmanen unter dem tatendurstigen Großwesir Kara Mustafa den Kaiser erneut an. Im Jahr 1683 drangen die osmanischen Truppen bis Wien vor und belagerten die Stadt zum zweiten Mal in ihrer Geschichte.

Eine Reihe von Faktoren prägte den Beginn der Auseinandersetzung im Jahr 1683. Der Einfluß des ungarischen Aufständischen Emmerich Thököly, der in Istanbul am Hof des Sultans intrigierte, ist zwar nicht zu unterschätzen, doch hatte der Großwesir Kara Mustafa, der sich auf die Erfolge der Köprülü-Reform stützen konnte, selbst große Pläne. Er wollte Wien, für die Osmanen der „Goldene Apfel der Christenheit", einnehmen und damit eine Tat setzen, die dem bedeutendsten osmanischen Sultan, Süleyman dem Großen, nicht gelungen war. Ein Erfolg mußte sein Prestige entscheidend heben, konnte vielleicht die Großwesirwürde erblich machen oder den Sultan entmachten. Auf der anderen Seite sind die Kreuzzugsideen von Papst Innozenz XI. zu nennen, der den Vertrag mit dem polnischen König Jan III. (Johann) Sobieski zustande brachte und große Geldzahlungen aus Italien auftrieb, die entscheidenden Einfluß auf den „Wendepunkt 1683" in den Türkenkriegen hatten. Am 31. März 1683 brach das vermutlich fast 200.000 Mann starke osmanische Heer gegen Westen auf, aber erst im Sep-

Die Entsatzschlacht von Wien am 12. September 1683. Das Entsatzheer unter Karl V. von Lothringen und König Johann III. Sobieski von Polen griff für die Türken überraschend von den Hängen des Kahlenbergs an.
HGM

Die Entsatzschlacht von Wien, hier König Johann III. Sobieski im Vordergrund, eröffnete einen langen Türkenkrieg. 1684 kam in Linz die Heilige Liga zwischen Leopold I., Johann III. Sobieski und der Republik Venedig auf Betreiben von Papst Innozenz XI. zustande: ein Angriffs- und Verteidigungspakt, ausschließlich gegen die Türken gerichtet.

HGM

tember erreichte man die notdürftig instand gesetzten Mauern der Reichs-, Haupt- und Residenzstadt Wien. Noch vor dem Ankommen der Türken flohen zwischen 30.000 und 60.000 Menschen aus der Stadt, darunter auch Kaiser Leopold I. mit seinem Hof. Zwar warf man ihm dafür später von manchen Seiten Feigheit vor, doch wollte er nicht riskieren, als wertvolle Geisel in die Hände der Osmanen zu fallen. Die Verteidigung Wiens lag in den Händen des Stadtkommandanten Ernst Rüdiger Graf Starhemberg. Ihm standen etwa 11.500 Mann zur Verfügung, mit deren Hilfe er die Stadt verteidigen mußte. Die Wiener Bürgerschaft stand unter der Führung des Bürgermeisters Andreas Liebenberg.

Die Situation der Belagerten wurde bald immer schlimmer, die Nahrungsmittelversorgung funktionierte nicht, Seuchen wie die rote Ruhr grassierten, und die Osmanen kamen in der Gegend der Burg- und Löwelbastei immer näher an die Stadt heran, die beinahe sturmreif geschossen war. Nur noch 4000 Mann verteidigten die Stadt. Mittlerweile aber wendete sich das Blatt, das Entsatzheer unter Karl von Lothringen, verstärkt durch die Polen, deren König Johann III. Sobieski den nominellen Oberbefehl führte, sammelte sich und griff am 12. September überraschenderweise nicht vom Süden her, sondern von den bewaldeten Hängen des Kahlenbergs die osmanischen Truppen an. In Kürze ist die Schlacht für die Allianztruppen entschieden, die Osmanen fliehen unter Zurücklassung ihres Lagers, können allerdings nicht verfolgt werden.

Diese für die Auseinandersetzung mit den Osmanen so entscheidende Entsatzschlacht auf dem Kahlenberg eröffnete einen langen Türkenkrieg, in dem Schritt für Schritt Ungarn erobert wurde. Schon am 5. März 1684 kam es auf Betreiben von Papst Innozenz XI. zum Abschluß der „Heiligen Liga". Der Papst, Venedig und Polen schlossen sich dem Türkenkrieg des Kaisers an, dessen Handlungsspielraum durch den Waffenstillstand mit Frankreich größer war.

Unter den Feldherren Max Emanuel von Bayern – genannt der blaue Kurfürst – und Markgraf Ludwig von Baden-Baden – genannt Türkenlouis – bewegte sich die kaiserliche Armee gegen Osten. Ein wichtiger Prestigegewinn war 1686 die Eroberung der Festung Ofen, eines Teiles der Hauptstadt Budapest, durch die kaiserlichen Truppen. Dieser Besitzstand des Kaisers wurde vor allem durch den Sieg der Kaiserlichen 1687 bei Harsany, nahe von Mohács (daher wird diese Schlacht oft auch „Zweite Schlacht bei Mohács" genannt), gesichert. Danach verebbte die Energie der kaiserlichen Offensive – nicht zuletzt durch den erneuten Zweifrontenkrieg mit Frankreich – etwas, und der Krieg trat erst wieder 1697, als Prinz Eugen Oberbefehlshaber in Ungarn wurde, in eine entscheidende Phase. Die vermutlich kriegsentscheidende Schlacht, der Sieg des Prinzen Eugen bei Zenta, leitete Friedensverhandlungen ein, die schließlich am 26. Januar 1699 zum Frieden von Karlowitz aufgrund des „uti possidetis", also des militärischen Besitzstandes, führten. Das Resultat des langen Krieges war, daß Ungarn und Siebenbürgen – beide seit 1526 von den Habsburgern beansprucht – nun auch wirklich an diese Dynastie fielen.

Während die Habsburger mit dem Spanischen Erbfolgekrieg beschäftigt waren, der unmittelbar an diesen langen Türkenkrieg anschloß, erholten sich die Osmanen soweit, daß sie 1714 Venedig, dem Verbündeten der Habsburgermonarchie, die Halbinsel Peloponnes, die sie 1699 verloren hatten, wieder streitig zu machen versuchten. Das Hilfeersuchen Venedigs an den verbündeten Wiener Hof 1715 führte nach einigem Zögern in Wien 1716 zu einem neuerlichen Krieg der Habsburger gegen das Osmanische Reich.

1716 siegte Prinz Eugen bei Peterwardein gegen den Großwesir Damad Ali und belagerte und eroberte im selben Jahr Temesvar. im darauffolgenden Kriegsjahr 1717 erzielte Prinz Eugen einen ganz großen Erfolg durch die Eroberung Belgrads. Wieder wurden Friedensverhandlungen eingeleitet, die am 21. Juli 1718 im Frieden von Passarowitz ihren Abschluß fanden. Die weiteste Ausdehnung der Habsburgermonarchie auf dem Balkan war das Ergebnis dieses kurzen, aber sehr erfolgreichen Feldzuges.

Dieser „große Triumph" über den „Erbfeind der Christenheit" im Hochbarock wurde für die Habsburger überschattet durch den sehr unglücklich verlaufenden zweiten Türkenkrieg Karls VI. in den Jahren 1737 bis 1739, als die Monarchie in einen von Rußland begonnenen Krieg gegen das Osmanische Reich eintrat. Der Krieg war eine Kette verfehlter Unternehmungen, der Oberbefehlshaber Graf Lothar Königsegg war unentschlossen und ohne Erfolge, und auch die Friedensverhandlungen standen unter der Leitung eines unfähigen Diplomaten, so daß in dem am 18. September 1739 geschlossenen Frieden von Belgrad die 1718 gewonnenen Gebiete in Bosnien, Serbien und der Walachei wieder verlorengingen. Bedeutender als die territorialen Einbußen war der Image- und Vertrauensverlust des Kaisers, der zu einer Hinwendung der Balkanvölker zu Rußland führte, das durch die gemeinsame orthodoxe Religion und später durch den „Panslawismus" die Hoffnung der Balkanvölker auf Befreiung vom „osmanischen Joch" trug.

Johann III. Sobieski (1629–1694) war als Oberbefehlshaber der alliierten Armee wesentlich an der Rettung Wiens beteiligt.
ÖNB

Der eigentliche Gegensatz auf dem Balkan deutete sich hier schon an, der Gegensatz zwischen Rußland und den Habsburgern, doch diese Entwicklung eskalierte erst im 19. Jahrhundert und führte letztlich – neben vielen anderen Ursachen – zum Beginn des Ersten Weltkriegs. Die Wurzeln dieser russisch-habsburgischen Spannungen waren also schon am Beginn des 18. Jahrhunderts sichtbar.

Der osmanische Vorstoß gegen Wien 1683.
Das Resultat des Friedens von Karlowitz, der 1699 den Türkenkrieg beendete, war, daß Ungarn und Siebenbürgen, beide von den Habsburgern seit 1526 beansprucht, nun wirklich an die Dynastie fielen.

Der Kampf gegen Frankreich

Die seit dem späten Mittelalter bestehenden Konflikte mit Frankreich kulminierten in der Regierungszeit des Sonnenkönigs Ludwig XIV., der zur Vorherrschaft in Europa strebte und eine konsequente antihabsburgische Politik betrieb. Nach dem Ende des Dreißigjährigen Krieges, in dem die Franzosen eine Reihe von Positionen im Reich erworben hatten, setzte Ludwig XIV. die Expansion gegen Norden und Osten fort.

Im Jahr 1667 fielen die Armeen Ludwigs XIV. in den spanischen Niederlanden, dem heutigen Belgien, ein und eroberten einige wichtige Festungen. Zwar konnte schon bald wieder Frieden geschlossen werden, doch zeigte dieser Feldzug die zukünftige Richtung der Politik Ludwigs XIV. deutlich an. 1670 erfolgte dann ein Angriff Ludwigs XIV. auf Lothringen und 1672 ein erneuter Krieg Frankreichs gegen die Niederlande, der auch auf die Pfalz übergriff. In diesen Krieg war seit 1673 auch der Kaiser verwickelt, allerdings erlitt das kaiserliche Heer in der Pfalz unter Karl Leopold von Lothringen eine Reihe von Niederlagen. Erst der Friede von Nimwegen 1678/79 stellte in etwa die Situation wie nach dem Westfälischen Frieden wieder her, Frankreich erhielt allerdings die Freigrafschaft Burgund und Freiburg.

In den Jahren 1679 bis 1683 versuchte der Sonnenkönig, sein Gebiet durch die sogenannten Réunionen zu erweitern. Er errichtete dazu in Metz und Breisach die sogenannten Réunionskammern, die unter Zuhilfenahme alter Ansprüche und Rechtstitel des Elsaß oder der Bistümer Metz, Toul und Verdun Orte im Grenzgebiet Frankreich einverleiben sollten. Der Höhepunkt dieser Réunionen war die Besetzung von Straßburg am 30. September 1681 durch den französischen Feldherrn Louvois.

In einem Waffenstillstand mit Frankreich in Regensburg mußte der Kaiser 1684 diese Réunionen für 20 Jahre anerkennen.

In dieser bedrängten Situation begann der Reichspatriotismus ein wenig zu wirken, und Sachsen, Bayern, Hessen, Braunschweig-Lüneburg sowie der fränkische und der schwäbische Kreis traten auf die Seite des Kaisers.

Als 1686 die Franzosen Anspruch auf das Erbe der Kurpfalz erhoben und sich in die Kölner Bischofswahl einmengten, verbündeten sich in der Augsburger Allianz die Stände des Reiches mit dem Kaiser und führten in den Jahren 1688 bis 1697 einen Reichskrieg gegen Frankreich, der allerdings auch internationale Dimensionen hatte. Die österreichischen Habsburger waren in dieser Auseinandersetzung, in deren Verlauf es auch zur Zerstörung Heidelbergs kam, mit Holland, England, Spanien, Savoyen und Dänemark verbündet. Dieser lange Krieg, der in seiner Gesamtheit parallel zum Türkenkrieg verlief und damit die Habsburgermonarchie in einen Zweifrontenkampf verwickelte, endete am 30. Oktober 1697 mit dem Frieden von Rijswijk. In diesem Frieden gab Frankreich – wohl in der Hoffnung auf das gesamte spanische Erbe – seine Eroberungen in Spanien und im Reich heraus.

Grundzüge der spanischen Erbfolgefrage

Eine brennende Frage beschäftigte Europa seit dem späten 17. Jahrhundert zunehmend: die spanische Erbfolge. Seit dem frühen 16. Jahrhundert gab es zwei habsburgische Linien, eine beherrschte die Donauländer, eine zweite Spanien und seine Nebenländer, das heißt fast ganz Südamerika und andere Kolonien sowie die Nebenländer in Europa, nämlich die spanischen Niederlande und große Teile Italiens. Sowohl die Bourbonen, durch mannigfache Heiratsverbindungen mit den spanischen Habsburgern verwandt, als auch die österreichische Linie des Erzhauses erhoben Ansprüche auf dieses zu erwartende Erbe.

Sowohl in Spanien als auch in Österreich hatte sich im Laufe der Frühen Neuzeit die Idee des Majorates, das Nachfolgerecht im ungeteilten, unteilbaren und unveräußerlichen Besitz einer Familie, durchgesetzt. Innerhalb dieser Erbfolge als Majo-

ratsherr ist der Erstgeborene als einziger erbberechtigt, man nennt das die Primogeniturerbfolge.
Der Auffassung der Casa de Austria nach gab es
zwei solcher Majorate: Spanien und die Donaumonarchie.

Schon seit den sechziger Jahren des 17. Jahrhunderts gab es Versuche eines Ausgleichs mit Frankreich über das spanische Erbe, unter anderem
einen Geheimvertrag von 1668, der die Teilung des
spanischen Erbes vorsah. Dem stand ein spanischer Versuch zur Rettung des ungeteilten
Weltreiches gegenüber, der eine Kandidatur des
bayerischen Kurprinzen Josef Ferdinand vorsah.
Dieser war der Sohn Maria Antonias und Max
Emanuels von Bayern, Maria Antonia war die einzige Tochter Leopolds I. aus dessen Ehe mit der
spanischen Infantin Margarethe Theresia.
Der siebenjährige Kurprinz starb allerdings schon
am 6. Februar 1699.

Sofort nachher wurde ein neuer Teilungsplan zwischen Ludwig XIV. und König Wilhelm von England entwickelt, der Habsburger Karl sollte demnach Spanien und die Kolonien bekommen; der
französische Kandidat Neapel-Sizilien, die toskanischen Häfen, Finale und das Herzogtum Mailand,
wobei auch ein Tausch Mailands mit Lothringen
möglich sein sollte.
Im Jahr 1700 starb der letzte spanische Habsburger
Karl II. Durch die Schwäche der österreichischen
Diplomatie in Spanien – Alois Harrach konnte keinen Zugang zu Karl II. in seinen letzten Stunden
gewinnen – sah die Ausgangssituation für die
Habsburger nicht gut aus.
Das Testament Karls II., das ihm der franzo-
senfreundliche Kardinalerzbischof von Toledo,
Manuel Portocarrero, in der Todesstunde abge-
preßt hatte, setzte den Enkel Ludwigs XIV., Philipp
von Anjou, als Nachfolger ein.

Maximilian II. Emanuel
(1662–1726), Kurfürst von
Bayern. Im Türkenkrieg auf
der Seite Leopolds I.,
wechselte er im Spanischen
Erbfolgekrieg die Fronten.
1704 wurde er bei Höchstädt
besiegt und mußte Bayern an
die Habsburger abtreten.
1714 erhielt er es wieder
zurück.

Armeemuseum Ingolstadt

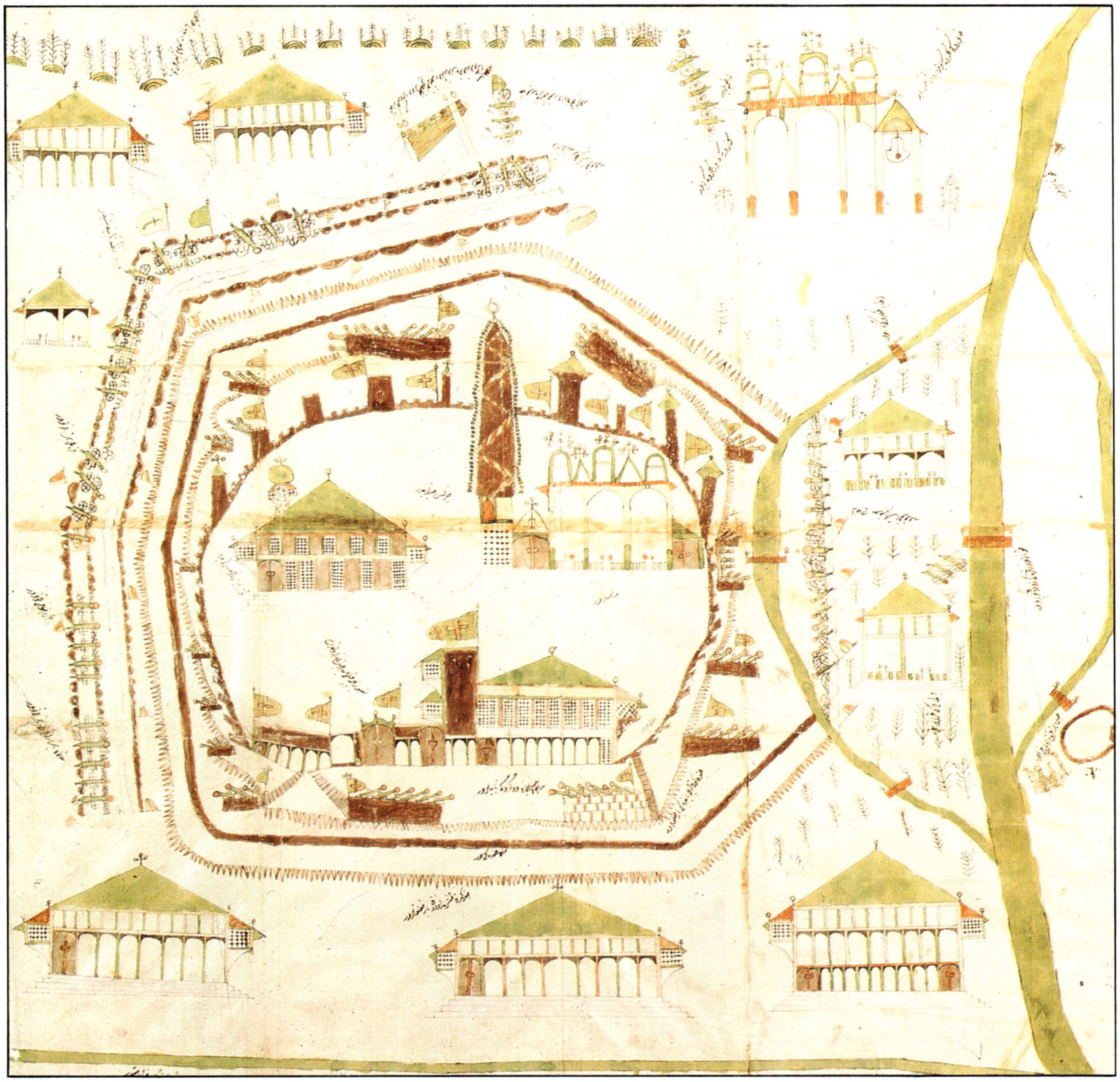

Der türkische
Belagerungsplan
der Stadt Wien.

HMStW

Der große Türkenkrieg 1683–1699: In der Schlacht am Berg Harsany bei Mohács am 12. August 1687 besiegten die Kaiserlichen unter Karl von Lothringen und Ludwig von Baden die Türken entscheidend. Die Rückeroberung Ungarns war damit gesichert.

Allerdings erhoben auch die österreichischen Habsburger berechtigte Forderungen, die später von den Westmächten, Großbritannien und den Niederlanden, unterstützt wurden. Zwei grundsätzliche Ideen standen einander gegenüber, die Idee der Hegemonie, wie sie Frankreich unter Ludwig XIV. vertrat, der Anspruch auf eine Vormachtstellung in Europa, dessen Verwirklichung sowohl den Franzosen als auch den Habsburgern durch eine Vereinigung mit dem spanischen Besitz geglückt wäre, und die Idee des europäischen Gleichgewichtes. Diese Idee des Gleichgewichts der Kräfte hatte sich im Italien des späten Mittelalters entwickelt und ist letztlich bis in unsere Zeit einflußreich geblieben, man denke nur an das vor kurzem noch so aktuelle Schlagwort vom „Gleichgewicht des Schreckens". Die Gleichgewichtsidee erreichte ihren Höhepunkt aber sicherlich im 17. und 18. Jahrhundert. Leopolds Überzeugung war, daß ihm alle Anrechte auf das spanische Erbe zustünden, doch wußte er um die Undurchsetzbarkeit dieser Ansprüche. Der Plan der öster-

reichischen Habsburger war es daher, neuerlich zwei Linien zu gründen, eine österreichische unter dem älteren Bruder Joseph (I.) und eine spanische unter dem jüngeren Bruder Karl (III. von Spanien, dem späteren Kaiser Karl VI.).

Am 12. September 1703 wurde die Abtretung Spaniens an Karl durch den Verzicht Leopolds und Josephs öffentlich verkündet. Allerdings behielt sich das nur vor elf vertrauten Geheimen Räten bekanntgegebene „Pactum Mutuae Successionis" vom selben Tag auch die gegenseitige Erbfolge vor.

Der Spanische Erbfolgekrieg und sein Resultat

Der Krieg begann, ohne Kriegserklärung und ohne daß der Kaiser Verbündete hatte, 1701 mit einem Feldzug in Italien. Erst im September des Jahres 1701 entstand die Große Allianz zwischen Österreich, den Niederlanden und England, und erst im Mai 1702 erfolgte die förmliche Kriegserklärung an Frankreich.

Kurfürst Max Emanuel von Bayern schloß sich in diesem Krieg Frankreich an, und auch die ungarischen Adeligen unter Rákóczi bereiteten den Habsburgern große Schwierigkeiten, doch 1704 wurde die französisch-bayerische Armee vom Prinzen Eugen und dem Herzog von Marlborough besiegt. Süddeutschland wurde dadurch von den Kaiserlichen besetzt, die Franzosen konnten vertrieben werden. 1706 befreite Prinz Eugen das von den Franzosen bedrängte Turin durch einen kühnen Schachzug und verdrängte die Franzosen damit für den Rest des Spanischen Erbfolgekrieges aus Oberitalien.

Ab dem Jahr 1708 führte der Prinz Eugen dann in den Niederlanden Krieg und errang Siege bei Oudenaarde und Malplaquet. Trotz dieser militärischen Erfolge wandte sich das Blatt zuungunsten der Habsburger. 1711 starb unerwartet – er war erst 33 Jahre alt – Joseph I. Sein Bruder Karl, spanischer König, folgte ihm als Karl VI. als Kaiser nach, plötzlich war die Gefahr einer Hegemonie, gegen deren französische Variante man englischerseits gekämpft hatte, durch die Habsburger gegeben. Zusammen mit dem Regierungswechsel in England, der den engsten Vertrauten Eugens, John Churchill Duke of Marlborough, isolierte, führte diese veränderte Situation zum Ende der habsburgischen Hoffnungen.

Der weitere Kriegsverlauf war wenig bedeutsam, die Lage wurde vor allem durch die beginnenden

Friedensverhandlungen bestimmt. 1712 schlossen in Utrecht England und die Niederlande mit Frankreich Frieden, 1713 begannen Friedensverhandlungen des Kaisers mit Frankreich in Rastatt, der Friedensvertrag wurde am 17. März 1714 unterzeichnet.

Das Resultat des Spanischen Erbfolgekrieges war die Teilung des spanischen Erbes. Philipp d'Anjou – als spanischer König Philipp V. – erhielt Spanien und dessen überseeische Kolonien, Kaiser Karl VI. erhielt die europäischen Nebenländer Spaniens: Mailand, Mantua, Mirandola, Neapel, die spanischen Häfen in der Toskana und Sardinien sowie die spanischen, nunmehr österreichischen Niederlande. Für diese wurde am 15. November 1715 der sogenannte Barrière-Vertrag zwischen dem Kaiser, den Generalstaaten und England abgeschlossen. Der Kaiser mußte dabei Gebiete im Norden Flanderns abtreten, einen Teil der Kosten einer ständigen Armee zum Schutze des Gebietes zahlen und niederländische Besatzungen in einigen Orten zulassen.

König Ludwig XIV. von Frankreich (1638–1715), der „Sonnenkönig", war der große Gegenspieler Kaiser Leopolds I. Die seit dem späten Mittelalter bestehenden Konflikte mit Frankreich kulminierten in der Regierungszeit Ludwigs XIV., der zur Vorherrschaft in Europa strebte und eine konsequente antihabsburgische Politik betrieb.
ÖNB

Prinz Eugen von Savoyen, wohl der populärste Feldherr der österreichischen Geschichte.
EHM

Szene aus dem Spanischen Erbfolgekrieg (1701–1714): In der Schlacht von Turin besiegt Prinz Eugen mit rund 30.000 Mann die Franzosen mit 45.000 Mann, die darauf nach Frankreich abziehen.
ÖNB

Die Situation in Ungarn und die ungarische Insurrektion

Der ungünstige Friede von Eisenburg – nach dem großen Erfolg von Mogersdorf im Türkenkrieg 1664 – wurde vom Kaiser geschlossen, um freie Hand im Westen des Reiches zu haben. Er führte zu einer tiefen Unzufriedenheit im ungarischen Adel und zur sogenannten Magnatenverschwörung. Auch die harten Maßnahmen des Bischofs Leopold Graf von Kollonitsch gegen die Protestanten trugen zu dieser Unzufriedenheit bei.

Anführer dieses geplanten Aufstandes waren der Markgraf Franz Frangepani, der reichste Baron der Krone Franz Nádasdy, Peter Zrinyi und der Palatin Stephan Wesselényi, auch viele andere, unter ihnen Stephan Thököly, Michael Teleky und Nikolaus Bethlen, beteiligten sich an der Bewegung der sogenannten Malkontenten, die sich auf der Hochzeit des jungen Franz Rákóczi mit der Tochter Peter Zrinyis, Helene, verbündeten.

Die Malkontenten, deren Aufstand recht dilettantisch organisiert war, nahmen Kontakte zur Hohen Pforte und zum französischen König auf. Bald wurden die Anführer verhaftet, man machte Zrinyi, Nádasdy und Frangepani sowie dem am Aufstand beteiligten Grazer Hofrat Franz Tattenbach den Prozeß, der mit der Hinrichtung der Verschwörer endete.

Wichtig für den Hof war die Konfiskation der Güter – allein das Einkommen der Nádasdyschen Herrschaften betrug 189.000 Gulden –, neben den Gütern der Hingerichteten wurden auch die Güter vieler Mitbeteiligter eingezogen. Ähnlich wie nach der Schlacht am Weißen Berg in Böhmen erfolgte jetzt in Ungarn der Versuch der Einführung des

Einer der Führer der ungarischen Malkontentenbewegung (Magnatenverschwörung gegen Kaiser Leopold I.) war Emmerich Graf Thököly, der „Kuruzzenkönig".
ÖNB

Szene aus dem Spanischen Erbfolgekrieg.
Das Resultat des Krieges war die Teilung des spanischen Erbes. Philipp V. von Anjou erhielt Spanien und die Kolonien, Karl VI. Mailand, Mantua, Mirandola, Neapel, Sardinien sowie die Niederlande.
ÖNB

Absolutismus. Mehrere Vorschläge für die Einführung einer anderen Regierungsform – eines neuen „Regiments" – in Ungarn lagen vor, man verstärkte den Zentralismus und die gegenreformatorischen Tendenzen. Bei der Vertreibung der protestantischen Prädikanten und der teilweise unter Zwang erfolgten Bekehrung Zehntausender Ungarn zeichnet sich vor allem Leopold Kollonitsch, der Bischof von Neutra, Wiener Neustadt, Raab und Kalocsa war, besonders aus.

Das Ansteigen der Türkengefahr, die inneren Wirren und Widerstände und der wirtschaftliche Rückgang durch die Pestwelle 1679, die Ungarn besonders hart traf, zwangen den Kaiser zum Nachgeben, am Reichstag zu Ödenburg kam es zum vollen Rückzug der Krone aus dem Versuch zur Durchsetzung des Absolutismus.

Dennoch flohen viele Adelige in dieser Zeit nach Siebenbürgen oder ins türkische Ungarn, bald kam der Name „Kuruzzen" für sie auf. Ihr Führer wurde der junge Emmerich Thököly, der die Witwe Franz Rákóczis, Helene (geborene Zrinyi), heiratete.

Alle Versuche des Kaisers, die ständischen Vorrechte in Ungarn aufzuheben und die Protestanten zu unterdrücken, führten zu einem anhaltenden Widerstand der Ungarn, der unter der Führung des „Kuruzzenkönigs" Emmerich Graf Thököly sich unmittelbar nach der Magnatenverschwörung geltend gemacht hatte und zunächst erfolgreich gewesen war. Die ständische Verfassung wurde wiederhergestellt, den Protestanten wurde 1681 eine begrenzte Religionsfreiheit zugestanden. Doch Thököly war weiter unzufrieden, er beeinflußte den Angriff der Osmanen am Vorabend der zweiten Wiener Türkenbelagerung beachtlich.

Auch während und nach der Eroberung Ungarns durch die Habsburger hielt dieser Widerstand an, jedoch konnte im Oktober 1687 am Reichstag zu Preßburg durch den Palatin Paul Esterházy ein Kompromiß zwischen Kaiser und Ständen vermittelt werden: Gegen die Garantie der Religionsfreiheit wurde Ungarn in der Primogenitur Erbreich der Habsburger, und die Stände verzichteten auf das aus der „Goldenen Bulle" Andreas' II. von 1222 stammende Widerstandsrecht.

Die militärische und verfassungsrechtliche Sicherung Ungarns wurde auch mit wirtschaftlichen Maßnahmen kombiniert, die das verwüstete Land wieder aufbauen sollten. Für die Neuerwerbungen, die „Neoacquisiten", entstand das sogenannte „Einrichtungswerk", das eine Neuregelung der Verwaltung, des Kirchenregimentes und des Militärwesens vorsah. Am bedeutendsten davon war sicherlich die populationistischen Gesichtspunkten folgende Besiedelung durch vorwiegend deutsche Siedler, die sogenannten „Schwaben".

Außer der militärischen Eroberung der osmanischen Provinz kam es 1697 auch zum Rückfall Siebenbürgens an das Haus Habsburg und zum Verzicht des letzten Fürsten, Michaels II. Apáfi,

unter Anerkennung der Landesprivilegien und Gewährung von Religionsfreiheit.

Doch auch nach diesen Erfolgen der Habsburger und nach dem Ende des Thököly-Aufstandes hielt die Unzufriedenheit in Ungarn an. Der neue Führer der ungarischen Malkontenten wurde Franz II. Rákóczi.

Seine Mutter war Helene Zrinyi, die Tochter des 1671 hingerichteten Peter Zrinyi, sie war in zweiter Ehe mit Thököly verheiratet gewesen.

1703 begann der intensive Aufstand unter Rákóczi in Ungarn. Diese ungarischen Aufständischen während des Spanischen Erbfolgekriegs, die mit den Franzosen und Türken in diplomatischer Verbindung standen, bedrohten mit ihren Streifzügen Ostösterreich, sogar Wien, wo auf Anraten des Prinzen Eugen eine zweiten Verteidigungslinie, der sogenannte Linienwall, angelegt wurde. Erst der 1711 abgeschlossene Friede von Szathmár beendete diese Auseinandersetzungen. Der Kaiser gewährte den aufständischen Magnaten Gnade – Rákóczi selbst nahm sie nicht an und ging ins Exil –, er mußte auch religiöse Zugeständnisse gewähren, doch dafür wurde Karl VI. als ungarischer König anerkannt und gekrönt.

Das geistige Leben des Barock

Die Regierungszeit Leopolds I. stand im Zeichen der siegreichen Gegenreformation. Wie wir schon gesehen haben, beherrschten die Jesuiten und Piaristen das Bildungssystem der Zeit weitgehend. Im Kontrast zu diesem stark klerikal ausgerichteten Zeitgeist standen die gescheiterten Bestrebungen, in Wien eine Akademie durch Gottfried Wilhelm Leibniz zu gründen, hinter welcher der mit der Frühaufklärung verbundene Prinz Eugen stand.

Zu dieser Durchsetzung der Gegenreformation gehört auch die Austreibung der Juden aus dem zweiten Wiener Ghetto, das durch die Familien der Hofbefreiten und anderer Zuzügler im Laufe des 17. Jahrhunderts am „Unteren Werd" in der Wiener Leopoldstadt entstanden war. Durch den Druck seiner spanischen Frau Margaretha Theresia ebenso wie des Bischofs Leopold Kollonitsch und des Wiener Magistrats wurde der Kaiser 1670 dazu bewogen, Tausende Juden aus Wien und Niederösterreich zu vertreiben.

Die entstandene Barockfrömmigkeit zeigte sich jetzt in der zweiten Jahrhunderthälfte in voller Blüte. Eine Intensivierung der Heiligenverehrung trat ein, der barocke Marienkult mit seinen vielen Wallfahrten und Andachtsbildern gab dafür

ebenso Zeugnis wie die allenthalben entstehenden Pestsäulen. In einem Patent vom 19. Oktober 1663 ordnete Kaiser Leopold I. an, daß in den Ländern Österreich ob und unter der Enns der Babenberger Leopold III., der Heilige, an seinem Festtag, dem 15. November, verehrt werden sollte. Offiziell wurde damit Leopold zum Landespatron, dessen Verehrung allen Landeskindern zur Pflicht gemacht wurde. Die früheren Jagdausflüge Kaiser Leopolds I. nach Klosterneuburg nahmen im Zuge dieser Entwicklung nach 1663 immer mehr den Charakter von Staatswallfahrten zu diesem Landespatron an.

Die Barockzeit ist auch eine Periode der steigenden Bedeutung der öffentlichen Meinung und der damit verbundenen politischen Propaganda. Rein quantitativ ist eine Vermehrung der Zahl der Flugblätter, dem wichtigsten Kommunikationsmittel, merkbar. Besonders wichtig für unseren Raum waren dabei die Türkenflugschriften.

Die Notwendigkeit der „Feindpropaganda" ergab sich aus verschiedenen Aspekten, religiös müssen die Osmanen als „Nicht-Christen" bekämpft werden, was zu einer religiösen Umdeutung des Phänomens führt, die Türken wurden als Strafe Gottes für die sündige Christenheit aufgefaßt. Man bekämpfte die Türken nicht nur mit Waffen, sondern auch mit Gebeten, durch Buße und Besserung. Dies ist natürlich im Sinne der Herrschenden und gehört in den Prozeß der „Sozialdisziplinierung". Außerdem mußte die politisch entscheidende „Öffentlichkeit" beeinflußt werden, um williger Steuern zu zahlen bzw. zu bewilligen. Die „öffentliche Meinung" der Frühen Neuzeit richtete sich dabei nur an einen kleinen Kreis der Herrschaftsstützenden, vorwiegend den Adel und die höhere Geistlichkeit, auch gewisse Teile des höheren Bürgertums, also im Grunde genommen an den Kreis der Stände.

Insbesondere der Triumph über die Türken nach 1683 hatte einen großen propagandistischen Effekt und brachte eine ganz neue Sicht des Problems in der Propaganda. Nicht mehr die Türkenfurcht steht im Mittelpunkt und wird geschürt, sondern

Der Prunksaal in der Österreichischen Nationalbibliothek, die Johann Bernhard Fischer von Erlach entwarf und die von seinem Sohn Joseph 1723–1735 fertiggestellt wurde. In der Mitte des Prunksaals befindet sich die Statue Kaiser Karls VI. in römischen Gewändern.
Nemeth

Gegenüberliegende Seite:
Joseph I. (1678–1711), römisch-deutscher Kaiser seit 1705. Joseph I. war zweifellos einer der talentiertesten Habsburger auf dem Kaiserthron.
KHM

der Sieg des absolutistischen Kaisers und der katholischen Kirche werden in der Propaganda verherrlicht. Seit dem Beginn des 17. Jahrhunderts entstehen im deutschen Sprachraum periodisch erscheinende Zeitungen, die Vorläufer der Tagespresse. Die Habsburgermonarchie ist dabei wenig entwickelt, verglichen mit Norddeutschland oder gar mit dem in dieser Hinsicht besonders fortschrittlichen Italien, mit Frankreich, den Niederlanden und England.

Das Fehlen einer seriösen Zeitung in Wien veranlaßte Kaiser Leopold dazu, die Drucker aufzufordern, eine „privilegierte" Zeitung zu gründen. Zwei Drucker reagierten, Johann Baptist Schilger gestaltete seinen „Mercurius" zu einer Hofzeitung um, und Johann Baptist Schönwetter gründete das „Wiennerische Diarium", das zum ersten Mal am 8. August 1703 erscheint. Der tüchtige Verleger Peter van Ghelen erwarb dann 1721 das Privileg für das Wienerische Diarium, unter ihm wurde es zur bedeutendsten Zeitung Wiens. Dieses 1780 auf den Namen „Wiener Zeitung" umbenannte Presseorgan erscheint bis heute und ist damit die älteste bestehende Tageszeitung.

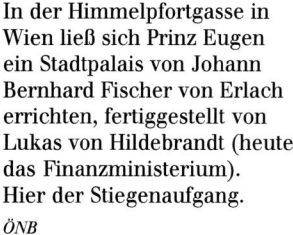

In der Himmelpfortgasse in Wien ließ sich Prinz Eugen ein Stadtpalais von Johann Bernhard Fischer von Erlach errichten, fertiggestellt von Lukas von Hildebrandt (heute das Finanzministerium). Hier der Stiegenaufgang.
ÖNB

Mäzenatentum und kulturelle Interessen

Das Vorbild Leopolds I. und darüber hinaus ganz Europas im 17. Jahrhundert ist das Frankreich Ludwigs XIV. Seine absolutistische Regierungsform, seine Wirtschaftsmaßnahmen im Sinne des Merkantilismus wurden ebenso nachgeahmt wie sein Lebensstil, seine Feste, das Zeremoniell und die herrscherliche Repräsentation des Schloßbaues. Typisch für dieses barocke Herrscherideal wäre es also, große, repräsentative Bauwerke zu errichten, Bauwerke, die mit denen des französischen Sonnenkönigs konkurrieren könnten – eine Art „Über-Versailles" zu bauen.

Johann Bernhard Fischer von Erlachs erster Plan für den Ausbau des Schlosses Schönbrunn ist ein Versuch, die Großartigkeit von Versailles zu übertreffen. Das Schloß sollte auf der Anhöhe, wo heute die Gloriette steht, liegen, und der gesamte Park davor sollte zu diesem Schloß hinführen. Man muß sich zum Verständnis dieser Idee die Funktion eines solchen Palastbaues vergegenwärtigen. Paläste der Barockzeit sind eine Art Kulisse für das „große Welttheater", für die Stilisierung des Herrschers, der seine absolutistische Macht auch im Zeremoniell zur Schau stellt. Weit ist er von allen anderen Menschen des Landes entfernt, und lange und beeindruckend soll der Weg der Annäherung an den Herrscher sein.

Doch dieser des Herrschers einer „Großmacht" würdige Plan scheitert ganz trivial am Geldmangel. In der Innenstadt ist der Platz zwar beschränkt, aber die Hofburg wird dennoch erweitert, der sogenannte Leopoldinische Trakt entsteht, und große Pläne für einen Neubau der Hofburg am Ende der Regierungszeit Leopolds lassen sich nachweisen.

Der eigentliche Höhepunkt des Barockstils in der Donaumonarchie wird allerdings erst am Beginn des 18. Jahrhunderts, schon unter Karl VI., erreicht, man spricht von einem „Reichsstil". Das beste Beispiel für diese Verquickung herrscherlicher Repräsentation und katholischer gegenreformatorischer Barockkunst sind die Klosterbauten im Donautal wie Melk, Dürnstein oder St. Florian. Ein besonderes Anliegen war Karl VI. der Ausbau von Klosterneuburg im Sinne einer Klosterresidenz, die er – der so stark von Spanien her Geprägte – nach dem Vorbild des Escorial bauen wollte. Doch blieb aus finanziellen Gründen dieses Großprojekt, bei dem jede Ecke des rasterförmigen Komplexes von einer der Kronen Karls VI. bekrönt werden sollte, stecken. Deutlicher vielleicht als andere Beispiele zeigt die

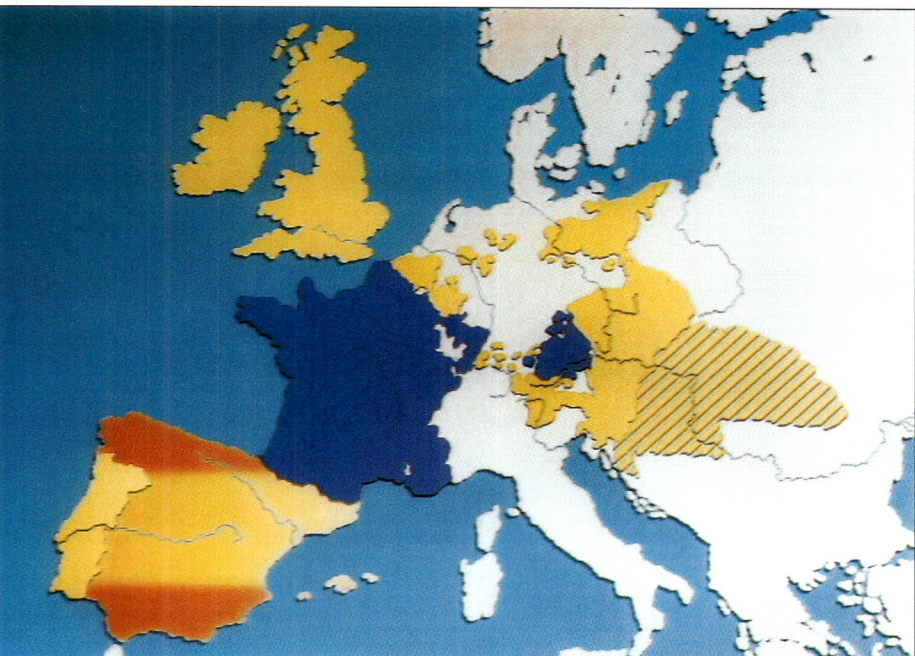

Kaiserstiege im Stift Göttweig mit dem Deckenfresko Paul Trogers von 1739, das die Apotheose Karls VI. darstellt, den innigen Bezug von herrscherlicher und religiöser Sphäre.

Eine der Kirchen in Wien ist ebenfalls ein Paradebeispiel für diese Verquickung der Welten. Aufgrund eines Gelübdes anläßlich der Pest 1713 ließ der Kaiser die Karlskirche erbauen, deren Architektur auch weltlich propagandistische Elemente enthielt. Ins Auge fallen vor allem die beiden Säulen des Herkules, die zur Devise Karls V., der das Vorbild Karls VI. war, gehören. Die Ideen der Herrschaft in Spanien, der Traum von der Universalmonarchie waren damit ebenso verbunden wie der Kampf um die ausschließliche Durchsetzung des Katholizismus. Leopold I. und seine Söhne waren zwar als Sammler keineswegs mit anderen Habsburgern vergleichbar, aber das Interesse für Kunst und Sammlungen war vorhanden.

Diesem Interesse Leopolds I. ist es zu verdanken, daß die Kunstkammer seines Onkels Leopold Wilhelm, des Statthalters der Niederlande, nach Wien kam. Sie bildet einen wesentlichen Grundstock des heutigen Kunsthistorischen Museums.

Eine weitere bedeutende Erwerbung geschah durch die Eingliederung Tirols nach dem Erlöschen der Tiroler Linie, bei der auch die Schätze aus Innsbruck nach Wien kamen.

Die Zeit Leopolds I. ist auch der Beginn der „wissenschaftlichen" Ordnung dieser Schatzkammer; wie auch auf anderen Gebieten macht sich die der Barockkultur eigene Ordnung und Systematik breit. Später dann unter Karl VI., dessen besonderes Interesse der Numismatik galt, begann die Neuordnung der Sammlungen nach „wissen-

Frankreichs Verbündete im Spanischen Erbfolgekrieg, der mit dem Frieden von Rastatt 1714 beendet wurde.

Karl II. (1661–1700), der letzte spanische Habsburger. Sein Tod löste den Spanischen Erbfolgekrieg aus. Er hatte Philipp von Anjou zum Nachfolger eingesetzt.

KHM

Das Augustiner-Chorherrenstift Klosterneuburg wurde um 1100 vom Babenberger Leopold III. gegründet. Kaiser Karl VI. beabsichtigte, eine kaiserliche Klosterresidenz in Anlehnung an den spanischen Escorial zu bauen. Der Plan stammt wahrscheinlich von Joseph Emanuel Fischer von Erlach.

Inge Kitlitschka

schaftlichen Gesichtspunkten". Auch ein besonders steigendes Interesse an der Sammlung von Naturalien zeigt diesen Geist der Zeit deutlich an. Das galt auch für die Hofbibliothek. Mit dem bedeutenden Bibliothekar Peter Lambeck trat die Hofbibliothek in ein Zeitalter ein, in der sie zum Zentrum der wissenschaftlichen Forschung wurde. 17 Jahre lang stand der in Hamburg geborene Lambeck der Bibliothek vor. Er studierte in Rom, und als er nach Hamburg zurückkehrte, warf man ihm vor, heimlicher Katholik zu sein. So trat er wirklich zum Katholizismus über, kam dabei in Kontakt mit dem Kaiser und blieb in Wien. Sein Verdienst für die Bibliothek ist die Erarbeitung des ersten gedruckten Handschriftenkatalogs und eines handschriftlichen Katalogs der Privatbibliothek des Kaisers. Diese Bestände der kaiserlichen Bibliothek wurden in der Zeit Karls VI. durch den Ankauf der Bibliothek des Prinzen Eugen noch erheblich erweitert.

In der Pflege der Wissenschaften stand die Historiographie im Vordergrund, vor allem die Verherrlichung der Person des Herrschers. Der wichtigste zeitgenössische Biograph Leopolds ist Conte Galeazzo Gualdo-Priorato, der eine „Historia di Leopoldo cesare" verfaßte.

Von all den Künsten spielten am Habsburgerhof stets Musik und Theater die hervorragendsten Rollen. Einerseits hängt das mit dem großen Geldmangel der ständig im Krieg befindlichen Dynastie zusammen, eine Tatsache, die aufwendige Großbauten unmöglich machte, andererseits aber auch mit der großen Vorliebe verschiedener Kaiser für die Musik. Fast alle Kaiser seit Ferdinand III. bis ins 18. Jahrhundert hinein sind ausübende Musiker und Komponisten. Auch Leopold komponierte selbst, er hat 79 kirchliche Kompositionen, darunter acht Oratorien, und 155 weltliche Werke geschaffen. Neun „feste teatrali" und 17 Bände Baletti mit 102 Tänzen, drei deutsche Singspiele, zwei deutsche Oratorien und mehrere deutsche Kirchenlieder von ihm sind erhalten.

Die barocken Monarchen haben auch ein entsprechendes Interesse an der Hofmusikkapelle. Diese bestand im Schnitt aus 27 Sängern, 21 Instrumentalisten, vier Organisten, zehn Trompetern, einem Pauker und noch verschiedenem anderen Hilfspersonal.

Neben vielen anderen Komponisten und Hofmusikern wie Giovanni Battista Bononcini, Marc' Antonio Ziani, Antonio Draghi und Francesco Conti sind vor allem Antonio Caldara und

Das Stift Klosterneuburg.
ÖNB

Johann Josef Fux besonders hervorzuheben. Der starke Anteil der Italiener an der Hofmusik erklärt sich nicht bloß aus der Tatsache, daß die Italiener in der Musikproduktion der Barockzeit führend sind, sondern auch aus der starken Italianisierung des Wiener Hofes, nicht zuletzt durch die beiden Eleonoras von Gonzaga – eine die Frau Ferdinands II. und die andere die Ferdinands III.

Einer der wichtigsten Komponisten war Marco Antonio Cesti, der zunächst am Hof in Innsbruck beschäftigt war. Wie geschätzt Cesti zu dieser Zeit wurde, zeigt die Tatsache, daß man am französischen Hof ernsthaft erwog, ihn mit der Komposition einer Festoper anläßlich der Vermählung Ludwigs XIV. zu beauftragen.

Mit dem plötzlichen Tod des Erzherzogs Sigismund Franz fiel Tirol an Kaiser Leopold I. Die kulturelle Eigenständigkeit des Innsbrucker Hofes war damit zu Ende, wenn auch Innsbruck Verwaltungszentrum blieb. Die Künstler, angewiesen auf das Mäzenatentum der Herrschenden, gingen allerdings an den Hof nach Wien; es ist mehr als ein Zufall, daß Marco Antonio Cesti als Hofkapellmeister des Kaiserhofes in Wien – insbesondere mit seiner Oper „Il Pomo d'Oro" – seine weiteren Erfolge feierte.

Sowohl in ihrer Präsentationsform als auch in den ihr eigenen inneren Strukturen war die Barockoper eine dem absolutistischen Herrschertum angepaßte, entsprechende Kunstform, welche ihre charakteristische Ausformung nicht nur durch musiktheoretische Neuerungen, sondern sehr häufig durch gesellschaftliche, ja politische Rahmenbedingungen erhielt. Hoher Rang verpflichtete zum Besitz und zum „Aufmachen eines entsprechenden Hauses", wobei Größe und Pracht des Hauses nicht primär Ausdruck des Reichtums, sondern Ausdruck des Ranges und Standes waren. Speziell das höfische Theater als Ort der repräsentativen Öffentlichkeit machte auch den Publikumsraum zur Bühne, auf der jeder gesehen werden konnte und gesehen werden wollte. In der persönlichen Beteiligung des Herrschers und der Hofgesellschaft an den „feste teatrali" realisierte sich wohl am sichtbarsten die organische Verschmelzung der aktiven, „irrealen" Sphäre des Spiels und der passiven, „realen" des Beschauers. Oper, Theater und Fest wirkten durch ihre Gestaltungsmittel und ihren gesellschaftlichen Rahmen, vor allem aber auch durch ihre Handlungen mit, die Gesellschaftsordnung zu verdeutlichen, zu stabilisieren und immer höher ge-

Ein zehnpfündiger Böller mit Darstellungen der Eroberung Belgrads 1717 durch Prinz Eugen.
ÖNB

Das Kaiserzimmer im Stift Klosterneuburg. Beim Tod Kaiser Karls VI. 1740 waren erst zwei der vier geplanten Flügel fertig. Wegen finanzieller Probleme konnte der Bau erst 1836–1842 von Joseph Kornhäusel vollendet werden.

ÖNB

schraube Herrschaftsansprüche zu legitimieren. Der Inhalt der Stücke, die immer für festliche Anlässe bei Hof geschaffen wurden, mündete stets in einer Apotheose des Herrscherhauses. Besonders bezeichnend für den imperialen Geist des Wiener Hofes war dabei die enge Bezogenheit der Allegorie auf die überweltliche quasi sakrale Position des Herrschers. Den Stoff für die „feste teatrali" lieferten die Antike, die Mythologie, die Geschichte der Dynastie und in wenigen Fällen auch das Alte und Neue Testament. Im Prolog, Epilog und in den allegorischen Einlagen wurde sehr anschaulich die Verbindung zur Gegenwart hergestellt. Die Mitglieder des Herrscherhauses agierten gemeinsam mit antiken Helden und sagenhaften Königen oder erschienen mit den olympischen Göttern in den Wolken. Die Vergangenheit lieferte dabei den Textdichtern einen gewaltigen Fundus an Ereignissen und Persönlichkeiten, aus denen ein Rahmen geschaffen wurde, der dem jeweiligen Anlaß adäquat war – für den tatsächlichen historischen Verlauf bestand hingegen weder bei den Verfassern noch beim Publikum ein tieferes Interesse.

Die absolutistischen Fürsten stellten in den „feste teatrali", an denen sie häufig aktiv teilnahmen, ihre eigenen Herrschaftszeichen, ihre politischen Ansprüche und ihre Mission dar; sie identifizierten ihre Stellung im Leben vollkommen mit ihrer Rolle im Staatsschauspiel. Mit der Repräsentation der Majestät im Fest, in der Oper und im Theater wurde auch die ideale Tugendwelt des Herrschers und seines Hofes demonstriert. Nicht der Inhalt des Stückes war es, auf den es ankam. Wichtig war vielmehr, genauso wie im höfischen Alltag, die Feinheit der Manier, in der die agierenden Personen ihr Schicksal bewältigten. In den Handlungen der Theaterfeste des Absolutismus spiegelte sich deutlich die höfische Hierarchie. Die Rolle, in der ein Hofadeliger als Darsteller, der Platz, auf dem er als Zuschauer an dem Schauspiel teilnehmen durfte, waren wichtige Anzeiger des Ranges, den er in der Hofgesellschaft einnahm.

Kaiser Leopold I. brauchte zwei Theater, eines für die große Oper, eines für die Commedia-dell'arte-Aufführungen einer italienischen Truppe, die er eigens dafür hatte nach Wien kommen lassen. War unter Ferdinand III. vorwiegend zu festlichen Anlässen Theater gespielt worden, so begann mit Leopold eine Blütezeit des höfischen Wiener Theaters, die auf ganz regelmäßiger Pflege der Oper aufgebaut war.

Soziologisch gesehen war dieses höfische Wiener Barocktheater eine Insel für sich. Das Bürgertum hatte nur in den seltensten Fällen Zutritt. Auch bei den großen öffentlichen Opernfesten waren nur der gesamte Hofstaat und Adel geladen. Daneben gab es auch wesentlich intimere Theaterveranstaltungen „auff geheimer Schaubühne", zu denen oft nur der allerengste Kreise um das Kaiserpaar Zutritt erhielt.

Alles war dem Zeremoniell streng unterworfen, die Prunkaufführungen waren unwiederholbar – einmalige Feste der theatralischen Überraschungen und künstlerischen Höchstleistungen. Im Fasching folgten die Feste bei Hof einander in solcher Dichte, daß alle Staatsgeschäfte wochenlang ruhten: „Die Publica stunden gantz still." Es gab Faschingsopern, Komödien, Bälle, Schlittenfahrten und Aufzüge in Hülle und Fülle. Den Höhepunkt bildete am Faschingsdienstag ein Fest in Kostümen, die „Wirtschaft", ein Maskenfest des Hofes und des Adels, bei dem jeder Teilnehmer in einem durch das Los bestimmten Kostüm zu erscheinen hatte.

Auch Karl VI., ein Schüler von Johann Josef Fux, komponierte selbst und leitete gelegentlich vom Klavier aus die Hofkapelle, die noch stark italienisch dominiert war, so ist bis 1715 Marc'Antonio Ziani erster Kapellmeister der Hofkapelle. Auch die Hofdichter, so z. B. der Venezianer Apostolo Zeno, die vor allem Libretti für die Opern und Ballette schreiben, sind vorwiegend aus Italien gekommen. Umso erstaunlicher ist die Karriere von Johann Josef Fux, der, aus bäuerlichen Verhältnissen stammend und 1715 nach dem Tod Zianis zum Leiter der Hofmusik aufgestiegen, statt einer Per-

Eleonore Gonzaga (1630–1686), Prinzessin von Mantua und dritte Gemahlin Kaiser Ferdinands III., war äußerst fromm. Sie stiftete das Ursulinenkloster in Wien und den bekannten Sternkreuzorden für adelige Damen. Sie war maßgeblich an der starken Italienisierung des Wiener Hofes beteiligt.
KHM, Ambras

Am Hof. Ansicht aus Wien um 1724.
ÒNB

König Ludwig XIV. von Frankreich erreichte zwar große dynastische Erfolge, Frankreich stand jedoch vor dem Staatsbankrott. Die Aufrechterhaltung unhaltbar gewordener gesellschaftlicher Strukturen sollte später eine der Hauptursachen der Französischen Revolution werden.

ÖNB

sonalangabe von sich sagen konnte, es genüge, daß er „würdig geschätzt werde, Caroli VI. erster Capellmeister zu sein".

Am bedeutendsten in seiner lange anhaltenden Wirkung aber ist vielleicht Metastasio als Hofdichter gewesen. 1729 wurde er von Kaiser Karl VI. nach Wien berufen, wo er bald den Mittelpunkt eines Kreises an italienischen Künstlern bildete. Metastasio dichtete neben einfachen Liedern, die damals moderne Themen der Hirtenidylle zum Inhalt hatten, vor allem 27 Opernlibretti, die sich bei den bedeutenden Komponisten der Zeit großer Beliebtheit erfreuten, weil sie sich ausgezeichnet für die Vertonung eigneten. Auch die – meist mythologische Vorwände benützenden – Handlungsabläufe haben die Menschen seiner Zeit beeindruckt, so daß Metastasio so etwas wie ein „Modedichter" des 18. Jahrhunderts vor der Aufklärung geworden ist.

Am Hof Leopolds I. und Karls VI. erlebte also die barocke Kultur ihren Höhepunkt – während draußen die Soldaten fast ständig unter schrecklichsten Bedingungen im Einsatz waren, zur Vermehrung des Ruhmes der Dynastie. Der Hof verschwendete Geld für prachtvolle kulturelle Großleistungen, gaukelte sich selbst eine antikisch-heroische Welt vor und nahm nicht wahr, daß große Teile des Volkes hungerten und die Zahl der Armen und Ausgestoßenen wuchs.

Leopold I.: von der geistlichen zur weltlichen Karriere

Der bedeutendste barocke habsburgische Herrscher war ursprünglich gar nicht für diese Rolle vorgesehen. Als er am 9. Juni 1640 als Sohn Kaiser Ferdinands III. aus dessen erster Ehe mit Maria Anna, der Tochter König Philipps III. von Spanien, geboren wurde, hatte er einen älteren Bruder, der die Thronfolge antreten sollte. Dieser Ferdinand (IV.) wurde auch – wie wir schon gehört haben – selbst im Reich gewählt, doch starb er ganz jung, und Leopold trat nun an seine Stelle.

Leopold war zunächst für den geistlichen Stand bestimmt, da ja sein älterer Bruder die Regierung übernehmen sollte. Er erhielt daher unter der Leitung Johann Ferdinand Graf Portias und der Jesuiten Christoph Müller (häufig auch Miller) und Johann Eberhard Nidhard (häufig auch Neidhard) eine gründliche theologisch-wissenschaftliche Ausbildung. Von dieser Bildung war Leopold zeitlebens beeinflußt, er war sehr fromm und bigott und stellte – seinem Großvater Ferdinand II. darin nicht unähnlich – die Ziele der Gegenreformation über alle anderen politischen Ziele.

Auch seine vielfältigen Interessen für Altertumskunde, Geschichte, Literatur, Naturkunde, Alchemie und Astronomie dürften ein Resultat dieser ursprünglichen Ausbildung zum Kleriker sein.

Wie alle seine Vorgänger sprachgewandt, beherrschte Leopold I. Deutsch, Italienisch und Spanisch und verstand mehrere slawische Sprachen. Französisch konnte er wohl, hatte aber eine sich verstärkende Abneigung gegen diese Sprache – die sicherlich mit seinem politischen Konflikt mit Frankreich zusammenhing – und wünschte nicht, daß bei Hof französisch gesprochen wurde.

Als sein Bruder also 1654 unerwartet mit 21 Jahren starb, wurde Leopold zunächst in Ungarn (27. Juni 1655) und in Böhmen (14. September 1656) gekrönt und schließlich nach dem Tod seines Vaters mit 17 Jahren zum römisch-deutschen Kaiser gewählt.

Frankreich und Schweden waren selbstverständlich gegen eine Wahl Leopolds zum Kaiser, die Gesandten Karl Gustavs von Schweden und Ludwigs XIV. versuchten, die Fürsten des Reiches gegen Leopold zu beeinflussen. Auch innerhalb des Hauses gab es einen anderen Kandidaten für die Kaiserkrone, nämlich Leopolds Onkel Erzherzog Leopold Wilhelm, der sich als Feldherr im Dreißigjährigen Krieg ausgezeichnet hatte. Aber auch der bayerische Kurfürst Ferdinand Maria und Ludwig XIV. von Frankreich selbst standen zur Debatte.

Vor allem die Unterstützung der Kandidatur Leopolds durch Kursachsen und durch Friedrich Wilhelm von Brandenburg, den Großen Kurfürsten, führten zu seiner Wahl am 18. Juli 1658. Die gespannte reichspolitische Situation schlug sich in der Wahlkapitulation entsprechend nieder, vor allem wehrten sich die Reichsstände darin gegen eine Unterstützung der österreichischen Politik in Spanien und Polen und betonten die im Westfälischen Frieden niedergelegte Stellung des Kaisers als Primus inter pares.

Leopold I. war insgesamt dreimal verheiratet. 1666 heiratete er Margarethe Theresia von Spanien, die Tochter Philipps IV.

Die Hochzeitszeremonie selbst fand am 12. Dezember 1666 statt, doch die Festlichkeiten begannen damit erst. Fast ein Jahr lang wurde gefeiert. Den Höhepunkt bildete sicherlich die Aufführung der Oper „Il Pomo d'Oro" (Der Goldene Apfel). Diese festliche Aufführung war gleichzeitig auch einer der Höhepunkte des kulturellen Schaffens der Barockzeit und ein Höhepunkt der Verschwendungssucht des barocken Hoflebens. Die lange geplante „festa teatrale", für die man eigens ein Komödienhaus nach venezianischem Vorbild an der Stelle des Bibliothekshofes der heutigen

Nationalbibliothek baute, fand in zwei Teilen am 12. und 14. Juli 1668 anläßlich des Geburtstages der Kaiserin statt und wurde vermutlich noch einmal wiederholt. Am Zustandekommen dieser Oper, die den Stoff des Urteils des Paris behandelt, waren die Komponisten Antonio Cesti, Johann Heinrich Schmelzer und der Kaiser Leopold I. selbst, der die 9. Szene des 2. Aktes komponiert hat, der Librettist Francesco Sbarra und der Bühnen- und Kostümbildner Lodovico Burnacini beteiligt. An dieser großartigen Aufführung nahmen „viel Fürstliche und andere hohe Adeliche Personen" teil; unter anderen der osmanische Gesandte, für den dieser Titel „Der Goldene Apfel" eine andere Bedeutung haben mußte, da Wien – Eroberungsziel der Osmanen seit langer Zeit – von den Türken „Stadt des Goldenen Apfels" genannt wurde.

Daneben ist das sogenannte Roßballett von Bedeutung, das, neben einem ungeheuerlichen Aufwand an Kostümen und Ausstattung durch die große Anzahl von adeligen Reitern mit ihren Pferden, die daran teilnahmen, die Macht des Hofes repräsentierte. Auch die mythologische Handlung dieses Balletts hat mit der politischen Ideenwelt der Zeit zu tun. Für alle Eingeweihten war klar, daß es beim Roßballett um das Sichtbarmachen von Machtansprüchen der Habsburger gegenüber Ludwig XIV. vor allem im Hinblick auf das spanische Erbe ging, denn Kaiser Leopold I. hatte die zweite Tochter Philipps IV. geheiratet; ihr zur Ehre wurde das Roßballett aufgeführt, und sie hatte nicht auf den Thron verzichtet.

Etwas schlichter ging die zweite Eheschließung 1673 mit Claudia Felicitas von Tirol, der Tochter Erzherzog Ferdinand Karls, vor sich.

Doch trug diese Hochzeit wesentlich zur Wiedervereinigung der habsburgischen Erblande bei.

Nach dem Tod Erzherzog Ferdinands von Tirol im Jahr 1595 ohne legitime Erben wurde nach einer kaiserlichen Zwischenverwaltung zunächst Erzherzog Maximilian III. der Deutschmeister Gubernator im Land, dann folgte ihm Erzherzog Leopold, der Bischof von Passau war, zunächst auch als Gubernator. Er ließ sich allerdings säkularisieren, wurde 1625 Landesfürst und begründete die sogenannte jüngere Tiroler Linie. Nach ihm fungierte seine Witwe Claudia von Medici als Regentin, dann folgten Erzherzog Ferdinand Karl und schließlich Erzherzog Sigismund Franz. Mit dem Tod von Erzherzog Sigismund Franz 1665 starb diese jüngere Tiroler Linie aus, und Leopold, der mit der Tochter des vorletzten Regenten verheiratet war, konnte diese Länder wieder mit dem Rest der habsburgischen Gebiete vereinigen.

Seine dritte Ehe schloß Leopold I. 1676 mit Eleonore Magdalena von der Pfalz, der Tochter Philipp Wilhelms von Pfalz-Neuburg. Nicht weniger als 15 Kinder zeugte Leopold, vier in seiner ersten Ehe, davon sind allerdings drei im ersten Lebensjahr verstorben, nur eine Tochter, Maria Antonia, wurde 23 Jahre alt und heiratete Kurfürst Maximilian Emanuel von Bayern; zwei Kinder stammten aus der zweiten Ehe, die beide im ersten Lebensjahr starben, und sechs Töchter (eine starb im ersten Lebensjahr) und drei Söhne (einer starb im zweiten Lebensjahr) stammten aus der dritten Ehe. Diese Töchter: Maria Elisabeth, Maria Anna, die Johann V. König von Portugal heiratete, Maria Theresia, Maria Josepha und Maria Magdalena, waren allesamt wenig bedeutend, die beiden Söhne waren Joseph I. und Karl VI.

Leopold war in seinem Privatleben bieder und moralisch, bei ihm gab es keine Frauengeschichten, wie sie zu seiner Zeit an Höfen sehr üblich waren, man braucht nur an die Mätressenwirtschaft am französischen Hof zu denken, wo es fast als Schande galt, keine Geliebte zu haben. Leopold hatte sich aus seiner Erziehung zum Kleriker wohl einen Zug zum Asketischen bewahrt. Er lebte und regierte im vollen Bewußtsein seines Gottesgnadentums.

Physisch war er durch die große Zahl der Verwandtschaftsehen in seiner Familie stark geprägt, vor allem der für die Habsburger typische Vorbiß, also sein über das Oberkiefer weit vorragendes Unterkiefer, ist geradezu pathologisch ausgebildet. Leopold starb nach fast 50 Regierungsjahren am 5. Mai 1705, mitten im Spanischen Erbfolgekrieg.

Augusta est coelata. vide celata sub ista.
Quidquid habet virtus, Icone quippe latet.

Eleonore Magdalena, Prinzessin von Pfalz-Neuburg (1655–1720), die dritte Gemahlin Kaiser Leopolds I. und Mutter Kaiser Josephs I.

ÖNB

Friedrich I. (1657–1713),
als Friedrich III. seit 1688
Kurfürst von Brandenburg,
seit 1701 König in Preußen.
Friedrich erlangte von Kaiser
Leopold I. für seine zugesagte
Unterstützung im Spanischen
Erbfolgekrieg die
Anerkennung des Königtums
für das Herzogtum Preußen.

Archiv Verlag Styria

Der Hof Leopolds I.

Die feste Residenz der Habsburger waren Wien und seine Umgebung, während Leopold im Winter eher die Hofburg bevorzugte, verbrachte er den Frühling meist in Laxenburg, den Sommer in der Favorita, der heutigen Theresianischen Akademie, und den Herbst im Jagdschloß (Kaiser-)Ebersdorf. Leopold regierte zunächst unter dem Einfluß der „Regierungsmannschaft" seines Vaters, besonders wichtig waren sein Erzieher Johann Ferdinand Graf Portia, Fürst Weikhard von Auersperg und – erst im Aufstieg begriffen – Wenzel Eusebius Fürst Lobkowitz. Als Vertreter der militärischen Fragen kam dazu noch Graf Raimund Montecuccoli.

Typisch für diesen barocken Hof – das gilt auch unter seinen Söhnen – waren die ständigen Intrigen, Rivalitäten und Konflikte zwischen rasch wechselnden und sich immer wieder neu bildenden Parteiungen. Nach dem Tod Portias 1665 erklärte Kaiser Leopold, er werde keinen Premier mehr ernennen, sondern gedenke sein „eigener primado selbst zu sein".

Wenzel Eusebius Fürst Lobkowitz nahm am ehesten die Stellung eines Premiers ein, später war ebenso stark wie er auch Johann Weikhard Fürst von Auersperg, der 1669 hinter dem Rücken des Kaisers Beziehungen mit Frankreich anknüpfte und darüber stürzte. Wenige Jahre später (1673) kam es auch zum Sturz von Lobkowitz, ebenfalls wegen seiner Franzosenfreundlichkeit, er wurde auf seine Güter nach Raudnitz verbannt. Als dann im Jahr darauf noch einer der führenden Diplomaten, Franz Paul Freiherr von Lisola, der eine entschieden antifranzösische Haltung vertrat, starb, wurde endgültig kein leitender Minister mehr bestellt, die Wiener höfische Gesellschaft gewann an politischem Einfluß. Unter ihnen waren auch einige bürgerliche (bald geadelte) Aufsteiger wie der Hofkanzler Johann Paul Freiherr von Hocher, Theodor Athlet Heinrich Graf Strattmann und Johann Friedrich Graf von Seilern. Leopold war ein überaus pflichtbewußter Herrscher und besaß einen guten Verstand für Menschen, so setzte er sich auch über Standesvorurteile hinweg und bestimmte etwa den Bürgerlichen Dr. Johann Paul Hocher zum österreichischen Hofkanzler. Doch in letzter Instanz war Leopold trotz viel guten Willens, den man ihm zubilligen kann, ein von Natur aus schwacher Charakter. Ein starker Einfluß der Kleriker, z. B. des Bischofs Emmerich Spinelli SJ, des Kapuziners Marcus d'Aviano, des Franziskaners Christoph de Rojas y Spinola und des Augustiners Abraham a Sancta Clara, auf ihn ist deutlich merkbar.

Neben den Kriegen mit den Osmanen und Frankreich beschäftigte den Hof außenpolitisch auch noch der Krieg im Norden zwischen Schweden und Polen, der erst 1660 im Frieden von Oliva, einem Kloster bei Danzig, beendet wurde.

Das politische Ziel im Norden, das schon seit dem 16. Jahrhundert immer wieder auftauchte, war die Erwerbung der polnischen Krone für einen Habsburger oder einen mit diesen befreundeten Monarchen, man dachte vor allem an Karl von Lothringen. Dieses Ziel wurde verfehlt, doch konnte der neugewählte polnische König Michael Wisniowiecki, ein Nachkomme der Jagiellonen, mit der Stiefschwester Leopolds, Eleonore, verheiratet werden, allerdings starb er schon bald, ihm folgte dann als polnischer König Johann III. Sobieski. Die Politik Leopolds im Norden des Reiches war nicht immer glücklich, die Reduktion des kaiserlichen Einflusses schuf dadurch günstige Voraussetzungen für den Aufstieg Brandenburg-Preußens in dieser Region.

Allerdings vergab Leopold – gewissermaßen als Ausgleich zur erstarkenden Stellung Brandenburg-Preußens – 1692 eine neunte Kurwürde für die Welfen in Hannover. Ebenfalls während der Regierungszeit Leopolds I. erfolgte aber auch die Rangerhöhung des brandenburgischen Kurfürsten, der sich am 18. Januar 1701 in Königsberg als Friedrich I. zum „König in Preußen" krönte.

Joseph I.:
ein kurzes Zwischenspiel
der Frühaufklärung

Kaiser Joseph I. steht, was den heutigen Bekanntheitsgrad – auch in der Historiographie – anlangt, sicherlich im Schatten seiner Verwandten – einerseits Leopolds I., aber auch Karls VI., der zumindest als Vater Maria Theresias ins Bewußtsein vieler gedrungen ist. Daneben hat Joseph I. auch noch das Unglück, mit seinem Namensvetter Joseph II. oft verwechselt zu werden, wobei das Interessante ist, daß die beiden durchaus ähnliche Züge aufweisen und beide den Ideen der Aufklärung verpflichtet sind.

Joseph I. wurde am 26. Juli 1678 als ältester Sohn Kaiser Leopolds I. und der Eleonore von Pfalz-Neuburg geboren. Er erlebte als Kind den türkischen Anmarsch 1683 und die Flucht der kaiserlichen Familie aus Wien. Schon 1687 wurde er zum ungarischen König gekrönt, und 1690 am Kurfürstentag zu Augsburg erfolgte seine Wahl zum römisch-deutschen König.

Im Gegensatz zu den meisten Habsburgern dieser Zeit wurde Joseph I. nicht von den Jesuiten erzogen. Sein Ajo – also der Leiter der Erziehung – war der Protestant Karl Theodor Otto Fürst von Salm, auch seine sonstigen Lehrer waren anders, als man es dem Wiener Hof in der Blütezeit der Gegenreformation zutrauen würde, unter ihnen ist vor allem Hans Jakob Wagner von Wagenfels, ein Anhänger der Toleranzidee und Verfasser der patriotischen Schrift „Ehren-Ruf Teutschlands, der Teutschen und ihres Reichs", besonders hervorzuheben.

Beneiden könnte man Joseph um seinen Lehrer in der Baukunst, es war niemand Geringerer als der große österreichische Barockbaumeister Johann Bernhard Fischer von Erlach. Auch die Musik spielte in seiner Erziehung wieder eine hervorragende Rolle, Joseph war ein vorzüglicher Flötenspieler, er komponierte auch selbst, allerdings sind nur wenige Kompositionen von ihm erhalten. Überhaupt erwies sich der junge Erzherzog als talentierter Schüler, vor allem in Mathematik und den Sprachen, er lernte Deutsch, Französisch, Spanisch, Tschechisch und Ungarisch.

Selbstverständlich hatte in dieser kriegerischen Zeit auch die militärische Bildung ihren festen Platz im Erziehungsprogramm.

Seine militärische Bewährung sollte der Erzherzog vor der Festung Landau erfahren. Anläßlich dieses Ereignisses entstand in Wien der Josephs- oder Vermählungsbrunnen. 1702 gelobte Leopold für den Fall, daß sein Sohn die Festung Landau einnehmen sollte, die Errichtung eines Brunnens. Das hölzerne Modell, das Johann Bernhard Fischer von Erlach 1706 vollendete, stellte einen sechssäuligen Tempel und die Vermählung Mariens dar.

Wichtig für seine Regierungszeit war, daß mit Joseph I. ein Anhänger der Frühaufklärung auf den Thron kam. Diese Ideen teilte er mit seinem engen Vertrauten, dem Prinzen Eugen. Das Verhältnis Eugens zu Joseph wird durch den bekannten Ausspruch des Prinzen charakterisiert, Leopold sei für ihn wie ein Vater, Joseph wie ein Bruder und Karl VI. wie ein Herr gewesen. Durch den frühen Tod Josephs verzögerte sich die Rezeption der Aufklärung in der Habsburgermonarchie bis zur Epoche Maria Theresias und insbesondere Josephs II. Zwar waren sowohl Leopold als auch Joseph Vertreter des „konfessionellen Absolutismus", nach wie vor lag die Verwaltung in den Händen von Adel und Kirche, noch immer war der Hof dominiert durch „Höflinge", doch erste Anzeichen einer Veränderung machten sich bemerkbar. Joseph bevorzugte im Gegensatz zu seinem Vater das „Team", in der Konferenz, die alle wichtigen Entscheidungen traf, war er nur Primus inter pares.

Im Sinne dieser anderen Vorstellungen von Politik und der Welt generell, entstand rund um den jungen Joseph der sogenannte „junge Hof", das heißt, die Vertreter der Reformpartei sammelten sich um Joseph, so z. B. Johann Friedrich Seilern oder Johann Wenzel Wratislaw von Mitrowitz. Diese junge Partei wurde stärker, als sein Vater Joseph 1704 zum Vorsitzenden aller Kriegskonferenzen machte. Nach dem Tod des Vaters am 5. Mai 1705 war der Weg frei für innere Reformen, die Männer des jungen Hofes setzten sich zunehmend in den Führungspositionen durch, so etwa Prinz Eugen, der spätere Hofkammerpräsident Guido Starhem-

Der Tod Kaiser Josephs I. am 17. April 1711 war für das Haus Habsburg und für das Reich ein schwerer Schicksalsschlag, der Folgen für ganz Europa hatte.
KHM

Bronzestatue des Reiterbildnisses Prinz Eugens von Fernkorn: Eine Geschichte der Habsburger im Hochbarock ohne Prinz Eugen wäre unvollständig. Man spricht weniger vom Zeitalter Leopolds I., Josephs I. oder Karls VI., sondern sehr wohl vom Zeitalter Prinz Eugens.
ÖNB

Das Belvedere, ein Komplex mit zwei Schlössern und einem großen Garten, wurde als Sommerresidenz des Prinzen Eugen von Lukas von Hildebrandt geplant. 1714 begann man mit den Bauarbeiten für das Untere Belvedere, 1721 für das Obere. Mit der Gartengestaltung beauftragte Prinz Eugen Dominique Girard. Heute sind hier das Österreichische Barockmuseum sowie die Österreichische Galerie des XIX. und XX. Jahrhunderts untergebracht.

Trumler

berg, der spätere österreichische Hofkanzler Ludwig Philipp Sinzendorf, Johann Friedrich Seilern als Hofkanzler und Johann Wenzel Wratislaw von Mitrowitz als böhmischer Kanzler. Um die Gremien arbeitsfähiger zu machen, wurde die Zahl der Geheimräte von 150 auf 23 gesenkt. Diese Reduktion der Bürokratie kann auch im Zeichen merkantiler Sparsamkeit gesehen werden, auch die ständigen Versuche Josephs, das Kameraleinkommen zu steigern, sind in diesem Zusammenhang zu sehen. Der Wille zu einer weitergehenden Reform auch des sozialen Bereiches war deutlich vorhanden, Ratgeber des Kaisers machten Vorschläge zu einer Verbesserung der bäuerlichen Situation und zur Robotreduzierung.

Josephs politische Besonderheit war vor allem die starke Betonung der Reichspolitik und sein verhältnismäßig hartes Durchgreifen auf diesem Gebiet. Führende Gestalten dieser Reichspolitik waren neben dem Obersthofmeister Karl Theodor

Fürst Salm vor allem der Reichsvizekanzler Friedrich Karl Schönborn, der spätere Bischof von Bamberg und Würzburg. So wagte Joseph I. es z. B. 1706, eine feierliche Achterklärung des Kurfürsten Max Emanuel von Bayern und seines Bruders Johann Clemens von Köln wegen ihres Bündnisses mit Frankreich auszusprechen, was zu einer kriegerischen Kampagne in Bayern den Auftakt gab.

Auch die Durchsetzung der Reichspolitik in Oberitalien war eines seiner Ziele. Er hat dabei die Lehensabhängigkeit verschiedener spanischer und anderer Territorien vom Reich wieder betont. Durch diese Politik kam er auch zunehmend in Konflikt mit dem päpstlichen Lehenssystem, vor allem in Mantua und Comacchio.

Zwei Krisen sind parallel zum Spanischen Erbfolgekrieg verlaufen und haben auf ihn Einfluß genommen. Im Norden Europas tobte – ohne Einmischung des Kaisers – der Nordische Krieg, der

1707 auf das kaiserliche Gebiet überzugreifen schien. Der schwedische König Karl XII. marschierte in Sachsen ein. Joseph I. sollte eigentlich das Reich schützen, mußte aber vorsichtig sein, um Karl XII. nicht auf die Seite Frankreichs zu treiben. 1707 wurde daher die Konvention von Altranstädt unterzeichnet, in der Joseph einem Schutz des schlesischen Protestantismus zustimmen mußte. Dies wieder verärgerte den Papst und verstärkte den über die Lehen in Italien ohnehin bestehenden Konflikt mit der Kurie.

Im Jahr darauf eskalierte diese Auseinandersetzung mit Papst Clemens XI., der franzosenfreundlich eingestellt war. Zu den religiösen Fragen in Schlesien und der Nichtanerkennung Karls III. als König in Spanien kam eine Verschärfung der Lehenskonflikte in Italien. Der Streit um die Lehensabhängigkeit einzelner Territorien vom Reich oder vom Papst kulminierte im Comacchio-Krieg. Am 24. Mai 1708 rückte General Bonneval in Comacchio ein. Der Papst rüstete, mußte aber 1709 nachgeben und anerkannte Karl als spanischen König. Comacchio wurde erst 1725 vom Kaiser herausgegeben.

Joseph hat nur wenige Jahre regiert, trotz seiner kurzen Regierungszeit von 1705 bis 1711 ist er aber ein wichtiger Herrscher der Habsburgermonarchie. In der spanischen Erbfolgefrage kam es durch seinen Tod zu einer völligen Veränderung der Situation und letztlich zu einer Teilung des spanischen Erbes. Wichtiger scheint aber, daß die Reformansätze seiner Regierungszeit unter Karl VI., dessen Regierung man als die der versäumten Gelegenheiten bezeichnen könnte, wieder verlorengingen.

Ausschweifendes Liebesleben und früher Tod

Schon sehr früh fiel Erzherzog Joseph nicht nur durch seine Intelligenz, sondern auch durch seine körperlichen Vorzüge auf, ein zeitgenössischer Historiograph nannte ihn „in seiner Jugend ein Muster an Schönheit".

Doch dem Hof machte der junge Herrscher erhebliche Sorgen, einerseits durch seine wilden Jagdabenteuer, die er gemeinsam mit seinem Vertrauten Matthias Lamberg bestand, mehr aber noch durch sein früh beginnendes Liebesleben, das sich nicht nur an Kammerzofen wandte, sondern durchaus auch adelige Damen wie etwa Dorothea Daun einschloß. Seine ersten Liebeleien hatte der junge Mann schon mit 15 Jahren, in vielen Quellen wird seine „Verderbtheit" hervorgehoben. Eine Heirat sollte hier Abhilfe schaffen, seinen Geschlechtstrieb in Richtung einer guten Ehe kanalisieren. Anfangs schien das auch gutzugehen, die junge Braut, die er am 24. Februar 1699 heiratete, Wilhelmine Amalie, die Tochter Herzog Johann Friedrichs von Braunschweig-Lüneburg – in ihrer Genealogie fand sich, wie Zeitgenossen betonten, auch die berüchtigte Lucrezia Borgia –, schien den Anforderungen Josephs durchaus zu entsprechen. Nach der Hochzeitsnacht mußte sogar die Messe am nächsten Tag verschoben werden! Also vielversprechende Ansätze, jedoch nach kurzer Zeit hat Joseph seine Frau betrogen, insbesondere scheint es zu einer Entfremdung gekommen zu sein, nachdem der Sohn aus dieser Ehe – der ersehnte Thronfolger Leopold Joseph – im ersten Lebensjahr gestorben ist.

Szene aus dem Spanischen Erbfolgekrieg: Prinz Eugen zusammen mit seinen verbündeten Heerführern John Churchill Duke of Marlborough und Ludwig Wilhelm, Markgraf von Baden-Baden. Mit dem Herzog von Marlborough besiegte Prinz Eugen 1704 in der Schlacht bei Höchstädt die Bayern und Franzosen. Bayern kam bis 1714 unter österreichische Verwaltung. Die Engländer nennen die Schlacht auch „Battle of Blenheim".

ÖNB

1704 hat sich Joseph im Zuge seines offensichtlich recht reichhaltigen Sexuallebens eine Geschlechtskrankheit, vermutlich Syphilis, zugezogen und damit auch die Kaiserin angesteckt, die dadurch Geschwüre im Unterleib bekam und nicht mehr gebärfähig war. In dieser persönlichen Katastrophe verhielt sich der Kaiser ziemlich abweisend, er schrieb – so berichten zumindest seine Gegner – während der Konferenzsitzungen Liebesbriefe an Mätressen, wobei die wichtigste dieser Frauen die junge Marianne Palffy war.

Während der Pockenepidemie des Jahres 1711 hat sich der Kaiser zwar sechs Wochen lang eingeschlossen, schließlich die Krankheit aber doch bekommen und ist am 17. April 1711 gestorben. Vermutlich wäre er allerdings, wenn nicht an Pocken, so doch in absehbarer Zeit an seiner Syphiliserkrankung gestorben.

Die Tragik für das Haus Habsburg an diesem frühen Tod Josephs war die Tatsache, daß er keinen männlichen Erben hinterließ, der die angestrebte Teilung der Linien weiter verkörpert hätte. So folgte ihm sein Bruder Karl nach, der damit letzlich sein spanisches Erbe verloren geben mußte.

Zwei Töchter spielten dann viel später – nach dem Tod Karls VI. – noch indirekt eine politische Rolle. Maria Josepha war verheiratet mit Kurfürst Friedrich August II. von Sachsen und Maria Amalia mit Kurfürst Karl Albrecht von Bayern (1742–1745 als Karl VII. römisch-deutscher Kaiser). Beide Ehen der Töchter gaben, trotz der üblichen Renuntiationsurkunden bei der Eheschließung, in der die Erzherzoginnen auf alle Thronfolgerechte verzichten mußten, Anlaß zu Auseinandersetzung um das österreichische Erbe 1740 beim Regierungsantritt Maria Theresias.

Karl VI.: der letzte männliche Habsburger – ein schwacher Herrscher

Erzherzog Karl, der spätere Kaiser Karl VI., wurde als zweitältester Sohn Kaiser Leopolds und seiner dritten Frau Eleonore von Pfalz-Neuburg am 1. Oktober 1685 geboren.

Eigenartigerweise erhielt er im Gegensatz zu seinem älteren Bruder, dessen Erziehung spezielle Züge aufwies, eine zwar sorgfältige Erziehung unter Aufsicht des Fürsten Anton Florian von Liechtenstein, jedoch stand seine Bildung unter dem starkem Einfluß der Jesuiten.

Die Jagd spielte für Karl, wie schon für seinen Bruder Joseph, eine große Rolle, er ist einer der vielen blutwütigen habsburgischen Jäger, der eine so ungeheuerliche Menge an Wild erlegte, daß man die Zahlen kaum glauben kann.

Als er noch ein Knabe war, brach der Spanische Erbfolgekrieg aus, und im Jahr 1703 wurde der damals 18jährige Karl als Karl III., von Engländern und Holländern gestützt, zum spanischen König proklamiert. Das gleichzeitig damit abgeschlossene „Pactum Mutuae Successionis" garantierte ihm auch die Erbfolge nach seinem Bruder Joseph in der Habsburgermonarchie.

Es war geplant, daß der junge spanische König sich von Portugal aus in Spanien durchsetzen sollte, und so landete er im März 1704 in Lissabon. Anfangs waren die Katalanen und Aragonesen mit der Herrschaft des französischen Thronkandidaten Philipp von Anjou unzufrieden, da man ihre Sonderrechte mißachtete, und so gelang Karl 1705 der Einzug in Barcelona und damit die Ausdehnung der Herrschaft auf Katalonien, Aragon und Valencia, doch kam es bald wieder zu Rückschlägen. In diesem ständigen Hin und Her in Spanien war – wie allgemein im Spanischen Erbfolgekrieg – 1711 das entscheidende Jahr, das durch den Tod Josephs I. eine völlig neue Lage schuf. Karl III. von Spanien kehrte diesem Land – wie sich herausstellte, für immer – den Rücken und hinterließ die seit 1708 mit ihm verheiratete Elisabeth Christine, Tochter des Herzogs Ludwig Rudolf von Braunschweig-Blankenburg-Wolfenbüttel, als Statthalterin in Spanien. Am 12. Oktober 1711 wurde Karl VI. zum Kaiser gewählt und zehn Tage später in Frankfurt gekrönt.

Nach zwölf Jahren der Abwesenheit kam er im Januar 1712 wieder nach Wien zurück, allerdings war er durch seine intensive Korrespondenz mit seinem Vertrauten Johann Wenzel Wratislaw von Mitrowitz gut informiert über die Zustände am Wiener Hof. Er bestätigte zunächst zwar die bisherige Konferenz im Amt, doch im Laufe der Zeit kam es zu einer Auflösung des „Politikerteams" seines Bruders. Herausragend aus diesen Hofkonflikten ist die ernsthafte Krise mit Prinz Eugen 1719, ein Zeichen dafür, daß die beiden nicht gut miteinander zurechtkamen. Auch der zitierte Ausspruch des Prinzen Eugen, in dem er Karl sehr distanziert als „il mio signore" – meinen Herrn – bezeichnete, wirft ein bezeichnendes Licht auf die Situation.

Trotz seines vertraglich vollzogenen Verzichtes auf Spanien nach dem Erbfolgekrieg konnte Karl VI. dieses Trauma nie überwinden. Er führte nicht nur Titel und Wappen der spanischen Könige, auch politisch spielte am Wiener Hof der Spanische Rat, in dem der Favorit des Kaisers, Michael Graf Althan, dominierte, eine gewichtige Rolle.

Der große Kenner der Periode und Biograph des Prinzen Eugen, Max Braubach, urteilte vermutlich richtig, wenn er Karl VI. die große Übersicht in der Politik, eine klare Konzeption und Konsequenz absprach.

Seine Regierungszeit war sowohl außen- als auch innenpolitisch eine Zeit der versäumten Gelegenheiten. Unter Karl VI. trat nach dem kurzen Einbruch aufklärerischen Gedankengutes unter Joseph I. wieder die alte Barockfrömmigkeit auf den Plan.

Mit dem Tod Karls VI. am 20. Oktober 1740 ist der Mannesstamm des Hauses Habsburg erloschen.

Die Pragmatische Sanktion und ihre Durchsetzung

Will man die lange Regierungszeit Karls VI. charakterisieren, so ist der Kampf um die Durchsetzung der Pragmatischen Sanktion sicherlich der wichtigste bestimmende Faktor der gesamten Politik Karls VI.

Der Mißerfolg im Spanischen Erbfolgekrieg bildete eine Art Trauma für Karl VI.: daß er diese Niederlage nicht verkraften konnte, fand auch Ausdruck darin, daß er zunächst Philipp V. als spanischen König nicht anerkannte.

Der Verzicht auf Spanien und die Teilung des spanischen Erbes nach dem Friedensschluß von Utrecht, dem Karl nicht beitrat, und schließlich dem Frieden von Rastatt trafen ihn schwer. Zwar gewann er die spanischen Nebenländer in Europa, die Lombardei mit Mantua, Neapel, Sardinien und die südlichen Niederlande, doch das Gesamterbe war verloren.

Dazu kam sicherlich die große Belastung, der letzte seiner Dynastie zu sein, der entweder einen männlichen Thronerben zeugen oder aber – ähnlich wie in Spanien – die Monarchie der Gefahr einer Aufteilung ausliefern mußte.

Vor diesem Hintergrund wird ein Dokument von besonderer Bedeutung, das seine Entstehung ganz anderen Gründen verdankte. Eine Anfrage der Stände bezüglich der Rangordnung verschiedener Erzherzoginnen des Hauses gab Anlaß zur Entstehung einer zentralen Urkunde der habsburgischen Dynastie, der sogenannten Pragmatischen Sanktion vom 19. April 1713.

Vor einem kleinen Kreis von Räten wurde das „Pactum Mutuae Successionis" verlesen, und dann gab Karl VI. eine von Johann Friedrich Seilern verfaßte Erklärung ab, die eben als Pragmatische Sanktion bezeichnet wird. Zwei unterschiedliche Dinge sind an diesem Rechtsdokument besonders wichtig. Erstens erklärte Karl VI. seine Besitzungen als „indivisibiliter ac inseperabiliter", als unteilbar und untrennbar, und schuf damit im Sinne des adeligen Rechtes ein Majorat, das nur ungeteilt vererbt werden konnte. Damit ist aber auch zum ersten Mal die Habsburgermonarchie als eine Gesamtheit, als ein „Totum", in einer offiziellen Staatsurkunde gesehen und anerkannt.

Der zweite Teil beschäftigt sich mit der Erbfolgeregelung für alle Fälle, die in Zukunft entstehen konnten. Karl VI., der letzte lebende Habsburger im Mannesstamm, war noch kinderlos, hoffte aber auf einen männlichen Erben, dem natürlich dieses Erbe zufallen mußte. Sollte das nicht der Fall sein,

Karl VI. (1685–1740) wurde nach dem Tod seines Bruders Joseph I. 1711 zum römisch-deutschen Kaiser gewählt. Bereits 1706 war er in Madrid zum König von Spanien ausgerufen worden. Mit seinem Tod 1740 starb das Haus Habsburg im Mannesstamm.

Schatzkammer, Wien

John Churchill Duke of Marlborough (1650–1722) war neben Prinz Eugen die herausragende Feldherrengestalt des Spanischen Erbfolgekriegs.

ÖNB

so bestimmt es die Pragmatische Sanktion, sollten zunächst die zu erwartenden Töchter Karls, dann die Töchter seines Bruders Joseph und schließlich erst, wenn alle diese Linien erloschen waren, die Töchter Leopolds erbberechtigt sein. Juridisch gesprochen handelte es sich also um eine Umkehrung des Primogeniturrechtes im Frauenstamm.

Diese Pragmatische Sanktion wurde von den einzelnen Ländern der Monarchie nach und nach angenommen, schließlich 1722 auch in Ungarn, die Nachfolge der damals schon lebenden Tochter Maria Theresia im Inneren war also gesichert. Die Pragmatische Sanktion gewann also umso mehr an Bedeutung, als sich zeigte, daß Karl VI. wirklich der letzte männliche Sproß seines Hauses sein sollte. Zwar gebar Elisabeth Christine 1716 einen Sohn, der auf den Namen Leopold getauft wurde, doch starb dieser bereits nach wenigen Monaten. So blieben nur zwei Töchter – eine dritte starb im Alter von sechs Jahren –, Maria Theresia, später dann verheiratet mit Franz Stephan von Lothringen, und Maria Anna, verheiratet mit Prinz Karl von Lothringen.

Alle weiteren außenpolitischen Fragen wurden von dem Wunsch bestimmt, diese Pragmatische Sanktion durchzusetzen und das Erbrecht der Tochter Maria Theresia zu sichern.

Elisabeth Christine, Prinzessin von Braunschweig-Wolfenbüttel (1691–1750), Gemahlin Kaiser Karls VI. Die Vermählung fand 1708 in Barcelona statt. Die streng protestantisch erzogene Prinzessin war 1707 zum katholischen Glauben gewechselt.
ÖNB

Diese geradezu „idee fixe" Kaiser Karls VI. beeinflußte auch eine politisch und wirtschaftlich wichtige Frage der Monarchie. Die 1722 von Karl VI. aufgrund privater Vorinitiativen gegründete Oostendische Handelskompanie, die ein Privileg für den Handel nach Ost- und Westindien, China und Afrika bekam und dem Handel der atlantischen Staaten Konkurrenz machen sollte – die Kompanie besaß sogar „Kolonien" an der indischen Koromandelküste –, entwickelte sich zum internationalen Zankapfel.

Dies brachte Karl VI. seinem Gegner in Spanien – mit dem er sich theoretisch noch im Krieg befand – näher, und 1725 schloß Karl VI. Verträge mit Spanien ab: einen Friedensschluß unter Anerkennung des gegenwärtigen Besitzstandes und einer Anerkennung der Pragmatischen Sanktion. Karl VI. versprach dem Prinzen Don Carlos Parma, Piacenza und die Toskana, die dessen Mutter, Königin Elisabeth, für ihn zu erwerben suchte, weiters ein Defensivbündnis und schließlich einen Handelsvertrag, in dem Spanien die Oostendische Kompanie anerkannte und sie zu schützen versprach. Daraufhin schlossen sich England-Hannover, Frankreich und Brandenburg-Preußen zusammen, und 1729 verständigte sich Spanien mit Frankreich und England und brachte damit das österreichisch-spanische Bündnis von 1725 zum Scheitern. Alle diese – im Detail sehr komplizierten – diplomatischen Aktivitäten führten schließlich 1731 zum Wiener Vertrag zwischen Karl VI. und England. England garantierte die Pragmatische Sanktion, dafür duldete Karl eine spanische Besatzung in Italien und stimmte dem Ende der Oostendischen Kompanie zu. Spanien und die Niederlande stimmten diesem Vertrag zu, der schließlich 1732 zur Aufhebung der Oostendischen Kompanie führte.

Knapp danach gab es einen weiteren europäischen Konflikt, der für Karl VI. wichtig werden sollte: den polnischen Thronfolgekrieg. Am 1. Februar 1733 starb König August von Polen, und es gab nun zwei ernsthafte Anwärter bei der Wahl zum neuen polnischen König, den von Rußland und den Habsburgern unterstützten sächsischen Kurprinzen Friedrich August und – als französischen Kandidaten – den polnischen Adeligen Stanislaus Leszczynski. Zwar wurde Stanislaus Leszczynski mit großer Mehrheit zum König gewählt, doch intervenierten russische Truppen und riefen August III. zum König aus. Frankreich reagierte daraufhin mit Krieg, der für die Habsburger sehr ungünstig verlief. Selbst der sieggewohnte, aber mittlerweile schon recht alte Prinz Eugen agierte völlig erfolglos.

Am 3. Oktober 1735 kam es daher zu einem später bestätigten Präliminarfrieden in Wien zwischen

Karl VI. und Frankreich. August III. wurde darin als polnischer König anerkannt, sein Gegner Stanislaus Leszczynski erhielt die Herzogtümer Lothringen und Bar, die nach seinem Tod an Frankreich fallen sollten. Der bisherige Herzog, Franz Stephan von Lothringen, der mit Maria Theresia verlobt war, sollte mit der Toskana – nach dem erwarteten Erlöschen der Mediceer – entschädigt werden. Die Gefahr für Frankreich, die durch die Eheverbindung der habsburgischen Erbin mit dem Haus Lothringen entstanden war, bestand nicht mehr, und Frankreich anerkannte die Pragmatische Sanktion. Mit dem Tod Karls VI. am 20. Oktober 1740 ist der Mannesstamm des Hauses Habsburg erloschen. Wieviel diese Anerkennungen des Vertrages wirklich wert waren, sollte sich nach dem Tod Karls VI. 1740 herausstellen. Schon Prinz Eugen – der in einem eher gespannten Verhältnis zu Karl VI. stand – hatte gemeint, eine starke Armee sei ein weit besserer Garant für die problemlose Nachfolge Maria Theresias als die Pragmatische Sanktion. Er sollte recht behalten.

Prinz Eugen – der Feldherr

Eine Darstellung der habsburgischen Geschichte in der Zeit des Hochbarock wäre unvollständig, wollte man nicht wenigstens eine kurze Biographie jenes Mannes geben, der die Herrscher bei weitem aus ihrer Rolle in der Geschichtsbetrachtung verdrängt hat. Man spricht weniger vom Zeitalter Leopolds I. und schon gar nicht Josephs oder Karls, hingegen aber sehr wohl vom Zeitalter des Prinzen Eugen.

Dieser wurde am 18. Oktober 1663 als fünfter Sohn des Grafen Eugen Moritz von Savoyen-Carignan, der sich durch seine Mutter Maria von Bourbon Graf von Soissons nannte, und der Olympia Mancini, einer Nichte des einst allmächtigen Kardinals Mazarin, der vermutlich ersten Geliebten König Ludwigs XIV., einer auch weiterhin skandalumwitterten Frau, geboren.

Doch sein Schicksal sollte sich nicht in Frankreich, wo Ludwig XIV. eine militärische Verwendung des „kleinen Abbé", der für den geistlichen Stand bestimmt war, ablehnte, sondern in Zentraleuropa vollziehen. Seine Flucht vom französischen Hof endete dort, wo alle Abenteurer damals hinstrebten, wo es die besten Chancen für einen jungen Adeligen gab, Karriere zu machen, im Entsatzheer für das von den Osmanen 1683 belagerte Wien. Als Volontär nahm er an der Entsatzschlacht teil, wie übrigens auch sein Bruder Ludwig Julius, der bei dieser Gelegenheit fiel. Eugen versuchte nun, zunächst dessen Regiment zu bekommen, doch war dieses schon anderweitig versprochen, jedoch erhielt er noch im Dezember dieses Jahres das Dragonerregiment Kuefstein, das ihm ein nicht ganz unbeträchtliches, allerdings keineswegs „standesgemäßes" Einkommen einbrachte. Der Beginn seiner Karriere im Dienste Leopolds I. war gesichert. An kriegerischen Ereignissen, bei denen ein Soldat – und, wie sich bald herausstellte, ein tapferer und tüchtiger – gebraucht werden konnte, mangelte es nicht.

Der Gobelinsaal im Stift Klosterneuburg. Die Regierungszeit Karls VI. bildete den Höhepunkt barocker Kultur.
ÖNB

Unter Kaiser Karl VI. erreichte das Habsburgerreich seine größte Ausdehnung.

Prinz Eugen war bei allen kriegerischen Ereignissen des Türkenkrieges dabei, wurde mehrmals verwundet, zeichnete sich mehrfach aus und wurde oft – ein Zeichen der Wertschätzung und auch seiner hohen Herkunft – damit betraut, Siegesmeldungen an den Kaiserhof zu bringen. Prinz Eugen diente sich also – wie das für Adelige üblich war, die so gute Familienbeziehungen zur gesamten europäischen Hocharistokratie hatten – sehr rasch im Türkenkrieg hoch bzw. lernte dort erst das Kriegshandwerk.

Eugen, der sich im Türkenkrieg bis zum Jahr 1688 als Haudegen bewährt hatte, wurde in diesem Jahr erstmals in einer diplomatischen Mission eingesetzt, seine Aufgabe war es, seinen Vetter, Herzog Victor Amadeus von Savoyen, ins kaiserliche Lager zu ziehen. Wenig später, im Jahr 1690, finden wir Eugen erstmals in militärischer Verwendung in Oberitalien. Eine wichtige Entscheidung in seinem Leben fiel, als sich sein Verwandter Victor Amadeus wieder den Franzosen zuwandte und vom Kaiser abfiel, Eugen hingegen der kaiserlichen Sache treu blieb.

Erst mit dem Jahr 1697 kehrte er wieder an die ungarische Front zurück, diesmal als Oberbefehlshaber, und sein steiler Aufstieg begann nun endgültig. Rüdiger von Starhemberg, der Verteidiger Wiens 1683, erklärte in seinem Gutachten: „Ich weiss Keinen, der mehr Verstand, Experienz, Application und Eiffer zu Eurer Kaiserlichen Majestät Dienst hätte, ein generoses und uninteressiertes Gemüt, auch die Liebe und Respect bei der Miliz, als der Prinz von Savoye." Als Prinz Eugen nach der Übernahme des Oberbefehls am 12. Juli 1697 im kaiserlichen Lager in Vörösmarton

eintraf, merkte er zunächst die großen Mißstände, die er in seinem ersten Bericht – und noch viele, viele Male in seinem weiteren Wirken – beklagte. Es fehlte an allem, an Geld, an Vorräten, an Soldaten, der Sollstand der einzelnen Einheiten wurde bei weitem unterschritten, auch die militärische Bürokratie gab immer wieder Anlaß zu Klagen von seiten des Troupiers Eugen.

Nur eine große Schlacht schlug Eugen in diesem Jahr, doch die vernichtende Niederlage der Osmanen bei Zenta zwang sie, an eine Beendigung des Krieges zu denken, und bald darauf begannen Friedensverhandlungen, die auch dem Kaiser nicht ungelegen kamen, der ja in einen Zweifrontenkrieg verwickelt war, wobei die Lage im Westen, die spanische Erbfolgefrage, seine Aufmerksamkeit zunehmend in Anspruch nahm.

Kaum war der lange dauernde Türkenkrieg durch den Friedensschluß von Karlowitz beendet, trat die spanische Erbfolgefrage in ein Stadium, das ein Handeln der österreichischen Habsburger aus ihrer Sicht heraus notwendig erscheinen ließ.

Eugens Devise, als die Krise 1700 durch den Tod des letzten spanischen Habsburgers akut wurde, „Marschieren wir erst, dann werden wir schon Verbündete finden", erwies sich als richtig, die Westmächte traten bald an die Seite des Kaisers. Der Krieg begann in Oberitalien, das Oberkommando dort hatte Prinz Eugen im Mai 1701 in Rovereto angetreten, eine Reihe von waghalsigen Unternehmungen und kleineren Erfolgen war das Ergebnis seiner Tätigkeit.

Die Hauptkämpfe allerdings, sieht man die Korrespondenz des Prinzen an, führte er nicht gegen die Gegner des Kaisers, sondern gegen den Hofkriegsrat, dessen schwerfällige Bürokratie und ständiger Geldmangel alle Aktivitäten lähmte.

Wir finden den Prinzen Eugen dann 1703/04 in Süddeutschland, wo Bayern und Franzosen zunächst einige Erfolge erzielt hatten. Hier fand auch erstmals die Vereinigung Eugens mit John Churchill, Duke of Marlborough, statt, mit dem gemeinsam Eugen den großen Sieg von Höchstädt 1704 feiern konnte, durch den Bayern kaiserlich wurde. Prinz Eugen nahm im Namen des Kaisers Leopold I. die Huldigung der Stände des Landes entgegen.

Mittlerweile – ohne den Prinzen Eugen schien es nicht zu gehen – hatten die kaiserlichen und savoyischen Truppen in Oberitalien gegen die Franzosen Schwierigkeiten bekommen, doch gelang es dem auf diesem Kriegsschauplatz auftauchenden Eugen ebenfalls nicht, bei Cassano an der Adda den Fluß zu übersetzen, so daß seine Anfangserfolge gering waren. Doch im Jahr darauf zeichnete er sich erneut durch ein Husarenstück aus. Der auf seinen Ratschlag hin ernannte Feld-

marschalleutnant Wierich Graf Daun als Oberbefehlshaber eines Hilfscorps in Piemont wurde in
Turin von den Franzosen eingeschlossen. Eugen
überschritt tief im Venezianischen mit seinen
Truppen unbemerkt den Po, marschierte in Eil-
märschen südlich des Flusses, ohne Rückendeckung und ohne Nachschublinien aufzubauen,
nach Westen und zerschlug am 7. September 1706
die Belagerungsarmee vor Turin, ein Erfolg, der
bewirkte, daß die Franzosen Oberitalien räumen
mußten. Niemand Geringerer als Friedrich der
Große pries die Kühnheit des Unternehmens in
einem Gedicht:

„Seht dort Eugen auf seinem kühnen Zuge
Die Franken jagen aus der Lombardei.
Die Alpen bahnen ihm den Weg; im Fluge
Eilt er hinüber, und Turin ist frei.
Marsin in seiner Schanzen weitem Feld
Ist rings zu schwach zu zähem Widerstand.
So bringt durch eine Schlacht der rasche Held
Italien wieder in des Kaisers Hand.“

Nicht zuletzt mit dieser Aktion des Prinzen Eugen
war ein alter kaiserlicher Anspruch auf Oberitalien
vorentschieden worden.

1708 spitzte sich die Situation in den Niederlanden
zu, es gab dort eine Reihe französischer Erfolge,
das führte zu einer Entsendung Eugens an diesen
Kriegsschauplatz. Schlag auf Schlag erreichte er
nun hier innerhalb ganz kurzer Zeit große Erfolge,
noch 1708 schlug er Vendôme bei Oudenaarde
vernichtend. In dem Dankschreiben preist Kaiser
Joseph I. den Feldherrn in Anspielung an ein klassisches Zitat Caesars:

„Daß aber Mir Euer Liebden dero Ankhunfft in
Brüssel khaumb berichtet worden, sodann die
Nachricht von disem so ansehlichen Sieg, und daß
sie dabey ihren grossen Thaill der Gefahr und der
erworbenen hohen Ehren mit Einflus dero helden-
müethigen Anführung gehabt haben, fast unter
einsten eingelanget, ist der Gerechtigkeit gemäß
sich darüber zu verwundern, allein übertrifft alle
Verwunderung, wan Euer Liebden ungemeine
Prudenz und Eyfer, unvergleichliche Tapfferkeit

Der Hohe Markt ist der älteste
Platz Wiens (sein Ursprung
geht auf die Römer zurück).
Im Zentrum des Hohen
Marktes befindet sich der
Vermählungsbrunnen, auch
Josephsbrunnen genannt, der
ursprünglich von Johann
Bernhard Fischer von Erlach
1706 aus Holz errichtet wurde
und 1729–1732 von seinem
Sohn Joseph Emanuel in
seiner heutigen Form erbaut
wurde.
EHM

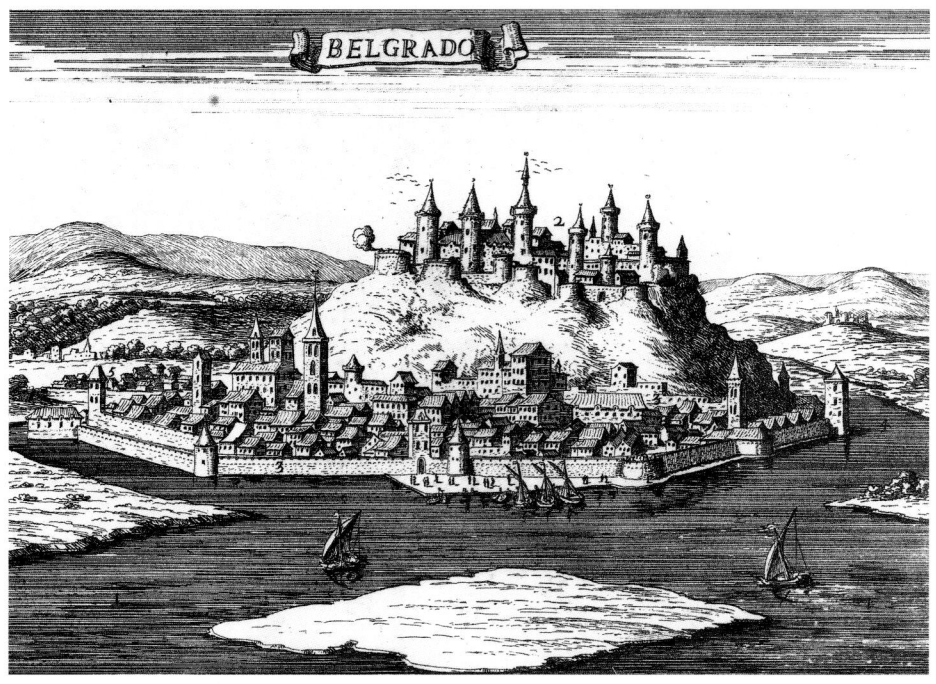

BELGRADO

Ansicht Belgrads
Ende des 17. Jahrhunderts.
Im April 1715 schließt Karl VI.
ein Bündnis mit Venedig und
fordert von den Türken die
Einhaltung des Friedens
von Karlowitz 1699. Das
Osmanische Reich antwortet
mit einer Kriegserklärung.
Der erste Türkenkrieg
Karls VI. erreicht seinen
Höhepunkt in der Eroberung
Belgrads durch Prinz Eugen.
ÖNB

und unermiedet vorsichtige Wachtsambkheit angesehen werden wollen, welchen nichts gemei-
neres ist, als ankhomben, sehen und obsiegen.
Eß seye deme aber, wie es wolle, so gebühret Euer
Liebden hierunter von der nachweldt der Besitz
einer unsterblichen Glorii, von der gemeinen
Sachen eines unaußlöschlichen Nachruhmbs un-
zergängliches Andenckhen und von Mir alle voll-
stendige Danckherkhandtnus."
Der französische Marschall Claude Louis Duc de
Villars versuchte, sein weiteres Vordringen zu verhindern, und erlitt in Malplaquet 1709 eine vernichtende Niederlage. Ludwig XIV. und die fran-
zösische Politik schienen am Ende. Jedoch die
Situation war im Westen anders als am türkischen
Kriegsschauplatz, die militärischen Erfolge konnten nicht so unmittelbar umgesetzt werden. Die
Verhandlungen um einen Frieden zwischen den
Mächten zogen sich hin bis zur Wende des Krieges
1711. Kaum hatte man an der Westfront Frieden
geschlossen, ging der Kampf im Osten erneut an.
Der Oberbefehlshaber dieses Türkenkrieges war –
wie könnte es anders sein – natürlich wieder der
Savoyer.
Unmittelbar nach Kriegsbeginn errang Eugen
einen großen Sieg bei Peterwardein und faßte
daraufhin den Entschluß, nach Temesvár in das
schon 1699 umstrittene Banat, den letzten türkischen Besitz nördlich der Donau, vorzurücken, da
es ihm von den Chancen her günstiger erschien als
ein Angriff auf Belgrad. Temesvár wurde innerhalb kurzer Zeit von den kaiserlichen Truppen
erobert.
Das nächste Kriegsjahr brachte schließlich jenes
Ereignis, das der Prinz umsichtig schon im Jahr

davor vorzubereiten begonnen hatte und das ihm
schließlich bis heute größte Popularität einbringen
sollte, die Eroberung Belgrads. Diese Festung, von
den Türken Dar ul djihad, das Haus des (heiligen)
Krieges, genannt, war sicherlich eine der zentralen
strategischen Positionen des Balkans, die Osmanen hatten 30.000 Mann Besatzung in der Festung,
dreimal so viel wie es Einwohner in Belgrad gab,
300 Geschütze standen auf den Wällen der Festung
und 70 Schiffe schützten das Vorfeld. Eugen rückte
im Juni mit einer stattlichen Heeresmacht, ebenfalls von einer Donauflotille verstärkt, an und
erreichte am 19. Juni die Mauern Belgrads. Die
Stadt wird eingeschlossen, das Lager mit einer
Circumvallation umgeben, außerdem läßt er jene
im Prinz-Eugen-Lied besungenen Brücken über
die Donau und die Save schlagen, die einen organisierten Nachschub ermöglichen. Nach Anfangs-
schwierigkeiten – durch ein Unwetter werden die
Brücken teilweise zerstört, und die Türken nützen
die Situation zu einem Ausfall – beginnt die
Belagerung und Beschießung der Stadt. In der
Nähe Belgrads sammelte sich aber mittlerweile
unter dem Befehl Ali Paschas, eines Sohnes Kara
Mustafas, der dann vom Großwezir Kalil abgelöst
wurde, die Entsatzarmee, sie umfaßte 150.000
Mann. Dieses Entsatzheer schließt nun den Prinzen Eugen vor der Festung ein, indem es die
amphitheaterartig aufsteigenden Höhen vor dem
kaiserlichen Lager besetzt. Die Situation für den
Prinzen Eugen war nun wahrlich schwierig, im
Rücken die feindliche Festung, mußte er den
Kampf mit dem osmanischen Hauptheer wagen.
Am 15. August faßte er den Entschluß zum Angriff
aufs türkische Lager, der überraschend erfolgen
sollte. „Gedachte Intention bestehet darinnen, daß
man vor Tags mit denen Trouppen formiret sey,
bey anbrechendem Tag tapfer und standhafft, auch
so viel möglich ohne den Feind vorläufig zu
allarmieren, angreife". Auch das bekannte Prinz-
Eugen-Lied geht in zwei Strophen auf diese heimliche Vorbereitung der Schlacht ein:

„Bei der Parole tät er befehlen,
Daß man sollt die zwölfe zählen
Bei der Uhr um Mitternacht;
Da sollt' all's zu Pferd aufsitzen,
Mit dem Feinde zu scharmützen,
Was zum Streit nur hätte Kraft.

Alles saß auch gleich zu Pferde,
Jeder griff nach seinem Schwerte,
Ganz still ruckt man aus der Schanz',
Die Musketier und auch die Reiter
Täten alle tapfer streiten;
Es war fürwahr ein schöner Tanz."

Anfänglich war der Kampf, der für die Osmanen so unvermittelt begann, ausgeglichen, doch bald konnten einige türkische Batterien erobert und umgedreht werden, was den Ausschlag gab und den völlig ungeordneten Rückzug der Türken nach Semendria auslöste. Ein wesentlicher positiver Faktor für den Prinzen war, daß die Festung im Rücken passiv blieb, ein Ausfall hätte sicherlich große Schwierigkeiten verursacht. Die fliehenden Türken wurden nicht verfolgt, man blieb vor der Festung, die Eugen „dem Kaiser wiedrum kriegen" wollte. Schon am 17. August, nur zwei Tage nach der Schlacht, mußte sie gegen freien Abzug kapitulieren. Belgrad, diese Schlüsselfestung an der Mündung der Save in die Donau, war damit kaiserlich geworden – wenn auch nicht für lange, schon knapp nach dem Tod des Prinzen Eugen ging sie in dem unglücklich geführten zweiten Türkenkrieg Karls VI. wieder verloren.

Nach diesem neuerlichen großen Sieg und Triumph des Prinzen Eugen mußten die Türken wieder Friedensverhandlungen führen, an denen Eugen wenig Anteil hatte.

Sieht man von einer kurzen Episode im polnischen Thronfolgekrieg 1734/35 ab, der den greisen Eugen noch einmal an der Rheinfront sah, ist die militärische Karriere des Prinzen damit beendet.

Warum, und diese Frage drängt sich auf, ist der Ruf Eugens als Türkensieger soviel größer als der Widerhall seiner Erfolge im Westen Europas?

Sicherlich ist ein ausschlaggebendes Kriterium die Tatsache, daß an der Türkenfront eine unmittelbare Umsetzung der militärischen Erfolge in Gebietsgewinne für die Habsburgermonarchie leichter war. Im wesentlichen kämpfte die Donaumonarchie allein gegen die Osmanen, wenn auch verschiedene Bündnisse existierten, daher waren keine Verhandlungen mit europäischen Mächten wie am westlichen Kriegsschauplatz notwendig, um den militärischen Erfolg verwerten zu können. Für das Weiterwirken der Siege des Prinzen Eugen, die sein Bild in der Geschichtsschreibung bis heute prägen, gilt aber, daß das Prestige eines Sieges gegen die „Erbfeinde christlichen Namens" höher war als das in einer Auseinandersetzung zwischen den christlichen Mächten Europas errungene. Noch immer standen die Osmanen, die seit dem Spätmittelalter große Teile Südosteuropas beherrschten, außerhalb der auf dem Christentum aufgebauten abendländischen Welt, wurden sie als Fremdkörper empfunden, den man geistlich und politisch bekämpfte. Dieses durch eine jahrhundertelange Propaganda, in der Kirche und Kaiser zusammenwirkten, negativ geprägte Klischeebild der Türken, dem eine christliche Umdeutung der säkularen Gefahr zu einer religiösen zugrunde liegt, hat bis in unser Jahrhundert Tradition. Daher wurde Prinz Eugen als ein „Retter des Abendlandes" besonders hochstilisiert, seine Siege gegen christliche Mächte hingegen wurden weniger laut ausposaunt.

Guido Graf von Starhemberg (1657–1737), österreichischer Feldmarschall, nahm seit 1683 an den Türkenkriegen teil und kämpfte an der Seite Prinz Eugens im Spanischen Erbfolgekrieg.

Österreichische Barockgalerie

Am 15. August 1717 greift Prinz Eugen mit rund 70.000 Mann das türkische Entsatzheer mit 150.000 Mann bei Belgrad an und erobert Stadt und Festung. Für einige Jahre war Belgrad nun kaiserlich geworden. Der Friede von Passarowitz 1718 zwischen Österreich und der Hohen Pforte bringt für das Habsburgerreich enorme Landgewinne und damit seine größte Ausdehnung.

ÖNB

Der feinsinnige Sammler, Kunstmäzen und Frühaufklärer

Die Bedeutung des Prinzen Eugen von Savoyen allerdings – und damit kommt man zu der für uns Heutige vielleicht sympathischeren Seite seiner Tätigkeit – erschöpft sich nicht im Militärischen. Mit dem Prinzen Eugen haben wir auch einen kulturell ganz besonders interessierten und engagierten Menschen vor uns, dessen Bauwerke und Sammlungen wesentliche Denkmäler seiner Epoche sind.

Prinz Eugen war schon durch seine Herkunft und die standesgemäße Erziehung, die ihm als Angehörigen der Hocharistokratie zuteil wurde, ein überaus gebildeter Mann, der viele Voraussetzungen für ein Verstehen der Kultur seiner Zeit und für eine Rezeption der Bildungsinhalte seiner Epoche mitbrachte. Zudem sollte er ja ursprünglich Kleriker werden, was auch zu seiner geistigen Bildung beigetragen hat, wenn man sich auch nicht vorstellen muß, daß ein adeliger Geistlicher, der seinem Rang entsprechend eine gute Pfründe erhielt, eine allzu gediegene theologische Ausbildung haben mußte. Weiters kommt dazu, daß Eugen in Frankreich aufwuchs, das damals im Zeitalter des Sonnenkönigs in Europa kulturell führend war, die französische Sprache war die Sprache der Gebildeten und der Führungsschichten, was so weit ging, daß häufig auch deutschsprachige Adelige untereinander französisch oder manchmal italienisch korrespondierten. Auch die italienische Sprache und die damit verbundene Kultur waren ja Eugen von seiner Herkunft her vertraut.

Neben den kriegerischen und diplomatischen Aktivitäten, die einen großen Teil seiner Zeit in Anspruch nahmen, hat sich Eugen stets intensiv mit kulturellen Fragen beschäftigt, einerseits aus echtem Interesse an geistigen und künstlerischen Fragen, andererseits aber auch als Bestandteil der adeligen Repräsentation.

Speziell für den Prinzen Eugen ist auch ein weiterer Gesichtspunkt von Bedeutung, er kam im Jahr 1683 als armer, unbedeutender Flüchtling in die Donaumonarchie und stieg innerhalb zweier Jahrzehnte zu einer der Schlüsselfiguren dieses Reiches auf, nicht nur militärisch gesehen, sondern auch in seiner Funktion als Ratgeber dreier Kaiser und als der Hauptrepräsentant einer der Hofparteien. Eine besonders prunkvolle, fast ein wenig maßlos wirkende Form der Repräsentation ist auch als eine Kompensierung seiner Mittellosigkeit zu verstehen, die seine Anfänge in Österreich kennzeichnete.

Wenden wir uns zunächst jenem Bereich der geistigen Interessen Eugens zu, der am wenigsten mit der Repräsentation zu tun hat, obwohl auch dabei solche Aspekte nicht auszuschließen sind. Eugen war einer der ersten Vertreter der Frühaufklärung in Wien, er hat sich einerseits durch seine umfangreiche Lektüre, andererseits auch durch persönliche Beziehungen und das Gespräch mit Philosophen der Aufklärung über diese neue

Geistesströmung informiert, er hatte Kontakte zu Rousseau, zu Montesquieu, der 1728 bei seinem Besuch in Wien mit dem Prinzen ausführliche gelehrte Gespräche führte, und zum preußischen König. Besonders intensiv und fruchtbar – auch was die Idee, eine Akademie der Wissenschaften in Wien zu gründen, anlangt – waren seine Beziehungen zu Leibniz, mit dem er im Briefwechsel stand. Im Zusammenhang mit diesen Interessen für die neuen Ideen seiner Zeit ist sicherlich auch seine Stellung als großer Bibliophiler, als systematischer Büchersammler zu sehen, seine großartige Bibliothek, alle Bände in rotes Maroquinleder gebunden, ist zu einem guten Teil heute Bestandteil der Österreichischen Nationalbibliothek in Wien. Leider ist die Bibliothek, wie wir aus den erhaltenen zeitgenössischen handschriftlichen Katalogen wissen, nicht mehr ganz vollständig, Teile der Büchersammlung, ebenso wie andere Teile der Sammlung, wurden nach seinem Tod zerstreut. Seine Bibliothek umfaßte 15.000 Bücher aus allen Wissensgebieten, 240 Handschriften, 290 Kupferstichfolianten, 60 Atlanten und 215 Bände Kupferstichporträts sowie 2000 Handzeichnungen. Eugen hat seine Büchererwerbung systematisch betrieben, nicht nur selbst, wenn er in Zentren des Buchdruckes, wie etwa den Niederlanden, war, sondern auch durch den gezielten Einsatz von Spezialisten, die ständig nach Neuerscheinungen Ausschau halten mußten. Insbesondere sein Interesse für ferne Länder und die Naturwissenschaften gaben dieser Bibliothek ihr geistiges Gepräge.

Prinz Eugen ist auch, wie es der oben angesprochenen adeligen Lebensweise und Repräsentation entsprach, als Förderer der Künste hervorgetreten, er hatte zwar – ganz im Gegensatz zu den Kaisern, für die er tätig war – wenig Interesse an der Musik, hingegen sind Beziehungen zu Malern wie Jan Kupetzky und zu verschiedenen italienischen Meistern, so etwa Martino Altomonte, Marc'Antonio Chiarini, Carlo Carlone, Francesco Solimena oder Giacomo del Pò, ebenso nachweisbar wie sein Mäzenatentum gegenüber Balthasar Permoser, dessen Apotheose des Prinzen ihn als Türkensieger in einer Weise verherrlicht, wie es üblicherweise nur dem Kaiser selbst zustand.

Zu den naturwissenschaftlichen Interessen des Prinzen gehörte die Anlage einer Orangerie, eines für die damalige Zeit ungeheuer modernen, verglasten und beheizten Gewächshauses, in dem seltene Pflanzen wuchsen, und einer Menagerie, in der ebenso seltene Tiere gehalten wurden. Von dieser Menagerie des Prinzen gibt es eine Reihe von Stichen, die uns heute noch einen Eindruck von der Vielfalt der Tierarten in diesem frühen Zoo geben. Nach dem Tod des Prinzen wurde auch dieser Teil seiner Sammlungen aufgelöst, aller-

dings lebte ein Geier der Eugenschen Menagerie noch bis ins 19. Jahrhundert!

Der zweifellos wichtigste und auch heute noch am deutlichsten sichtbare Teil der Kunstförderung des Prinzen Eugen war seine Rolle als Bauherr. Sicherlich war ihm diese Aufgabe besonders wichtig, da gerade das Bauen für den Adel der Barockzeit zur zentralen Tätigkeit im Rahmen der adeligen – an der kaiserlichen orientierten – Selbstdarstellung wurde. Manche Familien haben sich dabei finanziell ruiniert. Nach 1683 gab es zudem in Wien für den Adel zwei Voraussetzungen für das Bauen adeliger Paläste: Topographisch gesehen war durch die Zerstörung der Vorstädte im Rahmen der zweiten Wiener Türkenbelagerung Bauplatz vorhanden, und sozial gesehen griff zunehmend der höfische Absolutismus, der es vom Adeligen verlangte, in der Nähe des Herrschers zu sein; praktisch gesehen hieß das, neben dem Landschloß auf den Besitzungen auch ein Stadtpalais zu haben. 1694, rund zehn Jahre nach seiner Ankunft in Österreich, ließ Eugen von Savoyen sein Stadtpalais errichten. In der Himmelpfortgasse baute zunächst niemand Geringerer als Johann Bernhard Fischer von Erlach ein Palais, dessen Fertigstellung dann Lukas von Hildebrandt übernommen hat. Dieses Stadtpalais, heute das Finanzministerium, war natürlich auf einem beschränkten Raum in der engen Wiener Innenstadt erbaut worden, so daß sich Prinz Eugen bald nach einer anderen Möglichkeit, seinem Repräsentationsbedürfnis Genüge zu tun, umsah. Mit der Anlegung des Linienwalles – im Bereich des heutigen Gürtels in Wien –, der als Abwehr gegen Kuruzzeneinfälle, also Streifzüge der ungarischen Aufständischen

Die „Apotheose des Prinzen Eugen", eine Marmorplastik im Goldkabinett des Unteren Belvederes, von Balthasar Permoser zwischen 1718 und 1721 geschaffen. In dem vom Prinzen Eugen überwältigten Türken stellte sich der Künstler selbst dar.

Nemeth

Die Karlskirche in Wien wurde zu Ehren des hl. Karl Borromäus nach einem Gelübde Kaiser Karls VI. aus Anlaß der Pest von 1713 erbaut. Die Pläne stammen von Johann Bernhard Fischer von Erlach.
ÖNB

mitten im zweiten Türkenkrieg beschloß, dieses Sommerschloß noch durch ein weiteres Gebäude, das Obere Belvedere, und einen dazwischenliegenden prächtigen Garten zu vollenden. Diese Vorliebe für die Gartengestaltung traf nicht nur die naturwissenschaftlichen Interessen des Prinzen, die Ausschmückung mit Figuren und Brunnen hat diesem Garten auch eine Art ikonographisches Programm, ein plastisch ausgeführtes, allegorisches Weltbild, zugrunde gelegt.

Schon lange ehe dieses Belvedere, sicherlich der bedeutendste Architekturauftrag, den der Prinz gab, vollendet war, ließ er sich in Ungarn in Ráckeve auf der Donauinsel Csepel ein Landschloß bauen, zu dem dann nach 1725 auch im Marchfeld zwei weitere, Schloßhof und Niederweiden, die vor allem als Jagdschlösser dienten, dazukamen.

Diese Landschlösser des Prinzen, aber auch das Belvedere sind nicht in erster Linie als Wohnsitze zu verstehen, sondern dienten als eine Art gemauerter Theaterkulisse für die Festlichkeiten der Zeit, als deren Rahmen sie erst zu wirklichem Leben erwachten.

Das weitere Schicksal der Sammlungen wurde schon angedeutet, ähnlich ist es auch den Schlössern ergangen, die Erbin des Prinzen verschleuderte einen großen Teil der Besitzungen bzw. manche dieser Besitzungen kamen in den Besitz des Kaiserhauses und damit 1918 in den der Republik Österreich. Das Belvedere, im Zweiten Weltkrieg schwer zerstört, wurde wiederaufgebaut und gab 1955 den Rahmen für die Unterzeichnung des Österreichischen Staatsvertrages ab, der die Befreiung Österreichs nach zehn Jahren alliierter Besetzung besiegelte. Die beiden Schlösser im Marchfeld, Schloßhof und Niederweiden, wurden in den letzten Jahren renoviert und dienten im Jubiläumsjahr 1986 als Schauplatz einer großen Ausstellung mit dem bezeichnenden Titel „Prinz Eugen und das barocke Österreich". Die Verdrängung der regierenden Habsburger aus dem historischen Bewußtsein ist dem Prinzen Eugen bestens gelungen.

während des Spanischen Erbfolgekrieges, vom Prinzen Eugen angeregt wurde, faßte er auch den Plan, sich im Bereich des heutigen Belvederes ein Sommerschloß anzulegen, und begann mit dem systematischen Grundkauf. Diese Grundkäufe sind schon seit 1697 belegt. Um 1700 begannen die ersten Vorbereitungsarbeiten, insbesondere Planierungsarbeiten für den Bau des Unteren Belvederes, dessen Baumeister wieder Lukas von Hildebrandt war. Schon 1716 war der Rohbau des Unteren Belvederes vollendet, als Prinz Eugen

7

DIE HABSBURGER

Habsburgs Glanz und Preussens Gloria

Maria Theresia
1740–1780

ZEITTAFEL

13. 5. 1717 Maria Theresia als Tochter Kaiser Karls VI. und Elisabeths von Braunschweig-Wolfenbüttel geboren

1718 Maria Theresias jüngere Schwester Maria Anna geboren

1723 Franz Stephan von Lothringen kommt an den Wiener Hof

1724 Die dritte Schwester Maria Amalia wird geboren

1728 Maria Karoline Gräfin Fuchs wird Erzieherin Maria Theresias

1732 Franz Stephan von Lothringen zum Statthalter in Ungarn ernannt

1735 Verlobung Maria Theresias mit Franz Stephan von Lothringen

12. 2. 1736 Trauung Maria Theresias mit Franz Stephan

1737/38 Franz Stephan Oberbefehlshaber im Türkenkrieg

1737 Der toskanische Großherzog Gian Gastone stirbt. Franz Stephan übernimmt die Toskana

1739 Maria Theresia und Franz Stephan reisen nach Florenz

20. 10. 1740 Tod Kaiser Karls VI. – Maria Theresia tritt das Erbe an

1740–1742 Erster schlesischer Krieg gegen Preußen

1741 Schlacht bei Mollwitz (Sieg Preußens)

1741–1748 Österreichischer Erbfolgekrieg

13. 3. 1741 Joseph II. als Sohn Franz Stephans von Lothringen und dessen Frau Maria Theresia geboren

25. 6. 1741 Maria Theresia in Preßburg zur ungarischen Königin gekrönt

12. 2. 1742 Karl Albrecht von Bayern als Karl VII. zum Kaiser gekrönt

1742 Frieden von Breslau

12. 5. 1743 Maria Theresia wird zur Königin von Böhmen gekrönt

1744–1745 Zweiter schlesischer Krieg

1744 Maria Anna heiratet Prinz Karl von Lothringen

1745 Friede von Dresden

13. 9. 1745 Wahl Franz Stephans zum Kaiser unter dem Namen Franz I. in Frankfurt

1745/46 Erste Phase der Reform

1746 Gründung der Theresianischen Ritterakademie

5. 5. 1747 Leopold II. als Sohn Franz Stephans von Lothringen und dessen Frau Maria Theresia geboren

1748 Friede von Aachen

1749 Beginn der großen Staatsreform

1749–1760 Graf Wilhelm Haugwitz Präsident des Directorium in publicis et cameralibus

1754 Maria Theresia läßt den botanischen Garten in Wien anlegen

1754 Orientalische Akademie für „Sprachknaben"

1756 Preußen schließt mit Großbritannien die Konvention von Westminster

1. 5. 1756 Französisch-österreichisches Defensivbündnis

1756–1763 Siebenjähriger Krieg bestätigt Verlust Schlesiens

1757 Schlacht bei Kolin

18. 6. 1757 Stiftung des Maria-Theresien-Ordens

1757 Stiftung der Militärakademie in Wiener Neustadt

1758 Sieg Dauns bei Hochkirch

1759 Sieg Laudons bei Kunersdorf

1760 Joseph II. heiratet Isabella von Parma

1760 Entmachtung Haugwitz' und Machtübernahme durch Kaunitz

1760 Schaffung der „Studien- und Bücher-Zensur-Hofcommission"

1763 Friede von Hubertusburg

5. 5. 1764 Maria Theresia stiftet den Sankt- Stephans-Orden für zivile Verdienste

18. 8. 1765 Franz Stephan von Lothringen stirbt in Innsbruck

1768 Wenzel Anton Kaunitz-Rietberg gründet die Giunta Economale für Mailand

1769 Constitutio Criminalis Maria Theresiana

1772 Erste Polnische Teilung. Maria Theresia gewinnt Galizien und Lodomerien

1773 Aufhebung des Jesuitenordens

1774 Ignaz Felbiger beginnt mit der Schulreform

1775 Erwerbung der Bukowina durch Annexion und Vermittlung des russisch-osmanischen Friedens von Kütschük-Kainardschi

1776 Aufhebung der Folter

1777 Maximilian III. Joseph von Bayern stirbt, damit stirbt die bayerische Linie der Wittelsbacher aus

1778 Ausbruch des Bayerischen Erbfolgekrieges

1779 Friede von Teschen beendet den Bayerischen Erbfolgekrieg

29. 11. 1780 Tod Maria Theresias in Wien

Familienbild: Maria Theresia, Franz I. Stephan und der junge Erzherzog Joseph. Die Hochzeit Maria Theresias mit Franz Stephan von Lothringen fand im Februar 1736 in Wien statt. 1740 mußte die in allen Regierungsgeschäften unerfahrene Erzherzogin die Nachfolge ihres Vaters Karl VI. in den Erbländern antreten und war sofort mit den Auseinandersetzungen um die Erbfolge in Österreich konfrontiert.

HGM

Der aufgeklärte Absolutismus

Die Epoche Maria Theresias und ihrer beiden Söhne (Joseph II. und Leopold II.) wird als Zeitalter des aufgeklärten Absolutismus bezeichnet und erfreute und erfreut sich in der Geschichtsschreibung Österreichs einer großen Beliebtheit. Die Landesmutter und ihre beiden reformfreudigen Söhne verkörpern eine Glanzzeit der habsburgischen Herrschaft; viele Grundlagen des modernen Mitteleuropa wurden unter ihrer Herrschaft gelegt. Dennoch kann man aus unserer heutigen Sicht sowohl altertümlich-traditionelle als auch moderne Züge in dieser Zeit entdecken: barocker Glanz und aufgeklärte Nüchternheit, das Ideal der allgemeinen Wohlfahrt wie das Unverständnis für gewachsene Lebensformen. Die meisten Historiker haben das Neue dieser Epoche betont, andere wieder die Kontinuitäten seit der Barockzeit hervorgehoben. Man darf bei all den neuen Elementen des sozialen Lebens, der Politik und des Selbstverständnisses der Herrscher nicht übersehen, daß vieles davon sich schon unter ihren Vorgängern angekündigt hatte.

Wenn man vom Zeitalter der Aufklärung spricht, übersieht man allzuleicht die Tatsache, daß diese Ideen sich nur in einer kleinen Oberschicht der Habsburgermonarchie durchsetzten und keineswegs Allgemeingut der Bevölkerung waren. Nicht zuletzt in dieser Diskrepanz zwischen den aufgeklärten Ideen einiger weniger einflußreicher Ratgeber und der Herrscher selbst sowie den weit davon entfernten, im barocken, katholischen, abergläubischen Denken verhafteten Massen der Bevölkerung lag die Schwierigkeit für die Durchsetzung mancher Reformen.

Die Aufklärung versuchte, die Grundlagen der Gesellschaft und Kultur durch kritische Vernunft zu bestimmen. In England und den Niederlanden, wo sich im 17. Jahrhundert bei Denkern wie dem „Vater des Völkerrechtes", dem Niederländer Hugo Grotius, dem Philosophen und Begründer des psychologischen Empirismus John Locke, dem großen Skeptiker David Hume und dem Physiker und Astronomen Sir Isaac Newton ihre grundlegenden Ideen ausbildeten, war sie von einer relativ breiten Schicht eines gebildeten Bürgertums getragen.

In Frankreich war diese neue Strömung von naturwissenschaftlichen Ideen und Interessen dominiert und gewann vor allem bei den Enzyklopädisten eine positivistische, materialistische und atheistische Note. Die Wirkung der boshaften, witzigen Schriften von Voltaire (François Marie Arouet) und des scharfen Kritikers des Absolutismus Montesquieu (Charles Louis de Secondat,

Als es im österreichischen Erbfolgekrieg im Dezember 1742 gelang, Prag von den Franzosen zurückzuerobern,
fand als Freudenfest dafür am 2. Januar 1743 in Wien das große „Damen-Carousel" statt.

Baron de la Brede et de Montesquieu), später auch des Überwinders der Aufklärung Jean Jacques Rousseau strahlte in ganz Europa aus.

In Deutschland vollzog sich die Rezeption der Aufklärung eher im Norden als im Süden, was mit der Ausbreitung der Reformation – die vielfach als Vorläufer der Aufklärung betrachtet wird – zusammenhängen mag. Deutlich stärker als in Frankreich, wo das politische Element der aufklärerischen Philosophie vorherrschte, setzte sich die deutsche Aufklärung mit theologischen Ideen auseinander. In der Habsburgermonarchie verbreitete sich das Gedankengut der Aufklärung nur langsam und vor allem in den Oberschichten, in Teilen des Adels und bei den Herrschern. Das Fehlen einer zahlenmäßig ausreichenden bürgerlichen Schicht behinderte das Vordringen aufklärerischer Ideen wesentlich.

Wie auch in anderen Teilen Mittel- und Osteuropas – so in Preußen und in Rußland – fanden diese Ideen Widerhall bei den habsburgischen Herrschern und führten zur spezifischen Form des „aufgeklärten Absolutismus". Dabei besteht allerdings eine deutliche Differenz zwischen der noch stark vom Geist des Barock geprägten Mutter, Maria Theresia, und ihren im aufklärerischen Sinne weitaus radikaleren Söhnen Joseph und Leopold.

Ein neuer Geist prägte den Regierungsstil in der zweiten Hälfte des 18. Jahrhunderts. Die Maß-

nahmen der Herrscher muten uns moderner an, sie sind rationaler als die der Generationen davor. Eine der wichtigsten Grundsätze aller Neuordnung war der Gedanke der Nützlichkeit für das Wohl des Staates und seiner Bevölkerung. Damit konnten aber auch gut Gedanken verbunden werden, die mehr vom Absolutismus als von der Aufklärung geprägt waren. Die Herrscher versuchten eine Vereinfachung der Verwaltung und eine Zentralisierung des Staates durchzusetzen. In dieser Hinsicht ist das Zeitalter Maria Theresias und ihrer Söhne nicht im Gegensatz zum Absolutismus davor zu sehen, sondern eher als dessen Fortsetzung und Höhepunkt. Der Gedanke der immer lückenloser werdenden Überwachung der Untertanen war damit aufs engste verbunden. Alles, was man schon im 17. und frühen 18. Jahrhundert im Zuge der Sozialdisziplinierung begonnen hatte, fand damit seinen Abschluß. Der Bürger des Staates wurde endgültig zum Untertan, wenn auch ein neues Verständnis des Regierungsstils ihm gewisse Rechte – z. B. religiöse Toleranz – zuzubilligen bereit war. Eines kann man zusammenfassend sicherlich sagen: das Eigenschaftswort „aufgeklärt" darf über das Hauptwort „Absolutismus" nicht hinwegtäuschen.

Doch über diese engere österreichische Perspektive des aufgeklärten Absolutismus hinaus ist die zweite Hälfte des 18. Jahrhunderts eine Zeit des schnellen und grundlegenden Umbruchs. Die alten sozialen Strukturen kamen immer mehr ins Wanken, der Merkantilismus führte zu neuen Arbeitsformen. Viele Wurzeln unserer industriellen Gesellschaft liegen in dieser Epoche.

Karl Albrecht, Kurfürst von Bayern, erhob den ersten Anspruch auf die Erbfolge in Österreich aufgrund seiner Ehe mit Maria Amalia, einer Tochter Kaiser Josephs I. Hier der Marstall im Schloß Nymphenburg, München.
Nemeth

Abseits vom höfischen Getriebe konnte die Kaisertochter eine unbeschwerte Kindheit verbringen, da ihr Vater noch immer auf die Geburt eines Thronerben hoffte. Hier: Maria Theresia vierjährig als Prager Christkindl.
ÖNB

Blick auf Wien
vom Oberen Belvedere.
Gemälde von B. Bellotto.
KHM

Insgesamt gebar
Maria Theresia ihrem
Gemahl Franz I. Stephan
von Lothringen 16 Kinder.
Das Gemälde von Martin
Meytens d. Jüngeren zeigt
die kaiserliche Familie
mit elf Kindern.
ÖNB

Glänzende Hoffeste, bei denen Dynastie, Adel und hoher Klerus im prächtigen Gewand agierten, die prunkvolle Ausgestaltung der kirchlichen Feste im Sinne des augenfreudigen Barockkatholizismus, Prozessionen und Wallfahrten, der Bau des Schlosses Schönbrunn mit seinen wundervollen Gärten, der Ausbau der Barockklöster charakterisieren die Regierungszeit Maria Theresias. Literatur und Musik, Theater und Oper erlebten eine nie dagewesene Blüte, in die verklingende italienische Hofmusik mischten sich schon die ersten Klänge der Wiener Klassik mit den Werken von Gluck, Haydn und Mozart und begründeten den Weltruhm der Wiener Musik. Die Wissenschaften blühten auf, die erste Wiener medizinische Schule entstand, man beschäftigte sich mit Aufklärung und Humanität – es war ein Zeitalter des Lichtes. Hungersnöte herrschten in Böhmen, die von den Grundherren unterdrückten und ausgebeuteten Bauern revoltierten gegen steigende Zinsen und Steuern und die unmenschlichen Belastungen mit Robotleistungen. Viele Tausende strömten in die Städte ab, suchten Arbeit in den entstehenden Manufakturen, es entstand eine Schicht lohnabhängiger Arbeiter, ein frühes Proletariat auf der einen Seite, das unter unvorstellbar schlechten Arbeits- und Wohnverhältnissen litt, und ein wohlhabendes, sattes Bürgertum auf der anderen Seite, das zur politischen Macht zu streben begann, dessen Stoßkraft allerdings erst in der Französischen Revolution in Europa merkbar wurde. Die große Masse des Volkes lebte in Unmündigkeit und Aber-

Eisenwalzwerk, die Dampfmaschine und der mechanische Webstuhl erfunden – ganz zu schweigen von so wichtigen, zum Teil zukunftsweisenden Dingen wie Thermometerskala, Hinterladergewehr, Taucherglocke und Heißluftballon. In den österreichischen Ländern sollte vor allem die Medizin in dieser Zeit eine erste Blüte erreichen.

Die Veränderungen waren allenthalben spürbar, und in vielem reagierte der aufgeklärte Absolutismus auf die Anforderungen der Zeit. Die barocke Welt des Adels und der Kirche war brüchig geworden, und aus den Bruchstellen schauten bereits die Zeichen der neuen bürgerlichen Welt hervor. Das zentrale Ereignis für diese neue Weltsicht war dann die Französische Revolution von 1789, durch die sich nicht nur Frankreich, sondern ganz Europa veränderte.

Karl Albrecht (1697–1745), Kurfürst von Bayern, wurde am 24. Januar 1742 als Karl VII. einstimmig zum römisch-deutschen Kaiser gewählt. Sein plötzlicher Tod 1745 beendete vorerst die kriegerischen Auseinandersetzungen im österreichischen Erbfolgekrieg.
ÖNB

glauben, und die hohen Analphabetenraten sind nur ein äußeres Symptom dieses Zustandes – es war ein Zeitalter der dunkelsten Lebensbedingungen. Beides ist historische Realität dieser Zeit, und in dieser Polarität ist das Bild der Epoche zu zeichnen.

Sozial gesehen bereitete sich bereits die neue industrielle Welt vor. Die Bevölkerung Europas begann langsam zu wachsen, die Versorgung mit Lebensmitteln – nicht zuletzt durch den zunehmenden Anbau von Kartoffeln – wurde trotz mancher Hungerkrisen und großen Elends langsam besser. Warenproduktion im Mittelalter und der Frühen Neuzeit geschah vor allem für den Eigenbedarf und den nahen Markt der Städte, geschah vor allem auch in der Form der Auftragsarbeit für individuelle Besteller. Im 18. Jahrhundert, mit dem immer weiteren Vordringen der Ideen des Merkantilismus, erwuchs dieser Produktion der Handwerker für ihre Kunden eine scharfe Konkurrenz durch die Manufakturen, die auf Vorrat, auf Masse produzierten und durch den arbeitsteiligen Prozeß auch billiger produzieren konnten. Zwei ganz neue gesellschaftliche Formationen begannen zu entstehen – die lohnabhängigen Arbeiter der Manufakturen als Vorläufer des Proletariates und die Besitzer dieser Manufakturen als Vorläufer einer modernen Bourgeoisie.

Im Hintergrund dieses Vorganges ist die sprunghafte Entwicklung und – gegenüber dem eher theoretisch orientierten 17. Jahrhundert – auch praktische Anwendung der Naturwissenschaften zu sehen. In den fünf Jahrzehnten des österreichischen aufgeklärten Absolutismus wurden in Europa unter anderen die Spinnmaschine, das

Klischeebilder der „Landesmutter Kaiserin Maria Theresia"

Der Bekanntheitsgrad Maria Theresias im Rahmen des österreichischen Geschichtsbewußtseins ist ungeheuer groß. Maria Theresia ist aber auch sehr gut mit vielen Intentionen und Klischees der

Erzherzogin Maria Amalia (1701–1756), Tochter Josephs I., wurde 1722 mit Karl Albrecht, dem Kurfürsten von Bayern, vermählt. Aus dieser Verbindung leitete Bayern seine Erbansprüche auf die habsburgischen Länder ab.
ÖNB

Maria Theresia stillt
das Kind einer armen Frau:
Zahlreiche Klischeebilder
dominieren die Biographie
der „Landesmutter Kaiserin
Maria Theresia".
ÖNB

historischen Realität stehen. So schreibt Matthias Claudius über die Monarchin, die fast die Hälfte ihrer Regierungzeit Krieg führte und – z. B. in der polnischen Teilung – eine durchaus aggressive Expansionspolitik betrieb:

„*Sie machte Frieden! Das ist mein Gedicht.*
Was ihres Volkes Lust und ihres Volkes Segen
Und ging getrost und voller Zuversicht
Dem Tod als ihrem Freund entgegen.
Ein Welteroberer kann das nicht.
Sie machte Frieden! Das ist mein Gedicht."

Ähnlich positiv schildert auch Hugo von Hofmannsthal die Monarchin: „Bis in den Tod hinein offenbarte Maria Theresia die wunderbare Vereinigung zweier so seltener als scheinbar widersprechender Eigenschaften in einer Natur: der vollkommensten Menschlichkeit und Weiblichkeit, Weichheit, Herzenswärme, mit einer unbeugsamen Stärke der Seele. Ihr Charakter als Frau geht in der vollkommensten Weise in den der Regentin über. Sie war eine große Herrscherin, indem sie eine unvergleichliche, gute und ‚naivgroßartige' Frau war. Das ist das einzigartige an ihr."

Was aber noch mehr erstaunt, ist die Tatsache, daß auch in der neueren Historiographie durchaus hymnische Urteile zu finden sind. Ein Beispiel für viele mag reichen. Der französische Maria-Theresien-Biograph Henry Vallotton schreibt: „Maria Theresias Leben war in Harmonie nicht nur mit ihrer Umwelt, sondern mit ihrem Können, ihrem Wollen und ihrem tiefsten Sein. Und diese innere Harmonie strahlte sie aus, wo immer sie sich zeigte, so daß jeder, der ihr in diesen Jahren nahte, geblendet von ihrem Licht, sich gleichsam von selbst in die Schar ihrer Bewunderer einreihte und zum Herold ihres Ruhmes wurde."

Immer wieder wird hervorgehoben, wie viel „Herz", „Gemüt" und „Intuition" sie hatte, ohne daß je ein Historiker nach den dahinterstehenden geschlechtsspezifischen Klischees zu fragen versuchte.

Maria Theresia ist in der österreichischen Geschichtsschreibung vor allem die große Reformerin im Sinne der Aufklärung, die die Mißstände der Zeit zu steuern versuchte, deren gemäßigte Reformen sich wohltuend zu den überstürzten Maßnahmen ihres Sohnes Joseph kontrastieren ließen.

„Maria Theresia war keine geniale Frau, ihre Bildung hatte ziemlich enge Grenzen, ihre Aufmerksamkeit ließ, wenn es um komplizierte Probleme ging, rasch nach. Für ihre großen Reformen lieferte sie nur die vagen Ideen, daß auf diesem oder jenem Gebiet etwas geschehen müsse. Den vorgeschlagenen konkreten Maßnahmen stand sie vor-

älteren Geschichtsauffassung zu verbinden. Sie ist die einzige Frau in der österreichischen Geschichte, die auch vor der neuen Thematisierung der „Frau in der Geschichte" durch die Emanzipationsbewegungen der jüngsten Vergangenheit eine Rolle spielte. Sie konnte als Vorbild einer Frau und zärtlich besorgten Mutter, durch ihre Kämpfe mit dem übermächtigen Gegner am Beginn ihrer Regierung auch als „junge, patriotische Heldin", ebenso aber als eine weise und milde, mütterliche Reformerin stilisiert werden.

Nicht nur die Urteile der Zeitgenossen sind schmeichelnd, sondern auch die der älteren Historiker und der habsburgtreuen Schulbücher. Das überrascht wenig.

Etwas erstaunlicher sind schon die Urteile der Dichter, die teilweise im krassen Gegensatz zur

erst aber fast immer mißtrauisch gegenüber. Ursachen und Ziele der Aufklärung, der gewaltigen geistigen Strömung, die den europäischen Westen und Norden bereits erfaßt hatte und langsam auch nach Wien vordrang, begriff sie kaum, ja lehnte sie sogar ab; sie schwamm aber, im Grunde völlig unbewußt, nur von ihrem sicheren taktischen Gefühl geleitet, in die richtige Richtung" (Vajda). Was Maria Theresia als Mißstand empfand, versuchte sie mit durchaus autoritären Maßnahmen zu bekämpfen. Eine strenge Überwachung und eine perfekter als bisher ausgeübte Buchzensur entstanden daraus. Eines der bekanntesten Beispiele für diese Überwachung war die Keusch-

Maria Theresia wurde am 25. Juni 1741 in Preßburg zur ungarischen Königin gekrönt. Bereits wenige Tage später besetzten bayerische Truppen Passau.
Der Erbfolgekrieg hatte begonnen.

Ungarische Botschaft, Wien

Die Triumphpforte,
die anläßlich der Ankunft
Franz Stephans und
Maria Theresias 1739
in Florenz errichtet wurde.
Franz Stephan hatte nach
dem Aussterben der Mediceer
auch deren Privatvermögen
geerbt.

Bundespressedienst

heitskommission. Giacomo Casanova schilderte das System in der Geschichte seines Lebens: „Alles in Wien war schön; es gab dort viel Geld und viel Luxus, aber große Hemmnisse für die Anbeter der Venus. Schändliche Spione, die man Keuschheitskommissare nannte, waren die unerbittlichen Quälgeister aller hübschen Mädchen; die Kaiserin hatte alle Tugenden, nicht aber die Duldsamkeit, wenn es sich um unerlaubte Liebe zwischen Mann und Frau handelte. Die große, sehr fromme Herrscherin haßte die Todsünden ganz allgemein, und in dem Wunsch, sich vor Gott durch deren Ausrottung ein Verdienst zu erwerben, glaubte sie füglich, man müsse jede einzelne streng bestrafen. Sie nahm also das Verzeichnis der sogenannten Todsünden in ihre königlichen Hände, fand ihrer sieben und beschloß, daß sie sechs übersehen könne; die Unzucht aber erschien ihr unverzeihlich, und gegen diese wandte sich ihr Eifer und überschlug sich."

Diese Kommission, die Maria Theresia ins Leben gerufen hatte, sollte das moralische Verhalten der Bevölkerung durch Spitzel überwachen. Die beschuldigten Männer mußten mit hohen Geldstrafen rechnen, die Ehefrauen und Mädchen sperrte man für viele Jahre in Klöster ein. Auch auf anderen Gebieten machte sich die Prüderie der Monarchin bemerkbar, so ließ sie in der kaiserlichen Rüstkammer alle Schamkapseln der Harnische, die sie als obszön empfand, entfernen – wie man heute noch sehen kann. Maria Theresia war – das dürfen wir bei Herrschenden nie vergessen – nicht bloß Individuum, sondern darüber hinaus auch überindividueller Typus, spielte ihre Rolle in dem System, das sie vorgefunden hatte. Maria Theresia war, wie es in ihrem großen Titel heißt, „Königin zu Ungarn, Böhmen, Dalmatien, Kroatien, Slavonien – später auch Galizien und Lodomerien –, Erzherzogin zu Österreich, Herzogin zu Burgund, zu Steyer (= Steiermark), zu Kärnten und zu Krain, Großfürstin zu Siebenbürgen, Markgräfin zu Mähren, Herzogin zu Brabant, zu Limburg, zu Luxemburg und zu Geldern, zu Württemberg, zu Ober- und Niederschlesien, zu Mailand, zu Mantua, zu Parma, zu Piacenza, zu Guastalla, zu Auschwitz und Zator, Fürstin zu Schwaben, gefürstete Gräfin zu Habsburg, zu Flandern, zu Tirol, zu Hennegau, zu Kiburg, zu Görz und zu Gradiska, Markgräfin des Heiligen Römischen Reichs zu Burgau, zu Ober- und Niederlausitz, Gräfin zu Namur, Frau auf der Windischen Mark und zu Mecheln".

Die Epoche Maria Theresias und ihrer beiden Söhne Joseph II. und Leopold II. wird als Zeitalter des aufgeklärten Absolutismus bezeichnet. Die Landesmutter und ihre Söhne verkörpern eine Glanzzeit der habsburgischen Herrschaft, viele Grundlagen des modernen Mitteleuropa wurden unter ihrer Herrschaft gelegt.
Hier die Freyung in Wien von Nordwesten.
Gemälde von B. Bellotto.
EHM

Diese Vielzahl und Abstufung an Herrschertiteln zeigt deutlich die altertümliche Verfassung dieses durch die Person des Herrschers geeinten Staates an, der sich in der Zeit Maria Theresias in Richtung auf einen zentralen Staat mit einer einheitlichen Staatsidee hin zu verändern begann.

Kaiserin des Heiligen Römischen Reiches Deutscher Nation konnte Maria Theresia als Frau nicht werden, sie war es nur in dem Sinne, daß ihr Mann Franz Stephan von Lothringen nach dem Tod Karls VII. von Wittelsbach (1745) als Kaiser Franz I. diese Würde innehatte. Nach seinem Tod führte sie den Titel „Kaiserin wittib". Außerdem war sie auch die Mutter zweier Kaiser, Josephs II. und Leopolds II. Sie wird daher streng formalistisch zu Unrecht immer wieder als „Kaiserin Maria Theresia" bezeichnet.

Jugend und Regierungsantritt

Lange Zeit hoffte Kaiser Karl VI., der letzte lebende männliche Habsburger, auf einen Thronerben. Zwar wurde am 12. April 1716 Erzherzog Leopold geboren, doch ist er schon am 4. November 1716 wieder gestorben.

Als Maria Theresia am 13. Mai 1717 auf die Welt kam, hofften ihre Eltern, Kaiser Karl VI. und seine

Frau, die Konvertitin Elisabeth von Braunschweig-Wolfenbüttel, noch auf männlichen Nachwuchs, obwohl Karl VI. in der Pragmatischen Sanktion von 1713 auch für den Fall, daß er nur weibliche Nachkommenschaft hätte, bereits vorgesorgt hatte. Doch nach Maria Theresias Geburt folgten nur noch Töchter, die 1718 geborene Maria Anna heiratete später Prinz Karl von Lothringen und starb noch im selben Jahr 1744, die dritte der Schwestern Maria Amalia wurde 1724 geboren und lebte überhaupt nur sechs Jahre. Als sich immer mehr abzeichnete, daß Maria Theresia das Erbe ihres Vaters antreten mußte, widmete sich Karl VI. verstärkt der Aufgabe, der Pragmatischen Sanktion Anerkennung in Europa zu verschaffen.

Billett Kaiser Franz Stephans an Maria Theresia. Die Briefe Maria Theresias an Franz Stephan und umgekehrt waren voll inniger Zuneigung und sind ein Zeugnis der großen Liebe zwischen den beiden. Mit Vorliebe nannte sie ihren Gatten „mäusl".
ÖNB

Maria Theresia erhielt zwar eine gute Erziehung, aber überraschenderweise keine, die sie auf ihre bevorstehende Rolle wirklich gut vorbereitete. Ihre Aja spielte in ihrem Leben eine ganz besondere Rolle. Maria Karolina Gräfin Fuchs, genannt die Füchsin, 1681 als Tochter des Ferdinand Ernst Graf Mollart geboren und seit 1710 mit Christoph Ernst Graf Fuchs verheiratet, seit 1718 verwitwet, wurde 1728 Aja der beiden Erzherzoginnen Maria Theresia und Maria Anna. Sie wurde der jungen Erzherzogin eine mütterliche Freundin, was sich auch darin ausdrückt, daß sie 1754 als einzige Nicht-Habsburgerin in der Kapuzinergruft beigesetzt wurde.

Das Schwergewicht der Erziehung lag nach wie vor auf der Religion, und diese blieb für Maria Theresia während ihrer gesamten Regierungszeit die Leitlinie ihrer Entscheidungen. In dieser Hinsicht hat sie viel mehr Gemeinsamkeiten mit ihren barocken Vorgängern als mit ihren beiden Söhnen. Die traditionell gute sprachliche Ausbildung umfaßte Unterricht in der lateinischen, italienischen und französischen Sprache, wobei sie vor allem das Französische häufig verwendete. Maria Theresias Briefe an ihre Kinder sind zumeist französisch geschrieben; der Phraseologie merkt man aber deutlich an, daß Deutsch die Muttersprache der Monarchin war.

Die Mängel ihrer Erziehung beschreibt Maria Theresia selbst in ihren politischen Denkschriften 1750 und 1755, wo es heißt: „Die zu Beherrschung so weit schichtiger und verteilter Länder erforderliche Erfahr- und Kenntnüs umb so weniger besitzen können, als meinem Herrn Vattern niemals gefällig ware, mich zur Erledigung weder der auswärtigen noch inneren Geschäften beizuziehen noch zu informieren: so sahe mich auf einmal zusammen von Geld, Truppen und Rat entblößet." Nach dem Tod ihres Vaters am 20. Oktober 1740 übernahm also diese junge und unerfahrene Frau ein schweres – nicht unbestrittenes – Erbe. Bei Regierungsantritt stützte sich Maria Theresia daher auch auf den Beraterstab ihres Vaters, der erst allmählich durch einen neuen ersetzt werden konnte. Politiker wie der schon fast 70jährige Obersthofkanzler Philipp Ludwig Graf Sinzendorf oder der Konvertit und Geheime Staatssekretär Johann Christoph Freiherr von Bartenstein wären dabei in erster Linie zu nennen.

Rückblickend äußerte sich Maria Theresia nicht sehr positiv über diese Berater: „Alle meine Mitarbeiter ließen, statt mir Mut zuzusprechen, diesen gänzlich sinken, taten sogar, als ob die Lage gar nicht verzweifelt wäre. Ich allein war es, die in allen diesen Drangsalen noch am meisten Mut bewahrte, im kindlichen Vertrauen und oftmaligen Gebet Gottes Beistand anrief."

Mehr als ein Prinzgemahl – Franz Stephan von Lothringen

Der umgekehrte Fall ist häufiger. Viele Frauen der Regierenden wurden in ihrer Bedeutung unterschätzt, auf die Rolle als Ehefrau und Mutter festgelegt. Doch im Falle des Mannes Maria Theresias, Franz Stephan von Lothringen, ist das Gegenteil der Fall. Er wird häufig kaum erwähnt, um ja nichts vom strahlenden Licht Maria Theresias wegzunehmen. Dabei ist er von entscheidendem Einfluß auf die Zeit gewesen – wenn ihn auch Zeitgenossen oft unterschätzten. So urteilt der preußische Gesandte in Wien Graf Podewils: „Er hat eine ziemlich lebhafte Einbildungskraft, ein gutes Gedächtnis und viel gesunden Menschenverstand. Aber da er von Natur träge ist, weiß er sich mit keiner Sache gründlich zu befassen. Er haßt die Arbeit. Er ist wenig ehrgeizig und kümmert sich so wenig wie möglich um die Regierungsgeschäfte."

Franz Stephan war mit 15 Jahren an den Wiener Hof gekommen. Schon sehr früh – nachdem Prinz Eugen auch den Gedanken einer Eheverbindung mit dem preußischen Kronprinzen, mit dem sie über die braunschweigische Linie ohnehin verwandt war, erwogen hatte – zeichnete sich eine Heiratsverbindung zwischen Maria Theresia und Franz Stephan von Lothringen ab. Franz Stephan, der, um Maria Theresia heiraten zu können, im Sinne der europäischen Gleichgewichtspolitik auf seine Herzogtümer Lothringen und Bar verzichten mußte und dafür nach dem Aussterben der Medici die Toskana erhielt, war für Maria Theresia mehr als ein durch politische Umstände aufgezwungener Bräutigam, eine tiefe Zuneigung verband die beiden. Der Verzicht auf Lothringen war notwendig, fiel Franz Stephan aber nicht leicht. Bartenstein faßte die Alternative kurz zusammen: „Keine Abtretung, keine Erzherzogin." So kam die Hochzeit doch zustande.

In der trotz mancher Eskapaden Franz Stephans glücklichen Ehe der beiden wurden 16 Kinder geboren, darunter am bekanntesten die Kaiser Joseph II. und Leopold II., Maximilian Franz, der letzte Kurfürst von Köln, Marie Antoinette von Frankreich, Maria Karoline von Neapel und Maria Christine, die Generalstatthalterin der österreichischen Niederlande. Zärtlich und überfürsorglich, wie eine Glucke beinahe, hing Maria Theresia an ihrer Kinderschar, mit der sie in intensiver Korrespondenz stand und die sie immer wieder mit gutem Rat, Lob und Tadel versorgte.

Das ungetrübte Verhältnis zu Franz Stephan, der einen guten politischen Blick hatte, Organisations-

talent besaß und vor allem bei der Wahl der Ratgeber eine gute Hand bewies, dauerte bis zu dessen Tod 1765. Maria Theresia schrieb damals voller Trauer an ihre Kinder: „Ich verlor einen Gatten, einen Freund, den einzigen Gegenstand meiner Liebe … einen zärtlichen Gemahl, einen vollkommenen Freund, der allein mein Halt war und dem ich alles verdanke." Nach dem Tod Franz Stephans trug Maria Theresia nur mehr Witwentracht; wie sehr sie diesem Ehemann auch emotional verbunden war, zeigt sich in vielen Äußerungen nach dessen Tod. Ihrem Berater Graf Silva-Tarouca schrieb sie bald danach: „Ich kenne mich selbst nicht mehr. Ich lebe dahin wie ein Tier, habe kein Gefühl und keine Vernunft, ich vergesse alles. Um 5 Uhr frühe stehe ich auf, gehe spät zu Bett und tue den ganzen Tag nichts. Ich denke nicht einmal."

Ähnlich tiefe Zuneigung und Trauer läßt auch ein Zettel in ihrem Gebetbuch erschließen, auf dem sie die Dauer ihrer Ehe folgendermaßen angab: „29 Jahre, 6 Monate, 6 Täge, macht also Jahr 29, Monat 335, Wochen 1540, Täge 10.781, Stunden 358.744."

Franz Stephans politische Karriere begann vor der seiner Frau. Im Jahr 1732 wurde er von Karl VI. zum Statthalter in Ungarn ernannt, 1737/38 war Franz Stephan Oberbefehlshaber im so unglücklich geführten Türkenkrieg in Ungarn. Als im Jahr 1737 der toskanische Großherzog Gian Gastone starb, konnte der junge Herzog dort die Nachfolge antreten. Gemeinsam mit seiner Frau besuchte er die Toskana, die er regieren sollte. Neben seiner Stellung als Kaiser des Heiligen Römischen Reiches – immerhin 20 Jahre lang –

Kaiser Franz I. Stephan von Lothringen (1708–1765) war bereits als 15jähriger an den Hof nach Wien gekommen. Neben seinem Organisationstalent und seiner glücklichen Hand bei der Auswahl seiner Berater zeichnete sich Franz Stephan vor allem durch seine wirtschaftliche Tüchtigkeit aus. Sehr früh hatte er den Aufstieg des Bürgertums und die beginnende Industrialisierung erkannt.
KHM

Gegenüberliegende Seite:
Die Krönung Maria Theresias 1741 in Preßburg zur Königin von Ungarn.
Ungarische Botschaft, Wien

und seiner beratenden Funktion am Wiener Hof, zeichnete sich Franz Stephan besonders durch seine – den Habsburgern eher fremde – wirtschaftliche Tüchtigkeit aus. Schon nach dem Tod seines Vaters hatte er bei der Neuordnung des lothringischen Staats- und Finanzrates Proben seines ökonomischen Talentes abgelegt. Frühzeitig erkannte er den Aufstieg des Bürgertums und der Welt der Industrialisierung. Gerade seine Herkunft aus einem wenig dotierten Haus und seine ständigen Finanzprobleme machten es notwendig, die finanzielle Situation in den Griff zu bekommen. Franz Stephan galt als sehr sparsam, manchmal wurde ihm seine Sparsamkeit auch als „Knauserei" ausgelegt. Er schoß bedeutende Summen für

Kriege vor und erhielt dafür böhmische Kameralgüter als Pfandherrschaft. Reiche Einnahmen bezog er auch aus der Toskana, wo er nicht nur die Regierung im Lande, sondern auch das Privatvermögen der Mediceer erbte. Franz Stephan kaufte für dieses Geld eine Reihe von herabgewirtschafteten Gütern und brachte sie durch gut gewählte Mitarbeiter und Maßnahmen zur Einkommenssteigerung – sowohl agrarische, wie Meliorisierung, Fischzucht etc., als auch industrielle Gründungen – und zur Blüte. So baute sich Franz Stephan einen eigenen wirtschaftlichen Handlungsbereich auf und investierte in seine Güter, etwa Holitisch und Sassin in Nordungarn, Enyed auf der Großen Schütt-Insel, Scharfenegg

XVI Augusti Anno M.D.C.CLIX.
Prælio cæso ad Francofurtum ab exercitu Russo-Austriac

mit Mannersdorf, Hof an der March und Eßling-Eckartsau.

Seine Mitarbeiter und persönlichen Vertrauten, der Lothringer Baron Franz Joseph von Toussaint und dessen Nachfolger Johann Adam Freiherr von Posch, hatten einen guten Blick für wirtschaftliche Chancen und Angelegenheiten. Offen spekulierte Franz Stephan an den Börsen und auf den Geldmärkten in Genua, Venedig und Amsterdam. Gegen Ende seines Lebens 1763, kurz nach dem Ende des Siebenjährigen Krieges, übernahm Franz Stephan die Leitung der Staatsschuldentilgung und damit die finanzielle Sanierung der Habsburgermonarchie. Um den Kredit des Staates zu heben, ging er für die Verpflichtungen der

Monarchie eine persönliche Bürgschaft auf sein Privatvermögen ein.

Als er 1765 starb, hinterließ er einen ungeheuren Betrag in Bargeld, Realitäten und Papieren, insgesamt 17,798.178 Gulden, davon 12 Millionen Gulden Bargeld, die Joseph II. zur Deckung der Staatsschulden verwendete. Seine zwölf böhmischen Kameralherrschaften gingen an die Hofkammer, und seine Witwe Maria Theresia erhielt die restliche Barsumme zur Versorgung der elf noch lebenden Kinder. Diese Aufteilung hatten Maria Theresia und Joseph am 16. Oktober 1765 in einem „Einverständnis über die Verlassenschaft Franz Stephans" vereinbart. Dieses Geld war von den Staatsfinanzen völlig getrennt und wurde in

Schloß Schönbrunn, das österreichische Versailles. Hier die Hofseite. Gemälde von B. Bellotto.
KHM

Unter den wichtigsten Mitarbeitern und Vertrauten Franz Stephans befanden sich der lothringische Baron Franz Joseph Toussaint und dessen Nachfolger Johann Adam Freiherr von Posch. Als Franz Stephan 1765 starb, hinterließ er einen riesigen Betrag an Bargeld, Realitäten und Wertpapieren, die Joseph II. dann zur Deckung der Staatsschulden verwendete. Das Gemälde zeigt Franz Stephan im Kreis seiner wissenschaftlichen Berater.

Naturhistorisches Museum, Wien

mehreren eigenen Kassen geführt und verwaltet. Mit weiteren 5,8 Millionen und den Maria Theresia gehörigen Gütern Mannersdorf und Ungarisch-Altenburg wurde der „Familienversorgungsfonds" gegründet, der privat verwaltet wurde und normaler Besteuerung unterlag. Er sollte „der besseren Versorgung und standsgemäßen Unterhalt unserer Kinder und Abstammung" dienen, womit diese dem Staat nicht zur Last fallen sollten. Die Anlage des Geldes erfolgte in Form von Grundbesitz, Maria Theresia kaufte aus der Erbmasse ihres Mannes eine Reihe von Gütern, die weiterhin von Posch verwaltet wurden und völlig von den Staatsfinanzen getrennt waren. Diese wichtige Institution des Hauses – sozusagen das Privatvermögen der Habsburger – wurde dann endgültig mit dem Familienstatut des Erzhauses Habsburg-Lothringen vom 3. Februar 1839 verankert und geregelt und dem jeweiligen Regenten und Familienoberhaupt anvertraut. Diese Institution des Familienversorgungsfonds blieb bis zum Ende der Monarchie bestehen und wurde von der Republik beschlagnahmt.

Ganz im Gegensatz zu seiner Frau stand Franz Stephan den Freimaurern, die einen wesentlichen Beitrag zur Verbreitung der Ideen der Aufklärung in der Habsburgermonarchie leisteten, sehr positiv gegenüber. Von dem damals schon preußischen Breslau aus, wo die erste Loge „Zu den drei Totengerippen" gegründet wurde, verbreitete sich die Freimaurerei auch nach Wien. „Zu den drei Kanonen", gegründet am 17. September 1742, war die erste Loge auf dem Gebiet der Habsburgermonarchie. Diese erste Loge wurde nach einem Jahr von Maria Theresia zwar aufgelöst, aber

Förderer wie Franz Stephan von Lothringen und Albert von Sachsen-Teschen garantierten eine Fortsetzung der Bestrebungen.

Bedeutend war Franz Stephan auch durch seine vor allem den Naturwissenschaften geltenden Interessen und seine Sammlungen, die einen wesentlichen Grundstock des Naturhistorischen Museums in Wien bilden. Als Direktoren seiner Sammlung berief er hauptsächlich Männer aus dem Westen, aus Frankreich oder Flandern. Dem Naturalienkabinett stand Jean de Baillou vor, der schon den Medici in Florenz gedient hatte. Franz Stephan kaufte auch seine Mineraliensammlung auf.

Der österreichische Erbfolgekrieg

Schon Prinz Eugen hatte gemeint, eine gute Armee sei eine bessere Garantie als die Anerkennung der Pragmatischen Sanktion durch die Mächte Europas. Die Realität des Jahres 1740 sollte ihm recht geben.

Trotz der allgemeinen Anerkennung der Pragmatischen Sanktion trat beim Tod Karls VI. und der Herrschaftsübernahme durch die 23jährige Maria Theresia eine Krisensituation in der europäischen Diplomatie ein.

Die Stimmung der Bevölkerung – insbesondere im Reich – war keineswegs so positiv, wie es spätere Geschichtsschreiber vermuten lassen. Der französische Botschafter Marquis de Mirepois faßt diese Tatsache in klare Worte: „Die Fürstin ist nicht beliebt. Ein Teil des Hasses und des Widerwillens, den man dem Großherzog entgegenbringt, fällt auch auf sie. Alle Wünsche vereinigen sich auf den Kurfürsten von Bayern, und ich zweifle nicht daran, daß man ihm in hellen Haufen zulaufen würde, wenn dieser Fürst erschiene." Einen viel volkstümlicheren Beleg für diese probayerische Stimmung gibt ein Maueranschlag nach dem Tod Karls VI., in dem es heißt:

„Vivat! Der Kaiser ist tot,
Wir bekommen jetzt großes Brot.
Der Lothringer ist uns zu schlecht,
Der Bayer ist uns eben recht."

Die Bayern forderten eine Erfüllung des Testaments Ferdinands I. von 1543 und beriefen sich auf den Ehevertrag Albrechts V. mit der Habsburgerin Anna 1546. Dort heißt es, daß, wenn die „eheliche" – nicht wie von bayerischer Seite behauptet „männliche" – Linie der Habsburger ausstirbt, die Wittelsbacher die Nachfolge antreten sollten. Eine weitere Begründung der bayerischen Ansprüche ergab sich aus der Heirat Maria Amalias, einer

Tochter Josephs I., mit Karl Albrecht von Bayern. Maria Josepha, die älteste Tochter Josephs I., war mit dem sächsischen Kurfürsten Friedrich August verheiratet, der die böhmische Kurstimme beanspruchte.

Auch die Ansprüche Friedrichs II. von Preußen waren legitimiert durch alte Verträge, zurückgehend auf das 1621 dem Markgrafen Johann Georg entzogene Herzogtum Jägerndorf und erbrechtliche Ansprüche auf Liegnitz, Brieg und Wohlau. Allerdings hatte 1686 der Große Kurfürst gegen Abtretung des Schwiebuser Kreises auf diese Fürstentümer verzichtet.

Friedrich II. schrieb rückblickend über die Situation: „Ich richtete meine Blicke auf das Ableben des Kaisers, des letzten habsburgischen Fürsten; er hinterließ eine strittige Nachfolge, der Thron der Cäsaren wurde frei. Dieses Ereignis konnte mir nur günstig sein: wegen der distinguierten Rolle, die ich in Deutschland spielen konnte, wegen der Streitigkeiten, die zwischen verschiedenen Thronkandidaten entstanden, und wegen der Pläne, welche Sachsen, Bayern und selbst Frankreich nach dem Tode Karls VI. fassen mußten: die Provinzen des Hauses Österreich aufzuteilen. … Ich faßte sofort den Entschluß, die Fürstentümer Schlesiens in Anspruch zu nehmen, auf welche mein Haus sehr begründete Rechte hatte, und ich ergriff Maßregeln, um meine Ansprüche auf dem Wege der Waffen zu verfolgen. Das war ein unfehlbares Mittel, die Macht meines Hauses zu vermehren und Ruhm zu erwerben, wenn das Glück meinen Unternehmungen zu Hilfe kam."

Sachsen und Bayern erhoben also Erbansprüche, Frankreich tendierte zum Krieg, und Preußen schließlich stellte Forderungen auf schlesische Gebiete.

Maria Theresia – „nur ein Herz blieb fest, das der Königin" schrieb der englische Gesandte Sir Thomas Robinson – stellte sich gegen eine kampflose Aufgabe der Territorien, die ihr die Unterstützung Preußens im österreichischen Erbfolgekrieg eingebracht hätte. Sie hielt ein solches Vorgehen mit Österreichs Großmachtstellung für unvereinbar, und so überschritten am 16. Dezember 1740 preußische Truppen die Grenze der Monarchie – der Krieg, den Karl VI. verhindern wollte, hatte begonnen.

So brach der erste schlesische Krieg (1740–1742) zwischen Österreich und Preußen aus, und parallel dazu führte Maria Theresia auch den sogenannten österreichischen Erbfolgekrieg, der erst 1748 im Frieden von Aachen endete.

Maria Theresia beschrieb die Lage in ihrem „Politischen Testament" von 1750/51 trefflich: „In diesen Umständen fand ich mich ohne Geld, ohne Credit, ohne Armee, ohne eigene Experianz und

Friedrich II. der Große (1712–1786), König in, seit 1772 von Preußen, trat 1740 an der Seite Bayerns und Frankreichs in den österreichischen Erbfolgekrieg ein und gewann in den beiden schlesischen Kriegen fast ganz Schlesien und die Grafschaft Glatz. Preußen war zur Großmacht aufgestiegen.

Nemeth

Ludwig XV. (1710–1774), König von Frankreich, im österreichischen Erbfolgekrieg noch ein Gegner Österreichs, ging mit Maria Theresia im Siebenjährigen Krieg 1756–1763 ein Defensivbündnis gegen Preußen und England ein.

ČNB

Wissenschaft und endlich auch ohne allen Rat, weilen ein jeder aus ihnen anvorderist sehen und abnehmen wollte, wohin die Sachen sich wenden würden … In dieser Situation befand ich mich, da von dem König in Preußen feindlich angegriffen wurde. Des Königs süße Worte und kräftige Versprechungen machten sogar meine Ministres irre, maßen man nicht glauben konnte oder wollte, daß der König in Preußen feindlich agieren würde." Doch alles in allem hatte Maria Theresia, wie sie

Muldau Flus

) Nach, dem Ihro Röve; Maÿe; in Hünge; und Boehe; unserer aller gnedigsten Landes fürstin Königliche Armee die stadt prag belagert und Eingeschlossen, so seind wegen Mangel dern Lebens Mitteln die frantzosen bemüssiget worden ihre Reütterey abzusetzen, und deroselben pferdte zü schlachten 7625 stück von 4 Julÿ bis 15 Sept: 1742. das fleisch unter denen soldaten verzehret worden die schlacht war auf sobenanden Cranelplatz in der altstadt wie der abriss weist. N°.1 die Reidtschul, 2. Portions Comissarÿ, 3. die fleischwag 4. wie sie die pferdt abstechen, 5. wie sie die pferdt auf blassen das die haüth sich davon losmachet, 6. ein pferdt war umb ein aÿ. 7. wie sie das ingewaidt in flus führen.

Szene aus dem österreichischen Erbfolgekrieg: 1742 mußte Österreich im Frieden von Berlin Schlesien und die Grafschaft Glatz an Preußen abtreten, der Krieg ging aber weiter. Es gelang den österreichischen Truppen noch im selben Jahr, das von den Franzosen besetzte Prag zurückzuerobern.

ÖNB

selbst schreibt, in diesem Krieg „herzhaft agieret, alles hazardiert und alle Kräfte angespannt".

Die Nachfolge im Inneren, die Karl VI. durch eine Bestätigung der jeweiligen Landstände für die Pragmatische Sanktion abgesichert hatte, verlief problemlos. In dieser Situation brachte die Krönung in Ungarn am 25. Juni 1741 in Preßburg die junge Monarchin einen wesentlichen Schritt weiter – schließlich war Ungarn seit jeher das schwierigste Land der Monarchie. Daß Maria Theresia selbst in dieser Situation noch Spaß an neuen Dingen haben konnte, zeigt die Tatsache, daß sie, als sie für den Ritt auf den Krönungshügel reiten lernen mußte, daran Gefallen fand und in Zukunft öfter ausritt.

Diese Krönung in Preßburg wird gerne mit einer rührseligen, aber leider ebenso unwahren Anekdote ausgeschmückt. Die junge, schöne Monarchin mit dem kleinen Thronfolger Joseph am Arm habe den ungarischen Adeligen so imponiert und sie so gerührt, daß sie ihre Säbel zogen, „vitam et sanguinem" riefen und ihr so versprachen, sie mit ihrem Leben und ihrem Blut zu verteidigen. Diese

hübsche Legende wird immer noch häufig erzählt, obwohl gesichert ist, daß der Säugling Joseph erst am 20. September in Preßburg eintraf.

Die Situation in den habsburgischen Ländern – sieht man von Schlesien ab – hatte sich ganz gut entwickelt, doch im Reich hatte sich – erstmals nach einigen Jahrhunderten habsburgischer Herrschaftstradition – der Wittelsbacher Karl Albrecht durchgesetzt. Wie sehr seine Herrschaft als Karl VII. ein Schattenkaisertum war, zeigt sich nicht zuletzt daran, daß einen Tag nach seiner Krönung, am 12. Februar 1742, München in die Hand seiner österreichischen Gegner fiel.

Nach den Niederlagen bei Mollwitz und Chotusitz gegen Preußen verlor Österreich im Frieden von Breslau 1742 Schlesien und die Grafschaft Glatz an Preußen, behielt aber die Herzogtümer Teschen, Troppau und Jägerndorf. Der österreichische Erbfolgekrieg aber ging weiter. Erst als es Ende 1742 gelang, Prag zu belagern und aus den Händen der Franzosen zurückzuerobern, besserte sich die Lage etwas – das große „Damen-Carousel" am 2. Januar 1743 in Wien war das Freudenfest dafür.

Doch der preußische Friedrich griff 1744 erneut in den österreichischen Erbfolgekrieg ein und begann damit den zweiten schlesischen Krieg (1744–1745). Nach preußischen Siegen bei Hohenfriedberg und Kesseldorf wurde 1745 im Dresdner Frieden der Verlust Schlesiens an Preußen bestätigt, ein Verlust, den Maria Theresia nie ganz verwinden konnte.

Der österreichische Erbfolgekrieg, dessen Fronten in den Niederlanden, in Italien und am Rhein verliefen, nahm für die Habsburgermonarchie keinen sehr günstigen Verlauf, brachte aber auch keine schweren Niederlagen ein. Ein wesentlicher Punkt bei der Durchsetzung der habsburgischen Interessen war die Tatsache, daß nach dem raschen Tod des Wittelsbachers Karl VII. schon am 4. Oktober 1745 die Krönung Franz Stephans zum Kaiser unter dem Namen Franz I. in Frankfurt erfolgen konnte.

Johann Wolfgang von Goethe erwähnt in seinen Erinnerungen – als Einschub in die Beschreibung der Krönung Josephs II. – eine nette Geschichte: „Ältere Personen, welche der Krönung Franz' des Ersten beigewohnt, erzählten: Maria Theresia, über die Maßen schön, habe jener Feierlichkeit an einem Balkonfenster des Hauses Frauenstein, gleich neben dem Römer, zugesehen. Als nun ihr Gemahl in der seltsamen Verkleidung aus dem Dome zurückgekommen und sich ihr sozusagen als Gespenst Karls des Großen dargestellt, habe er wie zum Scherz beide Hände erhoben und ihr den Reichsapfel, den Szepter und die wundersamen Handschuh hingewiesen, worüber sie in ein unendliches Lachen ausgebrochen; welches dem ganzen zuschauenden Volke zur größten Freude und Erbauung gedient, indem es darin das gute und natürliche Ehegattenverhältnis des allerhöchsten Paares der Christenheit mit Augen zu sehen gewürdigt worden. Als aber die Kaiserin, ihren Gemahl zu begrüßen, das Schnupftuch geschwungen und ihm selbst ein lautes Vivat zugerufen, sei der Enthusiasmus und der Jubel des Volks aufs höchste gestiegen, so daß das Freudengeschrei gar kein Ende finden können." Doch nach diesen festlichen Tagen ging der Krieg mit großer Intensität weiter.

Der österreichische Erbfolgekrieg endete erst, als alle Mächte sich in ihren militärischen Aktionen festgefahren hatten. Maria Theresia wurde von den Verbündeten, England und den Niederlanden, vor die vollendete Tatsache eines Friedensschlusses gestellt. Im Frieden von Aachen 1748 verlor die Habsburgermonarchie nur Parma, Piacenza und Guastalla an Don Philipp von Spanien, der Verlust Schlesiens wurde von den vertragschließenden Mächten bestätigt. Letztlich war die Habsburgermonarchie damit aus dieser Krisensituation nach

dem Tod Karls VI. glimpflich davongekommen. Die kleinen Gebietsverluste, vor allem die Abtretung der reichen schlesischen Gebiete, schmerzten zwar, doch eine denkbare Aufteilung der Länder der Monarchie nach dem Erlöschen des Mannesstammes der Habsburger konnte verhindert werden.

Der Aufstieg Preußens zur zweiten Macht im Reich

Der Beginn des ersten schlesischen Krieges hatte es mit einem Schlag sichtbar gemacht: In Preußen war der Habsburgermonarchie ein mächtiger Gegner innerhalb des Heiligen Römischen Reiches entstanden. Gleichsam unbemerkt vom Blickwinkel Wiens aus hatte sich der Aufstieg dieses Staates zur zweiten Macht in Deutschland vollzogen.

Friedrich II. der Große sagte einmal über Maria Theresia: „Einmal haben die Habsburger einen Mann, und dieser ist eine Frau." Gemälde von Martin van Meytens.

Gemäldegalerie der Akademie der Bildenden Künste, Wien

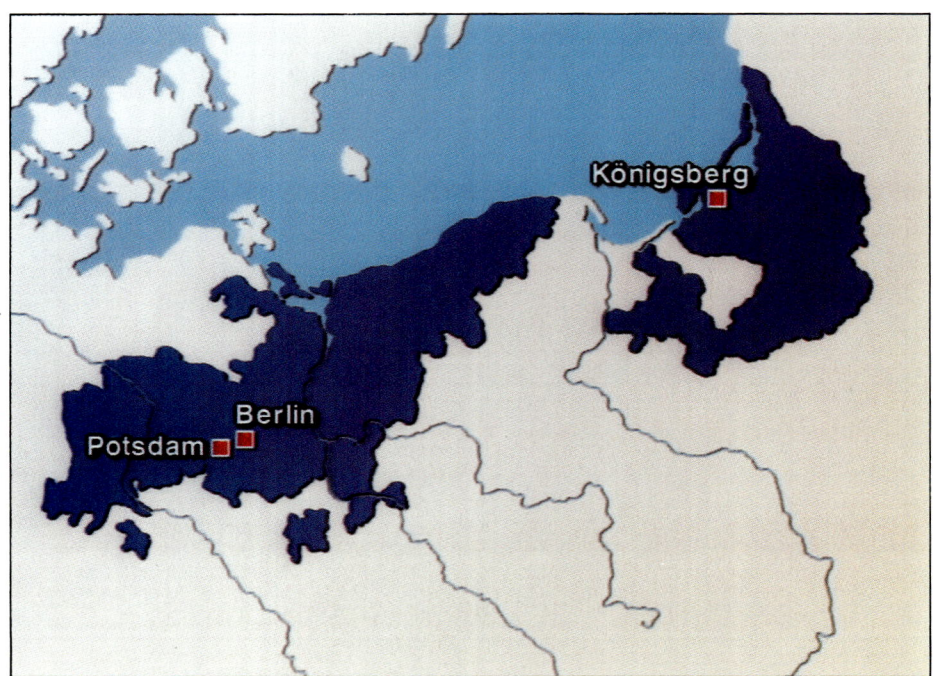

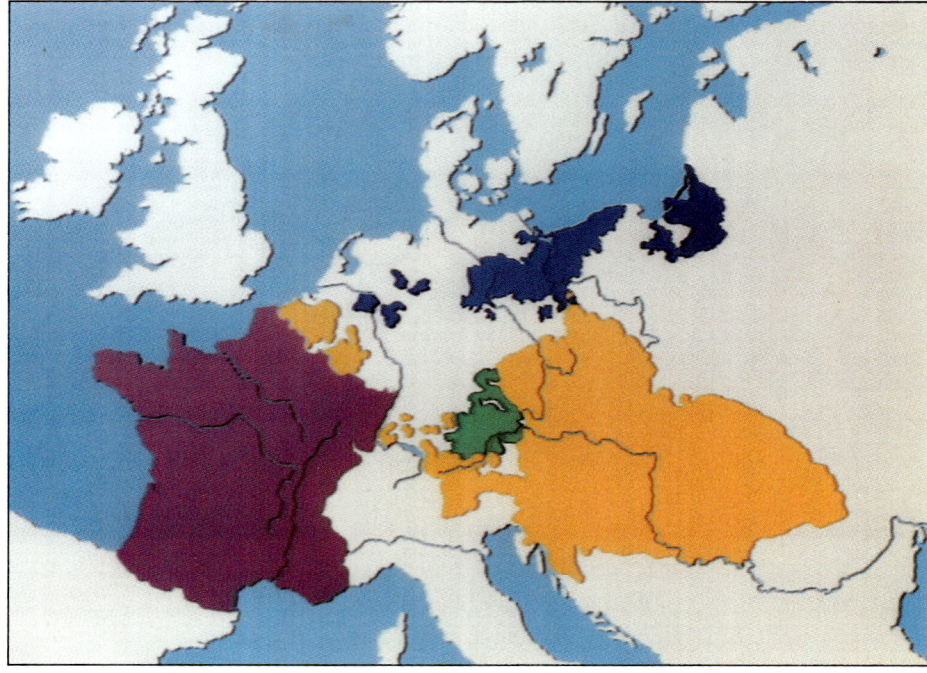

Der Aufstieg Preußens zur
europäischen Großmacht.
Hier im Größenvergleich mit
Frankreich und Österreich.

Fürstentum umgewandelt. Der brandenburgische
Kurfürst Johann Sigismund vereinigte 1618 Preußen mit dem hohenzollerschen Brandenburg, dazu
erwarb Johann Sigismund auch Kleve, Mark,
Ravenstein und Ravensberg und verdoppelte damit
das ursprüngliche Territorium seines Staates. Da
der Ordensstaat nie zum Reich gehört hatte, befanden sich die Hohenzollern jetzt in einer ähnlichen
Position wie die Habsburger in bezug auf Ungarn:
Ein Teil der von ihnen beherrschten Gebiete lag
innerhalb, ein anderer Teil außerhalb der Grenzen
des Alten Reiches.

Der Dreißigjährige Krieg richtete in Brandenburg-Preußen große Schäden an, so übernahm Friedrich
Wilhelm, der Große Kurfürst genannt, ein schwer
geschädigtes Land. Ihm gelang es allerdings,
durch eine kluge Politik eine Reihe von Gebieten
zu erwerben und damit seine Position im Norden
des Reiches auszubauen. Der Kurfürst empfing
Subsidiengelder von Frankreich, die er dem Ausbau der Armee und des Staates zuführte. Durch
wechselnde Koalitionen, deren oberste Maxime
die Staatsräson war, gelang es ihm, seine Gegner
gegeneinander auszuspielen und letztlich stets zu
profitieren. Das wesentlichste Mittel seines politischen Erfolges war der Aufbau eines stehenden
Heeres, im Inneren schuf er mit einer durchgebildeten Verwaltung die Grundlagen zu seiner Stellung als territoriale Vormacht in Norddeutschland. Der „miles perpetuus" wurde in
erster Linie durch die Akzise, eine indirekte
städtische Verbrauchssteuer, finanziert – so war
eine Verstärkung der Armee von 8000 auf 23.000
Mann möglich. Als es dem „Großen Kurfürsten"
1675 in der Schlacht bei Fehrbellin gelang, die
Schweden, die führende Militärmacht Europas,
zu besiegen, war das Ziel seiner Bemühungen
erreicht.

Der Gedanke des Aufbaus eines bürokratischen
Musterstaates, in dem Beamte zur Erfassung der
Kontributionen, der direkten Grund- und Kopfsteuern eingesetzt wurden, und Kriegskammern als zentrale Verwaltungsbehörden fungierten, wurde später für die Reformen in Österreich
wichtig. Die bürokratische Ausrichtung des Staates
gelang durch die Ausschaltung der Stände, deren
Privilegien eingeschränkt wurden. Auch kam es in
Brandenburg-Preußen unter dem Großen Kurfürsten zu einer intensiven merkantilistischen
Politik: Fabriksgründungen, Kanalbauten, Erwerb
von Kolonien nach niederländischem Muster und
Aufbau einer Marine. Früh schon erkannte man
den Wert bevölkerungspolitischer Maßnahmen.
1685, im Edikt von Potsdam, gestattete Preußen die
Ansiedlung von 20.000 Refugiés aus Frankreich,
der Hugenotten, die man aus religiösen Gründen
dort vertrieben hatte. Diese fleißigen Gewerbe-

Der wichtigere Teil des Territoriums Brandenburg-Preußen war zunächst das brandenburgische
Kurfürstentum der Hohenzollern gewesen. Seit
der Reformation stand das protestantische Brandenburg im Gegensatz zur kaiserlichen Politik.
Doch blieben alle – durchaus existierenden – Ideen
zur Wahl eines protestantischen Kaisers unrealistisch.

Das Gebiet Preußen – benannt nach einem der dort
christianisierten Stämme – stand zunächst unter
der Hoheit des Deutschen Ritterordens. Im Zuge
der Reformation wurde der Deutsche Ordensstaat
Preußen 1525 säkularisiert und in ein weltliches

Die Krönung Maria Theresias zur Königin von Böhmen am 12. Mai 1743 im Prager Veitsdom. Sie empfing die Krone aus den Händen des Erzbischofs von Olmütz, Jakob Graf Liechtenstein, und gelobte, alles zu unternehmen, um die verlorene Provinz Schlesien zurückzuerobern. Kurz vor der Krönung war auch die Nachricht des Sieges Karls von Lothringen bei Simbach über die Bayern eingetroffen. *ÖNB*

treibenden trugen zur Hebung der „Proto-Industrialisierung" wesentlich bei.

Der Aufstieg Brandenburg-Preußens im späten 17. Jahrhundert fand dann auch staatsrechtlichen Ausdruck, als am 18. Januar 1701 Kurfürst Friedrich III. sich zum König in Preußen krönte. Kaiser Leopold hatte diese Rangerhöhung für ein außerhalb des Reiches gelegenes Territorium gegen militärische Hilfe im Spanischen Erbfolgekrieg anerkannt. Das östliche Territorium gab danach dem Gesamtstaat den Namen. Die Reformen im Sinne des Merkantilismus und der Aufklärung gingen

Unter Maria Theresia
wurden die Arbeiten an
Schloß Schönbrunn
wiederaufgenommen,
die unter ihrem Vater unterbrochen worden waren.
Ein Juwel des Schlosses ist
zweifellos das kleine
chinesische Kabinett, das
Maria Theresia als Geheim-
besprechungszimmer diente.
Das Tafelwerk enthält kostbar
lackierte und vergoldete
Paneele.

Trumler

auch unter König Friedrich I. zügig weiter, es kam zur Gründung einer Universität und einer Akademie sowie zum Ausbau der zentralen Finanzverwaltung. Das allzu große Repräsentationsbedürfnis des Herrschers allerdings überforderte Preußens Finanzen, erst unter Friedrich Wilhelm I., dem Soldatenkönig, der mit seinen „langen Kerls" einen richtigen Armeekult trieb, veränderte sich die Lage.

Er führte eine Rekrutierung der Armee durch das Kantonalsystem, in dem ein bestimmter Bezirk eine festgelegte Zahl von Rekruten stellen mußte, durch und reorganisierte 1714 die Provinzen, schuf 1723 das sogenannte Generaloberfinanz-, Kriegs- und Domänendirektorium als Zentralbehörde und trieb die innere Kolonisation voran. Das Bevölkerungswachstum war enorm, die Steigerung der Staatseinkünfte dadurch groß. Wieder wurden Glaubensflüchtlinge aufgenommen, die den Reichtum des Landes erhöhten: 1732 kamen etwa 15.000 Salzburger Exulanten nach Preußen und wurden hier angesiedelt. Die Politik des Soldatenkönigs, vor allem der Ausbau einer schlagkräftigen Armee, schuf letztlich die Voraussetzungen für die führende Rolle, die sein Sohn Friedrich II. in Europa spielen konnte.

Dieser hatte eine sehr strenge Erziehung bekommen, die mit seiner Vorliebe für französische Musik und Literatur und seiner Abneigung gegen militärischen Drill im Kontrast stand. Als er sich durch Flucht entziehen wollte, wurde er vor ein Kriegsgericht gestellt und gefangengesetzt, erst 1732 kam es zur Aussöhnung zwischen Vater und Sohn.

Der schöngeistige Friedrich II. konnte also die Frucht eines langen Prozesses, der zum Aufstieg Preußens geführt hatte, nützen. Der Konflikt zwischen Habsburg und Hohenzollern, zwischen Österreich und Preußen, zwischen Katholizismus und Protestantismus sollte bis ins 19. Jahrhundert – und, wenn man sehr großzügig mit den Tatsachen umgeht, weit darüber hinaus – die deutsche Politik prägen.

Maria Theresia und Preußen

Die militärische Konfrontation bei Regierungsantritt Maria Theresias hatte sie in eine langanhaltende Gegnerschaft zu Preußen geführt. Ihre Abneigung gegen die „Preußen", die sie sogar als „Unmenschen", deren „Barbarei" ihre Länder ausgeliefert seien, bezeichnete, war tief in ihr verwurzelt. Auf der anderen Seite war Maria Theresia in vielen ihrer Reformen von Preußen beeinflußt, ja manchmal eiferte sie sogar unmittelbar preußi-schem Vorbild nach. So führte der Spiritus rector der Staatsreform, Graf Friedrich Wilhelm von Haugwitz, seine steuerlichen und verwaltungsmäßigen Reformen nach dem Vorbild (Preußisch-) Schlesiens durch, weil man sah, daß durch die von den Ständen gelöste Verwaltung eine große Steigerung der Einkünfte erfolgen konnte. Daß bei den militärischen Reformen der Maßstab eines – wie man immer wieder erkennen mußte – militärisch überlegenen Gegners nicht unwesentlich war, braucht nicht besonders betont zu werden.

Auch auf dem Gebiet des Schul- und Bildungswesens machte Maria Theresia „Anleihen" bei Preußen, sogar solche personeller Art, nämlich in der Person des Abtes Johann Ignaz Felbiger von Sagan, der sich bei der Reform der katholischen Volksschulen Schlesiens bewährt hatte und den Friedrich II. seiner Widersacherin zur Verfügung stellte.

Trotz der erwiesenen Freundlichkeit Friedrichs in Friedenszeiten war die Haltung Maria Theresias ihm gegenüber scharf und ablehnend, wobei ihre

Die Große Galerie im Schloß Schönbrunn diente als riesiger Festsaal für repräsentative Anlässe.
Die Deckenfresken von Gregorio Guglielmi verherrlichen das Herrscherpaar. Trotz der gewaltigen Ausmaße strahlt Schönbrunn im Gegensatz zu Versailles eine freundliche und anmutige Atmosphäre aus.
Trumler

Flötenkonzert in Sanssouci. Friedrich II. der Große konnte hauptsächlich auf militärischem und politischem Gebiet große Erfolge verzeichnen, aber auch seine kultur- und bildungspolitischen Anregungen brachten Verbesserungen. Entspannung suchte Friedrich in der Beschäftigung mit Musik und Philosophie.

Nemeth

Die Rechts- und Verwaltungsreformen Maria Theresias

Das wichtigste Charakteristikum der Epoche des aufgeklärten Absolutismus ist zweifellos seine Reformfreudigkeit. In all diesen Reformen der Zeit läßt sich ein Modernisierungsschub erkennen, ebenso aber ein Zentralisierungsschub, der zur Ausbildung des modernen Staates wesentlich beitrug.

Erste Ansätze der Reformen Maria Theresias fallen schon in die Zeit des Erbfolgekrieges, so wurde 1742 die Haus-, Hof- und Staatskanzlei gegründet, die außenpolitische Angelegenheiten entschied, etwas später wurden die Militärverwaltungsstellen für Innerösterreich und Vorderösterreich aufgehoben, die die Arbeit des Hofkriegsrates behinderten, also erste Schritte zu einer Zentralisierung der Verwaltung unternommen. Doch der eigentliche Beginn der Reformen ist nach dem Ende des österreichischen Erbfolgekrieges anzusetzen. Der Verfassungs- und Verwaltungshistoriker Friedrich Walter charakterisierte recht treffend diese allererste Phase der Reformen der Jahre 1745/46 als „äußerliches Ordnungmachen", der noch die große durchgehende Idee fehlte. Erst im Jahr 1749 begann die große Staatsreform.

Als der Krieg vorbei war, so sagte Maria Theresia selbst, wandte sie ihre „Gedenkensart ... allein auf das Innerliche deren Länder", die Reformperiode begann. Der neue Geist der Aufklärung wird deutlich spürbar, wenn Maria Theresia schreibt: „So ist ein Landesfürst schuldig, zu Aufnahme oder Erleichterung seiner Länder und Unterthanen wie auch deren Armen, alles anzuwenden, keineswegs aber mit Lustbarkeiten, Hoheiten und Magnifizenz die einhebenden Gelder zu verschwenden." Wie sehr unterschied sich dieser Standpunkt von der barocken Verschwendungslust der Epoche davor – wenn auch bei Maria Theresia diese Abkehr vom barocken Lebensstil niemals so klar wird wie bei ihrem Sohn Joseph.

Ihre „mütterliche Fürsorge" übertrug Maria Theresia auch auf ihre Landeskinder, sie nahm sich nicht nur der ausgebeuteten Bauern an, sondern versuchte auch auf anderen Gebieten, die Verhältnisse zu verbessern, ohne natürlich die Grenzen, die ihr vom System und den eigenen Anschauungen gesetzt waren, wirklich überschreiten zu können.

Die von der Aufklärung getragene neue Herrschaftsauffassung, die Sorge um das Wohl der Untertanen, die Idee, daß der Herrscher nicht bloß zu seinem Vergnügen da ist, sondern daß er Pflichten im Sinne des Staates hat, war auch Maria The-

Urteile im Laufe der Zeit immer verletzender wurden. Hingegen gab Friedrich recht positive Urteile über Maria Theresia ab – oft zitiert ist sein Ausspruch „Einmal haben die Habsburger einen Mann, und dieser ist eine Frau"; er attestierte ihr „Talent auf mehr als einem Gebiete".

1763 schrieb sie: „Ich bin den König wohl obligirt, daß er mir nicht geschrieben; meine Feder hätte ihm niemals geantwortet." Dieser stolzen Ablehnung steht in der Spätzeit – vor allem in der Zeit des bayerischen Erbfolgekrieges – eine Fülle von Bemerkungen Maria Theresias gegenüber, die nahe an der Beleidigung sind. So schrieb sie an Joseph II.: „Du wirst die Aufschneiderei des Königs sehen, die mich empört hat; ich möchte nur wissen, was er so sorgfältig bei seiner Artillerie verbirgt. Dieser Elende ist auch der erste gewesen mit dem Kartätschenfeuer."

Ihr Urteil am Ende der beinahe 40 Jahre währenden Konfrontation über das „Monstrum", den „elenden König" – wie sie Friedrich II. in ihren Briefen nannte – ist nicht schmeichelhaft. Sie schrieb: „Da sieht man wie dieser große Mann ist, den man für einen Salomo hält, wenn man ihn aber genau und von Anbeginn verfolgt, ist er ganz klein und ein rechter Charlatan, was nur von seiner Macht und von seinem Glück bemäntelt wird." Das war eine im Bereich gekrönter Häupter und ihrer Kabinettspolitik eher verwunderliche persönlichen Abneigung.

Friedrich Wilhelm Graf von Haugwitz (1702–1765) führte unter Maria Theresia die Finanzreform durch.
ÖNB

Joseph Freiherr von Sonnenfels (1732–1817) setzte sich mit der Abschaffung der Folter ein bleibendes Denkmal.
ÖNB

resia eigen. Zwar formulierte sie es nicht so scharf wie ihr Gegenspieler Friedrich, der sich den „ersten Diener seines Staates" nannte, doch ist ihr Briefwechsel mit ihren Kindern ein gutes Zeugnis für ähnliche Auffassungen. So belehrte sie ihre Tochter Marie Antoinette: „Wir leben in dieser Welt, um unseren Mitmenschen Gutes zu tun. Eure Aufgabe ist von höchster Verantwortung, denn wir sind nicht für uns selbst da oder gar nur um uns zu amüsieren."

Mitgetragen war die Haltung, die Maria Theresia gegenüber ihren Mitmenschen zeigte, auch von ihrer starken katholischen Frömmigkeit, deren negative Auswirkungen andererseits in einer intoleranten Haltung gegen Andersgläubige zu sehen sind. Noch keineswegs waren die Ansichten der Herrscherin voll von den Ideen der Aufklärung durchdrungen. Maria Theresia war nicht nur sehr antisemitisch eingestellt, sondern verfolgte auch die Protestanten der österreichischen Erblande, die sie allerdings nicht ins Ausland vertrieb, sondern im Sinne der Populationistik und der Nützlichkeitsvorstellungen in das dünnbesiedelte und konfessionell ohnedies uneinheitliche Ungarn, in den Banat oder die Batschka aussiedelte, in Landschaften also, in denen man ohnehin neue Siedler brauchte.

Die Ansiedlung von Deutschen in Ungarn, die schon fast gleichzeitig mit der Eroberung des Landes begann, fand bis in die Regierungszeit Josephs II. ihre Fortsetzung. Die meisten Siedler kamen allerdings nicht aus den habsburgischen Ländern, sondern aus dem Reich. Die Ansiedlung der oberösterreichischen „Landler" stellt dabei eher die Ausnahme dar. Die national diffuse Situation, die das 19. Jahrhundert in Ungarn nicht unproblematisch machte, war eine Folgeerscheinung dieser Siedlungspolitik.

Die Reformen Maria Theresias sind zum Teil Antworten – noch ungenügende allerdings – auf die Diskrepanzen der barocken Gesellschaft. Schon die Einstellung Maria Theresias zum Krieg, den sie als „Plünderung unserer Länder und Börsen" bezeichnete, macht klar, daß sie trotz der Tatsache, daß sie einen Großteil ihrer Regierungszeit Kriege führte, um die inneren Verhältnisse ihres Herrschaftsgebietes besorgt war und sich in unzähligen Verordnungen um große und kleine Dinge im Staat kümmerte. Im Rahmen dieser Staatsreform versuchte Maria Theresia, die Stände weitgehend zu entmachten und ihren Einfluß auf den grundherrlichen Bereich zurückzudrängen. Sie setzte eine allgemeine Steuerpflicht durch, die auch Adel und Klerus traf, die bis dahin steuerfrei waren. Als Grundlage dieser Besteuerung diente die im Theresianischen Kataster erfolgte Aufnahme des Besitzstandes. Die bis dahin bestehende Steuerfreiheit des Adels in den österreichischen Ländern und Böhmen wurde aufgehoben, und die sogenannten „verschwiegenen Gülten" wurden besteuert. Der neue Kataster umfaßte das Land der Herren, das Dominikale, ebenso wie das Land der Bauern, das Rustikale.

Auch auf höchster Ebene kam es zu einer Umstrukturierung der Verwaltung, das 1749 gegründete Directorium in publicis et cameralibus ver-

Der Mariatheresientaler: Vorder- und Rückseite.
KHM

Die „Nadelburg" bei Wiener
Neustadt wurde von
Maria Theresia Mitte des
18. Jahrhunderts gegründet.
Hunderte Menschen fanden
hier Arbeit und produzierten
vor allem Nadeln,
Tabakdosen und Fingerhüte.
Es war unerwünscht, daß sich
Fabriksarbeiter mit den
Dorfbewohnern trafen.
Dazu diente auch die Mauer
rund um das Gelände:
ein Umstand, dem die
„Nadelburg" ihren Namen
verdankt.
ÖNB

Der gebürtige Niederländer
Gerhard van Swieten
(1700–1772) wurde zum
Leibarzt Maria Theresias
und zum Direktor der Hof-
bibliothek in Wien berufen.
Er gilt als Begründer der
„Ersten Wiener medizini-
schen Schule". Er gründete
Spitäler, Findelhäuser und
Hebammenschulen und
betrieb wichtige Forschungen
zur Syphilis und Blatternimpfung. 1759 wurde er zum
Leiter der Zensurbehörde
ernannt.
ÖNB

einige politische und finanzielle Befugnisse, die
der Hofkammer entzogen wurden. Gleichzeitig
mit der Schaffung dieser Zentralbehörde kam es
zur Auflösung der österreichischen und der böhmischen Hofkanzlei. Auch eine Oberste Justizstelle
wurde geschaffen. Dieses System wandte man
auch für die einzelnen Länder der Monarchie – mit
Ausnahme von Ungarn und den Niederlanden –
an, für die als oberste Behörde eine „Repräsentation und Kammer" und darunter Kreisämter eingerichtet wurden. Die Zentralbehörde des Directoriums zog immer mehr Kompetenzen an sich, im
Jahr 1756 wurde auch das Generalkriegskom-
missariat eingegliedert. Doch führte das Größer-
werden des Apparates zu einer Überlastung, und
so wurden 1761 die Finanzen der Zentralbehörde
wieder entzogen, außerdem kam es zu einer
Umbenennung in „Böhmische und Österreichische Hofkanzlei". Stand diese erste Phase der Reformen vor allem unter der Leitung des Grafen
Haugwitz, so machte sich ab 1760 der Einfluß des
Grafen Kaunitz deutlicher bemerkbar. Wieder
wurde eine Zentralbehörde unter seinem Vorsitz,
der Staatsrat, gegründet. Diese oberste beratende
und antragstellende Behörde bestärkte erneut den
Zentralismus, der Staatsrat bestand aus drei Mitgliedern des Herrenstandes und drei Mitgliedern
des Gelehrten- und Ritterstandes.
Die Grundlage dieser immer zentralistischeren
Verwaltung der Monarchie mußte ein einheit-

liches Rechtssystem bilden, das allerdings nur
in Ansätzen verwirklicht werden konnte. Die ein-
zelnen Länder des Herrschaftsbereiches Maria
Theresias hatten ihre überlieferten Rechtsstruk-
turen, die natürlich in den einzelnen Teilen der
Monarchie beträchtlich voneinander abwichen.
Die unterschiedlichen Rechte der einzelnen Län-
der wurden zunächst gesammelt, der Codex
Theresianus 1769 bildete also eine Aufzeichnung
der geltenden Gesetze, die als Grundlage einer
Rechtsvereinheitlichung dienen konnte. Maria
Theresia hat in der ebenfalls 1769 publizierten
Constitutio Criminalis Maria Theresiana das seit
dem Mittelalter tradierte Rechtssystem, inklusive
Wahrheitsfindung durch Folter, Delikten wie
Hexerei, Zauberei und verschiedener Religions-
delikte, kodifiziert, das zum allgemeinen Recht für
die Monarchie – ohne Ungarn – wurde. Diese
Constitutio Criminalis läßt noch keinerlei Einfluß
der Aufklärung und des Naturrechtes erkennen,
sie ist charakteristisch für den noch recht traditionellen Regierungsstil Maria Theresias.
Die immer wieder betonte Aufhebung der Folter
erfolgte erst 1776, also sehr spät und vor allem
unter dem Einfluß nicht nur von Sonnenfels, sondern auch von Joseph II. Dennoch hat sich diese
Tatsache in der Literatur über Maria Theresia als
Klischee recht einseitig niedergeschlagen.
Im Sinne der Aufklärung nahm sich Maria Theresia auch der bäuerlichen Untertanen an, denen

sie durch die Kreisämter eine Schutzinstanz vor der Willkür adeliger und kirchlicher Grundherren, die gleichzeitig auch Gerichtsherren waren, schuf. Eine Milderung der Leibeigenschaft, die dann erst von ihrem Sohn Joseph aufgehoben wurde, und eine Einschränkung der bäuerlichen Dienste für den Grundherrn, der sogenannten Frondienste, kam den Bauern ebenfalls zugute.

Einen in der Praxis dieses kriegerischen Zeitalters wichtigen Stellenwert nahm die Militärreform ein, die Reorganisation des Militärwesens wurde dem Feldmarschall Leopold Joseph Graf Daun anvertraut. Aus dem kaiserlichen wurde in dieser Reform letztlich ein österreichisches Heer, es kam zur Zurückdrängung der Regimentsinhaber, aber gleichzeitig auch zur sozialen Hebung des Offizierscorps. Das preußische Vorbild ist unübersehbar. Parallel dazu verlief die Artilleriereform des Joseph Wenzel Fürst Liechtenstein. Das Heer hatte nun einen Sollstand von 108.000 Mann regulärer Truppen, dazu kamen noch 44.000 Grenzer der Militärgrenze im Südosten.

In der Schlacht bei Kolin 1757 wurde mit diesem reorganisierten Heer ein erster Erfolg gegen den als „unbesiegbar" geltenden Friedrich II. erzielt. Der Sieger Daun erhielt aus diesem Anlaß als erster den Militär-Maria-Theresien-Orden. Großmeister dieses Ordens sollte der Kaiser sein. Die Dotation erfolgte mit 2,25 Millionen Gulden, angelegt zu 5 Prozent; es gab zunächst zwei Klassen, das Großkreuz und das Ritterkreuz. Von Joseph II. wurde er 1765 um eine Mittelklasse, das Kommandeurkreuz, erweitert.

Am 5. Mai 1764 stiftete Maria Theresia übrigens als Gegenstück zum Militär-Maria-Theresien-Orden den Sankt-Stephans-Orden für zivile Verdienste. Sein Großmeister war der König von Ungarn, er umfaßte 100 Ritter und hatte ebenfalls drei Grade.

Die Bildungs- und Religionspolitik

Als eines der Kernstücke der Reformen Maria Theresias gilt sicherlich nicht zu Unrecht die Schulreform. In der Bildungspolitik versuchte der Staat des 18. Jahrhunderts den seit langem gefestigten Einfluß der Kirche zu beseitigen, da man durch die Aufklärung die Bedeutung der allgemeinen Bildung erkannte. Einer der Grundgedanken der Aufklärung war die Lösung der Probleme, die Veränderung der Welt zum Besseren durch Bildung, die den „finsteren Aberglauben" ersetzen sollte. Gerade in den habsburgischen Ländern war die Schul- und Bildungssituation am Beginn der Regierung Maria Theresias sehr schlecht. Verschiedene Denkschriften und Eingaben von Bischöfen und

anderen wiesen auf die Mißstände hin. Doch erst sehr spät – verglichen mit den anderen Reformansätzen – wurden konkrete Maßnahmen durchgeführt.

Das Hauptaugenmerk der Reformen galt dabei der Verstaatlichung und Säkularisierung des Schulwesens. Maria Theresia formulierte es sehr klar: „Die Schule ist und bleibt ein Politicum, das heißt ein Teil und Interesse des öffentlichen staatlichen Lebens." Nicht zufällig war eine der ersten Gründungen von militärischen Interessen diktiert: die Stiftung der Militärakademie in Wiener Neustadt 1757, zunächst ein Kadettencorps mit zwei Kompanien, eine für junge Adelige, eine für Offizierssöhne, die unter der Direktion Dauns standen.

Im Jahr 1760 kam es zur Schaffung einer staatlichen Zentralbehörde, der „Studien- und Bücher-Zensur-Hofcommission", die sich der Neuorganisation eines weltlichen Bildungswesens widmen sollte und zu diesem Zweck Normalschulen, Hauptschulen und Trivialschulen einrichtete. Der Spezialist, den sich Maria Theresia dazu aus Preußen geholt hatte, war der dem Gedankengut der Aufklärung verbundene Augustiner-Chorherren-Abt von Sagan, Johann Ignaz von Felbiger. Felbiger hatte im Jahr 1763 für die katholischen Schulen Preußisch-Schlesiens ein „General-Land-Schul-Reglement" ausgearbeitet, das Erfolg hatte. Maria Theresia suchte daher formell bei Friedrich II. um

Gerichtssaal auf Schloß Greillenstein, Niederösterreich.
Die unterschiedlichen Rechte der einzelnen Länder Maria Theresias wurden zunächst gesammelt, der Codex Theresianus von 1769 bildete eine Aufzeichnung der geltenden Gesetze, die als Grundlage einer Rechtsvereinheitlichung dienten. Im Constitutio Criminalis Maria Theresiana von 1769 wurde das seit dem Mittelalter tradierte Rechtssystem kodifiziert, das zum allgemeinen Recht für die Monarchie (ohne Ungarn) wurde.
Trumler

Unterricht in einer geistlichen
Knabenschule.
Als Kernstück der Reformen
Maria Theresias gilt die
Schulreform. Das Haupt-
augenmerk lag dabei auf der
Verstaatlichung und Säkulari-
sierung des Schulwesens.
Die Herrscherin holte sich
dafür den preußischen
Augustiner-Chorherren-Abt
von Sagan, Johann Ignaz
von Felbiger, der eine
„Allgemeine Schulordnung"
ausarbeitete, die gesetzlich
verankert wurde.
Es herrschte aber keine
Schulpflicht, sondern
Unterrichtspflicht.
HMStW

die Freistellung Felbigers an, der daraufhin 1774 nach Österreich übersiedelte. Noch im gleichen Jahr arbeitete er ein Schulreglement aus, das mit der „Allgemeinen Schulordnung" zum Gesetz wurde. Dieses neue Gesetz sah eine allgemeine Unterrichtspflicht für alle Kinder zwischen sechs und zwölf Jahren vor, der Unterricht sollte nach dem von Felbiger entworfenen Methodenbuch erfolgen. Es herrschte keine Schulpflicht, sondern Unterrichtspflicht – übrigens eine Tradition, die in der Gesetzgebung bis heute besteht. Die Schulordnung sagt: „Kinder beiderley Geschlechts, deren Eltern oder Vormünder in Städten eigene Hauslehrer zu unterhalten nicht den Willen, oder nicht das Vermögen haben, gehören ohne Ausnahmen in die Schule."

Auf dem flachen Land wurden die sogenannten Trivialschulen, einklassige Volksschulen, einge- richtet, in denen die Schüler Schreiben, Lesen und Rechnen lernten und Religionsunterricht erhiel- ten. Schon wenige Jahre später, beim Tod Maria Theresias, bestanden 500 solche Trivialschulen. In den größeren Städten gründete man Hauptschulen mit drei Klassen. Der Lehrplan dieser Haupt- schulen umfaßte auch die Gegenstände Deutsch, Geschichte, Geographie und Zeichnen. In den Landeshauptstädten gab es dann auch eine „Nor- malschule" für die Lehrerausbildung. Einen damals noch neuen Lehrbehelf stellten die Schul- bücher dar, die in dem 1772 gegründeten „Verlag der deutschen Schulanstalt" gedruckt wurden, der als Österreichischer Bundesverlag bis heute be- steht. Diese Schaffung des „Volksschulwesens" in der Monarchie war selbstverständlich nicht mit einem Schlag erfolgreich, wie die hohen Analpha- betenraten der Statistiken des 19. Jahrhunderts – trotz der Unterrichtspflicht! – beweisen. Die maria- theresianische Schulgesetzgebung hat bis zur „Politischen Verfassung der deutschen Schulen ..." 1805/06 Gültigkeit gehabt. Auch das höhere Schul- wesen wurde reformiert, ab 1775 regelte ein „Entwurf zur Errichtung von Gymnasien in den k. k. Erblanden" diesen Schulbereich, bei dem Latein, Physik, Geometrie, Naturgeschichte, Rhe- torik und Poetik als Pflichtgegenstände im Zentrum standen.

An der Universität bildete die Aufhebung des Jesuitenordens 1773 einen entscheidenden Ein- schnitt, wodurch auch die Hochschule in den staat- lichen Bereich überging. Die Berufung Gerhard van Swietens nach Wien bildete den Auftakt der Reform der Universität. Van Swieten setzte die Berufung des Niederländers Anton de Haen durch, der zum eigentlichen Begründer der Wiener medi- zinischen Schule wurde, bei der dann auch andere große Mediziner, wie etwa Anton Freiherr von Störck oder der Schwabe Maximilian Stoll, eine große Rolle spielten.

Der in Leiden geborene Niederländer Nikolaus Freiherr von Jacquin wurde ebenfalls von Gerhard

Unterricht in einer geistlichen Mädchenschule.
Das neue Gesetz sah eine Unterrichtspflicht für alle Kinder zwischen sechs und zwölf Jahren vor. Auf dem Land wurden einklassige Trivialschulen eingerichtet. In größeren Städten wurden Hauptschulen mit drei Klassen gegründet.
HMStW

van Swieten nach Wien berufen, er sollte im Sinne Linnés ein systematisches Verzeichnis der in Schönbrunn wachsenden Pflanzen erstellen. Im Jahr 1754 ließ Maria Theresia auf Gründen am Rennweg, die sie dafür aufkaufte, einen botanischen Garten anlegen, der zunächst mit medizinischen Kräutern bepflanzt wurde, um dann auch für exotische Pflanzen, die Jacquin von seinen Expeditionen im Auftrag Franz Stephans mitbrachte, Platz zu bieten.

Schon 1746 hatte Maria Theresia eine Ritterakademie, das Collegium nobilum Theresianum im Gebäude der Favorita, einem Lustschloß vor der Stadt Wien, gegründet, aus der dann 1754 die Orientalische Akademie für „Sprachknaben" hervorging. Die Zöglinge dieses Instituts lernten Persisch, Türkisch und Arabisch, um sie für die diplomatische Laufbahn vorzubereiten, und begründeten die große Tradition der Wiener Orientalistik, die ihre Blüte im 19. Jahrhundert unter Joseph von Hammer-Purgstall erreichte. Die aus dieser Institution hervorgegangene diplomatische Akademie besteht heute noch. Dazu kamen andere nützliche Gründungen wie die Commerzial-Zeichnungsakademie, die Real-Handlungsakademie oder die „Bildungsschule für pferdeärztliche Routiniers und Beschlagschmiede", ein Vorläufer der tierärztlichen Hochschule, oder Spezialschulen für Bergbau haben Nützlichkeitserwägungen. Auch auf dem Gebiet der Kunst –

insbesondere der Gebrauchskunst – kam es zu Neugründungen, die Wiener Kupferstecherakademie wurde 1766 eröffnet, sie entstand aus der Vereinigung von drei bestehenden Kunstakademien. Alle diese Gründungen und Reformen im Bildungsbereich waren direkt oder indirekt gegen den Einfluß der katholischen Kirche gerichtet. Maria Theresias Neuerungen hatten aber nicht die Schärfe der kirchlichen Reformen ihres Sohnes Joseph, so daß viele der Reformansätze im Bereich der Kirche erst spät und unter dem Einfluß der Mitregentschaft des jungen Kaisers entstanden. Deutlich zeigt sich dieser Wandel im Leben der Regentin bei der Wahl ihrer Beichtväter. Diese waren zunächst Jesuiten, doch ab 1767 wurde der Propst von St. Dorothea, Ignaz Müller, der als Jansenist bezeichnet werden kann, der Beichtvater Maria Theresias.

Die Geisteshaltung des Jansenismus, benannt nach dem im 17. Jahrhundert in Flandern wirkenden Weihbischof Cornelius Jansen, hatte in ihrer Spätform in Österreich großen Einfluß. Verkürzt dargestellt war der Jansenismus eine – zum Teil am Protestantismus orientierte – aufklärerische Theologie, die sich gegen den barocken Katholizismus, wie er ja besonders in der Habsburgermonarchie bestand, wandte.

Auch in diesem Zusammenhang ist der Einfluß des Beraters Kaunitz hervorzuheben, der 1768 die Giunta Economale für Mailand gründete, in deren

Der Militär-Maria-Theresien-Orden wurde nach der Schlacht bei Kolin 1757 von der Monarchin gestiftet und war die höchste militärische Tapferkeitsauszeichnung für Offiziere der österreichischen Armee (Maria-Theresien-Ritter).
HGM

Wenzel Anton Eusebius Fürst von Kaunitz-Rietberg (1711–1794) war der wichtigste Staatsmann Österreichs im 18. Jahrhundert. 1753 wurde er von Maria Theresia zum Leiter der österreichischen Außenpolitik bestellt und brachte 1756 das Bündnis mit Frankreich zustande, dem später auch Rußland beitrat und im Siebenjährigen Krieg kurzfristig die Rückgewinnung Schlesiens ermöglichte. Er war auch wesentlich an den Reformen im Sinne der Aufklärung (Josephinismus) beteiligt.
ÖNB

Rahmen er mit kirchlichen Reformen experimentierte, die dann auf den Rest der Monarchie angewandt werden sollten. In einer Vorlage an Maria Theresia begründete er den Standpunkt der Reformwilligen: „Alle Bürger des Staats sind Unterthanen des Staats. Die Clerisey ist ein Theil der Bürger des Staats, folglich macht die Clerisey einen Theil der Unterthanen des Staats aus. Sobald man ein Unterthan des Staats zu seyn sich befindet, so ist und kann man nicht zugleich von dem Staate unabhängig seyn. Ein Unterthan, welcher eine Unabhängigkeit sich anzumaßen unternehmete, würde sich des offenbarsten Staatsverbrechens schuldig machen. Die Clerisey kann also nicht unabhängig seyn und wenn sie sich als unabhängig zu betrachten und zu betragen unternehmete, würde sie sich eines ungezweifelten Staatsverbrechens schuldig machen; es wäre dann, daß, gegen die Natur ihrer Eigenschaft, von dem Staate ihr das Recht der Unabhängigkeit wäre zugeleget worden, indem es widrigen falls, auch in dem Fall, ohne Wirkung seyn und verbleiben würde, wenn es auch Christus selbst der Clerisey als Nachfolgern seiner Aposteln gegeben hätte, weilen auf diesem Fuß natürlicher weise weder seine Lehre noch seine Aposteln von denen Fürsten der Welt würden seyn aufgenommen worden."
Die Tendenz dieser Reformen, die sich dann unter Joseph II. sehr verstärkte, war die Beschränkung des „sacerdotiums" auf Lehre, Sakramente, Gottesdienst und Seelenheil. Der Klerus sollte wie alle anderen Bewohner der Monarchie der weltlichen Gewalt unterliegen. Die Weichen für den „Josephinismus" waren also schon gestellt, aber die Zahl der konkreten Reformmaßnahmen war gering.

Nicht aus eigenem Antrieb, sondern erst nach der päpstlichen Aufhebung des Jesuitenordens 1773 hob Maria Theresia – offensichtlich schweren Herzens – diesen Orden, der einen so großen Einfluß auf die Gegenreformation der Habsburgermonarchie gehabt hatte, auf. Eine weitere wichtige Maßnahme war die Hinaufsetzung des Profeßalters – also des Alters für den möglichen Eintritt in einen kirchlichen Orden – von 18 auf 24 Jahre.

Die Reformer

Vielleicht ist es wirklich nur ein Zufall. Alle anderen Denkmäler, die im denkmalfreudigen 19. Jahrhundert entstanden sind, zeigen die jeweiligen männlichen „Helden" allein meist hoch zu Roß. Nur das Wiener Denkmal Maria Theresias zwischen den beiden Museen ist anders. Die Monarchin sitzt inmitten ihrer Mitarbeiter: die Staatsmänner Kaunitz, Haugwitz, Bartenstein, Starhemberg und Mercy, die Gesetzgeber Sonnenfels, Bruckenthal, Rieger und Martini, die Militärs Grassalkovich, Daun, Laudon, Khevenhüller, Traun, Nádasdy, Hadik, Lacy und Liechtenstein und Vertreter von Kunst und Wissenschaft wie Eckhel, Gluck, Mozart, Haydn und van Swieten. Der Historiker und Biograph Maria Theresias, Alfred von Aretin, hat dieses Programm entworfen. War es wirklich eine Art von „moderner Geschichtsauffassung", die das Team statt der Einzelperson betonte? Oder steht vielleicht der Gedanke dahinter, daß im Gegensatz zu männlichen Herrschern eine Frau abhängig von ihren Ratgebern ist?
Fast alle diese Menschen, die auf dem Denkmal dargestellt sind, haben mit den Reformen zu tun, meist waren sie Spezialisten für einen Einzelbereich, z. B. Liechtenstein für die Artilleriereform oder Martini für die Rechtsreform. Vier dieser Männer aber haben für die Reformen in ihrer Gesamtheit eine so wesentliche Rolle gespielt, daß sie hervorgehoben werden müssen.
Abgesehen von dem reformfreudigen und aufgeklärten Gemahl der Monarchin, Franz Stephan, und später – nach 1765 – ihrem Sohn Joseph II. sind vor allem zwei Persönlichkeiten für diese Reformpolitik von nicht wegzudenkender Bedeutung: zunächst in der frühen Phase der schlesische Graf Friedrich Wilhelm Haugwitz und später dann Graf (später Fürst) Wenzel Anton Kaunitz-Rietberg. Daneben spielten Joseph von Sonnenfels und Gerhard van Swieten eine wichtigen Rolle.
Graf Wilhelm Haugwitz wurde als Sohn eines protestantischen kursächsischen Generals geboren, er konvertierte zum Katholizismus und trat 1725 in österreichische Dienste, in denen er sich so sehr

bewährte, daß er 1742 zum Landespräsidenten in Restschlesien ernannt wurde. Unter dem Eindruck der erfolgreicheren preußischen Verwaltung in Schlesien wies Haugwitz in seinen Denkschriften auf Mängel der ständischen Verwaltung hin. Sein Ziel war die Trennung der Finanzangelegenheiten von der reinen Verwaltung. Nachdem seine Reformen in Restschlesien erfolgreich ausprobiert waren, hat Maria Theresia, die einst sagte, Haugwitz sei ihr wahrhaft durch die Vorsehung zugeschickt worden, ihn 1747 zum Kommissär in Kärnten und Krain gemacht. Zwei Jahre später übernahm er die Finanzverwaltung des Staates mit der Aufgabe, die gewaltigen Schulden der Monarchie zu reduzieren. Er schaffte es als erster, ein rational kalkuliertes Budget durchzusetzen. In den Jahren 1749 bis 1760 war er als Präsident des Directorium in publicis et cameralibus der einflußreichste Mann im Staat, wurde dann allerdings von seinen Gegnern gestürzt – wenn auch nicht vollständig. Immerhin blieb er Mitglied des neugegründeten Staatsrates, trat aber in seiner Bedeutung hinter Kaunitz zurück, der die zweite Phase der Reformen beherrschte.

Wenzel Anton Eusebius Graf Kaunitz war der Sohn des Landeshauptmannes von Mähren, seine Mutter war eine geborene Rietberg, daher der zweite Namensbestandteil. Ursprünglich war Kaunitz für die geistliche Laufbahn vorgesehen. Im Alter von 24 Jahren wurde er Reichshofrat und hatte dann im Laufe der Zeit noch verschiedene andere Funktionen in der Innen- und Außenpolitik der Monarchie inne. 1748 war Kaunitz der Vertreter Österreichs bei den Friedensverhandlungen in Aachen. Seit 1749 war er Mitglied der Staatskonferenz und vertrat dort vehement eine Umorientierung der Außenpolitik. Er trat entschieden für ein Bündnis mit Frankreich ein, das Österreich die Wiedergewinnung Schlesiens ermöglichen sollte. Zur Durchführung dieses Planes ging er 1750 als Gesandter nach Paris, wurde 1753 zum Leiter der österreichischen Außenpolitik bestellt und konnte als solcher 1756 das österreichisch-französische Bündnis verwirklichen. Nicht zuletzt um den Einfluß auf die Monarchin buhlend, gelang es ihm 1760, die Auflösung des Directoriums und damit die Entmachtung von Haugwitz herbeizuführen. Seine Tätigkeit beschränkte sich allerdings keineswegs auf den Bereich der Außenpolitik, die er bis zu seinem Tod dominierte, sondern er war auch wesentlich an den Reformen im Sinne der Aufklärung beteiligt. Dieser Anteil als Mitschöpfer des Josephinismus geht so weit, daß Ferdinand Maaß Kaunitz für diese Geistesströmung, die er als Jesuit zutiefst ablehnte, verantwortlich machte. Maaß hat den Josephinismus auch „Kaunitzianismus" genannt, allerdings haben spätere Studien die Rolle

von Kaunitz wieder auf das richtige Maß zurechtgerückt.

Allen Berichten nach war Kaunitz maßlos eitel und ein schrecklicher Hypochonder. Der preußische Gesandte Christoph Heinrich von Ammon charakterisierte ihn im Jahr 1756 folgendermaßen:

„Graf Kaunitz ist ungefähr 46 Jahre alt. Sein Wuchs ist über Mittelgröße, von guten Verhältnissen. Er ist eher mager als fett, die Züge seines Gesichts haben, ohne schön oder häßlich zu sein, etwas Eigenartiges, und sein Gesichtsausdruck ist nicht leicht zu entziffern … Das erste Auftreten des Grafen Kaunitz kündet einen kalten Mann an, der nur in seinem Aussehen und der Sorge für seine Gesundheit beschäftigt ist, und sie beschäftigen ihn auch am meisten: der geringste Zugwind läßt ihn schaudern, etwas zuviel Hitze macht ihm nervöse Zufälle … Er hat die Schwäche, nicht an einem Spiegel vorbeigehen zu können, ohne davor stehenzubleiben, und wenn er es wagte, würde er wahrscheinlich Rouge und Schönheitspflästerchen benutzen. Er ist in seinem Aufputz gesucht bis zum Übermaß und zieht sich an wie ein junger Mann von zwanzig Jahren. … Man bezichtigte ihn in Paris, er lasse in einem Zimmer zwanzig Pfund Puder in die Luft verstäuben und gehe eine Stunde lang darin auf und ab, damit jedes Haar seiner Perücke gleichmäßig gepudert werde und keines mehr abbekomme als das andere."

Im Jahr 1764 wurde er in den Fürstenstand erhoben, er starb erst 1794. Kaunitz hätte von seinen Voraussetzungen her – adelige Geburt, Studium in Leipzig, Kavaliersreise durch Italien, Frankreich und die Niederlande – auch in früheren Zeiten Karriere bei Hof machen können.

Erzherzog Joseph wurde bereits 1764 zum römisch-deutschen König gewählt und 1765 zum Mitregenten in den Erbländern bestimmt.

HGM

Gideon Ernst Freiherr von Laudon (1717–1790) gilt neben Daun als der wichtigste österreichische Feldmarschall der mariatheresianischen Epoche. Büste im Heeres-geschichtlichen Museum, Wien.

Nemeth

Ganz anders lag die Sache beim dritten der wichtigen Berater Maria Theresias, der weitaus weniger den alten Typ des Höflings verkörperte.

Joseph Freiherr von Sonnenfels' Großvater war ein preußischer Rabbiner gewesen, erst sein Vater ließ sich taufen, er wurde später Universitätsprofessor und im Jahr 1764 mit dem Prädikat „Edler von Sonnenfels" geadelt.

Joseph von Sonnenfels absolvierte ein Jusstudium und wurde der erste Inhaber der Lehrkanzel für Polizei- und Kameralwissenschaft in Wien im Jahr 1763. Seit 1765 war er der Herausgeber der Wochenzeitschrift „Der Mann ohne Vorurteil", ein Titel, der deutlich auf den aufklärerischen Inhalt dieser Schriften verweist. In dieser Wochenschrift und seiner sonstigen Tätigkeit verbreitete Sonnenfels unermüdlich die Ideen der Aufklärung. Sonnenfels gehörte auch den Freimaurern an, auf deren wichtige Rolle bei der Verbreitung aufgeklärter Ideen wir schon hingewiesen haben. Zwar begann seine Tätigkeit als Beamter des Hofes noch unter der Regierung Maria Theresias, deren rechtliche Neuerungen er beeinflußte, aber die wichtigsten Aktivitäten konnte er erst unter Joseph II. entfalten. Sonnenfels hat nicht nur als Jurist seine Zeit geprägt, auch für die Literatur war er von großer Bedeutung. Seinem Einfluß ist die Gründung des Wiener Burgtheaters zu verdanken. Weniger hatte er für das Volksschauspiel über: Nach französischem Vorbild versuchte er die Wiener Bühne von volkstümlichem Theater zu reinigen; vor allem den Hanswurst wollte er verbannen.

Der vierte der großen Reformer der Zeit Maria Theresias war der Niederländer Gerhard van Swieten. Er studierte in Leiden Medizin und war dort ein Schüler Boerhaves. 1745 wurde er von Maria Theresia nach Wien berufen und zum Leibarzt und Direktor der Hofbibliothek gemacht. Als Bibliotheksdirektor machte er die Bestände durch die Errichtung des Lesesaales allgemein zugänglich. Zunächst beauftragt, die medizinischen Studien neu einzurichten, reformierte er die Universität in Wien vor allem durch die Berufung bedeutender Mediziner. Nicht nur diese „Erste Wiener medizinische Schule", in der Chirurgie, Physiologie und Pathologie gelehrt wurden, wurde durch ihn geprägt, er erwirkte den Bau eines eigenen Universitätsgebäudes (heute Akademie der Wissenschaften), gründete Spitäler, Findelhäuser und Hebammenschulen und betrieb wichtige Forschungen zur Syphilis und Blatternimpfung. Neben seiner medizinischen Tätigkeit war van Swieten seit dem Jahr 1759 auch Leiter der Zensurbehörde, der Bücherzensur-Hofkommission, und lockerte die allzu engen Zensurbestimmungen. Auch damit hatte er wesentlichen Anteil an der Verbreitung des Ideengutes der Aufklärung.

Versuche, den Verlust Schlesiens wettzumachen

Die Gegnerschaft zu Preußen blieb eine Grundkonstante der Politik Maria Theresias und veranlaßte sie sogar in den Jahren nach dem österreichischen Erbfolgekrieg zu einer Annäherung an den alten Hauptgegner der Habsburger, an Frankreich. Damit geriet Österreich in einen weiteren Hauptkonflikt der europäischen Politik: die Spannungen zwischen England und Frankreich. Zwar hatten diese nicht Gebietsstreitigkeiten in Europa zum Inhalt, aber in der Kolonialpolitik standen sich die beiden Mächte unversöhnlich gegenüber. In Nordamerika und in Indien hatten beide Staaten Fuß gefaßt und kämpften auf den europäischen Kriegsschauplätzen – aber auch in den Kolonien selbst – um die Vormachtstellung. Der Krieg, von dem nun die Rede sein muß, wird von der deutschen Historiographie als Siebenjähriger Krieg bezeichnet, charakteristischerweise nennen ihn die Engländer „French and Indian War". Der englische Politiker William Pitt der Ältere hat diesen weltpolitischen Hintergrund der europäischen Auseinandersetzungen auf ein klare Formel gebracht: „Kanada ist auf den Schlachtfeldern Deutschlands erobert worden."

Der traditionelle Bündnispartner der Habsburgermonarchie war eine dieser Kolonialmächte, England, und die österreichische Politik war natürlich alarmiert, als Preußen 1756 mit Großbritannien in der Konvention von Westminster ein Bündnis schloß. Dies und die österreichfreundliche Hal-

Die Versuche Österreichs, Schlesien zurückzugewinnen, waren eine der Ursachen für den Siebenjährigen Krieg 1756–1763, die Engländer nennen ihn „French and Indian War", da auch in den Kolonien Nordamerikas und Indiens gekämpft wurde. In der Schlacht bei Kunersdorf 1759 erringen die vereinigten Russen und Österreicher unter Laudon und Soltykow einen großen Sieg über die Preußen unter Friedrich II.
ÖNB

tung der Marquise Jeanne de Pompadour, der
Favoritin Ludwigs XV., und eine ähnliche Haltung
des einflußreichen französischen Außenpolitkers,
des Abbé de Bernis, führte am 1. Mai 1756 zu einem
französisch-österreichischen Defensivbündnis,
und so vollzog sich schließlich die Umstellung des
europäischen Bündnissystems, jenes „renversement des alliances", mit dem Österreich an der
Seite Frankreichs in den Siebenjährigen Krieg
(1756–1763) gegen Preußen und England ging.
Dieser Ausgleich mit Frankreich spiegelte sich
auch in der Heiratspolitik deutlich; zwei Töchter
Maria Theresias wurden mit Bourbonen verheiratet, Maria Karoline mit dem König von Neapel-
Sizilien und Marie Antoinette mit dem König von
Frankreich.
Friedrich II. überrumpelte am 29. August 1756
Kursachsen, und damit begann der Siebenjährige
Krieg, der sich mühsam und ohne entscheidende
Wendepunkte dahinzog. 1761 stellte England, das
seine Kriegsziele in Übersee erreicht hatte, die

Unterstützung für Preußen ein, 1762 starb die mit
Maria Theresia und Frankreich verbündete russi-
sche Zarin Elisabeth, eine geschworene Feindin
Preußens, und ihr Nachfolger Peter III. schloß
einen Frieden, den auch Katharina II., die ihm
folgte, noch im selben Jahr anerkannte.
Auch diese lange, blutige und auch finanziell
verlustreiche Auseinandersetzung – der Krieg
kostete die Habsburgermonarchie 260 Millionen
Gulden, 167 davon waren Kredite – brachte also
Schlesien nicht zurück. Nach einem wechselvollen
Kriegsverlauf mit österreichischen Siegen bei
Kolin, Hochkirch, Kunersdorf und Episoden wie
der kurzen Einnahme von Berlin durch Andreas
Graf Hadik 1757 oder dem sogenannten „Fincken-
fang von Maxen" 1759, der Gefangennahme des
preußischen Generalmajors von Finck durch
Daun, sowie preußischen Siegen bei Roßbach,
Leuthen und Torgau endete dieser Krieg 1763 im
Frieden von Hubertusburg, der den Status quo
bestätigte.

Siebenjähriger Krieg:
Der sogenannte
„Finckenfang von Maxen"
am 21. November 1759.
Im September 1759 hatte sich
Dresden ergeben. Bei Maxen
gelang es Feldmarschall
Daun, den preußischen
General Finck samt dessen
Korps gefangenzunehmen.
HGM

wittelsbachische Bayern selbst zum Erbfolgefall geworden. Der Kurfürst Maximilian III. Joseph und sein Erbe nach wittelsbachischem Hausrecht, Kurfürst Karl Theodor von der Pfalz, waren beide kinderlos. Maximilian III. starb 1777, und Karl Theodor erkannte österreichische Forderungen auf Teile Bayerns an. Sein Erbe, Herzog Karl II. August von Pfalz-Zweibrücken, jedoch protestierte dagegen ebenso wie Preußen.

Doch während Maria Theresias Sohn, Kaiser Joseph II., Krieg um Bayern zu führen bereit war, riet Maria Theresia dringend zum Frieden. Sie schrieb Joseph: „Besser ein mittelmäßiger Friede als ein glücklicher Krieg", und schloß hinter dem Rücken ihres Mitregenten Joseph einen Vertrag, der Österreich zwar nicht Bayern, aber doch einen Gebietsgewinn in Form des Innviertels brachte. Auch der später von Joseph II. versuchte Tausch Bayerns gegen die österreichischen Niederlande scheiterte 1785.

Der Friede von Hubertusburg (Schloß bei Leipzig) zwischen Österreich und Preußen im Februar 1763 beendete den Siebenjährigen Krieg. Schlesien und die Grafschaft Glatz gingen endgültig für Österreich verloren.

Deutsches Historisches Museum, Berlin

Die Möglichkeit der Kompensation für den Verlust von Schlesien bot sich für Maria Theresia in der polnischen Teilung 1772, doch waren ihre moralischen Bedenken überaus stark. So schrieb sie in einer Denkschrift: „Am leichtesten wäre es wohl einzugehen auf die uns angebotene Teilung Polens. Aber mit welchem Rechte kann man einen Unschuldigen berauben, den verteidigen und unterstützen zu wollen wir uns immer gerühmt haben?" Dennoch konnte Maria Theresia hinter den beiden „ungerechten Usurpatoren – Preußen und Rußland" nicht zurückstehen. In der – wie sie sagt – „unglücklichen Teilung Polens, die mich zehn Jahre meines Lebens gekostet", erwarb Österreich Galizien und Lodomerien. Wie Friedrich II. zynisch bemerkte: „Sie weinte, doch sie nahm." Sie selbst aber schrieb dazu: „Wenn ich schon längst tot sein werde, wird man erfahren, was aus dieser Verletzung von allem, was bisher heilig und gerecht war, hervorgehen wird."

Im Jahr 1773 bereiste der junge Kaiser Joseph den Banat und Galizien, er leitete auch die Erwerbung der Bukowina durch Annexion und die Vermittlung des russisch-osmanischen Friedens von Kütschük-Kainardschi (1775) ein. Durch die Erwerbung dieses Gebietes wurde nicht nur das habsburgische Territorium im Nordosten erheblich vergrößert, sondern auch bessere Verkehrsverbindungen zwischen Siebenbürgen und dem neu erworbenen Galizien-Lodomerien geschaffen. Am Ende der Regierungszeit Maria Theresias entstand noch eine große Chance für die Habsburgermonarchie. Am Beginn der Regierung Maria Theresias hatte ein Wittelsbacher versucht, das habsburgische Erbe anzutreten. Nun war das

Maria Theresia in späteren Jahren. 1765 war Kaiser Franz I. Stephan gestorben.

Hofburg, Wien

Höfische Tragödien: die Töchter Maria Theresias

Mit Maria Theresias Vater, der keine männlichen Nachkommen hatte, war im Jahr 1740 der Mannesstamm der Dynastie ausgestorben. Maria Theresia als ältere der beiden überlebenden Töchter hatte nur mit Mühe die Erbschaft zusammenhalten können. Was die Natur dem Vater vorenthalten hatte, gab sie der Tochter in reichem Maß: fünf Söhne und elf Töchter gebar Maria Theresia aus ihrer Ehe mit Franz Stephan von Lothringen – ein Kindersegen, der Teil ihrer Legende geworden ist. Maria Theresia konnte als doppelte Verkörperung der Mütterlichkeit gelten: als die Mutter des Reiches genauso wie als Stammutter einer neuen habsburgischen Dynastie, der Familie Habsburg-Lothringen.

Zwei ihrer Söhne, Joseph (II.) und Leopold (II.), sollten einst selbst Kaiser werden. Der zweitälteste, Karl Josef, hatte vielversprechende Anlagen gezeigt und war allgemein beliebt, als er mit knapp 16 Jahren den Blattern zum Opfer fiel. Relativ glücklich verlief das Leben Erzherzog Ferdinand Karl Antons, der eine Este heiratete und lange in Mailand regierte, von wo ihn erst die Armeen Napoleons vertrieben. Auch der jüngste, der verschlossene Maximilian Franz, mußte in seinen letzten Lebensjahren vor Napoleon weichen: Als Erzbischof von Köln war er der letzte, der auf diesem traditionsreichen Stuhl die Würde eines Kurfürsten bekleidete.

Auch Maria Theresias Töchter waren für hochpolitische Aufgaben vorgesehen, freilich ganz anderer Art, wie es eben dynastischer Politik entsprach. „Tu felix Austria nube …", an der Maxime hatte sich nichts geändert. Auch das menschliche Leid, das sie den betroffenen Frauen – oder meist noch Mädchen – in der Regel brachte, war nicht neu. Maria Theresia hat das selbst einmal klar genug formuliert, als ihre Tochter Maria Josepha mit einem neapolitanischen Bourbonen verheiratet werden sollte: „Ich betrachte Josepha als ein Opfer der Politik, und wenn sie gegenüber ihrem Gatten und ihrem Gott ihre Pflicht erfüllt, so werde ich zufrieden sein."

Dieser Ferdinand III. von Neapel sollte überhaupt mehreren Töchtern der Kaiserin Unglück bringen. Johanna war bereits mit ihm verlobt gewesen, als sie mit zwölf Jahren starb. Nun war Maria Josepha an der Reihe. Inzwischen hatte sich in Wien herumgesprochen, was für ein Taugenichts der ebenfalls erst halbwüchsige Ferdinand war: ein halber Analphabet, der sich mit Jagden und Spielen die Zeit vertrieb und dessen neapolitanischen Dialekt auch eine sprachkundige Erzherzogin kaum verstehen konnte. Die 16jährige Maria Josepha, die Lieblingsschwester Josephs (II.), wehrte sich heftig gegen die drohende Vermählung, doch der

Löhn des Lasters
Zur warnung für andere.

Lohn der Ausschweifung
Zur Warnung für andere.

historische Ausgleich mit den Bourbonen hatte Vorrang. Wenige Tage vor der Abreise besuchte die junge Erzherzogin die Kapuzinergruft, um von den Ahnen Abschied zu nehmen. Innerhalb weniger Tage lag sie selbst im Sterben: ein drastisches Beispiel für Zusammenhänge zwischen Körper und Seele, wie sie die psychosomatische Medizin erst heute zu beachten beginnt? Statt in die Hölle einer Ehe, wie sie es sich ausmalte, ging Maria Josepha nun „in den Himmel, wo ich viel besser aufbehalten sein werde" – so tröstete die Sterbende ihre Mutter.

Erst die dritte Tochter erfüllte die Heiratspläne mit dem neapolitanischen Bourbonen: Maria Karoline, das 13. Kind Maria Theresias. Auch ihr war die aufgezwungene Heirat äußerst zuwider, und die erste Zeit ihrer Ehe empfand sie als Martyrium. „Ich gebe offen zu, daß ich lieber sterben würde, als alles das, was ich durchgemacht habe, noch einmal erleben zu müssen", schrieb sie einige Zeit nach der Ankunft in Neapel nach Hause. Im Lauf der Zeit errang sie am Hof von Neapel einen gewissen Einfluß, da ihr Mann wenig für Politik übrig hatte. Daß er sich währenddessen mit Geliebten vergnügte, nahm sie hin wie so viele Frauen ihrer Zeit. Auch sie mußte schließlich gegen Ende ihres Lebens vor Napoleon fliehen. Noch 1813 reiste sie auf abenteuerlichen Wegen, über Konstantinopel und Odessa, nach Wien; sie starb im folgenden Jahr, kurz bevor sie hätte nach Neapel zurückkehren können.

Die einzige, die sich bei der Wahl eines Gatten durchsetzen konnte, war Maria Theresias Lieblingstochter Maria Christine. Die begabte und liebenswürdige „Mimi" heiratete mit 24 Jahren den Herzog Albert von Sachsen-Teschen; einen französischen Herzog hatte sie zuvor ausgeschlagen. Albert hatte keine Aussichten auf einen Thron und auch kein beeindruckendes Vermögen; dafür war er ein gebildeter Mann, der Sympathien für die Aufklärung und die Ideale der Freimaurer hegte. Vor allem war er ein guter Gatte: Maria Christine konnte mit ihm eine glückliche Ehe führen. Das kinderlose Paar wurde nach Maria Theresias Tod als Statthalter in die Niederlande entsandt: Kein leichter Auftrag, denn die abrupten Reformen Josephs II. stießen auf eine Reihe von Widerständen, und der Spielraum der kompromißbereiteren Maria Christine blieb gering. Schließlich mußten Albert und die Erzherzogin vor den französischen Revolutionsheeren weichen. Maria Christine starb 1798 in Wien. Albert ließ in der Augustinerkirche vom größten Bildhauer der Zeit, Antonio Canova, ein großartiges Grabmal errichten: „Uxori optimae", der besten Gattin, war es gewidmet. Der Sachse, der gegen die Staatsräson des Hauses Österreich nach Wien gekommen war, bereicherte

Erzherzogin Maria Christine (1742–1798), die Lieblingstochter Maria Theresias, war mit Albert II., Herzog von Sachsen-Teschen, verheiratet.

ÖNB

Erzherzogin Elisabeth (1743–1808) war Äbtissin des von Maria Theresia gegründeten Damenstifts in Innsbruck.

ÖNB

Die josephinischen Reformen beeinflußten das Alltagsleben der Untertanen extrem. Viele der Reformen mußten aber später zurückgenommen werden.
Hier: Lohn des Lasters. Lohn der Ausschweifung.

HMStW

Bereits als Sechsjähriger spielte Wolfgang Amadeus Mozart (1756–1791) vor dem Herrscherpaar in Schönbrunn. Als ihm die spätere französische Königin Marie Antoinette nach einem Sturz auf dem glatten Parkett aufhalf, machte ihr Mozart einen Heiratsantrag.

ÖNB

die Stadt zudem um einen ihrer größten Schätze: die Albertina, eine der bedeutendsten Grafiksammlungen der Welt.

Die berühmteste Tochter Maria Theresias aber war Marie Antoinette: diejenige, die den höchsten Aufstieg und den tiefsten Fall erlebte. Die jüngste Tochter der Kaiserin war schon von Kind auf dazu bestimmt, Unterpfand einer historischen Versöhnung zu werden. Über Jahrhunderte hatten Habsburg und Frankreich erbittert um die Vorherrschaft in Europa gekämpft. Nun hatte der Aufstieg Preußens Österreich, hatte die englische Seemacht die Franzosen in die Defensive gedrängt, eine Allianz lag in der Luft. Ein solches Zweckbündnis mußte nach den Regeln dynastischer Politik Ausdruck in einer Heirat finden. Zuerst hatte der alte Ludwig XV., der seit mehr als einem halben Jahrhundert König von Frankreich war, die damals kaum 13jährige Habsburgerprinzessin heiraten wollen. Aber dann wurde sie doch mit seinem Enkel, dem Dauphin, verlobt. Für ihre künftige königliche Rolle wurde sie besonders sorgfältig erzogen. Niemand Geringerer als Christoph Willibald Gluck war ihr Musiklehrer, und sie erhielt eine erstklassige Tanzausbildung. In allen höfischen Künsten sollte sie am französischen Hof, dem Nabel der aristokratischen Welt jener Zeit, gute Figur machen. Politisches Geschick hat man ihr kaum mitgeben können. Schon in jungen Jahren war die künftige Königin eine recht eingebildete Person.

Die Hochzeit wurde nach langwierigen Vorbereitungen im April 1770 in Wien gefeiert; Marie Antoinettes eigener Bruder Ferdinand mußte dabei die Stelle des Bräutigams einnehmen. Nach den schlechten Erfahrungen in diversen Erbfolgekriegen war es selbstverständlich, daß die Erzherzogin eine förmliche Verzichtserklärung auf das habsburgische Erbe unterschreiben mußte. Die eigentliche Hochzeit fand in der Augustinerkirche statt; umrahmt war sie von großen Lustbarkeiten. Höhepunkt der Feierlichkeiten war ein Ball im Schloß Belvedere, zu dem 6000 Gäste geladen waren. Der Park war mit unzähligen Lichtern feenhaft beleuchtet; der Eindruck, den solch verschwenderische Illuminierung in einer Zeit ohne elektrisches Licht machte, ist heute gar nicht mehr zu erahnen. Die ganze Nacht lang wurde gefeiert; bald darauf mußte die zukünftige Königin von ihrer Mutter Abschied nehmen.

Außer seinem glänzenden Titel besaß der Gemahl wenig, was ihn anziehend machte. „Die Natur scheint Monsieur le Dauphin alles vorenthalten zu haben", schrieb der österreichische Botschafter in Paris. Das bezog sich auch auf seine geschlechtlichen Fähigkeiten; die Ehe konnte zunächst gar nicht vollzogen werden. Zum Glück ließ sich das einige Zeit später durch einen medizinischen Eingriff korrigieren. Joseph II., der persönlich nach Frankreich reiste, soll zu diesem Entschluß beigetragen haben. Auch sonst versuchten Maria Theresia und Joseph über die Königin (seit 1774 war Ludwig XVI. an der Regierung) möglichst großen Einfluß auf den französischen Hof auszuüben. Der österreichische Botschafter in Paris war in jenen Jahren ein wichtiger Mann, auch wenn die Pariser

Öffentlichkeit den österreichischen Einfluß ablehnte. Insgesamt wirkten sich die politischen Manöver der habsburgischen Königin von Frankreich sehr ungünstig aus. Ihre stockkonservative Haltung verhinderte einen politischen Ausgleich in einer Zeit, wo er vielleicht noch möglich gewesen wäre. Während ihr Bruder Joseph Reformen im Sinn der Aufklärung verwirklichte und selbst einen bescheidenen Lebensstil vorzog, wurde Marie Antoinette wegen ihres verschwenderischen Lebenswandels heftig kritisiert. Es war der letzte Glanz eines Ancien régime, das immer mehr Gegner fand.

Marie Antoinette hat dazu beigetragen, diese Konflikte zuzuspitzen; dieser Weg führte in ihre persönliche Tragödie. Das Verhängnis nahm seinen Lauf: Im Oktober 1789 mußte das königliche Paar von Versailles in die Tuilerien nach Paris übersiedeln; hektisch versuchte Marie Antoinette ihre kaiserlichen Brüder zu einer Intervention zu bewegen. Der fehlgeschlagene Fluchtversuch nach Varennes im Juni 1791 verschlimmerte die Situation. Am 10. August 1792 wurde die königliche Familie interniert. Die Korrespondenz der Königin, in der sie ausländische Mächte zur Intervention gegen das revolutionäre Frankreich aufrief, wurde entdeckt. Das mußte im Fieber der Revolution zum Vorwurf des Hochverrates führen. Zunächst wurde Ludwig XVI. angeklagt, verurteilt und hingerichtet; im Herbst 1793 war die Königin an der Reihe. Am 16. Oktober 1793, knapp 38 Jahre alt, starb sie unter der Guillotine. Augenzeugen berichteten, daß Marie Antoinette vor der Hinrichtung ihre Würde bewahrt hatte. Für viele Kinder Maria Theresias unterbrachen die Französische Revolution und die darauffolgenden Kriege eine vorgezeichnete Lebensbahn. Marie Antoinette aber war so tief in diese epochalen Ereignisse verwikkelt wie kein anderes ihrer zahlreichen Geschwister; sie hat Geschichte gemacht und dafür mit ihrem Leben bezahlt.

Letzte Jahre und Tod Maria Theresias

Den wichtigsten persönlichen Einschnitt im Leben Maria Theresias bildete sicherlich der Tod ihres geliebten Mannes in Innsbruck im Jahr 1765. Da es sich bei der Beziehung der beiden Eheleute um weit mehr als eine der üblichen dynastischen Ehen handelte, trauerte Maria Theresia zutiefst um ihren Mann. Ihrer Verzweiflung gab sie vielfach Ausdruck, an ihre Kinder schrieb sie: „Mein Hertz, meine Sinen haben nichts geliebt, gekant und verehrt als diesen großen liebwertesten Gemahl." Maria Theresia ließ sich am Morgen nach dem Tod

ihres Mannes das lange Haar abschneiden, verteilte ihre Kleider unter ihre Kammerfrauen und ihren Schmuck unter ihre Töchter. Von da ab bis zu ihrem Tod trug sie ausschließlich schwarze Witwentracht mit einer schwarzen unter dem Kinn zusammengebundenen Witwenhaube. Alle Bilder der letzten 15 Regierungsjahre zeigen die Monarchin in dieser Kleidung.

Noch ganz im Sinne des barocken Katholizismus gedacht war Maria Theresias Stiftung des Innsbrucker Damenstiftes aus Anlaß des Todes ihres Mannes. Diese Institution für adelige, weltliche Fräulein wurde errichtet „als ewige Gedächtnisfeier" für Franz Stephan, die Aufgabe der Stiftsdamen sollte das Gebet um das Seelenheil des Verstorbenen sein.

Die Zeit nach dem Tod Franz Stephans war politisch durch die Mitregentschaft Josephs II. geprägt. Allerdings harmonierten die beiden Monarchen nicht sehr, immer wieder kam es zu Konflikten. Mehr noch als der übliche Generationskonflikt steckte hinter diesen Auseinandersetzungen. Zwei Weltanschauungen prallten in diesen Generationen aufeinander. Maria Theresias Verwurzelung im Katholizismus und in der barocken Weltsicht kontrastierte scharf zu dem radikalen Programm der Aufklärung, für das Joseph II. stand. Kaum etwas drückt diesen Gegensatz besser aus als Josephs schlichter, völlig schmuckloser Sarkophag vor dem prunkvollen, barocken Grabmal seiner Mutter in der Kapuzinergruft.

Für Maria Theresia waren viele der Ideen des Sohnes allzu menschenverachtend, seine Reformabsichten allzu antiklerikal. Sie drückt das in einem Schreiben an ihren Sohn am Weihnachtsabend 1775 klar aus:

„Es ist fürwahr eine großes Unglück, mit dem besten Willen verstehen wir uns nicht. Es kann sein, daß ich von dem Schmerz allzu befangen bin, bei Dir nicht jenes Vertrauen und jene Offenheit

Erzherzogin Marie Antoinette (1755–1793) heiratete 1770 König Ludwig XVI. von Frankreich. Die politisch völlig konservative Habsburgerin war bei den Franzosen nie beliebt.
ÖNB

Der letzte Brief Maria Theresias kurz vor ihrem Tod am 29. November 1780 an ihren Sohn Leopold, den Großherzog von Toskana und späteren Kaiser.
ÖNB

Ansicht aus Wien:
Die Dominikanerkirche
von B. Bellotto.
Nach der erfolgreichen
Türkenabwehr 1683 kam es
zum Ausbau Wiens.
Zahlreiche gotische Bauten
mußten Barockpalästen und
barocken Bürgerhäusern
weichen, nicht nur in der
Stadt, sondern auch in den
Vororten.
Unter Karl VI., Maria Theresia
und Joseph II. erlangte Wien
endgültig Weltgeltung.

KHM

mir gegenüber zu sehen, die ich verdient zu haben meine, und das bildet die Qual meines Lebens. Ich kann wohl sagen, daß ich seit sechsunddreissig Jahren mit nichts beschäftigt bin als mit Dir. Sechsundzwanzig davon waren glücklich, aber das kann man heute nicht sagen … Zu sehr zeigst Du Deine Abneigung gegen die althergebrachten Gewohnheiten und gegen die Geistlichkeit, zu sehr allzu freie Ansichten über Aufführung und Sittlichkeit. Du beunruhigst mich – und machst mich zittern für die Zukunft – Du kannst glauben, daß mein Herz mehr als bewegt ist, sehe ich doch wie wenig Du in Übereinstimmung mit mir bist und wie Du auf Deine alten Vorurteile zurückkommst. Ich wünsche, daß sie Dich glücklicher machen als ich es bin."

Auf der anderen Seite war Joseph II. in seinen Reformbestrebungen durch seine Mutter, die immer noch politisch das Sagen hatte, stark behindert. Wie vielen Thronfolgern erging es auch ihm, sein Reformprogramm entwickelte sich, es wurde ihm immer dringender, es zu verwirklichen, aber er konnte sich nicht durchsetzen. Zwar sind manche der Reformen dieser Zeit unter seinem Einfluß entstanden, doch war er an einer umfassenderen Tätigkeit interessiert, die er erst nach dem Tod seiner Mutter durchführen konnte.

Vieles an der Überstürztheit der Reformen während seiner kurzen zehn Regierungsjahre ist sicherlich aus dieser langen Wartezeit zu verstehen, die nicht nur seiner Mutter, sondern auch ihm Schwierigkeiten bereitete. Maria Theresia regierte mit ihrem Sohn als Mitregenten noch 15 Jahre. Am 8. November 1780 nahm die Monarchin bei Kälte und Regen an einer Fasanjagd zu Ehren Herzog Alberts von Sachsen-Teschen und ihrer Lieblingstochter Maria Christine teil, wobei sie sich heftig erkältete. Zwar kehrte sie schon nach einigen Tagen wieder an die Arbeit zurück, doch verschlechterte sich ihre Krankheit so, daß sie am 28. November die Letzte Ölung empfing.

Die Stunden vor ihrem Tod in den Armen ihres Sohnes Kaiser Joseph II. beschrieb Maria Christine: „3 stunden vor ihrem tod brachte der Störck [der kaiserliche Leibarzt] eine mixtur. Sie lächelte und sagte: Ich bedanke mich, diß gehört nur, um mich auf zu halten, diß nehme ich nicht … Fünff minuten vor ihrem tod stund sie mit gewalt von ihrem sessel auf und machte einige schrit bis zur Chaise longue, wo sie zusamen sank. Mann legte sie so gut wie möglich hinauf, sie helffte sich noch selbst. Der kayser sagte: Ihro Mayestät ligen sehr übel; ja sagte sie aber gut genug um zu sterben. Sie machte noch drey vier athemzug und verschied."

8

DIE HABSBURGER

IM BANN
DER REVOLUTION

Reform von oben
Joseph II.
Leopold II.
1780–1792

ZEITTAFEL

13. 3. 1741	Joseph II. als Sohn Franz Stephans von Lothringen und dessen Frau Maria Theresia geboren
5. 5. 1747	Leopold II. als Sohn Franz Stephans von Lothringen und dessen Frau Maria Theresia geboren
6. 10. 1760	Joseph II. heiratet Isabella von Parma
23. 11. 1763	Tod Isabellas von Parma
3. 4. 1764	Joseph II. wird in Frankfurt zum römisch-deutschen König gekrönt
1764	Ackerbaugesellschaft in Kärnten von Joseph II. gegründet
23. 1. 1765	Zweite Hochzeit Josephs II. mit Josepha von Bayern
5. 8. 1765	Leopold II. heiratet in Innsbruck Maria Ludovica von Bourbon-Spanien
18. 8. 1765	Franz Stephan von Lothringen stirbt in Innsbruck
17. 9. 1765	Maria Theresia macht Joseph II. zu ihrem Mitregenten
7. 4. 1766	Joseph II. gibt den Prater der allgemeinen Benützung frei
28. 5. 1767	Tod Maria Josephas, der zweiten Frau Josephs II.
1767	Leopold dekretiert Freiheit des Getreidehandels in der Toskana
1769	Reise Josephs II. durch Mähren. Pflügen in Slavikovice
1769	Joseph II. und Leopold II. reisen nach Rom
1771	Hungersnot in Böhmen
1773	Joseph II. bereist die neuerworbenen Gebiete in Galizien und Lodomerien
1775	Robotablösung für Böhmen
1775	Joseph II. läßt den Augarten öffnen
1777	Reise Josephs II. durch ganz Frankreich
29. 11. 1780	Tod Maria Theresias. Joseph II. wird Alleinherrscher
1780	Besuch bei Katharina von Rußland in Mohilev
1781	Joseph II. hebt die Zensur weitgehend auf
1781	Joseph II. bereist die Niederlande
13. 10. 1781	Toleranzpatent für Griechisch-Orthodoxe und Protestanten
1. 11. 1781	Untertanenpatent
2. 1. 1782	Toleranzpatent für die Juden
12. 1. 1782	Beginn der Aufhebung der Klöster
22. 3. 1782	Empfang Papst Pius' VI. auf freiem Feld bei Neunkirchen in Niederösterreich
23. 5. 1783	Beginn des „Klostersturmes"
1783/84	Gegenbesuch Josephs II. bei Papst Pius VI. in Rom
1784	Allgemeines Krankenhaus und Tollhaus oder Narrenturm erbaut
1784	Aufstand der rumänischen Bauern in Siebenbürgen unter Horia
1785	Diözesanregulierung
11. 12. 1785	Freimaurerpatent
1785	Plan des Tausches Bayerns gegen die österreichischen Niederlande scheitert
1786	Robotablösung für Galizien
1786	Muster-Strafgesetzbuch Leopolds für die Toskana
1787	Robotablösung für Ungarn
1787	Türkische Kriegserklärung an Rußland
1787	Zusammentreffen Josephs II. mit Zarin Katharina auf der Krim
1787–1791	Türkenkrieg Josephs II.
1789	Steuer- und Urbarialregulierung
1789	Offener Aufstand in den Niederlanden
11. 1. 1790	Verschiedene Provinzen schließen sich zu den Vereinigten Niederländischen Staaten (Etats Belgiques Unis) zusammen
20. 2. 1790	Tod Kaiser Josephs II. in Wien
17. 7. 1790	Konvention von Reichenbach
30. 9. 1790	Leopold II. wird zum Kaiser gewählt
2. 12. 1790	Kongreß zu Den Haag
4. 8. 1791	Friede von Sistowa
7. 2. 1792	Defensivallianz mit Preußen
1. 3. 1792	Tod Kaiser Leopolds II.

Joseph II. – die umstrittene Persönlichkeit des aufgeklärten Monarchen

Wenige habsburgische Herrscher waren und sind so umstritten wie der aufgeklärte Monarch Joseph II. Enthusiastische Urteile über die großartigen Leistungen dieses Mannes für den Staat und seine Menschen finden sich in der Literatur über ihn ebenso wie haßvolle Tiraden gegen den menschenverachtenden, ungläubigen Kaiser, der – wie oft betont wird – „seiner Zeit voraus" war, was für diese Schriftsteller heißt, daß er „unzeitgemäß" gewesen ist.

Besonders im 19. Jahrhundert, als die Diskussionen um die Trennung von Staat und Kirche noch aktuell waren, blühte die Polemik über Joseph II. Die Liberalen sahen in ihm einen Vorläufer ihrer Intentionen, begrüßten seine „antiklerikale Politik" und feierten Joseph II. als ihren Helden. Die klerikale Richtung hingegen erblickte in den Maßnahmen der josephinischen Reform ein Werk des Teufels, sah die Einbuße der Macht der Kirche und verteufelte den Kaiser entsprechend. Doch diese Polemik mit ihrem weltanschaulichen Hintergrund zog sich auch noch weiter bis in unser Jahrhundert. Der Jesuit Ferdinand Maaß und der ehemalige Theologe und spätere „Marxist" Eduard Winter setzten die Polemik um die Bewertung der Reformen der josephinischen Epoche und damit natürlich auch um die Beurteilung Kaiser Josephs II. nahtlos fort.

Schon die Zeitgenossen Josephs II. haben ihn sehr unterschiedlich beurteilt und mit Kritik für den am 13. März 1741 geborenen Erzherzog nicht gespart. Selbst seine Mutter Maria Theresia sagte über ihn einmal: „Wie kann einer als Herrscher bestehen, wenn er die Menschen nicht liebt?" Oft zitiert wird auch die Charakteristik des sechsjährigen Joseph durch den preußischen Gesandten Heinrich Graf Podewils: „Er sagt zu allen Menschen Du, redet aber nur Personen höchsten Ranges und Damen an und sagte erst vor kurzem zu Jemandem, er sei in seine Ungnade gefallen. Aller Welt, selbst den Damen, reicht er die Hand zum Kusse. ... Der Kaiser bemüht sich vergeblich, ihm diese hochmütige Denkungsweise zu benehmen, da er ihn zu sehr liebe, um mit Strenge zu verfahren. Der Prinz ist eigensinnig und hartnäckig, läßt sich lieber einsperren und zum Fasten verurteilen, als um Verzeihung zu bitten.

... Bis jetzt ist es schwer, zu entscheiden, ob er viel Verstand hat, ein Genie wird er wohl nicht werden. Alle Züge, die man von ihm erzählt, zeigen wenig Einbildungskraft und weder Scharfsinn, noch glückliche Verbindung der Ideen. Die schlechte

Erziehung, die der Erzherzog erhält, und die allzuweit getriebene Zärtlichkeit seiner Eltern lassen nicht hoffen, daß er jemals ein großer Fürst werden wird."

Die Erziehung des Thronfolgers erfolgte unter dem starken Einfluß der Ideen der Aufklärung. Sein Ajo Karl Graf Batthyány hat eine Reihe sehr guter Lehrer ausgewählt, um den jungen Joseph zu erziehen. Schon früh hatte er, wie eine eigenhändige Notiz Josephs in Hans Ludwig Freiherr von Kuefsteins Bericht über seine Gesandtschaftsreise zu Sultan Murad IV. im Jahr 1628/29 zeigt, lesen gelernt. Es heißt dort: „Aus diesem buch hab ich lesen gelehrnet Vienne 1748 Josephus archidux Austriae." Den Geschichtsunterricht des jungen Mannes übernahm niemand Geringerer als Johann Christoph von Bartenstein, andere Lehrer waren der Reformer Kaunitz oder der Jurist und Naturrechtslehrer Karl Anton von Martini, der das Rechtsdenken Josephs wesentlich geprägt hat.

Zwar stand seine Erziehung in vielem in der Tradition des habsburgischen Hofes, seine vor allem religiös ausgerichtete Bildung sollte ihn zu einem „princeps in compendio" machen. Dieser Leitfaden der Prinzenerziehung aus dem Beginn des 17. Jahrhunderts, als dessen Autor man lange Zeit Kaiser Ferdinand II. vermutet hat, hat vor allem die katholischen Grundsätze der Regierung, den Glauben, in den Mittelpunkt gestellt. Nur ein frommer, gläubiger Herrscher hat das Ethos,

Von den insgesamt 16 Kindern Maria Theresias sind vor allem drei zu nennen: Kaiser Joseph II., Kaiser Leopold II. und Königin Marie Antoinette. Hier Maria Theresia in Witwentracht um 1776 im Kreis ihrer Kinder.

Archiv Verlag Styria

Joseph II. mit seinem Bruder Leopold II., Großherzog von Toskana. Das Verhältnis zwischen den Brüdern war eher kühl und reserviert. Joseph hatte als Universalerbe seines Vaters auch die toskanische „Reservekasse" beansprucht.
KHM

flußt war, verliefen harmonischer. Erstaunlich ist, daß seine Kontakte zu der großen Zahl seiner Geschwister ziemlich gering waren und keineswegs herzlich oder intim.

Eine große Rolle in seinem Leben spielte hingegen seine erste Frau Isabella von Parma, deren Charme den Wiener Hof bezauberte. Allerdings war sie unkonventionell und handelte häufig gegen die Etikette – sie wurde von manchen Historikern mit der exaltierten Schwärmerin Elisabeth, Sisi, der Frau Kaiser Franz Josephs, verglichen. Ihre Unkonventionalität reichte so weit, daß sie sehr innige, intime Beziehungen zu der Schwester Josephs, Maria Christine, unterhielt, die irgendwo zwischen gemeinsamem emanzipiertem Aufbegehren und lesbischer Liebe einzuordnen sind. Diese junge Frau starb schon am 23. November 1763 nach einer Totgeburt an Blattern. Joseph gab seiner Verzweiflung in einem Brief an ihren Vater Ausdruck, er schrieb: „Alles habe ich verloren, meine angebetete Gattin, der Gegenstand meiner ganzen Zärtlichkeit, meine einzige Freundin ist nicht mehr! ... Aufs tiefste betrübt und darniedergedrückt, weiß ich kaum, ob ich noch lebe. Welch schreckliche Trennung – werde ich sie überdauern? Ja gewiß, nur um mein ganzes Leben hindurch unglücklich zu sein." Auch die einzige Tochter aus dieser Ehe, Erzherzogin Therese, starb früh, schon im Jahr 1770.

Joseph II. ging später offenbar keine engeren Gefühlsbeziehungen zu Frauen ein, außer zu Eleonore Liechtenstein, die ihn nicht erhörte. Seine von der Mutter mehr oder weniger erzwungene Heirat mit der von ihm als abstoßend häßlich empfundenen Wittelsbacherin Maria Josepha war ein rein politisches Kalkül. Sexuelle Beziehungen zu Frauen hingegen – selbst zu käuflichen Mädchen – hatte Joseph viele, er hat sich dabei auch mehrfach mit Gonorrhöe angesteckt. Schon relativ jung hat Joseph II. Herrschaft ausgeübt, aber letztlich lange Zeit, ohne wirklich allein bestimmen zu können. Noch zu Lebzeiten seines Vaters Franz Stephan wurde er am 3. April 1764 in Frankfurt zum römisch-deutschen König gekrönt. Niemand Geringerer als Johann Wolfgang von Goethe hat in „Dichtung und Wahrheit" diese Zeremonie ausführlich beschrieben. Beeindruckt schrieb er: „Eine politisch-religiöse Feierlichkeit hat einen unendlichen Reiz. Wir sehen die irdische Majestät vor Augen, umgeben von allen Symbolen ihrer Macht; aber indem sie sich vor der himmlischen beugt, bringt sie uns die Gemeinschaft beider vor die Sinne. Denn auch der einzelne vermag seine Verwandtschaft mit der Gottheit nur dadurch zu bestätigen, daß er sich unterwirft und anbetet. Der von dem Markt her ertönende Jubel verbreitete sich nun auch über den großen Platz, und ein

das es ihm ermöglicht, richtig zu regieren. Aber im Zeitalter der Aufklärung waren diese Ideen immer fragwürdiger geworden, und andere Gesichtspunkte traten in den Vordergrund.

Der spätere Kaiser Joseph II. beschäftigte sich daher auch intensiv mit den Ideen der Aufklärung, er las Voltaire und arbeitete sich in die Schriften des deutschen Rechtsgelehrten Samuel Pufendorf ein.

Die Beziehungen zu seiner Mutter – die weitgehend diesen alten Herrschertypus repräsentiert – wurden im Laufe der Zeit immer gespannter. Der weltanschauliche Gegensatz zwischen Maria Theresias noch immer stark katholisch-barock geprägten Anschauungen auf der einen Seite und Josephs radikalen Auffassungen der Aufklärung auf der anderen Seite hat diesem Generationenkonflikt auch eine geistesgeschichtliche Dimension gegeben. Sicherlich hat die lange Regierungszeit seiner Mutter, die ihn zwar 1765 zum Mitregenten gemacht hatte, aber keineswegs die Zügel aus der Hand legte, diesen Konflikt potenziert und letztlich auch dazu beigetragen, daß Joseph, als er nach dem Tod der Mutter endlich frei schalten und walten konnte, viele seiner Ideen überstürzt in die Realität umzusetzen versuchte. Die Beziehungen Josephs zu seinem Vater, der ebenfalls von den Ideen der Aufklärung beein-

ungestümes Vivat erscholl aus tausend Kehlen und gewiß auch aus den Herzen. Denn dieses große Fest sollte ja das Pfand eines dauerhaften Friedens werden, der auch wirklich lange Jahre hindurch Deutschland beglückte. ... Endlich kamen auch die beiden Majestäten herauf. Vater und Sohn waren wie Menächmen (völlig gleiche Zwillingsbrüder in einem Lustspiel von Plautus) überein gekleidet. Des Kaisers Hausornat von purpurfarbner Seide, mit Perlen und Steinen reich geziert, sowie Krone, Zepter und Reichsapfel fielen wohl in die Augen; denn alles war neu daran und die Nachahmung des Altertums geschmackvoll. So bewegte er sich auch in seinem Anzuge ganz bequem, und sein treuherzig würdiges Gesicht gab zugleich den Kaiser und den Vater zu erkennen. Der junge König hingegen schleppte sich in den ungeheuren Gewandstücken mit den Kleinodien Karls des Großen wie in einer Verkleidung einher, so daß er selbst, von Zeit zu Zeit seinen Vater ansehend, sich des Lächelns nicht enthalten konnte. Die Krone, welche man sehr hatte füttern müssen, stand wie ein übergreifendes Dach vom Kopf ab. Die Dalmatica, die Stola, so gut sie auch angepaßt und eingenäht worden, gewährte doch keineswegs ein vorteilhaftes Aussehen. Zepter und Reichsapfel setzten in Verwunderung; aber man konnte sich nicht leugnen, daß man lieber eine mächtige, dem Anzuge gewachsene Gestalt, um der günstigeren Wirkung willen, damit bekleidet und ausgeschmückt gesehen hätte."

Nach dem Tod seines Vaters Franz Stephan am 18. August 1765 erbte er dessen persönlichen Reichtum, etwa 22 Millionen Gulden, und verwendete ihn zur Tilgung der Staatsschuld. Er übernahm als Kaiser im Heiligen Römischen Reich die Regierung; allerdings waren seine Bestrebungen, in der Reichspolitik Reformen durchzusetzen, nicht von Erfolg gekrönt. Die Versuche, Reichshofrat und Reichskammergericht zu reformieren, scheiterten und schufen dem Kaiser Feinde. Auch seine Position in den habsburgischen Ländern war eine eigenartige, zwar erhob ihn Maria Theresia am 17. September 1765 zu ihrem Mitregenten, behielt aber die Regierungsgeschäfte weiterhin unter Kontrolle.

Im Gegensatz zu seiner Mutter empfand Joseph II. eine starke Verehrung für Friedrich II. von Preußen. Eine Reihe von Ähnlichkeiten verband die beiden Männer, die Vorliebe für die Uniform etwa – Joseph hatte das spanische Mantelkleid als Hoftracht bereits 1766 abgeschafft, von da an wurde die Uniform dominierend. Auch der einfachere Stil bei Hof behagte beiden, Joseph drängte spätestens seit der Zeit seiner Alleinregierung auf eine Auflösung des Hofstaates in Wien, hob auch die Gnadenpensionen und die Hofquartiere auf.

Der Grundsatz der beiden aufgeklärten Monarchen war der Dienst am Staat, daneben sehnte sich der junge Joseph auch nach dem – von Friedrich II. ja erreichten – militärischen Ruhm. Nur zweimal – 1769 in Neisse und 1770 in Mährisch Neustadt – kam es zu persönlichen Begegnungen der beiden Monarchen, die allerdings eher enttäuschend endeten.

Die politischen Hemmnisse durch seine Mutter haben Joseph sicherlich sehr gequält, dazu kam noch, daß sein Gesundheitszustand besonders in seiner späten Zeit erbärmlich war. Die Hämorrhoiden – sicherlich nicht gemildert durch seine vielen Reisen in kalten Kutschen – quälten ihn, und am Ende seines Lebens zog er sich offenbar auch eine Tuberkulose zu. Er schrieb an seinen Bruder und späteren Nachfolger Leopold: „Ich huste, ich speie und das Atmen fällt mir schwer. Ich trinke Selterswasser und Ziegenmilch, aber ich merke nichts von einer Besserung. Es dauert jetzt schon acht Monate." Am 20. Februar 1790 starb Joseph II. – sein schlichter Sarg in der Kapuzinergruft kontrastiert augenfällig zum barocken Sarkophag seiner Eltern von Balthasar Moll.

Politik aus der Postkutsche – reisen, reisen, reisen

Es gehörte zum Regierungsstil der Herrscher des aufgeklärten Absolutismus, zu reisen – einerseits, um Anregungen für die notwendigen Veränderungen zu bekommen, und andererseits auch, um ständig kontrollieren zu können, wie und ob die angeordneten Maßnahmen sich auswirkten. Eine der dominierenden Eigenschaften Josephs war daher seine Reisefreudigkeit, man hatte ihm vorgeworfen, er „regiere vom Postwagen aus".

Ein Teil dieser Reiselust ist mit seiner bescheidenen, allem Prunk der Hofhaltung abholden Einstellung zu erklären, seine Reisen waren auch eine Flucht vor dem Zeremoniell – vielleicht auch vor dem ständig schwelenden Konflikt mit seiner Mutter. Wann immer möglich, reiste er inkognito, als Graf Falkenstein – im übrigen einer seiner realen Titel, Falkenstein war eine Herrschaft aus dem lothringischen Erbe –, um dem ausgiebigen Zeremoniell, das sonst unweigerlich an allen Höfen Platz greifen mußte, zu entgehen. Aber auch ein anderer Zug war in diesen Reisen ausgeprägt. Joseph II. wollte als aufgeklärter Herrscher seine Länder wirklich gut kennenlernen, wollte auch mit einfachen Leuten zusammenkommen und interessierte sich für deren Probleme. In diesen Reisen und seinem Umgang mit dem einfachen Volk ist das Neue des Regierungsstils seiner Epoche sehr deutlich greifbar.

Erzherzogin Maria Christine *(gegenüberliegendes Bild)* und ihr Gemahl Albert II. von Sachsen-Teschen führten eine glückliche, aber kinderlose Ehe. Der Sachse, der gegen die Staatsräson nach Wien gekommen war, hinterließ der Stadt Wien bei seinem Tod 1822 einen ihrer größten Schätze: die Albertina, heute eine der bedeutendsten Kupferstichsammlungen der Welt vom Mittelalter bis in die Gegenwart.

ÖNB

Eine Reihe von Anekdoten und Geschichten ist mit seinen Reisen verbunden. Häufig handelte es sich um Symbolakte, durch die er sich als Volks- und Menschenfreund stilisieren konnte. Einmal ließ er sich in dem gefürchteten Gefängnis auf dem Spielberg bei Brünn anketten, um so einen persönlichen Eindruck vom Los der Gefangenen zu bekommen. Am bekanntesten allerdings ist wohl die Geschichte, daß der Kaiser 1769, als er Mähren bereiste, wo Hungersnot herrschte, im mährischen Ort Slavikovice mit dem Pflug des Bauern Andreas Trnka zwei Furchen gezogen hat. An Ort und Stelle wurde ihm daraufhin ein Denkmal errichtet, der Pflug, mit dem der Kaiser gepflügt hatte, als eine Art „Reliquie" aufgehoben. Der Maler Franz Anton Maulbertsch hat diese Geschichte in einem Gemälde, das 1770 im Redoutensaal ausgestellt war, verewigt. Gerade dieser demonstrative Akt des Pflügens wurde im 19. Jahrhundert im Josephskult hochstilisiert und ergab eine der Ingredienzien des Klischeebildes: Joseph, der volkstümliche Herrscher!

Seine Reisen führten ihn aber nicht nur in das Gebiet der Habsburgermonarchie und das Reich, sondern auch in andere Länder. 1769 reiste er mit seinem jüngeren Bruder Leopold nach Rom zum Konklave, bei dem Clemens XIV. gewählt wurde, dann weiter nach Neapel, Florenz, Parma, Turin und Mailand. In den Jahren 1783/84 war er ein zweites Mal in Rom zum Gegenbesuch bei Papst Pius VI. Wichtig auch für die Reformen des Kaisers war die Reise durch ganz Frankreich 1777, die ihm wesentliche Anstöße für die Gründung eines Taubstummeninstituts und des Allgemeinen Krankenhauses vermittelte. Auf der Rückreise fuhr Joseph am Landsitz Voltaires in Ferney vorbei, und man glaubte, es werde zu einem Treffen des großen Philosophen mit dem Kaiser, der ihn so verehrte, kommen. Doch der Kaiser wußte, daß seine Mutter Voltaire verabscheute; er wagte es nicht, den berühmten Aufklärer zu treffen, was Voltaire zutiefst kränkte.

Reisen in die Niederlande und zweimal nach Rußland 1780 und 1787 runden dieses Bild des ruhelosen Kaisers ab. Neben diesen Auslandsreisen ist die Fahrt nach Böhmen während der großen Hungersnot im Jahr 1771 hervorzuheben. Der aufgeklärte Monarch reiste persönlich ins Krisengebiet – gegen die Warnungen seiner Mutter –, um persönlich schneller und unbürokratischer zu helfen, als es den Wiener Zentralbehörden möglich war. Auch diese neue Form von „Krisenmanagement" ist für den neuen Regierungsstil des aufgeklärten Monarchen charakteristisch.

Manche seiner Reisen haben eine enge Verbindung zur Politik und den Expansionsbestrebungen der Monarchie. Schon 1769 hatten die Habsburger

die seit dem Mittelalter an Polen verpfändete Zips besetzt, man könnte sagen, daß dies der Anfang der polnischen Teilungen war. Als in der ersten polnischen Teilung unter einem fadenscheinigen Rechtsvorwand 1772 Galizien und Lodomerien erworben wurden – übrigens sind diese beiden neuen Namen im mittelalterlichen ungarischen Königstitel enthalten –, wurde ein Gebiet mit etwa 2,6 Millionen Einwohnern und einer Größe von 83.000 km² habsburgisch. Schon im Jahr 1773 bereiste Joseph II. diese Neuerwerbungen.

Ohne Wissen Maria Theresias und des Fürsten Kaunitz veranlaßte Joseph II. den russischen Botschafter in Wien, Fürst Galizyn, eine Begegnung mit Katharina von Rußland im Juni 1780 in Mohilev zustande zu bringen, dann reiste er für einige Wochen nach St. Petersburg. Auf diese Art kam das Defensivbündnis mit Rußland zustande, das ihn in eine wenig gewünschte kriegerische Aktivität verwickelte. 1787 kam es zu einer türkischen Kriegserklärung an Rußland, und Österreich mußte eingreifen.

Im Mai 1787 fand dann ein Zusammentreffen Josephs mit Zarin Katharina auf der Krim statt, in dem die Details dieses gemeinsamen Feldzuges besprochen wurden: 245.000 Mann Fußtruppen, 37.000 Reiter und 900 Kanonen wurden dabei aufgeboten. Anfangs gab es einige Erfolge – Versuche,

Maria Isabella (1741–1763), Prinzessin von Bourbon-Parma und Infantin von Spanien, wurde 1760 mit Joseph II. in Wien vermählt. Als die anmutige Prinzessin 1763 bei der Geburt ihrer zweiten Tochter starb, schrieb Joseph an seinen Schwiegervater: „Alles habe ich verloren. Meine angebetete Gattin, der Gegenstand meiner ganzen Zärtlichkeit, meine einzige Freundin ist nicht mehr."
ÖNB

Gegenüberliegende Seite: Trauung Josephs II. mit Isabella von Bourbon-Parma am 6. Oktober 1760 in der Wiener Augustinerkirche.
KHM

Wenige habsburgische Herrscher waren und sind so umstritten wie der aufgeklärte Monarch Joseph II. Enthusiastische Urteile über die großartigen Leistungen für den Staat und seine Menschen finden sich in der Literatur über ihn ebenso wie haßvolle Tiraden gegen den menschenverachtenden, ungläubigen Kaiser, der „seiner Zeit voraus" war.

Archiv Verlag Styria

Gegenüberliegende Seite: Hoftafel anläßlich der Vermählung Josephs II. mit Isabella von Bourbon-Parma. Die Ehe mit Isabella war eine der wenigen glücklichen Zeiten für Joseph. Ihr früher Tod ließ in ihm jedes Gefühl der Mitmenschlichkeit sterben. An die Stelle seiner Familie traten für Joseph der Staat, seine Völker und das Reich.

KHM

Belgrad im Handstreich zu nehmen, scheiterten zwar zweimal, doch dann eroberte Gideon Ernst Freiherr von Laudon die Stadt am 8. Oktober 1789. Doch insgesamt war der Kriegsverlauf für die Habsburgermonarchie nicht sehr günstig, und knapp nach dem Tod Josephs mußte sein Nachfolger, Leopold II., am 4. August 1791 den Frieden von Sistowa schließen, in dem auch Belgrad wieder an die Osmanen fiel.

Die josephinischen Reformen

Josephinismus: Das ist das Schlagwort, mit dem die Nachwelt Josephs unermüdliche Reformtätigkeit bezeichnete. Der Begriff wird allerdings in unterschiedlicher Weise verwendet. Bei einigen Historikern bezeichnet er die Gesamtheit aller Reformen des Kaisers, bei anderen ist er auf den

Bereich der Religionspolitik eingeschränkt. Der 20jährige Joseph träumt in seinen „Reveries" – beeinflußt durch die Gedanken der Aufklärung vor allem von Ludovico Antonio Muratoris Buch „Della pubblica felicità" (deutsch unter dem Titel „Von der Glückseligkeit des gemeinen Wesens als dem Hauptzweck gut regierender Fürsten" erschienen) – von einem aufgeklärten Musterstaat. Dieser sollte zentralistisch-absolutistisch organisiert sein. Joseph wollte einen Abbau der adeligen Privilegien, eine Eingliederung Ungarns in den Gesamtstaat, dachte noch an eine Reihe von merkantilistischen Maßnahmen – alles Dinge, an deren Verwirklichung er erst nach dem Tod seiner Mutter schreiten konnte.

Joseph II. und auch sein Bruder Leopold II. werden häufig als Philosophen auf dem Thron bezeichnet. In keiner Epoche hatten die Ideen der Zeit, in diesem Falle die der Aufklärung, so großen Einfluß auf den Herrschaftsstil wie in diesen wenigen Jahren der Reformen. Der Einfluß der französischen Aufklärung, vor allem von Montesquieus „De l'esprit des lois", ist unverkennbar. Doch alle diese Reformen dürfen keineswegs mit Demokratisierungstendenzen verwechselt werden. Josephs Wahlspruch „Alles für das Volk, nichts durch das Volk" zeigt deutlich, daß es sich um eine von oben her diktierte Reform handelt, die nicht auf die Bedürfnisse der Bevölkerung reagiert, sondern nach abstrakten Prinzipien Veränderungen im Staat durchzuführen bemüht ist. Das ist auch der Grund, warum Joseph II. häufig in Konflikt mit bestehenden Mentalitäten geriet. Andererseits sollte man den direkten und unmittelbaren Einfluß der aufklärerischen Ideen auf die Reformen auch nicht überschätzen. Häufig – insbesondere in der frühen Phase – eilten die Reformen der Theorie voran.

Die Entstehung des Rechts- und Polizeistaates, der auf den Gedanken des Naturrechtes und der Polizeiwissenschaft aufgebaut war, ist ein Produkt dieser Reformen. Die geistigen Väter, deren Werke bei der Erziehung der beiden Erzherzöge eine große Rolle gespielt hatten, waren Juristen und Staatsrechtler wie Hugo Grotius, Samuel Pufendorf, Christian Thomasius und Christian Wolff. Diese Theoretiker suchten nach Methoden, wie der Staat die allgemeine Wohlfahrt und die Glückseligkeit der Untertanen fördern könnte. Grundlegend war der Gedanke der Nützlichkeit, Joseph selbst definiert 1783 den Zweck seiner Reformen mit „den Nutzen und das Beßte der größeren Zahl". Dazu sollten die staatlichen Eingriffe in die Gesellschaft verstärkt, die Kontrollmöglichkeiten der Zentrale ausgebaut werden.

Unter Josephs Alleinregierung nach 1780 wurde daher die Tendenz zur Zentralisierung der staat-

Ungarn 6,5 Millionen Einwohner
Siebenbürgen 1,5 Millionen Einwohner
Kroatien und Grenzgebiete
    1,3 Millionen Einwohner
Gesamtmonarchie 20,0 Millionen Einwohner

Eine weitere Maßnahme war das Untertanen-
patent vom 1. November 1781. Mit diesem wurde
die Leibeigenschaft in den böhmischen Ländern
aufgehoben, es folgten ähnliche Patente für Galizien und Ungarn. Zusammen mit den bereits
bestehenden sozialen und wirtschaftlichen Eingriffen Maria Theresias zugunsten der Untertanen,
wie etwa der Robotablösung 1775 für Böhmen,
1786 für Galizien, 1787 für Ungarn, und der Steuer-
und Urbarialregulierung 1789, konnte die Lage der
Bauern erheblich verbessert werden. Eine freie
Berufswahl, die freie Verehelichung und die freie
Verfügung über ihren Besitz waren die wesent-
lichsten Bestimmungen dieser Reform. Für die
spätere Legendenbildung um Joseph II. war das
einer der wichtigsten Anknüpfungspunkte –
„Joseph der Bauernbefreier“ ist eines der wichtigsten Themen der Denkmalbewegung im 19. Jahrhundert.

Wirtschaftspolitisch war Joseph II. zunächst noch
vom Merkantilismus geprägt, wandte sich dann
aber – als die Grenzen dieser Wirtschaftspolitik
immer deutlicher erkennbar wurden – dem
Physiokratismus zu. Diese Wirtschaftstheorie, die
die beiden Franzosen François Quesnay und Anne
Robert Turgot entwickelt hatten – letzteren hatte
Joseph II. bei seinem Frankreichbesuch 1777
persönlich kennengelernt –, befürwortete eine

Mit dem Erlaß des
Untertanenpatents vom
1. November 1781 wurde
die Leibeigenschaft in den
böhmischen Ländern
aufgehoben, weitere wie für
Ungarn folgten. Damit wurde
die Lage der Bauern
erheblich verbessert. Hier die
bekannte Szene, wie Kaiser
Joseph II. bei Slavikovice auf
dem Feld des Bauern Trnka
einen Acker pflügt.
ÖNB

lichen Verwaltung verstärkt, der Staatsrat fungierte als oberstes Kontrollorgan. Verwaltet und
auch reformiert wurde durch eine ungeheure Flut
von Papier, durch eine Unzahl an Gesetzen und
Verordnungen. Maria Theresia hatte es in 40 Regierungsjahren auf vier Bände Verordnungen gebracht, Joseph II. in nur zehn Jahren auf 18 Bände.
Um all diese Bestimmungen durchsetzen zu können, mußte der Staat über seine Bürger besser
informiert sein. Die Erfassung der Untertanen und
der wirtschaftlichen Grundlagen der Monarchie
bildete daher eine Grundlage aller Maßnahmen.
Ein durchorganisiertes Meldewesen und die Einführung von unmißverständlichen Hausnummern
waren eine dieser Kontrollmaßnahmen. Joseph
schuf auch ein Konskriptionssystem für die Wehr-
pflichtigen, dabei kam es zu einer Zählung der
männlichen Untertanen und der Häuser. Diese
statistischen Zahlen – wir befinden uns im Zeitalter der beginnenden mathematischen Erfassung der Welt – waren für die Populationistik,
eine der Modewissenschaften der Zeit, wesentlich.
Der Staat zur Zeit Josephs II. hatte folgende Einwohnerzahlen:

Böhmen 2,7 Millionen Einwohner
Mähren 1,5 Millionen Einwohner
Galizien 3,0 Millionen Einwohner
Niederösterreich 1,6 Millionen Einwohner
Steiermark 0,8 Millionen Einwohner
Tirol und Vorlande 0,6 Millionen Einwohner
Oberösterreich 0,6 Millionen Einwohner
Krain 0,4 Millionen Einwohner
Kärnten 0,3 Millionen Einwohner

Joseph II. veranlaßte die
Gründung der „Medizinisch-
Chirurgischen Josephs-
Akademie“ (Josephinum)
in Wien 1785.
H. Zdrazil

Joseph II. erbauet die Chirurg. Medizin. Academie. 1785.

Stärkung der Landwirtschaft. Das war als Gegengewicht zu der merkantilistischen Theorie, die zugunsten der „Protoindustrialisierung" diesen Sektor vernachlässigt hatte, gemeint. Joseph II. gründete daher Ackerbaugesellschaften, z. B. in Kärnten 1764 und knapp danach auch in Görz, Linz, Innsbruck, Laibach und Wien.

Andererseits konnte sich die Wirtschaftspolitik der Zeit noch nicht ganz von den merkantilistischen Ideen freimachen, die für die Entwicklung der Protoindustrialisierung so wichtige Zerschlagung der Zünfte begann schon unter Maria Theresia mit dem Verbot der Errichtung neuer Zünfte 1755. Auch hier ist der staatliche Einfluß verstärkt worden, seit 1769 sind die Verwaltungsbehörden für Zunftordnungen verantwortlich. Eine von Joseph II. angestrebte Gewerbefreiheit 1784 führte fast zu einer Art Aufhebung der Zünfte. Auch der Versuch der Schaffung eines einheitlichen Zollgebietes der Monarchie – außer Ungarn, Tirol und Vorderösterreich – schlägt in diese Kerbe merkantilistischer Politik.

Die Bürokratie, die rein zahlenmäßig immer stärker wird, spielt in all diesen Reformen eine zentrale Rolle, unterliegt aber auch einer scharfen Kontrolle, einer Art Militarisierung, die sich in der Überwachung der Beamten durch geheime Con-

duitlisten besonders deutlich zeigt. Diese Tendenz zur Überwachung des Staates und seiner Bürger macht sich vor allem im Ausbau des Polizeiapparates bemerkbar. Allerdings gab es zunächst nur in Wien eine zentral organisierte Polizei, die seit 1782 von Johann Anton Graf Pergen geleitet wurde, der im Zusammenhang mit dem Aufbau eines Polizeiapparates in der Habsburgermonarchie eine nicht zu unterschätzende Rolle spielte. Durch die Erfolge der Wiener Polizeiorganisation, die für Österreich unter der Enns zuständig war, kam es zur Errichtung weiterer Polizeidirektionen in Linz, Graz, Innsbruck, Brünn, Prag, Troppau, Pest, Hermannstadt und Mailand. Der Aufgabenbereich dieser Polizei war breit gestreut, vom Meldewesen über das Ausstellen von Heiratskonsensen bis zur Errichtung von Zucht- und Arbeitshäusern ging ihre Kompetenz. Neben dieser – erst nach dem Tod Josephs – 1793 durch die Errichtung der Polizeihofstelle endgültig organisierten öffentlich in Erscheinung tretenden Polizei gab es auch eine Geheimpolizei. Vieles von dem, was man als Charakteristikum des Vormärz ansieht: Überwachung der Beamten, Kleriker und Ausländer, Spitzelwesen und Geheimberichte über die Bevölkerungsmeinung, war hier schon vorgeprägt. Eine Unzahl kleiner Erlässe regelte alle

Joseph II. am Wochenbett seiner Frau, die ihm zwei Töchter gebar: Maria Theresia (1762–1770) und Christine, die aber am Tag ihrer Geburt am 20. November 1763 verstarb. *ÖNB*

Der Prater, seit dem
16. Jahrhundert ein beliebtes
kaiserliches Jagdrevier,
war bis in die Zeit Maria
Theresias für die Bevölkerung
gesperrt. 1766 übergab
Joseph II. den Prater der
allgemeinen Benützung. 1775
ließ er den Augarten öffnen.
Hier die Augartenallee.

HMStW

Lebensbereiche; manche muten sehr „modern"
an. So wurde das Korsett für Mädchen verboten,
oder der Kaiser bestimmte, daß Hunde an der
Leine geführt werden müßten.

Deutlicher den Geist der Aufklärung spiegelt die
Justizreform, die durch die Abschaffung der Son-
dergerichte eine Gleichheit vor dem Gesetz herzustellen bemüht ist. Hingegen ist die Abschaffung
der Todesstrafe nicht nur humanitären Erwägungen entsprungen, die Hinrichtung wurde ersetzt
durch schwere körperliche Arbeit, etwa durch
Schiffziehen an der Donau, dabei ist der Gedanke
der Nützlichkeit, des Utilitarismus, der viele der
Reformen Josephs bestimmte, augenfällig.

Von den vielen gesetzlichen Bestimmungen der
Zeit sollen nur noch zwei hervorgehoben werden,
die für die Epoche überaus charakteristisch sind.
Im Jahr 1781 hob Joseph II. in einem Patent die
Zensur weitgehend auf und schuf damit eine Art
von „Öffentlichkeit" für seine Reformmaßnahmen.
Alle Themen konnten nun in der Presse diskutiert
werden. Doch als sich ab 1784/85 auch Kritik
am Kaiser und seinen Maßnahmen bemerkbar
machte, kam es zu einem Verbot aller „Nachrichten, so den Staat betreffen". Diese Inkonsequenz

zeigte sich auch deutlich in der 1789 angeordneten hohen Besteuerung der Presse durch den
Zeitungsstempel, die auf andere Art die Pressefrei-
heit wieder beschränkte.

Auch die Freimaurer, deren Ideale der Wohl-
tätigkeit, Toleranz und Humanität mit denen
Josephs stark übereinstimmten, wurden unter
Joseph am 11. Dezember 1785 im Freimaurer-
patent toleriert. In Wien bestand bereits die Loge
„Zur wahren Eintracht", deren zentrale Figur
Ignaz von Born – das Vorbild des Sarastro aus der
Zauberflöte – war und der auch Mozart und Haydn
angehörten, nebst einigen weiteren. Seit 1784
formierte sich eine große österreichische Landes-
loge. Das Freimaurer-Patent erlaubte zwar die
Freimaurerei, aber „nur mehr eine einzige, poli-
zeilich registrierte und überwachte Loge" (Helmut
Reinalter).

Ganz im Sinne der Wohlfahrtsideale ist auch eine
Reihe von sozialen Maßnahmen Josephs II. zu
sehen, die sich vor allem auf die Haupt- und Residenzstadt Wien konzentrierten. Während die
absolutistischen Herrscher bis in die Zeit Maria
Theresias hinein Paläste und Schlösser bauten, hat
Joseph II. Bauten bevorzugt, die einem gemein-

nützigen Zweck dienen. 1777 bei seiner Reise nach Paris lernte er das Hôtel de Dieu kennen und ließ nun das Allgemeine Krankenhaus in Wien nach diesem Vorbild anlegen. Die kleineren Spitäler sollten aufgelassen und die Patienten in einem großen Krankenhaus zusammengefaßt werden, dessen Direktor der bedeutende Gelehrte Joseph von Quarin wurde. Eröffnet wurde das Spital schon am 16. August 1784. Fünf verschiedene Abteilungen waren in diesem neuen Krankenhaus untergebracht: das allgemeine Krankenspital, das Gebärhaus, das für die heimliche Niederkunft lediger Frauen bestimmt war, das sogenannte Tollhaus oder der Narrenturm, die Siechenhäuser und das Findelhaus. Das Krankenhaus bot zu dieser Zeit 2000 Patienten Platz, es gab 111 Krankenzimmer, 61 für Männer und 50 für Frauen. Das Gebäude, das sieben große Innenhöfe einschloß, war sowohl baulich als auch organisatorisch das Vorbild für viele andere Krankenhäuser in Europa. Eine der damals modernen Leistungen im Allgemeinen Krankenhaus war, daß man die Geisteskranken zu behandeln versuchte und dafür das Tollhaus oder den Narrenturm 1784 erbaute. Wegen seiner zylindrischen Form wurde das Gebäude von der

Wiener Bevölkerung „Kaiser-Joseph-Gugelhupf" genannt. Das kreisförmige Gebäude hat in jedem seiner fünf Stockwerke 28 Zellen, die alle gleich groß und nur mit kleinen Fenstern versehen sind. Wichtig für die Verbreiterung der Basis des medizinischen Personals war auch das Josephinum, das auf Anraten des Giovanni Alessandro Brambilla von dem bedeutenden Architekten Isidor Canevale in den Jahren 1783–1785 gebaut wurde. Zur Ausbildung vor allem der „Feld-Chirurgen" brachte man dort über 1000 Wachspräparate des italienischen Physiologen Felice Fontana unter, die heute neben dem medizinhistorischen auch ihren ästhetischen Reiz haben.

Auch andere humanitäre Maßnahmen Josephs II. bezogen sich auf Wien. Der Prater, seit dem 16. Jahrhundert ein beliebtes kaiserliches Jagdrevier, war bis in die Zeit Maria Theresias hinein für die breite Masse der Bevölkerung unzugänglich. Kaiser Joseph II. übergab am 7. April 1766 den Prater der allgemeinen Benützung. 1775 ließ er den Augarten öffnen. In einer Inschrift über dem Eingang des Augartens hat Joseph seine Einstellung dazu festgehalten: „Allen Menschen gewidmeter Erlustigungsort von Ihrem Schätzer."

1784 wurde das Allgemeine Krankenhaus in Wien mit fünf verschiedenen Abteilungen eröffnet: dem allgemeinen Krankenspital, dem Gebärhaus, dem Tollhaus oder Narrenturm, den Siechenhäusern und dem Findelhaus. Das Krankenhaus bot Platz für 2000 Personen. Hier der Narrenturm.

HMStW

Zwar mag Joseph II. alle Menschen geschätzt haben, umgekehrt war das sicherlich nicht der Fall. Die Unzufriedenheit vor allem der Arbeiter wuchs, und im Jahr 1787 kam es fast zu einer revolutionären Situation. Die nichtprivilegierten Schichten der Habsburgermonarchie wurden nicht zuletzt durch die Reformen aus ihrer politischen Inaktivität herausgeführt, „bald hatten die nichtprivilegierten Klassen genug Fortschritte auf Kosten der privilegierten gemacht, um selbst mit weiteren Forderungen aufzutreten, ja um den ersten, noch unklaren Drang zur vollkommenen politischen und sozialen Gleichberechtigung zu verspüren" (Ernst Wangermann).

Auch in den zeitgenössischen Dokumenten und Berichten ist diese politische Meinung faßbar. So schrieb der Sekretär der Polizeihofstelle Friedrich Schilling an Joseph II.: „Euer Majestät tiefsten Einsicht ist nicht verborgen, wie sehr sich der Ton der hiesigen Residenzstadt seit einigen Jahren geändert hat; es ist nicht mehr das gutmüthige Volk, das es ehemals war, welches ohne zu raisonniren mit blinder Unterwürfigkeit dem Rufe der Gesetze folgte, mit Ehrfurcht seine Obrigkeiten ansah, und stolz auf die Ehre Unterthan des deutschen Kaisers zu seyn, seyn Glück mit keiner Nazion des Erdbodens vertauscht hätte. Dieses leutsame, treuherzige, zufriedene Volk sucht man dermal vergebens in hiesiger Residenzstadt."

Viele der Maßnahmen Josephs II. stießen also auch auf Unverständnis, wenig Gegenliebe oder gar Ablehnung.

zur Königin krönen, und die Ungarn sagten ihr in der Stunde der Not am Beginn ihrer Regierung ihre Hilfe zu. Aus Dankbarkeit wurde Joseph „zum Ungarn erzogen" – viele seiner Kinder- und Jugendbilder zeigen ihn in ungarischer Tracht, und sein Erzieher, Graf Batthyány, war Ungar. Joseph hat Ungarn oft bereist, nicht nur das Zentrum des Landes, sondern auch die Bergstädte in der heutigen Slowakei, das Banat und Siebenbürgen sowie die Hafenstadt Fiume/Rijeka, die 1777 an Ungarn angegliedert wurde.

Eine wesentliche Unterlassungssünde allerdings verschlechterte das Verhältnis Josephs zu seinen ungarischen Untertanen. Aus Ungarn hatte Joseph – der eine große Abneigung gegen alle Zeremonien hatte – 1784 die heilige Stephanskrone nach Wien gebracht und sich nicht zum König krönen lassen. Die Ungarn waren empört, erkannten ihn nicht an, nannten ihn „den König mit dem Hut". Vor allem der Abtransport der Königskrone aus Preßburg, das damit auch den Status einer Art Hauptstadt verlor, der an Budapest überging, empörte die ungarische Adelsnation und nicht nur diese zutiefst. Viele Behörden und Institutionen – z. B. die Universität in Tyrnau – wurden nun nach Budapest verlegt, was ebenfalls zu Mißstimmungen in den jeweiligen Orten bzw. Landesteilen führte.

Eine Angleichung der Verwaltung des Königreiches Ungarn an die böhmisch-österreichischen Kernländer auf Kosten der Selbstverwaltung der Stände – bis zum Ausgleich des Jahres 1867 ein heißes Eisen – stieß auf einhellige Ablehnung.

Das Josephinum in Wien: Mit dieser militärärztlichen Akademie sollte das medizinische Niveau der Feldchirurgen gehoben werden. Joseph stiftete auch eine eindrucksvolle Sammlung anatomischer Wachspräparate. Das Josephinum ist seit 1920 Sitz des Instituts für Geschichte der Medizin der Universität Wien.
ÖNB

Die Aufstände in Ungarn und den Niederlanden

Am gefährlichsten, auch staatspolitisch gesehen, waren sicher die Aufstände in Ungarn und den Niederlanden. Maria Theresia hatte sehr positive Beziehungen zu Ungarn unterhalten. Sie ließ sich

Die Einweihung der „Josephinischen Militärakademie der Chirurgie" in Wien am 7. November 1785.

Bildarchiv des Instituts für Geschichte der Medizin der Universität Wien

Dazu kam die Frage der Einführung des Deutschen als Amtssprache, das das bisher verwendete Latein ersetzen sollte. Nicht nationale Motive waren es, die Joseph bewegten – wenn man diese im 19. Jahrhundert in seinem Klischeebild auch gerne betonte und ihn „Joseph den Deutschen" nannte –, sondern Nützlichkeitserwägungen. Eine einzige Staatssprache für die gesamte Monarchie zu haben, konnte in seinen Augen nur von Vorteil sein. Die Ungarn hatten dafür weniger Verständnis.

Auch die sozialen Reformen – die Aufhebung der Leibeigenschaft etwa – hatten durchaus ihre Gegner in den Reihen der Magnaten und der Gentry. Die Auseinandersetzung mit dem Wiener Zentralismus wurde zu einem Hauptproblem Ungarns. Daneben gab es innere soziale Spannungen – 1784 kam es zu einem Aufstand der rumänischen Bauern in Siebenbürgen gegen ungarische Adelige unter Horia (recte Nicola Ursu), der sich Terror Hungarorum nannte, bei dem 132 Schlösser und Adelssitze und 62 Dörfer zerstört und etwa 4000 Menschen getötet wurden. Die ständigen Schwierigkeiten führten zu einer Entfremdung zwischen Joseph II. und seinen ungarischen Untertanen. 1787 gab es sogar Versuche, Karl August Herzog zu Sachsen-Weimar – dessen Namen wir mit Johann Wolfgang von Goethe verbinden – statt Joseph II. zum ungarischen König zu wählen, und 1790 mußte Joseph II. alle Maßnahmen für Ungarn zurücknehmen.

Die südlichen Niederlande, seit dem Ende des Spanischen Erbfolgekrieges im Besitz der österreichischen Habsburger, waren ähnlich wie Ungarn ein Gebiet mit starker lokaler Verwaltungstradition und Sonderrechten. Im Jahr 1781 bereiste Joseph II. – natürlich wieder als Graf von Falkenstein – dieses Gebiet, ein Land, das eine sehr fortschrittliche Agrarwirtschaft, ein ausgezeichnetes Verkehrsnetz und einen hohen Industrialisierungsgrad aufwies. Doch Joseph kritisierte die politische, rechtliche und administrative Situation des Landes, die für seinen Geschmack zu wenig zentralistische Züge aufwies. Schon während seiner Reise verschreckte er die hohen Beamten des Landes mit seinen Reformvorschlägen.

Sogleich nach seiner Rückkehr nach Wien begann Joseph seine Vorstellungen zu verwirklichen. Vor allem die religiösen Veränderungen im Sinne der

Wachspräparat des menschlichen Körpers aus der Zeit der „ersten Wiener medizinischen Schule", die von Gerhard van Swieten begründet wurde.

Bildarchiv des Instituts für Geschichte der Medizin der Universität Wien

josephinischen Kirchenpolitik stießen auf heftigen Widerstand unter der hohen Geistlichkeit des Landes, vor allem nach der Gründung eines Generalseminars zur zentralen Priesterausbildung in Löwen. Noch brisanter wurde die Lage in den österreichischen Niederlanden, als 1787 zwei Dekrete veröffentlicht wurden, die die gesamte politische und gerichtliche Ordnung des Landes über den Haufen warfen. Ähnlich wie in Ungarn versuchte Joseph durch sein erstes Dekret die Provinzialautonomie durch eine Einteilung des Landes in Kreise aufzuheben. Das zweite Dekret ersetzte die bunte Vielfalt der lokalen Gerichtsbarkeit durch ein zentralistisches Rechtssystem, wie es auch in den Erblanden bestand. Schon wenige Wochen nach Inkrafttreten dieser Dekrete mußten die Statthalter der Niederlande, Erzherzogin Maria Christine und ihr Mann Herzog Albrecht von Sachsen-Teschen, diese Bestimmungen wieder aufheben. Der vereinigte kirchliche und ständische Widerstand hatte sich durchgesetzt. Doch damit war noch längst nicht alles ausgestanden. Die Zugeständnisse ermutigten zu weiteren Schritten, in Brabant kam es sogar zu einem Volksaufstand.

Joseph erwies sich als uneinsichtig und unnachgiebig, seine einzige Reaktion war die Ersetzung einiger Beamter durch, wie er meinte, durchschlagskräftigere. Die Kraftprobe nahm immer heftigere Formen an, die Opposition wuchs von Tag zu Tag, die „Staaten", also die Stände der einzelnen Provinzen, weigerten sich, an dem Reformwerk teilzunehmen. Joseph kündigte daraufhin die „joyeuse entrée" genannte Verfassung, die er bei Regierungsantritt beschworen hatte. Nun brach Ende Juli 1789 der Aufstand erst

richtig offen aus. Einzelne Gruppen organisierten im Ausland, vor allem in den nördlichen Niederlanden, den Widerstand, sammelten Truppen und nahmen auch zu auswärtigen Mächten, zu Preußen, Holland und England, Beziehungen auf. Der Ausbruch der Französischen Revolution spornte auch die Aufständischen in den österreichischen Niederlanden an. Unter der Führung des Anwaltes van der Noot wurde Joseph II. wegen seines Bruches der Verfassung als abgesetzt erklärt. Patriotische Verbände und Truppen, die sich gebildet hatten, drangen ins Land ein und besiegten die österreichische Militärmacht, die südlichen Niederlande waren frei. Am 11. Januar 1790 schlossen sich die verschiedenen Provinzen zu den Vereinigten Niederländischen Staaten (Etats Belgiques Unis) zusammen.

Erst die Veränderung der außenpolitischen Situation und die kluge Politik Leopolds II. konnten die Situation wieder zugunsten der Habsburger wenden. Im Kampf der europäischen Staaten – inklusive Preußen, England und den Niederlanden – gegen die Französische Revolution war für die revolutionären südlichen Niederlande kein Platz. Ihr Aufstand war in einen schlechten Geruch gekommen, wurde mit der Französischen Revolution gleichgesetzt. In der Konvention von Reichenbach vom 17. Juni bis 17. Juli 1790 erreichte Leopold II. die Zustimmung Preußens, Englands und der Niederlande zu einer Wiederherstellung der österreichischen Herrschaft in diesem Gebiet. In der Haager Konvention im Dezember 1790 mußten auch die Stände des Landes die österreichische Herrschaft wieder anerkennen.

Wir sind unserer Zeit vorausgeeilt. Als Joseph II. starb, waren also nicht nur Ungarn, sondern auch die Niederlande im Aufstand.

Von dieser Warte – nicht von den großen Auswirkungen her, die Josephs Reformen im 19. Jahrhundert hatten – ist die Skepsis, die sich in Josephs selbstverfaßter Grabschrift äußert, zu verstehen: „Hier ruht Joseph II., der in allem versagte, was er unternahm."

Die rigorosen Maßnahmen und Verbote Josephs II. im kirchlichen Alltagsleben riefen heftige Proteste hervor. Papst Pius VI. reiste persönlich nach Wien, um den Kaiser zum Einlenken zu bewegen. Dieser war aber nicht bereit, irgendwelche Zugeständnisse zu machen. Er begleitete seinen Gast noch bis Maria Brunn und schenkte ihm einen neuen Reisewagen.
HMStW

Das Kernstück der Reformen: der „Josephinismus"

Die Reformfreudigkeit des aufgeklärten Absolutismus war allgemein auf Gesellschaft und Staat ausgerichtet, versuchte einen zentralistischen Verwaltungsstaat zu etablieren und duldete in dieser Hinsicht keine Konkurrenz. So war es kein Wunder, daß dieser Staat, repräsentiert durch seinen Herrscher, den aufgeklärten Despoten Joseph II., auch in die religiösen Belange eingriff.

Im Zuge seiner Reformen veranlaßte Joseph II. auch die Aufhebung von Klöstern. Am 23. Mai 1783 begann der „Klostersturm". Die Güter und Besitzungen der Klöster wurden im sogenannten Religionsfonds zusammengefaßt, der zur Versorgung der Priester diente.
HMStW

Ein Teil dieser Eingriffe ist ebenso von der Aufklärung wie von einem Nützlichkeitsdenken bestimmt. Daß Joseph II. am 13. Oktober 1781 im Toleranzpatent den Griechisch-Orthodoxen und Protestanten das „exercitium privatum", die nichtöffentliche Religionsausübung, gestattete, hängt sicherlich mit der aufklärerischen Tradition der Toleranz zusammen. Doch waren die Protestanten, die als Fachleute und Geldgeber aus dem Westen Europas in die habsburgischen Länder kamen, um hier Fabriken zu gründen oder in solchen zu arbeiten, auch nützlich im Sinne der staatlichen Wirtschaft und mußten daher auch von dieser Warte aus privilegiert werden. Den Protestanten wurde es gestattet, Bethäuser ohne Glockenturm und Geläute und ohne Eingang von der Straßenseite her zu bauen. Sie erhielten mit dem Toleranzpatent Bürgerrecht, sie durften Häuser und Güter kaufen, das Meisterrecht erwerben und an der Universität studieren.

Wie sehr die Gegenreformation nur an der Oberfläche gegriffen hatte und ein gewisses Potential an Geheimprotestanten bestand, zeigt die Tatsache, daß sich schon im Jahr 1782 in den Erbländern 73.722 Protestanten im 28 Kirchen organisiert hatten. Als es 1787 bereits 156.865 Protestanten in 154 Kirchen waren, bekam es selbst der tolerante Joseph mit der Angst zu tun und erschwerte den Übertritt zum Protestantismus, indem er unter anderem sechs Wochen katholischen Glaubensunterricht vor der Konversion vorschrieb.

Am 2. Januar 1782 veröffentlichte der Kaiser auch ein Toleranzpatent für die Juden, deren Emanzipation und Eingliederung in die bürgerliche Gesellschaft damit eingeleitet wurde. In Wien betraf das nur einige wenige hundert, in den böhmischen Ländern 70.000 Menschen, in Ungarn 100.000 und in Galizien 200.000, vor allem orthodoxe Juden und Chassidim. Neben diesem orthodoxen Judentum spielte auch auf seiten der jüdischen Bevölkerung die jüdische Aufklärung oder Haskala eine große Rolle, die einer Assimilation an die Umwelt das Wort redete.

Schon diese Toleranzgesetzgebung hatte die katholische Kirche beunruhigt, doch mehr noch ängstigte das Kernstück der Reformen Josephs diese Institution und hat – bis heute – zu vehementen Angriffen gegen ihn geführt. Diese Diskussion um den „Josephinismus" arbeitete einige wesentliche Positionen heraus. Von katholischer Seite wurde vor allem der Eingriff des Staates in die inneren Angelegenheiten der Kirche betont, die Vergewaltigung der Rechte der Kirche. Andere, weniger konservative Forscher sahen in den Eingriffen Josephs vor allem das Element des Reformkatholizismus, der versucht, die barocken Geisteshaltungen der Kirche zu modernisieren und der neuen Zeit anzupassen.

Joseph hat diese Reformtätigkeit systematisch vorbereitet und durchgeführt und hat daher auch innerhalb der Kirche viel Unterstützung von seiten reformwilliger Bischöfe und Priester gefunden. Bei

Die polnischen Juden und der Fuhrmann: Zu Beginn des Jahres 1782 wurde das Toleranzpatent für Juden erlassen, deren Assimilierung in die Gesellschaft damit eingeleitet wurde.
HMStW

der Wahl seiner Mitarbeiter ist eine deutliche Ablöse der Konservativen durch „Josephiner" zu merken, wobei es Spezialisten für einzelne Fragen gab, z. B. Franz Karl Kressel von Qualtenberg als Präses der geistlichen Hofcommission für die Klosteraufhebungen und die Eingriffe in das Zeremoniell der Kirche.

Die Ursprünge dieser neuen Auffassung von der Rolle der Kirche im Staat – natürlich dem Staat untergeordnet und ihm dienstbar gemacht – gehen auf viele Wurzeln zurück. Eine der wichtigsten ist der Jansenismus, der in seiner Spätform großen Einfluß auf den Josephinismus hatte. Cornelius Jansenius der Jüngere (1585–1638) hat sich in seiner Theologie – ähnlich wie Martin Luther – an Augustinus, die Bibel und die Kirchenväter gehalten und sich „politisch" mit den Gegnern des römischen Zentralismus verbündet. Zentrum des Jansenismus war das französische Kloster Port Royal, aber diese Geistesströmung war auch in Italien, im sogenannten Illuminismus, sehr wichtig und hat von dort großen Einfluß auf die Habsburgermonarchie ausgeübt. Schon am Beginn des 18. Jahrhunderts waren nicht nur schrullige Personen wie der Frühaufklärer Anton von Sporck, sondern auch wichtige Staatsmänner wie Johann Christoph Bartenstein durch diese Ideen beeinflußt. Auch die Reformbischöfe dieser Zeit waren

am Jansenismus orientiert. Manche Bischöfe freilich, wie der Wiener Bischof Christoph Anton Graf Migazzi, waren Gegner der josephinischen Reformen.

Eine zweite einflußreiche Geistesströmung war der Febronianismus. Nikolaus von Hontheim, Weihbischof von Trier, hat den Namen Justinus Febronius als Pseudonym verwendet, der dieser Ideenwelt seinen Namen gab. Febronius war ein Vertreter der konziliaren Idee, also ebenfalls gegen den päpstlichen Zentralismus gerichtet, er verfocht auch die Toleranz, eine Einfachheit der Kirche und die Aufhebung aller Klöster, die nicht sozial wirkten.

Neben diesen wichtigen geistigen Strömungen waren auch nationalkirchliche Ideen, die als Vorbild den Gallikanismus, die französische Nationalkirche, sahen, wirksam.

Joseph II. griff in seinen Reformen tief in die inneren Angelegenheiten der Kirche ein und beseitigte eine Reihe von Auswüchsen des Barockkatholizismus, von dem er sich in seinem Bestreben um Schlichtheit, Nützlichkeit und Wirtschaftlichkeit abwandte. All die prunkvollen Ausgestaltungen der Zeremonien, mit denen man in der Gegenreformation sehr erfolgreich versucht hatte, die Menschen für die katholische Kirche zu gewinnen, trachtete er nun zu beseitigen. Er reduzierte die

Zahl der Kerzen ebenso wie die Zahl der Feiertage – gleichzeitig auch eine Maßnahme, die die Leistung der Arbeiter durch eine Reduzierung von Freizeit steigerte –, die Wallfahrten, Prozessionen und Umzüge.

Am bekanntesten ist vielleicht der Eingriff ins Begräbniszeremoniell, wo er – wieder sind die Nützlichkeitsgedanken dominant – gegen die Verwendung von Holzsärgen Stellung nahm. Der oft verwendbare Klappsarg war nicht nur sparsam, er ermöglichte auch eine bessere Verwesung des nur in einem Sack bestatteten Leichnams. Andere hygienische Maßnahmen sind damit im Zusammenhang zu sehen. Joseph II. bestimmte auch, daß die Leichen mit ungelöschtem Kalk zu überstreuen und noch am gleichen Tag zu bestatten seien.

In einem Hofdekret vom 23. August 1784, das als Zirkular in allen Ländern verbreitet wurde, ordnet Joseph II. an, daß alle Grüfte und Friedhöfe innerhalb der Städte und der Ortschaften zu schließen seien. Außerhalb der Orte solle man einen günstigen Platz für einen Friedhof wählen, und dort seien in Zukunft alle Begräbnisse vorzunehmen. Grund für alle diese strikten und wenig populären Maßnahmen war vor allem die Angst vor den Miasmen, den bei der Verwesung entstehenden Gasen, von denen man dachte, daß sie Seuchen verursachen könnten.

Zumindest den radikalsten Teil dieser Maßnahmen, den Klappsarg, mußte er zurücknehmen. Er schrieb, erbost über das Unverständnis der Bevölkerung, die seine modernen „aufgeklärten" Vorstellungen nicht nachvollziehen konnte: „Da ich sehe und täglich erfahre, daß die Begriffe der Lebendigen leider noch so materiell sind, daß sie einen unendlichen Preis darauf setzen, daß ihre Körper nach dem Tode langsamer faulen und länger ein stinkendes Aas bleiben: so ist mir wenig daran gelegen, wie sich die Leute wollen begraben lassen; und werden sie also durchaus erklären, nachdem sie die vernünftigen Ursachen, die Nutzbarkeit und Möglichkeit dieser Art Begräbnisse gezeigt habe, ich keinen Menschen, der nicht davon überzeugt ist, zwingen will, vernünftig zu seyn, und daß also ein jeder, was die Truhen anbelangt, frey thun kann, was er für seinen todten Körper zum Voraus für das Angenehmste hält."

Zwei Maßnahmen allerdings gingen der katholischen Kirche noch mehr gegen den Strich als diese Eingriffe ins Zeremoniell. Die Priesterausbildung sollte, den Vorstellungen des Kaisers nach, in staatlichen Generalseminarien erfolgen, wo die zukünftigen Geistlichen zu „Beamten im schwarzen Rock" ausgebildet werden sollten. Diese Priester erfüllten nicht nur eine Reihe von Verwaltungsaufgaben des Staates, wie etwa die Führung

der Tauf-, Heirats- und Sterbematrikel, sondern wurden auch als „Meinungsmultiplikatoren" – so würde man das modern nennen – eingesetzt. In ihren Predigten – eines der wenigen allgemein verbreiteten „Propagandamedien" dieser Zeit – sollten sie nicht nur über geistliche Angelegenheiten, sondern auch über alles mögliche andere, im Interesse des Staates gelegene, predigen, über Kartoffel- und Safrananbau ebenso wie über Windpocken- bzw. Blatternimpfungen.

Der zweite gewichtige Streitpunkt waren die Klosteraufhebungen. Auch bei diesen Maßnahmen handelte es sich um ein Gegensteuern gegen die Auswüchse des Barockkatholizismus. In Wien und seinen Vorstädten allein waren die um 1660 bestehenden 25 Klöster bis zum Jahr 1700 auf 125 angewachsen, um 1770 gab es in den Erbländern und Ungarn 2163 Klöster mit etwa 45.000 Klosterangehörigen, die Einnahmen in der Höhe von etwa 40 Millionen Gulden jährlich hatten.

Mit einem Erlaß vom 12. Januar 1782 begann Joseph mit der Aufhebung der Klöster, wobei zunächst Klöster der Kartäuser und Kamalduenser, Karmeliterinnen, Klarissen, Kapuzinerinnen und Franziskanerinnen oder Klöster, deren Finanzen in Unordnung waren, wie z. B. Seckau, Ossiach oder St. Paul, aufgehoben wurden. Am 23. Mai 1783 begann der sogenannte „Klostersturm", die zweite Phase der Aufhebung – insgesamt 738 Klöster –, und für 1791 war eine dritte Welle mit über 400 Klosteraufhebungen geplant; sie kam durch den Tod Josephs nicht mehr zustande. Die Güter und Besitzungen der Klöster wurden im sogenannten

Begegnung Josephs II. mit Friedrich II. dem Großen: Am 17. August 1786 starb der Preußenkönig. Der Plan Josephs II., eine Annäherung an Preußen herbeizuführen, war an dem energischen Widerstand des Staatskanzlers Kaunitz gescheitert.
Nationalgalerie Berlin

Figur aus dem Wiener Volksleben: Mädel mit Honig und Obst.
HMStW

Ansicht des Kohlmarkts   *Vüe du Kohlmarkt.*

Religionsfonds zusammengefaßt, der zur Versorgung der Kleriker dienen sollte und der im übrigen bis 1938 bestand, die Gebäude der aufgehobenen Klöster wurden Wohlfahrtseinrichtungen zur Verfügung gestellt. Waren zunächst nur die kontemplativen Orden, die weder Seelsorge noch Schule, noch karitative Tätigkeiten als „Nützlichkeit" aufzuweisen hatten, erstes Ziel dieser Aufhebungen, hat man später, um den Religionsfonds aufzubessern, gerne auch reiche Klöster aufgehoben.

Die Reformen Josephs II. griffen also tief in den Bereich der Kirche und ihrer bisherigen Rechte ein. Papst Pius VI. sah sich dadurch veranlaßt, persönlich nach Wien zu kommen, um mit dem Kaiser direkt zu verhandeln. Der Kaiser reiste dem Papst entgegen und traf ihn am 22. März 1782 auf freiem Feld bei Neunkirchen in Niederösterreich, um zu vermeiden, daß er den Papst feierlich in Wien empfangen mußte. Die verschiedenen Zusammenkünfte, die Papst und Kaiser in Wien hatten, führten zu keiner Lösung des Konfliktes, da Joseph II. auf seinem Standpunkt beharrte.

Betrachtet man die Reformversuche Josephs II. innerhalb der katholischen Kirche in ihrer Gesamtheit, muß man auch die Verbesserungen der kirchlichen Erfassung der Untertanen in Betracht ziehen. Während er auf der einen Seite in seinem Sinne untätige Klöster aufhob, gründete er auf der anderen Seite viele neue Pfarren und verdichtete

damit das Pfarrnetz erheblich. Diese Pfarren hatten natürlich, da die Kirche in die staatliche Verwaltung eingebunden war, nicht nur seelsorgerische Aufgaben, sondern auch soziale, so war ihnen etwa die Armenpflege anvertraut.

Eine weitere Veränderung der kirchlichen Verwaltung in josephinischer Zeit ergab sich durch die neue Diözesaneinteilung. Am Beginn stand ein Brief des Laibacher Bischofs Johann Karl Graf Herberstein, in dem er den Kaiser ersuchte, sein zersplittertes Diözesangebiet so zu gestalten, daß es mit den Grenzen Krains zusammenfällt. Daraufhin wurde Franz Anton Graf Auersperg, Bischof von Gurk, 1782 mit einer innerösterreichischen Diözesanregulierung beauftragt. Salzburg blieb als Erzbistum bestehen und hatte Suffragane in Graz-Seckau, Leoben, Gurk und Lavant, das Diözesangebiet von Laibach war nun ident mit dem Kronland Krain.

Komplizierter gestaltete sich die Lage in den Ländern Österreich ob und unter der Enns, die beide zum größten Teil zum Diözesangebiet von Passau – also einem außerhalb der habsburgischen Länder gelegenen Diözesanvorort – gehörten. Der Tod des Bischofs von Passau, Kardinal Leopold Ernst Graf Firmian, gab das Signal zu einer Neuregelung, und Joseph schuf 1785 das heute noch gültige Diözesansystem. Das Erzbistum Wien mit den Suffraganen St. Pölten und Linz wurde eingerichtet, das östliche Niederösterreich wurde dem Erzbischof von Wien, das westliche dem Bischof von St. Pölten, der die Tradition des Wiener Neustädter Bistums aufnahm, übertragen, und Oberösterreich unterstand dem neugeschaffenen Bistum von Linz. Zusätzlich wurde noch im südböhmischen Raum ein Bistum in Budweis errichtet.

Das Nachleben des Josephinismus in der Habsburgermonarchie des 19. Jahrhunderts

Die josephinischen Reformen sind nur als eine Gesamtheit zu verstehen. Sie haben wesentlich zur Entstehung einer neuen Form von Staatlichkeit beigetragen, sie sind gewissermaßen ein Modernisierungsschub der österreichischen Geschichte. Viele Maßnahmen des Kaisers waren dabei zu rasch, zu radikal, als daß sie die Zeitgenossen mitmachen hätten können, aber die grundsätzliche Richtung – auch auf dem Gebiet der Reformen der Kirche und der Trennung von Staat und Kirche – weist moderne Züge auf, die für das 19. und 20. Jahrhundert wegweisend und nicht wegzudenken sind.

Die Versuche, den alten halbfeudalen Staat, der aus unterschiedlichen Territorien bestand, zusammenzuschweißen und zu einem modernen Flächenstaat zu machen, durchziehen die Vielfalt der Reformen dieses halben Jahrhunderts. Nur gegen die Hindernisse der ständischen Verwaltung und Rechtsprechung konnte der zentralistische Staat sich durchsetzen. Viele der Maßnahmen richteten sich gegen die Selbstverwaltung der Länder, der ein Ende bereitet werden sollte. Von dieser Seite kam daher auch der heftigste Widerstand. Träger der Reformpolitik waren vor allem die Beamten, deren Macht sich erheblich verstärkte.

Auch darin legte der aufgeklärte Absolutismus wesentliche Grundlagen für den Zentralismus der „modernen" Kräfte des 19. Jahrhunderts. Die Liberalen, die im 19. Jahrhundert „Modernisierung" wollten, waren den Ideen des Zentralismus verpflichtet; die Konservativen dagegen beriefen sich auf das Prinzip des Föderalismus. Diese im 18. Jahrhundert grundgelegte Haltung hat das Geschick der Habsburgermonarchie zutiefst beeinflußt. Helmut Reinalter hat zuletzt darauf hingewiesen, daß Aufklärung und Absolutismus letztlich einen Widerspruch darstellen, da sich Grundgedanken der aufklärerischen Philosophie gegen den Absolutheitsanspruch des Herrschers richten. Von einigen wenigen radikalen Vertretern

Katharina II. die Große (1729–1796), russische Zarin, präsentierte eine der glanzvollsten Epochen der russischen Geschichte. Innenpolitisch erneuerte sie die lokale und zentrale Verwaltung, siedelte deutsche Bauern an, förderte Bildung und Kunst. Außenpolitisch erzielte sie durch die drei polnischen Teilungen 1772–1795 und durch einen erfolgreichen Türkenkrieg große Landgewinne.
Sie ließ in St. Petersburg das „Winterpalais" als kaiserliche Residenz errichten.
KHM, Ambras

der Aufklärung in der Habsburgermonarchie wurde diese Idee des Gesellschaftsvertrages auch konsequent weitergedacht. Ihrer Sympathien für die Französische Revolution wegen wurden sie Jakobiner genannt und am Beginn der Regierung Franz' II. verfolgt.

Die Ambivalenz der Reformen erklärt auch die schon angedeutete Diskussion und Polemik vor allem um Joseph II., die bis in unser Jahrhundert dauerte.

Auch für das Nachwirken der Reformen ist diese Dialektik bedeutend. Johann Gottfried Herder hat das in einem fingierten Dialog „Gespräch nach dem Tod des Kaiser Joseph II." plastisch ausgedrückt:

„A. Seine Fehler hat Joseph schwer gebüßet –
B. Und in sein Grab genommen; das Gute, das er gewollt und Anfangs weise bewirkt hat, wird, obwohl Eines Theils in zerfallenden Resten, bleiben und dereinst glücklicher an den Tag treten; denn es ist dem größten Theile nach ein reines Gute zum Ertrage der Menschheit. Er hat es seinen Nachfolgern schwer gemacht –
A. Ich dächte, leicht gemacht; sie dürfen nur seiner Bahn folgen.
B. Vor der Hand schwer gemacht. Er hat an allen Säulen gerüttelt und den Staat beweget."

Für einige Gruppen der Bevölkerung in der Habsburgermonarchie war das Andenken Josephs II. wichtig. Die Bauern verehrten ihn, seine Bilder wurden sogar in Kirchen aufgestellt, die Legende, Joseph sei gar nicht tot, sondern warte nur auf die Stunde seiner Wiederkunft, ist im 19. Jahrhundert noch nachweisbar. Auch für Teile des Bürgertums, das den Ideen der Aufklärung und später des Libe-

Figur aus dem Wiener Volksleben: das Kästenweib.
HMStW

Die Aufteilung Polens
1772–1795.
Bereits 1769 hatte Österreich
die seit dem Mittelalter an
Polen verpfändete Zips
besetzt, das war faktisch der
Beginn der polnischen
Teilungen, ein unrühmliches
Kapitel der Geschichte.
1772 erwarb Österreich
Galizien und Lodomerien.
Mit der dritten und letzten
Teilung 1795 zwischen
Österreich, Preußen und
Rußland wurde die politische
Eigenstaatlichkeit Polens
liquidiert.

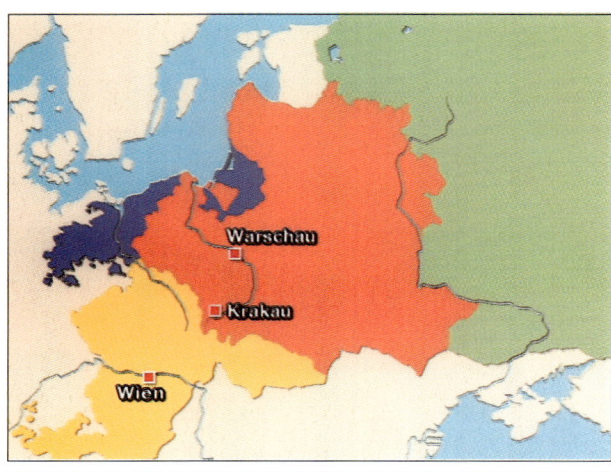

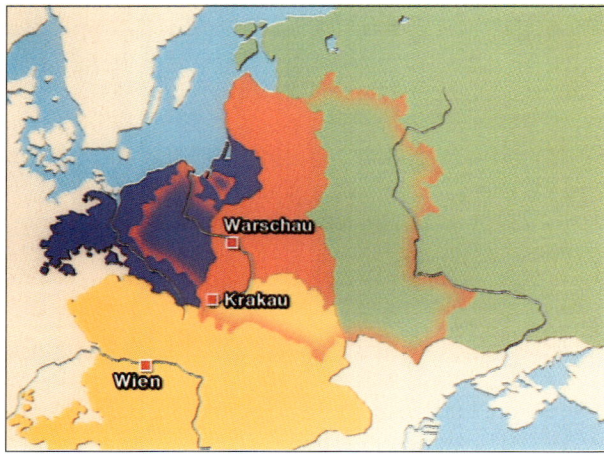

ralismus verbunden war, ja selbst für viele Arbeiter war Joseph im 19. Jahrhundert eine wichtige Identifikationsfigur. Die meisten Versatzstücke seiner Legende wurden schon genannt: Joseph der Deutsche, Joseph der Liberale, Joseph der Antiklerikale, Joseph der volkstümliche Herrscher, Joseph der Pflügende, Joseph der Bauernbefreier. So ist es zu verstehen, daß 1848 in Wien dem Josephsdenkmal auf dem Josephsplatz große Ehre zukam, die schwarz-rot-goldene Fahne schmückte Joseph den Deutschen, an dessen Geburtstag die Revolution begann, die viele als in seinem Sinne geführt empfanden.

Die Liberalen nach 1867 haben ebenfalls immer wieder auf Joseph II. zurückverwiesen, in ihrer Kirchenpolitik vor allem, in der sie mit den noch nachwirkenden Josephinern ein Zweckbündnis eingingen. Für die Deutschnationalen war Joseph ebenfalls Idol, dessen Deutschtum man besonders in der Zeit der Regierung Taaffe in den 1880er Jahren betonte.

Die Denkmalbewegung in Böhmen und den österreichischen Ländern, die Errichtung unzähliger Josephsdenkmäler, die man in der Eisengießerei in Blansko nach Katalog bestellen konnte, ist in diesen Zusammenhang einzuordnen. Selbst in der Arbeiterbewegung hat der Kaiser-Joseph-Kult seine Spuren hinterlassen.

Die Vertreter der Kirche spiegeln die Widersprüchlichkeit des Josephinismus am deutlichsten. Bis weit hinein ins 19. Jahrhundert gab es josephinisch gesinnte Kleriker und hohe kirchliche Würdenträger, doch entstand andererseits im Rahmen der Kirche auch ein neuer Konservativismus – vor allem der Kreis um Klemens Maria Hofbauer –, für den Joseph und seine Reformen zur Feindgestalt wurden. Gerade auf dem Gebiet der Kirchenpolitik allerdings wirkten die Reformen des aufgeklärten Absolutismus lange nach, in den Grundzügen blieben sie bis zum Konkordat des Jahres 1855 erhalten.

Leopold II. – der einzige konstitutionell denkende Habsburger

Ebenso wie sein älterer Bruder Joseph wurde auch Peter Leopold, geboren am 5. Mai 1747, ganz im Sinne der Aufklärung erzogen. Der in der habsburgischen Familie unübliche erste Taufname, der allerdings in der Familie selbst nie gebraucht wurde, erklärt sich aus der Patenschaft der Zarin Elisabeth, die diesen Namen vorschlug. Seine Erzieher waren die Grafen Franz und Anton von Thurn-Valsassina; der vielleicht wichtigste seiner

Lehrer, der große Jurist Karl Anton Martini, gab ihm wesentliche Grundlagen der naturrechtlichen Theorie mit. Bücher wie die Werke von Montesquieu und Muratori beeinflußten den jungen Mann nachhaltig. Die Beschäftigung mit diesen philosophischen Büchern beunruhigte seine Mutter sehr. Als Leopold schon in der Toskana regierte, schrieb sie noch warnend an ihn: „Eine Sache lieget mir noch am Herzen, daß du keine Bücher lesest, sie möchten gelehrte oder amüsanten Inhalts seyn, ohne ehender Deine Beicht-Vatter darüber zu befragen: die Soumission ist wohl das wenigste, was man thun kann, um sein Gewissen in Ruhe zu setzen, indem sehr gefährliche Bücher umgehen."

Zwar war Peter Leopold – erst später als Kaiser ließ er den Peter auch offiziell weg – ein nachgeborener Sohn, doch gelangte auch er schon sehr früh zur Herrschaft – zwar nicht in der Gesamtmonarchie, doch in einem überschaubaren Territorium, in dem er seine Ideen verwirklichen und erproben konnte. Am 5. August 1765 heiratete er in Innsbruck Maria Ludovica von Bourbon-Spanien – bei diesem Aufenthalt starb auch sein Vater Franz Stephan. Der noch immer stehende Triumphbogen in Innsbruck feiert auf der einen Seite die Hochzeit Leopolds und widmet die andere Seite dem Tod von Franz I.; er wurde errichtet von

Joseph von Sperges, der plastische Schmuck stammt von Balthasar Moll. Nach dem Tod seines Vaters konnte Peter Leopold sofort die Herrschaft in der Toskana antreten. Überschattet wurde dieser Herrschaftsantritt für ihn durch einen heftigen Streit mit seinem Bruder Joseph, der als Universalerbe seines Vaters auch die sogenannte toska-

Leopold II. war 1765–1790 Großherzog von Toskana, das sein Vater Franz I. Stephan als Ersatz für das Herzogtum Lothringen erhalten hatte. Hier Leopold II. im Kreis seiner Familie.

KHM, Ambras

Die Villa Poggio Imperiale in Florenz. Leopold wurde in seiner 24jährigen Regierungszeit der Initiator und Wegbereiter großer Reformen, die zum Teil ihre Spuren bis heute in der Toskana hinterlassen haben. Pietro Leopoldo bezeichnete sich selbst als den ersten Diener seines Staates und Beauftragten des Volkes.

Nemeth

nische Reservekasse beanspruchte. Joseph setzte sich durch, jedoch ist die damals entstandene Gegnerschaft der beiden Brüder nie mehr ganz ausgeräumt worden.

Mit seiner jungen Frau zog Peter Leopold, oder Pietro Leopoldo, wie ihn seine neuen Untertanen nannten, also in die Toskana, die die Habsburger eine Generation davor übernommen hatten. Dieses Land mit 890.000 Einwohnern, von denen drei Prozent allein Kleriker waren, befand sich in einem schlechten Zustand. Die Stagnation unter dem letzten Mediceer hatte sich auch unter der „Regierung" Franz Stephans, der nach seiner ersten Reise in dieses Land die Verwaltung Vertretern überlassen hatte, nicht gebessert. Umso größere Hoffnungen setzte man jetzt auf den neuen Herrscher, der sich mit seiner Frau in Florenz niederließ. Fast jährlich gebar Maria Ludovica im Palazzo Pitti ein Kind, und Joseph II. nannte seinen Bruder halb neidisch, halb spöttisch „den trefflichen Bevölkerer". Andererseits enthob der Kindersegen seines Bruders Joseph einer lästigen Pflicht, zu der ihn seine Mutter drängte, nämlich erneut zu heiraten. Auch das fand in den Briefen an Leopold seinen Ausdruck. Joseph schrieb: „Fahre fort, lieber Bruder, gesunde Kinder in die Welt zu setzen, die Dir ähnlich sind, Du kannst mich Dir nicht inniger verpflichten, sie werden immer die meinigen bei jeder Gelegenheit sein, dem Staat ist gedient und ich bin der Verpflichtung enthoben,

eine Frau zu haben, was ein Zustand ist, den ich verabscheue."

Der Kinderreichtum Leopolds und seiner Frau führte auch zur Ausbildung mehrerer Linien des Hauses Habsburg-Lothringen – die Gefahr des Aussterbens der Familie war gebannt. Neben der kaiserlichen Linie unter Franz II. (I.) entstand mit Leopolds Nachfolger in der Toskana, Großherzog Ferdinand III., die toskanische Linie, weiters die Linie Erzherzog Karls, die ungarische Linie mit Palatin Joseph und die Linie Erzherzog Rainers. Vom unkonventionellen Schicksal eines der begabtesten Söhne Leopolds, des Erzherzogs Johann, wird noch später die Rede sein.

Ähnlich wie Joseph II. unternahm Pietro Leopoldo in der Toskana ausgedehnte Reisen, um einen eigenen Eindruck von den Verhältnissen, den Problemen und Nöten der Bevölkerung zu gewinnen. Alle diese Reisen waren mit karitativen Maßnahmen, Spenden für die Armen ebenso wie mit prunkvollen Festen verbunden. Ähnliche Zwecke der besseren Information über das Land hatten auch statistische Erhebungen, die vor allem die wirtschaftliche Lage und die mit ihr verbundenen Möglichkeiten erhellen sollten.

Aufbauend auf diesen Eindrücken begann die Periode der großen Reformen in der Toskana, in der sich Pietro Leopoldo – trotz der verbreiteten Habsburgerfeindlichkeit in Italien – auch heute noch großer Beliebtheit erfreute. Beginnend mit einer Reform der Generalpacht gestaltete Pietro Leopoldo sein Land zu einem Musterland physiokratischer Ideen.

Die Freigabe des Getreidehandels, die 1767 dekretierte Freiheit des Verkaufs, Handels und Transports von Getreide, Mehl und Brot, galt als eine der Mustermaßnahmen des Physiokratismus. Maßnahmen zugunsten der Bauern, Beseitigung der Zölle, Aufhebung der Ein- und Ausfuhrverbote, Gewerbefreiheit und eine neue Gemeindeordnung charakterisierten diese Reformen, die in vielem ähnlich denen Josephs waren; auch die geheime Überwachung der Untertanen teilte er mit seinem kaiserlichen Bruder. Der Sinn dieser Reformen war es, die alten politischen Strukturen durch neue zu ersetzen, die den Ideen des modernen Flächenstaates besser entsprachen. Das ließ sich natürlich in einem so überschaubaren Territorium leichter durchsetzen als in der so heterogenen Habsburgermonarchie.

Jedoch ging Leopold in seinen Reformen behutsamer vor, in manchem auch gründlicher als sein kaiserlicher Bruder. Ähnlich wie bei den Reformen Maria Theresias wurden viele Maßnahmen zunächst nur in kleinen Gebieten erprobt und erst dann, als sie sich bewährt hatten, auf den gesamten Staat ausgedehnt.

Nach dem Tod Kaiser Josephs II. am 20. Februar 1790 mußte Leopold die Toskana verlassen, um die Nachfolge in den Erbländern und auf dem Kaiserthron anzutreten.

Nemeth

Auf kirchlichem Gebiet, auf dem Leopold vielleicht noch konsequenter war als sein Bruder, führte er unter dem Einfluß jansenistischer Berater, vor allem von Scipione de Ricci, Reformen durch, vermied aber einen Konflikt mit der Kurie. Bei der Justiz übertrafen die Maßnahmen des Jüngeren ebenfalls die seines älteren Bruders. Das toskanische Strafgesetzbuch von 1786 wurde von allen aufgeklärten Geistern Europas mit Recht gerühmt, es schaffte die Todesstrafe, die Folter und auch die Schuldhaft ab und verzichtete auf eine Reihe von traditionellen Strafbeständen, die sich in der Gesetzgebung Maria Theresias noch fanden.

Nicht zuletzt unter dem Eindruck einer Reise nach Wien und des Studiums des josephinischen Staatssystems, das er als zu zentralistisch, zu absolutistisch und zu despotisch empfand, entwickelte sich Leopolds Reformtätigkeit weit über die seiner Mutter und seines Bruders hinaus. Mit seiner geplanten Umgestaltung der Toskana erwies sich Leopold damit als der einzige wirklich konstitutionell denkende Habsburger. Er wollte nicht bloß Reformen im Sinne der Aufklärung mit absolutistischen Mitteln durchsetzen, sondern plante mit seinem Verfassungsprojekt für die Toskana auch eine wirkliche Volksvertretung und Selbstverwaltung. Diese Ideen unterschieden ihn grundlegend vom zentralistischen Absolutismus seines Bruders und ermöglichten ihm auch all das, was er später als Kaiser an rettenden Schritten unternehmen mußte.

Als Leopold 1778 in Wien war, sah er deutlich die Schwächen des politischen Systems der Habsburgermonarchie. Glücklicherweise für den Historiker war Leopold ein schreibwütiger Monarch, der – in einer erst in unserem Jahrhundert wieder entzifferten Geheimschrift, einer Ableitung aus einer englischen Kurzschrift – genaueste Charakterisierungen aller Personen und Zustände am Wiener Hof hinterließ.

Als sein Bruder 1790 starb, mußte Leopold die Toskana verlassen, um sich einer sehr schwierigen Aufgabe zu stellen.

Ein kurzes, aber wichtiges Zwischenspiel als Kaiser

Nicht immer sind die Regenten die wichtigsten, die lange regieren. Leopold, der nach dem Tod seines Bruders Joseph als Leopold II. Kaiser im Heiligen Römischen Reich, König in Böhmen und Ungarn, Landesherr in den Erbländern wurde, hat zwar nur zwei Jahre regiert, aber sehr wichtige Entscheidungen fielen in dieser Zeit.

Als er die Regierung übernahm, war die Monarchie in einer überaus schwierigen Situation: Revo-

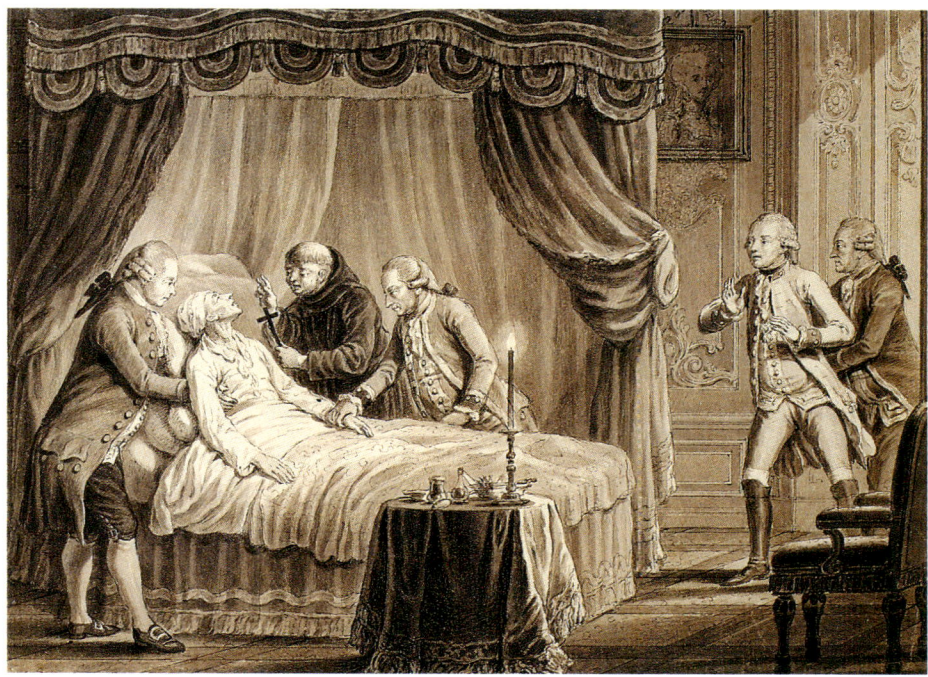

lution in Frankreich, wo eine seiner Schwestern, Marie Antoinette, Königin war, Ungarn im Aufruhr, die Niederlande praktisch abgefallen von den Habsburgern, der Krieg gegen die Türken im Gange, ein kriegerischer Konflikt mit Preußen am Horizont – keine beneidenswerte Aufgabe für Leopold.

Innenpolitisch suchte Leopold zunächst den Ausgleich mit den Ständen, denen er entgegenkam, außenpolitisch schloß er im Juli 1790 die Konvention von Reichenbach mit Preußen. In diesem Vertrag, der Preußen einen gewissen Prestigegewinn brachte, stimmte er dem Ende des Türkenkrieges ohne Gewinn für die Habsburgermonarchie zu und erhielt andererseits die Garantie Preußens, sich für den Wiedergewinn der Niederlande einzusetzen, was auch wirklich am Kongreß zu Den Haag am 2. Dezember 1790 gelang.

Vielleicht noch schwieriger war die Situation in Ungarn, wo die radikaleren Elemente in den Ständen die Auffassung vertraten, daß durch den Verfassungsbruch Josephs II. das „filum successionis interruptum" – also die habsburgische Erbfolge unterbrochen sei. Auch hier gelang es Leopold, durch eine Bestätigung der Selbstverwaltung einen Ausgleich mit den Ständen, mit der ungarischen Adelsnation herbeizuführen.

Leopold II. hatte die Situation gemeistert, indem er Zugeständnisse an die Stände gemacht hatte und damit den Anspruch seines Bruders auf eine Zentralisierung der Verwaltung der Monarchie aufgab. „Auch hinsichtlich der Entwicklung zum modernen Staat im Sinne des Fortschritts zur Rechtsstaatlichkeit, zur politischen Bildung der Bürger und ihrer Heranziehung zur Mitarbeit hat

Die letzten Worte Kaiser Josephs II. kurz vor seinem Tod am 20. Februar 1790 sollen gelautet haben: „Ich glaube, meine Pflicht getan zu haben als Mensch und Fürst."
HMStW

Am 9. Oktober 1790 wurde Leopold in Frankfurt am Main als Leopold II. zum römisch-deutschen Kaiser gewählt.
ÖNB

das Wort ‚Einen Schritt zurück, zwei Schritte vorwärts' für die leopoldinische Epoche seine Berechtigung. Es darf jedoch nicht im Sinne verstanden werden, als ob es sich bei den Zugeständnissen am Beginn der leopoldinischen Regierung nur um taktische Schachzüge, um ein zeitweises Nachgeben mit dem Blick auf eine spätere Revanche gehandelt hätte … Hinsichtlich der Einberufung der Stände und der an sie gerichteten Aufforderung zur Mitarbeit, wie etwa auch der Aufhebung der Generalseminarien, entsprachen die Maßnahmen des neuen Herrschers, so taktisch geschickt sie im Augenblick erscheinen mochten, zugleich tiefverwurzelten und seit langem von ihm mehrfach klar formulierten und schriftlich niedergelegten innersten Überzeugungen" (Adam Wandruszka). Zu diesen Erfolgen der kaiserlichen Politik trug allerdings auch die Verschärfung der polizeilichen Überwachung wesentlich bei. Schon in der Toskana hatte Leopold eine Geheimpolizei aufgebaut, die mit Hilfe von Spitzeln und Informanten Nachrichten aus der Bevölkerung sammelte. Diese oft unterschiedlichen und widersprüchlichen Beurteilungen der Politik durch die Bewohner des Landes gaben zusammengenommen ein gutes Bild der Stimmung im Land. Leopold hat sie im Sinne eines „wissenschaftlichen" Regierungsstils verwendet, um stets über die Art der Aufnahme seiner Reformen auf dem laufenden zu sein. Dieses System der Geheimpolizei wurde nun auf die Habsburgermonarchie übertragen und ausgebaut, wobei man auf „Vorarbeiten" durch Joseph II. zurückgreifen konnte. Auch die Beeinflussung der

öffentlichen Meinung durch bezahlte Schreiber im Rahmen dieser Geheimpolizei, wie sie ebenfalls schon unter Joseph auftauchte, wurde nun intensiviert. So konnte Leopold auch die wichtigen Meinungsmultiplikatoren, Angehörige der Stände, des Bürgertums und des Klerus, beeinflussen.

Bei seiner Behandlung der Reformen Josephs II. verstand es Leopold sehr gut, den Kern und die Tendenz dieser Bestrebungen zu erhalten, aber allen Maßnahmen, die auf Ablehnung gestoßen waren, die Spitze zu nehmen, so daß auf diese Art ein guter Teil der Intentionen der josephinischen Reformbewegung gerettet wurde und noch lange – bis in die zweite Hälfte des 19. Jahrhunderts – seine Wirksamkeit in der Habsburgermonarchie entfalten konnte.

Für das einfache Volk, das zunehmend ein ernstzunehmender Faktor in der Politik wurde – nicht zuletzt die Französische Revolution zeigte das deutlich –, wurden ebenfalls Maßnahmen gesetzt. Die Unterstützung der Nichtprivilegierten durch den Staat erfolgte vor allem auf wirtschaftlichem Gebiet, Leopold unterband Getreidespekulation und Vorkauf und konnte so die Lebensmittelpreise senken. Die Teuerung und damit Verarmung eines Teils der Bevölkerung war ein Hauptgrund für die oppositionellen Regungen der Unterschichten gewesen.

Grundsätzlich ist diese Haltung Leopolds zu den Nichtprivilegierten wichtig für das Verständnis seiner Politik. Ernst Wangermann bezeichnet als einen Schlüssel zu seiner Politik: „1. Ermutigung und Ausnützung der Opposition des vierten

Standes gegen die Forderungen der privilegierten Klasse, als eine Waffe im Kampf gegen die letzteren. 2. Wahrung der Unterstützung des vierten Standes für die Monarchie, sowohl durch Unterdrückung jeder Tendenz zur politischen Unabhängigkeit als auch durch Zusicherung seiner Beschwerden und Erfüllung wenigstens eines Teils seines politischen Programms." Diese freundliche Haltung gegenüber den Nichtprivilegierten, deren berechtigte Forderungen er anerkannte, hat zunächst auch Leopolds Beurteilung der Französischen Revolution geprägt.

Europa im Wandel – Frankreich in der Revolution

Im Rückblick ist das Europa am Ende des 18. Jahrhunderts von zwei Revolutionen geprägt: der industriellen Revolution, die besonders in England an Dynamik gewann, und der Französischen Revolution, die einen politischen Umsturz auslöste. Beide schufen auf ihre Weise die Grundlagen der Moderne. Die neuere Forschung ist sich freilich weitgehend darüber einig, daß in beiden nicht einfach Kräfte der Erneuerung denen der Beharrung gegenüberstanden. Wirtschaftliche wie politische Veränderungen verliefen widersprüchlich, Altes und Neues waren oft unentwirrbar verquickt. Zwar war das Bürgertum, der „dritte Stand", im großen und ganzen Träger der Entwicklung. Doch gab es auch Adelige, die wesentlichen Anteil am Durchbruch des Kapitalismus hatten (gerade in England); und Bürger, deren Ziel der Aufstieg zu aristokratischen Lebensformen war (gerade in Frankreich).

In England wie in Frankreich war das 18. Jahrhundert eine Zeit stetiger wirtschaftlicher Expansion. Bevölkerungswachstum, Verbesserungen in der Landwirtschaft, gewerblicher Produktionsanstieg, Intensivierung des Handels trugen dazu bei. Es war England, wo sich diese Tendenz unbehinderter durchsetzen konnte. Unternehmerische Mentalität bis weit hinein in den Adel, ein einheitlicher Wirtschaftsraum ohne Binnenzölle, Rechtssicherheit und politische Mitwirkungsrechte erleichterten wirtschaftliche Neuerungen. Zudem hatte sich England als die erfolgreichste Kolonial-

Der Spiegelsaal in Versailles ist 73 Meter lang, 10,5 Meter breit und 12,3 Meter hoch. Der Prunk dieser weltberühmten Galerie ist ohnegleichen. Nach den Wirren der Französischen Revolution verfiel Versailles immer mehr. Ab dem Jahr 1837 begann man mit den Renovierungsarbeiten. 1870 fand hier die Krönung Wilhelms I. von Preußen zum deutschen Kaiser statt. 1875 wurde hier die Republik ausgerufen und 1919 der Friedensvertrag mit Deutschland unterzeichnet.

Nemeth

macht durchgesetzt. Der Kolonialhandel ließ große Reichtümer ins Mutterland strömen. Englische Schiffe brachten englische Waren in die Kolonien, führten Sklaven von Afrika nach Amerika und holten die immer begehrteren Kolonialwaren nach Europa: Baumwolle, Zucker, Kakao, Kaffee und andere. Manufakturen und Fabriken begannen sich auf die Erzeugung solider Massenwaren einzustellen, die bald bis nach Indien und China exportiert wurden, während auf dem Kontinent die meisten Industriebetriebe noch für den Spitzenkonsum arbeiteten.

An Arbeitskräften bestand kein Mangel: Bauern und Landarbeiter, die in die Städte gegangen waren, Mitglieder der städtischen Unterschichten, ja Frauen und Kinder wurden in den industriellen Arbeitsprozeß eingegliedert. Die Einstellung auf den ermüdend langen und gleichförmigen Arbeitstag in der Fabrik ging nicht ohne materiellen und moralischen Druck vor sich – die industrielle Revolution war vor allem eine menschliche Revolution, in der die Selbstkontrolle des Unternehmers ebenso gefordert war wie die Disziplinierung der Arbeiter. Langsam entstand so die Industriearbeiterschaft, die sich im Verlauf des folgenden Jahrhunderts auch auf dem Kontinent ausbreiten sollte, mit weitreichenden sozialen Folgen: ausgebeutet, immer am Rand des Elends, und dennoch ein Teil der gesellschaftlichen Wertschöpfung.

Die technischen Errungenschaften waren im Verlauf dieser grundlegenden Wandlungen weniger der Auslöser als ein Mittel, das ihre Dynamik noch beschleunigte. Als James Watt die Dampfmaschine erfand, um die Pumpvorrichtungen in Kohlengruben zu verbessern, hatte er von ihrer umfassenden Anwendbarkeit noch keine Ahnung. Verbesserte Verfahren der Eisenproduktion machten die Eisenindustrie zum Kern der industriellen Revolution; lange Zeit blieb das rohstoffreiche England darin führend. Daneben weitete sich die industrielle Erzeugung von Baumwollstoffen aus und ersetzte bald die traditionelle Wollmanufaktur. Wie grundlegend all diese Entwicklungen waren, war den Zeitgenossen kaum klar. Der erste Habsburger, der sich damit intensiv auseinandersetzte, war Erzherzog Johann, der kurz nach dem Wiener Kongreß England bereiste und viele der neuen Errungenschaften, aber auch der neuen Probleme kennenlernte. Viele andere Mitglieder seiner Familie dachten in diesem Zusammenhang hingegen nur an politischen Umsturz.

Die politische Verfassung Englands erwies sich, trotz konservativer Dominanz, als flexibel genug, den sozialen Umwälzungen Raum zu geben. In Frankreich, nach England das weitestentwickelte Land, war das anders. Was löste in Frankreich die Revolution aus, warum blieb sie anderen Ländern Europas erspart? Sicherlich war hier das Ancien régime, das die Habsburgerin Marie Antoinette mit verkörperte, zu erstarrt, um den Veränderungen gewachsen zu sein. Dennoch lassen sich die Konflikte, die seit 1789 so gewaltsam zum Ausbruch kamen, nicht einfach auf die Auseinandersetzungen der neuen Kräfte mit den alten, auf den Kampf des Bürgertums gegen Adel und Absolutismus reduzieren. Vielfache Konfliktlinien kreuzten sich im zerbrechenden Ancien régime – gerade das machte die Revolution dann so blutig und wider-

„Vüe de la grande Cour de l'Hotel Royal des Invalides" in Paris.
Die Großmachtpolitik und die enorm aufwendige Hofhaltung Ludwigs XVI. hatten zu wachsender Staatsverschuldung geführt, derer die Minister des Königs nicht mehr Herr wurden.
Schon vor 1789 kam es immer wieder zu Unruhen in Stadt und Land, ausgelöst durch enorme Preissteigerungen und zunehmende Armut weiter Teile der Bevölkerung.
ÖNB

sprüchlich. Adel und Bürgertum waren unzufrieden mit dem Absolutismus eines schwachen Herrschers. Der ahnenstolze Provinzadel war mißtrauisch gegen den mächtigen Beamtenadel bei Hof, in den sich erfolgreiche Bürger einkaufen konnten. Aufgeklärte Adelige und Bürger wandten sich gegen die Bevormundung durch das Regime. Die Wirtschaftstreibenden wurden durch zahlreiche staatliche Beschränkungen behindert. Die städtischen Unterschichten waren durch Preisauftrieb vom Elend bedroht. Die Bauern waren einer immer weiter intensivierten Bewirtschaftung der Güter ausgesetzt, an der auch das Bürgertum Anteil hatte; die Pachtzinsen stiegen stetig, während die immer schikanöser anmutenden alten Vorrechte der Grundherren aufrechtblieben: Frondienste, Jagdreservate, Gerichtsrechte und vieles andere. Schon vor 1789 kam es daher immer wieder zu Unruhen in Stadt und Land, bei denen die Unterschichten sich an einer als besser empfundenen alten Zeit orientierten.

Macht und Glanz des französischen Staates hatten lange verdeckt, wie sehr seine Grundlagen schon ins Wanken geraten waren. Die Großmachtpolitik und die aufwendige Hofhaltung hatten zu wachsender Staatsverschuldung geführt, derer die Minister Ludwigs XVI. nicht mehr Herr wurden. Die Privilegien und Steuerfreiheiten von Klerus und Adel standen der Sanierung der Finanzen im Weg. Ludwig XVI. und seine Berater verstanden es nicht, für die Beseitigung solcher Vorrechte politische Unterstützung in anderen Bevölkerungsgruppen zu gewinnen. Die Vertreter der Privilegierten wandten sich nun gegen den Absolutismus und forderten ständische Mitsprache. Der König berief daraufhin, erstmals seit 1614, die alten Generalstände wieder ein. Bald zeigte sich, welche Interessenunterschiede die Standesvertreter voneinander trennten. Im Juni 1789 ergriff der dritte Stand die Initiative. Am 17. Juni erklärte er sich zur Nationalversammlung, zur allein berechtigten Vertretung der gesamten Nation. Damit war der Bruch mit

Paris um 1770:
Die Seine mit Notre-Dame und dem Erzbischöflichen Palais, im Hintergrund die Porte Saint-Bernard.
Europa am Ende des 18. Jahrhunderts war von zwei Revolutionen geprägt: der industriellen Revolution in England und der Französischen Revolution, die einen politischen Umsturz auslöste. Der „dritte Stand", das Bürgertum, hatte wesentlichen Anteil an dieser Entwicklung.

AKG

König Ludwig XVI. (1754–1793) von Frankreich konnte trotz ausgezeichneter Minister wie Turgot die Finanz- und Staatskrise nicht meistern. Der offene Widerstand der privilegierten Stände (Notabeln) zwang den König 1789 zur Einberufung der Generalstände, die den Weg zur Französischen Revolution öffneten. Ludwig XVI. wollte sich nicht mit der Stellung eines konstitutionellen Monarchen abfinden, er wurde am 21. September 1792 abgesetzt und zum Tod verurteilt.
KHM, Ambras

Erzherzogin Marie Antoinette (1755–1793) war seit 1770 mit König Ludwig XVI. verheiratet. Sie war lebensfroh, vergnügungssüchtig, verschwenderisch und beim Volk verhaßt. Nach Ausbruch der Revolution wollte sie in Verhandlungen mit Mirabeau die Monarchie retten, wurde 1792 aber verhaftet und zum Tod verurteilt.
KHM, Ambras

einer viele Jahrhunderte alten Tradition ständischer Interessenvertretung erfolgt. Drei Tage später erfolgte der berühmte Ballhausschwur: nicht mehr auseinanderzugehen, bis eine Verfassung ausgearbeitet war.

Die unentschlossenen und verständnislosen Reaktionen des Königs – und Marie Antoinettes – auf diese Herausforderung spitzten die Situation zu. Bald erfaßte die Hoffnung auf Veränderung auch die Pariser. Am 14. Juli 1789 erreichte der Brotpreis den bisherigen Höchststand in diesem Jahrhundert. Am selben Tag erfolgte das Symbolereignis der Revolution: der Sturm auf die Bastille. Die faktische Bedeutung dieses Ereignisses mag lange überschätzt worden sein; daß keine politischen Gefangenen dabei befreit wurden und daß vor allem Mißverständnisse die dramatischen Verwicklungen auslösten, ist oft genug gezeigt worden. Aber gerade in revolutionären Situationen spielen Symbole und Gesten eine Hauptrolle. Plötzlich erschien vieles greifbar, was kurz vorher noch unmöglich war.

Seit Ende Juli begannen in den Provinzen Bauernaufstände auszubrechen, genährt von Gerüchten und Ängsten vor drohenden Verschwörungen. Am 4. August verkündete die Nationalversammlung das Ende der ungerechtfertigten Privilegien, schaffte den Kirchenzehent ab und erklärte die Feudalabgaben für ablösbar. Kein revolutionärer Schritt, denn es ging gar nicht um Enteignung der Grundherren; dennoch vollendete sich damit der Niedergang der traditionellen Grundherrschaft. Am 26. August 1789 folgte die Erklärung der Menschen- und Bürgerrechte: „Die Menschen sind und bleiben von Geburt frei und gleich an Rechten", hieß es zu Beginn. Und, in radikalem Bruch mit

dem Absolutismus: „Der Ursprung jeder Souveränität liegt letztlich in der Nation." Verankert wurde auch der Grundsatz der Gewaltenteilung. Eine große Proklamation, die als Geburtsstunde der modernen europäischen Demokratie gelten kann. Schwieriger war es, diese Grundsätze in die Tat umzusetzen. Sollte der König ein Vetorecht gegen die Beschlüsse der Nationalversammlung behalten? Als am 3. September 1791 die neue Verfassung verkündet wurde, enthielt sie Kompromisse, über die bald die Entwicklung hinweggehen sollte.

Ziemlich genau ein Jahr später hielt die konstitutionelle Monarchie überhaupt der radikalisierten Stimmung der Massen und ihrer Vertreter nicht mehr stand. Das revolutionäre Frankreich wurde zur Republik; und einige Monate später wurde der König wegen Konspiration mit ausländischen Souveränen vor Gericht gestellt, zum Tod verurteilt, hingerichtet. Ende Mai 1793 begründete ein Aufstand der Pariser Unterschichten, der Sansculotten, bewaffnet zur Verteidigung der Revolution, die Herrschaft der Jakobiner. Der Terror begann: gegen Gegner, Rivalen, die Verbündeten und Freunde von gestern. In wenig mehr als einem Jahr starben gegen 40.000 Menschen unter der Guillotine – darunter die Habsburgerin Marie Antoinette. Die Revolution, die so große Hoffnungen erweckt hatte, zeigte nun auch ihr zweites, ihr schreckliches Gesicht. Am 27. Juli 1794 fiel schließlich der Meister des Terrors selbst, Robespierre, dem entfesselten Kampf um die Reinheit der Revolution zum Opfer. Die Revolution hatte ihren Höhepunkt überschritten.

Diese Entwicklung war freilich in den ersten Monaten und Jahren der Revolution noch nicht abzusehen. Ursprünglich hatte der aufgeklärte Kaiser Leopold II. mit den Auffassungen der Gegner des Absolutismus in Frankreich durchaus sympathisiert. Er sah ebenso klar, wie er die Fehler seines Bruders beurteilte, auch die Schwächen des französischen Absolutismus. Doch die Schwerpunkte der europäischen Politik lagen in den Jahren um 1789 im Osten. Der rasche Machtzuwachs Rußlands beschäftigte die europäischen Kabinette. Der Druck Rußlands auf Polen und die Türkei wuchs. Preußen und Österreich versuchten davon teils zu profitieren, teils dagegen aufzutreten. Die polnische Frage blieb auf der Tagesordnung. Ebenso ungelöst war die orientalische Frage, auch nach dem unglücklichen Türkenkrieg Josephs II. Eine Verwicklung in Frankreich war daher nicht im Interesse Österreichs. Leopold mußte seiner Schwester Marie Antoinette auf ihre Bitten um Hilfe schreiben: „Ich habe eine Schwester, die Königin von Frankreich. Aber das Heilige Reich hat keine Schwester, und Österreich hat keine Schwester. Ich darf einzig handeln, wie es das Wohl der Völker gebietet, und nicht nach Familieninteressen."

Schließlich mußte sich Leopold II. unter dem Eindruck der voranschreitenden Radikalität der Revolution in Paris und dem Druck der Emigranten und der konservativen Mächte Europas gegen die Revolution wenden. Im Juli 1791 erließ er aus Padua einen Aufruf an die Könige von England, Preußen, Spanien, Sardinien, Neapel und Rußland, „um dem allerchristlichsten Könige und seiner Familie Freiheit und Ehre wiederzugewinnen und den gefahrvollen Ausschreitungen der französischen Revolution Grenzen zu setzen" (Helmut Reinalter). Wenig später ging er noch weiter und schloß am 7. Februar 1792 eine gegen das revolutionäre Frankreich gerichtete Defensivallianz mit Preußen. Weitere Pläne der Umgestaltung der Monarchie, auch ein Verfassungsprojekt, das seine toskanischen Erfahrungen auf die Gesamtmonarchie übertragen sollte, scheiterten am frühen Tod Leopolds II., der am 1. März 1792 einer Lungenentzündung erlag – alle Gerüchte, er sei von Freimaurern oder Jesuiten vergiftet worden oder habe sich gar mit selbstgebrauten Aphrodisiaka selbst vergiftet, entbehren jeder Grundlage.

Die Reformepoche war damit zu Ende, unter dem Eindruck der Französischen Revolution wandte sich Leopolds Sohn und Nachfolger Franz, der schon als „Kaiserlehrling" am Hof Josephs II. seine Erfahrungen sammeln konnte, dem Konservativismus zu. Die große Bedeutung der kurzen Regierung Leopolds aber liegt darin, die wichtigsten Grundtendenzen des Reformwerkes Josephs II., das bei seinem Tod völlig gescheitert schien, für die Zukunft gerettet zu haben.

Kulturelle Bestrebungen zwischen Barock und Aufklärung

Ähnlich wie der politische Bereich war auch die kulturelle Sphäre in der Regierungszeit Maria Theresias und ihrer Söhne im Umbruch begriffen. Während man in den Kulturbestrebungen Maria Theresias noch deutlich die barocken Elemente erkennen kann, hatten sich ihre Söhne einem aufklärerischen Kulturideal verschrieben.

Zum Lebensstil auch des aufgeklärt absolutistischen Hofes in Wien gehörte noch immer in erster Linie das Theater, das stets ein Theater der Hofgesellschaft für die Hofgesellschaft, nie eines von Berufsschauspielern war. Die Adeligen, ja sogar Mitglieder des Kaiserhauses selbst verkörpern die Rollen, spielen und tanzen. Daneben kommen aber auch die Anfänge des Berufstheaters immer stärker bei Hofe auf, im Schönbrunner Schloßtheater treten auch Gaukler und Akrobaten auf, französische Komödien und italienische Opera-buffa-Aufführungen erfreuen sich großer Beliebtheit. Eine einzige Familie, die aus Bologna stammenden Galli-Bibiena, bestimmte im hohen Maße das Bühnenbild dieses spätbarocken Theaters in Wien.

Mehrere Theater standen dieser höfischen Welt zur Verfügung, das Hoftheater, das Hofburgtheater und schließlich das von dem zwischen Spätbarock und Klassizismus stehenden Architekten Johann

Königin Marie Antoinette bei einem Spaziergang im Schloßpark von Versailles. Ihre stockkonservative Haltung verhinderte einen politischen Ausgleich zu einer Zeit, wo er vielleicht noch möglich gewesen wäre. Sie war tief in die epochalen Ereignisse der Zeit verwickelt, hat Geschichte gemacht und dafür mit dem Leben bezahlt.
ÖNB

Das Feuer der Französischen Revolution beginnt sich auszubreiten.
Am Horizont taucht bereits die Gestalt Napoleon Bonapartes auf, der für fast zwei Jahrzehnte die Geschichte diktieren sollte.

Ferdinand Hetzendorf von Hohenberg neuerbaute Schönbrunner Schloßtheater, das 1747 zum Namenstag Maria Theresias eröffnet wurde. In der Hofburg nahe der kaiserlichen Winterreitschule kam es 1748 zu einer größeren Umgestaltung der Innenräumlichkeiten. Vermutlich auf Grund eines Entwurfes von Jean Nicolas Jadot ließ Maria Theresia das alte Komödien- oder Opernhaus und einen kleinen, den Hofbanketten dienenden Saal in die sogenannten Redoutensäle umbauen, die, wie der Name sagt, der Abhaltung von Maskenbällen dienen sollten.

Für die Zukunft des Theaters in Wien war sicherlich die Gründung des Burgtheaters wichtiger, an dessen Zustandekommen sowohl Maria Theresia als auch Joseph II. Anteil hatten. Maria Theresia erlaubte 1741 den Pächtern des Kärntnertortheaters, das Ballhaus nächst der Burg in ein Theater umzuwandeln. Neben verschiedenen finanziellen Problemen gab es auch Schwierigkeiten mit dem Spielplan, da Maria Theresia die deutschen Theaterstücke, insbesondere die Burlesken, aus dem Repertoire ausgeklammert sehen wollte. 1752 wurde das Theater unter Hofverwaltung gestellt, doch schon 1766 erneut verpachtet. Der neue Pächter kam ebenso wie alle seine Vorgänger in finanzielle Schwierigkeiten, so daß sich Joseph II. im Jahr 1776 entschloß, das Theater selbst zu übernehmen und als „Nationaltheater nächst der Burg", als Theater der Aufklärung – unter dem Einfluß der Gedankengänge Lessings – zu führen. Die deutsche Theaterliteratur, die deutsche Oper und das deutsche Singspiel sollten nun hier gepflegt werden. Die Schauspieler des Burgtheaters wurden zu Beamten gemacht, das Niveau

des Spielplanes gehoben. In der Zeit der Alleinregierung Josephs wurden dann in Wien drei weitere bedeutende Theater gegründet, das Leopoldstädter Theater, das hauptsächlich Volkskomödien spielte, das Theater an der Wien und schließlich das Theater in der Josephstadt.

Die Zeittendenz der aufklärerischen Theaterreform machte sich also auch in Wien bemerkbar, der Kampf gegen Hanswurst und Stegreifkomödie, die Erziehung des Publikums und seines Geschmackes durch bürgerliches Trauer- und Lustspiel, mit einem Wort, die Etablierung des Theaters als „moralische Anstalt" war eines der Ziele der aufgeklärten Monarchen.

Die beim Volk so beliebten Hanswurstspiele eines Josef Anton Stranitzky oder später von Gottfried Prehauser und Josef Felix Kurz-Bernadon waren den von der Aufklärung beeinflußten höfischen Kreisen also ein Dorn im Auge. Außerdem nahmen diese Spiele häufig eine kritisch-karikierende Haltung ein, die ebenfalls Anstoß erregte. Versuche, den „Geschmack des Publikums" zu bessern und die Schauspielertruppen aus der inneren Stadt wenigstens in die Vorstädte zu verbannen, waren nur teilweise erfolgreich. Selbst im kaiserlichen Haustheater erfreuten sich – wie wir aus einer Mitteilung der kulturgeschichtlich so wertvollen Tagebücher des Johann Joseph Graf Khevenhüller-Metsch wissen – unter Maria Theresia Hanswursteinlagen noch großer Beliebtheit. Dennoch war die offizielle Politik des Hofes auf ein Verbot der Stegreifspiele gerichtet, das allerdings erst unter Josef von Sonnenfels als Zensurchef durchgesetzt werden konnte.

Der Hof Maria Theresias war auch ein wichtiger Ort der musikalischen Entwicklung der Zeit. Zunächst dominierte noch die traditionelle italienische Musik bei Hofe, Hofkapellmeister wie Giuseppe Bonno oder der – weitgehend nur aus den Legenden um Mozart und seinen Tod bekannte – Antonio Salieri geben davon Zeugnis. Aber auch die Wiener Klassik bereitete sich vor, und der Hof Maria Theresias spielte dabei eine gewisse Rolle. Seit 1752 lebte Christoph Willibald Gluck in Wien, wo er 1754 Hofkomponist wurde, seine Bedeutung lag in der Erneuerung der Oper. Seine erste Reformoper „Alceste" wurde 1766 im Burgtheater aufgeführt. Zwar ist der eigentliche Begründer der Wiener Klassik, Joseph Haydn, mehr mit dem Hof der Esterházys verbunden als mit dem Kaiserhof, doch muß sein Beitrag zur musikalischen Kultur der Zeit besonders hervorgehoben werden. Haydn verbrachte in Wien nicht nur seine Jugend als Chorknabe in St. Stephan, sondern hat auch nach dem Tod seines großen Förderers Nikolaus Joseph Esterházy teilweise hier gelebt.

Intensiver waren die Beziehungen des Hofes zu Wolfgang Amadeus Mozart. Eine immer wieder erzählte Geschichte stellt eine Beziehung zwischen den beliebten Gestalten Maria Theresia und Mozart her. Auf seiner ersten großen Reise kam der damals sechsjährige Wolfgang Amadeus Mozart in Begleitung seiner ganzen Familie auch nach Wien und wurde an den Hof geladen. Nachdem der kleine Wolfgang am Klavier gespielt hatte, meinte Franz Stephan, daß es keine Kunst sei, Klavier zu spielen, wenn man die Tasten sehe, so daß Mozart auf einer mit einem Tuch bedeckten Klaviatur und schließlich sogar je nur mit einem Finger einer Hand spielte. Die kaiserliche Familie war so begeistert, daß Maria Theresia dem kleinen Wolfgang die angrenzenden Räume des Schlosses Schönbrunn zeigte, wobei dieser auf dem glatten Boden ausrutschte und hinfiel. Als ihm die spätere französische Königin, die damals ebenfalls sechsjährige Marie Antoinette, aufhalf, machte ihr Wolfgang einen Heiratsantrag. Drei Stunden sind die Mozarts bei Hofe und „Wolferl … ist der Kaiserin auf den Schoß gesprungen, hat sie um den Hals genommen und rechtschaffen abgeküßt".

Als ihr Sohn Ferdinand, der Generalgouverneur der Lombardei, allerdings den jungen Mozart in Dienst nehmen wollte, schrieb Maria Theresia: „Du bittest mich, den jungen Salzburger in deine Dienste nehmen zu dürfen. Ich meinerseits wüßte nicht, warum. Du brauchst keinen Komponisten oder sonst unnütze Leute. Wenn es dir allerdings Spaß macht, möchte ich dich nicht daran hindern. Ich sage dir nur eines: Belaste dich nicht mit überflüssigen Leuten und gib ihnen weder Titel noch Ämter, denen sie doch nur Unehre machen, wenn sie als Bettler durch die Welt ziehn. Übrigens hat er eine zahlreiche Familie!"

Nach einem erfolglosen Versuch, in Paris Fuß zu fassen, kehrte Mozart im Jahr 1779 nach Salzburg zurück, doch führten die Spannungen mit dem Salzburger Erzbischof schließlich dazu, daß Mozart seit dem Beginn der achtziger Jahre vorwiegend in Wien lebte. Eine ganze Reihe seiner wichtigsten Kompositionen entstand in der Kaiserstadt und wurde hier auch uraufgeführt. Seinen ersten durchschlagenden Erfolg in Wien hatte Wolfgang Amadeus Mozart mit der Uraufführung des deutschen Singspieles „Die Entführung aus dem Serail" am 12. Juli 1782. Das Stück kam der damals in Wien herrschenden Türkenmode entgegen. Mozart berichtete seinem Vater, daß man „gar nichts anders hören will und das Theater allzeit von Menschen wimmelt".

Anfang 1783 feierte Mozart Triumphe im Konzertsaal, verschiedene seiner Klavierwerke entstanden in dieser Zeit. 1786 erreichte er mit der Oper „Figaros Hochzeit" (Le nozze di Figaro) nach einem damals als ungeheuerlich revolutionär geltenden Libretto einen weiteren Höhepunkt seines Schaffens. Das der Oper zugrundeliegende

„Hohe Zusammenkunft in Wien 1791", ein Familientreffen des Kaiserhauses. Im Alter von 18 Jahren hatte Leopold die um zwei Jahre ältere Maria Ludovica, Infantin von Spanien, geheiratet. Insgesamt 16 Kinder (12 Söhne und 4 Töchter) entstammten dieser Ehe, darunter so bedeutende wie Erzherzog Karl, der Sieger von Aspern, Erzherzog Johann, der „grüne Rebell", und Erzherzog Franz, der spätere Kaiser.

ÖNB

Stück des Pierre Augustin Baron de Beaumarchais verspottete die Günstlingswirtschaft und die Willkürherrschaft der adeligen Gesellschaft; die gegen das Stück gerichteten Intrigen allerdings scheiterten nicht zuletzt an der Unterstützung des aufklärerisch gesonnenen Kaisers Joseph II.

Auch in der letzten in Wien uraufgeführten Oper Mozarts, der am 30. September 1791 im Theater an der Wieden erstmals gespielten „Zauberflöte", vermischten sich Elemente der Wiener Volkskomödie mit fortschrittlichem, freimaurerischem Inhalt. Der Leiter der Wiener Loge Ignaz von Born gilt als das Vorbild des weisen Sarastro. Neben der hehren Handlung der Läuterung des Tamino ist ähnlich wie in der Volkskomödie auch für Heiterkeit gesorgt. Mit der Figur des Papageno hat Mozart eine Art musikalisches Gegenstück zu den Figuren des Kasperl und des Hanswurst geschaffen.

Weitaus weniger Bedeutung als der Kunst des Theaters und der Musik kam in Wien stets der Literatur zu, obwohl auch in diesem Bereich die Zeit des aufgeklärten Absolutismus einen Modernisierungsschub bezeichnet. Eine wichtige Persönlichkeit in dieser Bewegung war Johann Thomas (Edler von) Trattner, der sich vom Gänsehirten zu einem der ersten österreichischen Großunternehmer hocharbeitete. 1748 erwarb er eine Druckerei in Wien, wurde wenige Jahre später Hofbuchhändler und schließlich 1754 auch Hofbuchdrucker. Ab 1752 hatte er den Auftrag, alle Schul- und Lehrbücher für Österreich zu drucken. Trattner errichtete Buchhandlungen in den wichtigsten Städten der Monarchie, in Zagreb, Brünn, Innsbruck, Graz, Prag, Triest und Budapest und darüber hinaus auch solche in Leipzig und Warschau. Die „Infrastruktur" war also vorhanden, doch die österreichische Literatur dieser Zeit ist heute wenig gewürdigt, am bekanntesten unter all den Unbekannten ist vielleicht noch Michael Denis.

Nach wie vor spielten die Italiener und die italienische Dichtung bei Hof eine gewichtige Rolle. Eine der bedeutendsten Gestalten dieser italienischen Dichtung lebte in Wien, Pietro Metastasio recte Pietro Antonio Trapassi, der vor allem eine Neigung zur Operndichtung entwickelte, die ihn sein ganzes Leben nicht mehr losließ. 1729 wurde er von Kaiser Karl VI. nach Wien berufen, wo er bald den Mittelpunkt eines Kreises von italienischen Künstlern bildete. Metastasio dichtete neben einfachen Liedern, die damals moderne Themen der Hirtenidylle zum Inhalt hatten, vor allem 27 Opernlibretti, die sich bei den bedeutenden Komponisten der Zeit großer Beliebtheit erfreuten, weil sie sich ausgezeichnet der Musik anpaßten. Auch die – meist mythologische Vorwände benützenden – Handlungsabläufe haben die Menschen

seiner Zeit beeindruckt, so daß Metastasio so etwas wie ein „Modedichter" des 18. Jahrhunderts vor der Aufklärung geworden ist. Metastasio lebte sehr lange am kaiserlichen Hof, er starb erst 1782 in Wien.

Die bildenden Künste spielten im österreichischen Barock zwar niemals die Rolle der Musik und des Theaters, brachten aber ebenfalls sehenswerte Leistungen hervor. Viele der Bauwerke auch noch dieser Zeit wurden nicht für Dauer gebaut, sondern waren Festarchitektur aus vergänglichem Material, das uns nur durch Stiche oder auch nur durch Beschreibungen überliefert ist. Diese Architektur steht im Zusammenhang mit festlichen, theatralisch-musikalischen Aufführungen und Einzügen und stellt somit ein Bindeglied zu diesem für die österreichische Barockkultur so zentralen Bereich dar.

Am intensivsten verbindet man den Ausbau des Schlosses Schönbrunn mit der Person Maria Theresias, jedoch geht die Geschichte dieses Bauwerkes viel weiter zurück. Während noch Karl VI. Laxenburg oder die Favorita als Sommerresidenz bevorzugte, verlagerte sich in der Zeit Maria Theresias der Akzent auf das Schloß Schönbrunn, das daher auch dem Geschmack der Zeit entsprechend ausgestaltet wurde. Schon im 16. Jahrhundert hatte an dieser Stelle Maximilian II. eine klosterneuburgische Mühle erworben und sie zu einem Schlößchen umbauen lassen. Auch unter

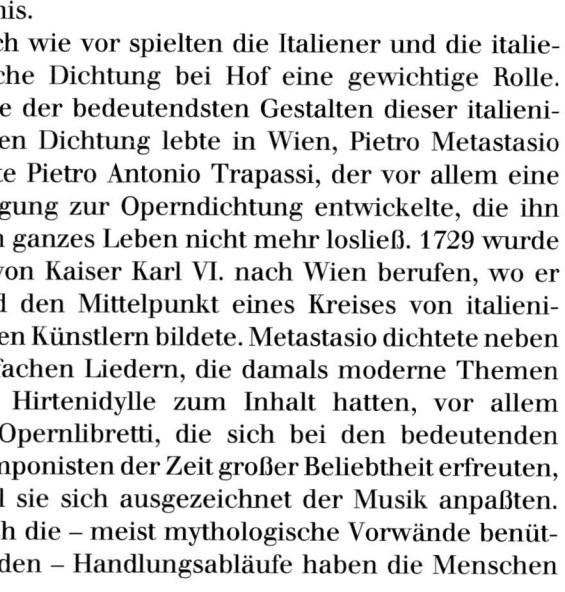

„Marie Antoinette wird zum Schafott geführt". Zeichnung von Jacques Louis David. Am 16. Oktober 1793 starb die Königin, knapp 38 Jahre alt, unter der Guillotine. Augenzeugen berichten, daß Marie Antoinette vor der Hinrichtung ihre Würde bewahrt hat.
ÖNB

Die Situation in Paris hatte sich in den ersten Julitagen 1789 dramatisch zugespitzt. Am 14. Juli erreichte der Brotpreis den Höchststand. Am selben Tag folgte das Symbolereignis der Revolution. Die Volksmassen bewaffneten sich zum Sturm auf die Bastille. Ende Juli brachen Unruhen in den Provinzen aus. Am 26. August folgte die Erklärung der Menschen- und Bürgerrechte: „Die Menschen sind und bleiben von Geburt frei und gleich an Rechten ..."
AKG

Erzherzog Franz im Kreis seiner Generäle.
Kaiser Franz II. wurde 1768 als ältester Sohn Leopolds II. in Florenz geboren und bereits 1784 von Joseph II. nach Wien geholt und in die Staatsgeschäfte eingewiesen.
HGM

seinen Nachfolgern, insbesondere unter Ferdinand III. war es zu einem weiteren Ausbau des Schlosses gekommen. Das erste Projekt eines barocken Neubaues entwarf dann 1692/93 Johann Bernhard Fischer von Erlach, der Bau in einer vereinfachten Form wurde 1713 vollendet. Dieser ursprüngliche Barockbau wird dann noch zweimal tiefgreifend umgestaltet, noch unter Karl VI. wurden die Steildächer an Stelle der Dachloggia angebracht, und 1744–1749 unter der Regierung Maria Theresias schließlich erhielt das Schloß Schönbrunn nach Entwürfen des Architekten Nikolaus Pacassi die heutige Form. Auch der im französischen Stil angelegte Park, wichtiger Bestandteil jedes barocken Schlosses, wurde 1750 von Jean Nicolas Jadot und nochmals 1765 von Ferdinand von Hohenberg verändert. Im Zusammenhang mit der Gartenanlage in Schönbrunn, die neben seltenen Pflanzen und komplizierten Brunnen- und Pumpwerkanlagen auch schon Schildkröten- und Ententeiche enthielt, wurde auch die Menagerie, der bis heute bestehende Schönbrunner Tiergarten, geplant. Ursprünglich war die Anlage, an deren Plänen der Hofarchitekt Jean

Das Grabmal Marie
Antoinettes und Ludwigs XVI.
in der Kathedrale Saint-Denis
in Paris.

Nemeth

der Architektur des Hofes brachte das Nützlichkeitsdenken der radikalen Aufklärer schwere Einbrüche.

Dem barocken Schloßbau steht das Allgemeine Krankenhaus Josephs II. in all seiner Nüchternheit geradezu programmatisch diametral gegenüber. Dieser Funktionswandel drückte sich auch in einem Stilwandel aus, der Übergang vom Rokoko zum Klassizismus kündigte sich an. Der wichtigste Architekt für die Zeit Josephs II. war Isidor Canevale, der das Josephinum und das Josephs-Stöckl im Augarten baute.

Auch in der Malerei machte sich der Übergang der Kunstformen in dieser Zeit deutlich bemerkbar. Während der Beginn der Regierungszeit Maria Theresias noch erfüllt war vom barocken Glanz der Werke eines Daniel Gran oder eines Franz Anton Maulbertsch oder des Hofmalers Martin van Meytens, gehen am Ende der Epoche des aufgeklärten Absolutismus die Maler zum Klassizismus über. Johann Heinrich Füger kann durch seine Allegorien und Historienbilder als Wegbereiter dieses Kunststiles gelten. Vielleicht größere Leistungen als die Maler haben die Plastiker der Epoche hervorgebracht. Neben dem Donner-Schüler Balthasar Ferdinand Moll, dessen Prunksarkophag Maria Theresias und Franz Stephans zu den Meisterwerken der Epoche zählt, wäre vor allem Franz Xaver Messerschmidt zu nennen. Seine ganzfigurigen Porträts der Herrscherfamilie sind vielleicht weniger bekannt als die Charakterköpfe, in denen sich das damals weitverbreitete Interesse für die „Wissenschaft" der Physiognomie spiegelt. Stilistisch ist Messerschmidt das Bindeglied zum Klassizismus, der später vor allem in den Werken von Franz Zauner seinen besten Ausdruck fand. Eines der Hauptwerke Zauners ist das Denkmal des bei der Nachwelt so umstrittenen Kaisers, das in einem Hof der Wiener Burg aufgestellt wurde: Josephs II.

Nicolas Jadot mitarbeitete, halbrund geplant und enthielt in kleinen, barocken Käfigen Platz für relativ wenige Arten. Neben den Großsäugetieren, wie Löwen und Affen, schätzte man in dieser Zeit besonders die bunten, schönen Papageien, die man „indianische Vögel" nannte.

Manche der vom Hof inspirierten Bauten müssen im Zusammenhang mit den Reformen gesehen werden. So erfuhr die Universität mit dem Bau der „Aula" am alten Universitätsplatz in den Jahren 1753–1755 nach Plänen des französischen Baumeisters Jean Nicolas Jadot de Ville-Issey eine wesentliche Erweiterung. Besonders eindrucksvoll war dabei der Festsaal, der Fresken des Italieners Gregorio Guglielmi trug. Auch auf dem Gebiet

9

METTERNICH – EIN SYSTEM

Franz I. (II.)
Ferdinand I.
1792–1848

ZEITTAFEL

12. 2. 1768	Geburt Franz' (II./I.) in Florenz
5. 9. 1771	Geburt Erzherzog Karls
20. 2. 1782	Geburt Erzherzog Johanns
1784	Franz kommt nach Wien
1788	Franz heiratet Elisabeth Wilhelmine von Württemberg
17. 6. 1789	Der „dritte Stand" erklärt sich in Frankreich zur Nationalversammlung
14. 7. 1789	Sturm auf die Bastille in Paris
26. 8. 1789	Erklärung der Menschenrechte durch die französische Nationalversammlung
18. 2. 1790	Tod Elisabeth Wilhelmines, der Gemahlin Franz' (II.)
1790	Franz heiratet Marie Therese von Sizilien
Juni 1791	Gescheiterte Flucht Ludwigs XVI. und Marie Antoinettes nach Varennes
12. 12. 1791	Geburt von Marie Louise
1. 3. 1792	Franz folgt seinem Vater Leopold II. auf dem Thron
20. 4. 1792	Kriegserklärung des revolutionären Frankreich – 1. Koalitionskrieg
14. 7. 1792	Krönung Franz' II. zum römisch-deutschen Kaiser in Frankfurt
10. 8. 1792	Absetzung und Internierung Ludwigs XVI. und Marie Antoinettes in Paris
Sept. 1792	Kanonade von Valmy, Rückzug des Koalitionsheeres
Ende 1792	Die Franzosen besetzen die österreichischen Niederlande
21. 1. 1793	Hinrichtung Ludwigs XVI.
März 1793	Franz Thugut wird Leiter der österreichischen Außenpolitik
19. 4. 1793	Geburt Ferdinands (I.)
16. 10. 1793	Hinrichtung Marie Antoinettes
1794	„Jakobinerverschwörung" in Wien
27. 7. 1794	Sturz Robespierres in Paris
5. 4. 1795	Friede von Basel zwischen Frankreich und Preußen
1795	Dritte Teilung Polens, Österreich erhält Westgalizien
1796/97	Feldzug Napoleon Bonapartes gegen die Österreicher in Oberitalien
17. 10. 1797	Friede von Campo Formido zwischen Frankreich und Österreich
1799	Beginn des 2. Koalitionskrieges gegen Frankreich
9. 11. 1799	Staatsstreich vom 18. Brumaire, Napoleon wird Erster Konsul
14. 6. 1800	Napoleon siegt bei Marengo über die Österreicher
Sept. 1800	Entlassung Baron Thuguts
9. 2. 1801	Friede von Lunéville zwischen Frankreich und Österreich
1803	Reichsdeputationshauptschluß
18. 5. 1804	Napoleon wird Kaiser von Frankreich

10. 8. 1804	Franz nimmt den Titel „Kaiser von Österreich" an
2. 12. 1804	Kaiserkrönung Napoleons
7. 12. 1804	Feierliche Verkündung des österreichischen Kaisertums
1805/06	3. Koalitionskrieg
Dez. 1805	Graf Johann Philipp Stadion wird für die Außenpolitik verantwortlich
13. 11. 1806	Napoleon in Wien
2. 12. 1806	Schlacht bei Austerlitz, Sieg Napoleons über Österreicher und Russen
1806	Friede von Preßburg zwischen Frankreich und Österreich
6. 8. 1806	Franz legt die römische Kaiserkrone zurück
13. 4. 1807	Tod der zweiten Frau des Kaisers, Marie Therese
1809	Krieg Österreichs gegen Frankreich; Aufstand in Tirol (Andreas Hofer)
13. 5. 1809	Napoleon besetzt Wien
21./22. 5. 1809	Schlacht bei Aspern, Sieg Erzherzog Karls über Napoleon
5./6. 7. 1809	Schlacht bei Wagram, Sieg Napoleons
9. 10. 1809	Metternich wird Leiter der Außenpolitik
14. 10. 1809	Friede von Schönbrunn
21. 10. 1809	Letzte Schlacht am Bergisel, Niederlage Andreas Hofers
20. 2. 1810	Hinrichtung Andreas Hofers in Mantua
1810	Napoleon heiratet Franz' Tochter Marie Louise
20. 3. 1811	Geburt des Königs von Rom, Sohn Napoleons und Marie Louises (später Herzog von Reichstadt)
1811	Allgemeines Bürgerliches Gesetzbuch
1812/13	Napoleons Rußlandfeldzug
11. 8. 1813	Eintritt Österreichs in den Krieg gegen Frankreich
Okt. 1813	Völkerschlacht bei Leipzig, Sieg der Koalition über Napoleon
31. 3. 1814	Einzug der Alliierten in Paris
4. 4. 1814	Abdankung Napoleons
14. 9. 1814 – 15. 6. 1815	Wiener Kongreß
März 1815	Napoleon landet wieder in Frankreich
18. 6. 1815	Napoleons Niederlage bei Waterloo
26. 9. 1815	„Heilige Allianz" zwischen Österreich, Rußland und Preußen
1816	Franz nimmt die vierundzwanzigjährige Karoline Auguste von Bayern zur vierten Frau
Aug. 1819	„Karlsbader Beschlüsse" des Deutschen Bundes gegen demokratische Bewegungen
Mai 1820	Wiener Schlußakte des Deutschen Bundes
1821	Österreichische Intervention in Neapel
1821–1829	Griechischer Freiheitskampf gegen die türkische Herrschaft

Erziehung zum Kaiser

„Er hat Verstand, ist aber ein wenig langsam", urteilte eine Tante über den achtjährigen Erzherzog Franz, den späteren Kaiser – übrigens eines der hübschesten Kinder, das sie je gesehen hatte, wie sie schreibt. Das ist nur eine der zahllosen Beobachtungen, die Familienmitglieder und Erzieher des Kindes, das für den Thron bestimmt war, niederschrieben. Er war der älteste Sohn des Großherzogs Pietro Leopoldo, des späteren Kaisers Leopold II., und seiner bourbonischen Gemahlin Maria Ludovica, die im Lauf von 23 Jahren insgesamt 16 Kindern das Leben schenkte. Als Franz am 12. Februar 1768 auf die Welt kam, war Joseph II. zufrieden, von der Verpflichtung entbunden zu sein, mit der ungeliebten Gemahlin Maria Josepha selbst noch für Nachfolge sorgen zu müssen. Die Erziehung des kleinen Franz, der in Florenz aufwuchs, wurde daher von Beginn an sorgfältig geplant und überwacht. Joseph II. hat sich darin immer wieder eingeschaltet, um aus dem schwierigen Neffen doch noch einen Nachfolger nach seinem Geschmack zu machen.

Aber auch Leopold hatte genaue Vorstellungen davon, wie aus seinen Söhnen das Beste herauszuholen sei. Für eine jüngere Schwester faßte er seine Richtlinien für die Kindererziehung zusammen: genaue Maßregeln für Ernährung und Behandlung der Kinder von Geburt an. Fleisch sollten die Kinder erst ab dem sechsten Lebensjahr regelmäßig bekommen, Süßigkeiten überhaupt nicht. Bis zum neunten Lebensjahr hatten die Knaben Matrosenanzüge und einen runden Hut zu tragen. Schon ab dem dritten Jahr sollten sie lesen lernen und von Beginn an mehrsprachig erzogen werden (in Französisch, Italienisch und Deutsch). Wichtig war absoluter Gehorsam, der auch durch Unterbrechungen beim Spiel einzuüben war; Emotionen sollten kontrolliert, Furcht überwunden werden, Weinen war verpönt.

In vielem waren Leopolds Erziehungsideale von der Aufklärung beeinflußt; seine Kinder sollten,

Kaiser Franz II. (I.) (1768–1835) wurde am 6. Juni 1792 in Buda zum König von Ungarn, am 14. Juli in Frankfurt am Main zum römisch-deutschen Kaiser und am 9. August in Prag zum König von Böhmen gekrönt. Am 11. August 1804 nahm er den erblichen Titel eines „Kaisers von Österreich" an. Am 6. August 1806 legte er die Würde eines Kaisers des Reiches zurück und gab die Auflösung des Heiligen Römischen Reiches Deutscher Nation bekannt.

ÖNB

Erzherzog Johann
(1782–1859) in jungen Jahren.
Großes Mißtrauen hegte
Kaiser Franz gegen den
populären Erzherzog, der am
meisten von den liberalen
Ideen seines Vaters und
Onkels bewahrt hatte.
Rebell war er trotzdem
keiner, er blieb seinem
kaiserlichen Bruder
gegenüber loyal und hielt sich
ab 1813 weitgehend vom
politischen Leben zurück.
ÖNB

wie er seinem Bruder Joseph einmal versicherte, ohne Standesdünkel „zu gewöhnlichen Privatmenschen und Staatsdienern" heranwachsen. Und an anderer Stelle: „Keine Mühen dürfen gespart werden, den Prinzen Gefühl für ihr Land und Achtung für dessen Eigenart einzuflößen. Man begründe in ihnen eine Abneigung dagegen, der Bevölkerung Steuern aufzuerlegen, und entzünde in ihnen als einzige erlaubte Leidenschaft Menschenliebe, Mitgefühl und das Verlangen, ihre Völker glücklich zu machen." Der Aufklärung entsprang nicht nur die Vorstellung von den Fürsten als Diener ihres Staates und der allgemeinen Wohlfahrt, sondern überhaupt die Idee von der Formbarkeit des Menschen und der Verhältnisse durch eine vernunftgemäße Erziehung. Typisch für die Mentalität des aufgeklärten Absolutismus war aber auch, daß auf die Bedürfnisse der Objekte solcher Bemühungen kaum Rücksicht genommen wurde – in diesem Fall der Kinder. Die Erziehung „machte sie mit jenen Leiden bekannt, vor denen ihre Stellung sie bewahrte" (wie Leopold schrieb); denn in der Selbstdisziplinierung müsse ein Herrscher allen Untertanen voraus sein. „Seitdem er seinen Posten wird bezogen haben, gehört er nicht mehr sich, sondern seinem Staat", trichterte der Geschichtslehrer und spätere Wiener Erzbischof Hohenwart seinem Schützling ein. Und Joseph II. legte dem Neffen ans Herz: Gewöhnliche Kinder könnten ohne Schaden für den Staat mißraten; ein Thronfolger aber müsse in allem geraten, jeder Fehler sei dem allgemeinen Besten abträglich.

Erzherzog Karl (1771–1847)
wurde 1796 Reichsfeld-
marschall. Seine große
Stunde schlug 1809, als er bei
Aspern in offener Feld-
schlacht Napoleon I. die erste
Niederlage beibringen
konnte. Als Kriegsminister
war er wesentlich an der
Reform des österreichischen
Heeres beteiligt.
HGM

Für dieses ehrgeizige Programm war Franz von Colloredo-Wallsee zuständig, gemeinsam mit einer Anzahl recht unterschiedlicher Lehrer. Jeder versuchte den jungen Erzherzog in eine andere Richtung zu lenken: „der gütige, aber engstirnige und pedantische Beamte, der ungestüme und ungeduldige, obgleich geistig interessierte Offizier und der schlaue, gelehrte und feinfühlige Ex-Jesuit" (Walter Langsam). Auch Joseph II. und Leopold, obwohl beide den Ideen der Aufklärung verpflichtet, waren oft verschiedener Auffassung – etwa was das Militär betraf. Leopold erklärte in einer seiner Anleitungen für die Erzieher schlichtweg: „Jeder Fürst, der den Krieg liebt oder den Kriegsruhm gierig anstrebt, ist ein Tyrann seines Volkes." Joseph dagegen ernannte den sechsjährigen Franz gleich zum Kommandanten eines Garderegiments, da er meinte: „Das Waffenhandwerk ist so schön und seine Ausübung so ruhmvoll, daß jeder, der den Preis des Ruhmes zu schätzen weiß, es hinreißend und als das einzige empfinden muß, das großen Seelen zur Wahl bleibt." Daß Franz nach seinem Regierungsantritt über 20 Jahre fast ununterbrochen Krieg würde führen müssen, ohne dadurch allerdings viel Ruhm zu erwerben, war damals noch nicht abzusehen.

1784 ließ der Kaiser den 16jährigen Erzherzog nach Wien kommen, um den Erziehungserfolg überprüfen zu können. Sein Urteil war vernichtend, wie er in einer dem Jüngling persönlich überreichten schriftlichen Betrachtung begründet; der brach darüber in Tränen aus. „Ein sogenanntes verzogenes Mutterkindchen" sei Franz, körperlich unterentwickelt; er zeige „Körper und Seele eines Weichlings, der zu großen Sachen immer unfähig und gewohnt, von Leuten geführt zu werden, zum Staatsmann nicht taugt." Zudem konstatierte der Kaiser „eine unermeßliche Eigenliebe, eine Trägheit im Handeln und Denken", eine Scheu vor allem, was Mühe kostete, sowie Furcht vor der Wahrheit. Als Abhilfe gab er dem Jüngling und seinen Erziehern ein noch rigoroseres Erziehungsprogramm auf, über das täglich Buch geführt werden mußte. Das pädagogische Experiment, den idealen Herrscher zu erziehen, war mehr oder weniger gescheitert. Sogar der Erzieher Colloredo, der immer wieder Grund zur Klage fand, hatte über die jungen Erzherzöge schon festgestellt: „Alle ihre Beschäftigungen sind nur maschinenmäßig, sie haben kein Interesse daran, nachzudenken und zu reflektieren." Kritik an seiner Erziehung übte später Erzherzog Karl, ein jüngerer Bruder (der Sieger von Aspern): „Wir wurden zur ständigen Erfüllung unserer Pflichten angehalten; aber niemand wußte mein Zutrauen und meine Liebe zu gewinnen, weder Eltern noch Erzieher, und zwischen den Brüdern duldete man

Kaiser Franz
im Kreis seiner Familie.
Er war viermal verheiratet
und hatte 13 Kinder. Seine
Popularität im Volk war groß.
Der „gute Kaiser Franz"
entsprach den Bedürfnissen
breiter Schichten. Zu seiner
Beliebtheit trug auch bei, daß
er aufwendiges Zeremoniell
und Repräsentation haßte.
HMStW

keine besondere Verbindung." Abstrakte Ideale, unterdrückte Gefühle und menschliche Isolation waren die Folge, wie der Erzherzog ungewöhnlich klarsichtig weiter ausführte.

Pflichterfüllung, das könnte als Motto über dem letzten Jahrhundert habsburgischer Herrschaft stehen, das mit Kaiser Franz beginnen sollte. Die aufklärerischen Ideale der Weltverbesserung waren bald abgeblättert; es blieben die so schmerzlich eingeübte Selbstdisziplinierung, ein tiefsitzendes Mißtrauen – und, oft genug, eine gewisse Unzulänglichkeit im Menschlichen. Gerade Kaiser Franz ist oft seine Gefühlsarmut vorgeworfen worden, mit der er „Ehefrauen fast wie Beamte auswechselte" (Walter Ziegler); natürlich erst nach ihrem Tod, aber da rasch und ohne sichtbare Regung. Dafür war er ein liebevoller Vater und ein Familienmensch, der von seinen Frauen geliebt und von seiner Familie im allgemeinen respektiert wurde. Manchmal entwickelte er einen unerwarteten sardonischen Humor. Wie viele Habsburger schätzte er Musik; im Hausorchester, das seine Frau Marie Therese 1792 zusammenstellte, spielte sie Baßgeige und er Violine. Aus der ersten Zeit seiner Regierung stammt übrigens die Haydnsche Kaiserhymne, zu der Lorenz Haschka den Text „Gott erhalte Franz den Kaiser …" dichtete. Franz interessierte sich auch für Botanik und Geschichte und sammelte Bücher und Porträts; sein Geschmack und Lebensstil waren geradezu kleinbürgerlich.

In manchem hat Franz das harte Urteil des kaiserlichen Onkels nachträglich bestätigt. Unselbständig im Urteil ist er mehr oder weniger geblieben; er hatte das Glück, einen Metternich zu finden, der gerade dadurch den Spielraum zu seiner lange so erfolgreichen Politik erhielt. „Man hätt' halt können", diese sehr wienerische Wendung kam ihm oft über die Lippen. Entschlußlosigkeit und Trägheit sind ihm dennoch nicht durchgehend vorzuwerfen. An den ersten Jahren seiner Regierung wurde eher sein „Vielregieren" kritisiert. Manchmal hat er in jener aufgeregten Zeit geradezu hektisch und sprunghaft gehandelt. Die Napoleonischen Kriege sind durch öfteren völligen Wechsel der Politik bestimmt, je nachdem, ob es geraten schien, die Franzosen zu bekämpfen oder günstig zu stimmen. „Franz II. war bereit", meint Edward Crankshaw dazu, „seine Segel nach jedem Wind zu richten, solange dieser nicht aus dem Volk wehte." Später hat der Kaiser über Jahrzehnte Metternich vertraut und ist im allgemeinen seiner außenpolitischen Linie gefolgt. Nun konnte er sich etwas beruhigter seiner Vorliebe für das ausführliche Studium meist wenig wichtiger Akten widmen. Dabei entwickelte er enormen Fleiß, bremste aber

Wien: das Belvedere.
Nach dem Tod des Prinzen
Eugen 1736 erbte Victoria von
Savoyen das Schloß, die es
dem Haus Habsburg
verkaufte. Joseph II. ließ hier
die kaiserliche Gemälde-
galerie unterbringen, die 1891
dem Kunsthistorischen
Museum zugeführt wurde.
Museen der Stadt Wien

die Staatsgeschäfte oft eher als sie zu fördern. Im Jahr 1802 etwa gingen zumindest 2000 Akten über seinen Schreibtisch, die seine Unterschrift tragen. Seine Popularität hat dieser Zug zum kleinen, das Interesse für das Nebensächliche aber gefördert. Der „gute Kaiser Franz" hat in den unruhigen Zeiten bis 1815, vor allem aber danach, als Landesvater den Bedürfnissen breiter Schichten entsprochen. Obwohl er in manchen Fällen mit unangemessener Strenge reagierte, vermittelte er insgesamt doch den Eindruck einer milden Regierung. Der biedermeierliche Unterdrückungsapparat, mit seinen Polizeispitzeln und Zensurmaßnahmen, wurde kaum mit seiner Person in Verbindung gebracht; unbeliebt machten sich nur die Minister. Eine berühmte Anekdote illustriert die Distanz, die man zwischen dem Kaiser und seinem Apparat sah: Ein eifriger Zensor hatte in Schillers Räubern den Satz „Franz heißt die Kanaille" gestrichen, den man ja auf den Monarchen hätte beziehen können. Als der das erfuhr, sagte er: „Unsere Zensur ist wirklich blöd."
Zur Beliebtheit des Kaisers trug auch ein Zug bei, den er von seinem Onkel Joseph II. übernommen hatte: nämlich die Abneigung gegen Zeremoniell und aufwendige Repräsentation. Daß bei Ausrufung des Kaisertums Österreich im Jahr 1804 auf eine feierliche Krönung zum Kaiser verzichtet wurde, ist dafür charakteristisch. Eine Geste hatte der junge Franz schon beim Einzug in Wien nach der Krönung zum römisch-deutschen Kaiser in Frankfurt gesetzt; auf die üblichen Triumphbögen verzichtete er und ließ mit dem Geld den Stephans-

platz ausbessern. Bei seinen ausgedehnten Reisen durch seine Länder verbat er sich brieflich oft jedes Zeremoniell. Und bei seinen Spazierfahrten im Prater verwendete der Kaiser eine bescheidene Kutsche. Seine wienerisch gefärbte Sprache bestärkte ebenfalls den Eindruck der Volkstümlichkeit. Die Propaganda hat dieses Bild vom bürgerlichen, rechtschaffenen, unablässig für das Wohl seiner Untertanen arbeitenden Kaiser gezielt verbreitet und mit Anekdoten untermauert. Kurz vor seinem Tod erschien in Wien etwa ein Buch mit dem programmatischen Titel: „Was verdankt Oesterreich der beglückenden Regierung Sr. Maje-

Alexander I. (1777–1825),
Zar und Kaiser (seit 1801),
war Habsburgs Verbündeter
im Kampf gegen Napoleon.
ÖNB

stät Kaiser Franz des Ersten?" Neben endlosen Aufzählungen aller Schulen, Spitäler, Waisen- und Gefangenenhäuser, die in über 40 Regierungsjahren errichtet worden waren, findet sich eine Reihe von Anekdoten der folgenden Art: „Der Kaiser, welcher vom frühen Morgen bis in die sinkende Nacht allen Classen seiner Unterthanen, dem Edelmanne wie dem Bauer, Audienz gab, hatte sich am Tage nach seiner Ankunft in Innsbruck ermattet um 10 Uhr Nachts zurückgezogen, um die Nachtmahlzeit einzunehmen, als man ihm meldete, daß noch drei Bauern im Vorsaale sitzen und um Gehör bitten. Sogleich erhob sich der menschenfreundliche Monarch vom Stuhle und sagte: ‚Ei, wenn diese draußen sitzen, so muß ich ja wohl aufstehen', und somit ging er und sprach mit den Bauern." Tatsächlich hat Kaiser Franz unzählige Audienzen gegeben; 20.000 waren es auf einer Reise in die Lombardei und Venetien im Jahr 1825. Überall wird auch die schlichte Art und einfache Lebensweise des „erhabensten Mannes seiner Zeit" betont. Persönliche Sparsamkeit dürfte durchaus zu seinen Stärken gehört haben. Daß er mit den Kriegen gegen Napoleon die Staatsfinanzen für lange Zeit ruinierte, ist ihm kaum vorzuwerfen, auch wenn er nicht immer die besten Leute mit der heiklen Finanzpolitik beauftragte.

Die Revolutionskriege und der Aufstieg Napoleons

Am 1. März 1792 trat Franz II. in Wien nach dem Tod seines Vaters Leopold die Nachfolge an. Am 20. April eröffnete das revolutionäre Frankreich den Krieg gegen Österreich. Am 15. Mai starb die Mutter des Kaisers; im August wurden in Paris nach dem Sturm auf die Tuilerien Ludwig XVI. und seine Gemahlin, Franzens Tante Marie Antoinette, interniert; im September mußte das Heer der antifranzösischen Koalition, das sie befreien sollte, von Valmy den Rückzug antreten; im November besetzten die Franzosen die österreichischen Niederlande; und im Januar 1793 starb Ludwig XVI. unter der Guillotine (Marie Antoinette folgte im Oktober). Das erste Jahr des 24jährigen Kaisers kündigte schon ungewöhnliche Herausforderungen an, denen er sich kaum gewachsen fühlte. Er verließ sich zunächst auf seine Erzieher – Colloredo wurde Staatsminister – und auf bewährte Berater seiner Vorgänger, darunter den greisen Kaunitz; ab 1793 lenkte Baron Franz von Thugut die Außenpolitik. Ihm gelang es nicht, die erste Koalition gegen Frankreich zusammenzuhalten; 1795 stieg Preußen aus.

Frankreich hatte inzwischen die jakobinische Schreckensherrschaft und die konterrevolutionären Erhebungen überstanden. Unter dem Eindruck der Bedrohung von allen Seiten mobilisierte das revolutionäre Regime seine Stärke: das Volk. Die „levée en masse", die allgemeine Konskription, schuf eine völlig neue Armee. Sie lenkte die zuletzt selbstzerstörerisch gewordene Energie der Revolutionäre nach außen, gegen die alten Monarchen, die Feinde der Völker. Der Export der Revolution erlaubte einem zerrissenen Regime, seine Stellung zu halten; die nationalen Hochgefühle, die so geweckt wurden, ersetzten langsam die enttäuschten Hoffnungen von 1789; und damit wurde dem

Der Vormarsch Napoleons. Dem Korsen gelang es, die Landkarte Europas grundlegend zu verändern und Österreich immer weiter aus Westmitteleuropa zu verdrängen (Abtretung der Lombardei und Venetiens, Anerkennung der Rheingrenze zwischen Frankreich und dem Reich usw.).

Begegnung
zwischen Kaiser Franz I.
und Kaiser Napoleon I.
Schloß Versailles

Gegenüberliegende Seite:
Die Krönung Napoleons
zum Kaiser der Franzosen
am 2. Dezember 1804 in der
Kathedrale Notre-Dame
in Gegenwart des Papstes
Pius VII.
AKG

Kaiser Napoleon I. an der
Spitze seiner Truppen vor
Schloß Schönbrunn 1809,
wo er 158 Tage residierte.
Am 14. Oktober wurde der
Friede von Schönbrunn
zwischen Österreich und
Frankreich geschlossen.
ÖNB

Erben der Revolution der Weg geebnet, jenem
Mann, der die tiefen Risse der Revolutionszeit
durch eine ungeheure Welle nationaler Begeisterung und expansiven Dranges zu glätten versprach: Napoleon Bonaparte.

Sein erster großer militärischer Erfolg war es,
1796/97 die Österreicher aus Oberitalien zu
verdrängen und gleich bis in die Steiermark
zu marschieren. In Norditalien rief er die Republik aus. Die Habsburgermonarchie verlor die
Toskana, in der Kaiser Franz aufgewachsen war,
und Mailand; bei Campo Formido bei Udine (in der
österreichischen Geschichtsforschung hat sich seit
damals hartnäckig die Schreibung Campoformio
gehalten) mußte sie 1797 Frieden schließen. Es
war der erste einer ganzen Reihe von Verträgen, in
denen die europäische Landkarte immer neu gestaltet und Österreich weiter und weiter aus Westmitteleuropa abgedrängt wurde: Abtretung der
Lombardei und Belgiens, Anerkennung der Rheingrenze zwischen Frankreich und dem Reich, dafür
Gewinn Venetiens und Dalmatiens. Die alte Rivalin
an der Adria, die in die Jahre gekommene Serenis-
sima, wurde damit unerwartet österreichisch.

Schon 1799 ging der Krieg weiter: eine gescheiterte
Friedenskonferenz, ein Überfall auf französische
Gesandte, Napoleons Schwierigkeiten in Ägypten
und Hoffnungen der erneuerten Koalition auf
einen erfolgreichen Gegenschlag beendeten den
prekären Frieden. Diesmal kämpften russische
Truppen auf österreichischer Seite in Oberitalien;
erste Erfolge lösten bald erste Verstimmungen

in der Koalition aus, woran Baron Thugut nicht
unschuldig war. Im November 1799 verwandelte
der zurückgekehrte Napoleon seine ägyptische
Niederlage in einen politischen Sieg und ließ sich
zum Ersten Konsul ernennen. Im folgenden Jahr
kehrte er auf die europäischen Schlachtfelder
zurück; und wieder gab es österreichische Niederlagen. Baron Thugut mußte gehen.

Der Zweite Koalitionskrieg endete für den Kaiser
mit dem Frieden von Lunéville, der nur unbedeutende Verluste brachte. Doch setzte er im römisch-
deutschen Reich einen folgenschweren Prozeß in
Gang. Österreich hatte nicht zuletzt deswegen den
Krieg weitergeführt, um den Einfluß des vorsich-
tigeren Preußen im Reich zurückzudrängen. Das
war mißlungen; nun konnten Habsburgs Gegner
die Initiative ergreifen. Die Reichsgebiete westlich
des Rheins waren an Frankreich gefallen; es wurde
abgemacht, daß die Reichsfürsten für die verlorenen Territorien auf der anderen Seite des Rheins
entschädigt werden sollten. Dabei standen vor
allem die ehrwürdigen geistlichen Fürstentümer
und die Reichsstädte zur Disposition. Kirchliche
Territorialherrschaft erschien vielen schon lange
als unzeitgemäß; und das Leopardenfell kleiner
und kleinster Herrschaften sollte ebenfalls unter
dem Druck Napoleons bereinigt werden.

Der Reichsdeputationshauptschluß von 1803, dem
Österreich nur bedingt zustimmte, sah eine solche
Neuaufteilung vor. Napoleon verstand in diesen
Jahren sehr geschickt, sich im Zuge einer von
vielen für überfällig gehaltenen Flurbereinigung
Verbündete in Deutschland zu schaffen. Er stärkte
das „dritte Deutschland“, die deutschen Mittelmächte, besonders Bayern und Württemberg, die
bald in Königreiche umgewandelt wurden. Auch
sonst verlieh er freigebig und ohne große Rücksicht auf das Reichsrecht Titel – der Kaiser in Wien,
der in Österreich immer noch bloßer Erzherzog
war, sah sich plötzlich einer Reihe von neuen
Königreichen und Großherzogtümern gegenüber.
Die geistlichen Kurfürsten, zuletzt verläßliche Verbündete der Habsburger, verloren die Kurwürde,
ja sogar ein neues Kurfürstentum Hessen-Kassel
wurde gegründet. Damit hatten die protestantischen Fürsten im Kurkollegium die Mehrheit. Für
das jahrhundertealte habsburgische Kaisertum,
auf das immer noch keinerlei Erbanspruch bestand, war das eine ganz neue Situation.

In Wien befürchteten jetzt viele, daß Napoleon die
Konsequenz aus seiner Schiedsrichterstellung in
Reichsangelegenheiten ziehen und sich selbst zum
römisch-deutschen Kaiser wählen lassen würde.
Karl V. hatte vor fast drei Jahrhunderten den fran-
zösischen König Franz I. aus dem Feld geschlagen;
der Habsburger Franz war nun fast machtlos, sollte
Napoleon in großer Inszenierung das uralte Reich

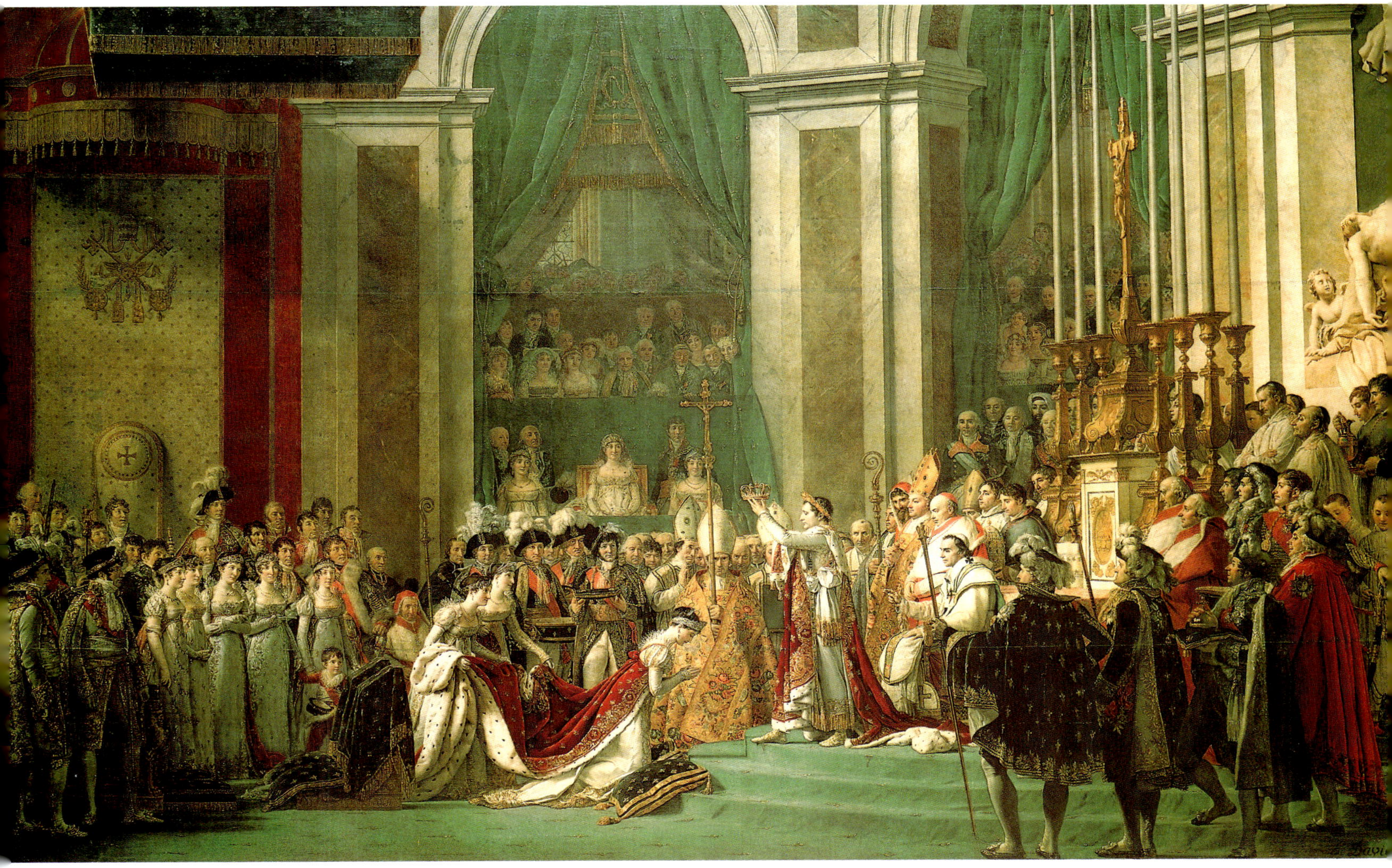

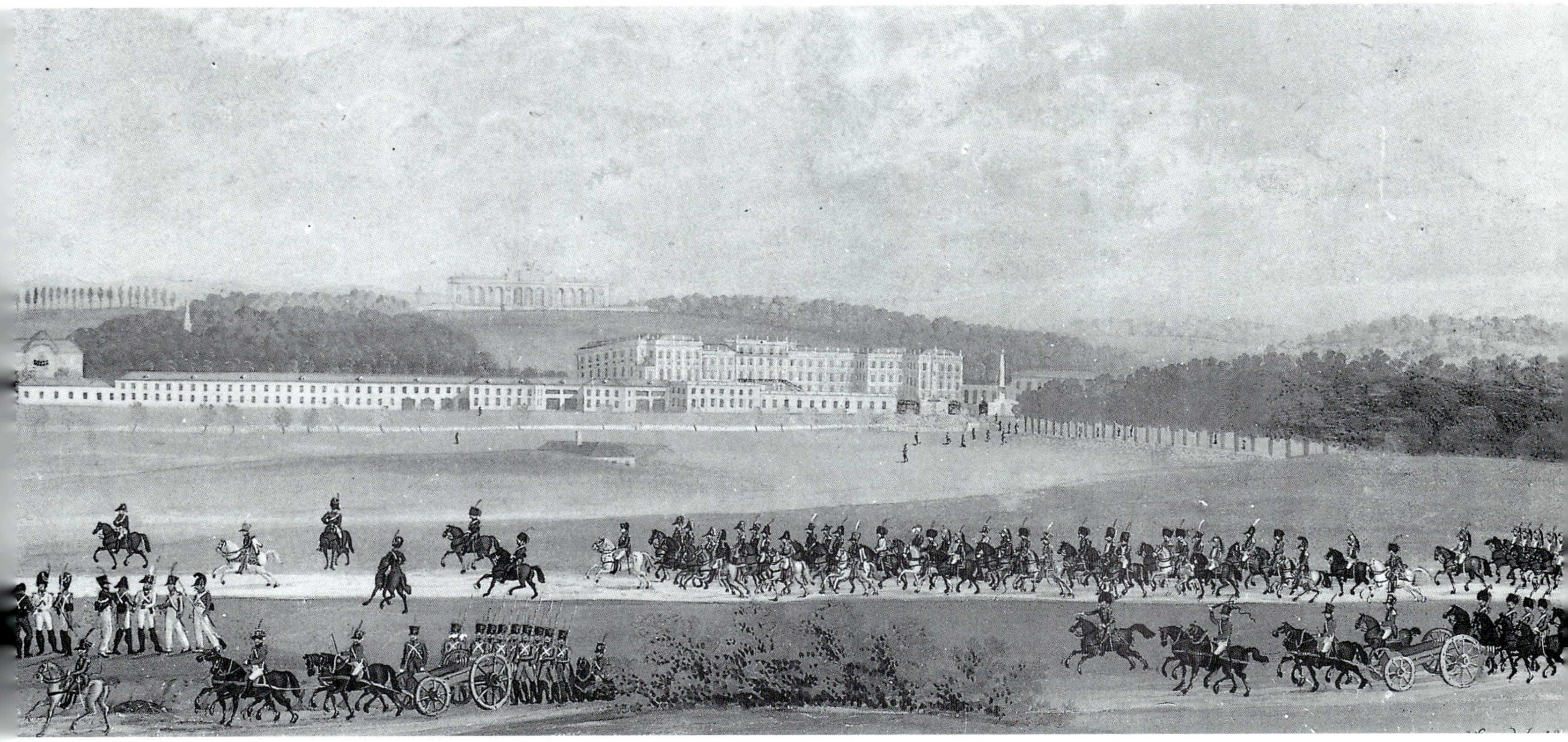

Napoleon I. (1769–1821), Kaiser der Franzosen. Die Bedeutung Napoleons für die Umgestaltung Europas ist unumstritten. Maßloser Ehrgeiz, scharfer Intellekt, beispiellose Arbeitskraft, verbunden mit einem eisernen Willen, kennzeichneten seinen Aufstieg. Er zerstörte das Europa des Ancien régime.

KHM

Karls des Großen – Frankreich, Deutschland, Italien – wiederbeleben wollen. Im September 1804 besuchte der Korse ehrfürchtig das Grab des ersten abendländischen Kaisers, der tausend und einige Jahre zuvor in Rom die Krone empfangen hatte. Doch inzwischen hatte er einen anderen Weg zum Kaisertitel gefunden, ein Kaisertum geschaffen, das besser in die Zeit paßte. Am 18. Mai 1804 beschloß der Senat in Paris: „Die Regierung der Republik wird einem Kaiser übertragen." Am 2. Dezember krönte sich Napoleon in der Kathedrale von Notre-Dame zum Kaiser der Franzosen. Viele Hoffnungen auf innenpolitische Stabilität knüpften sich an diesen Akt. Der Korse war am Ziel selten eingestandener Wünsche, denen er zugleich mit einer gewissen Distanz gegenüberstand: „Ein Thron ist nur ein mit Samt garniertes Brett", sagte er etwa. Kaiser Franz war durch das Kaisertum des jakobinischen Aufsteigers auf besondere Weise herausgefordert.

Kaisertum Österreich

Die Verhältnisse im Reich entglitten dem Kaiser; sogar sein Kaisertum an sich war bedroht; Napoleon, der sich als der Mächtigere erwiesen hatte, drohte nun auch der Ranghöhere zu werden. Schon 1792 hatte Frankreich dem jungen Franz

bloß als „König von Böhmen und Ungarn" den Krieg erklärt. Franz II. reagierte auf die neue Situation zunächst mit einer dynastischen Geste. Am 10. August 1804 teilte er der Staatskonferenz mit, daß er den Titel „Kaiser von Österreich" annehmen werde. „Obschon wir durch göttliche Fügung und durch die Wahl der Churfürsten des Römisch-deutschen Reiches zu einer Würde gediehen sind, welche Uns für Unsere Person keinen Zuwachs an Titeln und Ansehen zu wünschen übrig läßt, so muß doch unsere Sorgfalt, als Regent des Hauses und der Monarchie von Österreich dahin gerichtet seyn, daß jene vollkommene Gleichheit des Titels und der erblichen Würde mit den vorzüglichsten Europäischen Regenten und Mächten aufrecht erhalten und behauptet bleibe … Wir sehen uns demnach zur dauerhaften Befestigung dieser vollkommenen Ranges-Gleichheit veranlaßt und berechtigt, nach den Beyspielen, welche in dem vorigen Jahrhunderte der rußisch-kayserliche Hof, und nunmehr auch der neue Beherrscher Frankreichs gegeben hat, dem Hause von Österreich in Rücksicht auf dessen unabhängige Staaten den erblichen Kaisertitel gleichfalls beyzulegen." Die neue Würde sollte für den jeweiligen Regenten des Hauses Österreich erblich sein, ohne die Verfassung der einzelnen Erbländer zu verändern. Er habe beschlossen, „den französischen Kayser nur unter der Bedingniß zu erkennen, daß er mich

dafür als oesterreichischen Kayser anerkenne", erklärte er intern seinen Schritt. Einst hatte der römisch-deutsche Kaiser die vornehmste Würde aller europäischen Souveräne beansprucht; nun mußte Kaiser Franz den russischen und französischen Monarchen nachziehen, weil er sogar die Ranggleichheit bedroht sah. „Die Donauländer erhielten erstmals eine gemeinsame Bezeichnung", meint Victor Tapié; im Grunde aber war das Kaisertum eine Würde, die dem Erzhaus, nicht aber einem Territorium zukam. Weiterhin trug der Kaiser, unter vielen anderen, den Titel eines Erzherzogs von Österreich, das heißt der beiden Länder ob und unter der Enns. Die Dynastie stellte „im unzertrennlichen Besitze Unserer unabhängigen Königreiche und Staaten" staatsrechtlich weiterhin deren einziges Bindeglied dar.

Am 7. Dezember 1804 fand eine feierliche Proklamation des neuen Kaisertums statt. Das Gesetz wurde „durch Regierungs- und magistratische Commissäre, unter Trompeten- und Paukenschall und Paradirung der Truppen und der Bürgerschaft proclamirt, in der Stadt am Hof vom Balcon der Kirche, am Graben vom Balcon des Spielmann'schen Hauses, in den Vorstädten auf den schicklichsten Plätzen von schön verzierten, roth und weiß, den Farben Österreichs, behangenen Tribunen", schrieb der Zeitgenosse Joseph von Hormayr. Am folgenden Tag wurde in Anwesenheit des Kaisers und der Erzherzöge ein Tedeum

Am 21. und 22. Mai 1809 fügte Erzherzog Karl der französischen Armee unter Napoleon bei Aspern die erste Niederlage zu. Napoleon soll damals zu einem General gesagt haben: „Ihr habt die Österreicher bei Aspern nicht gesehen, also habt ihr gar nichts gesehen."
ÖNB

Die Beschießung Wiens im Mai 1809 durch die Franzosen. Im April 1809 zieht Napoleon I. von Bayern aus in Richtung Wien, wo seine Truppen am 10. Mai die Vorstädte erreichen und mit der Beschießung der Stadt beginnen, die am 13. Mai kapituliert.
Napoleon zieht in Wien ein.
ÖNB

Napoleon I. grüßt die
gefangenen und verwundeten
Österreicher nach der
Schlacht bei Deutsch Wagram
am 5. und 6. Juli 1809, die mit
einer Niederlage des österreichischen Heeres unter
Erzherzog Karl geendet hatte.
Am 19. Juli wurde der
Waffenstillstand von Znaim
geschlossen. Erzherzog Karl
demissionierte als Ober-
kommandierender.
Kaiser Franz I. übernahm
das Oberkommando über
alle österreichischen
Truppenteile.

ÖNB

im Stephansdom gefeiert. Auf eine Krönung verzichtete der erste Kaiser von Österreich, dem an solchen Zeremonien ohnehin wenig lag. Man fertigte auch keine eigene Kaiserkrone an, sondern griff auf ein Museumsstück zurück, eine Privatkrone, die einst Rudolf II. hatte herstellen lassen. Die Errichtung des neuen Kaisertums stand unter keinem guten Stern. Man hatte sich nicht darum gekümmert, den Konsens der betroffenen Stände Österreichs oder gar des Reiches einzuholen. Daß der oberste Legitimitätsträger des Heiligen Römischen Reiches selbst das Reichsrecht verletzte, änderte zwar an der verfahrenen Lage des Alten Reiches auch nichts mehr, aber ab nun konnte er nicht einmal mehr als Bewahrer der alten Verfassung auftreten. Der verdoppelte Kaiser Franz hatte zwar seinen Rang aufgebessert, an seiner politischen Stellung aber nichts geändert. Das erhoffte die bei Hof tonangebende Kriegspartei von einem neuen Waffengang, den man im August 1805, im Bündnis mit England und Rußland, begann. Das Unternehmen endete mit einer völligen Niederlage. Napoleon überrumpelte eine österreichische Armee in Süddeutschland und marschierte geradewegs auf Wien. Als erster seit Mathias Corvinus, über drei Jahrhunderte zuvor, konnte der Kaiser der Franzosen sich fast ohne Widerstand der Residenzstadt bemächtigen; nur „mit ihren Beinen" hatte seine Armee gesiegt. In Mähren marschierte inzwischen eine russische Armee unter dem persönlichen Befehl Zar Alexanders I. auf;

bevor noch alle österreichischen Abteilungen sich angeschlossen hatten, kam es am 2. Dezember 1805 zur „Dreikaiserschlacht" bei Austerlitz. Die drei Kaiser repräsentierten vier Kaisertümer; das Schicksal des vierten, des traditionsreichsten, des römisch-deutschen wurde dabei besiegelt.
Der Frieden von Preßburg brachte für die Habsburgermonarchie schwere Einbußen: die eben gewonnenen Adriagebiete, Venetien und Dalmatien, mußten wieder geräumt werden, die letzten Teile Vorderösterreichs gingen für immer verloren, Tirol fiel an Bayern, nur Salzburg kam dafür an Österreich. Die Stellung des Kaisers im römisch-deutschen Reich aber brach nun vollends zusammen: Er mußte die Souveränität der neuen Königreiche Bayern und Württemberg anerkennen. Nun überlegte man in Wien, den römischen Kaisertitel abzulegen. Noch hoffte Franz, „die Abtretung, wenn sie nothwendig werden sollte, mit den größt möglichen Vortheilen für meine Monarchie von Seite Frankreichs erkaufen" zu können. Doch selbst das mißlang. An einer Rettung des römisch-deutschen Reiches um jeden Preis war Franz jedenfalls nicht mehr interessiert. Er beabsichtigte, „Meine Monarchie eher ganz von allem Reichsverbande in einem solchen Falle loszureißen, als sie in einem Verbande zu belassen, welches Napoleon oder wem immer von ihm ganz abhängigen zum Oberhaupte haben und den er zur Erreichung seiner Absichten benützen sollte". 16 Fürsten traten im Sommer 1806 aus dem

Reichsverband aus und schlossen sich unter Patronanz Napoleons zum Rheinbund zusammen. Auch Metternich, der im Sommer 1806 als Gesandter nach Paris abging, konnte für seinen Kaiser nichts mehr erreichen. Als er am 4. August 1806 in Paris ankam, war die Entscheidung schon gefallen. Napoleon hatte bis 10. August ultimativ gefordert, Franz müsse die römisch-deutsche Krone niederlegen. Am 6. August kam Franz II., ab nun nur mehr Franz I. von Österreich, der Aufforderung nach und erklärte das Reich für erloschen. Ein Jahrtausend und einige Jahre waren seit der Kaiserkrönung Karls des Großen vergangen. Nun war diese Würde nicht einmal mehr als Tauschobjekt von Wert.

So unzeitgemäß und unbeweglich die Reichsverfassung auch gewesen sein mochte, bis zur Zeit Napoleons hatte sie funktioniert und ein gewisses Gleichgewicht garantiert. Während sich in Österreich und Preußen moderne Staaten entwickelten, hatte sie im „dritten Deutschland" zwischen Inn, Rhein und Nordsee ältere Verhältnisse konserviert, die Freiheiten des Reichsadels und die Vorrechte der Kirche. Die Erschütterungen der Französischen Revolution hatten noch einmal viele dazu veranlaßt, das Reich als kleineres Übel anzusehen; etwa schrieb Wieland: „Die dermalige deutsche Reichsverfassung ist ungeachtet ihrer unleugbaren Mängel und Gebrechen für die innere Ruhe und den Wohlstand der Nation im Ganzen unendlich zuträglicher und ihrem Charakter und der Stufe von Kultur, worauf sie steht, angemessener, als die französische Demokratie." Doch erwies sich nun, daß eine Anpassung an geänderte Verhältnisse nicht mehr möglich war. Die Verfassungsdiskussionen der Aufklärung waren an der Reichsverfassung völlig vorübergegangen, realistische Reformvorstellungen fehlten. Unter den deutschen Intellektuellen rief das Alte Reich weder Hoffnung noch scharfe Gegnerschaft hervor; sie neigten eher zu unpolitischer Geistigkeit. Schiller meinte: „Indem das politische Reich schwankt, hat sich das geistige immer fester und vollkommener gebildet." Sogar in Österreich dachte man seit Beginn der Revolutionskriege vor allem darüber nach, wie man bei dieser Gelegenheit die Machtverhältnisse im Reich zu eigenen Gunsten umstürzen könnte. Besonders Baron Thugut wollte die Koalitionen gegen Frankreich dazu nützen, um Preußen politisch auszumanövrieren.

Unter dem Druck der Erfolge Napoleons fand sich bald niemand mehr, der das Alte Reich verteidigt hätte. Die deutschen Mittelmächte, allen voran Bayern, verdankten Napoleon eine gewaltige Machtsteigerung. Die geistlichen Reichsfürsten fanden nicht einmal bei der römischen Kirche Rückhalt. Der Papst hatte mit Napoleon 1801 ein Konkordat abgeschlossen. Das war das Modell der Zukunft: Zusammenarbeit von Kirche und Staat bei klarer Abgrenzung der Interessen; die selbstherrlichen Kirchenfürsten mit adeligem Standesbewußtsein in Deutschland waren auch dem Papst ein Dorn im Auge. Die Reichsgrafen und kleineren Reichsfürsten, deren Reichsunmittelbarkeit die Entwicklung moderner Territorialherrschaft behindert hatte, zählten ebenfalls zu den wenig bemitleideten Opfern des Wandels. Viele gingen nach Wien an den Kaiserhof – der erfolgreichste von ihnen war der rheinische Reichsgraf Metternich. Im Bürgertum schließlich war man gespalten. Wogen nicht die überfälligen Reformen unter französischem Einfluß den Verlust alter Freiheiten auf? In vielen der neuen deutschen Mittelstaaten folgte man dem Prinzip Napoleons, der in Frankreich die bürgerlichen Freiheiten, aber kaum politische Freiheit zugestand. Moderne Verwaltung, liberale Justiz, starke Exekutive, Religionsfreiheit machten dieses Modell, das am klarsten in der Verfassung des neuen Königreiches Westfalen durchgeführt wurde, durchaus attraktiv. Der Besitz der Klöster und Kirchen wurde eingezogen, während adeliger Grund nicht angetastet wurde; nur Leibeigenschaft und Robotpflichten der Bauern sowie Steuerfreiheiten des Adels wurden abgeschafft. „Die Umwälzung in den deutschen Ländern war einer der spektakulärsten, aber auch der fruchtbarsten Aspekte der napoleonischen Expansion", urteilt der französische Historiker Louis Bergeron. Und Napoleon gewann mit dieser Politik auf Jahre hinaus verläßliche Verbündete.

Klemens Wenzel Nepomuk Lothar Graf von Metternich (1773–1859), bisher österreichischer Botschafter in Paris, wurde im Oktober 1809 nach der im Juli erfolgten Demission von Philipp Graf Stadion zum österreichischen Außenminister ernannt.

ÖNB

Kaiser Napoleon I. empfängt die Schlüssel der Stadt Wien, wo er rund fünf Monate bleiben sollte. Nach dem Frieden von Schönbrunn im Oktober 1809 verläßt Napoleon die Stadt.

Schloß Versailles

Österreich und die napoleonische Herausforderung

Vieles, was die Revolution in Frankreich und Napoleons Einfluß östlich des Rheins an Veränderungen gebracht hatten, war in Österreich schon unter Joseph II. geschehen. Die Ereignisse von 1789/90 in Paris wurden von den beiden aufgeklärten Monarchen in Wien, Joseph II. und Leopold II., zunächst eher begrüßt. Die Radikalisierung der Revolution mußte natürlich einen Umschwung bringen. Metternich schrieb später, daß „das Schreckenssystem in Frankreich wohltätig auf die Erhaltung der Ruhe im Ausland gewirkt" habe. Während viele aufgeklärt Denkende in Deutschland und Österreich zu einer recht differenzierten Position der Revolution gegenüber fanden, fühlte der junge Kaiser Franz sein konservatives Weltbild eindrucksvoll bestätigt: Freies Denken und grundlegende Reformideen führten direkt in den Terror und mußten daher im Ansatz bekämpft werden. Bald hatte der Monarch Gelegenheit, ein Exempel zu statuieren.

Wie in Deutschland hatten sich in vielen Ländern der Habsburgermonarchie kleine Zirkel von „Jakobinern" gebildet. In Wien waren das hauptsächlich ehemalige Mitarbeiter Josephs II. und Leopolds II., die durch den Umschwung zum Konservativismus enttäuscht waren. Sie trafen sich zu Diskussionen, tauschten verbotene Literatur aus, sangen wohl auch revolutionäre Lieder, tanzten bei einer ländlichen Feier um einen Freiheits-

baum, entwarfen Verfassungen und Ideen für eine neue Gesellschaft und versuchten Pamphlete und Lieder unter die Leute zu bringen. Einer der wichtigsten Köpfe war Andreas Riedel, Ingenieur und ehemaliger Mathematiklehrer von Kaiser Franz (der Kaiser hatte ihn in schlechter Erinnerung behalten). Ein anderer war der Oberleutnant Franz Hebenstreit von Streitenfeld; er verfaßte nicht nur ein politisches Lehrgedicht in lateinischen Hexametern, sondern entwarf auch einen Streitwagen mit Sicheln an den Seiten. Diese geradezu altorientalische Kriegsmaschine wollte er den Franzosen gegen die österreichische Kavallerie empfehlen; seine Boten wurden freilich in Frankreich als Spione verhaftet. Außerhalb ihrer intellektuellen Zirkel stießen diese Jakobiner auf wenig Resonanz; dennoch wurde 1794 die Geheimpolizei auf sie aufmerksam, es gab eine Reihe von Verhaftungen. Die Prozesse gegen die wahrscheinlich wenig gefährlichen „Verschwörer" erregten große Aufmerksamkeit; der Kaiser sah sich in seinen Befürchtungen bestätigt. Hebenstreit wurde als Militärperson hingerichtet, die Zivilisten erhielten langjährige Haftstrafen (Joseph II. hatte die Todesstrafe abgeschafft, Franz führte sie erst einige Jahre später wieder ein). Auch in anderen Ländern der Monarchie schlug die Polizei zu; steirische, Kärntner, Tiroler und vor allem ungarische Jakobiner kamen in den Kerker oder an den Galgen. In deutschen Ländern, wo die Jakobiner eher ungeschoren blieben, versandete ihre Aktivität mit dem Ende der Revolutionszeit und dem Aufstieg Napoleons.

Bei Franz wurde nun die „Furcht vor Demokratie und die Allergie gegen Veränderung pathologisch", bemerkt der englische Historiker Macartney. Zensur und Geheimpolizei hatte schon der Reformer Joseph II. aufgebaut; unter Napoleon erwies sich sein Minister Joseph Fouché (dem Stefan Zweig eine eindrucksvolle Biographie gewidmet hat) als Meister der Staatssicherheit. Bei Kaiser Franz verband sich dieses System nun mit politischem Konservativismus. Er gab der Polizei immer größeren Spielraum; die österreichische Geheimpolizei mit ihren zahlreichen Spitzeln und Konfidenten war bald berüchtigt. Besonders wurden Intellektuelle, Freimaurer und Ausländer überwacht; der Kaiser las mit besonderer Vorliebe die vertraulichen Berichte. Zum Unterschied von totalitären Systemen des 20. Jahrhunderts gab es allerdings insgesamt eher selten politische Prozesse, und wenn, fielen die Urteile meist mild aus. Der von Ängsten geplagte Kaiser war ja auch nie wirklich von Revolution bedroht. Dennoch wurde mit allen Mitteln versucht, die Verbreitung verdächtiger Ideen zu verhindern; die Zensur wurde immer weiter verschärft. Die Einfuhr auslän-

Am 10. August 1804 teilte Kaiser Franz II. der Staatskonferenz mit, daß er den Titel „Kaiser von Österreich" annehmen werde. Der römisch-deutsche Kaiser hatte einst die vornehmste Würde aller europäischen Souveräne beansprucht. Nun mußte Kaiser Franz den russischen und französischen Monarchen nachziehen, da er auch die Ranggleichheit bedroht sah.
Am 7. Dezember 1804 fand die feierliche Proklamation des neuen Kaisertums statt. „Franz I., Kaiser von Österreich."

Schatzkammer, Wien

Die Betreuung verwundeter Franzosen durch die Bevölkerung auf der Landstraße 1809. „Eine Straße von Blut zog sich von Ebersdorf und Simmering zur St. Marxer- und Favoritenlinie herein, die herrlichsten Krieger schlichen als Jammerbilder daher, von Staub und Wunden entstellt ... nur um einen Tropfen Wasser, um Hülfe oder um den Tod ächzend ..." So der Zeitgenosse und Augenzeuge Joseph von Hormayr.
HMStW

discher Literatur war ohnehin verboten, alle inländischen Publikationen wurden von der Zensur geprüft, sogar die Mottos auf Fächern oder die Aufschriften auf Spielzeug wurden kontrolliert. 1801 wurde zudem verfügt, daß alle Schriften der Reformzeit 1780–1792 noch einmal zensuriert werden müßten.

Adel, Kirche, Bürokratie, das waren die Mächte, auf die sich das neue Regime stützte. Im Interesse des Adels wurden Josephs Reformansätze zur Verbesserung der Rolle der Bauern ad acta gelegt. Die Ablöse der Robot, der unentgeltlichen Arbeit für den Herrn, wurde gestoppt; sie sei eine gute Schule der Demut und des Gehorsams, befand man bei Hof. Die Bürokratie, bisher vom josephinischen Geist geprägt, paßte sich bruchlos der neuen Situation an; manches milderte, vieles verhinderte sie durch Ineffizienz. Erzherzog Karl, der jüngere Bruder des Kaisers, blieb mit seiner Forderung nach durchgreifenden Verwaltungsreformen, die der militärischen Schlagkraft zugute kommen würden, allein. Nur im Bereich des Heeres selbst betraute ihn der Kaiser zwischen 1801 und 1809 mit einer Neuorganisation. Gefördert wurde auch die Errichtung von Schulen; etwa wurde in Prag das erste Polytechnicum eröffnet. Natürlich sollten die Schulen nicht zu selbständigem Denken ermuntern, sondern gute Menschen, treue Untertanen und fromme Christen erziehen. In diesem Sinn standen auch die Lehrer unter strenger Kontrolle. Eine zukunftsweisende Reform gab es dagegen in der Justiz: die Einführung eines neuen Strafrechtes und des Allgemeinen Bürgerlichen Gesetzbuches, worin sich zum Teil noch der Einfluß der josephinischen Reformer spiegelte.

Schon 1797 hatte die Monarchie ihre bei weitem entwickeltsten Gebiete verloren, die Niederlande und die Lombardei, mit reichen Städten und einem starken Bürgertum. Das Gefälle von West nach Ost setzte sich im geschlossenen Bereich der übrigen Erbländer fort. In Österreich und Böhmen hatte Maria Theresia mit großzügigen Fabriksprivilegien den Aufbau von Manufakturen zu fördern versucht; dennoch hatte die Industrialisierung nur wenig gegriffen, am ehesten in Böhmen. Ungarn hatte man bewußt von allen Förderungsmaßnahmen ausgeschlossen; es sollte Agrarland bleiben, schwere Zölle verhinderten, daß es Getreide und Fleisch ins Ausland exportierte. Aber auch in Österreich war der Nutzen der Industrialisierung nach der Französischen Revolution mehr umstritten denn je. 1806 forderte ein österreichischer Hofrat in einer Denkschrift, Österreich müsse Agrarstaat bleiben; das Beispiel Englands und Hollands zeige, daß die Entwicklung zur Handelsmacht den Nationalcharakter ruiniere, Gier und Genußsucht fördere und die Verteidigungsbereitschaft untergrabe. Kaiser Franz war leicht davon zu überzeugen, daß Fabriken in Städten gefährliche Unruheherde darstellen würden, vorübergehend verbot er überhaupt die Gründung neuer Fabriken in Wien und jeden Import von Maschinen. Die Kontinentalsperre mit dem Ausfall der Importe aus England zwang wieder zur Förderung

Der Tiroler Freiheitskämpfer Andreas Hofer (1767–1810) führte bereits 1796/97 eine Landsturmkompanie gegen die Franzosen und trat 1809 an die Spitze des Tiroler Aufstandes. In den vier Schlachten am Bergisel blieb er gegen die Bayern und Franzosen siegreich. Nach Abschluß des Friedens von Schönbrunn ließ sich Hofer zu weiterem Widerstand überreden. Nach der Niederlage flüchtete Hofer, sein Versteck wurde aber verraten. Am 20. Februar 1810 wurde er in Mantua standrechtlich erschossen. Der „Sandwirt" lebt in Gedichten, Liedern und Dramen als Symbolgestalt des Tiroler Kampfes gegen Fremdherrschaft fort.

Archiv Verlag Styria

der Industrie; die böhmische Textilindustrie und die Verarbeitung von Zuckerrüben statt des Rohrzuckers gehen darauf zurück. Österreichs wirtschaftliche Rückständigkeit wurde aber kaum kleiner.

Das hatte politische Auswirkungen, die den Herrschenden gar nicht unangenehm waren: Die Entwicklung eines starken, wirtschaftlich selbständigen Bürgertums wurde gebremst. Unangenehmer, wenn auch nicht so augenfällig waren die Folgen für die Staatsfinanzen. Schon Joseph II. mit seiner aufwendigen Außenpolitik hatte seine Möglichkeiten überstiegen, Franz I. erbte Schulden von 417 Millionen Gulden. Die dauernden Kriege gegen Frankreich ließen die Staatsausgaben weiter in die Höhe schnellen. Immer teurere Kredite bei ausländischen Bankiers und die unbeschränkte Ausgabe von „Bankozetteln", Papiergeld mit beschränkter Gültigkeit, waren die Folge. Zwischen 1796 und 1806 verzehnfachte sich die Summe der Bankozettel auf 450 Millionen Gulden, 1810 überschritt sie eine Milliarde; Deckung und Marktwert sanken nun unaufhaltsam. 1811 mußten sie zu einem Fünftel ihres Nennwertes eingelöst werden, der Staat war bankrott. Immer noch waren die Lasten zudem ungleich verteilt. Die Inflation begünstigte die Grundbesitzer; am besten dran waren die ungarischen Adeligen, die bisher die Steuerpflicht vermieden hatten. Nur sehr zögernd gestanden die ungarischen Stände dem Kaiser, ihrem König, Geld und Soldaten für die Kriege gegen Napoleon zu. Das absolutistische

Regime konnte sich auch nun in Ungarn nicht so durchsetzen wie in den anderen habsburgischen Ländern.

Höhepunkt und Ende des napoleonischen Systems

Nach dem Debakel von Austerlitz mußte des Kaisers Erzieher als Politiker abtreten; Colloredo ging, Graf Stadion übernahm wieder die Außenpolitik, und die jüngeren Brüder des Kaisers gewannen an Einfluß. Es war die Zeit der Erzherzöge: Karl führte die Armee, Joseph regierte als Palatin in Ungarn, Rainer diente als wichtiger Ratgeber, und Johann wurde damit beauftragt, eine Landwehr aufzubauen, um einem weiteren französischen Einmarsch besser entgegentreten zu können. „In welcher Provinz, in welchem Lande, unter welcher Regierung ist der Bürger, der Landmann besser behandelt?" – so formulierte Erzherzog Johann in seiner Instruktion für die Landwehr, was es zu verteidigen gelte. Gegen die französische Vorherrschaft setzte man nun auf deutschen Patriotismus. Ein widersprüchliches Unterfangen: Ein Kaiser, dem alle Volksbewegung zutiefst verhaßt war, suchte das Volk zum Aufstand zu bewegen – für ihn, die Monarchie, das Reich. „Einen schwankenden Staat, in gewöhnlichen Hilfsmitteln seine Zuflucht nehmend, greift ein habsüchtiger Eroberer an ... aber eine furchtbare Volksmenge, gebildet durch kernhafte, biedere, tapfere Völker, den Fürsten, seine Blutsverwandten und den Adel an der Spitze" könnte den Eroberer abschrecken, hoffte man bei Hof.

Dichter und Publizisten erhielten den Spielraum, an patriotische Gefühle und Freiheitshoffnungen zu appellieren, freilich eher aus konservativem „Zeitgeist" heraus: die Romantiker August Wilhelm und Friedrich Schlegel, der schlesische Publizist Friedrich von Gentz, der Tiroler Publizist und Historiker Joseph Freiherr von Hormayr sowie Heinrich Collin, der volkstümliche Landwehrlieder schrieb. Preußen war 1806 völlig geschlagen worden („ich habe hübsche Manöver gegen die Preußen durchgeführt", schrieb Napoleon an seine Frau Josephine); nun wollte sich wieder Österreich als Vertreter der deutschen Sache hervortun, „die Sache des Staates zur Sache der Nation machen". Der Moment schien günstig; in Spanien erlitten französische Truppen Niederlage auf Niederlage. Deutsche Dichter schwärmten für die Sache; die wichtigsten Staaten aber, Bayern und Württemberg voran, stellten starke Heere an Napoleons Seite.

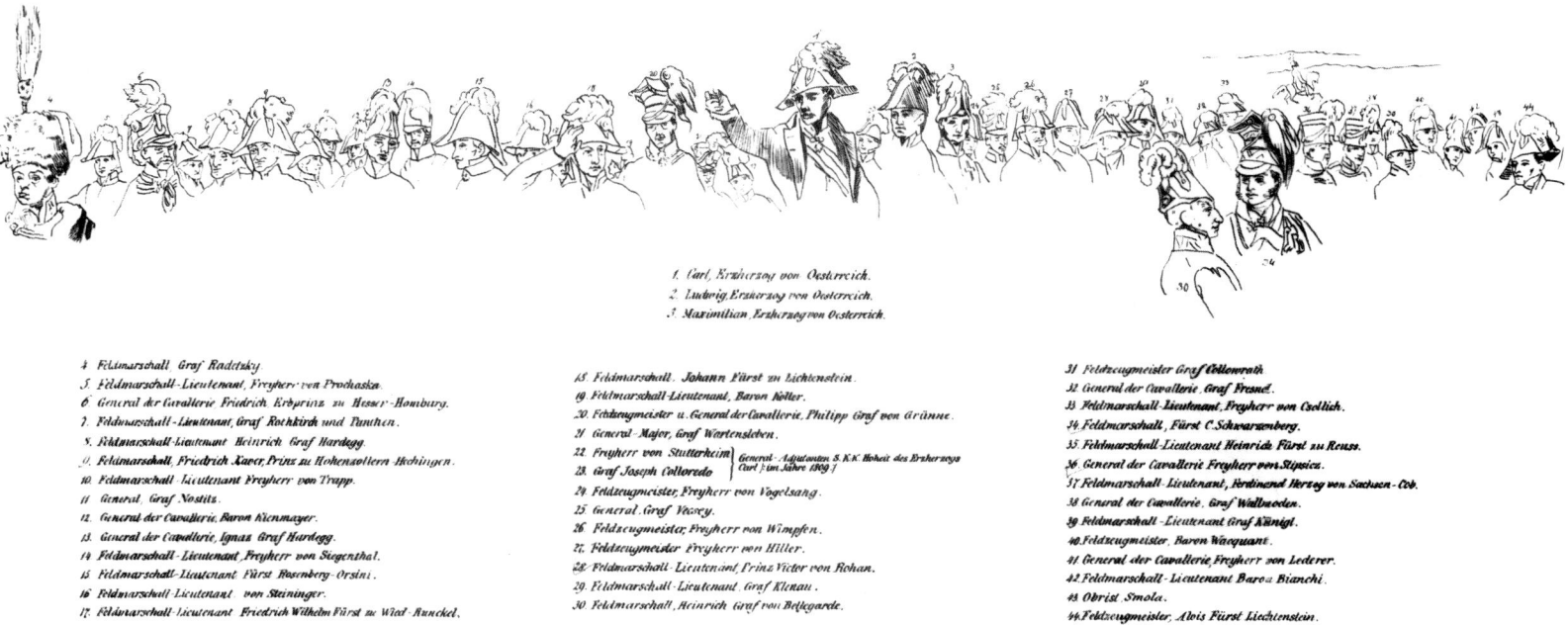

1. Carl, Erzherzog von Oesterreich.
2. Ludwig, Erzherzog von Oesterreich.
3. Maximilian, Erzherzog von Oesterreich.

4. Feldmarschall Graf Radetzky.
5. Feldmarschall-Lieutenant, Freyherr von Prochaska.
6. General der Cavallerie Friedrich Erbprinz zu Hessen-Homburg.
7. Feldmarschall-Lieutenant, Graf Rothkirch und Panthen.
8. Feldmarschall-Lieutenant Heinrich Graf Hardegg.
9. Feldmarschall, Friedrich Xaver, Prinz zu Hohenzollern-Hechingen.
10. Feldmarschall-Lieutenant Freyherr von Trapp.
11. General, Graf Nostitz.
12. General der Cavallerie, Baron Kienmayer.
13. General der Cavallerie, Ignaz Graf Hardegg.
14. Feldmarschall-Lieutenant, Freyherr von Siegenthal.
15. Feldmarschall-Lieutenant Fürst Rosenberg-Orsini.
16. Feldmarschall-Lieutenant von Steininger.
17. Feldmarschall-Lieutenant Friedrich Wilhelm Fürst zu Wied-Runckel.

18. Feldmarschall, Johann Fürst zu Lichtenstein.
19. Feldmarschall-Lieutenant, Baron Koller.
20. Feldzeugmeister u. General der Cavallerie, Philipp Graf von Grünne.
21. General-Major, Graf Wartensleben.
22. Freyherr von Stutterheim } General-Adjutanten S.K.K. Hoheit des Erzherzogs
23. Graf Joseph Colloredo } Carl } im Jahre 1809 }
24. Feldzeugmeister, Freyherr von Vogelsang.
25. General Graf Vecsey.
26. Feldzeugmeister, Freyherr von Wimpfen.
27. Feldzeugmeister Freyherr von Hiller.
28. Feldmarschall-Lieutenant, Prinz Victor von Rohan.
29. Feldmarschall-Lieutenant, Graf Klenau.
30. Feldmarschall, Heinrich Graf von Bellegarde.

31. Feldzeugmeister Graf Collenrath.
32. General der Cavallerie, Graf Fresnel.
33. Feldmarschall-Lieutenant, Freyherr von Csollich.
34. Feldmarschall, Fürst C. Schwarzenberg.
35. Feldmarschall-Lieutenant Heinrich Fürst zu Reuss.
36. General der Cavallerie Freyherr von Stipsics.
37. Feldmarschall-Lieutenant, Ferdinand Herzog von Sachsen-Cob.
38. General der Cavallerie, Graf Wallmoden.
39. Feldmarschall-Lieutenant Graf Kienigl.
40. Feldzeugmeister, Baron Wacquant.
41. General der Cavallerie, Freyherr von Lederer.
42. Feldmarschall-Lieutenant Baron Bianchi.
43. Obrist Smola.
44. Feldzeugmeister, Alois Fürst Liechtenstein.

Die volkstümliche österreichische Kriegspropaganda griff entscheidend nur in einem Land, das nicht mehr zur Monarchie gehörte: in Tirol, das nun bayerisch war. Seit dem Mittelalter war Tirol das Land, in dem sich die Bauern noch die größten Freiheiten erhalten hatten. Unter der Führung Andreas Hofers vertrieben die Tiroler schon wenige Tage nach der Kriegserklärung, im April 1809, die Bayern aus dem Land, das zunächst gegen weitere Angriffe gehalten wurde. Die Entscheidung aber fiel anderswo. Napoleon wiederholte seinen kühnen Vorstoß von 1805; genau einen Monat nach Kriegsausbruch war er wieder in Wien. Am 11. Mai um 9 Uhr abends eröffneten die Franzosen aus 20 Haubitzen das Feuer auf die Stadt, um halb 3 Uhr früh kapitulierte sie. „14 abgebrannte Dachstühle und 17 meist nur durch Zufall, durch ihre eigene Neugierde Verunglückte" (Joseph von Hormayr) hatten den vorher vielbeschworenen Widerstandsgeist gebrochen.

Jenseits der Donau stand das österreichische Haupheer unter dem Befehl von Erzherzog Karl, der vor dem Krieg eher zur Vorsicht gemahnt hatte. Am 21. und 22. Mai siegte er bei Aspern über die „Grande Armée". Spätere patriotische Betrachtung erklärte diesen Sieg zur „großen Weltbegebenheit" (Arneth); „das bei Aspern vergossene Blut war das Morgenrot besserer Tage" (Konstantin Wurzbach, 1860). Erzherzog Karl als „Überwinder des Unüberwindlichen" erhielt schließlich 1857 ein Denkmal auf dem Heldenplatz und wurde zum Vorbild stilisiert. Kurzfristig war mit der gewonnenen Schlacht wenig erreicht. Es gelang nicht, Napoleon aus Wien zu verdrängen. Im Juli

siegten die Franzosen bei Deutsch Wagram in der zweiten Marchfeldschlacht. Kaiser Franz hatte den Verlauf des Treffens vom Bisamberg aus beobachtet. „Jetzt können wir halt nach Hause gehen", soll er am Ende gesagt haben. Zahlreiche Opfer waren zu beklagen. „Eine Straße von Blut zog sich von Ebersdorf und Simmering zur St. Marxer- und Favoritenlinie herein, die herrlichsten Krieger schlichen als Jammerbilder daher, von Staub und Wunden entstellt, mit zerrissenen, zerschmetterten Gliedmaßen, in der gewaltigen Hitze verschmachtend, nur um einen Tropfen Wasser, um Hülfe oder um den Tod ächzend", schrieb Hormayr später. Am 15. August, seinem Geburtstag, konnte Napoleon in Wien eine große Feier veranstalten, mit Parade, Feuerwerk, Illuminierung und Galadiner. Ein ironischer Kommentar fiel einem Mariahilfer Bürger ein, der an seinem Haus die reich beleuchteten Buchstaben Z.W.A.N.G. anbrachte, mit der kleinen Schrift dazwischen: Zur Weihe an Napoleons Geburtstage. Dafür durften die Wiener nun eine Reihe verbotener Theaterstücke sehen und verbotene Literatur kaufen.

In Wien löste der große Kaiser der Franzosen, der Milde zu demonstrieren suchte, durchaus widersprüchliche Gefühle aus. Grillparzer erinnerte sich später: „Ich selbst war kein geringerer Franzosenfeind als mein Vater und demungeachtet zog Napoleon mich mit magischer Gewalt an. Mit dem Haß im Herzen und zu aller Zeit kein Liebhaber von militärischem Schaugepränge, versäumte ich doch keine seiner Musterungen in Schönbrunn und auf dem Felde der sogenannten Schmelz. Noch sehe ich ihn die Freitreppe des Schönbrunner Schlosses mehr herablaufen als gehen,

„Erzherzog Karl umgeben von den berühmtesten Feldherren der österreichischen Armee im Jahr 1809." Lithographie von Franz Hanfstängl.
Nach seiner Demission – ausschlaggebend war die Niederlage bei Deutsch Wagram – zog sich Erzherzog Karl faktisch ins Privatleben zurück.
ÖNB

Nach der Niederlage Österreichs trat erstmals Metternich auf die politische Bühne. Napoleon war auf „Brautschau", und Metternich brachte die Verbindung mit der damals 18jährigen österreichischen Erzherzogin Marie Louise zustande. Bereits im April 1810 wurde sie in Paris mit dem Kaiser der Franzosen getraut. Hier die Übergabe der Braut an die französische Gesandtschaft.
HMStW

Die österreichische Erzherzogin und Kaiserin der Franzosen Marie Louise (1791–1847). Napoleon opferte seine Ehe mit Josephine Beauharnais, die ihm keinen Thronfolger geboren hatte. Die Liebe mußte der Staatsräson weichen.
Bereits 1811 wurde Napoleon II., König von Rom und Herzog von Reichstadt, geboren. Er starb 1832 und ruht im Invalidendom in Paris.
KHM

die beiden Kronprinzen von Bayern und Württemberg als Adjutanten hinter sich, und nun mit auf den Rücken gefalteten Händen eisern dastehen … Er bezauberte mich wie die Schlange den Vogel." Die Franzosen wunderten sich, daß ihre Freiheitsaufrufe kaum auf positives Echo stießen; sie schrieben das dem langsamen und unbeweglichen Charakter der Österreicher zu. Viele Franzosen hatten keine besonders gute Meinung von den Österreichern: Sie seien groß und dick, arbeitsam und einfältig, rauchten viel und legten großen Wert auf Titel und Uniformen, beobachtete ein französischer Offizier. Gegenseitigen Nationalhaß gab es aber kaum; bei den Gebildeteren überwog die Achtung vor der jeweiligen Kultur. Die Besatzer etwa stellten eine Ehrenwache vor dem Haus Joseph Haydns auf, der Mitglied der Académie française war, und brachten ihm Ständchen dar. Und von den Wiener Mädeln schwärmten die Soldaten: „Nichts ist süßer als eine Österreicherin." Am 14. Oktober wurde schließlich nach schleppenden Verhandlungen der Wiener Frieden unterzeichnet. Salzburg und das Innviertel gingen an Bayern verloren, Krakau und Westgalizien an das neue Großherzogtum Warschau. Außerdem wurde Österreich völlig von der Adria abgeschnitten, Görz, Triest, Krain, der Westen Kroatiens, der Kreis Villach wurden mit Dalmatien als illyrische Provinzen direkt Frankreich angeschlossen. Immer weiter war die Habsburgermonarchie von

Frieden zu Frieden nach Osten abgedrängt worden. Die kriegsmüden Wiener quittierten den demütigenden Vertrag mit Jubel und Begeisterung. Nun wurde auch Tirol wieder von Bayern und Franzosen besetzt; nach zwei gewonnenen Schlachten am Bergisel entschied darüber die dritte, verlorene, am 21. Oktober. Der Kaiser hatte sein Versprechen, keinen Frieden zu schließen, der Tirol nochmals abtrat, nicht halten können. Trotz eines französischen Amnestieversprechens ließ sich Andreas Hofer zu neuem Widerstand überreden, mußte sich verbergen, wurde verraten, gefangengenommen und in Mantua schließlich erschossen. Ein weiteres Symbol späteren Patriotismus war gescheitert.

Wieder zog Kaiser Franz die Konsequenzen aus der Niederlage, indem er seine Berater austauschte. Erzherzog Karl mußte gehen; der spätere Nationalheld hat nie mehr ein wichtiges Kommando bekommen. Auch die anderen Erzherzöge, bis auf den Palatin Joseph, verloren ihren Einfluß. Graf Stadion als Leiter der Außenpolitik wurde durch den kompromißbereiteren Metternich ersetzt. Nach dem Scheitern der Kriegspolitik vollzog der illusionslose Diplomat einen Schwenk zur Zusammenarbeit mit Napoleon. Er erklärte, „daß

wir unsere Sicherheit nur in unserer Anschmiegung an das triumphierende französische System suchen können ... Wir müssen also vom Tag des Friedens an unser System auf ausschließendes Laviren, auf Ausweichen, auf Schmeicheln beschränken. So allein fristen wir unsere Existenz vielleicht bis zum Tage der allgemeinen Erlösung."

Etwas hatte das schwer geschlagene Österreich dem Herrn fast ganz Europas immerhin zu bieten – nämlich Ansehen und Legitimität seiner Dynastie. Seit einiger Zeit hatte sich der Korse um die Hand einer russischen Großfürstin bemüht – vergeblich. Nun brachte Metternich die Verbindung mit einer österreichischen Erzherzogin zustande: mit der 18jährigen Marie Louise, der ältesten Tochter des Kaisers. Sie mußte ihre anerzogene Abneigung gegen die revolutionären Franzosen und den korsischen Kaiser überwinden und wurde im April 1810 in Paris mit ihm getraut. Napoleon hat dafür seine Ehe mit Josephine Beauharnais, die keinen Thronfolger geboren hatte, opfern müssen; die Liebe mußte Staatsräson und Ehrgeiz weichen. „Indem ich eine Erzherzogin heiratete, habe ich das Neue mit dem Alten verschmelzen wollen, die gotischen Vorurteile mit

Das Napoleonzimmer im Schloß Schönbrunn. Im Frieden von Schönbrunn (14. Oktober 1809) gingen für Österreich Salzburg und das Innviertel an Bayern verloren, Krakau und Westgalizien an das neue Großherzogtum Warschau. Weiters wurde Österreich völlig von der Adria abgeschnitten.

ÖNB

den Institutionen meines Jahrhunderts", schrieb Napoleon später. „Napoleon berauscht sich an dem Gedanken, ein Mitglied der Familie Habsburg zu werden. Dieser Snobismus war seine Schwäche. Als militanter Revolutionär hatte er seine Laufbahn begonnen. Er beendete sie als legitimer Liebhaber der Nichte Marie Antoinettes" (André Maurois). Die Revolution war beinahe zu ihrem Ausgangspunkt zurückgekehrt. 1811 brachte Marie Louise einen Sohn zur Welt, der den Namen Napoleon und die drei habsburgischen Namen Franz Josef Karl bekam. Gleich bei seiner Geburt wurde er zum König von Rom ernannt. Nach Napoleons Fall mußte sich der Sproß einer peinlichen Verbindung mit dem extra geschaffenen Titel eines Herzogs von Reichstadt bescheiden.

Das französische Bündnis verwickelte Österreich auch in Napoleons größtes Unternehmen: den Zug der Grande Armée gegen Rußland 1812/13. Karl Fürst Schwarzenberg führte ein Kontingent von 30.000 Mann an der Seite der insgesamt über eine halbe Million starken Franzosen in den Krieg; der winterliche Rückzug von Moskau endete in einer Katastrophe, an der Beresina wurde die sieggewohnte französische Armee dezimiert, und insgesamt konnte sich nur ein Bruchteil von Napoleons Soldaten retten. Schwarzenberg gelang es, die Verluste seiner Einheiten geringer zu halten. Nun geriet Napoleons Macht ins Wanken; Preußen und England stellten sich auf die Seite Rußlands, Österreich zögerte noch und versuchte

zu vermitteln. Auch im Inneren bestanden Metternich und Kaiser Franz auf Zurückhaltung. Sein populärer Bruder Johann hatte wieder mit einer Tiroler Freiheitsbewegung, dem Alpenbund, Kontakt aufgenommen, der einen neuen Aufstand gegen Bayern und Franzosen plante. Nun wurde Johann der künftige Aufenthalt in Tirol verboten – der Erzherzog, der die Alpenländer so sehr liebte, konzentrierte sich um so mehr auf die Steiermark. Der Freiherr von Hormayr, eine Hauptperson der Tiroler Verschwörung, wurde verhaftet. Das Zögern in Wien, sich in einen neuen Krieg gegen Frankreich verwickeln zu lassen, war nur zu verständlich. Die Finanzen waren nach wie vor in völliger Unordnung und beschränkten den politischen Spielraum. Preußen, das nun die Führung des Befreiungskampfes übernommen hatte, wurde damit zum Hoffnungsträger nationaler Bestrebungen in Deutschland, eine Rolle, die Österreich 1809 vergeblich angestrebt hatte.

Nach und nach verstärkte sich die Koalition gegen Napoleon. Im August 1813 erklärte schließlich auch Österreich dem Kaiser der Franzosen den Krieg. Bei der entscheidenden „Völkerschlacht" bei Leipzig im Oktober spielten Fürst Schwarzenberg als Oberbefehlshaber und sein Stabschef Radetzky, neben dem siebzigjährigen preußischen General Blücher und dem ehemaligen französischen Marschall und schwedischen Kronprinzen Bernadotte, eine wichtige Rolle. Mehr als 120.000 Soldaten fielen, Napoleon mußte Deutschland

Die Befreiungskriege 1813–1815.
Napoleons Stern war seit seinem fehlgeschlagenen Rußlandfeldzug im Sinken. Die Koalition gegen ihn wurde immer größer. In der Völkerschlacht bei Leipzig vom 16. bis 19. Oktober 1813 mußte der Korse eine vernichtende Niederlage einstecken und Deutschland räumen. Fürst Karl Philipp Schwarzenberg als Oberbefehlshaber, sein Stabschef Radetzky, General Blücher und der schwedische Kronprinz Bernadotte waren die Hauptpersonen dieser entscheidenden Auseinandersetzung.

AKG

räumen. Immer noch versuchte Metternich, den Kaiser der Franzosen als Faktor eines neuen europäischen Gleichgewichts zu halten. Doch diesmal ging die Geschichte über das Kalkül des genialen Diplomaten hinweg. Napoleon lehnte einen Frieden ab, der ihn auf die „natürlichen" Grenzen Frankreichs, Rhein, Alpen und Pyrenäen, beschränkt hätte. Eine Anzahl Schlachten mußte noch geschlagen werden, die Verbündeten rückten auf Paris vor. Nun ließen Napoleons wichtigste Amtsträger den Kaiser fallen. Seine Marschälle übergaben kampflos Paris, der Außenminister Talleyrand bereitete die Rückkehr der Bourbonen vor. Der neue König Ludwig XVIII. erhielt im Pariser Frieden vom Mai 1814 ein gegenüber 1792 sogar leicht vergrößertes Frankreich zugestanden. Napoleon floh, zeitweise in österreichischer Uniform, durch Frankreich und wurde von einem englischen Schiff ins Exil nach Elba gebracht. Die Neuordnung Europas war damit noch nicht entschieden.

Der Wiener Kongreß und die Neuordnung Europas

Die vielen offenen Fragen, die das Ende des napoleonischen Systems zurückgelassen hatte, bargen gefährlichen Konfliktstoff in sich. Ein Krieg zwischen Österreich und Rußland schien in der Luft zu liegen. Doch die Metternichsche Idee des europäischen Gleichgewichts, die auch den Interessen Englands entsprach, gewann immer mehr Anhänger. In Paris war beschlossen worden, für den Herbst 1814 in Wien eine große Friedenskonferenz einzuberufen. Tatsächlich trat der „Wiener Kongreß" mit geringer Verspätung zusammen. Zar Alexander I., der König von Preußen, Friedrich Wilhelm III., der Außenminister Englands, Lord Castlereagh, und der Frankreichs, Talleyrand, sowie Vertreter von etwa 200 Staaten, Fürsten und Städten trafen in Wien ein, insgesamt Zehntau-

Nach der Niederlage Napoleons in der Völkerschlacht bei Leipzig wurde er von allen Vertrauten und Mitarbeitern fallengelassen. Paris wurde kampflos übergeben und die Rückkehr der Bourbonen veranlaßt.
In Wien bereitete man die Neuordnung Europas vor. Der Kutscher betrat die Bühne.
Hier der Einzug von Kaiser Franz I. in Wien.
ÖG

„Der Kongreß tanzt": Maskenball im Wiener Redoutensaal. Tatsächlich kümmerten sich viele der gekrönten Häupter relativ wenig um die politische Arbeit.

Museen der Stadt Wien

Zum Wiener Kongreß 1814/15 kamen Vertreter von etwa 200 Staaten, Fürstentümern und Städten nach Wien, insgesamt Zehntausende Gäste, darunter Zar Alexander I., Friedrich Wilhelm III. von Preußen, Frankreichs Außenminister Talleyrand usw.

ÖNB

sende Gäste, die ein großes Loch in die Staatskasse rissen, die Wiener Wirtschaft aber kräftig belebten. „Der Kongreß tanzt", in diesem Schlagwort drückt sich der Eindruck aus, den die Wiener von der Veranstaltung haben mußten. Viele der gekrönten Häupter kümmerten sich wenig um die politische Kleinarbeit; das war die Angelegenheit derjenigen, die „die Puppen tanzen lassen und die Fäden ziehen", wie der englische Dichter Lord Byron das

etwas verächtlich nannte. In kleinen, vertraulichen Ausschüssen wurde zäh um zahlreiche große Fragen und kleine Probleme gerungen. Vollversammlungen gab es während der Arbeiten des Kongresses nicht. In informellen Kontakten innerhalb des „Europe sans distance", wie es Metternich nannte, fielen die meisten Entscheidungen.

Metternich gelang es, mit Unterstützung seines nunmehrigen Vertrauten Friedrich Gentz, zahlreiche Fäden zu spinnen; der lebenslustige Minister ließ sich aber auch das gesellschaftliche Leben des Kongresses nicht entgehen. Zudem pflegte er seine Liebesaffäre mit der russischen Fürstin von Sagan bis zum traurigen Ende; Gentz klagte, daß die „affaires du cœur" seinen Herrn mehr beschäftigten als die Neuordnung Europas. Zu allem Überfluß geriet Metternich noch dem ebenfalls Amouren nicht abgeneigten Zaren in die Quere, so daß dieser ihn schon zum Duell fordern wollte. Dennoch gingen die Pläne des inzwischen zum Fürsten erhobenen Metternich in vielem auf; die Kompromisse, die erreicht wurden, verwirklichten bis zu einem gewissen Grad seine Vorstellungen von einem europäischen Gleichgewicht, das von einem starken Österreich in der Mitte Europas garantiert wurde.

Während man in Wien noch tanzte und verhandelte, wurde alles wieder in Frage gestellt. Im März 1815 war Napoleon von Elba aus wieder in Frank-

reich gelandet, wo er mit Windeseile auf Paris vorstieß; Ludwig XVIII. mußte fliehen. In vielen Varianten wird die Geschichte erzählt, wie die Nachricht den Kongreß alarmierte. Graf de la Garde erinnerte sich, wie auf einem Ball bei Metternich die Hiobsbotschaft vom Aufbruch Napoleons eintraf: „Die Wirkung dieser Nachricht glich dem Schlag mit einem Zauberstabe oder dem schrillen Pfiff eines Maschinisten … wahrhaftig, die tausende von Wachskerzen schienen mit eins erloschen zu sein." Metternich wiederum behauptet in seinen sehr frisierten Erinnerungen, er habe frühmorgens als erster die Neuigkeit erfahren und daraufhin den Kaiser und die anderen Monarchen informiert; in weniger als einer Stunde sei der Krieg beschlossen gewesen. In Wirklichkeit hat es etwas länger gedauert, bis die politischen Vorbereitungen des neuen Waffenganges abgeschlossen waren; doch die Hoffnungen des Korsen auf die Uneinigkeit der Mächte erfüllten sich nicht. Im Gegenteil, der Schatten Bonapartes beschleunigte die umständlichen Verhandlungen des Kongresses; der gemeinsame Feind mag in manchen Fällen zu einem Zusammenrücken beigetragen haben. Am 9. Juni konnten die Schlußakte des Kongresses feierlich unterzeichnet werden. Und am 18. Juni scheiterte Napoleons Präventivvorstoß gegen die Niederlande bei Waterloo; das unterlegene englische Heer unter Wellington hatte das

Feld behauptet, bis preußische Verstärkungen unter Gneisenau die Entscheidung brachten. Wieder gelang es der preußischen Armee, sich als Hüterin der deutschen Sache unvergeßlich zu machen. Der vaterländische Mythos der preußischen Generäle Blücher, Gneisenau und Scharnhorst lief den habsburgischen Befreiungshelden Erzherzog Karl, Erzherzog Johann und Fürst Schwarzenberg, trotz aller Verehrung in Österreich, in Deutschland den Rang ab; zudem ließ sich nicht verhehlen, daß die beiden populären Erzherzöge von ihrem kaiserlichen Bruder recht unsanft abserviert worden waren.

Napoleon mußte das sonnige Elba nun mit der kargen Südatlantikinsel St. Helena vertauschen. Im zweiten Pariser Frieden erlitt Frankreich einige Einbußen gegenüber den Ergebnissen von Wien; sonst blieb es bei den Beschlüssen des Kongresses. Im allgemeinen wurde die Staatenwelt Europas, wie sie vor den Revolutionskriegen bestanden hatte, wiederhergestellt. Im einzelnen jedoch wurden viele Veränderungen der ersten Koalitionskriege beibehalten. Österreich verzichtete auf Belgien und die Vorlande. Dafür erhielt es, neben Tirol und den anderen Besitzungen in den Ostalpen, auch Salzburg zurück (nur Berchtesgaden kam an Bayern); auch die „illyrischen" Länder, schon Ende 1813 wieder besetzt, blieben der Monarchie. Besonderen Wert hatten Metternich

Militärfest im Prater zur Zeit des Wiener Kongresses 1814. Während man in Wien noch tanzte, war Napoleon von Elba geflüchtet und im März 1815 in Frankreich gelandet, König Ludwig XVIII. mußte fliehen. Das „Intermezzo der hundert Tage" begann.
HMStW

und sein Kaiser auf eine starke Stellung in Italien gelegt. Mailand und das 1797 vorübergehend erworbene Venedig kamen als lombardo-venetianisches Königreich an die Monarchie; in der Toskana, in Modena und in Parma regierten habsburgische Fürsten (in letzterem Napoleons Gemahlin Marie Louise, die inzwischen Gefallen an dem etwas blessierten Haudegen Graf Neipperg gefunden hatte). Der Kirchenstaat und das bourbonische Königreich beider Sizilien vervollständigten ein Italien, das von Österreich dominiert war.

Heikler war die deutsche Frage. Verschiedene Konzeptionen und Interessen standen einander in oft schwer durchschaubarer Verquickung gegenüber. Napoleon hatte mit den Reichsgebieten europäische Politik betrieben; entscheidend waren auch jetzt nicht innerdeutsche Kräfteverhältnisse, sondern die Konstellation der Großmächte. Weder Österreich noch Preußen konnten alle ihre Wünsche durchsetzen. Die preußischen Verhandler hatten gehofft, das allzu lange mit Napoleon verbündete Sachsen erwerben zu können, mußten sich aber schließlich mit kleinen Teilen davon zufriedengeben. Dafür fielen Gebiete beiderseits des Rheins, vor allem in Westfalen, an Preußen. Österreich hingegen mußte vom Rhein endgültig Abschied nehmen, obwohl noch längere Zeit über eine Wiederherstellung Vorderösterreichs verhandelt worden war. Damit war die Habsburgermonarchie an den Rand Deutschlands gerückt und

hatte die vielbeschworene „Wacht am Rhein" an Preußen abgegeben. Bayern wurde für den Verlust Tirols, Salzburgs und des Innviertels in Franken entschädigt und blieb die dritte deutsche Macht. Die Säkularisierung der geistlichen Fürstentümer und die Unterordnung der Reichsstädte unter die Territorien wurden nicht mehr rückgängig gemacht. Nur vier freie Städte, Hamburg, Bremen und Lübeck sowie Frankfurt, erinnerten an frühere städtische Freiheit. Dazu kamen insgesamt 35 Fürstenstaaten von sehr unterschiedlichen Ausmaßen, wie die Bundesmatrikel von 1818 zeigt: Von insgesamt etwa 30 Millionen Einwohnern des neuen „Deutschen Bundes" entfielen auf die Bundesgebiete Österreichs und Preußens je etwa ein knappes Drittel (9,5 bzw. 8 Millionen), auf Bayern 3,5 Millionen; vier weitere Staaten, das Königreich Sachsen, Baden, Württemberg und Hannover hatten über eine Million, und so bis hinunter zu zahlreichen Territorien mit wenigen zehntausend Einwohnern.

Umstritten war auch die Form des neuen Zusammenschlusses, von dem nur feststand, daß es ihn geben sollte. Viele Patrioten wünschten sich aus dem Aufbruch der „Befreiungskriege" heraus einen Wandel zur deutschen Einheit. Österreich und Preußen wollten jeweils möglichst viel eigenen Einfluß und möglichst geringen des Rivalen. Manche dachten sogar an eine Aufteilung des „dritten Deutschland" unter den beiden deutschen Großmächten. Frankreich war wie immer an einem möglichst schwachen Deutschland interessiert; der englischen Hannover-Dynastie lag für ihr deutsches Königreich Hannover ebenfalls an einem eher lockeren Zusammenschluß. Es ist kaum überraschend, daß mehr Einheit daher nicht zu erreichen war und alle bundesstaatlichen Pläne scheitern mußten. Allenfalls hätten die Mächte einer Wiedererrichtung des römisch-deutschen Kaisertums zugestimmt. Aber Kaiser Franz verzichtete nach den Erfahrungen der Revolutionskriege gern auf diese Würde: „Wenn sie mi wieder

so mach'n woll'n, wie i gewest bin, so dank i gar schön – woll'n sie mi aber anders mach'n, so bin i curios, wie sie das anstell'n werd'n", lautete sein berühmter Kommentar. Dieser Verzicht auf die verbrauchte Form des Imperiums bedeutete erst das endgültige Ende des Heiligen Römischen Reiches Deutscher Nation; viele seiner Vorgänger, denen daran soviel gelegen war, würden sich über das respektlose „dank i gar schön" des Erben einigermaßen gewundert haben. Aber für Franz wie für Metternich ging es vor allem darum, die staatliche Stellung Österreichs auszubauen.

Kaisertum oder nicht, Deutschland war nun auch offiziell ein Zusammenschluß souveräner Staaten. Mehrere davon waren nicht auf den Bund beschränkt. Der dänische und der niederländische König besaßen Bundesterritorien, England war mit Hannover verbunden, Preußen und Österreich brachten nur die Gebiete innerhalb des alten

Reichsgebietes ein. Nach einiger Überlegung verzichtete man in Österreich darauf, die Lombardei zum Bundesgebiet zu erklären, obwohl man hier an eine alte Reichstradition hätte anschließen können. Als sich im Mai 1815 – unter dem Druck von Napoleons Rückkehr – Österreich und Preußen auf eine Kompromißvariante der Bundesverfassung einigten, konnte der Deutsche Bund zum Zweck „der Erhaltung der äußeren und inneren Sicherheit Deutschlands und der Unabhängigkeit und Unverletzlichkeit der einzelnen deutschen Staaten" gegründet werden. Als zentrales Organ wurde ein Bundestag in Frankfurt eingerichtet, ein ständiger Gesandtenkongreß unter dem Vorsitz Österreichs. Die Bundesakte wurde in der Schlußakte des Wiener Kongresses verankert, was ihre europäische Bedeutung, aber auch den Einfluß der Großmächte verdeutlicht. 1819/20 schlossen sich die deutschen Fürsten vor der

Am 18. Juni 1815 scheiterte Napoleons Präventivvorstoß bei Waterloo.
Nachdem es den unterlegenen englischen Truppen unter Wellington gelungen war, das Feld zu behaupten, brachten die Preußen unter Gneisenau und Blücher die Entscheidung. „Der Spuk war vorüber."

HMStW

Die Aufteilung Europas nach
dem Wiener Kongreß.
Der Deutsche Bund war ein
unauflöslicher Staatenbund
der souveränen Fürsten und
Freien Städte unter der
Führung Österreichs und
letztlich ein Kompromiß, der
sich aus dem österreichisch-
preußischen Dualismus
ergeben hatte.

„demokratischen Gefahr" etwas enger zusammen;
das reaktionäre Österreich konnte seine Vorherrschaft ausbauen. Für Metternich blieb der „Souve-
ränitäts-Schwindel", der aus seiner Sicht manche
deutsche Fürsten erfaßt hatte, eine Gefahr. Für die
deutschen Patrioten aber war dieser Kompromiß,
der die Fortsetzung der deutschen „Kleinstaaterei"
ermöglichte, eine Enttäuschung; noch dazu gingen
die erreichten Gemeinsamkeiten auf Kosten der
erhofften Freiheit. Letztlich war die Entscheidung
um zwei Generationen aufgeschoben worden. Bis
dahin erlaubte der Deutsche Bund jedoch, innere
wie äußere zwischenstaatliche Konflikte einigermaßen wirksam unter Kontrolle zu halten.
Die Ergebnisse des Wiener Kongresses hatten
das Gleichgewicht der europäischen Großmächte
einigermaßen gesichert, hatten widersprüchliche
Interessen durch teils recht komplizierte Konstruktionen zu bereinigen versucht; viele dieser
Lösungen enthielten neuen Konfliktstoff. Polen
war einer dieser nur teilweise entschärften Krisen-
herde. Die Teilungen zwischen Rußland, Preußen
und Österreich hatten die altehrwürdige Nation
Ende des 18. Jahrhunderts von der Landkarte verschwinden lassen; Napoleon hatte vorübergehend
ein mit Sachsen verbundenes Großherzogtum
Warschau errichtet; nach seiner Niederlage beanspruchte der Zar das Gebiet. Schließlich mußte er
sich mit der Herrschaft über ein autonomes „Kon-
greß-Polen" begnügen; polnische Gebiete gingen
auch an Preußen, Krakau wurde Freistadt und
nach inneren Unruhen 1846 von Österreich
besetzt. Die Wünsche der polnischen Patrioten
waren, wie in anderen Fällen, bei den Beschlüssen
des Kongresses nicht berücksichtigt worden. Es

ging darum, Machtsphären abzustecken. Die
solcherart entstandenen Grenzen orientierten sich
nicht an Volks- und Sprachgrenzen, die in Mittel-
und Osteuropa auch kaum klar zu ziehen gewesen
wären. Das ganze folgende Jahrhundert war von
nationalen Bewegungen geprägt, die sich gegen
solche machtpolitischen Grenzziehungen auf-
lehnten und einheitliche Nationalstaaten für
sich forderten: Griechen, Belgier, Polen, später
Italiener und Deutsche, schließlich die slawischen
Völker.
Historiker, die mit nationalen Bestrebungen sym-
pathisierten, sahen in den „willkürlichen" Grenzziehungen des Wiener Kongresses die Wurzel
allen Übels, in Metternich einen Hauptschuldigen.
Freilich wissen wir heute, was für fürchterliche
Opfer das spätere Streben nach nationalen Grenzen in Mitteleuropa gefordert hat und noch fordert.
Metternich hätte seine allerschlimmsten Befürchtungen bestätigt gesehen. Andererseits war es in
vielen Fällen gerade die jahrzehntelange Unterdrückung nationaler Bewegungen, durch die
Konflikte verschärft, Erbfeindschaften gestiftet
wurden. Besonders gefährlich wurde der Nationalismus, als er sich von der ursprünglichen Verbindung mit demokratischen Gedanken löste. In
der Habsburgermonarchie wurden diese Probleme erst nach Metternichs Zeit zu existentiellen
Fragen; sie ist zuletzt daran zerbrochen.
Für Metternich und seinen Kaiser waren liberale
und nationale Bewegungen, die damals noch
auf relativ kleine Kreise von Intellektuellen beschränkt waren, kein Problem der Politik, sondern
der Polizei. Eine wesentlich größere Gefahr für die
eben beschlossene Neuordnung Europas schien
von den nur mühsam gebändigten Spannungen
der Großmächte zu drohen. Daß Gleichgewicht
herrschen sollte, war unbestritten; nach der Vorstellung des Zaren bestand es aber darin, daß seine
Armee so stark sein sollte wie die Preußens und
Österreichs zusammengenommen. Auf der anderen Seite hegte er aus dieser starken Stellung
heraus nicht unbedingt aggressive Pläne gegen die
beiden Mächte an seiner Westgrenze. Aus einer
schillernden und etwas widersprüchlichen Verbindung aufklärerischer und christlicher Ideen heraus wollte er eine neue Friedensordnung durchsetzen, die auf der Solidarität der Völker beruhte.
Metternich nahm sich des Planes an und machte
ein machtpolitisches Konzept daraus. Die Berufung auf die Völker strich er heraus und setzte
dafür die Brüderlichkeit der Regierenden ein. In
dieser Form wurde im September 1815 die „Heilige
Allianz" zwischen den Monarchen Rußlands,
Österreichs und Preußens abgeschlossen, eine
Deklaration, die zur friedlichen Zusammenarbeit
der Großmächte und zur Aufrechterhaltung des

Status quo aufrief. Sie bildete den Hintergrund einer durch Verträge der Siegermächte, bald auch Frankreichs geregelten gemeinsamen Sicherheitspolitik. Und sie war der Rahmen der diplomatischen Tätigkeit Metternichs, der bestrebt war, die Nachkriegsordnung nach innen wie nach außen um jeden Preis aufrechtzuerhalten.

Es begann eine Zeit militärischer Interventionen in europäischen Krisenherden, die im Konsens der Mächte oder von einer Gruppe von ihnen durchgeführt wurde: Österreichische Truppen schlugen Unruhen in Neapel und Piemont nieder; liberale Reformen in Spanien und Portugal wurden abgewürgt; Engländer, Franzosen und Russen unterstützten, gegen Metternichs Einwände, den griechischen Freiheitskampf gegen die Türken. Nach der französischen Julirevolution von 1830 intervenierte Österreich wieder gegen italienische Freiheitskämpfer; Rußland warf einen polnischen Aufstand nieder; und Belgien erzwang schließlich die Loslösung von den Niederlanden. Fast überall griffen die Großmächte ein, um liberale Verfassungen und Freiheitsbewegungen niederzuschlagen, und fast überall gelang das auch. Doch England, teils auch Frankreich wandten sich zunehmend von der Interventionspolitik im Stil Metternichs ab. Das Fortschreiten der industriellen Revolution und die wirtschaftliche Entwicklung in Westeuropa verschoben die politischen Kräfteverhältnisse, ein selbstbewußtes Bürgertum gewann an Einfluß. Deutschland und Österreich hinkten dieser Entwicklung wirtschaftlich hinterher, und politisch suchte man ihre Auswirkungen zu blockieren.

Metternichs Österreich

Metternich, der in jenen Jahren so erfolgreich die diplomatischen Fäden knüpfte, wurde in Europa zum Symbol der Restaurationsepoche, vor allem ihrer Schattenseiten, ihrer reaktionären Engstirnigkeit. Als „Fels der Ordnung" hat er sich selber gerne gesehen. Persönlich war er keineswegs der „Fürst von Mitternacht", als den ihn seine Gegner verurteilten: ein kultivierter, geistvoller Aristokrat, ein Kosmopolit, ein ebenso liebenswürdiger wie berechnender Mann, unerhört eitel und selbstbewußt. Gern beobachtete er, wie Spinnen ihre Netze bauten, und suchte es ihnen in der hohen Politik gleichzutun. Sein später Bewunderer Henry Kissinger nennt ihn „eine Rokokofigur, komplex, feingeschnitten, ganz auf das Äußere bedacht". Seine hohe Intelligenz und seine brillanten Formulierungen benützte er, um alle Gefahren für die bestehende Ordnung aufzuspüren. Nicht nur die offenen Revolutionäre zählte er dazu; viel bedrohlicher erschien ihm die „einschmeichelnde,

die parfümierte Revolution" der Restaurationszeit. Die liberalen Regierungen Westeuropas zählte er ebenso dazu wie kritische Zeitungen und aufklärerische Philosophien. Den Denkern gab er die Schuld dafür, daß die in den Menschen immer latent vorhandenen revolutionären Neigungen zum Ausbruch gekommen waren. Mit dieser antiintellektuellen Haltung entsprach er der Auffassung des Kaisers.

In vielem unterschied sich Metternich völlig von seinem Kaiser Franz: Metternich ein Lebemann mit zahlreichen Skandälchen und Amouren, Franz ein biederer Familienmensch; jener intelligent, großzügig in seinen Planungen, auf den Überblick bedacht, dieser mit nur mittelmäßigen geistigen Fähigkeiten, pedantisch, stets in Gefahr, sich in Kleinigkeiten zu verlieren; jenem wurde oft Leichtsinn, diesem Ängstlichkeit vorgeworfen.

Metternich wurde in Europa zum Symbol der Restauration, mit all den damit verbundenen reaktionären Seiten, und sollte in den nächsten Jahrzehnten die Politik entscheidend bestimmen. Er selbst war kultiviert und geistvoll, ein Kosmopolit, liebenswürdig und zugleich berechnend, eitel und selbstbewußt. ÖNB

Laxenburg bei Wien,
die Sommerresidenz der
Habsburger. Hier befinden
sich drei Schlösser der
Habsburger: der Blaue Hof,
um 1752 unter Maria
Theresia ausgebaut, das Alte
Schloß und die Franzensburg,
die auf einer kleinen Insel
in den Jahren 1798–1836
errichtet wurde.

ÖNB

Gerade in ihrer Unterschiedlichkeit haben sie meist sehr gut zusammengewirkt: Sie trafen einander in ihrer Abneigung gegen jede Veränderung, gegen Unbotmäßigkeit, gegen neue Ideen. Sie teilten ein politisches Projekt der Reaktion, der Aufrechterhaltung einer bedrohten Herrschaftsordnung. Und sie entsprachen einander in der Emotionslosigkeit, in der sie dafür arbeiteten. Der brillante und liebenswürdige Metternich und der rechtschaffene und volkstümliche Kaiser Franz konnten sich auf den Schutz der legitimen Ordnung und die Friedenswahrung nach langen Kriegswirren berufen; diese beiden Ziele haben sie eine Generation lang erreicht. Noch heute kann man darüber streiten, ob das ein Verdienst war. Viele Zeitgenossen haben Metternich nicht leiden können. Marie Louise, die er in die Ehe mit Napoleon getrieben hatte, nannte ihn „den ekelhaftesten Geck, den es je auf Erden gegeben hat". Der alte Haudegen Blücher, dem Metternichs verzwickte Diplomatie 1814 bei seinem schönen Vormarsch auf Paris in die Quere kam, schimpfte: „Der österreichische Malefizkerl … der Schuft, welcher gehenkt zu werden verdient, hat euch alle an Leine und Leitseil!" – „Power's foremost parasite", den hervorragendsten Parasiten der Macht, so charakterisierte ihn der Dichter und Freiheitsheld Lord Byron. Sein Blick sei „eng auf die Kabinette beschränkt", und unter dem Einfluß von Gentz habe er angefangen, „seine eigenen Lügen zu glauben", schrieb Grillparzer. Dennoch aner-

kannte man seine politischen Fähigkeiten, so daß mancher Herrscher den österreichischen Kaiser um einen solchen Minister beneidete. Und die Wirkung des gutaussehenden Fürsten auf Damen war allgemein bekannt. Am Ende seines Lebens hoffte Metternich, daß die spätere Nachwelt ihn günstiger beurteilen würde als die Zeitgenossen. Dazu wollte er mit seinen ausführlichen und recht schönfärberischen Lebenserinnerungen beitragen. Das hat gerade der selbstgerechte Rückblick kaum erreicht; „eine bleierne Langweile weht aus seinen Denkwürdigkeiten dem Leser entgegen", urteilte um die Jahrhundertwende der Metternich-Biograph Strobl von Ravelsberg.

Bei den Historikern hat Metternich, im positiven wie im negativen, seine beiden Herren, Franz und Ferdinand, jedenfalls überstrahlt. Liberale und nationale Historiker haben meist harte Urteile über ihn gefällt; das 20. Jahrhundert stand ihm wieder differenzierter gegenüber. Es wurde herausgearbeitet, wie sich seine Position im Lauf der Jahre verhärtete. 1815 hatte er noch gefordert, in Italien „dem Nationalgeiste entgegenzukommen"; daß dadurch Opposition nicht zu verhindern war, machte ihn Zugeständnissen immer abgeneigter. Das war freilich nur eine Änderung der Taktik, nicht der Prinzipien. Eine solche reaktionäre Starrheit machte die internationale Politik zwar über längere Zeit berechenbar und ersparte Österreich große Kriege, die es sich nicht hätte leisten können; und in Deutschland konnte sich Österreich als Rückhalt der von demokratischen Bewegungen bedrohten Fürsten profilieren. Die Opposition wurde in die Radikalität abgedrängt und dadurch lange isoliert. Am Ende mußte jedoch unausbleiblich die Revolution stehen, die gerade verhindert werden sollte.

Immer wieder haben sich auch Politiker über Metternich, den Meister der Diplomatie, geäußert. Kein Wunder, daß der zeitweilige amerikanische Außenminister Henry Kissinger sich so sehr mit ihm beschäftigt hat, in einer Epoche, die ebenfalls von der Rivalität mit Rußland, von der Niederhaltung revolutionärer Bewegungen, von Interventionspolitik gekennzeichnet war. Aber auch er hat die Grenzen Metternichs erkannt: „Metternich beherrschte die Kabinettspolitik des 18. Jahrhunderts zu gut. Sein Gefühl für Proportion entsprach einer Zeit, in der die gesellschaftliche und politische Struktur nicht auf dem Spiel standen … Er, der Staatsmann der Ruhe, suchte diese in der Manipulation von Faktoren, die er für gegeben hielt, und wurde so zum Gefangenen der Ereignisse.“

Die aristokratische Lebensform, die Metternich verteidigte, war im Niedergang. Große Ziele und Ideen hatte sie nicht mehr anzubieten, außer der Erhaltung des Bestehenden. Die elegante, kultivierte Welt, die dem Fürsten so erhaltenswert schien, erstarrte langsam zum Gestus, zur bloßen Form; selbst Kaiser Franz konnte mit vielen ihrer Äußerungen nichts mehr anfangen. Das Bürgertum war längst auch kulturell produktiver geworden. Metternich hat seinen Teil dazu beigetragen, daß aristokratische Interessen sich bis zum Ende der Monarchie einen politischen Einfluß bewahren konnten, der ihrer gesellschaftlichen Rolle nicht mehr entsprach. Noch Bruno Kreisky hat die Schwäche des Liberalismus und der demokratischen Kultur in Österreich letztlich auf die Metternichsche Politik zurückgeführt. Dahinter standen freilich Kräfteverhältnisse, die die politischen Strategien eines Metternich erst ermöglicht haben. Und im Inneren war Metternich, der im österreichischen Adel wenig Rückhalt hatte, gar nicht die Speerspitze der Adelsherrschaft; diese Rolle verkörperte eher sein Gegenspieler der späteren Jahre, Graf Kolowrat. Dieser wurde „geradezu zur Symbolfigur der für Österreichs ‚unvollendeten Absolutismus‘ kennzeichnenden Verschränkung von fortbestehender Adelsherrschaft und bürokratischer Überzentralisierung“ (Heinrich Lutz). Metternich war immerhin an einer funktionierenden zentralen Verwaltung interessiert, die erst die Bedingungen für erfolgreiche Außenpolitik schaffen konnte, und machte zumindest anfangs immer wieder Vorschläge für Reformen.

Metternich, so viel steht fest, fand im Österreich des Kaisers Franz ein sehr passendes Betätigungsfeld, er füllte sozusagen eine Lücke; der rasche Wechsel der Gestalter der Außenpolitik hörte mit seiner Berufung zum Außenminister 1809 auf. Rasch baute er seine Stellung aus: 1813 wurde er vom Grafen zum Fürsten erhoben, was er kokett herunterspielte; 1821 wurde er Chef der Haus-, Hof- und Staatskanzlei und erhielt schließlich den seit dem Tod des großen Kaunitz nicht mehr vergebenen Titel des Staatskanzlers. Bis 1848 blieb er der prägende Politiker seiner Epoche. Doch war sein Einfluß im Inneren nicht so groß wie in der Außenpolitik; ein „System Metternich“ in Österreich selbst hat er nicht geschaffen, er hat nur geholfen, das Vorgefundene zu bewahren. Freilich achtete er darauf, immer möglichst gut informiert zu sein; er baute auch einen eigenen Polizei- und Informantendienst auf, der ihm unterstellt war. Die Spitzelberichte nützte er gelegentlich, um Intrigen zu spinnen, etwa um einmal den Bruder des Kaisers, den Palatin Joseph, beim Kaiser bloßzustellen. Andererseits achtete auch Franz darauf, den mächtigen Minister durch Rivalen in Schach zu halten, zum Beispiel durch den Grafen Kolowrat. Nicht immer hat sich der Kaiser selbst an den berühmten Rat gehalten, den er seinem Nachfolger Ferdinand gab, nämlich Metternich in allen Dingen zu vertrauen. Dennoch wurde Metternich zur Symbolfigur des Systems; als solche mußte er im Jahr 1848 dann auch vor dem Volkszorn weichen.

Obwohl die Revolution und ihr Erbe, Napoleon, seit 1814/15 geschlagen waren, wurden in Österreich Zensur und Polizeistaat nicht gelockert. Der berüchtigte Polizeichef Sedlnitzky hat das strikte Staatssicherheitssystem weitergeführt. Die

Das Arbeitszimmer Metternichs in der Staatskanzlei, im Hauptgeschoß an der Löwelbastei. An der Wand hängt das große Porträt der Fürstin Marie Antonie, geb. Leykam, der zweiten Gattin des Staatskanzlers. Anonyme Gouache, um 1829. Insgesamt war Metternich dreimal verheiratet, seine „Amouren“ waren berühmt.
HMStW

Trotz Französischer
Revolution und den
Napoleonischen Kriegen
wurde in Österreich der
Polizeistaat nicht gelockert,
sondern vom berüchtigten
Polizeichef Sedlnitzky
weitergeführt und ausgebaut.
Selbst Werke von Goethe,
Schiller und Liedtexte von
Beethoven wurden zensuriert,
die Briefüberwachung
perfektioniert.
Hier eine Karikatur:
die zensurierte Brust.
HMStW

Briefüberwachung wurde perfektioniert. Goethe,
Grillparzer, Schiller, selbst Liedtexte Beethovens
wurden zensuriert; Grillparzer war froh, daß er
während der französischen Besatzung von 1809
eine Goethe-Gesamtausgabe hatte kaufen können,
die sonst nicht zu haben war.

Unter Verdacht standen in erster Linie Professoren
und Studenten, besonders nach dem demokra-
tisch-nationalen Wartburgfest in Deutschland, das
1817 Aufsehen erregte. Zahlreiche österreichische
Universitätsprofessoren verloren ihre Lehrstühle;
Ausländer durften eine Zeitlang nicht einmal als
Hauslehrer eingestellt werden. Die kulturellen
Auswirkungen waren beträchtlich; selbst im Vergleich mit Preußen und dem Rest Deutschlands
„können die lähmenden Wirkungen des Wiener
Systems wohl kaum überschätzt werden ...
Schließlich führten die österreichischen Maßnahmen zu einer weiteren Vertiefung des kulturellen
Grabens, der schon früher die katholische Bevöl-
kerung der Monarchie von den protestantischen
Teilen des deutschen Sprachgebietes getrennt
hatte", resümierte vor einigen Jahren der Historiker Heinrich Lutz.

Es wäre nicht Österreich, wenn das System nicht
auch seine Nischen und Schlupflöcher gehabt
hätte. Eine der bekanntesten dieser Nischen war
das Hofkammerarchiv, in dem der „grantige Hofrat" (was er übrigens erst bei der Pensionierung
wurde) und nachmalige österreichische National-
dichter Franz Grillparzer seinem Beamtenalltag
nachging; als Dichter war er von Zensur und Miß-
erfolgen lange verfolgt. Typisch für das kulturelle

Klima ist das Schicksal seines 1823 verfaßten Dra-
mas „König Ottokars Glück und Ende". Schwierigkeiten mit der Zensur hatte er bei diesem sehr
habsburgerfreundlichen Stück nicht erwartet,
„da, wenn das regierende Haus eigens einen
Schmeichler bezahlt hätte, dieser der Handlung
keine günstigere Wendung geben konnte, als die
dramatische Notwendigkeit von selber aufgedrun-
gen hatte", wie der Dichter in seiner Selbstbio-
graphie schrieb. Sedlnitzkys Behörde anerkannte
zwar „die gute Absicht des Verfassers, welcher das
Andenken des großen Stifters der habsburgischen
Dynastie ... anzuregen versuchte". Doch befürchtete man „unangenehme Erinnerungen" im Publikum: Ottokars Verhängnis beginnt ja damit, daß er
sich von seiner kinderlosen babenbergischen
Gemahlin trennt, um wieder zu heiraten – ebenso
war ja die nun äußerst mißliebige Heirat Napoleons mit der Kaisertochter Marie Louise zustande gekommen. Zudem nahm Sedlnitzky daran
Anstoß, daß hier die „heftigen Reibungen der verschiedenen Völkerstämme des österreichischen
Kaiserstaates untereinander" dargestellt würden;
die Aufführung sei daher „sowohl in polizeilicher
als in politischer Beziehung nicht rätlich". Auch
Metternich war der Auffassung, daß das Stück
„nicht wohl ohne Besorgnis eines sehr üblen Ein-
drucks auf irgendeiner österreichischen Bühne,
am wenigsten aber auf jener eines k. k. Hoftheaters
vorgestellt werden könne, ja selbst nach meinem
Ermessen ohne eine gänzliche Umarbeitung nicht
einmal zum Drucke zugelassen sein dürfte".
Grillparzer war wütend und dachte schon an Aus-

Auch Theaterstücke blieben
von den rigorosen
Zensurmaßnahmen des
Metternichschen Systems
nicht verschont. Ferdinand
Raimund griff in verschlüs-
selter Form die Zeitprobleme
auf und entwarf märchen-
hafte Gegenwelten.
Hier: „Das Mädchen aus der
Feenwelt oder Der Bauer
als Millionär".
Raimund als Wurzel und
Krones als Jugend.
HMStW

wanderung. Doch fand er auch Unterstützung, die kaiserliche Familie selbst las das Stück, und schließlich konnte es 1825 doch noch aufgeführt werden.

Etwa zur gleichen Zeit wurden in Wien die ersten Stücke Ferdinand Raimunds gezeigt. In verschlüsselter Form griff er Zeitprobleme auf und entwarf märchenhafte Gegenwelten, in denen die Biedermeiertugenden Zufriedenheit, Bescheidenheit, unpolitisches Glück das Schicksal meistern helfen. Seit den dreißiger Jahren feierte Johann Nestroy seine Erfolge auf Vorstadtbühnen. Menschliche Schwächen und den Wechsel des Schicksals hat er mit unnachahmlichem Wortwitz und desillusionierendem Sarkasmus dargestellt und damit oft genug die Zensur überlistet. Auch viele Erzählungen von Adalbert Stifter, dem konservativen Hauslehrer von Metternichs Sohn, sind in jener Zeit entstanden: Vorliebe für die kleinen Dinge, Harmoniestreben und Selbstbescheidung sind die zeittypischen Werte, die in seinem Werk vorherrschen. Verglichen mit den Dichtern der Romantik, die in Deutschland zur gleichen Zeit wirkten, war die Ausstrahlung der österreichischen Literatur auf die internationale Um- und Nachwelt eher bescheiden. Ganz anders war es in der Musik: Beethoven und Schubert, die kurz nacheinander 1827/28 starben, sichern dem musikalischen Wien jener Jahre Weltgeltung; Josef Lanner und Johann Strauß Vater waren die Bahnbrecher der Wiener Walzerseligkeit. Die Bedeutung des sparsam geführten Hofes für die Kultur hatte stark nachgelassen. Auch in der Baukunst hielt man sich zurück; doch zwei Neubauten zeigen die habsburgische Selbstdarstellung jener Zeit: Das äußere Burgtor, das „Heldentor", mit seiner klassizistischen Strenge und abweisenden Nüchternheit verkörpert die eher schlichte Repräsentation nach außen, während die Laxenburger „Franzensburg" als Lustschloß mit ihren mittelalterlichen Bauformen das rückwärtsgewandte Innenleben der Dynastie erahnen läßt.

Nicht nur das kulturelle Leben Österreichs wurde vom reaktionären Regime der Restaurationszeit eingeschränkt. Auch die wirtschaftliche Entwicklung blieb, nicht immer mit Absicht, behindert. Noch immer beherrschten die Zünfte und eine restriktive Gewerbeordnung zum Schutz des Handwerks die städtische Wirtschaft. Fabriksgründungen erforderten besondere Privilegien; diese wurden ohne jedes System erteilt oder, oft jahrelang, überhaupt nicht gewährt. Immer noch wandten sich einflußreiche Beamte gegen das „Unwesen der großen Fabriken". Eine systematische staatliche Wirtschaftspolitik fand nicht statt. Die Napoleonische Kontinentalsperre und der Ausfall der Importe aus England hatten eine gewisse

Industrialisierung erzwungen; nun konnte England wieder liefern, und viele der neuen Betriebe, besonders in der Metallindustrie und in der böhmischen Textilindustrie, brachen wieder zusammen. Immer noch behielt Böhmen in der industriellen Entwicklung einen Vorsprung vor den anderen Kronländern, einschließlich Österreichs. Dennoch tauchen in den Jahren vor 1848 viele vertraute Namen der österreichischen Industrie erstmals auf: die Vöslauer Kammgarnspinnerei, die Berndorfer Metallwarenfabrik, das Schoeller-Bleckmann-Stahlwerk in Ternitz, die Wienerberger Ziegelei, die Neusiedler Papierfabrik, die Thonet-Möbelfabrik, die Bösendorfer-Klaviererzeugung, die Hämmerle-Textilfabriken in Vorarlberg, die Puntigamer Brauerei bei Graz: Inseln des Fortschritts, mit all seinen Licht- und Schattenseiten, in einer immer noch agrarischen Gesellschaft. Die versteinerten Strukturen der Landwirtschaft führten dazu, daß viele Arbeitskräfte in einem recht unproduktiven System gebunden blieben. Mißernten – wie sie 1815 und 1816 vorkamen – konnten immer noch, gerade in ländlichen Gebieten, zu Hungersnöten mit Zehntausenden Toten führen. Das hatte natürlich Auswirkungen auf die Staatsfinanzen.

Die Napoleonischen Kriege hatten für Österreich in schweren Finanzkrisen geendet, die auch englische Hilfsgelder und französische Wiedergutmachungszahlungen nicht beheben konnten. Zwar erweckte die Errichtung eines eigenen Finanzministeriums unter Graf Stadion Hoffnungen (was dem heutigen Steuerzahler vielleicht seltsam erscheint). Die Währung wurde nach einer neuerlichen drastischen Abwertung schließlich einigermaßen saniert; doch die Staatsschulden wuchsen weiter. 1825 waren sie auf über 900 Millionen Gulden angestiegen. Das entsprach fast dem Zehn-

fachen der regulären Einnahmen, auch wenn diese nach 1815 durch die Neuerwerbungen kräftig zugenommen hatten. Man stopfte die Lücken mit einem Mittel, das schon Maximilian I. und Karl V. angewendet hatten: der Zusammenarbeit mit einem internationalen Großbankier. Diesmal war es das Haus Rothschild, das dem Kaiser unter die Arme griff. Salomon Rothschild eröffnete in Wien 1819 eine Filiale des legendären Familienunternehmens; binnen kurzem war er nicht nur einer der reichsten, sondern auch einer der mächtigsten Männer der Monarchie. Metternichs Vertrauter Friedrich Gentz erhielt von ihm, wie manche andere, namhafte Bestechungsgelder. Immerhin war die Kreditwürdigkeit der österreichischen Politik wieder gestiegen.

Die jährlichen ordentlichen Militärausgaben lagen bei 40–45 Millionen Gulden, was ein stehendes Heer von etwas über 200.000 Mann ermöglichte (400.000 Mann wäre die Sollstärke in Friedenszeiten gewesen). Auch die Bewaffnung war nicht auf dem letzten Stand. Immer wieder drängte Metternich auf eine Erhöhung der Rüstungsaufwendungen und warnte vor einer Vernachlässigung der Armee; die europäische Rolle Österreichs gegen weit besser gerüstete Staaten wie Rußland und Preußen sei in Gefahr. Die russische Botschaft in Wien meldete 1820 nach St. Petersburg: „Österreichs Wirtschaft befindet sich in einer solchen Klemme, daß jeder Krieg für es eine wahre Kata-

strophe bedeuten muß … Mitten im Frieden in die Notwendigkeit versetzt, zu belastenden Anleihen seine Zuflucht zu nehmen, nur damit die Verwaltung weitergeht, wie sollte Österreich in der Lage sein, die hohen Kosten eines offensiven Krieges zu tragen?" Zum Glück für Österreich ersparte die vielbeschworene Solidarität der Monarchen – und ihre gemeinsamen Interessen – eine Probe aufs Exempel. Trotz der vergleichsweise noch geringen Militärausgaben blieb Österreichs Staatshaushalt schwer defizitär. 1847 mußte bereits fast ein Viertel des Budgets, 45 Millionen Gulden, für Kreditzinsen aufgewendet werden (allerdings wurden in diesem Jahr auch viele Millionen in den Eisenbahnbau investiert). Das Defizit betrug 56 Millionen, bei Ausgaben von 208 Millionen, von denen 63 Millionen das Militär verschlang. Es sollte bald wieder gebraucht werden.

Trotz der ständig angespannten Budgetsituation versandeten alle Reformprojekte, die die düstere Finanzlage grundlegend hätten bessern können. Eine allgemeine Einkommensteuer ließ sich nicht durchsetzen; die Besteuerung war überhaupt sehr ungleich, Ungarn trug viel weniger als der Rest des Reiches bei, wurde im Budget auch weniger bedacht. Viele Steuerprivilegien hatten sich erhalten. Dafür stieg die Belastung der Bevölkerung durch indirekte Steuern; in Wien und vielen anderen Städten, außer in Ungarn, wurde eine besondere Verzehrsteuer auf alle Grundnahrungsmittel und

Gegenstände des täglichen Bedarfs erhoben. Die unteren Schichten wurden dadurch doppelt benachteiligt: erstens, weil der Steuersatz natürlich für Reiche und Arme gleich war, und zweitens, weil fast ihr gesamtes Einkommen für die besteuerten Waren aufgewendet werden mußte. Die Verzehrsteuer warf 1830 etwa 16 Millionen Gulden ab, ebensoviel kam durch Zölle und Gebühren herein, 26 Millionen brachte das Salz- und Tabakmonopol, und 44 Millionen entfielen auf direkte Steuern, vor allem die Grundsteuer – über 12 Millionen allein aus Italien, nur die Hälfte davon aus Ungarn. Die soziale Unausgewogenheit des Steuersystems hat in der so lange ruhig gebliebenen Wiener Bevölkerung allmählich einen Boden für revolutionäre Stimmungen geschaffen.

Selbst der schwerfällige Staatsapparat und seine rückwärtsgewandte Politik verhinderten nicht, daß sich langsam in Österreich die Zeichen einer neuen Zeit verstärkten. Die Stadt Wien wuchs; um die Jahrhundertwende hatte sie (innerhalb des Linienwalles) einiges über 200.000 Einwohner gezählt, um 1850 waren es schon über 400.000. Immer mehr von ihnen waren Arbeiter, die ohne jeden sozialen Schutz ihr Leben in den Fabriken fristeten – Männer, Frauen und Kinder. Seit 1817 wurde in Wien die öffentliche Gasbeleuchtung eingeführt. Nicht alle Neuerungen setzten sich durch; zwei bedeutende österreichische Erfinder der Zeit, Josef Madersperger (Nähmaschine) und Josef Ressel (Schiffsschraube), wurden mißachtet. Doch ein Symbol der industriellen Revolution breitete sich in Österreich bald aus: die Eisenbahn. Symbolisch für Österreichs verschlungenen Weg in die moderne Welt ist die Tatsache, daß man 1827–1832 beim Bau der ersten großen Bahnlinie von Linz nach Budweis auf eine überholte Technologie setzte: auf die Pferdekraft. Seit 1836 wurde, finanziert von Salomon Rothschild, die Nordbahn, seit 1841 die Südbahn gebaut; gerade im Revolutionsjahr 1848 wurde der Anschluß an das preußische Bahnnetz hergestellt. Dampfschiffe befuhren im Dienst der 1829 gegründeten Ersten Donaudampfschiffahrtsgesellschaft (noch lange danach ein beliebter Zungenbrecher der Wiener Kinder) die Donau: Der erste Raddampfer hieß natürlich „Kaiser Franz I.". Neue Verbindungswege schlossen Österreich an Europa an; die geistige Abschottung, die das Regime zu erzwingen suchte, wurde immer mehr zum Anachronismus.

Von Franz „dem Guten" bis zu Ferdinand „dem Gütigen"

Nicht alle Mitglieder der kaiserlichen Familie teilten die reaktionären Ansichten des Kaisers Franz. Karl, Rainer, Joseph, jeder von ihnen reagierte auf seine Weise flexibler auf die Situation, in der er Verantwortung zu tragen hatte. Dadurch schufen sie sich Gegner bei Hof und konnten ihre politischen Fähigkeiten kaum in angemessener Weise umsetzen. Karl erhielt nach 1809 keine wichtigen Aufgaben mehr; Joseph konnte gegen Metternichs Intrigen das Amt des ungarischen Palatins bis in den Vormärz hinein behaupten. Rainer wurde

Arbeitssaal Nr. 2 im Wiener Apollosaal. Die Bevölkerung der Stadt Wien wuchs in der Zeit von 1800 bis 1850 von 200.000 Einwohnern auf über 400.000 an. Immer mehr von ihnen waren Arbeiter, die ohne jeden sozialen Schutz ihr Leben in den Fabriken fristeten.
HMStW

Die industrielle Revolution griff langsam auf Österreich über. Ein Symbol dafür war die Eisenbahn. Seit 1836 wurde die Nordbahn, seit 1841 die Südbahn gebaut.
HMStW

Die Familienvereinigung
des österreichischen
Kaiserhauses.
Kaiser Franz I. empfahl
seinem Sohn und Nachfolger
in seinem Testament:
„Übertrage auf den Fürsten
Metternich, meinen treuen
Diener und Freund, das
Vertrauen, welches ich ihm
während einer so langen
Reihe von Jahren gewidmet
habe, verrücke nichts in den
Grundlagen des Staats-
gebäudes, regiere, verändere
nichts."
HMStW

Ferdinand I. (1793–1875),
„der Gütige", wurde im
März 1835 Kaiser von Österreich. Es waren zwar Überlegungen vorausgegangen,
den ältesten Sohn von Kaiser
Franz von der Thronfolge
auszuschließen. Letztlich war
es Staatskanzler Metternich,
der den Kaiser bewog,
am Legalitätsprinzip festzuhalten, wohl auch mit der
Überlegung der alleinigen
Staatsführung.
HGM

1817 Vizekönig des lombardo-venetianischen
Königreiches, hatte aber in dieser Rolle wenig
politischen Spielraum.

Das größte Mißtrauen hegte der Kaiser gegen den
populären Erzherzog Johann, der am meisten von
den liberalen Ideen des Vaters und des Onkels
bewahrt hatte. „Habsburgs grüner Rebell", so präsentierte ihn der Journalist Hans Magenschab
in einer Biographie. „Die markante Figur eines
demokratischen Rebellen im Hause Habsburg", so
sah ihn auch Stephan Vajda, „verflachte zur volkstümlichen Gestalt eines noblen Jägers im sauberen
Steirergewand." Tatsächlich, auch der politisch
mißliebige Erzherzog wurde bald zum Bestandteil
des Habsburger-Mythos, vom Erzherzog-Johann-
Jodler besungen. Doch Rebell war er keiner; bei
allen Meinungsverschiedenheiten blieb er seinem
kaiserlichen Bruder gegenüber loyal und hielt
sich, wie es dieser wünschte, nach 1813 vom politischen Leben weitgehend fern. Er zog sich in die
Steiermark zurück, wo er, ohne politisches Amt,
vielfache Spuren hinterließ: von der Gründung des
Joanneums bis zur Patronanz über zahlreiche
gemeinnützige Institutionen, von der Anlage land-
wirtschaftlicher Mustergüter und der Förderung
des Kartoffelanbaus bis zur Durchsetzung der
Semmeringtrasse der Südbahn.

Auf einer Englandreise 1815/16 hatte er die industrielle Welt kennengelernt; James Watt persönlich führte ihm seine Dampfmaschinen vor. Über
die neuentwickelte Gasbeleuchtung korrespondierte er mit Metternich; der Fürst wollte sie gerne
in seinem Garten aufstellen. Für die Schattenseiten
der Industrialisierung, für Elend und Verschmut-
zung, war er aber sehr sensibel. Seine Welt war das
nicht, ebensowenig wie das beschaulichere Wien.
Arbeitende Massen und Fabriken, ein reaktionärer
Hof und seine Intrigen, all das verband sich für ihn
zur „vermoderten Welt der Stadt". Sein Gegenbild
fand er in den Bergen, in romantischer Schwär-
merei für die unberührte Natur und für den freien
Bauern, wie einst in der Eidgenossenschaft oder
im Tirol Andreas Hofers. „Frey die Luft, frey alles,
was da ist, frey wir selbst", das war seine Idylle, die
er dann in den steirischen Bergen fand. Den
Traum vom einfachen, naturverbundenen Leben
hat er sich einigermaßen erfüllen können: sogar in
seiner legendären Liebe zur Ausseer Postmeisterstochter Anna Plochl. 1816 war ihm das zwölfjährige
Mädchen schon aufgefallen, 1819 verliebte er sich
in sie, und 1822 – inzwischen war sie achtzehn –
versprach er ihr die Ehe. Als loyaler Habsburger
brauchte er natürlich die Erlaubnis des Kaisers
dazu. Der stimmte im folgenden Februar zunächst
zu, unter der Bedingung, daß weder Frau noch
Kinder je Ansprüche an Staat oder Familie stellen
würden. Aber das war nicht das Problem – Johann
hatte vom Gemahl seiner Tante Maria Christine,

Albert von Sachsen-Teschen (durch seine Kunstsammlung, die den Kern der Wiener Albertina bildet, unsterblich geworden), genügend Geld geerbt.
Doch nun setzten die Intrigen ein, Denunzianten
und Spitzelberichte tauchten auf, der Kaiser wurde
gewarnt, die Braut vom Land sei ganz unwürdig.
Sechs Jahre lang mußte Johann auf die Ehe verzichten. Er ließ sich nicht daran hindern, mit seiner
Braut zusammenzuleben, und versicherte, daß er
sie in all den Jahren niemals berührte. Im Februar
1829 war es endlich soweit, Erzherzog Johann
konnte, zwei Tage vor seinem 47. Geburtstag, sein
Ausseer Mädel heiraten.

Der volkstümliche Erzherzog wurde, besonders in
der Steiermark, äußerst populär; auch anderswo
verkörperte der liberale Habsburger Hoffnungen
auf gemäßigte Veränderung. Noch einmal spielte
er daher während der Revolution von 1848 eine
Rolle in der großen Politik. In Graz und in Wien
versuchte er ausgleichend zu wirken; und die
Frankfurter Nationalversammlung wählte den
Erzherzog zum Reichsverweser. Doch er konnte
die Zuspitzung der Konfrontation zwischen den
Kräften der Beharrung und der bürgerlichen Revolution nicht verhindern. Aus späterer Sicht verkörpert Erzherzog Johann dennoch Zukunftschancen,
die von seinem regierenden Bruder und dessen
Sohn Ferdinand verspielt wurden. Dabei war seine
Haltung widersprüchlich genug; das macht ihn bis
in unsere Zeit interessant. Hoffnungen in den Fortschritt, den er auch durch sehr praktische Initiativen förderte, verbanden sich mit Skepsis und
Rückzug in eine idyllische Gegenwelt. Als Grünen
im heutigen Sinn sollte man den kaiserlichen
Beauftragten für das Festungswesen und Besitzer

Erzherzog Johann im Kreis
seiner Familie.
Seine Liebe und Ehe mit der
Ausseer Postmeisterstochter
Anna Plochl trug zu seiner
großen Popularität bei.
Der einzige Sohn Franz war
der Begründer der Linie der
Grafen von Meran.
ÖNB

mehrerer Eisenwerke auch nicht abstempeln.
Aber er hat Sehnsüchte angesprochen, die im
realen Österreich des 19. Jahrhunderts zu wenig
Ausdruck fanden und bis in die heutige Zeit weiterwirken.

Die harmonisierenden Darstellungen der k. u. k.
Geschichtsschreibung können jedenfalls nicht verbergen, daß die habsburgische Dynastie, bei aller
inneren Solidarität, kein geschlossener Block war.
Gerade die vielen Söhne Leopolds II. verkörpern
verschiedene politische Optionen. Insofern spiegelt die Dynastie die gesellschaftliche Entwicklung, die zunehmende Differenzierung der Kräfte.
Durch die Regeln der dynastischen Erbfolge kam
die konservativste Position innerhalb der Familie
zum Zug und wurde für die gesamte Gesellschaft
wirksam. Das wurde dadurch erleichtert, daß in
den Führungsgruppen der Monarchie eine solche
Position konsensfähig oder zumindest durch-
setzbar war; vielleicht wäre ein Erzherzog Johann
als Kaiser auf viel massivere Widerstände gestoßen
als Kaiser Franz (wie es auch Joseph II. passiert
war). Wichtige und aufstrebende gesellschaftliche
Kräfte wurden dadurch aber an den Rand gedrängt, was sich für die nahe wie die fernere Zukunft nachteilig auswirken sollte. Solche politischen Erwägungen haben aber die Nachfolgefrage
nicht entschieden; man hielt sich an die einst so
mühsam durchgesetzte dynastische Legitimität.
Der Zusammenhalt innerhalb der Dynastie war so
stark, daß die Nachfolgeentscheidung jedesmal
von allen Beteiligten mitgetragen wurde.

Dabei hat sich das Nachfolgeproblem nach dem
Tod von Franz I. besonders in den Vordergrund
gedrängt. Im März 1835 starb der „gute" Kaiser
Franz. Sein ältester Sohn und damit Thronfolger

Erzherzog Johann zog sich
1813 in die Steiermark zurück
und wurde zum großen
Förderer von Wirtschaft und
Kultur. 1848 betrat er nochmals politisches Parkett:
die Frankfurter National-
versammlung wählte ihn
zum Reichsverweser.
ÖNB

war der knapp 42jährige Ferdinand. An seiner Eignung zum Herrscher hatte man schon sehr lange gezweifelt. Er wurde nicht nur von epileptischen Anfällen, Konzentrationsschwächen, motorischen Störungen, häufigen Krankheiten und anderen Symptomen gequält. Sein Äußeres war eher abstoßend, mit seinem schiefen „Wasserkopf", einer unproportional hohen geraden Stirn mit plattem Schädel, Habsburgerlippe und hervortretender Nase, zwei typisch habsburgischen Merkmalen. Das Reden bereitete ihm Schwierigkeiten, er neigte dazu, vorgesagte Floskeln mechanisch zu wiederholen, und war überhaupt sehr gehemmt im Kontakt mit Menschen. Er war wohl nicht völlig schwachsinnig, wie ihm öfters nachgesagt wurde, sprach sogar mehrere Sprachen, aber die Qualifikation zum Herrscher fehlte ihm völlig.

Eine Reihe von Umständen führte dennoch dazu, daß er seinem Vater als Kaiser nachfolgen konnte. Kaiser Franz hatte das in seinem Testament so bestimmt. Er hatte auch andere Familienmitglieder in die Staatsgeschäfte eingebunden, indem er eine „geheime Staatskonferenz" mit der Führung der Regierungsgeschäfte beauftragte. Das Gremium stand unter der Leitung von Franzens äußerst konservativem Bruder Ludwig, auch der fromme und wenig begabte Franz Karl, ein jüngerer Bruder Ferdinands und Vater von Kaiser Franz Joseph, nahm daran teil. Eine überzeugende Alternative zu seinem älteren Bruder hätte er nicht geboten. Die tonangebenden Politiker in der Staatskonferenz waren die beiden alten Rivalen Metternich und Kolowrat. Beide hatten auf die Nachfolge Ferdinands hingearbeitet, weil sie sich davon eine weitere Verstärkung ihres Einflusses erwarteten; nun stand immer noch jeder von beiden dem anderen im Weg. Die Regierungstätigkeit war daher oft genug blockiert; doch auf die Aufrechterhaltung des Bestehenden konnte man sich im Zweifelsfall immerhin leicht einigen. Die Anweisung des sterbenden Kaisers Franz an seinen Sohn: „Regiere und verändere nicht!", wurde befolgt.

Es war eine „absolute Monarchie ohne Monarchen", wie ein Zeitgenosse richtig bemerkte, eine Konstruktion, deren bloßes Bestehen immerhin die Stabilität der habsburgischen Herrschaft anzeigte. Demonstriert wurde gleichzeitig, wider Willen, die Entbehrlichkeit des Kaisers, auf den in der Theorie alles zugeschnitten war. Er sei „nur eine Fahne des Reichs und läßt sich tragen", meinte Kolowrat. Keiner der habsburgischen Herrscher hatte regieren können, ohne in vielem auf Berater und Beauftragte angewiesen zu sein. Ferdinand aber hatte an den Regierungsgeschäften überhaupt keinen praktischen Anteil;

selbst in den seltenen Fällen, wo er überhaupt eine abweichende Meinung hatte und sich damit nicht durchsetzte, entfuhr ihm höchstens ein überraschtes: „Bin i Kaiser oder net?" Er sorgte nur, was kein Problem darstellte, für die formale Legitimität. Wesentlich schwieriger war, daß er auch nach außen zu repräsentieren hatte, besonders im Kreis der „befreundeten" Monarchen. Seine Umgebung gab sich äußerste Mühe, seinen Zustand zu verschleiern, was nicht immer gelang. Ein Treffen mit der Zarenfamilie im Jahr 1835 scheint ziemlich peinlich verlaufen zu sein; die Zarin, eine Tochter des Preußenkönigs, schrieb in ihr Tagebuch: „Großer Gott, ich hörte viel von ihm, von seiner kleinen, häßlichen, vermückerten Gestalt und seinem großen Kopf ohne Ausdruck als den der Dähmlichkeit, aber die Wirklichkeit übersteigt alle Beschreibung."

Seltsamerweise hat es auch Kaiser Ferdinand zu einer gewissen Popularität gebracht, auch wenn ihn böse Zungen als „Nandl den Trottel", als „Gütinand den Pferdigen" verhöhnten. Für viele war er aber tatsächlich „Ferdinand der Gütige". Böse Absichten konnte ihm keiner unterstellen. Gerade durch seine Beschränktheit wurde er so etwas wie das menschliche Gesicht eines viel weniger menschlichen Systems, dessen Härten man ihm als letztem zur Last legen konnte. In dieser Rolle folgte er seinem Vater Franz; er war sozusagen die Allegorie des Stillhaltens, der Repräsentant eines starren Systems, dem er gerade durch seine Schwäche viel von seiner Schärfe zu nehmen schien. „Nicht immer sind es hervorragende Eigenschaften, welche die Größe eines Monarchen ausmachen", hielt ihm kurz vor dem Weltkrieg sein Biograph Ségur-Cabanac zugute. Auf die Dauer war das freilich zuwenig, um die wachsende Unzufriedenheit der Untertanen abzufangen. Die schlampige Genialität Metternichs, der Ehrgeiz des mittelmäßigen Kolowrat und die Harmlosigkeit Kaiser Ferdinands sollten plötzlich nicht mehr ausreichen, um das „Gespenst der Revolution" zu bändigen, das in Europa umging. Im März 1848 begann auch in Wien die Revolution. Und Ferdinands Regierungszeit wurde nicht zufällig danach benannt: als „Vormärz". Ferdinand mußte schließlich zurücktreten, sein Neffe Franz Joseph kam ans Ruder. Eine grundlegende Besserung trat dadurch nicht ein; Ferdinands durchaus treffender Kommentar nach Königgrätz ist berühmt geworden: „Des hätten mir a zsammbracht!"

10

DIE HABSBURGER

ZWISCHEN REICH
UND NATION

Franz Joseph
1848–1873

ZEITTAFEL

18. 8. 1830	Franz Joseph als Sohn des Erzherzogs Franz Karl und der Prinzessin Sophie von Bayern geboren
3. 3. 1848	Ludwig Kossuth hält eine aufrüttelnde Rede vor dem Reichstag in Preßburg
13. 3. 1848	Beginn der Wiener Revolution
17. 3. 1848	Offener Aufruhr im lombardo-venetianischen Königreich
25. 4. 1848	Pillersdorf-Verfassung
6. 5. 1848	Feldmarschall Graf Joseph Radetzky siegt bei Santa Lucia
Mai 1848	Studentenproteste und „demokratische Revolution" in Wien
22. 7. 1848	Reichstag in Wien eröffnet
24. 7. 1848	Antrag Hans Kudlichs, die Grundherrschaft aufzulösen
25. 7. 1848	Schlacht bei Custoza
23. 8. 1848	Praterschlacht
6. 10. 1848	Kriegsminister Theodor Graf Baillet von Latour ermordet
31. 10. 1848	Die Truppen unter Windischgrätz und Jellačić erstürmen Wien
2. 12. 1848	Thronbesteigung Franz Josephs
7. 3. 1849	Auflösung des Kremsierer Reichstages
7. 3. 1849	Oktroyierte Verfassung
14. 4. 1849	Der ungarische Reichstag in Debrecen erklärt die Habsburger für abgesetzt
13. 8. 1849	Niederlage der ungarischen Revolutionäre bei Világos
1851	Sylvesterpatent
1852	Tod des Ministerpräsidenten Schwarzenberg
1852–1870	Napoleon III. Kaiser der Franzosen
18. 2. 1853	Libényi-Attentat auf Kaiser Franz Joseph
24. 4. 1854	Franz Joseph heiratet die bayerische Prinzessin Elisabeth
1853–1856	Krimkrieg
18. 8. 1855	Konkordat
30. 3. 1856	Pariser Friede beendet den Krimkrieg
20. 12. 1857	Kaiserliches Handschreiben eröffnet der Bau der Ringstraße
21. 8. 1858	Kronprinz Rudolf als einziger Sohn Kaiser Franz Josephs und dessen Frau Elisabeth geboren
1859	Krieg Sardinien-Piemonts und Frankreichs gegen die Habsburgermonarchie
4. 6. 1859	Schlacht bei Magenta
24. 6. 1859	Schlacht bei Solferino
10. 11. 1859	Friede von Zürich
5. 3. 1860	Reichsrat verstärkt
20. 10. 1860	Oktoberdiplom
26. 2. 1861	Februarpatent
1861	Protestantenpatent
1861–1888	Wilhelm I. König in Preußen, später deutscher Kaiser
1862	Grundrechtsgesetzgebung
1863	Erzherzog (Ferdinand) Maximilian wird Kaiser von Mexiko
18. 12. 1863	Erzherzog Franz Ferdinand als Sohn Erzherzog Karl Ludwigs und dessen zweiter Frau Maria Annunziata von Neapel-Sizilien geboren
1864	Krieg gegen Dänemark
1. 8. 1864	Friede von Wien beendet den Krieg mit Dänemark
27. 7. 1865	Rücktritt Anton Ritter von Schmerlings
14. 8. 1865	Vertrag von Gastein löst kurzfristig die preußisch-österreichischen Konflikte
1866	Krieg der Habsburgermonarchie gegen Preußen und Italien
3. 7. 1866	Schlacht bei Königgrätz
1866	Siege der Österreicher bei Custoza und in der Seeschlacht von Lissa
18. 2. 1867	Ausgleich mit Ungarn
8. 6. 1867	Krönung Franz Josephs und seiner Frau in Ungarn
19. 6. 1867	Maximilian von Mexiko in Querétaro (Mexiko) erschossen
21. 12. 1867	Dezemberverfassung
1868–1870	Regierung Karl (Carlos) Auersperg in der cisleithanischen Reichshälfte
22. 4. 1868	Erzherzogin Marie Valerie in Budapest geboren
Mai 1868	Konfessionelle Gesetze
14. 5. 1869	Hasner'sches Reichsvolksschulgesetz
1870–1871	Deutsch-Französischer Krieg
1871	„Fundamentalartikel"
18. 1. 1871	Gründung des deutschen Kaiserreiches
1871–1879	Regierung Adolf Auersperg in der cisleithanischen Reichshälfte
1873	Wahlreform
9. 5. 1873	Börsenkrach während der Weltausstellung
1874	Einigungskongreß der Sozialdemokraten in Neudörfl
1875–1890	Regierung Kalman Tisza in Ungarn
19. 6. 1875	Ferdinand (als Kaiser von Österreich Ferdinand I., als König von Böhmen Ferdinand V.) stirbt
1878	Okkupation Bosniens und der Herzegowina
1878	Friede von San Stefano
1878	Berliner Konferenz
1879	Zweibund zwischen dem Deutschen Reich und Österreich-Ungarn
1879–1893	Regierung Eduard Taaffe in der cisleithanischen Reichshälfte

27. 4. 1879	Silberne Hochzeit Franz Josephs und seiner Frau Elisabeth mit einem großen Festzug in Wien gefeiert		1900–1904	Regierung Ernst von Koerber in der cisleithanischen Reichshälfte
1881	Erzherzog Rudolf heiratet Stephanie von Belgien		1903–1905	Regierung Stephan Tisza in Ungarn
1882	Linzer Programm der Liberalen		1904	Französisch-britische Allianz
1882	Dreibund mit Italien		1905–1906	Regierung Geza Fejervary in Ungarn
1883	Geheimes Bündnis mit Rumänien erweitert		1906–1910	Regierung Alexander Wekerle in Ungarn
1885–1887	Sozialgesetzgebung unter Taaffe		1906–1908	Regierung Max Wladimir Beck in der cisleithanischen Reichshälfte
1888	Der Deutschnationale Georg Ritter von Schönerer überfällt die Redaktion des Neuen Wiener Tagblatts		1907	Britisch-russisches Abkommen
1888/89	Hainfelder Parteitag. Einigung der Sozialdemokratie		1907	Christlichsoziale und Konservative vereinigen sich
30. 1. 1889	Kronprinz Rudolf begeht mit Mary Vetsera in Mayerling Selbstmord		1907	Wahlreform
1893–1895	Regierung Alfred Windischgrätz in der cisleithanischen Reichshälfte		1908	Annexion Bosniens und der Herzegowina
1894	Kossuth stirbt in seinem Turiner Exil		1910	Tod des Wiener Bürgermeisters und Parteiführers der Christlichsozialen Dr. Karl Lueger
1894	Französisch-russischer Vertrag		1911–1916	Regierung Karl Stürgkh in der cisleithanischen Reichshälfte
1895	Cillier Schulaffäre		1912	Erster Balkankrieg
1895–1897	Regierung Kasimir Badeni in der cisleithanischen Reichshälfte		1913	Zweiter Balkankrieg
1896	Milleniumsfeier in Ungarn		1913–1916	Regierung Stephan Tisza in Ungarn
10. 9. 1898	Kaiserin Elisabeth wird von dem italienischen Anarchisten Luigi Luccheni erstochen		28. 6. 1914	Ermordung des Thronfolgers Franz Ferdinand in Sarajewo
1900	Franz Ferdinand und Gräfin Sophie Chotek verzichten auf die Erbrechte für ihre Nachfolger und heiraten in morganatischer Ehe		21. 10. 1916	Stürgkh von dem jungen radikalen Sozialdemokraten Dr. Friedrich Adler erschossen
			21. 11. 1916	Kaiser Franz Joseph in Wien gestorben

Als Franz Joseph am 18. August 1830 in Wien als Sohn des Erzherzogs Franz Karl und der Prinzessin Sophie von Bayern geboren wurde, war keineswegs klar, daß nach ihm einmal eine Epoche der österreichischen Geschichte benannt werden würde. Schon während sein Onkel Ferdinand (der Gütige) regierte, wurde Franz Joseph von seiner ehrgeizigen und politisch sehr interessierten Mutter zum Herrscher erzogen. Dominant war dabei die militärische Erziehung, und schon mit 14 Jahren war der junge Erzherzog Oberst und Regimentsinhaber. Die von der Mutter besonders betonte Frömmigkeit und die Erziehung zum Pflichtbewußtsein haben nicht nur den jungen Franz Joseph geprägt, sondern blieben bestimmende Charaktermerkmale des so lange regierenden Monarchen, die auch die Politik des Staates erheblich beeinflußten.

Sein Erzieher war der Geistliche und spätere Wiener Kardinal Othmar Rauscher, der ebenfalls seinen Einfluß lange ausüben konnte, auch der erwachsene, regierende Franz Joseph stand noch stark unter den Einflüsterungen seines früheren Lehrers. Viele Dinge kamen in der Erziehung des jungen Franz Joseph zu kurz, die er später sein ganzes Leben lang wenig beachtete. So hatte er –

Der junge Franz Joseph, Erzherzog von Österreich, als Oberst im Dragoner-Regiment Nr. 3, gemalt von Moritz Michael Daffinger, 1846. Der zukünftige Kaiser trägt das Goldene Vlies und den Stern des preußischen Adlerordens.

Aus: G. Kugler, Staatskanzler Metternich und seine Gäste

Nachdem durch die Ereignisse des Revolutionsjahres Franz Josephs Thronbesteigung schon am 2. Dezember 1848 erfolgte, heiratete er am 24. April 1854 die damals erst 16jährige bayerische Prinzessin Elisabeth (Sisi), die seine Cousine ersten Grades war. Dieser Ehe entstammten vier Kinder, die schon nach zwei Jahren verstorbene Erzherzogin Sophie, dann Erzherzogin Gisela, die Prinz Leopold von Bayern, den Sohn des (späteren) Prinzregenten Luitpold, heiratete und sonst keine Rolle spielte, die über ihre „angeborene" hinausging, sowie der Kronprinz Rudolf und die Erzherzogin Marie Valerie. Von Kronprinz Rudolf wird noch die Rede sein, Erzherzogin Marie Valerie wurde – da sie nach über 300 Jahren das erste Kind eines ungarischen Herrschers war, das in Ungarn geboren wurde – „das ungarische Kind" genannt und ungarisch-national erzogen. Starke künstlerische Neigungen prägten den Charakter der Erzherzogin, sie dichtete und malte. 1890 heiratete sie Erzherzog Franz Salvator aus dem toskanischen Zweig der Familie, das Paar lebte in Schloß Wallsee. Marie Valerie und Franz Salvator hatten zehn Kinder. Sie pflegte stark karitative Neigungen und war von tiefer Religiosität. Nach 1919 anerkannte sie das „Habsburgergesetz" und blieb mit ihrer Familie im Land.

Positive familiäre Ereignisse im Leben Franz Josephs waren zweimal Anlaß zu großen öffentlichen Feiern. Die silberne Hochzeit Franz Josephs und seiner Frau Elisabeth wurde am 27. April 1879 gefeiert. Den großen Festzug der Stadt Wien gestaltete der damals hochgeschätzte Maler Hans Makart. Im Sinne des Historismus feierte sich das Wiener Bürgertum selbst im Stile der Renaissance und des Barock.

Weitere große Festlichkeiten fanden zum 60jährigen Regierungsjubiläum Franz Josephs im Jahr 1908 statt.

Franz Joseph war ein extremer Morgenmensch, täglich um fünf Uhr früh, im Alter sogar schon um vier Uhr früh, stand er auf und setzte sich an seinen Schreibtisch, wo er große Aktenberge bearbeitete. Der Name „Hofrat Prohaska", den man ihm scherzhalber gab, beruht auf dieser Fixiertheit auf bürokratische Arbeiten. Franz Joseph war zwar kein hervorragender Monarch, aber er wäre ein hervorragender Beamter geworden. Sein Vergnügen am Essen war ebenfalls sehr beschränkt; Rindfleisch, Naturschnitzel, Gulasch und Würstel bildeten den Hauptbestandteil seiner Ernährung. Sein Vergnügen zwischen der Büroarbeit bestand in Spaziergängen. Um 17 Uhr wurde das Diner serviert, das aus sechs Gängen bestand, die Franz Joseph in großer Eile hinunterschlang (die anderen Teilnehmer an der festlichen Hoftafel kamen daher kaum zum Essen und gingen traditioneller-

Kaiser Franz Joseph I.
(1830–1916). Gemälde von
F. X. Winterhalter,
Hofburg, Wien.
KHM

im Gegensatz zu so vielen anderen Mitgliedern der habsburgischen Familie in allen Epochen – wenig Interesse an Kunst und Wissenschaften und hat auch später als Herrscher dafür niemals echte Begeisterung aufbringen können. Sicherlich war sein Hof kein Musenhof, wie der vieler seiner Vorgänger. Wenn in dieser Zeit in der Habsburgermonarchie Großes an Geistigem geschehen ist – man spricht noch heute voller Enthusiasmus von der Wiener Fin-de-siècle-Kultur –, so ist es trotz der Regierung Franz Josephs und nicht wegen dieser passiert.

weise nachher ins Sacher, um sich zu sättigen). Schon um 21 Uhr ging Franz Joseph zumeist schlafen, er ruhte auf dem geradezu sprichwörtlich gewordenen eisernen Feldbett. Zeremoniell und Hofkleidung spielten für ihn eine ganz besondere Rolle, in dieser Hinsicht war er überaus formalistisch.

Bemerkenswert ist seine Jagdleidenschaft, schon durch seine lange Lebenszeit ist seine „Strecke", die Summe aller Tiere, die er erlegte, unvorstellbar groß. Allein in seinen ersten Regierungsjahren von 1848 bis 1861 erlegte er 28.876 Stück Wild. Dieser Leidenschaft frönte er vor allem in Ischl, wo er und damit der gesamte Hof den Sommer verbrachten. Schwierig ist die Beurteilung der politischen Haltung Franz Josephs, wenn es um mehr als allgemeine Leitlinien geht. Fritz Fellner hat auf die Schwierigkeiten hingewiesen, die in der schlechten Quellensituation für den Historiker liegen, da es nur wenige persönliche Äußerungen des Kaisers zu politischen Fragen gibt. Leider war Franz Joseph weder ein Tagebuch- noch ein großer Briefeschreiber! Er war eben auch darin ein vollendeter Bürokrat, der sich jeder politischen Äußerung zu enthalten hatte. Die Grundhaltung des Kaisers jedoch ist klar, der Konstitutionalismus ist ihm zutiefst zuwider, wenn es ausschließlich nach seinem Willen gegangen wäre, hätte die Donaumonarchie niemals eine Verfassung bekommen, sondern wäre stets absolutistisch regiert worden. Der „Baumeister" des konstitutionellen Staates, Friedrich Ferdinand Graf Beust, schildert in seinen Memoiren diesen zähen Widerstand des Kaisers gegen die Dezemberverfassung des Jahres 1867, die aber letztlich dem Kaiser große Rechte beließ.

Der traditionellen absolutistisch-feudalen Staats-, Regierungs- und Sozialform, die in vielem unverändert weiterbestand, fühlte sich Kaiser Franz Joseph sehr verbunden. Bis zum Jahr 1848 war die Habsburgermonarchie ein Feudalstaat nach alteuropäischem Muster gewesen. Die Grundherrschaft mit ihren wirtschaftlichen, sozialen, aber auch rechtlichen Abhängigkeiten im Zuge der Patrimonialgerichtsbarkeit bildete das Fundament und die Kernzelle des Staates. Politisch dominierten in dieser Zeit, soweit der Absolutismus Freiräume für Selbstbestimmung im lokalen Bereich ließ, der lokale Adel und der grundbesitzende Klerus. Jedoch kann es als ein Charakteristikum der Donaumonarchie gelten, daß auch im Zeitalter Franz Josephs der Adel in der Gesellschaft und Politik seine dominierende Stellung behaupten konnte. Von den 28 Ministerpräsidenten der westlichen Reichshälfte – nach dem Ausgleich mit Ungarn 1867 gab es ja für beide Teile der Monarchie eigene Kabinette – waren 20 hochadliger

Herkunft, weitere 7 führten ein Adelsprädikat und stammten aus dem Beamtenadel, nur der letzte der Ministerpräsidenten im Jahr 1918, Universitätsprofessor Heinrich Lammasch, war bürgerlicher Herkunft. Ähnlich gelagert ist auch die ungarische Situation, die überwiegende Mehrzahl der Ministerpräsidenten waren Adelige, wenn sich auch der Akzent von den Magnaten, also der Hocharistokratie, weg hin zur Gentry, dem in Ungarn sehr zahlreichen Kleinadel, verschoben hat.

Im Bereich der Diplomatie, der Verwaltung und der hohen Generalität des Heeres war der Anteil

Kaiserin Elisabeth (1837–1898). Gemälde von F. X. Winterhalter, Hofburg, Wien.

KHM

des Adels im Laufe des 19. Jahrhunderts im Sinken begriffen, ohne daß wir uns diesen Prozeß als
einen allzu linearen vorstellen dürfen. War am
Beginn des 19. Jahrhunderts der Anteil der Bürgerlichen in Diplomatie (16 Prozent), Verwaltung
(9 Prozent) und Heer (6 Prozent) noch gering, so
stieg bis zum Jahr 1890 ihr Anteil auf rund ein
Drittel (36 Prozent – 33 Prozent – 34 Prozent) an.
Insbesondere beim Heer hat sich dann bis zum
Ende der Monarchie eine Verdoppelung des
Anteils der Bürgerlichen ergeben, was deutlich
anzeigt, daß sich der Adel seit den verschiedenen
Heeresreformen in seinem ursprünglichen Metier
nicht mehr wohl fühlte, nachdem sich der Adelige

wie jeder andere bei der Truppe „hochdienen"
mußte. Schon 1866 hatte sich ein Gutteil der Aristokraten aus der Armee zurückgezogen.

Die Aristokratie der Habsburgermonarchie zerfiel
in zwei Gruppen, erstens in die Hocharistokratie,
den alten Adel, wobei die uradeligen Familien
selten politisch aktiv waren, etwa die Lodron,
die Windischgrätz, die Auersperg, Dietrichstein,
Welsperg, Trauttmannsdorff, Brandis, Starhemberg, Wolkenstein, Herberstein, Hardegg und
Thun-Hohenstein, und zweitens in den neuen
Dienstadel, der seit der Ausbildung der Bürokratie
und der stehenden Armee entstanden war.

Diese im Zeitalter Kaiser Franz Josephs rund
9000 Nobilitierten der sogenannten „Zweiten
Gesellschaft" vermischten sich mit der „Ersten
Gesellschaft" weder gesellschaftlich noch was das
Heiratsverhalten anlangt – wenn auch manchmal
aus Gründen der finanziellen Sanierung auch eine
solche, halb als Mesalliance empfundene Verbindung nötig war. Sie bemühten sich jedoch, ihren
Lebensstil der Hocharistokratie anzugleichen.

Viele Adelige hatten sich den „modernen" Strömungen angeschlossen und ihre hauptsächlich auf
Agrarproduktion basierenden Einkommen durch
eine Umstellung auf kapitalistische Wirtschafts-
formen zu erhöhen versucht. Die Bauernbefreiung
mit einer Ablöse der Güter, die den Adeligen zwei
Drittel des Schätzwertes einbrachte, hat hier als
wirtschaftliches Stimulans – letztendlich auch für
die Gesamtwirtschaft – im Zeitalter des Neoabsolutismus gewirkt. Ein gutes Beispiel für solches „Unternehmertum" in hochadeligem Kreis ist
die Familie des Fürsten Schwarzenberg, die neben

riesigem Grundbesitz in Südböhmen von über 145.000 Hektar auch noch Molkereien, zwei Zuckerraffinerien, ein Dutzend Brauereien und einige Bergwerke besaß. Eine starke Gruppe innerhalb der österreichischen Aristokratie lehnte jedoch solchen Leistungswettbewerb ab. Sie hielt weiterhin an dem alten adeligen Wirtschaftsethos fest, welches im Gegensatz zu bürgerlichen Anschauungen eine Vermögensvermehrung nur dann als standesgemäß akzeptiert hatte, wenn dadurch das Ansehen des betreffenden Hauses gehoben wurde. Der streng konservative Alfred Fürst Windischgrätz etwa hat „Geschäfte" mit anderen Intentionen stets mißbilligt und sich davon ferngehalten.

Mit diesen beiden konträren Einstellungen zu wirtschaftlichen Fragen sind auch politische Orientierungen verknüpft und die beiden großen politischen Strömungen innerhalb des Adels der Donaumonarchie charakterisiert.

Neben dem konservativen Adel, der auf der Seite der klerikal-konservativen Parteien zu finden ist, bildete der moderne, kapitalistischen Neuerungen gegenüber aufgeschlossenere Teil der Aristokratie einen Wegbereiter des österreichischen Liberalismus, einer politischen Strömung, die die Literatur allzusehr geneigt ist, ausschließlich dem Bürgertum zuzuschreiben. Auch nach dem Ende der liberalen Herrschaft in der Monarchie spielte die Gruppe des „verfassungstreuen Großgrundbesitzes", die vor allem den deutschorientierten Teil des böhmischen Adels – der tschechisch-orientierte bildete den „konservativen Großgrundbesitz" – umfaßte, eine wesentliche politische

Anläßlich der silbernen Hochzeit des Kaiserpaares fand am 27. April 1879 der „Festzug der Stadt Wien" statt. Die künstlerische Leitung lag beim Maler Hans Makart.

Archiv Verlag Styria

Das Kaiserpaar 1898 in Bad Kissingen, eine der letzten gemeinsamen Aufnahmen, denn am 10. September desselben Jahres wurde Kaiserin Elisabeth in Genf ermordet.
Das Privatleben des Kaisers und seine nicht gerade als glücklich zu bezeichnende Ehe mit Elisabeth standen und stehen noch heute im Mittelpunkt zahlreicher Publikationen.

ÖNB

Rolle. Der Einfluß der Aristokratie in der Politik war ja auch vom Wahlrecht her gut abgesichert, bis zum Jahr 1907 herrschte in der Monarchie das Kurienwahlrecht, das als oberste Kurie die der Großgrundbesitzer – vorwiegend, wenn auch nicht ausschließlich adliger Herkunft – vorsah, bei der rund 60 Wähler einen Abgeordneten wählen konnten. Zwar war die Hochbourgeoisie durch dieses ungerechte Wahlsystem noch privilegierter, aber auch die Aristokratie war, gemessen an ihrem Anteil an der Gesamtbevölkerung, weit überrepräsentiert. Rechnet man dazu noch die Tatsache, daß in der zweiten Kammer, dem Herrenhaus, fast ausschließlich Aristokraten als erbliche Mitglieder saßen, kann man den großen politischen Einfluß des Adels auch im Zeitalter des sogenannten „bürgerlichen" Liberalismus gut abschätzen.

Der Adel, der im wesentlichen seine engste Umgebung bildete, war Kaiser Franz Joseph besonders verpflichtet. Seine Einstellung zu gesellschaftlichen Fragen war sicherlich überaus konservativ, in vielem unterschätzte er nicht nur die große Masse der Entrechteten, der Arbeiter, Bauern und Dienstboten, sondern auch die große politische Stoßkraft des erstarkten Bürgertums. Der ideale Zustand des Staates in seinen Augen war sicherlich der einer Adelsherrschaft im Sinne des Absolutismus, die nicht nur die Unterschichten, sondern auch das Bürgertum von politischem Einfluß ausschloß. Diese Idealvorstellung konnte er durch die Umstände der Zeit nicht verwirklichen.

Auch das Privatleben Kaiser Franz Josephs verlief alles andere als zufriedenstellend. Durch seine

unglücklich verlaufende Ehe mit Elisabeth, der er zunächst große Leidenschaft entgegenbrachte, kam es – nicht zuletzt gefördert durch die immer mehr abwesende Kaiserin selbst – zu einer Reihe von Liebesaffären Franz Josephs, die in der heutigen Öffentlichkeit ein allzu breites Interesse finden.

Seine Beziehungen zu der Hofschauspielerin Katharina Schratt (1855–1940), die Villen in der Nähe von Schloß Schönbrunn und in Bad Ischl besaß, ist davon wohl die wichtigste und dauerhafteste, wenn sie auch vermutlich nicht – wie gelegentlich behauptet – zu einer geheimen Ehe der beiden führte.

Von den anderen Affären des Kaisers ist die mit Anna Nahowski in der letzten Zeit durch ein Buch von Friedrich Saathen in den Blickpunkt des öffentlichen Interesses getreten.

Franz Joseph wurde vor allem in seiner Spätzeit zum Symbol des Reiches, wozu neben seinem hohen Alter auch die persönlichen Tragödien mit Maximilian von Mexiko, Kronprinz Rudolf, Kaiserin Elisabeth – und zuletzt auch Franz Ferdinand entsprechend beitrugen. Selbst die Gegner der Monarchie – wie etwa die Sozialdemokraten – oft als „k. k. Sozialdemokratie" verspottet – waren loyal und verehrten Franz Joseph unverständlicherweise als eine Art Symbolfigur. So konnte er seinem Wahlspruch viribus unitis (mit vereinten Kräften) beinahe gerecht werden, seine Person war das einigende Band der Monarchie.

Gestorben ist Franz Joseph am 21. November 1916 in Wien, er wurde in der Kapuzinergruft in Wien beigesetzt.

Die Revolution des Jahres 1848

Die soziale Situation des Vormärz hatte vor allem zwei Schichten der Bevölkerung unzufrieden mit dem System gemacht, das Bürgertum (die Bourgeoisie), das zwar materiell gut abgesichert war, dessen Wunsch nach Beteiligung und Einfluß am politischen Leben aber unterdrückt wurde, und die Arbeiter (Proletarier), deren soziale Lage schrecklich war.

Die Großbourgeoisie bestand vor allem aus den Besitzern der Fabriken und Banken, den Großgewerbetreibenden und im weiteren Sinne auch jenen Intellektuellen, die enge Beziehungen zu dieser herrschenden Schicht hatten: Juristen, Angehörige des Lehrkörpers der Universität und Ärzte. Diese reichen Familien, von denen einige dank ihrer Verdienste bei der Ausbeutung der Massen sogar in den Adelsstand aufgestiegen waren, und das höhere Beamtentum – auch hier

Die Verteilung von Waffen an Studenten der Wiener Universität am Abend des 13. März 1848. Gleichzeitig mit den revolutionären Aktionen in der Wiener Innenstadt kam es auch in den Vororten zu einem proletarischen Aufstand: Fabriken wurden zerstört, Geschäfte geplündert, zahlreiche Menschen getötet und verwundet. Der Hof handelte rasch. Metternich trat zurück, die Zensur wurde aufgehoben und eine Verfassung versprochen.
HMStW

häufig „Edle von" – bildeten die zweite Gesellschaft der Monarchie. Sie imitierten vielfach den Lebensstil des Adels und fühlten sich gegenüber anderen, noch nicht geadelten Neureichen und natürlich gegenüber allen Angehörigen der Unterschichten als etwas Besseres und schlossen sich strengstens von diesen ab.

Das Kleinbürgertum befand sich daher im 19. Jahrhundert in einer Art Rückzugskampf, ein Gegner dabei war das Großbürgertum, das mit der fabriksmäßigen Erzeugung vieler Güter das Gewerbe beinahe zugrunde richtete oder zumindest stark schädigte. Der andere Gegner war das Proletariat, dessen Anwachsen beunruhigte und dessen eigentumsfeindliche Ideen man fürchtete. Gleichzeitig fürchteten die Kleinbürger auch den eigenen Abstieg in diese gesellschaftliche Schicht.

Durch die Industrialisierung, die in der Habsburgermonarchie – nach dem Vorspiel der „Protoindustrialisierung" im Zeitalter des Merkantilismus – mit dem beginnenden 19. Jahrhundert langsam einsetzte, vermehrte sich die Zahl der lohnabhängigen Arbeiter beachtlich.

Zu diesem Begriff „Arbeiter" gehören ebenso in der Fabrik Arbeitende als auch jene, die im Zuge des Verlagssystems Heimarbeit leisteten. Im weiteren Sinne kann man auch den im Handwerksbetrieb und Kleingewerbe Beschäftigten, ja sogar das landwirtschaftliche Proletariat einrechnen. Die schon im Vormärz entstandene, aber weit nach

1848 sich fortsetzende und schlimmer werdende „sociale Frage" hat eine Reihe von schrecklichen Facetten. Zunächst ist an die Zustände an den Arbeitsplätzen in den Fabriken und Gewerbebetrieben zu denken, die weder ordentliche sanitäre Einrichtungen noch ausreichende Beleuchtung und Belüftung hatten. Dennoch mußte der Arbeiter einen beträchtlichen Teil des Tages dort zubringen, es gab keine gesetzliche Beschränkung der Arbeitszeit für erwachsene Männer und Frauen, durchschnittlich betrug die Arbeitsdauer 12 bis 14 Stunden. Neben der billigen Frauenarbeit war die noch billigere Kinderarbeit ein weitverbreitetes Phänomen. Die Löhne waren, nicht zuletzt durch den Druck der „Reservearmee des Proletariates", die bei jedem Streik etc. sofort die bis dahin beschäftigten Arbeiter ersetzen konnte, denkbar gering.

Die Wohnmöglichkeiten der Arbeiter waren durch die niedrigen Löhne beschränkt, die meisten hausten in unhygienischen Massenquartieren, die kaum ein harmonisches Ehe- und Familienleben aufkommen ließen. Die hohen Mieten konnten oft nur durch die Aufnahme von Untermietern und Bettgehern aufgebracht werden. Auch die Ernährung der Arbeiter war bescheiden, Ersatzkaffee, schwarzes Brot, Kartoffeln, Kohlgemüse, Kraut, kaum Fleisch bildeten den Hauptbestandteil der Nahrung. Die Folge dieser Unterernährung zeigte sich bereits im Kindesalter und führte in den

Bombardement der Prager Altstadt. Die Revolution breitete sich rasch aus und griff auch auf andere Städte der Monarchie über. So kam es am 12. Juni 1848 in Prag zum Pfingstaufstand zwischen tschechischen Nationalisten und kaiserlichem Militär. Feldmarschall Alfred Fürst zu Windischgrätz schlug den Prager Aufstand blutig nieder. Der Slawenkongreß wurde aufgelöst.

HMStW

späteren Lebensjahren zur Schwächung des gesamten Organismus sowie frühem Einsetzen des Alterungsprozesses, auch der Alkoholismus – Vergessen der schlimmen Lage durch Branntwein – war überaus verbreitet.

Grundsätzlich war die Bevölkerung, allen voran natürlich die Intellektuellen und Studenten, mit dem „System Metternich", das durch Zensur, Spitzelsystem, Polizeiapparat, „Menschenrechtsverletzungen" und absolutistische Staatsführung charakterisiert war, höchst unzufrieden.

Als sich am 29. Februar 1848 Gerüchte über die Revolution in Frankreich und die davon angeregten Aufstände in Süddeutschland in der Habsburgermonarchie verbreiteten, begann sich dieser Unmut zu kanalisieren. Ungarn machte den Anfang. Am 3. März 1848 hielt Ludwig Kossuth eine aufrüttelnde Rede vor dem Reichstag in Preßburg. Verschiedene Adressen und Proklamationen wurden auch in Wien vorbereitet, deren Hauptforderungen der Rücktritt Metternichs, die Abschaffung der Zensur, eine Verfassung – „Constitution" ist das Schlagwort der Zeit – und die Ernennung verantwortlicher Minister waren.

Am 13. März – dem Geburtstag des von den Revolutionären besonders verehrten Kaisers Joseph II. – versammelten sich die niederösterreichischen Stände im Landhaus in der Herrengasse, und gleichzeitig fand eine Demonstration von Bürgern und Studenten im Hof dieses Landhauses statt.

Zunächst dachte man daran, durch die Landstände eine Petition an den Kaiser übergeben zu lassen, doch dann schlug die Stimmung ins Revolutionäre um. Der junge Arzt Adolf Fischhof hielt die „erste freie Rede" in Österreich, Kossuths Rede wurde verlesen, und das Mißtrauen auch den Landständen gegenüber wurde immer deutlicher artikuliert. Als Erzherzog Albrecht den bereitstehenden Truppen den Befehl zum Angriff auf „den

Am 15. und 16. Mai 1848 kam es in Wien zum zweiten Aufstand, am 26. Mai zum dritten, ausgelöst durch die beabsichtigte Auflösung der Akademischen Legion.

ÖG

Am 6. Oktober 1848 beginnt
in Wien die sogenannte
Oktoberrevolution.
Schwere Kämpfe brechen aus.
Der Hof muß nach Olmütz
fliehen. Feldmarschall Fürst
Windischgrätz und der Banus
von Kroatien Josef von
Jellačić rücken mit ihren
Armeen gegen Wien vor.
Ende Oktober wird die Stadt
im Sturm genommen.
Die Anführer der Revolution,
darunter Wenzel Messen-
hauser, werden standrecht-
lich erschossen.

ÖNB

Am 18. Mai 1848 wird in der
Paulskirche in Frankfurt
am Main die Deutsche
Nationalversammlung
eröffnet. Vorsitzender ist
Heinrich von Gagern.
Am 29. Juni wird Erzherzog
Johann vom Frankfurter
Parlament zum
„unverantwortlichen
Reichsverweser" als Haupt
eines verantwortlichen
Reichsministeriums gewählt.

ÖNB

Pöbel" gab, fielen die ersten Opfer der Revolution. Gleichzeitig mit dieser bürgerlich-studentischen Revolution in der Wiener Innenstadt – und das ist für den Erfolg der Revolutionäre entscheidend – kam es auch in den Vororten (dem Gebiet zwischen Stadtbefestigung–Ring und Linienwall–Gürtel) zu einem proletarischen Aufstand, Fabriken wurden zerstört, Geschäfte geplündert und die verhaßten Linienämter, durch deren Besteuerung sich die Lebensmittel verteuerten, attackiert.

Diese Umstände veranlaßten den Hof, rasch nachzugeben, Metternich floh nach England, die Zensur wurde aufgehoben und eine Verfassung versprochen. Die Revolution hatte gesiegt.

Am 25. April wurde diese Konstitution, die an die belgische Verfassung, die sogenannte Joyeuse entrée, angelehnt war, erlassen. Nach dem Ministerpräsidenten Pillersdorf wird diese Verfassung auch als Pillersdorf-Verfassung bezeichnet, sie enthält eine Reihe von liberalen Ansätzen, wurde daher zunächst begeistert aufgenommen, doch sah man bald auch ihre Defekte.

Die unklare Ministerverantwortlichkeit und die ebensowenig deutliche Beziehung zwischen den Kronländern und der Zentralregierung wurden ebenso bemängelt, wie insbesondere der Ausschluß breiter Schichten, vor allem der Arbeiter, vom Wahlrecht.

So kam es am 15. Mai zu einem Marsch der Studenten zur Hofburg und damit zu einer weiteren Phase der Revolution, die als demokratische Revolution bezeichnet wird.

Der Kaiser, der regierungsunfähige, fast schwachsinnige und schwerkranke Ferdinand I., floh nach Innsbruck, und in Wien versuchten die beiden Journalisten Häfner und Tuvora sogar, die Republik auszurufen.

Die revolutionäre Stimmung hielt an, und als das Ministerium am 26. Mai versuchte, die Akademische Legion (die „Armee" der Studenten) aufzulösen, errichteten die Studenten in der Innenstadt Barrikaden und zwangen die Machthaber erneut zum Nachgeben.

Doch diese erfolgreiche Wiener Revolution und der revolutionäre Zustand in Ungarn täuschten. Dem Kommandierenden der Armee, Feldmarschall Alfred Windischgrätz, war es bereits in Prag gelungen, den sogenannten Pfingstaufstand durch ein Bombardement der Stadt zu beenden, die Studenten mußten sich bedingungslos ergeben. Die Kräfte der Konterrevolution formierten sich.

In Wien wurde am 22. Juli durch den populären Erzherzog Johann der Reichstag, also das „Parlament" der revolutionären Habsburgermonarchie, eröffnet. Derselbe Erzherzog Johann war aber auch in Frankfurt am Main, wo sich in der Pauls-

kirche das deutsche Parlament – unter Einschluß jener Teile der Habsburgermonarchie, die zum Deutschen Bund gehörten – versammelt hatte, zum Reichsverweser, dem man den Spottnamen „Reichsverfauler" gab, gewählt worden.

In diesem Reichstag formierten sich erstmals Parteien, neben einer kleinen, aber wichtigen extremen Linken, genannt Demokraten, war die „Law and order"-Partei des Zentrums, die einen gemäßigten Konstitutionalismus vertrat, die führende Kraft. Daneben gab es Vertreter der verschiedenen Nationalitäten, darunter auch 30 galizische Bauernabgeordnete, die kein Wort Deutsch verstanden und um deren Stimmen ein heftiges Gerangel einsetzte.

Am 24. Juli stellte der jüngste Abgeordnete dieses Reichstages, der Schlesier Hans Kudlich, den Antrag, die Grundherrschaft aufzulösen. Doch erst nach 73 Zusatzanträgen und nicht in der ursprünglichen Form der entschädigungslosen Aufhebung der Grundherrschaft wurde dieser Antrag angenommen. Seine Durchführung in der Zeit des Neoabsolutismus ist die einzige Maßnahme der Revolution, die diese überdauerte.

Inzwischen kamen immer mehr Bauern in die Stadt und vermehrten hier die Zahl jener, die keine Arbeit in den Fabriken mehr finden konnten. Diese Proletariermasse wurde durch öffentliche Arbeiten, vor allem Erdarbeiten im Prater, beschäftigt. Als der Arbeitsminister Ernst Schwarzer, bedingt durch die große Zahl der zuströmenden Arbeitskräfte, die Löhne um einen Kreuzer kürzte, kam es am 23. August zu einem sozialen Aufstand. Die Arbeiter modellierten aus Lehm und Stroh eine Statue des Arbeitsministers, steckten ihm einen Kreuzer in den Mund, setzten die Statue auf einen Esel und veranstalteten so einen parodistischen Begräbniszug. Das Bürgertum der Stadt aber, orga-

„Totenbestattung auf dem Schlachtfeld": Italienfeldzug 1848/49. Gleichzeitig mit der Revolution in Wien brechen auch in Italien Aufstände aus. Feldmarschall Radetzky gelingt am 25. Juli bei Custoza ein entscheidender Sieg über König Karl Albert von Sardinien.

HGM

Franz Palacký (1798–1876), tschechischer Historiker und Politiker, hatte den Vorsitz am Slawenkongreß 1848 in Prag.

ÒNB

In Berlin kam es nach kleineren Zusammenstößen am 18. März 1848 zur Wiedereinberufung des Vereinigten Landtages, zu einer neuen Verfassung mit einem neuen Ministerium. Noch am Abend brachen schwere Straßen- und Barrikadenkämpfe aus. Die Schwäche König Friedrich Wilhelms IV. führte zum Abzug der Truppen. Hier: Barrikade auf dem Alexanderplatz.

AKG

nisiert in der Nationalgarde, befürchtete Plünderungen und marschierte den Arbeitern entgegen. Am Praterstern kam es zur sogenannten Praterschlacht, in der sehr viele Arbeiter getötet oder verletzt wurden.

Die revolutionären Kräfte des März hatten sich nun endgültig gespalten. Das Bürgertum war mit dem Erreichten zufrieden und versuchte, Recht und Ordnung herzustellen, um sich gegen eine proletarische Revolution zu schützen. Auch die Bauern, deren Befreiung beschlossen war, schieden als Träger der Revolution aus. So blieben nur noch Studenten und Arbeiter, die an der Revolution und ihrer Weiterentwicklung interessiert waren. Ihre politischen Klubs und ihre bewaffnete Macht, die Akademische Legion und die proletarischen Mobilgarden, beherrschen die weitere Entwicklung bis zum bitteren Ende.

Immer mehr zeigte sich in der internationalen Situation, daß die Kräfte der Konterrevolution erstarkten. In Ungarn sammelte der kroatische Banus Jellačić loyale Truppen, um sie gegen die Revolutionäre zu führen, und in Italien, wo Karl Albert von Piemont-Sardinien versucht hatte, die Schwäche der Habsburgermonarchie zu nützen, um die Lombardei zu erobern, war Radetzky siegreich geblieben.

Als am 28. September der kaiserliche Befehlshaber von Budapest, Graf Philipp Lamberg, auf der Brücke zwischen Ofen und Pest ermordet wurde, kam es zu einer neuerlichen Radikalisierung der Revolution, auch in Wien.

Inmitten dieser Spannung, am 6. Oktober 1848, bestimmte der Kriegsminister Theodor Graf Baillet von Latour den Abmarsch seit langem in Wien stationierter Truppen nach Ungarn. Vor allem das

Bataillon Richter hatte aber enge Beziehungen auch zur Wiener Demokratenszene, so kam es zu einer Protestdemonstration am Platz am Hof, in deren Verlauf Latour ermordet und an einer Laterne aufgehängt wurde.

Der im Sommer nach Wien zurückgekehrte Monarch floh erneut, diesmal nach Olmütz, und auch der Reichstag wurde nach Kremsier verlagert.

Windischgrätz und Jellačić rückten mit den konterrevolutionären Truppen heran und umschlossen die Stadt Wien, in der Studenten und Arbeiter einen letzten Verzweiflungskampf für die revolutionären Errungenschaften führten. Führer der Revolutionäre waren der polnische General Josef Bem, Wenzel Messenhauser und die beiden linken Frankfurter Abgeordneten Robert Blum und Julius Fröbel.

Die Augen aller fortschrittlich Orientierten in Europa waren auf Wien gerichtet. Ein Gedicht von Ferdinand Freiligrath illustriert diese Stimmung:

„Wenn wir noch knien könnten,
wir lägen auf Knien;
Wenn wir noch beten könnten,
wir beteten für Wien!
… Wozu noch betend winseln?
Ihr Männer ins Gewehr,
Heut ballt man nur die Hände,
man faltet sie nicht mehr!
… Ein riesig Schilderheben,
ein Ringen wild und kühn –
Das ist zur Weltgeschichte das rechte
Flehn für Wien."

Hilfe erwartete sich die Wiener Revolution von den Ungarn, die auch wirklich revolutionäre Truppen in Richtung Wien schickten, doch besiegte Jellačić diese Truppen in einem Gefecht bei Schwechat. So beginnt der Kampf um Wien, Windischgrätz läßt die Stadt bombardieren, die Hofburg wird in Flammen gesetzt, wertvolle Sammlungen verbrennen, darunter auch der ausgestopfte Mohr Angelo Soliman.

Am 31. Oktober 1848 erstürmten die Truppen unter Windischgrätz und Jellačić die Stadt; insbesondere die Sereschaner, kroatische Grenztruppen, gehen mit besonderer Grausamkeit vor. Ein Reihe von Symbolfiguren der Revolution werden, wenn ihnen die Flucht nach Ungarn nicht gelingt, verurteilt und erschossen, darunter Messenhauser und der an sich immune Abgeordnete der Frankfurter Paulskirche, Robert Blum. Die Wiener Revolution war zwar im Blut erstickt worden, doch weiterhin war Ungarn in Revolution, aber auch hier verstärkte sich der Druck der Konterrevolution merklich.

Der Höhepunkt der ungarischen Revolution jedoch war erst am 14. April 1849 beim Reichstag in Debrecen in der großen calvinistischen Kirche erreicht, als Ungarn für unabhängig erklärt wurde, das Haus Habsburg-Lothringen für ewig vom Thron Ungarns verstoßen und Kossuth zum Präsidialregenten Ungarns ausgerufen wurde.

Doch das mittlerweile wieder fest in den Händen der Monarchen befindliche Europa konnte das nicht tolerieren. Das konservative zaristische Rußland verbündete sich mit Kaiser Franz Joseph, und mit russischer Militärhilfe wurde Ungarn schließlich niedergerungen. Am 13. August 1849 mußte General Görgey seine Armee bei Világos an die Russen übergeben. Kossuth und vielen anderen Revolutionären gelang die Flucht ins Osmanische Reich.

Eine große Zahl von Hinrichtungen – darunter auch der Premierminister Graf Ludwig Batthyány – und hohe Gefängnisstrafen für über 2000 Militärs und Zivilisten waren das Resultat dieser Niederlage. Unter General Julius von Haynau wurde Ungarn aller seiner Rechte beraubt. Die Konterrevolution hatte den Hoffnungsschimmer der Freiheit besiegt.

Im Oktober fiel als letzte Bastion der ungarischen Revolution die Festung Komorn.

Der Neoabsolutismus

Das Jahr 1848 brachte nicht nur das Ende des althergebrachten Systems der Grundherrschaft in der Habsburgermonarchie, sondern zeigte erstmals, daß neue Kräfte in der Gesellschaft entstanden waren, die an die Macht drängten: die Bourgeoisie und das Proletariat – doch konnten ihre Bestrebungen nach der Niederwerfung der Revolution im Neoabsolutismus zurückgedrängt werden.

Bald nach der Niederschlagung der Revolution in Wien konnte man den regierungsunfähigen Kaiser Ferdinand dazu bewegen, abzudanken. Als nächster Kandidat für den Thron wäre nun Franz Josephs Vater, Franz Karl, an der Reihe gewesen, der aber zugunsten seines Sohnes auf die Krone verzichtete. So konnte am 2. Dezember 1848 in Olmütz der damals 18jährige Franz Joseph den Thron der Habsburgermonarchie besteigen.

Seine Macht stützte sich zunächst auf die Armee, die die äußeren und inneren Feinde besiegt hatte. Radetzky war es gelungen, den Angriff Sardinien-Piemonts zurückzuschlagen, und Windischgrätz und Jellačić hatten die Wiener Revolution besiegt. Als Franz Joseph – wie es der Tradition entsprach – seine erste öffentliche Urkunde mit „WIR, Franz Joseph" und allen Titeln begann, witzel-

ten die Menschen der Monarchie, dieses WJR sei die Abkürzung für Windischgrätz, Jellačić und Radetzky. Die endgültige Festigung des Systems des Neoabsolutismus erfolgte allerdings erst nach der Niederschlagung der ungarischen Revolution in Világos.

Davor war es schon am 7. März 1849 zur Auflösung des Kremsierer Reichstages unter Verhaftung von Abgeordneten gekommen; die von diesem Gremium ausgearbeitete Verfassung trat nie in Kraft, doch nahm die am 7. März 1849 publizierte „Oktroyierte Verfassung" einige Gedanken davon auf. Diese Verfassung war allerdings niemals mehr als ein formal gültiges Dokument, schon mit dem „Sylvesterpatent" 1851 wurde sie wieder aufgehoben. Der Schwenk zum Absolutismus war damit ganz vollzogen.

Dieses neue System des Neoabsolutismus stützte sich auf die Armee, die Bürokratie und die katholische Kirche, und auch nach dem Ende des neoabsolutistischen Regierungssystems sollten diese drei Gruppen wesentlich für die Regierung Kaiser Franz Josephs bleiben.

Die Hauptstütze des neoabsolutistischen Systems, genau genommen das verbindende Glied bis zum Ende der Monarchie, war die Armee, die auch nach dem Ausgleich 1867 als einigendes Band des Gesamtstaates mit der einheitlichen deutschen Kommandosprache erhalten blieb.

Die Monarchie hatte eine zweijährige allgemeine Wehrpflicht, und die Rekruten aus den verschiede-

Am 2. Dezember 1848 dankt Kaiser Ferdinand I. in Kremsier auf Betreiben des Ministerpräsidenten Schwarzenberg ab. Der 18jährige Erzherzog Franz Joseph wird zum Kaiser von Österreich proklamiert und übernimmt die Regierung.

ÖNB

Nach der Niederschlagung der Oktoberrevolution in Wien wird am 21. November 1848 Felix Ludwig Fürst von Schwarzenberg (1800–1852) zum Ministerpräsidenten und Außenminister ernannt. Gleichzeitig bildet er eine neue Regierung. Bereits am 22. November wird in Kremsier der österreichische Reichstag eröffnet und eine zentralistische Zusammenfassung des Reiches mit gleicher Verfassung und Gesetzgebung beschlossen.

ÖNB

Ministerpräsident
Schwarzenberg stellt dem
neuen Kaiser Franz Joseph I.
das neue Kabinett vor. In der
ersten Proklamation des
jungen Kaisers heißt es u. a.:
„... daß es mir gelingen
werde, alle Länder und
Stämme der Monarchie zu
einem großen Staatskörper zu
vereinigen."
ÖNB

nen Kronländern – man muß sich dieses babylo-
nische Sprachengewirr vorstellen – lernten neben
der militärischen Ausbildung die deutsche Sprache
kennen und oft genug auch hassen. So trug die
Armee zur Integration und Verständigungsmög-
lichkeit innerhalb der Monarchie bei, war aber
gleichzeitig auch Kampfstätte nationalen Haders
und nationaler Unterdrückung.

Weit mehr als die Rekruten, die aus allen Ländern
der Monarchie kamen, waren die Offiziere Symbol
und Ausdruck dieser Armee. Auch das Offiziers-
korps war multinational zusammengesetzt, aber
weitaus mehr als die einfachen Soldaten durch
einen Verhaltenscodex, den gemeinsamen Standesdünkel, verbunden. Nur ein geringer Teil der
Offiziere waren Adelige, wenn auch die höheren
Kommandostellen noch weitgehend, ja fast ausschließlich der Aristokratie vorbehalten waren.
Jedenfalls war es für einen Bürgerlichen zwar
nicht mehr schwer, Offizier zu werden, aber noch
immer fast unmöglich, die Spitze der militärischen
Hierarchie zu erreichen.

Obwohl die Ausgaben für die Armee, gemessen an
dem Prozentsatz des Budgets, den heutige Großmächte für die Rüstung ausgeben, geradezu
lächerlich waren, gab es von verschiedenen Seiten
her immer wieder Kritik an diesen Heeresaus-
gaben, in denen sich der Wille des Kaisers manifestierte. Da die Armee immer eine Stütze der

Staatsmacht und damit des Monarchen war – auch
in der Zeit des Konstitutionalismus –, legte Franz
Joseph auf einen entsprechenden Ausbau der
Armee und auf die gesamtstaatliche Orientierung
mit deutscher Kommandosprache dieses Macht-
instrumentes größten Wert.

Als die Ungarn Forderungen nach einer Teilung
des Heeres und einem ungarischen Heeresteil mit
ungarischer Kommandosprache stellten, reagierte
der Kaiser mit dem bekannten Armeebefehl von
Chlopy – 1903 fanden in diesem galizischen Ort die
Herbstmanöver statt –, in dem er sagte: „Gemeinsam und einheitlich wie es ist, soll mein Heer
bleiben." Einheitlich blieb es auch, obwohl im
Verlauf des Ersten Weltkrieges der Zerfall in die
einzelnen Nationalitäten sich anbahnte.

Neben der Dynastie, der Armee und in gewisser
Weise dem Adel der Monarchie war das Beamtentum dieses Staates eine der Klammern, die in der
zweiten Hälfte des 19. Jahrhunderts den zentri-
fugalen Kräften des Nationalismus entgegenstanden. Die Beamten der Monarchie waren loyal
gegenüber dem Kaiserhaus und gegenüber dem
Gesamtstaat. Während die anderen Bewohner
dieses eigentümlichen Staatengebildes sich zunehmend als Deutsche, Tschechen, Italiener, Slowenen, Polen oder was auch immer fühlten, gab es
in der Beamtenschaft so etwas wie einen Gesamt-
staatsgedanken, eine Identifizierung mit der Habs-

burgermonarchie als einer Gesamtheit und nicht bloß mit einer ihrer Nationalitäten. Als Gegenentwicklung zu diesem eben entworfenen Idealbild gab es natürlich auch im Beamtentum nationale Gegensätze, die in einzelnen Krisen – wie etwa der Badeni-Krise – zum Ausbruch kamen und Gefahren ahnen ließen, die schließlich in die Katastrophe dieses kunstvollen Gebildes, genannt Österreich-Ungarn, führen mußten.

Die Bürokratie, die seit dem Absolutismus in einer steten Aufwärtsentwicklung begriffen war und andere Führungskräfte, wie etwa die Aristokratie, entweder in ihrer Macht schwächte oder in sich aufnahm – ein großer Teil des höheren Beamtentums war aus Angehörigen adliger Familien zusammengesetzt –, bildete in Österreich die Karrierechance schlechthin für die Bürgerlichen. Der Aufstieg des Bürgertums in der Habsburgermonarchie ist weniger durch seine wirtschaftlichen unternehmerischen Großleistungen entstanden – hier war das Bürgertum schwach und der staatliche Einfluß groß –, sondern auf dem Weg durch die bürokratische Laufbahn. Als höchstes Ziel einer solchen Beamtenkarriere winkten neben klingenden Titeln wie Hofrat, Oberoffizial, Münzwardein etc. auch die Erhebung in den Adelsstand – das eingestandene oder uneinge-

Johann Josef Wenzel Graf Radetzky (1766–1858), neben Prinz Eugen der populärste Feldherr Österreichs, hatte bereits 1788/89 unter Kaiser Joseph II. im Türkenkrieg gekämpft. Seine Siege in Italien 1848/49 sicherten den Zusammenhalt der Monarchie. Nach 72 Dienstjahren wurde er 1857 auf eigenen Wunsch von Franz Joseph vom Posten des Armeekommandanten und Generalgouverneurs des lombardo-venetianischen Königreichs enthoben.
ÖNB

Italienfeldzug 1848/49: In der Schlacht von Novara am 23. März 1849 konnte der damals bereits 83jährige Radetzky einen entscheidenden Sieg über König Karl Albert von Sardinien erringen, der zugunsten seines Sohnes Viktor Emanuel (II.) abdankt und nach Portugal flieht.
HGM

Medaille zur Verlobung
Kaiser Franz Josephs mit
Elisabeth, Prinzessin in
Bayern, am 19. August 1853.
Die glanzvolle Hochzeit fand
am 24. April 1854 in der
Augustinerkirche in Wien
statt.

Archiv Verlag Styria

standene Ziel aller Bürgerlichen. Das Bündnis von
Thron und Altar, auf dem schon das vormärzliche
Regierungssystem beruht hatte, wurde im Neoabsolutismus gewissermaßen auch vertraglich
fixiert, indem am 18. August 1855 ein Konkordat
mit der katholischen Kirche bzw. dem Papst abgeschlossen wurde. Die Verhandlungen führte auf
seiten der Habsburgermonarchie der Kardinal
Othmar von Rauscher, der als ehemaliger Lehrer
des Kaisers dessen besonderes Vertrauen genoß,
und auf seiten des Heiligen Stuhls Albert Crivelli.
Dieser Vertrag garantierte der katholischen Kirche
in der Habsburgermonarchie eine erhebliche Vormachtstellung, die sich vor allem auf dem Gebiet
der Rechtsprechung, besonders des Eherechtes
und – noch viel wichtiger – auf dem Gebiet des
Schulwesens deutlich auswirkte. Im Bereich der
Schule hatten sich alle Unterrichtsgegenstände der
kirchlichen Lehre unterzuordnen. Was das für
Gegenstände wie Geschichte, aber noch schwer-
wiegender für die Naturwissenschaften – Darwins
Evolutionstheorie z. B. stand im Gegensatz zum
völlig wörtlich verstandenen biblischen Schöp-
fungsmythos! – bedeutete, kann man sich gut
vorstellen. Dieses Konkordat wurde dann für die
oppositionellen Liberalen zunehmend zum Symbol für das neoabsolutistische System.

Im Hintergrund dieser neuen Politik wirkte der seit
1851 aus seinem Exil zurückgekehrte Metternich.
Doch die Führung lag in den Händen eines neuen
Politiker-„Teams", an dessen Spitze – als star-
ker Mann, wie ihn sich Franz Joseph zeit seines
Lebens wünschte – Ministerpräsident Fürst Felix

Kaiser Franz Joseph und
Kaiserin Elisabeth mit den
Kindern Rudolf und Gisela.
Die Kinder Elisabeths wurden
auf Veranlassung der
Schwiegermutter Erzherzogin
Sophie ganz ihrem Einfluß
entzogen. Sie durfte diese nur
zu bestimmten Stunden und
nur für eine begrenzte Zeit
sehen.

ÖNB

Schwarzenberg, der Schwager des Fürsten Alfred
Windischgrätz, stand. Windischgrätz selbst war
allerdings seit 1849 politisch bedeutungslos.
Schwarzenbergs – gegen Preußens kleindeutsche
Politik gerichteter – Plan einer österreichischen
Hegemonie in Zentraleuropa, der Plan vom
„70-Millionen-Reich", konnte nicht verwirklicht
werden.

Schwarzenberg starb allerdings schon 1852, und
Franz Joseph selbst übernahm nun – sicherlich
noch stark unter dem Einfluß seiner Mutter
Sophie, die man 1848 den „einzigen Mann in der
Familie Habsburg-Lothringen" genannt hatte –
die Regierung. Neben Schwarzenberg sind aber
auch Männer wie der Innenminister Graf Franz
Stadion und sein Nachfolger Alexander Bach und
der Handels- und spätere Finanzminister Karl
Friedrich von Bruck zu nennen. Der Regierungsstil
dieses Neoabsolutismus war zwar antikonstitu-
tionell und unterdrückte alle Opposition, aber er
hob sich doch deutlich von dem des Absolutismus vor 1848 ab, vor allem wurde effektiv gearbeitet, wozu auch eine entsprechende Verwaltungs-
reform beitrug.

Das Hauptproblem der Regierung war die Situation in Ungarn, wo die Revolution ja am radikalsten
gewesen war. Die Regierung vertrat in bezug auf
Ungarn die sogenannte „Verwirkungstheorie", das
heißt die Anschauung, daß die Ungarn durch ihr
Verhalten alle bisherigen Privilegien und Rechte
verloren hatten. Es läßt sich eine Reihe von Versuchen feststellen, Ungarn in bezug auf Besteuerung, Monopole der Krone etc. in die zentrale
Staatsverwaltung miteinzubeziehen. Der zweifellos schmerzhafteste Schritt für die Ungarn war
die Aufhebung der Komitatsverfassung und die
Einführung einer Militärverwaltung in sechs
Militärdistrikten (Ödenburg, Preßburg, Kaschau,
Budapest, Großwardein und Temesvár). Als militärischer Oberbefehlshaber und Generalgouverneur
wurde Julius von Haynau eingesetzt, der sich als
„Hyäne von Brescia" in der Revolution einen
Namen gemacht hatte, als er ohne Gerichtsver-
fahren Männer erschießen und Frauen öffentlich
auspeitschen ließ. Zwar versuchte man mit Hilfe
der „Bach"-Husaren, die vorwiegend aus Böhmen
kamen, die Verwaltung aus der Kontrolle der
Ungarn zu lösen, dennoch mußte man aber bei der
Rekrutierung der neuen Beamten auch auf lokale
Autoritäten Rücksicht nehmen, so daß sich der
Absolutismus in Ungarn auch diesmal nicht völlig
durchsetzen konnte.

Bedeutend war diese Epoche des Neoabsolutismus auch für die wirtschaftliche Entwicklung der
Habsburgermonarchie. Das Zeitalter Kaiser Franz
Josephs ist auch eine Zeit des großen Bevölke-
rungswachstums in der Habsburgermonarchie.

Jährliche Wachstumsraten der Bevölkerung sind zu verzeichnen, wie sie heute für die Staaten der Dritten Welt charakteristisch sind.

Während das Bevölkerungswachstum bis ins 19. Jahrhundert hinein langsam verlief, kommt es schon in der ersten Jahrhunderthälfte, noch viel radikaler allerdings in der zweiten Jahrhunderthälfte, zu einem explosionsartigen Wachstum der Bevölkerung in der Habsburgermonarchie, die damit allerdings ganz im europäischen Trend liegt. Die Zahlen für das Gebiet des heutigen Österreich zeigen das deutlich:

1527	1,5 Millionen
1700	2,1 Millionen
1800	3,0 Millionen
1850	3,9 Millionen
1900	6,0 Millionen
1923	6,5 Millionen

Dieses Bevölkerungswachstum bildete natürlich eine wesentliche Grundlage der Industrialisierung, die immer mehr Produzenten, also Arbeiter in den Fabriken, und auch immer mehr Konsumenten für die erzeugten Waren brauchte.

Auf dem Gebiet der Wirtschaft gab es – fast paradox anmutend – in dieser Epoche einen liberalen Kurs, der zu einer wirtschaftlichen Blütezeit führte. Zu dieser Tatsache trug vor allem auch die Grundentlastung der Bauern bei. Diese von der Revolution beschlossene Maßnahme der Bauernbefreiung wurde als einzige der „Errungenschaften" – übrigens ein Wort, das in der Revolution 1848 geprägt wurde! – in der neoabsolutistischen Periode durchgeführt. Die Ablösesummen für die Grundherren – ein Drittel des Schätzwertes hatte der Bauer, ein Drittel der Staat an den bisherigen Grundherrn zu zahlen und auf ein Drittel mußte dieser verzichten – brachten sehr viel Kapital in Umlauf, das von den Grundherren zum Teil in die Industrialisierung investiert wurde. Die Modalitäten dieser Bauernbefreiung waren nicht in allen Kronländern gleich, vor allem im Osten der Habsburgermonarchie war die Belastung des Staates weit höher, da die Bauern gar nichts oder nur sehr viel weniger als ein Drittel des Wertes zahlten oder zahlen konnten.

Durch die wirtschaftliche Konkurrenz und die starke Schuldenbelastung der Bauern mußten viele kleinere Bauern ihre Höfe verlassen, sie bildeten die „Reservearmee" des Proletariats der Städte, die durch den industriellen Aufschwung zusätzliche Arbeitskräfte ohnehin benötigten.

Auch der Ringstraßenbau, der in dieser Zeit begann, gab der Wirtschaft zusätzliche Impulse, die zu dieser Blütezeit der „Gründerjahre", die noch vor der Herrschaft des Liberalismus liegen, beitrugen. Mit dem Handschreiben Kaiser Franz

Josephs vom 20. Dezember 1857 konnten in Wien die Befestigungsanlagen geschleift werden. Die an dieser Stelle erbaute Prachtstraße, der Ring, ist nicht nur kunst- und kulturhistorisch bedeutsam, sondern hatte auch wirtschaftliche Folgen, vor allem wurde durch dieses Großprojekt die Bauwirtschaft angekurbelt.

Auch auf dem Bildungssektor setzte man energische Schritte. Der konservative, föderalistisch denkende Minister für Kultus und Unterrricht, Leo Graf Thun-Hohenstein, reformierte zusammen mit Franz Exner und Hermann Bonitz das österreichische Studiensystem. Die Lehrpläne für das Gymnasium und die neue Realschule sowie die erstaunlich „liberale" Universitätsreform bildeten die – leider später nicht mehr den Erfordernissen der Gegenwart angepaßte – Grundlage der höheren Bildung in der Habsburgermonarchie.

Trotz einiger Verbesserungen gegenüber dem System des alten Absolutismus war die Unzufriedenheit mit diesem neoabsolutistischen Regierungssystem groß. Diese Unzufriedenheit besonders der Bourgeoisie betraf die Tatsache, daß keine Verfassung bestand und auch Zensur und polizeiliche Überwachung wieder verstärkt wurden. Auch die kleinen Leute, deren soziale Not keine Beachtung fand, empfanden eine dumpfe Unzufriedenheit mit diesem Neoabsolutismus. Aus-

Die in Possenhofen am Starnberger See ungezwungen und sportlich aufgewachsene Kaiserin Elisabeth zog aus der steifen Etikette des Wiener Hofes die Konsequenzen und nahm etwa ab 1860 ihr Reiseleben auf, das sie in immer kürzer werdenden Abständen dem Hofleben entfremdete. Der Konflikt um die Erziehung des Kronprinzen trug wesentlich dazu bei.

Archiv Verlag Styria

druck dafür ist vor allem das sogenannte Libényi-Attentat vom 18. Februar 1853. János Libényi, ein ungarischer Schneidergeselle, kann sowohl in seiner Position als Ungar als auch in seiner Position als Angehöriger der ausgebeuteten Schicht der Monarchie gesehen werden.

Franz Joseph, der in Begleitung seines Adjutanten Maximilian Karl Graf O'Donell auf der Burgbastei spazierenging, wurde von Libényi attackiert und mit dem Messer geringfügig verletzt. Mit Hilfe des herbeieilenden Wiener Bürgers Joseph Ettenreich, Fleischhauer auf der Wieden, wurde der Attentäter festgehalten, schon am 23. Februar zum Tod durch den Strang verurteilt und am 26. Februar auf der Simmeringer Haide hingerichtet.

Auf dieses Ereignis entstand der – von den meisten heute nicht mehr verstandene, aber immer noch zitierte – Spottvers der Wiener:

„Auf der Simmeringer Had
hat's an Schneider verwaht
(hat man einen Schneider hingerichtet),
G'schicht eam schon recht,
warum sticht er so schlecht."

Das Attentat
vom 18. Februar 1853 auf Kaiser Franz Joseph war Ausdruck der tiefen Unzufriedenheit der „kleinen Leute" mit dem Neoabsolutismus. János Libényi, ein ungarischer Schneidergeselle, attackierte Kaiser Franz Joseph beim Spaziergang auf der Burgbastei mit dem Messer und verletzte ihn leicht. Der Attentäter wurde hingerichtet.

HMStW

Der Bruder des Kaisers, Ferdinand Maximilian – der spätere Kaiser von Mexiko –, regte an, zum Dank für die Errettung Franz Josephs eine Kirche zu bauen, und organisierte eine große Spendenaktion, deren Resultat die Wiener Votivkirche, der einzige nicht säkulare Bau der Ringstraße, ist.

Das Wechselspiel zwischen Innen- und Außenpolitik. Die Zeit der Verfassungsexperimente

Die beiden außenpolitisch beherrschenden Fragen des 19. Jahrhunderts, die italienische und die deutsche Frage, sind eng mit dem Erstarken nationaler Gedanken verbunden.

Für die Erreichung der nationalen Einheit in Italien war die Habsburgermonarchie, die ganz Norditalien beherrschte, das Haupthindernis. Mit der Wiederherstellung der territorial zerrissenen Situation Italiens auf dem Wiener Kongreß (Metternich: „Italien ist nur ein geographischer Begriff!") nach der kurfristigen Vereinigung im Königreich Italien zur Zeit Napoleons, beginnt die Idee der Vereinigung der verschiedenen italienischen Staaten Gestalt anzunehmen. Dieses „Risorgimento" baut vor allem auf Sardinien-Piemont und die Dynastie der Savoyer, die einzige „einheimische" Dynastie auf der Halbinsel. Der Norden war zu diesem Zeitpunkt noch unter habsburgischer, die Mitte unter päpstlicher und der Süden unter bourbonischer Herrschaft.

1848 nützte König Karl Albert (Carlo Alberto di Savoia) die innere Krise der Habsburgermonarchie und den seit dem 17. März 1848 offenen Aufruhr im lombardo-venetianischen Königreich. Am 24. März überschritt er an der Spitze seiner Truppen die Grenzen der Lombardei. In der Schlacht bei Santa Lucia am 6. Mai 1848 stoppte der greise Feldmarschall Graf Johann Joseph Wenzel Radetzky die italienischen Angreifer. In der Schlacht bei Custoza am 25. Juli besiegte er die Piemontesen und konnte Mailand zurückgewinnen. Kurz darauf mußte Karl Albert einen Waffenstillstand abschließen.

Nachdem dieser erste Versuch Piemont-Sardiniens, die Einigung Italiens, das sogenannte Risorgimento, mit Hilfe eines Krieges gegen die Habsburgermonarchie zu erzwingen, gescheitert war, entwarf der piemontesische Ministerpräsident Graf Camillo Cavour zwei Strategien, die dem Risorgimento zum Ziel verhelfen sollten.

Erstens gab sich Piemont-Sardinien eine mustergültige liberale Verfassung, die es zu einem attraktiven Vorbild für die Bourgeoisie und die Intellek-

Die Attacke des Husarenregiments Nr. 12 in der Schlacht bei Solferino am 24. Juni 1859.
Als Folge dieser besonders blutigen Schlacht, an der auch Kaiser Franz Joseph als Oberkommandierender teilnahm, wurde von Henry Dunant das Rote Kreuz gegründet.
HGM

tuellen – vor allem Oberitaliens – machen sollte. Zweitens aber führte Cavours Überzeugung, daß Piemont-Sardinien allein zu schwach gegen die Habsburgermonarchie sein würde, zu einer Einschaltung dieses Staates in die internationale Bündnispolitik. Während die Habsburgermonarchie im Krimkrieg zwischen Rußland und dem Osmanischen Reich, das mit Frankreich und England verbündet war, neutral blieb und sich damit außenpolitisch isolierte, nahm Piemont-Sardinien an der Seite Frankreichs und Englands am Krimkrieg teil, obwohl keine territorialen oder sonstigen Interessen dafür sprachen.

Napoleon III. versprach Piemont-Sardinien seine Unterstützung bei der Erwerbung der Lombardei und Venetiens.

Dies führte nun 1859 zum Krieg der Habsburgermonarchie gegen Piemont-Sardinien und Frankreich. Schon beim ersten größeren Treffen der beiden Armeen, bei Magenta am 4. Juni 1859, erlitt die Habsburgermonarchie eine entscheidende Niederlage. Napoleon III. zog triumphierend in Mailand ein.

Franz Joseph übernahm nun persönlich das Oberkommando der Armee und bewies damit nur, daß er auch als Feldherr keine gute Figur zu machen imstande war. In der besonders blutigen Schlacht von Solferino am 24. Juni 1859 – Henry Dunants Gründung des Roten Kreuzes beruht auf den schrecklichen Eindrücken vom Schlachtfeld in Solferino – wurde er besiegt. Franz Josephs Kommentar: „Lieber eine Provinz verlieren, als diese Erfahrung noch einmal machen."

Verhältnismäßig rasch offerierte Napoleon relativ günstige Friedensbedingungen, und im Vorfrieden von Villafranca im Juli, der dann später im Frieden von Zürich am 10. November 1859 bestätigt wurde, trat die Habsburgermonarchie zwar die Lombar-

Napoleon III. (1809–1873), Kaiser der Franzosen, hatte Piemont-Sardinien für die Unterstützung im Krimkrieg Hilfe bei der Erwerbung der Lombardei und Venetiens versprochen, was 1859 zum Krieg gegen Österreich führte. In der Schlacht von Magenta am 4. Juni 1859 erlitten die Österreicher eine entscheidende Niederlage. Napoleon III. zog in Mailand ein.
ÖNB

Otto Fürst (seit 1871) von Bismarck (1815–1898) wurde 1862 vom preußischen König Wilhelm I. zum Ministerpräsidenten und Außenminister ernannt und zum Betreiber der „kleindeutschen Lösung", d. h. der Vereinigung der Deutschen unter Ausschluß der Habsburgermonarchie unter der Führung der protestantischen Hohenzollern. Diese Entscheidung sollte nach den Vorstellungen Bismarcks auch mit „Blut und Eisen" gefällt werden. 1866 war es dann soweit.
ÖNB

dei an Napoleon III. ab, behielt aber Venetien. Napoleon gab seinerseits die Lombardei an Piemont-Sardinien weiter und erhielt dafür Grenzkorrekturen im Westen. Eine Welle der Aufstände 1860 beendete auch die Herrschaft österreichischer Sekundogenituren in Ober- und Mittelitalien, in Guastalla und Toskana, so daß – gemeinsam mit den Erfolgen Garibaldis in Süditalien – der Weg für die Gründung des Königreiches Italien frei war. Dennoch blieb mit Venetien, dem Trentino und Triest noch ein wesentlicher Anteil italienischer Bevölkerung unter habsburgischer Herrschaft.

Diese Niederlage der Habsburgermonarchie konnte auch im Inneren nicht ohne Folgen bleiben. Das Prestige des Kaisers und damit des gesamten neoabsolutistischen Systems war schwer angeschlagen. Die hohen Kosten, die dieser Krieg verursacht hatte, mußten durch Kredite in England, das Druck zur Liberalisierung ausübte, und im Inneren, bei der Bourgeoisie der Habsburgermonarchie, aufgebracht werden. Es erwies sich daher als Unmöglichkeit, diese Bourgeoisie und das von ihr vertretene Gedankengut des Liberalismus länger auszuschalten. Franz Joseph, dessen persönlichen Neigungen der neoabsolutistische Regierungsstil durchaus entsprach, mußte einen kleinen Schritt nachgeben. Erstmals zeigt sich hier, daß er keineswegs geneigt war, durch großzügige Reformen Verbesserungen zu schaffen, sondern politisch immer nur so weit nachgab, wie es in der gegebenen Situation unvermeidlich schien. So kam es nie zu einem Versuch der Lösung aller anstehenden Probleme, diese Probleme wurden immer wieder vor sich hergeschoben und so schließlich unlösbar.

Ehe Franz Joseph den drängenden Kräften des Liberalismus nachgab, versuchte er, nach der Einberufung eines verstärkten Reichsrates, noch eine andere Lösung. Neben den Liberalen gab es in diesem Gremium eine zweite Gruppe, an deren Spitze die ungarischen Altkonservativen standen, der aber auch die Slawen, allen voran die Polen, zuneigten. Dieser Teil des verstärkten Reichsrates arbeitete nun einen Verfassungsentwurf aus, der föderalistische Züge trug, während die Liberalen eine (deutsch-)zentralistische Politik vertraten. Dieses Oktoberdiplom vom 20. Oktober 1860 wurde durch die Regierung des Polen Agenor Goluchowski vertreten. Jedoch war die allgemeine Unzufriedenheit mit diesem Verfassungsentwurf auch bei den Ungarn und Slawen so groß, daß Goluchowski schon im Dezember zurücktreten mußte. Nun blieb Franz Joseph keine andere Wahl, als den ganz gemäßigten Deutschliberalen die Regierungsgewalt zu überlassen.

Das Gedankengut des Liberalismus war in Österreich – ausgehend von der Ideenwelt der Französischen Revolution – schon seit langer Zeit verbreitet gewesen. Im Vormärz unterdrückt und dennoch in Broschüren und Zeitungen, die trotz strenger Zensur Verbreitung fanden, formuliert, im Jahr 1848 kurzfristig erfolgreich, dann niedergeknüppelt von der Reaktion, trat der Liberalismus im Jahr 1861 erneut zu einem Versuch an, den Staat in seinem Sinne umzugestalten. Es ist ein Spezifikum des österreichischen Liberalismus, daß er schon früh eine Bindung mit dem Gedanken der deutschen Dominanz in der Habsburgermonarchie eingegangen ist. Der Liberalismus war also in der Donaumonarchie vorwiegend Deutschliberalismus, wobei die Betonung auf dem ersten Teil dieses Wortes lag. Verbunden mit diesem Deutschliberalismus war der Versuch, eine zentralistische Lösung für die staatsrechtlichen Probleme des Vielvölkerstaates zu verwirklichen, eine Lösung, die es erlaubte, die Vorherrschaft der zahlenmäßig unterlegenen Deutschen über die anderen Nationalitäten in der Monarchie aufrechtzuerhalten bzw. zu etablieren.

Als sich deutlich zeigte, daß das Oktoberdiplom und die Politik Agenor Goluchowskis, die den Versuch einer föderalistischen Lösung darstellt, gescheitert waren, traten die Deutschliberalen, die noch weit davon entfernt waren, eine wirkliche Partei zu bilden, mit ihren Vorstellungen deutlich hervor, und es war Anton Ritter von Schmerling, der zum Staatsminister berufen wurde. Die regierenden Liberalen nach 1867 haben die Ära

Schmerling, die unbestritten bahnbrechend für die Durchsetzung des Liberalismus in Österreich war, sehr kritisch beurteilt und haben diese Zeit, die man auch „Periode der Verfassungsexperimente" genannt hat, sehr zutreffend mit dem Namen „Pseudoliberalismus" bezeichnet.

Das Februarpatent – publiziert am 26. Februar 1861 – sah eine starke Modifikation der Verfassung in Richtung auf eine Verstärkung des Zentralismus vor. Das als unwiderruflich erklärte Oktoberdiplom hatte also nicht einmal vier Monate gehalten, peinlicherweise mußte aus formaljuridischen Gründen das Februarpatent als Ausführungsbestimmung zum Oktoberdiplom erklärt werden. Schmerling schaffte es, sich etwas länger als sein polnischer Vorgänger an der Regierung zu halten, obwohl auch die Unzufriedenheit mit dem Schmerlingschen Lösungsmodell groß war. Vor allem die Ungarn waren gegen Schmerling, noch immer war ja im Kern die „Verwirkungstheorie", wenn auch mit Milderungen und Einschränkungen, gültig. Aber auch die anderen Nationalitäten lehnten die deutsche Vorherrschaft ab.

Am 27. Juli 1865 mußte der deutschliberale Staatsminister Anton Ritter von Schmerling zurück-

Agenor Graf Goluchowski (1849–1921), österreichischer Außenminister von 1895 bis 1906. Sein Vater vertrat als Innenminister 1859/60 feudale föderalistische und slawisch-nationale Interessen, die schließlich zu seinem Sturz führten.
ÖNB

Der Krieg 1866 am italienischen Kriegsschauplatz. In der Schlacht von Custoza besiegten die Österreicher unter Erzherzog Albrecht am 24. Juni die Italiener.
ÖNB

treten. Sein Nachfolger war Richard Graf Belcredi, ihm zur Seite im sogenannten „Drei-Grafen-Ministerium" standen Graf Alexander Mensdorff-Pouilly, der die Agenden der Außenpolitik vertrat, und Johann Graf Larisch, der gewissermaßen Finanzminister war. Politisch war diese Epoche, in der die Konservativen dominierten, von zwei Problemen gekennzeichnet: von der Außenpolitik gegenüber Preußen und von der Idee des Föderalismus, die mit einer gewissen Slawenfreundlichkeit Hand in Hand ging.

Die Liberalen haben dieser Regierung nicht nur vorgeworfen, daß sie das Februarpatent, die „pseudoliberale" Verfassung, aufgehoben, sistiert habe, sondern auch, daß sie außenpolitisch in der deutschen Frage versagt hätte.

Nachdem die sogenannte deutsche Frage, die durch die Auflösung des Heiligen Römischen Reiches 1806 entstanden war, sowohl 1815 als auch nach der Episode des Jahres 1848 im Sinne der großdeutschen Lösung, also unter Einschluß derjenigen Teile der Habsburgermonarchie, die zum Heiligen Römischen Reich gehört hatten, und natürlich unter der Führung des Hauses Habsburg gelöst wurde, entwickelte sich diese deutsche Frage nach 1861 ganz anders.

Der neue König von Preußen, Wilhelm I., war – im Gegensatz zu Franz Joseph – bereit, höhere Qualifikation anderer anzuerkennen und einzusetzen. So wurden Otto von Bismarck und das strategische Genie Helmuth von Moltke zu den Be-

treibern einer „kleindeutschen" Lösung, das heißt der Vereinigung der Deutschen unter Ausschluß der Habsburgermonarchie und unter der Führung der protestantischen Hohenzollern. Diese Entscheidung um die Führung in Deutschland sollte nach den Vorstellungen Bismarcks auch mit „Blut und Eisen", also wenn nötig mit Waffengewalt, betrieben werden.

Ab 1863 gab die Entwicklung in Dänemark den Anstoß zu einer Krise, die zu weitreichenden Folgen für die deutsche Frage führen sollte. Eine neue Verfassung Dänemarks hatte die ewige Verbindung zwischen den beiden zum Deutschen Bund gehörigen Territorien Schleswig und Holstein gelöst, auf ein Ultimatum Preußens und Österreichs erfolgte die Kriegserklärung und – selbstverständlich – ein Sieg gegen Dänemark, durch den der dänische König im Frieden von Wien am 1. August 1864 seine Rechte auf Schleswig-Holstein und Lauenburg abtreten mußte. Der Konflikt über die Aufteilung der Beute führte zu erheblichen Spannungen zwischen der Habsburgermonarchie und Preußen, die im Vertrag von Gastein vom 14. August 1865 kurzfristig überbrückt schienen. Lauenburg wurde an Preußen verkauft, Österreich sollte das südlichere Holstein, Preußen hingegen das nördlichere Schleswig verwalten. Als der österreichische Gouverneur von Holstein, General

Ludwig von Gablenz, den Landtag einberief, erklärte Preußen das als einen Bruch der Gasteiner Convention und marschierte in Holstein ein. Die Bundesversammlung verurteilte Preußen wegen Verletzung der Bundesakte und beschloß eine Bundesexekution gegen Preußen, woraufhin Preußen seinerseits den Deutschen Bund für aufgelöst erklärte. Diese Ereignisse führten zum Krieg zwischen der Habsburgermonarchie, die mit den deutschen Staaten verbündet war, und Preußen, das seinerseits in Italien einen geradezu natürlichen Bundesgenossen gegen die Habsburgermonarchie gefunden hatte. Die entscheidende Schlacht fand 1866 bei Königgrätz statt. Moltke besiegte mit seiner besser ausgerüsteten – Zündnadelgewehre gegen Vorderlader – und strategisch besser geführten Armee – der österreichische Befehlshaber Ludwig August von Benedek war ein mittelmäßiger General – die Österreicher. Trotz der Erfolge am italienischen Kriegsschauplatz bei Custoza und des Sieges Wilhelms von Tegetthoff in der Seeschlacht von Lissa endete der Krieg schnell.

Venetien mußte – wie schon vorher mit Napoleon III. vereinbart, gewissermaßen als dessen Preis für seine Neutralität – an Italien abgetreten werden, ohne daß damit aber die italienische Frage endgültig gelöst war. Noch verblieben das

Wilhelm von Tegetthoff (1827–1871) in der Seeschlacht bei Lissa 1866. Tegetthoff bewährte sich bereits 1864 im deutsch-dänischen Krieg beim Seegefecht bei Helgoland. Nach seinem Sieg bei Lissa brachte er 1867 die Leiche Kaiser Maximilians von Mexiko zurück. In der Folge unternahm er zahlreiche Forschungsreisen. 1868 wurde er zum Chef der Marinesektion im Kriegsministerium berufen und war wesentlich an der Entwicklung und am Ausbau der k. u. k. Kriegsmarine beteiligt.

ÖG

Trentino und Triest in Händen der Habsburger, weiterhin gab es ca. 600.000 bis 700.000 „unerlöste" – daher der Name Irredenta – Italiener unter habsburgischer Herrschaft, die eine friedliche Nachbarschaft und die spätere Bündnispolitik behinderten.

Bismarck verzichtete auf alle Gebietsabtretungen, um die Habsburgermonarchie nicht zu demütigen, da er vorausblickend in Franz Joseph den zukünftigen Bündnispartner des „kleindeutschen" Reiches, das er anstrebte, erblickte. Österreich wurde aus dem Deutschen Bund ausgeschlossen und verlor damit jeden Einfluß auf die „deutsche Frage". Wenn sich auch unmittelbar nach 1866 nur Norddeutschland unter Preußens Führung zum „Norddeutschen Bund" vereinigte, so war doch der Weg zur kleindeutschen Lösung des Kaiserreiches von 1870/71 damit frei.

Auch diese erneute Niederlage der Habsburgermonarchie und der damit verbundene noch stärkere Prestigeverlust führten, ähnlich wie nach dem piemontesisch-französischen Krieg einige

Franz Deák (1803–1890),
neben Andrássy die Zentral-
figur des Ausgleichs, danach
zog er sich fast völlig aus dem
politischen Leben zurück.
ÖNB

Jahre davor, wieder zu innenpolitischen Konsequenzen.

Der Ausgleich in Ungarn und der eigentliche
Durchbruch des Liberalismus nach dem Vorspiel
unter Schmerling sind letztlich Folgen dieser einen
Niederlage der Habsburgermonarchie.

Die Regierung des konservativen Ministerpräsidenten Belcredi, der ohne Verfassung regierte, die
sogenannte „Sistierungsepoche", diente vor allem
dem Ausgleich mit Ungarn. Der Mann, der die
Verhandlungen leitete und schließlich den Ausgleich zustande brachte, war Graf Ferdinand
Beust, der ehemalige sächsische Premierminister
und nun seit Oktober 1866 Außenminister der
Habsburgermonarchie. Daneben spielten die beiden Ungarn Franz Deák und Julius Andrássy eine
beachtliche Rolle bei den Verhandlungen.

Formal gesprochen ist der Ausgleich ein Vertrag
zwischen dem ungarischen König Franz Joseph
und Ungarn. Durch den Ausgleich wurde die Habsburgermonarchie zur Doppelmonarchie, zu einem
Zusammenschluß zweier unabhängiger Staaten,
dem Königreich Ungarn und den „im Reichsrat
vertretenen Königreichen und Ländern", auch
inoffiziell Cisleithanien (nach dem Grenzfluß
Leitha) oder Österreich genannt. Diese beiden
Länder waren in Personalunion verbunden, Franz
Joseph war Kaiser von Österreich etc. und apostolischer König von Ungarn.

Darüber hinaus gab es aber auch eine Realunion
der beiden Länder in drei Bereichen: Außenpolitik,
Armee (mit deutscher Kommandosprache) und
gemeinsame Finanzen. Daher gab es auch drei
gemeinsame (oder k. u. k.) Ministerien, eines für
Äußeres und Kaiserliches Haus, ein Kriegsministerium und eines für Finanzen.

Für diese gemeinsamen Finanzen wurde die
sogenannte Quote festgelegt, die auf die unterschiedliche Wirtschaftsstruktur und damit das
unterschiedliche Steueraufkommen der beiden
Reichshälften einging. Ungarn zahlte 30 Prozent,
Cisleithanien 70 Prozent dieser gemeinsamen
Finanzen.

Alle zehn Jahre sollten sich die sogenannten
„Delegationen", Vertreter der beiden Länder, treffen, um diese Bedingungen des Ausgleichs neu
zu verhandeln. Dabei zeigten sich in der Folge die
Schwierigkeiten dieses schnell und wenig solide
gemachten Vertrages. Auch bis zum Ende der
Monarchie hat sich diese umstrittene Quote nur
unwesentlich verändert. Als unmittelbare Folge
des Ausgleichs wurden Franz Joseph und Elisabeth am 8. Juni 1867 in Ungarn gekrönt.

Seit dem Ausgleich gibt es die Bezeichnungen
k. u. k. (kaiserlich-königlich für die Gesamtmonarchie; Kaiser von Österreich und König von
Ungarn), k. k. (kaiserlich-königlich; für die cisleithanische Reichshälfte: Kaiser von Österreich und
König von Böhmen, Galizien und Lodomerien etc.
ist damit gemeint) und k. (königlich, für die ungarische Reichshälfte: König von Ungarn ist damit
gemeint).

„Die Batterie der Toten".
Die österreichische Armee-
geschützreserve nach der
Schlacht bei Königgrätz
am 3. Juli 1866.
Ausschlaggebend für den Sieg
der preußischen Armee unter
Helmut Graf Moltke war
neben der besseren
Bewaffnung (Zündnadel-
gewehre gegen Vorderlader)
auch die bessere strategische
Führung. Der Friede von Prag
zwischen Österreich und
Preußen legte die Abtretung
Venetiens an Italien fest.
Österreich wurde vom
Deutschen Bund ausgeschlos-
sen und verlor jeglichen
Einfluß auf die „deutsche
Frage". Preußen unter
Bismarck hatte die Führungs-
rolle übernommen.
HGM

Die langwierigen Verhandlungen für den Ausgleich mit Ungarn konnten am 18. Februar 1867 abgeschlossen werden. Durch den Ausgleich wurde die Habsburgermonarchie zur Doppelmonarchie, ein Zusammenschluß zweier unabhängiger Staaten in Personal- und Realunion. Es gab drei gemeinsame Ministerien: für Äußeres, das Kriegsministerium und für Finanzen. Als unmittelbare Folge des Ausgleichs wurden Kaiser Franz Joseph in Budapest zum König von Ungarn und Kaiserin Elisabeth zur Königin von Ungarn gekrönt. Hier die Krönungszeremonie.
Nemeth

Die Gesamtmonarchie kann seit 1867 mit Recht als Doppelmonarchie, als Österreich-Ungarn bezeichnet werden. Wenn man in der populären Literatur auch oft diese Bezeichnung fälschlich zurückprojiziert findet, erst ab 1867 ist sie staatsrechtlich korrekt.

Seit 1867 ist die innere Entwicklung der Monarchie die zweier selbständiger Staaten, wobei hier die Innenpolitik Cisleithaniens im Vordergrund stehen soll.

Die Herrschaft des Liberalismus

Neben dem Ausgleich hatte die Niederlage von 1866 noch eine zweite bedeutende Folge: in der westlichen Reichshälfte – aber auch in Ungarn – setzte sich der Liberalismus als regierende Strömung durch.

Aus der Genesis des österreichischen Liberalismus ergibt sich das Grundtrauma der Liberalen schlechthin. Der Liberalismus, der sich seit dem Vormärz zu entwickeln begonnen hatte, war in der Donaumonarchie nur zögernd und mit ständigen Unterbrechungen und Verunsicherungen der Liberalen zur Herrschaft gelangt. Nachdem auf

revolutionärem Wege im Jahr 1848 die Durchsetzung dieser Bewegung gescheitert war, kam es erst nach den außenpolitischen Krisen von 1859 und 1866 zu zwei Entwicklungsschritten. Zunächst zu einem „Pseudoliberalismus" unter Schmerling, der aber wieder von einer Phase absolutistischer, nichtkonstitutioneller Regierung unter Belcredi, der sogenannten „Sistierungsepoche", abgelöst wurde, erst nach dem verlorenen Krieg des Jahres 1866 kam der Liberalismus wirklich an die Macht. Doch auch in der Verfassung des Jahres 1867, der ersten von einer konstituierenden Versammlung erarbeiteten, nicht vom Herrscher erlassenen Verfassung, wurden dem Monarchen starke Rechte eingeräumt. In der Verfassung heißt es: „Der Kaiser ist geheiligt, unverletzlich und unverantwortlich. Der Kaiser übt die Regierungsgewalt durch verantwortliche Minister und die denselben untergeordneten Beamten und Bestellten aus. Der Kaiser ernennt und entläßt die Minister und besetzt über Antrag der betreffenden Minister alle Aemter in allen Zweigen des Staatsdienstes, insofern nicht das Gesetz ein Anderes verordnet." Der Kernpunkt dieser Aussagen des Gesetzes, die dem Kaiser natürlich auch alle Rechte bezüglich der Erklärung von Kriegen, des Abschließens von Staatsverträgen aller Art, den Oberbefehl über die Armee und noch einige andere weniger bedeut-

Julius Graf Andrássy (1823–1890) war maßgeblich am Zustandekommen des Ausgleichs beteiligt und wurde der erste Ministerpräsident Ungarns.
ÖNB

Die Kettenbrücke in
Budapest.
Für die gemeinsamen
Finanzen wurde im Ausgleich
die „Quote" festgelegt:
Ungarn zahlte 30 Prozent,
Cisleithanien 70 Prozent.
Nemeth

Kaiserin Elisabeth,
hier als Königin von Ungarn
im Krönungskleid.
Nemeth

same Prärogativen zugestehen, ist die Tatsache, daß der Ministerpräsident und sein Ministerium vor allem von der Gnade des Kaisers und viel weniger von den Majoritätsverhältnissen im Reichsrat abhängig waren. Zwar hatte schon ein spezielles Gesetz die Ministerverantwortlichkeit geregelt und damit eine alte Hauptforderung der Liberalen erfüllt, doch in der Praxis war das Vertrauen des Kaisers einzig und allein entscheidend. In dem Gesetz über die Ministerverantwortlichkeit heißt es im Paragraphen 1: „Jeder Regierungsact des Kaisers bedarf zu seiner Giltigkeit der Gegenzeichnung eines verantwortlichen Ministers." Im Falle einer Verfehlung war der Minister durch einen Staatsgerichtshof zu verurteilen, der gegenüber dem Reichsrat verantwortlich war, doch mußte sich auch die liberale Seite bewußt sein, daß „Ministerverantwortlichkeit" zwar eine schöne Phrase war, aber nur wenig mit der politischen Praxis zu tun hatte. Aber gerade darin zeigt sich wieder das Pathos der Liberalen, dieses Gesetz schien ihnen besonders wichtig, auch wenn es letztlich nicht mehr als hohles Gerede war. Das phrasenhafte „Verantwortung übernehmen" durch Politiker hat sich ja bis heute als eine Leerformel im politischen Alltag erhalten.

Die Deutschliberalen werden nach einem von Max Weber geprägten Terminus als „Honoratiorenpartei" bezeichnet. Dieser Parteitypus stützte sich nicht auf eine Organisation der Massen, sondern war ein loser Zusammenschluß von Einzelpersönlichkeiten, die in ihrem Wahlbezirk bekannt waren und die daher in die parlamentarischen Körperschaften, die Landtage und den Reichsrat, entsandt wurden.

Betrachtet man die Zeit der liberalen „Herrschaft" in der Habsburgermonarchie, so muß man sich natürlich bewußt sein, daß diese „Herrschaft" des Liberalismus keine unumschränkte war. Der Handlungsspielraum der Liberalen in Politik, Wirtschaft und Kultur wurde durch eine Reihe von Personen, Gruppen und Institutionen entscheidend eingeschränkt.

Erschwerend für die Liberalen in dieser Auseinandersetzung mit den Gegenkräften war, daß sie sich als einzige legitime Partei fühlten. Nicht zuletzt aus den Traditionen der Aufklärung heraus sahen sie sich als die progressivste Gruppe im Staat an, die gegen die „finsteren Mächte der Reaktion", insbesondere der Kirche und des „Jesuitismus", siegreich bleiben mußte, weil sie eben „besser" war, ohne jemals dieses „sich höherwertig fühlen" zu hinterfragen. Die Liberalen hatten also grundsätzlich kein pluralistisches Verständnis des politischen Prozesses, sondern sahen eine fiktive Identität ihres Willens mit dem des Volkes und noch mehr mit dem des „Staates".

Der Liberalismus als eine Art von Legitimationsideologie der Herrschaft der Bourgeoisie mußte sich nicht nur politisch, sondern auch sozial gegen seine „Feinde" zur Wehr setzen, nach oben hin gegen die Repräsentanten der alten absolutistischen Gesellschaftsordnung, gegen Adel und Kirche als staatsstützende Mächte, und nach unten hin gegen die Arbeiter und Kleinbürger, die zunehmend politische Partizipation verlangten.

Die Aufsplitterung der Liberalen in verschiedene Fraktionen – äußerste Linke, linker und rechter Flügel des Zentrums und äußerste Rechte – konnte nur zeitweise durch die Konzentration auf die gemeinsamen Gegner überspielt werden.

Hauptgegner der Liberalen waren die verschiedenen Nationalitäten, allen voran die Tschechen, und die katholischen Konservativen. Wenn man den Konservativismus allgemein als eine Reaktion auf die Französische Revolution ansehen kann, so sind jene Kräfte, die dem Liberalismus in der Habsburgermonarchie entgegenstanden, zwar im weitesten Sinne auf diesem Boden entstanden, jedoch viel unmittelbarer wären diese konservativen Parteien als Reaktion auf den Josephinismus zu verstehen, da eines ihrer Hauptanliegen die Erhaltung oder Wiederherstellung der Macht der katholischen Kirche in der Monarchie gewesen ist. Eine zweite Komponente, die nicht unmittelbar mit der „konservativen" Ideologie zu tun hat, ist die föderalistische Ausrichtung dieser Gegenkräfte zum Liberalismus, provoziert nicht zuletzt durch die zentralistische Haltung der Liberalen, bei denen die liberalen Ansätze eine „unauflösliche Verbindung" mit dem zentralistischen Standpunkt eingegangen waren.

Die klerikale Opposition, deren Hauptstütze in Tirol lag, erwog als Kampfmittel, dem Reichsrat in Wien fernzubleiben, ebenso wie die Tschechen es praktizierten, konnte sich aber schließlich nicht zu einer Abstinenzpolitik nach tschechischem Muster durchringen.

Zusammenfassend kann man sagen, daß sowohl die Liberalen in der Habsburgermonarchie keine einheitliche Bewegung darstellten, die ein monolithischer Block mit einem einheitlichen Konzept und ausgeglichenen Gruppeninteressen gewesen wäre, daß aber auch die Gegner des Liberalismus bunt zusammengewürfelt waren, letztlich nur durch die Gegnerschaft gegen die an der Macht

befindliche liberale Partei vereint. Die Dialektik dieser beiden Gruppen erfaßt zumindest in einer Richtung eine zeitgenössische Pressestimme ganz ausgezeichnet: „Hätten wir nicht die sogenannte ‚Rechtspartei‘, deren Streben auf einen vollständigen Umsturz der bestehenden Dinge gerichtet ist, zu bekämpfen, würde es sich für die beiden großen Hauptparteien im Reiche nicht um die Frage der elementaren Organisation desselben handeln, sondern nur um ein größeres oder geringeres Ausmaß des Liberalismus, würde nicht die Nationalitäten-Frage in so exclusiver und schroffer Weise von den Declaranten und ihrer Bannerschaft in den Vordergrund gedrängt, kurz

Das österreichisch-ungarische Reichswappen: Seit dem Ausgleich gab es die Bezeichnungen k. u. k. (kaiserlich-königlich), k. k. (kaiserlich-königlich für die cisleithanische Reichshälfte) und k. (königlich für die ungarische Reichshälfte).
Archiv Verlag Styria

säßen Czechen und Slovenen, Ultramontane und Feudale im Abgeordnetenhaus ohne den Hintergedanken, bei nächstbester Gelegenheit eine moderne Auflage der Pulververschwörung zu veranstalten – dann wäre es vielleicht auch um die Einheit der Verfassungspartei, wie diese heute beschaffen ist, geschehen."

Die Periode der Regierungen der Brüder Carlos und Adolf Auersperg, beide zwar mit Hocharistokraten als Premiers, aber mit bürgerlichen Ministern, kann als Zeitalter des Liberalismus in der Habsburgermonarchie gelten. Allerdings werden diese beiden Regierungen von einem konservativ-föderalistischen Zwischenspiel getrennt, der Regierung des Grafen Hohenwart, deren bedeutendste Persönlichkeit Albert Schäffle war.

Nach der ersten liberalen Regierung unter Carlos Auersperg, dem sogenannten Bürgerministerium, hatte Franz Joseph, der schon 1867 nur mit inneren Vorbehalten der konstitutionellen Entwicklung des Staates zustimmte, noch einmal versucht, einer ihm näher liegenden Entwicklung Vorschub zu leisten, dem Föderalismus und der konservativen Partei, die auf dem Boden des Katholizismus stand. Seine Äußerungen anläßlich einer Audienz der Bischöfe und Konservativen, der schärfsten Kämpfer gegen die liberale Kirchenpolitik, die einer Bestätigung ihres antiliberalen Standpunktes durch den Kaiser gleichkamen, und sein Experiment mit einer föderalistischen Regierung unter Hohenwart zeigen nur allzudeutlich, wie wenig Franz Joseph mit dem Liberalismus anzufangen wußte.

Die sogenannten „Fundamentalartikel", die unter der Regierung Hohenwart-Schäffle erarbeitet wurden, stellen den Versuch eines Ausgleiches mit Böhmen dar, der den Tschechen eine ständige Mehrheit im Landtag sicherte. Andererseits aber werden den Deutschen ihre vollen sprachlichen und schulischen Rechte garantiert. Sobald Franz Joseph diese Fundamentalartikel unterschrieben hätte, sollte er mit der heiligen Wenzelskrone in Prag zum böhmischen König gekrönt werden.

Als Reaktion darauf gab es in Wien Tumulte. Minister wurden auf offener Straße insultiert, das Ministerium Hohenwart war damit gescheitert, der Ausgleichsversuch mit Böhmen erwies sich auch in der Folge als undurchführbar.

Durch dieses Scheitern eines Ausgleichsversuches kam es auf der Seite der Tschechen natürlich ebenfalls zu einer Frontenverhärtung.

Auch nach dem Fall der Regierung Hohenwart wollte Franz Joseph nicht gleich auf einen „verfassungstreuen", d. h. liberalen Kurs zurückkehren, nur die aussichtslose Situation, gegen die Liberalen regieren zu müssen, zwang ihn dazu.

Ein später in der Krise der Liberalen geprägtes Bonmot charakterisiert die politische Entwicklung der sechziger und siebziger Jahre trefflich: „In meinem (Franz Josephs) Reich geht die Krise nicht unter"; und jede dieser Krisen führte zu einer Veränderung des politischen Systems, manchmal

Bauarbeiten am Wiener Parlament, Aufnahme 1877. Das erste gewählte österreichische Parlament war der „Reichstag von Kremsier" von 1848. Ab 1870 nimmt die Versammlung modernere demokratische Züge an. Nach Plänen des dänischen Architekten Theophil Hansen, der von einem längeren Aufenthalt in Athen inspiriert wurde, erbaute man zwischen 1873 und 1883 das Parlament.
ÖNB

Die Bautätigkeit in der zweiten Hälfte des 19. Jahrhunderts prägte das Stadtbild von Wien. Nach der Ringstraßeneröffnung wurde 1861 mit dem Bau der Oper nach Plänen von Eduard van der Nüll und August von Siccardsburg begonnen. Am 25. Mai 1869 wurde die Oper mit „Don Giovanni" von Mozart eröffnet.
ÖNB

zugunsten, oft aber auch zuungunsten der Liberalen. Nach dem Scheitern des „Experimentes" unter Hohenwart waren die Liberalen wieder am Zug. Schon in der Zeit der Regierung Schmerling war es zu einer Reihe von wichtigen konstitutionellen Gesetzen gekommen, so etwa zum Protestantenpatent 1861 oder auch zu einer Grundrechtsgesetzgebung 1862 mit dem Gesetz über den Schutz der persönlichen Freiheit und des Hausrechtes.

Die Dezemberverfassung vom 21. Dezember 1867 ist formal gesehen die erste nicht vom Kaiser erlassene, sondern vom Reichsrat verabschiedete Verfassung der Monarchie. Sie ist keine einheitliche Verfassungsurkunde, sondern besteht aus mehreren einzelnen Verfassungsgesetzen:

- Staatsgrundgesetz über die Reichsvertretung
- Staatsgrundgesetz über die allgemeinen Rechte des Staatsbürgers
- Staatsgrundgesetz über die Einsetzung eines Reichsgerichtes
- Staatsgrundgesetz über die richterliche Gewalt
- Staatsgrundgesetz über die Ausübung der Regierungs- und Vollzugsgewalt

Damit war eine liberale Verfassung, die auf einem Zweikammersystem beruhte – Herrenhaus mit ernannten und Abgeordnetenhaus mit zunächst indirekt von den Landtagen aus gewählten Mitgliedern –, geschaffen, auch eine klare Gewaltentrennung war durchgeführt.

Der – später so oft angewandte – Paragraph 14, der Notverordnungsparagraph, gab der Regierung allerdings die Möglichkeit, zumindest zeitweise ohne Reichsrat zu regieren. Das Hauptproblem der Verfassung stellte ohne Zweifel das Wahlrecht dar. Wenn man sich die Frage nach der Herrschaftsabsicherung der Liberalen in der Habsburgermonarchie ansieht, so kommt der möglichen Teilnahme am konstitutionellen Leben größte Bedeutung im positiven wie im negativen zu. Im positiven insofern, als es ein Ziel liberaler Gruppierungen war, die allerorts herrschenden Relikte des absolutistischen Regierungssystems in ihrem Sinne zu verändern, das heißt mit anderen Worten, die „liberale Klasse" an die Herrschaft zu bringen. Im negativen insofern, als diese Liberalen keineswegs interessiert daran waren, anderen Schichten der Bevölkerung Zugang zum parlamentarischen Leben zu verschaffen.

Häufig neigt die Literatur über die Entwicklung der Donaumonarchie dazu, dem Liberalismus das Verdienst der Demokratisierung dieses Staatswesens einzuräumen, ohne zu bedenken, daß der Liberalismus letztlich antidemokratisch war – schon in der Französischen Revolution hatten sich die Demokraten als Jakobiner von der liberalen Entwicklung getrennt –, antidemokratisch nicht

Erzherzog Rudolf (geb. 1858) im Alter von fünf Jahren. Der Thronfolger wurde schon als Kind zum Soldaten ausgebildet, was zu einem Ultimatum seiner Mutter führte, die sich durchsetzte.
Archiv Verlag Styria

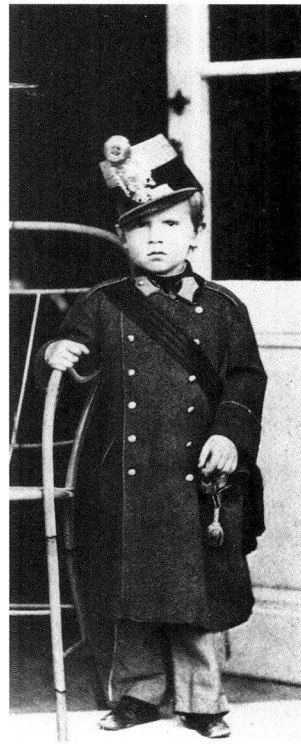

„Systemänderungen" charakterisiert, die mit inneren und äußeren Krisen dieses Staates aufs engste verbunden waren.

Der Ansatzpunkt einer politischen Partizipation ist in den Forderungen der Revolution des Jahres 1848 zu sehen, deren wichtigste die nach einer Konstitution war, die die alte absolutistische Regierungsform und die ständischen Vertretungskörperschaften, in denen der Adel wie auch im lokalen Bereich als Gerichtsherr dominierend war, ablösen sollte. Die Forderungen der Revolutionäre wurden zunächst in der „Pillersdorfschen Verfassung" vom 25. April 1848 erfüllt, die allerdings bezüglich des Wahlrechtes für die zweite Kammer, das Abgeordnetenhaus, das aus 383 Abgeordneten bestand, auf eine später zu erlassende provisorische Wahlordnung verwies. Das Herrenhaus setzte sich aus den Prinzen des kaiserlichen Hauses, aus Großgrundbesitzern und vom Kaiser auf Lebenszeit ernannten Mitgliedern zusammen – daran änderte sich im Laufe der weiteren Entwicklung wenig. Mit der in einem kaiserlichen Patent vom 8. Mai 1848 erlassenen Wahlordnung, die eine indirekte Wahl durch Wahlmänner vorsah, wurden breite Kreise der Bevölkerung von der Wahl ausgeschlossen: neben den Frauen vor allem „Arbeiter gegen Tag- oder Wochenlohn, Dienstleute und Personen, die aus öffentlichen Wohltätigkeitsanstalten Unterstützung genießen"; sie alle können nach diesem Gesetz nicht als Wähler auftreten. Auch diese Ideen sollten langfristig nachwirken.

Wahlberechtigt war nur, wer „eine direkte Steuer in dem vom Wahlgesetz bestimmten Minimum entrichtet oder einen Pacht- oder Mietzins zahlt, von welchem eine direkte Steuer gleichen Betrages entfällt". Zu diesen Besitzenden wurden schließlich auch Vertreter der Intelligenz, Beamte, Träger akademischer Grade, Lehrer, Offiziere, Priester hinzugefügt. Schon 1848/49 diente also das Zensuswahlrecht als Rationalisierung der Herrschaft der Bourgeoisie und zur Abgrenzung – sozial wie politisch – nach „unten zu", während die Liberalen nach „oben hin" gegenüber dem Adel den Gleichheitsgrundsatz betonten.

Auf ähnlicher Grundlage kam es schließlich zur Wahlordnung des Februarpatents, das 1867 in der Dezemberverfassung unverändert übernommen wurde und durch die Wahlreform des Jahres 1873 im Sinne der Liberalen, die die Abhängigkeit von den Landtagen beseitigte, nur geringfügig modifiziert wurde.

Dieses neue Wahlrecht war zwar ein direktes und machte den Reichsrat also, wie die Liberalen argumentierten, unabhängig von der Willkür der Landtage, das Zensussystem blieb jedoch erhalten, wodurch nicht nur eine Einschränkung der-

Oberes Bild:
Der Salon in der Kaiservilla in Bad Ischl.
ORF, Peter Kurz

Unteres Bild:
Das Schlafzimmer Kaiser Franz Josephs in der Hofburg. Der Herrscher begann den Tag bereits um vier Uhr früh.
ORF, Peter Kurz

zuletzt aus Furcht vor der Diktatur der Massen. Nirgendwo findet diese Gesinnung der Liberalen besseren Ausdruck als in ihrer Einstellung zum Wahlrecht.

Der Grundgedanke der Altliberalen war die Auslese einer Elite, die an der Regierung des Staates Anteil haben sollte, diese Elite sollte sich durch Bildung – die Bildungsgläubigkeit der Aufklärung wirkte hier nach – auszeichnen, eine Bildung, die dem einzelnen nur durch materiellen Wohlstand ermöglicht wurde. In der Habsburgermonarchie wurde diese Idee der Herrschaft einer intellektuellen Elite bald überlagert von der nationalen Überheblichkeit der Deutschen der cisleithanischen Reichshälfte.

Die Entwicklung des Parlamentarismus und damit des Wahlrechtes in der westlichen Hälfte der Donaumonarchie ist durch eine Reihe von

jenigen, die politische Mitbestimmung erhielten oder besser gesagt, behielten, auf etwa 6 Prozent der Bevölkerung gegeben war, sondern auch eine ungleiche Gewichtung der Stimmen in den einzelnen Kurien. So wählten in der Kurie der Großgrundbesitzer durchschnittlich 51 Wahlberechtigte einen Abgeordneten, in den Handelskammern 24 Wahlberechtigte einen Kammerrepräsentanten, in den Stadtgemeinden 1600 und in den Landgemeinden 8100 Wähler jeweils einen Mandatar. Besonders altertümlich war dieses Wahlrecht bezüglich der weitergeführten, leicht dem modernen Kapitalismus angepaßten Kurientrennung, in der ständisch-feudale Reste Kontinuität hatten. Mit der Kurie der Großgrundbesitzer schloß man auch terminologisch nahtlos an die altständische Einrichtung von Landtagen an. Alle diese Bestimmungen, die schon aus dem Februarpatent und seinen Anhängseln stammten, wurden 1873 voll übernommen und keineswegs modernisiert. Bezüglich der nationalen Fragen nährte man Illusionen, die Wahlreform, argumentierte man, verfolge „nicht nationale, sondern staatliche Zwecke". Jeder weiteren Ausdehnung des Wahlrechtes standen die Liberalen völlig ablehnend gegenüber, alle Petitionen der Arbeiter um Wahlrechtserweiterung blieben erfolglos.

Die Trennung von Staat und Kirche

Als die Liberalen schließlich 1867 doch an die Regierung gekommen waren, war eines ihrer Hauptanliegen ein kirchenpolitisches. Für den Liberalismus war das Konkordat von 1855 ein Symbol für den Absolutismus, der die liberalen Bestrebungen lange unterdrückt hatte. Man mißtraute von seiten der Liberalen dem Kaiser, unterstellte ihm – wohl zu Recht – absolutistische Bestrebungen, fürchtete um die eben erreichte Verfassung. Aber gegen den Kaiser selbst konnte man nicht direkt ankämpfen, so nahm man das Konkordat zur Zielscheibe, schlug den Knecht und meinte den Herrn.

Die liberalen Zeitungen vertraten vehement die Ansicht, daß das Konkordat – dessen Bestimmungen schon mit der Dezemberverfassung 1867, die eine Gleichstellung der Staatsbürger aller Konfessionen verankert hatte, im Widerspruch standen – gekündigt und vollkommen aufgehoben werden müsse. Die liberalen Politiker allerdings konnten, nicht zuletzt aus Rücksicht auf Kaiser Franz Joseph, der eine Aufhebung des Vertrages ablehnte, aber auch aus Rücksicht auf das zwar zum Gutteil josephinisch gesinnte, aber doch konservative Herrenhaus, nicht so radikal vorgehen. Der Vertrag blieb daher zunächst bestehen, wurde formell nicht aufgehoben, aber durch gezielte Einzelgesetzgebung in wesentlichen Punkten durchbrochen. Der liberale Justizminister Eduard Herbst legte drei Gesetzesanträge vor: Entwürfe zu einem Ehegesetz, einem Schulgesetz und einem interkonfessionellen Gesetz, die allesamt den Charakter eines Kompromisses trugen. Das wichtigste dieser Gesetze war ohne Zweifel das Schulgesetz, das die im Konkordat vorgesehene Schulaufsicht der Kirche über alle Gegenstände der Volksschule, nicht bloß den Religionsunterricht, aufhob und damit zwar ein säkulares Schulwesen förderte, allerdings durch die Zementierung der Position des Pfarrers in der Schulaufsichtsbehörde den klerikalen Einfluß nicht völlig beseitigte. Auch das

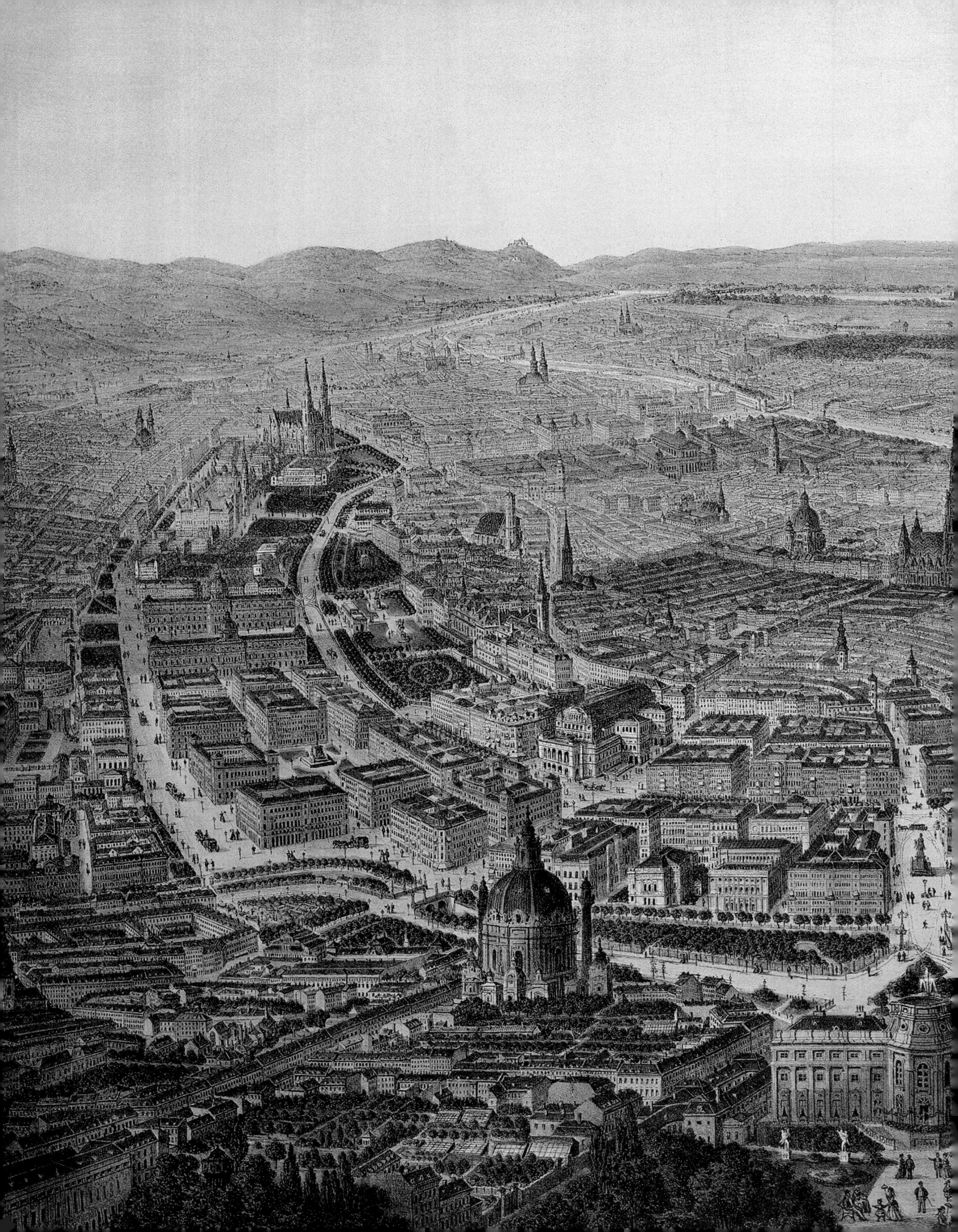

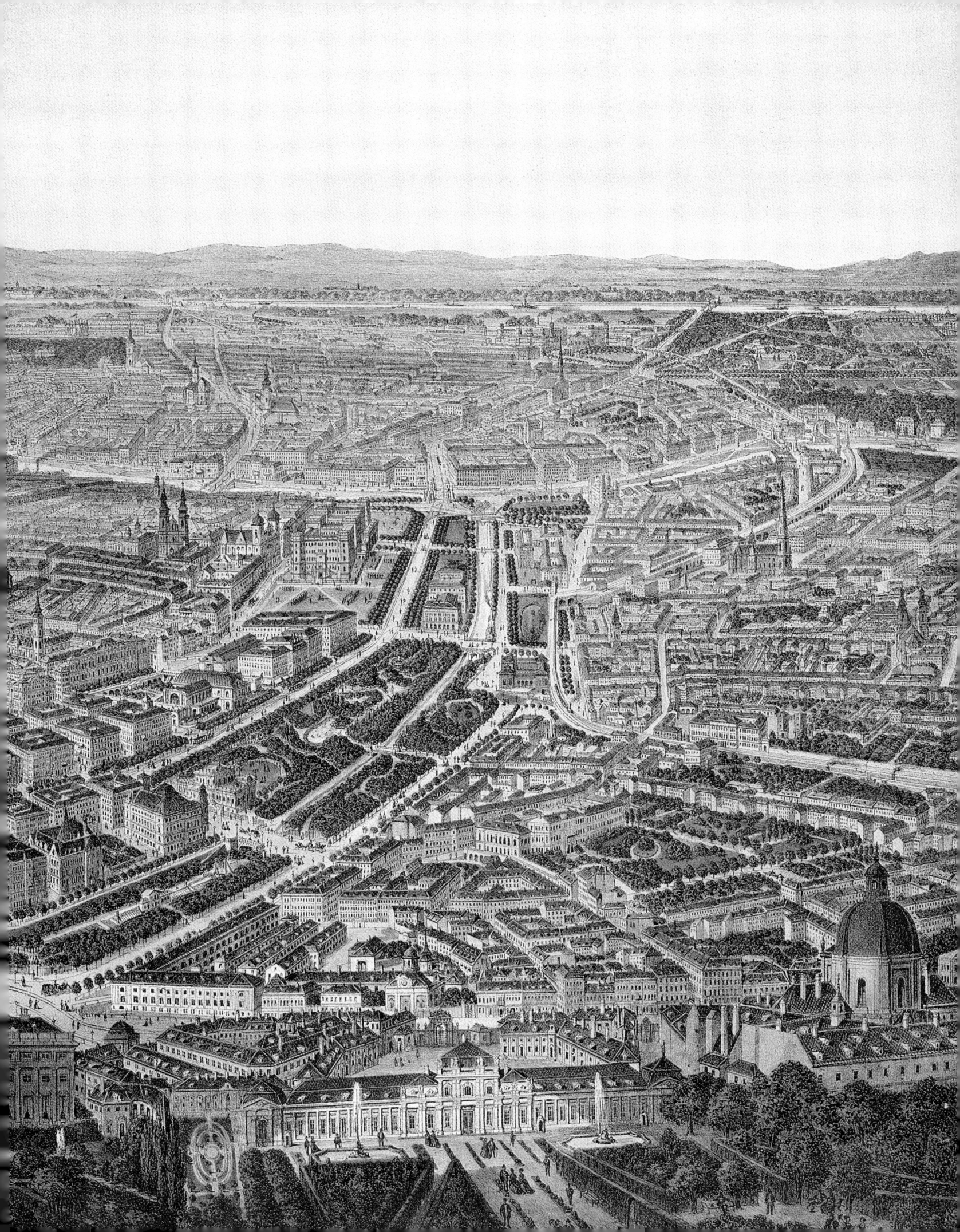

Kaiser Franz Joseph und Kaiserin Elisabeth mit ihren Kindern Marie Valerie, Rudolf und Gisela im Park des Schlosses Gödöllö in Ungarn, um 1871. Hier verbrachte Elisabeth, da sie die Repräsentationspflichten in Wien haßte, viel Zeit, wo sie ihrer Leidenschaft für das Reiten ebenso nachgehen konnte wie ihrer Vorliebe für eine eher unkonventionelle Gesellschaft.

ÖNB

Ehegesetz stellte einen Kompromiß mit der Kirche dar: Die von den radikalen Gruppen der Liberalen geforderte obligatorische Zivilehe wurde nicht Gesetz, weiterhin blieb die kirchliche Eheschließung rechtskräftig, das Gesetz regelte nur Sonderfälle – Ehen zwischen Angehörigen verschiedener Konfessionen etwa – und sprach dem Staat die Rechtsprechung in Eheangelegenheiten zu. Trotz dieser relativ weichen Gesetzgebung feierten die Liberalen diese im Mai 1868 vom Kaiser sanktionierten Gesetze als einen Triumph des Säkularismus über die „finsteren Mächte der Kirche", die – vom Papst bis hinunter zum letzten Dorfpfarrer – mit einer lautstarken Polemik gegen den Liberalismus reagierten.

Jedoch die Abneigung des Kaisers, den Vertrag zu kündigen, an der sich die Liberalen in ihrer Unsicherheit orientierten, führte schließlich zu einer halbherzigen Lösung der Religionsfragen, die weder Franz Joseph, der ein wenig nachgeben mußte, noch die radikaler denkenden Liberalen zufriedenstellte. Der Kaiser hätte den Vertrag von 1855 am liebsten unverändert bewahrt gesehen, sah aber unter dem Zwang zur Konstitutionalisierung keine Möglichkeit, die Kirche besser zu schützen, als er es ohnehin tat. Mitten im Religionskampf in der Ära des Hochliberalismus ist eine Aussage vom September 1874 überliefert, in der Franz Joseph zu diesen Fragen Stellung bezog:

„Wenn ich auch bis jetzt durch die Verhältnisse gehindert wurde, zum Schutze der Kirche das zu leisten, was dem Verlangen meines Herzens entsprach, so bin ich mir doch dessen bewußt, daß ich vieles verhindert habe, was der Kirche weit mehr hätte schaden müssen, als das, was zu ihrem Nachteile wirklich geschehen ist. Ich verspreche, daß ich soweit ... die Verhältnisse es zulassen, die Kirche schützen werde."

Mit dem Kampf gegen die katholische Kirche waren die österreichischen Liberalen nicht allein auf weiter Flur, eine ganze Serie von Auseinandersetzungen, die mit dem Terminus Kulturkampf belegt werden können, liefen in verschiedenen Staaten etwa zeitgleich ab.

Die kirchliche Reaktion auf diese Gesetze war heftig, sowohl von seiten des Papstes als auch von seiten der österreichischen Bischöfe. Papst Pius IX. hatte am 22. Juni 1868 im geheimen Konsistorium folgende Stellungnahme abgegeben: „Ihr sehet mithin, ehrwürdige Brüder, wie verwerflich und verdammenswert jene von der österreichischen Regierung erlassenen abscheulichen Gesetze sind, welche die Lehre der katholischen Kirche, ihre ehrwürdigsten Rechte, ihre Autorität und göttliche Construction, sowie die Gewalt des apostolischen Stuhles, ja selbst das Naturrecht aufs äußerste verletzen. Von der Sorge für alle Kirchen, die Christus der Herr uns übertragen, geleitet, erheben wir unsere apostolische Stimme in dieser erlauchten Versammlung und kraft unserer apostolischen Autorität verwerfen und verdammen wir die angeführten Gesetze im Allgemeinen wie im Besonderen, alles was in diesen wie in anderen Dingen gegen die Rechte der Kirche von der österreichischen Regierung oder von ihren untergeordneten Behörden verordnet, gethan, oder wie immer verfügt wird. Kraft derselben Autorität erklären wir diese Gesetze sammt ihren Folgerungen als durchaus nichtig und immerdar ungiltig."

Auch die österreichischen Bischöfe selbst formierten sich zur Gegenwehr. Als die Verordnung des Justizministers sie zur Übergabe der geistlichen Eheakten an die weltlichen Gerichte aufforderte, leisteten diese Widerstand. Als Vorkämpfer entpuppte sich dabei der streitbare Bischof von Linz, Rudigier. Er verweigerte nicht nur die Auslieferung der Akten, sondern ergriff auch in einem Hirtenbrief öffentlich gegen die neuen Gesetze Stellung und instruierte seinen Klerus, sich den staatlichen Behörden zu widersetzen. In einer Untersuchung des Strafgerichtes wegen Störung der öffentlichen Ordnung weigerte sich Rudigier unter Berufung auf das für ihn nach wie vor voll gültige Konkordat, vor Gericht zu erscheinen. Am 5. Juni 1869 wurde er daraufhin „gewaltsam" vorgeführt. Die Liberalen statuierten in diesem Fall ein Exempel, um zu beweisen, daß „die Gleichheit vor dem Gesetze ... nicht an den Toren eines bischöflichen Palais" endete. Rudigier wurde für schuldig erkannt und zu 14 Tagen Gefängnis verurteilt. Auf den Protest des Bischofs hin verfügte der Kaiser in einem Handschreiben, daß Rudigier die Strafe nachzusehen sei. Zwar endete auch diese reale Machtprobe des Liberalismus mit der Kirche in einem Kompromiß, doch hatte man wenigstens formal gezeigt, daß die Verfassung über dem Konkordat stand.

Wie so häufig in der Durchsetzung und auch schließlich im Scheitern der Liberalen, war der Wunsch breiter Kreise des Liberalismus nach einer Kündigung des Konkordates nur unter den Rahmenbedingungen außenpolitischer Veränderungen zu erfüllen. Auf dem Ersten Vatikanischen Konzil wurde der Papst bei Lehrentscheidungen für unfehlbar erklärt. Diese Verkündigung des Infallibilitätsdogmas ebenso wie die sich verändernde Stellung Frankreichs, das im Rahmen des Krieges gegen den Norddeutschen Bund die Schutzfunktion über den Papst in Rom aufgab, führten schließlich 1870 – unter dem juridisch bestreitbaren Vorwand, die Rechtsnatur des einen Vertragspartners, nämlich des Papstes, habe sich durch die Unfehlbarkeit verändert – zur Konkordatskündigung. Bemerkenswert ist vielleicht, daß der Regierungschef, der diese Konkordats-

OESTERREICHISCH-UNGARISCHE WAPPENROLLE.

VIRIBUS UNITIS

FRANZ JOSEPH DER ERSTE

VON GOTTES GNADEN

KAISER VON OESTERREICH,
APOSTOLISCHER KÖNIG VON UNGARN,
KÖNIG VON BÖHMEN, DALMATIEN, CROATIEN,
SLAVONIEN, GALIZIEN, LODOMERIEN UND ILLYRIEN;
KÖNIG VON JERUSALEM ETC.

ERZHERZOG VON OESTERREICH, GROSSHERZOG VON TOSCANA UND KRAKAU, HERZOG VON LOTHRINGEN, SALZBURG, STEIER, KÄRNTEN, KRAIN UND DER BUKOWINA, GROSSFÜRST VON SIEBENBÜRGEN, MARKGRAF VON MÄHREN, HERZOG VON OBER- UND NIEDERSCHLESIEN, VON MODENA, PARMA, PIACENZA UND GUASTALLA, VON AUSCHWITZ UND ZATOR, VON TESCHEN, FRIAUL, RAGUSA UND ZARA; GEFÜRSTETER GRAF VON HABSBURG UND TIROL, VON KYBURG, GÖRZ UND GRADISCA, FÜRST VON TRIENT UND BRIXEN, MARKGRAF VON OBER- UND NIEDER-LAUSITZ UND IN ISTRIEN, GRAF VON HOHENEMBS, FELDKIRCH, BREGENZ, SONNENBERG ETC. HERR VON TRIEST, CATTARO UND AUF DER WINDISCHEN MARK, GROSSWOJWOD DER WOJWODSCHAFT SERBIEN ETC. ETC. ETC.

kündigung durchführte, kein Repräsentant der Liberalen, sondern der durchaus als konservativ zu bezeichnende Ministerpräsident Potocki war. Durch die Konkordatskündigung war es in jenem Bereich der Gesetzgebung, der nicht durch die konfessionellen Gesetze des Jahres 1868 abgedeckt war, zu einem rechtsfreien Raum gekommen, der durch eine neue Gesetzgebung zu beseitigen war.

Die Regierung brachte 1874, um die Rechtslücken nach der Konkordatsaufhebung auszufüllen, vier Gesetzesentwürfe ein: Zwei allgemeine Gesetze sollten die äußeren Rechtsverhältnisse der katholischen Kirche und der klösterlichen Genossenschaften regeln. Ein weiteres Gesetz betraf „die Beiträge zum Religionsfonds behufs Bedeckung der Bedürfnisse des katholischen Klerus", und

Die österreichisch-ungarische Wappenrolle mit allen Titeln Kaiser Franz Josephs.
ÖNB

Erzherzog Maximilian (1832–1867), der Bruder Kaiser Franz Josephs und spätere Kaiser von Mexiko, wurde 1857 zum Gouverneur des lombardo-venetianischen Königreichs ernannt und lebte nach dem Verlust der Lombardei zusammen mit seiner Frau Charlotte von Belgien im neu erbauten Schloß Miramare bei Triest.
Nemeth

Kronprinz Rudolf im jugendlichen Alter.
Archiv Verlag Styria

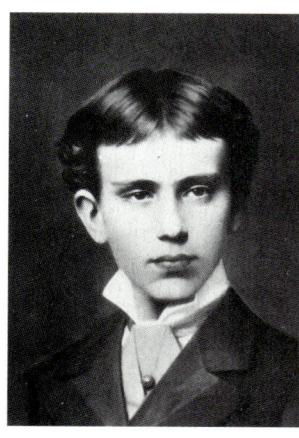

schließlich sollte auch noch die gesetzliche Anerkennung von Religionsgesellschaften neu definiert werden. Schon bei dieser Antragstellung zeigte sich, ebenso wie es schon bei den konfessionellen Gesetzen 1868 zu beobachten war, daß ein Teil der Liberalen weitaus radikaler dachte als die Regierung, die sehr kompromißbereit gegenüber dem Kaiser, der gerade in dieser Frage einen überaus konservativen Standpunkt bezogen hatte, war.

Der Widerstand der Gegner der Liberalen war diesmal nicht so stark wie bei der ersten Diskussion um die konfessionellen Gesetze im Jahr 1868, obwohl der Papst versuchte, erneut einen Kampf auf Biegen und Brechen zu entfalten. Eine päpstliche Enzyklika forderte die Bischofskonferenz, die der zur Mäßigung neigende Kardinal Othmar von Rauscher einberufen mußte, sowie auch den Kaiser auf, gegen die neuerlichen Gesetzesvorlagen zu kämpfen.

Der eigentliche Prüfstein der liberalen Kampfstimmung im Rahmen dieser Nachwehen des österreichischen Kulturkampfes war das Gesetz, das die äußeren Rechtsverhältnisse der klösterlichen Gemeinschaften regeln sollte. Zweck dieses Gesetzes war es letztlich, durch die staatliche Verwaltung die Gründung neuer Orden bzw. deren Ansiedelung in der Donaumonarchie zu kontrollieren und gegebenenfalls verhindern zu können. Damit wurden Gedanken eines radikalen josephinischen Gedankengutes wiederaufgenommen, war es doch Kaiser Joseph II., der versucht hatte, die barocke Ordenswelt seiner Zeit nach den Kriterien der Utilitarität und des Nutzens vor allem für den Staat zu durchforsten. Ohne alle beantragten radikalen Zusätze wurde der Entwurf vom Ab-

geordnetenhaus genehmigt, doch wurde er im Herrenhaus zwei Jahre lang verschleppt und schließlich erst am 17. Januar 1876 angenommen. Der Kaiser sanktionierte dieses Gesetz jedoch nie, und die innerlich schon geschwächte liberale Regierung machte nicht einmal den Versuch, daraus einen Casus belli zwischen Regierung und Herrscher, eine Art von Machtprobe, zu machen.

Der Schwung der Liberalen, in kirchenpolitischen Fragen offensiv vorzugehen, wie sie es noch im Jahr 1868 wenigstens im Ansatz getan hatten, war nun endgültig erloschen, aus den liberalen Vorkämpfern gegen die Dominanz der katholischen Kirche war eine kompromißbereite, innerlich zerstrittene Partei geworden, von der auch auf diesem Gebiet nichts mehr zu erwarten war.

Wichtigste Folge der liberalen Kirchenpolitik und ihres Konkordatskampfes aber war das Hasnersche Reichsvolksschulgesetz vom 14. Mai 1869, das eine längerfristige Wirkung dieser Auseinandersetzung und des liberalen – halben – Sieges gewährleisten sollte.

Dieses moderne Schulgesetz für Volks- und Bürgerschulen (heutige Hauptschulen) sah eine überkonfessionelle Schule vor, in der allerdings nach wie vor der Religionsunterricht obligatorisch war und auch der jeweilige Ortspfarrer im Schulrat der Gemeinde einen gesicherten Platz hatte. Einige andere – nichts mit der Religion zu tun habende – Bestimmungen, wie die Zentralisierung des Schulwesens, die endgültige Festlegung der allgemeinen Unterrichtspflicht und die Einführung von „Realfächern" (Naturgeschichte, Heimatkunde, Turnen, Handarbeiten), machen dieses Gesetz von 1869 besonders modern.

Der Niedergang des Liberalismus

Die Liberalen in ihrer konservativen Ausprägung hatten alles erreicht, was sie anstrebten: die Verfassung von 1867 als Basis des Konstitutionalismus, die konfessionellen Gesetze von 1868, die zur Trennung von Kirche und Staat beitrugen, das Wahlrecht von 1873, das die deutsche Vorherrschaft, wie sie glaubten, weiterbestehen lassen würde. Was konnten sie ihren Wählern noch als utopisches Fernziel in einem Programm anbieten? Die Erweiterung des Wahlrechtes? Das war durchaus nicht im Sinne der von der Bourgeoisie dominierten Liberalen. Oder gar die Lösung der sozialen Frage? Die Befriedigung der Wünsche der einzelnen Nationalitäten in der Monarchie? Wie konnte das mit dem engstirnig deutschnationalen Gesichtspunkt vereint werden, da man sich so sehr auf den Deutschzentralismus festgelegt hatte?

In Miramare lebte Erzherzog Maximilian verbittert und zurückgezogen, als ihm vom französischen Kaiser Napoleon III. das Angebot, die Krone Mexikos anzunehmen, gemacht wurde. Maximilian mußte auf alle Rechte eines Erzherzogs, vor allem auf die Thronrechte, verzichten, als er das Angebot annahm und Kaiser von Mexiko wurde. Hier die Ankunft Maximilians und seiner Gemahlin Charlotte in Mexiko 1864.
ÖNB

Zu dieser Perspektivenlosigkeit der Liberalen kam als weiterer Grund für ihren Niedergang der Börsenkrach des Jahres 1873, der die Liberalen diskreditierte.

Ein wesentliches Element der Wirtschaftseuphorie der sogenannten Gründerjahre war auch die bewußte Propagierung der Beteiligung an wirtschaftlichen Unternehmungen für jedermann. In den Zeitungen wurde auch der „kleine Mann" aufgefordert, sich zu bereichern, der Slogan „Enrichissez vous!" (Bereichert euch!) war die Devise der Zeit. Banken wurden gegründet, Firmen und Aktiengesellschaften aus dem Boden gestampft, Eisenbahnlinien gebaut, Konzessionen für weitere vergeben.

Doch nicht alle Geschäfte, die angeboten wurden, waren seriöser Natur. Viele spekulative Unternehmungen wurden gegründet und gingen sofort wieder ein, viele Firmen machten Versprechungen über Gewinne, die sie nie hätten ausschütten können, und vielfach gab es überhaupt nur sogenannte Luftgeschäfte, die jeder realen und natürlich auch reellen Basis entbehrten.

Eine überhitzte Konjunktur war entstanden, ungesund wie ein Fieberschauer, zerfressen von Korruption und Schwindelgeschäften. Am 9. Mai 1873 schließlich kam es zum „Großen Krach" an der Wiener Börse. Dieser wirtschaftliche Zusammenbruch war umso peinlicher, als sich der Börsenkrach just zu jenem Zeitpunkt ereignete, als die Habsburgermonarchie durch die Wiener Weltausstellung stolz ihren wirtschaftlichen Aufschwung und ihre Leistungen demonstrieren wollte.

Im Zusammenhang mit dem Börsenkrach, der vor allem die kleinen Sparer getroffen hatte, war es zu Korruptionsskandalen gekommen, in die viele Politiker der spöttisch „Aufsichtsratspartei" genannten liberalen Partei verwickelt waren.

Das Mißtrauen gegen Wirtschaft und Liberalismus gingen Hand in Hand, dazu kam durch die besondere Situation Österreichs noch ein starker Antisemitismus. Ein beträchtlicher Teil der Unternehmer in diesem – in der Frühzeit – wenig kapitalstarken Land war jüdischer Herkunft, und so gingen Antikapitalismus, Antiliberalismus und Antisemitismus ein Bündnis ein, das für die weitere ideologische Entwicklung der Deutschnationalen und Christlichsozialen prägend werden sollte.

Der Börsenkrach mit seinen Folgen hatte die Herrschaft des Liberalismus in Österreich zwar erschüttert, aber noch nicht zu Fall gebracht, noch weitere sechs Jahre regierte die „Aufsichtsratspartei", wenn auch in ihr selbst der Ruf: „Wählet neue Männer!", der Ruf nach Politikern mit sauberen Händen, immer stärker wurde.

Die Korruptionsaffären und der Börsenkrach hatten viele der alten „Haudegen" des Liberalismus,

Maximilian, Kaiser von Mexiko.
ÖNB

Maximilian sah sich bald nach seiner Ankunft in Mexiko einem Bürgerkrieg ausgesetzt, den er gegen die legale republikanische Regierung unter Benito Juárez führen mußte und der nach dem Abzug der französischen Truppen mit einem Drama endete.
Am 19. Juni 1867 wurde er in Querétaro standrechtlich erschossen.

Archiv Verlag Styria

die „48er" (z. B. Minister Karl Giskra), in Mißkredit gebracht, und die Forderung nach neuen Männern innerhalb der Partei führte zu einer inneren Spaltung der Deutschliberalen. Dazu kamen die Schwierigkeiten mit dem Ausgleich, der nach zehn Jahren erneuert werden mußte, wobei die Spannungen gegenüber Ungarn, die durch diesen sehr schnell gemachten Vertrag nur oberflächlich verdeckt waren, wieder aufbrachen. Auch diese Verhandlungen der Delegationen hatten wesentlichen Anteil an der inneren Schwächung des Liberalismus. Auslösend allerdings für das endgültige Abtreten der Liberalen in der Politik der Habsburgermonarchie war die Bosnien-Herzegowina-Krise, bei der sich die liberalen Abgeordneten, nicht zuletzt aus nationalen Gründen – man wollte eine Vermehrung der slawischen Bevölkerung verhindern –, gegen ihre eigene Regierung, die positiv zur Okkupation dieser osmanischen Provinzen stand,

stellte. Die liberale Regierung stürzte, und das besiegelte das Schicksal der Verfassungspartei, also der Deutschliberalen. In den Wahlen 1879 erlitt die Verfassungspartei eine vernichtende Niederlage. Für diese Wahlen erhöhte sich zwar die Zahl der Wahlberechtigten auf 1,290.733, jedoch durch die gleichbleibende Mandatszahl und die Tatsache, daß die Bevölkerung der westlichen Reichshälfte in diesen sechs Jahren um etwa eine Million angewachsen war, bedeutete diese höhere Zahl, daß nur mehr 5,9 Prozent der Bevölkerung wahlberechtigt waren.
Mit dieser Wahlniederlage und dem Ende der Regierungsbildung durch die Liberalen kam es immer mehr zu einer Marginalisierung dieser Gruppe, die niemals ein starke, geschlossene Opposition bilden konnte. Die kurze Ära des Liberalismus in der Habsburgermonarchie war zu Ende.

11

DIE HABSBURGER

VÖLKERKERKER
HORT DER VÖLKER

Franz Joseph
1873–1916

Das Konferenzzimmer in der
Wiener Hofburg.
Die Hofburg hat im Laufe
der Zeit nichts von ihrer
Bedeutung eingebüßt und
bewahrt auch heute noch
jene politische und
historische Größe, die sie seit
dem Mittelalter innehat.

ORF, Peter Kurz

Hauptprobleme der nachliberalen Periode in der Habsburgermonarchie

Das beherrschende Problem der späten Regierungszeit Franz Josephs stellte zweifellos der Nationalitätenkonflikt dar, dessen Beurteilung bei den Zeitgenossen und in der wissenschaftlichen Fachliteratur starke Schwankungen aufweist. Zwischen einer fast paradiesisch anmutenden „österreichischen Internationale" und der Vorstellung vom „Völkerkerker" bewegen sich die Beurteilungen der Situation. Dabei ist für die Meinungsbildung der Historiographie der letzten Jahrzehnte – wie immer in der Beurteilung historischer Phänomene – eine starke Abhängigkeit von der jeweiligen Einstellung und politischen Situation des Historikers feststellbar, der ein Urteil abgibt. Wichtig hervorzuheben bei jeder Analyse der Nationalitätenfrage im Zeitalter Franz Josephs ist die Tatsache, daß unter Nationalität oder Nation nicht der im Westen Europas verbreitete sogenannte „subjektive", sondern der „objektive" Nationenbegriff gemeint ist.
Während in Westeuropa vom einzelnen Subjekt ausgehend die Nation sich durch dessen Willen, das Bekenntnis zu einer Nation und oft damit ver-

bunden zu einem Staat definiert, wie zum Beispiel in den USA, ist bei den Nationalitätenspannungen in der Habsburgermonarchie stets von „objektiven Faktoren", wie Sprache, Kultur, oft auch Territorium, Religion und – für das 19. Jahrhundert besonders wichtig – Rasse auszugehen.
Die Gesamtstaatsidee, die supranational alle von der habsburgischen Dynastie regierten Territorien zusammenfaßt, war eben keine nationale Idee, konnte sich daher letztlich auch gegen die damals modernen Nationalideen nicht durchsetzen. Nur die Dynastie selbst – wenn auch mit stark „deutscher Note" –, die Armee und die Bürokratie fühlten sich dieser Idee weitgehend verbunden, wobei die Loyalität zum Kaiserhaus eine ganz entscheidende Rolle spielte. Zwei wesentliche Einschränkungen sind zu machen, wenn man von diesem alles beherrschenden Nationalitätenkampf der Monarchie spricht.
Die wichtigste ist die Tatsache, daß ein großer Teil der Bevölkerung andere, drückendere, lebenswichtigere Sorgen hatte als nationale Anliegen, die vor allem von den Politikern ständig angesprochen wurden. Zwar hat der nationale Konflikt Auswirkungen bis in die untersten Institutionen des Staates – man denke nur an den Cillier Schulkonflikt –, doch daneben muß man auch die Fülle freundlicher Beziehungen sehen, einschließlich

Haupteingang der Rotunde in Wien, Weltausstellung 1873. Am 1. Mai 1873 erfolgte die Eröffnung der Wiener Weltausstellung, die bis zum 2. November dauerte. Zur wirtschaftlichen Bedeutung kam auch die politische: Zahlreiche Staatsmänner, darunter Alexander II. von Rußland und Wilhelm I. von Deutschland, besuchten Wien. Überschattet wurde die Ausstellung vom großen Börsenkrach am 9. Mai, dem „Schwarzen Freitag".
HMStW

„nationaler Mischehen" – ein erst später so entsetzlich mißbrauchtes Wort! – bzw. deren weniger formalisierten Gegenstücken. Jeder Soldat, der in einem anderen Kronland in Garnison lag, ist, ohne an nationale Ideologien zu denken, mit seinem „Mädel" auch aus einer anderen Nation „gegangen", menschliche Gefühle haben sprachliche Barrieren und Kommunikationsschwierigkeiten stets überwunden.

Die zweite Einschränkung wäre jene Partei der Monarchie, die es zumindest ernsthaft versucht hat, supranational zu sein, wenn auch ihr Scheitern charakteristisch für die Situation ist. Die österreichische Sozialdemokratie hat mit der ihr eigenen Interpretation des Nationalitätenkonfliktes zwar Schiffbruch erlitten, dennoch ist der Versuch, das Problem auf eine andere Ebene zu verschieben, bemerkenswert. Die Auffassung der Sozialdemokraten, daß der Nationalitätenkampf nichts anderes als ein transformierter Klassenkampf ist, muß als Grundlage dieser Bemühungen um Internationalität gesehen werden. Nach der Interpretation der Sozialdemokraten unterdrücken die starken, das heißt sozial entwickelten Nationen, die einen eigenen Adel bzw. eine eigene Bourgeoisie haben, ihre sozial weniger entwickelten Nachbarn. Sozialer Aufstieg ist unter diesen Voraussetzungen mit Denationalisierung verbunden. Dies stimmt

vor allem sehr gut, wenn man die Bildungssituation betrachtet, die lange Zeit hindurch höhere Bildung nur in deutscher Sprache anbot, womit viele Probleme der Monarchie erklärbar werden.

Der Ausgangspunkt der Betrachtungen muß auch dabei die Zeit vom Vormärz, in dem sich erste Ansätze eines – noch weitgehend gelehrten – Nationalismus entwickelten, bis zum Jahr 1867 sein. Die gemeinsame Unterdrückung aller Nationalitäten und aller nationalen Strömungen im Absolutismus ließ sich schließlich nach 1866 nicht mehr voll aufrechterhalten. Neben den Deutschen, die stets einen gewissen Anteil an der Herrschaft hatten, mußte noch eine zweite Nationalität privilegiert werden, und das waren durch den Ausgleich die Ungarn. Ab 1867 gab es also zwei dominierende Nationalitäten, die Deutschen und die Ungarn.

Die Dominanz der Deutschen in der westlichen Reichshälfte wurde – wie oben gezeigt – vor allem von den Liberalen vehement vertreten und über das Wahlrecht gesteuert. Der Liberalismus vertrat einen zentralistischen Standpunkt in der Verfassungsfrage, der die Vorherrschaft der deutschen Bourgeoisie am besten garantierte.

Allerdings gab es auch dazu Alternativen, die jedoch nie großes Echo fanden, so z. B. Adolf Fisch-

Die silberne Hochzeit des
österreichischen Kaiserpaares
im Jahr 1879.

Archiv Verlag Styria

Umwandlung der Habsburgermonarchie in einen
föderalistischen Staat, aufgebaut auf autonomen
Gebieten mit vollem Minderheitenschutz, gefordert wurde.

Renners Vorschlag war, daß das Problem des
Nationalitätenkampfes auf verschiedenen Ebenen
gelöst werden sollte, und zwar durch:
– autonome kulturelle Einheiten,
– größere wirtschaftlich-geographische Einheiten,
  die nationale Grenzen überschreiten,
– eine zentrale übernationale Regierung.

Renner schlug nun vor, die territoriale Autonomie
durch eine personelle Autonomie zu ersetzen.
Jeder Bürger der Habsburgermonarchie sollte unabhängig vom Kronland, in dem er lebte, einer
autonomen nationalen Vereinigung angehören,
die Agenturen im gesamten Gebiet der Habsburgermonarchie haben sollten. An diese sollte sich
der einzelne bei Fragen, die mit seinem nationalen
Status zu tun hatten, wenden können, was ihn
unabhängig von der in dem jeweiligen Gebiet, in
dem er lebte, herrschenden Majorität machen
sollte. Dieser auch heute noch in der Forschung
diskutierte Vorschlag reagierte als einziger auf
die Unmöglichkeit, in der Habsburgermonarchie
Territorien mit festen Grenzen ohne nationale
Minderheiten zu schaffen.

Die Ungarn, die auf alte Rechte der ungarischen
Adelsnation pochen konnten, haben sich 1867
staatsrechtlich durchgesetzt. Im Ausgleich wurden
ihnen erhebliche Rechte zugestanden, die die
Magyaren allerdings ebensowenig wie die Deutschen in der anderen Reichshälfte willens waren,
mit den anderen Nationalitäten zu teilen. So kam
es in der ungarischen Reichshälfte zu einer ziemlich radikalen Nationalitätenpolitik und zu einer
vehementen Magyarisierungswelle.

Die Ungarn waren auch im Sinne des Gesamtstaates ein Haupthindernis für alle Versuche, noch
eine andere Nationalität in die Verfassung einzu-
binden, da sie eifersüchtig über ihre Privilegien
wachten.

Der intensivste Kampf um die nationalen Rechte
herrschte in Böhmen. Durch den Ausgleich 1867
wurden die Tschechen schwer enttäuscht, da ihrer
Meinung nach das böhmische Staatsrecht den ungarischen Privilegien, die im Ausgleich des Jahres
1867 kaiserliche Anerkennung gefunden hatten,
ebenbürtig war.

Daher betrachteten die Tschechen auch die
Dezemberverfassung, die den ungarischen Ausgleich anerkannte, als ungültig, da die Zustimmung Böhmens fehlte. Die Tschechen verlegten
sich nun in den nächsten Jahren auf die sogenannte „Abstinenzpolitik", das heißt die gewählten
tschechischen Abgeordneten verweigerten jede
Teilnahme an der Politik. Die Abgeordneten

hofs Buch: „Oesterreich und die Bürgschaft seines
Bestandes" (1869). Fischhof, der Mann, der 1848
das „erste freie Wort in Österreich" sprach, hat
in diesem Buch, entgegen der sehr verbreiteten
liberalen Vorliebe für den Deutschzentralismus,
vehement für den Föderalismus nach dem Muster
der Schweiz oder der Vereinigten Staaten von
Amerika Stellung genommen.

Später haben dann andere Deutschsprachige der
Monarchie Lösungsvorschläge präsentiert, z. B.
Karl Renner: „Der Kampf der österreichischen
Nationen um den Staat" (1902), der aus der sozialdemokratischen Tradition heraus eine übernationale Partei zu bilden argumentiert. Er stützte sich
auf das sozialdemokratische Nationalitätenpro-
gramm am Parteitag zu Brünn 1899, in dem die

kamen nur in den Reichsrat nach Wien, um dort gegen die Unrechtssituation zu protestieren.

Zunehmend orientieren sich die Tschechen nun am Panslawismus und damit an Rußland, was ihnen andererseits von seiten der Deutschen als Verrat vorgeworfen wird.

Als Kaiser Franz Joseph im Juni 1868 nach Prag reiste, um eine Brücke einzuweihen, boykottierten die Tschechen die Stadt, während sie einen Monat danach zu Jan Hus' Geburtstag große nationale Demonstrationen veranstalteten.

Die Forderung der Tschechen war, das böhmische Staatsrecht zu akzeptieren und die Einheit der böhmischen Länder zu garantieren. Als Folge eines solchen „Ausgleiches" sollte sich Franz Joseph in Prag zum böhmischen König krönen lassen.

Dieses sogenannte „böhmische Staatsrecht" war eine relativ unklare Konzeption, die verschiedenen mittelalterlichen und frühneuzeitlichen Landesordnungen wurden zu diesem Staatsrecht gezählt, diejenige des Jagiellonen Wladislaw von 1500 ebenso wie die der Habsburger Ferdinand I. von 1549, Maximilian II. von 1564, ja sogar die „Verneuerte Landesordnung" Ferdinands II. aus dem Jahr 1627, also die Gesamtheit der öffentlichen Rechtsurkunden, die das Königreich Böhmen betrafen.

Die liberalen Regierungen in ihrer deutschzentralistischen Engstirnigkeit waren ebenso ein Hindernis dieser Ausgleichspolitik in Böhmen wie die Ungarn, die eifersüchtig darüber wachten, daß niemand sonst in der Monarchie vergleichbare Privilegien erhielt. Zwar versuchte Franz Joseph mit der Regierung Hohenwart und ihren slawophilen Neigungen, doch noch einen Ausgleich mit Böhmen herbeizuführen, doch war diesen Bestrebungen kein Erfolg beschieden.

Der bedeutende nationaltschechische Historiker und Politiker František Palacký, der noch 1848 den oft zitierten Ausspruch von sich gab: „Wenn es Österreich nicht gäbe, müßte man es erfinden", hat später eine wesentlich kritischere Haltung eingenommen. In seinem politischen Vermächtnis formulierte er: „Ich lasse nun leider auch selbst die Hoffnung auf eine dauernde Erhaltung des österreichischen Staates fahren; nicht als ob dieselbe nicht wünschenswert oder an und für sich unmöglich wäre, sondern deshalb, weil den Deutschen und Magyaren gestattet wurde, sich der Herrschaft zu bemächtigen und in der Monarchie einen einseitigen Racendespotismus zu begründen, welcher in einem vielsprachigen und konstitutionellen Staate als politischer Nonsens keinen langen Bestand haben kann; die Deutschen und Magyaren aber wollen kein anderes Österreich, es sei denn eine solche Despotie. Durch die Schuld dieser beiden Stämme, welche das Reich schon geradezu zu zerreissen bestrebt sind, ist es auf der schiefen Ebene, welche zum Abgrund führt, bereits zu weit

Weltausstellung 1873: die Maschinenhalle. Ein wesentliches Element der Wirtschaftseuphorie der sogenannten Gründerjahre war u. a. die bewußte Propagierung der Beteiligung an wirtschaftlichen Unternehmungen für jedermann, auch für den „kleinen Mann". Spekulationsgeschäfte standen auf der Tagesordnung. Der wirtschaftliche Zusammenbruch ereignete sich im Rahmen der Wiener Weltausstellung, gerade zu einem Zeitpunkt, als die Monarchie stolz ihren wirtschaftlichen Aufschwung zeigen wollte.

ÖNB

gegangen." Der nationale Politiker Palacký gab einen optimistischen Ausblick, voll des Vertrauens in die Kraft seines Volkes, und schloß mit einer selten zitierten Aussage, die seinen oft zitierten Ausspruch von 1848 stark relativiert: „Wir waren vor Österreich, wir werden nach Österreich sein." Die Tschechen, deren Position in den entscheidenden Jahren als Gegenkraft zum Liberalismus vor allem in der staatsrechtlichen Auseinandersetzung um das „böhmische Staatsrecht" begründet war, wählten also einen anderen Weg als etwa die Klerikalen Tirols, die versuchten, immer wieder ihren Standpunkt bezüglich des Verhältnisses von Kirche und Staat im Reichsrat zu artikulieren und klarzulegen. In vieler Hinsicht war ihre Position weit schlechter als die der Klerikalen, die sich zwar nicht der offenen Unterstützung, aber doch der geheimen Sympathien des Kaisers erfreuten, während das böhmische Staatsrecht, wie Franz Graf Thun es formulierte, auf Franz Joseph wie ein rotes Tuch auf einen Stier wirkte.

Die ursprünglich im weitesten Sinne des Wortes dem „Liberalismus" zuzurechnende alttschechische Partei (Národní strana = Nationalpartei) ist in ihren Auseinandersetzungen mit den Deutschliberalen – und im Hintergrund mit den politisch in der anderen Reichshälfte dominierenden Magyaren – seit 1861 mit dem antiliberalen Teil des böhmischen Adels ein Bündnis eingegangen. Dies führte dazu, daß die Alttschechen ins konservative Lager gedrängt wurden. Dazu kam noch, daß im politischen Gesamtsystem der westlichen Reichshälfte – sollte die Opposition gegen den zentralistischen und antiklerikalen Liberalismus funktionieren – ein Zusammenschluß von Gruppen, die eigentlich organisch nicht zusammengehörten, Realität wurde. Katholizismus und Nationalismus,

Feudaladel und Klerikale widersetzten sich teils der Modernisierung und Säkularisierung des Staates durch die Liberalen, andererseits aber auch deren engstirniger deutschnationaler und zentralistischer Sichtweise des Staatssystems. Die Liberalen sprachen, wenn sie ihre Hauptgegner charakterisieren wollten, von der feudal-klerikal-föderalistischen Opposition als einem Schreckgespenst der Vergangenheit, das die Gegenwart bedrohte.

Die politische Enthaltsamkeit der Tschechen, die sogenannte Abstinenzpolitik, führte immerhin 1871 zu einem sichtbaren Erfolg. Der Kaiser änderte den Kurs seiner Regierung, die Liberalen fielen, und die Regierung Hohenwart-Schäffle versuchte, mit den „Fundamentalartikeln" eine Art Ausgleich mit Böhmen zu verwirklichen. Die Reaktion auf dieses Experiment hat die politischen Parteien der Monarchie weitgehend auf Positionen festgelegt, von denen sie bis zum Ende des Reiches nicht mehr loskamen. Die Liberalen – und in ihrer Nachfolge dann die Deutschnationalen – sahen in diesem mit Hilfe des Kaisers beinahe zustande gekommen Ausgleich der Spannungen mit den Tschechen die Katastrophe schlechthin, das Ende all ihrer Bemühungen um deutsche Vorherrschaft. Die Tschechen andererseits reagierten aus ihrer enttäuschten Hoffnung mit einem grundsätzlichen Boykott gegen den Staat und dehnten ihre Abstinenzpolitik auch auf den Landtag aus.

Die Liberalen konnten sich nie so richtig entscheiden, ob sie die Abstinenzpolitik, die schließlich ihre Führungsrolle im Reichsrat festigte, gutheißen sollten oder lieber die Tschechen im Reichsrat sehen würden.

Als innere Opposition gegen die auch von vielen alttschechischen Politikern als verfehlt angesehene „Trotz"-Politik bildete sich eine neue Partei, die jungtschechische Bewegung (Národní strana svobodomyslná = national-freisinnige Partei), der es gelang, die tschechischen Abgeordneten nach dem Sturz der Liberalen wieder nach Wien zu führen und damit die Möglichkeit einer parlamentarischen Beteiligung am politischen Leben zu nützen.

Diese jungtschechische Partei war zwar in ihrer nationalen Haltung klarerweise auf einem anderen Kurs als die Deutschliberalen, in vieler Hinsicht jedoch stimmten sie mit diesen überein, etwa in ihrer Stellungnahme zur antiklerikalen Gesetzgebung, ausgedrückt in den konfessionellen Gesetzen des Jahres 1868.

Eine tschechische Parteienlandschaft war also entstanden, neben den Alttschechen unter der Führung František Riegers bestanden auch die liberaler orientierten Jungtschechen unter Karl Kramář.

Herausragende Leistungen wurden von Österreichern auch auf Nebenschauplätzen der Geschichte vollbracht. Die von Julius von Payer und Karl von Weyprecht 1872–1874 geführte Nordpolexpedition entdeckte am 30. August 1873 ein bis dato unbekanntes Land, dem sie den Namen Kaiser-Franz-Josephs-Land gaben.
Hier das Gemälde von Payer: „Nie zurück".
HGM

Die Lösungsversuche der tschechischen Frage allerdings wurden immer radikaler, je sturer und kompromißloser die Deutschen wurden, umso mehr sah man auf seiten der Tschechen keine Lösung mehr innerhalb der Monarchie, sondern strebte eine eigene staatliche Entwicklung an, wie sie sich vor allem im Gedankengut Tomáš G. Masaryks, des Gründers der tschechoslowakischen Republik, äußerte.

Parallel zu dieser partei- und staatspolitischen Entwicklung kam es auch zu einem fortschreitenden Ausbau des tschechischen Nationalismus. Schulen und lokale Kulturereignisse werden durch die Matice Školska gefördert, eine Reihe von Organisationen versuchte recht erfolgreich, ein nationales Wirtschaftsleben aufzubauen, so z. B. die 1868 gegründete Živnostenska Banka. Der nationale Konflikt verlagert sich auf alle Ebenen. Lokale Vereine wie die Sokol-Turnverbände auf der einen und der Böhmerwaldbund oder der Deutsche Schulverein auf der anderen Seite standen sich immer unversöhnlicher gegenüber.

Im Gegensatz zu den Tschechen, deren Hauptkontrahenten die Deutschen der westlichen Reichshälfte waren, standen die Slowaken unter der Dominanz der Ungarn. Ihr Nationalismus ent-

wickelte sich parallel zum tschechischen, mit dem er schließlich 1918 ein Bündnis einging, das zur Gründung der Tschechoslowakei führte.

Neben der Auseinandersetzung mit den Tschechen und dem böhmischen Staatsrecht waren die Südslawen das zweite große Problem des Vielvölkerstaates. Nach dem sogenannten Illyrismus des Ljudevit Gaj im Vormärz war die Idee einer Vereinigung der Slowenen, Kroaten und Serben in einem Staat der dominierende Gedanke der sogenannten südslawischen Bewegung, des Jugoslawismus. Grundsätzlich gab es zwei große Möglichkeiten seiner Verwirklichung gegen Ende des 19. und am Beginn des 20. Jahrhunderts, eine Autonomie (Trialismus) innerhalb der Habsburgermonarchie oder ein Zusammenschluß mit dem unabhängigen Königreich Serbien unter der dort regierenden nationalen Dynastie.

Selbstverständlich ist die Lage der einzelnen Nationen innerhalb des südslawischen Bereiches sehr unterschiedlich.

Der sogenannte Austro-Slawismus der Slowenen hatte das Ziel, ein großes slowenischen Kronland zu schaffen, wozu es notwendig geworden wäre, verschiedene Kronländer, wie etwa die Steiermark oder Kärnten, zu teilen, dazu wären die Kron-

Prag im 19. Jahrhundert: Hradschin, Kleinseite. Das beherrschende Problem der zweiten Regierungshälfte Kaiser Franz Josephs war zweifellos der immer stärker ausbrechende Nationalitätenkonflikt. Der intensivste Kampf um die nationalen Rechte entbrannte in Böhmen, denn die Tschechen waren durch den Ausgleich von 1867 schwer enttäuscht worden und orientierten sich zunehmend am Panslawismus und damit an Rußland.

ÖNB

Gleichsam als Gegengewicht gegen den verstärkten Einfluß Rußlands auf dem Balkan mußte im Sinne einer Gleichgewichtspolitik auch die Habsburgermonarchie ihren Einflußbereich erweitern. Die beiden osmanischen Provinzen Bosnien und Herzegowina wurden okkupiert, was auch mit Kämpfen verbunden war. Hier das Gefecht bei Jajce in Bosnien am 7. August 1878. Im Oktober desselben Jahres war die Okkupation militärisch abgeschlossen.

ÖNB

länder Krain, Görz, Istrien und Triest gekommen. Hauptstadt dieses Territoriums hätte Laibach sein sollen, das auch eine slowenische Universität erhalten hätte.

Die Ausgangsposition der Slowenen war nicht sehr gut, weil die soziale Entwicklung wenig fortgeschritten war; es gab keinen slowenischen Adel, auch kein starkes Bürgertum und nur eine kleine Intelligenzschicht – letztlich waren die Slowenen hauptsächlich ein Bauernvolk. Doch kam es – vergleichbar den anderen Nationalitäten, z. B. den Tschechen – im Zuge der achtziger Jahre zu einem großen nationalen Aufschwung. Seit 1882 hatten die Slowenen in der Stadt Laibach die Majorität und seit 1883 auch im Landtag Krains. Die Abgeordneten der Slowenen gehörten alle der klerikalen Volkspartei an. Diese Partei blieb bis 1918 die stärkste Partei der Slowenen. Seit den achtziger Jahren entstand ihnen in der jungslowenischen Partei, die liberale Ziele vertrat, Konkurrenz.

Während die katholischen Kroaten relativ loyal zur Habsburgermonarchie waren, hatten die orthodoxen Serben seit der Gründung des unabhängigen serbischen Königtums am Berliner Kongreß 1878 ein außerhalb der Monarchie gelegenes Identifikationsmodell vor sich. Die Spannungen verstärkten sich zunehmend und führten mit hinein in die Krise am Beginn des Ersten Weltkrieges. In manchem ähnlich war auch die Lage der Italiener, die ebenfalls einen außerhalb der Habsburgermonarchie gelegenen Staat hatten, mit dem sie sich identifizieren konnten. Nach der Abtretung der Lombardei und dann, einige Jahres später, Venetiens verblieben weiterhin zwei italienisch-

sprachige Gebiete bei der Monarchie. Sie wurden das Ziel der Irredentabewegung, die diese „Unerlösten" in „Trento e Trieste" – das Schlagwort der Irredenta – aus dem „Joch des Völkerkerkers" befreien wollten. Neben diesen besonders national umstrittenen Gebieten hatten die Italiener auch in Dalmatien großen Einfluß, wo sie die Bourgeoisie bildeten und die Mehrheit im Landtag hatten.

Erst relativ spät war die Nationalität der Polen in den Herrschaftsbereich der Habsburger gelangt. Mit der Teilung Polens 1772 hatte Maria Theresia das Königreich Galizien und Lodomerien gewonnen, das im wesentlichen von Polen und Ruthenen, das heißt Ukrainern, bewohnt war. In diesem Kronland bildeten die Polen, die einen Adel und ein überaus bescheidenes Bürgertum besaßen, die herrschende Schicht gegenüber den sozial weniger entwickelten, rein bäuerlichen Ruthenen, die von ihnen unterdrückt wurden. Während sie also selbst eine Nationalität unterdrückten, wehrten sie sich vehement gegen die Unterdrückung von Wien aus. Gerade dieses Beispiel scheint typisch für die Komplexität des Nationalitätenproblems der Monarchie, das nicht auf die oft gebrauchte einfache Formel „Die Deutschen und die Ungarn unterdrückten die slawischen Nationalitäten" zu reduzieren ist. Auf den verschiedenen Ebenen gab es verschiedene Formen von Benachteiligung und Unterdrückung – jeder war jedes Feind, keine der Nationalitäten gönnte der anderen irgendeinen, wenn auch noch so geringen Vorteil.

Im Gegensatz zu den Tschechen haben sich die Polen von vornherein sehr intensiv an der Regie-

Der Berliner Kongreß wurde 1878 von Bismarck als „Schiedsrichter Europas" einberufen. Der Kongreß wurde mit dem Berliner Frieden vom 13. Juli 1878 beendet, den Deutschland, Österreich-Ungarn, Rußland, England, Frankreich, Italien und die Türkei unterzeichneten. Ziel war es, das Übergewicht einer europäischen Großmacht am Balkan zu verhindern.
ÖNB

rung und am parlamentarischen System Cisleithaniens beteiligt. Immer wieder waren Polen in führender Position zu finden, wie etwa Agenor Goluchowski als Staatsminister 1859 oder Kasimir Badeni als Ministerpräsident 1895–1897. Daneben gab es in allen Kabinetten einen sogenannten galizischen Landesminister, der die Angelegenheiten seines Kronlandes im Rahmen der Regierung zu vertreten hatte.

Es ist daher nicht überraschend, daß die Polen für Galizien, im Gegensatz zu den Tschechen für Böhmen, so etwas wie einen Ausgleich erreichten, der dem Königtum Galizien und Lodomerien einen autonomen Sonderstatus zusprach.

Die Polen dominierten politisch im Land, doch war ihre politische Dominanz nur möglich, indem sie die herrschende Politik der Deutschen und der Ungarn, die ihren Ausdruck im Dualismus des Habsburgerstaates fand, stützten. Der Gewinn der Polen war die Preisgabe der ruthenischen Bauern, wodurch sie sich im Kronland Galizien durchsetzen konnten – die Ruthenen, zahlenmäßig etwa gleich stark wie die Polen, erreichten nie mehr als 15 Prozent der Abgeordnetensitze –, der Preis, den sie zu zahlen hatten, war die Tatsache, daß sie im Gegensatz zu den Tschechen keine vehementen Forderungen nach Autonomie stellten und daneben auch keine Abstinenzpolitik betrieben.

Die polnischen Reichsratsabgeordneten aus Galizien machen, im Gegensatz zu dem differenzierten Bild, das die Parteien im Land selbst bieten, einen ausgesprochen einheitlichen Eindruck. Zusammengeschlossen im Polenclub standen sie in Opposition zu der liberalen Fraktion des Ab-

geordnetenhauses, sie tendierten teils zum Föderalismus, teils zum klerikalen Ultramontanismus, waren aber durch diese Positionen in jedem Falle Gegner der Deutschliberalen, obwohl sie es verstanden, sich mit diesen zu arrangieren. Politisches Ziel der Polen war die Wiederherstellung eines unabhängigen und vereinten Polen.

Die sogenannten Ruthenen, eigentlich Ukrainer, waren ein Bauernvolk ohne Adel und Bürgertum. Sie wurden in Galizien von den Polen völlig dominiert. Viele in Rußland verfolgte Ukrainer emigrierten jedoch andererseits nach Galizien und

Die Habsburgermonarchie in der zweiten Hälfte des 19. Jahrhunderts (vor 1866).

Viktor Adler (1852–1918), der große Mann der österreichischen Sozialdemokratie, lernte als Arzt früh das Elend der Arbeiter kennen und beschäftigte sich mit den Fragen des Arbeiterschutzes. Am Hainfelder Parteitag 1888/89 gelang es Adler, die verschiedenen Richtungen auf ein Programm zu einigen.
ÖNB

Lemberg, wo sie unter der recht toleranten österreichischen Regierung ein Zentrum der ukrainisch nationalen Kultur begründeten.

Das Aufkommen der Massenparteien

Als die Liberalen in der Habsburgermonarchie als regierende Partei die Macht verloren, umfaßte das liberale Lager verschiedenste miteinander unvereinbare Trends, die sich in den späteren Massenparteien ausdifferenzieren sollten.

Im September 1882 wurde in Linz von einer linken Gruppierung innerhalb der zerfallenden liberalen Bewegung ein Programm ausgearbeitet, das vor allem soziale und nationale Fragen behandelte. An diesem Linzer Programm wirkten verschiedene spätere Parteiführer der Massenparteien noch gemeinsam mit: Georg Ritter von Schönerer, der spätere Führer der Deutschnationalen, ebenso wie der junge Rechtsanwalt Robert Pattai, der später – im Schatten Luegers stehend – eine Rolle in der Christlichsozialen Partei spielen sollte, sowie die späteren Führer der Sozialdemokratie Viktor Adler und Engelbert Pernersdorfer. Ein weiterer Protagonist dieses Linzer Programms, der Historiker Heinrich Friedjung, gab zwar die Politik bald auf, blieb aber als einziger von den Genannten den Ideen des Liberalismus treu.

Während das Großbürgertum den Ideen des Liberalismus auch nach dessen politischem Abtreten verpflichtet blieb, ist das Kleinbürgertum vor allem von den Christlichsozialen politisch angesprochen worden, deren ökonomischer Antisemitismus für diese Schicht sehr attraktiv war.

Lange Zeit war dieses Kleinbürgertum allerdings politisch irrelevant, war es doch aufgrund seiner geringen Steuerleistung vom Wahlrecht ausgeschlossen. Erst mit der Wahlrechtsreform des Jahres 1882, der Einführung der „Fünf-Gulden-Männer", also der Absenkung der jährlichen Steuerleistung, die zur Wahl berechtigte, auf fünf Gulden, gewann es an Bedeutung. Diese Wahlrechtsreform war der Einbruch der „Greißler", als Symbol der Kleinbürger, in die Politik, wenn auch ihre zahlenmäßige Bedeutung durch das Kurienwahlrecht nicht voll zur Geltung kam.

Auf dem Boden des zerfallenden Liberalismus und vielfach Traditionen der Liberalen fortsetzend, entstanden die Vorläufer der heutigen Parteienlandschaft in Österreich.

Die Sozialdemokratische Partei ist aus einer Reihe von Organisationen und Strömungen innerhalb der Arbeiterbewegung hervorgegangen, die gegen Ende der achtziger Jahre vereint werden konnten. Arbeiterbildungsvereine, zum Teil mit Unterstützung der Liberalen, bildeten sich schon früh, und auch verschiedene theoretische Konzepte für die Lösung sozialer Fragen wurden entwickelt. Einer-

Das Vereins- und Versammlungsrecht von 1867 ermöglichte u. a. die Gründung des Wiener Arbeiterbildungsvereins. Damit konnten die ersten Schritte zur Organisation der Arbeiterbewegung gesetzt werden. Hier eine Arbeiterversammlung aus dem Jahr 1868.
Verein für die Geschichte der Arbeiterbewegung

seits vertraten die „Staatshilfler", die dem Gedankengut des deutschen Sozialisten Ferdinand Lassalle folgten, den Standpunkt, daß der Staat sich um die Probleme der Arbeiterklasse anzunehmen habe und daß die schrittweise Erweiterung des Wahlrechtes und folglich die Beteiligung von Arbeitervertretern an der Gesetzgebung zielführend wären. Andererseits kamen die „Selbsthilfler", sich an den Gedanken der Liberalen und des Theoretikers Hermann Schulze-Delitzsch orientierend, zu der Ansicht, daß die Proletarier durch eigene Organisationen Bildung erwerben sollten, die sie den Bürgern ebenbürtig machen würde, und daß gewisse wirtschaftliche Probleme auf genossenschaftlicher Basis, etwa durch die Schaffung von Konsumvereinen, zu lösen wären. Noch zwei andere Strömungen innerhalb der Arbeiterbewegung gab es in den siebziger und den achtziger Jahren: die radikale, die an eine demnächst bevorstehende proletarische Revolution – wie Marx und Engels sie prophezeiten – glaubte, und die gemäßigte. Diese hielten eine Erreichung der „klassenlosen Gesellschaft" auf dem evolutionären Weg für möglich, das heißt durch die Gewinnung der Macht im Staat, z. B. über die Ausweitung des Wahlrechtes. Weiters gab es gleichsam als Nebenlinie die Anarchisten, die ein System der herrschaftslosen Gestaltung der Gesellschaft als Idealbild sahen und in der Praxis durch die sogenannte „Propaganda der Tat", also die Ermordung von Symbolfiguren des herrschenden Systems, hervortraten. Bald allerdings verlor diese Gruppe, die vehement verfolgt wurde, an Bedeutung.

Erst seit 1867, mit der Verfassung und der Publikation des Vereins- und Versammlungsrechtes, das die Gründung des Wiener Arbeiterbildungsvereines ermöglichte, begann die Organisation der Arbeiterbewegung erfolgreicher zu werden, wenn ihr auch große Hindernisse entgegenstanden, vor allem die Angst vor dem „roten Gespenst". Zwar dominierten zunächst die Staatshilfe-Ideen eines Ferdinand Lassalle, doch kam es zu verschiedenen ideologischen wie auch persönlichen Konflikten und einer Zersplitterung der Arbeiterbewegung, die erst mit dem Einigungskongreß von Neudörfl

Das Aufkommen der Massenparteien führte auch zu einer zunehmenden Radikalisierung unter der Bevölkerung. Dazu kamen noch der Sprachenstreit und die Diskussion um die Wahlrechtsreform.
ÖNB

Am 17. Oktober 1891 erfolgte die Eröffnung des von den Architekten Karl von Hasenauer und Gottfried Semper zwischen 1872 und 1891 erbauten Kunsthistorischen Museums. Besonders hervorzuheben ist die reiche Innenausstattung von namhaften Künstlern der Zeit, darunter Hans Makart und Gustav Klimt.
ÖNB

1874 überwunden werden konnte. Die wesentlichste politische Forderung dieser Partei – wenn man überhaupt schon von einer solchen sprechen kann – war das allgemeine, gleiche und direkte Wahlrecht, das selbstverständlich den regierenden Liberalen ein großer Dorn im Auge war. Daneben forderten die Arbeiter auch die völlige Freigabe des Vereins- und Versammlungsrechts, die Wahrung der Freiheit der Meinungsäußerung und Presse sowie einen obligatorischen und unentgeltlichen, von der Kirche völlig getrennten Schulunterricht. Auch auf einem Gebiet, das Franz Joseph, dessen Sympathie selbstverständlich dieser Bewegung gar nicht gelten konnte, besonders schmerzlich sein mußte, forderten die Arbeiter Änderungen, die Abschaffung der geltenden Heeresverfassung zugunsten der allgemeinen Volksbewaffnung. Doch noch immer war diese Bewegung innerlich zersplittert und durch das eingeschränkte Wahlrecht an den Rand der politischen Szene der Habsburgermonarchie gedrückt.

Einer einzigen Persönlichkeit, dem aus einer gutbürgerlichen jüdischen Familie stammenden

Kronprinz Rudolf zusammen mit dem deutschen Kronprinzen Wilhelm 1883. Politisch war Rudolf liberal eingestellt, aber auch slawen- und ungarnfreundlich.
ÖNB

Arzt Viktor Adler, der die Probleme der Arbeiter aus seinen Erfahrungen als Mediziner hautnah kannte, ist die letztliche Vereinigung all dieser verschiedenen Strömungen und Gruppierungen der österreichischen Arbeiterbewegung zu verdanken. Viktor Adler gelang es am Hainfelder Parteitag 1888/89, die verschiedenen Richtungen unter einen Hut zu bringen und die Partei auf ein Programm, das gemäßigt marxistisch war, zu einigen. Man hielt – was auch noch für den Austromarxismus der Zwischenkriegszeit charakteri-

dige politische Kraft erhalten und wurde erst dann in die christlichsoziale Bewegung aufgenommen. Mit dem Kampf der Bischöfe und des Klerus gegen die liberalen konfessionellen Gesetze des Jahres 1868 war es zu einer klerikalen Volksbewegung gekommen, die ebenfalls für die Vorfeldbereitung der Christlichsozialen Partei von großer Bedeutung war.

Die eigentliche Gründung der Christlichsozialen Partei allerdings begann mit der Arbeit verschiedener Theoretiker, allen voran Freiherr Karl von Vogelsang, Prinz Aloys Liechtenstein (den man den „Roten Prinzen" nannte), Franz Karl Graf Kuefstein und einigen anderen, vorwiegend der Aristokratie entstammenden Männern. Alle diese Theoretiker sahen – im Gegensatz zu den Liberalen – die sozialen Probleme ihrer Zeit und versuchten diese, auf christliche Ideen gestützt, zu lösen. Diese theoretischen Lösungen, welche noch dazu von der Kirche angefeindet wurden, da man in ihnen zu radikale Ideen erblickte, waren grundsätzlich verschieden von denen der Sozialdemokraten. Christliche Nächstenliebe und romantische Vorstellungen einer Harmonisierung der Klassengegensätze, genossenschaftliche Prinzipien und eine grundsätzliche Bejahung des Privateigentums standen im Mittelpunkt dieser Ideologie.

Die Breitenwirkung dieser Zirkel, am bekanntesten davon die sogenannten „Entenabende", benannt nach dem Gasthaus „Zur Ente", wo sich verschiedene Christlichsoziale trafen, war gering. Erst als sich ein Mann der Bewegung anschloß, der vom Liberalen zu deren Hauptgegner im Wiener Gemeinderat geworden war, nämlich der junge,

stisch bleiben sollte – an mancher radikalen Phrase fest, um den linken Flügel zu halten, vertrat aber grundsätzlich ein revisionistisches, evolutionäres und nicht revolutionäres Programm.

Die Wurzeln der christlichsozialen Bewegung in der Habsburgermonarchie sind überaus vielfältiger Art. Als Gegengewicht zu den Liberalen gab es schon seit langer Zeit eine klerikale und konservative Bewegung, etwa den nach seinem Führer benannten „Hohenwart-Club", doch blieb diese konservative Partei bis zum Jahr 1907 als selbstän-

Karl Lueger (1844–1910), gelernter Anwalt, trat bereits 1875 als liberaler Abgeordneter in den Wiener Gemeinderat ein. Lueger gelang es in der Folge, die aufgesplitterten christlichsozialen Gruppen zu einer politischen Massenpartei zu vereinen. Ab 1895 war Lueger Bürgermeister von Wien und erwarb sich große Verdienste. Seine Persönlichkeit und seine politische Karriere werden aber durch den von ihm und seiner Partei vertretenen Antisemitismus getrübt.

ÖNB

ehrgeizige und „publikumswirksame" Advokat Dr. Karl Lueger, erhöhte sich deren Wirksamkeit im politischen Geschehen.

Geschickt verstand man es, die Kleriker – insbesondere den niederen Klerus, der im dörflichen Bereich verankert war und schon von seiner sozialen Stellung her antiliberal sein mußte – vor den Wagen zu spannen.

Die Christlichsozialen, im Gegensatz zur Sozialdemokratie nicht zentralistisch durchorganisiert, bauten ein Netz von Vereinen, bäuerlichen Genossenschaften und Parteiorganisationen lokalen Charakters auf, die vor allem auf dem Land erfolgreich waren. Zwar verlor man die Arbeiterschaft, auf die man die ursprünglichen Theorien abgestimmt hatte, völlig an die Sozialdemokratie, doch die unter dem Einfluß des Klerus stehenden Bauern und vor allem das Kleinbürgertum, das man mit einem Antisemitismus Luegerscher Prägung faszinieren konnte, standen im christlichsozialen Lager.

Die Vorstellung, ins Proletariat abzusteigen, alarmierte die Kleinbürger und machte sie anfällig für destruktive politische Gedanken. Sie waren grundsätzlich antikapitalistisch eingestellt, sahen die wirtschaftliche Situation nicht als Klassenkampf, die Besitzer der Fabriken, mit denen sie in einem aussichtslosen Konkurrenzkampf lagen, nicht als Vertreter der Bourgeoisie, sondern personifizierten sie als „Juden" und sprachen daher auf die Ideen des Antisemitismus an. Der amerikanische Historiker Whiteside hat den Antisemitismus trefflich „socialism of fools", einen Sozialismus der Dummen, genannt. Gerade für die Haltung der kleinbürgerlichen Schichten trifft diese Definition genau zu.

Der Antisemitismus der Christlichsozialen beruhte auf religiösen Wurzeln, er tradierte also den jahrhundertealten Antisemitismus der Kirche, mit all seinen Auswüchsen wie etwa der Ritualmordthese. Andererseits verstand es Lueger, diesen antisemitischen Gedanken ins Ökonomische zu wenden und im Sinne eines antikapitalistischen Argumentes einzusetzen.

Von den drei Massenparteien, die den Liberalismus in der Habsburgermonarchie ablösten, waren die deutschnationalen Gruppierungen den alten Liberalen am ähnlichsten. Diese Feststellung betrifft sowohl die Parteiorganisation, die weitgehend auf der Basis von Vereinen und Vorfeldorganisa-

Unterredung zwischen Kaiser Franz Joseph und dem in Wien zu Besuch weilenden deutschen Kaiser Wilhelm II. im Arbeitszimmer in der Wiener Hofburg im Jahr 1888. Wilhelm II. war erst kurz vorher am 15. Juni seinem Vater Friedrich III. als Kaiser nachgefolgt. Im März 1890 erzwang er den Rücktritt Bismarcks.
ÖNB

tionen beruhte, als auch das Programm. Schon die Deutschliberalen hatten den ersten Bestandteil ihres Namens überbetont, die Deutschnationalen unterschieden sich allerdings dadurch, daß sie, anders als die alten Liberalen, auf die deutsche Reichsgründung von 1870/71 reagierten: Sie wandten sich ideologisch der kleindeutschen Lösung zu, sahen ihr Ideal in einem Anschluß der deutschsprachigen Teile der Monarchie an das Deutsche Reich und eine Umgestaltung der übrigen Gebiete in ein System von Klientelstaaten, die diesem deutschen Nationalstaat vorgelagert sein sollten. Auch in bezug auf die Gruppen der Bevölkerung, die diese Deutschnationalen ansprechen konnten, waren sie den Liberalen ähnlicher als den beiden anderen Massenparteien, den Sozialdemokraten und den Christlichsozialen. Ihre Zielgruppe war letztlich die der Liberalen: die höhere Bourgeoisie und die Intellektuellen, Beamte, Akademiker und insbesondere die Studenten, deren deutschnationale Burschenschaften und Corps eine Art Kerntruppe der Elitenrekrutierung der Deutschnationalen darstellten. Sie sprachen also keine bislang vom Wahlrecht ausgeschlossenen Bevölkerungsteile an, weder die Arbeiterschaft wie die Sozialdemokraten noch Bauern und Kleinbürger wie die Christlichsozialen, sondern gründeten ihren Einfluß auf „Besitz und Bildung".

Eine wesentliche Veränderung gegenüber den Liberalen ergab der Antisemitismus, den der Führer der Deutschnationalen, Georg Ritter von Schönerer, aus der studentischen Bewegung in die Partei einbrachte. Während sich die Juden mit den Deutschliberalen identifizieren konnten und sich als ein Bestandteil des „Deutschtums", insbesondere im gemischtsprachigen Grenzgebiet, fühlen konnten, waren sie nun von der deutschnationalen Partei ausgeschlossen, in dem neuentstandenen Spektrum der Massenparteien gab es nur mehr eine Gruppierung, die nicht explizit antisemitisch war: die Sozialdemokratie. Sofern sie nicht der alten liberalen Partei, die nur mehr eine unbedeutende politische Kraft im Staate war, die Treue hielten, wandten die Juden sich dieser Partei zu, stiegen zum Teil in die Führungsschicht auf und verstärkten dadurch die antisemitische Hetze der anderen Parteien gegen die Sozialdemokratie, die man als „Judenpartei" verunglimpfte.

Die große Persönlichkeit der Deutschnationalen, Georg Ritter von Schönerer, „Ritter Georg" genannt, hatte viele Eigenschaften der alten liberalen Führungsgarnitur. Stets streitlustig, mit allen – auch seinen engsten Parteifreunden – in Konflikt liegend und eigenbrötlerisch, brachte er letztlich seiner eigenen Partei oft mehr Schaden als Nutzen. Sein bedeutendster Konkurrent, Karl Hermann

Gleiches Recht für Alle.

Shylock: Mich laßt er nel hinein, der Director — werd'n wir seh'n, ob er is gerecht und dem andern Juden a nix aufmacht!

Wolff mit seinen Alldeutschen, erreichte nie die Popularität Schönerers.

Auch der Antiklerikalismus, ausgedrückt in der „Los-von-Rom"-Bewegung und gepaart mit dem Antisemitismus in der Formel „Ohne Juda, ohne Rom bauen wir Germaniens Dom", war letztlich ein Erbe der Liberalen.

Eine ganz andere Dimension als bei den Christlichsozialen – weitaus schrecklicher auch in seinen Folgen – nahm der Antisemitismus der Deutschnationalen an. Damals moderne biologische und rassentheoretische Elemente wurden in diese Ideologie aufgenommen, die Juden wurden nicht mehr als Religionsgemeinschaft und auch nicht als Wirtschaftsgruppe abgelehnt, sondern als ein Volk, als eine Rasse, der man alle denkbaren schlechten Eigenschaften zuschrieb. Charakteristisch für diesen neuen Typus des Antisemitismus ist der oft zitierte Spruch Schönerers: „Ob Jud', ob Christ ist einerlei, in der Rasse liegt die Schweinerei." Dieser Rassenantisemitismus, von dem zum Teil auch die Christlichsozialen und einzelne Klerikale erfaßt wurden, sprach in Worten aus, was der Nationalsozialismus später in die Tat umsetzen sollte: Juden seien wie Ungeziefer, hieß es da, das man vertilgen müsse, jede Beziehung sexueller Art zwischen Juden und Nichtjuden müsse strafbar sein, man müsse diese „Saujuden" – ein Lieblingswort der Deutschnationalen – entweder aus dem Land werfen oder, noch besser, liquidieren. Nicht umsonst war Hitler von den Ideen Schönerers überaus fasziniert.

Georg Ritter von Schönerer (1842–1921) war seit den achtziger Jahren vom extremen Deutschnationalismus, der Gegnerschaft zum österreichischen Staatsgedanken, zur katholischen Kirche und vom Antisemitismus geprägt, der immer radikalere Auswüchse annahm.

„Ohne Juda, ohne Rom bauen wir Germaniens Dom." Schönerers Einfluß auf Hitler ist historisch belegt. Hier eine antisemitische Karikatur.

ÖNB

Hunderttausende Zuwanderer aus den Kronländern, vor allem aus Böhmen, Mähren und Galizien, ließen die Bevölkerungszahl Wiens auf mehr als zwei Millionen anwachsen. Die Folge war eine katastrophale soziale Verelendung, hervorgerufen durch schlechte Arbeitsbedingungen, Arbeitslosigkeit und Wohnungsnot. Hier: Ostjuden auf dem Karmeliterplatz in Wien.
ÖNB

Die Regierungen der nachliberalen Epoche in Cisleithanien und ihre Politik

Der Sturz der Liberalen mobilisierte ihre Gegenspieler, den sogenannten „Eisernen Ring", der die deutschliberale Verfassungspartei umgab. Diese politische Gruppierung bestand aus Deutsch-Klerikalen und Konservativen sowie aus Vertretern der slawischen Nationalitäten, sofern sie dem Reichsrat nicht fernblieben, allen voran den Polen. Der Kaiser beauftragte einen alten Jugendfreund und Spielkameraden, der natürlich sein besonderes Vertrauen genoß, mit der Regierungsbildung. Graf Eduard Taaffe, dessen Familie aus Irland stammte und sich in der kaiserlichen Armee schon seit langer Zeit bewährt hatte, bildete aus den antiliberalen Kräften des Reichsrates eine Regierung, die eigentlich kein Programm, keine „Langzeitperspektive" hatte. Die Politik wurde nach pragmatischen Gesichtspunkten geführt, Probleme von Tag zu Tag entschieden, oder, wie man das mit einem wienerischen Ausdruck bezeichnet, es wurde „weitergewurstelt".

Die Regierung Taaffe hielt sich trotz – oder gerade wegen – dieser fehlenden politischen Konzeption so lange wie keine andere Regierung der Monarchie, von 1879 bis 1893. Die Politik der Regierung Taaffe war slawenfreundlich, ohne allerdings auch nur für eine der slawischen Nationalitäten der Habsburgermonarchie so etwas wie eine Versöhnung, einen Ausgleich nach ungarischem Muster zustande zu bringen.

Dennoch führte dies zu einer Radikalisierung der Deutschen und ihrer Vereine in der Monarchie. Die deutschnationalen Vereine und studentischen Verbindungen wuchsen, und es ist kein Zufall, daß – um nur ein Beispiel herauszugreifen – der „Deutsche Schulverein", ein Verband mit der Aufgabe, das „bedrohte Deutschtum" der Monarchie, insbesondere in den Sudetenländern und in der südlichen Steiermark bzw. in Kärnten und Tirol, zu „schützen", gerade in dieser Zeit entstand. Die Deutschen hatten, nachdem sie weitgehend aus der Regierung ausgeschieden waren, Angst um ihre Position im Gesamtstaat, Angst, im „Kampf der Wiegen" gegen die kinderreicheren Slawen zu unterliegen, ihre künstlich aufrechterhaltene Vorherrschaft nicht mehr länger halten zu können und in einem slawisch regierten und dominierten Staat leben und am Ende noch – welch ein Schreck – eine slawische Sprache lernen zu müssen.

Zwar war es die Regierung Taaffes, die 1882 mit den sogenannten „Fünf-Gulden-Männern" das Wahlrecht erweiterte, aber noch immer waren große Teile der Bevölkerung von der politischen Beteiligung ausgeschlossen.

Die noch weitergehende Ausweitung des Wahlrechtes durch Senkung des Zensus, die Taaffe plante und über die er stürzte, hätte einerseits zu einem stärkeren slawischen Einfluß geführt, andererseits hätte die Bourgeoisie an die niederen Schichten Einfluß verloren. Wir müssen auch bedenken, daß es die Ära Taaffe war, in der sich die Massenparteien, die Sozialdemokraten, die Christlichsozialen und die Deutschnationalen, formierten. 1893 gab Taaffe die Regierung ab – aber die Politik des „Weiterwurstelns" als Charakteristikum der Habsburgermonarchie blieb erhalten.

Wenn es überhaupt einen Bereich gibt, in dem die Regierung des „Eisernen Ringes" eine systematische Politik versuchte, dann sicherlich auf dem Gebiet der Sozialgesetzgebung. Die Liberalen hatten für die soziale Frage weder Interesse noch Gefühl. Der liberale Minister Giskra formulierte es mit der den Liberalen eigenen Arroganz: „Die soziale Frage endet in Bodenbach" (der Grenzstation gegenüber dem Deutschen Reich). Wie borniert und gefährlich ein solcher Standpunkt angesichts der zunehmenden Industrialisierung und der wachsenden Zahl der Proletarier war, muß wohl nicht näher ausgeführt werden.

Die soziale Lage der Arbeiter war denkbar schlecht. In der Frühzeit der Industrialisierung schufteten die Menschen unter unvorstellbaren Arbeitsbedingungen: lange Arbeitstage bis zu 14 Stunden täglich, schwerste körperliche Arbeit und ungesunde Bedingungen, dazu die schlechten Ernährungs- und Wohnungszustände, die durch eine geringe Bezahlung bedingt waren. Frauen- und Kinderarbeit führten zu einer körperlichen und häufig genug auch geistig-moralischen Verwahrlosung dieser Menschen. Trunksucht und Prostitution waren häufig, Krankheiten wie die Lungentuberkulose waren eine der Geißeln dieser Menschen, von denen viele in feuchten, kalten Räumen unter völlig ungenügenden hygienischen Bedingungen lebten.

Überraschenderweise hatten die Konservativen für die sozialen Probleme der Arbeiter mehr Verständnis, und die Regierung Taaffe führte, dem vorgegebenen Muster des Deutschen Reiches folgend, in den späten achtziger Jahren eine Reihe von Maßnahmen durch, die zumindest theoretisch und auf dem Papier der Gesetzblätter die Lage der Arbeiter verbessern sollten. Frauenarbeit wurde beschränkt, Kinderarbeit überhaupt verboten, und generell wurde eine Regelung der Arbeitszeit eingeführt. Die tägliche Arbeitszeit wurde auf zwölf Stunden beschränkt, allerdings galt nur der Sonntag als freier Tag. Selbstverständlich – wie das ja Gesetze so an sich haben – klafften Theorie und Praxis auseinander, viele dieser Regelungen wurden nicht durchgeführt, und die Arbeiter hatten wenig Chancen, sich dagegen aufzulehnen, ein „Reserveheer des Proletariats" stand zur Verfügung, das sofort in freigewordene Arbeitsplätze eingegliedert werden konnte. Die gewerkschaftlichen Organisationen waren noch nicht gut genug entwickelt, um wirklich systematischen Widerstand leisten zu können, Streiks blieben vereinzelt, isoliert und kaum wirklich erfolgbringend.

Eine wesentliche Maßnahme der Sozialgesetzgebung war natürlich auch die Schaffung eines Gewerbeinspektorates, das die Aufgabe haben sollte, menschenunwürdige und ungesunde Zustände am Arbeitsplatz aufzudecken und zu beseitigen. Auch bei diesen im Prinzip sehr begrüßenswerten Maßnahmen muß man natürlich die Divergenz zwischen Theorie und Praxis in Betracht ziehen. Die Regierungen, die auf diese recht lange Regierungszeit Taaffes folgten, hatten alle eines gemeinsam, sie waren kurzlebig, schoben die Probleme vor sich her und scheiterten letztlich an der nationalen Problematik.

Wie wenig das Nationalitätenproblem der Donaumonarchie bloß eine allgemeine, unverbindliche, theoretische und ideologische Auseinandersetzung, eine Art Schlagwort, ein Gemeinplatz war, sondern vielmehr welche starken und ganz konkreten Auswirkungen es auf den politischen Alltag hatte, zeigt kaum etwas deutlicher als die sogenannte Cillier Schulaffäre des Jahres 1895.

In der Stadt Cilli, damals in der Südsteiermark, heute in Slowenien gelegen, gab es eine national

Theodor Herzl (1860–1904). Der in Budapest geborene jüdische Journalist war Korrespondent der Wiener Neuen Freien Presse in Paris und wurde zum Begründer des Zionismus. Er war überzeugt, daß die Judenfrage nur durch eine Vereinigung aller Juden und durch die Wiederherstellung eines jüdischen Staates gelöst werden könnte. 1896 veröffentlichte er seine programmatische Schrift „Der Judenstaat". 1897 wurde in Basel der 1. Zionistische Weltkongreß abgehalten. Herzl war auch der erste Präsident der Zionistischen Weltorganisation.

ÖNB

gemischte Bevölkerung, deren Verhältnis sozial mitbestimmt war. Die Mehrzahl der Bürger der Stadt war deutschsprachig, während nur ein kleiner Teil der Stadtbevölkerung und die ländliche Bevölkerung der umliegenden Gebiete ausschließlich Slowenisch sprachen. Das auf die spezifische nationale und soziale Situation zugeschnittene höhere Schulwesen war bis in die neunziger Jahre – ohne daß dies in Frage gestellt wurde – deutschsprachig gewesen. Der Aufstieg der nicht deutschsprachigen Nationalitäten in der Habsburgermonarchie zeigte sich nicht zuletzt durch ihre verstärkte Teilnahme an der Bildung.

Bei den vorwiegend bäuerlich strukturierten Slowenen entwickelte sich ähnlich wie bei anderen kleineren Nationalitäten der Monarchie ein bescheidenes, doch ständig wachsendes Bürgertum, das seinen Kindern auf dem Weg zum weiteren Aufstieg eine höhere Bildung mitgeben wollte. Sollte diese Bildung nicht zu einer Denationalisierung bzw. konkret gesagt zu einer Germanisierung führen, so mußte sie in slowenischer Sprache möglich sein. Der Wunsch nach Einrichtung einer slowenischen Parallelklasse im Gymnasium zu Cilli führte zu einem politischen Sturm im Wasserglas und schließlich zum Sturz des Ministerpräsidenten, des Fürsten Alfred Windischgrätz. Diese Regierung hatte sich auf eine wenig einheitliche Machtbasis im Reichsrat gestützt, auf die

Vereinigten Linken, eine liberale Gruppierung, auf den sogenannten Hohenwart-Club und auf die Polen. Während die Polen eine Wahlreform, die seit dem Sturz seines Vorgängers Graf Taaffe aktuell war, zu verhindern wußten, waren insbesondere die liberalen Koalitionspartner in nationalen Fragen sensibilisiert. Als daher – nachdem es schon davor eine ähnliche Lösung für Marburg gegeben hatte – im Voranschlag für 1895 die unselige Parallelklasse in Cilli auftauchte, führte dies zum Bruch der Koalition, die Vereinigte Linke stieg aus, und Windischgrätz stürzte.

Wenige politische Ereignisse der zweiten Hälfte des 19. Jahrhunderts in der Habsburgermonarchie sind symptomatischer für jenen krankhaften Zustand des Staates, den verbissenen Kampf der Nationalitäten um jede noch so geringfügig erscheinende Einzelposition, wie diese Affäre, deren lächerlich erscheinende Ursache zu so weitreichenden Folgen, wie dem Sturz einer Regierung, geführt hat.

Graf Kasimir Badeni, dessen Regierung der „starken Hand" slawenfreundlich war, gelang es, die Jungtschechen für sich zu gewinnen. Trotz seines Erfolges in der Durchsetzung der Wahlreform – weitere Senkung des Steuerzensus und Einführung einer „Allgemeinen Wählerklasse" für alle männlichen Staatsbürger ab dem 24. Lebensjahr – war seine Politik ebenso wie die seiner Vorgänger vom „Weiterwursteln" bestimmt. Der Preis für die positive Einstellung der Jungtschechen zur Regierungspolitik sollten die Sprachverordnungen sein. Diese sahen für Böhmen und Mähren vor, daß die Amtsführung künftig zweisprachig, das heißt deutsch und tschechisch, sein sollte. In einer zweiten Verordnung wurde bestimmt, daß die Beamten in Böhmen innerhalb einer Frist von drei Jahren beide Sprachen perfekt erlernen müßten. Das war bei der Einstellung der Deutschen zum Tschechischen ein klarer Vorteil für die Beamten tschechischer Nationalität, die schon durch die vorwiegend in deutscher Sprache erfolgte Bildung dieser Sprache mächtig waren. Die deutschen Beamten lehnten eine Erlernung der „minderwertigen" tschechischen Sprache ab.

Doch noch prinzipieller, und nicht von den Betroffenen selbst kommend, waren die Reaktionen in Wien. Seit den Sturmtagen des Jahres 1848 hatte es keine Tumultszenen und Demonstrationen dieses Ausmaßes auf der Straße und auch im Reichsrat gegeben. Im Parlament kam es neben der relativ harmlosen Obstruktion – man redete unendlich lange, um den Geschäftsgang des Hauses zu behindern – auch zu Handgreiflichkeiten. Als der Druck der Straße – die Deutschnationalen, allen voran die deutschnationalen Studentenverbindungen, sorgten für die entsprechende Stimmung – und die Wirren im Parlament ihren Höhepunkt erreichten,

mußte Kaiser Franz Joseph am 29. April 1897 die Schließung des Parlaments verfügen, was gleichzeitig auch den Sturz Badenis bedeutete. Der Versuch eines Ausgleiches mit Böhmen war wieder gescheitert. Der Karren war mehr als je zuvor verfahren.

Nach dem Sturz Badenis und der verschiedenen Zwischenministerien glaubte man, mit dem böhmischen Adligen Franz Graf von Thun und Hohenstein wieder einen starken Mann gefunden zu haben, dem man zutraute, einen Ausgleich zwi-

Zum Flair der Residenzstadt Wien gehörten auch die vielen Heurigen und Biergärten, die Treffpunkt aller Bevölkerungsschichten waren.

ÖNB

Militärfahne des österreichischen Kaisertums (um 1804).

HGM

Oberes Bild:
Das Parlament in Budapest,
Innenaufnahme.
Nemeth

Unteres Bild:
Stiegenaufgang in der
Musikakademie in Budapest.
Nemeth

Auch er, der sich als sehr hartnäckig erwies, mußte schließlich weichen, um den ebenso erfolglosen und kurzlebigen Regierungen des Grafen Clary-Aldringen und Heinrich Ritter von Wittek Platz zu machen. Erst mit der Regierung Ernst von Koerbers kehrte ein wenig Stabilität in die innenpolitische Szene der westlichen Reichshälfte zurück.

Die Erfahrungen der letzten Ministerpräsidenten hatten gezeigt, daß ohne einen Neuansatz jede Regierung am Gegensatz zwischen Deutschen und Slawen scheitern mußte. Ernst von Koerber, der ehemalige Handelsminister, glaubte, einen solchen gefunden zu haben. Ein Ausbau der Wirtschaft sollte die Kräfte der Menschen binden und sie von dem leidigen Nationalitätenstreit ablenken. Die Habsburgermonarchie war ein sehr differenziertes Wirtschaftsgebilde, in einzelnen Regionen war dieser Staat hochindustrialisiert, wenn auch die Industrialisierung immer hinter der Westeuropas nachhinkte, während große Teile der Monarchie rein agrarisch geblieben waren.

Die Industrie konzentrierte sich vor allem in Nordböhmen, wo große Kohlevorkommen lagen, die eine Schwerindustrie ermöglichten, während das Eisenerz aus der oberen Steiermark mit Hilfe des mittlerweile gut ausgebauten Bahnnetzes dieses Staates nach Böhmen gelangen konnte. In diesem Raum also waren die Schwerindustrie und auch die Textilindustrie angesiedelt; daneben gab es industrielle Zentren rund um die großen Städte, insbesondere auch um Wien. Auch Vorarlberg mit seiner Textilindustrie war im Vergleich zu anderen Kronländern hochindustrialisiert.

Die zweite Hälfte des 19. Jahrhunderts hatte die Vereinheitlichung des Wirtschaftsraumes gefördert, Zollschranken waren gefallen, und die Infrastruktur, Straßen und Bahnen, war enorm ausgebaut worden. Alle diese Voraussetzungen waren sehr günstig für den Handel im Inneren des Reiches, brachten aber auch für den Außenhandel manchen Vorteil mit sich.

Koerber versuchte, diese Politik zu intensivieren, besonders der Bau von Gebirgsbahnen wurde in der Ära Koerber vorangetrieben. Immerhin hat er es geschafft, sich mit seinem Wirtschaftsprogramm, das vom Nationalitätenstreit ablenken sollte, vier Jahre – doppelt so lange wie die erfolgreichsten seiner Vorgänger – an der Regierung zu halten. Schließlich allerdings scheiterte auch er an den immer unlösbarer werdenden Konflikten dieses Staatsgebildes.

Hatte man, im Gegensatz zu Koerber, keine Idee, wie man die Nationalitäten von ihrem Hader ablenken konnte, mußte man einen der oft zitierten Paragraphen der Verfassung von 1867 in Anspruch nehmen, nämlich den sogenannten Notverord-

schen Deutschen und Tschechen zustande zu bringen, obwohl er sich davor in seiner Tätigkeit als Statthalter von Böhmen radikal gegen die Jungtschechen als führende Kraft in diesem Raum gestellt hatte.

In seinem Ministerium waren sowohl die Deutschliberalen als auch die Jungtschechen vertreten, dennoch kam es nicht zu dem erwünschten Ausgleich. Auch Thun mußte, wie alle seine Vorgänger, immer häufiger zu dem beliebten Paragraphen 14, dem Notverordnungsparagraphen, Zuflucht nehmen.

nungsparagraphen: „§ 14. Wenn sich die dringende Notwendigkeit solcher Anordnungen, zu welcher verfassungsmäßig die Zustimmung des Reichsrates erforderlich ist, zu einer Zeit herausstellt, wo dieser nicht versammelt ist, so können dieselben unter Verantwortung des Gesamtministeriums durch kaiserliche Verordnung erlassen werden, insoferne solche keine Änderung des Staatsgrundgesetzes bezwecken, keine dauernde Belastung des Staatsschatzes und keine Veräußerung von Staatsgut betreffen. Solche Verordnungen haben provisorische Gesetzeskraft, wenn sie von sämtlichen Ministern unterzeichnet sind und mit ausdrücklicher Beziehung auf diese Bestimmung des Staatsgrundgesetzes kundgemacht werden.

Die Gesetzeskraft dieser Verordnungen erlischt, wenn die Regierung unterlassen hat, dieselben dem nächsten nach deren Kundmachung zusammentretenden Reichsrate, und zwar zuvörderst dem Hause der Abgeordneten, binnen vier Wochen nach diesem Zusammentritte zur Genehmigung vorzulegen, oder wenn dieselben die Genehmigung eines der beiden Häuser des Reichsrates nicht erhalten.

Das Gesamtministerium ist dafür verantwortlich, daß solche Verordnungen, sobald sie ihre provisorische Gesetzeskraft verloren haben, sofort außer Wirksamkeit gesetzt werden." Der „Spezialist"

für das Regieren mit Hilfe des Notverordnungsparagraphen war Paul Gautsch Freiherr von Frankenthurn. Nicht weniger als dreimal bildete dieser Politiker, der als Vertrauensmann des Kaisers galt, eine Regierung auf der Grundlage des Paragraphen 14. Im Jahr 1897/98, nachdem der polnische Graf Badeni gefallen war, war es Gautsch, der in seiner kurzen Übergangsregierung die Sprachverordnungen, die zu Tumulten geführt hatten, wieder aufhob. Nach dem Sturz der Regierung Koerber 1904/05 und dann nochmals nach dem Fall des Kabinetts Bienerth-Schmerling 1911 bildete Gautsch jeweils ein Ministerium.

1905 versuchte Gautsch, eine Wahlrechtsreform durchzuführen und damit ein Langzeitproblem der österreichischen Verfassung in Angriff zu nehmen, das eigentlich seit dem Jahr 1867 immer wieder verschoben und vertagt wurde, ohne daß die von den Arbeitern – unter Gautschens Regierung demonstrierten im November 1905 an die 200.000 Menschen in den Straßen Wiens für ein allgemeines Wahlrecht – erhobenen Forderungen erfüllt worden wären. Das Kabinett Gautsch II scheiterte an dieser Wahlrechtsreform, die sein Nachfolger zustande bringen sollte.

1911 hatte unter der Regierung von Richard Graf Bienerth-Schmerling der Protest der Tschechen, ausgedrückt durch die sogenannte Obstruktion – das Halten stundenlanger Reden im Abgeord-

Die Bälle am Wiener Hof gehörten zu den gesellschaftlichen Höhepunkten und versammelten den österreichischen und ungarischen, aber auch europäischen Hochadel.

Archiv Verlag Styria

netenhaus, um einen geregelten Geschäftsgang zu verhindern –, neuerlich zu einer Auflösung des Parlaments geführt.

Wiederum war Gautsch zur Stelle, um – gestützt auf den Notverordnungsparagraphen – zum dritten Mal eine Übergangsregierung zu bilden.

1882 wurde der Zensus auf fünf Gulden abgesenkt, doch eine Wahlrechtsreform, die wirkliche Veränderungen bringen konnte, stand noch immer aus. Nachdem die Regierung Taaffe an der Wahlrechtsvorlage 1893 gescheitert war, gelang es schließlich Badeni, eine solche Reform 1896 durchzuführen. Eine fünfte Kurie, die „allgemeine Wählerklasse" für Männer, wurde zwar eingeführt, jedoch war dieses Wahlrecht weit entfernt vom Gleichheitsgedanken. Während in der Kurie der Handels- und Gewerbekammern 583 Wähler 21 Abgeordnete wählen konnten, waren in der allgemeinen Wählerklasse 5,5 Millionen Menschen nur von 72 Abgeordneten vertreten.

Die Forderungen nach dem allgemeinen, gleichen, geheimen und direkten Wahlrecht wurden allerdings immer vehementer erhoben, insbesondere die Arbeiter, seit der Gründung der Sozialdemokratischen Partei auch organisatorisch in der Lage, ihren Forderungen Nachdruck zu verleihen, versprachen sich dadurch eine Verbesserung ihrer miserablen Lage. Nachdem die Regierung Gautsch II an der Wahlrechtsvorlage gescheitert war, gelang es Max Wladimir Freiherr von Beck, der von 1906 bis 1908 Ministerpräsident war, diese Wahlrechtsreform durchzuführen und damit das Kurienwahlrecht in Österreich zu beseitigen, allerdings schuf er nur ein allgemeines Männerwahlrecht.

Man sprach viel von den unterdrückten Minderheiten der Monarchie, von der unterdrückten Mehrheit der weiblichen Bevölkerung war selten die Rede.

Die Lage der Frauen in der Habsburgermonarchie fand in der letzten Zeit große Beachtung – teils echter Nachholbedarf, teils Modeströmung.

Die Rechtlosigkeit der Frau – sie war nicht selbst rechtsfähig und von allen politischen Aktivitäten ausgeschlossen – stand im Gegensatz zu ihrer ständig zunehmenden Rolle im Arbeitsprozeß. Immer schon hatten Frauen in der Landwirtschaft gearbeitet, aber die Arbeiterin, die außerhalb des Hauses einem Gelderwerb nachging, ist ein Phänomen, das erst mit der Industrialisierung auftauchte.

Bei der Emanzipationsbewegung muß man sozial differenzieren. Einerseits gab es eine bürgerliche Emanzipationsbewegung, die etwa um 1870 einsetzte und deren Ziel es war, die höhere Bildung für Frauen möglich zu machen. Galionsfigur dieses Teils der Frauenbewegung wurde Marianne Hainisch. Erst gegen Ende der achtziger Jahre allerdings konnten sich die diesbezüglichen Forderungen durchsetzen und Frauen wurden zum Philosophie- (1897) und zum Medizinstudium (1900) zugelassen. Eine volle Hochschulberechtigung wie auch viele andere Rechte wurden ihnen erst in der Republik zugestanden.

1897 sanktionierte Kaiser Franz Joseph die Wahlrechtsreform der Regierung Badeni. Eine „Allgemeine Wählerklasse" wurde als fünfte Kurie eingeführt, für alle männlichen Staatsbürger ab dem 24. Lebensjahr, auch der Wahlzensus wurde gesenkt. Das neue Wahlrecht war aber weit entfernt vom Gleichheitsgedanken: Während in der Kurie der Handels- und Gewerbekammern 583 Wähler 21 Abgeordnete wählen konnten, waren in der allgemeinen Wählerklasse 5,5 Millionen Menschen nur von 72 Abgeordneten vertreten. Dies löste weitere Demonstrationen und Proteste aus. Hier vor dem Parlament 1897.

ÖNB

Ganz anders waren die Ziele der sozialdemokratischen Frauenbewegung. Ihre Zielgruppe waren nicht Bürgerstöchter, die eine höhere Bildung wollten, sondern Arbeiterinnen und Hausgehilfinnen – die zum Teil auch durch die katholische Frauenbewegung vertreten wurden – mit ihren existenziellen Nöten und Sorgen. Die führende Gestalt auf seiten der sozialdemokratischen Frauenbewegung war Adelheid Popp-Dvorak.

Das Verbot, politische Versammlungen zu besuchen, und die Tatsache, daß Frauen nicht wahlberechtigt waren (sieht man von dem Kuriosum ab, daß Großgrundbesitzerinnen das Wahlrecht hatten; ein Privileg, das ihnen allerdings mit dem allgemeinen, gleichen Männerwahlrecht wieder entzogen wurde), erschwerte die Erreichung ihrer Ziele stark. Ebenso wie in anderen Ländern – am bekanntesten die namengebende Suffragettenbewegung in England – bildete sich eine Frauenstimmrechts-Bewegung, die von seiten des Staates auffällig behindert wurde.

Die Gründung eines Vereins mit dem Ziel, das Frauenstimmrecht durchzusetzen, wurde verboten, so daß sich nur in einzelnen Städten entsprechende Komitees bilden konnten. Erst mit dem Ende der alten Staatsform wurden diese Fragen im Sinne der Frauen gelöst, die Ausdehnung des Wahlrechtes auf die Frauen sollte erst der Republik vorbehalten sein. Die Regierung Beck schien nach diesem Schritt in der Wahlrechtsfrage – dem allgemeinen Männerwahlrecht – und der Erneuerung der Ausgleichverhandlungen mit Ungarn recht erfolgreich zu sein, doch scheiterte auch diese Regierung an dem unlösbar scheinenden Ausgleich mit den Tschechen.

Nach dem Fall des Grafen Beck, der die seit so langer Zeit herumgeschleppte Wahlrechtsvorlage durchgebracht hatte, versuchten einige Ministerpräsidenten, sich längere Zeit am Trapez zu halten, doch keinem gelang es. Als 1911 schließlich der aus einem alten steirischen Adelsgeschlecht stammende, früher als Bürokrat, später als deutschliberaler bzw. deutschnationaler Abgeordneter hervorgetretene Karl Graf Stürgkh die Regierung übernahm, ahnte niemand, daß er sich verhältnismäßig lange halten würde.

Der Biograph dieses Ministerpräsidenten, Alexander Fussek, drückt sehr klar aus, wieso es dazu kam: „Der Großteil der negativen Kritiker sprechen Graf Stürgkh jede staatsmännische Kunst ab und glauben, daß er nur auf Grund der besonderen Verhältnisse – Kriegszeit, Alter des Kaisers u. a. m. – so lange sein Amt inne haben konnte, was an sich nicht unrichtig sein dürfte."

Die Suche des greisen Kaisers nach einem starken Mann – auf der er zeit seines Lebens war – hat ihn vielleicht dazu geführt, Stürgkh so lange zu halten,

obwohl Karikaturen den neuen Ministerpräsidenten schon am Beginn seiner Regierung zutreffend als Marionette darstellten, mit dem die verschiedenen, untereinander völlig verfeindeten Parteien, deren Hader der Ministerpräsident nicht zu schlichten imstande war, spielen.

Manche seiner Aktivitäten weisen schon im voraus auf den großen Krieg hin. Nach langen Jahren des Friedens fühlte man nach den Balkankrisen, daß eine neue größere Entscheidung bevorstand. In einer neuen Wehrvorlage wollte Stürgkh die Zahl der Soldaten der Monarchie erhöhen, doch war diese wie auch andere größere Vorhaben auf parlamentarischer Ebene schwierig oder gar nicht durchzusetzen. Durch die Obstruktion der Tsche-

Die Forderungen nach dem allgemeinen, gleichen, geheimen und direkten Wahlrecht erfüllten sich 1907 unter Ministerpräsident Max Freiherr von Beck, der damit das Kurienwahlrecht beseitigte. Allerdings schuf Beck nur ein allgemeines Männerwahlrecht, die Frauen blieben weiter ausgeschlossen.

HMStW

Die innen- und außen-
politischen Ereignisse gegen
Ende des 19. Jahrhunderts
wurden kurzzeitig von der
Tragödie des Kronprinzen
Rudolf überschattet. 1886 war
Rudolf bereits schwer
erkrankt, Morphium, Frauen
und Alkohol bestimmten sein
Leben. Die Ehe mit Stephanie
von Belgien war alles andere
als glücklich, Scheidungsgerüchte kursierten, Antisemiten beschimpften ihn als
„Judenknecht". Seine Freundschaften wurden immer
eigenartiger: Josef Bratfisch,
Mizzi Caspar und schließlich
Mary Vetsera. Der Doppel-
selbstmord vom 29. auf den
30. Januar 1889 war Anlaß zu
zahlreichen Spekulationen,
der die Gemüter teilweise bis
heute bewegt.
ÖNB

Die 17jährige Mary Freiin
von Vetsera, die letzte
Geliebte Kronprinz Rudolfs.
ÖNB

Der Abtransport der Leiche
des Kronprinzen vom
Jagdschloß in Mayerling:
Ungeschicktes Verhalten und
der Versuch des Hofes, den
Skandal zu vertuschen, ließen
eine Flut von Gerüchten
aufkommen.
ÖNB

chen gezwungen, mußte Stürgkh schon im März
des Jahres 1914 wieder einmal mit dem sattsam
bekannten Paragraphen 14 regieren, ein Zustand,
der bis zu seinem Tod, 1916, anhalten sollte. Mit
dem Ausbruch des Ersten Weltkrieges, den der
Ministerpräsident begrüßte, wurde in Österreich
eine Militärverwaltung der zivilen Regierung vorgesetzt, die Stürgkh noch mehr als vorher zur
Marionette der wirklich Mächtigen degradierte.
Dennoch blieb der Ministerpräsident eine Symbolfigur des herrschenden Systems, das mit einer
brutalen Militärherrschaft besonders die Lebensbedingungen des einfachen Mannes deutlich verschlechterte, insbesondere der Arbeiter, die in
den unter Militärverwaltung stehenden Fabriken
buchstäblich zur Arbeit geprügelt wurden und die
durch die Schere zwischen Lohnkürzungen und
Preissteigerungen bei Lebensmitteln in einer hoff-
nungslosen Lage waren.

Stürgkh wurde am 21. Oktober 1916 – genau einen
Monat vor dem Tod des Monarchen – im Speisesaal
des Hotels Meißl & Schaden von dem jungen,
radikalen Sozialdemokraten Dr. Friedrich Adler,
dem Sohn des großen Parteigründers, erschossen.
Die Rede Adlers vor dem Ausnahmegericht ist ein
auch heute noch lesenswertes Dokument gegen
die Willkürherrschaft in der Donaumonarchie zur
Zeit des Weltkrieges.

Kurz soll hier nur auf die Regierungen der ungarischen Reichshälfte eingegangen werden. Nach
dem Ausgleich spielte die politische Führungsrolle
die Deák-Partei (benannt nach Franz Deák, der
sich allerdings nach dem Ausgleich zunehmend
aus der Politik zurückzog).

Die bedeutendste Persönlichkeit dieser Zeit stellt
sicherlich der Führer des linken Zentrums, Kálmán Tisza, dar, der schon an der 48er Revolution
teilgenommen hatte und mit Kossuth ins Exil
gegangen war. Er war von 1875 bis 1890 Minister-

präsident in Ungarn. Nach der Krise seiner Regierung kam es – ähnlich wie in der westlichen Reichshälfte – zu einer Reihe von kurzlebigeren Regierungen, die mit dem Nationalitätenproblem belastet waren. Als wichtige Ministerpräsidenten wären Alexander Wekerle und Kálmán Széll zu nennen.

1894 stirbt Kossuth in seinem Turiner Exil, sein Begräbnis ist Anlaß großer Feierlichkeiten. Zwei Jahre später, 1896 bei der sogenannten Milleniumsfeier – 1000 Jahre Landnahme der Ungarn –, zeigte sich der Aufschwung in diesem Landesteil deutlich, so hatte etwa Budapest die erste U-Bahn auf dem Kontinent.

Doch die politische Situation blieb weiterhin krisenhaft und unstabil. Stephan Tisza, der Sohn des Kálmán, war der Ministerpräsident einer liberalen Regierung von 1903 bis 1905, doch verloren die Liberalen die Wahlen des Jahres 1905. Die Opposition, die sogenannte „Unabhängigkeitspartei", konnte, wegen des Widerstandes Kaiser Franz Josephs gegen sie, keine Regierung bilden. Ein Vertrauter des Kaisers, der Militär Géza Fejérváry, wurde daher Ministerpräsident in den Jahren 1905/1906.

Doch auch seine Regierung kommt schnell in die Krise, es folgen wieder viele kurzlebige Regierungen, aus denen nur die Regierung Wekerle (1906–1910) und schließlich Stephan Tisza (1913 bis 1916), unter der Ungarn in den Krieg eintritt, hervorzuheben sind.

Die Außenpolitik der Habsburgermonarchie – der Weg in den Ersten Weltkrieg

Nach der Lösung der beiden großen nationalen Fragen der Zeit, des deutschen und des italienischen Problems – in beiden Fällen auf Kosten und zu Ungunsten der Habsburgermonarchie –, traten zwei Aspekte der Außenpolitik in den Vordergrund: die Lage auf dem Balkan und die europäische Bündnispolitik.

Zu dem so lange Zeit als Erbfeind der Christenheit verteufelten und bekämpften Osmanischen Reich hatte sich im 19. Jahrhundert ein recht positives Verhältnis herauskristallisiert. Immer mehr zeigte sich, daß der eigentliche Gegner der Habsburgermonarchie auf dem Balkan Rußland war, dessen panslawistische und panorthodoxe Ideen in diesem Gebiet zunehmend griffen.

Das gute Verhältnis zum Osmanischen Reich ist nicht zuletzt ein Resultat der für das Osmanische Reich sehr positiven, bewahrenden Haltung Metternichs im Vormärz – man denke nur an seine Stellungnahme zum griechischen Aufstand (1821 bis 1829) –, deren Fernwirkung noch in den hier zur Betrachtung stehenden Zeitraum hineinreichte. Sicherlich ist auch das völlige Ruhig-

Rudolf war seit 1881 mit Prinzessin Stephanie von Belgien (1864–1945) verheiratet. Aus der unglücklichen Ehe stammt die Tochter Elisabeth Maria, die 1883 geboren wurde. Wesentlicher als die Lösung des „Rätsels von Mayerling" ist die Tatsache, daß mit Rudolf ein liberaler, föderalistisch eingestellter Monarch zur Regierung hätte kommen können, der eine Umgestaltung der Monarchie nicht durch ein Beharren auf einigen unzeitgemäßen Grundsätzen, wie es sein Vater tat, verhindert hätte.
ÖNB

Die amtliche Todesanzeige in der Wiener Zeitung vom 31. Januar 1889.
ÖNB

Wiener Zeitung.
Nr. 26. Donnerstag, den 31. Jänner 1889.
Amtlicher Theil.

Seine k. und k. Hoheit der durchlauchtigste Kronprinz Erzherzog Rudolph ist gestern, den 30. d. Mts., zwischen 7 und 8 Uhr früh in seinem Jagdschlosse in Meyerling bei Baden, am Herzschlag plötzlich verschieden.

Kaiser Franz Joseph
in Prag 1907. Im gleichen
Jahr, am 8. Oktober, erfolgte
auch die Unterzeichnung des
„neuen Ausgleichs" mit
Ungarn, die nun rund
35 Prozent der gemeinsamen
Ausgaben übernahmen.
Dafür wurde das bestehende
Zoll- und Handelsbündnis
durch einen Handelsvertrag
und zwei gleichlautende
Zolltarife ersetzt.

ÖNB

bleiben der Osmanen während der Revolution des Jahres 1848 nicht von diesem Fortwirken der Metternichschen Politik zu trennen. Nach dem Ende der ungarischen Erhebung allerdings war das Osmanische Reich der Hauptzufluchtsort der Revolutionäre und zeigte gerade in der Behandlung dieser Frage eine ambivalente Stellung. Die ins Osmanische Reich geflüchteten, prominenten ungarischen Revolutionäre, unter ihnen Lajos Kossuth, Casimir Batthányi, Lajos Mezaros und Josef Bem, der als Renegat den Namen Murad Effendi annahm, sollten sich noch für lange Zeit als ein diplomatisches Hauptproblem, ja als der Zankapfel der beiden Staaten erweisen. Ein für die Habsburgermonarchie und ihre außenpolitische Lage entscheidendes Ereignis stellte der Konflikt dar, der in den Krimkrieg führen sollte. Gestützt durch England und Frankreich, trieb die osmanische Diplomatie den Konflikt mit Rußland auf die Spitze und schlitterte so in den Krimkrieg hinein. Für das Osmanische Reich war in dieser Auseinandersetzung die Stellungnahme der Habsburgermonarchie von lebenswichtiger Bedeutung. Ließ die zu erwartende Dankbarkeit für die russische Hilfe 1849 bei der Niederwerfung der ungarischen Revolution ein Eintreten für Rußland erwarten – noch im Februar hatte Zar Nikolaus den oft zitierten Ausspruch getan: „Wenn ich von Rußland spreche, spreche ich auch von Österreich" –, so zeigte zur Freude der Pforte Kaiser Franz Joseph zunächst eine abwartende Haltung und distanzierte sich unauffällig von der russischen Politik, die einer stürmischen und spontanen Feindschaft in Konstantinopel begegnete. Doch konnte sich

die Habsburgermonarchie auch nicht voll für ein Bündnis mit den Westmächten England und Frankreich und dem Osmanischen Reich entscheiden.

Dieser von den Zeitgenossen und der Historiographie verurteilte unentschiedene Standpunkt der Habsburgermonarchie war allerdings der einzig mögliche, wie auch die moderne Beurteilung anerkennt; so schreibt Winfried Baumgart: „Die Mitwirkung an den nikolaitischen Teilungsplänen auf dem Balkan hätte Österreich zum Komplizen an der Auflösung des osmanischen Reiches gemacht, hätte durch die Revolutionierung der türkischen Balkanvölkerschaften die Gefahr des Überspringens des Revolutionsbrandes auf die slawischen Bevölkerungsteile des eigenen Reiches heraufbeschworen und die Drohung Napoleons [des III.] wahr gemacht, das Habsburgerreich in Italien, vielleicht auch in Ungarn und Galizien zu revolutionieren. Die Teilnahme am Krieg auf westlicher Seite hätte Österreich die Hauptlast des Krieges aufgebürdet, den finanziellen Ruin des finanzschwachen Staates herbeigeführt und bei der ersten angesichts der russischen Übermacht rasch zu erwartenden Niederlage das Zeichen zur Revolution gegeben. ... Jede Forderung auf Teilnahme am Krimkrieg, von Petersburg, Paris, London oder sonstwo erhoben, entsprang rücksichtslosem Egoismus oder beruhte auf Verkennung der Lebenselemente des Habsburgerreiches."

Die wichtigste Aktion der Habsburgermonarchie im Krimkrieg war die vom österreichischen Außenminister Graf Buol-Schauenstein am 3. Juni 1854 geforderte Räumung der Donaufürstentümer Moldau und Walachei durch die russischen Truppen und ihre Besetzung durch österreichische Einheiten. Ein Vertrag der Osmanen mit Wien sicherte Franz Joseph die Souveränitätsrechte über diese beiden Fürstentümer für die Dauer des Krieges zu. Eine dauernde Erwerbung dieses von der Habsburgermonarchie bis 1857 besetzt gehaltenen Territoriums scheiterte nicht am Widerstand der Türken, die bereit waren, die Freundschaft der Donaumonarchie um jeden Preis zu erkaufen, sondern an der Politik des europäischen Gleichgewichtes, durch die eine Zustimmung der übrigen Großmächte zu dieser Machterweiterung der Donaumonarchie im Südosten nur zugunsten eines Verzichtes auf die italienischen Provinzen möglich gewesen wäre.

Nach dem Ende des Krimkrieges im Pariser Frieden, der dem Osmanischen Reich keine allzu großen Verluste bereitete, kam es, wenn man bei der permanenten Krisensituation des Osmanischen Reiches davon überhaupt sprechen kann, zu einigen Jahren ruhigerer Entwicklung auf dem Balkan.

Eine innere Schwierigkeit hingegen verband die beiden multinationalen Großreiche, das Aufkommen der nationalen Bewegungen auf dem Balkan. Da die Durchsetzung der panslawistischen Ideen, durch deren Förderung sich Rußland berechtigterweise große Vorteile versprach, sowohl für den Vielvölkerstaat des Sultans als auch für die Donaumonarchie auflösend und zerstörend wirkte, fanden sich die beiden gefährdeten Mächte auf der Basis einer Aufrechterhaltung des Status quo zusammen. Während der Zar alle slawischen Aufstände auf dem Balkan im eigenen Interesse fördern konnte, mußte die Habsburgermonarchie immer ein Überspringen der national-revolutionären Bewegung auf seine eigene slawische Bevölkerung befürchten und wurde damit zum natürlichen Bundesgenossen des osmanischen Kampfes um die Integrität seines europäischen Besitzstandes, solange nicht die eigenen expansiven Interessen der Donaumonarchie ins Spiel kamen. Österreich-Ungarn war es vor allem darum zu tun, eine neue Balkanauseinandersetzung zu vermeiden, besonders so knapp nach der Niederlage der Monarchie im Krieg gegen Preußen.

Doch schon ein Jahrzehnt danach kam es auf dem Balkan erneut zu einer überaus gefährlichen Krise, die für die Politik der Habsburgermonarchie bedeutende Folgen haben sollte.

Den Ausgang nahm diese europäische Krise von einem Aufstand christlicher Bauern in Bosnien und Herzegowina im Juli 1875, dessen Ursachen in der sich mehr und mehr verschlechternden

agrarischen Lage durch die hohe Besteuerung und die geringe Investition dieser Steuern in den Provinzen selbst lag. Die Großmächte Österreich-Ungarn und Rußland begannen ihre Interessen zu artikulieren, obwohl der österreichische Außenminister Andrássy noch im Juli 1875 geäußert hatte, daß er den bosnischen Aufstand als eine innere Angelegenheit des Osmanischen Reiches betrachte. Gegen Ende des Jahres machte sich türkischerseits ein Widerstand gegen jede fremde Einmischung in die Reformfrage, die der Aufstand provoziert hatte, breit, und trotz der Warnung Andrássys, der mittlerweile seinen Standpunkt geändert hatte, publizierte man als Herausforderung an Österreich-Ungarn am 12. Dezember 1875 eine feierliche Urkunde, einen Ferman, der allen Interventionen vorbeugen sollte.

Doch auch diese Versuche, eine eigenständige Politik zu betreiben, waren angesichts der Überlegenheit der europäischen Mächte und der verwirrenden, innerlich zerrissenen Zustände im Osmanischen Reich von vornherein zum Scheitern verurteilt. Während man in Konstantinopel noch so tat, als würde man außenpolitisch agieren, wurden in Wien in den österreichisch-russischen Verhandlungen schon die Weichen gestellt und die Türkei durch die Andrássy-Note (30. Dezember 1875) mit einem von außen herangetragenen Reformprogramm konfrontiert. Diese Note sah religiöse Freiheit für Bosnien und die Herzegowina, die Abschaffung der Steuergüter, die Verwendung von Steuern aus dem Land und Verbesserungen im agrarischen Bereich vor. Die erste Aufnahme dieses Reformprojektes im Osmanischen Reich war recht positiv, sowohl in der Regierung als auch beim Volk von Konstantinopel machten die Vorschläge einen guten Eindruck und führten – trotz der russischen Beteiligung an ihrem Zustandekommen – zu einer Aufwertung der österreichischen Stellung am Bosporus.

Jedoch das Prinzip des Handelns lag nicht bei der Hohen Pforte, sondern bei Rußland; die durch eine panslawistische Ideologie notdürftig verschleierten Machtinteressen des Zarenreiches führten zu Spannungen zwischen Rußland und der Habsburgermonarchie, die im Berliner Memorandum vom 13. Mai 1876, das die Verhandlungsergebnisse zwischen Andrássy und dem russischen Außenminister Graf Gortschakow fixierte, fürs erste bereinigt werden konnten.

Die Kriegsgefahr mit Rußland drängte die Türkei in ihrer Suche nach Bündnispartnern wieder einmal in die Richtung der Habsburgermonarchie. Doch schon wenige Tage später schloß Österreich-Ungarn eine Militärkonvention mit Rußland, und im März folgte eine politische Abmachung der beiden Mächte, in der erstmals von einer Okkupation

Aloys Leopold Graf Lexa von Aehrenthal (1854–1912), war 1906–1912 Außenminister Österreich-Ungarns und wesentlich am Zustandekommen der Annexion Bosniens und Herzegowinas 1908 beteiligt, die zwar friedlich ablief, der Monarchie aber international einen großen Vertrauensverlust einbrachte. In der Folge betrieb er eine konsequente Friedenspolitik und geriet dadurch in scharfen Gegensatz zu Generalstabschef Conrad von Hötzendorf.

ÖNB

Bosniens und der Herzegowina die Rede war. Die Habsburgermonarchie bewahrte im Krieg Rußlands gegen das Osmanische Reich zunächst wohlwollende Neutralität gegenüber dem Zaren, und als in einer späteren Phase ein Kriegseintritt – jetzt als Gegner Rußlands – erwogen wurde, kam die Initiative nicht von der schwer bedrängten Pforte, sondern von England, wo sich die antirussische Stimmung zunehmend verstärkte. Die siegreich bis vor die Hauptstadt Konstantinopel vordringenden Russen waren in ihren Forderungen maßlos. Der mit dem Osmanischen Reich abgeschlossene Frieden von San Stefano hätte – wären seine Bestimmungen jemals in Kraft getreten – das Gleichgewicht auf dem Balkan drastisch zugunsten Rußlands verändert.

Auf dem von Bismarck als Schiedsrichter Europas einberufenen Berliner Kongreß, der den für das Osmanische Reich recht harten Frieden revidieren sollte, nahmen zwar Vertreter des Osmanischen Reiches teil, aber die Entscheidungen konnten sie nur wenig beeinflussen.

Gleichsam als Gegengewicht gegen den verstärkten Einfluß Rußlands auf dem Balkan mußte – im Sinne einer Gleichgewichtspolitik – auch die Habsburgermonarchie ihre Einflußsphäre erweitern. So wurde in der Berliner Konferenz der Habsburgermonarchie das Recht der Verwaltung der osmanischen Provinzen Bosnien und Herzegowina und des Sandschaks Novipazar, ein kleines, aber strategisch wichtiges Land, zugestanden. Diese Provinzen sollten unter der nominellen Oberhoheit des Sultans bleiben, aber von Österreich-Ungarn okkupiert und verwaltet werden. Diese Okkupation vollzog sich keineswegs friedlich, sondern war mit Kämpfen verbunden. Die armen und wenig freundlichen Provinzen erschienen vor allem den im Reichsrat in der Mehrheit befindlichen und regierenden Deutschliberalen als unnütze Eroberungen. Sie sahen nicht nur die ungeheuerlichen finanziellen Leistungen, die man von seiten der Habsburgermonarchie für diese Provinzen erbringen mußte, sondern auch die große Vermehrung der Slawen der Monarchie als Nachteil. Die liberale Partei stürzte ihre eigene Regierung, die auf seiten des Kaisers stand, der versuchte, diese Provinzen zu gewinnen.

In eine neue, entscheidende Phase trat die Bosnienfrage in den Jahren 1881/82. Die Habsburgermonarchie rekrutierte in den beiden Provinzen Soldaten und nahm damit ein Recht in Anspruch, das genau genommen nur dem Sultan als Herrscher zustehen konnte.

Betrachtet man die politischen Verhältnisse auf dem Balkan und insbesondere im Osmanischen Reich zwischen den beiden Phasen der direkten Konfrontation mit Österreich-Ungarn 1878 und 1908, so zeigt sich eine fast ununterbrochene Kette von Krisen, Aufständen und Schwierigkeiten, bei deren Beilegung Österreich-Ungarn immer beteiligt war, in die sich allerdings auch die anderen Großmächte heftig einmischten.

Zu einer stärkeren Krise internationalen Charakters kam es dann 1908. Schon seit 1907 gab es eine

Der wirtschaftliche
Aufschwung Ungarns in der
zweiten Hälfte des 19. Jahrhunderts manifestierte sich
auch 1896 in der Millenniums-
feier, 1000 Jahre Landnahme
Ungarns. So hatte Budapest
u. a. die erste U-Bahn auf
dem Kontinent.
Hier der Ausstellungsraum
der Technischen
Militärakademie.
ÖNB

Reihe von kleineren Aufständen im Osmanischen Reich, die sich in Mazedonien konzentrierten. Die Aufständischen forderten die Konstitution und die Wiedereinberufung des Parlaments, und der Sultan mußte schließlich diesen intensiven Forderungen nachgeben, er berief die Volksvertretung wieder ein, und die „jungtürkische Revolution" hatte somit am 23. Juli 1908 – ohne einen Schuß und ohne Entthronung des Sultans – stattgefunden. Das Resultat dieser Ereignisse in bezug auf die Habsburgermonarchie war die Bosnienkrise des Jahres 1908. Einerseits gab die innere Umgestaltung des Osmanischen Reiches – und damit verbunden das entstehende Machtvakuum – der Habsburgermonarchie den Zeitpunkt seiner schon lange geplanten und auch in Verhandlungen mit Rußland oft besprochenen Annexion der beiden osmanischen Provinzen vor, andererseits war die Furcht vor einem Machtzuwachs des jungtürkischen Reiches und vor Verwicklungen durch die Einberufung des Parlaments – mit bosnisch-herzegowinischen Vertretern – ein wesentlicher Faktor für diesen Schritt.

Mitte September traf sich der österreichische Außenminister Aehrenthal mit dem russischen Außenminister in Mähren. Eine recht eigenartig stilisierte österreichische Note vom 6. Oktober 1908 teilte dem Osmanischen Reich die Freigabe des Sandschaks Novipazar mit und auch – gewissermaßen nebenbei – die Annexion der beiden Provinzen Bosnien und Herzegowina. Dieser Effekt des Aktes Aehrenthals wurde für die Osma-

nen von einem zweiten Fait accompli verstärkt, denn Bulgarien erklärte fast gleichzeitig die Unabhängigkeit.

Nicht nur der Annexionsakt der Habsburgermonarchie, sondern auch das Einverständnis des anderen Bundesgenossen, Deutschland, traf die Türken schwer.

Die Folge dieser Annexion Bosniens und der Herzegowina im internationalen Rahmen allerdings war friedlich, eine Polemik zwischen dem österreichisch-ungarischen Außenminister Aehrenthal

Durch die Balkankrise
verschärfte sich auch der
Gegensatz zwischen
Österreich-Ungarn und
Rußland.
Hier Schlagbäume an der
galizisch-russischen Grenze.
ÖNB

Leopold Graf Berchtold
(1863–1942) wurde 1912 zum
Außenminister Österreich-
Ungarns ernannt und setzte
die auf den Balkan orientierte
Politik seines Vorgängers
Aehrenthal fort. Nach der
Ermordung des Thronfolgers
1914 in Sarajewo plädierte
Berchtold für einen raschen
Schlag gegen Serbien, um den
Krieg nach Möglichkeit lokal
zu begrenzen. Die Abfassung
des Ultimatums an Serbien
und die Kriegserklärung
fallen in seinen Verant-
wortungsbereich.

ÖNB

und dem russischen Außenminister Iswolski in der englischen Zeitschrift „Fortnightly Review" beendete diese Krise, soweit sie die Großmächte betraf. Am 26. Februar 1909 kam es auch zwischen der Pforte und der k. k. Regierung zu einem Ententeprotokoll in acht Artikeln. Österreich-Ungarn verzichtete auf den Sandschak Novipazar, dagegen wurde der Protest der Pforte gegen die Annexion aufgehoben und der neugeschaffene Zustand anerkannt; Österreich-Ungarn verpflichtete sich dagegen, eine Ablösung in der Höhe von 2,5 Millionen Pfund für die unbeweglichen osmanischen Staatsgüter zu bezahlen. Diese Hauptbestimmungen wurden flankiert von Maßnahmen für die mohammedanische Bevölkerung Bosniens und der Herzegowina und die Aussicht auf einen Handelsvertrag, der binnen zwei Jahren nach Ratifizierung des Protokolls abzuschließen sei. Neben diesen fortgesetzten Krisen auf dem Balkan, die einen Entwicklungsstrang, der in den Ersten Weltkrieg hineinführte, ausmachten, ist auch ein anderes gesamteuropäisches Problem zu sehen: die geheime Bündnispolitik in Europa.

Die Initiative zur Bildung eines Bündnissystems, in das die Habsburgermonarchie eingeschlossen werden sollte, ging vom Deutschen Reich, vom Reichskanzler Bismarck, aus, der das schon 1866 vorausgeplant hatte. Die Bündnisse des Deutschen Reiches waren nicht zuletzt deshalb notwendig, um den erreichten Status quo der deutschen Einigung und vor allem die Erwerbung Elsaß-Lothringens von Frankreich abzusichern. So wurde 1879 der sogenannte Zweibund zwischen dem Deutschen Reich und Österreich-Ungarn als Defensivbündnis geschlossen.

Dieses Bündnis wurde dann im Mai 1882 durch die Verträge mit Italien zum Dreibund erweitert. Dieser Vertrag trug allerdings durch die nationalen Spannungen zwischen der Habsburgermonarchie und Italien, der Irredenta-Bewegung, internen Sprengstoff in sich, was schließlich auch beim Beginn des Ersten Weltkrieges zu einer abwartenden Haltung Italiens führte. Italien stand vertragsgemäß das Recht zu, wenn England als Gegner der Mittelmächte auftrat, auf der Seite der Ententemächte in den Krieg einzutreten. Diese Entscheidung fiel dann 1915.

Im Jahr 1883 wurde der Dreibund durch ein geheimes Bündnis mit Rumänien erweitert, das allerdings hauptsächlich auf der Person König Carols I., eines Hohenzollern, beruhte. Auch in diesem Falle waren nationale Spannungen – etwa vier Millionen Rumänen lebten in der ungarischen Reichshälfte – belastend für das Bündnis und führten – ähnlich wie bei Italien – letztlich zum Eintritt Rumäniens auf der Seite der Ententemächte in den Ersten Weltkrieg.

Auf der anderen Seite bildete sich mit dem französisch-russischen Vertrag von 1894, mit der französisch-britischen Allianz von 1904 und mit dem britisch-russischen Übereinkommen von 1907, einem Kompromiß auf Kosten des neutralen Persien, ebenfalls ein Bündnissystem, das als Entente oder Entente cordiale bezeichnet wird. Kennzeichen aller dieser Bündnisse ist die Tatsache, daß die Bündnisverträge geheim waren und somit jeder Angriff auf einen anderen Staat ein unkalkulierbares Risiko enthielt. Dennoch waren alle Mächte Europas auf den Krieg eingestellt, ja die gesamte Situation Europas in dieser Zeit steuerte auf einen Krieg zu. Die imperialistischen Mächte kämpften um Gebietserweiterungen in den Kolonien, eine große Anzahl von Spannungen bestand. Die Geheimverträge taten das Ihre zu einer Eskalation der Situation im Falle einer Krise.

Auch in der Habsburgermonarchie zeigte sich die Radikalisierung der Politik deutlich. Der gemäßigte und vorsichtige Außenminister Goluchowski wurde durch einen besonders aktiven Mann, den früheren Botschafter der Monarchie in St. Petersburg, Graf Aehrenthal, ersetzt.

Noch schlimmer für die Radikalisierung der Lage wirkte sich die Berufung Conrads von Hötzendorf auf Wunsch des Thronfolgers Franz Ferdinand zum Generalstabschef aus. Hötzendorf war ein Anhänger der Präventivkriegstheorie, er wollte die Probleme der Monarchie beizeiten durch einen offensiven Schlag gegen Serbien und Italien –

Am Vorabend des Ersten
Weltkriegs: Kaiser Franz
Joseph und Kaiser Wilhelm II.
im Jahr 1914.

ÖNB

immerhin offiziell mit der Habsburgermonarchie verbündet – lösen.

Die für die Habsburgermonarchie entscheidenden Fragen stellten sich auf dem Balkan. Trotz aller Spannungen mit dem Osmanischen Reich war ein Problem den beiden Staaten gemeinsam, der immer stärker in Erscheinung tretende Nationalismus. Als Hintergrund aller Ereignisse ist die Klischeevorstellung vom „kranken Mann am Bosporus" zu sehen, dessen Zusammenbruch eine Aufteilung der europäischen Türkei bewirken würde. Nach der Krise des Jahres 1908, durch die die Zusammenarbeit der Habsburgermonarchie und Rußlands auf dem Balkan, die den Status quo garantiert hatte, endgültig beendet wurde, war die Frage eines Machtzuwachses der verschiedenen Staaten bei einer Aufteilung der Türkei erneut aktuell geworden. Die Balkanstaaten Serbien und Bulgarien, dann auch Montenegro und Griechenland schlossen sich in diesem Sinne zu einer Föderation zusammen, deren Bestrebungen sowohl gegen das Osmanische Reich als auch gegen Österreich-Ungarn gerichtet waren, da speziell Serbien Österreichs Machtzuwachs im Teilungsfall fürchtete.

In der Krisensituation des Jahres 1912 versuchten sowohl Österreich-Ungarn als auch Rußland, den Status quo aufrechtzuerhalten, eine Politik, die die Sympathien der Türken finden mußte. Gerade für Österreich-Ungarn standen die gleichen Befürchtungen im Hintergrund der Ereignisse wie für das Osmanische Reich, der Slogan „der Balkan der Balkanbevölkerung" und die panslawistische Bewegung konnten nur zu einer Schwächung der beiden Reiche und ihrer territorialen Positionen beitragen, so daß sich die Interessen zunächst deckten. Am 8. Oktober 1912 erklärte König Nikita von Montenegro der Türkei den Krieg, und die übrigen Verbündeten schlossen sich diesem Schritt an, die österreichisch-russische Vermittlungsaktion zugunsten der Türkei war zu spät gekommen. Die schweren Niederlagen der Türkei in diesem ersten Balkankrieg führten zu einer Umorientierung der Politik der Großmächte und damit auch der Donaumonarchie gegenüber den Osmanen, der Status-quo-Politik folgte die Anerkennung der nationalen Wünsche der Balkanstaaten. In der Londoner Botschafterkonferenz kam der Stimme des Osmanischen Reiches wenig Gewicht zu, das Land westlich der Enos-Midia-Linie fiel an die Verbündeten, wobei Serbiens Zugang zum Meer auf österreichischen Wunsch durch die Schaffung des Staates Albanien verhindert werden sollte.

Der Streit der Balkanbundstaaten um die Beute, die man dem Osmanischen Reich abgejagt hatte, führte im Juni 1913 zum zweiten Balkankrieg, in dem Bulgarien die Serben angriff. Der Kriegs-

Am Vorabend des Ersten Weltkriegs: Die Jahrhundertfeier der Völkerschlacht bei Leipzig 1913 auf dem Schwarzenbergplatz in Wien bot der Monarchie noch einmal die Gelegenheit, ihre Macht und Größe zu demonstrieren. Hier die Defilierung der Truppen.
ÖNB

Erzherzog Franz Ferdinand von Österreich (1863–1914) als Admiral 1913.
Der Thronfolger residierte im Belvedere, das zum „Schlagwort" der neuen Politik wurde. Nationalitätenpolitisch war Franz Ferdinand anti-ungarisch und antiitalienisch, aber slawenfreundlich eingestellt. Außenpolitisch war er von der Idee des Präventivkrieges gegen Serbien und Italien geprägt (unter dem Einfluß von Conrad von Hötzendorf).
HGM

eintritt Rumäniens, Griechenlands, Montenegros sowie der Türkei auf seiten Serbiens erzeugte erhebliche Spannungen mit Österreich-Ungarn, das sich hinter Bulgarien stellte. Im Frieden von Bukarest schließlich verlor Bulgarien Mazedonien und die Dobrudscha; das Osmanische Reich – ein wenig hoffnungsvoll geworden nach den Siegen im zweiten Balkankrieg unter dem Marschall Enver Pascha – konnte Edirne zurückerobern und trotz aller Noten und Proteste der Großmächte, die allerdings untereinander sehr uneinig waren, behaupten.

Ein innerer Umschwung im Osmanischen Reich – die radikalen Jungtürken hatten im Januar 1913 die Macht ergriffen – führte zu einer starken Anlehnung der Türkei an die Mittelmächte, insbesondere an Deutschland. Schon seit der Zeit Goltz Paschas gab es eine verstärkte militärische Zusammenarbeit zwischen der türkischen Armee und dem deutschen Heer. Im Mai 1913 baten die Türken erneut um deutsche Unterstützung bei der nach den vernichtenden Niederlagen im ersten Balkankrieg dringend notwendig gewordenen Reorganisation der Armee.

Der Thronfolger Franz Ferdinand, dessen enger Vertrauter Hötzendorf war, vertrat den Kaiser im Juni 1914 bei den Manövern in Bosnien-Herzegowina. Für die Serben war Franz Ferdinand sicherlich eine der hassenswertesten Persönlichkeiten der Monarchie. Deutlich gingen seine Bestrebungen in Richtung auf eine Sonderstellung für die Südslawen – den sogenannten Trialismus –, was die Attraktivität Serbiens für die Kroaten und

Slowenen unter Habsburgs Herrschaft zunichte gemacht hätte. Es war nur eine Frage der Zeit, wann dieser Mann seine Ideen würde verwirklichen können.

Noch dazu hatte man für den Tag der Parade in Sarajewo, der Hauptstadt Bosniens, einen mit starken Emotionen belasteten Termin gewählt, den 28. Juni, den „vidov-dan", der an die Schlacht auf dem Amselfeld 1389 erinnert, bei der die Osmanen das unabhängige Serbien mit einem Schlag auslöschten, ein Tag nationaler Trauer also, an dem es als Provokation empfunden werden mußte, Habsburgs Macht in Bosnien zur Schau zu stellen. Der junge bosnische Student Gavrilo Princip, der in Serbien von einer serbischen Geheimorganisation ausgebildet und ausgerüstet worden war, ermordete den Thronfolger und seine Frau durch Pistolenschüsse. Das Attentat löste die „Julikrise" aus. Fast genau einen Monat später stellte die Regierung Österreich-Ungarns ein auf 48 Stunden befristetes Ultimatum an Serbien, das tiefgreifende Verletzungen der serbischen Souveränität mit sich gebracht hätte. Deutschland versicherte der Habsburgermonarchie unbedingte Bündnistreue, ebenso stellte sich Rußland hinter Serbien. Am 28. Juli 1914 erklärte die Habsburgermonarchie Serbien den Krieg. Die darauffolgenden Mobilmachungen in verschiedenen Staaten – Rußland, Deutschland, Frankreich – mündete schließlich durch das Inkrafttreten der verschiedenen Bündnisverträge und Geheimabkommen in den Ersten Weltkrieg.

Die nicht zufriedenstellend beantworteten deutschen Ultimaten an Rußland und Frankreich führten in den ersten Augusttagen zur Kriegserklärung. Zwar war das auslösende Moment der Mord in Sarajewo gewesen, doch war – bei einer grundsätzlichen Bereitschaft aller Mächte Europas zum Krieg – sicherlich Deutschlands Haltung wesentlich am Zustandekommen dieser kriegerischen Auseinandersetzung. Der deutsche Druck auf die Habsburgermonarchie bestärkte die führenden Politiker in ihrer kriegsfreundlichen Haltung und eskalierte die Situation. Der „Friedenskaiser" Franz Joseph führte also den Vielvölkerstaat in den Ersten Weltkrieg, in „Österreich-Ungarns letzten Krieg".

Die ersten Reaktionen in diesem langen Krieg zeigen zwei Phänomene: den Haß gegen die Feinde, der nun alle inneren Querelen zum Schwiegen brachte, und die ungeheuerliche Selbstsicherheit, ja Selbstüberschätzung der Mittelmächte am Beginn des Krieges.

Karl Kraus hat diese Stimmung in vielen Szenen der Tragödie „Die letzten Tage der Menschheit" minutiös wiedergegeben. Nur eine einzige dieser Szenen soll hier zitiert werden:

Wiener Zeitung.

Nr. 175.   **Mittwoch, den 29. Juli**   **1914.**

Amtlicher Teil.

Seine k. und k. Apostolische Majestät haben das nachstehende Allerhöchste Handschreiben und Manifest allergnädigst zu erlassen geruht:

Lieber Graf Stürgkh!

Ich habe Mich bestimmt gefunden, den Minister Meines Hauses und des Äußern zu beauftragen, der königlich serbischen Regierung den Eintritt des Kriegszustandes zwischen der Monarchie und Serbien zu notifizieren.

In dieser schicksalsschweren Stunde ist es Mir Bedürfnis, Mich an Meine geliebten Völker zu wenden. Ich beauftrage Sie daher, das anverwahrte Manifest zur allgemeinen Verlautbarung zu bringen.

Bad Ischl, am 28. Juli 1914.

Franz Joseph m. p.

Stürgkh m. p.

An Meine Völker!

Es war Mein sehnlichster Wunsch, die Jahre, die Mir durch Gottes Gnade noch beschieden sind, Werken des Friedens zu weihen und Meine Völker vor den schweren Opfern und Lasten des Krieges zu bewahren.

Im Rate der Vorsehung ward es anders beschlossen.

Die Umtriebe eines haßerfüllten Gegners zwingen Mich, zur Wahrung der Ehre Meiner Monarchie, zum Schutze ihres Ansehens und ihrer Machtstellung, zur Sicherung ihres Besitzstandes nach langen Jahren des Friedens zum Schwerte zu greifen.

Mit rasch vergessendem Undank hat das Königreich Serbien, das von den ersten Anfängen seiner staatlichen Selbständigkeit bis in die neueste Zeit von Meinen Vorfahren und Mir gestützt und gefördert worden war, schon vor Jahren den Weg offener Feindseligkeit gegen Österreich-Ungarn betreten.

Als Ich nach drei Jahrzehnten segensvoller Friedensarbeit in Bosnien und der Herzegovina Meine Herrscherrechte auf diese Länder erstreckte, hat diese Meine Verfügung im Königreiche Serbien, dessen Rechte in keiner Weise verletzt wurden, Ausbrüche zügelloser Leidenschaft und erbittertsten Hasses hervorgerufen. Meine Regierung hat damals von dem schönen Vorrechte des Stärkeren Gebrauch gemacht und in äußerster Nachsicht und Milde von Serbien nur die Herabsetzung seines Heeres auf den Friedensstand und das Versprechen verlangt, in Hinkunft die Bahn des Friedens und der Freundschaft zu gehen.

Von demselben Geiste der Mäßigung geleitet, hat sich Meine Regierung, als Serbien vor zwei Jahren im Kampfe mit dem türkischen Reiche begriffen war, auf die Wahrung der wichtigsten Lebensbedingungen der Monarchie beschränkt. Dieser Haltung hatte Serbien in erster Linie die Erreichung des Kriegszweckes zu verdanken.

Die Hoffnung, daß das serbische Königreich die Langmut und Friedensliebe Meiner Regierung würdigen und sein Wort einlösen werde, hat sich nicht erfüllt.

Immer höher lodert der Haß gegen Mich und Mein Haus empor, immer unverhüllter tritt das Streben zutage, untrennbare Gebiete Österreich-Ungarns gewaltsam loszureißen.

Ein verbrecherisches Treiben greift über die Grenze, um im Südosten der Monarchie die Grundlagen staatlicher Ordnung zu untergraben, das Volk, dem Ich in landesväterlicher Liebe Meine volle Fürsorge zuwende, in seiner Treue zum Herrscherhaus und zum Vaterlande wankend zu machen, die heranwachsende Jugend irrezuleiten und zu frevelhaften Taten des Wahnwitzes und des Hochverrates aufzureizen. Eine Reihe von Mordanschlägen, eine planmäßig vorbereitete und durchgeführte Verschwörung, deren furchtbares Gelingen Mich und Meine treuen Völker ins Herz getroffen hat, bildet die weithin sichtbare blutige Spur jener geheimen Machenschaften, die von Serbien aus ins Werk gesetzt und geleitet wurden.

Diesem unerträglichen Treiben muß Einhalt geboten, den unaufhörlichen Herausforderungen Serbiens ein Ende bereitet werden, soll die Ehre und Würde Meiner Monarchie unverletzt erhalten und ihre staatliche, wirtschaftliche und militärische Entwicklung vor beständigen Erschütterungen bewahrt bleiben.

Vergebens hat Meine Regierung noch einen letzten Versuch unternommen, dieses Ziel mit friedlichen Mitteln zu erreichen, Serbien durch eine ernste Mahnung zur Umkehr zu bewegen.

Serbien hat die maßvollen und gerechten Forderungen Meiner Regierung zurückgewiesen und es abgelehnt, jenen Pflichten nachzukommen, deren Erfüllung im Leben der Völker und Staaten die natürliche und notwendige Grundlage des Friedens bildet.

So muß Ich denn daran schreiten, mit Waffengewalt die unerläßlichen Bürgschaften zu schaffen, die Meinen Staaten die Ruhe im Innern und den dauernden Frieden nach außen sichern sollen.

In dieser ernsten Stunde bin Ich Mir der ganzen Tragweite Meines Entschlusses und Meiner Verantwortung vor dem Allmächtigen voll bewußt.

Ich habe alles geprüft und erwogen.

Mit ruhigem Gewissen betrete Ich den Weg, den die Pflicht Mir weist.

Ich vertraue auf Meine Völker, die sich in allen Stürmen stets in Einigkeit und Treue um Meinen Thron geschart haben und für die Ehre, Größe und Macht des Vaterlandes zu schwersten Opfern immer bereit waren.

Ich vertraue auf Österreich-Ungarns tapfere und von hingebungsvoller Begeisterung erfüllte Wehrmacht.

Und Ich vertraue auf den Allmächtigen, daß Er Meinen Waffen den Sieg verleihen werde.

Franz Joseph m. p.

Stürgkh m. p.

Franz Graf Conrad von Hötzendorf (1852–1925) wurde 1906 auf Intervention des Thronfolgers Franz Ferdinand zum Generalstabschef ernannt und setzte sich intensiv für die Modernisierung und Verstärkung der Streitkräfte ein. Er war „der" Verfechter eines Präventivkriegs gegen Serbien.

ÖNB

Das Manifest Kaiser Franz Josephs „An Meine Völker" vom 28. Juli 1914, dem Tag der Kriegserklärung an Serbien. Titelseite der Wiener Zeitung.

ÖNB

„Ein Wiener: ... *Wiar ein Phönix stehma da,*
den's nicht durchbrechen wern, dem-
entsprechend – mir san mir und Österreich
wird auferstehn wie ein Phallanx aus
Weltbrand sag ich! Die Sache, für die wir
ausgezogen wurden, ist eine gerechte, da gibts
keine Würschteln, und darum sage ich auch,
Serbien – muß sterbien!

Stimmen aus der Menge: *Bravo! So ist es! –*
Serbien muß sterbien! – Ob's da wüll oder net!
– Hoch! – A jeder muß sterbien!

Einer aus der Menge: *Und a jeder Ruß –*
Ein Anderer (brüllend): *– ein Genuß!*
Ein Dritter: *An Stuß!* (Gelächter.)
Eine Vierter: *An Schuß!*
Alle: *So is! An Schuß! Bravo!*
Der Zweite: *Und a jeder Franzos?*
Der Dritte: *A Roß!* (Gelächter.)
Der Vierte: *An Stoß!*
Alle: *Bravo! An Stoß! So is!*
Der Dritte: *Und a jeder Tritt – na jeder Britt!?*
Der Vierte: *An Tritt!*
Alle: *Sehr guat! An Britt für jeden Tritt! Bravo!*
Ein Bettelbub: *Gott strafe England!*
Stimmen: *Er strafe es! Nieda mit England!*
Ein Mädchen: *Der Poldl hat mir das Beuschl von*
an Serben versprochen! Ich hab das hinein-
geben in die Reichspost!
Eine Stimme: *Hoch Reichspost! Unser christliches*
Tagblaad!
Ein anderes Mädchen: *Bitte ich habs auch*
hineingeben, mir will der Ferdl die Nierndln
von an Russn mitbringen!
Die Menge: *Her damit!"*

Diese Szene ist nicht Ausfluß dichterischer Phantasie, wie man meinen könnte, sondern spiegelt die nationale Begeisterung und den schrecklichen Haß dieser Zeit, der sich in allen Quellen findet, ausgezeichnet wider.

Nachdem der deutsche Angriff auf Frankreich, für den man das neutrale Belgien überfiel, nach der Schlacht an der Marne zum Stellungskrieg erstarrte, zeichnete sich schon ab, daß dieser Krieg nicht so schnell zu Ende sein würde, wie manche anfangs meinten. Galizien war heiß umkämpft, am Balkan machten die Truppen der Habsburgermonarchie keine gute Figur, und schließlich eröffnete der Kriegseintritt Italiens auf der Seite der Entente eine neue Front im Süden.

Schon ab der Mitte des Krieges, schon vor dem Tod Franz Josephs am 21. November 1916, gerieten die Mittelmächte zunehmend ins Hintertreffen.

Ein innerlich kaputter Staat – aber eine kulturelle Großmacht

Sieht man die vielen negativen Elemente der Monarchie, die starken sozialen Spannungen, das Elend der Massen und die steigenden nationalen Spannungen, so wundert man sich, welch große kulturelle Leistungen in diesem Staat dennoch entstehen konnten.

Dazu kommt noch die Tatsache, daß Kaiser Franz Joseph den kulturellen Aktivitäten in seinem Land sicherlich nicht sehr aufgeschlossen gegenüberstand – alles, was an großartigen Leistungen dieser „Fin-de-siècle"-Kultur geschah, passierte ohne das Zutun oder die explizite Förderung des Kaisers. Er war kein Hindernis, das ist noch das Positivste, was man über seine Kulturpolitik sagen kann. Im Gegensatz zu vielen seiner Ahnen, die sich als große Förderer der Kunst hervorgetan hatten, war Franz Josephs Horizont auf Kirche und Heer eingeschränkt.

Das 19. und frühe 20. Jahrhundert ist nicht nur eine Zeit der großen wirtschaftlichen Veränderungen, sondern für die Habsburgermonarchie auch die Epoche der Ausbildung einer öffentlichen Meinung im modernen Sinne, die mit der Entwicklung der bürgerlichen Gesellschaft Hand in Hand geht. Kaffeehaus und Zeitung – beides spielt schließlich in Wien eine wesentliche Rolle – sind Instrumente der öffentlichen Meinungsbildung, die einen nicht wegzudenkenden Stellenwert in der Welt der franzisko-josephinischen Epoche einnimmt. Wichtig ist, daß diese Zeitungen – wie auch die gesamte Kultur, könnte man sagen – unter dem Einfluß des Liberalismus stehen, und zwar auch in

Sarajewo 1914: Die Ankunft des Thronfolgers Franz Ferdinand und seiner Gattin Sophie am 28. Juni 1914, dem „vidov-dan". Die Ermordung des Thronfolgerpaares durch den jungen bosnischen Studenten Gavrilo Princip führte geradewegs in den Abgrund.

HGM

„Ein innerlich kaputter Staat, aber eine kulturelle Großmacht." Hans Makart, der künstlerische Leiter des „Festzugs der Stadt Wien" 1879, war der „erste" Maler seiner Zeit und steht stellvertretend für die ganze Epoche.

Archiv Verlag Styria

einer Zeit, als die Liberalen schon lange politisch nichts mehr zu sagen hatten.

Spricht man von den Presseerzeugnissen der Habsburgermonarchie im internationalen Maßstab, so haben sicherlich nur die beiden liberalen Journale „Presse" und mehr noch die „Neue Freie Presse" Gewicht. Doch darf man für die politische Meinungsbildung nicht von diesen qualitativen Maßstäben ausgehen, man muß vielmehr quantitativ auf die Auflagenzahlen, die lokale Verbreitung und die Funktion in einem pluralistischen Meinungsspektrum auch jener Journale achten, die, was ihren intellektuellen Standard anlangt, mit den genannten liberalen Blättern nicht konkurrieren konnten. Überheblich wie üblich kommentierte „Die Presse" in einer der häufigen Polemiken gegen die gegnerischen Journale: „Wir begreifen, daß dem ‚Vaterland' jene Intelligenz viel höher steht, deren Anziehungsmittelpunkt nicht das Parlament, sondern die Rennbahn ist …"

Umgekehrt war die Ablehnung der „jüdisch-liberalen Presse" durch die Konservativen ebenso ein Topos, der sich in Österreich bis in die Erste Republik hinein hielt.

Zunächst ist daran zu denken, daß ein guter Teil der Bewohner der cisleithanischen Reichshälfte schon aus sprachlichen Gründen nicht durch liberale Zeitungen im Sinne des Deutschliberalismus zu beeinflussen war. In Böhmen etwa war die 1861 gegründete, von den Brüdern Grégr zur führenden Zeitung gemachte Národní listy das bedeutendste Blatt, das bald zum Sprachrohr der Jungtschechen wurde. Neben dieser weitverbreiteten Zeitung gab es auch radikalere antidynastische und zum

Teil sozialdemokratischen Ideen verbundene Zeitschriften, etwa „Blaník", „Hlas" oder die 1872 gegründete „Delnické listy". Außerdem existierten in Böhmen auch deutschsprachige, aber nicht auf deutschliberalem Kurs befindliche Zeitungen, die in Prag erscheinende „Morgenpost" etwa oder die „Bohemia".

Außer diesen und vielen anderen lokal bedeutenden Zeitschriften – ähnliche Listen könnte man für fast alle Kronländer der cisleithanischen Reichshälfte aufstellen – ist vor allem die katholische Publizistik in Wien zu nennen, die versuchte, ein Gegengewicht zur Dominanz der liberalen Presse zu bilden. Allen voran müssen hier die Zeitungen „Österreichischer Volksfreund" und „Vaterland" genannt werden. Der „Österreichische Volksfreund", der vom Wiener Kardinal Othmar Rauscher protegiert wurde, war in der ersten Phase liberaler Herrschaft in der Habsburgermonarchie sicherlich das am weitesten verbreitete Blatt der Gegner des Liberalismus, wurde dann aber vom „Vaterland" abgelöst, das allerdings ebenfalls, verglichen mit den liberalen Journalen, eine lächerlich geringe Auflage von etwa 8000 Exemplaren hatte. Grundsätzlich kann man schon anhand der Auflagezahlen feststellen, daß die Gegner der Liberalen keineswegs über eine ähnlich gut funktionierende Medienlandschaft verfügten wie die Liberalen, die mit ihren Tageszeitungen, ihrer reichen Broschürenliteratur und ihrer satirisch-humoristischen Presse – zu nennen wären der „Kikeriki" und der „Figaro" – eine Vielfalt und Qualität besaßen, der die nicht-liberale Opposition letztlich nichts entgegenzusetzen hatte.

Von links nach rechts:
Ernst Mach (1838–1916),
Physiker und Psychologe.

Sigmund Freud (1856–1939),
Begründer der Psychoanalyse.

Ignaz Philipp Semmelweis
(1818–1865),
Arzt und Gynäkologe.

Ludwig Boltzmann
(1844–1906), Physiker.
Alle: ÖNB

Arthur Schnitzler
(1862–1931), Schriftsteller.
ÖNB

Die Kultur ist – bedingt durch die gesellschaftliche Entwicklung ebenso wie durch das kulturelle Desinteresse des Hofes und besonders Kaiser Franz Josephs – eine im wesentlichen bürgerliche und auf einigen Gebieten, vor allem dem der Literatur, durch den hohen Anteil der Juden an der Intelligenz, eine spezifisch vom Wiener (Assimilations-)Judentum geprägte.

Die immer reicher und auch zahlenmäßig umfangreicher werdende Bourgeoisie trug diese Kultur. Die Salons dieser Familien waren das Parkett, auf dem der Liberalismus sich zu bewegen verstand, ihr Mäzenatentum ermöglichte die Kunst der Zeit. Ein Makart etwa wäre ohne diesen gesellschaftlichen Hintergrund, zu dessen Stilisierung er beitrug, ebenso undenkbar wie die Ringstraßenarchitektur mit all den – wie man es scherzhaft nannte – „Palazzi prozzi", die Kultur der Wiener Operette oder die Fin-de-siècle-Literatur. Diese großbürgerliche Welt, die sich in Schnitzlers Dramen spiegelt und der Stefan Zweig in seinem großartigen Buch „Die Welt von Gestern" ein unvergängliches Denkmal gesetzt hat, war aufgebaut auf der Not großer Massen von Arbeitern, war eine Scheinwelt über dem Abgrund, die 1918 mit dem Untergang der Habsburgermonarchie ebenfalls vergehen sollte, um neuen, demokratischeren Gesellschafts- und Kulturformen Platz zu machen. Zwei Perioden kann man dabei deutlich unterscheiden, den Historismus der Gründerzeit und die Fin-de-siècle-Kultur, die in vieler Hinsicht eine Reaktion auf diesen Historismus, eine Alternative zu ihm darstellt.

Neben der im ländlichen Umfeld anzusiedelnden Literatur eines Ferdinand von Saar, Ludwig Anzengruber oder Peter Rosegger spielt vor allem die urban-städtische, spezifisch Wiener Literatur die bedeutendste Rolle. Dieser Typus Literatur wird häufig auch Kaffeehaus- oder Feuilletonliteratur genannt und ist durch Schriftsteller wie Peter Altenberg, Egon Friedell oder den „Bohemien" Joseph Roth charakterisiert.

Als Kritiker dieser Feuilletonliteratur und ihrer sprachlichen Nonchalance tritt vor allem Karl Kraus hervor, der in seiner „Fackel" auch ein wichtiges Organ nicht nur für die literarische, sondern auch für die politische Kritik geschaffen hat.

Zentrale Persönlichkeiten des Kulturbetriebes waren Schriftsteller wie Adalbert Stifter, Arthur Schnitzler, Hugo von Hofmannsthal, Stefan Zweig und Rainer Maria Rilke.

In der Musik muß man zwischen der ernsten und der Unterhaltungsmusik unterscheiden, eine seit dem Beginn des Jahrhunderts wichtig werdende Unterscheidung. In beiden erlebt die Habsburgermonarchie eine Blüte sondergleichen.

In der klassischen Musik wären dabei Anton Bruckner und Gustav Mahler ebenso zu nennen wie Alexander Zemlinsky, Hugo Wolf, Johannes Brahms und Richard Strauss.

Aber auch in den anderen Ländern der Monarchie gibt es eigenständige nationale Entwicklungen, so in Böhmen Friedrich Smetana und Antonin Dvořák oder in Ungarn Franz Liszt oder Béla Bartók.

Als Reaktion auf die Weiterführung der Tonalität und als radikaler Bruch mit dieser ist die Zwölftonmusik zu sehen, die mit den Namen Josef Matthias Hauer, Arnold Schönberg, Alban Berg und Anton von Webern verbunden ist.

Seit den vierziger Jahren des 19. Jahrhunderts entwickelte sich die Walzermusik in eigenständiger Weise, sie war und ist noch immer das Symbol für die österreichische Musikkultur. Aufbauend auf Joseph Lanner und Johann Strauß Vater bildet vor allem das Wirken von Johann Strauß Sohn den Höhepunkt dieser Strömung.

Jacques Offenbachs „Opera comique" zum Vorbild nehmend, entstand auch die Wiener Operette, deren Meisterwerk, „Die Fledermaus", 1874 aufgeführt wurde, die Spiegel und kritisches Ventil

dieser bürgerlichen Gesellschaft zugleich darstellte.

Neben Strauß wäre dabei vor allem Franz Lehár
zu erwähnen.

Die bildende Kunst ist zunächst geprägt vom sogenannten Stil der Gründerzeit, auch Historismus
oder Eklektizismus genannt.

Kulturhistorisch ist dabei vor allem der Ringstraßenbau, die Anlage einer Prunkstraße rund um
die Innenstadt, von Bedeutung. Aufgrund einer
Entschließung Kaiser Franz Josephs vom 20. Dezember 1857 wurde an Stelle der alten Wälle, Grä-
ben und Befestigungsanlagen diese Prachtstraße
erbaut. Diese 6,5 Kilometer lange und 57 Meter
breite Straße, die schon am 1. Mai 1865 eröffnet
wurde, war nach den Plänen von Ludwig Förster,
August Siccard von Siccardsburg und Eduard van
der Nüll gestaltet. Zwischen 1869 und 1888 wurden
die Monumentalbauten fertiggestellt, deren Stil,
oder – wie Kritiker meinten und meinen – deren
Stillosigkeit wir als „Ringstraßenstil" bezeichnen.
Sinn für großzügige Planung, die auch finanziell
möglich war, ist gekoppelt mit der Tatsache, daß
diese Periode keinen eigenen Stil besaß, sondern eklektizistisch alle vorgegebenen Stile nach-
ahmte und kombinierte. Die Idee dahinter jedenfalls war, daß jedes Gebäude in dem Stil gebaut
werden sollte, in dessen Zeitalter die Funktion des
Gebäudes am vollkommensten erfüllt war; daher
das Parlament im griechischen Stil, die Universität
im Stil des römischen Frühbarock, das Rathaus in
der späten Gotik der blühenden Städte Flanderns
usw.

Die Bauten stammten von Siccardsburg und van
der Nüll (Staatsoper), Semper und Hasenauer
(Burgtheater, Natur- und Kunsthistorisches Museum), Ferstel (Universität, Votivkirche, Akademie
für angewandte Kunst) und Hansen (Börse, Parlament, Akademie der bildenden Künste, Heinrichs-
hof). Dazwischen waren großzügige Grünanlagen
und Paradeplätze vorgesehen (Stadtpark, Burg-
garten, Heldenplatz, Volksgarten, Rathauspark).
Als Reaktion auf diesen Ringstraßenstil ist der
Jugendstil (Otto Wagner) zu sehen, der seinerseits
wieder in der Radikalität eines Adolf Loos („Orna-
ment ist Verbrechen") einen Gegner fand.

Der führende Maler der Zeit, geradezu ein Mode-
maler, dessen Namen stellvertretend für die
Epoche steht, war Hans Makart, der auch den
Festzug zur Silberhochzeit des Kaiserpaares am
27. April 1879 gestaltete.

Diese von der jüngeren Generation als wenig
schöpferisch betrachtete Kunstübung fand ihre
Gegner in der Secession, die zu jener Fin-de-
siècle-Malerei wesentlich beitrug, deren wichtigste Exponenten Gustav Klimt und Kolo Moser
waren. Die wesentlichen Leistungen dieser Seces-

Von links nach rechts:
Gustav Mahler (1860–1911),
Komponist.

Karl Kraus (1874–1936),
Sprach- und Kulturkritiker.

Adolf Loos (1870–1933),
Architekt.

Gustav Klimt (1862–1918),
Maler.

Der Typus der Wiener
Kaffeehaus- oder Feuilleton-
literatur ist durch Schrift-
steller wie Peter Altenberg,
Egon Friedell oder Joseph
Roth charakterisiert.
Alle: ÖNB

sionisten lagen vor allem auf dem Gebiet des Kunstgewerbes und der Wohnkultur.

Die Regierungszeit Kaiser Franz Josephs ist auch eine Periode des großen wissenschaftlichen Aufschwunges in der Habsburgermonarchie, von dem hier nur zwei Aspekte, die weltweit Beachtung gefunden haben, hervorgehoben werden sollen. Die österreichische Schule der Volkswirtschaftslehre entwickelte an den Manchesterliberalismus anschließend ihre Konzepte, wichtige Theoretiker waren dabei etwa Eugen Böhm-Bawerk, Carl Menger (der Lehrer des Kronprinzen Rudolf), Eugen von Philippovich oder Joseph Schumpeter, die die Grenznutzentheorie (die Wertschätzung des Verbrauchers ist das Kriterium des wirtschaftlichen Güterwertes) entwickelten.

Die zweite Wiener medizinische Schule, die eine Reihe von bahnbrechenden Leistungen auf ihrem Gebiet aufzuweisen hat, machte damals den Weltruhm der Wiener Universität aus, von dem sie noch lange zehren sollte. Von den vielen Ärzten dieser Schule seien der Chirurg Theodor Billroth, die Anatomen Joseph Hyrtl und Carl Rokitansky, der Pathologe Emil Zuckerkandl oder der Psychiater und Nobelpreisträger Julius Wagner-Jauregg erwähnt.

Im weitesten Sinne – wenn auch in strenger Gegnerschaft zur Wiener Universität – gehören hierher die Leistungen Sigmund Freuds, dessen Grundlegung der Psychoanalyse die Welt des 20. Jahrhunderts entscheidend prägte.

Auch auf dem Gebiet der Naturwissenschaften (Ludwig Boltzmann, Ernst Mach, Theodor Oppolzer) und der Philosophie (Ludwig Wittgenstein) hat das Fin de siècle großartige Leistungen hervorgebracht.

Die habsburgische Dynastie – vor allem der regierende Monarch – spielten im politischen und auch im kulturellen Leben des 19. Jahrhunderts eine weit geringere Rolle, als das in vorangegangenen Jahrhunderten der Fall war. Das Mäzenatentum war auf die bürgerliche Gesellschaft übergegangen, der Hof war in den Schatten getreten.

Dennoch gibt es in dieser Epoche eine Reihe von Figuren, die bei der Nachwelt besonders beliebt waren und mit denen man sich in der Geschichtsschreibung unserer Tage beschäftigt, von ihnen soll noch kurz die Rede sein.

Die Eröffnung des Kunsthistorischen Museums durch Kaiser Franz Joseph am 17. Oktober 1891.
Zwischen 1869 und 1891 wurden in Wien zahlreiche Monumentalbauten fertiggestellt, deren Stil oder auch Stillosigkeit wir heute als „Ringstraßenstil" bezeichnen.
ÖNB

Kaiser Maximilian von Mexiko

Der Erzherzog Ferdinand Maximilian (6. Juli 1832 bis 19. Juni 1867) ist der jüngere und in vieler Hinsicht talentiertere, auch liberaler eingestellte Bruder Franz Josephs, der allerdings als jüngerer Bruder nicht zur Herrschaft gelangte. 1854 wurde er Kommandant der österreichischen Marine, 1857 Generalgouverneur von Lombardo-Venetien und lebte nach dem Verlust der Lombardei relativ zurückgezogen in Schloß Miramare. Er war voll des Ehrgeizes, und so reizte ihn natürlich das Angebot, das 1863 an ihn herangetragen wurde, Kaiser von Mexiko zu werden. Was er allerdings sicherlich falsch einschätzte, war die Tatsache, daß diejenigen, die ihn dazu einluden, nur eine kleine klerikal-konservative Minderheit waren, auf die sich die französischen Truppen, die im Land stationiert waren, stützten. Der Bürgerkrieg, den Maximilian gegen die legale republikanische Regierung unter Benito Juarez führte, endete nach dem Abzug der Franzosen tödlich für Maximilian, der gefangengenommen, vor ein Gericht gestellt und zum Tod verurteilt wurde. Am 19. Juni 1867 wurde er in Querétaro (Mexiko) erschossen. Seine Frau, die Belgierin Charlotte, wurde daraufhin irrsinnig.

Elisabeth (Sisi)

Elisabeth wurde 1837 in München als Tochter des
Herzogs Max in Bayern, der sich gerne als Mittelpunkt einer Künstlerrunde sah, und der Herzogin
Ludovika geboren. Ihre Mutter, Ludovika, war
eine Schwester der Erzherzogin Sophie, der Mutter
Kaiser Franz Josephs, allerdings im Gegensatz zu
dieser eher unreligiös und an verschiedenen Wissenschaften interessiert. Ursprünglich war ihre
ältere Schwester Helene als Braut Franz Josephs
ausersehen, doch Franz Joseph bestand auf der
jüngeren Schwester. 1853 verlobte sie sich in Ischl
mit dem jungen Kaiser, und 1854 heirateten die
beiden in Wien in der Augustinerkirche.
Schon bald kam es zu Konflikten mit ihrer Schwiegermutter und Tante Sophie, die sich zunehmend
verschärften. Die Tatsache, daß der Stammbaum
Elisabeths im Sinne der damaligen Regeln nicht
einwandfrei war (eine ihrer Großmütter war eine
Arenberg, stammte also aus keiner regierenden
Dynastie), machte ihre Stellung bei Hof ebenso
schwer wie der Umstand, daß Elisabeth – die sehr
frei aufgewachsen war – sich nie an das strenge
Zeremoniell des Wiener Hofes gewöhnen konnte.
Die anfängliche Verliebtheit in Franz Joseph wich
bald, und die ungleichen Interessen des Paares
kristallisierten sich immer mehr heraus. Starke
Konkurrenz bestand auch zum jüngeren Bruder
Franz Josephs, Ferdinand Maximilian (später Kaiser von Mexiko), und seiner Frau Charlotte, die
nicht nur einen einwandfreien Stammbaum hatte,
sondern noch dazu sehr reich war.
Konflikte wurden vielleicht auch durch die Untreue Franz Josephs ausgelöst und verschärften
sich nach der Geburt Rudolfs zunehmend. Elisabeth begab sich in eine Art Trotzhaltung und kultivierte immer mehr ihre Leidenschaft, das Reiten.
1860 kehrte sie sogar heim nach Possenhofen zu
ihren Eltern und erkrankte an einer Lungen-
krankheit. Zur Heilung mußte sie in den Süden
reisen, sie verbrachte nun die meiste Zeit in
Madeira und Korfu. 1862 kehrte sie wieder nach
Wien zurück, doch Krankheit, Verweigerung und
Streit mit Franz Joseph trübten diesen Aufenthalt
ebenso wie der Konflikt über die Erziehung des
Thronfolgers, Erzherzog Rudolfs. Während Franz
Joseph und seine Mutter für eine militärische
Erziehung eintraten, plädierte Elisabeth für ein
liberaleres Erziehungsmuster, wobei sie sich in
diesem Falle sogar durchsetzen konnte.
Elisabeth, die einen Schönheitskult betreibt
(172 cm groß, Taille 50 cm), entwickelt in dieser
Zeit große Sympathien für Ungarn. Ihre Vertraute
Ida Ferenczy stellt Kontakte zu Deák und Andrássy
her, mit letzterem tritt Elisabeth in Korrespondenz.
Ihr politischer Anteil am Zustandekommen des

Kaiserin Elisabeth in Territet
bei Montreux 1898, einige
Tage vor dem Attentat.
Sie wohnte dort mit ihrer
Hofdame Gräfin Irma
Szataray, um inkognito
Julie Rothschild zu besuchen.
Durch eine Zeitungsmeldung
wurde der Attentäter Luigi
Luccheni auf Elisabeth
aufmerksam, er hatte
ursprünglich die Ermordung
des französischen Thron-
prätendenten Henri von
Orléans geplant.

ÖNB

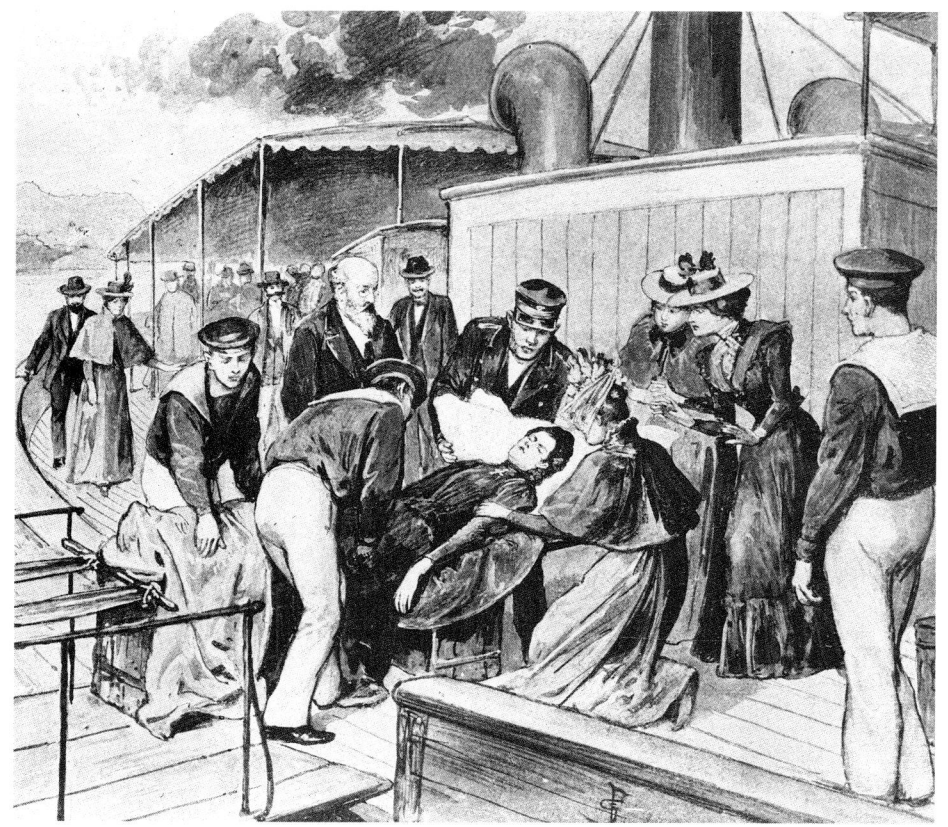

Kaiserin Elisabeth
wird nach dem Attentat am
10. September 1898 in Genf
an Bord eines Dampfers auf
eine Bahre gebettet. Elisabeth
ist in der Kapuzinergruft
begraben, auf ihrem Sarg
steht auf Wunsch der Ungarn
nicht nur Kaiserin von
Österreich, sondern auch
Königin von Ungarn.

ÖNB

ihren Schmuck verschenkt. Die letzten Lebensjahre sind ausgefüllt mit Irrfahrten quer durch
Europa, berüchtigt waren ihre unangemeldeten
Besuche, die sogenannten „Überfälle", bei verschiedenen Höfen.
1898 wohnt sie in Territet bei Montreux, um von
dort aus inkognito Julie Rothschild zu besuchen.
Durch eine Zeitungsmeldung in Genf wird Luigi
Luccheni, ein Anarchist, der ein Attentat auf
den französischen Thronprätendenten Henri von
Orléans plant, auf sie aufmerksam und ersticht sie
mit einer dreieckigen Feile. Elisabeth geht nach
dem Attentat noch ca. 100 Meter weiter bis zum
Schiff, wo sie „ohnmächtig" wird, als das Schiff
zurückkehrt, kann nur noch ihr Tod festgestellt
werden. Luccheni wurde zu lebenslanger Haft
verurteilt, er beging 1910 Selbstmord.
Elisabeth ist in der Kapuzinergruft begraben, auf
ihrem Sarg steht auf Wunsch der Ungarn nicht nur
Kaiserin von Österreich, sondern auch Königin von
Ungarn.

Kronprinz Rudolf

Der Erzherzog Thronfolger wurde schon als Kind
zum Soldaten ausgebildet, sein Erzieher Gondre-
court wollte vor allem seinen Mut fördern. Dies
führte zu einem Ultimatum seiner Mutter, die sich
durchsetzte. In der bürgerlichen Erziehung Erzherzog Rudolfs dominieren die Liberalen, führend
unter seinen Lehrern sind etwa der im Nationalitätenstreit ausgleichend wirkende Historiker
Anton Gindely und der bedeutende National-
ökonom Carl Menger.
Schon früh wurde Rudolf von Frauen verwöhnt,
viele warfen sich ihm an den Hals, was sicherlich
zu deren Geringschätzung und letztlich zu seiner
Frauenverachtung beitrug. Als junger Mann unternahm der Kronprinz ausgedehnte Reisen nach
England und in den Orient unter Begleitung des
Ornithologen und Freimaurers Alfred Brehm.
Politisch war Rudolf liberal, aber – im Gegensatz
zu den Deutschliberalen – slawen- und ungarnfreundlich. Seine Freundschaft mit Moritz Szeps,
dem Herausgeber des linksliberalen Neuen Wiener Tagblattes, und zu dem Financier Moritz
Hirsch wecken bei den konservativen und antisemitisch eingestellten Wiener Hofkreisen Abneigung. Die Herausgabe politischer Denkschriften
und der Versuch, aktive Politik zu betreiben, charakterisieren diese Epoche, doch scheitern diese
Bemühungen.
1881 heiratete Erzherzog Rudolf Stephanie von
Belgien, doch war die Ehe nicht glücklich.
Starke wissenschaftliche Interessen führen zur
Herausgabe des sogenannten Kronprinzenwerkes

Ausgleichs sollte nicht unterschätzt werden. Da sie
die Repräsentationspflichten in Wien haßt, verbringt sie viel Zeit in Gödöllö, wo sie ihrer Leidenschaft für das Reiten ebenso frönen kann wie der
Vorliebe für eine sehr unkonventionelle Gesellschaft, zu der Nikolaus Esterházy (Sport-Niki),
Rudolf Liechtenstein (der schöne Prinz) und
Elemer Batthyány, der Sohn des 1849 hingerichteten Ministerpräsidenten, ebenso gehören wie
Julius Andrássy (le beau pendue, der schöne Ge-
henkte genannt, weil er 1849 in effigie hingerichtet
wurde).
England- und Irlandreisen, Teilnahme an Par-
force-Jagden und Exzentrizitäten, wie die Beschäftigung des verkrüppelten Mohren Rustino als Spiel-
kamerad für Maria Valerie, sorgen am Wiener Hof
für den entsprechenden Tratsch.
Erst in den achtziger Jahren hat Elisabeth die
Reitjagden aufgegeben und sich dafür mit anderen
„Spinnereien" (zumindestens in den Augen des
Hofes) beschäftigt, vor allem mit Spiritismus. In
dieser Zeit hat sie auch ihre Kontakte zu ihrem
Verwandten, König Ludwig II. von Bayern, intensiviert. Aber auch der Literatur widmet sich Elisabeth, die eine große Heinekennerin ist und immer
mehr republikanische Ideen entwickelt. Wenn sie
in Wien ist, wohnt sie in der Hermesvilla, in Korfu
richtet sie sich in ihrer Begeisterung für Griechenland (sie lernt auch die Sprache!) ein Achilleion
ein. Nach dem tragischen Tod ihres Sohnes Rudolf
hat sie nur mehr Trauerkleider getragen und all

„Die österreichisch-ungarische Monarchie in Wort und Bild" in 24 Bänden, die Serie wurde erst 1902 abgeschlossen.

1886 erkrankte Rudolf schwer, Morphium, Frauen und Alkohol bestimmten sein Leben, in dieser Zeit dürfte er sich auch mit Gonorrhöe infiziert haben. 1888 kam es zu weiteren Krisen, Angriffen der Antisemiten auf Rudolf, die ihn als „Judenknecht" apostrophierten, Scheidungsgerüchte etc. verdüstern das Leben des Thronfolgers.

Seine Freundschaften werden immer eigenartiger. Josef Bratfisch, Mizzi Caspar gehören zu diesem Kreis ebenso wie die erst 17jährige Mary Vetsera, bei der Gräfin Larisch als Vermittlerin aufgetreten ist. Selbstmordpläne des Thronfolgers bestehen schon zumindest seit dem Sommer 1888, er sucht eine Frau, die sich mit ihm erschießt.

Im Jänner 1889 kommt es am 26. zu einer furchtbaren Szene mit dem Kaiser, am 27. gibt er eine Kassette an die Gräfin Larisch und verbringt die Nacht bei Mizzi Caspar, nimmt auch Kontakt zu Szeps auf und fährt am 28. nach Mayerling. Am 29. Jänner hat er dort mit zwei Männern seines Kreises, den Adeligen Hoyos und Coburg gefrühstückt und zu Abend gegessen, in der Nacht begeht er gemeinsam mit Mary Vetsera Selbstmord, d. h. er erschießt zunächst seine junge Geliebte und dann sich selbst. Dieser „Doppelselbstmord" ist von all den vielen geäußerten Spekulationen am wahrscheinlichsten, die Sache ist aber nicht voll aufzuklären. Das Geheimnis rund um Mayerling erregt bis heute die Gemüter – zum Teil wegen der Sensation verständlich, aber auch sehr unverständlich. Als ob es nicht wahrlich wichtigere Probleme im 19. Jahrhundert zu diskutieren gebe. Das Schlimme für die Familie war die Tatsache, daß der Erzherzog-Thronfolger ein Mörder und Selbstmörder war und damit im Sinne der katholischen Religion zutiefst schuldig. Das ist wohl der Hauptgrund für den Hof, alles zu versuchen, um den wahren Sachverhalt zu verheimlichen. Dadurch kam es zu den Vertuschungsversuchen und widersprüchlichen Meldungen unmittelbar nach der Tragödie. Daß man damit noch ein Jahrhundert später Stoff für Diskussionen und abenteuerliche, geradezu unsinnige Theorien lieferte, konnte man nicht wissen. Viele der auch in letzter Zeit geäußerten Theorien (etwa von Feigl, der einen Mordplan durch die Franzosen entwickelt!) entbehren jeder Grundlage und sind als haltlose Spekulationen abzutun.

Eingeweiht in die Sache waren offensichtlich nur der Fiaker Josef Bratfisch und der Kammerdiener Johann Loschek.

Offiziell wurde – nach langer Verwirrung (zunächst versuchte man das ganze als „Jagdunfall" darzustellen) – die These einer Geisteskrankheit vertreten, die ein christliches Begräbnis erlaubte. Wesentlicher als die Lösung des Rätsels von Mayerling ist die Tatsache, daß mit Erzherzog Rudolf ein liberaler, föderalistisch eingestellter Monarch zur Regierung kommen hätte können, der eine Umgestaltung der Monarchie nicht durch ein Beharren auf einigen unzeitgemäßen Grundsätzen – wie das Franz Joseph tat – verhindert hätte.

Sarajewo, 28. Juni 1914. Trotz vorheriger Warnungen und unzureichender Schutzmaßnahmen besuchte der Thronfolger in Vertretung des Kaisers die Manöver in Bosnien. Hier bei der Verlesung der Begrüßungsansprache.

HGM

Erzherzog Franz Ferdinand

Geboren wurde Franz Ferdinand am 18. Dezember 1863 als Sohn des künstlerisch interessierten Erzherzogs Karl Ludwig, des Statthalters von Tirol, und seiner zweiten Frau, Maria Annunziata von Neapel-Sizilien. Er erhielt eine klerikale Erziehung, seine Lehrer waren Ferdinand Graf Degenfeld, der Historiker Onno Klopp und Godfried Marschall. Schon früh entwickelte sich bei Franz Ferdinand eine ungezügelte Jagdleidenschaft, mit neun Jahren hat er sein erstes Wild erlegt.

Vom Tod Erzherzog Rudolfs bis zum Tod Karl Ludwigs war die Thronfolgefrage in Schwebe, dann erst wurde Erzherzog Franz Ferdinand Thronfolger.

1894 hatte Franz Ferdinand die Gräfin Sophie Chotek kennengelernt. Er verbrachte viel Zeit auf den Schlössern Konopischt und Chlumetz. Bei dieser Beziehung wurde die Ebenbürtigkeitsfrage aktuell, im Jahr 1900 verzichteten die beiden für ihre Kinder auf das Erbrecht der Nachfolge und heirateten in einer sogenannten morganatischen Ehe. Sophie Chotek wurde später zur Herzogin von Hohenberg erhoben.

Franz Ferdinand residierte im Belvedere, das zum „Schlagwort" der neuen Politik wurde. Er umgab sich mit militärischen Beratern, allen voran Conrad von Hötzendorf, und entwickelte eine dem christlichsozialen Gedankengut verbundene Politik, die antiliberal und antisozialdemokratisch war. Nationalitätenpolitisch war Franz Ferdinand antiungarisch und antiitalienisch, slawenfreundlich, aber doch auch wieder nicht voll für einen Ausgleich mit den Tschechen, die sogenannte trialistische Lösung der Staatsverfassung. Seine Außenpolitik war von der Idee des Präventivkrieges gegen Serbien und Italien geprägt. Er hatte aber große Neigungen zu den Südslawen, was letztlich dazu führte, daß das Königreich Serbien, das keine Lösung der südslawischen Frage innerhalb der Habsburgermonarchie brauchen konnte, die Attentäter von Sarajewo unterstützte. Das Attentat von Sarajewo, in dem Franz Ferdinand und seine Frau ums Leben kamen, löste den Ersten Weltkrieg aus. Begraben sind die beiden in Artstetten. Die Tatsache, daß das Begräbnis in aller Stille stattfand, hat eine Art „Gipfeltreffen" beim Begräbnis Franz Ferdinands verhindert und damit die Krise, die in den Krieg führte, verschärft.

Generalsuniform (Rock und Hose) des Thronfolgers Erzherzog Franz Ferdinand nach dem Attentat von Sarajewo.
HGM

Am 21. November 1916 stirbt Kaiser Franz Joseph im Schloß Schönbrunn nach 68jähriger Regierungszeit. Am 30. November bewegt sich ein langer Leichenzug vom äußeren Burgtor in großem Bogen über den Franz-Josephs-Kai durch die Rotenturmstraße zum Stephansdom und von dort in die Kapuzinergruft. Mit dem Tod des Kaisers war die Klammer zerbrochen, die den Staat zusammengehalten hatte.
ÖNB

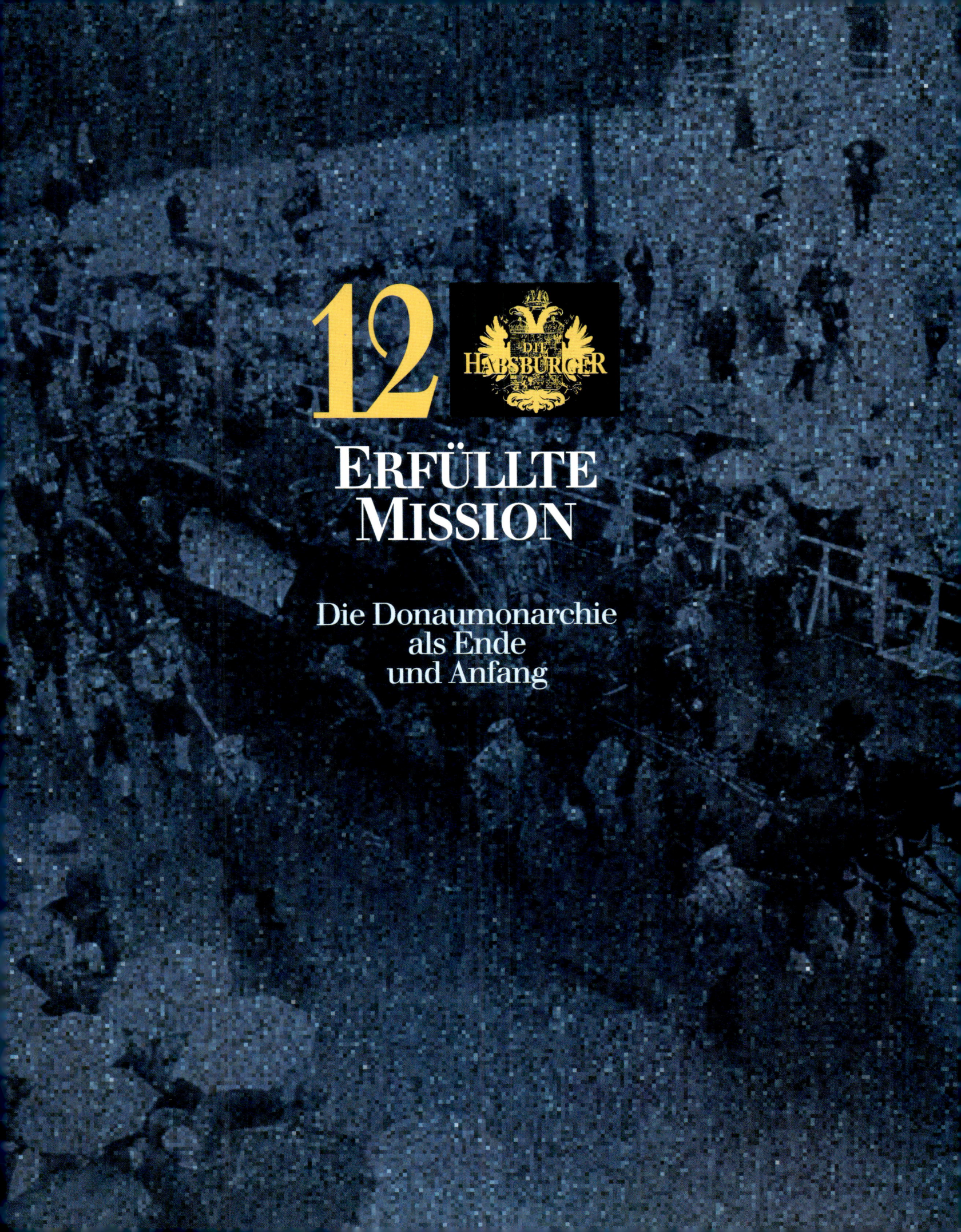

12

DIE HABSBURGER

ERFÜLLTE
MISSION

Die Donaumonarchie
als Ende
und Anfang

Am 21. Oktober 1911 fand
die Hochzeit Erzherzog Karls,
des späteren Kaisers Karl I.,
mit Zita, Prinzessin von
Bourbon-Parma, auf Schloß
Schwarzau im Steinfelde bei
Wiener Neustadt statt.

Archiv Verlag Styria

Der letzte Krieg
der Monarchie

Verdun, Marne, Isonzo, Tannenberg, Tarnopol,
Gallipoli – Namen eines bis dahin unvorstellbaren
Schreckens, der in viereinhalb Jahren um die zehn
Millionen Opfer forderte. Hindenburg, Ludendorff,
Clemenceau, Petain, Lloyd George, Kerenski,
Lenin, Wilson – Namen von Militärs und Politikern,
die in und mit diesem Krieg ihre Strategien verfolgten, ihn auf die eine oder andere Art prägten. Der
deutsche Kaiser Wilhelm II., Zar Nikolaus II., Kaiser Franz Joseph – Namen der Herrscher, die auf
verhängnisvolle Weise mit dem Ausbruch des
Krieges verknüpft sind, durch den ihre Monarchien stürzen sollten. Österreichs letzter Kaiser
Karl dagegen hat in der Tragödie des Ersten Weltkrieges keine Hauptrolle gespielt. Trotz mancher
halbherziger Versuche hat er sich dem unerbitt-

lichen Fortschreiten der Tragödie nicht entgegen-
zustellen vermocht. Man kann darüber streiten, ob
er durch entschlossenes Handeln seinen immer
enger werdenden politischen Spielraum hätte nützen können, um Friedenswünsche und -appelle in
die Tat umzusetzen, vielleicht sogar die bedrängte
Donaumonarchie zu retten. Getan hat er es nicht.
Damit wurde seine Herrschaft zur Episode am
Ende einer langen Tradition. Fast 650 Jahre zuvor
hatte der erste Habsburger den Thron Karls des
Großen bestiegen. Karl, Kaiser von Österreich,
konnte sich, trotz des Kontinuitätsbruches von
1804/06, als später Nachfolger des karolingischen
Namensvetters fühlen. Eine über tausendjährige
Herrscherreihe ging mit „Karl dem Letzten" zu
Ende, so wie im Jahr 476 der unbedeutende
Romulus Augustulus, der Namensvetter des Stadt-
gründers, auf das römische Imperium im Westen
hatte verzichten müssen.

Erzherzog Karl Franz Joseph, geboren 1887, war der Sohn des skandalumwitterten „schönen Erzherzogs" Otto, eines Neffen Kaiser Franz Josephs. Seit den Schüssen von Sarajewo war Karl Thronfolger – nicht ganz so überraschend, wie das oft dargestellt wird. In den ersten Kriegsjahren lernte er die Verhältnisse an der Front kennen und gewann so ein einigermaßen realistisches Bild der Armee und ihrer Möglichkeiten. „Wer weiß, ob es zum Krieg gekommen wäre, wenn unsere Armee stärker wäre", schrieb er zu Weihnachten 1914 resignierend in sein Tagebuch. „Österreich gibt für Staatsbeamte und -diener 700 Millionen jährlich aus und für das Militär 400. Das ist doch kein Verhältnis! Deutschland weiß genau, warum es soviel für sein Heer ausgibt – und wir verschwenden unser Geld auf Gehälter von nichtstuenden Staatsbeamten, die irgendein Abgeordneter protegiert ... Diese Mistviecher von Abgeordneten sollte man in die vordersten Linien legen, damit sie sehen, wie es ist, wenn ein Mann mit zweien kämpfen muß."

Wie schon Franz Ferdinand, sah Karl in den Folgen des Ausgleichs von 1867, der den Ungarn ein Übergewicht über die slawischen Nationen gab, ein Hauptproblem der Monarchie. Innerhalb Österreichs müsse „jeder Nation ihre größtmögliche, noch mit der Einheit des Reiches vereinbarliche nationale Selbständigkeit" gewährt werden. „Unsere Zukunft liegt im Slawentum", meinte er; „der jetzige Krieg ist ja ein Krieg der Vorherrschaft im Slawentum und am Balkan." Einen Ausgleich mit

Rußland hielt er dabei noch für durchaus möglich, vor allem dann, wenn der Zar einmal dazu gezwungen worden sei, einer wesentlich vergrößerten österreichischen Einflußsphäre auf dem Balkan zuzustimmen. Ein Dreikaiserbündnis mit Deutschland und Rußland („immer ein treuer Bundesgenosse") könnte die anderen Mächte, besonders aber Italien, vom Balkan fernhalten; der Zar müßte nur seine panslawistische Politik aufgeben.

Die Geheimdiplomatie im Verlauf des Krieges zeigt, daß der junge Thronfolger am Weihnachtsabend 1914 die außenpolitischen Möglichkeiten genau verkehrt eingeschätzt hatte. Das Konzept eines „slawischeren" Österreich wäre ganz anderen Interessen entgegengekommen: nämlich starken Kräften in England und Frankreich, die der Habsburgermonarchie die Rolle eines Gegengewichtes gegen Rußland und Deutschland zugedacht hatten. Dieses Österreich sollte nicht deutsch genug sein, um aus nationalen Gründen an Deutschland gebunden zu sein, und so slawisch, daß es den russischen Panslawismus blockieren konnte. Bis Ende 1917 wäre unter diesen Prämissen vielleicht ein Separatfrieden der Monarchie mit den Westmächten möglich gewesen. Rußland hingegen mußte in einem Österreich unter starkem slawischen Einfluß einen Konkurrenten sehen, und auch Deutschland hatte großes Interesse an der Aufrechterhaltung des deutschmagyarischen Dualismus.

Innenpolitisch war der Spielraum in der Nationalitätenfrage ebenso gering. Schon in den Jahrzehnten des Friedens war keine Milderung des dualistischen Systems gelungen, die slawische Unzufriedenheit angestiegen. In der österreichischen Reichshälfte wurden Sprache und Kultur der verschiedenen Völker relativ wenig eingeschränkt, solange sie die politischen Verhältnisse akzeptierten; die Bestrebungen nach weiterem Ausbau nationaler Rechte und die deutsch-zentralistische Tendenz blockierten einander seit Jahrzehnten in kleinlichen Detailfragen („ob auf einem Pissoir in Nordböhmen ‚zde' oder ‚hier' steht", führte Karl in seinen vertraulichen Betrachtungen als Beispiel an). Die ungarischen Regierungen dagegen verfolgten seit 1867 eine gezielte Magyarisierungspolitik; damit waren auch alle globalen Lösungen, vor allem für die Südslawen, unmöglich, denn Kroatien unterstand der ungarischen Krone. Dazu kamen die wirtschaftlichen Interessen der politisch dominierenden ungarischen Gentry; die Spannungen mit Serbien waren nicht zuletzt durch den scharfen Protektionismus zum Schutz der ungarischen Landwirtschaft gewachsen (den sogenannten „Schweindlkrieg" gegen die Einfuhr serbischen Fleisches).

Kaiser Karl I. (1887–1922), hier in österreichischer Uniform als Feldmarschall. Der Großneffe Franz Josephs bestieg nach dessen Tod im November 1916 den österreichischen Thron zu einem Zeitpunkt, an dem sich der Zusammenbruch bereits abzeichnete. Viele überstürzte und schlecht vorbereitete Reformen und Versuche (Sixtus-Affäre) während seiner kurzen Regierungszeit sind u. a. der Unerfahrenheit des jungen Kaisers zuzuschreiben, die Dynastie vor dem Untergang zu bewahren. Sein letzter Versuch, durch das Manifest vom 16. Oktober 1918 die Monarchie in einen Bundesstaat umzuwandeln, blieb ohne Erfolg. Am 11. November 1918 verzichtete Karl auf die Ausübung der Regierungsgeschäfte, ohne allerdings formell abzudanken.
ÖNB

Die Kriegsbefürworter in Wien hofften in den entscheidenden Wochen des Sommers 1914, durch einen Krieg auch den gordischen Knoten der Nationalitätenpolitik durchschlagen zu können. Die Aufbruchsstimmung bei Kriegsausbruch schien ihnen zunächst recht zu geben. Und als die Kriegsbegeisterung von 1914 verflogen war, drängten der Kriegsalltag und die weitgehende Einschränkung der Grundrechte die Nationalitätenprobleme zunächst von der politischen Bühne. Während des Krieges konnte man ernsthafte Reformen nur auf die Zeit nach dem Sieg vertagen. Zugleich verschärfte sich aber die Unzufriedenheit durch die Unterdrückungsmaßnahmen und die immer schlechtere Versorgungslage, die sich besonders in den slawischen Randgebieten auswirkte. Die wachsenden Kriegsschulden der Monarchie ließen es ebenfalls immer weniger geraten erscheinen, ihr nach dem Krieg noch anzugehören. Dennoch hielt Österreich-Ungarn die außergewöhnlichen Belastungen des Krieges jahrelang durch, ohne daß nennenswerte innere Unruhen ausbrachen; erst im letzten Kriegsjahr nahm der Widerstand zu. Das zeigt, wie stark die Gemeinsamkeiten trotz allem noch waren. Doch es ließ zugleich die Illusion entstehen, die Führungsrolle der Deutschen und der Magyaren ließe sich ohne Kompromisse über den Krieg retten, ja durch einen Sieg noch ausbauen. Der Thronfolger wußte durchaus, daß er auf solche Kompromisse angewiesen war; ahnungsvoll schrieb er zu Weihnachten 1914: „Österreich,

dieses große Völkerkonglomerat, ist ja so schwer zu regieren und was am schwersten ist, das ist, infolge der verschiedenen politischen Interessen der Völker, ein großes, gemeinsames Ziel zu haben! Aber wir müssen es haben, wollen wir im europäischen Konzert eine Rolle spielen."

Zwei Jahre später war es soweit; Karl mußte die schwierige Aufgabe übernehmen. Am 21. November 1916 starb der greise Franz Joseph. Das Begräbnis am 30. November, einem grauen, naßkalten Tag, hatte Symbolcharakter. Für viele Wiener, die schweren Zeiten entgegengingen, wurde der Trauerzug für den Kaiser im Rückblick zum eigentlichen Abschied von der Monarchie. Joseph Roth, der als Soldat Spalier stehen mußte, erinnerte sich an die „zwiespältige Trauer über den Untergang eines Vaterlandes, das selbst seine Söhne zur Opposition erzogen hatte". „Gleichsam ein Ausklang einer alten Zeit, die mit dem Moment ihren Abschluß fand, als man den Sarg, der die Überreste Kaiser Franz Josephs enthielt, nachts bei Fackelbeleuchtung hinausführte aus Schönbrunn", so empfand man es auch bei Hof, wie sich Zdenko von Lobkowitz erinnerte.

Kaiser Karl versuchte einen neuen Anfang spürbar zu machen, Zeichen guten Willens zu setzen. Er übernahm den Oberbefehl über die Armee und setzte Conrad von Hötzendorf als Chef des Generalstabes ab; er hielt ihn zwar für einen äußerst fähigen General, aber für einen schlechten Menschenkenner, der den Kontakt zur Truppe längst verloren habe. Das neugebildete Armee-Ober-

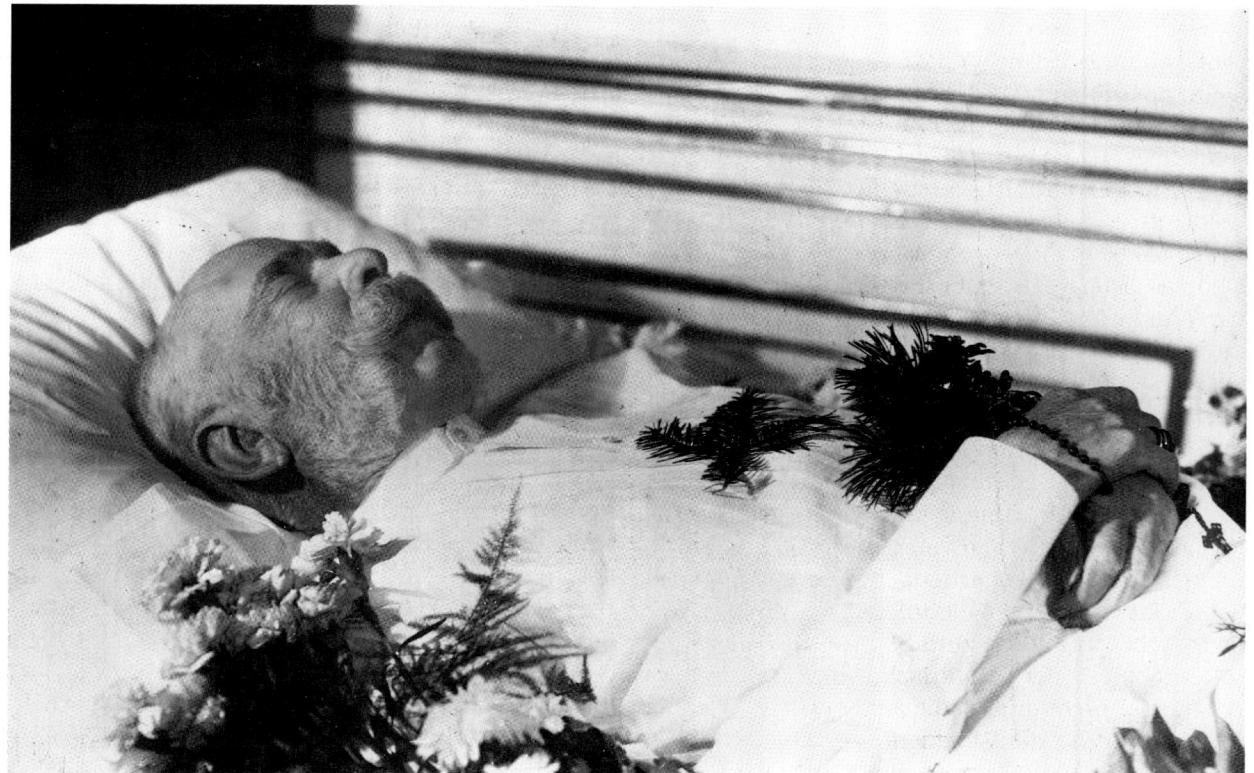

Kaiser Franz Joseph auf dem Sterbebett. Sein Begräbnis hatte Symbolcharakter: „Gleichsam ein Ausklang einer alten Zeit, die mit dem Moment ihren Abschluß fand, als man den Sarg, der die Überreste Kaiser Franz Josephs enthielt, nachts bei Fackelbeleuchtung hinausführte aus Schönbrunn."

ÖNB

kommando wurde von Teschen nach Baden verlegt, wo Karl mehr Einfluß darauf hatte. Am 30. Dezember legte der Kaiser bei der Krönung zum König von Ungarn in Buda den Eid auf die Wahrung der Gesetze und der Grenzen Ungarns ab, was allerdings auf die Respektierung der magyarischen Vorherrschaft über die Slawen hinauslief und einen Ausgleich mit den Slawen weiter erschwerte. Im Mai 1917 ließ Karl, erstmals seit März 1914, das Parlament wieder zusammentreten; und im Juli erließ er eine Amnestie, um die teils übertriebene Härte der Kriegsgerichtsbarkeit etwas auszugleichen. Doch den recht kurzlebigen Regierungen gelang es nicht, begründete Hoffnungen auf tiefgreifendere Verbesserungen zu erwecken.

Das wichtigste Versprechen, das Karl in der Proklamation anläßlich seines Regierungsantrittes gemacht hatte, war freilich der Frieden: „Ich will alles tun, um die Schrecknisse und Opfer des Krieges in ehester Frist zu bannen, die schwervermißten Segnungen des Friedens meinen Völkern zurückzugewinnen, sobald es die Ehre unserer Waffen, die Lebensbedingungen meiner Staaten und ihrer treuen Verbündeten und der Trotz unserer Feinde gestatten werden." Immer wieder wurden bis zum Kriegsende vertrauliche Kontakte geknüpft; der Kaiser hoffte vor allem auf die Vermittlung des Papstes. Doch fehlte letztlich die Bereitschaft zu Zugeständnissen; und darüber hinaus bewiesen der Kaiser und sein umtriebiger Außenminister Czernin ziemlich unglückliche Hand. Eine Friedensinitiative, die über den Bruder der Kaiserin Zita, Sixtus von Bourbon-Parma, an Frankreich herangetragen wurde, mündete zuletzt in einer peinlichen Affäre: Ein Brief Kaiser Karls, in dem dieser die Forderung Frankreichs nach Elsaß-Lothringen akzeptierte, wurde nach dem Scheitern des Vermittlungsversuches in Frankreich publiziert; er belastete nicht nur das Verhältnis zu Deutschland, sondern auch die Glaubwürdigkeit weiterer österreichischer Friedensbemühungen. Karls unbeholfene Dementis und Drohungen, nachdem die Sache aufgeflogen war, verschlimmerten seine peinliche Lage noch. Wirkliche Kompromisse hatte der Habsburger ohnehin nicht angeboten: Den Franzosen das deutsche Elsaß-Lothringen zuzusagen war eben leichter als die italienischen Forderungen auf Triest und Trient zu erfüllen. Die vertraglich von der Entente verbrieften italienischen Ansprüche wurden bis zuletzt mehr oder weniger abgelehnt, und das brachte alle Friedensbemühungen zum Scheitern.

Äußerlich war die militärische Lage der Mittelmächte gar nicht ungünstig; an den meisten Fronten standen die deutschen und österreichischen Truppen auch 1917 noch tief im Feindesland,

errangen „kriegsverlängernde Siege". Den Italienern war der Durchbruch am Isonzo und in den Alpen nicht geglückt; Serbien war nach peinlichen österreichischen Niederlagen zu Kriegsbeginn schließlich besetzt worden, ebenso wie das 1916 in den Krieg eingetretene Rumänien; vor allem aber brach 1917 das zaristische Rußland zusammen. Nach der Februarrevolution unternahm die bürgerliche Kerenski-Regierung zunächst noch einige Anstrengungen zur Fortsetzung des Krieges. Gerade dadurch verstärkte sie aber den Widerstand der Soldaten und Arbeiter; die Bolschewiki unter der Führung von Lenin und Trotzki nützten diese verbreitete Unzufriedenheit im November 1917 zur Machtergreifung. Sie versprachen sofortigen Frieden und hielten Wort, obwohl Deutschland und Österreich drückende Bedingungen stellten. In Brest-Litowsk mußte das revolutionäre Rußland auf das Baltikum und auf Polen verzichten, die

Am 30. Dezember 1916 werden Kaiser Karl I. als Karl IV. zum König von Ungarn und Kaiserin Zita zur Königin von Ungarn in der Matthiaskirche in Budapest gekrönt.
Im November 1921 beschloß das ungarische Parlament ein Gesetz, mit dem die Herrscherrechte des Hauses Habsburg auch in Ungarn erloschen.
Archiv Verlag Styria

Verdun, Marne, Isonzo,
Tannenberg, Gallipoli etc.
sind Namen eines bis dahin
unvorstellbaren Schreckens,
der in viereinhalb Jahren
mehr als zehn Millionen
Opfer forderte. Hindenburg,
Ludendorff, Clemenceau,
Petain, Lloyd George,
Kerenski, Lenin, Wilson usw.
sind Namen von Militärs und
Politikern, die in und mit
diesem Krieg ihre Strategien
verfolgten.
Kaiser Wilhelm II.,
Zar Nikolaus II.,
Kaiser Franz Joseph sind
Namen von Herrschern,
die auf verhängnisvolle Weise
mit dem Ausbruch des
Krieges verknüpft sind, durch
den ihre Monarchien stürzen
sollten.
Hier eine Szene von der
Isonzofront.

HGM

Unabhängigkeit Finnlands und der Ukraine anerkennen, die von deutschen und österreichischen Truppen besetzt wurde. 13.000 Waggons
voller Lebensmittel wurden aus der hungernden
Ukraine in die unterversorgte Heimat geschickt.
Die Sieger schielten bereits nach der Krim, ja nach
dem Kaukasus. Das Verhalten der Mittelmächte
gegenüber dem besiegten Rußland mußte einen
Kompromißfrieden im Westen erschweren. Aber
das deutsche Oberkommando ebenso wie einflußreiche Kreise in Österreich überschätzten bei weitem die Gunst der Lage; so ist es etwa zu erklären,
daß man 1917 durch den U-Boot-Krieg den Kriegseintritt der USA provozierte.
Für Österreich gab es in dieser Lage zwei Möglichkeiten: Entweder sich auf Gedeih und Verderb der
deutschen Kriegspolitik auszuliefern – oder einen
Separatfrieden unter Aufgabe des deutschen
Bündnisses zu schließen. Kaiser Karl war bei allen
offiziellen Beschwörungen der Nibelungentreue
durchaus nicht glücklich mit dem übermächtigen deutschen Bündnispartner. Schon Ende 1914
hatte er die Gefahr einer völligen Anlehnung an
Deutschland klar erkannt, „da wir sonst leicht ein
‚größeres Bayern' würden". Die Abhängigkeit von
deutscher Militärhilfe, deutschem Kapital und den
aggressiven Zielen der deutschen Politik wurde
im Verlauf des Krieges immer größer. Durch die
militärischen Erfolge der deutschen Armeen
wuchs die Bewunderung vieler Deutsch-Österreicher für den deutschen Kaiser und seine Generäle; viele, etwa der Berliner Korrespondent der

Neuen Freien Presse, erhofften sich vom Krieg
eine Stärkung des deutschen Einflusses in Österreich. Der Druck der deutsch-österreichischen
Öffentlichkeit auf den Kaiser ließ eine Distanzierung vom Bündnispartner kaum zu. Es hätte
eines wesentlich durchschlagskräftigeren Herrschers bedurft als es Kaiser Karl war, um in dieser
Situation abweichende österreichische Interessen
konsequent zu verfolgen.
Bei einem Treffen mit Kaiser Wilhelm II. in Spa, im
Mai 1918, kompromittiert durch die Sixtus-Affäre,
unterzeichnete Karl eine Vereinbarung, in der er
sich der deutschen Kriegspolitik praktisch völlig
unterordnete; man müsse für den Krieg „die Volks-
kraft restlos ausnutzen", legte die Abmachung
fest. Das bedeutete, wie in einem von den
Generalstabschefs unterzeichneten „Waffenbund"
festgelegt, in Hinkunft einheitliche Ausbildung
und Bewaffnung der beiden Heere, einheitliches
Transportwesen und damit weitgehende deutsche
Kontrolle über alle kriegswichtigen Bereiche der
Donaumonarchie. Im Grunde hatte Österreich-
Ungarn damit den Status als Großmacht schon vor
dem Zusammenbruch eingebüßt. Parallel damit
verloren die Westmächte das Interesse am Fort-
bestand der Monarchie; lange wäre mit ihnen ein
Kompromiß möglich gewesen, doch seit Anfang
1918 verlegten sie sich immer stärker auf die
Unterstützung der nationalen Bewegungen in
Österreich-Ungarn. Den Aktionen gutwilliger Vermittler fehlte fortan bis zum Kriegsende die politische Basis für eine wirksame Friedensinitiative.

Der Zusammenbruch

Im Winter 1917/18 verschlechterte sich auch die innere Lage des Habsburgerreiches deutlich. Trotz der Lieferungen von Getreide aus Rumänien und der Ukraine, von Kartoffeln aus Polen, von Geflügel aus Serbien wurde die Versorgungslage immer ungünstiger. Die tägliche Brotration mußte auf 165 Gramm reduziert werden. Die Entbehrungen im Hinterland, so lange geduldig ertragen, führten bei vielen zur Abwendung vom habsburgischen Staat, der zu keiner wirksamen politischen Initiative mehr fähig war. Die Untersuchungen Péter Hánaks anhand der zensurierten Privatkorrespondenz zeigen, wie sehr die Unzufriedenheit und die Bereitschaft zum Widerstand in diesem Winter wuchsen. Immer mehr Angehörige vor allem der slawischen Nationalitäten hofften nun auf einen Sieg der Entente, um dadurch die Unabhängigkeit zu gewinnen. Die Proklamation der berühmten „14 Punkte" des amerikanischen Präsidenten Wilson am 8. Januar 1918, mit der Forderung nach nationaler Autonomie der Völker der Donaumonarchie, Rüstungsbeschränkungen und der Gründung eines Völkerbundes, verstärkte diese Hoffnungen. Die nationalen Politiker im Exil gewannen innerhalb Österreichs an Einfluß. Im April 1918 wurde in Rom ein Kongreß der unterdrückten Völker Österreich-Ungarns abgehalten; „getäuscht und betrogen durch das verräterische Haus Habsburg", sollten sie ihre Schicksale in die eigenen Hände nehmen, wie der italienische Ministerpräsident Orlando erklärte.

Erstmals kam es 1918 zu ernsteren Widerstandsaktionen in der Monarchie: Die Januarstreiks der unterernährten und bis zur Erschöpfung ausgenützten Arbeiter in Wien, Wiener Neustadt und anderen Städten wurden zwar niedergeschlagen, doch setzten sie ein Signal, das im Gefolge der russischen Oktoberrevolution an Brisanz gewann. Marineeinheiten im Hafen von Cattaro meuterten, in Garnisonen des Hinterlandes kam es zu Erhebungen, zu Angriffen auf Offiziere: in Pécs, in Murau und Judenburg, in Kragujevac. Desertionen häuften sich. Immer wieder Kriegsgerichte, Erschießungen, die inmitten der Kriegsgreuel ihre abschreckende Wirkung einzubüßen begannen. „Wenn sterben, dann gleich", dachten viele; die Ideale des Nationalismus und der Demokratie motivierten zur Selbstaufopferung.

Noch hielt die Front. Doch war man sich in Wien der Gefahr bewußt. Im April 1918 schrieb der Außenminister Czernin in einem Memorandum an Kaiser Wilhelm: „Die Verantwortung für die Fortsetzung des Krieges ist weit größer für den Monarchen, dessen Land nur durch das Band der Dynastie geeinigt wird, als für den, wo das Volk selbst für seine nationale Selbständigkeit kämpft. Euer Majestät wissen, daß der Druck, der auf der Bevölkerung lastet, einen Grad angenommen hat, der einfach unerträglich wird ..., daß der Bogen dermaßen gespannt ist, daß ein Zerreißen täglich erwartet werden kann ... Wenn die Monarchen der Zentralmächte nicht imstande sind, in den nächsten Monaten Frieden zu schließen, dann werden es die Völker über ihre Köpfe hinüber machen." Im deutschen Hauptquartier führte man den hellsichtigen Pessimismus Czernins auf dessen „zusammenbrechende Nerven" zurück. Dort rechnete man damit, daß Deutschland noch zwei bis drei Jahre Krieg führen könnte. Noch einmal wurde im Sommer 1918 an der französischen und der italienischen Front eine Offensive begonnen; bald zeichnete sich jedoch der militärische Mißerfolg ab.

Erst jetzt reagierte Kaiser Karl auf die Herausforderung durch die 14 Punkte Präsident Wilsons und die nationalen Versprechungen der Entente. In einer Deklaration vom 16. Oktober 1918 kündigte er die Umwandlung Österreichs in einen Bundesstaat nationaler Einzelstaaten an. Die Länder der ungarischen Krone sollten davon ausgenommen sein, was etwa die Kroaten, Slowaken und Rumänen betraf. Ein solches Autonomieversprechen war durch die Entwicklung inzwischen überholt; in vielen Teilen der Monarchie wurde es nur mehr verlacht. Relativ wohlwollend war noch der Kommentar: „Der Wortlaut des Manifestes bestätigt auch jetzt wieder die alte österreichische Devise: zu spät und halb." Das war ein Echo des berühmten Grillparzer-Wortes aus dem „Bruderzwist": „Das ist der Fluch von unserm edlen Haus: / Auf halben Wegen und zu halber Tat / Mit halben Mitteln zauderhaft zu streben." Präsident Wilson,

Szene aus dem Ersten Weltkrieg: Die Beerdigung eines serbischen Soldaten.

HGM

dessen Wohlwollen der Kaiser mit seinem Völkermanifest erreichen wollte, verwies in seiner Antwort darauf, das Autonomieangebot sei durch die Ereignisse überholt. Längst hatten England, Frankreich und die Vereinigten Staaten den nationalen Vertretern die Errichtung eines tschechoslowakischen Staates zugesagt, und am 15. Oktober hatte Frankreich die neugebildete provisorische tschechoslowakische Exilregierung unter Beneš anerkannt. „Wer zu spät kommt, den bestraft das Leben" – das geflügelte Wort Gorbatschows kurz vor dem Ende der DDR ließe sich auch auf den Zerfall der Habsburgermonarchie anwenden.

Nun kam es auch zu Meutereien der Fronttruppen auf dem Balkan und in Italien, der Zerfall der k. u. k. Armee bahnte sich an. In den Kronländern ging es jetzt Schlag auf Schlag. In Budapest kam es seit 24. Oktober zu Demonstrationen und Zusammenstößen loyaler Truppen mit Studenten und meuternden Soldaten. Am 28. Oktober fand in Prag eine Großdemonstration statt; der Abgeordnete Dr. Zahradník verkündete von den Stufen des Wenzelsdenkmals: „Für immer brechen wir die Fesseln, mit denen uns die treubrüchigen, fremden, unmoralischen Habsburger gemartert haben." Die tschechoslowakische Republik wurde ausgerufen. Am nächsten Tag proklamierte in Agram eine feierliche Sitzung des Landtages die Trennung Kroatiens von der Monarchie; der Landtagspräsident Dr. Medakovič erinnerte daran, wie lange man „unter der Fremdherrschaft gestöhnt und geächzt" habe; „heute sind endlich diese Fesseln gesprengt". Am 31. Oktober ernannte König Karl den demokratischen Reformpolitiker Graf Károlyi zum ungarischen Ministerpräsidenten; der altgediente Graf Tisza, der 1914 als Ministerpräsident vor dem Krieg gewarnt hatte, wurde am gleichen Tag von einem Rotgardisten ermordet. Am 1. November ließ sich Károlyi von seinem Amtseid an den Habsburger entbinden; die ungarischen Truppen waren bereits von der Front abberufen worden.

Vielfach waren es also Vertreter der politischen Elite, die lange genug mit dem habsburgischen Staat zusammengearbeitet hatten, die nun eine republikanisch-demokratische Entwicklung einleiteten. Der Übergang vollzog sich in der Regel friedlich; die Armee war in Auflösung, und der Kaiser hätte gar nicht mehr die Machtmittel gehabt, die nationalen Bestrebungen zu unterdrücken. Karls Autonomie-Deklaration vom 16. Oktober erleichterte immerhin die geordnete Übernahme der Verwaltung durch die neuen Staaten. Sozialrevolutionäre Bewegungen und Demonstrationen wirkten freilich manchmal beschleunigend; doch die Führung der Sozialdemokraten setzte

ebenfalls auf einen friedlichen Wechsel. Revolutionäre Kämpfe wie in Berlin und München ereigneten sich nur in Budapest, wo sich für eine Zeit eine Räteregierung nach sowjetischem Muster durchsetzte. In Wien hatten sich die Abgeordneten der deutschsprachigen Länder am 21. Oktober als provisorische Nationalversammlung Deutsch-Österreichs konstituiert; der letzte kaiserliche Ministerpräsident, Heinrich Lammasch, konnte seit dem 22. Oktober nur mehr für eine halbwegs geordnete Auflösung des alten Regimes sorgen. Am 3. November unterwarf sich Österreich in Padua den Waffenstillstandsbedingungen der Entente; der Waffenstillstand trat am nächsten Tag in Kraft. Die „staatlichen Kriegskartenhäuser" (Karl Kraus) waren zusammengestürzt. Am 7. November brachen die Vertreter der Siegermächte die Verhandlungen mit den Repräsentanten des alten Österreich-Ungarn ab, da sie niemanden mehr repräsentierten. Kaiser Karl weigerte sich immer noch, abzudanken. Schließlich verzichtete er am 11. November auf die Teilnahme an den Staatsgeschäften in Österreich und zog sich aus Schönbrunn nach Eckartsau im Marchfeld zurück. Am 12. November wurde in Wien die Republik ausgerufen. Am nächsten Tag mußte Karl auch für Ungarn auf die Regierung verzichten.

Immer noch hielt der Habsburger an seinen prinzipiellen Souveränitätsrechten fest. „Die Gründe, warum ich jede Abdankung ablehnte, waren, daß damit im Falle einer Restauration keine Sicherheit für die Legitimität bestand … Die Mehrzahl der Gutgesinnten würde einen verachten und ihre Bemühungen für eine Restauration hätten kein sichtbares Ideal, auf das sie sich konzentrieren könnten. Die Revolutionäre hingegen würden einer Abdankung trotzdem mißtrauen", schrieb er später im Exil. Noch einmal zeigte sich das unbeirrbar-starrsinnige Festhalten der Dynastie an ihren Rechtstiteln. Einen abgesetzten Herrscher, der offen nach Restauration strebte, konnte die republikanische Regierung im Land freilich nicht dulden. Im März 1919 mußte Karl Österreich schließlich verlassen. Von seinem Schweizer Exil aus versuchte er im Jahr 1921 noch zweimal, mit Hilfe loyaler Kreise in Ungarn wieder an die Macht zu kommen. Dort hatte der einst so königstreue Admiral Horthy nach der Niederschlagung der Räterepublik als Reichsverweser die Macht übernommen. Doch auch ihm lag nichts an einer Restauration der Monarchie; die stümperhaft inszenierten Auftritte des letzten Königs scheiterten kläglich. Die Siegermächte zwangen den Habsburger nun, ins Exil nach Madeira zu gehen. Dort starb er am 1. April 1922, nicht einmal 35jährig, an der Grippe. Seine junge Witwe Zita sollte ihn um fast 70 Jahre überleben.

Begegnung Kaiser Karls I. mit Kaiser Wilhelm II. Auch nach seiner Abdankung hielt Karl an seinen prinzipiellen Souveränitätsrechten fest. Einen abgedankten Herrscher, der offen nach Restauration strebte, konnte die republikanische Regierung in Österreich nicht dulden. Im März 1919 mußte Karl das Land schließlich verlassen.

ÖNB

Das Verhängnis
im Rückblick

Im Exil hat der letzte Kaiser noch einmal die kurzen Jahre seiner Regierung Revue passieren lassen, nach Rechtfertigungen und Begründungen gesucht. Woran war die Monarchie zugrunde gegangen? Der „Siegfriedlerwahnsinn" der deutschösterreichischen Intelligenz, die alldeutsch eingestellten Politiker auf der einen und die ungarische Gentry auf der anderen Seite der Leitha hatten einen nationalen Ausgleich und einen rechtzeitigen Friedensschluß verhindert. Schwache Politiker wie der Ministerpräsident Koerber, „ein Wurschtler des alten Systems", oder der Außenminister Czernin, ein „Blender" und „Narr", hatten das Vertrauen des Kaisers nicht gerechtfertigt. Ein Vorwurf traf auch den „gutmütigen" Kaiser Wilhelm, der seinen „säbelrasselnden Generälen" hörig war, die ohne jedes Verständnis für Österreichs innere Verhältnisse zu lange nach einem Siegfrieden trachteten – und zuletzt zu schnell nach einem Frieden um jeden Preis riefen. Dazu kam ein wenig Selbstkritik: „Ein alter, typisch österreichischer Fehler ist es – übrigens habe auch ich diesen Fehler oft begangen, sehr oft begangen –, jede Entscheidung durch zu viel Sitzungen, Beratungen und Sachverständigenurteile zu verzögern. Man beratet und brütet. Und die Entscheidung kommt zu spät oder fällt orakelhaft aus."

Die Schwierigkeiten seiner Regierung hat Karl im Rückblick durchaus erkannt. Die Historiker sind sich darin relativ einig, daß er ihnen nicht gewachsen war – auch wenn zeitgenössische Vorwürfe, er habe die geistigen Fähigkeiten eines Zehnjährigen, den Horizont eines Leutnants gehabt, sicher übertrieben sind. Er „sah sich vor eine Aufgabe gestellt, die auch eine stärkere Persönlichkeit mit besserer Vorbereitung für das Herrscheramt kaum hätte lösen können", meint Adam Wandruszka. „Ein junger Mann, der sich seinem Vorgänger an geistigen Fähigkeiten in keiner Weise überlegen zeigte, aber weder seine Beständigkeit noch selbstverständlich seine Erfahrung besaß", so sieht ihn Robert A. Kann. Guter Wille und echte Friedensabsichten werden ihm zumeist zugebilligt. Die verhängnisvolle Entscheidung des Jahres 1914 für die Kriegserklärung an Serbien, an der er keinen wesentlichen Anteil hatte, konnte er allerdings nicht mehr wettmachen. Selbst politische Gegner wie der tschechische Exilpolitiker Eduard Beneš haben seine Aufgabe für unlösbar gehalten.

Am Ende des Ersten Weltkrieges stand nicht nur der Abtritt der Habsburger von der europäischen Bühne. Die vier Mächte, die jahrhundertelang Mittel- und Osteuropa beherrscht hatten, waren alle in Auflösung begriffen, ihre Dynastien hinweggefegt. Das Osmanische Reich, auf dessen Erbmasse sich die anderen drei solche Hoffnungen gemacht hatten, verlor auch die arabischen Gebiete; die neue Türkei Atatürks kämpfte jahrelang gegen griechische und armenische Ansprüche (der Völkermord an den Armeniern ist bis heute wenig bekannt). In Rußland wurde der Zar gestürzt, später mit seiner Familie ermordet; ein jahrelanger Bürgerkrieg drohte den völligen Zerfall zu bringen, erst die Erfolge der Roten Armee konsolidierten die Sowjetunion wieder als neue Macht. In Deutschland mußte Kaiser Wilhelm II. abdanken und ins Exil gehen; er hinterließ eine politisch sehr instabile Republik, kommunistische und rechtsradikale Gruppen strebten nach der Macht. Die Dynastien, die ihren Völkern einen solchen Blutzoll aufgebürdet hatten, waren endgültig erledigt. Keiner hat das so prägnant formuliert wie Karl Kraus: „Die Gleichzeitigkeit von Thronen und Telephonen hat zu Gelbkreuzgranaten geführt, um die Throne zu erhalten. Sie müssen weg, um das technische Leben wieder dem Leben dienstbar zu machen." Überall traten demokratische, nationale, soziale und sozialistische Bewegungen in verschiedenen Konstellationen die Nachfolge der gestürzten Monarchien an; als einzige der alten Mächte hatte Deutschland wenigstens nicht mit nationalen Unruhen zu kämpfen. Die Ideen der Französischen Revolution hatten, fast genau ein Jahrhundert nach dem Wiener Kongreß, doch noch gesiegt. Die Imperien der „Heiligen Allianz" gingen gemeinsam unter, als hätte sich ein Alptraum des seligen Metternich erfüllt.

Österreich war seit Metternichs Zeiten „die schwächste der Großmächte" (F. R. Bridges), an ökonomischen Ressourcen den Westmächten und Deutschland, an Bevölkerung und Raum Rußland bei weitem unterlegen. Seine Außenpolitik war besonders stark von den wechselnden Konstellationen des europäischen Gleichgewichts abhängig. Noch heute zerbrechen sich Historiker gerne den Kopf, welche Expansionsrichtungen die habsburgische Strategie des 19. Jahrhunderts hätte wählen sollen. War die Konzentration auf Italien von 1815 richtig, was brachte der Erwerb Galiziens ein, hätte man nicht lieber gleich alles auf den Balkan konzentrieren sollen? Fast hat man den Eindruck, die Historiker unseres Jahrhunderts hätten den Ersten Weltkrieg viel schneller zustande gebracht als die Großmachtpolitiker des vorigen. Österreichs Potential für expansive Politik war begrenzt; diese beruhte daher auf einem gewissen Konsens der betroffenen Großmächte. Die Niederlagen von 1859/66 hatten die Monarchie von ihren Interessensphären im fortgeschrittenen Deutschland und Norditalien abgeschnitten. Es blieb die im Grund wenig aussichtsreiche Balkanpolitik, ein Ringen um Gebiete, deren Beherrschung mehr kostete als sie einbrachte (wie im verhängnisvollen Bosnien). Österreich verstrickte sich dadurch in die endlose Kette von Balkankrisen und -kriegen der Jahre vor 1914 und wurde dabei in die Defensive gedrängt. Es bleibt ein Paradox, daß diejenige Macht, die dabei am meisten zu verlieren hatte, dann auf der Flucht nach vorn den entscheidenden Schritt in den Weltkrieg tat.

Das lag auch an den inneren Zerfallserscheinungen, die man dadurch zu überbrücken hoffte. Große Teile der intellektuellen und politischen Elite des Vielvölkerstaates waren auf Distanz zu dieser Monarchie gegangen. Nationale und sozialistische Bewegungen, Politikverdrossenheit und Ästhetizismus nahmen wachsende Anteile des kreativen Potentials auf. Der Staat der Habsburger hatte, bei aller Loyalität, vielleicht sogar sentimentalen Verehrung für den alten Kaiser, an motivierender und mobilisierender Kraft verloren. Für das geistige Klima des „Wien um 1900" wirkte diese Abwendung von den Zwecken des Staates äußerst anregend. Im Schatten der Habsburger gedieh eine Vielfalt in Wissenschaft und Literatur, Musik und bildender Kunst, die weit über den Untergang der Monarchie hinaus Stoff des „habsburgischen Mythos" werden sollte, obwohl sie zumeist aus der Distanz zur Dynastie entstanden war: „zugleich Zerrspiegel und Mikroskop" dieses Reiches, wie Claudio Magris schreibt. Doch zur selben Zeit, und wesentlich gegenwartswirksamer, wandte sich die politische Phantasie anderen Zukunftsentwürfen zu, die den Zielen der habsburgischen Herrschaft immer unversöhnlicher gegenüberstanden. Große Teile der deutschsprachigen Führungsschicht Österreichs blickten immer unverhohlener nach Deutschland; die Herrschaft der Dynastie über „die wilden Völker Österreichs" war ihnen kein vordringliches Anliegen mehr: „Die Kroaten

Der Krisenherd Balkan 1878 und 1908.
Die Ausdehnung der österreichisch-ungarischen Monarchie von Norden nach Süden betrug rund 1050 km, vom westlichsten Punkt in Vorarlberg bis zum östlichsten in der Bukowina etwa 1270 km. Die Monarchie war nach Rußland der zweitgrößte Staat Europas. Was die Bevölkerungszahl betrifft, so stand Österreich-Ungarn an dritter Stelle nach Rußland und dem Deutschen Reich.

und Rastelbinder, die Schlawiner und Mausfallenhandler, die Hanaken, Scherenschleifer, die Betyaren, Huzulen und die Magyaren", wie die satirische Zeitschrift „Der Floh" anläßlich des 60. Regierungsjubiläums von Kaiser Franz Joseph im Jahr 1908 sarkastisch den Festzug der Nationalitäten beschrieb: „Sie führten Tänze auf, musizierten, fraßen Feuer und Schlangen und zeigten Sr. K. K. Apostolischen Majestät ihre bekannte Anhänglichkeit." Die staatliche Bindung an wirtschaftlich und kulturell rückständige Gebiete wurde als Hemmnis für den Fortschritt verstanden, den man im Zusammengehen mit Deutschland viel eher gewährleistet sah. Der habsburgische Anspruch, eine kulturelle Mission zur Entwicklung der östlichen Länder zu vertreten, verlor dagegen an Attraktivität; Vorurteile, Verachtung und Chauvinismus gewannen an Boden. Und den wirtschaftlichen Interessen am Binnenmarkt der Monarchie konnten ihre Gegner aggressivere Entwürfe einer abhängigen, quasi-kolonialen Zone in Osteuropa entgegenhalten, wie sie in Deutschland gehegt wurden. Auch der wachsende Antisemitismus zielte nicht zuletzt gegen übernationale wirtschaftliche Interessen.

Wenn schon viele Deutsch-Österreicher nationale Gesichtspunkte den Interessen der Monarchie überordneten, so mußte das bei der benachteiligten Intelligenz der slawischen Völker umso eher eintreten; freilich sollte man diese Abwendung keineswegs pauschal annehmen. Viele Tschechen etwa entschieden sich erst in den letzten Kriegswochen für das von Masaryk und Beneš forcierte Projekt einer tschechoslowakischen Republik. Aber es war typisch, daß in der Krisenzeit von 1918 gerade die Verfechter einer völligen Loslösung von der Donaumonarchie die besseren Argumente zu haben schienen. Die Amtsträger und Anhänger der Monarchie hatten lange genug ihre Unfähigkeit zur Lösung der anstehenden Probleme bewiesen. Die rasche Abfolge überforderter, mittelmäßiger Ministerpräsidenten, meist trockener Bürokraten wie Stürgkh, zeigt, wie dünn die personellen Reserven in „Kakanien" geworden waren. Kaiser Karl berief aus dieser Verlegenheit heraus gleich zwei seiner ehemaligen Lehrer in dieses Amt.

Daß die Monarchie noch 1914 breite Massen zu begeistern vermochte, zeigte sich in den Wochen nach Kriegsausbruch; das Kalkül der Kriegspartei war zunächst aufgegangen. Doch die Enttäuschung nach dem Scheitern der völlig überzogenen Erwartungen war umso herber. Nach viereinhalb harten Kriegsjahren hatte Habsburgs Herrschaft soviel an Kredit verloren, daß sich kaum mehr eine Hand zu ihrer Verteidigung hob. Bald sollte sich zeigen, daß auch die recht unterschiedlichen Hoffnungen auf eine gerechtere Nach-

Im Alter von 34 Jahren starb Kaiser Karl am 1. April 1922 im Exil auf Madeira, wo er auch begraben wurde. In Wien, in der Kaisergruft, befindet sich ein Denkmal mit lateinischer Aufschrift, hier in Übersetzung: „Karl, Kaiser Österreichs und Apostolischer König von Ungarn, geboren 1887 auf Schloß Persenbeug. Gestorben in der Fremde 1922. Nicht mit seinem Leichnam, aber in seinen guten Werken ist er dem Vaterland immer gegenwärtig."

Archiv Verlag Styria

kriegsordnung nur zum Teil erfüllt werden konnten. Die im Widerstand gegen ein übernationales System zugespitzte nationale Komponente war in Mittel- und Osteuropa viel stärker als die demokratische entwickelt und gewann in den meisten neuen Staaten die Oberhand. Die Folgen sind bekannt.

Heimweh nach Mitteleuropa

„Das 1918 aufgeworfene Problem ist im Jahr 1990 noch immer nicht zufriedenstellend gelöst", schließt Jean Bérenger seine Geschichte des Habsburgerreiches. In den Kämpfen beim Zerfall Jugoslawiens hat sich diese Beobachtung leider bestätigt. Bérenger zieht daraus den Schluß, es sei ein Fehler der Siegermächte gewesen, die Donaumonarchie völlig zu zerstören – eine auch hierzulande verbreitete Ansicht. Das habsburgische Modell eines multinationalen Großraumes in Mitteleuropa erscheint noch heute manchen attraktiv. Von den vielbeachteten Auftritten Otto Habsburgs in Ungarn über das Begräbnis für die Kaiserinwitwe Zita in Wien 1989 zu den Feiern für „Cecco Beppe", den verklärten Kaiser Franz Joseph, in Friaul zieht sich der Reigen habsburgischer Nostalgiekundgebungen. Politisches Programm ist solcher Blick zurück nur für wenige; Anlaß zur gefühlsbetonten Erinnerung an eine vermeintlich „gute alte Zeit" für viele.

Die Habsburgermonarchie wird von ihren heutigen Verfechtern als Friedensordnung gesehen, die

Erzherzog Otto (geb. 1912), der älteste Sohn des letzten österreichischen Kaisers und derzeitige Chef des Hauses Habsburg-Lothringen.
ÖNB

nur an nationaler Unduldsamkeit zerbrochen ist und nun wieder verwirklichbar scheint. „So gesehen ist das Interesse, das der Gestalt Kaiser Karls von Österreich, Königs von Ungarn, entgegengebracht wird und das weit über seine früheren Länder hinausgeht, gerade heute durchaus verständlich. Denn das Regierungsprogramm des nunmehr vor mehr als sechs Jahrzehnten verschiedenen Herrschers hat über dessen Generation hinaus Gültigkeit. In seinen Tagen wurde Kaiser Karl vielfach mißverstanden, weil er weit vorausblickte und nicht bereit war, den kurzlebigen Götzen einer vergänglichen Gegenwart zu opfern." Das schrieb Karls Sohn Otto Habsburg 1987 als Vorwort zu Erich Feigls Karl-Biographie. Frieden, Freiheit, Gerechtigkeit: nichts anderes sei sein Programm gewesen.

Solche Auffassungen können direkt an die Vorstellungen zumindest der aufgeklärteren Verteidiger der Monarchie anschließen. Der Historiker Joseph Chmel stellte 1855 fest: „Die Stellung und die Aufgabe Österreichs ... ist die zu erreichende Verbindung verschiedener Nationalitäten zu einem harmonischen Ganzen ... zu zeigen, daß Humanität großartiger ist als Nationalität." Noch in der zweiten Auflage des „Grundrisses der österreichischen Reichsgeschichte" von Arnold Luschin von Ebengreuth, erschienen 1918, findet sich die Forderung nach einer „gerechten Innenpolitik", die „für das Gedeihen der Gesamtheit, des Staates und aller darin wohnenden Völkerschaften" sorgt. „Innerhalb dieser Grenzen soll den einzelnen Nationali-

täten nach ihren Kräften in großzügigster Weise zu voller Entfaltung Gelegenheit gegeben werden. Auf der richtigen Lösung dieser schwierigen Fragen, die ohne wechselseitiges Verständnis und Selbstbeschränkung auf beiden Seiten nicht bereinigt werden können, beruht die Großmachtstellung Österreichs ..."

Im letzten Jahr der Donaumonarchie versuchten manche noch, die Ideen Präsident Wilsons von Völkerbund und nationaler Selbständigkeit als etwas darzustellen, was in der Monarchie im Kern bereits verwirklicht sei. Außenminister Burián schrieb im Juli 1918, die Gegner Österreich-Ungarns übersähen, „daß Staaten mit mehreren Nationalitäten keine Zufallsgebilde sind, sondern Produkte historischer und völker-geographischer Notwendigkeiten, welche ihr Entstehungs- und Erhaltungsprinzip in sich tragen ... Alles, was sich in der Zukunft von der hehren Idee eines allgemeinen Völkerbundes wird verwirklichen lassen, soll in unserem Bündnisse kein Hindernis, sondern einen willigen Kern, eine vorbereitete Gruppe finden, die sich mit jeder auf verwandten Grundsätzen beruhenden allgemeinstaatlichen Kombination leicht und ihrem Sinne gemäß zusammenschließen kann." Solche harmonisierenden Vorstellungen von der Donaumonarchie als Kern eines Völkerbundes hatten in der rauhen Wirklichkeit des letzten Kriegsjahres natürlich keine Chance auf Verwirklichung. Doch steckt darin ein Versprechen, daß uneingelöst blieb; und damit ein Ansatzpunkt einer nachträglichen positiven Deutung der historischen Erfahrung des Habsburgerreiches.

Ein halbes Jahr später, im Januar 1919, verfaßte Karl Kraus seinen „Nachruf" auf das habsburgische Österreich, „der grausame Mythoszerstörer der habsburgischen Welt und der wütend verliebte Vernichter ihrer Werte" (Claudio Magris), einer der wenigen, die den Wahnsinn des Krieges von Anfang an klar gesehen hatten: „Durch die Nacht der Nächte leuchtet ein trost- und hoffnungsspendender Stern: nicht mehr Österreicher zu sein! Die Glückesfülle dieses Bewußtseins ... kann durch nichts getrübt werden als den Namen des neugeborenen Staates, der der Welt nach dem ganzen zentralmächtigen Odium klingen wird, durch die mitgeschleppte Erinnerung an die Hölle der Jahrhunderte, womit er sich dem Verdacht preisgibt, nur eine Neubildung jenes welthistorischen Krebses zu sein, an dessen Überwindung der Erdkreis den Todeskampf dieser vier Jahre gewendet hat." Die Donaumonarchie, das war „dieser aufgelöste Verein jovialer Scharfrichter, diese Gevatterschaft weltbetrügerischer Kräfte, dieser bürokratische Alpdruck landschaftlicher Schönheit, diese k. k. und zum Überdruß noch

k. u. k. Verunreinigung der Anlagen, die von Gott dem Schutze des Publikums empfohlen und vom Teufel als Privatbesitz einer allerhöchst bedenklichen Familie zugeschanzt waren".

Der Historiker muß versuchen, nachträgliche Sinngebungen, zeitgenössische Deutungen und die vielschichtigen vergangenen Wirklichkeiten sorgfältig auseinanderzuhalten. In jedem Fall macht heute das Scheitern des real-sozialistischen Modells und die neuerliche Gefahr des endlich überwunden geglaubten aggressiven Nationalismus die Auseinandersetzung mit den übernationalen Traditionen dieses Raumes aktuell. Freilich hat diese Auseinandersetzung nur dann einen Sinn, wenn sie zeigt, wie weit die Habsburgermonarchie ihr eigenes Programm des friedlichen, gerechten Zusammenlebens der Nationalitäten verfehlte – und wie sie dadurch dem Zusammenstoß der Nationen den Boden bereitete. Erst dadurch kann auf der anderen Seite ihre Leistung gewürdigt werden.

Auch die k. u. k. Monarchie war ja nicht die Lösung der ethnischen Fragen Ostmitteleuropas, sondern für viele ihrer Bürger das Problem. Österreich-Ungarn war ein Imperium, das seinen Völkern demokratische Spielräume immer nur zögernd und unter Druck eröffnete. Die „väterlich-strenge" Anfangsformel der Proklamationen Kaiser Franz Josephs, „An Meine Völker", enthielt Anerkennung ebenso wie Drohung – und sie zwang schließlich im Sommer 1914 diese Völker mit den wohlgesetzten Worten eines Ministerialbeamten (der sie für den greisen Kaiser verfaßt hatte) in die Katastrophe des Krieges. Seinen Großmachtinteressen opferte das Habsburgerreich, ohne anfangs existenziell bedroht zu sein, in diesem Weltkrieg das Leben von 1,2 Millionen Soldaten, 3,5 Millionen wurden verwundet, 2,2 Millionen gerieten in Gefangenschaft. „Für diesen tragikomischesten aller Präventivkriege war das Kaputtwerden" – der Monarchie nämlich – „eine zu geringe Sühne", schrieb Karl Kraus. Jedenfalls war die politische Konzeption der Habsburgermonarchie völlig gescheitert – ganz gleich, wie man die heißumfehdete Kriegsschuldfrage beantwortet. Daß nach 1918 auch die Lösung auf der Basis von Klein-

Das Begräbnis der letzten Kaiserin von Österreich und Königin von Ungarn Zita von Bourbon-Parma (1892–1989) am 1. April 1989 in Wien.
ORF, Peter Kurz

und Mittelstaaten kein dauerhaftes friedliches Zusammenleben garantierte, rechtfertigt nicht die Opfer der k. u. k. Großmachtpolitik.

Auf der anderen Seite war gerade die österreichische Reichshälfte nicht der Völkerkerker, als den die Gegner der Monarchie sie darstellten. Auch Robert Musils verschrobenes Kakanien zeigt noch das Bild eines „untergegangenen, unverstandenen Staates, der in so vielem ohne Anerkennung vorbildlich gewesen ist". Der Gehalt der habsburgischen Geschichte an Utopien und praktischen Entwürfen übernationalen Zusammenlebens ist nicht einfach als Ideologie, als Täuschung abzutun. Sehr wohl muß diese Geschichte aber daran gemessen werden, wie weit und wieso sie immer wieder zur Ent-täuschung Anlaß gegeben hat. Nicht nur die letzten, unruhigen Jahrzehnte nationaler Auseinandersetzungen können diese Frage klären helfen.

Die ganze Geschichte der Habsburger kreist immer wieder um das Thema der Pluralität der Völker und Kulturen, die unter der Herrschaft der Dynastie vereinigt waren. Schon das Heilige Römische Reich in seiner kaum beherrschbaren Vielfalt hat seine habsburgischen Herrscher immer dazu herausgefordert, die Einheit im kleinsten gemeinsamen Nenner – und in der höchsten gemeinsamen Idee zu suchen. Es hat sie zu wahrhaft europäischer dynastischer Machtpolitik zugleich legitimiert und gezwungen. Die ostmitteleuropäische Donaumonarchie repräsentiert nur das Endstadium dieser kaleidoskopischen Herrschaft. Adam Wandruszka hat betont, daß Freiburg im Breisgau, Mailand, Brüssel länger habsburgisch waren als Krakau, Czernowitz oder gar Sarajewo. Auf der anderen Seite standen Böhmen, die österreichischen Länder, die Krain und die adriatischen Küstenlande um Triest jahrhundertelang unter habsburgischer Herrschaft; schon am Ende des Mittelalters hatten sie mehr gemeinsam, als die sprachliche Vielfalt vermuten lassen würde.

Solche kulturellen und ökonomischen Querverbindungen erleichterten die Bildung großräumiger Herrschaftsgebiete und wurden dadurch wiederum weiterentwickelt; doch ohne schließlich zu einem Nationalstaat zu führen. Hugh Seton-Watson beobachtete: „Die Unterschiede zwischen der Ile de France und der Bretagne, zwischen Burgund und Languedoc waren im 14. Jahrhundert kaum geringer als jene zwischen der Steiermark, Tirol und Böhmen, und die Methoden der französischen Könige, neue Gebiete und Völker unter ihre Kontrolle zu bringen, waren weitaus grausamer als irgendeine Methode der Habsburger." Am Ende dieser Entwicklung stand die französische Nation, ein Staat, der sich mehr oder weniger mit dem (europäischen) Herrschaftsbereich des französischen Königs deckte. Ähnlich war es in England. Im 19. Jahrhundert begann ein Nationalstaat nach diesem Vorbild als naturgemäß und höchst erstrebenswert zu gelten. In Wirklichkeit repräsentierte er eine, wenn auch sehr erfolgreiche, historische Anomalie. Warum aus den habsburgischen Kernländern, aus Österreich, Böhmen und Ungarn, nie eine „österreichische" Nation wurde, bedarf daher eigentlich keiner spitzfindigen Erklärung. Sicher hing das auch mit den verzweigten Großmachtinteressen der Dynastie zusammen. Ebenso klar ist, daß eine solche Nationwerdung nur über blutige Konflikte und rücksichtslose Assimilierungspolitik zu erreichen gewesen wäre. Nicht einmal nach dem Sieg am Weißen Berg oder der Eroberung des türkischen Ungarn haben die Habsburger eine durchgreifende nationale Vereinheitlichung versucht.

Die Donaumonarchie hat ganz im Gegenteil dazu beigetragen, die ohnehin bunte ethnische Landkarte Ostmitteleuropas weiter zu durchmischen. Franz Josephs kosmopolitisches Wien war nur ein Symbol für diesen „Pallawatsch unter Habsburgs Szepter" (Karl Kraus). Ein gleichberechtigtes Zusammenleben der Völker, wie die Lesebuchidylle es glauben machen wollte, hat in dieser multinationalen Monarchie freilich nicht geherrscht. Seit der Französischen Revolution igelte sich das habsburgische Regime vor den neuen Idealen ein; auch wo Zugeständnisse gemacht wurden, blieb das Mißtrauen gegen selbständige Regungen erhalten. Alte Vorrechte und neue Vorurteile regulierten weiterhin über Gebühr den Zugang zu Macht und Reichtum. Doch dieses Geflecht von Vorteilen und Benachteiligungen, von Einschränkungen und Entfaltungsmöglichkeiten war nicht einfach ethnisch bestimmt. Erst die nationalen Ideologien versuchten, die Realität nach völkischen Gesichtspunkten zu ordnen, und das heißt, zu vereinfachen. „Nicht zuletzt in Mittel- und Osteuropa gewann das Sich-Bewußtwerden sprach-kultureller Bindungen eine besondere Dynamik: Die Sprache wurde als wesentliches Zeichen der nationalen Zugehörigkeit angesehen, als entscheidendes Element der Nation" (Richard Georg Plaschka). Damit wurde sie zur trennenden, zur sprengenden Kraft der Monarchie.

Heute wissen wir, daß ethnische Zugehörigkeit viel komplexer, viel subjektiver, viel dynamischer, oft viel doppeldeutiger ist als nationales Denken vermeint. Und wir wissen, daß in der Monarchie über die Sprachgrenzen hinweg gemeinsame Codes, gemeinsame kulturelle Erkennungszeichen das Zusammenleben ermöglichten: von den Uniformen der Soldaten bis zu populären Operettenmelodien, von der Architektur der Stadttheater bis zu den Palatschinken (nach deren Ver-

breitung manche sogar die Ausdehnung Mittel-
europas definieren möchten). Nicht nur die
Dynastie oder ein abstrakter Staatsgedanke haben
Einheit gestiftet; „die Schicksale und die Sozia-
lisation zu vieler Menschen in zu vielen Lebens-
bereichen – nicht nur im Bereich der öffentlichen
Verwaltung oder des Militärwesens – sind von
der Zugehörigkeit zum Institutionengefüge der
Monarchia Austriaca geprägt worden" (Gerald
Stourzh), als daß man das Gemeinsame dieses
Raumes vernachlässigen könnte.

Es ist diese „civiltà mitteleuropea", die heute wieder als verbindender Wert ins Bewußtsein gedrungen ist. Der Begriff Mitteleuropa hat den Vorteil,
nach traumatischen Erfahrungen mit nazideut-
scher und mit sowjetischer Vorherrschaft an
Gemeinsamkeiten zu erinnern, die nicht von übermächtigen Armeen und ihren Ideologien verkörpert werden. Darin liegt freilich schon eine
Schlamperei, ein Anteil des Vergessens: Auch das
alte Österreich herrschte mit Hilfe seiner Armee,
erzwang Gemeinsamkeit mit borniter Bürokratie, war immer auch ein „Hundsgemeinwesen",
nach dem bösen Wort von Karl Kraus. Toleranz
und Ignoranz sind in dieser österreichisch-mittel-
europäischen Tradition untrennbar verwoben.
Gerade im patriotischen Überschwang am Beginn
des Weltkrieges hat Robert Musil von den Österreichern als dem „Volk im Herzen Europas und mit
dem Herzen Europas" gesprochen. Als aufgeschlossener Alt-Österreicher war man viel mehr
als anderswo gezwungen, Europäer zu sein. Doch
konnte zugleich dieser „Griff ins Europäische als
Überhebung" (Ernst Stein) verstanden werden. Es
„verbanden sich in diesem heute so hartnäckig
beanspruchten Europäertum echte, übernationale
Aufgeschlossenheit und geheimste, zwielichtige
Absperrung" (Claudio Magris), eine typisch österreichische Doppelgesichtigkeit.

Wer rät, dieses Erbe allzu ungeprüft anzutreten,
der beabsichtigt oder riskiert eine Orientierung
an schon einmal verhängnisvollen Fehlentwick-
lungen. Der Radetzkymarsch sollte eben nicht nur
an den „Zauber der Montur" erinnern oder an
Joseph Roths nostalgisches Bild der sterbenden
Monarchie, sondern auch an die blutige Niederschlagung der bürgerlichen Revolution von 1848.
Allzu oft steht, wie Wolfgang Häusler bemängelt
hat, hinter der „kritiklosen Verherrlichung des
Herrscherhauses ... ein Defizit republikanischer
Geschichtstradition", ja „Demokratieverdrossen-
heit". Das heißt nicht, daß die Habsburger und
ihre Monarchie aus der mitteleuropäischen und
österreichischen Geschichte weggedacht werden sollten. Moritz Csáky hat kürzlich auf die
Notwendigkeit einer „prozeßhaften Aneignung
des Österreichischen" hingewiesen, wobei die

Pluralität dieses vielfältigen Erbes bewußt bleiben
muß. Das setzt „in gleicher Weise die Überwindung nationaler Voreingenommenheit und die
Öffnung zu einer größeren, zu einer europäischen
Perspektive" voraus.

In der Gruft unter der Kirche
des Schlosses Artstetten
in Niederösterreich ruht das
in Sarajewo ermordete
Thronfolgerpaar.
Nemeth

Aktualität der Habsburger?

Die Wiederentdeckung einer gemeinsamen mitteleuropäischen Vergangenheit nach Jahrzehnten
der Distanzierung ist nach dem Fall des Eisernen
Vorhangs natürlich aktuell. Politische Nostalgie
nach einer scheinbar „guten alten Zeit", vor allem
in Ostmitteleuropa, erklärt jedoch nur einen gerin-
geren Teil des verbreiteten Interesses an den
Habsburgern. Auf dem österreichischen Bücher-
markt hat in den letzten Jahren kein anderes historisches Thema solchen Erfolg gehabt. Großaus-
stellungen über Franz Joseph und seine Zeit
ziehen Hunderttausende Besucher an. Sogar zum
Begräbnis einer alten Dame, die 70 Jahre zuvor für
kurze Zeit, als letzte, Kaiserin von Österreich war,
kamen Tausende. Für Touristen wird das habsburgische Erbe, neben der Musik, als Haupt-
anziehungspunkt Österreichs präsentiert. Eine
„Via Imperialis" soll auf die Spuren der Dynastie
führen. 1992 wird in amerikanischen Großstädten
„Imperial Austria" vorgestellt, Arnold Schwar-
zenegger läßt sich mit einem Prunkharnisch
ablichten. Bei der EXPO in Sevilla gibt die habsburgische Vergangenheit Spaniens und Österreichs einen gemeinsamen europäischen Nenner
ab. Auch das vorliegende Buch und die Fernseh-

Allgemeine Karte der
österreichischen Monarchie,
Kupferstich von Anton Amon
1795.

ÖNB

ZEICHENERKLÆRUNG

	K:	Königreich
	FH:	Erzherzogthum
	GFT:	Grofsfürstenthum
	H:	Herzogthum
	GGF:	Gefürstete Grafschaft
	G.F:	Grafschaft
	Fürst: od: Fürstenth:	Fürstenthum
	Mh:	Minderherrschaft
	Fisc:Guth od Fis:	Fiscal Guth
	Kr:	Kreis
	Dist:	District
	Quart:	Quartier
	Gesp:	Gespanschaft od: Comitat
	St:	Stuhl
	Reg:	Regiment

ALLGEMEINE KARTE
DER
OESTREICHISCHEN MONARCHIE

Mit Benützung der sichersten und neuesten Beobachtungen
und Nachrichten der richtigsten geographischen Specialkarten
und einer Menge vorzüglicher Handzeichnungen
entworfen und gezeichnet
von
JOSEPH MARX FREIHERRN VON
LICHTENSTERN
verschiedener Akademien der Wissenschaften Mitgliede
Gestochen von Anton Amon
UND HERAUSGEGEBEN VON DER KOSMOGRAPHISCHEN GESELLSCHAFT
WIEN 1795.

Die Neue Hofburg in Wien.
Trumler

werden im Grunde immer dieselben Geschichten, ein vertrautes Repertoire von Schicksalsschlägen und Tragödien, von Triumphen und Happy-Ends. Die Personen und vor allem das Kolorit wechseln, die Motive und Modelle bleiben einander ähnlich. Interesse an der Geschichte ist eine Beziehung von Mensch zu Mensch: vom Betrachter zur vorgestellten Figur. Wie jene Menschen fühlten, dachten, lebten, das möchte man erfahren; eigentlich aber weiß man es schon vorher. Tradierte Bilder, projizierte Erwartungen färben den Blick zurück; mit noch so vielen Informationen werden diese Schemen der Vergangenheit erfüllt, werden deutlicher, beschreibbarer. Aber sie sprechen nicht selbst zu uns. Damit muß nicht nur der Leser historischer Bücher rechnen; auch der Historiker kann sich davon immer nur bedingt lösen.

Es ist das Menschliche, vielfach das Allzumenschliche, das vor allem an der Vergangenheit fasziniert. Die Habsburger eignen sich dafür hervorragend: eine Reihe von Gestalten, die in jahrhundertelanger Bemühung als Chrakterbilder, als Schicksale beschrieben, geformt, erklärt wurden, die unverwechselbar geworden sind und doch immer wieder in neuem Licht gesehen werden können. Wenige Menschen der vergangenen Jahrhunderte haben eine solche Chance auf Verewigung gehabt. Schon der erste königliche Habsburger hat erstmals auf seiner Grabplatte ein lebensnahes Bildnis hinterlassen, und zahlreiche Anekdoten stellen ihn in alltäglichen Situationen dar. Wenige seiner Zeitgenossen oder gar seiner Untertanen sind für uns so plastisch vorstellbar. Dieses Privileg der Überlieferungschance hatten auch seine Nachfolger; deshalb erscheinen sie uns heute leicht als menschliches Antlitz ihrer Zeit. Der Herrscher als Mensch, im Spannungsverhältnis zwischen Regierungsverantwortung und persönlichem Schicksal (zwischen den „zwei Körpern des Königs", wie es Ernst Kantorowicz formuliert hat), stand immer im Blickpunkt. Zahllose Anekdoten über gekrönte Häupter, die aus ihrer Rolle treten (oder fallen), etwa indem sie unerkannt unters Volk treten, setzen daran an. Noch heute sind lebende Monarchen für Millionen von Betrachtern Objekte außergewöhnlichen Interesses; ihr Privatestes wird ins Öffentliche gekehrt, sie dienen als Identifikationsfiguren für Menschen, die selbst gegen ein anonymes Dasein um Identität ringen. Privates Schicksal, auch das macht die Habsburger unverwechselbar: Kaiser Franz Joseph, dem nichts erspart blieb, seine ruhelose Frau Sisi, nach einem unerfüllten Leben mit einer Feile ermordet, sein tragischer Sohn Rudolf und der mysteriöse Doppelselbstmord von Mayerling – das sind Themen, die keiner Renaissance bedürfen, wo Erinnerungen eines Kammerdieners

serie, die ihm zugrunde liegt, spiegeln das Interesse am Thema.

Was macht die Erinnerung an die Habsburger so reizvoll? In einer breiteren Öffentlichkeit wird Vergangenes überhaupt immer gefragter. Das ist allerdings nicht unbedingt der Erfolg der Historiker, ihrer Geschichtsbilder und ihrer unablässigen Kleinarbeit. Nicht die *Vergangenheit* und ihre Deutungen sind oft gefragt, sondern *Vergangenheiten*. Die mühevolle Frage, wie es zur Gegenwart gekommen ist, wo die Vergangenheit der Zukunft liegt, läßt sich nicht immer marktgängig beantworten. Vielmehr werden Fluchtwelten, Gegenbilder erwartet: geordnet oder erschreckend, prachtvoll oder befremdlich, exotisch und bizarr. Noch nie waren die Bausteine der Geschichte so verfügbar wie heute. Sie sind nicht nur dem vielbeschworenen postmodernen Zugriff zugänglich, sondern auch dem hastigen Szenario des Redakteurs, der Fantasy-Spekulation des Filmproduzenten, der ästhetisierenden Beschaulichkeit des Feuilletonisten.

Dabei kommt es, bei allem Kitzel des Ungewohnten, ebenso auf das Wiedererkennen an. Erzählt

oder eine halbvergessene Liebschaft noch immer veritable Bestseller ausmachen. Doch bestimmten der ständige Konflikt zwischen Staatsräson und unterdrücktem Glücksverlangen noch viele weniger bekannte Schicksale, die „Amor im Hause Habsburg" auslöste oder die „Habsburgs verlorenen Töchtern" zustießen. Erzählt wird in unzähligen Varianten immer wieder die Geschichte von der freiwilligen oder gezwungenen Aufopferung für Dynastie und Staat, oft von der Würde, mit der sie hingenommen wurde, manchmal auch von der Unzulänglichkeit, in der man (meist aber frau) daran zerbrach.

Auch solcher Umgang mit der Vergangenheit ist legitim. Es gibt keine „eigentliche" Geschichte, die der Historiker vor dem Zugriff heutiger Faszination zu verteidigen hätte, auch wenn diese sich aufs Triviale richtet. Wer Historisches darstellt, besonders wenn er es in akademischen Zusammenhängen tut, hat freilich nicht das Privileg der Naivität. Er hat sich nicht nur mit dem überlieferten Bild, sondern auch mit der Überlieferung selbst zu beschäftigen, mit ihren Verzerrungen und Verklärungen. Er muß den Wunsch- und Schreckbildern, mit ihrem ganzen Reichtum an verführerischen Details, die Kargheit der tatsächlichen Spuren entgegenhalten und dabei viele Erwartungen enttäuschen. Eine schwere Aufgabe, steht er doch selbst in einer Tradition, die so viele beeindruckende Bilder vergangener Persönlichkeiten entworfen hat; ein großartiges Erbe, dem er sich kaum entziehen kann. Er kann immerhin versuchen, die Entstehung der Bilder in seine Darstellung einzubeziehen und damit ihrem Reichtum gerecht zu werden, ohne sie durchwegs als Fakten hinstellen zu müssen.

Die Habsburger, eine Dynastie: Nicht um „wirkliche" Menschen geht es dabei. Eine Dynastie ist zunächst und vordringlich eine Fiktion, ein Legitimitätszusammenhang. Wer diese Legitimität verkörpert, ist zweitrangig. Es kann ein regierungsunfähiger Kaiser am Rande des Schwachsinns sein, wie Ferdinand der Gütige, ohne das dynastische Prinzip außer Kraft zu setzen. Wichtig ist freilich die öffentliche Wirkung, das Auftreten. Hinter dieser Erscheinung vor Mit- und Nachwelt tritt die Person zurück. Nicht erst für die Zukunft, schon für die Gegenwart wird der Mythos geschaffen, der immer in der Vergangenheit gründet und in die Zukunft vorausweist. Kaum eine europäische Dynastie war so erfolgreich darin, ihren Mythos in den Herzen und Hirnen der Menschen zu verankern. Das galt sogar in der Zeit ihres Niederganges. Selbst „boshafte Kritiker" wie Robert Musil und Heimito von Doderer, so schreibt Claudio Magris über den habsburgischen Mythos, „bleiben Gefangene dieser märchenhaften und

schwärmerischen Verwandlung der Welt der Donaumonarchie, dieser suggestiven Verfremdung", die ebenso „Merkmal der österreichischen Humanitas" wie „ein scharfes Machtinstrument und eine geistige Stütze des Habsburgerreiches war".

Der notwendige Mythos

Bis ins 20. Jahrhundert beruhte die Herrschaft der Habsburger auf mittelalterlichen Grundlagen. Die umfassende Liste der Titel und Würden war zwar in wichtigen Punkten dem Druck der Ereignisse angepaßt worden; die Niederlegung des alten römisch-deutschen und die Annahme eines neugeschaffenen österreichischen Kaisertums 1804/06 war die wichtigste dieser Veränderungen. Doch das Prinzip blieb gleich: eine Aufzählung von Herrschaftsrechten, die nur in der Person ihres Inhabers ein Ganzes ergaben. Daß der Kaiser von Österreich auch König von Ungarn war, zugleich eine Reihe weiterer Königreiche, Herzogtümer, ja Grafschaften innehatte, wurde politisch nur selten in Frage gestellt. Diese Herrschaft übte er erst dadurch in vollem Sinn aus, daß ihm im betreffenden Land gehuldigt wurde. Die inkonsequenten Versuche Josephs II. und seiner Nachfolger, einen geschlossenen Gesamtstaat durch gemeinsame Behörden und Gesetze zu verbinden, waren letztlich wenig erfolgreich (vielleicht war es dazu auch schon zu spät). So war es möglich, daß im Herbst 1918 die Monarchie in wenigen Tagen in ihre Bestandteile zerfallen konnte. Das stärkste Bindeglied neben der Dynastie war die k. u. k. Armee; deswegen bedurfte es eines verlorenen Krieges, um die längst spürbaren Zerfallstendenzen wirksam werden zu lassen.

Kaisertreue Schriftsteller des 19. Jahrhunderts haben diese Uneinheitlichkeit ins Positive gewendet, indem sie betonten, keine Dynastie regiere mehr Königreiche und Länder als die Habsburger. Doch ein so disparater Herrschaftsbereich bürdete der Dynastie eine besondere Harmonisierungsleistung auf. Einheit, die in der Übereinstimmung von Verfassung, Sprache oder gesellschaftlichem Leben nicht zu erreichen war, mußte weitgehend im Ideellen verankert werden. Herrschaft, das ist immer schon Geschichte, das ist konzentrierte Vergangenheit, die einen Vorsprung vor allen denkbaren Konkurrenten gibt. Der Mythos erzählt, woher ein Herrscher kommt, wie er es geworden ist, was sein Recht ist, und warum es keinen besseren gibt. Der Mythos erzählt und verpflichtet zugleich, er verbindet und stellt das Verbindliche dar. Er fordert ein Bekenntnis, das nicht zurückgenommen werden soll, und tritt als unumkehrbar auf. Die Stände, der kleine Kreis der politisch Berechtigten, die für das Volk und als Volk sprechen, huldigen dem Herrn, der sich aus der Tradition seiner Dynastie legitimieren kann; dieses Versprechen gilt als bindend und schafft wiederum einen Vorbildfall für die Zukunft. Nicht überall im alten Europa ist es den Dynastien gelungen, einen ausreichenden Schatz an Legitimität anzusammeln, um solche Traditionen zu schaffen. Den Habsburgern ist es über Jahrhunderte sogar geglückt, die am schwersten zu haltende, die höchste weltliche Würde an die Familie zu binden: das römisch-deutsche Kaisertum.

Gegen Ende des Mittelalters, als die in mehrere Zweige zerfallene Familie den umgebenden Mächten unterlegen schien, hatte sie bereits einen konkurrenzlosen Vorrat an Legitimität und Herrschaftsansprüchen angesammelt: Ein Wert, der auch durch einen fast ohnmächtigen und offensichtlich seiner Stellung nicht gewachsenen Herrscher wie Friedrich III. nicht verspielt wurde, solange er daran nur beharrlich festhielt. Es war ein Kapital, das weder einfach in machtpolitisches Kleingeld umgesetzt werden konnte noch in unwürdigem Streit auf dem Spiel stand. Nicht die persönliche Tüchtigkeit Friedrichs, seines Sohnes Maximilian und seiner Urenkel Karl V. und Ferdinand I. entschied darüber, daß die Länder des

Hauses Österreich im Lauf eines halben Jahrhunderts auf ein Vielfaches anwuchsen. Es war vor allem ihr außergewöhnliches Prestige: Sie galten als vollbürtige Mitglieder dieses Hauses als besonders herrschaftsfähig, nicht nur im ererbten, sondern auch im erheirateten Land. Trotz mancher Unzulänglichkeiten gelang es ihnen, diesen hohen Anspruch in ausreichendem Maß zu verkörpern. Es war zwar eine Zeit, in der Emporkömmlinge durchaus ihr Glück machen konnten, so wie Mathias Corvinus oder die Sforza von Mailand. Aber ihre Macht verging so rasch wie sie entstanden war. Das Vertrauen der wenigen, die das Privileg zu wählen besaßen, gehörte zumeist denen, die von alters her geherrscht hatten. Denn man verlangte von ihnen auch, daß sie die von alters her überlieferten Rechte ihrer einflußreichen Untertanen respektierten. Es war ein Übereinkommen, das in jener Zeit zwischen Mittelalter und Neuzeit nicht mehr ohne Brüche und Widerstände eingehalten wurde. Öfter als früher mußte sich die Macht offen zeigen, mußte mit Geld und Soldaten erzwingen, wo Vorrecht und Charisma versagten. Doch bleibende Erfolge erzielte sie nur dort, wo man sich ihr anvertrauen mochte, wo sie Hoffnung und Bereitschaft erregen konnte.

Die Position der Habsburger ist in jahrhundertelanger Überzeugungsarbeit aufgebaut worden. In mittelalterlicher Sprache wird bis zum Schluß die Einzigartigkeit, die Auserwähltheit der Dynastie verkündet. Schon der Titel erzählt: Von dem Gott, der durch seine Gnade den Herrscher berufen hat, und von den zahlreichen Ländern, für die er eingesetzt ist. Bereits Rudolf von Habsburg war im Zeichen des Kreuzes zum König aufgestiegen. Karl V. beschwor in seiner bedeutsamsten Deklaration als römisch-deutscher Kaiser, nach der Begegnung mit Luther 1521 in Worms, das unerschütterliche Christentum seiner Vorfahren. Die habsburgischen Kaiser der Gegenreformation haben alle Macht in die Waagschale geworfen, um der Kirche Christi gegen die hartnäckigen Ketzer zum Durchbruch zu verhelfen. Noch Ferdinand „der Gütige" vertrieb Mitte des 19. Jahrhunderts, zwei Generationen nach dem Toleranzpatent Josephs II., Hunderte Protestanten aus seinen Ländern. Die letzten habsburgischen Herrscher haben in der säkularisierten Welt des 19. Jahrhunderts starrsinnig an ihrer politischen Religiosität festgehalten, der meist auch innere Überzeugung entsprach. Oft genug hatten die Länder unter diesem unerschütterlichen Katholizismus furchtbar zu leiden; Konfessionskriege und Vertreibungen sind dafür das deutlichste Beispiel. Doch die Dynastie schöpfte daraus ein Selbstbewußtsein, das den Wechselfällen der Geschichte gleichsam enthoben war. Ein Abglanz der christlichen Heilslehre und

Aktualität der Habsburger? Die Wiederentdeckung einer gemeinsamen mitteleuropäischen Vergangenheit nach Jahrzehnten der Distanzierung ist nach dem Fall des Eisernen Vorhangs aktueller denn je.
Hier eine Innenaufnahme vom Schloß Schönbrunn.
Trumler

Geschichte im Rückblick:
die Hermesvilla im Lainzer
Tiergarten in Wien.
ÖNB

Eschatologie fiel auf das Haus Habsburg. Auch Habsburger waren sterblich, wie andere Menschen; im Grabritus vor der Kapuzinergruft, bei dem der Verstorbene nicht als Kaiser, sondern erst als Mensch eingelassen wird, wurde das sogar betont. Doch die Dynastie war dieser Vergänglichkeit enthoben, sie hatte eine Aufgabe zu erfüllen, die nicht ganz von dieser Welt war. Heute ist das schwer zu verstehen, selbst für jene, die noch in der Welt des überlieferten Glaubens leben. Aber selbst am Ende des 20. Jahrhunderts wird von einzelnen noch die Seligsprechung des letzten Habsburgerkaisers Karl betrieben, ist von Wundern an seinem Grab die Rede. Weder Karls durchschnittliche Persönlichkeit noch seine völlig gescheiterte Regierung sind dafür wichtig. Er hat als letzter eine ehrwürdige Vergangenheit verkörpert, die das unausgesprochene Versprechen enthielt, nicht zu vergehen, und eine Gemeinschaft zu stiften, die durch sie der Vergänglichkeit enthoben war.

So konnte die Familie Habsburg auch ihr eigenes Ende überdauern. Am 20. Oktober 1740 ist die Dynastie ausgestorben, als der letzte Vertreter des habsburgischen Mannesstammes, Karl VI., verschied. Der biologische Tod löste eine gewisse Legitimitätskrise aus, die auch machtpolitische Erschütterungen brachte, aber im Verlauf weniger

Jahre behoben war. Seit damals wurde Österreich von der Familie Lothringen regiert. Dennoch sind auch alle künftigen Herrscher als Habsburger aufgetreten, mit dem offiziellen Titel Habsburg-Lothringen. Dynastische Legitimität hat einen ständigen Kampf mit biologischen Wechselfällen auszutragen, mit Kinderlosigkeit, plötzlichem Tod, Krankheit oder überreichem Kindersegen. Das patriarchalische Prinzip, das Frauen in der Regel vom Erbe ausschließt, macht die Kontinuität der Herrschaft für fatale Zufälle noch anfälliger. Eine strikte Verrechtlichung der Erbfolge hat im Lauf der Jahrhunderte manche Widrigkeiten zurückgedrängt, vor allem die Bruderkriege. Mit rechtlichen Mitteln hat auch Karl VI. versucht, den vorhersehbaren Bruch abzufangen, indem er in der Pragmatischen Sanktion ein Sonderrecht auf weibliche Erbfolge fixierte. Mit allen militärischen und politischen Mitteln einer Großmacht verteidigte dann Maria Theresia im wesentlichen ihre Herrschaft und die ihres lothringischen Gemahls. Doch warum konnte sich in diesem Fall der Name „Habsburg" halten? Es ging darum, eine große Tradition zu behaupten und produktiv zu erhalten. Biologie und natürliche Nachfolge sind nur das Rohmaterial einer kulturellen Konstruktion, durch die Herrschaftskontinuität gesichert werden soll. Jüngste Forschungen haben gezeigt, daß auch

Völker keine „natürlichen" Gemeinschaften sind. Nicht alle Völker haben Sprache, Kultur, Gebräuche gemeinsam, sehr wenige einen Staat, und keines kann wirklich auf gemeinsame Abstammung verweisen. Völker sind Traditionsgemeinschaften, die der Glaube an ihre Gemeinsamkeit zusammenhält, selbst dann, wenn dieser Glaube nicht die vorgestellte reale Grundlage hat. „Mythomoteur" nannte der englische Soziologe Anthony D. Smith kürzlich diesen mythischen Impuls, der eine Gemeinschaft stiftet und zusammenhält und gegen andere abgrenzen hilft. In neueren Zeiten ist dieser „mythische Motor" meist ein sehr komplexes Geflecht von Geglaubtem und Gelebtem, von Verbindlichem und Eingebildetem, gespeist aus gemeinsamen Vorstellungen von der Vergangenheit und Erwartungen in die Zukunft. Ähnlich verhält es sich mit Dynastien: auch sie bilden und erhalten sich mit Hilfe eines Vorrates von überlieferten Vorstellungen und Normen, von Rechten und Ansprüchen. Zugleich bildet eine Dynastie freilich den Kern eines größeren Verbandes, ein Ausstrahlungszentrum, das eine viel größere Gemeinschaft durchdringen und motivieren kann. Das kann, muß aber kein Volk sein. Gerade die Habsburger sind das beste Beispiel dafür, daß sich relativ stabile Großverbände auch quer zu allen Volksgrenzen entfalten können. Das macht ihre besondere Stellung in der europäischen Geschichte aus. Und gerade deshalb ist der „Mythomoteur" der Dynastie bis zum Schluß, und darüber hinaus, ein entscheidender politischer Faktor geblieben. Herrschaft in anderen Ländern hat sich im Lauf der Neuzeit immer weiter versachlicht, so daß der Traditionsgehalt der Herrschaft geringer werden konnte – besonders in den konstitutionellen Monarchien Westeuropas. Das „Haus Österreich" hat diese Versachlichung seiner Herrschaft trotz mancher Bemühungen nur teilweise durchführen können. Sogar hier fand paradoxerweise eine Verschiebung in den Mythos statt: Die moderne Sachlichkeit wurde als Gestus übernommen, indem alle Herrscher seit Joseph II. ihre Rolle als bescheidene und gewissenhafte Beamte betonten. Ihr Sendungsbewußtsein und ihre Beharrung auf der Familientradition hat das nicht verringert; nur die Gewichte innerhalb des Mythos wurden verschoben. Rückblickend konnte man sogar den Gründervater, Rudolf von Habsburg, persönlich als Vorbild eines solchen Herrschaftsstils auffassen. Gerade der habsburgische Mythos ist ein sehr komplexes Gebilde, der recht widersprüchliche Tendenzen in sich versöhnt. Auch das macht seinen Erfolg aus.

Phantastische Ursprünge: der genealogische Mythos

Woher kommen wir? lautet meist die erste Frage an den Mythos. Jede Familie, die etwas auf ihre Geburt hält, kennt eine solche Überlieferung, in der die behauptete Herkunft der beanspruchten Stellung entsprechen soll. Als Rudolf von Habsburg 1273 unerwartet zum römisch-deutschen König gewählt wurde, entsprach die bisherige Vergangenheit bald nicht mehr seinem Rang. Politische Gegner haben an diesem Mangel des „armen Grafen" bewußt angesetzt. Rudolf hat nicht nur, äußerst geschickt, diese Propaganda zu seinem Vorteil umgedeutet und sich dadurch Anhang in breiteren Schichten verschafft. Für seine adelsstolze Umwelt mußte er auch andere Antworten finden. So wurde die Familientradition umgedeutet, um dem höheren Prestige gerecht zu werden. Hochadelige Herkunft wagte man anfangs noch nicht zu behaupten; doch fand man einen sehr zeitgemäßen und vielversprechenden Ausweg: nämlich die Sage von der römischen Abkunft der Habsburger. Das wachsende Ansehen Roms gab einer Herkunft aus altem Adel der Stadt Rom Gewicht; sie konnte sogar ein zusätzliches Argument auf dem Weg zum Kaisertum bieten. Spätestens um 1300 wurde diese Herkunftslegende durch kühne genealogische Konstruktionen untermauert. Danach betrachteten sich die Habsburger als deutsche Seitenlinie des Hauses Colonna, einer der einflußreichsten und vornehmsten Familien in der Umgebung der Päpste. Wie die Colonna konnte man daher behaupten, direkt von den römischen Kaisern des julischen Hauses, also letztlich von Julius Cäsar selbst abzustammen. Ein idealer Hintergrund für eine aufstrebende Familie: Die politische Rom-Idee des Mittelalters, der Glaube an die Erneuerung des Römischen Reiches, verband sich mit der Wertschätzung des christlichen, des päpstlichen Rom. Der letzte und bedeutendste Vertreter des Colonna-Stammbaumes war um 1450 Thomas Ebendorfer, also um die Zeit, da Friedrich III. als einziger Habsburger in Rom zum Kaiser gekrönt wurde. Friedrich hatte allerdings für die gelehrten Konstruktionen seines Rates wenig übrig.

Dafür brach unter seinem Sohn Maximilian I. eine goldene Zeit habsburgischer Ahnensuche aus. Die Gelehrten des „Letzten Ritters" dachten unter anderem an eine andere römische Familie, die Pierleoni, was noch Jahrhunderte nachwirkte. Inzwischen war es freilich für italienische Adelsfamilien selbst zur Ehre geworden, mit den Habsburgern verwandt zu sein, so daß bald italienische Gelehrte am eifrigsten derartige Stammbäume entwarfen. Als kritische Historiker der Aufklärungszeit feststellten, daß die Pierleoni nicht von den anicischen Kaisern der Antike abstammten, sondern jüdischer Herkunft waren, hatten sich die phantastischen Stammbäume bereits überlebt. Nur nationalsozialistische Polemiker haben die Pierleoni-Genealogie noch einmal hervorgekramt, um die verhaßten Habsburger als Nichtarier brandmarken zu können.

Noch phantastischer war eine zweite Abstammungssage, die Maximilian I. bevorzugte: danach sollen die Habsburger, wie die alten Römer auch, letztlich von den Trojanern abstammen. Schon die Franken der Merowingerzeit hatten das von sich geglaubt, wie eine Chronik des 7. Jahrhunderts beweist; darauf griff man, wie zuvor schon die Grafen von Brabant und die Luxemburger, nun zurück. So wurden Hector und Priamus zu habsburgischen Stammvätern, ebenso wie der große merowingische Frankenkönig Chlodwig (um 500), und als Ahnen König Rudolfs I. konnte man über 60 illustre und meist erfundene Vorfahren anführen. Im Konflikt mit den französischen Königen um Burgund konnte sich Maximilian so als der bessere Franke fühlen. Die Abstammung von Karl dem Großen, die andere Geschlechter beanspruchten, nahm sich dagegen direkt bescheiden aus. In den letzten Jahren Maximilians I. dehnte der Kaiser seine Spekulationen noch bis zur Bibel, zurück zu Noah und dem ägyptischen Gott Osiris aus. Damit fand er schon bei den Zeitgenossen wenig Echo, während die trojanische, zumindest aber die fränkische Abkunft bis ins 17. Jahrhundert vielfach durchaus geglaubt wurde.

Um diese Zeit war das ursprüngliche Motiv, die vergleichsweise bescheidene Herkunft der Habsburger Grafen auszugleichen, durch eine jahrhundertelange Reihe von habsburgischen Herzögen, Königen und Kaisern natürlich längst überflüssig geworden. Dennoch bestand immer noch ein Bedürfnis nach mythischer Überhöhung, nach einer Aura des Außergewöhnlichen. Zumindest zeigen die weitausholenden Stammbaum-Konstruktionen, wie europäisch die Habsburger empfanden: immer wieder wurden Rom, das Frankenreich, teils auch Pannonien (als Zwischenaufenthalt der Trojaner) verküpft. Gerade Maximilian I. glaubte, in den Habsburgern habe sich allmählich „alles edle Blut Europas vereinigt". Richtig ist, daß seine Vorfahren aus ganz Europa stammten – aus Polen, Rußland, Italien, Portugal oder Spanien („Deutsche" waren kaum darunter). Doch in Wirklichkeit war das Blut nur der Rohstoff solcher genealogischer Fabeleien. Eine Dynastie ist vor allem „ein Traditionsverband, in dem Erinnerungen und Überlieferungen, Familienmythen und Legenden eine auch die angeheirateten Mitglieder verpflichtende und in ihren Bann ziehende

Es ist das Menschliche, vielfach das Allzumenschliche, das vor allem an der Vergangenheit fasziniert. Die Habsburger eignen sich dafür hervorragend: eine Reihe von Gestalten, die in jahrhundertelanger Bemühung als Charakterbilder, als Schicksale beschrieben, geformt, erklärt wurden, die unverwechselbar geworden sind und doch immer wieder in neuem Licht gesehen werden können.
ÖNB

Kraft entwickeln" (Adam Wandruszka). Nicht was an solchen Überlieferungen wahr ist, macht ihre Bedeutung aus, sondern was geglaubt wurde und zum Handeln motivierte. „Ansichten dieser Art, die von den Erziehern der Prinzen vorgetragen, von den einflußreichsten Ratgebern geteilt und mitunter auch zurechtgerichtet wurden" (Alphons Lhotsky), die den politischen Horizont erkennen lassen und Künstler zu ihren Werken anregten, haben den Mythos Habsburg und daher auch die Politik des „Familienunternehmens Habsburg" geprägt.

„Auf die Ruhmestaten seiner Vorfahren kam er besonders gern zu sprechen", schreibt Grünpeck von Maximilian. „Daher hielt er auch diejenigen Fürsten für des tiefsten Hasses wert, welche ihre eigenen und ihrer Vorfahren Taten aus Nachlässigkeit und Trägheit ungeschrieben ließen, indem er versicherte, kein Fürst, wenigstens nicht einer, der seinen Staat liebe, dürfe die so heilsame Kenntnis des Geschehenen, aus welcher die Nährstoffe der Tugenden beständen, unerschlossen lassen." Und über 300 Jahre später schrieb Fürst Lichnowsky 1836 in seiner „Geschichte des Hauses Habsburg": „Denn es hat kein Geschlecht jemals in Macht oder in Reichtum geglänzt, dessen Ursprung durch lohngierige Genealogen und Historiographen nicht bis zu der ältesten Zeit zurückgeleitet worden wäre." Noch Thronfolger Franz Ferdinand beschäftigte sich intensiv mit genealogischen Fragen und betonte die alte Vorstellung von der Auserwähltheit des Hauses Habsburg.

Aber damals war der „habsburgische Kampf gegen die Geschichte" (Magris), gegen jede Veränderung des Überkommenen, schon fast verloren. Der Weltkrieg zog herauf, die „Tragödie, in der sich ein Geist, der nach dem Mittelalter, und ein Gefühl, das nach den Lebensmitteln orientiert ist, zu dem Gesamtkunstwerk einer mitteleuropäischen Lebensform manifestiert haben", wie Karl Kraus bissig schrieb. Der Mythos hatte seine politische Kraft verloren, die Berufung auf längst vergangene Zeiten hatte sich überlebt. Im verklärenden Rückblick des Dichters Joseph Roth auf die versunkene Monarchie heißt es: „Man lebte dazumal von den Erinnerungen, wie man heutzutage lebt von der Fähigkeit, schnell und nachdrücklich zu vergessen."

Die vielen Gesichter der Vergangenheit

Generationen von Propagandisten und wohlwollenden Geschichtsschreibern haben das Bild der habsburgischen Herrscher gezeichnet. Besonders im 19. Jahrhundert haben beschauliche Fibeln und vaterländische Schulbücher Millionen von Menschen diese Spielart des habsburgischen Mythos nahegebracht. Das geschah zumeist in einer schwärmerisch-verklärenden Sprache, die uns heute sehr fremd geworden ist. Noch 1905 dichtete man zum 75. Geburtstag Franz Josephs: „Diese Kraft der Vollendung wert, / Dieser Mut oft so stolz bewährt! / Und dennoch die kindlich beugsame Liebe / Zu Deinem Volk, das Dir Alles ist, / Das Dir Alles gilt, / Dir, Du edelstes Herrscherbild, / Das je die Erde getragen." Bei allen individuellen Unterschieden in der Darstellung der einzelnen Herrscher werden immer wieder typische Züge herausgehoben, die die Habsburger auszeichneten. An erster Stelle stand meist das habsburgische Christentum. Als Verbündete der Päpste und als wichtigste Schirmherren der Gegenreformation hatten die meisten Habsburger die Anliegen der Kirche verteidigt; darüber hinaus zeichnete sie große persönliche Frömmigkeit aus, selbst diejenigen Herrscher, die mit Klerus oder Kirchenführung in Konflikt gerieten (wie Joseph II.). Von Rudolf I., der nach seiner Wahl auf das Kruzifix schwört, bis zum Grab Karls I. in der Wallfahrtskirche „Nossa Senhora do Monte" auf Madeira, „unter dem Zeichen der Dornenkrone" (Wandruszka), spannt sich der Bogen.

Ein weiterer dominierender Zug aller Darstellungen ist das Pflichtgefühl. Kaiser Franz Joseph wurde geradezu zur Apotheose des gewissenhaften Staatsdieners, der im Morgengrauen aufsteht

Österreichische Monarchie, Landkarte, kolorierter Kupferstich von Johann Christoph Homann, Nürnberg 1724–1730.

ÖNB

TABULA GEOGRAPHICA
EUROPÆ AUSTRIACÆ
GENERALIS
sive
REGIONUM TERRARUMQUE
OMNIUM ac SINGULARIUM
AUGUSTISSIMÆ DOMUI
AUSTRIACÆ
HEREDITARIARUM
exacta Delineatio
designata et edita
Ioh. Christophoro Homanno M.D.
NORIBERGÆ

und seine Tage mit peniblem Aktenstudium verbringt; vielen seiner Vorgänger wurde ähnliches nachgesagt. Dazu kam persönliche Sparsamkeit; hier zieht sich ein roter Faden von den Anekdoten über Rudolfs I. bürgerliches Auftreten und vom Geiz Friedrichs III. bis zu der bescheidenen Kalesche Franz' I. und den billigen Virginiazigarren Franz Josephs. Der Ratschlag des Erasmus aus der „Institutio principis Christiani" (1515) wurde Generationen von habsburgischen Prinzen vermittelt: „In allen Belangen des Staates kommt es dem Herrscher zu, nicht ausschweifend oder sinnlos verschwenderisch, wohl aber großzügig zu sein, etwa bei öffentlichen Bauten oder Spielen oder beim Empfang von Gesandtschaften, wenn sie im Interesse des Volkes sind. In seinen persönlichen Belangen wird er sparsamer und bescheidener sein, teils damit er nicht auf Kosten der Öffentlichkeit zu leben schiene, teils damit er nicht seine Bürger die Genußsucht lehre, die Wurzel vielen Unheils." Nicht alle habsburgischen Herrscher haben sich daran gehalten, manche haben in barockem Prunk geschwelgt. Doch dem vorherrschenden Bild von den pflichttreuen und bescheidenen Habsburgern hat das kaum geschadet; ganz anders als dem „Sonnenkönig" und seinen Nachfolgern in Frankreich, wo Versailles zum Symbol für Verschwendungssucht und ausschweifendes Wohlleben wurde.

Hartnäckigkeit und Geduld, das sind zwei weitere Eigenschaften, die für die Habsburger ganz besonders in Anspruch genommen wurden. Sehr oft wurden damit Mangel an Begabung und politischem Geschick kompensiert, wie bei Friedrich III. oder Franz I. Daß viele Habsburger in schwierigen Zeiten an ihren Titeln und Rechten festhielten, wurde als Tugend ausgelegt, auch wenn ihre politische Haltung oft Zeichen des Starrsinns erkennen ließ. Die Unbeweglichkeit wurde gerade gegen Ende der Monarchie als besondere Bewahrungskunst stilisiert. „Zudem gibt's Lagen, wo ein Schritt vorwärts und einer rückwärts gleicherweis verderblich. Da hält man sich denn ruhig und erwartet", so hat Grillparzer diese Haltung ausgedrückt. Die Geduld der Habsburger lag nicht nur im „weisen Zögern". Einer der populärsten Züge der späten Habsburger ist ihre Leidensfähigkeit, ihr Umgang mit Schicksalsschlägen. Das „Mir bleibt auch nichts erspart" Franz Josephs ist sicherlich einer der bekanntesten Habsburgeraussprüche überhaupt. Adam Wandruszka hat die in dieser Zeit in der Dynastie beliebte „Auffassung von der Herrscherkrone als einer Märtyrer- und Dornenkrone" zum Anlaß genommen, die Geschichte der Monarchie überhaupt unter dem Zeichen der Dornenkrone ausklingen zu lassen. Man könnte einwenden, daß Franz Joseph viele

seiner so populär gewordenen Familientragödien selbst durch seine Unempfindsamkeit mitverursacht hat. Aber für die Zeitgenossen war es wichtiger mitzuerleben, daß selbst der Kaiser nicht vor Schicksalsschlägen gefeit war und daß er sie mit Haltung hinzunehmen vermochte.

Auch das Phantastische, das Schwärmerische fehlt nicht unter den Vertretern der Dynastie. Nur wenige der habsburgischen Herrscher hatten freilich genügend Charisma, um die Menschen für ihre kühnen Vorstellungen zu begeistern; am ehesten gelang das Maximilian I. Schon der hochbegabte Rudolf IV. fand bei den Zeitgenossen wenig Verständnis für seine Visionen; und Rudolf II. zog sich damit in ein hermetisch-alchemistisches Universum auf der Prager Burg zurück. Bei Joseph II. paarte sich der Aufbruchsgeist mit Rationalismus und Pflichtgefühl und wurde so politisch wirksam, wenn auch wenig populär. Die Kaiser von Österreich ließen Phantasie und Feuergeist allesamt restlos vermissen; jene Mitglieder der Dynastie, die mehr davon hatten, wie Kronprinz Rudolf, wurden vom politischen Leben in der Regel abgeschnitten. In der dynastischen Geschichtsdarstellung sind diese Fähigkeiten auch wenig gern betont worden.

Zum Bild eines Herrschers gehörte hingegen unbedingt die Friedensliebe; daß auch alle Proklamationen während des Weltkrieges darauf keinesfalls verzichten mochten, unterscheidet die Habsburger nicht von anderen Monarchen. Sehr geschickt hatte man das „tu, felix Austria, nube" sozusagen zum Markenzeichen gemacht. Im Kontrast zu Preußen und später dem Deutschen Kaiserreich waren solche Friedensbeteuerungen nicht immer unangebracht. Das paßte auch zur österreichischen Mentalität, die das Verschleppen und Verschleifen von Konflikten ihrer Austragung meist vorzog. Im Inneren sahen sich die Habsburger gern als gütige Landesväter, was harte Maßnahmen keineswegs ausschloß. Oft genug, etwa während des Biedermeier, gelang es ihnen aber, sich von dem Apparat, der in ihren Diensten unpopuläre Maßnahmen ergriff, im Bewußtsein der Öffentlichkeit abzusetzen. Eine unbeliebte Politik erschien dann als Mißbrauch derjenigen, die sie in die Tat umzusetzen hatten; vom Kaiser erhoffte man sich Milderung, eine Hoffnung, die durch gezielte Gesten unschwer am Leben zu erhalten war.

Zum Selbstverständnis der Habsburger, noch mehr aber zu ihrem Bild bei der Nachwelt gehört die Vorstellung von der habsburgischen Kulturgroßmacht. Sicherlich haben sich viele habsburgische Herrscher als Sammler und Mäzene einen Namen gemacht; einige haben sich auch als Bauherren verewigt. In vielen Belangen haben französische Könige oder italienische Fürsten aber mehr Zeichen ihrer kulturellen Aktivität hinterlassen, auch wenn Herrscher wie Maximilian I., Ferdinand II. und Rudolf II. großen Wert auf Künste und Wissenschaften legten. Erst in der Barockzeit bekam das habsburgische Mäzenatentum wirklich europäisches Format. Am meisten Verständnis hatten die Habsburger in der Regel für die Musik; viele waren selbst begabte Musiker. Im 19. Jahrhundert schwand die kulturelle Bedeutung des Hofes rasch. Stefan Zweig klagte über „Kaiser Franz Joseph, der in seinen 80 Jahren nie ein Buch außer dem Armeeschematismus gelesen oder auch nur in die Hand genommen" habe und „sogar eine ausgesprochene Antipathie gegen Musik bezeigte".

Es ist paradox, daß gerade in der Epoche dieses wenig kulturverständigen Franz Joseph die Kultur seines Österreich Weltgeltung errang. William M. Johnston in seiner „Österreichischen Kultur- und Geistesgeschichte" von 1848 bis 1938, vor allem aber Claudio Magris in seinem „Habsburgischen Mythos in der Literatur" haben der Kreativität dieses alten Österreich in den sechziger Jahren einflußreiche Denkmäler gesetzt. Es ist die heute vielleicht populärste und zukunftsträchtigste Variante des „Habsburgermythos": Schnitzler und Freud, Musil und Mahler, Boltzmann und Hofmannsthal, Zweig und Schiele und viele andere. Mit den Habsburgern hat dieser „Mythos" im Grunde wenig zu tun – außer daß die Habsburgermonarchie einen Kulturraum eröffnete, in dem Begegnungen, Spannungen, Herausforderungen, Vermischungen vielfältigster Art stattfinden konnten. Jenes „Kakanien", wie es Musil genannt hat, war ein durchaus ambivalenter Boden für die Entfaltung von Talent und Genie. Erst nach seinem Ende überwog immer mehr die nostalgische Verklärung, die liebevolle Karikatur.

In mancher Hinsicht ähnelt freilich der kakanische Mythos, den Magris beschreibt, dem habsburgischen Mythos im engeren Sinn. Das „Fort-

Geschichte im Rückblick: Österreich war mehr als nur habsburgisches Herrschaftsgebiet, auch andere Kräfte sind in den historischen Räumen wirksam geworden. Die Geschichte einer Dynastie sollte das nicht verdecken. Auf der anderen Seite waren die Habsburger aber mehr als nur eine österreichische Dynastie. „In Verwirklichung und Scheitern, in Leistung und Versagen ist gerade von den Habsburgern ein ungeheurer Schatz europäischer Erfahrungen eingebracht worden ..."
Hier das
Vieux-Lacque-Zimmer
im Schloß Schönbrunn.

Trumler

Die „Apotheose Karls VI."
im Prunksaal der
Österreichischen
Nationalbibliothek in Wien.
Nemeth

wursteln", das Zögern, der Kompromiß sind nicht nur für die Herrscher charakteristisch, sondern durchziehen die Literatur der Zeit. Franz Joseph erschien geradezu als Sinnbild der „heroischen Mediocritas", wie Franz Werfel das nannte, als Vorbild für ein Heer subalterner Beamter – „die Straßen waren von zahlreichen Franz Josephs bevölkert. Überall in den Ämtern sah man bekannte und unnahbare Gesichter mit dem weißen Backenbart." Die k. u. k. Bürokratie mit ihrer würdevollen Pedanterie schien sich über die Amtsstuben hinaus bis weit ins Gefühls- und Seelenleben ausgebreitet zu haben; es war, nach Stefan Zweig, das „Goldene Zeitalter der Sicherheit", alles hatte seinen Platz in einer scheinbar wohlgeordneten Welt. Zum pflichtbewußten und hölzernen Beamten, der besten Verkörperung des alten Österreich, kamen die weiteren Symbolfiguren der Monarchie: der schnittige Operettenoffizier, die launische Dame von Welt, das süße Mädel aus der Vorstadt, der oberflächliche Aristokrat. In Walzerseligkeit und Genußfreude schwebten sie zuweilen der Enge ihrer Verhältnisse davon und ließen die Donau blau sein.

Im Rückblick nahm dieses ebenso geordnete wie vielfältige Universum oft groteske Züge an. Schon das Kakanien im „Mann ohne Eigenschaften", in dem eine geheimnisvolle „Parallelaktion" zum 70. Thronjubiläum des Kaisers Franz Joseph geplant wird, war eine ebenso liebevolle wie bösartige Karikatur der Monarchie. In den Werken von Rezzori, Herzmanovsky-Orlando oder Doderer brachten barocke Allegorie, levantinische Schlitzohrigkeit, slawische Melancholie, venezianisches Maskenspiel und biedermeierliches Fabulieren immer neue bizarre Verfremdungseffekte hervor. Das alte Österreich wurde vollends zum Land der Phantasie; aus Kakanien konnte zuweilen das abseitige Tarockanien werden; die Charaktere versteckten sich hinter vertrackt-vielsprachigen Namen und Würden: Cyriak von Pizzicolli; Chrysostomus Papperlapander von Schwetzheiß, amtlich tarockanischer Schnüffelsieder; Wenzel Danubius Kwapil Edler von Wasserwehr; oder der k. k. Hofstotterlehrer Tatterer von Tattertal. „Es ist eine traurige, aber unbestreitbare Tatsache, daß die Welt dem Phänomen Österreich mit tiefem Unwissen gegenübersteht", schrieb Herzmanovsky-Orlando hintergründig.

Kann die Geschichte der Dynastie, können die Schicksale der Habsburger heute noch als Wegweiser in dieses fremd gewordene Alt-Österreich dienen? Allzuleicht führt auch die dynastische Geschichte in das Dickicht überlappender Mythen, Fiktionen, Wunsch- und Schreckbilder, verwirrt durch mittelalterliche Reichsideen, barocke Allegorien oder biedermeierliche Volkstümlichkeit.

Oder sie porträtiert Dynasten ferner Zeiten mißverständlich als Menschen wie du und ich. „Wer das emotionell ähnlich gelagerte, aber relevantere Suchen nach der politischen Idee und gesellschaftlich-kulturellen Realität ‚Mitteleuropas' als zu vage, zu schwierig und zu riskant erachtet ... der nimmt Zuflucht zur einfacher zugänglichen Form der Biographie jener Gestalten, in denen die Problematik der österreichischen Geschichte des 19. Jahrhunderts eine scheinbar leichter erfaßbare Konzentration gefunden hat", warnte kürzlich Helmut Rumpler. Allzuleicht vergißt man in der Vertraulichkeit der Familiengeschichte auf die Berater und Amtsträger, die Familienmitglieder und Minister der Herrscher, die an jeder Entscheidung eines habsburgischen Kaisers beteiligt waren und sie auszuführen hatten; von den vielen, die davon betroffen waren, ganz zu schweigen. Daß die Habsburger nicht im luftleeren Raum handelten, sondern Repräsentanten eines komplexen Beziehungsgeflechtes waren, das ihre Regierung erst ermöglichte, muß auch in vorliegendem Buch öfter mitgedacht werden als es genau dargestellt werden konnte.

Die anspruchsvolle Forderung von Christiane Thomas, nicht bloß dynastische, sondern dynastiebezogene Geschichte zu betreiben, zielt darauf, im Rahmen der Herrscherbiographie den gesamten Raum mit darzustellen, in dem diese Herrschaft wirksam wurde, ja sogar ihre weitere Ausstrahlung mitzudenken. Für die Habsburger bedeutet das zunächst, das ganze „Konglomerat mit-, neben- und gegeneinander lebender Einheiten" und Länder zu berücksichtigen: nicht nur das heutige Österreich, nicht nur Böhmen, Ungarn, Krain, sondern auch Vorderösterreich, die Niederlande, Mailand, Neapel, Spanien, Galizien und manches andere. Es erfordert aber zugleich eine wahrhaft europäische Geschichte – gesehen durch das Prisma, aber nicht vom Standpunkt der Dynastie. Denn am Ende des 20. Jahrhunderts kann auch und gerade ein österreichischer Historiker nicht mehr von der Mission, der historischen Aufgabe der Habsburger sprechen, ihre Gegner aus der Optik des Konfliktes betrachten, wie das noch bis in die jüngste Zeit üblich war. Österreichs „eigenthümliche providentielle Aufgabe" (Joseph Chmel 1855), seine mitteleuropäische, kulturelle oder sonstige Mission ist ein Herzstück des habsburgischen Mythos und damit Teil des Themas, kann aber nicht Grundlage der Betrachtung sein. Eine Geschichte der Habsburger muß also, nach dem Stand der Forschung, von vielen liebgewordenen Vorstellungen und Deutungen Abschied nehmen. Dafür eröffnen sich neue, erst zum Teil eingelöste Perspektiven. Viel stärker als früher sieht die heutige Geschichtswissenschaft den

Herrscher in, nicht über der Gesellschaft stehen. Das wirft eine Fülle von Fragen nach seiner Umwelt und seiner Mentalität, nach seinen materiellen Möglichkeiten und seinen geistigen Voraussetzungen, nach seinen Mitarbeitern und seinen Widersachern auf. Und es läßt seine Wirkung in neuem Licht sehen: nicht bloß als Eroberer oder Gesetzgeber, als Richter oder Mäzen, sondern in vielfältigem Kontakt zu den Strömungen seiner Zeit, die er ermutigen oder bremsen, fördern oder lähmen mochte, oft ohne es zu beabsichtigen. Eine Geschichte der Dynastie muß deshalb keineswegs unzeitgemäß sein, sie muß hinter der methodisch fortgeschritteneren Erforschung der Regionen und Länder nicht zurückbleiben und kann dabei helfen, deren überregionale Verbindungen zu erfassen.

Die habsburgische Herrschaft hat in Österreich dazu geführt, daß in bestimmten Perioden schwäbische statt bayerischen, burgundische statt norddeutschen, spanische statt englischen Einflüssen hier wirksam wurden; daß sich das Land insgesamt zuerst nach Westen, später immer mehr nach Osten öffnete. Sie hat europäische Spuren in diesem Land hinterlassen. Daß die Habsburger den Namen Österreich zum Namen ihres Hauses, der Casa d'Austria machten, deren Schicksale er mehr als sechs Jahrhunderte lang teilte, hat entscheidend zur schillernden Vielfalt der Bedeutungen dieses Österreichbegriffs beigetragen, die Erich Zöllner vor einiger Zeit in einem Buch untersucht hat. „Österreich ist ein rein imaginärer Name", schrieb noch gegen Ende des 19. Jahrhunderts Viktor Freiherr von Andrian-Werburg. Dieses Österreich, das es für manche gar nicht gab, hatte in Wirklichkeit eine vielfache Existenz. Die Zeitschichten eines ganzen Jahrtausends umschrieben seinen Raum: Nieder- und Oberösterreich, aus den babenbergischen Kernländern hervorgegangen; die Donau- und Alpenländer, die mit manchen Änderungen die habsburgischen Erblande des Spätmittelalters widerspiegelten; die „im Reichsrate vertretenen Königreiche und Länder" unter Ausschluß Ungarns, die weniger offiziell genausogut Cisleithanien wie Österreich heißen konnten; und die Gesamtmonarchie. 1918 fielen die beiden letzten, die imperialen Schichten ab. Nachträglich sollte man weder in der Bildung noch im Zerfall des Habsburgerreiches eine historische Folgerichtigkeit sehen: Weder der „mitteleuropäische" Raum der Monarchie noch der „österreichische" der heutigen Republik waren durch irgendeine „natürliche" Konfiguration vorgegeben.

Als Ergebnis der habsburgischen Jahrhunderte war Österreich zugleich mehr und weniger als eine Nation. Lange wurde das als Mangel gesehen.

Es liegt auch eine Chance darin – wenn die imperiale Färbung dieser übernationalen Vergangenheit dargestellt und überwunden wird. Österreich war mehr als nur habsburgisches Herrschaftsgebiet; auch ganz andere Kräfte sind in den historischen Räumen wirksam geworden, die diesen Namen trugen. Die Geschichte einer Dynastie sollte das nicht verdecken. Auf der anderen Seite waren die Habsburger mehr als nur eine österreichische Dynastie. „In Verwirklichung und Scheitern, in Leistung und Versagen ist gerade von den Habsburgern ein ungeheurer Schatz europäischer Erfahrungen eingebracht worden ... In der Fruchtbarmachung dieser Erfahrungen für die Gegenwarts- und Zukunftsaufgaben Europas mag wohl auch ein aktueller Wert der Beschäftigung mit der Geschichte der europäischen Dynastie der Habsburger liegen." So beschloß Adam Wandruszka vor rund einem Vierteljahrhundert sein Buch über das „Haus Habsburg". Aus der Sicht seiner Generation versprach diese europäische Perspektive eine Überwindung verhängnisvoller nationaler Gegensätze, konnte man aus der habsburgischen Vergangenheit eine europäische Zukunft herauslesen. Die widersprüchliche Geschichte der Habsburger konnte so mit den Hoffnungen und Idealen der Gegenwart versöhnt werden. Heute ist das ideale Paneuropa der Nachkriegszeit, als deren Vorläufer viele die Habsburger sahen, eine reale Wirtschaftsmacht, ja Weltmacht geworden. Auch der jüngste, der europäische Mythos der Habsburger wird damit in die Geschichte eingehen. Von Aktualität entlastet, können die habsburgischen Erfahrungen in ihrer ganzen Vielfalt befragt werden.

K. u. k. Nostalgie vor modernem Hintergrund: Denkmal der Kaiserin Elisabeth in Budapest.

Nemeth

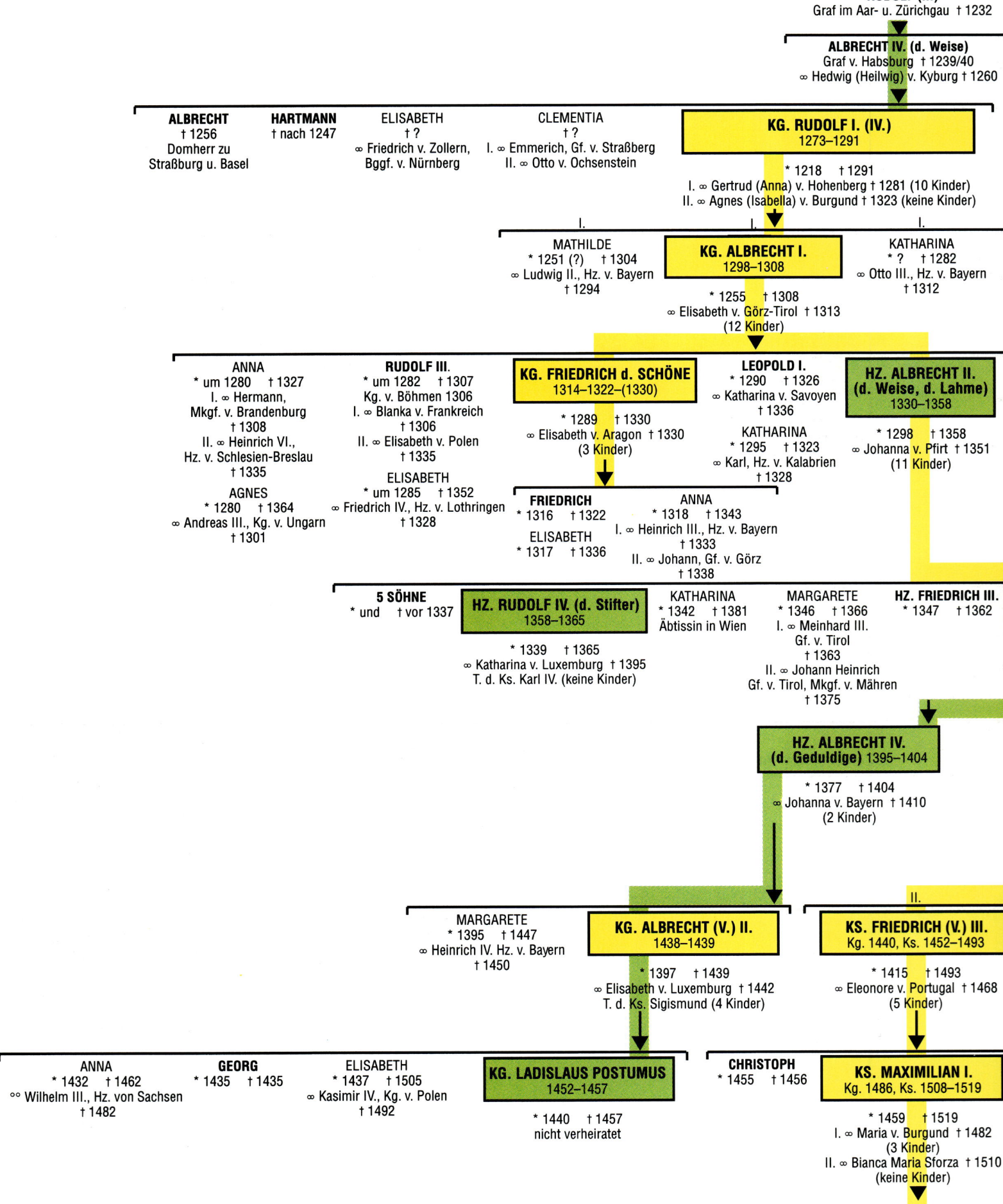

RUDOLF (II.)
Graf im Aar- u. Zürichgau † 1232

ALBRECHT IV. (d. Weise)
Graf v. Habsburg † 1239/40
∞ Hedwig (Heilwig) v. Kyburg † 1260

ALBRECHT	HARTMANN	ELISABETH	CLEMENTIA	**KG. RUDOLF I. (IV.)**
† 1256	† nach 1247	† ?	† ?	**1273–1291**
Domherr zu		∞ Friedrich v. Zollern,	I. ∞ Emmerich, Gf. v. Straßberg	
Straßburg u. Basel		Bggf. v. Nürnberg	II. ∞ Otto v. Ochsenstein	

* 1218 † 1291
I. ∞ Gertrud (Anna) v. Hohenberg † 1281 (10 Kinder)
II. ∞ Agnes (Isabella) v. Burgund † 1323 (keine Kinder)

I.	I.	I.
MATHILDE	**KG. ALBRECHT I.**	KATHARINA
* 1251 (?) † 1304	**1298–1308**	* ? † 1282
∞ Ludwig II., Hz. v. Bayern		∞ Otto III., Hz. v. Bayern
† 1294		† 1312

* 1255 † 1308
∞ Elisabeth v. Görz-Tirol † 1313
(12 Kinder)

ANNA	RUDOLF III.	**KG. FRIEDRICH d. SCHÖNE**	LEOPOLD I.	**HZ. ALBRECHT II. (d. Weise, d. Lahme)**
* um 1280 † 1327	* um 1282 † 1307	**1314–1322–(1330)**	* 1290 † 1326	**1330–1358**
I. ∞ Hermann,	Kg. v. Böhmen 1306		∞ Katharina v. Savoyen	
Mkgf. v. Brandenburg	I. ∞ Blanka v. Frankreich		† 1336	
† 1308	† 1306			
II. ∞ Heinrich VI.,	II. ∞ Elisabeth v. Polen		KATHARINA	
Hz. v. Schlesien-Breslau	† 1335		* 1295 † 1323	
† 1335			∞ Karl, Hz. v. Kalabrien	
	ELISABETH		† 1328	
AGNES	* um 1285 † 1352			
* 1280 † 1364	∞ Friedrich IV., Hz. v. Lothringen			
∞ Andreas III., Kg. v. Ungarn	† 1328			
† 1301				

* 1289 † 1330
∞ Elisabeth v. Aragon † 1330
(3 Kinder)

* 1298 † 1358
∞ Johanna v. Pfirt † 1351
(11 Kinder)

FRIEDRICH	ANNA
* 1316 † 1322	* 1318 † 1343
	I. ∞ Heinrich III., Hz. v. Bayern
ELISABETH	† 1333
* 1317 † 1336	II. ∞ Johann, Gf. v. Görz
	† 1338

5 SÖHNE	**HZ. RUDOLF IV. (d. Stifter)**	KATHARINA	MARGARETE	HZ. FRIEDRICH III.
* und † vor 1337	**1358–1365**	* 1342 † 1381	* 1346 † 1366	* 1347 † 1362
		Äbtissin in Wien	I. ∞ Meinhard III.	
			Gf. v. Tirol	
			† 1363	
			II. ∞ Johann Heinrich	
			Gf. v. Tirol, Mkgf. v. Mähren	
			† 1375	

* 1339 † 1365
∞ Katharina v. Luxemburg † 1395
T. d. Ks. Karl IV. (keine Kinder)

HZ. ALBRECHT IV. (d. Geduldige) 1395–1404

* 1377 † 1404
∞ Johanna v. Bayern † 1410
(2 Kinder)

MARGARETE	**KG. ALBRECHT (V.) II.**	**KS. FRIEDRICH (V.) III.**
* 1395 † 1447	**1438–1439**	**Kg. 1440, Ks. 1452–1493**
∞ Heinrich IV. Hz. v. Bayern		
† 1450		

* 1397 † 1439
∞ Elisabeth v. Luxemburg † 1442
T. d. Ks. Sigismund (4 Kinder)

II.

* 1415 † 1493
∞ Eleonore v. Portugal † 1468
(5 Kinder)

ANNA	GEORG	ELISABETH	**KG. LADISLAUS POSTUMUS**	CHRISTOPH	**KS. MAXIMILIAN I.**
* 1432 † 1462	* 1435 † 1435	* 1437 † 1505	**1452–1457**	* 1455 † 1456	**Kg. 1486, Ks. 1508–1519**
∞∞ Wilhelm III., Hz. von Sachsen		∞ Kasimir IV., Kg. v. Polen			
† 1482		† 1492			

* 1440 † 1457
nicht verheiratet

* 1459 † 1519
I. ∞ Maria v. Burgund † 1482
(3 Kinder)
II. ∞ Bianca Maria Sforza † 1510
(keine Kinder)

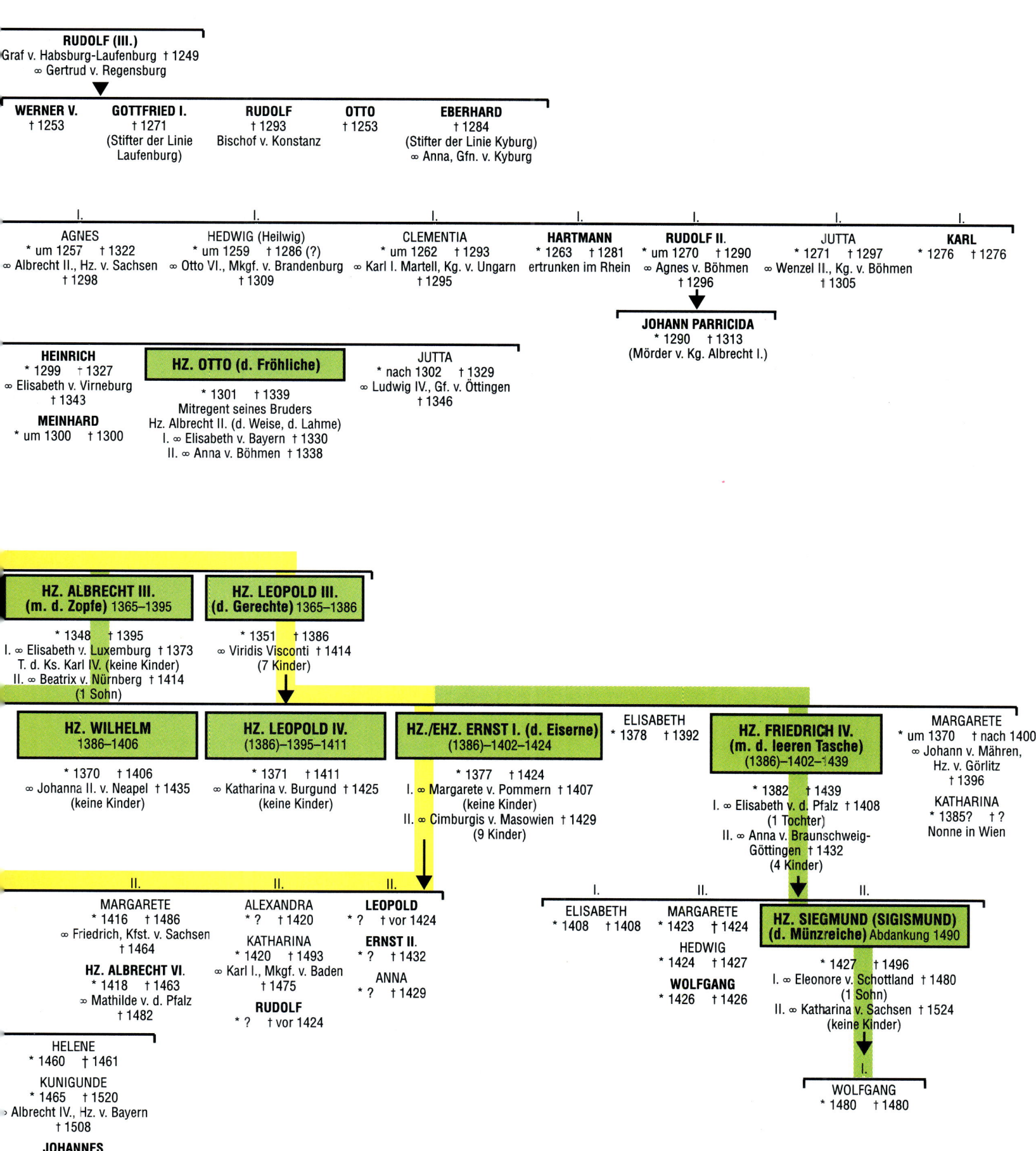

RUDOLF (III.)
Graf v. Habsburg-Laufenburg † 1249
∞ Gertrud v. Regensburg

WERNER V. † 1253	**GOTTFRIED I.** † 1271 (Stifter der Linie Laufenburg)	**RUDOLF** † 1293 Bischof v. Konstanz	**OTTO** † 1253	**EBERHARD** † 1284 (Stifter der Linie Kyburg) ∞ Anna, Gfn. v. Kyburg

AGNES * um 1257 † 1322 ∞ Albrecht II., Hz. v. Sachsen † 1298	HEDWIG (Heilwig) * um 1259 † 1286 (?) ∞ Otto VI., Mkgf. v. Brandenburg † 1309	CLEMENTIA * um 1262 † 1293 ∞ Karl I. Martell, Kg. v. Ungarn † 1295	**HARTMANN** * 1263 † 1281 ertrunken im Rhein	**RUDOLF II.** * um 1270 † 1290 ∞ Agnes v. Böhmen † 1296	JUTTA * 1271 † 1297 ∞ Wenzel II., Kg. v. Böhmen † 1305	**KARL** * 1276 † 1276

JOHANN PARRICIDA
* 1290 † 1313
(Mörder v. Kg. Albrecht I.)

HEINRICH * 1299 † 1327 ∞ Elisabeth v. Virneburg † 1343 **MEINHARD** * um 1300 † 1300	**HZ. OTTO (d. Fröhliche)** * 1301 † 1339 Mitregent seines Bruders Hz. Albrecht II. (d. Weise, d. Lahme) I. ∞ Elisabeth v. Bayern † 1330 II. ∞ Anna v. Böhmen † 1338	JUTTA * nach 1302 † 1329 ∞ Ludwig IV., Gf. v. Öttingen † 1346

HZ. ALBRECHT III. (m. d. Zopfe) 1365–1395 * 1348 † 1395 I. ∞ Elisabeth v. Luxemburg † 1373 T. d. Ks. Karl IV. (keine Kinder) II. ∞ Beatrix v. Nürnberg † 1414 (1 Sohn)	**HZ. LEOPOLD III.** (d. Gerechte) 1365–1386 * 1351 † 1386 ∞ Viridis Visconti † 1414 (7 Kinder)

HZ. WILHELM 1386–1406 * 1370 † 1406 ∞ Johanna II. v. Neapel † 1435 (keine Kinder)	**HZ. LEOPOLD IV.** (1386)–1395–1411 * 1371 † 1411 ∞ Katharina v. Burgund † 1425 (keine Kinder)	**HZ./EHZ. ERNST I. (d. Eiserne)** (1386)–1402–1424 * 1377 † 1424 I. ∞ Margarete v. Pommern † 1407 (keine Kinder) II. ∞ Cimburgis v. Masowien † 1429 (9 Kinder)	ELISABETH * 1378 † 1392	**HZ. FRIEDRICH IV.** (m. d. leeren Tasche) (1386)–1402–1439 * 1382 † 1439 I. ∞ Elisabeth v. d. Pfalz † 1408 (1 Tochter) II. ∞ Anna v. Braunschweig-Göttingen † 1432 (4 Kinder)	MARGARETE * um 1370 † nach 1400 ∞ Johann v. Mähren, Hz. v. Görlitz † 1396 KATHARINA * 1385? † ? Nonne in Wien

II. MARGARETE * 1416 † 1486 ∞ Friedrich, Kfst. v. Sachsen † 1464 **HZ. ALBRECHT VI.** * 1418 † 1463 ∞ Mathilde v. d. Pfalz † 1482	II. ALEXANDRA * ? † 1420 KATHARINA * 1420 † 1493 ∞ Karl I., Mkgf. v. Baden † 1475 RUDOLF * ? † vor 1424	II. **LEOPOLD** * ? † vor 1424 **ERNST II.** * ? † 1432 ANNA * ? † 1429	I. ELISABETH * 1408 † 1408	II. MARGARETE * 1423 † 1424 HEDWIG * 1424 † 1427 **WOLFGANG** * 1426 † 1426	II. **HZ. SIEGMUND (SIGISMUND)** (d. Münzreiche) Abdankung 1490 * 1427 † 1496 I. ∞ Eleonore v. Schottland † 1480 (1 Sohn) II. ∞ Katharina v. Sachsen † 1524 (keine Kinder)

HELENE
* 1460 † 1461
KUNIGUNDE
* 1465 † 1520
∞ Albrecht IV., Hz. v. Bayern † 1508
JOHANNES
* 1466 † 1467

I. WOLFGANG
* 1480 † 1480

(KG.) EHZ. PHILIPP d. Schöne (I.)
(1504–1506)
* 1478 † 1506
∞ Johanna (d. Wahnsinnige) v. Kastilien u. Aragon † 1555 (6 Kinder)

ELEONORE
* 1498 † 1558
I. ∞ Emanuel I., Kg. v. Portugal † 1521
II. ∞ Franz I., Kg. v. Frankreich † 1547

(KG.) KS. KARL V. (I.)
1519–1556
* 1500 † 1558
∞ Isabella v. Portugal † 1539 (5 Kinder)

ISABELLA
(als Kgn. Elisabeth)
* 1501 † 1526
∞ Christian II., Kg. v. Dänemark † 1559

span. Linie

ELISABETH
* 1526 † 1545
∞ Sigismund II. August, Kg. v. Polen † 1572

KS. MAXIMILIAN II.
1564–1576
* 1527 † 1576
I. ∞ Maria v. Spanien † 1603
T. d. Ks. Karl V. (I.) (16 Kinder)

ANNA
* 1528 † 1590
∞ Albrecht V., Hz. v. Bayern † 1579

EHZ. FERDINAND
1564–1595
* 1529 † 1595
I. ∞ Philippine Welser, Gfn. v. Burgau † 1595
II. ∞ Anna Katharina Gonzaga v. Mantua † 1621

MARIA
* 1531 † 1581
∞ Wilhelm III., Hzg. v. Jülich-Kleve-Berg † 1592

MAGDALENE
* 1532 † 1590
Nonne

KATHARINA
* 1533 † 1572
I. ∞ Franz III., Hz. v. Mantua † 1550
II. ∞ Sigismund II. August, Kg. v. Polen † 1572

ANNA
* 1549 † 1580
∞ Philipp II., Kg. v. Spanien † 1598
FERDINAND
* 1551 † 1552

KS. RUDOLF II.
1576–1612
* 1552 † 1612
nicht verheiratet

EHZ. ERNST
* 1553 † 1595
nicht verheiratet
Statthalter in Ungarn, ob u. unt. d. Enns u. den Niederlanden
ELISABETH
* 1554 † 1592
∞ Karl IX., Kg. v. Frankreich † 1574
MARIA
* 1555 † 1556

KS. MATTHIAS
1612–1619
* 1557 † 1619
∞ Anna v. Österr.-Tirol (keine Kinder) † 1618

SOHN
totgeboren
† 20. 10. 1557
EHZ. MAXIMILIAN III.
* 1558 † 1618
nicht verheiratet
Hochmeister d. Dtsch. Ordens, Statthalter v. Tirol u. den habsb. Vorlanden
EHZ. ALBRECHT VII.
* 1559 † 1621
Kardinal u. Erzbischof, Vizekönig v. Portugal, päpstl. Dispens z. Vermählung
∞ Isabella (Clara Eugenie) v. Spanien † 1633

WENZEL
* 1561 † 1578
Großprior d. Johanniterordens v. Kastilien
FRIEDRICH
* 1562 † 1563
MARIA
* 1564 † 1564
KARL
* 1565 † 1566
MARGARETE
* 1567 † 1633
Nonne in Madrid
ELEONORE
* 1568 † 1580

CHRISTINE
* 1601 † 1601
KARL
* 1603 † 1603
JOHANN KARL
* 1605 † 1619

KS. FERDINAND III.
1637–1657
* 1608 † 1657
I. ∞ Maria Anna v. Spanien † 1646 (6 Kinder)
II. ∞ Maria Leopoldine v. Tirol † 1649 (1 Sohn)
III. ∞ Eleonore Gonzaga v. Mantua † 1686 (4 Kinder)

MARIA ANNA
* 1610 † 1665
∞ Maximilian I., Kfst. v. Bayern † 1651
CÄCILIE (Renate)
* 1611 † 1644
∞ Wladislaw IV., Kg. v. Polen † 1648

EHZ. LEOPOLD WILHELM
* 1614 † 1662
Bischof v. Passau, Straßburg, Halberstadt, Olmütz, Breslau, Hochmeister d. Dtsch. Ordens, Generalstatthalter d. span. Niederlande

---

I. / I. / II. / I. / II.

KG. FERDINAND IV. (Franz)
1653–1654
* 1633 † 1654
nicht verheiratet

MARIA ANNA
* 1635 † 1696
∞ Philipp IV., Kg. v. Spanien u. Portugal † 1665
PHILIPP AUGUST
* 1637 † 1639
MAXIMILIAN THOMAS
* 1638 † 1639

KS. LEOPOLD I.
1658–1705
* 1640 † 1705
I. ∞ Margareta Theresia v. Spanien † 1673 (4 Kinder)
II. ∞ Claudia Felicitas v. Tirol † 1676 (2 Kinder)
III. ∞ Eleonore Magdalene v. d. Pfalz-Neuburg † 1720 (10 Kinder)

MARIA
* 1646 † 1646

EHZ. KARL JOSEF
* 1649 † 1664
Hochmeister d. Dtsch. Ordens, Bischof v. Olmütz

I. / I. / II. / III. / III.

FERDINAND WENZEL
* 1667 † 1668
(MARIA) ANTONIA
* 1669 † 1692
∞ Maximilian II. Emanuel, Kfst. v. Bayern † 1726

JOHANN LEOPOLD
* 1670 † 1670
MARIA ANNA ANTONIE
* 1672 † 1672

ANNA MARIA SOPHIE
* 1674 † 1674
MARIA JOSEPHA KLEMENTINE
* 1675 † 1676

KS. JOSEPH I.
1705–1711
* 1678 † 1711
∞ Wilhelmine Amalie v. Braunschweig-Lüneburg † 1742 (3 Kinder)

CHRISTINE
* 1679 † 1679
MARIA ELISABETH
* 1680 † 1741
Statthalterin d. Niederlande
LEOPOLD (JOSEF)
* 1679 † 1679

MARIA ANNA JOSEPHA
* 1683 † 1754
∞ Johann V., Kg. v. Portugal † 1750
(MARIA) THERESIA
† 1696

MARIA JOSEPHA
* 1699 † 1757
∞ Friedrich August II., Kfst. v. Sachsen (Kg. August III. v. Polen) † 1763

LEOPOLD JOSEPH
* 1700 † 1701

MARIA AMALIA JOSEPHA ANNA
* 1701 † 1756
∞ (Karl Albrecht) Karl VII., Kfst. v. Bayern, röm.-dt. Ks. † 1745

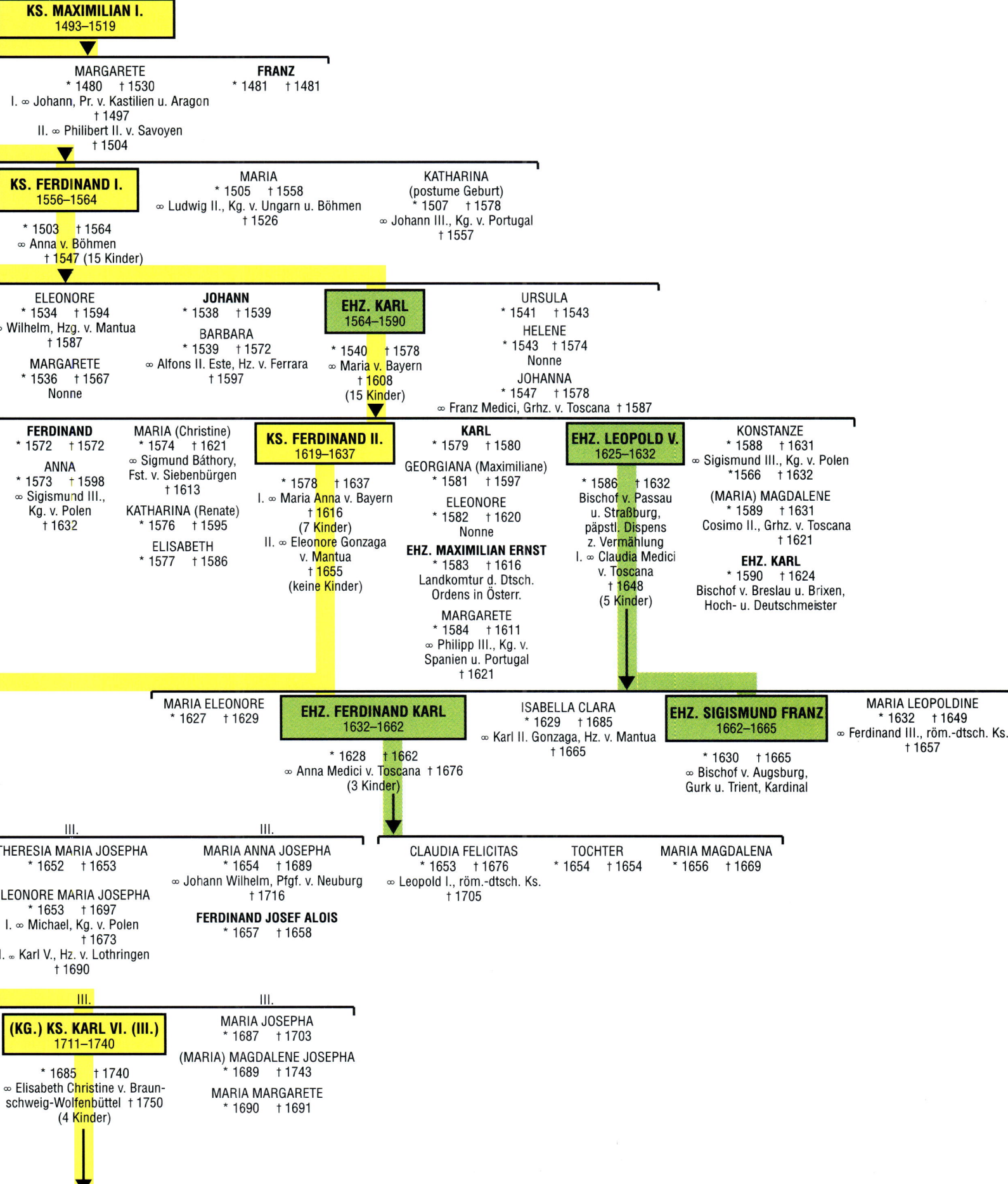

KS. MAXIMILIAN I.
1493–1519

MARGARETE
* 1480   † 1530
I. ∞ Johann, Pr. v. Kastilien u. Aragon
† 1497
II. ∞ Philibert II. v. Savoyen
† 1504

FRANZ
* 1481   † 1481

KS. FERDINAND I.
1556–1564

* 1503   † 1564
∞ Anna v. Böhmen
† 1547 (15 Kinder)

MARIA
* 1505   † 1558
∞ Ludwig II., Kg. v. Ungarn u. Böhmen
† 1526

KATHARINA
(postume Geburt)
* 1507   † 1578
∞ Johann III., Kg. v. Portugal
† 1557

ELEONORE
* 1534   † 1594
∞ Wilhelm, Hzg. v. Mantua
† 1587

MARGARETE
* 1536   † 1567
Nonne

JOHANN
* 1538   † 1539

BARBARA
* 1539   † 1572
∞ Alfons II. Este, Hz. v. Ferrara
† 1597

EHZ. KARL
1564–1590

* 1540   † 1578
∞ Maria v. Bayern
† 1608
(15 Kinder)

URSULA
* 1541   † 1543

HELENE
* 1543   † 1574
Nonne

JOHANNA
* 1547   † 1578
∞ Franz Medici, Grhz. v. Toscana   † 1587

FERDINAND
* 1572   † 1572

ANNA
* 1573   † 1598
∞ Sigismund III.,
Kg. v. Polen
† 1632

MARIA (Christine)
* 1574   † 1621
∞ Sigmund Báthory,
Fst. v. Siebenbürgen
† 1613

KATHARINA (Renate)
* 1576   † 1595

ELISABETH
* 1577   † 1586

KS. FERDINAND II.
1619–1637

* 1578   † 1637
I. ∞ Maria Anna v. Bayern
† 1616
(7 Kinder)
II. ∞ Eleonore Gonzaga
v. Mantua
† 1655
(keine Kinder)

KARL
* 1579   † 1580

GEORGIANA (Maximiliane)
* 1581   † 1597

ELEONORE
* 1582   † 1620
Nonne

EHZ. MAXIMILIAN ERNST
* 1583   † 1616
Landkomtur d. Dtsch.
Ordens in Österr.

MARGARETE
* 1584   † 1611
∞ Philipp III., Kg. v.
Spanien u. Portugal
† 1621

EHZ. LEOPOLD V.
1625–1632

* 1586   † 1632
Bischof v. Passau
u. Straßburg,
päpstl. Dispens
z. Vermählung
I. ∞ Claudia Medici
v. Toscana
† 1648
(5 Kinder)

KONSTANZE
* 1588   † 1631
∞ Sigismund III., Kg. v. Polen
*1566   † 1632

(MARIA) MAGDALENE
* 1589   † 1631
Cosimo II., Grhz. v. Toscana
† 1621

EHZ. KARL
* 1590   † 1624
Bischof v. Breslau u. Brixen,
Hoch- u. Deutschmeister

MARIA ELEONORE
* 1627   † 1629

EHZ. FERDINAND KARL
1632–1662

* 1628   † 1662
∞ Anna Medici v. Toscana   † 1676
(3 Kinder)

ISABELLA CLARA
* 1629   † 1685
∞ Karl II. Gonzaga, Hz. v. Mantua
† 1665

EHZ. SIGISMUND FRANZ
1662–1665

* 1630   † 1665
∞ Bischof v. Augsburg,
Gurk u. Trient, Kardinal

MARIA LEOPOLDINE
* 1632   † 1649
∞ Ferdinand III., röm.-dtsch. Ks.
† 1657

III.
THERESIA MARIA JOSEPHA
* 1652   † 1653

ELEONORE MARIA JOSEPHA
* 1653   † 1697
I. ∞ Michael, Kg. v. Polen
† 1673
II. ∞ Karl V., Hz. v. Lothringen
† 1690

III.
MARIA ANNA JOSEPHA
* 1654   † 1689
∞ Johann Wilhelm, Pfgf. v. Neuburg
† 1716

FERDINAND JOSEF ALOIS
* 1657   † 1658

CLAUDIA FELICITAS
* 1653   † 1676
∞ Leopold I., röm.-dtsch. Ks.
† 1705

TOCHTER
* 1654   † 1654

MARIA MAGDALENA
* 1656   † 1669

III.
(KG.) KS. KARL VI. (III.)
1711–1740

* 1685   † 1740
∞ Elisabeth Christine v. Braunschweig-Wolfenbüttel   † 1750
(4 Kinder)

III.
MARIA JOSEPHA
* 1687   † 1703

(MARIA) MAGDALENE JOSEPHA
* 1689   † 1743

MARIA MARGARETE
* 1690   † 1691

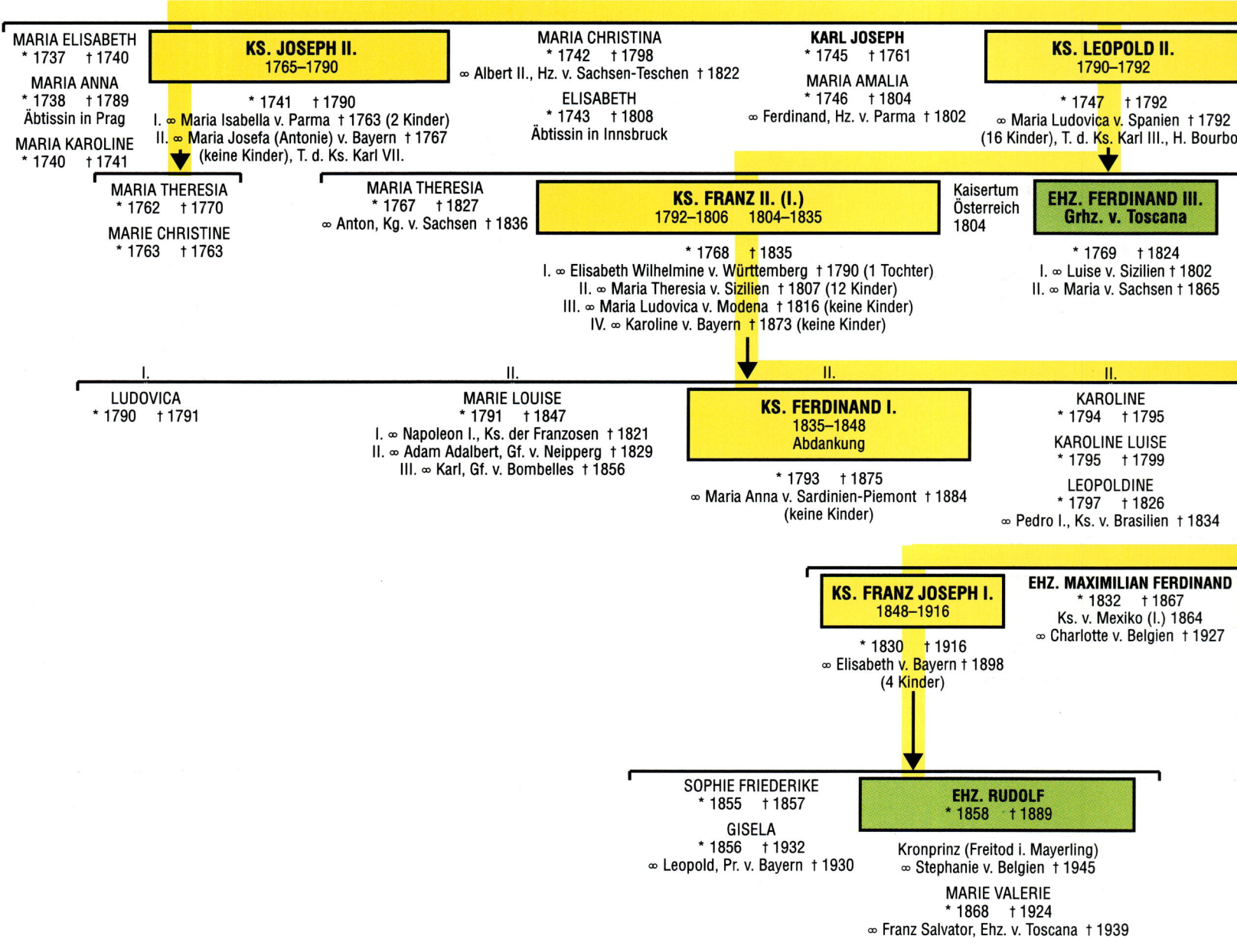

MARIA ELISABETH
* 1737   † 1740

MARIA ANNA
* 1738   † 1789
Äbtissin in Prag

MARIA KAROLINE
* 1740   † 1741

KS. JOSEPH II.
1765–1790

* 1741   † 1790
I. ∞ Maria Isabella v. Parma † 1763 (2 Kinder)
II. ∞ Maria Josefa (Antonie) v. Bayern † 1767
(keine Kinder), T. d. Ks. Karl VII.

MARIA CHRISTINA
* 1742   † 1798
∞ Albert II., Hz. v. Sachsen-Teschen † 1822

ELISABETH
* 1743   † 1808
Äbtissin in Innsbruck

KARL JOSEPH
* 1745   † 1761

MARIA AMALIA
* 1746   † 1804
∞ Ferdinand, Hz. v. Parma † 1802

KS. LEOPOLD II.
1790–1792

* 1747   † 1792
∞ Maria Ludovica v. Spanien † 1792
(16 Kinder), T. d. Ks. Karl III., H. Bourbon

MARIA THERESIA
* 1762   † 1770

MARIE CHRISTINE
* 1763   † 1763

MARIA THERESIA
* 1767   † 1827
∞ Anton, Kg. v. Sachsen † 1836

KS. FRANZ II. (I.)
1792–1806   1804–1835

* 1768   † 1835
I. ∞ Elisabeth Wilhelmine v. Württemberg † 1790 (1 Tochter)
II. ∞ Maria Theresia v. Sizilien † 1807 (12 Kinder)
III. ∞ Maria Ludovica v. Modena † 1816 (keine Kinder)
IV. ∞ Karoline v. Bayern † 1873 (keine Kinder)

Kaisertum
Österreich
1804

EHZ. FERDINAND III.
Grhz. v. Toscana

* 1769   † 1824
I. ∞ Luise v. Sizilien † 1802
II. ∞ Maria v. Sachsen † 1865

I.
LUDOVICA
* 1790   † 1791

II.
MARIE LOUISE
* 1791   † 1847
I. ∞ Napoleon I., Ks. der Franzosen † 1821
II. ∞ Adam Adalbert, Gf. v. Neipperg † 1829
III. ∞ Karl, Gf. v. Bombelles † 1856

II.
KS. FERDINAND I.
1835–1848
Abdankung

* 1793   † 1875
∞ Maria Anna v. Sardinien-Piemont † 1884
(keine Kinder)

II.
KAROLINE
* 1794   † 1795

KAROLINE LUISE
* 1795   † 1799

LEOPOLDINE
* 1797   † 1826
∞ Pedro I., Ks. v. Brasilien † 1834

KS. FRANZ JOSEPH I.
1848–1916

* 1830   † 1916
∞ Elisabeth v. Bayern † 1898
(4 Kinder)

EHZ. MAXIMILIAN FERDINAND
* 1832   † 1867
Ks. v. Mexiko (I.) 1864
∞ Charlotte v. Belgien † 1927

SOPHIE FRIEDERIKE
* 1855   † 1857

GISELA
* 1856   † 1932
∞ Leopold, Pr. v. Bayern † 1930

EHZ. RUDOLF
* 1858   † 1889

Kronprinz (Freitod i. Mayerling)
∞ Stephanie v. Belgien † 1945

MARIE VALERIE
* 1868   † 1924
∞ Franz Salvator, Ehz. v. Toscana † 1939

EHZ. OTTO FRANZ JOSEF
* 1912
∞ Regina v. Sachsen-Meiningen
* 1925

ADELHEID
* 1914   † 1971

EHZ. ROBERT KARL LUDWIG
* 1915
∞ Margherita v. Savoyen
* 1930

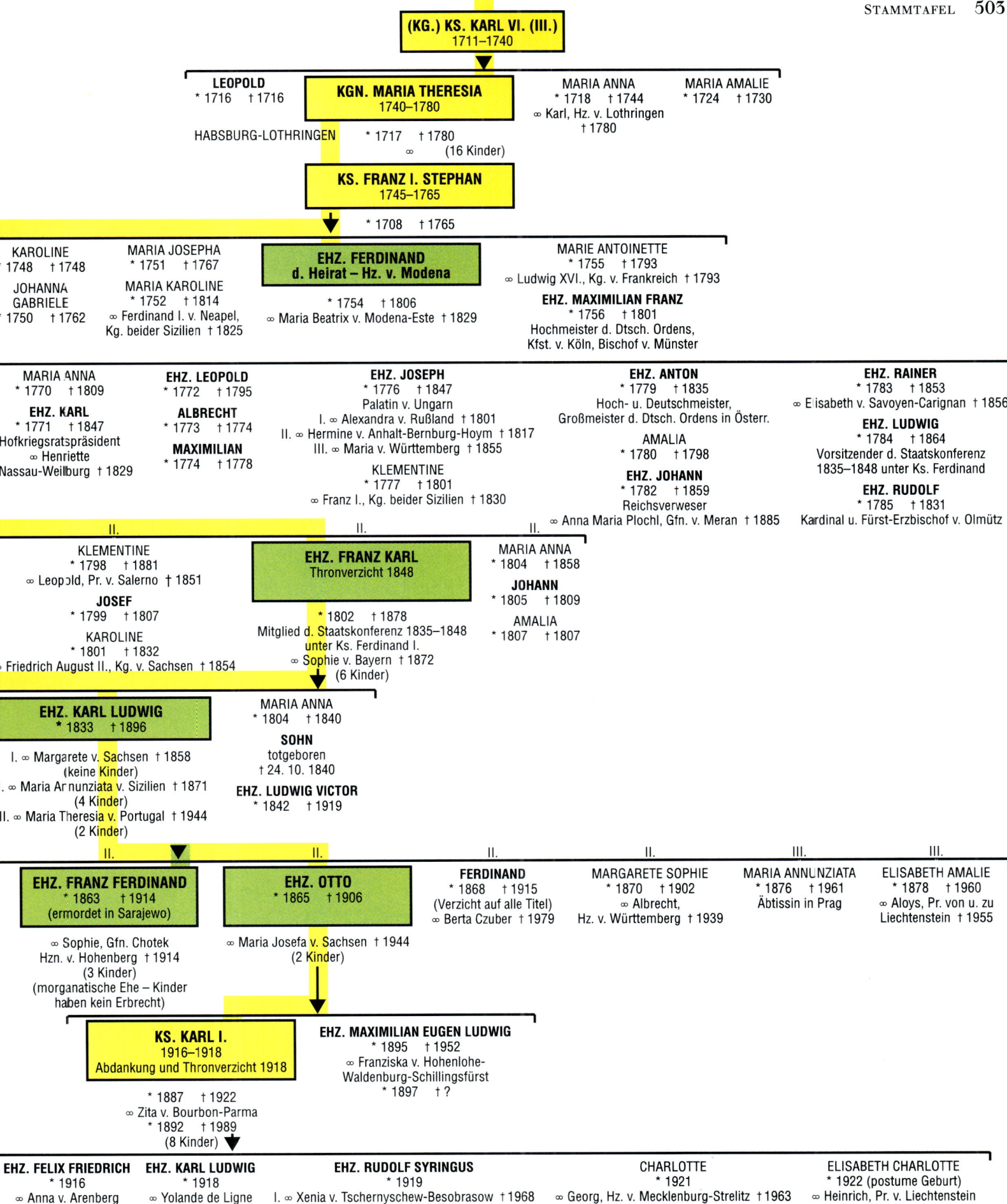

(KG.) KS. KARL VI. (III.)
1711–1740

LEOPOLD
* 1716   † 1716

KGN. MARIA THERESIA
1740–1780

MARIA ANNA
* 1718   † 1744
∞ Karl, Hz. v. Lothringen
† 1780

MARIA AMALIE
* 1724   † 1730

HABSBURG-LOTHRINGEN   * 1717   † 1780
∞   (16 Kinder)

KS. FRANZ I. STEPHAN
1745–1765

* 1708   † 1765

KAROLINE
* 1748   † 1748

JOHANNA
GABRIELE
* 1750   † 1762

MARIA JOSEPHA
* 1751   † 1767

MARIA KAROLINE
* 1752   † 1814
∞ Ferdinand I. v. Neapel,
Kg. beider Sizilien † 1825

EHZ. FERDINAND
d. Heirat – Hz. v. Modena

* 1754   † 1806
∞ Maria Beatrix v. Modena-Este † 1829

MARIE ANTOINETTE
* 1755   † 1793
∞ Ludwig XVI., Kg. v. Frankreich † 1793

EHZ. MAXIMILIAN FRANZ
* 1756   † 1801
Hochmeister d. Dtsch. Ordens,
Kfst. v. Köln, Bischof v. Münster

MARIA ANNA
* 1770   † 1809

EHZ. KARL
* 1771   † 1847
Hofkriegsratspräsident
∞ Henriette
v. Nassau-Weilburg † 1829

EHZ. LEOPOLD
* 1772   † 1795

ALBRECHT
* 1773   † 1774

MAXIMILIAN
* 1774   † 1778

EHZ. JOSEPH
* 1776   † 1847
Palatin v. Ungarn
I. ∞ Alexandra v. Rußland † 1801
II. ∞ Hermine v. Anhalt-Bernburg-Hoym † 1817
III. ∞ Maria v. Württemberg † 1855

KLEMENTINE
* 1777   † 1801
∞ Franz I., Kg. beider Sizilien † 1830

EHZ. ANTON
* 1779   † 1835
Hoch- u. Deutschmeister,
Großmeister d. Dtsch. Ordens in Österr.

AMALIA
* 1780   † 1798

EHZ. JOHANN
* 1782   † 1859
Reichsverweser
∞ Anna Maria Plochl, Gfn. v. Meran † 1885

EHZ. RAINER
* 1783   † 1853
∞ Elisabeth v. Savoyen-Carignan † 1856

EHZ. LUDWIG
* 1784   † 1864
Vorsitzender d. Staatskonferenz
1835–1848 unter Ks. Ferdinand

EHZ. RUDOLF
* 1785   † 1831
Kardinal u. Fürst-Erzbischof v. Olmütz

II.

KLEMENTINE
* 1798   † 1881
∞ Leopold, Pr. v. Salerno † 1851

JOSEF
* 1799   † 1807

KAROLINE
* 1801   † 1832
∞ Friedrich August II., Kg. v. Sachsen † 1854

II.

EHZ. FRANZ KARL
Thronverzicht 1848

* 1802   † 1878
Mitglied d. Staatskonferenz 1835–1848
unter Ks. Ferdinand I.
∞ Sophie v. Bayern † 1872
(6 Kinder)

II.

MARIA ANNA
* 1804   † 1858

JOHANN
* 1805   † 1809

AMALIA
* 1807   † 1807

EHZ. KARL LUDWIG
* 1833   † 1896

I. ∞ Margarete v. Sachsen † 1858
(keine Kinder)
II. ∞ Maria Annunziata v. Sizilien † 1871
(4 Kinder)
III. ∞ Maria Theresia v. Portugal † 1944
(2 Kinder)

MARIA ANNA
* 1804   † 1840

SOHN
totgeboren
† 24. 10. 1840

EHZ. LUDWIG VICTOR
* 1842   † 1919

II.

EHZ. FRANZ FERDINAND
* 1863   † 1914
(ermordet in Sarajewo)

∞ Sophie, Gfn. Chotek
Hzn. v. Hohenberg † 1914
(3 Kinder)
(morganatische Ehe – Kinder
haben kein Erbrecht)

II.

EHZ. OTTO
* 1865   † 1906

∞ Maria Josefa v. Sachsen † 1944
(2 Kinder)

II.

FERDINAND
* 1868   † 1915
(Verzicht auf alle Titel)
∞ Berta Czuber † 1979

II.

MARGARETE SOPHIE
* 1870   † 1902
∞ Albrecht,
Hz. v. Württemberg † 1939

III.

MARIA ANNUNZIATA
* 1876   † 1961
Äbtissin in Prag

III.

ELISABETH AMALIE
* 1878   † 1960
∞ Aloys, Pr. von u. zu
Liechtenstein † 1955

KS. KARL I.
1916–1918
Abdankung und Thronverzicht 1918

* 1887   † 1922
∞ Zita v. Bourbon-Parma
* 1892   † 1989
(8 Kinder)

EHZ. MAXIMILIAN EUGEN LUDWIG
* 1895   † 1952
∞ Franziska v. Hohenlohe-
Waldenburg-Schillingsfürst
* 1897   † ?

EHZ. FELIX FRIEDRICH
* 1916
∞ Anna v. Arenberg
* 1925

EHZ. KARL LUDWIG
* 1918
∞ Yolande de Ligne
* 1923

EHZ. RUDOLF SYRINGUS
* 1919
I. ∞ Xenia v. Tschernyschew-Besobrasow † 1968
II. ∞ Anna-Gabriele v. Wrede * 1940

CHARLOTTE
* 1921
∞ Georg, Hz. v. Mecklenburg-Strelitz † 1963

ELISABETH CHARLOTTE
* 1922 (postume Geburt)
∞ Heinrich, Pr. v. Liechtenstein
* 1916

AUSGEWÄHLTE LITERATUR

ALLGEMEINES ZUR GESCHICHTE DER HABSBURGER

Hellmut Andics, Die Frauen der Habsburger (Wien 1969, neue Ausgabe 1985)
Elisabeth Lein, Begräbnisstätten der Alt-Habsburger in Österreich von Rudolf I. bis Karl VI. (Wien o. J. [ca. 1978])
Edward Crankshaw, Die Habsburger (Wien–München–Zürich 1971, auch Molden-Taschenbuch 134)
–, Der Niedergang des Hauses Habsburg (Wien–Düsseldorf 1967)
Imre Gonda, Die Habsburger. Ein europäisches Phänomen (Wien 1983)
Sigrid Maria Größing, Amor im Hause Habsburg. Große Liebesgeschichten aus dem österreichischen Herrscherhaus (Wien 1990)
–, Schatten über Habsburg (Wien 1991)
Die Habsburger. Ein biographisches Lexikon. Hg. Brigitte Hamann (Wien–München, 2. Aufl. 1988)
Magdalena Hawlik van de Water, Die Kapuzinergruft (Wien 1987)
Gerhard Herm, Glanz und Niedergang des Hauses Habsburg (Düsseldorf 1989)
Helmut G. Koenigsberger, The Habsburgs and Europe 1516–1660 (Ithaca/London 1971)
Thea Leitner, Habsburgs verkaufte Töchter (Wien 1987)
–, Habsburgs vergessene Kinder (Wien 1989)
Kunsthistorisches Museum Wien, Porträtgalerie zur Geschichte Österreichs von 1400 bis 1800 (Wien 1976)
Richard Reifenscheid, Die Habsburger in Lebensbildern. Von Rudolf I. bis Karl I. (Graz–Wien–Köln 1982)
Elisabeth Scheicher, Die Kunst- und Wunderkammern der Habsburger (Wien–München–Zürich 1979)
Anton Schindling, Die Kaiser der Neuzeit 1519–1918. Heiliges Römisches Reich, Österreich, Deutschland (München 1990)
Adam Wandruszka, Das Haus Habsburg. Die Geschichte einer europäischen Dynastie (Stuttgart 1956, Neuausgabe Wien–Freiburg–Basel 1978)

ALLGEMEINES ZUR GESCHICHTE DER DONAUMONARCHIE

Peter Bartl, Grundzüge der jugoslawischen Geschichte (= Grundzüge 60, Darmstadt 1985)
Thomas von Bogyay, Grundzüge der Geschichte Ungarns (= Grundzüge 10, 3. Aufl. Darmstadt 1977)
Jean Bérenger, Histoire de l'Empire des Habsbourg 1273–1918 (Paris 1990)
Wilhelm Brauneder und Friedrich Lachmayer, Österreichische Verfassungsgeschichte. Einführung in Entwicklung und Strukturen (Wien 1976)
Ernst Bruckmüller, Sozialgeschichte Österreichs (Wien–München 1985)
Peter Csendes, Geschichte Wiens (Wien 1990)
Deutschland und Österreich. Ein bilaterales Geschichtsbuch. Hg. Robert A. Kann und Friedrich E. Prinz (Wien–München 1980)
J. H. Elliott, Spain and its World 1500–1700 (New Haven and London 1989)
Karl D. Erdmann, Die Spur Österreichs in der deutschen Geschichte. Drei Staaten – zwei Nationen – ein Volk? (Manesse-Bücherei 27, Zürich 1989)
Robert J. W. Evans, Das Werden der Habsburgermonarchie 1550–1700. Gesellschaft. Kultur. Institutionen (Forschungen zur Geschichte des Donauraumes 6, Wien–Graz–Köln 1986)
Silvio Furlani und Adam Wandruszka, Österreich und Italien. Ein bilaterales Geschichtsbuch (Wien–München 1973)
Bruno Gebhardt und Herbert Grundmann, Handbuch der deutschen Geschichte. 4 Bde. (Stuttgart 1955 bis 1960, auch dtv-Taschenbuch 17 Bde., München 1973–1975)
Geschichte Österreichs in Stichworten. Hg. Erich Scheithauer – Herbert Schmeiszer – Grete Woratschek. 4 Bde. (Wien 1971–1976)
Geschichte Schlesiens. Hg. Hermann Aubin – Ludwig Petry – Herbert Schlenger. 2 Bde. (Stuttgart, 5. bzw. 2. Aufl. 1988)
Die Geschichte Ungarns. Von den Anfängen bis zur Gegenwart. Hg. Péter Hanák (Budapest 1988)
Ernst Joseph Görlich, Grundzüge der Geschichte der Habsburgermonarchie und Österreichs (Darmstadt 1970)
Handbuch der Geschichte der böhmischen Länder. Hg. Karl Bosl. 4 Bde. (Stuttgart 1967–1970)
Hugo Hantsch, Die Geschichte Österreichs. 2 Bde. (Graz–Wien–Köln 1959/1962)
Manfred Hellmann, Geschichte Venedigs in Grundzügen (3. Aufl. Darmstadt 1989)
Jörg K. Hoensch, Geschichte Böhmens. Von der slavischen Landnahme bis ins 20. Jahrhundert (München 1987)
Alfons Huber, Geschichte Österreichs. 5 Bde. (Gotha 1885–1896)
Das österreichische Judentum. Voraussetzungen und Geschichte. Hg. Nikolaus Vielmetti (2. Aufl. Wien–München 1982)
Robert A. Kann, Geschichte des Habsburgerreiches 1526–1918 (= Forschungen zur Geschichte des Donauraumes 4, Wien–Köln–Graz 1977, Neuausgabe 1990)
Walter Kleindel, Österreich. Daten zur Geschichte und Kultur (Wien–Heidelberg 1978)
Franz von Krones, Handbuch der Geschichte Österreichs. 4 Bde. (Berlin 1876–1879)
Lexikon der deutschen Geschichte. Personen. Ereignisse. Institutionen. Von der Zeitwende bis zum Ausgang des 2. Weltkrieges. Hg. Gerhard Taddey (Stuttgart 1977)
Rudolf Lill, Geschichte Italiens vom 16. Jahrhundert bis zu den Anfängen des Faschismus (Darmstadt 1980)
Georg Loesche, Geschichte des Protestantismus im vormaligen und neuen Österreich (3. Aufl. Wien–Leipzig 1930)
Franz Martin Mayer – Raimund Kaindl – Hans Pirchegger, Geschichte und Kulturleben Deutschösterreichs. 3 Bde. (Wien–Leipzig 1912–1937, 5. Aufl. Wien–Stuttgart 1960–1974)
Grete Mecenseffy, Geschichte des Protestantismus in Österreich (Graz–Köln 1956)
Josef V. Polišenský, History of Czechoslovakia in Outline (Prag 1991)
Victor-Lucien Tapié, Die Völker unter dem Doppeladler (Graz–Wien–Köln 1975)
Ernst Tomek, Kirchengeschichte Österreichs. 3 Bde. (Innsbruck–Wien–München 1937–1959)
Ferdinand Tremel, Wirtschafts- und Sozialgeschichte Österreichs (Wien 1969)
Karl und Mathilde Uhlirz, Handbuch der Geschichte Österreichs und seiner Nachbarländer Böhmen und Ungarn. 4 Bde. (Graz–Leipzig–Wien 1927 bis 1944)
Stephan Vajda, Felix Austria. Eine Geschichte Österreichs (Wien–Heidelberg 1980)
Friedrich Walter, Österreichische Verfassungs- und Verwaltungsgeschichte von 1500 bis 1955. Hg. Adam Wandruszka (Veröffentlichungen der Kommission für neuere Geschichte Österreichs 59, Wien 1972)
Josef Wodka, Kirche in Österreich. Wegweiser durch ihre Geschichte (Wien 1959)
Erich Zöllner, Geschichte Österreichs. Von den Anfängen bis zur Gegenwart (8. Aufl. Wien 1990)

DIE HABSBURGER IM MITTELALTER

Deutsche Könige und Kaiser des Mittelalters. Hg. Evamaria Engel/Eberhard Holtz (Köln–Wien 1989)
Hartmut Boockmann, Stauferzeit und spätes Mittelalter. Deutschland 1125–1517 (Berlin 1987)
Otto Brunner, Land und Herrschaft. Grundfragen der territorialen Verfassungsgeschichte Österreichs im Mittelalter (4. Aufl. Wien–Wiesbaden 1959)
Günther Hödl, Habsburg und Österreich, 1273–1493. Gestalten und Gestalt des österreichischen Spätmittelalters (Wien–Köln–Graz 1988)
Peter Moraw, Von offener Verfassung zu gestalteter Verdichtung. Das Reich im späten Mittelalter 1250–1490 (Berlin 1985)
Heinz Thomas, Deutsche Geschichte des Spätmittelalters, 1250–1500 (Stuttgart 1983)

1
RUDOLF I.

Františ ek Graus, Př emysl Ottokar II. – sein Ruhm und sein Nachleben. In: Mitteilungen des Instituts für Österreichische Geschichtsforschung 79 (1971) 57–110
Alfred Hessel, Jahrbücher des deutschen Reichs unter König Albrecht I. von Habsburg (München 1931)
Erich Kleinschmidt, Herrscherdarstellung. Zur Disposition mittelalterlichen Aussageverhaltens, untersucht an Texten über Rudolf von Habsburg (Bern–München 1974)
Andreas Kusternig, Erzählende Quellen des Mittelalters. Die Problematik mittelalterlicher Historiographie am Beispiel der Schlacht bei Dürnkrut und Jedenspeigen 1278 (Wien–Köln–Graz 1982)
Emanuel Peter La Roche, Das Interregnum und die Entstehung der Schweizer Eidgenossenschaft (Bern–Frankfurt 1971)
Alphons Lhotsky, Geschichte Österreichs seit der Mitte des 13. Jahrhunderts (1281–1358) (Wien 1967)
–, Apis Colonna. Fabeln und Theorien über die Abkunft des Habsburger. In: ders., Aufsätze und Vorträge 2 (Wien 1971) 7–102
Thomas Martin, Die Städtepolitik Rudolfs von Habsburg (Göttingen 1976)
Ottokar-Forschungen. Jahrbuch für Landeskunde von Niederösterreich 44/45 (1978/79); darin u. a. Arbeiten von Heinrich Appelt, Max Weltin, Peter Csendes, Karl Brunner, Gerhard Pferschy, Alois Zauner, Andreas Kusternig, Peter Johanek, Heinz Dopsch
Günter Rauch, Die Bündnisse deutscher Herrscher mit Reichsangehörigen. Vom Regierungsantritt Friedrich Barbarossas bis zum Tod Rudolfs von Habsburg (Aalen 1966)
Oswald Redlich, Rudolf von Habsburg (Innsbruck 1903)
–, Die Regesten des Kaiserreiches unter Rudolf von Habsburg (Böhmer, Regesta Imperii, Bd. 6/1) (Innsbruck 1898)
Anton Scharer, Die werdende Schweiz aus österreichischer Sicht bis zum ausgehenden 14. Jahrhundert. In: Mitteilungen des Instituts für Österreichische Geschichtsforschung 95 (1987) 235–270

2
FRIEDRICH III., MAXIMILIAN I.

Heinz Angermeier, Die Reichsreform 1410–1555 (München 1984)
Friedrich Baethgen, Schisma und Konzilszeit, Reichsreform und Habsburgs Aufstieg. In: Gebhardt, Handbuch der deutschen Geschichte, Hg. Herbert Grundmann, Taschenbuchausg. Bd. 6 (München 1973)
Wilhelm Baum, Sigmund der Münzreiche. Zur Geschichte Tirols und der habsburgischen Länder im Spätmittelalter (Bozen 1987)
Rudolf Buchner, Maximilian I. Kaiser an der Zeitenwende (Göttingen, 2. Aufl. 1970)
Friedrich III. – Kaiserresidenz Wiener Neustadt. Ausstellungskatalog (Wien 1966)
Brigitte Haller, Kaiser Friedrich III. im Urteil seiner Zeitgenossen (Wien 1965)
Günther Hödl, Albrecht II. Königtum, Reichsregierung und Reichsreform 1438–1439 (Wien–Köln–Graz 1978)
Alphons Lhotsky, Kaiser Friedrich III. Sein Leben und seine Persönlichkeit. In: Aufsätze und Vorträge 2 (Wien 1971) 119–163
Maximilian I. 1459–1519. Ausstellungskatalog (Wien 1959)
Karl Nehring, Matthias Corvinus, Friedrich III. und das Reich (München 1975)
Francis Rapp, Les origines médiévales de l'Allemagne moderne – de Charles IV à Charles Quint – 1346–1519 (Paris 1989)
Bernd Rill, Friedrich III. Habsburgs europäischer Durchbruch (Graz–Wien–Köln 1987)
Hermann Wiesflecker, Maximilian I. Das Reich, Österreich und Europa an der Wende zur Neuzeit. 5 Bde. (Wien 1971–1986)
–, Maximilian I. Die Fundamente des habsburgischen Weltreiches (Wien–München 1991)
Ernst Karl Winter, Rudolf IV. von Österreich. 4 Bde. (Wien 1934–1936)

3
KARL V., FERDINAND I.

M. Fernandez Alvarez, Imperator mundi. Karl V. Kaiser des Heiligen Römischen Reiches Deutscher Nation (Stuttgart 1977)
Wilhelm Bauer, Die Anfänge Ferdinands I. (Wien 1907)
Karl Brandi, Kaiser Karl V. Werden und Schicksal einer Persönlichkeit und eines Weltreiches. 2 Bde. (1937–1941)
Philippe Erlanger, Charles Quint (Paris 1980)
Walter P. Fuchs, Das Zeitalter der Reformation. In: Gebhardt, Handbuch der deutschen Geschichte, Hg. Herbert Grundmann. 2. Band (Stuttgart 1970)
Gernot Heiß, Politik und Ratgeber der Königin Maria von Ungarn in den Jahren 1521–1531. In: Mitteilungen des Instituts für Österr. Geschichtsforschung 82 (1974) 120–180
Karl V. und seine Zeit. Hg. Peter Rassow/Fritz Schalk (Köln–Graz 1960)
H. G. Koenigsberger, Fürst und Generalstaaten. Maximilian I. in den Niederlanden (1477–1493). In: Historische Zeitschrift 242 (1986) 557–580
Alfred Kohler, Karl V. In: Neue Deutsche Biographie 11 (Berlin 1977) 191–211
–, Das Reich im Kampf um die Hegemonie in Europa 1521–1648 (München 1990)
Alphons Lhotsky, Das Zeitalter des Hauses Österreich (Wien 1971)
Heinrich Lutz, Reformation und Gegenreformation. Oldenbourg Grundriß der Geschichte 10 (München 1979)
–, Christianitas afflicta. Europa, das Reich und die päpstliche Politik im Niedergang der Hegemonie Kaiser Karls V. (Göttingen 1964)
Heinrich Lutz/Elisabeth Müller-Luckner, Das römisch-deutsche Reich im politischen System Karls V. (München 1982)
John Lynch, Spain 1516–1598. From Nation State to World Empire (Oxford 1991)
Herbert Nette, Karl V. mit Selbstzeugnissen und Bilddokumenten (Reinbek 1979)
Peter Rassow, Karl V., der letzte Kaiser des Mittelalters (Göttingen 1957)
–, Die politische Welt Karls V. (München 1946)
Heinz Schilling, Aufbruch und Krise. Deutschland 1517–1648 (Berlin 1988)
Ferdinand Seibt, Karl V. Der Kaiser und die Reformation (Berlin 1990)
Günther Stöckl, Kaiser Ferdinand I. In: Hugo Hantsch (Hg.), Gestalter der Geschichte Österreichs (Wien 1962) 127–141
Paula Sutter Fichtner, Ferdinand I.: Wider Türken und Glaubensspaltung (Graz–Wien–Köln 1986)
Royall Tyler, The Emperor Charles the Fifth (London 1956, dt. Stuttgart 1959)

4
MAXIMILIAN II. UND PHILIPP II.

Margit Altfahrt, Die politische Propaganda Maximilians II. In: Mitteilungen des Instituts für Österreichische Geschichtsforschung 88 (1980) 283–312 und 89 (1981) 53–92
Viktor Bibl, Maximilian II. Der rätselhafte Kaiser. Ein Zeitbild (Hellerau bei Dresden 1929)

Viktor Bibl, Zur Frage der religiösen Haltung K. Maximilians II. In: Archiv für österreichische Geschichte 106 (1918) 289–425
Fernand Braudel, Das Mittelmeer und die mediterrane Welt in der Epoche Philipps II. 3 Bde. (Frankfurt/Main 1990)
Bohdan Chudoba, Spain and the Empire 1519–1643 (Chicago 1952)
Heinz Duchhardt, Protestantisches Kaisertum und Altes Reich. Die Diskussion über die Konfession des Kaisers in Politik, Publizistik und Staatsrecht (= Veröffentlichungen des Instituts für Europäische Geschichte Mainz, Abteilung Universalgeschichte 87, Beiträge zur Sozial- und Verfassungsgeschichte des Alten Reiches 1, Wiesbaden 1977)
Walter Goetz, Der „Kompromißkatholizismus“ und Kaiser Maximilian II. In: Historische Zeitschrift 77 (1896) 193–206
Friedrich Heer, Die dritte Kraft. Der europäische Humanismus zwischen den Fronten des konfessionellen Zeitalters (Frankfurt 1959)
Joseph Hirn, Erzherzog Ferdinand II. von Tirol. Geschichte seiner Regierung und seiner Länder. 2 Bde. (Innsbruck 1885/87)
Christina Hofmann, Das spanische Hofzeremoniell von 1500 bis 1700 (= Erlanger Historische Studien 8, Frankfurt/Main–Bern–New York 1985)
Robert Holtzmann, Kaiser Maximilian II. bis zu seiner Thronbesteigung (1527–1564). Ein Beitrag zur Geschichte des Übergangs von der Reformation zur Gegenreformation (Berlin 1903)
Otto Helmut Hopfen, Kaiser Maximilian II. und der Kompromißkatholizismus (München 1985)
Innerösterreich 1564–1619. Hg. Alexander Novotny und Berthold Sutter (Graz 1967)
Johann Loserth, Die Reformation und Gegenreformation in den innerösterreichischen Ländern im 16. Jahrhundert (Stuttgart 1898)
Grete Mecenseffy, Maximilian II. in neuer Sicht. In: Jahrbuch der Gesellschaft für die Geschichte des Protestantismus in Österreich 92 (1976) 42–54
Geoffrey Parker, Der Aufstand der Niederlande. Von der Herrschaft der Spanier zur Gründung der Niederländischen Republik 1549–1609 (München 1979)
–, Philipp II. (London 1979)
Ludwig Pfandl, Spanische Kultur und Sitte des 16. und 17. Jahrhunderts (Kempten 1924)
–, Philipp II. Gemälde eines Lebens und einer Zeit (München 1938)
Renaissance in Österreich. Katalog der niederösterreichischen Landesausstellung Schloß Schallaburg (Wien 1974)
Winfried Schulze, Reich und Türkengefahr im späten 16. Jahrhundert. Studien zu den politischen und gesellschaftlichen Auswirkungen einer äußeren Bedrohung (München 1978)
Karl Vocelka, Die inneren Auswirkungen der Auseinandersetzung Österreichs mit den Osmanen. In: Südost-Forschungen 36 (1977) 13–34
–, Habsburgische Hochzeiten 1550–1600. Kulturgeschichtliche Studien zum manieristischen Repräsentationsfest (= Veröffentlichungen der Kommission für neuere Geschichte Österreichs 65, Wien–Köln–Graz 1976)
Eduard Wertheimer, Zur Geschichte des Türkenkrieges Maximilians II. 1565 und 1566. In: Archiv für österreichische Geschichte 53 (1975) 43–101

RUDOLF II. UND SEINE BRÜDER

Viktor Bibl, Erzherzog Ernst und die Gegenreformation in Niederösterreich. In: Mitteilungen des Instituts für Österreichische Geschichtsforschung, Ergänzungsband 6 (1901) 575–596
Hermann Freiherr von Egloffstein, Der Reichstag zu Regensburg im Jahre 1608 (München 1886)
Robert J. W. Evans, Rudolf II. Ohnmacht und Einsamkeit (Graz–Wien–Köln 1980)
Helmuth Feigl, Der niederösterreichische Bauernaufstand 1596/1597 (= Militärhistorische Schriftenreihe 22, Wien 1972)
Gegenreformation. Hg. Ernst Walter Zeeden (= Wege der Forschung 311, Darmstadt 1971)
Anton Gindely, Rudolf II. und seine Zeit 1600–1612. 2 Bde. (Prag 1863–1865)
Josef Hirn, Erzherzog Maximilian der Deutschmeister, Regent von Tirol. Hg. von Heinrich Noflatscher. 2 Bde. (Nachdruck Bozen 1981)
Walter Hummelberger, Erzherzog Matthias in den Niederlanden (1577–1581). In: Jahrbuch der kunsthistorischen Sammlungen in Wien 61 (1965) 91–118
Anton Kerschbaumer, Cardinal Klesel (2. Aufl. Wien 1905)
Alfred H. Loebl, Zur Geschichte des Türkenkriegs von 1593 bis 1606. 2 Bde. (= Prager Studien aus dem Gebiet der Geschichtswissenschaften 6 und 10, Prag 1899 und 1904)
Max Lossen, Der Kölner Krieg. 2 Bde. (Gotha–München–Leipzig 1882/1887)
Hans Luxemburger, Psychiatrisch-erbbiologisches Gutachten über Don Julio (Cesare) de Austria. In: Mitteilungen des Vereins für die Geschichte der Deutschen in Böhmen 70 (1932) 41–54
Heinrich Noflatscher, Glaube, Reich und Dynastie. Maximilian der Deutschmeister (Marburg 1987)
Prag um 1600. Kunst und Kultur am Hofe Kaiser Rudolfs II. Ausstellungskatalog Wien. 2 Bde. (Freren 1988)
Gertrude von Schwarzenfeld, Rudolf II. Der saturnische Kaiser (München 1961)
Hans Sturmberger, Die Anfänge des Bruderzwistes in Habsburg. In: Mitteilungen des Oberösterreichischen Landesarchivs 5 (1957) 143–188
Karl Vocelka, Rudolf II. und seine Zeit (Wien–Köln–Graz 1985)
–, Die politische Propaganda Kaiser Rudolfs II. (= Veröffentlichungen der Kommission für die Geschichte Österreichs 9, Wien 1981)
–, Matthias contra Rudolf. Zur politischen Propaganda in der Zeit des Bruderzwistes. In: Zeitschrift für historische Forschung 10 (1983) 341–351

5

FERDINAND II.

Der oberösterreichische Bauernkrieg 1626. Ausstellungskatalog (Linz 1976)
Robert Bireley S. J., Religion and Politics in the Age of the Counterreformation. Emperor Ferdinand II., William Lamormaini S. J. and the Formation of Imperial Policy (Chapel Hill 1981)
Max Braubach, Der Westfälische Friede (Münster 1948)
Peter Broucek, Der Schwedenfeldzug nach Niederösterreich (= Militärhistorische Schriftenreihe 7, Wien 1967)
Otto Brunner, Adeliges Landleben und europäischer Geist. Leben und Werk Wolf Helmhards von Hohberg 1612–1688 (Salzburg 1949)
Fritz Dickmann, Der Westfälische Friede (Münster 1965)
Hellmut Diwald, Wallenstein. Eine Biographie (München 1969)
Hubert Christian Ehalt, Ausdrucksformen absolutistischer Herrschaft. Der Wiener Hof im 17. und 18. Jahrhundert (= Sozial- und wirtschaftswissenschaftliche Studien 14, Wien 1980)
Hildegard Ernst, Madrid und Wien 1632–1637. Politik und Finanzen zwischen Philipp IV. und Ferdinand II. (= Schriftenreihe des Vereins zur Erforschung der Neueren Geschichte 18, Münster 1991)
Johann Franzl, Ferdinand II. Kaiser im Zwiespalt der Zeit (Graz–Wien–Köln 1978)
Heiner Haan, Ferdinand II. und das Problem des Reichsabsolutismus. In: Historische Zeitschrift 207 (1968) 297–345
Friedrich Hurter, Geschichte Kaiser Ferdinands II. 11 Bde. (Schaffhausen 1850–1864)
Helmut Kretschmer, Sturmpetition und Blockade Wiens im Jahr 1619 (= Militärhistorische Schriftenreihe 38, Wien 1978)
Golo Mann, Wallenstein. Sein Leben erzählt (Frankfurt 1971)
Grete Mecenseffy, Habsburger im 17. Jahrhundert. Die Beziehungen der Höfe von Wien und Madrid während des Dreißigjährigen Krieges. In: Archiv für Österreichische Geschichte 121 (1955) 1–91
Josef Pekař, Wallenstein. 2 Bde. (2. Aufl. Prag 1934)
Josef Polišenský, Der Krieg und die Gesellschaft in Europa 1618–1648 (Wien–Köln–Graz 1971)
Heinrich von Srbik, Wallensteins Ende (2. Aufl. Salzburg 1952)
Hanns Sturmberger, Ferdinand II. und das Problem des Absolutismus (Wien 1957)
–, Aufstand in Böhmen. Der Beginn des Dreißigjährigen Krieges (= Janus-Bücher 13, München–Wien 1959)
C. V. Wedgwood, Der Dreißigjährige Krieg (München 1967)
Welt des Barock. Ausstellungskatalog St. Florian. 2 Bde. (Linz 1986)

FERDINAND III.

Guido Adler, Musikalische Werke der Kaiser Ferdinand III., Leopold I. und Josef I. Band 1, 2 (Wien 1892)
Anna Coreth, Kaiserin Maria Eleonore, Witwe Ferdinands III. und die Karmeliterinnen. In: Mitteilungen des Österreichischen Staatsarchivs 14 (1961) 42–63
Matthias Koch, Geschichte des Deutschen Reiches unter der Regierung Ferdinands III. (Wien 1865)
Friedrich Stieve, Ferdinand III. Abhandlungen, Vorträge und Reden (Leipzig 1900)

6

LEOPOLD I.

Max Braubach, Prinz Eugen von Savoyen. Eine Biographie. 5 Bde. (Wien 1963–1965)
Anna Coreth, Pietas Austriaca. Ursprung und Entwicklung barocker Frömmigkeit in Österreich (= Österreich-Archiv, 2. Aufl. Wien 1982)
Erhard Dittrich, Die deutschen und österreichischen Kameralisten (Darmstadt 1974)
Ekkehard Eickhoff, Venedig, Wien und die Osmanen. Umbruch in Südosteuropa 1645–1700 (München 1970)
Derek McKay, Prinz Eugen von Savoyen. Feldherr dreier Kaiser (Graz–Wien–Köln 1979)
Gottfried Mraz, Prinz Eugen. Ein Leben in Bildern und Dokumenten (München 1985)
Ferdinand Olbort, Pestbild und Pestbekämpfung im Niederösterreich des 17. Jahrhunderts. In: Unsere Heimat 48 (1977) 13–29
Gustav Otruba, Zur Entstehung der „Industrie“ in Österreich und zu deren Entwicklung bis Kaiser Joseph II. In: Österreich in Geschichte und Literatur 11 (1967) 225–242
Prinz Eugen und das barocke Österreich. Ausstellungskatalog Schloßhof und Niederweiden (Wien 1986)
Prinz Eugen und das barocke Österreich. Hg. Karl Gutkas (Salzburg–Wien 1985)
Oswald Redlich, Weltmacht des Barock. Österreich in der Zeit Kaiser Leopolds I. (4. Aufl. Wien 1951)
John Philipp Spielman, Leopold I. Zur Macht nicht geboren (Graz–Wien–Köln 1981)
Heinrich von Srbik, Wien und Versailles 1692–1697 (München 1944)
Die Türken vor Wien. Europa und die Entscheidung an der Donau 1683 (Salzburg–Wien 1982)
Georg Wagner, Das Türkenjahr 1664. Eine europäische Bewährung (= Burgenländische Forschungen 48, Eisenstadt 1964)

JOSEPH I.

Charles W. Ingrao, Josef I. Der „vergessene“ Kaiser (Graz–Wien–Köln 1982)
Oswald Redlich, Das Werden einer Großmacht. Österreich von 1700 bis 1740 (4. Aufl. Wien 1962)

KARL VI.

Moriz von Angeli, Der Krieg mit der Pforte 1737–1739. In: Mitteilungen des k. k. Kriegsarchives Wien 1881, 247–338
Adalbert von Bayern, Das Ende der Habsburger in Spanien. 2 Bde. (München 1929)
Heinrich Benedikt, Das Königreich Neapel unter Kaiser Karl VI. (Wien 1927)
Max Braubach, Versailles und Wien von Ludwig XIV. bis Kaunitz. Die Vorstadien der diplomatischen Revolution im 18. Jahrhundert (= Bonner Historische Forschungen 2, Bonn 1952)
Markus Landau, Geschichte Kaiser Karls VI. als König von Spanien (Stuttgart 1989)
Alphons Lhotsky, Kaiser Karl VI. und sein Hof im Jahre 1712/13. In: Mitteilungen des Instituts für Österreichische Geschichtsforschung 66 (1958) 52–80
Franz Matsche, Die Kunst im Dienste der Staatsidee Kaiser Karls VI. Ikonographie, Ikonologie und Programmatik des „Kaiserstils“. 2 Bde. (Berlin–New York 1981)
Grete Mecenseffy, Karls VI. spanische Bündnispolitik 1725–1729 (Innsbruck 1934)
Ludwig Pfandl, Karl II. Das Ende der spanischen Machtstellung in Europa (München 1940)
Gustav Turba, Die Pragmatische Sanktion. Authentischer Text samt Erläuterungen und Übersetzungen (Wien 1913)
Ottokar Weber, Die Quadrupelallianz (Wien 1887)
Johannes Zierkusch, Die Kaiserwahl Karls VI. 1711 (Gotha 1902)

7

MARIA THERESIA

Willy Andreas, Friedrich der Große und der Siebenjährige Krieg (Leipzig 1940)
Alfred von Arneth, Geschichte Maria Theresias. 10 Bde. (Wien 1863–1879)
Adolf Beer, Die erste Teilung Polens. 3 Bde. (Wien 1874)
Edward Crankshaw, Maria Theresia. Die mütterliche Majestät (Wien–München–Zürich 1979)
Historische Dokumentation zur Eingliederung des Innviertels 1779. Ausstellungskatalog (Linz 1979)
Der österreichische Erbfolgekrieg. Nach den Feldakten und anderen authentischen Quellen bearbeitet im k. k. Kriegsarchiv. 9 Bde. (Wien 1896–1914)
Fred Hennings, Und sitzet zur linken Hand (Wien 1961)
Maria Theresia und ihre Zeit. Ausstellungkatalog Schloß Schönbrunn (Wien 1980)
Maria Theresia und ihre Zeit. Hg. Walter Koschatzky (Salzburg–Wien 1979)
Hanns Leo Mikoletzky, Kaiser Franz I. Stefan und der Ursprung des habsburgisch-lothringischen Familienvermögens (München 1961)
–, Österreich. Das große 18. Jahrhundert (Wien–München 1967)
Gerda und Gottfried Mraz, Maria Theresia. Ihr Leben und ihre Zeit in Bildern und Dokumenten (München 1979)
Österreich im Europa der Aufklärung. Kontinuität und Zäsur in Europa zur Zeit Maria Theresias und Josephs II. Bd. 2. (Wien 1985)
Charlotte Pangels, Die Kinder Maria Theresias. Leben und Schicksal in kaiserlichem Glanz (München 1980)
Alois Schmid, Franz I. Stephan von Habsburg-Lothringen (1745–1765). Der unbekannte Kaiser (Eichstätter Hochschulschriften 77, Regensburg 1991)
Ungarn und Österreich unter Maria Theresia und Joseph II. Hg. Anna Maria Drabek, Georg Plaschka und Adam Wandruszka (Wien 1980)
Henry Valotton, Maria Theresia. Die Frau, die ein Weltreich regierte (Wien 1990)
Richard Waddington, Louis XV. et le renversement des alliances (Paris 1896)
Friedrich Walter, Männer um Maria Theresia (Wien 1951)
Ernst Wangermann, The Austrian Achievement 1700–1800 (London 1972)

8

JOSEPH II.

Derek Beales, Joseph II. 1. Band (Cambridge 1987)
Karl Gutkas, Kaiser Joseph II. Eine Biographie (Wien 1989)
Peter Hersche, Der Spätjansenismus in Österreich (Veröffentlichungen der Kommission für die Geschichte Österreichs 7, Wien 1976)
Josef Hrazky, Die Persönlichkeit der Infantin Isabella von Parma. In: Mitteilungen des Österreichischen Staatsarchivs 12 (1959) 174–239
Ferdinand Maaß, Der Josephinismus. 5 Bde. (1760–1850) (= Fontes rerum austriacarum 2, 71–75, Wien 1950 bis 1960)
Hans Magenschab, Josef II. Revolutionär von Gottes Gnaden (Graz–Wien–Köln, 4. Aufl. 1989)
Paul von Mitrofanov, Josef II. Seine politische und kulturelle Tätigkeit. 2 Bde. (Wien 1910)
Österreich zur Zeit Kaiser Josephs II. Ausstellungskatalog Melk (Wien 1980)
Helmut Reinalter, Aufgeklärter Absolutismus und Revolution. Zur Geschichte des Jakobinertums und der frühdemokratischen Bestrebungen in der Habsburgermonarchie (Veröffentlichungen der Kommission für neuere Geschichte Österreichs 68, Wien–Köln–Graz 1980)
Fritz Valjavec, Der Josephinismus. Zur geistigen Entwicklung Österreichs im 18. und 19. Jahrhundert (2. Aufl. München 1945)
Karl Vocelka, Der Josephinismus. Neuere Forschungen und Problemstellungen. In: Jahrbuch der Gesellschaft für die Geschichte des Protestantismus in Österreich 95 (1979) 53–68
Ernst Wangermann, Von Joseph II. zu den Jakobinerprozessen (Wien–Frankfurt–Zürich 1966)
–, Aufklärung und staatsbürgerliche Erziehung. Gottfried van Swieten als Reformator des österreichischen Unterrichtswesens 1781–1791 (Wien 1978)
Eduard Winter, Der Josefinismus. Geschichte des österreichischen Reformkatholizismus (Berlin 1962)

LEOPOLD II.

Helga Peham, Leopold II. Herrscher mit weiser Hand (Graz–Wien–Köln 1987)
Franz Pesendorfer, Die Habsburger in der Toskana (Wien 1988)
Adam Wandruszka, Leopold II. Erzherzog von Österreich, Großherzog von Toskana, König von Ungarn und Böhmen, Römischer Kaiser. 2 Bde. (Wien 1963–1965)

9

FRANZ II./I. UND FERDINAND I.

Adolf Beer, Die Finanzen Österreichs im 19. Jahrhundert (Wien 1876, Ndr. 1973)
Louis Bergeron/François Furet/Reinhart Koselleck, Das Zeitalter der europäischen Revolution (Fischer Weltgeschichte 26, Frankfurt 1969)
Viktor Bibl, Kaiser Franz und sein Erbe (Wien 1922)
–, Metternich (Leipzig–Wien 1936)

Max Braubach, Von der französischen Revolution zum Wiener Kongreß. In: Gebhardt, Handbuch der deutschen Geschichte, Hg. Herbert Grundmann, Bd. 3 (Stuttgart 1970) 2–98

Peter Csendes (Hg.), Österreich 1790–1848. Das Tagebuch einer Epoche (Wien 1987)

Elisabeth Fehrenbach, Vom Ancien Régime zum Wiener Kongreß. Oldenbourg Grundriß der Geschichte, München, 2. Aufl. 1986

Friedrich Hartau, Metternich mit Selbstzeugnissen und Bilddokumenten (Reinbek 1977)

Walter Langsam, Franz der Gute. Die Jugend eines Kaisers (Wien–München 1954)

Heinrich Lutz, Zwischen Habsburg und Preußen. Deutschland 1815–1866 (Berlin 1985)

C. A. Macartney, The Habsburg Empire 1790–1918 (London 1968)

Hans Magenschab, Erzherzog Johann. Habsburgs grüner Rebell (Graz–Wien–Köln 1981)

Hanns Leo Mikoletzky, Bild und Gegenbild Kaiser Ferdinands I. von Österreich. In: Archiv für Österreichische Geschichte 125 (1966) 173–195

Lorenz Mikoletzky, Kaiser Ferdinand I. von Österreich 1835–1848. In: Die Kaiser der Neuzeit, Hg. Anton Schindling/Walter Ziegler (München 1990) 329–339

Horst Möller, Fürstenstaat oder Bürgernation. Deutschland 1763–1815 (Berlin 1990)

Alan Palmer, Metternich (London 1972)

Manfried Rauchensteiner, Kaiser Franz und Erzherzog Carl. Dynastie und Heerwesen in Österreich 1796–1803 (Wien 1972)

Helmut Reinalter, Der Jakobinismus in Mitteleuropa (Stuttgart 1981)

Karl A. Roider, Baron Thugut and Austria's response to the French Revolution (Princeton 1987)

Victor Ségur-Cabanac, Kaiser Ferdinand I. als Regent und Mensch (Wien 1912)

Heinrich von Srbik, Metternich. Der Staatsmann und der Mensch (München 1925)

Walter Tritsch, Metternich und sein Monarch (Darmstadt 1952)

Walter Ziegler, Franz II./Franz I. In: Die Kaiser der Neuzeit, Hg. Anton Schindling/Walter Ziegler (München 1990) 288–528

10-11

FRANZ JOSEPH

Der österreichisch-ungarische Ausgleich von 1867. Seine Grundlagen und Auswirkungen (= Buchreihe der südostdeutschen historischen Kommission 20, München 1968)

Heinrich Benedikt, Die wirtschaftliche Entwicklung der Franz-Joseph-Zeit (Wien–München 1958)

Jean-Paul Bled, Franz Joseph. Der letzte Monarch der alten Schule (Graz–Wien–Köln 1989)

Harm Hinrich Brandt, Der Neoabsolutismus. Staatsfinanzen und Politik 1848–1860 (= Schriftenreihe der historischen Kommission bei der bayerischen Akademie der Wissenschaften 15, Göttingen 1978)

Gordon Brook-Shepherd, Die Opfer von Sarajevo. Erzherzog Franz Ferdinand und Sophie von Chotek (Wien 1989)

Richard Charmatz, Österreichs innere Geschichte von 1848 bis 1907 (= Aus Natur und Geisteswelt 242/243 und 651/652, Leipzig 1909, 3. Aufl. 1918)

Egon Caesar Conte Corti, Vom Kind zum Kaiser (Graz 1951)

–, Mensch und Herrscher (Graz 1952)

–, Elisabeth, die seltsame Frau (Graz 1991)

–, Maximilian und Charlotte von Mexiko. 2 Bde. (Wien 1924)

Egon Caesar Conte Corti und Hans Sokol, Der alte Kaiser (Graz 1955)

Peter Csendes, Das Zeitalter Franz Joseph I. Österreich 1848–1918. Das Tagebuch einer Epoche (Wien, 2. Aufl. 1991)

Albert Fuchs, Geistige Strömungen in Österreich 1867–1918 (Wien 1949)

Die Habsburgermonarchie 1848–1918. Hg. Adam Wandruszka und Peter Urbanitsch (Wien 1973 ff.) [Bisher 6 Bde. erschienen: Wirtschaftliche Entwicklung 1973, Verwaltung und Rechtswesen 1975, Die Völker des Reiches 1980, Die Konfessionen 1985, Die bewaffnete Macht 1987, Die Habsburgermonarchie im System der internationalen Beziehungen 1989]

Franz Herre, Kaiser Franz Joseph von Österreich (Köln 1978)

Wolfgang Häusler, Von der Massenarmut zur Arbeiterbewegung. Demokratie und soziale Frage in der Revolution von 1848 (Wien–München 1979)

Brigitte Hamann, Rudolf. Kronprinz und Rebell (Wien–München, 7. Aufl. 1991)

–, Elisabeth. Kaiserin wider Willen (Wien–München, 11. Aufl. 1992)

–, Elisabeth. Bilder einer Kaiserin (3. Aufl. Wien 1992)

–, Erzherzog Albrecht, die graue Eminenz des Hauses Habsburg. Hinweise auf einen unterschätzten Politiker. In: Politik und Gesellschaft im alten und neuen Österreich. Festschrift für Rudolf Neck zum 60. Geburtstag, Bd. 1 (Wien 1981) 62–77

William M. Johnston, Österreichische Kultur- und Geistesgeschichte. Gesellschaft und Ideen im Donauraum 1848–1938 (= Forschungen zur Geschichte des Donauraumes 1, Wien–Graz–Köln, 2. Aufl. 1980)

Leopold Kammerhofer, Studien zum Deutschliberalismus in Zisleithanien 1873–1979 (= Studien zur Geschichte der österreichisch-ungarischen Monarchie 25, Wien 1992)

Robert A. Kann, Das Nationalitätenproblem der Habsburgermonarchie. Geschichte und Ideengehalt der nationalen Bestrebungen vom Vormärz bis zur Auflösung des Reiches im Jahre 1918 (Graz–Köln, 2. Aufl. 1964)

–, Erzherzog Franz Ferdinand-Studien (Wien 1976)

Rudolf Kiszling, Erzherzog Franz Ferdinand von Österreich-Este (Graz–Köln 1953)

Gustav Kolmer, Parlament und Verfassung in Österreich. 8 Bde. (Wien 1902–1914)

Hans Magenschab, Der Krieg der Vorväter. 1914–1918. Die Vergessenen einer großen Armee, (Wien, 2. Aufl. 1989)

Georg Markus, Der Kaiser. Franz Joseph I. Bilder und Dokumente (Wien, 2. Aufl. 1990)

Oskar von Mitis, Das Leben des Kronprinzen Rudolf (Wien 1928, neu hg. von Adam Wandruszka, Wien 1971)

Hans Pauer, Kaiser Franz Joseph I. Beiträge zur Bild-Dokumentation seines Lebens (Wien–München 1966)

Peter Pulzer, Die Entstehung des politischen Antisemitismus in Deutschland und Österreich 1867–1914 (Gütersloh 1966)

Josef Redlich, Kaiser Franz Joseph von Österreich (Berlin 1929)

Irmgard Schiel, Stefanie. Kronprinzessin im Schatten von Mayerling (Wien 1978)

Carl L. Schorske, Wien. Geist und Gesellschaft im Fin de siècle (Frankfurt/Main 1982)

Karl Vocelka, Verfassung oder Konkordat? Der publizistische und politische Kampf der österreichischen Liberalen um die Religionsgesetze des Jahres 1868 (= Studien zur Geschichte der österreichisch-ungarischen Monarchie 17, Wien 1978)

–, K. u. K. Karikaturen und Karikaturen zum Zeitalter Kaiser Franz Josephs (Wien–München 1986)

Hartwig A. Vogelsberger, Kaiser von Mexiko. Ein Habsburger auf Montezumas Thron (Wien 1992)

Adam Wandruszka, Parteien und Ideologien im Zeitalter der Massen. In: Spectrum Austriae. Hg. Otto Schulmeister (Wien 1977) 291–485

Friedrich Weissensteiner, Franz Ferdinand. Der verhinderte Herrscher (Wien 1983)

–, Die rote Erzherzogin (Wien 1981)

–, Frauen um Kronprinz Rudolf (Wien 1991)

12

Gordon Brook-Shepherd, Um Krone und Reich (Wien 1968)

Erich Feigl (Hg.), Kaiser Karl. Persönliche Aufzeichnungen, Zeugnisse und Dokumente (Wien 1984)

Imre Gonda, Verfall der Kaiserreiche in Mitteleuropa. Der Zweibund in den letzten Kriegsjahren, 1916–18 (Budapest 1977)

Alphons Lhotsky, Apis Colonna (wie Kap. 1)

Reinhold Lorenz, Kaiser Karl und der Untergang der Donaumonarchie (Graz 1959)

Claudio Magris, Der habsburgische Mythos in der österreichischen Literatur (Salzburg 1966)

R. G. Plaschka/Karlheinz Mack, Die Auflösung des Habsburgerreiches. Zusammenbruch und Neuorientierung im Donauraum (Wien 1970)

Herwig Wolfram/Walter Pohl (Hg.), Probleme der Geschichte Österreichs und ihrer Darstellung. Veröffentlichungen der Kommission für die Geschichte Österreichs der Österreichischen Akademie der Wissenschaften 18, 1991

Erich Zöllner, Der Österreichbegriff – Formen und Wandlungen in der Geschichte (Wien 1988)

BILDQUELLENVERZEICHNIS

Umschlagbild:
J. E. Mansfield, kaiserlich-königliches Majestätswappen, Graphische Sammlung Albertina, Wien, Inventarnummer 319

Archiv für Kunst und Geschichte, Berlin (= AKG): 22, 24, 40, 58, 60, 87, 99, 166, 169f., 176, 185, 187f., 201, 203, 214, 217, 219f., 225f., 228, 235, 248, 345, 349, 359, 370, 400

Archiv Verlag Styria: 29, 83, 262, 317, 322, 366, 392f., 404f., 415, 417, 424, 426, 430, 447, 461, 470, 473, 479

Armeemuseum, Ingolstadt (Foto Nemeth): 247

Armeemuseum, Paris (Foto Nemeth): 374

Titus Pandi (Ungarische Botschaft, Wien): 285, 288

Bayerische Staatsbibliothek, München (Foto Nemeth): 92f.

Bayerisches Nationalmuseum, München (Foto Nemeth): 216

Bildarchiv des Instituts für Geschichte der Medizin an der Universität Wien: 329

Bildarchiv der Österreichischen Nationalbibliothek, Wien (= ÖNB): 17, 19, 20, 23–27, 35, 37f., 47, 50, 53, 59, 63f., 69, 73, 75, 77–80, 82, 86, 89, 91, 96f., 100f., 103–106, 112f., 118–121, 123, 127, 131f., 134, 141, 146, 148, 151, 153, 165, 173, 176, 183, 191, 196–200, 202, 205f., 208, 212f., 218f., 221ff., 227, 231, 233ff., 237, 242, 245f., 249ff., 254, 257–261, 263, 265–269, 271ff., 276, 280–284, 287, 293f., 297, 301f., 306, 308, 311ff., 319, 321, 324f., 328, 334, 339, 342, 345, 347f., 353f., 359–363, 367, 369, 372, 374, 377f., 385, 393, 398f., 401–404, 407–410, 412f., 416f., 419, 422f., 425, 431, 433–445, 448, 450–457, 459, 462–466, 468, 471f., 477, 480, 484/85, 489, 491ff.

Bundeskanzleramt, Bundespressedienst: 280

Deutsches Historisches Museum, Berlin (Foto Nemeth): 310

Faksimile Verlag, Luzern: 56f.

Gemäldegalerie der Akademie der Bildenden Künste, Wien: 295

Germanisches Museum, Nürnberg (Foto Nemeth): 90

Graf Harrach'sche Familiensammlung, Schloß Rohrau: 143

Haus-, Hof- und Staatsarchiv, Wien (= HHSta): 52, 65, 68, 190

Heeresgeschichtliches Museum, Wien (= HGM): 207, 209, 305, 309, 399, 403, 407, 412, 432, 445, 458, 460, 467f., 474f.

– (Foto Nemeth): 243f., 279, 307, 349, 354, 384

Historisches Museum, Bern (Foto Nemeth): 95

Historisches Museum der Stadt Wien (= HMStW): 238, 247, 373, 449

– (Foto Nemeth): 236

– (Foto Trumler): 242, 263, 304f., 311, 326f., 330–333, 335, 339, 355, 365, 368, 375, 379f., 382ff., 394–397, 406, 429

Hofburg, Wien (Foto Nemeth): 310

Inge Kitlitschka: 256

Georg Kugler, Staatskanzler Metternich und seine Gäste: 389

Harry Kühnel, Alltag im Spätmittelalter: 54f., 74, 95

Kunsthistorisches Museum, Wien (= KHM): 19, 39, 41, 44, 79, 84, 88, 91, 107, 111, 113f., 125, 128/29, 134f., 140, 142, 145, 157f., 161, 164, 166, 168, 172, 177–182, 184, 188, 202, 210/11, 232, 239, 249, 252, 255, 263, 282, 287, 290/91, 301, 314, 321, 323, 360, 368, 390f.

– (Foto Nemeth): 7, 222, 274, 289, 318, 338, 381

– Gemäldegalerie Ambras: 102, 161, 174/75, 195

– (Foto Nemeth): 72, 105, 108, 114, 117, 132, 149, 161, 208, 221, 232, 241, 335, 337, 344

– (Foto Trumler): 72, 259

Maximilianeum, Augsburg (Foto Nemeth): 126

Mittelrheinisches Landesmuseum, Mainz: 32f.

Museum der Stadt Wien: 356, 372, 420/21

Museum für Völkerkunde, Wien: 115

Nationalgalerie, Berlin (Foto Nemeth): 333

Nationalmuseum, Prag: 139

Naturhistorisches Museum, Wien (Foto Nemeth): 292

Laszlo Nemeth: 8f., 21, 51, 59, 66, 71, 84, 121, 130f., 136, 138, 152, 160ff., 171f., 177, 186, 192, 215, 253, 275, 281, 293, 300, 307, 337f., 340f., 350, 381, 413f., 424, 446, 483, 486, 496f.

Oberösterreichisches Landesmuseum, Linz: 45

ORF, Wien (Peter Kurz): 10–13, 418, 428, 481

Österreichische Barockgalerie (Foto Nemeth): 273

Österreichische Galerie, Wien (= ÖG): 411

– (Foto Nemeth): 18, 47, 49, 85, 371, 397

Prado, Madrid (Foto Nemeth): 122, 138, 147, 150, 204, 223f.

Schatzkammer, Wien (Foto Nemeth): 267, 364

Schloß Versailles, Paris (Foto Nemeth): 358, 363

Günter Schön: 43

Stadtmuseum, Wiener Neustadt: 81

Gerhard Trumler: 25, 67, 70, 98, 189, 264, 274, 298f., 303, 486, 488, 495

Ungarisches Nationalmuseum, Budapest: 133

Verein für die Geschichte der Arbeiterbewegung: 436

Gery Wolf: 66, 68, 196, 200, 206

Wuppertaler Uhrenmuseum, Kronen- und Insigniensammlung Abeler, Wuppertal, Germany: 137

H. Zdrazil: 324

REGISTER